中國歷代名著全譯叢書

# 礼记全译·孝经全译

（修订版）

吕友仁　吕咏梅　译注

上

贵州出版集团
贵州人民出版社

# 中国历代名著全译丛书

## 编 委 会

(以姓氏笔画为序)

王运熙　　余冠英　　张　克(常务)
罗尔纲　　程千帆　　缪　钺

# 再版说明

出版的境界是：为饥作浆，为旱作润，为冥作光，为往圣继绝学。《中国历代名著全译丛书》担当这一历史的重托，挟着春风走到了学人和国学爱好者的面前。

书似青山常乱叠，眼光如炬淘金来。《中国历代名著全译丛书》自上个世纪九十年代推出，即以权威、精到、普及的面貌风靡整个书界。本套丛书曾获中宣部精神文明建设五个一工程奖及中华人民共和国出版规划重点项目。但多年断档，令人怀恋。上个世纪九十年代的名著全译，多以三五本的规模推出，而今天的《中国历代名著全译丛书》，出手尽显大家气度，一次集中推出五十种，满足眼睛与心灵的饕餮。

中华民族有数千年的文明历史，产生了辉煌灿烂的古代文化。浩如烟海的历代名著，就是中国古代文化遗产的重要组成部分。这些文字不仅记录了中国古代各个方面的历史与人文，物质与精神，成为后来人的精神家园，而且对中华民族的成长提供了丰富的营养，对中华民族的形成和发展产生了巨大的凝聚力和感召力。

但古人留下的典籍，由于时代的变异，语言的古奥，当下人已难识其庐山真面目。且以往坊间的不少古籍今译的读物，大都难尽人意：

——选译本。如《国语选译》《诗经选译》等。了解中国古代文学批评史的人知道，"选"是一种评论的方式。鲁迅先生曾指出，如果对陶渊明只选"采菊东篱下，悠然见南山"，而不选"刑天舞干戚，猛志固常在"这类"金刚怒目"式的作品，那就很难使读者对陶渊明的"全人"有完整的认识，若"再加抑扬"，就"更离真实"了。所以说选译本的缺陷是显而易见的。

——白话本。如《白话史记》《白话搜神记》之类。这类今译本有的置原文于不顾，随意增删敷衍，从严格意义上已不是原书；有的译文尚称严谨，但无原文对照核查，欲引用古人文句还要另觅原书，难称人意。

——单译本。这类书最多,译文之外附有原文、注释,其中也不乏质量较高者。遗憾的是见木不见林,缺乏学术系统性,读者买到一本算一本,对中华民族传统文化的了解很难达到全面。

本丛书在策划之初就考虑到避免以上各种译本之不足,本着推陈出新、汇聚英华、弘扬传统、振兴华夏之宗旨,化艰深为浅显,融译注为一炉,俾使社会各界广大读者了解我国古代各名著之完整原貌,有利于当下人文精神建设,又利于中外文化之交流译介,乃延聘海内学界通人,精选史有定评之夏商迄晚清经史子集四部,以全注全译形式重新装帧、重新校勘整理出版。所选各书前言对该名著之时代、作者、内容、成就、文献版本皆有详赡说明,各篇各卷前有简明扼要的题解,原文选用业经整理的善本,注释采用学术界公认的成果,译文强调忠实原文、通达流畅。

书行天下,道亦随之,既有品味,又有普及,为大家营造出一片文化底蕴深厚、知识境界广博、思想空间深邃的精神沃土,是《中国历代名著全译丛书》的孜孜追求。此次修订是在前辈学人呕心沥血的基础上,重新进行认真的审读和勘校,是在"国学热"基础上的一次新的提升,在强调通俗性的同时,亦重视学术性与资料性。今日重现书界,必将旋起一种新的阅读风暴。

我们相信,这套丛书的问世,对传播中华民族优秀的传统文化,提升我们国家的软实力,形成当代的人文精神有着重要意义,在现代化人文化的进程中对开启今人智慧、滋养今人心灵都有着不可估量的意义。

经典不腐更不朽,它是源远流长的活水,天光云影,亘古永在。

**贵州人民出版社**
**2008 年 9 月**

礼记全译·孝经全译

# 目 录

## 礼记全译

**前言** …………………………………………… 1
曲礼上第一 ………………………………………… 1
曲礼下第二 ………………………………………… 42
檀弓上第三 ………………………………………… 67
檀弓下第四 ………………………………………… 136
王制第五 …………………………………………… 186
月令第六 …………………………………………… 222
曾子问第七 ………………………………………… 278
文王世子第八 ……………………………………… 309
礼运第九 …………………………………………… 326
礼器第十 …………………………………………… 346
郊特牲第十一 ……………………………………… 369
内则第十二 ………………………………………… 395
玉藻第十三 ………………………………………… 433
明堂位第十四 ……………………………………… 463

|  |  |
|---|---|
| 丧服小记第十五 | 474 |
| 大传第十六 | 493 |
| 少仪第十七 | 502 |
| 学记第十八 | 521 |
| 乐记第十九 | 533 |
| 杂记上第二十 | 569 |
| 杂记下第二十一 | 591 |
| 丧大记第二十二 | 617 |
| 祭法第二十三 | 644 |
| 祭义第二十四 | 652 |
| 祭统第二十五 | 674 |
| 经解第二十六 | 691 |
| 哀公问第二十七 | 696 |
| 仲尼燕居第二十八 | 704 |
| 孔子闲居第二十九 | 712 |
| 坊记第三十 | 717 |
| 中庸第三十一 | 735 |
| 表记第三十二 | 759 |
| 缁衣第三十三 | 778 |
| 奔丧第三十四 | 792 |
| 问丧第三十五 | 803 |
| 服问第三十六 | 809 |
| 间传第三十七 | 815 |
| 三年问第三十八 | 821 |
| 深衣第三十九 | 826 |
| 投壶第四十 | 829 |
| 儒行第四十一 | 837 |
| 大学第四十二 | 847 |
| 冠义第四十三 | 859 |
| 昏义第四十四 | 862 |
| 乡饮酒义第四十五 | 872 |
| 射义第四十六 | 880 |

燕义第四十七 ·················· 887
　　聘义第四十八 ·················· 892
　　丧服四制第四十九 ················ 898

**附录** ························ 904

## 孝经全译

**前言** ························ 909
　　开宗明义章第一 ················· 918
　　天子章第二 ···················· 920
　　诸侯章第三 ···················· 921
　　卿大夫章第四 ·················· 922
　　士章第五 ····················· 923
　　庶人章第六 ···················· 924
　　三才章第七 ···················· 925
　　孝治章第八 ···················· 927
　　圣治章第九 ···················· 928
　　纪孝行章第十 ·················· 930
　　五刑章第十一 ·················· 931
　　广要道章第十二 ················· 932
　　广至德章第十三 ················· 933
　　广扬名章第十四 ················· 934
　　谏诤章第十五 ·················· 935
　　感应章第十六 ·················· 936
　　事君章第十七 ·················· 937
　　丧亲章第十八 ·················· 938

# 前　言

## 一、关于《礼记》的书名

《礼记》一书之得名《礼记》，始于西汉。如《汉书·韦玄成传》云："太仆王舜、中垒校尉刘歆议曰：《礼记·王制》及《春秋穀梁传》，天子七庙，诸侯五，大夫三，士二。其文曰：'天子三昭三穆，与太祖之庙而七；诸侯二昭二穆，与太祖之庙而五。'"

在西汉，《礼记》亦单称《礼》，或单称《记》。如《汉书·孔光传》云："上于是召丞相翟方进、御史大夫光，皆引入禁中，议中山、定陶王谁宜为嗣者。方进、王根以为，定陶王帝弟之子。《礼》曰：'昆弟之子犹子也。'定陶王宜为嗣。"又《通典》卷八十三引戴圣《石渠礼论》云："闻人通汉问曰：'《记》曰：君赴于他国之君，曰不禄；夫人，曰寡小君不禄。'皆不能明。"按《孔光传》所谓"《礼》曰"云云，见《礼记·檀弓上》；《石渠礼论》所谓"《记》曰"云云，见《礼记·杂记上》。

魏晋以后，《礼记》更有《小戴礼》之称。如《经典释文·序录》引晋司空长史陈邵《周礼论序》云："戴德删古礼二百四篇为八十五篇，谓之《大戴礼》；戴圣删《大戴礼》为四十九篇，是谓《小戴礼》。"我在这里引证陈邵的话，其意仅仅在于指出魏晋时已有《小戴礼》之称，至于"戴圣删《大戴礼》为四十九篇，是谓《小戴礼》"的说法，今日学者已悉知其误，兹不具论。

麻烦在于，《礼》《礼记》《小戴礼》之名，在两汉时，并非为四十九篇之《礼记》一书所专用，十七篇《仪礼》，彼时也有《礼》《礼记》《小戴礼》之称。皮锡瑞《经学通论》云："汉所谓《礼》，即今十七篇之《仪礼》，而汉不名《仪礼》。专主经言，则曰《礼经》；合记而言，则曰《礼记》。许慎、卢植所称《礼记》，皆即《仪礼》与篇中之记，非今四十九篇之《礼记》也。"分辨颇为明析。《后汉书·儒林传》中再三提到的《小戴礼》，是指戴圣所传的十七篇《仪礼》，也不是四十九篇的《礼记》。明白了这种二书共名的历史现象，我们就可以避免一些认识上的错误。之所以产生这种二书共名现象，从内因上讲，主要是由于《仪礼》和《礼记》二书的内容紧密相关。论其本源，《礼》《礼记》《小戴礼》之称，本属于十七篇之《仪礼》，后来渐次为四十九篇之《礼记》所夺。故黄以周《礼书通故》卷一云："自魏晋号四十九篇为《礼记》，亦谓之《小戴礼》，而东汉十七篇之名《礼记》名《小戴礼》者，又为四十九篇《戴记》所夺，于是别号之为《仪礼》。"

**二、《礼记》四十九篇的编者与作者**

就十七篇之《仪礼》与四十九篇之《礼记》而言，二者在两汉的地位甚不相侔。当时立于学官的《礼》，是十七篇之《仪礼》，不是四十九篇之《礼记》。在两汉时，《仪礼》是经，而《礼记》不是经，只不过是《仪礼》的附庸而已。今之所谓《礼记》者，"礼"，指《礼经》，即今之《仪礼》；"记"，犹如学习《礼经》时的笔记，它显然不是正式教材，只是附属于经文的参考资料，这种资料可以对经文进行某种解释、补充或归纳。

《礼记》四十九篇的编者，郑玄认为是西汉的经学家戴圣。他在《六艺论》中说："戴德传《记》八十五篇，则《大戴礼》是也。戴圣传《记》四十九篇，则此《礼记》是也。"由于《汉书·艺文志》没有明确著录《礼记》四十九篇及其编者，郑玄的这个说法便是最早最权威的了。现代学者洪业先生对此传统看法提出了质疑，认为今本《礼记》虽与戴圣不无瓜葛，但并非戴圣一人所编。而是在戴圣之后，郑玄之前，今礼之界限渐宽，家法之畛域渐灭，而《记》文之钞合渐多，不必为一手所辑，不必为一时之所成。详见其《礼记引得序》。其说颇有益于人们进一步思考，但尚不足以推翻传统旧说，盖证据犹不足也。

《礼记》四十九篇的作者，也是一个难以说清楚的问题。为《礼记》作注的郑玄没有把这个问题说清楚，为《礼记》作疏的孔颖达也没有把这个问题说清楚，后人就更不消说了。除了个别篇的作者可以指实以外，大多数篇的作者无法指实。孔颖达就老实地承认："未能尽知所记之人也①。"《汉书·艺文志》礼家所载的"《记》百三十一篇"，可以说是今本《礼记》的最主要的源头，说到这百三十一篇的作者，班固也只是注云："七十子后学者所记也。"既然我们无法逐篇地指实作者，那么，笼统地说是"七十子后学者所记"恐怕还是可取的。"七十子后

---

① 《礼记正义》卷一。

学者"这一概念所含的历史跨度甚大,可以说上起春秋,下迄西汉(如果采用洪业先生之说,则是下迄东汉),从亲聆孔子教诲的七十子之徒,到西汉的儒者,都包括在内。这里应该指出,《礼记》中有许多"孔子曰"、"子曰"、"子言之"一类的字眼,有的整篇都是"子曰"、"子言之"。孔颖达认为这都是孔子的话,其实并不尽然。对此,梁启超曾加以澄清:"各篇所记'子曰'、'子言之',不必尽认为孔子之言。盖战国、秦汉间,孔子渐带有神话性,许多神秘的事情皆附之于孔子,立言者因每托孔子以自重。要之,《礼记》所说,悉认为儒家言则可,认为孔子言则需慎择也①。"

### 三、《礼记》的内容与《礼记》的地位的日益提高

《礼记》四十九篇的内容相当杂,据刘向《别录》的分类,或属制度,或属通论,或属明堂阴阳,或属丧服,或属世子法,或属祭祀,或属子法,或属乐记,或属吉事,共九类,每类的篇数也多寡不等。因其内容杂,所以被人们看作是一部儒家的礼学杂编。从今天来看,它是我们研究战国、秦汉时期儒家思想的宝贵资料。其中固然有糟粕,但也不乏精华。举例来说,其《礼运》篇中对于大同社会、小康社会的深情描述,《学记》篇中关于教学相长、尊师重教的阐述,并不因其年代久远而略有减色。还有不少章节,富于哲理,意味隽永。继承并进一步发掘《礼记》的积极成分,也是我们弘扬优秀传统文化的一项内容。

我们已经知道,西汉时的《礼记》只是《仪礼》的附庸,《仪礼》是经,立于学官,《礼记》则无此殊荣。但就其对西汉社会政治的影响来看,恐怕在当时《礼记》已经超过了《仪礼》,而西汉后期尤其如此。从《汉书》的记载来看,朝廷在讨论诸如祭祀、宗庙、立储等重大问题时,往往援引《礼记》为说。翻阅《汉书》,这样的例子很多。本文开头举了两个《汉书》的例子,由此可见一斑。王莽改制,其理论根据之一便是《礼记》,尤其是《礼记》的《王制》。即令稍事翻检《汉书·王莽传》,也不难看出此点。至于《礼记》对西汉学术思想的影响,我们从董仲舒的《春秋繁露》、桓宽的《盐铁论》、刘向的《说苑》和《列女传》中都不难找出痕迹。从以上事实中笔者得出这样一种观感,即在西汉时,《礼记》虽然无经之名,但已在很大程度上有了经的实。

---

① 《要籍解题及其读法》。

东汉末年,郑玄为《礼记》四十九篇作注,这件事可以看作是《礼记》脱离《仪礼》而独立的开始。从此以后,《礼记》的地位日益上升,《仪礼》则日趋式微。曹魏时,《礼记》已立有博士。北朝时,"诸生尽通《小戴礼》。于《周礼》《仪礼》兼通者,十二三焉①。"这说明当时的学者热衷于《礼记》之学,对《仪礼》《周礼》已相当冷淡。到了唐代,《礼记》正式进入经的行列。此时,《礼记》一书,"人皆竞读"②;而《仪礼》一书,"殆将废绝"。对于《仪礼》来说,真是每况愈下。到了北宋,王安石变法,干脆就废掉了《仪礼》。从此以后,作为经书的《仪礼》,可以说是徒有其名了。

《礼记》与《仪礼》这种戏剧性的变化,其原因何在?从古到今,学者无不认为《仪礼》难读。在西汉,连礼学专家徐襄也只能做到"善为颂,不能通经"③。所谓"颂",是指具体的礼节动作;所谓"经",即指《仪礼》。唐代的韩愈在《读仪礼》一文中曾说:"余尝苦《仪礼》难读,又其行于今者盖寡。"清代的阮元在《仪礼注疏校勘记序》中也说:"《仪礼》最为难读。"我认为,《礼记》的由附庸变为大国,《仪礼》的由大国而日趋衰落,这种现象恐怕不能用《仪礼》比较难读来解释。如果说难读,"佶屈聱牙"的《尚书》在《十三经》中应该说是首屈一指,但其经典地位却始终岿然不动。我想,原因主要在于《礼记》与《仪礼》二书的内容不同,并因此而影响了人们的对其取舍。《仪礼》十七篇,篇篇都是一大堆繁琐的礼节单,篇与篇之间又多有雷同。《乐记》说:"陈尊俎,列笾豆,以升降为礼者,礼之末节也。"《仪礼》十七篇,除《丧服》一篇外,都是这种"礼之末节"。其枯燥无味自不必说了,更严重的是脱离时代,脱离生活。《仪礼》的内容极少具有可塑性,它近乎一堆僵硬的教条。"安上治民,莫善于礼"④,随着社会的发展,《仪礼》的内容越来越不能满足封建统治者"安上治民"的需要,在这种情况下,统治者将其弃之如敝屣也就不足为怪了。《礼记》则不然,它虽然也记载了一些礼之末节,但它也同时论述了这些末节的意义所在;更重要的是,它主要是讲理论,它为封建统治者提供了极富弹性的礼治理论,

---

① 《北史·儒林传上》。
② 《经学历史》(中华书局本210页)。
③ 《汉书·儒林传》。
④ 《孝经·广要道章》。

而这种理论正好满足了统治者"安上治民"的需要,所以赢得了历代统治者的青睐,地位日益上升。清代学者焦循说:"以余论之,《周官》《仪礼》,一代之书也。《礼记》,万世之书也。《记》之言曰:礼以时为大。此一言也,以蔽千万世制礼之法可矣①。"语似偏颇,却也道出了《礼记》日益走红的根本原因。

《礼记》的日益走红已如上述,但问题并未到此为止,似乎《礼记》的风头还没有出够。这就要说到《大学》和《中庸》。《大学》和《中庸》本是《礼记》中的两篇,北宋时开始受到学者们的特别关注。到了南宋时,朱熹就将这两篇纳入他的《四书章句集注》。从此以后,随着朱熹《四书》受到官方的大力推崇而风行于世,《大学》《中庸》两篇的身价也随之倍增,成为封建社会后期家喻户晓之书。这样以来,说到《五经》,有《礼记》;说到《四书》,也涉及《礼记》,真是风头十足。

**四、《礼记》的郑注和孔疏**

今本《礼记》为郑玄所注。郑玄(公元 127—200 年),字康成,尝遍注群经,为一代大儒。《后汉书》有传,兹不赘。在郑玄之前,马融、卢植都曾为《礼记》作注。郑玄与卢植同为马融弟子。马、卢之注不传,清人有辑本,但所得也不多。卢植之注,郑玄注《檀弓》"晋献公之丧"节尚偶一用之,而马融之注,则郑注未尝一引。《礼记》之学,从魏晋到明清,其间除了西晋时曾一度使用王肃注、明代曾一度使用陈澔《礼记集说》外,其余各个朝代,无不奉郑注为圭臬。郑玄的注,文简义明,可以说是索解《礼记》的一把钥匙。但毋庸讳言,郑注也有其不足之处。有些注解错误,郑玄本人也知道,但书已作成,追改无及。例如《坊记》注引《卫风·燕燕》之诗,郑注以为夫人定姜之诗,而笺《诗》又以为庄姜之诗。其弟子问其故,郑答云:"注《记》时执就卢君,后得《毛传》,乃改之②。"王肃的《礼记》注,务在与郑玄立异。王肃的做法虽然是意气用事,门户之争,但所攻郑氏诸点,也并非无一是处。如果我们跳出经学家的圈子,用现代人的眼光来审视,那么,郑注的缺点首先倒不在于某些字句的训诂错误,而在于他作为封建社会经学家的某些错误观点和理论。例如,他笃信《周礼》为周公所作。从而笃信《周

---

① 《礼记补疏序》。
② 《郑志》卷中。

礼》为周制，而《礼记》中所载制度凡与《周礼》异者，即推之为殷夏之制，这样做的结果，往往造成是非颠倒。另外，郑注往往征引纬书为说，而纬书之说类多荒诞，这反映了他的宗教神学思想。

《礼记正义》(后来习称《礼记疏》)的作者是孔颖达。孔颖达(公元574—648年)，字仲远，一云仲达，两《唐书》均有传。《旧唐书·儒学传》："太宗以儒学多门，诏国子祭酒孔颖达与诸儒撰定《五经》义疏凡一百七十卷，名曰《五经正义》，令天下传习。"据《唐会要》，《五经》义疏成书于贞观十二年(公元638年)，初名《义赞》，有诏改为《五经正义》。贞观十六年(公元642年)，《五经正义》又经过一次覆审。后来，由于太学博士马嘉运驳正此书之失，太宗又命孔颖达更为详定，功未就而孔颖达去世。高宗永徽二年(公元651年)，诏中书门下与国子三馆博士、弘文馆学士考正之，就加增损。"永徽四年(公元653年)，颁孔颖达《五经正义》于天下，每年明经，令依此考试"①。皮锡瑞评论此事说："自唐至宋，明经取士，皆遵此本。夫汉帝称制临决，尚未定为全书，博士分门授徒，亦非止一家数。以经学论，未有统一若此之大且久者，此经学之又一变也②。"

《礼记正义》是《五经正义》之一，凡七十卷。其作者一般只说是孔颖达，实际上作者多人。只是由于孔颖达年辈在先，名位独重，所以署名只有孔颖达一人之名，他人之名皆在"等"字之中。南北朝时，学者传习的都是郑注《礼记》，孔颖达等作《礼记正义》，也不例外。《礼记正义》之作，并非空无依傍，一切从头作起。恰恰相反，它是在南北朝学者所作现成义疏的基础上加以剪裁删理。至于如何剪裁删理，详孔颖达《礼记正义序》，此不赘。

孔颖达《礼记正义》的最大特点是申郑，即不随便与郑注立异。他在《正义》中不止一次地宣称："《礼》是郑学，今申郑义③。""此等并非郑义，今所不取④。"充分体现了"疏不破注"这一特色。当然，这种作法，利弊兼有。郑注说对了的，孔也随之而对；而郑注说错了的，孔也随之而错。应该指出，说孔疏的最大的特点是申郑，并不是绝对的。

---

① 《唐会要》卷七十七。
② 《经学历史》198页。
③ 《礼记正义》卷五十。
④ 《礼记正义》卷四十二。

如果郑注有明显违背经文之处,孔颖达则舍郑而从经。这样的情况不少。例如,郑注《坊记》曰:"三岁曰新田。"但这和《尔雅》"二岁曰新田"之文明显相违,所以孔氏就说郑注错了。这种不一味盲从的做法,较之魏晋时某些学者"宁道孔圣误,讳言郑、服非"的做法就显得态度认真些。

孔颖达《礼记正义》的另一大特点是文繁。换言之,就是啰嗦。对于孔疏的文繁,赞誉者有之,非毁者有之。窃以为二者均有道理,并不矛盾。何者？如果繁其所当繁,那自然就是优点。这正如皮锡瑞所论:"孔颖达于《三礼》,唯疏《礼记》,实贯穿《三礼》及诸经。有因《记》一二语而作疏至数千言者。如《王制》'三公一命卷'云云,疏四千余字;'比年一小聘'云云,疏二千余字。元元本本,殚见洽闻,又非好为繁博也。学者熟玩《礼记注疏》,非止能通《礼记》,且可兼通群经[1]。"如果繁其所不当繁,那自然就是缺点。这正如臧琳所讥:"有一二言意已明了者,加之数十百言,意反晦涩[2]。"

**五、有关译注工作的交代**

首先交代一下所采用的《礼记》经文底本。

我们采用的《礼记》经文出自八行本。八行本是注疏合刻之祖。之所以叫做八行本,是因为此本每半页八行。八行本,又叫越本,这是因为此本初刊于越州(今浙江绍兴市);又叫黄唐本,这是因为主持此本初刻的官员叫黄唐。八行本初刻于宋光宗绍熙四年(公元1193年),是《礼记》注疏合刻最早的本子,也是最好的本子。此本在清代是孤本,陈鳣《经籍跋文》说它"诚希世之宝也"。阮元在校勘《礼记注疏》时,固已心知八行本之善,他本莫及,无奈此本在当时为海内孤本,阮元但闻其名而未尝一见,盖欲求之而不可得,不得已而求其次,乃以十行本为底本。这是时代造成的遗憾。潘宗周《礼记正义校勘记》说:"《礼记注疏》得阮校而后信为可读,及校此本(按:谓八行本),乃敢言《礼记注疏》以此本为最不贻误读者。"信哉斯言！我们曾经把八行本与今日通行的阮本对校了一遍,得出这样一个结论,即八行本不仅在注文、疏文方面优于阮本,而且在经文方面也优于阮本。例如,《檀弓

---

[1] 《经学通论·三礼》。
[2] 《经义杂记》。

下》"不殆于用人乎哉",阮本脱"不"字;《月令》"山陵不收",阮本误作"山林不收";同篇"度有短长",阮本作"度有长短",而王引之《经义述闻》认为作"短长"为是。诸如此类,不一而足。采用八行本,自然就省掉了不少不必要的校勘记。

或曰:为什么不用唐文宗开成年间的《唐石经》本呢?答曰:由于岁月侵蚀和后人磨改,今存《唐石经》已大失旧貌。冯登府《唐石经考异》云:"开成去古未远,犹为纯备。然几经后人之手,一误于乾符之修改,再误于后梁之补刊,三误于北宋之添注,四误于尧惠之谬作,遂失郑唐之旧。"这是一。另外,《礼记》中的《月令》一篇,《唐石经》用的是唐玄宗《御删定礼记月令》,和汉人所传的《月令》在文字上有许多不同。这是二。

其次交代一下我们是怎样译注的。除了要遵守出版社规定的全书体例外,在注解时,脑子里始终存在着颜师古注《汉书》时的几句话:"凡旧注是者,则无间然,具而存之,以示不隐。其有指趣略举,结约未申,衍而通之,使皆备悉。若泛说非当,芜词竞逐,苟出异端,徒为烦冗,只秽篇籍,盖无取焉。旧所阙漏,未尝解说,普更详释,无不洽通①。"我们也知道这样做有点昌得太高,自不量力;但我们还知道"取法乎上,得乎其中;取法乎中,得乎其下"的道理。所以我们只有尽自己最大的努力,做到不自欺,不欺人。至于实际上究竟做到了什么地步,不敢自必,热诚欢迎读者批评。说到《礼记》的译文,近三十年来,特别是近几年来,最早是台湾,接着是大陆,就像雨后春笋似的,令人目不暇接。尽管其中良莠不齐,但不管怎么说,都是走在我们前面的先行者,都有值得我们学习的地方。有的时候,我们的心情简直就是"眼前有景道不得,崔颢题诗在上头"。但俗话说文贵创新,有道是见仁见智,人心不同如其面,所以我们的译文还是我们自己的。至于成败利钝,不敢知,幸读者明鉴,不吝赐教。

本书为全国高等院校古籍整理研究资助项目。

吕友仁<br>1997 年 5 月 30 日

---

① 《汉书叙例》。

# 礼记全译

## 曲礼上第一

【题解】

　　本篇题名"曲礼",是摘取篇首二字为名。至于"曲"字的含义,历代学者说法不一。郑玄、孔颖达认为本篇所记非止一礼,乃吉、凶、宾、军、嘉五礼都有,须要"曲屈行事",故名《曲礼》。朱熹则认为古经有《曲礼》之篇,此篇乃《曲礼》篇之记,其内容"杂碎","不甚伦贯"。孙希旦进一步发挥朱说,认为"此篇所记,多礼文之细微曲折,而上篇尤致详于言语、饮食、洒扫、应对、进退之法"。比较而言,孙说甚为可取。由于本篇"简策重多",所以自有郑玄注解以来就分为上下两篇。《礼记》凡四十九篇,《曲礼上》是其第一篇。后可类推,不复赘言。

【原文】

　　《曲礼》曰:毋不敬,俨若思,安定辞①。安民哉!

【注释】

　　①安定辞:郑玄解释为"审言语"的意思,孔颖达更用《论语》的"驷不及舌"来发挥郑说,今未从。孙希旦云:"安者气之和,定者理之确。"今译文从之。

【今译】

　　《曲礼》上说:一个有地位的人,心中时刻都要有个"敬"字,外表要端庄,像是俨然若有所思样子,说话要态度安详,句句在理。做到这三点,才会使人们安宁啊!

【原文】

敖不可长①,欲不可从②,志不可满,乐不可极。

注释

①敖(ào傲):这是郑玄的读法,译文从之。王肃读作áo;解为遨游之意,亦通。

②从(zòng纵):同"纵",放纵。

【今译】

傲慢之心不可产生,欲望不可放纵无拘,志气不可自满,享乐不可无度。

【原文】

贤者狎而敬之,畏而爱之。爱而知其恶,憎而知其善。积而能散,安安而能迁①。临财毋苟得,临难毋苟免,很毋求胜,分毋求多。疑事毋质②,直而毋有③。

注释

①安安而能迁:上"安"字是动词,作居处讲。下"安"字是名词,作安逸、舒适讲。郑玄举例说:"晋舅犯与姜氏醉重耳而行,近之。"晋文公重耳"安安而能迁"事,详《左传》僖公二十三年。

②质:成也。这里是"肯定的回答"的意思。

③直:正。这里是"对问题自己已经有正确答案"的意思。郑玄说:"直,正也。己若不疑,则当称师友而正之,谦也。"

【今译】

对于道德、才能胜于己者,要亲近和尊敬他,畏服并爱戴他。对于自己所喜爱的人,不可只知其优点,而不知其缺点;对于自己所憎恶的人,不可只知其缺点,而不知其优点。自己有了积蓄,要分给贫穷的人。居安思危，能够及时改变处境。面对财物，不可苟且据有；面对危急，不可苟且逃避。在小事上争讼，不可求胜；分配财物，不可求多。对自己不懂的事情不可装懂，对自己已经搞懂的东西，回答别人时，要归功于师友，不可据为自己的发明。

【原文】

若夫坐，如尸①；立，如齐②；礼，从宜③；使，从俗。

注释

①尸：古代祭祀时代死者接受祭祀的人。尸居神位，坐必矜庄，所以用尸来比喻坐姿。

②齐(zhāi斋)：通"斋"。斋戒。古代祭祀之前要举行斋戒。斋戒时的立姿是"磬折屈身"，以表示毕恭毕敬。吴澄云："为尸有坐而无立，故坐以尸为法；祭者有立而无坐，故立以齐为法。"

③宜：朱熹曰："宜，谓事之所宜，若男女授受不亲为礼，而祭与丧则相授器之类。"

【今译】

至于坐的样子，要像祭祀时的尸那样端重；立的样子，要像斋戒时的人那般恭敬。礼节要顺应事之所宜，出使要顺应当地的风俗。

【原文】

夫礼者，所以定亲疏，决嫌疑①，别同异，明是非也。礼不妄说人②，不辞费③。礼不逾节④，不侵侮，不好狎。修身践言，谓之善行。行修言道，礼之质也。礼闻取于人，不闻取人。礼闻来学⑤，不闻往教。

注释

①嫌疑：孙希旦云："彼此相淆谓之嫌，是非相似谓之疑。"

②说(yuè悦)："悦"的本字，这里是使动用法。

③辞费：《释文》云："言而不行为辞费。"

④礼不逾节：孔颖达云："礼者，所以辨尊卑，别等级，使上不逼下，下不僭上，故云礼不逾越节度也。"

⑤礼闻来学二句：孔颖达曰："凡学之法，当就其师处北面伏膺，不可以屈师

亲来就己。"这是师道尊严的表现。据《汉书·孙宝传》,孙宝以明经为郡吏,御史大夫张忠召宝为属官,欲令宝授其子经,遭到孙宝拒绝:"前日君男欲学文,而移宝自近。礼有来学,义无往教。"这表明西汉时确有人依此二句行事。

【今译】

　　所谓礼,是用来确定人与人之间关系的远近,判断事情的疑似难明,分别事情的何时当同何时当异,明辨事情的得礼或失礼。依礼而言,不可随便地取悦于人,不可说做不到的话。依礼,做事不得超过自己的身份,不得侵犯侮慢他人,也不得随便地与人套近乎。涵养自己的德性,实践自己的诺言,这就叫做完美的品行。行合忠信,言合仁义,这才是礼的实质。依礼,听说过招致贤人是要用他的德行来影响教化,没听说过招致贤人只是要他当块招牌而已。依礼,听说过有学生主动来到师门拜师学艺的规矩,没有听说过老师反而到学生住处去施教的。

【原文】

　　道德仁义,非礼不成;教训正俗,非礼不备;分争辩讼,非礼不决;君臣、上下、父子、兄弟①,非礼不定;宦学事师②,非礼不亲;班朝治军,莅官行法,非礼威严不行;祷祠祭祀,供给鬼神③,非礼不诚不庄。是以君子恭敬、撙节、退让以明礼④。鹦鹉能言,不离飞鸟;猩猩能言,不离禽兽。今人而无礼,虽能言,不亦禽兽之心乎!夫唯禽兽无礼,故父子聚麀⑤。是故圣人作为礼以教人,使人以有礼,知自别于禽兽。

注释

　　①上下:孔颖达云:"上,谓公卿大夫。下,谓士也。"
　　②宦(huàn 换)学:孔颖达云:"宦,谓学仕宦之事。学,谓习学六艺。"六艺,即礼、乐、射、御、书、数。详《周礼·地官·保氏》。
　　③鬼神:这里指祷祠祭祀的对象,包括一切天神地祇人鬼。
　　④恭敬撙(zǔn 遵上声)节退让:何胤曰:"在貌为恭,在心为敬。"孙希旦云:"有所抑而不敢肆,谓之撙;有所制而不敢过,谓之节。"孔颖达云:"应进而却曰退,应受而辞曰让。"
　　⑤聚麀(yōu 幽):聚,共也。麀是母鹿。

【今译】

　　道德仁义这四个抽象的概念,没有礼就落不到实处;教育训导,整饬民俗,没有礼就会顾此失彼;区别争讼的是非曲直,没有礼就无法判断;君臣、上下、父子、兄弟的名分,没有礼就无法确定。学习做官的本领和学习六艺,如果弟子侍奉老师无礼,师生之情就不会亲密。百官在朝廷上的班位,将帅的治军,官员的到任履行职务,没有礼就无法体现威严;求福之祷,谢神之祠,以及常规的种种祭祀,供给鬼神的祭品都有规定,不按照礼数来做就显得内心不诚,外貌不庄。所以,作为君子,就要用恭敬、抑制、退让的精神来显示礼。鹦鹉虽然能学人说话,但终究还是飞鸟;猩猩虽然也能说话,但终究还是禽兽。如果作为人而不知礼,虽然能说话,难道不也是禽兽之心吗?正因为禽兽不知礼,所以才父子共妻。所以圣人制定了一套礼来教育人,使人人都有礼,知道自己有别于禽兽。

【原文】

　　太上贵德①,其次务施报②。礼尚往来③,往而不来,非礼也;来而不往,亦非礼也。人有礼则安,无礼则危,故曰礼者不可不学也。夫礼者,自卑而尊人。虽负贩者,必有尊也,而况富贵乎?富贵而知好礼,则不骄不淫。贫贱而知好礼,则志不慑④。

注释

①太上贵德:郑玄曰:"太上,三皇五帝之世。其民施而不惟报。"
②其次务施报:郑玄曰:"三王之世,礼始兴焉。"
③往来:往,指对他人施惠。来,指接受被施惠者的回报。
④慑(shè 射):郑玄云"慑,犹怯惑。"

【今译】

　　三皇五帝时期,人们只讲究施惠他人而不思求报。到了后来的三王时期,才讲究施惠他人而即思求报。礼讲究有往有来;往而不来,不合乎礼的规定,来而不往,也不符合礼的规定。人有礼就处处安宁,无礼就处境危险,所以说礼是不可不学的。礼讲究贬低自己而尊重别人。即令是挑担做小生意的人,也有他值得尊重的地方,何况富贵之人呢？身处富贵而知好礼，就会不骄傲，不淫逸。身处贫贱而知好礼，就会心无所怯，志无所惑。

【原文】

人生十年曰幼①，学；二十曰弱，冠②；三十曰壮，有室③；四十曰强④，而仕；五十曰艾⑤，服官政；六十曰耆，指使；七十曰老，而传；八十九十曰耄；七年曰悼⑥。悼与耄，虽有罪，不加刑焉⑦。百年曰期⑧，颐。

**注释**

①人生十年句：《内则》曰："十年出就外傅，居宿于外，学书计。"学书计，即学写字，学算术。

②二十曰弱冠句：古代贵族青年男子，到了二十岁要举行隆重的加冠典礼，作为成年的标志。至于为什么叫做弱，孔颖达说："体犹未壮，故曰弱。"

③三十曰壮句：孔颖达曰："三十而立，血气已定，故曰壮。"室：妻的代称。

④强：孔颖达曰："强有二义：一则四十不惑，是智虑强；二则气力强。"

⑤艾：孔颖达曰："年至五十，气力已衰，头发苍白如艾。"

⑥悼：怜爱。孔颖达曰："未有识虑，甚可怜爱。"

⑦悼与耄三句：按《周礼·秋官·司刺》有三赦之法，对于幼弱及老耄之人，虽有罪，不加刑。郑玄注云："若今律令，年未满八岁、八十以上，非手杀人，他皆不坐。"说明汉代尚有此法。

⑧期：方慤云："人生以百年为期，故百年以期名之。"

【今译】

男子长到十岁叫做幼，这时候该出外上学了；二十岁叫做弱，这时候就该加冠了；三十岁叫做壮，这时候就该娶妻了；四十岁叫做强，这时候就该做官了；五十岁叫做艾，这时候就该参与国家的政事了；六十岁叫做耆，这时候就该役使他人了；七十岁叫做老，这时候就该把家事交给儿孙掌管了；八九十岁的人叫做耄；七岁的孩子叫做悼。被称为耄与悼的老人和幼儿，即令有罪，也不对他们判刑。百岁老人叫做期，儿孙要尽心加以供养。

【原文】

大夫七十而致事，若不得谢①，则必赐之几杖，行役以妇人，适四方,乘安车②。自称曰"老夫"③,于其国则称名。越国而问焉,必告之以其制④。

**注释**

①谢:孔氏云:"谢犹听许也。"
②则必赐之几杖四句:郑玄说:"几杖、妇人、安车,所以养其身体也。"几可以凭,杖可以扶,妇人便于看护,安车是可以坐乘的小车。古者一般立乘,此车坐乘,故称安车。这些都是挽留老臣的优待措施。
③老夫:孔氏曰:"言己是老大夫也。必称老者,明君尊贤,臣老犹在其朝也。"
④越国二句:郑玄曰:"邻国来问,必问于老者以答之。制,法度。"这是一种解释。王安石曰:"越国而问,谓老者自有事越出他国,他国问之也。"这是又一种解释。今译文从郑注。

【今译】

大夫级别的官员,到了七十岁就可以把所掌管的事情交还君主而告老。如果告老未得允许,那么君主一定要赐给大夫几和杖,在本国因公外出,可以有妇人陪从。若出使异国,可以乘坐安车。在上述场合与人讲话,可以自称"老夫",但在朝廷上与自己的国君讲话则要自称己名。邻国来问,国君必问于老者以答之。

【原文】

谋于长者,必操几杖以从之①。长者问,不辞让而对,非礼也②。

**注释**

①必操几杖句:几杖是养老之具,"必操几杖以从之",是为了表示尊敬长辈。
②长者问三句:按《曲礼下》云:"侍于君子,不顾望而对,非礼也。"与此三句有相通之处,皆是礼尚谦让之意。

【今译】

和长辈商议事情,一定要随身带着几杖去。长辈有所问,如果不先谦让一番而回答,就不合乎礼的规定。

【原文】

凡为人子之礼,冬温而夏清①,昏定而晨省。在丑夷不争②。

注释

①清(qìng庆):凉。
②丑夷:犹言"侪辈"。丑的繁体字是"醜",而"醜"乃"侜"的借字。侜和夷都有平辈之意。《孝经·纪孝行章》:"在丑不争。"

【今译】

凡是作子女的都应做到冬天让父母过得温暖,夏天让父母过得凉爽,晚上替他们铺床安枕,早晨向他们问候请安。与平辈相处,不可发生争执。

【原文】

夫为人子者,三赐不及车马①,故州闾乡党称其孝也②,兄弟亲戚称其慈也,僚友称其弟也,执友称其仁也,交游称其信也。见父之执,不谓之进不敢进,不谓之退不敢退,不问不敢对③。此孝子之行也。

注释

①夫为人子者二句:这两句放在这里显得与上下文很不协调。万斯大《礼记偶笺》说,此二句下"当有阙文"。郑玄对这二句的解释是:"三赐,三命也。凡仕者,一命而爵,再命而受衣服,三命而受车马。"如果接受车马之赐,就有尊荣超过其父之嫌,故不受。王引之则认为"赐与予同义"。三泛指其多。《坊记》曰:"父母在,馈献不及车马。"注:"车马,家物之重者。"与此同意。万斯大亦有此说。今译文从王、万二氏。又《檀弓上》云:"未仕者不敢税人,如税人则以父兄之命。"税,谓以物遗人。所以译文加上"可以父亲的名义。"
②故州闾乡党称其孝也:如果将此句与上文"在丑夷不争"衔接,文义方觉贯通。又按《周礼·大司徒》,二十五家为闾,四闾为族,五族为党,五党为州,五州为乡。本是一些大小不等的各级行政单位。这里是本乡本土之意。
③见父之执四句:郑玄云:"敬父同志如事父。"

【今译】

凡是作儿子的,可以以父亲的名义将某些财物送人,把一般财物赠人,还可以商量,但绝对不能赠送车马。所以本乡本土都称赞他的孝顺,兄弟亲戚都称赞他的善良,同僚们都称赞他的敬爱兄长,同志们都称赞他的对人厚道,和他有来往的人也都称赞他的诚实可靠。见到父亲的同志,若不叫上前就不敢上前,若不叫退下就不敢退下,若不问,不敢首先发话。就像对待父亲一般。这样做才算是孝子的行为。

【原文】

夫为人子者,出必告,反必面①;所游必有常②,所学必有业③;恒言不称老。年长以倍,则父事之。十年以长,则兄事之。五年以长,则肩随之。群居五人,则长者必异席④。

注释

①出必告二句:这两句是互文,当理解为"出必面告,反必面告"。所以郑玄说:"告、面同耳。反言面者,从外来,宜知亲之颜色安否。"

②所游必有常:与《论语·里仁》的"父母在,不远游,游必有方"同义。方,常也。说是去甲地,就不可去乙地,以免父母悬念。

③业:木板,可以记事。马瑞辰《毛诗传笺通释·周颂·有瞽》:"至弟子之言学业、请业,皆谓书所问于板,以备遗忘。盖弟子之有业板,犹人臣之有笏。"

④群居五人二句:古代席地而坐,一席只容四人,五人中之年长者独居一席,也是敬长之意。

【今译】

作儿子的,出行之前一定要当面禀告父母,回到家里也要这样。出游必须有一定的去处。学习一定要有备忘的记事簿。平常讲话不可在自称中带有"老"字。对于年长自己一倍的人,应当待之如父;对于年长十岁的人,应当待之如兄;对于年长五岁的人,虽可以并肩而行,但仍须略微退后。平辈五人同居一处,应让年长者另坐一席。

【原文】

为人子者,居不主奥①,坐不中席②,行不中道③,立不中门。食飨不为概④,祭祀不为尸⑤。听于无声,视于无形⑥。不登高,不临深,不苟訾,不苟笑⑦。

【注释】

①奥:古代室中西南隅谓之奥。因为西南隅最为深隐,故谓之奥。奥是尊者平时所居之处,人子卑,当避开。

②坐不中席:孔颖达云:"共坐则席端为上,独坐则席中为尊,故卑者坐不得居中也。"

③行不中道:孔颖达说,古代道路分左右中,尊者走道中,故人子不得中道而行。于鬯则认为此"道"是庭中之道,不是户外之道。

④食(sì四)飨(xiǎng响):这是指以酒食宴请宾客。概:量,限量。孔氏云:"待宾馔具,事由尊者所裁,而子不得辄预限量多少也。"

⑤祭祀不为尸:宗庙之内尸最尊。尸,依礼要用所祭者之孙来充当。父在而子为尸,其父参加祭祀,则子将尊临其父,为人子者心不安,故避不为尸。

⑥听于无声二句:《祭义》云:"君子之所为孝者,先意承志。"是不待父母有所表示即已揣知其意,这就是"听于无声,视于无形。"

⑦不登高四句:郑玄云:"为其近危、辱也。"登高临深是近危,苟訾苟笑是近辱。

【今译】

作儿子的,家居不可占据室内的西南隅,不可坐在席的中间位置,不可走在路的当中,不可立在门的当中。遇有宴请宾客的事,如何招待,自有家长裁决,不可自作主张;举行祭祀的时候,不可充当尸的角色。要时刻留心父母的意旨,先意承欢,不要等到父母发话或指使才办。不要登高,不要临深。不随便诋毁他人,不随便嘻笑。

【原文】

孝子不服暗①,不登危,惧辱亲也。父母存,不许友以死②;不有私财。

注释

①服:事,行事。之所以"不服暗",孔颖达云:"一则为猝有非常,二则为暗中行事,好生物嫌。"

②父母存二句:孔颖达云:"若父母存,许友报仇而死,是忘亲也。亲亡则得许友报仇。"

【今译】

　　孝子不在冥暗之中做事,不行险以侥幸,怕给双亲带来不善教子的恶名。双亲健在,不应承诺为朋友报仇、卖命,也不应有私财。

【原文】

　　为人子者,父母存,冠衣不纯素①。孤子当室②,冠衣不纯采。

注释

　　①纯(zhǔn准):镶边。
　　②孤子:幼而丧父曰孤。据《深衣》,如果双亲健在,"衣纯以青";如果是孤子,衣纯以素。

【今译】

　　当儿子的,如果双亲健在,戴的帽,穿的衣,不可用素色镶边(因为那样有点像丧服)。主持家事的孤子,戴的帽,穿的衣,可用素色而不用彩色镶边,以此表达其持久的哀思。

【原文】

　　幼子常视毋诳①,童子不衣裘裳②,立必正方,不倾听。长者与之提携,则两手奉长者之手,负剑辟咡诏之③,则掩口而对④。

注释

　　①幼子常视毋诳:孔颖达举例说:"曾子儿啼,妻云:'儿莫啼,吾当与汝杀豕。'儿闻辄止。妻后向曾子说之,曾子曰:'勿教儿欺。'即杀豕食儿。"视,今之"示"字。
　　②童子句:郑玄说,童子不穿裘,是因为"裘太温,消阴气";童子不穿裳,是因为穿裳干活不方便。
　　③负剑辟咡(pì èr 僻贰)诏之:孔颖达云:"负,谓置儿背上也。剑,谓挟于胁下如带剑也。辟,倾也。咡,口旁也。诏,告也。长者或若负儿之时而与之语,当倾头以告之也。不正向之,令气不触儿也,亦令儿见长者所为而习之也。"
　　④则掩口而对:这是儿童模仿长者"辟咡诏之"的行为。掩口也是为了避免口臭袭人。

【今译】

切记不可给儿童做出说谎话的榜样。儿童不宜穿皮衣和裙子。儿童立必正向一方,不得作出歪头听人讲话的样子。如果长辈要拉着儿童的手走路,儿童就应双手捧着长辈的手。长辈在或背或抱小儿时应当倾头与语,小儿也应该掩口回答。

【原文】

从于先生,不越路而与人言①。遭先生于道,趋而进,正立拱手。先生与之言,则对;不与之言,则趋而退。从长者而上丘陵,则必乡长者所视②。登城不指,城上不呼。

注释

①从于二句:郑玄云:"尊不二也。"
②从长者二句:这是担心长者目力不济,看不清远方之物,有所问,弟子便于回答。

【今译】

跟随先生走路,不应跑到路的另外一边和别人说话。在路上碰见先生,要快步上前,正立拱手。先生和自己讲话,就回答;先生不与自己讲话,就快步退下。跟随长者登上丘陵,一定要向长者所视的方向视去。登上城墙,不要指东画西,不要大呼小叫,以免蛊惑人心。

【原文】

将适舍,求毋固①。将上堂,声必扬②。户外有二屦③,言闻则入,言不闻则不入。将入户,视必下④。入户奉扃⑤,视瞻毋回⑥。户开亦开,户阖亦阖。有后入者,阖而勿遂⑦。毋践屦,毋踖席⑧,抠衣趋隅⑨。必慎唯诺⑩。

注释

①将适舍二句:郑玄云:"固,犹常也。"解此二句为到人家家去,不能要求主人总是提供固定的东西,因为那件东西也可能这时恰巧没有。今译文未从郑,乃从孙希旦《集解》。

②将上堂二句:这是为了警告室内的人。
③户外句:古人入室,要把鞋子脱在户外。
④将入户二句:这是怕冲撞他人的隐私。
⑤奉扃(jiōng 垌):扃是门闩。奉扃,这里是两手向心作奉扃状,表示恭敬。
⑥回:旋转,这里指眼珠转来转去。
⑦遂:这里指把门关死。
⑧踖(jí 集):跨越。古人席地而坐,席分上下,依礼当从下而升,如从上而升,势必跨越席子,就不合理。《王藻》云:"升席不由前(即上),为躐席也。"也是这个意思。
⑨抠(kōu 叩上平声):提起。
⑩唯诺:唯与诺都是应答声,但唯比诺显得更恭敬。

【今译】
　　将要到别人家去,凡事当求合理,不可失之粗野。将要进入人家的堂室,一定要发出较大的声响。户外有两双鞋子,听见室内的说话声音才可进去,否则就不进去。将要进门,目光一定要向下。进门以后要神情肃敬,目光不要东张西望,上下扫视。如果门本来是开着的,就让它仍旧开着;如果门本来是关着的,就让它仍旧关着。如果后面还有人进来,就把门轻轻关上,但不能关紧。进门时不要踩着别人脱在户外的鞋。将入席位,不要跨越坐席,应提起裙子的下摆走向席位下角。坐定之后,要谨慎地应对。

【原文】
　　大夫、士出入君门,由闑右①,不践阈②。

注释
　　①闑(niè 聂)右:闑是古代门中央所竖之短木。王引之说"右"当作"左",字相似而误。可备一说。
　　②阈(yù 预):门坎。之所以不得践踏门坎,孔颖达说:"一则自高,二则不净,并为不敬。"

【今译】
　　大夫、士进出国君的大门,应由门橛的右边走,也不得践踏门坎。

【原文】

　　凡与客人者,每门让于客。客至于寝门,则主人请入为席,然后出迎客;客固辞①,主人肃客而入。主人入门而右②,客入门而左③。主人就东阶④,客就西阶⑤。客若降等,则就主人之阶⑥;主人固辞,然后客复就西阶。主人与客让登,主人先登,客从之,拾级聚足⑦,连步以上,上于东阶则先右足,上于西阶则先左足。

**注释**

①固辞:即再辞,推辞两次。孔颖达曰:"礼有三辞:初曰礼辞,再曰固辞,三曰终辞。"
②而右:因东阶在右。
③而左:因西阶在左。
④东阶:又叫"阼阶",是主人升降之阶。
⑤西阶:又叫"宾阶",是宾客升降之阶。
⑥客若降等二句:主人是大夫,客人是士,这就是降等。"就主人之阶",意思是客人自觉身份低下,不敢和主人分宾主抗礼。
⑦拾(shè 射)级:登阶。

【今译】

　　凡和客人一道进门,每到一个门口都要让客人先入。客人来至主人内室门口,主人要请客人稍等,而自己先进去铺好席位,然后再出来迎接客人,主人请客先入,客人要推辞两次,主人这才引导客人入室。主人进门后向右走,客人入门后向左走,主人走向东阶,客人走向西阶。如果客人身份较主人卑下,就应随主人走向东阶,要等主人一再谦让,然后客人才又拐回西阶。到了阶前,主客又互相谦让谁先登阶。谦让的结果主人先登,客人跟着,主人登上一阶,客人跟着登上一阶,每阶都是先举一足,而后举另一足与前足并拢,如此这般地一步接着一步地上去。上东阶的主人应先举右足,上西阶的客人应先举左足。

【原文】

　　帷薄之外不趋①,堂上不趋,执玉不趋②。堂上接武③,堂下布武④。室中不翔。并坐不横肱。授立不跪,授坐不立⑤。

【注释】

①帷薄句:郑玄曰:"不见尊者,行自由,不为容也。"
②堂上二句:堂上地方狭窄,所以不宜快步走;玉器贵重,执玉须小心,所以不宜快步走。
③接武:足迹相接,即前脚迹紧接着后脚印。武,足迹。
④布武:足迹散开,即前脚印和后脚印之间有一定的距离。
⑤授立二句:这样作是为了避免对方接受东西时忽而俯忽而仰的麻烦。跪与坐姿,都要两膝著地,但身子挺直,臀部不落在脚后跟上叫做跪,也叫长跪;臀部落在脚后跟上则为坐。

【今译】

在离帷帘遮挡较远的地方不要快步走,堂上不要快步走,手中拿着玉器时也不要快步走。堂上走路要用小碎步,堂下走路可以用大步,室内走路不可张开两臂。和别人坐在一起不可横起胳膊。把东西交给站着的人则自己不应跪,把东西交给坐着的人则自己不应立。

【原文】

凡为长者粪之礼①,必加帚于箕上。以袂拘而退②,其尘不及长者。以箕自乡而扱之③。奉席如桥衡④。请席何乡?请衽何趾?席南乡北乡,以西方为上;东乡西乡,以南方为上。若非饮食之客,则布席,席间函丈⑤。主人跪正席,客跪,抚席而辞。客彻重席⑥,主人固辞。客践席,乃坐。主人不问,客不先举。

【注释】

①粪:打扫席前。
②袂(mèi 妹):衣袖。拘(gōu 沟):遮蔽。
③乡(xiàng 向)通"向"。扱(xī 吸):郑玄说:"扱,读曰吸,谓收粪时也。"收粪,即撮垃圾。
④桥:井上桔槔。衡:横。桉:这里捧的是卷起来的席,不是舒展开的席,所以才能拿桥作比喻。
⑤若非三句:郑玄曰:"谓讲问之客也。函,犹容也。讲问宜相对。容丈,足以指画也。"师生之间即适合"席间函丈"。
⑥重席:双层席子。《礼器》:"礼有以多为贵者。天子之席五重,诸侯之席三

重,大夫再重。此以多为贵也。"主人设重席是表示恭敬,客撤重席是表示谦逊。

【今译】

　　凡是为长者扫除席前之礼,一定要用扫帚遮住畚箕。扫的时候要一手持帚扫地,一手举起衣袖遮住扫帚,边扫边退,这样就不会使灰尘飞扬,污及长者。撮垃圾时,要使畚箕朝向自己。双手捧席要横着,像井上桔槔那样左端昂起右端低垂。为尊者铺设坐席,要问面向何方;为尊者铺设卧席,要问脚朝何方。席是南北方向铺设的,以西方为尊位;东西方向铺设的,以南方为尊位。若不是请来吃饭的客人,席要散开些,一般说来,席与席之间要有一丈的距离。当主人跪着为客人整理席位时,客人也要跪着并且按住席子说不敢当。客人提出要撤去重叠的席子时,主人要一再地表示辞让阻止。客人就席之后,主人才能坐下。主人如果不问话,客人不可率先发话。

【原文】

　　将即席,容毋怍①。两手抠衣去齐尺②。衣毋拨,足毋蹶③。先生书策琴瑟在前,坐而迁之④,戒勿越。虚坐尽后⑤,食坐尽前⑥。坐必安,执尔颜。长者不及,毋儳言⑦。正尔容,听必恭。毋剿说,毋雷同。必则古昔,称先王。侍坐于先生,先生问焉,终则对。请业则起,请益则起。父召无诺,先生召无诺,唯而起⑧。侍坐于所尊敬,毋余席⑨。见同等不起。烛至起,食至起⑩。上客起。烛不见跋⑪。尊客之前不叱狗。让食不唾⑫。

注释

①怍(zuò 坐):变动脸色。
②齐(zī 资):通"齌",裳的下摆。衣,此处实指裳。
③蹶(guì 桂):行路急遽貌。
④坐:跪。孔颖达云:"坐亦跪也。坐通名跪,跪名不通坐也。"
⑤虚坐:空坐,即非饮食之坐。
⑥食坐尽前:孔疏云:"古者地铺席,而俎豆皆陈于席前之地,若坐近后,则溅污席,故尽前也。"
⑦儳(chàn 忏):孔颖达云:"儳,暂(即突然)也。长者正论甲事,未及乙事,少者不得辄以乙事杂甲事,暂然杂错师长之说。"

⑧父召无诺三句:诺与唯都是应答之辞,但答应"唯"比答应"诺"更加恭敬。

⑨侍坐于所尊敬二句:这就好比今天学生听老师讲课,要尽量坐在第一排,不要让第一排座位空着。这样做,一则表示尊师,二者便于后来者坐后边。

⑩烛至起,食至起:烛至表示天晚,应起身告辞;食至表示到了吃饭时候,也应起身告辞。

⑪烛不见跋:烛是火炬,跋是火炬柄,即火炬燃尽剩余的部分。客人发现火炬柄多了,就会意识到已经夜深了,该告辞了。

⑫让食不唾:如果吐口水,就像是嫌主人饭菜不好,这是不礼貌的举动。

【今译】

　　将就席,要仪容庄重,不可有失常态。两手提起衣裳的下缉,使下缉离地一尺左右,这样才不致于脚踩着衣裳。不要掀动上衣。迈步不要慌里慌张,以免脚下有失。如果在当行的路前放有先生的书册琴瑟,就要跪下来把它们移开,千万不可从上面跨越过去。不是饮食之座,应尽量往后坐;饮食之座,则要尽量靠前。坐要安稳,始终保持自然的神态。长者没有提及的事,不要随便插嘴打断。要神情端庄,恭恭敬敬地听先生讲话。不可把别人的见解说成是自己的见解,不可没有主见,人云亦云。说话一定要以历史事实为根据,也可引述先王之言为根据。在先生身边陪坐,先生问到自己,要等到他的问话终了再回答。向先生请教书本中的问题,要起立;请先生把不明白的地方再讲一遍,也要起立。父亲召唤时,不可用"诺"来答应;先生召唤时,也不可用"诺"来答应;应该用"唯"来回答,同时起立。在所尊敬的人身边陪坐,要尽量靠近,不要使自己的席端留有余地。见到同辈的人来,可不起立。见到执掌火炬的人来,要起立。见到端饭的人来,要起立。见到主人的贵客来,要起立。晚上座谈,不可使客人发现有许多火炬柄,否则,客人将误会为主人不欲留客久坐。在贵客面前不得大声喝斥狗。主人请客人进食时,客人不可吐口水。

【原文】

　　侍坐于君子,君子欠伸、撰杖屦①、视日蚤莫②,侍坐者请出矣。侍坐于君子,君子问更端,则起而对。侍坐于君子,若有告者曰:"少间③,愿有复也④。"则左右屏而待⑤。毋侧听,毋嗷应⑥,毋淫视,毋怠荒。游毋倨,立毋跛,坐毋箕,寝毋伏。敛发毋髢⑦,冠毋免。劳毋袒,暑毋褰裳⑧。

**注释**

①撰:拿取。
②蚤莫:蚤,通"早"。莫,"暮"的本字。
③少间(xián 闲):少许空闲时间。
④复:报告。
⑤屏(bǐng 丙):退避。
⑥嗷(jiào 叫):号呼之声。
⑦敛发毋髢(tì 剃):髢是假发。也叫髲(bì 必)。古人用纚(xǐ 喜),即宽一幅,长六尺的帛来束发,不使发垂。而假发是下披的。孔颖达云:"髢,髲也,垂如髲也。古人重发,以纚韬之,不使垂。"郑注:"髢,或为肆。"俞樾《礼记异文笺》说:"肆"有余义,如果将此句解释为要把头发收拾好,别叫垂下几绺来,也讲得通。
⑧褰(qiān 千):把衣裳提起来。

【今译】

　　在君子身旁陪坐,如果看到君子打哈欠伸懒腰,或是准备拿起手杖和穿鞋,或是据太阳的位置看时间的早晚,陪坐者就该主动告退了。在君子身旁陪坐,君子如果问及另外的事,陪坐者要起立回答。在君子身旁陪坐,如果有人进来说:"想借用片刻空闲,有话要讲。"这时候,陪坐者就应暂时避开,在不影响来人说话的地方等待。不要侧耳探听别人的说话,不要粗声大气地答应,不要转动眼珠斜看,不要做出无精打采的样子。走路不要露出傲慢的样子,站立时要双腿挺直,不可一腿直立,一腿打弯,坐着时不要像畚箕一样把双腿叉开,睡觉时不要俯卧。头发要用帛束好,不要让它像假发那样下垂。帽子不可随便脱下,干活时不要脱衣露体,热天也不要撩起裙子。

【原文】

　　侍坐于长者,屦不上于堂,解屦不敢当阶。就屦,跪而举之,屏于侧。乡长者而屦①,跪而迁屦②,俯而纳屦。

【注释】

①乡长者而屦(jù 聚):这是在陪坐者独退,长者下堂相送情况下才有的事,否则,不可能面乡长者穿鞋。

②跪而迁屦:郑玄说:"迁,或作还。"还,即旋转之旋。实际上,作"还"字是正确的。据俞樾说,脱置阶下的鞋子原是鞋头向外的,现在面向长者,所以旋转成鞋头向内了。

【今译】

凡在长者身旁陪坐,要把鞋子脱在阶下,不可穿着鞋子上堂。脱下的鞋子切莫放在当阶,以免妨碍后来者升堂。穿鞋时,要跪着拿起鞋子,退到一旁再穿。如果面向长者穿鞋,就要跪着把鞋子旋转180度,然后弯腰穿上。

【原文】

离坐离立①,毋往参焉。离立者,不出中间。男女不杂坐,不同椸枷②,不同巾栉,不亲授。嫂叔不通问,诸母不漱裳。外言不入于梱③,内言不出于梱。女子许嫁,缨④,非有大故⑤,不入其门。姑、姊、妹、女子子⑥,已嫁而反,兄弟弗与同席而坐,弗与同器而食。父子不同席。男女非有行媒,不相知名;非受币⑦,不交不亲。故日月以告君,齐戒以告鬼神⑧,为酒食以召乡党僚友,以厚其别也。取妻不取同姓⑨,故买妾不知其姓则卜之⑩。寡妇之子,非有见焉,弗与为友⑪。

【注释】

①离:偶,成双成对。

②椸枷(yí jià 宜架):衣架。《考文》引古本无"枷"字。郑玄也说:"椸,可以枷衣者。"单独一个椸字也是衣架之义。臧琳《经义杂记》据此以为"枷"字是衍字。

③梱(kǔn 捆):通"阃",古代妇女居住的内室。

④缨:缨究竟是个什么东西,郑玄也只是说"盖以五采为之,其制未闻"(《仪礼·士昏礼》注)。后人就更说不清楚了。这个缨,在新婚之夜由丈夫亲手解下。

⑤大故:指灾祸丧病一类事情。

⑥女子子:即女儿。孔颖达说:"女子子者,谓已嫁女子。不直云'女子'而云'女子子'者,案郑注《丧服》云,女子重言子者,别于男子。"

⑦受币：从女方的立场上讲叫受币，如果从男方的角度讲就叫纳币，即男方向女方交纳财礼。纳币，相当于后代的订婚礼。

⑧齐(zhāi 斋)戒以告鬼神：齐，通"斋"。斋戒，古人在祭祀前从精神、身体两方面所作的准备工作。精神方面要求摈除一切杂念，思想高度集中，身体方面要求沐浴、更衣、洁食。从《礼记》一书来看，尤注重精神方面。详见《祭义》。告鬼神：禀告祖先。从女方来讲，婚礼六礼中的每一环节，女方家长都要在家庙中祭告先祖。因为女儿是先祖的遗体，其父不得随便许人。如果男方父母早亡，新妇过门三个月要举行庙见之礼，这也是"告鬼神。"

⑨取妻不取同姓：取，"娶"的古字。下同。《白虎通·嫁娶》："不娶同姓者，重人伦，防淫泆，耻与禽兽同也。"这是从宗法、伦理的角度上讲的。从生理角度讲，同姓相婚，"其生不蕃"。上古族姓分别极严。和后代之姓不同。

⑩买妾不知其姓则卜之：《左传》昭公元年已有此语，并且说出自更早的古书。所谓"卜之"，不是卜妾的本姓，而是卜买此妾是吉是凶。

⑪寡妇之子三句：郑玄说："避嫌也。有见(xiàn 现)谓有奇才卓然，众人所知。"

【今译】

遇到两个人并排坐着或并排立着，自己就不要再插身其间。遇到两个人并立，不要从他们中间穿过。男女不可同坐在一起，不可共用同一个衣架，不可共用同一面巾和梳子，不可亲手互相递交东西。小叔和嫂嫂不互相问候。不可让庶母洗自己的下身衣裳。男人谈的事情不得让女人知道并干预，女人谈论的事情也不可让男人知道并干预。街谈巷议不得带入闺房；妇女在闺房所讲的话也不得拿到外边宣扬。女子订婚之后，就要头上佩戴彩带，表示已经有主了。没有大事，不得进入其居室之门。姑母、姐妹、自己的女儿，出嫁以后回到娘家，兄弟不可与之同席而坐，不可与之共用同一器皿进食。父子不可同席而坐。男女之间，如果没有媒人往来提亲，就不知道对方的名字；如果女方还没有接受财礼，双方就不会有交往，更不会关系亲密。因此，结婚的年月日要向官方登记，还要斋戒禀告祖先，还要置办酒席邀请乡邻、同事、朋友，如此郑重其事，就是为了强调男女之别。娶妻不得取同姓女子，所以买妾不知她的本姓，就得通过占卜决定可否。寡妇的儿子，除非表现出具有卓异的才能，不得和他交朋友。

【原文】

　　贺取妻者曰:"某子使某,闻子有客,使某羞①。"贫者不以货财为礼,老者不以筋力为礼②。

**注释**

　　①贺取妻四句:某子,指祝贺者。有客:即上文之"为酒食以召乡党僚友",也可以说是娶妻的又一说法。羞:进献。此指进献酒食。

　　②贫者二句:这两句体现了礼的灵活性,即量财而行,量力而行。"筋力为礼",指起立跪拜之类。

【今译】

　　祝贺娶妻者,如果祝贺者本人不在场,其所派使者应当这样说:"是某君派我来的,某君听说您要宴请宾客,特派我来进献一点酒食。"对于贫穷的人,就不必苛求他非要以货财为礼了;对于年老的人,就不必苛求他非要以体力为礼了。

【原文】

　　名子者,不以国,不以日月,不以隐疾,不以山川①。男女异长②。男子二十,冠而字③。父前子名,君前臣名。女子许嫁,笄而字④。

**注释**

　　①名子者五句:郑玄说:国名等等都是常用字,若用作人名,则其人死后,便难以避讳。暗疾为名,则不雅驯。不以国,是指不以本国国名为名。"不以日月",一说是不以日、月二字为名,一说是周人以天干地支纪月日,"不以日月",就是不以"甲乙丙丁"和"子丑寅卯"等字为名。为儿子取名之法,《左传》桓公六年所载较此为详,可以参看。

　　②男女异长:男女各自有其伯仲叔季。伯是老大,其余类推。

　　③冠而字:冠礼是男子成年的标志。在冠礼仪式上,要为被冠者取字。从此以后,人们称呼他,一般都要用字,不可再用名。

　　④女子二句:女子以许嫁为成人。《内则》:"女子十有五年而笄。"是十五岁时加笄。笄,簪子。

【今译】

　　为儿子取名,不要用国名,不要用日月之名,不要以身上的暗疾为名,不要用山川之名。男子有男子的排行,女子有女子的排行。男子到了二十岁,要举行加冠礼,并为他取字。在父亲面前,儿子仍须称名;在国君面前,无论臣子自称,或是臣子互称,都要称名。女子到了许嫁的年龄,就要挽个发髻并用簪子插定,并为她取字。

【原文】

凡进食之礼①:左殽右胾②,食居人之左,羹居人之右;脍炙处外,醯酱处内③,葱渫处末④,酒浆处右。以脯脩置者⑤,左朐右末⑥。客若降等,执食兴辞;主人兴辞于客,然后客坐。主人延客祭⑦,祭食,祭所先进。殽之序,遍祭之。三饭,主人延客食胾,然后辩殽⑧。主人未辩,客不虚口⑨。侍食于长者,主人亲馈,则拜而食;主人不亲馈,则不拜而食。共食不饱,共饭不泽手⑩。毋抟饭,毋放饭,毋流歠⑪,毋咤食⑫,毋啮骨,毋反鱼肉,毋投与狗骨,毋固获⑬,毋扬饭,饭黍毋以箸,毋嚃羹⑭,毋絮羹⑮,毋刺齿,毋歠醢。客絮羹,主人辞不能亨⑯;客歠醢,主人辞以窭⑰。濡肉齿决,乾肉不齿决。毋嘬炙⑱。卒食,客自前跪,彻饭齐以授相者⑲。主人兴,辞于客,然后客坐。侍饮于长者,酒进则起,拜受于尊所⑳。长者辞,少者反席而饮。长者举未釂㉑,少者不敢饮。长者赐,少者贱者不敢辞。赐果于君前,其有核者怀其核。御食于君㉒,君赐馀,器之溉者不写㉓,其馀皆写。馂馀不祭㉔,父不祭子,夫不祭妻㉕。御同于长者,虽贰不辞㉖,偶坐不辞㉗。羹之有菜者用梜,其无菜者不用梜。为天子削瓜者副之㉘,巾以絺㉙;为国君者华之㉚,巾以绤㉛;为大夫累之㉜,士疐之㉝,庶人龁之㉞。

注释

①凡进食之礼:从此句始,至"庶人龁之"止,杂明饮食之礼。

②左殽(yáo 尧)右胾(zì 字):殽,通"肴",带骨的肉。胾,切好的大块肉。

③醯(xī 息):醋。

④葱渫(yì 义):蒸葱。处末:郑玄说:"处醯酱之左。言末者殊加也。"意思是说,按照正馔的菜单是没有蒸葱的,现在有,是特地加上的。

⑤脯脩:干肉。分开来说,加姜桂锻治者谓之脩,不加姜桂而仅以盐乾之者谓之脯。

⑥朐(qú 渠):弯曲的干肉。

⑦祭:祭食。祭的方法是,在进食之前,把各种食品取出少许,放在食器之间

的地上,以表示对先代造出此种食品的人的报答。

⑧辩:通"遍"。下同。

⑨虚口:郑玄说:"虚口,谓酳也。"即饭后饮酒荡口,以清洁口腔及帮助消化。用浆荡口叫漱,用酒叫酳。

⑩泽手:两手互相切磨。这样易出手汗。出手汗则不洁。因为古人吃饭不用筷子而用手,而且是共器而食,所以要讲究手的卫生。

⑪歠(chuò):饮,喝。

⑫咤(zhà 诈)食:吃饭时口中弹舌作响。这样做有挑剔主人食物之嫌。

⑬固获:郑玄说:"欲专之曰固,争取曰获。"

⑭嚃(tà 榻):大口吞食。

⑮絮(chù 触):调和食物。

⑯亨:通"烹",烹调。

⑰疌(jù 聚):由于贫穷而礼不备。

⑱嚽(chuài 踹):郑玄说:"嚽,谓一举尽脔。"这是贪吃之相。

⑲齐(jī 机):通"齑",指切成碎末的酱菜或肉。

⑳尊所:放酒樽的地方。尊,通"樽"。孙希旦说:"必拜受于尊所者,此盖长者亲酌而赐之,故于尊所拜受,不敢烦长者至己席前而授之也。"

㉑釂(jiào 叫):饮尽杯中酒。

㉒御:劝侑曰御。

㉓溉:洗涤。此指陶瓷类食器。不溉,指竹编类食器。写:从此器注入彼器。

㉔馂(jùn 峻):吃剩下的食物。特指吃他人剩下的食物。

㉕父不祭子二句:孔颖达云:"父得有子馂者,谓年老致仕,传家事于子孙,子孙有宾客之事,故父得馂其子馂。夫馂其妻馂者,谓宗妇与族人妇宴饮有馂,夫得食之。"

㉖贰:指与长者同样的一份饭菜。之所以对贰不辞,是因为这样丰盛的饭菜是冲着长者的面子来的,少者只不过是跟着沾光而已。

㉗偶坐:作为陪客与主人要请的客人坐在一起。

㉘副(pì 劈):剖分。

㉙绨(chī 吃):细葛布。

㉚华:从当中剖开。

㉛绤(xì 细):粗葛布。

㉜累:通"倮",裸露。此指不以巾覆盖。

㉝士疐(dì 蒂)之:郑玄说:"不中裂,横断去疐而已。"疐:同"蒂",花或瓜果跟枝茎相连的部分。

㉞龁(hé 河):咬,啃。

## 【今译】

凡陈设便餐,带骨的肉放在左边,切好的大块肉放在右边,饭食放在人的左手方,羹汤放在人的右手方;细切的肉和烤熟的肉放在盛肴馔的器皿之外,离人远些;醋和肉酱放在盛肴馔的器皿之内,离人近些。蒸葱放在醋和肉酱之左,酒和浆放在羹汤之右。如果还要摆设干肉,则弯曲的在左,挺直的在右。如果客人的身份较主人卑下,就应端着饭碗起立,说自己不敢当此席位,这时主人就要起身劝说客人不要客气,然后客人才又落座。主人请客人和他一道祭食。祭饭食的方法是,主人先摆上哪一种就先祭哪一种。祭肴馔的方法是逐一祭之,祭个遍。吃过三口饭后,主人要请客人吃切好的大块肉,然后请客人遍尝各种肴馔。如果主人尚未吃完,客人不可漱口表示已经吃饱。陪着长者吃饭,如果主人亲自布菜,要拜谢之后再吃;主人不亲自布菜,就不必拜谢,可以径自动手取食。大伙儿共同吃饭,要注意谦让,不可自顾自己吃饱。大伙儿共同吃饭,要注意手的卫生。不要把饭搓成团,不要把多取的饭再放回食器,不要大口喝,以免满口汁液外流,不要吃得啧啧作响,不要啃骨头,以免弄出声响,不要把咬过的鱼肉再放回食器,不要把骨头扔给狗,不要争着抢着吃好吃的东西,不要为了贪快而扬去饭中的热气,吃黍米饭不要用筷子,羹汤中的菜要经过咀嚼,不可大口囫囵地吞下,不要当着主人的面调和羹汤。不要当众剔牙,不要喝肉酱。客人如果调和羹汤,主人就要道歉,说不会烹调。客人如果喝肉酱,主人就要道歉,说由于家贫以至于备办的食物不够吃。湿软的肉可以用齿咬断,干硬的肉不可以用齿咬断,就须用手擘而食之。吃烤肉不要一口吞一大块。食毕,客人要从前面跪着收拾盛饭菜的食器并交给在旁服务的人,这时主人要连忙起身,说不敢劳动客人,然后客人再坐下。陪伴长者饮酒,看见长者将给自己斟酒就要赶快起立,走到放酒樽的地方拜受。长者说不要如此客气,然后少者才回到自己的席位准备喝酒。长者尚未举杯饮尽,少者不敢饮。长者有所赐,作晚辈的、作僮仆的不得辞让不受。国君当面赐食水果,有核的要把核藏在怀里,不可吐到地上。伺候国君吃饭,国君赐以剩余之食,这时就要看盛食之器是否可以洗涤。若是可以洗涤的食器,则就原器取食,不必倒入另外的器皿;若是不可以洗涤的食器,就要统统倒入另外的器皿取食。这是怕弄脏了国君的食器。吃剩余之食不须行祭食之礼。

父亲吃儿子剩余之食,丈夫吃妻子剩余之食,也都不祭。陪同长者参加宴会,如果主人厚待少者如同长者一样,少者不用说客气话。作为宴席上的陪客,也不用讲客气话。汤里如果有菜,就要用筷子来夹;如果没有,则不用筷子,只用汤匙。为天子削瓜,先削去皮,再切成四瓣,拦腰横切一刀,然后用细葛布盖上。为国君削瓜,先削去皮,再一分为二,也拦腰横切一刀,然后用粗葛布盖上。为大夫削瓜,只要削去皮即可,不盖任何东西。士人只切掉瓜蒂,再横切一刀。庶人在切除瓜蒂之后就捧着整个瓜啃吃。

【原文】

　　父母有疾,冠者不栉,行不翔,言不惰,琴瑟不御,食肉不至变味①,饮酒不至变貌,笑不至矧②,怒不至詈。疾止复故。有忧者侧席而坐③,有丧者专席而坐④。

注释

　　①食肉不至变味:孔颖达说:"许食肉,但不许多耳。少食则味不变,多食则口味变也。"
　　②矧(shěn 审):齿龈。郑玄说:"齿本曰矧,大笑则见。"
　　③侧席:独席。意谓只设自己独坐之席,不设待宾之席。因为心中忧虑,没有心思接待宾客。
　　④专席:单层席。吉时可坐重席。

【今译】

　　父母生病,成年的儿子由于心中忧虑,头忘记了梳,走路也不像平日那样甩开双臂,开玩笑的话也不讲了,乐器也不弹奏了,吃肉只是少量地吃一点,饮酒也不至于喝到脸红,没有开怀的大笑,发怒也不至于骂人。父母病愈,作儿子的才恢复常态。父母有病的人要独席而坐,父母去世不久的人只坐单层的席子。

【原文】

　　水潦降,不献鱼鳖①。献鸟者佛其首②,畜鸟者则勿佛也③。献车马者执策绥④,献甲者执胄,献杖者执末⑤,献民虏者操右袂⑥,献粟者执右契⑦,献米者操量鼓⑧,献孰食者操酱齐⑨,献田宅者操书致⑩。

> **注释**
>
> ①水潦降二句:郑玄说:雨水多时,鱼鳖也普遍的多,谁家也不希罕,所以不须献。
>
> ②佛:扭转。
>
> ③畜鸟:畜养之鸟,即家禽。
>
> ④献车马者执策绥:车马物体庞大,不易呈献,所以用策绥作代表。所以郑玄说:"设其大者,举其小者,便也。"以下各句仿此。
>
> ⑤献杖者执末:末端是拄地的一端,不洁,不可向人,故自执。
>
> ⑥右袂(mèi 妹):右手的袖子。右手比左手有力,故抓紧其右臂,以防其反抗。
>
> ⑦右契:符契的右边部分。符契分左右两部分,等于今天的一式两份,具有同等效力。
>
> ⑧量鼓:量米之鼓。鼓是量器名。《广雅·释器》:"斛谓之鼓。"是一鼓即一斛。
>
> ⑨孰:"熟"的本字。齐:通"齑",已见前注。
>
> ⑩书致:书契。致,通"质"。质也是一种契约文书。

【今译】

雨水多的时节,不须以鱼鳖献人。凡献野鸟要扭转其首以防其啄人,献家禽则不须如此。献车马者,只要呈上马鞭和登车索就可以了,献铠甲者,只要呈上头盔就行了。献手杖者,要自己手执杖的末端。献俘虏的时候要抓紧他的右臂。献粱、稻一类谷物者,只要呈上可以兑取的证券就行了。献米者,可以呈上量米的容器。献熟食者,要先送上酱类和切碎的腌菜。献田地房产者,只要呈上田契房契即可。

【原文】

凡遗人弓者①,张弓尚筋②,弛弓尚角③,右手执箫④,左手承弣⑤,尊卑垂帨⑥。若主人拜,则客还辟⑦,辟拜。主人自受,由客之左,接下承弣,乡与客并⑧,然后受。进剑者左首⑨。进戈者前其镦⑩,后其刃。进矛戟者前其镦⑪。

【注释】

①遗(wèi 慰):赠予。

②尚:通"上"。下同。筋:指弓弦。

③角:指弓背。

④箫:弓之末端。《释名·释兵器》:"弓,其末曰箫。箫,言梢也。"

⑤弣(fǔ 抚):弓背的中部。《释名》:"弓中央曰弣。弣,抚也,人所抚持也。"即弓中央人手所握处。

⑥尊卑:意思是只要二人身份地位相同。例如,同为大夫就是尊,同时士就是卑。不是说二人之中一尊一卑。垂帨(shuì 税):佩巾下垂。平时佩巾系腰间,弯腰行礼时佩巾就下垂。

⑦还辟:孔颖达说:"还辟,犹逡巡也。"

⑧乡与客并:与客人同向并立。因为弓是兵器,要避免二人对面授受,似作射状。

⑨进剑者左首:授剑者在右,受剑者在左,左首授剑,便于对方接受。首,指剑柄。

⑩镈(zūn 尊):戈柄末尾的圆球形金属套。

⑪镦(duì 队):矛戟柄末的平底金属套。总而言之,凡授人兵器,皆须避开兵刃。

【今译】

凡是送人弓的,如果弓弦已经张紧,就要弓弦向上,如果弓弦尚未张紧,就要弓背向上,同时右手拿着弓的一头,左手托着弓背的中部。授受双方彼此鞠躬为礼。如果主人下拜,客人要退避,避开主人的拜,表示不敢当。如果是主人自己接受弓,就要从客人左手方接住弓背的中部,用右手接住弓的下头,与客人面朝同一方向并排而立,然后接过弓来。送别人剑,要剑柄向右。送别人戈,要以戈柄朝前,戈刃向后。送别人矛或戟,也要以柄向前。

【原文】

进几杖者拂之。效马效羊者右牵之,效犬者左牵之①。执禽者左首。饰羔雁者以缋②。受珠玉者以掬。受弓剑者以袂。饮玉爵者弗挥。凡以弓剑、苞苴、箪笥问人者③,操以受命,如使之容。

【注释】

①效马效羊者二句：献马献羊用右手牵着，是因为用右手方便。献犬用左手牵着，是因为犬好咬人，腾出右手，以便随时制服恶犬。

②饰：覆盖。缋（huì 绘）：同"绘"。此指画布。

③凡以弓剑句：郑玄说："问，犹遗也。苞苴，裹鱼肉，或以苇，或以茅。箪笥，盛饭食者，圆曰箪，方曰笥。"

【今译】

送人几案和手杖，要擦拭干净。献马献羊要用右手牵着。献犬则用左手牵着。以鸟送人，要鸟头向左。以羊羔和雁送人，要在羊羔和雁身上蒙上彩色画布。接受珠玉，要用双手捧着。接受弓剑，要用衣袖承接。用玉杯饮酒，不要挥扬，以免失手打破。凡是被尊者派去赠送弓剑、苞苴、箪笥的人，在捧起这些礼物接受使命时，其仪态要像是臣受君命出聘他国那样。

【原文】

凡为君使者，已受命，君言不宿于家。君言至，则主人出拜君言之辱①；使者归，则必拜送于门外。若使人于君所，则必朝服而命之②；使者反，则必下堂而受命。

【注释】

①辱：敬词。有"惠临、劳驾"之义。

②孔颖达说："敬君，故朝服命使也。然命使者言朝服，则君言至亦朝服受之，互言之。"

【今译】

凡是被国君派作使臣的人，接到使命之后就不得在家逗留，要立刻出发。传达国君命令的使者来到，主人就要穿上朝服在门外拜迎使者，并说有劳尊驾。使者回去时，还要到门外拜送。如果派人到国君那里去，就得像亲自朝见国君那样，先穿上朝服再派遣使者。使者从国君那里回来，一定要下堂迎接使者带来的君命。

【原文】

博闻强识而让①,敦善行而不怠②,谓之君子。君子不尽人之欢,不竭人之忠,以全交也。

注释

①识(zhì 至):记住。
②敦:崇尚,注重。

【今译】

博闻强记而能谦让,乐于作善事而不懈怠,这样的人就叫做君子。君子不要求别人时时事事都说自己好,也不要求别人时时事事都要对得起自己,这样,交情才能始终保持。

【原文】

《礼记》曰:"君子抱孙不抱子①。"此言孙可以为王父尸,子不可以为父尸②。为君尸者,大夫士见之则下之,君知所以为尸者则自下之,尸必式③。乘必以几。齐者不乐不吊④。

注释

①礼曰句:孔颖达说:"祭祀之礼,必须尸。尸必以孙。今子孙并皆幼弱,则必抱孙为尸,不得抱子为尸。"活人而代表死者受祭叫尸。郑玄注《士虞礼》说:"尸,主也。孝子之祭,不见亲之形象,心无所系,立尸而主意焉。"
②此言二句:因为祖与孙昭穆相同,所以代表祖父受祭之尸必用其孙。而父子昭穆不同,所以子不可为父尸。
③式:通"轼"。轼是古代车箱前的横木。凭轼俯身行礼叫式。
④齐(zhāi 斋):通"斋"。斋的目的是为了集中全部心思,如果听着音乐或前去吊丧,就会分散心思。

【今译】

《礼经》上说:"君子抱孙不抱子。"这话的意思是,祭祖时,孙子可以充当代表祖父的尸,而儿子则不可。充当代表已故国君之尸的人,大夫和士遇到他都要下车致敬。如果国君知道某人是尸,也要下车致敬。而为尸者一定要凭轼答谢。尸登车时,要用几来垫足。斋戒的人,不可听音乐,也不可到别人家吊丧。

【原文】

　　居丧之礼:毁瘠不形①,视听不衰,升降不由阼阶,出入不当门隧②。居丧之礼:头有创则沐,身有疡则浴;有疾则饮酒食肉,疾止复初。不胜丧,乃比于不慈不孝。五十不致毁③,六十不毁,七十唯衰麻在身④,饮酒食肉,处于内⑤。

注释

　　①毁瘠:羸瘦。形:孔颖达说:"形,骨露也。"
　　②升降二句:阼阶是家长生前上下之阶,门隧是家长生前所走的门外当门之中道,孝子之所以不由阼阶,不当门隧,是由于孝子事死如事生,居丧思慕好像家长还活着一样。孔颖达说:"袝祭之后,孝子就可以升降由阼阶,出入当门隧。"
　　③致:极,过分。
　　④衰(cuī崔)麻:指孝服和腰绖、首绖。衰,同"缞"。后同。
　　⑤处于内:据本书《问丧》和《丧大记》,孝子居丧应住在倚庐内,不能住在平常的居室内。倚庐是搭在中门之外的简陋棚屋。七十岁的人可以住在居室内,这是一种照顾。

【今译】

　　居丧之礼:允许由于悲伤而消瘦,但不至于形销骨立,视力和听力不可衰退,上堂下堂不走家长常走的东阶,出入大门不走门外当门之中道。居丧之礼:头上生了疮,可以洗头;身上长了疮,可以洗澡。有了病,这是特殊情况,可以饮酒吃肉,但病愈之后就要照旧。如果悲伤过度坏了身体而不能承担丧事,那就等于不慈不孝。五十岁的人,允许因悲伤而消瘦,但不可过分。六十岁的人,可以不因悲伤而消瘦。七十岁的人,只须披麻带孝就行,可以饮酒吃肉,可以住在自己的居室内。

【原文】

　　生与来日①,死与往日。知生者吊,知死者伤②。知生而不知死,吊而不伤。知死而不知生,伤而不吊。

【注释】

①与:以。
②知生者吊二句:郑玄说:吊有吊辞,伤有伤辞。吊辞施于生者,伤辞施于死者。致毕吊辞、伤辞,都应哭泣。

【今译】

办丧事的规矩,凡是涉及生者的,如成服和持丧棒,应从死者死之次日开始计算;凡是涉及死者的,如殡敛和埋葬,应从死者死之当天开始计算。如果是与死者家属有交情的,应去慰问死者家属;如果是与死者本人有交情的,应去哀悼死者。只与死者家属有交情而与死者本人无交情,就只须慰问而不须哀悼;反之,则只须哀悼而不须慰问。

【原文】

吊丧弗能赙①,不问其所费。问疾弗能遗,不问其所欲。见人弗能馆②,不问其所舍。赐人者不曰来取③,与人者不问其所欲。

【注释】

①赙(fù 傅):拿钱财帮人办理丧事。
②见人:郑玄说:"见人,见行人。"
③赐人二句:王夫之说:给君子东西叫赐,给小人东西叫与。不让来取是对君子的尊崇,不问所欲是担心小人欲壑难填。

【今译】

慰问丧家,如果不能提供财物上的帮助,就不要问办丧事的花费。探视病人,如果不能有什么馈赠,就不要问病人需要什么。见到行人,如果不能留宿,就不要问他住在什么地方。赠人物品,不要叫人来取,而要派人送去,给人东西,不要问人想要与否。

【原文】

适墓不登垄①,助葬必执绋②。临丧不笑。揖人必违其位。望柩不歌。入临不翔。当食不叹。邻有丧,舂不相③;里有殡,不巷歌。适墓不歌,哭日不歌。送丧不由径,送葬不辟涂潦。临丧则必有哀色,执绋不笑,临乐不叹,介胄则有不可犯之色。故君子戒慎,不失色于人④。

**注释**

①垄:冢,坟包。
②绋(fú 伏):出殡时拉柩车用的大绳。
③相(xiàng 项):舂谷时的号子声。
④失色:表情与场合不一致。

**【今译】**

到墓地去,不要上到坟头上。参加葬礼必须助挽柩车。参加追悼,不可嬉笑。与人作揖,必须离开原位。望见运柩车,不可唱歌。进入丧家,走路不要张开两臂。吃饭时不可唉声叹气。邻居有丧事,即使在舂米时也不可喊号子。邻里有停殡待葬的,就不要在街巷中唱歌。到墓地上,不要唱歌。吊丧之日,不要唱歌。护送柩车,不要走小路。挽着柩车,不要只顾自己而避开路上的积水。参加追悼一定要有哀伤的表情。助挽柩车时不可嬉笑。听音乐时不可叹气。披上铠甲戴上头盔,就要表现出不可侵犯的神态。所以君子小心谨慎,在什么场合就要有什么场合的神态。

**【原文】**

国君抚式①,大夫下之。大夫抚式,士下之。礼不下庶人,刑不上大夫②。刑人不在君侧。兵车不式③。武车绥旌,德车结旌④。

**注释**

①抚式:古人乘车必正立,如果用手抓住式,上体略向前俯,就是致敬的表示。式,车箱前的横木。
②礼不下庶人二句:此二句犹言不为大夫阶层制刑,不为平民阶层制礼。换言之,法律条文中,没有大夫犯法受刑的条款,礼制条文中,也没有平民如何行礼的规定。因为大夫是贤者,贤者就很少犯法。即令犯法,劝令自裁,或先贬为庶人,然后用刑。而平民是贫贱者,贫贱者无物为礼,如果平民想按礼办事,可以参照士礼进行。这是古代社会等级制度的反映。
③兵车不式:兵车讲究的是武猛,不讲究谦让,所以不式。
④武车二句:武车,即兵车。取其武猛,即名武车;取其车上有兵器,即名兵

车。据《周礼·春官·巾车》,古代天子有五路,即五种乘车。其中的革路就是兵车,其中的王路、金路、象路、木路就是德车。因为这四路不用于军事,故曰德车。

【今译】

遇到国君凭轼行礼时,大夫就要下车示敬。遇到大夫凭轼行礼时,士就要下车示敬。礼制不下及于庶人,刑罚不上及于大夫。受过刑罚的人,不宜让他在国君左右。乘兵车时不须凭轼行礼。天子所乘的武车,旌旗是招展着的,意在宣扬威猛;天子所乘的德车,旌旗是缠在旗竿上的,以示德美于内,不尚赫奕。

【原文】

史载笔,士载言①。前有水,则载青旌②。前有尘埃,则载鸣鸢③。前有车骑,则载飞鸿④。前有士师,则载虎皮。前有挚兽,则载貔貅⑤。行,前朱鸟而后玄武,左青龙而右白虎⑥;招摇在上⑦,急缮其怒⑧,进退有度,左右有局⑨,各司其局。

【注释】

①史载笔二句:郑玄说:"谓从于会同,各持其职,以待事也。"会,盟会。同,诸侯共同朝见天子。史官负责记录国君的言行,士负责准备好有关盟辞的文件。
②青:青雀,一种水鸟。
③鸣鸢(yuān 渊):张开嘴的老鹰。鸢鸣表示风生,风生表示尘土飞扬。
④前有车骑二句:车骑,指战车。战车排列有序,所以竖起飞鸿之旗。鸿是大雁。大雁飞时也排列有序。
⑤貔貅(pí xiū 皮修):传说中的一种猛兽。
⑥前朱鸟二句:古代军事家按天文四宫布列前后左右军阵,而前后左右军阵的阵旗上也画着与天文四宫相应的禽兽。这里的前后左右,分别指南北东西。朱鸟,一本作"朱雀"。玄武,即龟。
⑦招摇:北斗第七星名,此处借指北斗。
⑧急缮其怒:郑玄说:"急,犹坚也。缮,读曰劲。军之威怒象天帝也。"
⑨局:部分。

【今译】

如果国君去参加会盟,随行的史官要负责携带文具,司盟的士要负责准备好有关盟辞。在队伍行进的途中,前面发现水,前导的警卫就竖起画有青雀的旌旗以警众;发现尘土飞扬,就竖起画有鸣鸢的旌旗以警众;发现车骑,就竖起画有飞鸿的旌旗以警众;发现兵众,就用竿子举起虎皮以警众;发现猛兽,就竖起画有貔貅的旌旗以警众。凡行军之阵,前锋以画有朱雀的旗子为标志,后卫以画有玄武的旗子为标志,左翼以画有青龙的旗子为标志,右翼以画有白虎的旗子为标志。中军则以北斗七星旗为令旗。所以士卒坚劲奋勇,如天帝之威怒。前进后退,都有一定的法度。左右两翼,也各有主官负责。

【原文】

父之雠,弗与共戴天。兄弟之雠,不反兵①。交游之雠,不同国②。

【注释】

①不反兵:不返回家里取兵器。
②本节所记,与本书《檀弓》《周礼·调人》《大戴礼·曾子制言》所记有差互,可参看。

【今译】

对于杀父的仇人,作儿子的必须与他拼个死活,什么时候杀了他什么时候才算罢休。对于杀害兄弟的仇人,要随时携带武器,遇见就杀。对于杀害朋友的仇人,如果他不逃到别国去,见即杀之。

【原文】

四郊多垒,此卿、大夫之辱也①。地广大,荒而不治,此亦士之辱也②。

【注释】

①四郊多垒二句:郑玄说:"辱其谋人之国不能安也。数见侵伐则多垒。垒,军壁也。"卿、大夫禄厚位尊,应该对敌人多次打到城下负责。
②士:孔颖达说:"士,邑宰也。"

【今译】

如果国都的四郊筑有许多防御工事,那是卿、大夫的耻辱。土地尽管广大,如果任其荒废而不加治理,那是地方官长的耻辱。

【原文】

临祭不惰①。祭服敝则焚之②,祭器敝则埋之,龟策敝则埋之,牲死则埋之。凡祭于公者③,必自彻其俎④。

【注释】

①临祭不惰:如果参预祭祀而有怠惰行为,鬼神就会拒绝享用祭品。
②祭服敝四句:孔颖达说:"若不焚埋,人或用之,则亵慢鬼神之物。"
③公:东周时期诸侯的通称,国君。
④必自彻其俎:孔颖达说:这是指士说的。如果是大夫参加助祭,国君就会派人把俎送到大夫家中。

【今译】

参加祭祀,不得怠惰。祭服破了要烧掉,祭器破了要埋掉,用于卜筮的龟策破了要埋掉,用于祭祀的牲口死了要埋掉。凡是在国君的庙里助祭的士,祭过神后,都要把应得的一份祭肉自己带回家中。

【原文】

卒哭乃讳①。礼不讳嫌名②,二名不遍讳③。逮事父母,则讳王父母④。不逮事父母,则不讳王父母。君所无私讳⑤,大夫之所有公讳⑥。《诗》《书》不讳,临文不讳,庙中不讳⑦。夫人之讳⑧,虽质君之前,臣不讳也。妇讳不出门。大功、小功不讳⑨。入竟而问禁⑩,入国而问俗⑪,入门而问讳⑫。

【注释】

①卒哭:祭名。按照规定,埋葬之后要举行虞祭,虞祭之后要举行卒哭之祭。卒是终止之意。所谓卒哭,就是终止此前的无时不哭。因为孝子从亲死之日起,至卒哭之前止,极度悲痛,所以无时不哭。卒哭之后,停止此无时不哭,改为朝夕各一哭。卒哭以前之祭是丧祭,卒哭属于吉祭。丧祭,是把死者当作活人看待;吉祭,是把死者当作神鬼对待。讳:避免称呼死者大名。
②嫌名:与人名读音相近的字。假设某人名禹,禹字当避,而与禹同音的雨、宇等字即可以不避。

③二名不遍讳:各本皆作"偏"。有的学者认为"偏"当作"遍",如段玉裁;有的持调停之说,认为"偏"通"遍",如朱大韶。郑玄的解释是:"偏讳,二名不一一讳也。孔子之母名征在,言在不称征,言征不称在。"

④逮事父母二句:陈澔说:"庶人父母早死,不闻父之讳其祖,故亦不讳其祖。"

⑤私讳:家讳,即避免称呼自家尊长的大名。

⑥公讳:君讳。

⑦庙中不讳:这是有条件的。如果是祭祖,则讳祖不讳父,这叫做"尊无二也"。如果是祭父,则父、祖并讳,这叫做"於下则讳上"。

⑧夫人之讳:国君之妻的家讳。因为臣於夫人之家恩远,故不避夫人之家讳。

⑨大功、小功不讳:五等丧服的名称及顺序是:斩衰、齐衰、大功、小功、缌麻。斩衰、齐衰是与死者关系较亲近者所著,大功以下则是与死者关系较疏远者所著。此言大功以下不讳,则大功以上当讳。

⑩竟:同"境"。

⑪国:城中。

⑫门:指别家之门。

【今译】

行过卒哭之祭,就要避免称呼死者之名。但据礼的规定,与死者之名读音相同的字可以不避,双字之名只要避其一字即可。如果赶上侍奉父母,就要避讳祖父之名;如果未赶上侍奉父母,则可不避讳祖父之名。在国君面前不避家讳,在大夫面前则应避国君之讳。读《诗经》《尚书》等经典,不须避讳;写文章,不须避讳;否则将辞不达意,闹出笑话。庙中的祭文和祝辞,不须避讳。国君夫人的家讳,即令是在和国君对话,臣子也不须避。妇人之名讳,仅限于家门之内。对大功、小功的亲属,不须避讳。凡是到了一个新地方,要先打听当地的禁忌;进到城里边,要先打听城里的风俗;进到别人家,要先打听主人的家讳。

【原文】

外事以刚日,内事以柔日①。凡卜筮日,旬之外曰"远某日",旬之内曰"近某日"。丧事先远日,吉事先近日②,曰:"为日,假尔泰龟有常③,假尔泰筮有常。"卜筮不过三④。卜筮不相袭。龟为卜,策为筮。卜筮者,先圣王之所以使民信时日、敬鬼神、畏法令也,所以使民决嫌疑、定犹与也。故曰：疑而筮之⑤，则弗非也；日而行事，则必践之。

**注释**

①外事二句：吴澄说："郊、社、山、川之属，天下一国之神，皆外神也，故曰外事；宗庙所祭者，一家之亲，内神也，故曰内事。"本节中的"事"字，都是祭祀之意。刚日：单数日，即天干中的甲丙戊庚壬五日。柔日：双数日，即天干中的乙丁己辛癸五日。一旬之内有五个刚日五个柔日。

②丧事先远日二句：丧事是指葬与练祥而言，吉事是指祭祀天神地祇和冠礼、婚礼之类。丧事先卜远日，这是表示孝子不忍速葬其亲。吉事先卜近日，这是表示子孙急于祭享其亲。

③泰：尊敬之辞。泰龟，犹言尊敬的龟。

④卜筮不过三：郑玄的解释是，初卜不吉，再卜不吉，三卜不吉，就不再卜第四次。筮同。

⑤疑而筮之："筮"字前面省了个"卜"字。

**【今译】**

祭祀家外之神要用单数日，祭祀家内之神要用双数日。凡用卜筮的办法来择定吉日，本旬以外的日子称作"远某日"，本旬之内的日子称作"近某日"。丧葬等事，应先卜远日；祭享等事，应先卜近日。卜时要说："卜个吉日，借助泰龟判个吉凶，泰龟的灵验是一贯的。"筮时要说："筮个吉日，借助泰筮判个吉凶，泰筮的灵验是一贯的。"不管是用卜或用筮，都不能超过三次。用了龟卜，就不可再用蓍筮；用了蓍筮，就不可再用龟卜。用龟甲来判定吉凶叫做卜，用蓍草来判定吉凶叫做筮。卜与筮，这是古昔圣王用来使百姓相信择定的吉日吉时、崇敬祭祀的鬼神、畏服君长的法令而以神道设教的办法，同时也是使百姓在徘徊犹豫之时借以作出决断的办法。因为犹豫不决才进行卜筮，既已卜筮，就不可再对卜筮的结果产生怀疑，已定在那一天举行祭祀，就必须在那一天举行。

**【原文】**

君车将驾，则仆执策立于马前①。已驾，仆展轸效驾②，奋衣由右上③，取贰绥④，跪乘，执策分辔⑤，驱之五步而立。君出就车，则仆并辔授绥，左右攘辟⑥。车驱而驺⑦，至于大门，君抚仆之手，而顾命车右就车⑧。门闾、沟渠，必步⑨。

凡仆人之礼，必授人绥。若仆者降等⑩，则受；不然则否。若仆者降等，则抚仆之手；不然，则自下拘之⑪。

**注释**

①则仆句：这样做的目的，一是为了监视驾车，二是为了防止马乱动。仆，驾车者。古代驾车的仆，都是有一定身份的人，或为大夫，或为士，并非贱民。

②转(líng 灵)：车轮(从段玉裁《说文解字注》之说)。效：郑玄解作"禀告"，王引之解作"试验"，今从王说。

③奋衣：振衣去尘。

④贰绥：副绥。绥是登车时手拉的引绳。绥有两种：一是副绥，为驾车之仆和充任警卫的车右登车所用；二是正绥，为国君登车所用。

⑤分辔：假设一车套有四马，每一马有二辔，四马则八辔。四马中之二骖马之内辔系于轼前，尚余六辔，两手各执三辔，是谓分辔。下文的"并辔"，则是将一只手中的三辔并到另一只手中。

⑥攘辟：退开。攘，古"让"字。

⑦驱(qū 屈)：通"趋"，快走。

⑧车右：勇力之士，主要负责国君的保卫。因立于车右，故名车右。又叫"骖乘"。孔颖达说："车行则有三人：君在左，仆人中央，勇士在右。"

⑨门闾、沟渠，必步：这样做是因为，第一，路过城门、里门时，国君必凭轼致敬，此时车右应下车；第二，沟渠是险阻之处，担心车子倾覆，车右须于此时下车扶持。

⑩若仆者降等：假设士为大夫驾车、大夫为卿驾车，这就叫"仆者降等"。

⑪不然二句：这是双方身份相同时乘车者受绥的礼数，也是表示不敢当之意。拘(gōu 勾)：取。

**【今译】**

国君的乘车将要套马时，仆人应手执马鞭立在马前。马套好之后，仆人要检查车轮有无毛病并且试车。试车时，仆人要首先抖落衣服上的尘土，然后从右边拉着副绥上车，以跪姿乘坐，拿起马鞭，两手分握缰绳，驱车前行五步而止。国君出来登车时，仆人要一手把缰绳总握，用另一只手将正绥递给国君。国君登车之后，侍从们退向路的两边。车子开动以后，负责警卫的车右急忙跟在车后。车子走到大门口，国君按住仆人的手，示意停车，并回过头来命令车右登车。车子经过城门、里门和沟渠时,车右必须下车步行。凡是驾车的仆人,按礼来说,一定要把登车绳递给乘车者。如果驾车者的身份低于乘车者,乘车者就接受;不然的话,就不能接受。更具体地说,如果驾车者的身份低于乘车者,乘车者在接受登车绳时,应先用手按住驾车者的手,示意不敢当,然后再接受;如果双方身份相等,就应当从驾车者的手的下方直接取绳。

【原文】

客车不入大门。妇人不立乘①。犬马不上于堂②。故君子式黄发③,下卿位,入国不驰④,入里必式⑤。君命召,虽贱人,大夫、士必自御之⑥。介者不拜,为其拜而蓌拜⑦。祥车旷左⑧。乘君之乘车⑨,不敢旷左;左必式。仆御妇人,则进左手,后右手⑩。御国君,则进右手,后左手而俯。国君不乘奇车⑪。

### 注释

①妇人不立乘:因妇女体质弱于男子,故不立乘而坐乘。

②犬马句:因为犬马贱,不可以作为见面之礼,故不牵之上堂。

③故君子式黄发:郑玄说:"敬老也。发句言'故',明此众篇杂辞也。"从上下文来看,这里不当有"故"字。之所以有,是因为这句话是从他篇摘来的。《礼记》中此类情况颇多,读者宜留心。

④入国不驰:这是因为城内路上人多,车速快了容易伤人。

⑤入里必式:二十五家为里,里巷之首有门。这是表示对里中的贤人致敬。

⑥御(yà 迓):迎接。

⑦蓌(cuò 挫)拜:一说蓌即挫,将士著甲而屈拜,即挫损军威。一说蓌犹诈也,著甲在身,无法跪拜,只能作个拜的样子。卢植的本子"蓌"作"蹲",按卢本去译则是"因为著甲而拜如同蹲拜"。而,如也。

⑧祥车旷左:祥车又叫吉车。吉车,活着时所乘之车,葬时用作魂车。车上贵左,驾祥车者居右,空出左方,以为死者灵魂的神位。

⑨乘车:国君的从车。王者五路:玉、象、木、金、革。王者自乘一路,馀四路从行,即所谓乘车。

⑩仆御妇人三句:仆居车中央,妇人居车左,如果仆用右手执辔,距妇人近,容易发生磕磕碰碰,所以郑玄说是为了远嫌。

⑪奇(jī 积)车:不合制度的车。

【今译】

　　客人的马车不可驶入主人的大门,这是表示谦虚。妇女乘车不可站着。犬马不可牵到堂上。君子乘车时,遇到老年人要凭轼致敬,经过卿的朝位要下车示敬,进入城门不可驰骋。进入里门必须凭轼致敬。国君命人召唤,即使来人的地位低贱,大夫、士也必须亲自出迎,以示尊重君命。穿铠甲的人不拜,因为著甲而拜有损军容。祥车要空着左边的尊位。如果乘国君的从车,可千万不要空着左边的尊位,因为那样就意味着国君去世。既然是御者立在左边的尊位,为表示自己的局促不安,所以御者始终作凭轼之姿。为妇人驾车,要伸出左手执辔,右手后缩,这是为了避免嫌疑。为国君驾车,则要伸出右手执辔,左手后缩,朝国君略微俯身,以示敬意。国君不可乘奇邪不正之车。

【原文】

　　车上不广咳,不妄指①。立视五巂②,式视马尾,顾不过毂。国中以策彗恤勿驱③,尘不出轨。

**注释**

①车上二句:"不广咳"是为了避免自骄矜和惊众,"不妄指"是为了避免惑众。
②巂(guī 规):通"规"。车轮转一周为巂。
③策彗:以带叶的竹帚为马鞭。恤(sū 苏)勿:即搔摩。

【今译】

　　在车上不要大声咳嗽,不要随便指指点点。站着,视线达到车轮转动五周的距离;凭轼行礼时,视线只达到马尾;回头看时,视线不得超过车毂。进入国都就改用策彗轻轻搔摩驾车的马,降低车速,使尘土不至于飞扬到车辙之外。

【原文】

　　国君下齐牛,式宗庙①。大夫、士下公门,式路马。乘路马②,必朝服③,载鞭策,不敢授绥,左必式。步路马,必中道。以足蹙路马刍④,有诛。齿路马⑤,有诛。

[注释]

①国君二句:据孔疏可知,此二句当作"国君下宗庙,式齐牛",今译文即从此。
②路马:为国君驾车的马。因国君所乘之车名路,故名。路,同"辂"。
③朝服:朝见国君或在比较庄重场合穿的一种礼服,上身穿缁衣,下身著素裳。
④蹙(cù 醋):通"蹴",践踏。
⑤齿:年。这里是估量年龄之意。

【今译】

国君经过宗庙的门口要下车,遇见供祭祀用的牛要凭轼致敬。大夫、士经过国君的门口要下车,遇见路马要凭轼致敬。臣子驾驭路马,一定要穿上朝服,虽然带有马鞭,但备而不用,也不敢把登车的引绳递给别人;并且要站在车的左边,必须凭轼致敬。牵着路马步行,一定要走在道路正中。凡是践踏路马草料者,有罚;估量路马年龄者,有罚。

# 礼记全译

## 曲礼下第二

【题解】

郑玄《三礼目录》说:"义与前篇同。简策重多,分为上下。"

【原文】

凡奉者当心,提者当带。执天子之器则上衡①,国君则平衡,大夫则绥之②,士则提之。凡执主器,执轻如不克③。执主器,操币圭璧④,则尚左手;行不举足,车轮曳踵;立则磬折,垂佩。主佩倚,则臣佩垂;主佩垂,则臣佩委⑤。执玉,其有藉者则裼,无藉者则袭⑥。

注释

① 上衡:在胸口上面。衡,指与胸口齐平。
② 绥(tuǒ妥)之:郑玄说:"绥,读曰妥,妥之,谓下于心。"
③ 克:胜任。
④ 币:指缯帛。圭璧:瑞玉,用于祭祀或朝聘。
⑤ 主佩倚四句:这四句讲的是使臣与主国国君授受之礼。含有国君敬使臣一尺,使臣则敬国君一丈之意。
⑥ 其有藉者则裼(xī希)二句:藉,垫玉的彩板,又叫"缫"或"藻"。古人礼服之制,冬著裘,夏著葛;裘葛之上有罩衣,叫作裼衣;裼衣上又加正服(例如朝服或皮弁服等等)。敞开正服前襟,露出左袖而让人看见裼衣,这就叫裼;穿好左衣袖,掩好正服前襟,这就叫做袭。裼是为了表现内服之美,袭是为了掩盖内服之

美。作为使者,有时当裼,有时当袭。玉有藉则文,故使者亦裼以见美;玉无藉则质,故使者亦袭以掩美。

【今译】

　　凡捧东西,要让双手与胸口齐平;凡提东西,要让手与腰带齐平。如果捧的是天子的器物,就要双手高于胸口;如果捧的是国君的器物,就要双手与胸口齐平;如果捧的是大夫的器物,就要双手低于胸口;如果是士人的东西,单手提及腰带就行了。凡捧尊者的器物,尽管很轻,也要小心翼翼,好像捧不动的样子。凡捧尊者的器物,或捧着币帛瑞玉之类的礼品,应右手在下,左手在上,走路时要足不离地,拖着脚后跟,就像车轮转动时总是着地一样。站立时要像磬折那样地弯腰,使腰带上的佩玉自然下垂。如果国君直立,腰佩附贴在身,那么使臣就要弯腰,使腰佩自然下垂;如果国君弯腰使腰佩自然下垂,那么使臣就要高度弯腰,使腰佩垂及地面。使臣在捧玉时,如果玉下使用彩色垫板,则使臣要袒开正服的左襟,露出裼衣;如果玉下不用彩色垫板,则要掩好正服,不使裼衣露出。

【原文】

　　国君不名卿老、世妇①。大夫不名世臣、侄娣②。士不名家相、长妾③。君大夫之子,不敢自称曰"余小子"④。大夫、士之子,不敢自称曰"嗣子某"⑤,不敢与世子同名⑥。

注释

①卿老:指上卿。世妇:地位仅次于夫人的妾。
②世臣:父时老臣。侄娣:侄是妻之兄女,娣是妻之妹,皆为随同妻来为妾者。
③家相:帮助管理家事者。长妾:妾之先生子者。
④余小子:天子居丧时自称之辞。
⑤嗣子某:诸侯居丧时自称之辞。
⑥世子:即太子。世,通"太"。

【今译】

　　国君不可直唤上卿、世妇之名,大夫不可直唤世臣、侄娣之名,士不可直唤家相、长妾之名。国君和大夫之子居丧时,不可对人自称"余小子"。大夫与士之子居丧时,亦不可对人自称"嗣子某"。大夫与士之子不敢与太子同名。

【原文】

君使士射,不能,则辞以疾,言曰:"某有负薪之忧①。"侍于君子,不顾望而对,非礼也②。

注释

①负薪之忧:古代士自称有病的谦辞。忧,一本作"疾"。也称"采薪之忧"。
②侍于君子三句:这里是指多人陪伴君子,君子对多人发问,并非指名问一人。

【今译】

国君命士陪射,士人如果不会,就要借口有病,说"某有负薪之忧"。在君子身旁陪坐,君子有问,如果不环顾周围是否有胜于己者就贸然回答,是失礼的。

【原文】

君子行礼①,不求变俗。祭祀之礼,居丧之服,哭泣之位,皆如其国之故,谨循其法而审行之②。去国三世,爵禄有列于朝③,出入有诏于国④,若兄弟宗族犹存,则反告于宗后。去国三世,爵禄无列于朝,出入无诏于国,唯兴之日⑤,从新国之法。

注释

①君子行礼一节:本节所讲,都是为大夫士之离开本国而移居他国者而言。
②循:原作"脩",据王念孙说改。循,遵循。
③爵禄有列于朝:孙希旦说:"谓其宗族尚有为卿大夫者也。"
④出入:指遇到吉凶之事互相有往来。诏:告诉。
⑤兴:指被委任为卿大夫。

【今译】

君子虽然移居他国,行礼也不要务求改变故国的礼俗。例如祭祀的礼节,居丧的服制,哭泣死者的位置,等等,都要像在故国一样,小心地遵循故国的法度而审慎地加以实行。如果离开故国已超过三代,但家族中仍有在朝为官的,或遇到喜事丧事与国内尚有来往的,以及兄弟族人中尚有留在国内的,在这种情况下,遇到喜事和丧事,要派人回国报告宗子。如果离开故国已超过三代,家族中已没有在朝为官的,遇到喜事和丧事也与国内无来往的,则从被委任为居住国的卿大夫之日起,可以遵循居住国的法度。

【原文】

君子已孤不更名①;已孤暴贵,不为父作谥②。居丧未葬,读丧礼③;既葬,读祭礼④。丧复常⑤,读乐章。居丧不言乐,祭事不言凶⑥,公庭不言妇女。

**注释**

①君子已孤不更名:名是父起,如果父死更名,是忘本。父死为孤。

②谥(shì释):谥号。古代有地位的人死后,按照其生平行事给他定一个称号,即谥号。谥号有美有恶。

③丧礼:从始死到埋葬的各种礼节,如小敛、大敛、朝夕奠、殡葬等。

④祭礼:从葬后到服丧期满的各种礼节,如虞、卒哭、衬、小祥、大祥等。

⑤丧复常:有的本子作"丧毕复常"。

⑥祭事不言凶:祭是敬神的吉礼,故不得于祭时言凶事。

【今译】

君子于父亡之后不再更换名字。父亡之后,作儿子的突然发迹成为显贵,也不须为父定个美谥,因为那样做像是嫌弃父亲贫贱,不宜为贵人之父。居父母之丧,在未葬之前,应研究丧礼;已葬,应研究祭礼。居丧期满,恢复正常,就可以讽诵诗歌了。居丧时不谈乐事,祭祀时不谈凶事。在办公的地方不谈论有关妇女的事。

【原文】

振书端书于君前,有诛。倒策侧龟于君前①,有诛。龟策、几杖、席盖、重素、袗绤绤②,不入公门。苞屦、扱衽、厌冠③,不入公门。书方、衰、凶器④,不以告,不入公门。公事不私议。

**注释**

①策:卜筮所用的蓍草。

②席盖:席,所以坐卧。盖,所以蔽日与雨。重素:上衣下裳皆素,有似丧服。袗绤绤(zhěn chī xì 诊吃细):穿着葛布做的单衣。袗是单衣,这里作动词用。绤是细葛,绤是粗葛。穿着葛布做的单衣当内衣,露出肉来,不雅观,在家尚可,出门则必须外边再加上一层罩衣,即所谓裼衣。今人夏日不允许穿背心者进入公共场所,近之。《论语·乡党》:"当暑,袗绤绤,必表而出之(一定加上外衣才出门)。"

③苞屦:居丧穿的草鞋。扱(chā 插)衽:把深衣的前襟扱之于腰带。这是父母初死时孝子的打扮,以免号哭顿脚时踩着衣眼。厌(yā 压)冠:丧冠。孙希旦说:"丧冠而谓之厌冠者,以其无武(冠圈)而其状卑伏也。"

④书方:写有助丧者姓名及助丧者赠送物品的木板。衰(cuī 崔):孝子的丧服。凶器:明器。也叫冥器,专为随葬而制作的器物。

**【今译】**

在国君面前掸去文书上的灰尘,或者在国君面前整理文书,这表明准备工作没做好,都要受罚。在国君面前颠倒占卜用的龟策,也要受罚。臣子的龟策、几杖、席盖,或通身著素,有似凶服,或只穿一层单布内衣,形近猥亵,皆不可进入朝廷大门。穿着丧鞋,戴着丧冠,或是作扱衽打扮的,也不可进入朝廷大门。记载助丧者姓名及所赠物品的木板、孝服、冥器,不通过报告得到许可,也不可进入朝廷大门。公家的事不可私下议论。

**【原文】**

君子将营宫室①,宗庙为先,厩库为次②,居室为后。凡家造③,祭器为先,牺赋为次④,养器为后。无田禄者,不设祭器。有田禄者,先为祭服⑤。君子虽贫,不粥祭器⑥;虽寒,不衣祭服;为宫室,不斩于丘木⑦。

**注释**

①君子:此处指国君。

②厩库:厩是养马之所。库是车马兵甲存放之处,也泛指贮藏财物之处。

③家:指大夫。大夫称家。
④牺赋:从采地征收供祭祀用的牺牲。
⑤无田禄者四句:郑玄说:"祭器可假(借),祭服宜自有。"
⑥粥(yù誉):通"鬻",卖。
⑦丘:坟。

【今译】

　　国君将要营造宫室,应当先建宗庙,其次建厩库,最后才建自己的住室。大夫将要制造家具,应当先造祭器,其次是征收牺牲,最后才造自己饮食用的器具。没有田产俸禄的人,可以不置办祭器。有田产俸禄的人,先要备办祭服。君子虽贫,不可出卖祭器;虽寒,不可穿祭服御寒;建造宫室,不可从坟头上砍伐树木。

【原文】

　　大夫、士去国,祭器不逾竟①。大夫寓祭器于大夫,士寓祭器于士。大夫、士去国,逾竟,为坛位,乡国而哭;素衣,素裳,素冠②,彻缘③,鞮屦④,素簚⑤,乘髦马⑥,不蚤鬋⑦,不祭食⑧;不说人以无罪;妇人不当御。三月而复服⑨。

注释

①大夫、士去国二句:因为祭器是用君禄所造,携带出境使用,有辱祖先。
②素衣素裳表冠:从此句起,到"妇人不当御"止,郑玄解释其含义说:"言以丧礼自处也。臣无君,犹无天也。"
③彻缘:去掉里衣的彩色滚边,改为白色镶边。
④鞮(dī堤)屦:没有絇(qú渠,鞋头上的装饰,有孔,可以穿鞋带)的草鞋。
⑤素簚(mì幂):用白狗皮制作的车轼上的覆盖物。簚,又作"幂",《仪礼·既夕礼》作"鼏",音义皆同。
⑥髦马:鬃毛不加修剪的马。
⑦蚤(zhǎo爪)鬋:蚤,通"爪",这里指修剪指甲。鬋,这里指修剪胡须。
⑧祭食:见《曲礼上》注。
⑨三月而复服:据郑注孔疏,此节乃讲大夫、士在国境待放之礼,在国境如此待放三月,如果国君召还则还,不召则去。

【今译】

　　大夫、士因得罪国君而离开本国，不能携带祭器出境。大夫的祭器要寄放在本国大夫那里，士的祭器要寄放在本国的士那里。大夫、士因得罪而离开本国，过了国境以后，就要除地为坛，向着本国的方向哭泣。上穿素衣，下穿素裳，头戴素冠，去掉里衣的彩色镶边，穿着没有鞋鼻的草鞋，驾着鬃毛未加修剪的马，自己的指甲、胡须也不加修剪，不向别人辩解说自己无罪，吃饭时也不行祭食之礼，也不让妇人侍寝。如此这般地三个月，然后才恢复常态，起程而去。

【原文】

　　大夫、士见于国君①，君若劳之，则还辟②，再拜稽首③；君若迎拜，则还辟，不敢答拜。大夫、士相见，虽贵贱不敌，主人敬客则先拜客，客敬主人则先拜主人。凡非吊丧，非见国君，无不答拜者④。大夫见于国君，国君拜其辱。士见于大夫，大夫拜其辱。同国始相见，主人拜其辱。君于士，不答拜也；非其臣，则答拜之。大夫于其臣，虽贱，必答拜之。男女相答拜也⑤。

**注释**

　　①大夫、士见于国君：此处讲的是大夫、士出聘他国，进见他国之君。下文也有类似情况。

　　②还辟：逡巡，退让。

　　③再拜稽（qǐ企）首：先拜了又拜，然后磕头。这是臣对君之礼。详《檀弓上》注。

　　④凡非吊丧三句：吊丧是为了帮助办理丧事，不是来作客，所以孝子虽然拜己，己不答拜，不以客人自居。士进见本国国君，国君不答拜，因为尊卑悬殊。除此以外，礼尚往来，有拜则必答拜。

　　⑤男女相答拜也：有的本子写作"男女不相答拜也"，但皇侃、孔颖达都认为不应有"不"字。郑玄注解说："嫌远别不相答拜，以明之。"意谓虽然男女有别，如"男女不杂坐，不亲授。嫂叔不通问"等，但这并不妨碍男女之间相答拜。换言之，郑玄也认为不应有"不"字。实际上，这句经文正是针对只知男女有别并将其不适当的扩大化而发。

【今译】

　　出聘他国的大夫、士进见主国国君，国君倘亲加慰劳，大夫、士要闪身躲避,并再拜叩头。国君倘在门外迎而拜之,大夫、士也要闪身躲避,表示不敢接受其拜,自然也不答拜。不同国家的大夫与士相见,虽然身份不相当,但若主人尊敬客人,就先拜客;若客人尊敬主人,就先拜主人。总之,只要不是吊丧,不是士进见本国国君,受拜者都要回拜。大夫进见主国国君,国君要行拜礼感谢他的屈驾光临。士进见大夫,大夫也要如此行礼。同国之人初次相见,就不论身份高低,应由主人先拜,感谢客人的光临。国君对于本国的士,因地位悬殊,不须答拜;但对于他国的士,因为不是自己的臣子,则须答拜。大夫不能和国君相比,对于家臣,无论其贵贱,都要答拜。男女尽管有别,但互相答拜的礼也不可少。

【原文】

　　国君春田不围泽①,大夫不掩群,士不取麑卵②。岁凶,年谷不登,君膳不祭肺③,马不食谷,驰道不除④,祭事不县⑤;大夫不食粱⑥,士饮酒不乐。君无故玉不去身⑦,大夫无故不彻县,士无故不彻琴瑟。

【注释】

　　①泽:水草丛杂的地方。此指猎场。
　　②麑(ní 尼)卵:小鹿和鸟卵。
　　③君膳不祭肺:膳,美食之名。君膳日必有肉。礼,美食必祭。周人重肺,故食先祭肺。此言不祭肺,意谓不杀牲,也就是食无肉。统治者以此表示"自贬损,忧民也"。
　　④驰道不除:驰道,国君驰走车马之道。驰道上的草不除,备饥民采食。
　　⑤县(xuán 悬):同"悬"。指悬挂在笋虡(乐器支架)上的钟、磬一类乐器。据《周礼·春官·小胥》,天子的乐县,四面皆有,谓之宫县;诸侯仅三面悬挂乐器,谓之轩县;大夫两面,谓之判县;士一面,谓之特县。
　　⑥粱:此指精细小米。粱在古代为美食,通常只吃黍稷,以粱为加食。
　　⑦故:指灾患丧病等事。玉:佩玉。古人以玉比德,身恒佩玉,表明身恒有德。

【今译】

　　春天打猎,诸侯不可整个包围猎场,大夫不可一网打尽,士不可把小鹿和鸟卵也都取走,因为春天是万物繁殖之时,不可杀生太过。遇到荒年,庄稼没有收成,国君就不再杀牲吃肉,马也不用谷物喂食,驰道上的草也不除,祭祀时也不再奏乐。此时,大夫们不再加食稻粱,士人可以饮酒,但不得同时奏乐。如无重大变故,国君身上必总是佩玉,大夫家里必有判县,士人身边必有琴瑟。

【原文】

士有献于国君,他日①,君问之曰:"安取彼?"再拜稽首而后对②。大夫私行出疆,必请,反必有献。士私行出疆,必请,反必告。君劳之,则拜;问其行,拜而后对。

注释

①他日:异日。士献时未得见君,过了两天见之,故云"他日"。
②再拜稽(qǐ 企)首:详《檀弓上》注。

【今译】

士有所献于国君,过了两天,国君问士道:"从何处得到的所献之物?"士要先行再拜叩头之礼,然后回答。大夫因私事出境,必须报告国君得到许可,回来后还要献上土仪。士人因私事出境,也必须报告国君得到许可,回来后不必馈献土仪,但须报告国君销假。国君如果对出境返回者加以慰劳,要拜谢;如果问及旅途上的情形,要先拜而后回答。

【原文】

国君去其国,止之曰:"奈何去社稷也①?"大夫,曰:"奈何去宗庙也②?"士,曰:"奈何去坟墓也?"国君死社稷,大夫死众,士死制。

注释

①社稷:土神和谷神。旧时用为国家的代称。
②奈何去宗庙也:这与下文"奈何去坟墓也"互文。因为大夫也有坟墓,士也有宗庙。

【今译】

国君如果要离开自己的国家,左右应当劝阻他,说:"为什么要抛弃社稷呢?"如果大夫要离开自己的国家,左右要劝阻他,说:"为什么要抛弃自己的宗庙呢?"如果士要离开自己的国家,左右要劝阻他,说:"为什么要抛弃祖宗的坟墓呢?"国君应当为保卫社稷而死,大夫应当率领民众保卫国家,直到自己战死,士人应当为法制所规定的卫国责任而死。

【原文】

　　君天下,曰"天子"①。朝诸侯,分职授政任功②,曰"予一人"③。践阼,临祭祀,内事曰"孝王某",外事曰"嗣王某"④。临诸侯,畛于鬼神⑤,曰"有天王某甫"⑥。崩⑦,曰"天王崩"。复,曰"天子复矣"。告丧,曰"天王登假"⑧。措之庙,立之主,曰"帝"⑨。天子未除丧,曰"予小子"。生名之,死亦名之⑩。

注释

①天子:孔颖达说:王者以天为父,以地为母,是上天之子,又为天所命,子养下民,故尊称天子。

②分职授政任功:孙希旦说:职,《周礼》六官之职也。六官(天官、地官、春官、夏官、秋官、冬官)所治之事谓之政,所著政绩谓之功。

③予一人:这是天子自称及傧者(赞礼者)之辞。《白虎通》说:"王自谓一人者,谦也,欲言己才能当一人耳。臣下谓之一人者,以天下之大,四海之内,所共尊者一人耳。"

④内事二句:内事、外事:详《曲礼上》注。因为内事是祭祖宗,故称"孝王某","某"是名。因为外事是祭天地,故改"孝"称"嗣",嗣是继承之义。

⑤畛(zhěn 枕):致意,祝告。

⑥天王某甫:这个"某"不同于上文的"孝王某"、"嗣王某",这个"某"是天子的字,不是天子的名。甫,男子的美称。

⑦崩:下文云:"天子死曰崩。"

⑧登假(xiá 遐):天子死的委婉说法。犹言升天而去。假,通"遐",远。

⑨措之庙三句:措,安置。措之庙,实指祔祭。即卒哭祭毕,将死者的牌位按一定的顺序安置祖庙之中。天神曰帝。

⑩生名之二句:继位的天子如果在居丧时去世,因为生时称其为"小子王",则死后仍称为"小子王"。

【今译】

　　君临天下的人,天下之人都称之为"天子"。在诸侯朝见时,在分六官之职,授之以政,任之以功时,天子自称"予一人"。新天子登基,亲临祭祀,如果是自己的祖宗,祝辞上就写"孝王某";如果是天神地祇,祝辞上就写"嗣王某"。天子巡视诸侯,遣人致敬于诸侯国内诸神,祝辞要称"有天王某甫"。天子死了,史书上应该记作"天王崩"。为天子招魂,应高喊"天子回来吧!"为天子发讣告,应当说"天王升天而去"。把天子的牌位附于宗庙,牌位上应题写"某(谥号)帝"。天子未除去丧服时,不可称"予一人",而应称"予小子"。新天子如果在丧中去世,既然生前就称之为"小子王某(名)",那么死后也仍然这样称他。

【原文】

　　天子有后,有夫人,有世妇,有嫔,有妻,有妾①。天子建天官②,先六大③,曰大宰、大宗、大史、大祝、大士、大卜④,典司六典。天子之五官,曰司徒、司马、司空、司士、司寇⑤,典司五众。天子之六府,曰司土、司木、司水、司草、司器、司货⑥,典司六职。天子之六工,曰土工、金工、石工、木工、兽工、草工⑦,典制六材。五官致贡曰享⑧。

注释

　　①天子有后六句:案《昏义》:"古者天子后立六宫、三夫人、九嫔、二十七世妇、八十一御妻。"郑玄说:这里的"妻",即御妻,《周礼》谓之女御。这是天子的内助系统,后的地位最高,其余等而下之。
　　②天官:吕大临说:"大宗以下,皆事鬼神、奉天时之官,故总谓之天官。"
　　③大(tài 太):"太"的古字。下同。
　　④大宰:官名。掌协助天子治理邦国。周称冢宰,为天官之长。大宗:郑玄说即《周礼》之大宗伯,为春官之长,掌邦国祭祀、典礼等事。大史:主管历象岁时之官。大祝:主掌祈祷、礼仪之官。大士:主掌接引鬼神之官。大卜:主掌卜筮之官。案:自"天子建天官"以下,是所谓外官系统,但与《周礼》不尽吻合,这里也是大略言之。
　　⑤司徒:总管地方民众之官。司,主掌。徒,民众。司马:总管军事兵政之官。马,武也。司空:总管百物制造之官。空,冬季使民无空闲也。司士:掌百官朝位之官。司寇:总管刑罚之官。寇,指危害国家民众。

⑥司土:负责保管田粮之官。司木:负责保管木材之官。司水:负责保管水草之官。司草:负责保管薪刍之官。司器:负责保管器物之官。司货:负责保管钱财之官。

⑦土工:从事制造陶器之工匠。金工:从事金属加工制作之工匠。石工:从事雕琢玉石制品之工匠。木工:木匠。兽工:从事加工兽皮产品之工匠。草工:从事编织品制作之工匠。

⑧五官:孔颖达说:五官,指上文天子五官司徒以下各官。贡:功,成绩。享:献。

【今译】

天子的内官有后,有世妇,有嫔,有御妻,还有妾。天子设官,先设事鬼神、奉天时的天官,即大宰、大宗、大史、大祝、大士、大卜,此六官各按一定的法典行事。天子又设立总管人事的五官,即司徒、司马、司空、司士、司寇,此五官各自统辖所属各官。天子又设掌管府库之官六名,即司土、司木、司水、司草、司器、司货,此六官各司其职。为天子服务的工匠有六种,即土工、金工、石工、木工、兽工、草工,他们各自负责用其所长制造器物。到了年终,五官把一年的成绩报告给天子,这叫"享"。

【原文】

五官之长曰伯①,是职方②。其摈于天子也③,曰"天子之吏"。天子同姓,谓之"伯父"④;异姓,谓之"伯舅"。自称于诸侯,曰"天子之老"。于外,曰公;于其国,曰君。

九州之长⑤,入天子之国,曰牧。天子同姓,谓之"叔父";异姓,谓之"叔舅"。于外,曰侯;于其国,曰君。

其在东夷、北狄、西戎、南蛮,虽大曰"子"⑥。于内,自称曰"不谷"⑦;于外,自称曰"王老"。

庶方小侯⑧,入天子之国,曰"某人"⑨。于外,曰"子",自称曰"孤"。

注释

①五官之长曰伯:郑玄说:谓为三公者。
②是职方:伯是主管一个方面的大吏。职,主管。郑玄说:二伯分别主管东西

两面。自陕以东由周公主管,自陕以西由召(shào 邵)公主管。

③摈:负责接待客人者。

④伯父:孔颖达说:"伯者,长大之名;父乃同姓重亲之称也。"与今日所称"伯父"不同。

⑤九州:据《周礼·职方氏》,九州是扬州、荆州、豫州、青州、兖州、雍州、幽州、冀州、并州。每一州之中,天子选诸侯之贤者为牧。

⑥虽大曰子:九州以外的诸侯首领,虽有侯伯之地,但爵位不超过子爵,所以称之为"子"。

⑦不谷:不善。谦词。

⑧庶方小侯:指夷狄戎蛮地区的小诸侯。

⑨某人:某国人。此"某"字指代国名。如其是牟国之君,则称"牟人"。

【今译】

五官之长叫做伯,他们是主管国家一个方面的大吏。他们进见天子时,负责通报的要称之为"天子之吏"。他们如果是天子的同姓,天子就称之为"伯父"。他们如果是天子的异姓,天子就称之为"伯舅"。对于天下的诸侯,他们自称"天子之老"。在他们的封国以外,自称曰"公";在封国之内,自称曰"君"。

九州诸侯的首领,进入天子畿内,自称曰牧。他们如果是天子的同姓,天子就称之为"叔父";如果是天子的异姓,天子就称之为"叔舅"。对国外,自称曰侯;在国内,自称曰君。

散处四夷的诸侯的首领,如其朝见天子,负责通报的人就称之为"子"。他们在国内,自称曰"不谷";在国外,自称曰"王老"。

至于散处四夷的小诸侯,进入天子畿内,自称曰"某国人"。在国外,自称曰"子";在国内,自称曰"孤"。

【原文】

天子当依而立①,诸侯北面而见天子,曰觐②。天子当宁而立③,诸公东面,诸侯西面,曰朝。诸侯未及期相见④,曰遇;相见于郤地⑤,曰会。诸侯使大夫问于诸侯曰聘,约信曰誓,涖牲曰盟⑥。

注释

①依:也写作"扆"。郑玄注《仪礼·觐礼》说:"依,如今屏风也,有绣斧文,所

以示威也。"所以又叫"斧依"。依的位置在庙堂上正中。

②觐(jìn 晋):朝见天子。据《周礼·大宗伯》,诸侯朝见天子,季节不同,朝见的名称也不同,春天叫朝,夏天叫宗,秋天叫觐,冬天叫遇。朝礼、宗礼、遇礼已经散失,只有觐礼还保存在《仪礼》中。朝、宗、觐、遇,如笼统地讲,都可以叫做朝。

③宁(zhù 祝):殿门和屏风之间。

④未及期:未到约定之日及约定之地。

⑤郤(xì 隙):空隙。指两国交界之地。

⑥涖牲曰盟:在神面前杀牲,取牲血涂于口上,然后宣读盟书。一说先宣读盟书,然后各方涂血于口。

【今译】

天子背靠绣有斧文的屏风,面南而立,诸侯面向北而拜见天子,这叫"觐"。天子站在殿门与屏风之间,面南,诸公面向东、诸侯面向西而拜见天子,这叫"朝"。诸侯在约定的日期之前相见,叫做"遇"。诸侯在两国交界处相见,叫做"会"。诸侯之间派遣大夫互访,叫做"聘"。订立彼此必须信守的条约,叫做"誓"。书面订立条约,在神灵面前歃血宣读,叫做盟。

【原文】

诸侯见天子①,曰"臣某侯某"②。其与民言,自称曰"寡人"③。其在凶服④,曰"適子孤"⑤。临祭祀,内事,曰"孝子某侯某"⑥;外事,曰"曾孙某侯某"⑦。死曰"薨"。复,曰"某甫复矣"⑧。既葬,见天子,曰"类见"⑨。言谥曰"类"⑩。诸侯使人使于诸侯,使者自称曰"寡君之老"。

注释

①诸侯:指公、侯、伯、子、男五等诸侯。

②臣某侯某:前一"某"字指国名,后一某字指人名。如齐桓公名小白,就称作"臣齐侯小白"。如果该诸侯是男爵,则当称"臣某男某"。余类推。

③寡人:寡德之人。谦称。

④凶服:丧服。此句言尚未除丧。

⑤適(dí 嫡)子孤:孔颖达说:实际上应称"適子孤某"。適子,即嫡子。孤,丧

父之称。"某",指嫡子之名。

⑥孝子某侯某:"某侯某"的注释详本节注释②。

⑦曾孙:重孙。言已乃始封之祖之重孙。

⑧某甫:指以字称之。臣不得称君之名。

⑨既葬三句:按礼来讲,诸侯应于三年除丧之后才见天子,天子令其嗣位,才算正式成为诸侯。今既葬即见天子,尚未取得正式诸侯身份,故称"类见",谓类似正式诸侯之见也。类见与正礼相见的礼数不同。

⑩言谥曰类:王夫之说:"言,请也。类,当作'诔',哀辞也。不敢直言谥,求哀诔也。"

【今译】

诸侯朝见天子,自称曰"臣某侯某"。诸侯与本国百姓讲话,自称"寡人"。诸侯丧服未除,相礼者对吊宾称诸侯为"嫡子孤某"。诸侯主持祭祀,如果是祭宗庙中的列祖列宗,就自称"孝子某侯某";如果是祭天神地祇,就自称"曾孙某侯某"。诸侯死,史策上应记作"薨"。招魂时应呼其字,高喊"某甫回来吧"!已葬之后,继位的诸侯在丧中朝见天子,叫"类见"。继位的诸侯为去世的诸侯请谥,叫"类"。诸侯派使者聘于诸侯,使者自称"寡君之老"。

【原文】

天子穆穆,诸侯皇皇,大夫济济,士跄跄,庶人僬僬①。

注释

①天子穆穆五句:这五句都是讲仪容气度的,但尊卑不同。穆穆:深远貌,令人莫测高深。皇皇:盛大貌。济济(qí qí 齐齐):庄敬貌。跄跄(qiāng qiāng 锵锵):舒扬自得貌。僬僬(jiāo jiāo 胶胶):急促貌。

【今译】

天子的神态深邃,诸侯的神态显赫,大夫的神态庄敬,士的神态舒扬自得,庶人的神态毛手毛脚,小家子气。

【原文】

天子之妃曰后,诸侯曰夫人,大夫曰孺人,士曰妇人,庶人曰妻。

公侯有夫人,有世妇,有妻,有妾①。夫人自称于天子,曰"老妇";自称于诸侯,曰"寡小君";自称于其君,曰"小童"。自世妇以下,自称曰"婢子"。子于父母②,则自名也。列国之大夫,入天子之国,曰"某士"③;自称曰"陪臣某"④。于外曰"子"⑤,于其国曰"寡君之老"⑥。使者自称曰"某"⑦。

**注释**

①公侯有夫人四句:这里的"公侯",实指公侯伯子男五等诸侯。郑玄说:诸侯的内助系统贬于天子,无后与嫔。

②子:郑玄说:这个"子"字包括儿子和女儿。

③曰某士:这是傧者的叫法。某,指国名。实际上"士"字后边还应有一"某"字,指人名。例如《春秋》襄公二十六年,晋大夫韩起聘于周,傧者通报曰"晋士起"。

④陪臣某:陪臣,有双重臣子身份的人,如诸侯的大夫对于天子、大夫的家臣对于诸侯,都要自称陪臣。某,指人名。

⑤于外曰子:孙希旦说:"于外曰子,谓他国之人称之也。"子是对对方的尊称。

⑥于其国曰寡君之老:孙希旦说:这是国人对外介绍此大夫之辞。

⑦使者自称曰某:《经典释文》无"者"字,"使"字单独为句,王念孙认为当从。某,亦指人名。

**【今译】**

天子的配偶叫后,诸侯的配偶叫夫人,大夫的配偶叫孺人,士的配偶叫妇人,庶人的配偶叫妻。五等诸侯的内官有夫人,有世妇,有妻,有妾。诸侯的夫人,在天子面前自称"老妇",在他国诸侯面前自称"寡小君",在本国国君面前自称"小童"。自世妇以下,因其地位卑贱,所以自称"婢子"。子女在父母面前皆自称己名。诸侯的大夫到天子那里访问,负责通报的官员就称其为"某国之士某人",该大夫对天子则自称"陪臣某"。他国之人尊称此大夫曰"子",本国人对外介绍则称之为"寡君之老"。凡出使他国诸侯,皆自称己名。

**【原文】**

天子不言出,诸侯不生名,君子不亲恶①。诸侯失地,名;灭同姓,名②。

【注释】

①天子不言出三句:史书记载天子的活动不可用"出"字,用了"出"字就意味着天子犯有失去天下的罪恶;史书记载诸侯生前的活动,只能称其爵,不可称其名,否则就意味着诸侯犯有罪恶。对于天子、诸侯的这种罪恶,君子是不留情面的,就分别用"出"字、用称呼其名的办法表示批评。春秋僖公二十四年书"天王出居于郑"、庄公六年书"卫侯朔入于卫",就是通过书"出"、书名表示深恶痛绝的例子。案:本节所记,乃春秋公羊学派的观点。

②诸侯失地四句:春秋僖公二十五年:"卫侯燬灭邢。"邢与卫同姓,这是灭同姓称名的例子。又庄公十年:"荆败蔡师,以蔡侯献舞归。"献舞是蔡侯之名。这是失去国土被称名之例。

【今译】

史书记载天子的活动,不可用"出"字,否则就意味着他犯了失去天下的大恶;史书记载诸侯生前的活动,不可直呼其名,否则就意味着他犯有什么大恶。对于这些大恶,君子在记入史策时是毫不留情的。诸侯如果失去了国土,这是一种大恶,史书上就要称呼其名;诸侯灭掉同姓之国,这也是一种大恶,史书上也要称呼其名。

【原文】

为人臣之礼,不显谏①。三谏而不听,则逃之②。子之事亲也,三谏而不听,则号泣而随之③。君有疾饮药,臣先尝之。亲有疾饮药,子先尝之。医不三世,不服其药。

【注释】

①不显谏:臣子规劝君主改正错误,要讲究场合,讲究方式,有利于维护君主威信。

②三谏二句:君臣是义合关系,有义则合,无义则离。这也是公羊学派的观点。

③子之事亲三句:亲,指父亲。父子是血缘关系,无分离之理。

【今译】

为人臣之礼,在规劝国君过失时,要讲究方式、场合,不可有损其威严。如果多次规劝而国君仍不醒悟，臣子就可以离开他。做儿子的侍奉父亲，父亲有了过失，做儿子的多次规劝也不听，就应继之以号泣，希望感动父亲，使他知悟而改。国君生病吃药，臣子要先尝。父亲生病吃药，儿子要先尝。不是世代相传的医生，由于其医术不精，所以不服其药。

【原文】

　　儗人必于其伦①。问天子之年，对曰："闻之，始服衣若干尺矣②。"问国君之年，长③，曰："能从宗庙社稷之事矣④。"幼，曰："未能从宗庙社稷之事也。"问大夫之子，长，曰："能御矣。"幼，曰："未能御也。"问士之子，长，曰："能典谒矣⑤。"幼，曰："未能典谒也。"问庶人之子，长，曰："能负薪矣。"幼，曰："未能负薪也。"问国君之富，数地以对，山泽之所出。问大夫之富，曰："有宰食力⑥，祭器衣服不假⑦。"问士之富，以车数对。问庶人之富，数畜以对。

注释

①儗(nǐ 拟)：比拟。伦：类。
②对曰二句：因为天子至尊，所以既不敢言其年龄，又不敢言其所能。这与下文诸回答不同。
③长：孙希旦说："长，谓已冠。幼，谓未冠也。"孔颖达则说："十五以上为长，十四以下为幼。"
④能从宗庙社稷之事：从，从事，此为主持义。事，指祭祀。
⑤典谒：掌管宾客请见的传达。
⑥有宰食力：王念孙说"宰"是"采"的借字。采，即采地。食力，即采地人民所出的赋税。这是大夫财富的主要来源。
⑦衣服：指祭服。本篇上文云："有田禄者，先为祭服。"

【今译】

　　拿人作比拟的时候，一定要注意只有同类的人才能相比。若有人问天子的年龄，应该回答说："听说开始穿多长的衣服了。"若问国君的年龄，如果国君年长，就回答说："能主持宗庙社稷的祭祀了。"如其年幼，就回答说："还不能主持宗庙社稷的祭祀。"若问大夫之子的年龄，若其年长，就回答说："能驾驭马车了。"若其年幼，就回答说："还不能驾驭马车。"若问士人之子的年龄,若其年长,就回答说:"能接客传话了。"若其年幼,就回答说:"还不能接客传话。"若问庶人之子的年龄,若其年长,就回答说:"能负薪了。"若其年幼,就回答说:"还不能负薪。"若有人问起国君的财富,可先回答国土的总面积,再回答山泽的各种出产。若问起大夫的财富,可以回答:有采地若干,采地百姓提供的赋税有若干,祭器祭服用不着借。若问起士的财富,可答以士拥有的车数。若问起庶人的财富,可答以他拥有的牲口数。

## 【原文】

天子祭天地,祭四方,祭山川,祭五祀①,岁遍。诸侯方祀②,祭山川,祭五祀,岁遍。大夫祭五祀,岁遍。士祭其先。凡祭,有其废之莫敢举也,有其举之莫敢废也。非其所祭而祭之,名曰淫祀③。淫祀无福④。天子以牺牛⑤,诸侯以肥牛⑥,大夫以索牛⑦,士以羊、豕。支子不祭⑧,祭必告于宗子⑨。

### 注释

①天子祭天地四句:祭天,谓冬至日于南郊祭天。祭地,谓夏至日于北郊祭地。祭四方,指遥祭四方的五岳四渎。祭山川,指祭五岳四渎以外的小山川。五祀,指孟春祀户,孟夏祭灶,季夏祭中霤,孟秋祭门,孟冬祭行。另详《月令》注。
②方祀:祭所在地方之神。
③淫祀:滥祀,妄祭。
④淫祀无福:淫祀之神不享用祭祀者供奉的祭品,所以不会保佑祭祀者。
⑤牺:毛色纯一。
⑥肥牛:经过精心饲养的牛。
⑦大夫以索牛二句:孔颖达说:此处的大夫、士,是天子的大夫、士,不是诸侯的大夫、士。索牛,经过选择的牛。
⑧支子:即庶子,即除嫡长子以外的诸子和妾子。
⑨祭必告于宗子:宗子,指嫡长子。孔颖达说:"祖祢庙在適长子家,庶子贱,不敢辄祭。若宗子有疾,则庶子代摄可也,犹必告于宗子而后祭。"

## 【今译】

天子祭天神地祇,祭四方五岳四渎之神,祭山川之神,祭户神、灶神、中霤神、门神、行神,每年祭一遍。诸侯祭所在地方之神,祭其境内的山川,祭户神、灶神、中霤神、门神、行神,每年祭一遍。大夫祭户神、灶神、中霤神、门神、行神,每年祭一遍。士人只祭其祖先。祭祀哪些神是有常规的,有的神被前代废掉了后代也不敢恢复,有的神一直受前代供奉后代也不敢随便废掉。对不应当祭祀的神进行祭祀,这叫"淫祀"。淫祀是得不到神的保佑的。祭祀所用的牺牲,天子是毛色纯一的牛,诸侯是精心饲养的牛,大夫是经过挑选的牛,士人是羊或猪。凡庶子,换言之,凡非嫡长子,都不可主持祭祀,如果遇到特殊情况需要他主持祭祀,也要先向嫡长子禀告。

【原文】

凡祭宗庙之礼①,牛曰一元大武②,豕曰刚鬣③,豚曰腯肥④,羊曰柔毛⑤,鸡曰翰音⑥,犬曰羹献⑦,雉曰疏趾⑧,兔曰明视⑨;脯曰尹祭⑩,槁鱼曰商祭⑪,鲜鱼曰脡祭⑫;水曰清涤,酒曰清酌;黍曰芗合⑬,粱曰芗萁⑭,稷曰明粢⑮,稻曰嘉蔬⑯;韭曰丰本⑰,盐曰咸鹾⑱;玉曰嘉玉,币曰量币⑲。

注释

①凡祭宗庙之礼:下面讲的种种祭品,因为是让神享用的,异于人用,所以各有其美号,以备祝辞中使用。

②一元大武:元,头也。武,足迹。牛肥则足迹痕大。

③刚鬣(liè 猎):猪肥则颈毛刚硬。

④腯(tú 屠)肥:原作"腤肥",据段玉裁、王念孙说改(分见《说文注》《广雅疏证》)。人肥曰肥,兽肥曰腯。

⑤羊曰柔毛:羊肥则毛细柔。

⑥鸡曰翰音:鸡肥则鸣声长。翰,长。

⑦羹献:羹,人吃饭剩下的残羹剩汤,以此喂狗,狗即肥大,可以献祭于神。

⑧疏趾:雉肥大则足趾分散张开。

⑨明视:兔肥则目开而视明。

⑩尹祭:尹,正也。把肉脯割切得方方正正而祭。

⑪槁鱼曰商祭:槁鱼,干鱼。商,酌量,指酌量干鱼的干湿程度。

⑫脡祭:脡,直也。鲜鱼做熟后鱼体脡直。

⑬芗合:芗是五谷芬芳之气味。合,指粘。黍味香性粘,故称。

⑭芗萁:萁,茎。粱不仅味香,且茎高大。

⑮稷曰明粢(zī 资):此句之有无,前人曾有争论,今从其有者。王夫之说:"明,犹正也。稷为五谷之长,粢(谷物)之正也。"

⑯稻曰嘉蔬:嘉,美也。稻是菰蔬一类中之美者。

⑰丰本:根部发达。

⑱鹾(cuó 嵯):大盐。

⑲币曰量币:币,指帛。量币,因其长度固定,总是一丈八尺,故称。又叫"制币"。

【今译】

凡祭宗庙之礼,各种祭品皆有美号。牛称为"一元大武",猪称为"刚鬣",小猪称为"腯肥",羊称为"柔毛",鸡称为"翰音",犬称为"羹献",雉称为"疏趾",兔称为"明视";干肉称为"尹祭",干鱼称为"商祭",鲜鱼称为"脡祭";水称为"清涤",酒称为"清酌";黍为"芗合",粱称为"芗萁",稷称为"明粢",稻称为"嘉蔬";韭菜称为"丰本",盐称为"咸鹾";玉称为"嘉玉",帛称为"量币"。

【原文】

天子死曰崩,诸侯曰薨,大夫曰卒,士曰不禄,庶人曰死①。在床曰尸,在棺曰柩。羽鸟曰降②,四足曰渍③。死寇曰兵④。祭王父曰皇祖考,王母曰皇祖妣,父曰皇考,母曰皇妣,夫曰皇辟⑤。生曰父,曰母,曰妻;死曰考,曰妣,曰嫔⑥。寿考曰卒,短折曰不禄⑦。

注释

①天子死曰崩五句:这五句是讲死后称谓,尊卑不同。据郑玄说,自上颠坏曰崩,薨是颠坏之声,卒是终了,不禄是不终其俸禄,死者澌也,精神澌尽也。

②降:落地。落地不再飞起,就是死了。

③渍(zì 自):王夫之说:"渍,谓以汤泡去其毛。"

④死寇曰兵:因保卫国家被寇所杀而死叫兵。死寇者的子孙应得到国家抚恤。兵,犹今烈士。

⑤祭王父曰皇祖考五句:这是为神(即死者)更立尊号。王父,即祖父。皇祖考,也指祖父。前者是生前之称,后者是死后之尊称。皇,大也。下同。祖考,祖父。祖妣:即祖母。之所以称"妣",妣者,媲也,可以媲美于祖父。皇辟(bì 壁):王夫之说:"辟,君也,夫为妻之主也。"

⑥嫔:王夫之说:"嫔,宾也,言为夫所宾敬也。"
⑦寿考曰卒二句:郑玄说是对身有德行而未出仕者而言。

【今译】

　　天子死了,文告上称"崩",诸侯称"薨",大夫称"卒",士称"不禄",庶人称"死"。死者尚在床上,叫尸;死者已经入棺,叫柩。飞鸟死称"降",四足之兽死称"渍"。为保卫国家而牺牲者,称"烈士"。祭祀去世的祖父,称之为"皇祖考",祖母则称之为"皇祖妣",父则称之为"皇考",母则称之为"皇妣",丈夫则称之为"皇辟"。活着的时候,要用"父"、"母"、"妻"这些字眼,死了以后,要分别改用"考"、"妣"、"嫔"的字眼。对于有道德而未曾出来作官的人,如果是年老自然死亡,就比照大夫称为"卒",如果是短命夭折的,就比照士称为"不禄"。

【原文】

　　天子,视不上于袷①,不下于带。国君,绥视②。大夫,衡视③。士,视五步④。凡视,上于面则敖⑤,下于带则忧,倾则奸。

注释

①袷(jié 结):朝服、祭服的交领。与今人之西服交领处大致相当。
②绥(tuǒ 妥)视:下视。以视面为平视。下视,即视面部以下,但视线犹在袷上。
③衡视:平视。即正视其面部。
④士视五步:瞻视大夫以上,只许直视,不许旁视。士的部下瞻视士,直视的要求是上不及面下不过带,但又许旁视,旁视的范围是士人所在位置五步左右。
⑤敖:同"傲"。

【今译】

　　臣子瞻视天子,目光要上不及其交领,下不低于腰带。臣子瞻视国君,目光应在其面部以下,交领之上。大夫的部下瞻视大夫,可以目光平视,直视面部。士的部下瞻视士,允许旁视士的左右五步。凡瞻视尊者,如果目光高过对方面孔,就显得傲慢;如果目光低于对方腰带,就显得自己忧心忡忡;如果目光游移,眼珠左右滚动,就显得心术不正。

【原文】

君命,大夫与士肄①。在官言官,在府言府,在库言库,在朝言朝②。朝言不及犬马。辍朝而顾③,不有异事,必有异虑。故缀朝而顾,君子谓之固。在朝言礼,问礼对以礼。

注释

①肄(yì义):演习。
②在官言官四句:官是存放板图文书之处,府是存放宝藏货贿之处,库是存放车马兵甲之处,朝是君臣议政之处。
③辍(chuò绰)朝:罢朝。

【今译】

国君有命,欲做某事,大夫与士要事先演习。若君命涉及板图文书,就在官习议;若君命涉及宝藏货贿,就在府习议;若君命涉及车马兵甲,就在库习议;若君命涉及政事,就在朝习议。在议政之处不可言及犬马,否则有亵朝堂。已经散朝还回头看,即表明此人不是有别的事情欲讲未讲,就是此人对议定之事另有想法。所以,散朝以后还回头看,君子谓之粗鄙无礼。在朝廷上要言必称礼,问话要称引礼,答话也要称引礼。

【原文】

大飨不问卜①,不饶富。

注释

①大飨不问卜:大飨有数种,此"大飨",郑玄认为是祭祀东西南北中五天帝。祭祀按礼应当预先卜日,但因祭祀之神有五,若一一问卜,恐有吉有凶,使人无所适从,故不一一卜日,但总卜一次而已。

【今译】

祭祀五天帝的大飨,不每帝一卜时日,但总卜一次而已。祭品达到规定的数目即可,不可额外增加。

【原文】

凡挚,天子鬯①,诸侯圭②,卿羔③,大夫雁④,士雉⑤,庶人之挚匹⑥。童子委挚而退⑦。野外军中无挚,以缨、拾、矢可也⑧。妇人之挚:椇,榛,脯,脩,枣,栗⑨。

**注释**

①鬯(chàng 唱):古代祭祀用的香酒,以郁金香合黑黍酿成。

②诸侯圭:圭是玉制礼器的一种。据《周礼·大宗伯》,五等诸侯中的公侯伯用圭,子男用璧。

③卿羔:用羔的含义,《白虎通》说"取其群而不党"。

④大夫雁:用雁的含义,《白虎通》说"取其飞有行列也。"

⑤士雉:用雉的含义,郑玄说"取其守介而死,不失节也。"

⑥匹:后写作"鸭",即家鸭。用鸭的含义是取其不飞迁,如庶人但守耕稼而已。

⑦童子委挚而退:凡宾所献之见面礼,一般都由主人亲自拜受,唯献礼于国君,国君不亲受,而献者将礼品放到地上便退开。童子委挚而退,恰如成人之见国君委挚而退。

⑧缨:束于马颈上的皮带。驾车用。拾:射鞲。古代射箭时用的皮制护袖。

⑨椇(jǔ 举):即枳椇,又名拐枣。榛(zhēn 真):榛子。脯:干肉。脩:加入薑桂做成的干肉。椇榛等六物,是新妇初见公婆时的见面礼,其象征意义,孔颖达说:"椇训法也,榛训至也,脯训始也;脩,治也;枣,早也;栗,肃也。"表示新妇有法始至,脩身早起肃敬。

【今译】

凡见面的礼品,天子用鬯,诸侯用圭,卿用羊羔,大夫用雁,士用雉,庶人用鸭子。童子献给老师的见面礼,不用亲手递交,可以放到地上便走。在野外军中难以置办合适的见面礼物,因地制宜,用马缨、射鞲和箭代替也可以。妇人的见面礼,是拐枣、榛子、未加薑桂与加有薑桂的肉干、枣子、栗子。

【原文】

纳女于天子,曰"备百姓";于国君,曰"备酒浆";于大夫,曰"备扫洒"①。

> 注释

①纳女于天子六句：这一节讲的是结婚时婿有故未亲迎，女方派人将新娘送至婿家时的自嫌之词。"备百姓"，郑玄说："姓之言生也。天子皇后以下百二十人，广子姓也。"简言之，即充后宫之数，以繁衍子孙。"备酒浆"，犹言伺候丈夫饮食之事。"备扫洒"，犹言充任扫地洒水一类的贱役。

【今译】

结婚时，如果女儿是嫁给天子，女方的使者应当谦言"备百姓"；如果是嫁给国君，应当谦言"备酒浆"。如果是嫁给大夫，应当谦言"备扫洒"。

# 礼记全译

## 檀弓上第三

【题解】

　　檀弓是人名。因为本篇首章记檀弓之事,故以"檀弓"名篇。篇内多有称赞子游知礼之事,朱熹据此推测"《檀弓》恐是子游门人所作"(见《朱子语类》)。孙希旦说:"篇中多言丧事,可以证《士丧礼》之所未备;而天子诸侯之礼,亦略有考焉。然其中多传闻失实之言,亦不可以不知。"本篇的中心内容虽然是讨论丧葬之礼,但多是就事论事,显得结构零散。其中个别章节义理文采俱佳,为后人传诵不绝。"苛政猛于虎"等章即其例。和《曲礼》一样,由于本篇简策繁重,自郑玄作注时就分为上下二篇。

【原文】

　　公仪仲子之丧①,檀弓免焉②。仲子舍其孙而立其子③。檀弓曰:"何居④?我未之前闻也。"趋而就子服伯子于门右⑤,曰:"仲子舍其孙而立其子,何也?"伯子曰:"仲子亦犹行古之道也。昔者文王舍伯邑考而立武王,微子舍其孙腯而立衍也⑥。夫仲子亦犹行古之道也。"子游问诸孔子,孔子曰:"否!立孙⑦。"

【注释】

　　①公仪仲子:郑玄说他"盖鲁同姓"。公仪是氏,仲子是字。

②檀弓:鲁人之知礼者。姓檀,名弓。与公仪仲子是朋友关系。免(wèn 问):一种丧冠。郑玄注《仪礼·士丧礼》已经说不清楚免的形制,只引旧说解释说,免是布做的,宽一寸,从后脑勺而前交于额上,再向后绕于髻,就像汉代人的着幓头似的。另外,凡免必袒。袒,即肉袒,即脱去上衣左袖,露出左臂。这里只说"免",没有说"袒",是省文。袒免的场合有三:一是有服之亲属,二是出了五服的远亲,三是朋友皆在他邦,朋友死而身边没有亲属,活着的朋友临时为其主持丧事。今檀弓在国内吊朋友之丧,按规矩只应服缌麻的绖带,但却作袒免的打扮,这是故为非礼,以讽刺公仪仲子的舍孙而立子。

③舍其孙而立其子:舍其嫡长孙而立其庶子。周制,嫡长子死,当立嫡长孙为继承人,不得立嫡长子以外的其他儿子。

④居(jī 机):句末语气词,表疑问。

⑤子服伯子:公仪仲子之同宗兄弟。

⑥昔者二句:伯邑考是文王之嫡长子,武王之兄。《淮南子·氾论训》载有此事,高诱注曰:"文王废长立圣,以庶代嫡,圣人之权尔。"以权宜之计为解。衍是微子之弟。微子是殷人之后。殷制,兄死弟及,与周制不同。微子事略见《史记·宋微子世家》。

⑦立孙:立嫡长孙为后。孔子乃据周礼而下结论。因为公仪仲子是鲁人,与周同姓,当用周礼。

【今译】

公仪仲子的嫡子死了,他不立嫡孙为继承人,却立他的庶子为继承人。为了表示对这种作法的讽刺,檀弓故意戴着免去吊丧,并且说:"究竟是怎么回事啊?我可从来没听说过这样的作法。"他快步走到门右边去问子服伯子,说:"仲子舍其嫡孙而立其庶子,道理何在?"伯子为仲子打掩护说:"仲子也不过是沿袭古人的成例而已。过去,周文王舍弃嫡子伯邑考而立武王,宋微子不立嫡孙腯而立其弟衍,所以说仲子也不过是沿袭古人的成例而已。"后来,孔子的弟子子游就此事请教孔子,孔子回答说:"公仪仲子的作法是不对的,应当立嫡孙为后。"

【原文】

事亲有隐而无犯①,左右就养无方②,服勤至死③,致丧三年④。事君有犯而无隐⑤,左右就养有方⑥,服勤至死,方丧三年⑦。事师无犯无隐,左右就养无方,服勤至死,心丧三年⑧。

【注释】

①有隐而无犯:郑玄说:"隐,谓不称扬其过失。无犯,不犯颜而谏。"
②无方:陈澔说:"左右,即是方。子之于亲,不止饮食之养,事事皆当理会,言或左或右,无一定之方。"
③服勤:从事种种劳辱之事。
④致丧:孙希旦说:"极其哀戚以在丧也。"换言之,持丧时极其哀痛。
⑤事君有犯无隐:郑玄的注解是:对国君的过失已进行过规劝,此后如有人问起国政,不妨言其得失。
⑥有方:陈澔说:"臣之事君,当各尽职守,故曰有方。"
⑦方丧:比照父丧。《丧服四制》:"资于事父以事君,故为君亦斩衰三年。"
⑧心丧:戚容如丧父而无服。

【今译】

侍奉双亲,对其过失不可称扬,不可直言冒犯,或左或右地精心侍候,任劳任怨,直至双亲下世,极其哀痛地守丧三年。侍奉国君,对其过失已经直言不讳地加以规劝,如果再有人问起国事,也不妨直言其得失。精心侍候,恪尽职守,任劳任怨,直到国君下世,就比照丧父的礼节守丧三年。侍奉老师,对其过失不可直言冒犯,但也不可总是缄默,像对待双亲那样地精心侍候,直至老师去世,虽不披麻戴孝,但三年之中心中的悲哀犹如丧亲一般。

【原文】

季武子成寝①。杜氏之葬在西阶之下,请合葬焉②,许之。入宫而不敢哭。武子曰:"合葬非古也③。自周公以来,未之有改也。吾许其大④,而不许其细⑤,何居?"命之哭。

【注释】

①季武子:鲁公子季友之曾孙季孙夙。"武"是谥号。
②合葬:把后死者附葬于先死者的墓圹中。
③合葬非古也:这是季武子文过饰非的话。说"合葬非古",是要表明他夷平杜氏坟墓,并在此基础上建造住宅并没有错。
④大:指合葬。
⑤细:小。指哭泣。

【今译】

　　季武子建成一座住宅,其宅地原是杜氏墓地,杜家有人就葬在西阶之下。杜家新死了人,请求季武子允许合葬,季武子同意了。杜氏后人进入季武子的宅院不敢哭泣。季武子说:"合葬不是古制。自周公以来才有合葬,后来再没改变。我既然允许杜家人合葬,而不允许杜家人哭泣,是何道理?"于是让他们尽情哭泣。

【原文】

　　子上之母死而不丧①。门人问诸子思曰:"昔者子之先君子丧出母乎②?"曰:"然。""子之不使白也丧之,何也?"子思曰:"昔者吾先君子无所失道。道隆则从而隆,道污则从而污③。伋则安能?为伋也妻者,是为白也母。不为伋也妻者,是不为白也母。"故孔氏之不丧出母,自子思始也。

注释

　　①子上:名白,字子上。孔子的曾孙。母:此指出母,即被赶出家门之母。犹今言离婚改嫁之母。不丧:指不穿孝服。按照规定,父亲现在,儿子为出母应穿齐衰孝服一年;如果父亲已死,儿子又是父的继承人,就不再为出母穿任何孝服。
　　②子思:名伋,字子思。孔子之孙,子上之父。子思的父亲是孔鲤,字伯鱼。而孔鲤的父亲即孔子。孔子也曾经出妻。先君子:对亡父的尊称。
　　③污:郑玄说:"污,犹杀(shài 晒)也。"杀,减省。

【今译】

　　子上的出母死了,但子上没有为她穿孝服。子思的门人感到迷惑不解,就请教子思说:"从前您的父亲为出母带不带孝?"子思回答说:"带孝。"门人又问:"那么您不让您的儿子子上为出母挂孝,是何道理?"子思回答说:"从前我父亲的作法并不失礼。依礼,该提高规格时就提高,该降低规格时就降低。我孔伋怎么敢和先父相比呢?我的原则是:只要是我孔伋的妻子,自然也就是阿白的母亲;只要不是我孔伋的妻子,自然也就不是阿白的母亲。"所以,孔家的人不为出母挂孝,是从子思开始的。

【原文】

孔子曰①:"拜而后稽颡②,颓乎其顺也③。稽颡而后拜,颀乎其至也④。三年之丧,吾从其至者。"

【注释】

①孔子曰:这一节是讲三年之丧的丧拜何者为佳。
②拜而后稽(qǐ 企)颡(sǎng 嗓):拜,以首加手而拜。稽颡:叩头。颡,额头。案:拜是表示谢宾之来吊。稽颡是表示孝子丧亲的哀痛。
③颓:恭顺貌。
④颀(kěn 恳):恻隐貌。

【今译】

孔子说:"三年之丧,孝子有两种拜法。一种是先拜而后叩头,这种拜法突出了对宾的恭敬,于礼为顺。一种是先叩头而后拜,这种拜法突出了孝子的哀思,于情为至。三年之丧,应强调的是哀戚之心,所以我赞成后一种拜法。"

【原文】

孔子既得合葬于防①,曰:"吾闻之,古也墓而不坟②。今丘也,东西南北之人也,不可以弗识也③。"于是封之④,崇四尺。孔子先反,门人后,雨甚,至。孔子问焉,曰:"尔来何迟也?"曰:"防墓崩。"孔子不应。三⑤,孔子泫然流涕,曰:"吾闻之,古不修墓。"

【注释】

①孔子既得合葬于防:孔子之父先死,葬于防。防是鲁国地名。其后,母死,乃合葬于防。称"既得"者,因孔子少孤,不知父葬何处。详下"孔子少孤"节。
②古也墓地不坟:古,郑玄说指殷代。墓和坟的区别在于,埋葬之处无积土曰墓,埋葬之处积土成小丘,曰坟。
③识(zhì 志):作出标志。
④封:聚土。
⑤三:郑玄说:"三言之,以孔子不闻。"

【今译】

孔子终于把父母合葬于防之后,说:"我听说,古时的墓地上是不积土为坟的。现在我是个四处奔波的人,不可不做个标志。"于是就在墓上积土,高四尺。孔子先从墓地回家,弟子们还在墓地照料,一阵大雨之后,弟子们才来到家。孔子问他们,说:"你们怎么回来的这么迟?"弟子们答道:"防地的墓因雨而坍塌了,我们在那里修墓。"孔子没有作声。弟子们以为孔子没有听见,连说了三遍。这时,孔子才伤心地流下眼泪,说:"我听说过,古人是不在墓上积土的。"

【原文】

孔子哭子路于中庭①。有人吊者,而夫子拜之②。既哭,进使者而问故。使者曰:"醢之矣!"遂命覆醢。

注释

①孔子哭子路于中庭:子路是孔子的学生,仕于卫,因卫国内乱,死于难。事见《左传》哀公十五年。按规矩,老师哭学生应在寝门之外,今哭于寝之中庭,与弟子哭师之礼同,这是表示亲近死者。

②而夫子拜之:郑玄说:"为之主也。"只有丧主才有资格回拜。夫子,指孔子。

【今译】

孔子在正室前的庭里哭子路。有人来慰问,孔子就以丧主的身份回拜。哭过以后,孔子召见从卫国来报信的使者,问子路死的情况。使者说:"已经砍成肉酱了。"孔子听了,就叫人把正要吃的肉酱倒掉,不忍吃它。

【原文】

曾子曰:"朋友之墓有宿草而不哭焉①。"

注释

①曾子曰句:郑玄说:弟子为师,心丧三年;朋友之间,一年即可。宿草:陈根,即隔年之草。

【今译】

曾子说:"朋友的墓上有了隔年的草,就不该再哭了。"

【原文】

　　子思曰:"丧三日而殡①,凡附于身者②,必诚必信③,勿之有悔焉耳矣。三月而葬,凡附于棺者④,必诚必信,勿之有悔焉耳矣。丧三年以为极,亡则弗之忘矣。故君子有终身之忧⑤,而无一朝之患⑥。故忌日不乐⑦。"

注释

①殡:死者入殓后停柩以待葬。这里说"三日而殡",是据大夫、士之礼。
②凡附于身者:谓装扮死者的衣衾之类。
③必诚必信:孙希旦说:"诚者,尽其心而无所苟;信者,当于礼而无所违。"
④凡附于棺者:谓随棺入圹的明器之类。
⑤终身之忧:指怀念其亲。
⑥无一朝之患:郑玄说:"毁不灭性。"
⑦故忌日不乐(lè 勒):所以在父母去世之日不做让人快乐的事。

【今译】

　　子思说:"人死了三天而行殡礼,这时,凡是随尸体入殓的物品,一定要考虑周密,一丝不苟,合乎礼制,不妄增减,以免日后有所遗憾。三个月以后下葬,这时,凡是随棺入圹的物品,一定要考虑周密,一丝不苟,合乎礼制,不妄增减,以免日后有所遗憾。虽然服丧以三年为极限,但除丧以后也不应忘掉双亲。所以君子一辈子都在怀念双亲,但任何时候都不能因思亲过度而有损身体。因此,只在忌日才不做叫人快乐的事。"

【原文】

　　孔子少孤①,不知其墓殡于五父之衢②。人之见之者,皆以为葬也。其慎也③。问于郰曼父之母④,盖殡也。然后得合葬于防。

注释

①孔子少孤:此节原文已经过整理,改正了传统的个别句读错误和乱简。改正的依据是清人孙邃人的见解。孙氏的见解见于朱彬《礼记训纂》征引。
②殡:此指浅葬。五父之衢:道路名。
③其慎也:孔子不知其父之墓是浅殡还是深葬,若是浅殡,则可破土迁之,若

是深葬,疑体魄已安,不敢轻动。所以孔子对启墓与否,慎之又慎。

④郰(zōu 邹)曼父之母:郑玄说:曼父之母与孔子之母征在为邻,二人关系很好。郰,地名。

【今译】

　　孔子很小就死了父亲,所以不知道其父之墓是浅殡在五父之衢的。长大后,母亲又去世了。孔子欲将母亲与父亲合葬,但弄不清楚父墓是殡是葬。问了一些见到的人,都以为是葬。孔子不知如何办才好。最后问到曼父的母亲,才知道是殡。然后才能够将母亲和父亲合葬于防。

【原文】

　　邻有丧,舂不相;里有殡,不巷歌①。丧冠不缕②。

注释

①邻有丧四句:此四句的注见前文《曲礼上》篇。
②缕(ruí 蕤):古人冠的两侧各有一根系冠的丝绳结于颔下以固冠,叫作缨。缨结的下垂部分叫作缕。缕有装饰作用。

【今译】

　　邻居有丧事,即使在舂米时也不可喊号子。邻里有停殡待葬的,就不要在街巷中唱歌。戴丧冠不应使冠缨打好结后还有下垂部分。

【原文】

　　有虞氏瓦棺①,夏后氏堲周②,殷人棺椁③,周人墙置翣④。周人以殷人之棺椁葬长殇⑤,以夏后氏之堲周葬中殇、下殇⑥,以有虞氏之瓦棺葬无服之丧⑦。

注释

①有虞氏:谓虞舜。瓦棺:陶制的葬具。
②堲(jí 即)周:烧土为砖,围在棺的四周,起椁的作用。
③殷人棺椁(guǒ 果):郑玄说:殷人以木为棺椁。椁是套在棺外面的大棺。

④周人墙置翣(shù 霎):墙,又叫柳,是覆盖和包围灵柩的装饰性帷幔。翣:遮挡灵柩的扇形装饰物,木框木柄布面,布面上画有种种图案。

⑤长殇:未成年而死叫殇。据《仪礼·丧服传》,年十九至十六为长殇。

⑥中殇:年十五至年十二而死曰中殇。下殇:十一岁至八岁为下殇。

⑦无服之殇:不满八岁以下皆为无服之殇。对于无服之殇,不穿任何丧服,只哭够一定的天数。

【今译】

虞舜时开始用瓦棺,但尚无椁。夏代则瓦棺之外,又加堲周为椁。殷人开始用木材做内棺和外椁。周人则除木制棺椁以外,又加上两样遮挡灵柩的装饰物:墙和翣。真是越到后代越讲究啊。周人用殷代的棺椁来葬十六岁至十九岁的夭殇者,用夏代的堲周制度葬十二岁至十五岁的夭殇者,用舜时的瓦棺葬八岁以下的夭殇者。

【原文】

夏后氏尚黑,大事敛用昏,戎事乘骊,牲用玄①。殷人尚白,大事敛用日中②,戎事乘翰③,牲用白。周人尚赤,大事敛用日出,戎事乘騵④,牲用骍⑤。

注释

①夏后氏尚黑四句:大事:指丧事。昏:黄昏,傍晚。昏时亦黑。戎事:军事行动。骊:黑马。玄:黑色。

②日中:正午。正午时天色最亮最白。

③翰:白马。

④騵:赤身白腹之马。

⑤骍(xīng 星):赤色的牲口。

【今译】

夏代崇尚黑色,办丧事入殓都在黄昏,战车驾以黑马,祭祀用黑色的牺牲。殷人崇尚白色,办丧事入殓都在正午,战车驾以白马,祭祀用白色的牺牲。周人崇尚赤色,办丧事入殓都在日出,战车驾以赤马,祭祀用赤色的牺牲。

【原文】

穆公之母卒①,使人问于曾子曰:"如之何②?"对曰:"申也闻诸申之父曰:哭泣之哀③,齐斩之情④,饘粥之食⑤,自天子达。布幕⑥,卫也。缣幕⑦,鲁也。"

**注释**

①穆公:鲁哀公之曾孙,名不衍。
②曾子:曾参之子,名申。
③哭泣:有声曰哭,无声曰泣。
④齐(zī咨)斩:斩衰和齐衰这两种丧服。斩衰,丧服之最重者,用粗麻布制成,但不将衣服的毛边缝齐,父丧服之。齐衰,次于斩衰的丧服,亦用粗麻布制成,但须将衣服的毛边缝齐,母丧服之。
⑤饘(zhān沾)粥:都是粥。只不过饘较稠而已。这是孝子在殡后虞前的饮食。
⑥幕:王夫之说:幕指殡时所用的棺罩。
⑦缣(xiāo消):缣帛。

【今译】

鲁穆公的母亲去世了,派人去向曾子讨教说:"丧事该如何办?"曾子回答说:"我听我的父亲讲过:通过哭泣来抒发悲哀,通过披麻带孝来表示纪念父母对己的无限恩情,通过喝粥度日来表示孝子的食不甘味,所有这些,上自天子,下至庶人,不分贵贱,都是一样的。用布来做殡时所用的棺罩,这是卫国的习俗;用帛来做殡时所用的棺罩,这是鲁国的习俗。此属小节,不必尽同。"

【原文】

晋献公将杀其世子申生①。公子重耳谓之曰②:"子盖言子之志于公乎③?"世子曰:"不可。君安骊姬,是我伤公之心也。"曰:"然则盖行乎?"世子曰:"不可。君谓我欲弑君也。天下岂有无父之国哉④!吾何行如之⑤?"使人辞于狐突曰⑥:"申生有罪,不念伯氏之言也⑦,以至于死。申生不敢爱其死。虽然,吾君老矣,子少⑧,国家多难,伯氏不出而图吾君⑨;伯氏苟出而图吾君,申生受赐而死!"再拜稽首乃卒⑩。是以为恭世子也⑪。

【注释】

①晋献公句：申生母早死，晋献公立宠妾骊姬为夫人，生子奚齐。骊姬欲以奚齐取代申生为世子，遂诬陷申生企图毒害晋献公，晋献公信其谗言，所以要杀申生。事详《左传》僖公四年及《国语·晋语》。

②公子重耳：申生的异母弟，即日后的晋文公。公子，除世子以外的诸侯之子。

③盍：郑玄说："盖，皆当为盍。盍，何不也。"

④天下岂有无父之国哉：郑玄说："言人有父，则皆恶欲弑父者。"

⑤如之：王夫之说：如与之都是往的意思。

⑥使人辞于狐突曰：辞，谓诀别。狐突，申生之傅，公子重耳之外祖父。狐突早就看出晋献公有要加罪申生的苗头，并劝申生逃走以避祸，无奈申生不从。事详《左传》闵公二年。

⑦伯氏：指狐突。狐是总氏，伯是以兄弟的排行为氏。老大可以称为伯氏，老二可以称为仲氏，老幺可以称为叔氏、季氏。

⑧子：骊姬之子奚齐。

⑨伯氏不出而图吾君：您不出山为国君筹划国事。从狐突为申生献计之后，便惧罪称病在家。

⑩再拜稽首：吉拜中最敬之礼，一般用于臣对君。行此礼时，要先拜，即跪而拱手，头亦俯至于手，与心平，这叫拜手，省称作拜。既拜而拱手下至于地，头亦下至于地，以全身论之，首低，腰高，尻更高，这叫稽首。再拜稽首，就是行两次拜稽首礼。可参段玉裁《经韵楼集》。

⑪恭：申生的谥号。《谥法》："敬顺事上曰恭。"不管晋献公的作法是对是错，申生一概服从，所以谥"恭"。

【今译】

晋献公将要杀害他的太子申生。公子重耳对申生说："您怎么不把受诬陷的情况向父亲讲明白呢？"太子说："不可。父亲他老人家不可一天没有骊姬，我如果把事情讲明，骊姬必然得罪，这样一来，岂不是伤了他老人家的心吗？"重耳说："那么为什么不逃往他国呢？"太子说："不可。他老人家给我加上的罪名是谋害君父。试想，普天之下哪里有接纳谋害君父之人的国家呢，我能逃到哪里去呢？"申生派人向狐突诀别说："我申生有罪，没有听从您的劝告，以至于陷于死地。我个人并不觉得自己死得可惜。尽管如此，想到国君年纪已老，继承人年龄又小，国家正处于多事之秋，您又不出山为我们的国君出谋划策。

这使我放心不下。如果您肯出山为我们的国君出谋划策,申生将怀着对您的感激而死。"申生行过再拜稽首之礼,就自杀了。由于申生一味敬顺事上,所以谥为"恭世子"。

【原文】

鲁人有朝祥而莫歌者①,子路笑之②。夫子曰:"由!尔责于人,终无已夫?三年之丧,亦已久矣夫!"子路出,夫子曰:"又多乎哉③?逾月则其善也。"

注释

①祥:祭名。有小祥,有大祥。小祥是周年之祭,小祥之后,孝子的孝服、饮食在一定程度上恢复正常,所以叫小祥。祥,吉也。大祥是丧后二十五个月之祭,大祥之后,孝子除去孝服,生活基本恢复正常。莫:即"暮"字。
②子路:氏仲,名由,字子路。孔子的学生。笑之:郑玄说:"笑其为乐速。"按礼,大祥后可以弹琴,不可以唱歌。
③又多乎哉:意为离可以唱歌的时间没有多久了。因为大祥后再过一个月举行禫祭,禫祭之后便可"丧复常,读乐章"了。

【今译】

鲁国有个人,早上行过大祥除服之祭,晚上就唱起歌来了。子路听见了,就讥笑此人为乐速。孔子则说:"由!你责备别人就没个头了吗!三年之丧,时间也够长了,很多人连这一点还做不到呢。"子路出去以后,孔子又说:"按说嘛,离可以唱歌的日子也没有多久了,如果他过一个月再唱歌,那就无可挑剔了。"

【原文】

鲁庄公及宋人战于乘丘①。县贲父御②,卜国为右③。马惊败绩④,公队⑤,佐车授绥⑥。公曰:"末之卜也⑦。"县贲父曰:"他日不败绩,而今败绩,是无勇也。"遂死之。圉人浴马⑧,有流矢在白肉⑨。公曰:"非其罪也!"遂诔之⑩。士之有诔,自此始也。

### 注释

①乘丘：鲁地名。乘丘之战，详《左传》庄公十年。鲁国取得最后胜利。
②县贲(bēn 奔)父：县是氏，贲父是字。御：驾车。
③卜国：卜，氏。国，字。右：车右。在战车上，国君或主帅居中，御者居左，车右居右。车右多是勇力之士。战时车右的职责，主要是保护统帅。另参《曲礼上》篇注。
④马惊败绩：郑玄说："惊奔失列。"
⑤队："坠"的古字。
⑥佐车：副车。
⑦末之卜也：王夫之、孙希旦解此"末"字为"未"、"没有"之义。全句意思是：战前没有占卜一下由谁充当御者才吉利。
⑧圉(yǔ 羽)人：掌养马者。
⑨白肉：马大腿内侧的肉。箭射入白肉，仓促中不易发现。
⑩诔(lěi 垒)：累列死者生前功德以表示哀悼的文章。

### 【今译】

鲁庄公领兵与宋国军队战于乘丘。鲁庄公所乘的战车上，县贲父负责驾车，卜国负责保卫。驾车的马忽然受惊乱跑，把庄公从车上摔了下来。幸亏副车上的人递给庄公登车的引绳，把他拉上了副车。庄公说："马惊失列，是驾车者的责任。我没有事先占卜一下驾车者的人选，所以事情才会这样。"县贲父说："平常驾车，马不乱跑；今天驾车倒乱跑起来，这说明我还缺乏勇气。"于是赴敌而死。后来，马夫洗马，才发现有一支箭射到了马大腿内侧的肉里。庄公说："原来如此。是我错怪县贲父了。"于是就写了一篇表彰死者功德的诔文。士这一阶层也能有诔，就是从这件事开始的。

### 【原文】

曾子寝疾①，病②。乐正子春坐于床下③，曾元、曾申坐于足④。童子隅坐而执烛。童子曰："华而睆⑤，大夫之箦与⑥？"子春曰："止！⑦"曾子闻之，瞿然曰："呼⑧！"曰："华而睆，大夫之箦与？"曾子曰："然。斯季孙之赐也⑨，我未之能易也。元起易箦！"曾元曰："夫子之病革矣⑩，不可以变。幸而至于旦，请敬易之。"曾子曰："尔之爱我也不如彼。君子之爱人也以德，细人之爱人也以姑息。吾何求哉？吾得正而毙焉⑪,斯已矣!"举扶而易之。反席未安而没。

> **注释**

①曾子寝疾:曾子卧病。此曾子谓曾参。
②病:疾甚曰病。
③乐(yuè 月)正子春:曾参弟子。乐正是复姓。
④曾元、曾申:二人皆曾参之子。
⑤华而睆(huǎn 缓):漂亮而且光滑。
⑥箦(zé 责):竹席。
⑦子春曰止:王夫之说:"止,令勿言,恐曾子闻而欲易之。"曾子未尝仕为大夫,依礼,不当使用大夫的竹席。
⑧瞿(jù 剧)然:惊视貌。呼:陈澔说是"叹而嘘气之声"。
⑨季孙:鲁大夫。
⑩病革(jí 急):病急,病危。
⑪毙:仆。引申为死。

【今译】

曾子卧病在床,病得很厉害。他的弟子乐正子春坐在床下,他的儿子曾元、曾申坐在脚旁。一个小孩子坐在角落里,手执火炬。小孩子看到曾子身下的竹席,便说:"多么漂亮光滑呀!是大夫用的竹席吧?"子春说:"别作声!"曾子听到了,猛然惊醒过来,有气无力地出了口气。小孩子又说:"多么漂亮光滑呀!是大夫用的竹席吧?"曾子说:"是的。这是季孙送的,我因为病重,未能把它换掉。元呀,起来把席子换掉!"曾元说:"您老人家的病已经很危险了,不可以移动。希望能等到天亮,再为您换掉它。"曾子说:"你爱我的心意还不如那个小孩子。君子的爱人,是考虑如何成全他的美德;小人的爱人,则是考虑如何让他苟且偷安。此刻我还求什么呢?我能够合乎礼仪地死去,我的愿望就满足了。"于是,他们抬起曾子换席,换过后再把曾子放回席上,还没有放好,曾子就断气了。

【原文】

始死①,充充如有穷②。既殡,瞿瞿如有求而弗得③。既葬,皇皇如有望而弗至④。练而慨然⑤,祥而廓然⑥。

【注释】

①始死:这一节讲的是从亲死到除丧,孝子忧悼在心的样子。
②充充:悲痛填膺貌。
③瞿瞿(jù jù 聚聚):眼珠转动不定貌。
④皇皇:彷徨无所依托貌。
⑤练:即周年之祭。又叫"小祥"。练是白色的丝织品,周年之祭以后孝子可以著练冠,故称。
⑥祥:大祥,丧二十五月的除服之祭。

【今译】

　　双亲刚死的时候,孝子满腔悲痛,好像日子没法子再过下去了。殡殓以后,孝子的眼神不定,好像在寻找什么而又找不到的样子。埋葬以后,孝子彷徨无依,好像在盼望亲人归来而又盼不到的样子。周年以后,就感慨时间过得太快。除服以后,还觉得内心相当空虚。

【原文】

　　邾娄复之以矢,盖自战于升陉始也①。鲁妇人之髽而吊也,自败于台鲐始也②。

【注释】

①邾娄二句:邾(zhū 朱)娄,即邾国。春秋诸侯国,古地在今山东邹县境。陆德明说:"邾人呼邾声曰娄,故曰邾娄。"复之以矢:用箭来招战死者之魂。通常招魂,是用死者生前所穿之衣,今用箭,据郑玄说,是因为邾人虽然战胜,但战死者多,无衣可以招魂,故用矢代替。升陉(xíng 形):杨伯峻说:"升陉,鲁地,不详当今何地。"案升陉之战,邾胜鲁败,事详《左传》僖公二十二年。
②髽(zhuā 抓):去縰而露其髻曰髽。縰(xī 喜)是束发的帛。台鲐(tái 抬):郑玄说:"台当为壶,字之误也。《春秋传》作'狐鲐'。"杨伯峻说:"狐鲐,今山东滕县东南二十里之狐鲐山。"春秋邾地。狐鲐之战,邾胜鲁败,鲁军战死者众,"时家家有丧,髽而相吊"。事详《左传》襄公四年。

【今译】

　　邾娄人用箭来招魂,是从升陉之战以后开始的。鲁国妇人露着髻去吊丧的习惯,是从狐鲐之战失败后开始的。

【原文】

南宫绦之妻之姑之丧①，夫子诲之髽，曰："尔毋从从尔②，尔毋扈扈尔③。盖榛以为笄，长尺，而总八寸④。"

注释

①南宫绦(tāo 韬)句：这句话可以改作"南宫绦之母丧"。之所以说得这么拐弯，是因为南宫绦的妻子是孔子的侄女，和下文有关系。南宫是复姓，绦是名。《史记》作南宫括。其人字子容。《论语·先进》："南容三复《白圭》，孔子以其兄之子妻之。"

②尔毋从从(zǒng zǒng 总总)尔：前"尔"字作你讲，后"尔"字是语气词。从从，太高。

③扈扈：太广。

④总八寸：陈澔说："束发谓之总，以布为之，既束其本末而总之，余者垂于髻后，其长八寸。"

【今译】

南宫绦的妻子死了婆婆，孔子教她做丧髽的方法说："你不要把丧髽做得太高，也不要做得太大。用榛木做簪子，其长一尺；束发的布条，其剩余垂下的部分是八寸长。"

【原文】

孟献子禫①，县而不乐②，比御而不入。夫子曰："献子加于人一等矣！"

注释

①孟献子：即鲁大夫仲孙蔑。禫(dàn 但)：除丧服的祭祀。禫祭之月，郑玄以为与大祥之祭间隔一月，即在丧后二十七月举行。王肃以为禫祭与大祥同月，即都在二十五月举行。禫祭之后，孝子的生活基本归于正常。

②县：即"悬"字。依礼，大夫判县。此处是将判县的乐器悬挂起来。详《曲礼下》篇注。

【今译】

孟献子行过禫祭以后，家中的乐器仍然悬而不奏，可以有妇人侍寝也不入住室之门。孔子说:"一般人都做不到这一点,献子能够做到,真是过人一等啊!"

【原文】

孔子既祥①,五日弹琴而不成声②,十日而成笙歌③。

【注释】

①孔子既祥:祥,指大祥除服之祭。孔子幼年丧父,此"祥"谓祥祭其母。
②五日弹琴句:郑玄说,这是由于"哀未忘"。
③十日句:此"十日",乃祥后逾月的又一旬。

【今译】

孔子在大祥后五天开始弹琴,但弹不成声调;在大祥后逾月的又一旬里吹笙,其声调就和谐了。

【原文】

有子盖既祥而丝屦组缨①。

【注释】

①有子句:有子,孔子的弟子有若。这句话是讥笑有子讲究打扮过早。"丝屦组缨",是丧后二十七月举行禫祭后才能有的打扮,现在是二十五月的大祥之祭,按规矩只能是"白屦无絇(qú 渠),缟冠素纰(pí 皮)",即白色的鞋子而无鞋鼻(絇是装饰品),白色生绢作的冠,冠缘也用白绢镶边。至于系冠的缨,此时只可用素,即白色生绢,而不可用组,因为组是丝织品。句中的"盖"是传疑之辞。

【今译】

有子大概是祥祭一结束,就穿上有丝饰的鞋子和戴上用丝带作缨的帽子,这未免早了点。

【原文】

死而不吊者三:畏、厌、溺①。

【注释】

①畏:指含冤不白而自杀。厌(yā压):指在危险处行走或停留被压死。溺:指有桥不走、有船不坐泅水而死。按:以上三种死法,都是轻身忘孝而死,所以不值得去致吊。

【今译】

死了而不值得临吊的有三种情况:含冤不白而自裁者、行止危险之下被压死者和游泳逞能被淹死者。

【原文】

子路有姊之丧,可以除之矣,而弗除也①。孔子曰:"何弗除也?"子路曰:"吾寡兄弟而弗忍也②。"孔子曰:"先王制礼,行道之人皆弗忍也③。"子路闻之,遂除之。

【注释】

①子路有姊之丧三句:这三句是说,子路已出嫁的姐姐去世了,按《仪礼·丧服》,子路应为她服大功九月之丧。但服丧已满,子路仍未除服。
②子路曰句:这句话的言外之意是,"因为我的兄弟少,我想为她服兄弟之服"。而服兄弟之服,是齐衰一年。
③先王制礼二句:行道,郑玄说"犹行仁义"。王夫之说,先王在制定丧服之礼时,已经周密地考虑到了忍心与不忍心的问题,并作了折衷处理,忍心者与不忍心者都应以先王之礼为准绳,既不可不及,也不可超过。

【今译】

子路为出嫁的姐姐服丧,到了可以除服的日子他还不除。孔子就问他:"为什么还不除服呢?"子路说:"我的兄弟很少,所以不忍心到了九个月就除服啊!"孔子说:"先王制定的礼,对于正人君子来说,就是教他要适当控制感情的。"子路听了,就立即除掉了丧服。

【原文】

大公封于营丘,比及五世,皆反葬于周①。君子曰:"乐,乐其所自生。礼,不忘其本②。"古之人有言曰:"狐死正丘首③,仁也④。"

【注释】

①大(tài 太)公封于营丘三句:大公,即太公望吕尚,民间习称"姜太公"、"姜子牙"。以功被封于齐,都营丘,即今山东淄博市临淄北。大公虽封于齐,但留周为太师,死即葬于周。他的五世子孙,虽然死于齐国,但也都追随大公反葬于周。周,一名镐京,故址在今西安市西南沣水东岸。按:五世反葬于周之说,学者多有疑之者,详孙希旦《礼记集解》。

②君子曰五句:这五句是说上文的五世反葬于周,与乐和礼的基本精神吻合。反葬于周是不忘其本,乐和礼的精神也是不忘其本。

③正丘首:即首正丘。首是头朝向,正是对着,丘是狐穴所在。

④仁也:按《礼运》:"仁者,义之本也。"

【今译】

太公封于齐,都营丘。因太公留朝为太师,死后遂葬于周。此后,其五代子孙虽死于齐,也都随太公葬于周。君子说:"音乐,还是故国的声音最好听。礼的精神,也是不忘其本。"古人有句俗话说:"狐狸死了,也要头对着狐穴所在的方向,这也是不忘其本啊!"

【原文】

伯鱼之母死①,期而犹哭②。夫子闻之,曰:"谁与哭者?"门人曰:"鲤也。"夫子曰:"嘻③,其甚也!"伯鱼闻之,遂除之④。

【注释】

①伯鱼之母死:伯鱼是字,名鲤,孔子的儿子。伯鱼之母,是孔子休出门的妻子,对于伯鱼来说就是出母。儿子对于出母之死,服期,周年以后就不再哭了。

②期(jī 基):周年。

③嘻:悲恨之声。

④遂除之:孙希旦说:"除之者,谓不复哭耳,非除服也。"

【今译】

伯鱼的出母死了,过了周年,他还在哭。孔子听见了,就问道:"是谁在哭呀?"他的弟子说:"是鲤在哭。"孔子发出不满的声音,说:"太过分了!"伯鱼听到后,就不再哭了。

【原文】

舜葬于苍梧之野①,盖三妃未之从也②。季武子曰:"周公盖附③。"

注释

①舜葬句:郑玄说:"舜征有苗而死,因留葬焉。"苍梧:山名。即九嶷山,在今湖南宁远县南。

②盖三妃未之从也:郑玄说:"古者不合葬。"三妃,有的古书记载作"二妃",即尧之二女:娥皇、女英。详梁玉绳《檀弓滕义》。

③附:指夫妇合葬。

【今译】

舜死后被葬于苍梧之野,大概他的三位妃子都没有与他合葬。季武子说:"大概从周公开始才有夫妇合葬之事。"

【原文】

曾子之丧,浴于爨室①。

注释

①曾子之丧二句:曾子,即曾参。"浴"字,郑玄解释为"为死者浴身",王夫之认为不通,解释作"为死者烧洗澡水"。因为据《仪礼·士丧礼》,为死者烧浴汤,不应当在爨(cuàn窜)室,爨室即厨房,而应当在庭院的西墙下用土块垒个灶,在此灶上煮浴汤。这样说来,浴于爨室便是失礼的行为。

【今译】

为曾子料理丧事时,其家属在厨房中为死者烧浴汤,这是失礼的。

【原文】

大功废业①。或曰:大功,诵可也。

注释

①大功:丧服五服之一。服期九月。其服用熟麻布做成,较齐衰稍细,较小功为粗,故称大功。旧时为堂兄弟,为已出嫁的姑、姊妹等人服大功。业:指学业。既包括口诵诗歌,也包括操琴奏瑟。

【今译】

　　服大功之丧要停止一切学业,以免干扰哀思。但是也有人说:服大功之丧,口诵诗歌还是可以的,只是不可奏乐。

【原文】

　　子张病①,召申祥而语之曰②:"君子曰终,小人曰死③。吾今日其庶几乎!"

注释

　　①子张:孔子的弟子,姓颛孙,名师,字子张。病:谓病笃。
　　②申祥:郑玄说是子张的儿子。王夫之说是子张的弟子,姓申,名祥。
　　③君子曰终二句:君子虽死,其功业犹存,故曰终。小人无善可陈,死后即被世人忘掉,故曰死。

【今译】

　　子张病危时,召申祥来,并告诉他说:"君子之死叫作终,小人之死叫作死。我这一辈子大概差不多可以称作'终'了吧。"

【原文】

　　曾子曰:"始死之奠①,其馀阁也与②?"

注释

　　①奠:此"奠"字含二义:一是奠祭,是始死至葬之时祭名。因为这段时间里还没有"主"或"尸"代表死者接受祭品,只好把祭品放置地上,让神来享受。奠就是放置之义。二是指奠祭所用的祭品。
　　②馀阁:即"阁馀"。阁是病室中存放食物的架子。馀,指架子上剩余的食物。之所以用架上剩余的食物作祭品,是由于人始死时,时间仓促,孝子还来不及别置新馔,故用阁馀。

【今译】

　　曾子说:"人刚死时所设的祭奠,用的是架子上剩余的现成食物吧?"

【原文】

曾子曰："小功不为位也者①,是委巷之礼也②。子思之哭嫂也为位③,妇人倡踊④。申祥之哭言思也亦然⑤。"

**注释**

①小功:丧服名。五服之第四等。其服以熟麻布做成,较大功为粗,较缌麻为细。就本节而言,妯娌之间就互服小功。为位:按照亲疏序列之位而哭。
②委巷:犹言陋巷。陋巷的居民,都是微贱不知礼者。
③子思:郑玄无注,皇侃以为是孔子的弟子原宪,字子思。孔颖达则认为是孔子的孙子孔伋,字子思。俞樾《群经平议》认为应是原宪,理由有二:一是孔伋无兄,当然也就无嫂;二是,曾子与原宪是平辈,故互相称字,而孔伋则是晚辈,应称其名而不称其字。
④妇人倡踊:妇人,指子思之妻。子思之妻于子思之嫂有小功之服,而嫂叔之间无服,所以子思之妻先跳跃顿足而哭,然后子思随之而哭。
⑤言思:郑玄引旧说说,言思是子游之子,申祥妻的兄弟。申祥,见本篇此前注。按:申祥哭言思,是哭其内弟,按规定申祥与言思无服,而申祥之妻应为言思服大功,所以申祥也为位而哭,以其妻为主,其妻倡踊毕,申祥再随之而哭。

【今译】

曾子说："小功之服,不按照亲疏的序列而哭,那是居于陋巷的庶人之礼。子思哭其嫂,就讲究亲疏的序列,由他的妻子先跳跃跺脚地哭,然后他才跟着哭。申祥之哭言思,也有这种讲究。"

【原文】

古者冠缩缝①,今也衡缝②。故丧冠之反吉,非古也。

**注释**

①缩缝:直缝。古时无论吉冠凶冠皆直缝。
②衡缝:横缝。今冠横缝,是由于冠上的褶裥多。今,指周代。唯吉冠横缝。

【今译】

古时候无论吉冠凶冠都直缝的,现在的吉冠是横缝的,凶冠仍然直缝,看起来正和吉冠相反,这并不意味着古代也是这样的。

【原文】

　　曾子谓子思曰:"伋！吾执亲之丧也①,水浆不入于口者七日。"子思曰:"先王之制礼也,过之者,俯而就之;不至焉者,跂而及之②。故君子之执亲之丧也,水浆不入于口者三日③,杖而后能起。"

【注释】

　　①执:持,守。亲:此指父亲。
　　②跂(qì 器):踮着脚。
　　③水浆不入于口者三日:按《间传》:"斩衰,三日不食。"《孝经·丧亲章》:"孝子之丧亲也,三日而食,教民无以死伤生,毁不灭性,此圣人之政也。"

【今译】

　　曾子对子思自夸说:"伋！我父亲刚死的时候,我一点不吃一点不喝达到了七天。"子思说:"先王的制礼,已经是折衷人情而制定标准,行礼过分者应该自己委曲点以期符合标准,而行礼欠缺者应该自己加把劲以期达到标准。所以,君子在父亲刚死的时候,不吃不喝三天也就可以了,尽管只是三天,可孝子也要扶着丧杖才能立起身来。"

【原文】

　　曾子曰:"小功不税①,则是远兄弟终无服也②,而可乎?"

【注释】

　　①小功不税(tuì 退):郑玄说:"据礼而言也。日月已过,乃闻丧而服,曰税。大功以上然。小功轻,不服。"
　　②则是句:郑玄说:"言相离远者,闻之恒晚。"按:句中的"兄弟",指从祖兄弟。据《丧服》,为从祖兄弟服小功。

【今译】

　　曾子说:"依礼,小功之服,在丧期已过才听到丧信,就不用追服。如此说来,对于在远处去世的从祖兄弟根本就谈不上有丧服了,这样做合适吗?"

【原文】

伯高之丧①,孔氏之使者未至②,冉子摄束帛乘马而将之③。孔子曰:"异哉!徒使我不诚于伯高④。"

注释

①伯高:人名。只知死在卫国,不知其为何国人。
②孔氏之使者:孔子派去的赠送财物帮助办丧事的人。
③冉子:即冉有,名求,鲁人,孔子弟子。摄:代理。束帛:捆作一束的五匹帛。乘(shèng 剩)马:四匹马。将之:即将命。此处为假传孔子之命。
④徒使我不诚于伯高:王念孙说:"诚"字后脱去"礼"字。诚,通"成"。因为冉有代孔子行吊,非孔子之意,若孔子遣人更吊,则弥为不可,是使孔子不得成礼于伯高也。存参。

【今译】

伯高死了,孔子派去致吊送礼的使者还没到,孔子的弟子冉有就代为准备了一份含有一束帛四匹马的礼物往吊,并称说是奉了孔子之命。孔子听说后,说:"真奇怪!这平白让我失去了对伯高的诚信。"

【原文】

伯高死于卫,赴于孔子①。孔子曰:"吾恶乎哭诸②?兄弟,吾哭诸庙。父之友,吾哭诸庙门之外。师,吾哭诸寝。朋友,吾哭诸寝门之外。所知,吾哭诸野。于野则已疏,于寝则已重。夫由赐也见我,吾哭诸赐氏③。"遂命子贡为之主,曰:"为尔哭也来者,拜之;知伯高而来者,勿拜也④。"

注释

①赴:"讣"的古文。报丧。
②吾恶(wū 乌)乎哭诸:我在何处哭他?由于孔子和死者的关系不明确,所以孔子有此语。
③赐氏:子贡家里。子贡是字,姓端木,名赐。氏,家。实际上是哭于子贡的寝门之外。
④为尔哭来也者四句:郑玄说:"异于正主。"因为,凡丧之正主,对于来吊丧的人,无论他是和死者家属有关系还是和死者本人有关系,都要拜之。

【今译】

　　伯高死于卫国,其家属派人来向孔子报丧。孔子说:"我在什么地方哭伯高呢?如果是兄弟,我在祖庙里哭他;父亲的朋友,我在庙门外哭他;老师,我在正寝里哭他;朋友,我在正寝门外哭他;只是互通姓名的泛泛之交,我在野外哭他。对于伯高来说,在野外哭他,嫌得交情太浅;在正寝哭他,又显得礼数太重。他是通过子贡和我见面认识的,我还是到子贡家哭他吧。"于是,命子贡代为丧主。因为这和丧之正主不同,所以特地交代子贡:"是为了你本人的关系来哭的,你就拜谢;为了和伯高有交情而来哭的,就用不着你来拜谢。"

【原文】

　　曾子曰:"丧有疾,食肉饮酒,必有草木之滋焉①。"以为姜桂之谓也②。

注释

①必有草木之滋焉:郑玄说,由于病人食欲不振,所以要增加草木之味。
②姜桂:生姜和肉桂。调料。

【今译】

　　曾子说:"居丧期间生病,可以吃肉喝酒,还必须加上草木的滋味。"所谓"草木",指的是生姜和肉桂。

【原文】

　　子夏丧其子而丧其明①。曾子吊之,曰:"吾闻之也,朋友丧明则哭之。"曾子哭。子夏亦哭,曰:"天乎!予之无罪也。"曾子怒曰:"商!女何无罪也?吾与女事夫子于洙、泗之间②,退而老于西河之上③。使西河之民疑女于夫子④,尔罪一也。丧尔亲,使民未有闻焉,尔罪二也⑤。丧尔子,丧尔明,尔罪三也⑥。而曰……女何无罪与?"子夏投其杖而拜,曰:"吾过矣!吾过矣!吾离群而索居⑦,亦已久矣!"

注释

①子夏:姓卜,名商,字子夏。孔子之弟子,魏人。

②洙泗:鲁国二水名,皆流经曲阜。
③西河:魏国地区名,郑玄说是"龙门至华阴之地"。
④疑:通"拟"。比拟。
⑤丧尔亲三句:郑玄说:"言居亲丧无异称。"
⑥丧尔子三句:意谓子夏对待儿子的感情超过了对他的父亲。
⑦离群索居:郑玄说:"群,谓同门朋友也。索,犹散也。"离群索居,则难得听到朋友的规过之言。

【今译】

子夏因为死了儿子而哭瞎了眼睛。曾子去慰问他,说:"我听说过,朋友丧失了视力,应该为他难过得哭一场。"说完就哭了。子夏也跟着哭,说:"天啊!我是无罪的,怎么落此下场!"曾子一听动了气,说:"商!你怎么无罪呢?我和你都在洙、泗之间跟着我们的老师学习本领,年纪大了,你就回到了西河地区,也没听说你如何称扬老师,倒是使西河的居民把你比作我们的老师,这是你的第一条罪过。你的双亲死了,居丧期间,你也没有让当地居民看到你有什么好的表现,这是你的第二条罪过。死了儿子,你就哭瞎了眼睛,说明你把儿子看得比老子还重要,这是你的第三条罪过。等等……,你怎么会是没有罪过呢?"子夏听得很服气,就抛开手杖下拜说:"我错了!我错了!我离开朋友而独居,时间也太久了!"

【原文】

夫昼居于内①,问其疾可也。夜居于外②,吊之可也。是故君子非有大故③,不宿于外;非致齐也④,非疾也,不昼夜居于内。

注释

①内:指正寝。古人的居室有正寝和燕寝。燕寝是平时常居之所,正寝则必当疾病或斋戒时居之。
②外:指中门以外。因为孝子在居丧期间,不入宿燕寝,而是在中门外搭建倚庐或垩室以居之。
③大故:谓居丧。
④致齐(zhāi 斋):祭祀前清心洁身的礼仪。时间是三天。三天之中,排除一切杂念,唯先人是念,即《祭义》所说:"齐之日,思其居处,思其笑语,思其志意,思

其所乐,思其所嗜。齐三日,乃见其所为齐者。"

【今译】

　　大白天还呆在正寝之中,就像生病了,亲朋好友就可以前往探病。夜里睡在中门以外,就像居丧的模样,亲朋好友就可以前往吊丧。因此,君子不是由于居丧,是不会在中门外睡觉的;不是祭前的斋戒,不是生病,不会无论白天黑夜都呆在正寝之中。

【原文】

　　高子皋之执亲之丧也①,泣血三年②,未尝见齿③。君子以为难。

注释

　　①高子皋:姓高,名柴,字子皋。《论语》和《史记》作"子羔"。孔子弟子。
　　②泣血:无声而泣。泪水的流出,就像血的流出一样,均无声。
　　③见(xiàn 现)齿:露齿。笑则露齿,不露齿,是没有笑过。

【今译】

　　高子皋在为父亲守丧时,无声而泣了三年,从来没有笑过。君子认为这是一般人做不到的。

【原文】

　　衰①,与其不当物也②,宁无衰。齐衰不以边③坐,大功不以服勤④。

注释

　　①衰:指丧服。斩衰、齐衰、大功、小功、缌麻五种丧服都包括在内。
　　②不当物:谓孝服的布料粗细、长宽尺寸等等,皆不合法度。这是郑玄的解释。王夫之则说:"物即衰也。不当物者,谓容不戚,动不以礼,与丧服不相称也。"
　　③齐衰不以边坐:边坐,偏倚而坐。言坐相不佳。齐衰不可以边坐,不言而喻,斩衰更不可以。
　　④大功不以服勤:根据五服的轻重可以推知,斩衰、齐衰也不可以服勤,而小功、缌麻则可。

【今译】

丧服的制作皆有法度,如果所穿的丧服不合法度,那就乱了规矩,还不如不穿丧服呢。身穿齐衰,就不可偏倚而坐。身著大功,就不可去干下力的活儿。

【原文】

孔子之卫,遇旧馆人之丧①,入而哭之哀。出,使子贡说骖而赙之②。子贡曰:"于门人之丧,未有所说骖。说骖于旧馆,无乃已重乎?"夫子曰:"予乡者入而哭之,遇于一哀而出涕③;予恶夫涕之无从也④,小子行之!"

注释

①旧馆人:孔子以前到卫国去时下榻之处的主人。
②说(tuō 脱)骖(cān 餐):解掉在两侧驾车的马。说,通"脱"。古代一车四马,中间有二马夹辕驾车,叫服马。两旁之马叫骖马。赙:以钱财助丧。
③遇于一哀:王夫之说:"谓适与心之哀者遇也。"
④涕之无从:光有眼泪而没有同情的实际表示。

【今译】

孔子到卫国去,正碰上过去下榻的馆舍的主人去世,就进去吊丧,哭得也很伤心。哭罢出来,让子贡解下骖马送给丧家。子贡说:"对于你的学生的死,你都从来没有解下骖马相赠,而现在要解下骖马赠给过去下榻的主人之家,未免礼数太重了吧?"孔子说:"我刚才进去哭他,恰巧悲从中来而流泪。我讨厌那种光空流眼泪而没有实际的同情表示的作法。你还是照我说的去办吧!"

【原文】

孔子在卫。有送葬者,而夫子观之,曰:"善哉为丧乎!足以为法矣,小子识之①。"子贡曰:"夫子何善尔也②?"曰:"其往也如慕③,其反也如疑④。"子贡曰:"岂若速反而虞乎⑤?"子曰:"小子识之,我未之能行也⑥。"

【注释】

①识(zhì 志):记住。
②尔:彼,他。
③慕:如婴儿之思慕其亲而哭泣。
④疑:不知亲人的神灵是否跟来,迟疑而不欲速还貌。
⑤虞:祭名。从墓地回来后,于正午时在殡宫举行。虞祭意在安神。
⑥子曰二句:孔子没有直接回答子贡。孔子这样讲,是由于哀戚的真情是根本问题,而祭祀的礼仪是末节问题。

【今译】

孔子在卫国的时候,有人送葬,而孔子在一旁观看,说:"这丧事办得真好啊!完全可以作为人们的榜样。你们要好生记住。"子贡说:"老师为什么称赞那丧事办得好呢?"孔子回答说:"那孝子在送葬的路上,就像婴儿之思慕其亲而哭泣不止;下葬后回来,又像是担心亲人的神灵不能跟着一道回来而迟疑不前。"子贡说:"恐怕还不如快点回家准备安神的虞祭吧?"孔子说:"你们要好生记住这个榜样,连我也做不到他那样呢!"

【原文】

颜渊之丧,馈祥肉①。孔子出受之,入,弹琴而后食之②。

【注释】

①祥肉:大祥之祭所供敬神之肉。大祥,即除服之祭。
②弹琴:意在借弹琴以分散悲哀。

【今译】

颜渊之死,到了大祥之祭,其家送来祭神的肉。孔子到门外接受,进到屋里,先弹了一会儿琴,然后才吃。

【原文】

孔子与门人立,拱而尚右①,二三子亦皆尚右。孔子曰:"二三子之嗜学也。我则有姊之丧故也。"二三子皆尚左。

【注释】

①拱而尚右：抱拳时，右手在外，左手在内。尚，通"上"。尚右，即右手在上，在上即在外。这是凶礼。吉礼则应拱而尚左，即左手在外，右手在内。

【今译】

孔子与其弟子们一道站立时，他抱拳的姿势是右手在外，弟子们也都右手在外。孔子说："你们这些弟子太喜欢学我了。我右手在外，是因为有姐姐之丧的缘故啊！"弟子们明白了过来，就都改为左手在外。

【原文】

孔子蚤作①，负手曳杖，消摇于门②，歌曰："泰山其颓乎！梁木其坏乎！哲人其萎乎③！"既歌而入，当户而坐。子贡闻之，曰："泰山其颓，则吾将安仰？梁木其坏，哲人其萎④，则吾将安放⑤？夫子殆将病也？"遂趋而入。夫子曰："赐！尔来何迟也！夏后氏殡于东阶之上⑥，则犹在阼也。殷人殡于两楹之间⑦，则与宾主夹之也。周人殡于西阶之上⑧，则犹宾之也。而丘也，殷人也⑨。予畴昔之夜⑩，梦坐奠于两楹之间⑪。夫明王不兴，而天下其孰能宗予？予殆将死也⑫。"盖寝疾七日而没。

【注释】

①蚤：通"早"。
②消摇：又作"逍遥"。宽纵自适之貌。
③哲人：智慧超众者。孔颖达说是指孔子自己。
④哲人其萎：王引之认为此四字乃后人据《孔子家语》增入，不是《礼记》原文。
⑤放（fǎng访）：依靠。
⑥殡：大殓后停柩待葬叫殡。东阶：也叫"阼阶"。即主人上下之阶。
⑦两楹（yíng盈）之间：两楹是堂上当中的两根柱子。堂上之位，以两楹之间为最尊。因为两楹又在堂下东阶与西阶之间，所以下文说"宾主夹之也"。
⑧西阶：宾客上下之阶。
⑨而丘也二句：孔子的祖先是宋国人，宋是殷人之后，故孔子自称殷人。
⑩畴（chóu筹）昔：从前。
⑪坐奠：孙希旦说："犹言安坐也。"

⑫而天下二句:宗予,尊我为君之意。孔子以夏、商、周三代之礼占己之梦。两楹之间这个位置,一是古代人君之位,二是殷人停柩待葬之位,前一种可能性已被排除,那么只有后一种可能性了,所以他说自己快要死了。

【今译】

　　孔子一早起来,背着两手,拖着手杖,悠闲自得地在门外踱步,口中唱着:"泰山要崩塌了吧？大梁将折断了吧？哲人将凋零了吧？"唱罢走进屋里,对着门坐下。子贡听到歌声,说:"泰山如果崩塌,叫我们仰望什么呢？大梁如果折断,哲人如果凋零,叫我们依靠谁呢？听歌中之意,夫子大概要生病了吧？"于是就快步走进屋里。孔子说:"赐,你怎么这么晚才来呀！夏代停柩于东阶之上,那是还把死者当作主人看待的。殷人停柩于两楹之间,那是介乎宾主之间的位置。周人停柩于西阶之上,那是把死者当作宾客看待的。我是殷人的后代。昨天夜里,我梦见自己安坐在两楹之间。既没有明王兴起,天下有谁会把我当作立于两楹之间的国君那样尊重呢？这样看来,我大概是快死了吧。"果不其然,说过这番话以后,孔子大概病了七八天就去世了。

【原文】

　　孔子之丧,门人疑所服。子贡曰:"昔者夫子之丧颜渊,若丧子而无服①；丧子路亦然。请丧夫子若丧父而无服②。"

注释

①若丧子而无服:如果这里是指"若丧长子",则丧期是三年。
②请丧夫子句:这就是本篇上文所说的"心丧三年"。

【今译】

　　孔子去世的时候,他的弟子们都不清楚该为老师穿哪一等丧服。子贡说:"以前夫子哀悼颜渊,其悲痛如同丧子一样,但不穿任何丧服。哀悼子路时也是这样。让我们悼念夫子,就像悼念父亲一样,但也不穿任何丧服。"

【原文】

　　孔子之丧,公西赤为志焉①:饰棺,墙置翣②,设披③,周也;设崇④,

檀弓上第三　◆　97

殷也；绸练设旐⑤，夏也。

**注释**

①公西赤：复姓公西，名赤，字子华。孔子弟子。志：孙希旦说："葬之有饰，所以表识人之爵行，故谓之志。"

②墙置翣：见本篇上文"有虞氏瓦棺"节注。

③披(bì 毕)：这是用帛做的一条长带子，先以其中间部分束系到灵柩上，其两端剩余部分则由灵车两边的护灵人员牵持着，以防止因道路颠簸而致使灵柩倾斜。另详《丧大记》。

④崇：崇牙的省称。孔颖达说："送葬乘(shèng 剩)车所建旌旗，刻缯为崇牙之饰。"按：乘车，又叫魂车。胡培翚说："此车死者平日所乘，灵魂凭之，故谓之魂车。"所谓崇牙之饰，就是把旌旗的边缘剪作规则的豁子形，就像邮票的四边一样。

⑤绸(tāo 韬)练：用素锦缠绕旗竿。绸，通"韬"。缠裹；套。旐(zhào 兆)：郑玄说："旐之旐，缁布广充幅，长寻，曰旐。"即挑在旗杆上的一条宽度二尺二寸，长度八尺的黑布幡，作为魂幡。

**【今译】**

孔子的丧事，是公西赤为之设计的：为了装饰棺木，棺外设有帷幌，帷幌外有翣，灵柩上系有披带，这些都是周代的制度；乘车上设置崇牙状的旌旗，这是殷代的制度；用素锦缠绕旗杆，杆上挑着宽为二尺二寸长为八尺的黑布幡，这是夏代的制度。

**【原文】**

子张之丧，公明仪为志焉①：褚幕丹质②，蚁结于四隅。殷士也。

**注释**

①公明仪：子张的弟子。又为曾子的弟子。志：见上节注。

②褚(zhǔ 主)幕丹质：用红布作成的紧贴棺身的棺罩。

**【今译】**

子张的丧事，是公明仪为之设计的：用红布做成紧贴棺身的棺罩，在棺罩的四角画着像蚂蚁交错爬行的纹路。这是殷代的士礼。

【原文】

子夏问于孔子曰:"居父母之仇,如之何?"夫子曰:"寝苫,枕干,不仕,弗与共天下也。遇诸市朝,不反兵而斗①。曰:"请问居昆弟之仇如之何?"曰:"仕,弗与共国。衔君命而使,虽遇之不斗②。"曰:"请问居从父昆弟之仇如之何?"曰:"不为魁。主人能,则执兵而陪其后。"

【注释】

①遇诸市朝二句:言即令是到市上或入公门也随身携带武器。
②衔君命而使二句:这是因为君命重于私仇。

【今译】

子夏向孔子请教说:"对于杀害父母的仇人应该怎么办?"孔子说:"睡在草垫子上,枕着盾牌,不担任公职,时刻以报仇雪恨为念,决心不和仇人并存于世。不论到什么地方,武器都不离身。即令是在市上或公门碰到了,拔出武器就和他拼命。"子夏又问:"请问对杀害亲兄弟的仇人应该怎么办?"孔子说:"不和仇人在同一国家担任公职。如果是奉君命出使而和仇人相遇,应当以君命为重,暂不与之决斗。"子夏又问:"请问对杀害堂兄弟的仇人该怎么办?"孔子说:"报仇的时候,自己不可带头。要让死者的子弟带头,自己手执武器随后协助。"

【原文】

孔子之丧,二三子皆绖而出①。群居则绖,出则否。

【注释】

①绖(dié 迭):用麻布作成的缠在头上和腰间的孝带。而出:王夫之说此二字是衍文。

【今译】

孔子去世以后,他的弟子们都在头上缠一条孝布,在腰间束一根麻带。但只有在弟子们聚在一起时才这样戴孝,单独出门办事就不戴了。

【原文】

　　易墓①,非古也。

注释

　　①易墓:除去墓地的草木,不使荒秽。易,整治。易墓是周制。

【今译】

　　整治墓地的草木,不使荒秽,并非古来如此。

【原文】

　　子路曰:"吾闻诸夫子:丧礼,与其哀不足而礼有余也,不若礼不足而哀有余也①。祭礼,与其敬不足而礼有余也,不若礼不足而敬有余也②。"

注释

　　①丧礼三句:丧礼强调的是悲哀。礼有余:指冥器衣衾之类多。
　　②祭礼:又叫"吉礼"。祭礼强调的是恭敬。

【今译】

　　子路说:"我听夫子说过:举行丧礼,与其哀痛不足而冥器衣衾之类有余,还不如冥器衣衾之类不足而哀痛有余;举行祭礼,与其恭敬不足而祭品有余,还不如祭品不足而恭敬有余。"

【原文】

　　曾子吊于负夏①。主人既祖②,填池③,推柩而反之④,降妇人而后行礼⑤。从者曰:"礼与?"曾子曰:"夫祖者且也⑥,且,胡为其不可以反宿也⑦?"从者又问诸子游曰:"礼与?"子游曰:"饭于牖下,小敛于户内,大敛于阼,殡于客位,祖于庭,葬于墓,所以即远也。故丧事有进而无退⑧。"曾子闻之,曰:"多矣乎予出祖者⑨!"

注释

　　①负夏:卫国地名。

②祖:祖奠。灵车出发前的一种祭名。古人出门远行,临行有饮饯之礼,叫做祖。今灵车将启动,犹如生人之远行,故称其祭叫祖奠。祖,始也。谓开始踏上征程。

③填(zhì置)池:填,通"寘",意为设置。池,灵柩四周的一种装饰。王夫之说:"池,以竹为之,衣以青布,像宫室之承霤(屋檐下承接雨水的天沟),设于荒下为棺饰。饰棺者,先设帷(棺四周的布幔),次设荒(棺上部的布篷),而后加池。既设池,则棺饰备矣。"朱亦栋说与王夫之略同。祖奠设池毕,即可出葬。

④推柩而反之:把柩车又推得掉头向内。祖奠时,已将柩车掉头,转为辕朝外。今又使之掉头向内,于礼不合。据说,这是因为曾子来吊,主人感到荣幸,故意从头再来一遍。

⑤降妇人句:既然柩车掉头向内,恢复到祖奠之前的位置,那么,主人家的妇女也应该恢复到祖奠前的位置,即重新升到堂上。现在妇女并未升堂,而是停留在堂下两阶之间,又是一种礼数的混乱。

⑥且:暂也。

⑦反宿:返回原处。郑玄说以上二句是曾子的巧辩。

⑧子游曰八句:饭:即饭含,以珠玉贝米之类纳于死者口中。在寝室南牖下饭含。户内:正寝当户处。阼:阼阶上。表示此时尚以主人来看待。客位:指西阶上。表示此时已经视之为宾客。庭:指祖庙堂下。即:逐渐。

⑨多:胜。

【今译】

　　曾子到负夏吊丧。主人已经行过祖奠,设了池,把柩车装饰妥当,正要出葬,见到曾子来吊,深感荣幸,就又把柩车掉头向内,但却又使家中妇女仍然停留在两阶之间,然后行礼拜谢。随从者问曾子说:"这样做合乎礼吗?"曾子巧辩说:"祖奠的'祖'字是暂且的意思,既然是暂且的祭奠,把柩车掉头向内有何不可呢!"随从者又就此事请教子游,说:"这样做合乎礼吗?"子游说:"在正寝的南牖下饭含,在正寝的当门处小敛,在表示主位的东阶上大敛,在表示客位的西阶上停柩,在祖庙的堂下举行最后告别的祖奠,最后葬于野外的墓里。从始死到下葬的整个过程,是一步一步地由近而远。所以,办理丧事,有进而无退。"曾子听了,大为折服,说:"比我解释的祖奠强多了!"

【原文】

　　曾子袭裘而吊①,子游裼裘而吊②。曾子指子游而示人曰:"夫夫也③,为习于礼者,如之何其裼裘而吊也?"主人既小敛,袒④,括发⑤。子游趋而出,袭裘带绖而入⑥。曾子曰:"我过矣!我过矣!夫夫是也!"

**注释**

①袭裘:古人穿衣之制,先是贴身的内衣,这是第一层。然后是冬衣裘,夏穿葛,这是第二层,又叫亵衣。在家可以光穿亵衣,但不宜出门。如果出门,亵衣上面要加一层罩衣,叫做裼(xī希)衣。裼衣外面还有一层正服,譬如朝服、皮弁服之类。这四层衣服共同构成了一套礼服。如果敞开正服前襟,露出左袖而让人看见裼衣,这叫裼,也就是下句的"裼裘"。如果穿好左衣袖,掩好正服前襟,不使裼衣露出,这叫袭裘。裼字有袒露之意,袭字有掩盖之义。何时当袭,何时当裼,是有几条规定的。就本节来说,裼裘是吉礼的装束,在主人未变服以前著之以吊丧,是合乎礼的;袭裘是凶服,主人小敛以前不宜著之临吊。

②裼(xī希)裘:见注①。

③夫夫:此人。

④袒:袒衣而露出左臂。

⑤括发:去掉原来发髻上的笄和𬘓,重新用麻束发。

⑥带绖:绖,指在冠圈上加上葛带。带,指加于腰部的葛带。这是吊服打扮。

**【今译】**

　　曾子掩着正服上襟,以凶服的装束去吊丧。子游却敞开正服上襟,以吉服的装束去吊丧。曾子指着子游对众人说:"你们看这个人,号称礼学专家,怎么竟穿着吉服来吊丧了?"小敛以后,主人袒衣而露出左臂,去掉发髻上的笄𬘓,重新用麻束发。子游看到主人已经变服,就快步走出,掩起正服前襟,冠上加了葛绖,腰上缠条葛带,也变为凶服装扮,然后再进来。曾子看到后,才恍然大悟,说:"我错了!我错了!这个人的做法才是对的。"

**【原文】**

　　子夏既除丧而见①,予之琴,和之而不和②,弹之而不成声③。作而曰:"哀未忘也。先王制礼,而弗敢过也。"子张既除丧而见,予之琴,和之而和,弹之而成声。作而曰:"先王制礼,不敢不至焉④。"

【注释】

①子夏既除丧而见：按：此节所载，与《孔子家语》卷四、《诗·桧风·素冠》毛传所记不完全相同，孔颖达认为当以《家语》及《诗传》为正。见：指见于孔子。

②和（hé 河）之：调弦使音调和谐。

③弹之而不成声：郑玄说："乐由人心。"

④不敢不至焉：陈澔评论此节说："均为除丧，而琴有和与不知之异者，盖子夏是过之者，俯而就之，出于勉强，故馀哀未忘而不能成声；子张是不至者，跂而及之，故哀已尽而能成声也。"

【今译】

子夏在除掉丧服之后去进见孔子。孔子递给他一张琴，他调不好弦，也弹不成调。就站起来说："这是因为悲哀还没有忘掉。先王制定的礼，我也不敢勉强超过。"子张在除掉丧服之后去进见孔子。孔子递给他一张琴，他调弦也能调好，弹奏也能成调。站起来说："先王制定的礼，我也不敢不努力做到。"

【原文】

司寇惠子之丧①，子游为之麻衰、牡麻绖②。文子辞曰："子辱与弥牟之弟游，又辱为之服，敢辞。"子游曰："礼也。"文子退，反哭③。子游趋而就诸臣之位④，文子又辞曰："子辱与弥牟之弟游，又辱为之服，又辱临其丧，敢辞。"子游曰："固以请⑤。"文子退，扶嫡子南面而立，曰："子辱与弥牟之弟游，又辱为之服，又辱临其丧，虎也敢不复位⑥？"子游趋而就客位。

【注释】

①司寇惠子：卫将军文子弥牟之弟惠叔兰，虎之父。司寇，氏。名兰。

②子游为之麻衰、牡麻绖：这是子游所穿的吊服。麻衰，是用吉服之布制成的衰。而吉服之布的密度是每幅十五升（一升八十缕）。牡麻绖，是用牡麻作的首绖和腰绖，这是齐衰三年丧服之绖。牡麻，即大麻的雄株。麻衰、牡麻绖，这是一身不伦不类的吊服。按规矩，为朋友的吊服叫做疑衰，用十四升的麻布做成；首绖和腰绖，应是缌麻丧服之绖。子游现在所穿的吊服，从衰上来讲，嫌轻了一点；从绖上来讲，又太重了。子游号称知礼而穿此种不伦不类之吊服者，据说是怀疑文子废嫡立庶，所以故意穿上此种吊服讽刺文子，提醒文子。

③文子退,反哭:这是文子以丧主自居的表现,所以郑玄说:文子还没有觉察到子游的讽刺用心所在。

④子游趋句:这是子游看到文子还不自觉而进一步采取的讽刺行动,也就是故意违礼的行动。按规矩,子游应就宾位,不应就家臣之位。宾位在前,家臣之位在后。

⑤固以请:郑玄说:"再不从命。"

⑥虎:嫡子名。

【今译】

司寇惠子死了,子游作为朋友前去吊丧,但穿的吊服很特别,衰是麻衰,绖是牡麻绖。文子辞谢说:"舍弟生前承蒙您和他交往,死了又承蒙您为他服此种吊服,真是不敢当。"子游说:"这是符合礼的。"文子没有觉察到子游的用意,就又退回原位,继续哭泣。子游看到文子还不自觉,就快步走到家臣们哭吊的位置上。文子见子游就错了位,又来辞谢说:"舍弟生前承蒙您和他交往,又承蒙您为他服吊服,而且还劳驾参加丧礼,实在不敢当。"子游说:"千万不要客气。"文子这才明白子游的用意,于是退下,扶出惠子的嫡子虎南面而立,就主人的正位,并说:"舍弟生前承蒙您和他交往,死后又承蒙您为他服吊服,而且还劳驾参加丧礼,虎敢不回到主人的正位上来拜谢吗?"子游见目的已经达到,就连忙由臣位走向客位。

【原文】

将军文子之丧<sup>①</sup>,既除丧而后越人来吊。主人深衣练冠<sup>②</sup>,待于庙<sup>③</sup>,垂涕洟。子游观之,曰:"将军文氏之子,其庶几乎!亡于礼者之礼也,其动也中<sup>④</sup>。"

注释

①将军文子:文子,即上节惠子之兄弥牟。将军是他的官衔。

②主人深衣练冠:主人:文子之子简子瑕。深衣:衣、裳连在一起的一种服装,吉凶可以通用。其形制,详后《深衣》篇。练冠:小祥之冠。用白色生绢做成,冠缘镶上白边儿。著练冠,既不纯吉,也不纯凶。

③待于庙:因为死者的神主已迁入祖庙,故于庙中接待来吊者。当然也不出迎。

④亡(wú 无)于礼者二句：陈澔说："礼无吊人于除丧之后者，亦无除丧后受人之吊者。虽无此礼而为之礼，其举动皆中节。"

【今译】

　　将军文子死了，其子已经守丧三年，除掉丧服，而此时又有遥远的越国人前来吊丧。主人身穿深衣，头戴练冠，不迎宾，在祖庙受吊，而且悄悄地淌着眼泪流着鼻涕。子游见到了，大为赞赏，说："将军文子的儿子真不简单！礼文上没有的礼节，他做得是那么得体。"

【原文】

　　幼名，冠字，五十以"伯"、"仲"①，死谥②，周道也。绖也者，实也③。掘中霤而浴④，毁灶以缀足⑤；及葬，毁宗躐行⑥，出于大门⑦：殷道也。学者行之。

【注释】

　　①伯仲：表示兄弟的排行。老大为伯，老二为仲，老三为叔，老四为季。
　　②谥(shì 是)：古代人死后按其生前行事而评定的具有褒贬性质的称号。
　　③绖也者实也：麻在首在腰都叫绖。实是哀戚的实际表现。按：绖和实是古音叠韵字。王夫之说：此句上下可能有阙文。
　　④掘中霤(liù 溜)而浴：此句以下讲的是殷人丧葬之法。中霤，指室中央。在寝室正中掘个坑，然后架床坑上，置尸于床，对尸进行沐浴，沐浴尸体的水即流入坑中。周人浴尸之法，据《仪礼·士丧礼》，虽然也是在正寝中浴尸，但掘坑的位置是在堂下两阶之间稍微偏西之处，先把盘子放到浴尸的床下接水，然后端出来倒在坑里。
　　⑤毁灶以缀(chuò 辍)足：把灶毁掉，用拆灶的砖来拘束死者的脚，以防止脚的僵硬变形，有碍穿鞋。周人则"缀足用燕几"，即用平时凭依的几案。
　　⑥毁宗躐(liè 猎)行：宗是庙。殷人殡于庙，至葬，不由庙门出柩，而是毁去庙门西边的墙而出。躐是凌越。行是行神，五祀之一。行神的神位在庙门西边，正当所毁庙墙之外。周人则是殡于正寝，至葬，移柩朝祖庙，从正门出，无毁宗躐行之事。
　　⑦出于大门：因为殷人不是殡于正寝，所以也就无所谓穿过中门，而是直接从大门出去了。按：殷人的上述丧葬方式，带有不顾后果的破坏性，殷人正是借此以发泄其心中的悲愤。

【今译】

　　幼小时称呼其名。二十岁行过冠礼以后，则称呼其字。五十岁以后只称呼其排行，或伯或仲或叔或季。死后称其谥号。这是周朝的制度。经是有实际内容的，那就是表示内心的哀戚。在正寝的中央掘坑来浴尸，把灶拆毁，用其砖来拘束死者之脚；到了出葬的时候，毁掉庙墙而凌越行神之位，不经中门就直接把枢车拉出大门。这是殷代的制度。跟着孔子学习的人，往往效法殷制。

【原文】

　　子柳之母死①，子硕请具②。子柳曰："何以哉？"子硕曰："请粥庶弟之母③。"子柳曰："如之何其粥人之母以葬其母也？不可！"既葬，子硕欲以赙布之余具祭器④，子柳曰："不可。吾闻之也，君子不家于丧⑤。请班诸兄弟之贫者。"

注释

①子柳：鲁叔仲皮之子，子硕之兄。
②具：葬器。
③粥（yù誉）：同"鬻"，卖。
④赙布：助丧的钱财。赙是拿钱财帮人办理丧事。布是古代的钱币。
⑤君子不家于丧：君子不靠办丧事发家致富。

【今译】

　　子柳的母亲死了，他的弟弟子硕请求备办葬具。子柳说："钱从哪里来呢？"子硕说："让我们把庶弟的母亲卖了吧。"子柳说："我们怎么可以卖别人之母以葬自己之母呢？这绝对使不得。"埋罢母亲，子硕想用剩下的亲朋赠送助办丧事的钱财置办祭器，子柳说："这也使不得。我听说过，君子是不靠办丧事发家的。这些剩余的钱财，让我们分给兄弟中的贫困者吧。"

【原文】

　　君子曰："谋人之军师①，败则死之。谋人之邦邑②，危则亡之③。"

【注释】

①军师:周制,一万二千五百人为军,二千五百人为师。此处泛指军队。
②邦邑:国都。
③亡:谓引罪受放逐以避贤者。

【今译】

君子说:"如果为国君的军事行动谋划,不幸失败,就应引咎自裁。如果为国君谋划如何保卫国都,不幸国都处于危险之中,就应引咎接受放逐,让开贤路。"

【原文】

公叔文子升于瑕丘①,蘧伯玉从②。文子曰:"乐哉斯丘也!死则我欲葬焉。"蘧伯玉曰:"吾子乐之,则瑗请前③。"

【注释】

①公叔文子:卫国大夫,献公之孙,名拔。瑕丘:大约是丘名。
②蘧(qú 渠)伯玉:名瑗,也是卫国大夫。
③则瑗请前:郑玄、孔颖达对此句没有清楚的解释,后代学者则众说纷纭。王夫之说:"前,谓先死而葬之也。"瑕丘既非文子采地,你文子想占有,那么我蘧瑗更想抢先占有。这是一种委婉的讽刺,目的在于劝止文子占他人之地。

【今译】

公叔文子登上瑕丘,蘧伯玉也跟了上去。文子说:"瑕丘的山水太招人喜欢了!如果我死了,就想葬在这里。"蘧伯玉说:"您既然喜欢,我自然也喜欢,我愿先死,抢先葬于此地。"

【原文】

弁人有其母死而孺子泣者①。孔子曰:"哀则哀矣,而难为继也②。夫礼,为可传也,为可继也,故哭踊有节。"

【注释】

①弁:鲁地名。孺子泣:其哭声像幼儿,无长短高低的一定节奏,任情而哭。

②难为继:他人都学不了。

【今译】

　　弁邑有个人死了母亲,其哭声像幼儿哭母,任情号哭,全无节奏。孔子说:"这种哭法,就表达悲哀而言没啥说的,问题在于一般人都学不了。礼在制定的时候,就要考虑如何才能传给后代,如何才能使人人都可做到。所以,丧礼中的哭泣和顿足,都是有一定之规的。"

【原文】

　　叔孙武叔之母死①,既小敛,举者出户②,出户袒③,且投其冠,括发④。子游曰:"知礼⑤。"

注释

①叔孙武叔:鲁公子牙的六世孙,名州仇,曾经诋毁孔子,见《论语·子张》。
②举者出户:抬尸体的人将尸体抬出正寝之门。
③袒:袒衣而露出左臂。
④且投其冠,括发:去掉原来发髻上的笄和缅,重新用麻束发。
⑤子游曰"知礼":郑玄说:"嗤之。"也就是说,子游是反话正说。因为按礼来讲,武叔有两点做错了。一是袒、括发应在室内小敛之后,不应当在出户之后;二是武叔作为孝子应该参加奉尸而未参加。关于这一点,可以参看《仪礼·士丧礼》。

【今译】

　　叔孙武叔的母亲死了,小敛罢,抬尸的人们将尸体抬出寝门,叔孙武叔跟着出门,直到这时候他才袒露左臂,去掉原来发髻上的笄缅,重新用麻束发。子游说:"这也算懂得礼节吗?"

【原文】

　　扶君①,卜人师扶右②,射人师扶左③。君薨以是举④。

注释

①扶君:谓国君生病时。
②卜人:郑玄说:"卜,当为仆。"仆人,即太仆,属《周礼·夏官》。师:官之

长也。

③射人:官名。郑玄注《周礼·射人》说:"仆人与射人,俱掌王之朝位也。"

④举:指迁尸及正尸。从始死到入棺,抬尸、正尸的事都由此二官担任。这种工作与其为国君生前服务的工作性质相近。

【今译】

搀扶生病的国君,太仆之官扶其右,射人之官扶其左。国君死后,迁尸、正尸的工作,也由此二官如此办理。

【原文】

从母之夫①,舅之妻②,夫二人相为服③,君子未之言也。或曰:同爨缌④。

注释

①从母之夫:犹今言姨丈。从母,母之姊妹。

②舅之妻:犹今言舅母。

③夫二人相为服:"夫二人",原作"二夫人",据王引之说校正。夫二人,即此二人。对此句的解释也是众说纷纭,兹从张载之说。张载认为,此二人相为服,不是指姨丈与舅母互相为服,而是指外甥为姨丈和舅母之服。此外甥自幼失去父母,或养于舅家,或养于姨家,恩同父母。据《丧服》,外甥为姨母服小功,为舅服缌麻,但没有说外甥为姨丈、为舅母服何服,本节就是企图解决这个问题。

④同爨:同吃一个灶上做的饭。缌:缌麻。丧服名。五服中之最轻者。丧服用细麻布作成,服期三月。

【今译】

姨丈去世了,舅母去世了,曾经受过他们恩惠的外甥该服什么丧服呢,君子从来没有讲过。有的人说:既然同吃一个灶上的饭,可以服缌麻。

【原文】

丧事欲其纵纵尔①,吉事欲其折折尔②,故丧事虽遽不陵节,吉事虽止不怠③。故骚骚尔则野④,鼎鼎尔则小人。君子盖犹犹尔⑤。

檀弓上第三 109

【注释】

①纵纵(zǒng zǒng 总总)尔:往前赶着做事的样子。
②折折(tí tí 提提)尔:安舒貌。
③止:谓两个节目之间可以稍事休息。
④骚骚尔:过于疾速的样子。
⑤犹犹尔:快慢适中貌。

【今译】

办丧事,要有急迫的样子;办吉事,要有从容的态度。然而,丧事虽然要急急地办,却不可隔越步骤;吉事虽然有喘口气的时间,但也不可懈怠。所以,如果操之过急,就显得粗野;如果节奏过于缓慢,就像是无知的小人模样。君子办事总是快慢适中。

【原文】

丧具①,君子耻具②。一日二日而可为也者③,君子弗为也。

【注释】

①丧具:郑玄说:"棺、衣之属。"
②耻具:以齐备为耻。否则,有欲亲速死之嫌。
③一日二日句:有些丧具是短时间内可以赶制成的,如绞(敛尸用的束带)、衿(大敛用的单被)等,即属此类。

【今译】

送死用的棺木、衣物之类东西,君子以事先准备齐全为耻。那些一两天内可以赶制出来的东西,君子是不会事先做好的。

【原文】

丧服:兄弟之子犹子也,盖引而进之也①;嫂叔之无服也,盖推而远之也;姑、姊妹之薄也,盖有受我而厚之者也②。

【注释】

①兄弟之子二句:据《仪礼·丧服》,父亲为长子以外的儿子,和为其兄弟之子,都是服齐衰不杖期的丧服。换言之,这是把侄子当成儿子一般看待,所以说是

"引而进之"。

②姑、姊妹之薄也二句:据《丧服》,姑、姊妹如果未出嫁,为之服齐衰期;出嫁以后,则为之降服大功。服期是厚,服大功是薄。为什么由厚变薄了呢?因为她们出嫁以后,成了异姓的妻子,服齐衰期的这种"厚",已经转移到了她们的丈夫身上。

【今译】

丧服中规定:为侄子就如同为儿子,都穿齐衰不杖期的丧服,这是为了表示亲近而提高丧服等级;嫂子和小叔之间互不穿孝,这是为了表示男女有嫌而有意把关系疏远;姑、姊妹出嫁以后,不再为之服期而降服大功,是因为她们对我的爱心已经转移到丈夫身上,与此同时,他们的丈夫把期的重服也承受了过去。

【原文】

食于有丧者之侧,未尝饱也①。

注释

①《论语·述而》:"子食于有丧者之侧,未尝饱也。"比本节只多一"子"字,所以本节主语可能也是孔子。

【今译】

孔子在死了亲属的人旁边吃饭,从来没有吃饱过。

【原文】

曾子与客立于门侧,其徒趋而出①。曾子曰:"尔将何之?"曰:"吾父死,将出哭于巷②。"曰:"反,哭于尔次③!"曾子北面而吊焉④。

注释

①其徒:曾子的门徒。
②将出哭于巷:因为曾子的弟子是在曾子家里从师学习,闻父之丧,不能立即奔丧,又不敢在曾子家里哭,所以出哭于巷。
③次:指该弟子所住之室。
④曾子北面而吊焉:这表明虽然是在曾子自己家中,但此时此地,曾子是以宾

檀弓上第三  111

礼相吊。

【今译】

　　曾子和客人站在门旁,有个弟子快步要出门。曾子问道:"你要到哪里去?"弟子说:"我父亲死了,我要到巷子里去哭。"曾子说:"回去吧,就在你住的房间里哭。"然后曾子面向北,就宾位而向弟子致吊。

【原文】

　　孔子曰:"之死而致死之①,不仁而不可为也。之死而致生之②,不知而不可为也③。是故竹不成用④,瓦不成味⑤,木不成斫,琴瑟张而不平⑥,竽笙备而不和,有钟磬而无簨虡⑦。其曰明器,神明之也⑧。"

注释

①之死:孝子以器物去送葬。之,往。致死之:认定死者无知。致,成也。
②致生之:认定死者有知。
③知:古"智"字。
④竹不成用:竹器边无縢缘,不好使用。成,善也。
⑤味:郑玄说字当作"沫(huì 诲)"。沫是洗脸。瓦器有裂纹,不好用来洗脸。
⑥不平:指宫商未调。
⑦簨(sǔn 笋)虡(jù 踞):悬挂钟磬的木架。其横木曰簨,直立的柱子曰虡。
⑧神明:言"神",表明已死。言"明",表明死者有知,但这种有知又不是活人那样的有知。故曰神明。

【今译】

　　孔子说:"孝子以器物送葬,从而认定死者是无知的,这种态度缺乏爱心,不可以这样做。孝子以器物送葬,从而认定死者是有知的,这种态度缺乏理智,也不可以这样做。所以,送葬的器物既不能取消,也不能做得像活人用的那样完美。送葬的竹器,没有縢缘,不好使用;瓦盆漏水,不好用来洗脸;木器也没有精心雕斫;琴瑟虽然张上了弦,但没有调好音阶;竽笙的管数也不少,但就是吹不成调;钟磬不缺,但没有悬挂钟磬的架子。这样的送葬器物就叫做'明器',意思是把死者当作神明来看待的。"

【原文】

　　有子问于曾子曰:"闻丧于夫子乎①?"曰:"闻之矣:丧欲速贫,死欲速朽。"有子曰:"是非君子之言也。"曾子曰:"参也闻诸夫子也。"有子又曰:"是非君子之言也。"曾子曰:"参也与子游闻之。"有子曰:"然。然则夫子有为言之也。"曾子以斯言告于子游。子游曰:"甚哉,有子之言似夫子也!昔者夫子居于宋,见桓司马自为石椁②,三年而不成③。夫子曰:'若是其靡也,死不如速朽之愈也。'死之欲速朽,为桓司马言之也。南宫敬叔反④,必载宝而朝。夫子曰:'若是其货也⑤,丧不如速贫之愈也。'丧之欲速贫,为敬叔言之也。"曾子以子游之言告于有子。有子曰:"然。吾固曰'非夫子之言也'。"曾子曰:"子何以知之?"有子曰:"夫子制于中都⑥,四寸之棺,五寸之椁,以斯知不欲速朽也。昔者夫子失鲁司寇⑦,将之荆⑧,盖先之以子夏,又申之以冉有,以斯知不欲速贫也。"

【注释】

①闻:原作"问",据阮元《礼记注疏校勘记》改。丧(sàng):失去官职。
②桓司马:宋国大夫,氏尚,名魋(tuí 颓)。桓是谥,司马是官名。椁:外棺。
③三年而不成:言其精雕细刻,费时耗财。
④南宫敬叔:即仲孙阅,字子容,鲁国大夫。曾经失去官职,离开鲁国。
⑤货:王夫之说:"谓以货贿干求禄位。"
⑥中都:鲁邑名。据《史记·孔子世家》,鲁定公九年,孔子被任命为中都宰。
⑦司寇:官名,主管刑狱。
⑧荆:楚国的别称。

【今译】

　　有子向曾子问道:"你从夫子那里可曾听说过如何对待丢掉官职?"曾子说:"倒是听夫子说过:丢掉官职,最好快点贫穷;死了,最好快点烂掉。"有子说:"这不像是君子应该说的话。"曾子说:"这是我亲耳从夫子那里听到的呀!"有子仍然坚持说:"这不像是君子应该说的话。"曾子说:"是我与子游一道听到夫子这样讲的。"有子说:"那么,我相信夫子是这样说过。但是,夫子一定是有所针对才这样讲的。"曾子把这番对话告诉了子游。子游说:"真了不得,有子的话太像夫子了!从前夫子住在宋国,见到桓司马为自己制造石椁,花了三年功夫还没做好，夫子就说：'像他这样的奢侈，死了，还不如快点烂掉为好。'死了最好快点烂掉，这是针对桓司马说的。南宫敬叔丢官以后，每次返国，一定满载珍宝去晋谒国君。夫子说：'像他这样的行贿以求官，丢了官，还不如快点贫穷为好。'丢掉官职，最好快点贫穷，这是针对南宫敬叔说的"。曾子又把子游这番话讲给有子，有子说："这就对了。我本来就说过'这不像夫子所讲的嘛。'"曾子说："你是怎么知道的呢？"有子说："夫子当中都宰时，曾经规定，内棺四寸厚，外椁五寸厚，就凭这一点就可以知道夫子是不主张人死了就快点烂掉的。还有，从前夫子丢掉了鲁国司寇的官职，将要应聘到楚国去作官，就先派子夏去安排，接着又加派冉有去帮办，就凭这一点就可以知道夫子是不主张丢了官就速贫的。"

【原文】

陈庄子死①，赴于鲁。鲁人欲勿哭②。缪公召县子而问焉③。县子曰："古之大夫，束脩之问不出竟④，虽欲哭之，安得而哭之？今之大夫，交政于中国⑤，虽欲勿哭，焉得而弗哭？且臣闻之：哭有二道，有爱而哭之，有畏而哭之。"公曰："然。然则如之何而可？"县子曰："请哭诸异姓之庙。"于是与哭诸县氏⑥。

【注释】

①陈庄子：齐国大夫，名伯。陈恒（《史记》作"田常"，乃同一人）之孙，相齐宣公。

②鲁人欲勿哭：鲁人，指鲁君。国君无哭邻国大夫之礼。

③缪（mù木）公：即鲁穆公。缪，通"穆"。县（xuán悬）子：鲁大夫，名琐。

④束脩之问：指小的来往、走动。束脩，十条干肉。一种微薄的礼仪。竟：同"境"。按：整句话的含意是作为人臣不允许有私人外交活动。

⑤交政于中国：交，交往。政，指盟会征伐之事。中国，指诸侯。郑玄说："时君弱臣强，政在大夫，专盟会以交接。"

⑥於是哭诸县氏：这是一种保留面子的哭法，和本篇上文之孔子"哭诸赐氏"是一个道理，可以参看。按：据《史记》及《史记》注，陈庄子卒于齐宣公十五年（公元前441年），鲁穆公即位于齐宣公四十七年（公元前409年），二人事不相涉。王夫之说："大抵《檀弓》一篇，博采杂记，听其得失同异，以待言礼者之自择，如此类者众矣。"

【今译】

　　齐国大夫陈庄子死了,遣人告丧于鲁。鲁君不想为陈庄子哭,但又怕得罪齐国。于是穆公召见县子,问他此事该咋办才好。县子说:"古代的大夫,根本谈不上和邻国有什么交往,即令是你想为他哭吊,也没有那种机会。现在的大夫,把持国政,与诸侯交往频繁,即令是你不想为他哭吊,又怎能办得到呢?不过,我听人说过,哭有两种哭法,有的是因为爱他而哭,有的是因为怕他而哭。"穆公说:"你讲的道理不错,问题是具体应该怎么办才能把事情应付过去。"县子说:"建议您在异姓的祖庙中哭他。"于是穆公就到县氏的祖庙去哭。

【原文】

　　仲宪言于曾子曰①"夏后氏用明器②,示民无知也。殷人用祭器,示民有知也。周人兼用之,示民疑也③。"曾子曰:"其不然乎!其不然乎!夫明器,鬼器也;祭器,人器也④。夫古之人胡为而死其亲乎!"

注释

　　①仲宪:即孔子弟子原宪,字子思。
　　②明器:见上文"孔子曰:之死而致死之"节。
　　③示民疑也:郑玄说:"言使民疑于无知与有知。"
　　④夫明器四句:王夫之说:"鬼器,谓为死者特设之也。人器,孝子以己所用者奉其亲也。二者皆以尽孝子无已之心耳。"

【今译】

　　仲宪对曾子说:"夏代用不堪使用的明器陪葬,是要向人民表示死者是无知觉的。殷人用可以使用的祭器陪葬,是要向人民表示死者是有知觉的。周人兼用明器和祭器,是要向人民表示,死者是有知或无知还难于肯定。"曾子说:"恐怕不是这样吧!恐怕不是这样吧!所谓明器,是为鬼魂特制的器皿;所谓祭器,是孝子用自己正在使用的器皿奉祭先人。二者都是用来表示孝子的无限心意的。上古的人干嘛要认定死去的亲人就毫无知觉了呢!"

【原文】

　　公叔木有同母异父之昆弟死①,问于子游。子游曰:"其大功乎?"

狄仪有同母异父之昆弟死②,问于子夏。子夏曰:"我未之前闻也。鲁人则为之齐衰。"狄仪行齐衰。今之齐衰,狄仪之问也。

**注释**

①公叔木:郑玄说:"木",当作"朱",形近致讹。《春秋》作"戍"。是卫公叔文子之子,定公十四年奔鲁。

②狄仪:当是人名,事迹不可考。

【今译】

公叔朱有个同母异父的兄弟死了,向子游请教该服什么丧服。子游说:"可能是大功吧?"狄仪有个同母异父的兄弟死了,向子夏请教该服什么丧服。子夏说:"这种情况,我过去没有听说过。只知道鲁国的作法是为他服齐衰。"于是狄仪就服齐衰。现在人们为同母异父兄弟服齐衰,就是经狄仪这一问才定下来的。

【原文】

子思之母死于卫①。柳若谓子思曰:"子,圣人之后也,四方于子乎观礼,子盖慎诸②!"子思曰:"吾何慎哉! 吾闻之:有其礼,无其财,君子弗行也。有其礼,有其财,无其时③,君子弗行也。吾何慎哉!"

**注释**

①子思:即孔伋。伯鱼之子,孔子之孙。伯鱼死,其妻改嫁到卫国。

②子盖慎诸:你可得小心点。盖,通"盍",何不。柳若是劝子思在穿什么丧服上要小心。子为嫁母服何服,礼无明文。郑玄推测为嫁母服齐衰期。王夫之、孙希旦援引西汉《石渠礼议》认为父卒母嫁,子为父后,则无服。

③无其时:指此时母亲已嫁异姓,自己不是丧主。

【今译】

子思的母亲在父亲死后改嫁到卫国,现在死了,子思前去奔丧。卫国有个叫柳若的对子思说:"您是圣人的后代,各地的人都在关注您如何为嫁母持丧,您可得当心一点。"子思说:"我有什么可当心的! 我听说,按礼的规定应该做的,如果财力不足,君子是无法行礼的。按礼的规定应该做,财力也足够,但没有机会,君子也是无法行礼的。我有什么可当心的呢!"

【原文】

县子琐曰①:"吾闻之:古者不降②,上下各以其亲③。滕伯文为孟虎齐衰④,其叔父也⑤;为孟皮齐衰,其叔父也⑥。"

【注释】

①县(xuán 悬)子琐:已见本篇上文。
②古者不降:古,指殷代。不降,指不降等而服,即不降低丧服的等级。周礼,直系亲属不降,期以下之旁系亲属则降。例如,为自己亲兄弟服期,为堂兄弟则服大功,降了一等。
③上下:上,指伯父以上的旁系亲属。下,指侄子以下的旁系亲属。
④滕伯文:殷代滕国之君,伯爵,名文。
⑤其叔父也:这个"其"字指代孟虎。
⑥其叔父也:这个"其"字指代滕伯文。

【今译】

县子琐说:"我听说,古时候,并不因为自己尊贵,就将期以下的旁系亲属丧服降等,无论是长辈或晚辈,都按照本来的亲缘关系为服。举例来说,滕伯文以国君之尊为孟虎服齐衰,因为孟虎是滕伯文的叔父;而滕伯文又为孟皮服齐衰,因为滕伯文又是孟皮的叔父。"

【原文】

后木曰①:"丧,吾闻诸县子曰:'夫丧,不可不深长思也。买棺外内易②。'我死则亦然③。"

【注释】

①后木:鲁孝公之子惠伯巩之后代。
②易:平滑。
③我死则亦然:郑玄注:"此孝子之事,非所托。"意谓当父亲的不必操这一份心。

**【今译】**

后木说:"关于办丧事,我听县子说过:'办丧事,不可不深思长虑。买的棺木要内外平滑。'我死了也希望这样办。"

**【原文】**

曾子曰:"尸未设饰①,故帷堂。小敛而彻帷。"仲梁子曰②:"夫妇方乱③,故帷堂。小敛而彻帷。"小敛之奠,子游曰:"于东方④。"曾子曰:"于西方。敛斯席矣⑤。"小敛之奠在西方,鲁礼之末失也。

**注释**

①设饰:指沐浴、整容、袭(为死者穿衣)、敛等事。

②仲梁子:鲁人,其余未详。

③夫妇方乱:主人主妇正在手忙脚乱之中。郑玄说:仲梁子的说法不对,曾子讲的对。设饰之时,恐怕外人有亵尸体,所以堂上设帷。

④于东方:于尸体东方。尸体头朝南,所以东方也就是右手方。必于右手方者,像生人以右手进食也。

⑤曾子曰三句:曾子是据当时流行的俗礼讲的,但是讲得不对。小敛奠是放在地上,不是放在席上。

**【今译】**

曾子说:"尸体尚未沐浴、整容、穿衣,所以在堂上张起帷幕。小敛后尸体已经装扮好,于是撤下帷幕。"仲梁子则说:"人刚死,主人主妇正在手忙脚乱之中,所以在堂上张起帷幕。小敛后诸事已经停当,于是撤下帷幕。"小敛时的祭奠,子游说:"祭品放在尸体的东方。"曾子却说:"放在尸体的西方。而且不是放在地上,而是放在席上。"小敛的祭奠物品放在尸体西方,是沿用鲁国末世的错误礼俗。

**【原文】**

县子曰:"绤衰繐裳①,非古也②。"

**注释**

①绤(xì 细)衰繐(suì 碎)裳:绤是粗葛布。繐是线细而疏的麻布,四升半。

②非古也:孔颖达说:"古,谓周初制礼时"。郑玄说:县子说这话,是批评时人崇尚轻凉,忽视礼制。

【今译】

县子说:"如今的人都好用粗葛作衰,用细而疏的麻布作裳,这不合乎古制。"

【原文】

子蒲卒①,哭者呼"灭"②。子皋曰③:"若是野哉!"哭者改之。

注释

①子蒲:姓不详,名灭。
②哭者呼灭:人死后,只有招魂时呼其名,其后则讳。
③子皋:旧说以为即高柴,孔子弟子。

【今译】

子蒲死了,有人在哭的时候喊着他的名子。子皋说:"这么不懂礼数!"那人听到后就改正了过来。

【原文】

杜桥之母之丧,宫中无相①,以为沽也②。

注释

①相:赞礼者,略如今日之司仪。因孝子丧亲悲迷,诸般礼节皆须人指点引导。
②沽(gǔ古):粗略。

【今译】

杜桥的母亲去世了,殡宫中没有赞礼的人,论者以为太粗略了。

【原文】

夫子曰:"始死,羔裘玄冠者①,易之而已。"羔裘玄冠,夫子不以吊②。

【注释】

①羔裘玄冠:羔裘,黑色皮裘。玄冠,黑色的礼帽。羔裘玄冠是朝服,也就是吉服,不得穿之以临丧事。如果是死者的近亲,在亲始死时已改为素冠深衣,此羔裘玄冠而临丧者,当是死者远亲。下文所说"易之而已",也就是改为素冠深衣。
②羔裘玄冠二句:此二句出自《论语·乡党》。

【今译】

夫子说:"亲戚刚死,穿着羔裘玄冠这种吉服来吊的人,要改为素冠深衣才妥。"羔裘玄冠,夫子是不会穿着它去吊丧的。

【原文】

子游问丧具,夫子曰:"称家之有亡①。"子游曰:"有无恶乎齐②?"夫子曰:"有,毋过礼。苟亡矣,敛首足形,还葬③,县棺而封④,人岂有非之者哉!"

【注释】

①称(chèn 趁):随,适合。有亡(wú 无):此处意为多少。
②有无恶(wū 乌)乎齐:如何掌握多与少的标准呢?"无",有的本子作"亡",音义皆同。
③还(xuán 旋)葬:立即埋葬。还,迅速,立即。按礼的规定,大夫、士和庶人,都要"三日而殡,三月而葬"。
④县(xuán 悬)棺:棺上系以粗绳,手握粗绳下棺。不设碑绰等下棺用具。封:郑玄说字当作"窆"(biǎn 贬)。窆,埋葬。

【今译】

子游向孔子请教送终物品的数量问题。夫子说:"和家庭财力的厚薄相称就行。"子游说:"如何掌握厚与薄的标准呢?"夫子说:"如果财力雄厚,也不可超过礼数的规定。如果财力不足,只要衣被可以遮体,敛毕就葬,用手拉着绳子下棺,如此尽力而为,也不会有人责怪他失礼呀。"

【原文】

司士赍告于子游曰①:"请袭于床②。"子游曰:"诺。"县子闻之,曰:"汰哉叔氏③!专以礼许人④。"

【注释】

①司士赍:孙希旦说:司士本是官名,其后演变为姓氏。赍是名。
②袭:为尸体穿衣。
③汰哉:自矜大。叔氏:子游的字。
④专以礼许人:"袭于床",这本来是礼的规定,所以子游应回答"礼也",不应回答"诺"。回答"诺",就好像礼是由他制定似的。

【今译】

司士赍对子游说:"我想在床上为尸体穿衣。"子游说:"可以。"县子听了,就说:"叔氏太自大了!听他的口气,好像礼是由他制定似的。"

【原文】

宋襄公葬其夫人,醯醢百瓮①。曾子曰:"既曰明器矣②,而又实之。"

【注释】

①醯(xī昔)醢(hǎi海):醋和肉酱。
②明器:不堪使用的殉葬器皿。又叫冥器、鬼器。周制,明器内是不装填实物的,摆个样子而已。

【今译】

宋襄公葬其夫人时,陪葬器皿中有一百个瓮装着醋和肉酱。曾子评论说:"既然叫做明器,就表明它是不堪使用的,干吗又要填以实物呢。"

【原文】

孟献子之丧①,司徒旅归四布②。夫子曰:"可也。"读赗③,曾子曰:

"非古也。是再告也。"

**注释**

①孟献子:鲁大夫仲孙蔑。
②旅:下士。司徒之属官。布:指各地赠送助丧的财帛之剩余者。
③读赗(fèng 俸):赗,赠送财物帮助人办丧事。宾客赠送主人的财物,初时已由主人之史(掌文书者)登记造册。等到祖奠时,主人之史将赠送财物者的姓名及所赠何物及其数量,在灵柩前当着主人、主妇及所有宾客的面进行宣读。曾子认为一开始的登记算一次,柩车将要启动前的宣读是又一次,言外之意是说第二次是多余的。曾子的说法未必对。因为一开始的登记只有主人之史知道,而柩车将行时的宣读,是要死者也知道,要主人也知道,要所有在场的人都知道。二者的意义是不同的。现代人们的作法,也是先把财物送到治丧委员会进行登记,等到开追悼会时,再当众宣读一遍,与古人的作法非常相似。

**【今译】**

孟献子的丧事办完以后,司徒派下士把未用完的别人赠送助办丧事的财帛归还各地原主,孔子说:"这件事办得漂亮。"在柩车将要启动之前,将助丧人的名单及其赠送的财物进行宣读,曾子说:"这种作法不合乎古制,这是重复的宣读。"

**【原文】**

成子高寝疾①。庆遗入请曰②:"子之病革矣③,如至乎大病④,则如之何?"子高:"吾闻之也:'生有益于人,死不害于人。'吾纵生无益于人,吾可以死害于人乎哉?我死,则择不食之地而葬我焉。"

**注释**

①成子高:齐大夫。氏国,字子高。成是谥。下文即称"国子高"。
②庆遗(wèi 慰):齐大夫庆封的族人。
③病革(jí 极):病危。
④大病:讳言死,婉言大病。

**【今译】**

成子高卧病在床。庆遗进来请示说:"您的病已经危险了,万一不治,那怎么办?"子高说:"我听说:'活着应有益于人,死了也不应有害于人。'我纵然活着的时候无益于人,难道我能死了还要危害于人吗!我死后,拣一块不长庄稼地方把我埋掉好了。"

【原文】

　　子夏问诸夫子曰:"居君之母与妻之丧①,……""居处言语饮食衎尔②。"

【注释】

　　①居君之母与妻之丧:陈澔说:"丧"字下当有"如之何"三字。
　　②居处句:这是孔子回答的话。衎(kàn瞰)尔:和适自得貌。因为恩义浅,所以哀痛极微。

【今译】

　　子夏请教夫子说:"遇到国君的母亲、妻子的丧事该怎么办?"孔子说:"日常的住处、言谈、饮食,基本照常。"

【原文】

　　宾客至,无所馆。夫子曰:"生于我乎馆,死于我乎殡。"

【今译】

　　远道的宾客来到,没有住处。夫子说:"既然是朋友,活着就由我负责安排住宿,死了就由我安排殡殓。"

【原文】

　　国子高曰①:"葬也者,藏也。藏也者,欲人之弗得见也。是故衣足以饰身,棺周于衣,椁周于棺,土周于椁。反壤树之哉?"

【注释】

　　①国子高:即成子高。详本篇前注。

【今译】

　　国子高说:"葬,就是藏的意思。为什么说是藏呢,因为人死了叫人厌恶,所以就想叫人不能够看见。所以,只要衣衾足以遮盖身体,内棺能够包住衣衾,外棺能够包住内棺,墓圹能够容下外棺,就行了。何必还要聚土成坟、植树为标志呢?"

**【原文】**

　　孔子之丧,有自燕来观者,舍于子夏氏。子夏曰:"圣人之葬人与?人之葬圣人也,子何观焉?昔者夫子言之曰:'吾见封之若堂者矣①,见若坊者矣②,见若覆夏屋者矣③,见若斧者矣④,从若斧者焉⑤。'马鬣封之谓也⑥。今一日而三斩板⑦,而已封⑧,尚行夫子之志乎哉!"

**注释**

　　①封:筑土为坟。堂:堂基。堂基之形,四方而高,犹如平台。
　　②坊:堤防。纵长而横窄。
　　③覆:以瓦或茅草做屋檐。夏屋:门廊。
　　④斧:斧形下宽上锐。
　　⑤从若斧者焉:王念孙说:"从"上当有"吾"字。这种坟的好处,一是顶锐,别人爬不上去,二是省时省力。
　　⑥马鬣封:郑玄说这是斧形坟的俗称。因为马颈长鬣鬣的地方肉薄似斧。
　　⑦今一日而三斩板:"今一日",言用时之短。"三斩板",言筑坟之方法及高度。筑坟之法,以两条长木板夹立,板两端用绳束扎,当中填土。待填土和板一般平,斩断束板之绳,更将二木板置于已经筑好的土上,再扎好绳,再填土,如是者三次。郑玄说板高二尺,长六尺。三斩板,应当高六尺,但因为三次立板皆呈斜坡形,所以垂直高度大约四尺。
　　⑧已:停止,了结。

**【今译】**

　　埋葬孔子的时候,有人从遥远的燕国赶来参观,来人住在子夏家里。子夏说:"这难道是圣人在葬人吗?不过是我们这些人在葬圣人罢了,对于您来说有什么值得看的呢?过去夫子曾经谈及筑坟的样式,说:'我见过坟筑得有像堂基的,有像堤防的,有像两檐飞出的门廊的,有像斧头刃向上的。我身后就要斧头刃向上的形式。'斧头刃向上的形式,俗名叫作马鬣封。我们今天为他筑坟,一天之内就聚土四尺来高,筑成了斧头刃向上的形式,这也算我们完成了夫子的遗愿吧。"

【原文】

妇人不葛带①。

【注释】

①带：谓腰绖。凡绖，男子重首，妇人重腰。葬后卒哭，应变麻服葛，于时男子首绖、腰绖皆变葛，妇人则仅变首绖而不变腰绖，其麻腰绖须一直服到丧期结束。

【今译】

妇人在除去孝服之前，一直都是麻腰带，不换成葛腰带。

【原文】

有荐新①，如朔奠②。

【注释】

①荐新：祭名。荐，献也。新，指刚成熟的五谷瓜果。在死后葬前这段时间内，遇到有成熟的五谷瓜果，要先献给死者品尝。

②朔奠：每月初一对死者的祭奠。朔奠比每天的朝夕奠隆重，祭品也较丰富，除醴酒酺醢之外，还要用一头小猪、鱼和兔腊，分盛在三只鼎中。

【今译】

如果对死者举行荐新之祭，其规格应比照朔奠。

【原文】

既葬①，各以其服除②。

【注释】

①士三月而葬。既葬，旋于是日举行卒哭之祭，以结束无时之哭，改为朝夕哭。

②各以其服除：各，包括所有服五等丧服者。居丧期间，丧服不是一成不变的，而是随着日月的流驶，哀思的渐淡，再加上各人与死者的亲疏不同，到了一定的时期，有的该除服就除服，有的则应将较重的丧服换为较轻的丧服。就既葬之后而言，只有缌麻亲属可以除服，小功以上的亲属都是由重服改轻服。

【今译】

下葬以后,各等亲属都要除去原来的丧服,改受轻服。

【原文】

池视重霤①。

注释

①重(chóng 崇)霤(liù 遛):房屋的承霤。承接雨水。房檐上的水先流入此木制的承霤中,再从承霤中流入地面,故称重霤。天子的宫殿,四面都设重霤。诸侯只设三面,后面不设。大夫只设房屋的前后两面,士只设在前的一面。池,柩车上的装饰。以竹子为之,外边套有青色布套,位于荒(柩车的装饰性篷顶)下,其作用就是象征宫室的承霤。死者身份不同,设池的面数也不同。

【今译】

柩车上设池的面数,比照他生前居室的重霤。

【原文】

君即位而为椑①,岁壹漆之②,藏焉③。

注释

①椑(bì 毕):紧贴尸体的内棺。
②岁壹漆之:取意好似未成。
③藏焉:置物棺中。不可使棺内空荡无物,否则就好像是等着国君死而装尸。

【今译】

诸侯一即位,就应该为他做好贴身的内棺,每年漆它一遍,棺中还要填入东西,不可使之空虚。

【原文】

复①,楔齿②,缀足③,饭④,设饰⑤,帷堂⑥,并作。父兄命赴者⑦。

【注释】

①复:招魂。
②楔(xiē些)齿:古人初死,用角柶(形状如匙)撑其齿使不闭合,以便饭含。
③缀足:见本篇"掘中霤而浴"节注。
④饭:饭含。往死者口中填米。士死填米,大夫、诸侯、天子的饭含各异。
⑤设饰:见本篇"曾子曰:尸未设饰"节注。
⑥帷堂:同⑤。
⑦父兄命赴者:赴,即"讣",报丧。士,孝子亲自派人去报丧;大夫以上,由其父兄派人去报丧,但仍用孝子本人的名义。

【今译】

招魂、楔齿、缀足、饭含、打扮尸体、在堂上张起帷幕,这些都是在断气后要连续进行的项目。报丧的人,士由孝子本人派遣,大夫以上由父兄代为派遣。

【原文】

君复于小寝、大寝、小祖、大祖、库门、四郊①。

【注释】

①君:国君。国君位尊,所以招魂的地方多。大抵生前常去之处,都要在那里招魂。小寝:国君平常的居室。又叫燕寝。大寝:平常办公的地方。又叫正寝、路寝。小祖:太祖庙以下之群庙。大祖:太祖(始祖)的庙。库门:诸侯的外门。郊:都城外三十里内的地区。郊有郊关。

【今译】

国君招魂的地方多,按由近而远的顺序是:燕居之室、办公之处、群庙、太祖庙、库门和四郊。

【原文】

丧不剥①,奠也与②?祭肉也与③?

【注释】

①剥:裸露。不剥则要用布盖上,以防尘埃。

②奠:指所有的祭品。
③祭肉:指祭品丰盛的祭奠,不仅有醴酒醴醢,还有牲肉。如朝奠、大敛之奠、荐新之奠,都是有牲肉的。

【今译】
办丧事时,需要用布盖住祭品的,是所有的祭品呢?还是只盖住牲肉?

【原文】
既殡旬,而布材与明器①。

注释
①布:王夫之说:"置也。"材:指外椁所须之材。明器:见前。

【今译】
殡后第十天,就得置办椁材和明器。

【原文】
朝奠日出,夕奠逮日①。

注释
①殡后葬前,每天早上设的奠叫朝奠,傍晚设的奠叫夕奠。逮是及、赶上之意。

【今译】
朝奠在日出时举行,夕奠在太阳尚未落山时举行。

【原文】
父母之丧,哭无时,使必知其反也①。

注释
①哭无时二句:郑玄等以为此"哭无时"是在小祥之后,哀至则哭,没有一定

的时刻。就在此时受国君派遣去执行紧急使命,回来后要设祭告禀父母亡灵,就像生前的"出必告,反必面"(《曲礼上》)一样。宋人方悫则说:"哭者,所以求其反也。哭之无时,欲使死者心知其反而已。"今译文姑从方说。

【今译】

父母死后,孝子一想到伤心之处就哭,是为了让父母的神魂能循着哭声回家。

【原文】

练①,练衣黄里②,缥缘③;葛要绖④,绳屦无绚⑤;角瑱⑥。鹿裘⑦,衡长袪⑧。袪,裼之可也⑨。

【注释】

①练:指小祥。孙希旦说:"小祥谓之练者,始练大功布为冠也。以其祭言之,曰小祥;以其冠言之,曰练。"按:这里所说的练,不是指练丝,而是指练布。用煮练过的柔软洁白的熟布做的丧冠,就叫练冠。

②练衣黄里:练衣,用煮练过的熟布做的中衣。中衣,即紧挨着孝服的里边的那层衣服。

③缥(quàn 劝):浅红色。

④葛要绖:小祥以后,男子去掉首绖,腰绖由麻改葛。

⑤绳屦:麻绳编的鞋子。小祥以前是穿草鞋。绚(qú 渠):鞋鼻。鞋头的装饰,吉有凶无。

⑥瑱(tiàn 掭):充耳。悬在耳旁的饰物。吉时用玉。

⑦鹿裘:鹿皮制的裘,白色。吉时著麛裘。注意:鹿裘是穿在练衣里边的。

⑧衡长袪:袪是袖子。衡是加宽,长是加长。

⑨裼:王引之说是"绤(xì 细)"的假借字。绤,镶边。

【今译】

小祥以后的服装,是以煮练过的熟布作的中衣,其衬里是黄色,镶浅红色的边。腰绖改麻为葛。脱去草鞋,换上麻绳编织的鞋,但仍然没有鞋鼻。悬在耳旁的充耳是角质的。鹿裘的袖子可以加宽加长,袖口还可以镶边。

【原文】

有殡,闻远兄弟之丧①,虽缌必往。非兄弟,虽邻不往。所识,其兄弟不同居者皆吊②。

注释

①远兄弟:这个"远"字,有两层意思,一是血缘较远,一是居住较远。
②不同居:分开了家。

【今译】

家中有丧事,刚殡敛完毕,又听到远房兄弟去世,即令和死者是缌麻之亲,再远也必须赶去哭吊。但是,如果没有任何兄弟关系,就是比邻而居也不去哭吊。如果是相识的人,他遇上了不同居的兄弟的丧事,朋友们都应去慰问他。

【原文】

天子之棺四重①,水兕革棺被之②,其厚三寸;杝棺一③,梓棺二④。四者皆周⑤。棺束⑥:缩二衡三,衽每束一⑦。柏椁以端长六尺⑧。

注释

①天子之棺四重:郑玄说:"诸公三重,诸侯再重,大夫一重,士不重。"这里讲的"四重",是指在亲身之棺外加四重,若把亲身棺算进去,就是五重了。诸公以下依此类推。
②水兕革棺被之:此层棺的木板,表里都用水牛皮、兕牛皮裹住。用水兕革,取其耐湿。
③杝(yí 宜)棺:用杝木作的棺。杝棺,又叫椑。孔颖达说:杝棺厚四寸。杝木,又叫椴木。
④梓棺二:用梓木做的棺两层:内层叫属(zhú 烛),厚六寸;外层叫大棺,厚八寸。
⑤四者皆周:上述四重棺,是四周和上下共六面,是四周和上下的全方位包围。之所以要如此说明,是因为棺和椁有别,椁只有四围而无上下。
⑥棺束:古棺不用钉,用皮带束住叫做缄。
⑦衽:连结棺盖与棺身的木榫。两头宽,中间窄,形似深衣之衽,故名。汉人谓之"小腰"。

⑧柏椁以端:椁用柏树的近根那一头作材。

【今译】

　　天子的棺有四层:第一层是用水牛皮和兕牛皮表里包住木板的棺,其厚三寸;第二层是用杝木作的棺,厚四寸;第三、第四层都是用梓木作的棺,居内者叫属,厚六寸,居外者叫大棺,厚八寸。这四层棺,都是上下与四周合围的。棺盖和棺身用皮带束紧,纵向束两道,横向束三道。每一道的棺盖与棺身的接缝处,都要加个榫铆紧。椁用柏树的近根部分来做,每段木料长六尺。

【原文】

　　天子之哭诸侯也①,爵弁、绖、缁衣②。或曰:"使有司哭之③。"为之不以乐食④。

注释

　　①天子句:这是指诸侯在其国死,天子闻讣而遥哭之。
　　②爵弁:是一种文冠。爵,通"雀"。这种弁的颜色赤而微黑,如雀头之色,故名。绖:郑玄说是衍字。即多余的字。纼:音义同"缁"。按:爵弁、缁衣本是士的祭服。
　　③或曰句:郑玄认为让人代哭不对,哀戚之事不可作假。
　　④为之句:这是记者之言,非或人之说。王夫之说:"是日哭,则不乐。"

【今译】

　　天子在遥哭诸侯之死时,头上戴的是爵弁,身上穿的是缁色之衣。有人说:"天子不必自己哭,可命官员代哭。"在哭的那一天,天子进膳时不奏乐。

【原文】

　　天子之殡也,菆涂龙辁以椁①,加斧于椁上②,毕涂屋③。天子之礼也。

【注释】

①菆(cuán 攒)涂龙輴(chūn 春)以(sì 似)椁:郑注云:"菆木以周龙輴如椁而涂之。天子殡以輴车,画辕为龙。"即先在龙輴之四周堆积木材,其形状似椁,然后涂以泥巴,不使积木之间有隙。以,通"似"。

②加斧于椁上:斧,黑白相间的斧形图案。这里指绣有这种图案的棺罩。椁,指上句菆木如椁之椁。加斧的方法是从椁的上方(因为上方是开口的)套到棺上,并非加在椁之上。

③屋:指在椁上又积木为屋顶。

【今译】

天子的殡礼中有这样的规定:将载柩车的车辕上画上龙,再在此柩车四周堆积木材,上面暂不封口,其形如椁。然后在积木上涂以泥巴,不使木间有隙。然后再从椁的上方给棺材套上绣有黑白相间的斧形图案的棺罩。然后再在椁上继续积木为屋顶,最后再加以通体的涂抹。这是天子殡的礼数。

【原文】

唯天子之丧,有别姓而哭①。

【注释】

①别姓而哭:区别同姓、异姓、庶姓而排列哭位。异姓,指有婚姻甥舅关系的亲属。庶姓,无任何亲属关系者。这和朝觐时的班位不同。朝觐时是以爵为主,爵高者居前,低者居后。丧事是以血缘关系为主。

【今译】

只有在天子的丧事里,是区别同姓、异姓、庶姓而排列哭位的。

【原文】

鲁哀公诔孔丘曰①:"天不遗耆老②,莫相予位焉。呜呼哀哉,尼父③!"

【注释】

①诔(lěi 磊):杨伯峻说:"诔,犹今之致悼辞。"

②耆老:年高德劭之人。指孔子。
③尼父:孔子的字。按《左传》哀公十六年也载有鲁哀公悼辞,与此不同。孙希旦认为当以《左传》为确。

【今译】
鲁哀公悼念孔子说:"上天不把这样一位年高德劭的人给我留下,现在没有人来帮助我治理国家了。呜呼哀哉,尼父!"

【原文】
国亡大县邑,公、卿、大夫、士皆厌冠①,哭于大庙三日②,君不举③。或曰:君举而哭于后土④。

注释
①厌(yā 压)冠:即丧冠。因丧冠之形偃伏,故名。郑玄说"其服未闻",孙希旦说"其服则素服"。
②大(tài 太)庙:祖庙。因失去国土,对不起列祖列宗,故哭于大庙。
③举:杀牲盛食曰举。
④君举:此"举"字,王夫之解释为"率领",与上句"举"字义异。后土:社。社神主管土地。

【今译】
国家如果丢失了大的县邑,公、卿、大夫、士都要头戴丧冠,身穿素服,在太庙里哭三天,向列祖列宗请罪。在这三天之内,国君吃饭不准动荤。另外一种说法是:国君率领群臣哭于社。

【原文】
孔子恶野哭者①。

注释
①野哭:郑玄的解释是"哭于野",但这和本篇上文"所知,吾哭诸野"明显矛盾。后人意识到这一点,就纷纷另出新义。孔颖达说:"哭非其地谓之野。"胡铨说:"哭不以礼为野。"王夫之说:"野哭,谓不为位。"等等。今姑从胡说。

【今译】

孔子厌恶不依礼数号哭的人。

【原文】

未仕者不敢税人①。如税人,则以父兄之命。

【注释】

①税人:以物赠送他人,按:本节所记与《曲礼上》之"父母存,不许友以死,不有私财"相通。

【今译】

作子弟的如果尚未出仕,就不敢把家中的东西随便送人。如果必须送人,则应当说这是秉承父兄之命。

【原文】

士备入而后朝夕踊①。

【注释】

①国君死,自嗣君孝子以下的群臣都要朝夕到灵堂哭踊。哭是依各自的哭位而哭,可先到者先哭,后到者后哭。踊则不同,踊是跺脚,跺脚要求节拍一致,所以必待全体到齐才开始踊。士位最卑,亦最后至,士到齐也就意味着全体到齐。

【今译】

国君之丧,每天的朝夕踊,要等到士全部到齐才可以开始。

【原文】

祥而缟①。是月禫②,徙月乐。

【注释】

①祥而缟:祥,指大祥,亲死二十五月的祭名。大祥以后,要带上白色生绢制的帽子。

②禫(dàn 淡):大祥后除服祭名。《释名》说,到了禫祭,"孝子之意澹然,哀

思益衰也"。举行禫祭的月份,王肃认为三年之丧与大祥祭同月,郑玄认为与大祥隔一个月,即在丧后的二十七月举行。如是期之丧,则十三月而大祥,十五月而禫。

【今译】

大祥祭之后,孝子就开始换上缟冠。在这一个月举行禫祭,下一个月就可以奏乐了。

【原文】

君于士,有赐帟①。

注释

①帟(yì亦):小型平幕,以缯为之,用以覆物承尘。办丧事时,可用于覆棺。大夫以上,官家负责提供。士则非君赐则不得有。

【今译】

国君对于士,在特殊情况下可赐与帟,用作覆棺的承尘。

# 礼记全译

## 檀弓下第四

**【题解】**

见《檀弓上》题解。

**【原文】**

君之嫡长殇①,车三乘②。公之庶长殇③,车一乘。大夫之嫡长殇,车一乘。

**注释**

①长殇:见《檀弓上》"有虞氏瓦棺"节注。

②车三乘:车,指遣车。柩车朝过祖庙后要设遣奠。遣者,送也。性质近乎送别之祭奠。遣奠毕,取遣奠牲体的胫骨部分用车载之以遣送死者,是谓遣车。遣车甚小,到墓地后,将把遣车连同其所载牲体一并埋入椁内。由此可知,遣车乃是一种明器。据孔颖达说,君之嫡子如是中殇,也是遣车三乘,下殇则一乘。

③公:与上句之"君"同义,皆指诸侯。

**【今译】**

诸侯的嫡子,如果是在十六岁到十九岁之间夭折,在葬礼中可用遣车三辆。诸侯的庶子,如果在十六岁到十九岁之间夭折,只可用遣车一辆。大夫的嫡子如果也是在这个年龄段夭折,所用的遣车也是一辆。

【原文】

公之丧①,诸达官之长杖②。

注释

①公:五等诸侯。
②达官之长:由国君直接任命的卿、大夫、士。杖:指斩衰与丧杖。按:府史一类的低级办事员不属于"达官之长",为国君只服齐衰三月。

【今译】

诸侯去世,凡是由国君直接任命的卿、大夫、士,应服斩衰,持丧杖。

【原文】

君于大夫,将葬,吊于宫;及出,命引之①,三步则止②。如是者三,君退。朝亦如之③,哀次亦如之④。

注释

①命引之:命人执绋拉柩车。因为柩车从殡宫出来以后,孝子号慕攀辕,不让车走,国君不得不夺孝子之情,命人拉车前行。
②三步则止:拉车的人看到孝子悲恸欲绝的样子,有所不忍,所以走了三步便停了下来。
③朝:朝庙。孝子奉柩朝拜祖庙,像生前远出必辞别尊长之意。葬前一日朝庙。
④哀次:孝子居丧之处,即倚庐、垩室之类。

【今译】

国君对于大夫的丧事,在大夫将葬的时候,要先到殡宫吊丧。等到柩车出来,要命随从执绋拉车,往前拉三步就停下来。像这样一拉一停三次,国君才离开。在孝子奉柩朝庙时,国君也是这种礼数。在柩车经过孝子居丧的临时住所时,国君也是这种礼数。

【原文】

五十无车者,不越疆而吊人①。

檀弓下第四 ◇ 137

【注释】

①郑玄注此节云:"气力始衰。"

【今译】

五十岁以上而没有车子的人,不必大老远地越境去吊丧。

【原文】

季武子寝疾①,蟜固不说齐衰而入见②,曰:"斯道也,将亡矣!士唯公门说齐衰③。"武子曰:"不亦善乎!君子表微④。"及其丧也,曾点倚其门而歌⑤。

【注释】

①季武子:鲁大夫季孙夙,世为上卿,势力强大,掌握国柄,国人畏之,事之如君。
②蟜固:鲁国士人,时有齐衰之丧。说(tuō脱):通"脱"。下同。
③士唯句:若依正礼,士只有进入国君宫门才脱去孝服。换言之,士入大夫之门不应脱孝服。蟜固这样做,这样说,表明他不怕季武子,敢于矫正流俗之失。
④武子曰二句:蟜固义正辞严,季武子拿他没办法,只好心不由衷地表示赞成。
⑤曾点:字晳,曾参之父。歌:表示不废乐。只有国君之丧,士才废乐。曾点是效法蟜固,也把季武子只当作大夫对待。

【今译】

季武子卧病,蟜固不脱掉孝服就去他家探视,并向他说明:"我的这种作法,现在快绝迹了。可按照正礼,士也只有进入公门才脱去孝服。"季武子佯表同意地说:"你这样作不是很好吗!君子就是要发扬光大那些被多数人丢掉了的好规矩。"等到季武子去世了,曾点就倚在他家门上唱歌,表示自己也是按照正礼而行。

【原文】

大夫吊①,当事而至,则辞焉。吊于人,是日不乐②。妇人不越疆而吊人。行吊之日,不饮酒食肉焉。吊于葬者必执引③;若从柩及圹,皆执绋④。丧⑤,公吊之,必有拜者,虽朋友、州里、舍人可也⑥。吊曰:"寡君承事⑦。"主人曰:"临。"君遇柩于路,必使人吊之。大夫之丧,庶子不受吊⑧。

**注释**

①大夫吊:指大夫吊士。大夫尊,士若无事,当出至堂下拜宾。
②吊于人二句:君子哀、乐不同日。《论语·述而》:"子于是日哭,则不歌。"即此意。
③引:牵引柩车的绳索。
④绋(fú 伏):下葬时引柩入穴的绳索。
⑤丧:指客死异国他乡,没有亲人为主的丧事。
⑥州里:同在他国的老乡。舍人:死者所住馆舍的主人。
⑦寡君承事:这是国君的介(负责传话的随从)的话。承事,要点活儿干。指协助丧事。
⑧庶子:嫡长子以外的诸子。

**【今译】**

大夫来吊士,如果正当主人忙于大小殡殓之事的时候,就派人向大夫说明,此刻未能出迎,请他稍待片刻。在向人吊丧的那一天,整天都不奏乐。妇人无外事,所以不必越境去吊丧。吊丧的那天,不可饮酒吃肉。在出葬时去吊丧,一定要帮助拉柩车;如果跟着柩车到墓圹,都要执绋帮助下葬。客死异国,如果地主国的国君来吊,虽然身边没有亲人为丧主,但也一定要有人出来代表丧主拜谢,即令是死者的朋友、同乡、寄寓的房东也可以。国君的介说:"敝国的国君想要点协助治丧的事干。"那位丧主的代表则回答:"辱蒙大驾光临。"国君在路上遇到柩车,要派人过去慰问。大夫的丧事,庶子不能做丧主而接受慰问。

**【原文】**

妻之昆弟为父后者死,哭之适室,子为主,袒免哭踊①。夫入门右,使人立于门外,告来者。狎则入哭。父在,哭于妻之室②。非为父后者,哭诸异室。有殡,闻远兄弟之丧,哭于侧室③;无侧室,哭于门内之右;同国则往哭之。

【注释】

①妻之昆弟四句:妻之昆弟:今言内弟,又俗称小舅子。为父后:是其父亲的继承人。继承人一般都是嫡长子。適(dí嫡)室:正寝。犹今人农居之堂屋。子为主:据《丧服》,夫为妻之兄弟无服,而外甥为舅服缌,所以命己子为丧主而受吊拜宾。免(wèn问):见《檀弓上》第一节注。按:袒免哭踊,皆哭有服之亲之礼。

②父在二句:父在,则正寝为父所居,所以只有哭于妻之室。故郑注云:"不以私丧干尊。"

③哭于侧室:侧室即偏房。因为此时正寝正停着柩,哭于正寝则等于哭殡,故必哭于侧室。

【今译】

妻子的兄弟,而且又是岳父的继承人死了,就在自己的正寝哭他,让自己的儿子为丧主,袒露左臂,去冠而戴免,号哭跳跃。自己则进去站在门的右边,并派人立于门外,向闻哭来吊的人说明死者为谁。只有特别要好的人,才进入庭前哭吊。如果父亲健在,就不敢哭于正寝,而要哭于妻的寝室。如果死者不是岳父的继承人,就在别的房间哭他。家里有丧事,正停柩待葬,如果此时听到异国远房兄弟之丧,就要在偏房哭他;没有偏房的人家,就在门内的右侧哭他;如果死于国内,就应赶往他的灵堂去哭。

【原文】

子张死,曾子有母之丧,齐衰而往哭之。或曰:"齐衰不以吊①。"曾子曰:"我吊也与哉②?"

【注释】

①或曰句:这是责备曾子失礼的话。因曾子与子张是同学关系,无服,不应往吊。

②曾子曰句:按《杂记下》:"三年之丧,虽功衰(小祥以后所受之轻服)不吊。如有服而将往哭之,则服其服而往。"可以勉强作为曾子自我辩解的理论根据。曾子是往哭,而不是往吊。哭是哭死者,吊是吊生者。

【今译】

子张死的时候,曾子正好在为母亲服丧的热孝之中,于是就穿着齐衰去哭子张。有人批评说："你正穿齐衰孝服，不应去吊朋友。"曾子辩解说："难道我是去吊丧吗？我是去哭朋友呀。"

【原文】

　　有若之丧，悼公吊焉①，子游摈由左②。

(注释)

　　①悼公：鲁国国君，名宁。鲁哀公之子。
　　②摈：摈相，赞礼的人。由左：由左边上下。丧事唯宾主居右，摈者居左，这是正礼。但因丧礼废亡，人们都以为摈者应当由右方上下，就像平时传达国君命令那样，其实不然。"子游摈由左"，是记者赞美子游能纠正俗礼之失。

【今译】

　　有若死时，悼公亲自去吊丧，子游作为丧礼中的司仪，由左方上下。

【原文】

　　齐谷王姬之丧①，鲁庄公为之大功。或曰："由鲁嫁，故为之服姊妹之服②。"或曰："外祖母也，故为之服③。"

(注释)

　　①谷：当作"告"，声近而误。告，赴告。王姬：周天子之女，齐襄公的夫人。
　　②或曰句：周、鲁同姓，王姬下嫁他国，鲁国为之主婚，视同己之姊妹。王姬死，鲁君比照着自己出嫁的亲姊妹，为之服大功。
　　③或曰句：鲁庄公是齐襄公之妹文姜之子，所以王姬应是鲁庄公的舅母，不是外祖母。外甥为舅母无服，为外祖母服小功，这都和"为之大功"对不上号。这个"或曰"是错误的。

【今译】

　　王姬死了，齐国向鲁国报丧，鲁庄公为之服大功。有人说："王姬是经由鲁国出嫁的，所以为她服姊妹的丧服——大功。"又有人说："王姬是庄公的外祖母，所以才为之服大功。"

【原文】

　　晋献公之丧①,秦穆公使人吊公子重耳②,且曰:"寡人闻之,亡国恒于斯③,得国恒于斯。虽吾子俨然在忧服之中,丧亦不可久也,时亦不可失也,孺子其图之④!"以告舅犯⑤。舅犯曰:"孺子其辞焉。丧人无宝,仁亲以为宝。父死之谓何?又因以为利,而天下其孰能说之?孺子其辞焉!"公子重耳对客曰:"君惠吊亡臣,重耳身丧父死,不得与于哭泣之哀,以为君忧。父死之谓何?或敢有他志,以辱君义?"稽颡而不拜⑥,哭而起,起而不私。子显以致命于穆公⑦。穆公曰:"仁夫公子重耳!夫稽颡而不拜,则未为后也,故不成拜。哭而起,则爱父也。起而不私,则远利也。"

### 注释

①晋献公:见《檀弓上》"晋献公将杀其世子申生"节。
②秦穆公:名任好,嬴姓。春秋五霸之一。公子重耳:晋献公子,世子申生之异母弟。献公晚年宠骊姬,信骊姬之谗,世子申生被迫自杀,诸公子也皆逃亡国外。献公死时,重耳正避难在狄国。穆公派使慰问重耳,意在劝其趁机返国为君。
③斯:指旧君死而新君未立之际。
④孺子:本为幼童之称,此处含有以重耳为国君继承人之意。
⑤舅犯:重耳的舅舅狐偃,字子犯,时跟随重耳出亡。
⑥稽颡:叩头。详《檀弓上》"孔子曰"节注。稽颡是表示丧亲的哀痛,凡子皆可;而拜是拜谢来宾的慰问,只有作丧主的长子可以。重耳不拜,即表示他不敢以继承人自居。
⑦子显:秦穆公的使者公子縶,字子显。卢植说"显"当作"韅",疑是。

【今译】

　　晋献公去世后,秦穆公派人去慰问逃难在狄的公子重耳,且捎话说:"敝国国君听说,丢掉君位总是在这个时刻,而得到君位也总是在这个时刻。虽然您现在正在恭敬地丁忧服丧之中,但是服丧也不可太久,机不可失,请您考虑一下此事!"重耳把这些情况告诉了舅犯。舅犯说:"您还是婉言谢绝的好。逃亡在外的人没有什么可宝贵的东西,要说有的话,那就是热爱父亲的精神。父亲去世意味着什么?那是天塌般的凶祸。反而趁此机会谋取私利,这样做怎么能向天下人解说清楚呢?您还是婉言谢绝的好。"于是公子重耳对来使说:"承蒙贵国国君派足下来慰问出亡在外的臣子,我流亡在外,而父亲死了,不能星夜奔回国内在灵位前哭泣,以抒发内心的悲哀,以至于使贵国国君为我担忧。可是,父亲去世意味着什么呢?那是天塌般的变故。此时此刻,怎么敢有自私自利之心,从而玷辱贵国国君的厚谊呢?"说完以后,只叩头表示丧父之悲,而不敢像丧主那样向来使表示拜谢。然后哭着站立起来,站起来后也不再和使者私下说任何话。使者子显向穆公复命。穆公说:"公子重耳真仁厚啊!他只叩头而不拜谢,可见他不是以继承人自居,所以没有完成整套行礼动作。哭着站起来,就像孝子要攀辕不让柩车启动,可见他是很爱其父的。站起来以后就不再和使者私下说话,可见他完全没有乘机谋利的念头。"

## 【原文】

帷殡非古也,自敬姜之哭穆伯始也①。

### 注释

①敬姜:穆伯之妻,文伯歜之母。穆伯:鲁大夫,季悼子之子公甫靖。按:既殡以后,灵柩周围平时有帷,只有哭时掀开。敬姜少寡,为了避嫌,哭时也不将帷掀开,后人因之。

## 【今译】

殡时不把帷帐掀起而哭,并非古制,而是从敬姜哭其丈夫穆伯开始的。

## 【原文】

丧礼,哀戚之至也。节哀,顺变也。君子念始之者也①。复,尽爱之道也,有祷祠之心焉②。望反诸幽,求诸鬼神之道也。北面,求诸幽之义也。拜稽颡,哀戚之至隐也③。稽颡,隐之甚也。饭用米贝④,弗忍虚也。不以食道⑤,用美焉尔。铭⑥,明旌也。以死者为不可别已,故以其旗识之⑦。爱之,斯录之矣;敬之,斯尽其道焉耳⑧。重⑨,主道也。殷主缀重焉,周主重彻焉。奠以素器⑩,以生者有哀素之心也。唯祭祀之礼,主人自尽焉尔。岂知神之所飨?亦以主人有齐敬之心也⑪。辟踊,哀之至也。有筭⑫,为之节文也。袒括发,变也。愠⑬,哀之变也。去饰,去美也。袒括发,去饰之甚也。有所袒,有所袭,哀之节也。弁绖葛而葬⑭,与神交之道也,有敬心焉。周人弁而葬,殷人冔而葬⑮。歠主人、主妇、室老⑯,为其病也,君命食之也。反哭升堂⑰,反诸其所作也。主妇入于室⑱,反诸其所养也。反哭之吊也,哀之至也。反而亡焉,失之矣,于是为甚。殷既封而吊⑲,周反哭而吊。孔子曰:"殷已悫⑳,吾从周。"葬于北方北首,三代之达礼也,之幽之故也。既封,主人赠㉑,而祝宿虞尸㉒。既反哭,主人与有司视虞牲。有司以几筵舍奠于墓左㉓,反。日中而虞。葬日虞,弗忍一日离也。是日也,以虞易奠㉔。卒哭曰"成事"㉕。是日也,以吉祭易丧祭。明日,祔于祖父㉖。其变而之吉祭也,比至于祔,必于是日也接,不忍一日未有所归也。殷练而祔,周卒哭而祔,孔子善殷。

> [!注释]

①始之者:指生我之父母。

②有祷祠句:祷祠,谓病人垂危之时,其家属派人祈祷于五祀,以期得神保佑,能够起死回生。这实际上是明知无济于事而为之,但却表现了家属的竭尽心力的心情。复是招魂,招魂实际上也不能起死回生,只不过是表现了和祷祠相同的心情罢了。

③隐:痛苦。

④饭用米贝:饭,就是含,即在死者口中放置米、贝、珠、玉之类。身份不同,所含之物亦异。用米、贝,乃据士而言。

⑤食道:生人熟食之道。

⑥铭:指把死者的姓名写在他生前所用的旗子上,以作为灵柩的标志。

⑦故以旗识(zhì 志)之:王念孙说:"识"上还有一"识"字。前一"识"字是"帜"的假借字,后一"识"字是标志之义。

⑧敬之二句:孙希旦认为此二句也是申言铭。因为身份不同,明旌的采章尺度也不同。孝子应在这方面一丝不苟。

⑨重(chóng 崇):郑玄说:"始死,未作主,以重主其神也。"这是说重的用处和神主一样,是暂时作为死者神魂的依凭。重的形制,木制,士重长三尺,上端凿孔,可以穿绳,以两鬲盛粥,分系绳之两端。葬后虞祭,周人作主,将重埋掉。

⑩奠:指葬前之祭。奠,置也。葬前之祭,是把馔具置放在地上,故名。

⑪齐(zhāi 斋)敬:严肃恭敬。

⑫有算:有一定次数。每一踊三跳,三踊九跳,为一节。

⑬愪(yǔn 允):郁结。

⑭弁:即爵弁,是周人的祭冠。经葛:在弁上缠以葛经。这是既非纯凶又非纯吉之服。

⑮冔(xǔ 许):殷人祭冠名。

⑯歠(chuò 啜):喝。此指亲人去世的三日后孝子无心饮食,只喝点由邻里给他们煮的粥。大夫以上,则君命食之。主人:死者之子,即孝子。主妇:死者之妻。室老:总管。

⑰反哭:送葬后返归祖庙之哭。堂:死者生前遇冠婚等事行礼之处。人去堂空,触景生悲。

⑱室:室是死者生前行馈食祭礼之处。

⑲封:郑玄说:"封,当为窆"。窆是下棺。

⑳悫(què 确):朴实。

㉑赠:以束帛等物送入死者圹中。

㉒宿:此为肃进之义。虞:祭名。虞是安的意思。下葬后,当天中午迎死者神魄于殡宫而祭之,以安其神魄。尸:见《曲礼上》注释。

㉓有司句:这是向地神行礼之祭。因为父母埋于此地,拜托地神多加关照。

㉔以虞易奠:葬前无尸,奠置于地。至虞,始立尸以行祭礼,故曰"以虞易奠"。

㉕卒哭曰成事:卒哭:虞后祭名。停止无时之哭,故名。但仍有朝夕哭。成事:这是卒哭祭时祝辞中的话。意思是说丧祭已经完成,吉祭也从而开始。

㉖祔于祖父:祔是祭名,卒哭之次日举行。这是奉死者神主到祖庙与其祖宗合祭。祔祭讲究昭穆。因为祖与孙昭穆相同,所以祔于祖父。祔祭后,当天仍将新死者神主奉回殡宫,即死者生前之正寝,到大祥后才迁神主入庙。

【今译】

守父母之丧期间,孝子的心情是极其悲哀的。用种种礼节来节制他的悲哀,就是为了顺着他悲哀的感情,使他逐渐适应这种剧变。这都是由于君子念及生他养他的父母的缘故:念及生育之恩,如何不悲!念及自己乃是父母之遗体,敢不节哀顺变!招魂这件事,是充分表现孝子热爱父母的一种形式,就像他们病危时的祈祷五祀那样,千方百计,想要他们起死回生。盼望父母从幽暗的地方回来,这是祈求鬼神的方法。招魂时向着北方呼叫,就是向幽暗中祈求的意思。拜谢吊客与叩头,都是悲哀中极痛苦的表现;而二者之中,尤以叩头的痛苦更甚。饭含,用生米和贝壳,这是不忍心让死者空口;不用活着的人吃的熟食,是采用自然生成的米贝不腐烂的含义。铭,是一种用写有姓名的旌旗以表明是何人之柩的东西。因为死者的形貌已不复可见，所以用明旌来作标志。因为爱他，所以将他的姓名写到铭上；因为敬他，所以对铭的制作严守规格一丝不苟。重，和后来的神主牌的作用是一样的。殷人做了神主，就将重和主连在一起；而周人作了神主，就将重埋掉了。葬前的祭奠，使用的是质朴无华的馔具，这是因为孝子的悲哀也是毫无掩饰的。只有葬后的吉祭，孝子才尽其敬神之心，使用经过文饰的馔具。不必问神灵是否果真享用祭品，孝子只不过是表现其严肃恭敬的心情而已。号哭时捶胸顿足，这是悲痛至极的表现；但却规定了一定的次数，这是为了使孝子有所节制，不可乱来。解开上衣露出左臂，去掉笄缅而改用麻束发，这是孝子在形貌服饰上的变化。心情忧郁，这是孝子悲哀感情的变化。除去修饰，就是除去华美。露出左臂，用麻束发，这是除去修饰的极端表现。但有时要露出左臂，也有时要掩好上衣，这也是为了节制悲哀。戴着缠有葛经的爵弁举行葬礼，这是和神明交往的礼节。所以周人戴着爵弁行葬礼，殷人戴着冔行葬礼。在亲人去世三天之后，应该设法让主人、主妇和总管喝些稀粥，因为他们由于悲哀过度已经有三天水浆不入口了，担心他们病倒。对于大夫以上之家，国君要下令他们必须进食。送葬以后返回祖庙号哭，主人是升堂而哭，也就是回到死者生前遇到冠、婚等事的行礼之处而哭；主妇则是入室而哭，也就是回到死者生前进行馈食供养之处而哭。孝子等人返哭时，亲友都要前来慰问，因为这是孝子最悲哀的时刻。回来以后，看不到亲人的任何踪影了，亲人是永远消失了，有感于此，所以悲痛至极。殷人是在下葬以后就慰问孝子，而周人则是在返哭时前去慰问。孔子说："殷人的做法太质朴了，我赞成周人的作法。"葬在北郊，头朝北方，这是夏商周三代通行的做法。这是因为鬼神要去幽暗之处的缘故。将棺下入墓穴后，主人将束帛等物放入圹中，这叫做赠。在此之前，祝先回去邀请充任虞祭的尸。返哭之后，主人和有关办事人员就去查看用于虞祭的牺牲。在孝子从墓地返回的同时，有关人员还要设几铺席，在墓的左边设祭以飨墓地之神。回来后，在正午进行安神之虞祭。下葬的当天就举行虞祭，是因为孝子不忍心有一天和死去的亲人分离。就在这一天，将不用尸的奠改为开始用尸的虞祭。到了举行卒哭之祭时，祝要致词说明，丧祭已经完毕，吉祭已经开始。就在这一天，开始以吉祭的礼数代替丧祭的礼数。卒哭的次日,在祖庙举行祔祭,使新死者的神灵附属于祖父。在将丧祭变成吉祭,一直到举行祔祭的过程中,一定要一天接着一天地进行,这是因为孝子不忍心死者的灵魂有一天无所归依的缘故。殷人在周年练祭以后才举行祔祭,周人则在卒哭以后就举行祔祭。孔子认为殷人的做法较好。

【原文】

君临臣丧,以巫祝桃茢执戈①,恶之也,所以异于生也。丧有死之道焉,先王之所难言也。

【注释】

①以巫祝桃茢(liè 列)执戈:据《士丧礼》载与孔疏,是巫执桃枝,祝执茢(即苕帚,可扫除不祥),卫士执戈以护驾。如果是对活人,就用不着巫祝桃茢。巫,掌招福弭灾者。

【今译】

国君去吊唁臣子之丧时,要让巫执桃枝,祝执苕帚,以避邪、扫除不祥;让卫士执戈保卫。之所以这样做,是厌恶死人的凶邪之气,所以和对待活人的礼数不同。办丧事,另有对待死人的礼数,这却是先王不便于说明的了。

【原文】

丧之朝也①,顺死者之孝心也。其哀离其室也,故至于祖考之庙而后行。殷朝而殡于祖,周朝而遂葬。

【注释】

①朝:朝庙。即在葬前先迁柩于祖庙,类似活人将出门,必告知尊者。

【今译】

在丧礼中,葬前要先朝祖庙,这是顺从死者"出必告"的孝心。死者对即将离开故居感到悲哀,所以先到祖考之庙一一辞别而后启行。殷人是在朝庙以后就将柩殡于祖庙,周人则是朝庙以后就出葬。

【原文】

　　孔子谓为明器者①,知丧道矣,备物而不可用也。哀哉！死者而用生者之器也,不殆于用殉乎哉？其曰明器,神明之也。涂车刍灵,自古有之,明器之道也。孔子谓为刍灵者善,谓为俑者不仁②,不殆于用人乎哉？

注释

①明器:中看不中用的随葬器物。另详《檀弓上》有关章节。
②俑:用以殉葬的木制或陶制的假人。

【今译】

　　孔子认为,用明器殉葬的人,是真正懂得办丧事的道理的,器物倒也齐备,就是中看而不中用。多么让人痛心呀！死人而用活人的器物,那岂不近于用活人来殉葬吗？之所以把殉葬的器物叫做明器,意思就是把死者当作神明来看待的。用泥土做成的车,用茅草札成的人,自古就有,这就是明器的来龙去脉。孔子认为,发明用刍灵的人,是个心地善良的人,而发明用俑的人则是个不仁的人。用假人殉葬,岂不接近于用活人殉葬吗？

【原文】

　　穆公问于子思曰①:"为旧君反服②,古与？"子思曰:"古之君子,进人以礼,退人以礼,故有旧君反服之礼也。今之君子,进人若将加诸膝,退人若将队诸渊③。毋为戎首④,不亦善乎！又何反服之礼之有⑤？"

注释

①穆公:鲁国国君,名显。鲁哀公之曾孙。
②反服:返回故国,为旧君服齐衰三月之服。据《仪礼·丧服》齐衰三月章,有三种情形应为旧君反服:一、退休后为旧君服;二、大夫流放在外,其妻与长子为旧君服;三、大夫光明正大地离开故国,故国尚保留其有关待遇,为旧君服。穆公应是就第三种情况发问。
③队:音义并如"坠"。

④戎首：率领他国军队来攻伐。

⑤又何反服之礼之有：王引之以为"之礼"二字是衍文。又，《孟子·离娄》下"孟子告齐宣王"章之内容与本节相近，不妨参看。

【今译】

鲁穆公向子思请教说："大夫光明正大地离开故国，故国对他仍然以礼相待，在这种情况下，故国国君死了，大夫奔回故国为旧君服齐衰三月，这是古来就有的礼节吗？"子思说："古代的国君，在用人时是以礼相待，在不用人时也是以理相待，所以才有为旧君反服之礼。现在的国君，需要用人时，就像要把人家抱到怀里，亲热得无以复加；不需要用人时，就像要把人家推入深渊，必欲置之死地。这样对待臣子，臣子不带领他国军队前来讨伐就不错了，哪里还谈得上为旧君反服呢？"

【原文】

悼公之丧①，季昭子问于孟敬子曰②："为君何食？"敬子曰："食粥③，天下之达礼也。吾三臣者之不能居公室也④，四方莫不闻矣。勉而为瘠，则吾能，毋乃使人疑夫不以情居瘠者乎哉！我则食食。"

【注释】

①悼公：鲁君，名宁。哀公之子。

②季昭子：季康子之曾孙，名强。孟敬子：孟武伯之子，名捷。按：此二人乃三桓后代。三桓，又称"三臣"即仲孙（孟孙）、叔孙、季孙氏，世代专权的鲁国大夫。

③食粥：为君斩衰三年，表现在饮食上，始死，三日不食；既殡食粥；至周年练祭才可正常吃饭。

④不能居公室：不能以事君之礼与国君相处。

【今译】

鲁悼公去世时，季昭子问孟敬子说："为国君服丧，应该吃啥样的饭？"敬子说："应该喝稀粥，这是天下通行的做法。但是我们仲孙、叔孙、季孙三家欺凌国君是出了名的，四方无人不晓。要我勉强喝粥，使身体变得消瘦，也不是办不到，但是那样做岂不更加使人怀疑我们的消瘦并非出自内心的悲哀吗，那又何苦呢！所以我还是照常吃饭。"

檀弓下第四　149

【原文】

　　卫司徒敬子死①,子夏吊焉,主人未小敛,绖而往。子游吊焉,主人既小敛,子游出,绖反哭。子夏曰:"闻之也与?"曰:"闻诸夫子:主人未改服②,则不绖。"

注释

　　①司徒敬子:司徒,以官为氏。敬子之名未闻,公子许之后代。
　　②改服:小敛之后,主人以麻括发,首腰著绖,谓之改服。大敛之后,按照丧服的规定服冠衰屦,谓之成服。

【今译】

　　卫国的司徒敬子死了,子夏前去吊丧,当时主人还没有举行小敛,他就戴着绖进去了。而子游前去吊丧,却是穿着常服。在主人行过小敛之后,子游就连忙出去,戴上绖以后才返回号哭。子夏就问子游:"你这种作法是听到有谁这样讲过吗?"子游说:"听老师讲过,在主人没有改服以前,吊客不应戴绖。"

【原文】

　　曾子曰:"晏子可谓知礼也已①,恭敬之有焉。"有若曰:"晏子一狐裘三十年,遣车一乘,及墓而反②。国君七个③,遣车七乘;大夫五个,遣车五乘。晏子焉知礼?"曾子曰:"国无道,君子耻盈,礼焉。国奢,则示之以俭;国俭,则示之以礼。"

注释

　　①晏子:名婴,字仲,谥平。春秋时齐国政治家,事齐灵公、庄公、景公,以节俭力行著称。
　　②晏子一狐裘三句:有若这三句话总的意思是批评晏子节俭过头,这实际上是不懂礼的表现。遣车:送葬时载牲体,并在下葬时连同牲体一并随棺入圹的车子。另参本篇首节注释。晏子的父亲是大夫,死,依礼当用遣车五乘,而晏子仅用一乘。及墓而反:言殉葬之器物太少,所以很快就下葬完毕返回了。
　　③个:郑玄说:"个,谓所包遣奠牲体之数也。"孙希旦说:"诸侯遣奠大牢(用牛、羊、猪),每牲取三体(指臂、臑、胳),折分为四十九个(个,犹言段、块),分为七包,每包七个,包用一车载之,故遣车七乘。"总而言之,遣车数与牲体个数是相

应的。

【今译】

　　曾子说:"晏子可以说是一个知礼的人了,礼的要害不过是个恭敬,而这一点晏子并不缺乏。"有若说:"晏子一件狐皮袍子穿了三十年,办理其父丧事时,只用一辆遣车,随葬器物也少,所以很快就葬毕返回。按规矩来说,国君遣奠所取牲体是七包,遣车也就应是七辆;大夫是五包,遣车应是五辆。晏子全不照规矩来办,怎么能说他是一个知礼的人?"曾子说:"在国家尚未治理好的时候,君子以照搬礼数的规定为耻。在国人奢侈成风时,君子就应作个节俭的表率;在国人节俭成风时,君子就应作出按照礼数办事的表率。"

【原文】

　　国昭子之母死①,问于子张曰:"葬及墓,男子妇人安位?"子张曰:"司徒敬子之丧,夫子相,男子西乡,妇人东乡。"曰:"噫!毋。"曰:"我丧也,斯沾②。尔专之。宾为宾焉,主为主焉,妇人从男子皆西乡。"

注释

①国昭子:齐国大夫。
②沾:通"觇",看。按:徐仁甫说:当以"毋曰我丧也斯沾"七字为一句。曰,犹谓也。斯沾,视此也。其说亦通。徐说见《檀弓释滞》,载《中华文史论丛》1985年4期。

【今译】

　　国昭子的母亲去世了,向子张请教说:"出葬到墓地后,男子和妇人应该怎样就位?"子张说:"司徒敬子的丧事,是我的老师做司仪,男子和妇人分站墓道两边,男子面向西,妇人面向东。"国昭子说:"啊!别这样!"接着又说:"我办丧事的时候,会有许多宾客来观礼。司仪由你来当,但是要宾客和宾客在一起,主人一方和主人一方在一起,主人这边的妇人就跟在男子后面一律面向西。"

【原文】

　　穆伯之丧,敬姜昼哭①。文伯之丧,昼夜哭。孔子曰:"知礼矣。"

文伯之丧,敬姜据其床而不哭②,曰:"昔者吾有斯子也,吾以将为贤人也,吾未尝以就公室。今及其死也,朋友诸臣未有出涕者,而内人皆行哭失声。斯子也,必多旷于礼矣夫!"季康子之母死③,陈亵衣④。敬姜曰:"妇人不饰,不敢见舅姑。将有四方之宾来,亵衣何为陈于斯?"命彻之。

**注释**

①敬姜:穆伯之妻,文伯之母。夫死不夜哭,避私情之嫌。
②不哭:此处为暂停哭泣之意。
③季康子:名肥,谥康。季孙斯之子。自鲁哀公四年至二十七年执国政。敬姜是康子之从祖母。
④亵衣:指内衣。小敛之前,先将敛时要用的衣、衾等物陈列于房,内衣虽也需用,但不陈列出来。

**【今译】**

穆伯死时,敬姜作为妻子光在白天哭。文伯死时,敬姜作为母亲昼夜都哭。孔子评论说:"她真是个懂礼的人。"文伯死时,敬姜靠着他的床暂停哭声,说:"从前我有这个儿子,看他颇有才艺,想着将来会成为一个贤人,所以也就从来没有到他办公的地方去观察。现在他死了,朋友众臣中没有为他掉泪的,倒是他的妻妾等人为他痛哭失声。如此看来,这个孩子,在接人待物之礼方面一定多有荒废。"季康子的母亲去世了,在陈列小敛所用衣衾时,连内衣也陈列出来了。敬姜说:"妇人不打扮,不敢见公婆,何况现在是外面的客人将要来到,怎么把内衣也陈列在这里呢?"于是下令撤去内衣。

**【原文】**

有子与子游立,见孺子慕者。有子谓子游曰:"予壹不知夫丧之踊也,予欲去之久矣。情在于斯①,其是也夫!"子游曰:"礼有微情者②,有以故兴物者③。有直情而径行者④,戎狄之道也。礼道则不然。人喜则斯陶,陶斯咏,咏斯犹⑤,犹斯舞,舞斯愠⑥,愠斯戚,戚斯叹,叹斯辟,辟斯踊矣!品节斯,斯之谓礼。人死,斯恶之矣;无能也,斯倍之矣。是故制绞衾⑦,设蒌翣⑧,为使人勿恶也。始死,酺醢之奠;将行,遣而行之;既葬而食之,未有见其飨之者也。自上世以来,未之有舍也,为使人勿倍也。故子之所刺于礼者,亦非礼之訾也。"

### 注释

①斯:指小孩思念父母,就毫无节制的恣意号哭。
②微:约束,节制。
③故:指人的本性所固有的感情。兴:起,引发。物:指衰绖一类具体事物。
④有:俞樾以为"有"字是衍文。
⑤犹:通"摇"。
⑥舞斯愠:陆德明《释文》认为这三个字是衍文。孔颖达说,当时流传的《礼记》本子,有的有此三字,有的无此三字,取义不同。
⑦绞:敛尸所用的布束带。衾:覆盖尸体的被子。
⑧蒌(liǔ 柳)翣:蒌,通"柳"。柳是古代柩车上各种装饰物的总称。翣,已见《檀弓上》注。

### 【今译】

有子和子游在一块儿站着,看见一个小孩子在哭哭啼啼地寻找父母。有子对子游说:"我一向不知道为什么丧礼中有顿足的规定,我早就想废除这条规定。现在看来,孝子抒发悲哀思慕的感情应该就和这孩子一样,只要是发自内心,可以想怎么哭就怎么哭,还要什么规定呢!"子游说:"礼的种种规定,有的是用来约束感情的,有的是借外在的事物以引发人们内在的感情的。如果没有统一的规定,谁想怎么着就怎么着,那是野蛮民族的作法。如果依礼而行则不然。人们遇到可喜之事就感到开心,感到开心就想唱歌。唱歌还不尽兴,就晃动身体。晃动身体还不过瘾,就跳舞。疯狂地舞过之后又产生愠怒之心,有了愠怒之心就会感到悲戚,悲戚则导致感叹。光感叹还觉得发泄得不够,于是就捶胸。捶胸还不够味,那就要顿足了。将这种种感情和行动加以区别和节制,这就叫做礼。人一死,就要被人厌恶;而且死人没有任何行为能力,人们就要背弃他。所以,制作绞衾以掩盖尸体,设置蒌翣以为棺饰,就是为了使人不感到讨厌。人刚死的时候,用肉脯肉酱来祭奠他;将要出葬,又设送行的遣奠;下葬以后,还有一系列馈食之祭。虽然从来没有看见鬼神来享用祭品,但是也并不因此而放弃祭祀,目的就在于不使人们背弃死者。所以,您刚才对礼提出的批评,实在也算不上是礼的毛病。"

**【原文】**

吴侵陈①,斩祀杀厉。师还出竟,陈大宰嚭使于师②。夫差谓行人仪曰③:"是夫也多言,盍尝问焉? 师必有名,人之称斯师也者,则谓之何?"大宰嚭曰:"古之侵伐者,不斩祀,不杀厉,不获二毛④。今斯师也,杀厉与? 其不谓之杀厉之师与?"曰:"反尔地,归尔子,则谓之何?"曰:"君王讨敝邑之罪,又矜而赦之,师与,有无名乎?"

**注释**

①吴侵陈:郑玄、孔颖达认为事见《左传》鲁哀公元年(公元前494年)。

②大(tài 太)宰嚭(pǐ 痞):大宰是官名,嚭是人名。因为《左传》《国语》《史记》都说大宰嚭是吴王夫差之臣,所以从宋代的洪迈开始,历代学者多认为记《礼》者简册错互。具体地说,就是文中凡为"大宰嚭"三字者当改为"行人仪",凡为"行人仪"三字者当改为"大宰嚭"。今译文仍旧。

③夫差(chā 插):春秋时吴国国君。吴王阖闾之子。行人仪:行人是官名,掌聘问等外交事宜。仪是人名。

④二毛:头发斑白的老人。

**【今译】**

吴国入侵陈国,砍伐陈国社坛的树木,杀害染有疫疾的陈国百姓。在吴军班师退出陈国国境时,陈国派大宰嚭出使到吴军。夫差对行人仪说:"这个人很会说话,我们何不试着考问他一下。凡是军队一定要有个好名声,问问他,人们对我们这支军队是怎样评论的。"行人仪这样提出问题后,大宰嚭回答说:"古代的军队在侵伐敌国时,不砍伐敌国社坛的树木,不杀害对方染病的百姓,不俘获头发斑白的老年人。而现在贵国的军队,不是在杀害患病的百姓吗,那岂不要被人称作杀害患病百姓的军队了吗?"又问:"如果我们归还侵占的土地,送回俘虏的百姓,你们又将如何评论呢?"回答说:"贵国国君因为敝国有罪而兴师讨伐,现在又悯怜敝国而加以赦免,这样的仁义之师,何愁没有美名呢?"

【原文】

　　颜丁善居丧①:始死,皇皇焉②,如有求而弗得;及殡,望望焉③,如有从而弗及;既葬,慨焉④,如不及其反而息。

【注释】

①颜丁:鲁人。其馀未详。
②皇皇:六神无主的样子。
③望望:依恋不舍的样子。
④慨:神情惆怅。按:《檀弓上》"始死充充如有穷"节与本节有相通之处,可参看。

【今译】

　　颜丁在居丧时,把什么时候该有什么样的悲哀神情掌握得很好:在亲人刚去世时,是六神无主的样子,好像热切希望亲人死而复生但又办不到;到了行殡礼时,感到依恋难舍,好像要追随亲人而去而又办不到的样子。到了下葬以后,感到怅然若有所失,好像担心亲人的灵魂来不及和他一道回家,因而走走停停地有所期待。

【原文】

　　子张问曰:"《书》云:'高宗三年不言,言乃欢①。'有诸?"仲尼曰:"胡为其不然也! 古者天子崩,王世子听于冢宰三年②。"

【注释】

①《书》云句:按引文见今《尚书·无逸》,但文字略有出入。又,本节内容也大致见于《论语·宪问》,可以参看。高宗,殷高宗武丁。
②冢宰:冢,大也。冢宰总领百官,和后代一人之下万人之上的宰相近似。

【今译】

　　子张问道:"《尚书》上说:'殷高宗在三年居丧期间,专心守孝,不发一言一语。等他除服后一开口讲话,人们就感到非常喜悦。'确有此事吗?"孔子说:"怎么会没有此事呢! 要知道,古时候,凡天子驾崩,太子就把国事交付宰相三年,由宰相代为治理,所以可以没有一句话涉及国事。"

**【原文】**

　　知悼子卒①,未葬。平公饮酒②,师旷、李调侍③,鼓钟。杜蒉自外来④,闻钟声,曰:"安在?"曰:"在寝。"杜蒉入寝,历阶而升⑤,酌,曰:"旷饮斯!"又酌,曰:"调饮斯!"又酌,堂上北面坐饮之,降,趋而出。平公呼而进之,曰:"蒉!曩者尔心或开予,是以不予尔言。尔饮旷何也?"曰:"子卯不乐⑥。知悼子在堂,斯其为子卯也大矣!旷也大师也,不以诏,是以饮之也。""尔饮调何也?"曰:"调也,君之亵臣也,为一饮一食,忘君之疾,是以饮之也"。"尔饮何也?"曰:"蒉也宰夫也,非刀匕是供⑦,又敢与知防⑧,是以饮之也。"平公曰:"寡人亦有过焉。酌而饮寡人!"杜蒉洗而扬觯⑨。公谓侍者曰:"如我死,则必无废斯爵也!"至于今,既毕献,斯扬觯,谓之"杜举"。

**注释**

　　①知悼子卒:知悼子,即晋大夫荀盈。知悼子卒于鲁哀公九年(公元前533年)。本节记事,亦见于《左传》,但文字有出入,大旨则同。论者以《左传》所载的可信程度较高。
　　②平公:晋平公,名彪。饮酒:指私燕。
　　③师旷:师是官名,即乐师。旷是名,其字子野。李调:平公的嬖臣。
　　④杜蒉(kuài 块):平公的膳宰(犹今日之司务长)。《左传》作"屠蒯"。
　　⑤历阶:一步跨越两个台阶。
　　⑥子卯不乐:纣在甲子日死去,桀在乙卯日死去,所以人们把子卯这两日谓之疾日,也就是忌日,于此两日停止奏乐,以自警惕。
　　⑦非刀匕是共:刀与匕是食具。共,通"供"。此句犹言不去干本职内的工作。
　　⑧防:谏诤君之过失。
　　⑨觯(zhì 置):酒器。《说文》云"觯受四升"。郑玄注《礼器》云:"三升曰觯。"

**【今译】**

　　智悼子死了,尚未入葬,晋平公就自个儿喝起酒来了,另有师旷、李调作陪,而且击钟奏乐。杜蒉从外面进来,听到钟声,就问侍卫说:

"国君在哪里?"回答说:"在正寝"。杜蒉就急匆匆地往正寝走去,一步两个台阶地登上堂,倒了一杯酒,说:"旷,把这杯酒喝下去!"又倒了一杯酒,说:"调,把这杯酒喝下去!"然后又倒了一杯,在堂上向北面坐着自己喝了,然后下堂,快步走了出去。平公喊住了他,命他进来,说:"蒉,刚才我以为你或许是存心启发我,所以没和你说话。现在我要问你:你为什么要命令师旷喝酒呢?"师旷说:"子日和卯日,这两天是国君忌讳的日子,不敢奏乐,以自警惕。现在知悼子停柩在堂,这比国君忌讳的子卯之日更加要紧,怎么能够饮酒奏乐呢?师旷身为掌乐的大师,不把这层道理向您报告,所以罚他喝酒。"平公又问:"你又为什么命令李调喝酒呢?"杜蒉答道:"李调是您宠爱的臣子,有责任规劝君过,但却贪于吃喝,全然不顾国君的违礼之失,所以罚他喝酒。"平公又问:"那么你为什么要让自己喝酒呢?"杜蒉答道:"我是为您服务的宰夫,提供膳羞才是我的本分,现在竟敢越职谏诤国君的过失,所以也应当自罚一杯。"平公说:"寡人也有过失,倒杯酒来,也应该罚我一杯。"于是杜蒉将酒杯洗过,倒了一杯酒,举起来递给平公。平公饮毕,对左右侍从说:"即使我死以后,也不要扔掉这只酒杯。"从那时到现在,凡是向所有的人都献过酒后,再举起酒杯递给国君的动作,就被叫做"杜举"。

【原文】

公叔文子卒①,其子成请谥于君②,曰:"日月有时,将葬矣,请所以易其名者③。"君曰:"昔者卫国凶饥,夫子为粥与国之饿者,是不亦惠乎?昔者卫国有难④,夫子以其死卫寡人,不亦贞乎?夫子听卫国之政,修其班制⑤,以与四邻交,卫国之社稷不辱,不亦文乎?故谓夫子'贞惠文子'⑥。"

注释

①公叔文子:卫国大夫,名拔,一作"发"。卫献公之孙。
②君:指卫灵公。
③易其名者:指谥号。周代制度,葬后举行虞祭,虞祭后举行卒哭之祭,卒哭就要开始避讳,不能再直接称呼死者之名,而要以谥号称之。
④昔者卫国有难:指卫国发生内乱,卫灵公逃离国都。事详《左传》昭公二

十年。

⑤修其班制:修,俞樾认为是"循"字之误。班制:郑玄说是尊卑之差。

⑥贞惠文子:贞惠文三字是谥号,子是男子的美称。据孔疏所引《谥法》:"外内用情曰贞,爱民好与曰惠,道德博闻曰文。"三字谥号少见,一般都是一字谥号。记者不称其为"公叔贞惠文子"而称之为"公叔文子",郑玄说,单称一个"文"字足以兼之。实际上,对于臣子来说,"文"是最高级的谥号。

【今译】

公叔文子去世后,他的儿子戍向国君请求赐予谥号,说:"大夫三月而葬,现在葬期临近,请您赐给亡父一个谥号以便日后称呼。"卫灵公说:"从前卫国遇到凶年饥荒,夫子施粥赒济饥民,这不是爱民乐施的表现吗,正与《谥法》的'惠'字相合。从前卫国发生内乱,夫子拚死保卫我,这不正合着《谥法》上的'贞'字吗?夫子主持卫国国政,根据礼数的规定,当尊者尊,当卑者卑,以之与四邻交往,使卫国的声望没有受到沾辱,这不是正合着《谥法》上的'文'字吗?所以,我们可以用'贞惠文子'作为夫子的谥号。"

【原文】

石骀仲卒①,无適子,有庶子六人,卜所以为后者。曰:"沐浴佩玉则兆②。"五人者皆沐浴佩玉。石祁子曰③:"孰有执亲之丧而沐浴佩玉者乎?"不沐浴佩玉。石祁子兆④,卫人以龟为有知也。

注释

①石骀(tái 抬)仲:卫大夫,石碏的族人。
②兆:指古人占卜时烧灼甲骨所呈现的预示吉凶的裂纹。
③石祁子:石骀仲的六个庶子之一。
④石祁子兆:当时可能是将庶子六人的名子都刻在甲骨上,而龟兆正好裂向石祁子的名字上。

【今译】

卫国大夫石骀仲死了,没有嫡子,只有六个庶子,所以只好用占卜的方法来决定谁做继承人。卜人说:"要先洗发洗身,然后佩戴上玉,甲骨上才会显示吉兆。"其中的五人都连忙洗发洗身,佩戴上玉。而石祁子却说:"哪里有居父之丧而可以沐浴佩玉的道理呢?"唯独他不洗发洗身,不佩玉。说来也怪,龟兆却显示出石祁子应该做继承人,因此,卫国人都以为龟兆很灵验。

【原文】

　　陈子车死于卫①,其妻与其家大夫谋以殉葬②,定,而后陈子亢至③,以告,曰:"夫子疾,莫养于下,请以殉葬。"子亢曰:"以殉葬,非礼也。虽然,则彼疾当养者,孰若妻与宰? 得已,则吾欲已;不得已,则吾欲以二子者之为之也。"于是弗果用。

【注释】

　　①陈子车:齐国大夫。
　　②家大夫:即下文所说的"宰"。宰是大夫家中的管家。
　　③陈子亢:子车之弟。孔子的弟子陈亢。

【今译】

　　陈子车客死于卫国,他的妻子和管家计划用活人殉葬,已经确定了殉葬的人选,就在这时候陈子亢来到了。他们把有关殉葬的事告诉了子亢,说:"夫子有病,没有人在地下侍候他,我们想用活人来殉葬。"子亢说:"用活人殉葬,是违礼行为。尽管如此,如果一定要有人在地下侍候他养病,谁也没有他的妻子和管家合适。如果能取消这个计划,我也愿意取消;如果不能取消这个计划,那么我想就用你们两人殉葬吧。"这样一来,殉葬的计划也就流产了。

【原文】

　　子路曰:"伤哉贫也! 生无以为养,死无以为礼也。"孔子曰:"啜菽饮水①,尽其欢,斯之谓孝。敛首足形②,还葬而无椁③,称其财④,斯之谓礼。"

【注释】

　　①啜(chuò 辍)菽:喝豆粥。
　　②首:原作"手",据阮元《校勘记》改。

③还(xuán旋):立即。
④称(chèn趁):适合。按:此节内容与《檀弓上》"子游问丧具"节有相通处,可以参看。

【今译】

子路说:"贫穷真叫人伤心啊!父母在世时没有什么可以供养,父母去世后,又没有东西可以按规矩办丧事。"孔子说:"生前,尽管是粗茶淡饭,但只要总是让父母高高兴兴精神愉快,这就可以说是做到孝顺了。死后,尽管所有的衣衾仅够掩藏尸体,而且是敛罢立即就葬,有棺而无椁,但只要是根据自己的财力尽力办事,也就可以说是合乎丧礼的要求了。"

【原文】

卫献公出奔①,反于卫,及郊,将班邑于从者而后入②。柳庄曰:"如皆守社稷,则孰执羁靮而从③?如皆从,则孰守社稷?君反其国而有私也,毋乃不可乎?"弗果班。

注释

①卫献公:名衎(kàn瞰)。鲁襄公十四年(公元前559年)为其臣孙文子、宁惠子驱逐奔齐,二十六年复国。事见《左传》。
②班邑:分封采地。班,通"颁"。
③羁靮(dí笛):羁是马笼头,靮是马缰绳。

【今译】

卫献公被逐逃亡,后来终于返回卫国复位,来到城郊,献公想先分封采地给随从他逃亡的众臣,然后入城。追随他逃亡的大史柳庄说:"如果大家都在国内留守社稷,那么还会有谁马前马后地追随您逃亡?如果大家都追随您逃亡,那么还会有谁留守社稷?您刚一回国就有偏心,恐怕不太好吧!"封赏的事最终没有办成。

【原文】

卫有大史曰柳庄①,寝疾。公曰:"若疾革②,虽当祭必告。"公再拜稽首,请于尸曰:"有臣柳庄也者,非寡人之臣,社稷之臣也。闻之死,请往。"不释服而往,遂以禭之③,与之邑裦氏与县潘氏,书而纳诸棺曰:"世世万子孙毋变也!"

【注释】

①大(tài 太)史:周代官名。主掌典法、礼籍、星历。
②疾革(jí 急):病危。
③禭:向死者赠送衣服曰禭。君禭不可用以袭和小敛,只可用以大敛。

【今译】

卫国有个大史叫柳庄,卧病在床。卫君说:"如果病情危急,即使是在我主持祭祀时也要立即向我报告。"柳庄果然在卫君主持祭祀时去世了,卫君接到报告,就拜了两拜,叩头,然后向祭祀中的尸请求说:"有个臣子叫柳庄的,他不仅是我个人的臣子,也是国家的贤臣,刚才得到他去世的消息,请求您让我现在就去。"卫君没有脱掉祭服就赶往柳庄家,于是就把身上穿的祭服脱下赠给死者,还将裦氏邑和潘氏县封给柳庄作采邑,又把这种封赏写成誓约放进棺里。誓约上写道:"世世代代子子孙孙,万代相传永不改变!"

【原文】

陈乾昔寝疾①,属其兄弟,而命其子尊己曰:"如我死,则必大为我棺,使吾二婢子夹我②。"陈乾昔死,其子曰:"以殉葬,非礼也,况又同棺乎?"弗果杀。

【注释】

①陈乾昔:事迹不详。有子名尊己,见下文。
②婢子:此指妾。

【今译】

陈乾昔卧病在床,自知余日不多,于是就向他的兄弟交待后事,并命令他的儿子尊己说:"如果我死了,一定要给我做个大棺材,好让我的两个妾分躺在我的两边。"陈乾昔死了以后,他的儿子说:"用活人殉葬,本来就不合礼,何况还要躺在同一棺材里呢?"最终没有杀父妾以殉葬。

【原文】

仲遂卒于垂①,壬午犹绎②,《万》入③,去籥④。仲尼曰:"非礼也,卿卒不绎。"

【注释】

①仲遂:鲁庄公之子东门襄仲。垂:齐国地名。按:仲遂出访齐国,进入齐国后忽然有病,死于垂。本节所记事,见《春秋》宣公八年。
②壬午:据杨伯峻注,壬午是当年的六月十七日。绎:祭名。祭之次日又祭曰绎。据《春秋》可知,壬午的前一日曾在大庙举行禘祭。
③万:舞名。即武舞。舞者执干戈而舞。
④籥:舞名。即文舞,舞者执羽吹籥而舞。籥是古代管乐器,其形似笛。文舞与武舞的一个重大区别是,文舞有声,武舞无声。

【今译】

仲遂死于齐国的垂。壬午,噩耗已经传来,可鲁宣公并没有停止绎祭,只不过是在舞蹈时只保留了没有声音的武舞,去掉了有乐器声音的文舞而已。孔子说:"这样做是违礼的。大臣死,绎祭就应该停止。"

【原文】

季康子之母死①,公输若方小②,敛③,般请以机封④。将从之,公肩假曰⑤:"不可!夫鲁有初⑥,公室视丰碑⑦,三家视桓楹⑧。般,尔以人之母尝巧,则岂不得以⑨?其毋以尝巧者乎,则病者乎?噫!"弗果从。

【注释】

①季康子:见本篇上文。
②公输若:当时的匠师。公输是氏,若是名。下文所言葬事由他主持,可惜年少,不甚知礼。
③敛:此指下葬。
④般:公输班,春秋时著名的巧匠,公输若的族人。请以机封:建议用他发明

的机械来下棺。封,音义皆同"窆"。

⑤公肩假:王夫之说是"季氏之族父兄也"。

⑥初:指故事、先例。

⑦丰碑:下棺所用的工具。丰,大也。用大木头斫成,形如石碑,树立在椁的前后左右。碑上部打个洞作辘轳,下棺时,绳子就绕着辘轳,众人按着鼓声的指挥缓缓将棺缒入墓穴。树四座丰碑本是天子之礼,鲁君僭越用之,故云"视"。

⑧桓楹:也是下棺所用工具。桓,也是大的意思。楹是柱子。其使用方法与丰碑略同。用桓楹作下葬工具本是诸侯之礼,现在是大夫僭越用之。

⑨不得以:郑玄说"以与已字本同"。

【今译】

季康子的母亲去世了,年幼的公输若作为匠师主持下葬,公输般建议用他新设计的机械来下棺。主人正要答应时,公肩假却说:"不行!下棺的工具鲁国有先例:国君比照天子,使用四块丰碑;仲孙、叔孙、季孙三家比照国君,使用四根木柱。般!你用别人的母亲来试验你的技巧,难道是不得已吗?如果你不借此机会来试验你的技巧,就会感到难受吗?你怎么这样不懂礼呢!"最终没有按照他的建议办。

【原文】

战于郎①。公叔禺人遇负杖入保者息②,曰:"使之虽病也③,任之虽重也④,君子不能为谋也⑤,士弗能死也,不可。我则既言矣⑥!"与其邻童汪踦往⑦,皆死焉。鲁人欲勿殇童汪踦⑧,问于仲尼。仲尼曰:"能执干戈以卫社稷,虽欲勿殇也,不亦可乎!"

注释

①战于郎:郎,当是鲁国近郊地名。这是一次齐、鲁之战,《左传》哀公十一年有记载,唯个别文字有出入。

②公叔禺人:鲁昭公之子。《左传》作"公叔务人"。杖:指兵器。保:通"堡"。

③使之:指徭役。

④任之:指赋税。

⑤君子:指卿、大夫。

⑥我则既言矣:《左传》在此句下尚有"敢不勉乎"一句,更能满足文义。

⑦童:原作"重",据郑注改。下同。

⑧勿殇童汪踦：殇是未成人而死，其丧服降于成人。现在不按照殇的规定办理他的丧事，是要提高其丧事规格。

【今译】

鲁国与齐国在郎交战。鲁国的公叔禺人看到一个扛着兵器的士兵进入城堡休息，就说："百姓负担的徭役够辛苦了，交纳的赋税也够繁重了，但是大臣们不能为国家出谋划策，战士又不能为国牺牲，这是不可以的。我既然这样讲了，我就要努力做到。"于是就和邻居的少年汪踦一同奔赴战场，二人都战死在战场上。鲁国人想不用童子的丧礼而用成人的丧礼对待汪踦，但因没有先例，就向孔子请教。孔子说："他能拿起武器来捍卫国家，即使不用童子的丧礼来办他的丧事，不也可以吗？"

【原文】

子路去鲁，谓颜渊曰："何以赠我？"曰："吾闻之也：去国，则哭于墓而后行①；反其国，不哭，展墓而入②。"谓子路曰："何以处我③？"子路曰："吾闻之也：过墓则式，过祀则下④。"

注释

①去国二句：这是不肩负国君使命的"去国"。若受君使命，那就要"君言不宿于家"（《曲礼》上），马上动身，不得稍有逗留。
②展：周巡省视。
③处：安身无咎之道。
④祀：乡里社坛。

【今译】

子路要离开鲁国，对颜渊说："临别之际，你有什么话送我呢？"颜渊说："我听说，要离开故国，应该先到祖坟上哭祭一番再动身；返回故国，就不必哭了，只要到坟上巡视一圈就可以入城。"说罢，颜渊又对子路说："您给我留下什么话让我安身无咎呢？"子路说："我听说，经过墓地就应凭轼致敬，经过社坛就应下车致敬。"

【原文】

工尹商阳与陈弃疾追吴师①,及之。陈弃疾谓工尹商阳曰:"王事也②。子手弓而可。"手弓。"子射诸!"射之,毙一人,韔弓③。又及,谓之,又毙二人。每毙一人,掩其目。止其御曰:"朝不坐④,燕不与⑤。杀三人,亦足以反命矣!"孔子曰:"杀人之中,又有礼焉。"

【注释】

①工尹商阳:工尹是楚官名,大约是工官之长。商阳是人名。陈弃疾:楚公子弃疾,共王的儿子。曾率师灭陈,楚人为表彰其功,即以陈弃疾呼之。后自立为王,即楚平王。

②王事也:这是陈弃疾对工尹商阳的激励之辞。因为商阳仁慈,不忍杀人。

③韔(chàng 唱):古代盛弓的袋子。此作动词用。

④朝不坐:朝见国君时,大夫坐于堂上,士则立于堂下。意思是楚王待己不厚。

⑤燕不与:国君举行宴会时,大夫坐于堂上,士则立于堂下。不与,犹言没有坐位。燕,同"宴"。

【今译】

工尹商阳和陈弃疾同乘一辆战车追赶吴军,很快地就追上了。陈弃疾对工尹商阳说:"我们可是肩负着国王的使命,您现在可以把弓拿在手里了。"工尹商阳这才握弓在手。陈弃疾又对他说:"您可以向敌人放箭了!"工尹商阳这才射了一箭,射死一人,然后把弓又装入袋子。又追上了敌人,陈弃疾又对他说了以上的话,工尹商阳这才又射杀了二人。每射杀一人,他都闭上眼睛,不忍心看。他让驾车的停止追赶,说:"我们都是朝见国君没有座位,国君设宴没有席位的贱士,杀死三个敌人,也完全可以交差了。"孔子说:"就是在杀人时,也还是有礼节的。"

【原文】

诸侯伐秦,曹桓公卒于会①。诸侯请含,使之袭②。襄公朝于荆③,康王卒④。荆人曰:"必请袭!"鲁人曰:"非礼也。"荆人强之。巫先拂柩⑤,荆人悔之。

【注释】

①诸侯伐秦二句:事见《春秋》成公十三年。曹桓公之"桓",据《春秋》及郑玄注,当作"宣"。宣是谥号。卒于会,《左传》作"卒于师"。
②诸侯请含二句:含,饭含。诸侯含曹宣公,这是常礼。而曹人让诸侯为曹宣公袭(为死者穿衣),这是违礼的,因为袭这件事应由身份相当低贱的祝来做。
③襄公:鲁襄公,名午,成公之子。荆:即楚国。
④康王:楚康王,名昭。康王卒于鲁襄公二十八年,见《左传》。
⑤巫先拂柩:巫先用桃枝拂拭了一下灵柩,以祛除凶邪。按本篇上文云"君临臣丧,以巫祝桃茢"。这样一来,楚国不但没沾到便宜,反倒吃了个哑巴亏。

【今译】

诸侯联合起来讨伐秦国,曹宣公在联军会合时去世。诸侯要求按照礼节为曹君饭含,而曹人却让诸侯为曹君的尸体穿衣。鲁襄公到楚国访问,正碰上楚康王去世。楚人说:"请鲁君务必为康王的尸体穿衣。"鲁国方面回答:"这样做是违礼的。"楚国方面坚持非这样做不可,于是襄公就让巫先用桃枝在灵柩上来回拂拭,以祛除凶邪,而后才为尸体穿衣。楚国人一看这是君临臣丧之礼,后悔也来不及了。

【原文】

滕成公之丧①,使子叔敬叔吊②,进书,子服惠伯为介③。及郊,为懿伯之忌不入④。惠伯曰:"政也。不可以叔父之私,不将公事。"遂入。

【注释】

①滕成公:滕国国君。鲁昭公三年去世。本节记事亦见于《左传》昭公三年。
②子叔敬叔:即鲁大夫叔弓。
③子服惠伯:即鲁大夫公子服椒。介:副使。
④懿伯之忌:忌,忌日。懿伯,惠伯之叔父。忌日不可做事,敬叔欲忌日过后再进入滕国首都。

【今译】

滕成公去世,鲁国派子叔敬叔去吊丧,并且呈交鲁君慰问的礼品单,又派子服惠伯作他的副手。到了滕国郊外,正碰上惠伯的叔父懿伯的忌日，敬叔就想改日进城。惠伯说："我们来吊丧是公事，不可因为叔父的私忌就耽误公事。"于是就进城了。

【原文】

哀公使人吊蒉尚①，遇诸道，辟于路，画宫而受吊焉②。曾子曰："蒉尚不如杞梁之妻之知礼也③。齐庄公袭莒于夺④，杞梁死焉。其妻迎其枢于路而哭之哀，庄公使人吊之。对曰：'君之臣不免于罪，则将肆诸市朝⑤，而妻妾执。君之臣免于罪，则有先人之敝庐在。君无所辱命⑥。'"

注释

①哀公：鲁哀公。蒉(kuài 块)尚：人名。王夫之说是"鲁士"。
②画宫句：郑玄说："行吊礼于野，非。"换言之，对于有身份的人，应到他家行吊礼。
③杞梁：春秋齐国大夫，名殖，字梁。鲁襄公二十三年，齐庄公率军袭莒，杞梁战死。
④莒(jǔ 举)：春秋诸侯国名，地在今山东莒县一带。夺：《左传》襄公二十三年作"隧"。作"隧"是。隧，狭路、险道之意。
⑤肆诸市朝：杀死后陈尸示众叫肆。大夫肆于朝，士以下肆于市。
⑥君无所辱命：此指在路上而言。

【今译】

蒉尚出葬亲人，鲁哀公派人去吊丧，在半道上碰着了，蒉尚就让开道，在地上画了一个殡宫的平面图，然后就位接受慰问。曾子说："蒉尚的这种作法，还不如杞梁之妻的作法懂礼呢。齐庄公派人从狭路袭击莒国，杞梁死于战场。他的妻子在路上迎接他的灵柩，哭得十分悲伤。齐庄公派人去慰问她，她说：'如果君的臣子杞梁有罪，就应该在市朝陈尸示众，把他的妻妾也抓起来。如果君的臣子杞梁无罪，那么我们还有一所先人留下的破宅院，可以在那里举行吊礼。像现在这样在半道上吊丧，我可不敢劳您的大驾。'"

【原文】

孺子䵍之丧①，哀公欲设拨②，问于有若。有若曰："其可也，君之三臣犹设之。"颜柳曰③:"天子龙辁而椁帱④,诸侯辁而设帱,为榆沈⑤,故设拨。三臣者废辁而设拨,窃礼之不中者也⑥,而君何学焉?"

> **注释**
> ①篿(tūn 吞):鲁哀公小儿子名。
> ②拨:郑玄说:"拨,可拨引辂车,所谓绋。"当是天子、诸侯柩车上的拉车绳。
> ③颜柳:不详。
> ④龙辁:楢是殡车,其车辕上画以龙,故曰龙辁。椁帱(dào 到):此椁非棺椁之椁,而是在殡车四周堆积木材,其形似椁。帱,覆盖。即在棺上蒙以绣有图案的棺罩。详参《檀弓上》之"天子之殡也"节注释。
> ⑤为榆沈:沈,同"沉",沉重。吴澄以为榆木木质重,经得起天子、诸侯沉重的柩,所以用来作殡车的车毂。
> ⑥不中(zhòng 众):不合适。

【今译】
　　在办哀公的少子篿的丧事时,鲁哀公想在殡车上加上只有天子、诸侯才可使用的拨,问有若是否可以。有若说:"当然可以了。您的仲孙、叔孙、季孙三家大夫还使用拨呢,您的儿子有何不可。"颜柳说:"天子的殡车,是车辕上画着龙,车周围又积木似椁,再加上覆棺的罩子;诸侯的殡车,只加上棺罩。因为他们的殡车是榆木做的,很沉重,所以才特地设拨拉车。三家大夫不敢用天子、诸侯的殡车,却又使用了只有天子、诸侯才可使用的拨,这是盗用天子、诸侯之礼又走了样,您何必效法他们呢?"

【原文】
　　悼公之母死,哀公为之齐衰①。有子曰:"为妾齐衰,礼与?"公曰:"吾得已乎哉!鲁人以妻我②。"

> **注释**
> ①悼公之母死二句:鲁悼公的母亲,是鲁哀公的妾。按礼,大夫为贵妾服缌麻,天子、诸侯为贵妾无服。只有为嫡妻才服齐衰。
> ②公曰二句:这是哀公强词夺理,文过饰非的话。

【今译】

悼公的母亲去世了,哀公为她服齐衰。有子感到奇怪,就带有讽刺的口吻问道:"为妾服齐衰,这符合礼的规定吗?"哀公说:"我这也是没有办法呀!鲁国人都把她看成是我的妻子。"

【原文】

季子皋葬其妻①,犯人之禾。申祥以告,曰:"请庚之②。"子皋曰:"孟氏不以是罪予,朋友不以是弃予,以吾为邑长于斯也,买道而葬,后难继也③。"

注释

①季子皋:即孔子弟子高柴。子皋,《论语》和《史记》作"子羔"。高是正氏,季是以字为氏的另一氏。为权贵孟氏的成邑宰。
②庚:赔偿。
③子皋曰以下:郑玄注云:"恃宠虐民。"换言之,仗着后台硬,拒绝赔偿。

【今译】

季子皋埋葬他的妻子时,踏坏了他人田地里的禾苗,申祥把情况告诉了他,并且说:"建议赔偿人家。"子皋说:"孟氏不因为这么一点小事责备我,朋友也不因为这么一点小事而抛弃我,由于我是本邑的长官,就算我同意赔偿,买路而葬,只怕此例一开,后人难以照办呀。"

【原文】

仕而未有禄者,君有馈焉,曰"献"。使焉,曰"寡君"。违而君薨,弗为服也①。

注释

①本节旨在说明仕而未有禄者与国君的关系,还不是君臣关系,而是宾主关系。

【今译】

已经担任一定官职而尚未领取俸禄的人,如果国君送东西给他,不能说是"赐",而要称作"献";使者向他传达君命,还得称国君为"寡君";如果离开该国而国君去世了,他也不必为国君服丧。

【原文】

虞而立尸,有几筵①。卒哭而讳,生事毕而鬼事始已②。既卒哭,宰夫执木铎以命于宫曰③:"舍故而讳新④。"自寝门至于库门⑤。

【注释】

①虞而立尸二句:虞,祭名。详见本篇上文注释。虞祭之前无尸,或几筵皆无,或有筵无几。几是案,筵是席。
②已:语气词,略同于"也"。
③宰夫:官名。职掌甚多,掌丧事之戒令是其职掌之一。木铎(duó夺):以木为舌的大铃。多用于宣布政教法令时,摇木铎以引起人们注意。
④舍故而讳新:王夫之说:"故,谓当祧之庙。庙祧则不复讳。新,新死者。"换言之,高祖以上,年代久远,亲情淡薄,其神主当由祖庙迁入祧庙,其名字也就不再忌讳。
⑤自寝门句:寝门,路门,即诸侯正寝之门。诸侯宫室有三门,寝门是最内层之门。库门:宫室最外面的门。百官和宗庙都在这里。

【今译】

从虞祭开始才设尸,才几案、席子齐备。卒哭以后才开始讳称死者之名,因为以活人对待他的礼到此结束,而以鬼神对待他的礼从此开始。在卒哭过后,宰夫就手摇木铎在宫中高声宣布:"旧的名讳已经取消了,新的名讳已经开始了。"从路门一直喊到库门。

【原文】

二名不偏讳①。夫子之母名"徵在",言"在"不称"徵",言"徵"不称"在"。

【注释】

①二名不偏讳:此句已见《曲礼上》"卒哭乃讳"节,可参看彼处校注。

【今译】

两个字的名,不必都避讳。例如,孔夫子的母亲名叫"徵在",说

"在"字时就不再说"徵",说"徵"字时就不再说"在"。

【原文】

军有忧,则素服哭于库门之外①。赴车不载橐韔②。

【注释】

①素服:指头戴缟冠。

②橐(gāo 羔)韔(chàng 畅):橐是装铠甲的袋子,韔是盛弓的袋子。不载橐韔,即不把武器收藏起来,表示要报仇雪耻。

【今译】

军队打了败仗,国君要率领群臣头戴缟冠到库门外痛哭。回来报告战败消息的车上的战士都不应把武器装入袋中,以表示还要报仇雪恨的决心。

【原文】

有焚其先人之室①,则三日哭。故曰:"新宫火,亦三日哭②。"

【注释】

①先人之室:指宗庙。宗庙焚则祖宗神灵无所依。

②故曰二句:按《春秋》成公三年:"新宫灾,三日哭。"为此二句所本。新宫,谓成公父亲宣公之庙。灾,指火灾。

【今译】

如果宗庙被烧毁了,就要哭三天。所以《春秋》上说:"新建的宗庙失火了,成公哭了三天。"

【原文】

孔子过泰山侧,有妇人哭于墓者而哀,夫子式而听之。使子贡问之曰:"子之哭也,壹似重有忧者①。"而曰:"然。昔者吾舅死于虎,吾夫又死焉,今吾子又死焉。"夫子曰:"何为不去也?"曰:"无苛政②。"夫子曰:"小子识之③,苛政猛于虎也。"

檀弓下第四 171

【注释】

①重(chóng 虫):一再,重复。
②苛政:传统的解释是暴政。王引之认为政通"征",征指徭役和赋税。
③小子:老师对弟子的昵称。识(zhì 志):通"志",记住。

【今译】

　　孔子从泰山旁边路过,看见一个妇人在墓前哭得很伤心,就停下了车,俯身凭轼专注地倾听。然后让子贡去问那位妇人:"听您的哭声,好像接二连三遭到不幸似的。"妇人住了哭声回答道:"不错。过去我的公爹被老虎咬死了,接着我的丈夫又被老虎咬死了,最近我的儿子也被老虎咬死了。"夫子问道:"那么为什么不离开这里呢?"妇人答道:"因为此地没有繁重的徭役和赋税。"夫子对学生们说:"你们要记住,繁重的徭役和赋税,比老虎还要厉害啊!"

【原文】

　　鲁人有周丰也者,哀公执挚请见之,而曰:"不可①"。公曰:"我其已夫②?"使人问焉,曰:"有虞氏未施信于民而民信之,夏后氏未施敬于民而民敬之,何施而得斯于民也?"对曰:"墟墓之间,未施哀于民而民哀。社稷宗庙之中,未施敬于民而民敬。殷人作誓而民始畔,周人作会而民始疑。苟无礼义、忠信、诚悫之心以莅之,虽固结之,民其不解乎?"

【注释】

①而曰不可:周丰的身份是士,国君执挚求见是礼贤下士,按照礼数,周丰也应该辞谢,表示不敢当。所以,这个"不可"是礼数的要求,还不能理解为坚决拒绝。
②其:通"岂"。

【今译】

　　鲁国有个叫周丰的人,鲁哀公带了见面礼要去拜访他,周丰礼貌地表示不敢当。哀公说:"我岂能就此拉倒吗?"于是就派人去请教,说:"有虞氏并未教导百姓诚信而百姓却诚信他,夏后氏并未教导百姓敬重而百姓却敬重他,他们用的什么办法才让老百姓做到了这一步呢?"周丰回答说:"在废墟坟墓当中,你不教导百姓悲哀百姓也会自然而然地悲哀。在社稷宗庙之中,你不教导百姓肃敬百姓也会自然而然地肃敬。殷人盛行立誓,而百姓却开始背叛;周人盛行会盟,而百姓却开始起疑。如果你自己首先不是用礼义忠信诚厚之心对待百姓,虽执意把百姓团结到一起,百姓难道就不会离散吗?"

【原文】

丧不虑居,毁不危身。丧不虑居,为无庙也。毁不危身,为无后也。

【今译】

办丧事花钱,无论如何不能打出卖祖居的主意。为丧事憔悴,无论如何不能走到危害性命的地步。前者是担心祖宗的神灵没有依托之处,后者则是担心断了香火。

【原文】

延陵季子适齐①,于其反也,其长子死,葬于嬴、博之间②。孔子曰:"延陵季子,吴之习于礼者也。"往而观其葬焉。其坎深不至于泉,其敛以时服。既葬而封,广轮揜坎③,其高可隐也④。既封,左袒,右还其封⑤,且号者三,曰:"骨肉归复于土,命也⑥。若魂气则无不之也,无不之也。"而遂行。孔子曰:"延陵季子之于礼也,其合矣乎!"

> 注释

①延陵季子适齐:郑玄认为这是鲁昭公二十七年的事,见《左传》。延陵季子:吴国公子季札。延陵是他的封邑,因以为号。延陵季子的这次出访齐国,可能是偕长子同往,所以才会有下文之事。

②嬴博:齐国二邑名。嬴在今山东莱芜西北,博在今山东泰安东南。

③广轮:广指宽度,轮指长度。

④其高可隐也:郑玄注:"高四尺。"隐,是人直立时垂手可以按着。

⑤右还(xuán旋):还,通"旋",即绕圈。古之右旋即今之左转。古以外手言,今以内手言。

⑥骨肉二句:因人之骨肉是吃土生之物而生,死又复归于土,所谓从哪儿来还

回哪儿去也。

【今译】

延陵季子到齐国访问,在回国的路上,他的大儿子死了,就准备葬在嬴邑和博邑之间。孔子说:"延陵季子是吴国最懂得礼的人。"于是就前往观摩延陵季子如何操办葬礼。只见墓坑的深度还没掘到有泉水的地方,敛时用的也是平时穿的衣服。下葬以后又积土成坟,坟的宽度长度正好和墓坑相当;坟的高度,一般人都可以垂手按住坟顶。积土成坟之后,他袒露左臂,向左绕着坟头转了三圈,并且一边号哭一边高喊:"骨肉又回归土地,这是自然的规律。至于神魂精气,那是无所不在的,无所不在的。"这样做过以后就又重新上路了。孔子说:"延陵季子的做法,应该是合乎礼的吧。"

【原文】

邾娄考公之丧①,徐君使容居来吊含②,曰:"寡君使容居坐含,进侯玉。其使容居以含③。"有司曰:"诸侯之来辱敝邑者,易则易,于则于。易于杂者,未之有也④。"容居对曰:"容居闻之,事君不敢忘其君,亦不敢遗其祖。昔我先君驹王西讨,济于河,无所不用斯言也⑤。容居,鲁人也,不敢忘其祖。"

注释

①邾娄考公:邾娄是春秋时国名。见《檀弓上》注。考公,郑玄说有的本子作"定公"。实际上作"定公"才对。顾炎武《日知录》有考证。
②徐君:春秋时徐国国君,时僭称王,自比天子。容居:徐国的大夫。
③寡君使容居坐含三句:这是天子遣使吊含诸侯的口气,所以被主国有司拒绝。因为诸侯可以含诸侯,而诸侯之大夫没有资格含诸侯。
④易则易四句:郑玄说:"易,谓臣礼。于,谓君礼。杂者,容居以臣欲行君礼,徐自比天子,使大夫敌诸侯,有司拒之。"
⑤无所不用斯言:谓总是用此天子口吻对诸侯讲话。

【今译】

邾娄在为定公办丧事时,徐国国君派容居来吊丧,并行饭含之礼。容居以天子所遣使者的口气说道:"敝国国君派我来跪着行饭含之礼,致送侯爵所含的玉璧。现在请让我来行饭含之礼。"郕娄的接待人员说:"劳驾各国诸侯屈尊来到敝国,如果派臣子来,我们就以臣礼相待;如果国君亲来,我们就以君礼相待。派来的是臣子却企图得到国君的礼遇,这是从来没有的事。"容居无所收敛地回答说:"鄙人听说,作为臣子就不敢忘掉国君,作为子孙就不敢忘掉祖先。过去我们的先君驹王对西方进行讨伐,还渡过了黄河,他一贯都是用这种口气讲话的。鄙人虽然鲁钝,但也不敢忘掉祖先是怎么讲话的。"

【原文】

子思之母死于卫①,赴于子思,子思哭于庙。门人至,曰:"庶氏之母死②,何为哭于孔氏之庙乎③?"子思曰:"吾过矣!吾过矣!"遂哭于他室。

注释

①子思之母死于卫:子思之母是所谓"嫁母"。即子思的父亲孔鲤死后,其母又改嫁到卫国。可参见《檀弓上》"子思之母死于卫"节注释。

②庶氏:郑玄认为庶是子思之母改嫁的夫家的姓。王夫之认为"庶氏,犹言他家"。

③何为句:因为子思之母和孔氏家族已断绝关系。

【今译】

子思的母亲在父亲死后改嫁到卫国,现在去世了,派人来向子思报丧,子思就到家庙去哭。他的弟子见到了,说:"人家姓庶的死了母亲,为什么您却跑到孔氏的家庙来哭?"子思说:"我错了!我错了!"就连忙跑到别的房间去哭。

【原文】

天子崩,三日,祝先服①;五日,官长服②;七日,国中男女服③;三月,天下服④。虞人致百祀之木可以为棺椁者⑤,斩之。不至者,废其祀,刎其人。

【注释】

①祝先服:祝先服杖。因为祝佐含殓,首先体力不支。
②官长服:官长,犹言百官。此"服"字亦是服杖之义。
③国中男女服:国中男女,指畿内庶民。服,指服齐衰三月之丧服。
④天下服:指诸侯及其大夫为天子穿孝服。诸侯服斩衰,其大夫服繐衰。
⑤虞人:掌山泽之官。百祀:指畿内百县的神社。神社的树木平常就得到保护,年深日久,高大质坚,适于作棺椁。

【今译】

天子去世以后,第三天,祝首先手持丧杖;第五天,百官手持丧杖;第七天,畿内的庶民穿上当穿的丧服;三月,诸侯及其大夫各服应服之服。虞人负责从畿内所有神社的社树中挑选最适宜于作棺椁者,把它们砍伐下来。对于不肯献出木材的地方,要把当地的社神废掉,杀掉当地的长官。

【原文】

齐大饥,黔敖为食于路,以待饿者而食之①。有饿者蒙袂辑屦②,贸贸然来③。黔敖左奉食,右执饮,曰:"嗟来食!"扬其目而视之,曰:"予唯不食嗟来之食以至于斯也④!"从而谢焉,终不食而死。曾子闻之,曰:"微与?其嗟也可去,其谢也可食。"

【注释】

①食(sì 四)之:给他吃。
②蒙袂:王夫之说:"蒙,蔽也。蒙袂者,手垂而不能举,袂覆蔽手也。"辑屦:陈澔说是因困惫而走路一瘸一拐的样子。
③贸贸然:陈澔说:垂头丧气之貌。
④嗟(jiē 街)来:叹词。来是语助,无义。

【今译】

齐国发生严重的饥荒,黔敖在路边造饭,以备施舍给过路的饥民。有一个饥民,无力地垂着双手,走路一瘸一拐的,一副无精打采的样子走了过来。黔敖左手端着饭,右手端着汤,用可怜的口气喊道:"喂!吃吧!"那个饥民瞪起眼睛望着他,说:"本人正是由于不吃这种没有好声好气的饭才落到这步田地的。"黔敖听了连忙表示道歉,但那饥民还是坚持不吃,因而饿死了。曾子听说了这件事,说:"这恐怕不大对吧?人家没有好声好气地叫吃,你当然可以拒绝;但是人家既然道了歉,也就可以吃了。"

【原文】

邾娄定公之时①,有弑其父者。有司以告,公瞿然失席②,曰:"是寡人之罪也!"曰:"寡人尝学断斯狱矣:臣弑君,凡在官者杀无赦;子弑父,凡在宫者杀无赦。杀其人,坏其室,洿其宫而猪焉③。盖君逾月而后举爵④。"

注释

①邾娄:见前注。定公:名貜且,鲁文公十四年即位。
②瞿然:惊骇貌。失席:离开席位。形容惊惧、惊讶。
③洿(wū 污)其宫而猪焉:把住室的地基挖掘成坑并且灌满水。猪,通"潴",使水停聚在某处。这种作法是向人们昭示此处曾住过大逆不道之人。
④盖君句:这表示国君也在自我贬损。

【今译】

邾娄定公在位的时候,有子杀其父的事情发生。有关官员将此事报告给定公,定公惊骇地离开了席位,说:"这和寡人的没有教育好也有关系。"又说:"我曾学过怎样审断这种案子:如果是臣杀其君,那么,凡是国家的官员无论其职位大小,都有权利把他杀掉,决不宽恕;如果是子杀其父,那么,凡是家庭成员无论其辈分高低,都有资格把他杀掉,决不宽恕。不仅要把凶手杀掉,还要拆毁凶手的住室,将其地基挖成个大坑,然后再灌满水。国君也得过了这个月以后才能举杯喝酒。"

【原文】

晋献文子成室①,晋大夫发焉②。张老曰:"美哉轮焉③!美哉奂焉④!歌于斯,哭于斯,聚国族于斯。"文子曰:"武也得歌于斯,哭于斯,聚国族于斯,是全要领以从先大夫于九原也⑤。"北面再拜稽首。君子谓之善颂善祷⑥。

【注释】

①献:王夫之认为是衍文。文子:即晋卿赵武。文是其谥。
②发:王夫之说:"发,启也,始也。"
③轮:高大。
④奂:通"焕",光辉灿烂。
⑤全要(yāo 腰)领:谓不被刑戮而善终。要,古"腰"字。领,颈也。古代的死刑有腰斩和斩首两种。九原:原作"九京",据郑玄注改。九原是地名,晋国卿大夫的墓地在此。其地在今山西新绛县北。按照古礼,受刑戮者不能入祖坟。
⑥君子句:善颂:指张老的致辞。因为张老在其赞美的话里寓有善意的规劝(规劝其知足而止)。善祷:祷是祈福。善祷是指赵武的答辞。赵武听出张老的话外之音,就接住其话头,表示已经心领神会。

【今译】

晋国赵文子的新居落成,晋国的大夫都去参加落成典礼。张孝致辞说:"这高大的新居多么漂亮呀!这灿烂的新居多么漂亮呀!从此以后,主人就可以在这里祭祀奏乐,在这里居丧哭泣,在这里和僚友及族人聚会宴饮了。"文子致答辞说:"我能在这里祭祀奏乐,在这里居丧哭泣,在这里和僚友族人聚会宴饮,这表明我将善终,有资格进入九原的祖坟。"说完后就朝北面再拜叩头表示感谢。懂礼的君子说,他们一个善于赞美,一个善于祈福。

【原文】

仲尼之畜狗死①,使子贡埋之,曰:"吾闻之也:敝帷不弃,为埋马也;敝盖不弃,为埋狗也。丘也贫,无盖。于其封也②,亦予之席,毋使其首陷焉。"路马死,埋之以帷。

【注释】

①畜狗:看家狗。古代的狗可分三种,打猎用的田犬,看家用的守犬,专供肉食的食犬。
②封:郑玄说:"封,当为窆。"窆,此指埋入土内。

【今译】

孔子养的看家狗死了,让子贡拖出去埋掉,还吩咐说:"我听说过,破旧的帷幔不要丢掉,因为可以用来埋马;破旧的车盖也不要丢掉,因为可以用来埋狗。我很穷,没有破旧的车盖,但你在埋狗的时候,也得用一张席子裹着,不要让它的头直接埋在土里。"至于为国君驾车的马死了,埋的时候得用帷幔裹好。

【原文】

　　季孙之母死,哀公吊焉。曾子与子贡吊焉,阍人为君在①,弗内也②。曾子与子贡入于其厩而修容焉。子贡先入,阍人曰:"乡者已告矣。"曾子后入,阍人辟之。涉内霤③,卿大夫皆辟位,公降一等而揖之④。君子言之曰:"尽饰之道,斯其行者远矣。"

注释

　　①阍(hūn 婚)人:看门的人。
　　②内(nà 纳):"纳"的古字。
　　③内霤(liù 溜):寝门的屋檐滴水处。
　　④公降一等:公,指鲁哀公。降一等,指从阼阶上走下一级台阶。

【今译】

　　季孙的母亲去世了,鲁哀公前去吊丧。曾子和子贡也去吊丧,但守门人因为哀公在里面,不让他们进去。曾子和子贡就进到马房里把自己的仪容修饰了一番,然后再去。子贡先进去,守门人说:"刚才已经往里通报了。"曾子后进去,守门人则已经把路让开。二人走到寝门的屋檐下,卿大夫都连忙让位,哀公也从阼阶上走下一个台阶,作揖,请他们就位。君子议论这件事情说:"尽力修饰仪容的作法,对达到自己的目的是很有作用的。"

【原文】

　　阳门之介夫死①,司城子罕入而哭之哀②。晋人之觇宋者,反报于晋侯曰:"阳门之介夫死,而子罕哭之哀,而民说③,殆不可伐也。"孔子闻之,曰:"善哉觇国乎!《诗》云:'凡民有丧,扶服救之④。'虽微晋而已,天下岂孰能当之?"

【注释】

①阳门。宋国都城的城门名。介夫:披甲的卫士。

②司城:官名。即司空,掌营造城郭等事。宋国因避宋武公讳,改称司城。子罕:即宋国正卿乐喜。

③说(yuè 悦):古"悦"字。

④《诗》云二句:见《诗·邶风·谷风》。扶服(pú fú 匍匐),今《诗经》作"匍匐",音义皆同。扶服本义是伏地爬行,引申为尽力。

【今译】

宋国都城阳门的一个卫士死了,司城子罕到他家去吊丧,哭得很伤心。晋国潜伏在宋国的一个探子侦探到这种情况,就回国向晋侯报告说:"阳门的一个小小卫士死了,而子罕这样的大官亲自临吊,哭得很伤心,这种作法很得民心,恐怕宋国不是好欺负的。"孔子听说了这件事,说:"这个探子真会刺探国情啊!《诗经》上说:'凡是邻里有了灾祸,都要尽力去帮助他们。'宋国正是做到了这一点,所以,岂但是晋国不敢欺负宋国,普天之下也找不出一个敢和宋国为敌的国家。"

【原文】

鲁庄公之丧,既葬,而绖不入库门①。士大夫既卒哭,麻不入。

【注释】

①鲁庄公三句:据《左传》,鲁庄公在位三十二年而死,太子般立。当年十月,庆父作乱,使人杀掉太子般,另立庄公庶子启方为君,是为闵公。闵公时年八岁。由于权臣作乱,公室微弱,鲁庄公的丧礼未能按照正常的礼数来办。绖:指孝服。这是以局部代全体的修辞手法。下文的"麻"与此同理。库门:鲁国宫门的最外边的一层门。鲁有三门,自外向内,是库门、雉门、路门。

【今译】

办鲁庄公的丧事时,下葬以后,闵公就除去了孝服,吉服返回宫内,正君臣之位,以防权臣继续作乱。而士大夫们在卒哭以后也脱去了孝服,吉服进宫上班。

【原文】

孔子之故人曰原壤,其母死,夫子助之沐椁①。原壤登木曰②:"久矣予之不托于音也！"歌曰："狸首之斑然,执女手之卷然③。"夫子为弗闻也者而过之。从者曰："子未可以已乎④？"夫子曰："丘闻之,亲者毋失其为亲也,故者毋失其为故也⑤。"

【注释】

①沐椁：修治椁材。
②登木：以手叩击椁材。
③女：通"汝",你。
④从者曰句：原壤居丧而歌,甚为无礼,故从者有此语。已,止,指停止往来,绝交。
⑤夫子曰句：《论语·微子》："故旧无大故,则不弃也,无求备于一人。"与此节之夫子曰云云有相通处,可参而观之。

【今译】

　　孔子有个老朋友叫原壤,他的母亲去世了,孔子帮助他修治椁材。原壤敲着椁材说："我已经很久没有用唱歌来表达内心的感情了！"于是唱道："这椁材的文理就像狸头上的花纹那样漂亮,我真想握着你的手来表达我内心的喜悦。"孔子装作没听见的样子就走过去了,孔子的随从却说："此人这般无礼,您还不和他绝交吗？"孔子说："我听说,亲人总归是亲人,老朋友总归是老朋友。"

【原文】

　　赵文子与叔誉观乎九原①。文子曰："死者如可作也②,吾谁与归③？"叔誉曰："其阳处父乎④？"文子曰："行并植于晋国⑤,不没其身,其知不足称也。""其舅犯乎⑥？"文子曰："见利不顾其君,其仁不足称也。我则随武子乎⑦！利其君,不忘其身；谋其身,不遗其友。"晋人谓文子知人。'文子其中退然如不胜衣⑧,其言呐呐然如不出诸其口。所举于晋国管库之士,七十有馀家,生不交利,死不属其子焉。

【注释】

①赵文子：见本篇上文注。叔誉：即叔向,晋国贤大夫。氏羊舌,名肸（xī西）。九原：晋国卿大夫墓地所在地。详本篇上文注。
②作：站起来。指复活。

③吾谁与归:我赞许和爱戴谁呢?与,赞成。归,归向。"谁"是"与归"的前置宾语。此齐冲天说,见《训诂学教程》。
④阳处父:晋襄公的大傅,性格刚直,但缺少计谋,后为狐射姑所杀。
⑤并植:《国语·晋语八》作"廉直",韦昭注云:"廉直,刚而无谋。"此处的"并"字,王念孙认为是"兼"的误字,而"兼"与"廉"通。植,通"直"。
⑥舅犯:见本篇上文。舅犯追随公子重耳流亡,将返回晋国时,为谋自保,有意要挟晋文公。详《左传》僖二十四年。
⑦随武子:即晋国大夫士会,也称范会。随和范都是他的采邑。
⑧中:身躯。退然:柔弱的样子。

【今译】

赵文子和叔誉一道在九原巡视,文子说:"这墓地中埋葬的死者如果能够复活,你最赞成和爱戴他们中的哪一位?"叔誉答道:"大概是阳处父吧?"文子说:"阳处父在晋国身为大傅,却刚强而无计谋,不得善终,他的智慧叫人不敢恭维。"叔誉又说:"那么舅犯可以吗?"文子说:"舅犯在考虑自己的利益时就不顾及国君,他的仁爱也叫人不敢恭维。我最赞许和爱戴的人是随武子,他既能为国君利益考虑,也能兼顾个人利益;他既能为自己打算,又不忘掉朋友。"晋国人都认为文子的评价很恰当。文子的身体柔弱得好像连衣服都耽不动,讲起话来迟钝缓慢得像难以出口。他为晋国举荐的管理仓库的官员多达七十余人,但在他生前却从来不和他们在钱财上有交往,死后也不把孩子托付给他们。

【原文】

叔仲皮学子柳①。叔仲皮死,其妻鲁人也,衣衰而缪绖②。叔仲衍以告③,请总衰而环绖④,曰:"昔者吾丧姑、姊妹亦如斯,末吾禁也。"退,使其妻总衰而环绖⑤。

注释

①叔仲皮:鲁国公族叔孙氏的族人。学(xiào 效):教。子柳:叔仲皮之子。
②衣衰:即齐衰。因为齐通"齎",而"衣"乃"齎"之坏字。缪(jiū 纠)绖:将麻绖缠于腰部,两端的接头部分如有多余,打个结,不使下垂。缪,通"纠",纠结。
③叔仲衍:郑玄说可能是叔仲皮之弟。

④繐(suì 碎)衰:一种丧服。繐是线比较细而织得比较稀的麻布。环绖:这是吊服的首绖。用麻绳绕成一个环,首尾相连。按:繐衰环绖较齐衰缪绖服轻。

⑤使其妻句:郑玄认为著此种丧服不合礼。另外,本节人物之所指及其关系,众说纷纭,今从郑玄之注。

【今译】

　　叔仲皮平时教他的儿子子柳学习。仲叔皮去世了,他的儿媳妇虽然是个粗人,但也知为公公服齐衰纠绖。叔仲衍以为不当著此丧服,就把他自己的想法告诉给侄儿子柳,让子柳督促她改穿繐衰环绖,并且说:"从前我为去世的姑姑、姊妹就是穿这种丧服,也没有人阻止我不让穿。"子柳回到家里,就叫他的妻子改服繐衰和环绖。

【原文】

　　成人有其兄死而不为衰者①,闻子皋将为成宰,遂为衰。成人曰:"蚕则绩而蟹有匡,范则冠而蝉有绥,兄则死而子皋为之衰②。"

注释

　　①成:鲁邑名,在今山东宁阳县东北。成,也写作"郕"。
　　②成人曰三句:前二句是比方,是说两件东西互不配套,互不相干,应当有的东西却没有。例如蚕吐丝作茧,茧须有筐来盛,但却偏偏没筐,倒是螃蟹有筐(其背壳似筐),二者互不相干。范:指蜂。蜂头像冠一样。蝉有绥:绥是冠缨打结后下垂的部分。蝉的喙在腹下,有似冠带之绥。兄则死句:是说此人穿孝不是出于内心,等于是为子皋穿孝。

【今译】

　　成邑有个人,他的哥哥死了却不愿为哥哥穿孝服,后来听说子皋将要来当邑宰,怕被怪罪,这才连忙穿上孝服。当地人就编了首歌谣讽刺此人,唱词是:"蚕儿会吐丝,而螃蟹有筐子;蜂儿有帽子,而蝉儿有冠带子。是哥哥死了,却为地方长官穿孝衣。"

【原文】

　　乐正子春之母死①,五日而不食②。曰:"吾悔之,自吾母而不得吾情③,吾恶乎用吾情?"

檀弓下第四　183

【注释】

①乐正子春:曾子弟子。已见《檀弓上》。
②五日句:按照礼的规定,应三日不食,子春超过了两天。
③情:学者多解释为感情、真情。愚以为此"情"当作"礼"来讲。所谓圣人缘情设礼,礼即情也。

【今译】

乐正子春的母亲去世了,他一连五天没有进食,超过礼的规定两天。事过之后,他说:"我真后悔越礼行事。连办我母亲丧事我还不守礼的规定,那么还有什么事情上我会依礼而行呢?"

【原文】

岁旱,穆公召县子而问然①,曰:"天久不雨,吾欲暴尪而奚若②?"曰:"天久不雨,而暴人之疾子,虐,毋乃不可与?""然则吾欲暴巫而奚若③?"曰:"天则不雨,而望之愚妇人,于以求之,毋乃已疏乎?""徙市则奚若④?"曰:"天子崩,巷市七日;诸侯薨,巷市三日。为之徙市,不亦可乎⑤?"

【注释】

①县(xuán悬)子:人名。见《檀弓上》。然:犹"焉"。
②暴(pù曝):曝的本字,晒也。尪(wāng汪):身体有残疾的人。按:暴尪的目的是希望上天哀怜而下雨。
③巫:负责和神打交道的人。此指女巫。女巫曰巫,男巫曰觋(xí席)。暴巫的目的与暴尪同。
④徙市:即罢市。罢市以后,民间有些日常生活用品必须交易者,在曲巷中进行。是罢市导致巷市。
⑤不亦可乎:县子认为徙市的作法还差不多,因为其中含有国君自责之意。按《吕氏春秋·顺民》记载,汤之时,天下大旱,商汤乃以己身为牲,祷于上天曰:"余一人有罪,无及万夫;万夫有罪,在余一人。"亦痛自责备以求雨也。

【今译】

天气干旱,穆公把县子召来请教说:"天久不雨,我想把有残疾的人拉到烈日底下去晒,不知尊意如何?"县子说:"天久不雨,乃暴晒有残疾的人以求雨,这种作法太不人道了,恐怕不可以吧?"穆公又说:

"那么暴晒女巫如何?"县子说:"天不下雨,而寄希望于愚蠢的妇人,用这种方式求雨,不是也太不切合实际了吗?"穆公又说:"那么罢市又如何?"县子说:"天子去世,罢市七日;诸侯去世,罢市三日。用罢市的办法求雨,还不失为可行的办法。"

【原文】

孔子曰:"卫人之祔也①,离之。鲁人之祔也,合之,善夫②!"

注释

①祔:此指夫妇合葬。
②善夫:郑玄说:"善鲁人也。祔葬当合也。"按《诗·王风·大车》:"谷则异室,死则同穴。"谷,谓生也。

【今译】

孔子说:"卫人的合葬,是夫妇各自一个墓穴,中间有土相隔。鲁人的合葬,是夫妇共用一个墓穴。鲁人的合葬方式很好。"

# 礼记全译

## 王制第五

【题解】

王制,意为王者之制度。郑玄说:"名曰《王制》者,以其记先王班爵、授禄、祭祀、养老之法度。"学者都认为这是一篇完整的施政大纲,分歧在于本篇产生的年代。卢植认为是汉文帝命令博士诸生作此篇,因为《史记·封禅书》上有这样的记载。郑玄认为本篇内容有与《孟子》一书所载相合者,从而认为"孟子在赧王之际,《王制》之作复在其后。"孔颖达则以为作于"秦、汉之际"。清人俞樾、康有为等人又把本篇看作是孔子的遗书,七十子后学者所记。比较诸说,卢植为优。本篇在中国政治思想史上占有重要地位。董仲舒曾有选择地继承了《王制》的思想,班固的《白虎通义》则基本上全盘接受了《王制》的观点。王莽改制,清末康有为等人的变法,都先后以《王制》为托古改制的理论武器。

【原文】

王者之制禄爵①,公、侯、伯、子、男,凡五等。诸侯之上大夫卿、下大夫、上士、中士、下士②,凡五等。天子之田方千里③,公、侯田方百里,伯七十里,子、男五十里。不能五十里者,不合于天子④,附于诸侯,曰附庸。天子之三公之田视公、侯⑤,天子之卿视伯,天子之大夫视子、男,天子之元士视附庸⑥。

【注释】

①禄爵:俸禄和爵位。
②上大夫卿:诸侯的卿均为上大夫,故以上大夫、卿合为一等。
③田:禄田。指收取租税作为俸禄的土地。
④合:朝会。
⑤三公:辅佐天子治理国家的三个最高官员,即太师、太傅、太保。
⑥元士:上士。

【今译】

天子为臣下制定俸禄和爵位。以爵位来说,有公、侯、伯、子、男,共五等。诸侯为其臣下制定的爵位,有上大夫卿、下大夫、上士、中士、下士,也是总共五等。天子的禄田是一千里见方,公、侯的禄田是百里见方,伯则七十里见方,子、男是五十里见方。禄田不足五十里见方的小诸侯,不朝会于天子,而隶属于较大的诸侯,叫做附庸。天子三公的禄田数量比照公侯,天子的卿的禄田比照伯,天子的大夫的禄田比照子男,天子的上士的禄田比照附庸。

【原文】

制:农田百亩。百亩之分①,上农夫食九人②,其次食八人,其次食七人,其次食六人,下农夫食五人。庶人在官者,其禄以是为差也。诸侯之下士视上农夫,禄足以代其耕也。中士倍下士,上士倍中士,下大夫倍上士。卿四大夫禄,君十卿禄。次国之卿三大夫禄,君十卿禄。小国之卿倍大夫禄,君十卿禄。次国之上卿,位当大国之中,中当其下,下当其上大夫。小国之上卿,位当大国之下卿,中当其上大夫,下当其下大夫③。其有中士、下士者,数各居其上之三分④。

【注释】

①分(fēn 粪):有的《礼》本子作"粪",与《孟子·万章下》所载同。此指土地之肥瘠。
②食(sì 四):养活。
③下当其下大夫:因为大夫只有上大夫、下大夫二等,所以小国之下卿相当于大国的下大夫。
④其有中士下士者二句:孙希旦引徐师曾说,这两句是错简,应当在下文"天

子三公九卿"节之末,今从之,译文见彼处。

**【今译】**

　　分配俸禄的规定:每个农户受田一百亩。百亩之田按其土质肥瘠分为五等,第一等的百亩之田一个农夫可以养活九口之家,第二等的可以养活八口之家,第三等的可以养活七口之家,第四等的可以养活六口之家,最末等的可以养活五口之家。平民在官府当差的,他们的俸禄也参照这个等差受田。诸侯的下士的俸禄比照受第一等田的农夫,使他们的俸禄足以能养活九口之家。诸侯中士的俸禄是下士的两倍,上士是中士的两倍,下大夫是上士的两倍。大国诸侯的卿的俸禄是大夫的四倍,国君的俸禄是卿的十倍。中等诸侯国的上卿的俸禄是大夫的三倍,国君的俸禄是卿的十倍。小国诸侯的卿的俸禄是大夫的两倍,国君的俸禄是卿的十倍。中等诸侯国的上卿,其爵位相当于大国的中卿,其中卿相当于大国的下卿,其下卿相当于大国的上大夫。小国的上卿,其爵位相当于大国的下卿,中卿相当于大国的上大夫,下卿相当于大国的下大夫。

**【原文】**

　　凡四海之内九州。州方千里,州建百里之国三十,七十里之国六十,五十里之国百有二十,凡二百一十国。名山大泽不以封①,其余以为附庸闲田②。八州③,州二百一十国。天子之县内,方百里之国九,七十里之国二十有一,五十里之国六十有三,凡九十三国。名山大泽不以朌④。其余以禄士,以为闲田。凡九州,千七百七十三国,天子之元士、诸侯之附庸不与。

**注释**

　　①名山大泽不以封:孙希旦云:"名山大泽不以封,一则恐其专财利而不与民同,一则恐其据险阻而易于负固也。"换言之,一则与民同利,一则预防诸侯据险作乱。
　　②闲田:备用的封赏之田。
　　③八州:此八州是所谓畿外八州。另有一州是畿内,由天子直辖,即下文"天子之县内"。

④朌(bān 班)：同"颁"。朌与封的区别在于，封给的土地可以世袭，而朌给的土地只可享用，不可世袭。

【今译】

　　四海之内共有九个州。每个州的面积都是千里见方。每州之内分封百里见方的大诸侯国三十个，七十里见方的中等诸侯国六十个，五十里见方的小国一百二十个，总共二百一十个诸侯国。每州内的名山大泽不用来分封。分封剩余的土地或作为附庸，或留待赏赐之用。这是畿外的八州，每州有二百一十个诸侯国。还有一州，那就是天子直辖的王畿，其中分配给公卿大夫的国土，方百里者九国，方七十里者二十一国，方五十里者六十三国，总共九十三国。在这九十三国之内，如有名山大川，也不用来分配。分配剩余的土地，或用作士人的禄田，或留待赏赐之用。总计，九个州共有一千七百七十三个国家，而天子的元士、诸侯的附庸尚未计算在内。

【原文】

　　天子百里之内以共官①，千里之内以为御②。千里之外设方伯③。五国以为属，属有长；十国以为连，连有帅；三十国以为卒，卒有正；二百一十国以为州，州有伯。八州、八伯、五十六正、百六十八帅，三百三十六长。八伯各以其属属于天子之老二人，分天下以为左右，曰二伯④。千里之内曰甸⑤，千里之外曰采⑥，曰流⑦。

注释

　　①百里之内：以王城为中心的半径为一百里的范围内。共：通"供"，供给。官：郑玄说是官府的文书财用。
　　②千里之内：以王城为中心的半径为五百里的范围内。御：指天子宫内的衣食等各种开销。
　　③千里之外：指王畿之外的每一州。方伯：即州牧，管一州的最高行政长官。
　　④二伯：这是协助天子治理畿外八州的两个行政长官，每人分领四州，其地位在州牧之上。
　　⑤千里之内：同注②。甸：出租税供天子开销的地方。
　　⑥采：不纳租税，只进贡土特产的地方。

⑦流：指九州以外的少数民族地区，进贡与否也不一定。

【今译】

　　天子畿内，距王城百里之地，所交赋税用作官府的文书财用；距王城五百里之地，所交赋税用作王官内的各种花销。王畿之外的每一州设一长官，称作方伯。一州之中，五个诸侯国为一属，设属长一人；十个诸侯国为一连，设连帅一人；三十个诸侯国为一卒，设卒正一人。二百一十个诸侯国为一州，设方伯一人。畿外八州，计有八个方伯，五十六个卒正，一百六十八个连帅，三百三十六个属长。这八个方伯各自率领本州的诸侯服从天子之老二人。天子之老二人，一人管西方四州，一人管东方四州，叫作"二伯"。距王城五百里以内的地区叫做甸，有义务交纳租税。王畿以外的八州叫做采，有进贡土特产的义务。九州以外的地区叫做流，是否进贡也不一定。

【原文】

　　天子：三公，九卿，二十七大夫，八十一元士。大国：三卿，皆命于天子，下大夫五人，上士二十七人。次国：三卿，二卿命于天子，一卿命于其君，下大夫五人，上士二十七人。小国：二卿，皆命于其君①，下大夫五人，上士二十七人②。

注释

　　①小国二卿皆命于其君：郑玄说："小国亦三卿，一卿命于天子，二卿命于其君，此文似脱误耳。"孙希旦则认为这是省文，不言自明。
　　②上士二十七人：上文的"其有中士下士者，数各居其上之三分"应紧接在此句之下。此二句意为天子、诸侯的中士下士数目分别是他们的上级官员上士的三倍。具体地说，天子的中士、下士数，就是八十一乘以三；诸侯的中士、下士数，就是二十七乘以三。

【今译】

　　天子的官属，有三公，九卿，二十七大夫，八十一上士。大诸侯国的官属，有三卿，都由天子直接任命，下大夫五人，上士二十七人。中等诸侯国的官属，有三卿，其中两个是由天子直接任命的，一个是国君任命的，下大夫五人，上士二十七人。小诸侯国的官属也有三卿，其中一个是由天子直接任命的，两个是国君任命的，下大夫五人，上士二十七人。至于天子、诸侯的中士和下士，其数额均为上士的三倍。

【原文】

天子使其大夫为三监，监于方伯之国，国三人。天子之县内诸侯，禄也；外诸侯，嗣也①。制：三公一命卷②，若有加，则赐也③，不过九命④。次国之君不过七命，小国之君不过五命。大国之卿不过三命，下卿再命，小国之卿与下大夫一命。

【注释】

①天子之县内诸侯四句：此四句当是对上文畿内盼地、畿外封地的进一步解释。禄：禄田。禄田只可在职时享用，不可世袭。嗣：继承。指封地可以世袭。

②三公一命卷(gǔn衮)：三公八命，再加一命则九命，这时就可服绘有衮龙的礼服了。命，天子擢升臣下的册命。命数越多，爵位越高，礼服上的图案也越多。衮服是上公的礼服，其上有图案九种：一曰龙，二曰山，三曰华虫，四曰火，五曰宗彝，六曰藻，七曰粉米，八曰黼，九曰黻。这叫做九章。命数和章数是对应的，九命者穿九章的礼服，七命者穿七章的礼服，一命者只穿一章的礼服。这里的上公是九命，所以其礼服上有九种图案。又因为其九种图案是以龙为首，所以称之为衮。其余可以类推。

③赐：恩赐，特赐。恩赐与册命不同。此指恩赐之服，有的书上叫"襃衣"。

④不过九命：因为超过九命则将与天子齐肩。

【今译】

天子任命他的大夫当三监，代表天子去监察每州的方伯，每一州派三个大夫去。王畿内分配给公卿的土地，那是一种禄田，活着享用，死去归还。王畿外分封给诸侯的土地，那是可以世袭的。命服的规定：天子的三公本已八命，再加一命成九命，就可以穿衮衣了。如果再有增加，只能叫做赐，因为人臣不可能超过九命。中等诸侯国的国君至多七命，其礼服七章(华虫以下)；小国之君最多五命，其礼服五章(宗彝以下)；大国之卿最多三命，其礼服三章(粉米以下)；下卿再命，其礼服二章；小国之卿与下大夫都是一命，其礼服一章。

【原文】

　　凡官民材,必先论之①。论辨,然后使之。任事,然后爵之。位定,然后禄之。爵人于朝,与士共之。刑人于市,与众弃之。是故公家不畜刑人,大夫弗养,士遇之途弗与言也。屏之四方,唯其所之,不及以政,亦弗故生也②。

注释

①论之:考察其德与才。
②亦弗故生也:王念孙认为"故"是"欲"字之误。

【今译】

　　凡是选用平民中有才能的人做官,一定要对他的德才先进行考察。考察清楚了,然后试用。如果胜任工作,然后授予一定的爵位。爵位定了,然后授予一定的俸禄。在朝廷上品评某人爵位时,让士也一道参加,以示公正无私。在闹市上处决犯人,让众人都厌弃他,以示大快人心。所以国君不录用判过罪受过刑的人,大夫也不收留这种人,士在路上和这种人相遇也不理他。把他们流放到四方边远地区,不管他们到哪儿去,国家既不向他们征租税派徭役,也不分给他们赖以生存的田地,这就是表示不要他们活在世上的意思。

【原文】

　　诸侯之于天子也,比年一小聘①,三年一大聘②,五年一朝③。

注释

①比年:每年。小聘:以大夫为使节叫小聘。
②大聘:以卿为使节叫大聘。
③朝:诸侯亲自朝见天子。

【今译】

　　诸侯对于天子,每年要派大夫去聘问一次,每三年要派卿去聘问一次,每五年诸侯亲自朝见一次。

【原文】

天子五年一巡守①。岁二月东巡守,至于岱宗②,柴而望祀山川③。觐诸侯,问百年者就见之。命大师陈诗④,以观民风。命市纳贾⑤,以观民之所好恶⑥、志淫好辟⑦。命典礼考时月⑧,定日,同律、礼乐、制度、衣服⑨,正之。山川神祇有不举者为不敬,不敬者君削以地。宗庙有不顺者为不孝⑩,不孝者君绌以爵⑪。变礼易乐者为不从,不从者君流。革制度衣服者为畔⑫,畔者君讨。有功德于民者,加地进律⑬。五月南巡守,至于南岳⑭,如东巡守之礼。八月西巡守,至于西岳⑮,如南巡守之礼。十有一月北巡守,至于北岳⑯,如西巡守之礼。归假于祖、祢⑰,用特⑱。

【注释】

①巡守:视察全国各地。

②岱宗:指东岳泰山。宗者,尊也。岱为五岳之首,最尊,故称岱宗。

③柴:烧柴祭天。其法:加玉帛牛牲于柴堆上焚烧,烟气直达上天,上帝闻到了烟气,就算享用了。望祀山川:面向东方的名山大川遥祭之。

④大(tài 太)师:各诸侯国掌管音乐的官员。诗:民歌民谣。

⑤市:诸侯国主管市场物价的官员。贾:通"价",价格。

⑥以观句:民所好者其价贵,民所恶者其价贱。民风淳朴则实用之物贵,民风奢侈则玩好之物贵。

⑦好辟(pì 僻):喜欢邪僻。

⑧典礼:典礼之官。孔颖达说即《周礼》的大史。

⑨同律:同是阴律,律是阳律。不妨理解为音律。

⑩宗庙有不顺者:指宗庙中神主的昭穆排列乱套。

⑪绌(chù 触):通"黜",降级。

⑫畔:同"叛"。

⑬进律:犹言进爵。陈澔说:"律者,爵命之等。"

⑭南岳:即衡山。

⑮西岳:即华山。

⑯北岳:即恒山。

⑰假:至。祢(mǐ 你):父庙。

⑱特:一条牛。

【今译】

天子每隔五年到全国各地巡视一次。到了应该巡视的那一年的二月，先到东方巡视，来到泰山，在山上烧柴祭天，又遥祭当地的大山大川。接见东方各国诸侯，登门拜访当地年近百岁的老人。命令各诸侯国的太师——演唱当地的民歌民谣，从而了解民风习俗。命令管理市场的官员呈交物价统计表，从而了解百姓喜欢什么物品，讨厌什么物品。如果民心倾向奢侈，他们就喜欢玩好邪僻之物。命令负责礼的官员，校定当地的季节、月份、日期，并检查当地的音律、礼乐、制度、衣服，发现有不符合规格者，予以纠正。当地的山川及其他神灵，有当祭而未祭者，其罪名是不敬，犯不敬之罪的国君要削减封地。宗庙的祭祀有不按昭穆顺序进行者，就是不孝，对于不孝的国君要降其爵位。任意改变礼乐就是不服从中央，不服从中央的国君要被流放。擅自改革制度、改变衣服就是背叛天子，背叛天子的国君就要受到讨伐。被老百姓歌功颂德的国君，要增加封地晋升爵位。当年的五月到南方巡视，来到南岳衡山，其种种作法，如同巡视东方之礼。八月到西方巡视，来到西岳华山，其种种作法，如同巡视南方之礼。十一月到北方巡视，来到北岳恒山，其种种作法，如同巡视西方之礼。全国巡视完毕归来，到祖庙和父庙举行祭告，每庙各用一牛为牲。

【原文】

天子将出，类乎上帝，宜乎社，造乎祢①。诸侯将出，宜乎社，造乎祢。天子无事②，与诸侯相见曰朝。考礼、正刑、一德，以尊于天子。天子赐诸侯乐③，则以柷将之④；赐伯、子、男乐，则以鼗将之⑤。诸侯⑥，赐弓矢然后征，赐鈇钺然后杀⑦，赐圭瓒然后为鬯⑧；未赐圭瓒，则资鬯于天子。

**注释**

①天子将出四句：出：谓巡守。类、宜、造：皆祭名，其礼亡，无考。祢：父庙。此处泛指宗庙。

②事：指征伐。

③乐（yuè 悦）：指乐悬。可以悬挂的整套乐器。

④柷（zhù 筑）：古乐器，又名椌（qiāng 腔）。木制，形如四方形木斗，上宽下窄，用木槌敲击其内壁而发声。击柷是开始奏乐的指挥信号。将：表达，传达。古代以多件物品送人，不可能——亲授，可选择其中一物作代表。

⑤鼗(táo 淘):长柄的摇鼓,今俗称"拨郎鼓"。摇鼗是终止奏乐的指挥信号。
⑥诸侯:一般指八命以上的诸侯,如上文的二伯、方伯及大的诸侯国。
⑦铁(fū 肤)钺(yuè 越):皆古代兵器。铁是斧,钺是大斧。
⑧圭瓒:天子使用的一种玉杯,用以盛鬯酒。圭是这种杯子的玉柄。鬯(chàng 倡):用柜黍酿成的香酒。

【今译】
　　天子将出外巡守,要先告祭于天,,告祭于地,告祭于宗庙。诸侯外出,只告祭于地,告祭于宗庙。天子在正常情况下与诸侯相见,统称为朝。诸侯在朝见天子时,可以考校礼乐,订正刑法,统一道德规范,凡此种种,都要取决于天子。天子赏赐公、侯乐悬,就以柷为代表物;赏赐伯、子、男乐悬,就以鼗为代表物。诸侯被天子赐予弓矢以后,才有权力代表天子征伐其他诸侯;被天子赐予铁钺以后,才有权利代表天子诛杀有罪的诸侯;被天子赐予圭瓒以后,才有权利酿造鬯酒用于祭祀。如果未被赐予圭瓒,诸侯要用鬯酒,必取于天子。

【原文】
　　天子命之教,然后为学。小学在公宫南之左,大学在郊。天子曰辟雍①,诸侯曰頖宫②。

注释
①辟(bì 壁)雍:周代天子为世子及贵族子弟设立的大学。据《诗·鲁颂·泮水》郑注孔疏,辟,通"璧",此大学四周有水环绕,其形如璧;雍,通"壅",水之周围又筑堤防水。故称。
②頖(pàn 判)宫:周代诸侯所立大学。此大学仅东、西两门以南有水,其北无水。换言之,只有南半边有水环绕,故称。

【今译】
　　天子命令诸侯办教育,然后诸侯才可以设立学校。小学设在王宫的东南,大学设在郊外。天子的大学叫辟雍,诸侯的大学叫頖宫。

【原文】
　　天子将出征,类乎上帝,宜乎社,造乎祢,祃于所征之地①;受命于祖,受成于学②。出征执有罪,反,释奠于学③,以讯馘告④。

**注释**

①祃(mà骂):战前祭祀始造军法者,祈求鼓舞士气。所祭之神,或曰蚩尤,或曰黄帝。
②成:指成算,即事先拟好的整个战斗计划。
③释奠:古代的一种祭祀。只设酒馔为祭,无牲牢。
④讯馘(guó国):讯,指活捉的俘虏。馘,指杀死的敌人。古代战争中割取被杀死敌军的左耳以计数献功。

【今译】

天子将出征,要先告祭于天,告祭于地,告祭于宗庙。到达出征的地方,要举行祃祭,以鼓舞士气。出征之前,在祖庙中接受征伐敌人的命令,在大学里接受事先拟好的战斗计划。出征,捉拿那些有罪者,班师回朝,在大学里设酒馔祭祀先圣先师,报告活捉的俘虏及杀死的敌人的数目。

【原文】

天子、诸侯无事,则岁三田,一为乾豆,二为宾客,三为充君之庖①。无事而不田,曰不敬②。田不以礼③,曰暴天物。天子不合围④,诸侯不掩群。天子杀则下大绥⑤,诸侯杀则下小绥⑥,大夫杀则止佐车⑦,佐车止则百姓田猎。獭祭鱼⑧,然后虞人入泽梁⑨。豺祭兽⑩,然后田猎。鸠化为鹰⑪,然后设罻罗⑫。草木零落⑬,然后入山林。昆虫未蛰,不以火田⑭。不麑,不卵,不杀胎,不殀夭⑮,不覆巢。

**注释**

①天子诸侯无事五句:此系《公羊传》说,见桓公四年。三田:指春、秋、冬三季打猎,唯夏季不打猎。春猎曰蒐,秋猎曰狝(xiǎn显),冬猎曰狩。乾豆:盛放风干的肉的豆。用于祭祀。豆是食器,初以木制,形似高脚盘。庖:厨。
②无事二句:因为这导致祭祀简略和宾客慢待,所以说"不敬"。
③田不以礼:下文"天子不合围"以下都是田猎时应遵循的礼。
④不合围:围其三面,一面不围。这和下句的"不掩群",都表示在田猎时不能斩尽杀绝。

⑤大绥:天子田猎时的指挥旗。
⑥小绥:诸侯田猎时的指挥旗。
⑦佐车:协助驱赶野兽的车。
⑧獭(tǎ塔)祭鱼:正月解冻后,水獭开始捕食鱼类,古人因以指代正月。见《礼记·月令》及《大戴礼·夏小正》。
⑨虞人:掌管山林川泽之官。梁:为捕鱼而垒的河中小坝。
⑩豺祭兽:《月令》载豺祭兽在九月,《夏小正》则在十月。这也是以事指代月份。
⑪鸠化为鹰:《月令》二月有"鹰化为鸠"的记载,但无鸠化为鹰的记载。孔颖达推测鸠化为鹰在八月。
⑫罻(wèi魏)罗:捕鸟的网。罻、罗同义,大约罻小罗大。
⑬草木零落:据《月令》在九月,此处指十月。下文"昆虫未蛰"同此。
⑭火田:焚草肥田。
⑮殀(yāo腰)夭:杀死刚出生之小兽。

【今译】

　　天子、诸侯在没有战争和凶丧的情况下,每年田猎三次,其目的在于,第一是为了准备祭祀的供品,第二是为了招待宾客,第三是为了丰富天子、诸侯的膳食品种。在没有战争和凶丧的情况下也不田猎,就叫做不敬。田猎时不守规矩,随意捕杀,就叫做作践天帝所生之物。田猎的规矩是:天子打猎不应四面合围,诸侯打猎不应把成群的野兽全部杀光。射杀野兽之后,天子要放下指挥的大旗,诸侯要放下指挥的小旗。大夫射杀野兽后,就应命令协助驱赶野兽的副车停止驱赶。大夫的副车停止驱赶之后,百姓开始田猎。正月以后,虞人才可以进入川泽垒梁捕鱼。秋冬之交,才可以开始田猎。八月以后,才可以设网捕鸟。到了十月,才可以进入山林砍伐。昆虫尚未蛰居地下之前,不可以纵火焚草肥田。不捕捉小兽,不取鸟卵,不杀怀胎的母兽,不杀刚出生的小兽,不捣毁鸟巢。

【原文】

　　冢宰制国用①,必于岁之杪②。五谷皆入,然后制国用。用地小大,视年之丰耗。以三十年之通制国用③,量入以为出。祭用数之仂④。丧三年不祭,唯祭天地社稷为越绋而行事⑤。丧用三年之仂。

丧祭,用不足曰暴,有余曰浩。祭,丰年不奢,凶年不俭。国无九年之畜曰不足,无六年之畜曰急,无三年之畜曰国非其国也。三年耕,必有一年之食。九年耕,必有三年之食。以三十年之通,虽有凶旱水溢,民无菜色⑥,然后天子食,日举以乐⑦。

**注释**

①冢宰:百官之长,地位相当于后来的宰相。
②杪(miǎo 秒):末尾。
③以三十年之通:用三十年收入的平均数。这样就把丰年、凶年都考虑进去了。
④仂(lè 泐):十分之一。
⑤越绋而行事:意为不受丧事的限制。绋,系在辒车上的绳索。在停柩待葬时叫绋,在送葬的路上叫引。这里是以绋指代丧事。
⑥菜色:郑玄说:"菜色,食菜之色。民无食菜之饥色。"于鬯说:"菜,当读为灾。民无菜色,犹民无灾色。灾色即饥色也。"
⑦举:杀牲盛馔曰举。

【今译】

　　冢宰编制下一年度国家经费的预算,必定在年终进行。因为要等五谷入库之后才能编制预算。编制预算,要考虑国土的大小,年成的丰歉,用三十年收入的平均数作依据来编制预算,根据收入的多少来决定如何开支。祭祀的费用,占每年收入的十分之一。遇到父母之丧,虽然在服丧的三年内不祭宗庙,但天地社稷之神却照祭不误,因为天地社稷之神比父母还要尊贵。丧事的开支,用三年收入的平均数的十分之一。丧事和祭祀的开支,超过了预算叫做"暴",决算有余叫做"浩"。祭祀的开销,丰年不可铺张浪费,荒年不可节俭从简。一个国家如果没有九年的储备叫做储备不足,如果没有六年的储备叫做储备危急,如果没有三年的储备就可以说是国家不成其为国家了。耕种三年,一定要有一年的余粮。耕种九年,一定要有三年的余粮。以三十年收入的平均数来编制预算,即使遇到水旱凶荒的年头,老百姓也不至于饿肚子,然后,天子的膳食才会顿顿有肉,而且吃饭时可以奏乐。

【原文】

　　天子七日而殡,七月而葬。诸侯五日而殡,五月而葬。大夫、士、庶人三日而殡，三月而葬①。三年之丧，自天子达。庶人县封②，葬不为雨止，不封不树。丧不贰事③，自天子达于庶人。丧从死者，祭从生者④。支子不祭⑤。

**注释**

①天子七日而殡六句：郑玄说："尊者舒，卑者速。"又，《左传》隐公元年："天子七月而葬，同轨（指众诸侯）毕至；诸侯五月，同盟至；大夫三月，同位至；士逾月，外姻至。"这是从会葬者到齐所需要的时间有长有短上说明这条规定的合理性。

②县（xuán悬）封：县，古"悬"字。封，当作"窆"。悬窆，悬绳下棺入圹。庶人卑，不得用碑绋下棺。

③丧不贰事：庶人可以专心一意地在家守丧三年，不作他事。大夫、士则可能因为国家的特殊需要（如战争），居丧未满也得出来为国家作事。

④丧从死者二句：《中庸》："父为大夫，子为士，葬以大夫，祭以士。父为士，子为大夫，葬以士，祭以大夫。"便是此意。

⑤支子不祭：见《曲礼下》"天子祭天地"节注。

【今译】

天子死后七天乃停棺正寝堂西，死后七月乃举行葬礼。诸侯死后五天乃停棺正寝堂西，死后五月乃举行葬礼。大夫、士、平民死后三日即停棺正寝堂西，死后三月即举行葬礼。为父母须守丧三年，上起天子下至平民均不例外。平民下葬，只能用绳子缒棺入穴，即使下雨也照样埋葬，不聚土成坟，也不种树。服丧期间不得做其他事情，从原则上讲，从天子到平民都适用这一规定。办丧事的规格是依据死者的爵位来定，而祭祀的规格是依据主持祭祀者（即孝子）的爵位来定。不是嫡长子就不能主持祭祀。

【原文】

天子七庙：三昭三穆，与大祖之庙而七①。诸侯五庙：二昭二穆，与大祖之庙而五②。大夫三庙：一昭一穆，与大祖之庙而三③。士一庙。庶人祭于寝④。

【注释】

①天子七庙三句：就周代而言，大祖之庙指后稷之庙。后稷庙下是文王庙、武王庙，再往下是四亲庙：即高祖庙、曾祖庙、祖庙、父庙。昭穆，是宗庙排列的次序。始祖以下，父庙曰昭，子庙曰穆，孙之庙又曰昭，曾孙之庙又曰穆。馀可类推。由此可知，祖与孙永远昭穆相同。七庙是个常数，不得超过，也不得减少。如有新死者，并不另建新庙，而是将某一远祖（如高祖）的神位迁入大宗庙内，曾祖以下随之递迁，这样就会空出一庙，即为新死者之庙。每有新死者，即如此递迁一次，所以总是保持七庙不变。

②大祖之庙：诸侯的大祖，指的是始封之君。

③大祖之庙：大夫的大祖，指的是别子始得封爵者。

④庶人祭于寝：因为庶人无庙。寝，指正寝、適寝。

【今译】

天子设立七庙：左边三个昭庙——文王、高祖、祖，右边三个穆庙——武王、曾祖、父，加上正中一个太祖庙，共七庙。诸侯设立五庙，即高祖、祖二昭庙，曾祖、父二穆庙，加上太祖庙，共五庙。大夫设立三庙，一昭一穆，加上太祖庙，共三庙。士只设一庙。平民无庙，祭祀祖宗在正寝。

【原文】

天子、诸侯宗庙之祭，春曰礿，夏曰禘，秋曰尝，冬曰烝①。天子祭天地，诸侯祭社稷，大夫祭五祀②。天子祭天下名山大川：五岳视三公③，四渎视诸侯④。诸侯祭名山大川之在其地者⑤。天子、诸侯祭因国之在其地而无主后者⑥。天子犆礿、祫禘、祫尝、祫烝⑦。诸侯礿则不禘，禘则不尝，尝则不烝，烝则不礿⑧。诸侯礿犆，禘，一犆一祫，尝祫，烝祫。

【注释】

①天子诸侯宗庙之祭五句：郑玄说：这可能是夏、殷时祭之名。周代则春祭曰祠，夏祭曰礿(yào 药)，秋、冬之祭与夏、殷同。周代的禘不指时祭，或指五年一次的大祭宗庙，或指南郊祭天。

②天子祭天地三句：参见《曲礼下》"天子祭天地"节注。

③五岳视三公：祭祀五岳比照宴享三公时的九献之礼及牲牢礼器之数。详参

《周礼·秋官·大行人》。

④四渎:指长江、黄河、淮河、济水。此四水在古代皆单独流入大海。视诸侯:比照天子宴享诸侯之礼,用七献。

⑤诸侯祭名山大川句:鲁人祭泰山,晋人祭河,是其例。

⑥因国:已经灭亡的古国。因国的始祖如果有功德留世,今在其地之天子诸侯应为之主持祭祀。

⑦祂(tè 特):同"特"。特是个别的、单独的。它与下文的"祫"(xiá 侠)相对,"祫"是集体的,总合的。例如天子七庙,如果分别祭祀七庙,那就叫祂祭;如果把三昭三穆的神主都集中到太祖庙里一齐祭祀,那就叫祫祭。

⑧诸侯礿则不禘四句:诸侯每年要朝见天子一次,所以减少一次四时之祭。

【今译】

　　天子、诸侯的宗庙之祭,在春季举行的叫礿,在夏季举行的叫禘,在秋季举行的叫尝,在冬季举行的叫烝。天子可以祭天神祭地祇,诸侯可以祭社神祭谷神,大夫可以祭门神、灶神、行神、户神、中霤神。天子祭祀天下的名山大川:祭祀五岳,用宴享三公的九献之礼;祭祀四渎,用宴享诸侯的七献之礼。诸侯可以祭祀在其境内的名山大川。天子、诸侯,还应当祭祀其境内已灭绝之国的祖先。天子的四时之祭,春祭是对群庙分别进行祭祀,夏祭、秋祭、冬祭都是合祭。诸侯的四时之祭一年之中只能进行三次,春祭则夏不祭,夏祭则秋不祭,秋祭则冬不祭,冬祭则春不祭。诸侯的春祭是分祭,夏祭则是一年分祭一年合祭地轮换进行,秋祭和冬祭都是合祭。

【原文】

　　天子社稷皆大牢①,诸侯社稷皆少牢②。大夫、士宗庙之祭,有田则祭,无田则荐③。庶人春荐韭,夏荐麦,秋荐黍,冬荐稻;韭以卵,麦以鱼,黍以豚,稻以雁④。祭天地之牛角茧栗,宗庙之牛角握⑤,宾客之牛角尺。诸侯无故不杀牛⑥,大夫无故不杀羊,士无故不杀犬豕,庶人无故不食珍。庶羞不逾牲。燕衣不逾祭服。寝不逾庙。

【注释】

①大牢:牛、羊、豕三牲具备曰大牢。大,音义同"太"。

②少牢:有羊、豕二牲叫少牢。

③荐:供献。又叫"荐新",即用新熟的五谷或时新的瓜果祭祀祖先。荐新之礼轻于四时的祭礼。庶人贫贱,有荐而无祭。

④雁:指鹅。

⑤握:谓长度约四指。

⑥故:指祭祀和招待宾客。

【今译】

　　天子祭社神、谷神都用牛、羊、豕三牲,诸侯祭社神、谷神都用羊、豕二牲。大夫和士的宗庙之祭,有禄田的用祭礼,无禄田的用荐礼。平民祭祀祖先的荐新之礼是:春天荐韭菜,夏天荐麦子,秋天荐黍子,冬天荐稻子;韭菜配以鸡蛋,麦子配以鱼,黍子配以小猪,稻子配以鹅。祭祀天地所用的牛较小,牛角不过像蚕茧、栗子那般大小;祭祀宗庙所用的牛略大,牛角大约四指来长;招待宾客所用的牛较大,牛角有一尺来长。诸侯没有特殊原因不可杀牛,大夫没有特殊原因不可杀羊,士没有特殊原因不可杀狗与猪,平民没有特殊原因不吃时鲜物品。日常吃的菜肴,再好不能超过祭祀用的牲牢;日常穿的衣服,再好不能超过祭祀用的礼服;日常居住的堂屋,再好不能超过宗庙。

【原文】

　　古者公田藉而不税①,市廛而不税②,关讥而不征③,林麓川泽以时入而不禁。夫圭田无征④。用民之力,岁不过三日。田里不粥⑤,墓地不请。

注释

　　①公田藉而不税:古代井田制度下,把土地划成"井"字形,分为九区,其中的中间一区为公田,其余八区为私田。公田的耕种是藉助于八家农户的共同劳动,但收获全部归统治者所有,私田就不再纳税。这实际上是以劳役充地租。

　　②廛:公家建造的店铺,租给商人使用。商人交纳店租后,就不再交纳货物税。

　　③讥:稽查。

　　④夫:指余夫。一家一人受田,此人谓之正夫,其余的劳动力叫余夫。圭田:卿大夫禄田以外的田,其收入专供祭祀用。圭田五十亩。

　　⑤粥:通"鬻",卖。

【今译】

　　在古代,农户帮助耕种公田,私田就不再纳税;在市场上租用了公家的店铺,就不再交纳商品营业税;水陆关口,只稽查是否违禁,并不征收进出关税;在规定的时间里进入山林川泽采伐渔猎,就不加禁止。余夫耕种卿大夫的圭田也不抽税。征用老百姓从事无偿服务,一年不能超过三天。公家分配的农田和宅地不准出卖。公家分配的有族葬墓地。不准额外再要。

【原文】

　　司空执度度地①,居民,山川沮泽,时四时,量地远近,兴事任力。凡使民,任老者之事,食壮者之食。凡居民材,必因天地寒暖燥湿。广谷大川异制,民生其间者异俗:刚柔、轻重、迟速异齐②,五味异和,器械异制,衣服异宜。修其教,不易其俗。齐其政,不易其宜。

注释

　　①司空:总管百物制造之官。已见《曲礼下》。执度(dù 渡)度(duó 夺)地:上一"度"字指测量土地的工具,下一"度"字是动词测量。
　　②刚柔、轻重、迟速异齐:情性缓急不同。刚、轻、速总归于急,柔、重、迟总归于缓。

【今译】

　　司空负责用工具测量土地,安置人民,观测山川沼泽的不同地势,测定四季气候的变化,测量土地的远近,然后才大兴土木征用民力。凡征用民力,活不能太累,要像给老年人分配任务那样;伙食标准却要按照棒劳力对待。凡安置百姓住处,必须考虑使百姓的生活习惯和当地的气候地势相适应。生在深山谷和长在大河边上的人外表就不一样,他们的风俗习惯也自然两样:有的性情急躁,有的性情迟缓,酸苦甘辛咸,各有偏爱,使用的工具各有不同,穿的衣服也各有所好。政府应当注重对他们进行礼义方面的教育,不必改变其风俗;同时应当注重统一政令,不必改变其习惯。

【原文】

　　中国戎夷五方之民,皆有性也,不可推移。东方曰夷,被发文身①,

有不火食者矣。南方曰蛮,雕题交趾②,有不火食者矣。西方曰戎,被发衣皮③,有不粒食者矣④。北方曰狄,衣羽毛穴居,有不粒食者矣。中国、夷、蛮、戎、狄,皆有安居、和味、宜服、利用、备器。五方之民,言语不通,嗜欲不同。达其志,通其欲,东方曰寄,南方曰象,西方曰狄鞮⑤,北方曰译。

**注释**

①被(bì币):剪掉。
②题:额头。
③被(pī披):覆盖在肩背上。
④有不粒食者矣:不吃五谷,只吃禽兽。
⑤狄鞮(dī堤):西方对翻译人员的称呼。

【今译】

　　由中原民族与四方少数民族构成的五方之民,各有不同的生活习性,不可互相转换。住在东方的民族叫夷,他们时兴剃光头,在身上刺花纹,其中有不吃熟食的人。住在南方的少数民族叫蛮,他们额头上刻着花纹,走路时两脚的脚趾相向,其中也有不吃熟食的人。住在西方的少数民族叫戎,他们披头散发,用兽皮作衣服,只吃禽兽的肉,不吃五谷杂粮。住在北方的少数民族叫狄,以禽兽的羽毛为衣,住在洞穴里,也是只吃禽兽的肉,不吃五谷杂粮。中原、夷人、蛮人、戎人、狄人这五方之民尽管生活习性不同,但各自都有自己认为安适的住所、自己认为好吃的口味、自己认为合适的衣服、自己认为便利的工具、自己认为完备的器物。五方的人民,虽然言语不通,嗜好不同,但当他们要表达各自的意思,沟通各自的想法时,有一种懂得双方语言的人可以帮忙。这种人,在东方叫寄,在南方叫象,在西方叫狄鞮,在北方叫译。

【原文】

　　凡居民,量地以制邑,度地以居民,地邑民居,必参相得也。无旷土,无游民,食节事时,民咸安其居,乐事劝功,尊君亲上,然后兴学。

【今译】

　　凡安置民众,必须根据土地的广狭来确定修建城邑的大小,根据土地的广狭来确定安置民众的多少,要使土地广狭、城邑大小、被安置民众的多少这三者互相配合得当。这样就会做到没有空闲的土地,没有失业的百姓,食饮节俭,各项工作都按部就班地进行,百姓都安居乐业,积极向上,尊敬国君,爱戴官长,然后可以兴办学校。

【原文】

　　司徒修六礼以节民性①,明七教以兴民德,齐八政以防淫,一道德以同俗,养耆老以致孝,恤孤独以逮不足,上贤以崇德,简不肖以绌恶②。命乡简不帅教者以告③。耆老皆朝于庠④,元日习射上功⑤,习乡上齿⑥,大司徒帅国之俊士与执事焉⑦。不变,命国之右乡简不帅教者移之左,命国之左乡简不帅教者移之右,如初礼⑧。不变,移之郊⑨,如初礼。不变,移之遂⑩,如初礼。不变,屏之远方,终身不齿。命乡论秀士⑪,升之司徒,曰选士;司徒论选士之秀者而升之学⑫,曰俊士;升于司徒者不征于乡⑬,升于学者不征于司徒,曰造士。

【注释】

　　①司徒:总管教育的官。六礼:见本篇最后一节。下文的"七教"、"八政"同此。

　　②简:检举,剔除。绌:通"黜",摈弃,除退。

　　③乡:周代的行政单位。距国都百里之内的地区设六乡,每乡设乡大夫一人为其行政长官。帅:同"率",遵循。

　　④朝:会集。庠(xiáng 详):古代乡学的名称。

　　⑤元日:择定的吉日。习射:演习乡射礼。上功:重视成绩。

　　⑥习乡:演习乡饮酒礼。上齿:看重年龄。

　　⑦俊士:在天子的大学中学习的学生。详见下文。

　　⑧如初礼:即把上文的"耆老皆朝于庠……与执事焉"再演习一遍。

　　⑨郊:郑玄说:"郊,乡界之外者也,稍出远之。"

　　⑩遂:周代的行政单位。首都百里外为六遂,六遂的长官叫遂人,每一遂的长官叫遂大夫。遂亦有学校。

　　⑪论:考核,品评。秀士:德才兼优的乡学学生。

　　⑫学:大学。

⑬不征:不让他服徭役。

【今译】

　　司徒职掌修习六礼以节制人民的性情,明辨七教以提高人民的道德,整齐八政以防止僭越,规范道德以统一风俗,赡养老人以促进孝顺的风气,救济孤独以避免这部分人被社会遗弃,奖励贤者以鼓励人人学好,清除坏人以警戒人们改正错误。司徒命令六乡的长官将不听从教诲的人报告上来。选定一个吉日,把乡里的德高望重的老人们请到乡学,演习乡射礼,射中多者居前,演习乡饮酒礼,年纪大者居前;司徒带领国学的学生也来帮忙。这样做的用意在于感化那些不听从教诲的人。隔了一年,如果他们还不悔改,司徒就命令国都右边三乡的长官将这些不听教诲者检举出来并且转移到左边三乡,命令国都左边三乡的长官将不听教诲者检举出来并且转移到右边三乡,在新的环境中,让他们再接受一次和第一次同样的感化教育。隔了一年还不悔改,就把他们迁移到更远一点的郊,在新的环境中让他们再接受一次感化教育。隔了一年还不悔改,就把他们迁移到更远的遂,在遂学里再对他们进行一次感化教育。几经教育仍不悔改,说明已不可救药,就把他们放逐到遥远的边疆,一辈子都不予录用。司徒命令六乡的长官考察乡学中德才兼优的学生并把他们推荐给司徒,被推荐者被称作选士。司徒亲自考察选士中的出类拔萃者并把他们推荐给大学,这样的被推荐者被称作俊士。获得选士荣誉的就不再承担乡里的徭役,获得俊士荣誉的就不再承担国家的徭役,后者又叫造士。

【原文】

　　乐正崇四术①,立四教,顺先王《诗》《书》《礼》《乐》以造士②。春秋教以《礼》《乐》,冬夏教以《诗》《书》。王大子、王子、群后之大子,卿大夫、元士之嫡子③,国之俊选,皆造焉。凡入学以齿。将出学④,小胥、大胥、小乐正简不帅教者以告于大乐正⑤,大乐正以告于王。王命三公、九卿、大夫、元士皆入学⑥。不变,王亲视学。不变,王三日不举,屏之远方,西方曰棘⑦,东方曰寄,终身不齿。

> [!注释]

①乐(yuè月)正:相当于《周礼》中的大司乐,是乐官之长,兼管大学的教育,近乎大学校长。其副手叫小乐正,即《周礼》的乐师。四术:指下文《诗》《书》《礼》《乐》四门课程。四术和下文"四教"的所指相同,区别仅在于,称之为"术",是从每个学生必修的意义上讲的;称之为"教",是从大学必开此四门课的意义上讲的。

②顺:因袭。

③王大子:王之太子。王子:除去太子以外的所有儿子,即庶子。群后:诸侯。

④出学:指大学毕业。上古时,贵族子弟十五入小学,十八入大学,总共在校学习九年。

⑤大胥:学官,掌管大学生学籍。小胥是其副手。

⑥入学:此下省略了入学行礼以感化不帅教者的内容。据上节可知。

⑦棘:郑玄说当作"僰(bó博)",指中国古代西南地区。

【今译】

　　乐正特别重视大学生的四门必修课,每门课都设有教师,也就是沿用先王传下来的《诗经》《尚书》《礼记》《乐经》四种教材来培养人才。春秋二季教授《礼记》《乐经》,冬夏二季教授《诗经》《尚书》。国王的太子和庶子、诸侯的太子、卿大夫、元士的嫡子,国家的俊士和选士,都被送到大学学习。入学以后,不管是哪个学生,大家都只以年龄大小为序,不论尊卑。大学将要毕业时,小胥将不听教导的大学生汇报给大胥,大胥汇报给小乐正,小乐正汇报给大乐正,大乐正汇报给天子。天子于是择个吉日,下令三公、九卿、大夫、元士齐集大学,演习有关礼仪以感化不听教者。这样做了还不改,天子就亲自到校视察。这样做了还不改,天子首先自责,三天的饭内不见肉,而且吃饭时也不奏乐,然后将屡教不改者流放到远方,西部远方叫棘,东部远方叫寄,终身不予录用。

【原文】

　　大乐正论造士之秀者以告于王①,而升诸司马②,曰进士。司马辨论官材,论进士之贤者以告于王③,而定其论。论定然后官之④,任官然后爵之,位定然后禄之。

【注释】

①造士:相当于大学毕业生。
②司马:司马为六卿之一,主掌军事。其属官有司士,掌以德定爵,以功定禄,所以这里说"升诸司马"。
③贤者:指每个进士的专长。
④官之:使之试守。

【今译】

大司乐考察评定优秀的国学毕业生,汇报给天子,并荐举给司马,被荐举的学生就叫进士。司马再逐个考察每个进士的才能堪做何官,考察每个进士的特长,汇报给天子,并拿出结论来。结论确定了然后委派官职试用,表明能胜任职务然后封以爵位,爵位定了然后发给俸禄。

【原文】

大夫废其事,终身不仕,死以士礼葬之①。有发,则命大司徒教士以车甲②。凡执技,论力,适四方,裸股肱,决射御。凡执技以事上者,祝、史、射、御、医、卜及百工。凡执技以事上者,不贰事③,不移官,出乡不与士齿④。仕于家者,出乡不与士齿。

【注释】

①大夫废其事三句:疑为错简。当在上文"丧从死者,祭从生者"之后。废其事:指由于不称职而被罢官者,不是指正常退休者。
②有发二句:王闿运说:此句之"士"指俊士,即国学里的大学生。此二句当是上文"不征于司徒"句下的解释语。
③不贰事:不作他事,以便于术有专攻,技艺弥精。
④出乡不与士齿:然则于其乡中尚可与士齿,这是同族相亲的缘故。总之,靠一技之长为官府服务的人,地位卑贱,在士之下。

【今译】

大夫因不称职而被免官,终身不再录用,死后用士一级的礼葬之。遇到国家的征召,就命令大司徒对国学生加以军事训练。凡靠技艺谋生的人,只考察其技艺精否,不考察其德行。要派他们到各地去执行任务,就让他们卷起衣袖裤管,互相比赛技艺,以决定人选。凡靠技艺为官府服务以谋生的人,计有祝、史、射、御、医、卜及各种工匠七种。此七种人,不得从事其他职业,有了成绩也不迁官,离开本乡,就不能与士人论辈分年龄。在大夫家里服务的这些人,离开本乡后也是如此。

【原文】

司寇正刑明辟①,以听狱讼。必三刺②。有旨无简③,不听。附从轻④,赦从重。凡制五刑⑤,必即天论⑥。邮罚丽于事⑦。凡听五刑之讼,必原父子之亲、立君臣之义以权之,意论轻重之序、慎测浅深之量以别之,悉其聪明、致其忠爱以尽之。疑狱,泛与众共之。众疑,赦之。必察小大之比以成之⑧。成狱辞,史以狱成告于正⑨,正听之。正以狱成告于大司寇,大司寇听之棘木之下⑩。大司寇以狱之成告于王,王命三公参听之。三公以狱之成告于王,王三又⑪,然后制刑。凡作刑罚,轻无赦。刑者侀也,侀者成也,一成而不可变,故君子尽心焉。

### 注释

①司寇:《周礼》六卿之一,主掌刑罚狱讼。辟(pì 僻):法。
②三刺:向三方面征求意见,以期断案公正。据《周礼·秋官·小司寇》,三刺是"一曰讯群臣,二曰讯群吏,三曰讯万民"。
③有旨无简:有犯罪动机而无犯罪事实。
④附:施刑,量刑。
⑤五刑:五种轻重不等的刑罚,即墨刑、劓刑、剕刑、宫刑、大辟。
⑥必即天论:郑玄说有的本子作"必则天伦"。
⑦邮罚:罪罚。邮,罪过。丽:依附。
⑧比:先例。
⑨史:司寇的属吏,负责审理记录的人。狱成:即已成之狱辞。正:司寇的高级部属,相当于《周礼》中的士师、乡士等官,皆主管狱讼之事。
⑩棘木之下:从位置上讲,是指天子的外朝,在库门之外。从人员上讲,是表示还有公卿大夫等人的参加。因为《周礼·秋官·朝士》有"左九棘,孤、卿、大夫位焉;右九棘,公侯伯子男位焉"云云的说法。棘木,就是种在外朝两侧的棘树。
⑪三又:即三宥。又,通"宥",赦免。据《周礼·秋官·司刺》,有三种杀人罪可以得到赦免:一是由于认错人而误杀者,二是由于过失而误杀者,三是由于遗忘

而误杀者。

**【今译】**
　　司寇负责正定刑书,明断罪法,以审理案件。审理时,一定要向群臣、群吏、民众三个方面征求意见,以求断案得当。有犯罪的动机而无犯罪的事实,这样的案子不予受理。量刑时,可轻可重者从轻;赦免时,虽重罪亦可获赦免。凡根据五刑条文进行判决时,一定要合乎天理,使刑罚与罪行相当。凡审案断罪,一定要从父子之亲、君臣之义的角度加以衡量;脑子里始终要考虑罪行有轻重,量刑有深浅,个案与个案不同;要竭尽自己的才智,发扬忠恕仁爱之心,使案情真相大白。遇有疑而难决的案子,就与民众共同审理。如果民众也感到疑而难决,那就应该宣布当事人无罪。处理类似的案件,一定要参考一下过去判重判轻的先例再形成判决。判决书拟好之后,史把判决书提交给正。正再审理一遍,然后把判决书提交给大司寇。大司寇在有孤卿大夫等人的陪审下在外朝再审理一遍,然后把判决书提交给天子。天子又命令三公共同审理一遍,三公审理之后把判决书提交给天子。天子再审查一下案件是否适用于三宥,如果没有,然后判刑。既然到了最后判刑的时刻,就是再轻的罪也不会得到赦免。这是因为,所谓刑,就是定型的意思。所谓定型,就是形成的意思。判决一经形成就不可改变,所以君子对审理案件是非常尽心的。

**【原文】**
　　析言破律,乱名改作①,执左道以乱政②,杀。作淫声、异服、奇技、奇器以疑众,杀。行伪而坚、言伪而辨、学非而博、顺非而泽以疑众③,杀。假于鬼神、时日、卜筮以疑众,杀。此四诛者,不以听。凡执禁以齐众,不赦过。有圭璧金璋④,不粥于市。命服命车,不粥于市。宗庙之器,不粥于市。牺牲,不粥于市。戎器,不粥于市⑤。用器不中度,不粥于市。兵车不中度,不粥于市。布帛精粗不中数⑥,幅广狭不中量⑦,不粥于市。奸色乱正色⑧,不粥于市。锦文珠玉成器⑨,不粥于市。衣服饮食,不粥于市。五谷不时,果实未孰,不粥于市。木不中伐,不粥于市。禽兽鱼鳖不中杀,不粥于市。关执禁以讥⑩,禁异服,识异言。

> **注释**

①乱名改作：郑玄说："变易官与物之名，更造法度。"
②左道：邪门歪道。如巫、蛊之类便是。古代尊右卑左，故以邪道为左道。
③顺：通"训"，辞也。泽：漂亮。
④金璋：王引之认为当作"琮璋"。古书中常见"圭璧琮璋"四字连用。按：圭、璧、琮、璋是四种高贵的玉器。
⑤戎器，不粥于市：从"圭璧琮璋"到"戎器"，都是有较高身份的人才能拥有的东西，一旦进入市场，为普通百姓所购买，对这些器物是种亵渎。
⑥精粗：密疏。数：郑玄说："升缕多少。"犹今人言多少支纱、多少根线。
⑦幅：布幅（宽度）是二尺二寸，帛幅是二尺四寸。
⑧奸色：即间色。古以青、赤、白、黑、黄为五方正色，余色为间色。
⑨成：善，精美。
⑩讥：稽查。

【今译】

　　凡是断章取义曲解法律，擅自改变事物的既定名称而另搞一套，用邪道扰乱政令的人，杀掉。凡是制作靡靡之音、奇装异服、怪诞之技、奇异之器而蛊惑民心的人，杀掉。行为诈伪而又顽固不化、言辞虚伪而又巧言利舌、所学陷入异端而又自以为博闻、言辞谬戾而讲得冠冕堂皇，以此蛊惑人心者，杀掉。凡是假托鬼神、时辰日子、卜筮招摇撞骗以蛊惑人心者，杀掉。上述的四种被杀者，不再接受他们的申诉。凡是推行禁令，就是要使民众一律遵守，所以即使是过失犯禁，也不饶恕。圭、璧、琮、璋是高贵的玉器，不准在市场上出售。表明身份的命服命车，不准在市场上出售。宗庙中的祭器，不准在市场上出售。用于祭祀的牲畜，不准在市场上出售。军器，不准在市场上出售。日常所用的器皿不合规格，不准在市场上出售。兵车不合规格，不准在市场上出售。布帛的丝缕密疏不合规格，其幅宽不合尺寸，不准在市场上出售。将布帛染以间色而与正色相乱的，不准在市场上出售。有纹彩的布帛、珠玉以及制作精美的器物，不准在市场上出售。华美的衣服饮食，不准在市场上出售。没有到成熟期的五谷和瓜果，不准在市场上出售。未成材的树木，不准在市场上出售。禽兽鱼鳖尚未长大，不准在市场上出售。关卡上执行禁令的人要严格稽查，禁止奇装异服，识别各地的方言。

【原文】

大史典礼,执简记,奉讳恶①。天子齐戒受谏。

注释

①讳恶(wù 误):讳,指先王之名。恶,指先王的忌日以及各种天灾人祸。

【今译】

太史主管礼仪,执掌各种典籍,这些典籍中记有先王的名讳、先王的忌日以及各种天灾人祸,太史也负责将这些情况奉告天子。天子要先斋戒然后接受太史的劝告。

【原文】

司会以岁之成质于天子①。冢宰齐戒受质②。大乐正、大司寇、市三官以其成从质于天子③。大司徒、大司马、大司空齐戒受质。百官各以其成质于三官。大司徒、大司马、大司空以百官之成质于天子。百官齐戒受质,然后休老劳农,成岁事,制国用④。

注释

①司会(kuài 块):冢宰的属官,负责统计工作。岁之成:年终的成绩总结。质:考核,考正。

②冢宰句:郑玄注:"赞王受之。"

③市:司市,管理市场的官。

④制国用:按:王夫之说:"此章所记,与《周礼》多不合。皆汉之博士酌三代之制而参互成之,为一王之法。"

【今译】

司会将年终的成绩总结报请天子考核,冢宰也要斋戒,协同天子考核政绩。大乐正、大司寇、司市三个官员将其部门的成绩总结附于司会之后也报请天子考核。大司徒、大司马、大司空斋戒以后接受考核。百官各将本部门的成绩总结考核于大司徒、大司马、大司空。大司徒、大司马、大司空把百官的成绩总结报请天子考核,然后百官斋戒,听候天子的考核评语。然后举行养老的宴会,举行蜡祭慰劳农夫。

到了这时,本年的事情算结束了,可以制定来年的施政纲领和经费预算了。

【原文】

凡养老①,有虞氏以燕礼②,夏后氏以飨礼③,殷人以食礼④。周人修而兼用之⑤,五十养于乡⑥,六十养于国⑦,七十养于学⑧,达于诸侯。

**注释**

①养老:即上节之"休老",即天子、诸侯设宴款待老人。
②燕礼:与飨礼、食礼相比,礼数最轻。设宴于寝,行一献礼毕,坐而饮酒至醉。
③飨礼:礼数最隆重的宴会,菜肴丰盛,设宴于朝,行九献礼。
④食礼:宴会上有饭有肴,酒虽设而不饮,以食为主。
⑤修:当作"循",隶书形近致误。
⑥乡:指乡学。
⑦国:指王宫中的小学。
⑧学:指设于郊的大学。

【今译】

凡招待老人的宴会,有虞氏用燕礼,夏后氏用飨礼,殷人用食礼,周人遵循古制而三礼兼用。五十岁的老人就可以参加在乡学中举行的敬老宴会,六十岁的老人就可以参加在王宫小学中举行的宴会,七十岁的老人就可以参加在大学举行的宴会。诸侯国也是如此。

【原文】

八十拜君命,一坐再至①,瞽亦如之。九十使人受。五十异粻②,六十宿肉③,七十贰膳④,八十常珍⑤,九十饮食不离寝,膳饮从于游可也。六十岁制⑥,七十时制⑦,八十月制,九十日修,唯绞、紟、衾、冒⑧,死而后制。五十始衰,六十非肉不饱,七十非帛不暖,八十非人不暖,九十虽得人不暖矣。五十杖于家,六十杖于乡,七十杖于国,八十杖于朝,九十者,天子欲有问焉,则就其室,以珍从。七十不俟朝,八十月告存,九十日有秩⑨。五十不从力政,六十不与服戎,七十不与宾客之事,八十齐丧之事弗及也⑩。五十而爵,六十不亲学,七十致政,唯衰麻为丧。

### 注释

①一坐再至:跪下去连叩两次头。古代拜君命,按规矩当行再拜稽首礼,也就是跪两次,拜两次,叩头至地两次。此因年老,特许简化礼节。
②异粻(zhāng 张):异粮。不与青壮年人吃同样的粮食,吃较精细的粮食。
③宿:预先置备。
④贰膳:副膳。两份膳食,一份在吃饭时吃掉,另一份备少顷之需。
⑤珍:八珍。详见《内则》。
⑥岁制:指需要一年时间进行准备的丧葬用品,如棺木。
⑦时制:需时一个季度才能做好的送终之具,如比较难作的衣服。
⑧绞:小敛、大敛后用以束紧死者的布带。紟:小、大敛时所用之单被。衾:小、大敛时所用之夹被。冒:小敛前套在尸体上的布袋。按:以上四物都是一二天内可以做好的,所以"死而后制"。
⑨七十不俟朝三句:这是指大夫士年老而致仕者所享受的敬老待遇。秩;常。
⑩齐:通"斋"。祭前要斋戒,所以,这里是以斋来代表祭祀。

### 【今译】

　　人到了八十岁时精力已衰,在拜受君命时只要跪下去连叩两次头就可以了。盲人行动不便,也可照此办理。九十岁的老人则可以让他人代替自己拜受君命。五十岁以上的老人可以不吃粗粮而吃细粮;六十岁以上的老人没有肉就吃不饱,所以要常备有肉;七十岁以上的老人饿得快,要每顿多作一份,以备零食;八十岁以上的老人要常吃珍美的食品;九十岁以上的老人住室里食品不断,无论他走到哪儿,随身都有饮食供应。人到了六十岁,做子女的就要为其准备需要一年时间才能做好的丧葬用品;人到了七十岁,子女就要为其准备需要一季时间才能做好的丧葬用品;人到了八十岁,子女就应为其准备需要一月时间才能做好的丧葬用品;人到了九十岁,子女就应为其准备需要一天时间才能做好的丧葬用品;只有绞、紟、衾、冒,死后再做也不迟。人到五十岁就开始衰老,六十岁以后不吃肉就吃不饱,七十岁以后没有丝绵就会感到身上不暖,八十岁以后没有人暖被就感到睡不暖和,九十岁以后虽有人暖被也睡不暖和了。五十岁以后可以拄杖于家,六十岁以后可以挂杖于乡,七十岁以后可以挂杖于国都,八十岁以后可以挂杖上朝,九十岁以后,天子若有事询问,就要派人到他家请教,还要带上好吃的东西。大夫到了七十岁就可以不在朝里侍候,八十岁以后,天子要每月派人来问候安康,九十岁以后,天子要每天派人送食物来。平民到了五十岁就不服劳役,六十岁以后就不服兵役,七十岁以后就不再参与应酬宾客的活动,八十岁以后,就连祭祀丧葬这类重要的事也不参与了。五十岁后得到封爵,六十岁后不亲自向别人请教,七十岁后就告老致仕,遇到丧事只要穿上孝服就行,其他礼数全免。

【原文】

有虞氏养国老于上庠①,养庶老于下庠②。夏后氏养国老于东序,养庶老于西序。殷人养国老于右学,养庶老于左学。周人养国老于东胶,养庶老于虞庠,虞庠在国之西郊③。有虞氏皇而祭④,深衣而养老⑤。夏后氏收而祭⑥,燕衣而养老⑦。殷人冔而祭⑧,缟衣而养老⑨。周人冕而祭,玄衣而养老⑩。凡三王养老皆引年⑪。八十者,一子不从政⑫。九十者,其家不从政。废疾非人不养者,一人不从政。父母之丧,三年不从政。齐衰、大功之丧,三月不从政。将徙于诸侯,三月不从政。自诸侯来徙家,期不从政。

【注释】

①国老:告老退休的卿大夫。上庠:有虞氏的大学。按:下文的"东序"、"右学"、"东胶"也分别指当时的大学。

②庶老:告老退休的士和年老的平民。下庠:有虞氏的小学。按:下文的"西序"、"左学"、"虞庠"也分别指当代的小学。

③西郊:阮元《校勘记》以为当作"四郊"。

④皇:画有羽饰的冠。

⑤深衣:古代平民家居所穿之衣,上衣与下裳相连,犹如后人之大褂。详《深衣》篇。

⑥收:夏代的祭冠。其制不详。

⑦燕衣:天子燕居所穿之衣,又叫玄端。诸侯用作朝服,衣与裳均为黑色。

⑧冔(xū吁):殷人的祭冠。其制不详。

⑨缟衣:天子之朝服,衣与裳均为白色。

⑩玄衣:一种礼服。玄衣而素裳。

⑪引年:引户校年。即根据户籍校对年龄。
⑫政:通"征",指力役征召。下同。

【今译】

　　有虞氏在上庠设宴款待国老,在下庠设宴款待庶老。夏后氏在东序设宴款待国老,在西序设宴款待庶老。殷人在右学设宴款待国老,在左学设宴款待庶老。周人在东胶设宴款待国老,在虞庠设宴款待庶老。虞庠在王城的西郊。有虞氏的时代,人们在祭祀时戴"皇"冠,在养老时穿深衣。夏代,人们在祭祀时戴"收"冠,在养老时穿燕衣。殷人在祭祀时戴"冔"冠,在养老时穿缟衣。周人在祭祀时戴冕,在养老时穿玄衣。夏、殷、周三代的天子举行养老宴会,都要依据户籍来核实与会老人的年龄。家有八十岁以上老人的,可以有一人被豁免力役之征。家有九十岁老人的,豁免其全家的力役征召。家有残废人、病人必须有他人侍候的,也可以豁免一人的劳役。父母去世,在三年守丧期间不应力役之征。遇到齐衰、大功亲属去世,可以三个月不应力役之征。将从王畿移居诸侯的家庭,临行之前免役三月;自诸侯移居王畿的家庭,到达后免役一年。

【原文】

　　少而无父者谓之孤,老而无子者谓之独,老而无妻者谓之矜①,老而无夫者谓之寡。此四者,天民之穷而无告者也,皆有常饩②。瘖、聋、跛、躃、断者、侏儒、百工,各以其器食之③。

注释

①矜(guān 官):同"鳏"。
②饩(xì 细):生活补贴,粮食救济。
③器:能也。

【今译】

　　年幼即失去父亲的人叫做孤,老了却失去儿子的人叫做独,年老而失去妻子的人叫做矜,年老而失去丈夫的人叫做寡。这四种人,是世界上最可怜而又求告无门的人,国家对他们有经常性的生活补贴。

哑吧、聋子、一足瘸者、两足俱废者、肢体残缺者、躯体矮小者以及各种手艺人,这些人都靠着干点力所能及的工作由国家养活他们。

【原文】

道路,男子由右,妇人由左,车从中央。父之齿随行,兄之齿雁行①,朋友不相逾。轻任并,重任分,班白者不提挈②。君子耆老不徒行,庶人耆老不徒食。大夫祭器不假。祭器未成,不造燕器。

【注释】

①雁行:大雁飞行时的排列,即在其旁而稍后。
②班白:即斑白,头发花白的老人。班,通"斑"。

【今译】

在道路上,男子靠右走,妇人靠左走,车子走中央。遇到和自己父亲年龄差不多的人,要让人家走在前边;遇到和自己兄长年龄差不多的人,自己可以稍后一点并排而行;和朋友同行,不可争先恐后。老年人与年轻人都挑着轻担子,年轻人应把老人的轻担并到自己肩上。老年人与年轻人都挑着重担子,年轻人应把老人的重担分过来一些。不要让头发花白的老人提着东西走路。士大夫阶级的老者,出门必有车,不至于徒步;平民阶级的老者,吃饭必有肉。有地的大夫都是自备祭器,不向别人借用。祭器没有备齐之前,不考虑制造日常生活用器。

【原文】

方一里者,为田九百亩。方十里者,为方一里者百,为田九万亩。方百里者,为方十里者百,为田九十亿亩①。方千里者,为方百里者百,为田九万亿亩。自恒山至于南河②,千里而近③。自南河至于江,千里而近。自江至于衡山,千里而遥④。自东河至于东海⑤,千里而遥。自东河至于西河⑥,千里而近。自西河至于流沙⑦,千里而遥。西不尽流沙,南不尽衡山,东不尽东海,北不尽恒山,凡四海之内,断长补短,方三千里,为田八十万亿一万亿亩⑧。方百里者,为田九十亿亩。山陵、林麓、川泽、沟渎、城郭、宫室、途巷,三分去一,其余六十亿亩。

:::注释
①亿:古代计数单位,等于今天的十万。下同。
②南河:指今河南省境内西部黄河段。
③千里而近:犹言不足千里。
④千里而遥:犹言千里有余。
⑤东河:指河南省东部黄河古道向北流经河北的那一段。
⑥西河:指黄河流经陕西与山西交界处的那一段。
⑦流沙:沙漠。沙常因风吹而流动,故称。
⑧八十万亿一万亿亩:上"万亿"是衍文。
:::

【今译】

　　一里见方的土地,折合为田地是九百亩。十里见方的土地,有一百个一里见方,折合为田地是九万亩。百里见方的土地,有一百个十里见方,折合为田地是九百万亩。千里见方的土地,有一百个百里见方,折合为田地是九亿亩。从恒山到南边的黄河,这一段南北距离不足千里。再从此段黄河到南边的长江,这一段的距离也不足千里。从长江往南到衡山,这段距离千里有余。从东河向东到东海,这一段东西的距离千里有余。从东河往西到西河,这段距离不足千里。从西河再向西到沙漠,这段距离千里有余。沙漠并非西边的尽头,衡山并非南边的尽头,东海并非东边的尽头,恒山并非北边的尽头,这样,四海之内,截长补短,大约就是三千里见方,折合成田地就是八十一亿亩。百里见方的土地,折合成田地本应是九百万亩,但因其中有山脉、森林、河流湖泊、沟渠水道、城郭、宫室、道路,要占去三分之一,所以只剩下农田六百万亩。

【原文】

　　古者以周尺八尺为步①,今以周尺六尺四寸为步②。古者百亩,当今东田百四十六亩三十步。古者百里③,当今百二十一里六十步四尺二寸二分。

:::注释
①古者:指周代以前。
②今:指汉时。
:::

③东田：孙希旦说："东方之田也。汉初儒者皆齐、鲁人，自据其地言之，故曰东。"

## 【今译】

古时候是以周尺八尺为一步，现在是以周尺六尺四寸为一步。所以古时候的一百亩，等于现在的一百四十六亩零三十平方步。古时候的一百里，相当于现在的一百二十一里零六十步四尺二寸二分。

## 【原文】

方千里者①，为方百里者百。封方百里者三十国，其余方百里者七十。又封方七十里者六十，为方百里者二十九，方十里者四十。其余方百里者四十，方十里者六十。又封方五十里者百二十，为方百里者三十。其余方百里者十，方十里者六十。名山大泽不以封。其余以为附庸②、闲田。诸侯之有功者，取于闲田以禄之；其有削地者，归之闲田。

## 注释

①方千里者：此节当是上文"凡四海之内九州，州方千里"一段的疏解语。
②其余：指剩下的土地。

## 【今译】

所谓千里见方者，实包括一百个百里见方的区域。如果分封出三十个方百里的诸侯国，就余下七十个方百里的地方。再分封出六十个七十里见方的诸侯国，折合为二十九个方百里和四十个方十里，剩下四十个方百里和六十个方十里的土地。又分封出一百二十个五十里见方的诸侯国，折合为三十个百里见方之地，还剩下十个方百里和六十个方十里的土地。名山大泽不作封地来用，剩下的土地，或者作为大诸侯国的附庸，或者作为闲田。诸侯有功，就从闲田中拿出土地作为封赏；诸侯有罪，其被削去的土地则并入闲田。

## 【原文】

天子之县内方千里者①，为方百里者百。封方百里者九，其余方百里者九十一。又封方七十里者二十一，为方百里者十，方十里者二十九。其余方百里者八十，方十里者七十一。又封方五十里者六十三，为方百里者十五，方十里者七十五。其余方百里者六十四，方十里者九十六。

**注释**

①天子之县内方千里者：自此以下，当是上文"天子之县内"节的疏解语。

【今译】

所谓天子的王畿方千里者，也就是包括有一百个百里见方。如果分封出九个方百里的诸侯国，就剩下九十一个方百里的土地。如果又分封出二十一个方七十里的诸侯国，折合为十个方百里和二十九个方十里，就剩下八十个方百里和七十一个方十里的土地。如果又分封出六十三个五十里见方的诸侯国，折合为十五个方百里和七十五个方十里，最后剩下六十四个方百里和九十六个方十里的土地。

【原文】

诸侯之下士禄食九人，中士食十八人，上士食三十六人，下大夫食七十二人，卿食二百八十八人，君食二千八百八十人。次国之卿食二百一十六人，君食二千一百六十人。小国之卿食百四十四人，君食千四百四十人。次国之卿，命于其君者，如小国之卿①。天子之大夫为三监，监于诸侯之国者，其禄视诸侯之卿，其爵视次国之君，其禄取之于方伯之地②。方伯为朝天子，皆有汤沐之邑于天子之县内③，视元士。诸侯世子世国，大夫不世爵，使以德，爵以功。未赐爵，视天子之元士，以君其国。诸侯之大夫，不世爵禄。

**注释**

①诸侯之下士禄食九人……如小国之卿：此一段当是上文"上农夫食九人，诸侯之下士视上农夫"云云的疏解语。

②天子之大夫为三监……其禄取之于方伯之地：此一段当是上文"天子使其大夫为三监"一节的疏解语。

③汤沐之邑：谓供诸侯斋戒沐浴之地。

【今译】

　　诸侯的下士,其俸禄可以养活九人,中士的俸禄可以养活十八人,上士的俸禄可以养活三十六人,下大夫的俸禄可以养活七十二人,卿的俸禄可以养活二百八十八人,国君的俸禄可以养活二千八百八十人。中等诸侯国的卿,其俸禄可以养活二百一十六人,国君的俸禄则可养活二千一百六十人。小诸侯国的卿,其俸禄可以养活一百四十四人,国君的俸禄则可养活一千四百四十人。中等诸侯国的卿,如果是由其国君任命的,其所得俸禄,等于小国诸侯的由天子任命的卿。天子的大夫被派到诸侯国去做监察的,其俸禄比照大诸侯国之卿,其爵位比照中等诸侯国的国君,其俸禄从方伯那里支取。方伯为了朝见天子,在王畿内都有专供其斋戒沐浴的土地。汤沐邑的大小,和天子上士的禄田一般多。诸侯的太子可以继承君位,大夫的儿子则不能世袭爵位,因为大夫的儿子未必贤惠,有德行才委以职务,有功劳才赐以爵位。诸侯的儿子在天子没有赐爵之前,其身份视同天子之上士,并且以这种身份统治他的国家。至于诸侯的大夫,其爵位和俸禄都不能世袭。

【原文】

　　六礼①:冠、昏、丧、祭、乡、相见②。七教:父子、兄弟、夫妇、君臣、长幼、朋友、宾客。八政:饮食、衣服、事为、异别、度、量、数、制。

注释

　　①六礼:自此以下,当为上文"司徒修六礼以节民性"一节的疏解语。
　　②冠、昏、丧、祭、乡、相见:此六礼之细节,详《仪礼》有关篇。

【今译】

　　所谓六礼,是指冠礼、婚礼、丧礼、祭礼、乡饮酒礼和乡射礼、相见礼。所谓七教,是指七种人伦关系,即父子有亲,兄弟有爱,夫妇有别,君臣有义,长幼有序,朋友有信,宾客有礼。所谓八政,是指饮食的方式,衣服的制度,工艺的标准,器具的品类,长度的规定,容量的单位,数码的进位和布帛的宽窄。

# 礼记全译

## 月令第六

【题解】

郑玄说:"名曰《月令》者,以其纪十二月政令之所行也。"换言之,一年十二个月,每月的天文如何,节气如何,候应如何,根据这种天文、节气、候应,王者应该推行哪些政令,不应该推行哪些政令,以期国治民安,逐月详言之。这就是本篇的中心内容。月和令要互相配合,配合的原则是上察天文,下授民时,不可随心所欲。本篇是以阴阳五行学说为指导的一年施政纲领。如春季属木,阳气渐盛,是万物生养的季节。因此,王者发布政令就要以宽厚仁恩为主旨,以顺应时气。本篇的来源,郑玄认为"本《吕氏春秋》十二月纪之首章,礼家好事抄合之",其说近是。

【原文】

孟春之月①:日在营室②,昏参中③,旦尾中④。其日甲乙⑤。其帝大皞⑥,其神句芒⑦。其虫鳞⑧。其音角⑨,律中大蔟⑩。其数八⑪。其味酸⑫,其臭膻⑬。其祀户⑭,祭先脾⑮。

【注释】

①孟:开始。

②营室:二十八宿之一,又名定星,今属飞马座。二十八宿都是恒星,古人用

以作为观察天象的坐标。把黄道附近一周天,按照由西向东分为十二等分,称为十二次,每一次都以二十八宿中的星作为标志,用来指示一年四季太阳所在的位置,以说明节气的变换。孟春之月的星次是诹訾(zōu zǐ),作为标志的星是营室。

③参(shēn 身):星名,二十八宿之一,今属猎户星座。中:古代天文学术语,指星宿出现在观测者子午圈的位置。

④尾:星名,二十八宿之一,今属天蝎星座。

⑤甲乙:五行家将天干十日与五行相配,即甲乙配木,丙丁配火,戊己配土,庚辛配金,壬癸配水。又以五行配东南中西北和春、夏、秋、冬。东方、春天配木,南方、夏季配火,中央配土,西方、秋季配金,北方、冬季配水。王夫之说:"凡春,以甲乙之日为王而吉也。余放此。"

⑥大皞(tài hào 太浩):即伏牺氏,传说中的古帝名,五行家认为他是以木德王,故将其尊为东方之帝。

⑦句(gōu 勾)芒:少皞氏的儿子,名重,死后被尊为木神。

⑧虫:古时对动物的总称。鳞:五虫之一。古人将动物分为五类,即羽虫(禽类)、毛虫(兽类)、甲虫(昆虫类)、鳞虫(鱼类)、倮虫(人类),见《大戴礼·易本命》。五行家又以五虫配五行,即鳞虫配木,羽虫配火,倮虫配土,毛虫配金,甲虫配水。

⑨角:五音之一。宫、商、角、徵、羽,合称五声。五行家将五声与五行相配,角配木,是春天、东方之声。

⑩律:律管,即定音的竹管。中(zhòng 仲):应。大蔟(tài còu 太凑):古代十二律之一。十二律分为阴阳两类。黄钟、太蔟、姑洗、蕤宾、夷则、无射为阳律,称"六律";大吕、夹钟、中吕、林钟、南吕、应钟为阴律,称"六吕"。五行家又将十二律与一年的十二月相配,大蔟配孟春之月。古人用葭莩的灰塞在十二律的竹管中,某个月份到了,和它相应的律管里的葭莩灰就飞动起来了,这就是"律中"。

⑪数八:这是五行中与木相配的数字。古人将从一到十这十个数字按奇偶分属天地,即天一、地二、天三、地四、天五、地六、天七、地八、天九、地十。而五行自水始,火次之,木次之,金次之,土为后。木为天三与地八,三是木的生数,八是木的成数。这里只说数八,是举其成数。

⑫酸:五味之一。酸、苦、甘、辛、咸,合称五味。古人将五味配地之四方及中央。

⑬臭(xiù 袖):气味。膻:五臭之一。五臭指膻、焦、香、腥、朽。古人又将五臭配地之四方及中央。

⑭户:五祀之一。五祀指户、灶、门、行、中霤。古人认为春天阳气上升,蛰伏的动物开始活动,由户而出,所以春季要祭祀户神。

⑮先脾:以脾脏为尊。古人将五脏配五行,脾配木,肺配火,肝配金,肾配水,

心配土。孟春之月属木,故祭品以脾脏为尊。

【今译】

　　孟春正月:太阳运行的位置在营室;黄昏时,参星位于南天正中;拂晓时,尾星位于南天正中。春季的吉日是甲乙,于五行属木。尊崇的帝是以木德王的太皞,敬奉的神是木官句芒。动物中与木相配的是鳞虫。五声中与木相配的是角声,与此月相应的是十二律中的太蔟。与木相配的成数是八。与木相配的五味是酸,五臭是膻。本月要祭祀户神,祭品中以脾脏为尊。

【原文】

　　东风解冻,蛰虫始振,鱼上冰,獭祭鱼①,鸿雁来②。

注释

　　①獭(tǎ 塔)祭鱼:水獭将捕得的鱼陈列在水边,像祭食似的,故称。
　　②鸿雁来:《吕氏春秋》作"候雁北"。

【今译】

　　春风吹起,冰雪解冻,蛰伏土中的动物开始苏醒活动。鱼儿从深水处向上游到冰层下。水獭将捕到的鱼陈放在岸边,像祭祀一般。鸿雁从南方飞来。

【原文】

　　天子居青阳左个①,乘鸾路②,驾仓龙③,载青旂,衣青衣,服仓玉,食麦与羊④,其器疏以达⑤。

注释

　　①青阳左个:即东向明堂的北室。古代帝王居住及宣布政教的明堂,按五行构造,东向的叫青阳,南向的叫明堂,西向的叫总章,北向的叫玄堂,中央的叫太庙。除太庙只有一个太室外,其余东南西北四正堂的两侧各有一室,叫个,左侧室叫左个,右侧室叫右个。中间的正堂也叫太庙。共有四正堂和八侧室。帝王按照四时五行的运行,月居一室。

②鸾路：有鸾铃的车子。鸾本是青色凤鸟，取其青色与五行之木相配，以顺春季的土德。路，通"辂"，车。

③仓龙：青色的马。仓，通"苍"。八尺以上的马称为龙。

④食麦与羊：五行家将五谷（麦黍稷麻菽）五畜（鸡羊牛犬豕）与五行相配。麦属木，是春季所食之谷。但因为春季还有冬日的馀寒，还须要吃羊来御寒养生。羊配五行之火。

⑤疏以达：指器物镂刻的纹理粗疏而通达。这样做的用意，是象征春天万物将破土而出。

【今译】

这个月，天子居住在东向明堂的左侧室，乘坐饰有用青凤命名的响铃的车子，车前驾着青色的高马，车上插着绘有青龙的旗子，穿着青色的衣服，佩戴青色的饰玉，吃的是麦与羊，使用的器物纹理粗疏而通达。

【原文】

是月也，以立春。先立春三日，大史谒之天子曰①："某日立春，盛德在木②。"天子乃齐③。立春之日，天子亲帅三公、九卿、诸侯、大夫，以迎春于东郊④。还反⑤，赏公卿、诸侯、大夫于朝⑥。命相布德和令⑦，行庆施惠，下及兆民。庆赐遂行，毋有不当。乃命大史守典奉法⑧，司天日月星辰之行，宿离不贷⑨，毋失经纪，以初为常。

注释

①大史：即太史。官名。主掌历象岁时之官。谒：告。

②盛德在木：古人认为春属木而有生养万物之大德，故云。

③齐：通"斋"。

④迎春：大多数汉代学者认为迎春是迎祭大皞帝和句芒神于东郊。

⑤还（xuán旋）反：《吕氏春秋》"反"作"乃"，孟夏、孟秋、孟冬同。王引之认为当从《吕氏春秋》。

⑥朝：天子有三"朝"。一为燕朝，在路寝，是天子处理政务之所。二为治朝，在路寝门外，应门之内，是天子会见群臣之所。三为外朝，在库门之外，皋门之内，是君臣商议国家大事之所。此处之"朝"，指治朝。

⑦相：指三公，即太师、太傅、太保。和令：宣布禁令。王引之说：古音"和"

"宣"相近,故"和"通"宣"。

⑧守典奉法:指遵守六典,奉行八法。六典,指治典、教典、礼典、政典、刑典、事典;八法,指官属、官职、官联、官常、官成、官法、官刑、官计。详《周礼·春官·大宰》。

⑨宿:指太阳运行的位置。离:指月亮所经历之处。贷:通"忒"(tè 特),差错。

【今译】

　　这月的节气,是立春。在立春前三天,太吏向天子禀告说:"某日立春,木德当令。"天子于是斋戒,准备迎春。立春的那天,天子亲自率领三公、九卿、诸侯、大夫到东郊去举行迎春的祭祀。祭毕回朝,在朝中赏赐公卿、诸侯、大夫。并命令三公发布德教,宣布禁令,实行褒奖,施与恩惠,下及所有百姓。褒奖赏赐这事,一一落到实处,没有不当。于是命令太史遵守六典,奉行八法,负责推算日月星辰的运行,太阳所在的位置,月亮所经的地方,都要计算得丝毫不差,不得背离法度,要遵循旧章而不变。

【原文】

　　是月也,天子乃以元日祈谷于上帝①。乃择元辰②,天子亲载耒耜③,措之于参保介之御间④,帅三公、九卿、诸侯、大夫,躬耕帝藉⑤。天子三推⑥,三公五推⑦,卿、诸侯九推。反,执爵于大寝⑧,三公、九卿、诸侯、大夫皆御,命曰劳酒。

注释

　　①元日:吉日。此指上辛日,即本月的第一个辛日。
　　②元辰:吉辰。此指祈谷于上帝后的第一个亥日。按:日为天干,辰为地支,所以有事于天用日,有事于地用辰。
　　③耒耜(lěi sì 垒四):古代耕地的农具,犁。犁柄叫耒,铧叫耜。
　　④参保介:穿着甲衣的骖乘,又叫车右。参,通"骖"。保,衣也。介,甲也。骖乘必以勇士担任,因为他要负责警卫工作。之:与。
　　⑤帝藉:天子为保证祭祀供给而借民力所耕之田。藉,借助。天子藉田千亩,名曰亲耕,实借民力。
　　⑥推:指推耒耜入土。

⑦三公:王念孙说"三"是衍文。
⑧大寝:路寝。即天子的燕朝。参上节注。

【今译】

在这个月里,天子于第一个辛日祭祀上帝,祈求五谷丰登。又于此后的第一个亥日,天子亲自把耒耜搬到自己的车上,放在穿甲衣的骖乘和驾车人之间,并率领三公、九卿、诸侯、大夫亲自耕种藉田。其做法是把耒耜推入土里,天子推三下,公推五下,卿和诸侯推九下。礼毕返回,天子在路寝举杯宴饮,三公、九卿、诸侯、大夫全部参加陪侍,这次宴饮称为"劳酒"。

【原文】

是月也,天气下降,地气上腾,天地和同,草木萌动。王命布农事,命田舍东郊①,皆修封疆②,审端径术③;善相丘陵、阪险、原隰、土地所宜、五谷所殖④,以教道民⑤。必躬亲之。田事既饬,先定准直⑥,农乃不惑。

注释

①田:田畯,主管农事之官。
②封疆:疆界,土地的经界。
③径:田间小路。术:郑玄说当作"遂"。遂是田间小沟。
④丘陵:小的土山称丘,大山称陵。阪险:斜坡叫阪,陡坡叫险。原隰(xí席):高而平的土地叫原,低而湿的土地叫隰。
⑤道:通"导"。
⑥准直:指封疆径遂的端正平直。

【今译】

在这个月里,天气往下降,地气往上升,天地之气和合混同,于是草木开始萌芽生长。天子下令布置春耕之事,命令田畯住在东郊,监督农夫都来整治疆界,审察和修整田间的小路和水沟。认真地考察丘陵、坡地、原隰各种土地所适宜种植的作物,什么谷物应在什么地方种植,将这些教导给农民。田畯一定要亲自做这些事。田事都已整饬妥当,是由于事先做好了封疆径遂的端正平直工作,农民才没有疑惑。

【原文】

　　是月也,命乐正入学习舞①,乃修祭典。命祀山林川泽,牺牲毋用牝。禁止伐木②,毋覆巢,毋杀孩虫、胎夭、飞鸟③,毋麑毋卵④。毋聚大众,毋置城郭。掩骼埋胔⑤。

【注释】

　　①乐正:乐官之长。学:指太学。习舞:指教太学生练习舞蹈。
　　②禁止伐木:因为春季是木德所在。
　　③孩虫:幼虫。胎夭:胎,指尚在母腹的小兽。夭,指刚生出不久的小兽。飞鸟:指刚学飞的小鸟。
　　④麑(ní 尼):小鹿。此处泛指小兽。
　　⑤骼:枯骨。胔(zì 字):带腐肉的尸骨。

【今译】

　　在这个月里,命令乐正到太学教练舞蹈,同时修正祭祀的法典。下令祭祀山林川泽,但不准许用母畜作祭品。禁止砍伐树木。不许捣毁鸟巢。不许杀害幼虫、已怀胎的母畜、刚出生的小兽、正学飞的小鸟,不许捕捉小兽和掏取鸟卵。不得聚集民众,不得修建城郭。要掩埋枯骨尸骸。

【原文】

　　是月也,不可以称兵,称兵必天殃。兵戎不起,不可从我始。毋变天之道①,毋绝地之理②,毋乱人之纪③。

【注释】

　　①天之道:指阴阳顺时。当阳之时,不行阴政;当阴之时,不行阳政。如春为阳气上升之时,用兵属阴,故春季不可用兵。
　　②地之理:指刚柔顺时得宜。如春为柔,用兵为刚,如果春季用兵,就是以刚逆柔,不顺时得宜。
　　③人之纪:指仁义顺时。如春为仁,而用兵属义,不能以义反仁。

【今译】

　　在这个月里,不可以举兵,举兵必定遭到天灾。要解甲休兵,更不可由我方发动战争。发令行事,不可使阴阳相犯,不可使刚柔相犯,不可使仁义违时。

【原文】

孟春行夏令,则雨水不时,草木早落,国时有恐①。行秋令,则其民大疫,猋风暴雨总至②,藜莠蓬蒿并兴。行冬令,则水潦为败③,雪霜大挚④,首种不入⑤。

【注释】

①恐:指令人恐惧之事,如火灾等。
②猋(biāo 标):通"飙",暴风,旋风。总至:突然来到。总,通"匆"。
③潦(lào 涝):同"涝",雨水过多。
④挚:通"至"。
⑤首种:指稷。因为百谷之内,稷最先下种,故称。

【今译】

孟春如果施行夏季的政令,就会导致雨水不时,草木过早地凋零,国都中常有叫人惊恐的事发生。孟春如果施行秋季的政令,就会导致在百姓中流行瘟疫,暴风暴雨突然来到,蒺藜、莠草、蓬蒿等野草都很茂盛。孟春如果施行冬季的政令,就会导致水涝成灾,雪霜大至,稷无法下种。

【原文】

仲春之月①:日在奎②,昏弧中③,旦建星中④。其日甲乙。其帝大皞,其神句芒。其虫鳞。其音角,律中夹钟。其数八。其味酸,其臭膻。其祀户,祭先脾。

【注释】

①仲:在当中的。
②奎:二十八宿之一,今属仙女座。
③弧:星宿名,又名弧矢,在鬼宿之南,今属大犬及船尾座。
④建星:星宿名,在斗宿之上,今属人马座。

【今译】

　　仲春二月:太阳运行的位置在奎宿;黄昏时,弧星位于南天正中;拂晓时,建星位于南天正中。春季的吉日是甲乙,于五行属木。尊崇的帝是以木德王的太皞,敬奉的神是木官句芒。动物中与木相配的是鳞虫。五声中与木相配的是角声,与此月相应的音律是夹钟。与木相配的成数是八。与木相配的五味是酸,五臭是膻。本月要祭祀户神,祭品中以脾脏为贵。

【原文】

　　始雨水,桃始华,仓庚鸣①,鹰化为鸠②。

**注释**

　　①仓庚:即黄鹂。
　　②鸠:即布谷鸟。

【今译】

　　这个月开始下雨,桃树开始开花,黄鹂开始鸣叫,老鹰变成了布谷鸟。

【原文】

　　天子居青阳大庙,乘鸾路,驾仓龙,载青旂,衣青衣,服仓玉,食麦与羊,其器疏以达。

【今译】

　　这个月,天子居住在东向明堂的正室,乘坐有鸾铃的车子,车前驾着青色的高马,车上插着绘有青龙的旗子,穿着青色的衣服,佩戴着青色的饰玉,吃的是麦与羊,使用的器物纹理粗疏而通达。

【原文】

　　是月也,安萌牙①,养幼少,存诸孤。择元日,命民社②。命有司省囹圄③,去桎梏④,毋肆掠⑤,止狱讼。

【注释】

①萌牙:即萌芽。
②社:祭祀土神,以祈求五谷丰登。
③省:减少。囹圄(líng yǔ 伶宇):监狱。
④桎梏(zhì kù 至酷):刑具。即脚镣和手铐。
⑤肆:陈尸示众。掠:拷打。

【今译】

在这个月里,要保护植物的萌芽,养育幼儿和少年,抚恤孤儿。要选择吉日,让老百姓祭祀土神。要命令有关官吏减少监狱中关押的囚犯,去掉脚镣和手铐,对死囚处决后不要再陈尸示众,不要拷打犯人,要调解纠纷,尽量减少打官司。

【原文】

是月也,玄鸟至①。至之日,以大牢祠于高禖②,天子亲往,后妃帅九嫔御③。乃礼天子所御④,带以弓韣,授以弓矢⑤,于高禖之前。

【注释】

①玄鸟:燕子。相传有娀氏女简狄吞玄鸟卵而生契(商之始祖),后人就在玄鸟到来时祭祀禖神以求后嗣。
②高禖(méi 媒):主管婚配与生育之神。高,王引之说通"郊"。禖,即媒。改成"示"字旁,表示是神。
③九嫔(pín 频):古代宫中女官名。据《昏义》,天子有一后、三夫人、九嫔、二十七世妇、八十一御妻。此处泛指后宫女眷。御:陪侍。
④天子所御:指已怀孕的女眷。
⑤带以弓韣(dú 独)二句:这是祈求生男的表示。因为操弓韣(即弓套)、执弓矢是男儿之事。

【今译】

这个月,燕子来到。在燕子来到的那天,用牛羊豕三牲祭祀高禖之神。天子亲自前往,后妃率领后宫所有女眷陪同。在高禖神前,为怀孕的嫔妃举行典礼,给她带上弓套,授给她弓箭,祈求高禖保佑生男。

**【原文】**

是月也,日夜分①,雷乃发声,始电。蛰虫咸动,启户始出。先雷三日,奋木铎以令兆民②,曰:"雷将发声,有不戒其容止者③,生子不备,必有凶灾。"日夜分,则同度量④,钧衡石⑤,角斗甬⑥,正权概⑦。

**注释**

①日夜分:昼夜时间均等。指春分。
②木铎(duó夺):以木为舌的大铃,铜质。古代宣布政教法令时,摇动木铎以引起人们注意。
③容止:动静。此指夫妇交接。
④度:计算长度的器具。量:计算容量的器具。
⑤钧:通"均",平也。衡:秤杆。石(shí十):古代重量单位。一石合一百二十斤。
⑥角:平正。甬:量器名,即斛(hú胡)。十斗为一斛。
⑦权:秤锤。概:平斗斛的木板。

**【今译】**

这个月,日夜平分,开始打雷,闪电。蛰伏的动物都动了起来,开始钻出洞穴,回到地面。打雷的前三天,摇动木铎向百姓们发出教令说:"如果有谁敢在打雷时进行房事,生下的孩子必有先天残疾,自己也会遭到灾祸。"因为日夜平分,所以要统一和校正各种度量衡的器具。

**【原文】**

是月也,耕者少舍①,乃修阖扇②,寝庙毕备③。毋作大事④,以妨农之事⑤。

**注释**

①少舍:暂得止息。
②阖扇:门户。用木作的门叫阖,用竹苇作的门叫扇。
③寝庙:居室和宗庙。
④大事:指战争和大规模的劳役。
⑤以妨农之事:王念孙说"之"是衍字,是。

【今译】

　　这个月,农夫们暂时有点空闲,就趁此机会整修门户。宗庙和住室的门户都要整修停当。不要兴兵和兴起大规模的劳役,以免妨害农事。

【原文】

　　是月也,毋竭川泽,毋漉陂池①,毋焚山林。天子乃鲜羔开冰②,先荐寝庙。上丁③,命乐正习舞,释菜④;天子乃帅三公、九卿、诸侯、大夫,亲往视之。仲丁,又命乐正入学习乐。是月也,祀不用牺牲,用圭璧⑤,更皮币⑥。

注释

　　①漉(lù 鹿):使干涸。陂(bēi 杯)池:池塘。
　　②鲜羔开冰:鲜,当作"献",音近而误。古人冬天凿下冰块,藏入冰窖,到来年二月,先要献上羊羔祭祀司寒之神,然后才能开窖取冰。
　　③上丁:上旬的丁日。
　　④释菜:以芹藻等物祭祀先师。
　　⑤圭璧:祭祀时用作符信的玉器。圭,上尖下方。璧,圆形而中间有空。
　　⑥更:更换,代替。皮币:毛皮和缯帛。

【今译】

　　这个月,不要把川泽的水用光,不要使池塘干涸,不要焚烧山林。天子于是用羊羔祭祀司寒之神,然后开窖取冰,先献给庙中的祖先。在上旬的丁日,命乐正教练舞蹈,举行释菜礼。天子率领三公、九卿、诸侯、大夫,亲自到太学去观看。中旬的丁日,又命乐正到太学去教练音乐。这个月,一般不用牲畜作祭品,而是用圭璧皮帛来代替。

【原文】

　　仲春行秋令,则其国大水,寒气总至,寇戎来征①。行冬令,则阳气不胜,麦乃不熟,民多相掠②。行夏令,则国乃大旱,煖气早来,虫螟为害③。

【注释】

①寇戎来征:因为秋属金,金气动,故寇戎来征。
②"行冬令"四句:冬季是阴气大盛之时,二月是阳气初升,微弱的阳气经受不住强大阴气的侵犯。
③"行夏令"四句:夏属火,阳气亢盛,亢阳提前到来,就会造成大旱等后果。

【今译】

仲春二月如果施行秋季的政令,国家就会发生大水,寒气就会突然降临,敌寇就会前来侵犯。此月如果施行冬季的政令,就会导致阳气经受不住,麦子不能成熟,百姓中频繁发生劫掠之事。此月如果实行夏季的政令,就会导致国家大旱,炎热的天气提前到来,虫螟危害庄稼。

【原文】

季春之月①,日在胃②,昏七星中③,旦牵牛中④。其日甲乙。其帝大皞,其神句芒。其虫鳞。其音角,律中姑洗⑤。其数八。其味酸,其臭膻。其祀户,祭先脾。

【注释】

①季:末尾。
②胃:二十八宿之一,今属白羊座。
③七星:星宿名。即星宿,二十八宿之一,今属长蛇座。
④牵牛:星宿名。即牛宿,二十八宿之一,今属摩羯座。
⑤姑洗(xiǎn 显):十二律之一。参见"孟春"注。

【今译】

季春三月,太阳运行的位置在胃宿;黄昏时,星宿位于南天正中;拂晓时,牵牛星位于南天正中。春季的吉日是甲乙,于五行属木。尊崇的帝是以木德王的太皞,敬奉的神是木官句芒。动物中与木相配的是鳞虫。五声中与木相配的是角声,与此月相应的音律是姑洗。与木相配的成数是八。与木相配的五味是酸,五臭是膻。本月要祭祀户神,祭品中以脾脏为尊。

【原文】

桐始华,田鼠化为鴽①,虹始见②,萍始生。

**注释**

①鴽(rú 如):鹌鹑之类的小鸟。
②见(xiàn 现):同"现",出现。

【今译】

梧桐开始开花,田鼠变化为鹌鹑一类的小鸟,天空开始出现虹,水中开始生浮萍。

【原文】

天子居青阳右个,乘鸾路,驾仓龙,载青旂,衣青衣,服仓玉,食麦与羊,其器疏以达。

【今译】

天子居住在东向明堂的右侧室,乘坐有鸾铃的车子,车前驾着青色的高马,车上插着绘有青龙的旗子,穿着青色的衣服,佩戴青色的饰玉,吃的是麦与羊,使用的器物纹理粗疏而通达。

【原文】

是月也,天子乃荐鞠衣于先帝①。命舟牧覆舟②,五覆五反,乃告舟备具于天子焉。天子始乘舟,荐鲔于寝庙③,乃为麦祈实。

**注释**

①鞠衣:像初生的桑叶那种黄色的衣服。先帝:指太皞等先代帝王。按:荐鞠衣的目的是为了祈求蚕事丰收。
②舟牧:主管船只的官。覆舟:把船底翻得朝上检查船底有无漏洞。
③鲔(wěi 萎):鱼名,即鲟鱼。寝庙:宗庙。宗庙的正殿称庙,后殿称寝,合称寝庙。

【今译】

这个月,天子向太皞等先代帝王进献桑黄色的礼服,以祈求蚕事丰收。命令主管船只的官员将船翻个底朝上,检查有无漏洞,这样翻来覆去地检查五遍,才向天子报告说舟船准备停当。天子这才开始乘舟,向宗庙进献鲔鱼,以祈求麦子颗粒饱满。

【原文】

是月也,生气方盛,阳气发泄,句者毕出①,萌者尽达②。不可以内③。天子布德行惠,命有司发仓廪④,赐贫穷,振乏绝⑤;开府库⑥,出币帛,周天下⑦。勉诸侯,聘名士,礼贤者。

【注释】

①句(gōu 勾):拳曲,屈生。
②萌:直生。
③不可以内:此月应当宣出,不宜收敛。内,即"纳"的古字,收敛。
④仓廪:粮仓。藏谷曰仓,藏米曰廪。
⑤振:同"赈",救济。
⑥府库:储放币帛之处。
⑦周:赒济。

【今译】

这个月,生气正旺盛,阳气在发散,拳曲的芽都长了出来,直立的芽也都破土而出。在此阳气发散的月份,不可收纳财货。天子要施德行惠,命令主管官吏打开粮仓,无偿地分给贫困无依靠的人,救济缺钱少吃的人;打开府库,拿出其中所藏的布帛,赒济天下。鼓励诸侯聘用名士,对贤人以礼相待。

【原文】

是月也,命司空曰:"时雨将降,下水上腾。循行国邑,周视原野,修利堤防,道达沟渎①,开通道路,毋有障塞。田猎罝罘、罗网、毕翳、馁兽之药②,毋出九门③。"

【注释】

①道:通"导",疏导。沟渎:沟渠。古代沟上有路。

②罝罦(jū fú 居福):捕兽的网。罗网:捕鸟的网。毕:长柄的小网。翳:射猎者自隐蔽之物。餧:同"喂"。

③九门:王引之认为是国都城门。南方三门,东、西、北各二门。下同。

【今译】

　　这个月,天子命令司空说:"应时的雨水将要降落,地下水也将向上翻涌。要巡视国都和城邑,普遍地视察原野,整修堤防,疏通沟渠,开通道路,不许有障碍壅塞。打猎所用的捕兽的网、捕鸟的网、长柄小网、隐蔽自身的工具、为野兽准备的毒药,一概不准带出城门。

【原文】

　　是月也,命野虞无伐桑柘①。鸣鸠拂其羽②,戴胜降于桑③,具曲植籧筐④。后妃齐戒,亲东乡躬桑,禁妇女毋观⑤,省妇使⑥,以劝蚕事。蚕事既登,分茧称丝效功⑦,以共郊庙之服⑧,无有敢惰。

【注释】

　　①野虞:官名。主管田野及山林之官。柘(zhè 浙):柘树。桑柘之叶可以养蚕,故不许砍伐。

　　②鸣鸠:斑鸠。拂:拍打,振动。

　　③戴胜:鸟名。《尔雅·释鸟》叫戴鵀,形似雀,头有五色羽冠,如古代妇女的首饰花胜。

　　④曲:蚕箔。植:放蚕箔的木架。籧:一本作"筥",圆底的筐。筐:方底的筐。

　　⑤毋观:不要装饰打扮。

　　⑥妇使:妇人干的纺织针线活之类。

　　⑦效功:考核成绩。

　　⑧共:通"供"。郊庙:祭天和祭祖。

【今译】

　　这个月,命令主管田野山林的官员禁止人们砍伐桑树柘树。斑鸠振翅高飞,戴胜落在桑间,人们准备好蚕箔、蚕箔架、圆的方的采桑筐。后妃们斋戒,亲自到东郊采桑,禁止妇女装饰打扮,减少她们的其他杂务,以鼓励她们有更多时间投入养蚕。养蚕的事结束,把蚕茧分给妇女让她们缫丝,然后称量每人缫丝的轻重,以考查各人的成绩。蚕丝是用来供给制作祭天祭祖的祭服的,谁也不敢偷懒怠慢。

**【原文】**

　　是月也,命工师令百工审五库之量①:金铁、皮革筋、角齿、羽箭杆、脂胶丹漆,毋或不良。百工咸理,临工日号:"毋悖于时②,毋或作为淫巧,以荡上心。"

**【注释】**

　　①工师:百工之长。百工:各种工匠。五库:储存物资的五种仓库。金铁为一库,皮革筋为一库,角齿为一库,羽箭杆为一库,脂胶丹漆为一库。
　　②毋悖于时:什么时候适宜作什么器物都有一定之规,不可逆时而为。如造弓用的牛筋夏天制作最好,就不要在其他季节作。

**【今译】**

　　这个月,指令工师下令百工仔细检查五库物资的质量:即铜铁库、皮革牛筋库、兽角象牙库、羽毛箭杆库、油脂粘胶朱砂油漆库,不得混入次品。各种工匠都在干活,监工的人每天都要发出警告:"干活不要违背时令节气,不要制造过分奇巧的产品,以至于使天子产生讲奢侈图享受的念头。"

**【原文】**

　　是月之末,择吉日,大合乐①,天子乃帅三公、九卿、诸侯、大夫亲往视之。是月也,乃合累牛腾马游牝于牧②。牺牲驹犊,举书其数。命国难③,九门磔攘④,以毕春气。

**【注释】**

　　①大合乐:各种音乐舞蹈同时演奏。这是孟春"入学习舞"、仲春"入学习乐"的联合演出。
　　②合:交配。累牛:公牛。腾马:公马。游牝:任其随意行动的母牛母马。
　　③难(nuó 挪):通"傩",驱除疫鬼的一种仪式。
　　④磔(zhé 哲):分裂牲体。

【今译】

　　这个月的月底,选择吉日,举行大规模的音乐舞蹈联合演出,天子率领三公、九卿、诸侯、大夫亲临观看。这个月,使公牛公马与母牛母马在放牧中进行交配。把选作祭祀用的牲畜、小马小牛的数目都记录在案。命令国都的居民举行驱逐疫鬼的仪式,在每个城门分裂牲体消除邪恶,以除净春时的不正之气。

【原文】

　　季春行冬令,则寒气时发,草木皆肃,国有大恐。行夏令,则民多疾疫,时雨不降,山陵不收。行秋令,则天多沈阴,淫雨蚤降①,兵革并起。

注释

①蚤:通"早"。

【今译】

　　季春三月如果施行冬季的政令,就会导致寒流时时出现,草木枯萎,国都发生大的骚乱。此月如果施行夏季的政令,就会导致百姓多染时疫,该下的雨不下,山陵上的庄稼不收。此月如果施行秋季的政令,就会导致阴沉的天气增多,秋雨连绵的现象提前来到,战乱四起。

【原文】

　　孟夏之月,日在毕①,昏翼中②,旦婺女中③。其日丙丁。其帝炎帝④,其神祝融⑤。其虫羽。其音徵⑥,律中中吕。其数七。其味苦,其臭焦。其祀灶,祭先肺。

注释

①毕:星宿名,二十八宿之一,今属金牛座。
②翼:星宿名,二十八宿之一,今属巨爵座。
③婺(wù 悟)女:星宿名,二十八宿之一,又简称"女",今属宝瓶座。
④炎帝:即神农氏。五行家认为他以火德统治天下,被尊为南方之帝。
⑤祝融:古帝颛顼氏的儿子,名黎,曾作火官,死后被尊为火德之神。

⑥徵(zhǐ 纸):五声之一。见前注。

【今译】

　　孟夏四月,太阳运行的位置在毕宿;黄昏时,翼宿位于南天正中;拂晓时,婺女星位于南天正中。夏季的吉日是丙丁,于五行属火。尊崇的帝是以火德王的炎帝,敬奉的神是火官祝融。动物中与火相配的是羽虫。五声中与火相配的是徵声,与此月相应的音律是中吕。与火相配的成数是七。与火相配的五味是苦,五臭是焦。五祀中祭祀灶神,祭品中以肺脏为尊。

【原文】

　　蝼蝈鸣①,丘蚓出,王瓜生②,苦菜秀③。

**注释**

①蝼蝈:蛙属。
②王瓜:植物名。一名土瓜。一说即栝楼。
③苦菜:一名苦荬,茎叶嫩时可食。

【今译】

　　蝼蝈开始鸣叫,蚯蚓从土里钻出,王瓜开始生长,苦菜开花。

【原文】

　　天子居明堂左个,乘朱路,驾赤骍①,载赤旂,衣朱衣,服赤玉,食菽与鸡,其器高以粗②。

**注释**

①骍:一本作"骝",黑鬣黑尾的红马。
②其器高以粗:即其器高而大。这象征万物在夏季盛长。

【今译】

　　天子居住在南向明堂的左侧室,乘坐朱红色的车子,车前驾着赤色的马,车上插着绘有赤龙的旗子,穿着朱红色的衣服,佩戴赤色的饰玉,吃的是豆类和鸡,使用的器物高而大。

**【原文】**

是月也,以立夏。先立夏三日,大史谒之天子曰:"某日立夏,盛德在火。"天子乃齐。立夏之日,天子亲帅三公、九卿、大夫以迎夏于南郊①。还反,行赏,封诸侯,庆赐遂行,无不欣说②。乃命乐师习合礼乐③。命大尉④,赞桀俊⑤,遂贤良,举长大,行爵出禄,必当其位。

**注释**

①迎夏:迎祭炎帝和祝融。
②说:"悦"的古字。
③乐师:指小乐正,乐正的副职。
④大尉:即太尉。官名。秦置。主管军事。
⑤桀:同"杰"。

**【今译】**

这个月有立夏的节气。在立夏的前三天,太史向天子禀告说:"某日立夏,火德当令。"天子于是斋戒。立夏这一天,天子亲率三公、九卿、大夫到南郊迎夏。回朝后,颁赏群臣,分封诸侯,该褒奖的褒奖,该赏赐的赏赐,无人不高兴满意。于是命令乐师将礼和乐合起来练习。命令太尉,举荐俊杰,推荐贤良,选拔身体魁伟的人。分封的爵位,给予的俸禄,一定要和他们的职位相当。

**【原文】**

是月也,继长增高,毋有坏堕①。毋起土功,毋发大众,毋伐大树。

**注释**

①堕:《吕氏春秋》作"隳"(huī 辉),毁坏。

**【今译】**

这个月,草木更加茁壮高大,不要使它们有所毁坏。不要大兴土木,不要征发百姓,不要砍伐大树。

【原文】

是月也,天子始绨①。命野虞出行田原②,为天子劳农劝民,毋或失时。命司徒循行县鄙③,命农勉作,毋休于都。

注释

①绨(chī吃):细葛布。

②野虞:见"季春"节注。

③司徒:官名。见《王制》注。县鄙:据《周礼》,国都百里之内为六乡,百里之外为六遂。乡以下的行政区划,依次为州、党、族、闾、比;遂以下的行政区划,依次为县、鄙、酇、里、邻。二千五百家为县,五百家为鄙。此处的"县鄙"是泛指全国所有行政区划。

【今译】

这个月,天子开始穿细葛布做的夏服。命令主管田野山林的官员下去视察田地原野,代表天子慰劳农夫,鼓励农民,不要耽误农时。命令司徒巡视全国各地,命令农夫努力耕作,不可仍留在城邑里休息。

【原文】

是月也,驱兽毋害五谷,毋大田猎。农乃登麦,天子乃以彘尝麦①,先荐寝庙。

注释

①彘(zhì治):猪。郑玄说:新麦气尤盛,就着猪肉吃,是为了散其热。猪,水畜。

【今译】

这个月,要驱赶野兽使其不危害庄稼,不要举行大规模田猎。农民献上新麦,天子于是就着猪肉品尝新麦,在品尝之前先献给宗庙。

【原文】

是月也,聚畜百药①。靡草死②。麦秋至③。断薄刑,决小罪,出轻系④。蚕事毕⑤,后妃献茧,乃收茧税,以桑为均,贵贱长幼如一,以给郊庙之服。是月也,天子饮酎⑥,用礼乐。

【注释】

①聚畜百药:采集收藏各种草药。此时采集的药草药力充足。
②靡草:郑玄说是"荠、亭历之属"。盖枝叶细小之草。
③麦秋:麦熟。五谷以初生时为春,成熟时为秋。
④轻系(jì 季):犯有轻罪的犯人。按:此"轻系"与上文"薄刑"、"小罪"是近义词。
⑤蚕事毕:王念孙认为当作"蚕事既毕"。
⑥酎(zhòu 纣):醇酒。此酒孟春开始酿造,至此始成。

【今译】

　　这个月,要采集和收藏各种草药。靡草枯死,麦子成熟的时季到来。对犯有轻罪的人,该审理的要及时审理,该断决的要及时断决,该释放的要及时释放。蚕桑之事结束,后妃向天子献上蚕茧,于是向养蚕的人收取茧税。茧税的多少,以分配给养蚕人桑树的多少为准,不分贵贱长幼,均不例外。以征收的蚕茧,制作祭天祭祖的祭服。这个月,天子饮用酎酒,欢宴群臣,既用音乐助兴,又用礼正尊卑。

【原文】

　　孟夏行秋令,则苦雨数来①,五谷不滋,四鄙入保②。行冬令,则草木蚤枯,后乃大水,败其城郭。行春令,则蝗虫为灾③,暴风来格④,秀草不实。

【注释】

①苦雨:伤害庄稼的秋雨。数(shuò 硕):屡次。
②四鄙:东西南北四面国境上的居民点。保:通"堡",城堡。入保是由于外敌来侵。
③蝗虫:王引之说当作"虫蝗",下文仲冬同。
④格:至。

【今译】

　　孟夏四月如果施行秋季的政令,就会导致苦雨频繁到来,五谷不长,边境上的居民因外敌入侵而躲进城堡。此月如果施行冬季的政令,就会导致草木提前枯萎,接着发生洪水,毁坏城郭。此月如果施行春季的政令,就会导致蝗虫为灾,暴风袭来,草只开花而不结实。

【原文】

　　仲夏之月,日在东井①,昏亢中②,旦尾中③。其日丙丁。其帝炎帝,其神祝融。其虫羽。其音徵,律中蕤宾④。其数七。其味苦,其臭焦。其祀灶,祭先肺。

**注释**

　　①东井:星宿名,二十八宿之一,在今双子座。
　　②亢:星宿名,二十八宿之一,在今室女座。
　　③危:星宿名,二十八宿之一,在今宝瓶座及飞马座。
　　④蕤(ruí 锐阴平)宾:十二律之一。参孟春注。

【今译】

　　仲夏五月,太阳运行的位置在东井;黄昏时,亢星位于南天的正中;拂晓时,危星位于南天的正中。夏季的吉日是丙丁,于五行属火。尊崇的帝是以火德王的炎帝,敬奉的神是火官祝融。动物中与火相配的是羽虫。五声中与火相配的是徵声,与五月相应的音律是蕤宾。与火相配的成数是七。与火相配的五味是苦,五臭是焦。五祀中祭祀灶神,祭品中以肺脏为尊。

【原文】

　　小暑至,螳螂生,䴗始鸣①,反舌无声②。

**注释**

　　①䴗(jú 局):鸟名,即伯劳。
　　②反舌:鸟名,即百舌鸟。

【今译】

　　小暑来到,螳螂出生,伯劳开始鸣叫,而百舌鸟却停止了叫声。

【原文】

天子居明堂大庙,乘朱路,驾赤骝,载赤旂,衣朱衣,服赤玉,食菽与鸡,其器高以粗。养壮佼。

【今译】

天子居住在南向明堂的正室,乘坐朱红色的车子,车前驾着赤色的马,车上插着绘有赤龙的旗子,穿着朱红色的衣服,佩戴赤色的饰玉,吃的是豆类和鸡,使用的器物高而大。顺应本月时气,要收养壮健有力之士。

【原文】

是月也,命乐师修鞀鞞鼓,均琴瑟管箫,执干戚戈羽,调竽笙箎簧,饬钟磬柷敔①。命有司为民祈祀山川百源,大雩帝②,用盛乐。乃命百县雩祀百辟卿士有益于民者③,以祈谷实。农乃登黍。

注释

①"命乐师"至"柷敔":这是为下文"大雩帝,用盛乐"练习作准备。乐师:见孟夏注。鞀(táo 桃):也写作"鼗",长柄的摇鼓,俗称"拨郎鼓"。鞞(pí 脾):也写作"鼙",一种小鼓。均:调节音的清浊高低。干戚:盾和斧。这是武舞时手执的舞具(戈也是)。羽:野鸡羽毛。这是文舞时手执的舞具。竽:管乐器,大于笙。竽三十六簧,笙大者十九簧,小者十三簧。箎(chí 持):竹制的吹奏乐器。钟:编钟,打击乐器。磬(qìng 庆):古代打击乐器。用玉或石做成,悬在架上,形略如曲尺。柷(zhù 祝):打击乐器。状如漆桶,中间有木椎,可以左右敲击。乐曲开始时击柷。敔(yǔ 禹):打击乐器。状如伏虎。乐曲结束时击敔。

②雩(yú 鱼):求雨之祭。帝:天帝。

③百辟卿士:前代有功于民的国君公卿。

【今译】

这个月,命令乐师检修鼗鼙鼓,调节琴瑟管箫,手持干戚戈羽,调和竽笙箎簧,整饬钟磬柷敔,为向天帝祈雨作好准备。又命令有关官员祭祀名山大川和各条河流的源头为百姓祈雨,并举行大规模地向天帝求雨之祭,各种乐器和文舞武舞一齐登场。于是又命令各地长官也举行求雨之祭,祭祀那些有功于民的前代国君公卿,以求他们保佑使谷粒饱满。农民在这个月进献黍子。

【原文】

是月也,天子乃以雏尝黍,羞以含桃①,先荐寝庙。令民毋艾蓝以染②,毋烧灰③,毋暴布④。门闾毋闭,关市毋索。挺重囚⑤,益其食。游牝别群,则絷腾驹。班马政。

【注释】

①羞:进献。含桃:樱桃。樱桃多被鸟含去,故名。
②艾:通"刈",割。蓝:蓝草,制靛青的原料。
③烧灰:烧灰了为了涑布。
④暴(pù):"曝"的本字,晒。
⑤挺:宽缓。

【今译】

这个月,天子就配着雏鸡品尝新黍,品尝之前,先献给宗庙,同时进献的还有樱桃。命令百姓不要割蓝草染布,不要烧灰,不要晒布。都门里门不要关闭,关卡和市场不要搜索。这个月对重罪囚犯要表示优待,增加他们的饮食。放牧时,要把牝马单独分开,把公马系住。颁布关于养马的政令。

【原文】

是月也,日长至①,阴阳争,死生分②。君子齐戒,处必掩身,毋躁;止声色,毋或进③;薄滋味,毋致和④;节耆欲⑤,定心气;百官静⑥,事毋刑⑦,以定晏阴之所成⑧。鹿角解,蝉始鸣,半夏生⑨,木堇荣⑩。

【注释】

①日长(cháng)至:白天最长。
②阴阳争二句:夏至开始,阳气极盛,但物盛必衰,阴气也于此月开始升起,有欲取而代之之势,故曰争。阳气生物,阴气杀物,死生的分界也自夏至开始。
③进:指嫔妃进御侍夜。
④和:五味俱全。
⑤耆:通"嗜"。

⑥百官:百体,身体的各个部位。
⑦刑:王念孙认为当从《吕氏春秋》作"径"。径,疾也,速也。
⑧定:待。晏:阳。
⑨半夏:药草名。
⑩木堇(jǐn 谨):即木槿,落叶灌木,花早上开,晚上闭。

【今译】

　　这个月,白天最长,阳气虽盛,阴气也开始产生,二者形成争斗之势,死生的分界也由此开始。所以君子要斋戒身心,即使在家也不可赤身露体,不可急躁;要暂停歌乐,不近女色,不要嫔妃进御;要吃清淡的食品,不要追求五味俱全;要节制嗜欲,平心静气;各个器官处于安静状态,作事不可贪快,以等待阳阴斗争的结果。这个月,鹿角开始脱落,知了开始鸣叫,半夏出苗,木槿开花。

【原文】

　　是月也,毋用火南方。可以居高明,可以远眺望,可以升山陵,可以处台榭①。

注释

　　①可以居高明四句:因为五月阳气在上,所以人也可以顺阳居高明。山陵是自然形成的高明之所,台榭是人为的高明之所。

【今译】

　　这个月,不可在南方用火。可以住在高明之处,可以从高处向远处眺望,可以登上山陵,可以住在台榭。

【原文】

　　仲夏行冬令,则雹冻伤谷,道路不通,暴兵来至。行春令,则五谷晚熟,百螣时起①,其国乃饥。行秋令,则草木零落,果实早成,民殃于疫。

【注释】

①百螣(té 特朗平)：各种害虫。螣，食禾苗叶子的小虫。

【今译】

仲夏五月如果施行冬季的政令，就会导致冰雹冻伤庄稼，道路不通，盗贼到来。如果施行春季的政令，就会导致五谷晚熟，各种害虫一时皆起，国家遭到饥荒。如果施行秋季的政令，就会导致草木凋零，植物提前结实，百姓受到疫疾的祸害。

【原文】

季夏之月，日在柳①，昏火中②，旦奎中③。其日丙丁。其帝炎帝，其神祝融。其虫羽。其音徵，律中林钟。其数七。其味苦，其臭焦。其祀灶，祭先肺。

【注释】

①柳：星宿名，二十八宿之一，在今长蛇座。
②火：星宿名，即心星，二十八宿之一，在今天蝎座。
③奎：见仲春节注。

【今译】

季夏六月，太阳运行的位置在柳宿；黄昏时，火星位于南天的正中；拂晓时，奎星位于南天的正中。夏季的吉日是丙丁，于五行属火。尊崇的帝是以火德王的炎帝，敬奉的神是火官祝融。动物中与火相配的是羽虫。五声中与火相配的是徵声，与本月相应的音律是林钟。与火相配的成数是七。与火相配的五味是苦，五臭是焦。五祀中祭祀灶神，祭品中以肺脏为尊。

【原文】

温风始至，蟋蟀居壁，鹰乃学习，腐草为萤①。

【注释】

①腐草为萤：萤火虫生于草中，古人不知，以为是腐草所化。

【今译】

　　这个月,温风开始吹起,蟋蟀移居墙壁之下,鸷鹰开始学习飞翔搏击,腐烂的草变为萤火虫。

【原文】

　　天子居明堂右个,乘朱路,驾赤骝,载赤旂,衣朱衣,服赤玉,食菽与鸡,其器高以粗。命渔师伐蛟、取鼍、登龟、取鼋①。命泽人纳材苇②。

注释

　　①渔师:掌管水产的官吏。鼍(tuó 驼):鳄鱼的一种,皮可以蒙鼓。鼋(yuán 元):鳖。
　　②泽人:主管湖荡的官吏。

【今译】

　　天子居住在南向明堂的右侧室,乘坐朱红色的车子,车前驾着赤色的马,车上插着绘有赤龙的旗子,穿着朱红色的衣服,佩戴赤色的饰玉,吃的是豆类和鸡,使用的器物高而大。命令渔师捕取蛟、鼍、龟、鼋进献。命令泽人进献可以编织器物的苇草。

【原文】

　　是月也,命四监大合百县之秩刍①,以养牺牲。令民无不咸出其力,以共皇天上帝、名山大川、四方之神②,以祠宗庙社稷之灵,以为民祈福。

注释

　　①四监:主管山林川泽的官吏。秩:常。
　　②共:通"供"。

【今译】

　　这个月,命令主管山林川泽的官员把全国各地按规定应交纳的喂养牲畜的草集中起来,用来饲养牺牲。命令百姓人人都要出力,以供给祭祀皇天上帝、名山大川、四方之神之用,以祭祀宗庙和社稷的神灵,以为民求福。

【原文】

　　是月也,命妇官染采①,黼黻文章必以法故②,无或差贷③。黑黄仓赤,莫不质良,毋敢诈伪。以给郊庙祭祀之服,以为旗章④,以别贵贱等给之度⑤。

注释

　　①妇官:指染人。染人,官名,掌染丝帛。
　　②黼:半黑半白的花纹。黻:半黑半青的花纹。文:半青半红的花纹。章:半红半白的花纹。又按:"黼黻文章"与下文的"黑黄仓赤"为互文。
　　③贷:通"忒",差误。
　　④章:各种名号的标志。
　　⑤等给:当从《吕氏春秋》作"等级"。

【今译】

　　这个月,命令妇官将丝帛染成彩色,染的各种颜色和花纹,无论是黑黄苍赤,还是黼黻文章,都要严格地遵循过去的成法,不许有一点差错。这样一来,染出的成品,件件合格,不敢欺骗作假。染好的丝帛,用来供给制作祭天祭祖的祭服,用来制作各种旗子和各种名号的标志,用来区别贵贱等级的不同。

【原文】

　　是月也,树木方盛。乃命虞人入山行木,毋有斩伐。不可以兴土功,不可以合诸侯,不可以起兵动众。毋举大事以摇养气,毋发令而待①,以妨神农之事也②。水潦盛昌,神农将持功,举大事则有天殃。

注释

　　①毋发令而待:郑玄说:"谓出徭役之令以预惊民也。"
　　②神农:指土神。土神主管稼穑。

【今译】

　　这个月,树木正在生长旺盛。于是命令主管山林的官员入山巡视林木,严禁砍伐。这个月,不可以大兴土工,不可以会合诸侯,不可以兴师动众。不要发动大规模的徭役,以致于动摇生养之气,不要过早地发布徭役之令惊扰民众,以致于妨害土神的工作。这个月雨水充沛,土神将于此时成就农事,如果发动大规模的徭役就会遭到天灾。

【原文】

　　是月也,土润溽暑①,大雨时行,烧薙行水②,利以杀草,如以热汤。可以粪田畴③,可以美土彊④。

注释

①溽(rù 入):湿。
②薙(tì 涕):指除草。
③田畴:已耕过的田地。
④土彊:板结的土地。彊,同"强"。

【今译】

　　这个月,土地湿润,天气湿热,大雨不断,可以把除下的草晒干烧掉,又放水浸泡,这就好像用滚开的水烫过一般,对于消灭杂草十分有利。这样,可以使田地肥沃,可以改善板结的土地。

【原文】

　　季夏行春令,则谷实鲜落①,国多风咳,民乃迁徙。行秋令,则丘隰水潦②,禾稼不孰③,乃多女灾。行冬令,则风寒不时,鹰隼蚤鸷④,四鄙入保。

注释

①鲜落:王夫之说:"不待黄熟,风撼落也。"
②隰(xí 席):低洼之地。
③孰:通"熟"。
④隼(sǔn 损):一种凶猛的鸟,又叫"鹘"(hú)。鸷(zhé 哲):搏击。

月令第六　251

**【今译】**

　　季夏六月如果施行春季的政令,谷籽就会未熟先落,国人就会较多地伤风咳嗽,百姓就会迁移搬家。如果施行秋天的政令,就会高地洼地都出现水灾,庄稼不熟,怀孕的妇女容易流产。如果施行冬季的政令,就会使寒潮不按时令来到,鹰隼提前搏击,四境受到侵扰,居民躲入城堡。

**【原文】**

　　中央土①:其日戊己。其帝黄帝②,其神后土③。其虫倮。其音宫,律中黄钟之宫④。其数五⑤。其味甘,其臭香。其祀中霤⑥,祭先心。天子居大庙大室,乘大路,驾黄骝,载黄旂,衣黄衣,服黄玉,食稷与牛⑦,其器圜以闳。

**注释**

　　①中央:孙希旦说:"中央,谓四时之中间也。土之次在火、金之间,故居四时之中央。"

　　②黄帝:即轩辕氏,五帝之一,五行家说他是以土德王天下,故尊之为中央之帝。

　　③后土:共工氏之子,名句龙,为土官,死后被尊为后土之神。一说颛顼之子名黎,兼为土官。

　　④黄钟之宫:用黄钟律定的宫音。

　　⑤其数五:五是土的生数,十是土的成数,此处言五不言十,是因为土以生物为本。

　　⑥中霤(liù 溜):古人穴居,在顶部中心位置开洞取明,下雨时,雨水亦从此处滴下,故称中霤。后世以房屋代替穴居,就称房子的中央为中霤。后为五祀之一。

　　⑦牛:土畜。

**【今译】**

　　四时的中间属土:中间的吉日是戊己。尊崇的帝是以土德王的黄帝,敬奉的神是土官后土。与土相配的动物是倮虫。与土相配的五声是宫,相应的音律是黄钟之宫。土的生数是五。与土相配的五味是甘,五臭是香。五祀中祭祀中霤,祭品中以心脏为尊。天子居住在明堂中心的太室,乘的是大辂,驾车的是黄马,车上插着绘有黄龙的旗子,穿黄色的衣服,佩黄色的饰玉,吃的是谷子和牛肉,使用的器物圆而大。

【原文】

　　孟秋之月,日在翼,昏建星中,旦毕中。其日庚辛。其帝少皞①,其神蓐收②。其虫毛。其音商,律中夷则。其数九。其味辛,其臭腥。其祀门,祭先肝。凉风至,白露降,寒蝉鸣③,鹰乃祭鸟④,用始行戮。天子居总章左个,乘戎路⑤,驾白骆⑥,载白旂,衣白衣,服白玉,食麻与犬,其器廉以深。

【注释】

①少皞:即金天氏,以金德王,死后被尊为西方之帝。
②蓐收:少皞之子,名该,为金官,死后被尊为西方之神。
③寒蝉:蝉的一种,又称寒螿、寒蜩。较一般蝉为小,青赤色。
④鹰乃祭鸟:鹰将击杀的鸟四面摆放,如祭食一般,古人称为祭鸟。
⑤戎路:饰以白色的兵车。
⑥骆(luò 洛):白马黑鬣曰骆。

【今译】

　　孟秋七月,太阳运行的位置在翼星;黄昏时,建星位于南天正中;拂晓时,毕星位于南天正中。秋季的吉日是庚辛,于五行属金。尊崇的帝是以金德王的少皞,敬奉的神是金官蓐收。与金相配的动物是毛虫。与金相配的五声是商声,与本月相应的音律是夷则。与金相配的成数是九。与金相配的五味是辛,五臭是腥。五祀中祭祀门神,祭品中以肝脏为尊。这个月,凉风开始吹,露水开始降落,寒蝉开始鸣叫,老鹰于是祭鸟,开始对犯人杀戮处决。这个月,天子住在西向明堂的左侧室,乘白色的兵车,驾白马,车上插着绘有白龙的旗子,穿白色的衣服,佩白色的饰玉,食品是麻籽和狗肉,使用的器物外有棱角内部深邃。

【原文】

　　是月也,以立秋。先立秋三日,大史谒之天子曰:"某日立秋,盛德在金。"天子乃齐。立秋之日,天子亲帅三公、九卿、诸侯、大夫以迎秋于西郊①。还反,赏军帅武人于朝②。天子乃命将帅选士厉兵③,简练杰俊,专任有功,以征不义,诘诛暴慢④,以明好恶,顺彼远方。

### 注释

①迎秋:于西郊为坛,祭白帝少皞。
②赏军帅武人:这是为了顺秋气而耀武。军帅,指诸将。武人,勇武之士。
③厉兵:磨砺兵器。厉,通"砺"。
④诘:问罪。诛:杀戮。暴:对百姓凶暴。慢:对天子傲慢。

### 【今译】

这个月有立秋的节气。立秋前三天,太史禀告天子说:"某日立秋,金德当令。"天子于是斋戒,准备迎秋。立秋那天,天子亲帅三公、九卿、诸侯、大夫,在西郊设坛祭祀白帝少皞。礼毕回朝,天子在朝堂赏赐将帅和勇士。于是天子命令将帅挑选士卒磨砺武器,精选杰出人才加以训练,专任有功之将,以征讨不义之人,对欺下慢上的人问罪诛杀,以表明爱憎,使远方的人知所归顺。

### 【原文】

是月也,命有司修法制,缮囹圄,具桎梏,禁止奸,慎罪邪,务搏执①。命理瞻伤、察创、视折、审断②,决狱讼,必端平,戮有罪,严断刑。天地始肃,不可以赢③。

### 注释

①搏执:搏击而捉拿。
②伤:指皮破。创:指肉破。折:指骨折。断:指骨肉都折。
③赢:指政令宽纵。

### 【今译】

这个月,命令有关官员修习法令制度,修缮监狱,准备脚镣手铐,禁止奸恶之事,警惕犯罪分子,务必逮捕归案。命令法官亲自察看罪犯的伤、创、折、断情况;判决案件,一定要公正,杀戮有罪,要严肃地量刑。天地之间开始有肃杀之气,不可以宽纵。

**【原文】**

　　是月也,农乃登谷。天子尝新①,先荐寝庙。命百官始收敛,完堤防,谨壅塞,以备水潦②。修宫室,坏墙垣③,补城郭。是月也,毋以封诸侯、立大官,毋以割地、行大使、出大币。

**注释**

①新:指新收获的谷物。黍稷等作物此时成熟。
②备水潦:为八月的多雨作准备。
③坏(péi 培):通"培",用泥土封塞孔隙。

**【今译】**

　　这个月,农民开始收谷。天子品尝新谷,首先奉献宗庙。命令百官开始施行收敛之政,完善堤防,检查水道有无堵塞,以防备水灾。要修缮宫室,加固墙壁,修补城郭。这个月,不要分封诸侯,不要委任大官,不要赐予臣下土地,不要向外国派出高级使节,不要馈赠别人厚礼。

**【原文】**

　　孟秋行冬令,则阴气大胜,介虫败谷①,戎兵乃来。行春令,则其国乃旱,阳气复还,五谷无实。行夏令,则国多火灾,寒热不节,民多疟疾。

**注释**

①介虫:甲虫,如龟、蟹等。

**【今译】**

　　孟秋七月如果施行冬天的政令,就会导致阴气太盛,甲虫危害谷物,敌兵来侵。如果施行春天的政令,就会导致国家发生旱灾,阳气回归,五谷不会结籽。如果施行夏天的政令,就会导致国内经常发生火灾,冷热不常,百姓多患疟疾。

【原文】

仲秋之月：日在角①，昏牵牛中，旦觜巂中②。其日庚辛。其帝少皞，其神蓐收。其虫毛。其音商，律中南吕。其数九。其味辛，其臭腥。其祀门，祭先肝。

【注释】

①角：星宿名，二十八宿之一，在今室女座。
②觜巂（zī xī 资西）：星宿名，二十八宿之一，在今猎户座。

【今译】

仲秋八月，太阳运行的位置在角宿；黄昏时，牵牛星位于南天正中；拂晓时，觜巂星位于南天正中。秋季的吉日是庚辛，于五行属金。尊崇的帝是以金德王的少皞，敬奉的神是金官蓐收。与金相配的动物是毛虫。与金相配的五声是商，与本月相应的音律是南吕。金的成数是九。与金相配的五味是辛，五臭是腥。五祀中祭祀门神，祭品中以肝脏为尊。

【原文】

盲风至①，鸿雁来，玄鸟归，群鸟养羞②。

【注释】

①盲风：皇侃说："秦人谓疾风为盲风。"
②羞：食物。

【今译】

这个月，开始刮大风，大雁从北来，燕子归向南方，群鸟储藏食物过冬。

【原文】

天子居总章大庙，乘戎路，驾白骆，载白旂，衣白衣，服白玉，食麻与犬，其器廉以深。

【今译】

　　这个月,天子住在西向明堂的正室,乘白色的兵车,驾白马,车上插着绘有白龙的旗子,穿白色的衣服,佩白色的饰玉,吃麻籽和狗肉,使用的器物外部有棱角而内部深邃。

【原文】

　　是月也,养衰老,授几杖,行糜粥饮食①。乃命司服②,具饬衣裳③,文绣有恒④,制有小大,度有短长;衣服有量⑤,必循其故,冠带有常⑥。乃命有司,申严百刑,斩杀必当⑦,毋或枉挠⑧,枉挠不当,反受其殃。

注释

　　①行:犹赐也。
　　②司服:主管服制的官员。
　　③衣裳(cháng 常):上衣曰衣,下衣曰裳。此"衣裳"指祭服,祭服上衣的图案是绘成的,下衣的图案是刺绣而成的。
　　④文:指绘画。
　　⑤衣服:此"衣服"指祭服以外的朝服、燕服及他服。量:指长短大小之类的规矩。
　　⑥带:束衣的带子。
　　⑦斩:指宫刑、刖刑、劓刑。杀:指大辟死罪。
　　⑧枉挠:枉是有理不申,应轻乃重。挠是贪赃卖法,应重乃轻。

【今译】

　　这个月,要赡养衰老的人,赏给他们几案和手杖,赐予他们稀粥饮食。于是命令司服,置备祭服,祭服上的图案,该画的画,该绣的绣,祭服的大小长短,都有一定之规;祭服以外的他服也有规矩,置备时一定要遵循成法。帽子和带子也有常制。于是命令有关官员,重申要严肃执行法律,或斩或杀,刑必当罪,不得贪赃枉法,任意轻重;如果贪赃枉法,故出故入,执法者将反坐,也不会有好下场。

【原文】

　　是月也,乃命宰祝循行牺牲①,视全具;案刍豢②,瞻肥瘠;察物色③,必比类④;量小大,视长短⑤,皆中度。五者备当⑥,上帝其飨⑦。

月令第六　257

天子乃难⑧,以达秋气。以犬尝麻,先荐寝庙。

**注释**

①宰祝:即太宰、太祝。官名。都是主管祭祀的官员。
②刍豢(huàn 幻):喂养牲畜的草叫刍,喂养的谷物叫豢。
③物色:牺牲的毛色。
④比:比照成例。类:祭祀的种类。如孟春迎春祭太皞,牺牲当用青色。
⑤长短:指牛角的长短。祭祀的对象不同,所用的牛的角的长短也不同。详见《王制》"天子社稷皆大牢"节。
⑥五者:指牺牲的全具、肥瘠、物色、小大、长短等五个方面。
⑦其:庶几。
⑧难(nuó 挪):通"傩"。详季春注。

**【今译】**

这个月,命令太宰、太祝巡视用以祭祀的牺牲,看它是否完好无损;再检查一下它吃的草料,看它的肥瘦如何;还要察看它的毛色,一定要符合成例和不同种类祭祀的需要;还要衡量它的大小,角的长短,都要符合要求。牺牲的完整、肥瘦、毛色、大小、长短这五个方面都符合要求,上帝才会来飨。天子于是举行傩祭,以使金秋之气通畅。就着狗肉来品尝新收的麻籽,在尝新之前,先敬献宗庙。

**【原文】**

是月也,可以筑城郭,建都邑①,穿窦窖②,修囷仓③。乃命有司,趣民收敛④,务畜菜,多积聚。乃劝种麦,毋或失时;其有失时,行罪无疑。是月也,日夜分,雷始收声⑤,蛰虫坏户⑥,杀气浸盛⑦,阳气日衰,水始涸。日夜分,则同度量,平权衡,正钧石,角斗甬⑧。

**注释**

①都邑:都是百姓聚居之地,但有先君宗庙者曰都,无曰邑。
②窦窖:地窖。椭圆形的叫窦,方形的叫窖。
③囷(qūn 逡)仓:粮仓。圆形的叫囷,方形的叫仓。
④趣(cù 促):催促。
⑤雷始收声:王引之校作"雷乃始收"。

⑥坯(péi培)户:在洞穴的周围培土使洞穴的出口处变小,为越冬作准备。
⑦杀气:肃杀之气,阴气。
⑧同度量四句:仲春已经这样作过。王夫之说:"春分校正之,所以谨出;秋分校正之,所以谨入。"参仲春节注。

【今译】
　　这个月,可以修筑城郭,可以建设都邑,可以挖掘地窖,可以修理粮仓。于是命令有关官员,催促农民收获,务必要储存干菜,多积聚些柴米,以备过冬。鼓励农民种麦,不要错过农时;如果错过农时,严惩不贷。这个月,白天黑夜一样长,开始停止打雷,蛰伏越冬的动物开始在洞口培土,阴气逐渐旺盛,阳气日趋衰退,河水开始干涸。当此昼夜相等之时,要统一和校正各种度量衡器具。

【原文】
　　是月也,易关市①,来商旅,纳货贿,以便民事。四方来集,远乡皆至,则财不匮,上无乏用,百事乃遂。凡举大事,毋逆大数②,必顺其时,慎因其类。

注释
①易:减轻税收。
②大数:《吕氏春秋》作"天数",王引之也认为作"天数"是。天数,即天道,也可以说是自然规律。

【今译】
　　这个月,要减轻关卡和市场的税收,招来外地客商,引进各种货物,以便利百姓。四方客商云集而来,连穷乡僻壤的人都来交易,这样,财物就不会缺乏,天子用钱不缺,什么事都可以办成。凡有重大举动,不可违背自然规律,要顺应阴阳之时,谨慎的因其事类,不可随心妄为。

【原文】
　　仲秋行春令,则秋雨不降,草木生荣,国乃有恐。行夏令,则其国乃旱，蛰虫不藏，五谷复生。行冬令，则风灾数起，收雷先行，草木蚤死。

【今译】

仲秋八月如果施行春季的政令，就会导致该下的秋雨不下，不该开花的草木又重新开花，国内发生叫百姓惊恐的事。如果施行夏季的政令，就会导致其国发生旱灾，蛰虫也不进入洞穴藏身，各种作物又重新生长。如果施行冬季的政令，就会导致风灾屡次发生，雷声提前消失，草木早死。

【原文】

季秋之月，日在房①，昏虚中②，旦柳中。其日庚辛。其帝少皞，其神蓐收。其虫毛。其音商，律中无射③。其数九。其味辛，其臭腥。其祀门，祭先肝。

注释

①房：星宿名，二十八宿之一，在今天蝎座。
②虚：星宿名，二十八宿之一，在今宝瓶座。
③无射（yì 艺）：十二律之一。见孟春节注。

【今译】

季秋九月，太阳运行的位置在房宿；黄昏时，虚星位于南天正中；拂晓时，柳星位于南天正中。秋季的吉日是庚辛，于五行属金。尊崇的帝是以金德王的少皞，敬奉的神是金官蓐收。与金相配的动物是毛虫。与金相配的五声是商，与本月相应的音律是无射。金的成数是九。与金相配的五味是辛，五臭是腥。五祀中祭祀门神，祭品中以肝脏为尊。

【原文】

鸿雁来宾①，爵入大水为蛤②，鞠有黄华③，豺乃祭兽戮禽④。

【注释】

①鸿雁来宾:大雁从北向南飞,途经中国,有似宾客之暂留,故云。

②爵(què 却):通"雀"。大水:海。蛤(gé 格):蛤蜊。按:爵入大水为蛤,是古人的一种不科学认识。

③鞠:通"菊"。

④豺乃句:豺将所获野兽杀死之后,四面摆开,像人的祭祀一样,古人称作祭兽戮禽。禽,也是兽。

【今译】

这个月,大雁继续南飞,雀进入大海变为蛤蜊,菊开黄花,豺将捕杀的野兽四面摆放如同祭祀。

【原文】

天子居总章右个,乘戎路,驾白骆,载白旂,衣白衣,服白玉,食麻与犬,其器廉以深。

【今译】

这个月,天子住在西向明堂的右侧室,乘白色的兵车,驾白马,车上插着绘有白龙的旗子,穿白色的衣服,佩白色的饰玉,吃麻籽和狗肉,使用的器物外有棱角而内部深邃。

【原文】

是月也,申严号令,命百官贵贱无不务内①,以会天地之藏,无有宣出。乃命冢宰②,农事备收,举五谷之要③,藏帝藉之收于神仓④,祗敬必饬⑤。

【注释】

①百官贵贱:卿、大夫是百官中之贵者,士是百官中之贱者。内:"纳"的古字。指收敛。

②冢宰:也称大宰,官名,六卿之一,负责统领百官,协助天子治理邦国。

③要(yào 耀):会计之簿书。

④帝藉:详孟春节注。神仓:天子储藏祭祀用谷之仓。

⑤祗(zhī 支):敬。

【今译】

　　这个月,再次严明号令,命令百官不分贵贱都要从事收敛工作,以会合天地的进入收藏时期,不得有宣泄散出的行为。于是命令冢宰,在农作物全都收获之后,把各种谷物的产量登记造册,把藉田的收获藏于神仓之中,毕恭毕敬,盖藏完密。

【原文】

　　是月也,霜始降,则百工休。乃命有司曰:"寒气总至①,民力不堪,其皆入室②。"上丁,命乐正入学习吹。是月也,大飨帝③,尝④,牺牲告备于天子。合诸侯⑤,制百县⑥,为来岁受朔日⑦,与诸侯所税于民轻重之法、贡职之数⑧,以远近土地所宜为度,以给郊庙之事,无有所私。

**注释**

　　①总:通"猝",突然。
　　②入室:指从田野的庐舍回到家里。
　　③大飨帝:指遍祭五帝。
　　④尝:秋祭宗庙。
　　⑤诸侯:指天子畿外之诸侯。
　　⑥百县:指天子畿内之各县。按:"合诸侯"与"制百县"互文,可读作"合制诸侯、百县"。
　　⑦来岁:明年。此指秦以建亥之月,即夏历十月为岁首,此季秋九月就成了年终。朔日:每月的初一。古人很重视朔日,每年年终,天子要向诸侯颁布来年十二个月的朔日,诸侯受朔后将它藏在祖庙里,每月要行告朔之礼。
　　⑧贡职:贡赋。

【今译】

　　这个月,开始下霜,各种工匠都停工休息。命令有关官员说:"寒气将突然来到,百姓经受不住,让他们都从野外的庐舍中搬回家里。"上旬的丁日,命令乐正到太学教练吹奏管乐。这个月,天子要遍祭五帝,祭祀宗庙,要向天子禀告,牺牲已经备好。天子要召集诸侯和各地长官,为他们规定制度,向他们颁授来年的朔日,和诸侯征税于民的轻重之法、向天子交纳贡赋的数量。贡赋的数量,是以各诸侯国距离京师的远近和各诸侯国土地适于生产什么为依据。这些贡赋,是用来供给祭天祭祖的,不得以奇袤之物贡献取悦。

【原文】

　　是月也,天子乃教于田猎①,以习五戎②,班马政③。命仆及七驺咸驾④,载旌旐⑤,授车以级,整设于屏外⑥,司徒搢扑⑦,北面誓之。天子乃厉饰⑧,执弓挟矢以猎。命主祠祭禽于四方。

**注释**

①教于田猎:通过田猎,教民战法。
②五戎:五种兵器,即弓矢、殳、矛、戈和戟。
③班马政:此与仲夏之班马政不同,彼之班马政乃养马之政,此乃乘马之政。郑玄说:"马政,谓齐其色,度其力,使同乘也。"即马的毛色一样,马的脚力一样,可以套在同一辆车上。
④仆:指田仆,官名,负责为天子驾驭田猎之车。七驺(zōu邹):即趣马,一种督促养马的小官。
⑤旌旐(zhào赵):旌是以五彩羽毛装饰竿顶的旗子,旐是画有龟蛇的旗子。
⑥整:车马和兵众排好的队列。屏:猎场门外所树的屏障。
⑦扑:体罚用具,如戒尺之类。
⑧厉饰:指戎装。

【今译】

　　这个月,夫子举行田猎,好借此机会教民战阵,练习五种兵器的使用,并颁布乘马的政令。田猎时,天子命令田仆和七驺都把车子驾好,车上分别插有旌、旐一类的旗子,分配车辆是按照田猎者的身份等级,车马人众的队列整齐地排列在猎场大门口的屏障之外,司徒腰里插着教鞭,面向北告诫行将田猎的人众。然后天子身着戎装,弯弓射箭而猎。猎毕,命令主管祭祀的官员,用猎获的鸟兽祭祀四方之神。

【原文】

　　是月也,草木黄落,乃伐薪为炭。蛰虫咸俯在内①,皆墐其户②。乃趣狱刑③,毋留有罪④。收禄秩之不当、供养之不宜者。是月也,天子乃以犬尝稻,先荐寝庙。

**【注释】**

①内:王念孙说:"内,当为'穴'。"
②墐(jǐn 谨):用泥涂门窗之缝,使不透风。
③趣(cuì 促):同"促"。
④毋留有罪:有罪的都于本月处理完毕。这也是据秦历以九月为岁末,十月为岁首。

**【今译】**

这个月,草枯黄,树叶落,于是砍伐木柴烧炭。蛰虫都钻进了洞穴,并都用泥土封塞洞口。于是催促结案和处决囚犯,不可把这些事拖到来年。俸禄和爵位有不适当的,不应由官府供养的,要核实后予以注销。这个月,天子就着狗肉来品尝新稻,在尝新之前,先敬献宗庙。

**【原文】**

季秋行夏令,则其国大水,冬藏殃败,民多鼽嚏①。行冬令,则国多盗贼,边竟不宁②,土地分裂。行春令,则暖风来至,民气解惰③,师兴不居④。

**【注释】**

①鼽(qíu 求):鼻塞。嚏(tì 替):打喷嚏。
②竟:同"境"。
③解:通"懈"。
④师兴不居:《吕氏春秋》作"师旅必兴",《淮南子·时则训》作"师旅并兴"。于鬯说:"不居即伸足'兴'字之义。不居二字,不必于兴字之外别求意义。"

**【今译】**

季秋九月如果施行夏季的政令,就会导致其国大水,储以过冬的粮食蔬菜腐败,老百姓容易伤风感冒。如果施行冬天的政令,就会导致国多盗贼,边境不宁,叛者割据土地。如果施行春季的政令,就会导致暖风吹来,百姓的精神懈怠懒惰,战争兴起。

**【原文】**

孟冬之月,日在尾,昏危中,旦七星中①。其日壬癸。其帝颛顼②,

其神玄冥③。其虫介。其音羽,律中应钟。其数六。其味咸,其臭朽④。其祀行,祭先肾。

【注释】

①尾、危、七星:均见本篇前注。
②颛顼(zhuān xū 专须):即高阳氏,五帝之一。五行家认为他是以水德王,被尊为北方水德之帝。
③玄冥:少皞之子,名脩,名熙,相传为水官,死后被敬为水德之神。
④朽:指若有若无的气味。

【今译】

孟冬十月,太阳运行的位置在尾宿;黄昏时,危星位于南天正中;拂晓时,七星位于南天正中。冬季的吉日是壬癸,五行属水。尊崇的帝是以水德王的颛顼,敬奉的神是水官玄冥。与水相配的动物是介虫。与水相配的五声是羽,与本月相应的音律是应钟。水的成数是六。与水相配的五味是咸,五臭是朽。五祀中祭祀行神,祭品中以五脏的肾脏为尊。

【原文】

水始冰,地始冻,雉入大水为蜃①,虹藏不见。

【注释】

①大水:此指淮河。蜃(shèn 慎):蛤蜊。

【今译】

这个月,水开始结冰,地开始上冻,野鸡潜入淮水化为蛤蜊,天空中的虹不再出现。

【原文】

天子居玄堂左个,乘玄路,驾铁骊①,载玄旂,衣黑衣,服玄玉,食黍与彘,其器闳以奄②。

【注释】

①骊:黑色的马。

②奄:《吕氏春秋》作"弇",指口部收敛。

【今译】

这个月,天子住在北向明堂的左侧室,乘黑色的车,驾黑色的马,车上插着绘有黑龙的旗子,穿黑色的衣服,佩黑色的饰玉,吃黍米和猪肉,使用的器物中间大而口小。

【原文】

是月也,以立冬。先立冬三日,大史谒之天子曰:"某日立冬,盛德大水。"天子乃齐。立冬之日,天子亲帅三公、九卿、大夫以迎冬于北郊。还反,赏死事,恤孤寡。

【今译】

这个月,有立冬的节气。立冬前三天,太史向天子禀告说:"某日立冬,水德当令。"天子于是斋戒。立冬这一天,天子亲率三公、九卿、大夫到北郊行迎冬之礼。回朝后,奖赏为国捐躯的人,对死者留下的孤儿寡妇进行抚恤。

【原文】

是月也,命大史衅龟策①,占兆审卦吉凶②,是察阿党③,则罪无有掩蔽。

【注释】

①大史:《吕氏春秋》作"大卜",当从。因为大史不管衅龟策之事。衅:以牲血涂于器物。龟:龟甲。策:蓍草。

②兆:龟甲燋后出现的裂纹。卦:卦象,即用蓍草推演的结果。

③阿(ē屙):迎合上意。党:结成小集团,互相包庇。

【今译】

这个月,命令太卜用牲血涂抹龟甲蓍草,通过审视兆象卦象来判断吉凶,考察是否有阿谀拍马结党营私的人,使他们的罪行无法掩蔽。

【原文】

是月也,天子始裘。命有司曰:"天气上腾,地气下降,天地不通,闭塞而成冬。"命百官谨盖藏。命司徒循行积聚①,无有不敛。坏城郭,戒门闾,修键闭②,慎管籥③,固封疆④;备边竟,完要塞,谨关梁,塞徯径;饬丧纪⑤,辨衣裳⑥,审棺椁之薄厚,茔丘垄之大小、高卑、薄厚之度⑦,贵贱之等级。

注释

①积聚:指露天堆放的禾稼、柴草。
②键闭:键是门上的木栓,闭是穿门栓的孔。
③管籥:钥匙。
④封疆:《吕氏春秋》作"封玺",王念孙认为当从。封玺,指盖有印章的加封处。
⑤丧纪:指丧事的等级规格。
⑥衣裳:指装殓死者所用的衣裳。
⑦茔:《吕氏春秋》作"营",是。

【今译】

这个月,天子开始穿皮衣。命令主管官吏说:"天气上升,地气下降,天地不通,闭塞而成冬天。"命令百官要特别留心府库仓廪的收藏。命令司徒巡视露天堆放的禾稼、柴草,要把这些东西全部收藏起来。要加固城郭,加强城门里门的戒备,修理门栓门鼻,谨慎保管钥匙,加固印封;要加强边防,缮修要塞,留心关卡桥梁,堵塞小路;要正饬丧事的规定,明辨装殓死者需要用衣的多少,审察内棺外椁的厚薄,营造坟墓的大小、高低、厚薄的尺寸,务使其合乎贵贱的等级。

【原文】

是月也,命工师效功①,陈祭器,案度程②,毋或作为淫巧,以荡上心,必功致为上。物勒工名,以考其诚。功有不当③,必行其罪,以穷其情。

【注释】

①工师:工官之长。效功:考核成绩。
②度:指大小。程:指容量。
③功有不当:孔颖达说"谓用材精美而器不坚固"。

【今译】

这个月,命令工师考核百工的成绩,摆出工匠制作的祭器,看是否合乎法度程式。不得制作过于奇巧之物,以至于使天子产生讲奢侈图享受的心理。一定要以坚固精致者为上等。器物要刻上制造者的名字,以便将来考查其有无欺骗行为。如果材料精美而器不坚固,必治其罪,并追究其原因。

【原文】

是月也,大饮烝①。天子乃祈来年于天宗②,大割祠于公社及门闾③。腊先祖五祀④,劳农以休息之。天子乃命将帅讲武,习射御,角力。

【注释】

①大饮:十月农事结束,天子、诸侯与其群臣饮酒于大学,按年龄大小为先后就位,叫大饮。烝:通"脀",升牲体于俎。
②天宗:指日月星辰。
③公社:即社神,土神。此社神生为上公,死为社神,故曰公社。
④腊:通"猎",指以田猎所获禽兽祭祀。五祀:指户、灶、中霤、门、行等五种祭祀。

【今译】

这个月,天子、诸侯邀集群臣举行大饮,并于俎上放置全牲。天子祭祀日月星辰以祈求来年的丰收,大量杀牲以祭祀社神及城门里门之神。用猎获的禽兽祭祀先祖和五祀,慰劳农夫并且让他们休息。天子于是命令将帅讲习武备,练习射箭和驾车,比赛膂力。

【原文】

是月也,乃命水虞渔师收水泉池泽之赋①,毋或敢侵削众庶兆民,以为天子取怨于下。其有若此者,行罪无赦。

### 注释

①水虞:掌管水利的官。渔师:掌管水产的官。

### 【今译】

这个月,命令水虞和渔师征收水泉池泽之税,不准借此侵扰盘剥百姓,以致于使百姓归怨于天子。如有此种情况发生,严惩不贷。

### 【原文】

孟冬行春令,则冻闭不密,地气上泄,民多流亡。行夏令,则国多暴风,方冬不寒,蛰虫复出。行秋令,则雪霜不时,小兵时起,土地侵削。

### 【今译】

孟冬十月,如果施行春季的政令,就会导致冰封地冻不严密,地下的阳气泄到地面,百姓多所流亡。如果施行夏季的政令,就会导致国多暴风,冬季而不寒冷,蛰虫又从地下钻出。如果施行秋天的政令,就会导致下霜下雪不按时,小的战争不断发生,国土被敌人占领。

### 【原文】

仲冬之月,日在斗①,昏东辟中②,旦轸中③。其日壬癸。其帝颛顼,其神玄冥。其虫介。其音羽,律中黄钟。其数六。其味咸,其臭朽。其祀行,祭先肾。

### 注释

①斗:星宿名,二十八宿之一,在今人马座。
②东辟:即东壁,星宿名,二十八宿之一,在今飞马座。
③轸:星宿名,二十八宿之一,在今乌鸦座。

### 【今译】

仲冬十一月,太阳运行的位置在斗宿;黄昏时,东壁星位于南天正中;拂晓时,轸星位于南天正中。冬季的吉日是壬癸,五行属水。尊崇的帝是以水德王的颛顼,敬奉的神是水官玄冥。与水相配的动物是介虫。与水相配的五声是羽,与本月相应的音律是黄钟。水的成数是六。与水相配的五味是咸,五臭是朽。五祀中祭祀行神,祭品中以肾脏为尊。

【原文】

冰益壮,地始坼①,鹖旦不鸣②,虎始交。

**注释**

①坼(chè 彻):裂开。
②鹖(hé 何)旦:山鸟名,似鸡,冬无毛,昼夜常鸣。亦称"曷旦"、"鸦鸭"。

【今译】

这个月,冰结得更厚,地开始被冻裂,鹖旦不再鸣叫,老虎开始交配。

【原文】

天子居玄堂大庙,乘玄路,驾铁骊,载玄旂,衣黑衣,服玄玉,食黍与彘,其器闳以奄。

【今译】

这个月,天子住在北向明堂的正室,乘黑色的车,驾黑色的马,车上插着绘有黑龙的旗子,穿黑色的衣服,佩黑色的饰玉,吃黍米和猪肉,使用的器物中间大而口小。

【原文】

饬死事①。命有司曰:"土事毋作,慎毋发盖,毋发室屋及起大众,以固而闭。"地气沮泄②,是谓发天地之房,诸蛰则死,民必疾疫,又随以丧,命之曰畅月③。

【注释】

①饬死事:因此月杀气盛,饬令战士,遇战斗即有必死之志。
②地气沮泄:《吕氏春秋》此句作"发盖藏,起大众,地气且泄",孙希旦以为当从。
③畅:达也。时当闭藏而畅达之,故命之曰"畅月",言其逆天时也。

【今译】

这个月杀气旺盛,所以饬令军士战则必有牺牲的决心。命令有关官员说:"土工活不许做,千万不要打开盖子,不要让房屋露顶及不要调集大批劳力干活,以封固阴气之闭藏。"如果打开藏物之处的盖子,调集大批劳力干活,地气就将泄漏,这就叫做开启天地用来闭藏万物的房舍。这样一年,各种蛰伏的动物就会死去,百姓也会染上流行性疾病,并导致丧命,这个月就被称之为"畅月"。

【原文】

是月也,命奄尹申宫令①,审门闾②,谨房室,必重闭。省妇事,毋得淫,虽有贵戚近习,毋有不禁。乃命大酋③:秫稻必齐④,麴蘖必时⑤,湛炽必絜⑥,水泉必香,陶器必良,火齐必得⑦。兼用六物,大酋监之,毋有差贷。天子命有司祈祀四海、大川、名源、渊泽、井泉。

【注释】

①奄尹:阉人的长官。奄,通"阉"。奄尹,相当于《周礼》的内宰,主掌天子宫内之事。
②门闾:指宫内的门户。
③大酋:酒官之长,主掌酒的酿造,相当于《周礼》中的酒人。
④秫(shú 熟):黍、稷、粱之粘者,可以酿酒。齐:指秫稻一齐成熟。
⑤麴蘖(qū niè 曲聂):酿酒用的曲。
⑥湛(jiān 尖):浸泡。炽:炊蒸。
⑦火齐(jì 季):火候。

【今译】

这个月,命令阉尹重申宫中禁令,审视宫内门户,小心宫内房屋,内外的门都要关闭。要减轻妇女的劳动,不许妇女制作过分奇巧之物,即令是皇亲国戚和天子宠幸的,也一律禁止,没有例外。命令负责酿酒的官员:用以酿酒的秫稻要选择同时成熟的,酿酒使用的曲一定要及时,浸泡和炊蒸的过程一定要清洁,使用的泉水一定要香甜,使用的陶器一定要精良,火候一定要掌握好。根据以上六点,由负责酿酒的官员监督酿造,不许有任何差错。天子命令有关官员祭祀四海、大川、大河之源、深渊大泽以及井泉之神,祈求福佑。

【原文】

是月也,农有不收藏积聚者,马牛畜兽有放佚者,取之不诘。山林薮泽①,有能取蔬食、田猎禽兽者②,野虞教道之③;其有相侵夺者,罪之不赦。

【注释】

①薮(sǒu 叟)泽:水聚集处叫泽,泽旁无水之处叫薮。
②蔬食:指草木之实,如山林中的榛、栗,薮泽中之菱、芡等。
③野虞:主管山林泽薮之官。道:通"导"。

【今译】

这个月,农民如有未加收藏积聚的禾稼,或将马牛等家畜纵其在外乱跑者,别人可以牵走,官府对此不予追问。山林薮泽之中,有能让百姓采摘草木果实及猎取鸟兽的地方,野虞要给予指导和帮助;如有侵夺他人劳动果实者,定加处罚,决不宽恕。

【原文】

是月也,日短至,阴阳争,诸生荡①。君子齐戒,处必掩身。身欲宁,去声色,禁耆欲,安形性,事欲静,以待阴阳之所定。芸始生②,荔挺出③,蚯蚓结,麋角解,水泉动。日短至,则伐木取竹箭④。

【注释】

①诸生荡:孙希旦说:"诸生荡者,阳覆于下,而诸物之生气始动也。"这是所谓一阳初起之象,十一月的卦象是☷。
②芸:一种香草名。花、叶、茎有特殊气味,古人用以驱除蠹鱼。

③荔挺：草名，形似蒲而小，可以制刷。挺，通"莛"。
④竹箭：也称箭竹，一种可以作箭杆的小竹。

【今译】

　　这个月，白天最短，阴气虽盛，阳气也开始产生，二者形成争斗之势，诸物之生气开始动作。君子斋戒，居处要深邃，身心要安宁，摒除声色，禁绝嗜欲，安定身心，遇事不急，等待阴阳斗争的结果。这个月，芸草始生，荔挺出芽，蚯蚓出穴屈首向下，麋鹿的角开始脱落，水泉开始涌动。白天最短的月份，宜于砍伐树木和割取箭竹。

【原文】

　　是月也，可以罢官之无事，去器之无用者。涂阙廷门闾，筑囹圄。此所以助天地之闭藏也。

【今译】

　　这个月，可以把闲散无事的冗官免掉，去掉无用的器物。粉刷宫庭的门户，修筑牢狱。这些都是帮助天地闭藏的措施。

【原文】

　　仲冬行夏令，则其国乃旱，氛雾冥冥，雷乃发声。行秋令，则天时雨汁①，瓜瓠不成，国有大兵。行春令，则蝗虫为败，水泉咸竭，民多疥疠。

【注释】

　　①雨（yù育）：降落。汁：雨夹雪。

【今译】

　　仲冬十一月，如果施行夏季的政令，就会导致国内发生旱灾，雾气濛濛，冬天打雷。如果施行秋季的政令，就会导致经常雨雪交加，瓜瓠不收，国内有大战发生。如果施行春天的政令，就会导致蝗虫为灾，河水井水一齐干竭，百姓多患恶疮。

【原文】

季冬之月,日在婺女①,昏娄中②,旦氐中③。其日壬癸。其帝颛顼,其神玄冥。其虫介。其音羽,律中大吕。其数六。其味咸,其臭朽。其祀行,祭先肾。

**注释**

①婺女:见孟夏注。
②娄:星宿名,二十八宿之一,在今白羊座。
③氐:星宿名,二十八宿之一,在今天秤座。

【今译】

季冬十二月,太阳运行的位置在婺女宿;黄昏时,娄星位于南天正中;拂晓时,氐星位于南天正中。冬季的吉日是壬癸,五行属水。尊崇的帝是以水德王的颛顼,敬奉的神是水官玄冥。与水相配的动物是介虫。与水相配的五声是羽,与本月相应的音律是大吕。水的成数是六。与水相配的五味是咸,五臭是朽。五祀中祭祀行神,祭品中以肾脏为尊。

【原文】

雁北乡,鹊始巢,雉雊①,鸡乳。

**注释**

①雊(gòu 够):野鸡鸣曰雊。

【今译】

这个月,大雁向北飞,鹊开始筑巢,野鸡开始鸣叫,鸡开始下蛋。

【原文】

天子居玄堂右个,乘玄路,驾铁骊,载玄旂,衣黑衣,服玄玉,食黍与彘,其器闳以奄。命有司大难①,旁磔②;出土牛③,以送寒气。征鸟厉疾④,乃毕山川之祀,及帝之大臣、天之神祇⑤。

【注释】

①难(nuó挪):通"傩",见季春注。
②旁:普遍,并。此指国都所有的城门。磔(zhé哲):分裂牲体以祭神。
③出:制作。土牛:泥牛。牛属土,土能克水,故以出土牛送走冬寒之气。
④征鸟厉疾:老鹰凶猛迅捷。征鸟,即鹰。姜兆锡《礼记章义》说此句应在上文"鸡乳"之下,当从。
⑤帝之大臣:帝,指木帝太皞、火帝炎帝等五帝。大臣,指木神句芒、火神祝融等五帝之臣。天之神祇(qí祈):天神地神。祇,地神。天神,如风师、雨师之类;地神,如丘陵、坟衍之神。

【今译】

　　这个月,天子住在北向明堂的右侧室,乘黑色的车子,驾黑马,车上插着绘有黑龙的旗子,穿黑色的衣服,佩黑色的饰玉,吃黍米与猪肉,使用的器物中间大而口小。这个月,命令有关官员举行大规模地驱除疫鬼的仪式,在国都的所有城门分裂牲体以消除邪恶;命令官员制作土牛,用来送走寒气。老鹰凶猛迅捷。对名山大川的祭祀,对帝之大臣的祭祀,对天神地祇的祭祀,这个月进行完毕。

【原文】

　　是月也,命渔师始渔,天子亲往。乃尝鱼,先荐寝庙。冰方盛,水泽腹坚①,命取冰,冰以入。令告民,出五种,命农计耦耕事②,修耒耜,具田器。命乐师大合吹而罢③。乃命四监收秩薪柴④,以共郊庙及百祀之薪燎⑤。

【注释】

①水泽腹坚:孙希旦说:"水,流水也。泽,聚水也。腹,谓水之深处。水之结冰,由上渐及于下。至是月,水泽之腹皆凝结而坚固。"
②耦耕:王夫之说:"耦耕者,古者二人合耦,二牛合耒,使入土深而起土速也。"
③命乐师句:孙希旦说:"季秋习吹,至此则合而作之,以观国子学吹之成也。"而罢,谓然后即学年结束。
④四监:见季夏节注。
⑤薪柴:薪是为了烧饭所用。柴是为了照明之用,如捆成燎,即火把。

【今译】

　　这个月,命令渔师开始捕鱼,天子亲往观看。于是天子品尝新捕之鱼,在品尝之前,先敬献宗庙。此月冰正厚,无论是流动的水还是不流动的水,都又厚又结实地结成了冰。于是命令凿取冰块,存入冰窖。命令农官告示百姓,从仓库中取出五谷的种子,细加选择;又命令农官计划耦耕之事,修好耒耜,准备好一切农具。命令乐师组织太学生进行一次吹奏乐的大合奏,然后宣布学年结束。命令主管山林川泽的官员,将应征收的薪柴征收上来,用来供给祭天祭祖及其他各种祭祀所用的烧柴及火把的需要。

【原文】

　　是月也,日穷于次,月穷于纪,星回于天①,数将几终②,岁且更始。专而农民③,毋有所使。天子乃与公卿大夫共饬国典,论时令,以待来岁之宜。乃命大史次诸侯之列④,赋之牺牲,以共皇天上帝社稷之飨。乃命同姓之邦,共寝庙之刍豢⑤。命宰历卿大夫至于庶民土田之数⑥,而赋牺牲,以共山林名川之祀。凡在天下九州之民者,无不咸献其力,以共皇天上帝、社稷寝庙、山林名川之祀。

注释

　　①日穷于次三句:郑玄说:"言日、月、星辰运行,于此月皆周匝于故处也。"穷,尽。次,指十二次,即星纪、玄枵、娵訾、降娄、大梁、实沈、鹑首、鹑火、鹑尾、寿星、大火、析木。古人为了说明太阳运行的位置,把黄道附近一周天从西向东分为十二等分,每个等分给一个名称,如星纪、玄枵等,这叫十二次。季冬之月,太阳运行的位置在玄枵,运行一年,又回到了玄枵,所以说"日穷于次"。纪:会合。去年季冬,月与日相会于玄枵,运行一年,至季冬又重新相会于玄枵,所以说"月穷于纪"。星:指二十八宿。早晚所见的二十八宿,至此月亦经历一周。过此以后,则又是孟春之"昏参中,旦尾中",所以说"星回于天"。

　　②数将几终:一年的日数接近结束。因为一年是三百六十五日,而从去年季冬到今年季冬才三百五十四日,所以说"几终"。几,近也。

　　③而:汝。

　　④次:排列。列:大小序列。

　　⑤刍豢:指牺牲。

　　⑥宰:指小宰,大宰的副手。历:排列。

【今译】

　　这个月,日、月、星都运行了一圈,又回到了老地方。一年三百六十五天,差不多也算过完了,新岁行将开始。要让你的农民专心务农,不要派他们干别的活。天子和公卿大夫共同整顿国家的常典,讨论适应季节需要的政令,以便适宜于来年实行。命令太史把所有的诸侯按国之大小排列出一个名单,以便确定每个诸侯应交纳牺牲的数额,以供祭祀上帝、土神和谷神。又命令与天子同姓的诸侯,有义务提供祭祀宗庙所需的牺牲。又命令小宰编排自卿大夫下至平民各自占有土地的数额,据此向他们征收牺牲,以供给山林名川的祭祀。总之,凡是生活在普天之下九州之内的居民,无不贡献他们各自的力量,以供给皇天上帝、社稷宗庙、山林名川的祭祀的需要。

【原文】

　　季冬行秋令,则白露蚤降,介虫为妖,四鄙入保。行春令,则胎夭多伤①,国多固疾,命之曰"逆"。行夏令,则水潦败国,时雪不降,冰冻消释。

【注释】

　　①胎夭:胎是尚未出生的动物,夭是刚出生的小动物。

【今译】

　　季冬十二月如果施行秋季的政令,就会导致白露早降,甲虫为祸,四面边境上的居民要进入城堡避敌。如果施行春天的政令,就会导致尚未出生的和刚刚出生的小动物多被损伤,国人易患不易治愈的病,这种现象被称作反常。如果施行夏季的政令,就会导致水灾为害国家,该下雪时反而不下,冰冻融化。

# 礼记全译

## 曾子问第七

【题解】

本篇的命名,当是取篇首"曾子问"三字。全篇采取问答形式。除去子游问的一条、子夏问的两条,其余都是曾子发问。曾子,即曾参。他和子游、子夏都是孔子的学生。曾子等所问,都是出乎常礼的特殊情况,孔子则随宜而答之。后代礼家处置意外事故,往往以此篇为根据。无怪乎王夫之说:"此篇所记,皆礼经之所未备,圣贤补为发明精义以会通于事物之变也。"旧说以为本篇出自《汉书·艺文志》所录《曾子》一书,但也不敢肯定。

【原文】

曾子问曰:"君薨而世子生①,如之何?"孔子曰②:"卿、大夫、士从摄主③,北面于西阶南。大祝裨冕④,执束帛⑤,升自西阶,尽等⑥,不升堂,命毋哭。祝声三⑦,告曰:'某之子生⑧,敢告。'升,奠币于殡东几上,哭降。众主人、卿、大夫、士,房中皆哭⑨,不踊,尽一哀,反位。遂朝奠⑩。小宰升,举币⑪。三日⑫,众主人、卿、大夫、士如初位,北面。大宰、大宗、大祝皆裨冕⑬。少师奉子以衰,祝先,子从,宰、宗人从⑭。入门,哭者止。子升自西阶,殡前北面。祝立于殡东南隅。祝声三,曰:'某之子某⑮,从执事,敢见。'子拜稽颡哭⑯。祝、宰、宗人、众主人、卿、大夫、士,哭踊,三者三⑰。降,东反位,皆袒。子踊,房中亦踊,三者三。

袭衰、杖、奠⑱。出,大宰命祝、史以名遍告于五祀山川⑲。"

**注释**

①世子:即太子,国君的继承人。

②孔子曰:孔子的回答分为两段。第一段是始生之日的告殡,第二段是生后三日世子取命之后的见殡。

③摄主:代替嗣君主持国政和丧事的人。在正常情况下,没有摄主,而由世子主持国政和丧事。今国君死时世子尚未生,故有摄主。这里是以太宰为摄主。

④大祝:即太祝。本书中的"大"字,除了在大小意义上读 dà 外,其余都读太。裨冕:一种祭服。即头上戴冕,身上穿绨(zhǐ 旨)服。绨服,衣裳上面绣有粉米、黼、黻三种图案的礼服。

⑤束帛:捆作一束的五匹丝绸。这里是用作祭祀的礼物。

⑥等:台阶。

⑦声三:孙希旦说:"谓发声告神者三,欲其听之也。"所发之声,大约是感叹之声。

⑧某:指国君的夫人某氏。

⑨众主人:国君的亲属。房中:指房中的妇女。

⑩朝奠:死者既殡之后,每天的早晨和傍晚,死者亲属都要到殡宫去哭,此礼叫做朝夕哭。朝夕哭时还要设奠祭祀死者,叫做朝奠、夕奠。

⑪举币:郑玄注:"举而下,埋之阶间。"币,指上文的"束帛"。

⑫三日:世子生下三日,应行负子礼(详《内则》),命名则在三月之末。从下文看,世子生下三日即已命名,这是因为"丧事促遽,于礼简略,不暇待三月也"。

⑬大宗:管理宗庙之官。

⑭少师:负责教养世子之官。衰(cuī 崔):同"缞",孝服。本书中作孝服解的"衰"均同此,后不复出。宗人:诸侯的礼官。

⑮某之子某:下"某"字指世子之名。

⑯稽颡:见《檀弓下》"晋献公之丧"节注。

⑰三者三:踊脚的动作每三次为一节,共踊三节,故云"三者三"。

⑱奠:指朝奠。

⑲五祀:见《月令》孟春节注。

**【今译】**

曾子问道:"国君死后灵柩停在殡宫,这时候世子诞生,怎样行礼呢?"孔子回答说:"世子诞生的那天,卿、大夫、士都跟着摄主到殡宫,脸朝北，站在西阶的南面。太祝身穿裨冕，手捧束帛，从西阶往上登，登上最高的台阶，但不跨进堂内，让在场的人都不要哭泣。然后，太祝长喊三声，向灵柩禀告说：'夫人某氏生了世子，特此禀告。'说完登堂，把束帛放在灵柩东面的几案上，哭泣一阵，下堂。众主人、卿、大夫、士、妇女都开始哭泣，但不顿足，尽情地哭了一阵之后，都回到平常朝夕哭的位置。于是举行朝奠。礼毕，小宰走上堂，把放在几案上的束帛等祭品取下，埋在东西两阶之间。第三天，众主人、卿、大夫、士都来到殡宫，站在前天站的位置上，面向北。太宰、太宗、太祝都身著裨冕。少师抱着世子和孝服，太祝走在前面，少师抱着世子跟在后面，太宰、宗人又跟在世子后面。进入殡宫的门，众人都停止哭泣。少师抱着世子从西阶登堂，走到灵柩前，面朝北而立。太祝则立在灵柩的东南角，长喊三声，向灵柩禀告说：'夫人某氏所生世子某，让执事陪同着，特来拜见。'然后少师便抱着世子向灵柩稽颡再拜，哭泣。太祝、太宰、宗人、众主人、卿、大夫、士都一齐哭，跺脚，跺脚三次为一节，共跺三节。众人都从西阶下堂，回到东边的原位，袒露左臂。少师抱着世子跺脚，妇女等人也跟着跺脚，也是跺三次为一节，跺够三节。然后让世子穿上孝服，拿着哭丧棒，举行朝奠。礼毕，走出殡宫，太宰命令太祝、太史把世子的名字遍告五祀及山川诸神。"

## 【原文】

曾子问曰："如已葬而世子生，则如之何？"孔子曰："大宰、大宗从大祝而告于祢①。三月，乃名于祢，以名遍告及社稷、宗庙、山川。"

## 注释

①祢(ní 尼)：本指父庙。此指神主。神主此时尚在殡宫。

## 【今译】

曾子问道："如果国君的灵柩已埋葬而世子出生，则应当如何行礼？"孔子答道："太宰、太宗跟着太祝到殡宫去向神主禀告。到了三个月以后，又去拜见神主，并给世子取名，然后把世子的名字遍告社稷、宗庙及山川诸神。"

【原文】

孔子曰:"诸侯适天子,必告于祖,奠于祢①。冕而出视朝②,命祝史告于社稷、宗庙、山川③。乃命国家五官而后行④,道而出⑤。告者五日而遍,过是,非礼也。凡告用牲币⑥,反亦如之。诸侯相见,必告于祢。朝服而出视朝⑦,命祝史告于五庙、所过山川⑧。亦命国家五官,道而出。反,必亲告于祖祢。乃命祝史告至于前所告者⑨,而后听朝而入。"

### 注释

①告于祖,奠于祢:这是互文,应读作"告奠于祖,告奠于祢"。祖,祖庙。祢,父庙。

②冕:指裨冕。是诸侯朝见天子之服。视朝:听朝,处理国事。

③社稷:王引之认为此二字是衍文。

④五官:诸侯有三卿、五大夫。五官,即五大夫,即小宰、小司徒、小司马、小司寇、小司空。五大夫留守国内,分掌国事。

⑤道:祖道。即出发前祭祀道路之神,祈求旅途平安。

⑥牲币:郑玄说"牲币"当作"制币",制币即束帛。束帛,见上节注。

⑦朝服:朝会之服。此指皮弁服。即头戴皮弁(如今瓜皮帽,以白鹿皮制成),上身穿素衣,下身穿素积,腰束缁带。

⑧五庙:诸侯五庙,二昭二穆,再加上太祖庙。详《王制》。

⑨告至:返国后的告祭。

### 【今译】

孔子说:"诸侯去朝天子,一定要在祖庙和父庙设祭禀告。然后穿上裨冕听朝,命令祝官史官告祭于社稷、宗庙、山川诸神。然后对留守的五大夫郑重交代一番才动身,出发之前,要举行祖道之祭,祈求旅途平安。祝官和史官必须在五日之内将告祭进行完毕,否则便是违礼。凡举行告祭,都以束帛为供品,返回时的告至也是如此。诸侯之间互访,也必须告祭于父庙。然后穿上朝服听朝,命令祝官、史官告祭于五庙和途经山川之神。同样也要对留守的五大夫郑重交代一番才动身,动身之前,举行祖道之祭,以祈求旅途平安。返回时,诸侯一定要亲自告祭于祖庙、祢庙。然后命令祝官史官向出发前曾祭告过的众神举行告归之祭,然后才回朝听理国事。

【原文】

曾子问曰:"并有丧①,如之何?何先何后?"孔子曰:"葬,先轻而后重;其奠也,先重而后轻:礼也②。自启及葬不奠③。行葬不哀次④。反葬奠,而后辞于殡⑤,遂修葬事。其虞也⑥,先重而后轻,礼也。"

【注释】

①并有丧:指父母或其他亲人同月而死。
②"葬,先轻而后重"至"礼也":因为葬是夺情,故先轻后重;奠是供养,故先重后轻。以父母为例,父重而母轻。馀可类推。
③启:启殡。古时死者大殓入棺后,棺枢用柴草泥封,临葬前数日,拆除泥封,叫启殡。不奠:指不为重者(即未葬者)设朝夕奠。因为这段时间内孝子主要忙于葬轻者。
④不哀次:次是大门外的倚庐,孝子居丧时的临时住宿之处。灵柩至此,孝子当哭踊发泄悲哀。今先葬母,父柩尚在殡宫,故孝子不在此处哭踊致哀。
⑤殡:当作"宾"。辞于宾,谓告诉宾客重丧的启殡日期。
⑥虞:葬后之祭,有安神之意。

【今译】

曾子问道:"如果有两个亲人同月而死,这丧事怎么办?谁先谁后?"孔子答道:"埋葬,先埋恩轻的,后埋恩重的;祭奠,先祭恩重的,后祭恩轻的。这是正礼。从启殡到下葬这段时间,因忙于埋葬恩轻者,所以对恩重者暂不设朝夕奠。出葬时,灵柩经过大门外的倚庐,孝子也不在此哭踊致哀,这是因为恩重者尚停柩殡宫。葬毕恩轻者回来后,为恩重者设奠,然后将恩重者的启殡日期告诉宾客,接着就为恩重者举行葬礼。至于葬后的虞祭,先祭恩重者,后祭恩轻者,才是正礼。"

【原文】

孔子曰:"宗子虽七十①,无无主妇。非宗子,虽无主妇可也。"

【注释】

①宗子:大宗的嫡长子,一族之中的主持祭祀者。宗子统领宗男于外,宗妇,即宗子之妻,统领宗女于内,其角色不可缺少。所以宗子即令已经七十岁,如已丧偶,还应再娶。孔颖达解释说:"此谓无子孙及有子而年幼小者。若有子孙,则传

家事于子孙,故《曲礼》'七十老而传'是也。"

【今译】

孔子说:"宗子即使已经七十岁,也不能没有主妇。如果不是宗子,即使没有主妇也是可以的。"

【原文】

曾子问曰:"将冠子,冠者至①,揖让而入②,闻齐衰、大功之丧,如之何?"孔子曰:"内丧则废③,外丧则冠而不醴④,彻馔而扫⑤,即位而哭。如冠者未至,则废。如将冠子而未及期日,而有齐衰、大功、小功之丧⑥,则因丧服而冠⑦。""除丧不改冠乎?"孔子曰:"天子赐诸侯、大夫冕弁服于大庙⑧,归设奠,服赐服,于斯乎有冠醮⑨,无冠醴。父没而冠,则已冠,扫地而祭于祢,已祭而见伯父、叔父,而后飨冠者。"

注释

①冠者:指冠礼中的宾及赞者。宾,指为主人之子加冠的宾,从主人的僚友中选出。赞,宾的助手。

②入:指入祢庙。冠礼在祢庙进行。

③内丧:同姓的亲属之丧。丧是凶礼。同姓亲属死,也要在庙内办事。冠是吉礼,吉凶不可混杂,故云"内丧则废"。

④外丧:异姓亲属之丧。醴:一种甜酒。这里是指冠礼中的一种仪式,即在三次加冠之后,由宾向被冠者敬醴表示祝贺。

⑤馔:指各种陈设。扫:打扫行冠礼的场地,使之清洁更新。

⑥齐衰、大功、小功:丧服五服依重轻次序为斩衰、齐衰、大功、小功、缌麻。此言丧服五服之三。见《檀弓》注。

⑦因丧服而冠:冠礼本应穿吉服,加吉冠,现在既已服丧服,就加丧冠,因为只有成年人服丧时才有丧冠。总之,无论吉服加冠还是丧服加冠,都能起到认可冠者已成年的作用。

⑧天子赐诸侯句:此指诸侯、大夫未冠而继位,天子赐以冠服。

⑨冠醮:也是冠礼中的一种仪式,即在三次加冠之后,由宾向被冠者敬酒表示祝贺。行醮礼用酒。《士冠礼》:"若不醴则醮,用酒。"参注④。

【今译】

曾子问道:"将要为儿子举行冠礼,被邀请参加冠礼的宾和赞者已经来到,并且已被以礼相迎让入庙内,这时候主人突然得到齐衰、大功亲属的死讯,怎么办呢?"孔子答道:"这要看是哪种亲属。如果死者是同姓亲属,就将冠礼停止;如果死者是异姓亲属,冠礼可继续进行,但要简化掉由宾向冠者敬醴的节目。礼毕,把行冠礼的各种陈设撤去,把场地再打扫一番,然后按照自己和死者的关系就位而哭。如果被邀请参加冠礼的宾和赞者尚未来到,冠礼就停止。如果将要为儿子举行冠礼,但还没到选定的日期,主人忽然遇到了齐衰、大功、小功亲属的丧事,那就让儿子按照亲疏关系穿上相应的丧服,到时再加上丧冠。"曾子问道:"加丧冠的人在除丧之后是否还要补行冠礼呢?"孔子答道:"天子在太庙赐给未冠的诸侯、大夫冕服、弁服,他们在回去以后,设奠禀告祖宗,然后就穿戴起受赐的冠服。在这种情况下,也只对冠者行醮礼,而不行醴礼。这说明不须补行冠礼改加吉冠。如果是父亲死后举行冠礼,那么,在冠礼三加之后,要打扫庙堂,向父亲的神主行祭告之礼。祭告礼毕,前去拜见伯父、叔父,然后设宴酬谢参加冠礼的宾客。"

**【原文】**

　　曾子问曰:"祭如之何则不行旅酬之事矣①?"孔子曰:"闻之。小祥者②,主人练祭而不旅,奠酬于宾③,宾弗举④,礼也。昔者,鲁昭公练而举酬行旅⑤,非礼也。孝公大祥⑥,奠酬弗举,亦非礼也。"

**注释**

　　①旅酬:众人互相劝饮。但主人、尸和祝不参与旅酬。这是祭祀中的一个节目。但并非任何祭祀都可以进行旅酬,就居丧来讲,大祥之祭,接近丧期终了,可以举行旅酬,而小祥之祭,哀痛尚深,不宜举行旅酬。
　　②小祥:服丧满一年时的祭祀。
　　③奠酬:奠是"置"的意思,酬指主人回敬宾的酒。宾将主人回敬的酒杯接过来不饮而放置席前,叫做奠酬。
　　④弗举:不举杯旅酬。
　　⑤鲁昭公:春秋时鲁国国君,名稠,在位三十二年。
　　⑥孝公:鲁孝公,鲁隐公之祖父,公元前806—公元前769年在位。

**【今译】**

　　曾子问道:"祭祀在什么情况下才不进行旅酬呢?"孔子答道:"我

听说,小祥的时候,主人改服练冠练服,但不举行旅酬,主人回敬宾的酒,宾接过来不饮而放下,不举杯劝饮,这是合乎礼的。从前,鲁昭公在小祥时就举行旅酬,这是性急了点,不合乎礼的要求。鲁孝公在大祥时还不举行旅酬,这是拘谨了点,也不合乎礼的要求。"

【原文】

曾子问曰:"大功之丧,可以与于馈奠之事乎①?"孔子曰②:"岂大功耳!自斩衰以下皆可,礼也。"曾子曰:"不以轻服而重相为乎?"孔子曰:"非此之谓也。天子、诸侯之丧,斩衰者奠③。大夫,齐衰者奠④。士则朋友奠⑤。不足,则取于大功以下者;不足,则反之。"曾子问曰:"小功可以与于祭乎⑥?"孔子曰:"何必小功耳!自斩衰以下与祭,礼也。"曾子曰:"不以轻丧而重祭乎?"孔子曰:"天子、诸侯之丧祭也,不斩衰者不与祭。大夫,齐衰者与祭。士祭不足,则取于兄弟大功以下者。"曾子问曰:"相识,有丧服,可以与于祭乎?"孔子曰:"缌不祭,又何助于人?"曾子问曰:"废丧服,可以与于馈奠之事乎?"孔子曰:"说衰与奠⑦,非礼也。以摈相可也⑧。"

【注释】

①馈奠:停柩在殡宫时的祭奠。
②孔子曰:孔子的回答非曾子所问。曾子问的是参与他人之馈奠,孔子回答的是参与为所服者奠。下文的问答还有这种类似的误会。
③斩衰者奠:服斩衰的群臣为之馈奠。天子、诸侯死,世子和群臣皆服斩衰,但因世子是丧主,沉浸于悲哀之中,没有心思顾及馈奠,所以就由群臣包办了馈奠之事。
④大夫,齐衰者奠:大夫死,其嫡长子和家臣为之服斩衰,但操办馈奠的事,要由服齐衰者去做,以避天子、诸侯之嫌。
⑤朋友奠:士无家臣,又要避大夫之嫌,所以由服大功的朋友馈奠。
⑥祭:在殡之祭曰奠,出殡之后的奠曰祭。此泛指虞祭、卒哭之祭、小祥之祭、大祥之祭。出殡下葬以后,丧主哀痛渐淡,可以主持祭事,他人特助其执事而已。
⑦说:通"脱"。
⑧摈相:导引宾客和赞礼。摈,通"傧"。

【今译】

曾子问道:"自己正穿大功丧服,可以参加别家的馈奠吗?"孔子答道："岂但大功可以，从斩衰以下的丧服都可以，这是礼所规定的嘛！"曾子问道："这样做，岂不是有点轻视自己的丧服而把别家的事看得过重了吗？"孔子答道："不是这般说法。比如天子、诸侯死了，服斩衰的臣子为之操办馈奠；大夫死了，服齐衰的家臣为之张罗馈奠。士死了，服大功的朋友为之操办馈奠。如果遇上月朔之奠而人手不够，还可以让服小功、缌麻的人来帮忙；如果人手还不够，还可以让每个人来回奔跑，身兼数职。这岂不是自斩衰以下的丧服都可以参与馈奠吗！"曾子问道："身有小功丧服，可以参加葬后之祭吗？"孔子答道："不一定只有小功可以参加，自穿斩衰以下丧服的人都可以参加，这是礼所规定的。"曾子问道："这样的话，不是有点轻视丧服而看重丧祭了吗？"孔子答道："天子、诸侯的丧祭，不是穿斩衰丧服的人还没有资格参与。大夫的丧祭，不是穿齐衰丧服的人不能参与。士的丧祭，因为士无臣下，所以才让兄弟大功以下者参与。"曾子又问道："对于相识的人，自己身上正有丧服，可以参加他的吉祭吗？"孔子答道："如果自身有丧服，那怕是最轻的缌麻，连自家的吉祭都不可参与，哪里还谈得上参加他人的吉祭呢？"曾子又问道："脱掉了丧服，可以参加他人的馈奠吗？"孔子说："刚脱掉丧服就参加他人的馈奠，显得忘掉哀痛太快了，这不符合礼的规定。如果做他人馈奠时的傧相，还差不多。"

【原文】

曾子曰："昏礼既纳币①，有吉日，女之父母死，则如之何？"孔子曰："婿使人吊。如婿之父母死，则女之家亦使人吊。父丧称父，母丧称母；父母不在，则称伯父、世母。婿，已葬，婿之伯父致命女氏曰：'某之子有父母之丧②，不得嗣为兄弟③，使某致命④。'女氏许诺而弗敢嫁，礼也。婿免丧，女之父母使人请，婿弗取而后嫁之⑤，礼也。女之父母死，婿亦如之。"

注释

①纳币：男方向女方交纳聘礼。又叫"纳徵"，徵，成也，纳过聘礼之后婚事就算定下来了。这相当于今天的订婚。古婚礼分六个步骤，即纳采、问名、纳吉、纳币、请期、亲迎，叫做"六礼"。纳币是六礼的第四步骤，而下文的"有吉日"，则是第五步骤请期，即双方已把迎亲的吉日商定。

②某:指婿父的姓名、官位。
③嗣为兄弟:结为婚姻的代称。
④某:使者名。致命:郑玄注:"必致命者,不敢以累年之丧使人失嘉会之时。"居父母之丧而嫁娶,古人视为不孝,后来被列为十恶之一。
⑤取:"娶"的古字。

【今译】

　　曾子问道:"婚礼已经进行到订婚之后,连亲迎的吉日都择定了,如果忽然女方的父亲或母亲死了,那该怎么办呢?"孔子答道:"婿家应该派人去吊丧。如果是婿的父亲或母亲死,女方也应该派人到婿家吊丧。如果一方是丧父,另一方就以父亲的名义吊丧;如果一方是丧母,另一方就以母亲的名义吊丧;如果父母不在,就得以伯父、伯母的名义。从男方来说,在料理完葬事之后,由婿的伯父出面向女方致意说:'某之子不幸遇到父或母之丧,居丧期间,不能和府上结为婚姻,特派我来致意。'女方答应了,但并不敢把女儿改嫁他人,这是正礼。婿除丧之后,女方父母派人到婿家敦请联姻,这时候如果婿还不迎娶,女方就可以把女儿改嫁他人,这也是正礼。如果女方的父或母死,男方也要这样。"

【原文】

　　曾子问曰:"亲迎,女在途,而婿之父母死,如之何?"孔子曰:"女改服①,布深衣②,缟总③,以趋丧。女在途,而女之父母死,则女反④。""如婿亲迎,女未至,而有齐衰、大功之丧,则如之何?"孔子曰:"男不入,改服于外次⑤。女入,改服于内次。然后即位而哭。"

注释

①改服:改出嫁吉服为始丧未成服之服。
②深衣:古人家居常穿之衣。衣裳相连,前后深邃,故名。详本书《深衣》。
③缟总:以八寸长的白绢束发。
④则女反:女也要"改服,布深衣,缟总",这里没说,是省文。
⑤次:临时搭的帐篷,用为休息夜宿之所。外次在大门外,内次在大门内。

【今译】

　　曾子问道:"亲迎的那天,新娘已经上路,如果突然新郎的父亲或母亲去世,该怎么办?"孔子答道:"新娘要立即改换服装,穿上布做的深衣,用白绢束发,赶往夫家参加丧礼。如果是新娘已经上路,而新娘的父亲或母亲突然去世,新娘就应立即折回娘家奔丧。"曾子又问道:"如果新郎亲迎的那天,新娘还没来到,而新郎突然有齐衰、大功亲属去世,该怎么办?"孔子答道:"新郎不进大门,在外次改换服装。新娘则进入大门,在内次改换服装。然后各就其位而哭。"

【原文】

曾子问曰:"除丧则不复昏礼乎①?"孔子曰:"祭,过时不祭,礼也。又何反于初?"孔子曰:"嫁女之家,三夜不息烛,思相离也。取妇之家,三日不举乐,思嗣亲也②。三月而庙见,称来妇也。择日而祭于祢,成妇之义也③。"

注释

①复:补偿。

②思嗣亲也:念及接续香火。娶妇是喜中有悲之事,因为它关系到人生的繁衍生息问题,故不举乐。

③三月而庙见四句:按《仪礼·士昏礼》云:"若舅姑既没,则妇入三月,乃奠菜(即祭之以菜)。祝告,称妇之姓曰:某氏来妇。"此处即申明其义。"祭于祢",也就是"庙见"。如果舅姑健在,新妇要在亲迎的次日行盥馈之礼,表示新妇将履行供养舅姑的义务。舅姑去世,就以庙见代替盥馈之礼。

【今译】

曾子问道:"除丧之后不再补行婚礼了吗?"孔子答道:"拿祭礼来说,过了日期就不再补祭,这才合乎礼的规定。婚礼还没有祭礼重要,又有什么理由再补办一次呢!"孔子说:"嫁女的人家,一连三夜不熄火把,是因为念及骨肉就要分离了。娶媳妇的人家,一连三天不奏乐,是因为念及传宗接代、双亲日趋衰老。新娘进门三月,要备礼祭祀公婆的亡灵,祝词中称之为'来做媳妇'。这样做了以后,才算是正式成为此家的媳妇。"

【原文】

曾子问曰:"女未庙见而死,则如之何?"孔子曰:"不迁于祖①,不祔于皇姑②,婿不杖、不菲、不次③,归葬于女氏之党,示未成妇也。"曾子问曰:"取女有吉日而女死,如之何?"孔子曰:"婿齐衰而吊,既葬而除之。夫死亦如之。"

【注释】

①不迁于祖:即不朝庙。即出殡时不像通常那样迁柩朝见祖庙,好似生人临行前的与长者告别,就直接下葬。因为未曾庙见,也就无须朝庙。

②祔:将后死者神位附于先祖神位之后。皇姑:祖姑。即婆婆的婆婆。

③次:丧次。见上节注。

【今译】

曾子问道:"新娘没有庙见而死,该怎么办?"孔子答道:"她的灵柩,出殡时不须朝见祖庙,她的神主也不附在祖姑神主之后,做丈夫的不须持丧棒,不须穿孝鞋,不须居丧次,归葬于她娘家的墓地,以表示她尚未成为男家的媳妇。"曾子又问道:"迎娶新娘的吉日已经商定而新娘突然去世,该怎么办?"孔子答道:"婿应该穿着齐衰孝服前去吊丧,新娘下葬后即可除去孝服。如果是丈夫突然死去,新娘也照此办理。"

【原文】

曾子问曰:"丧有二孤①,庙有二主②,礼与?"孔子曰:"天无二日,土无二王。尝禘郊社,尊无二上③。未知其为礼也。昔者齐桓公亟举兵,作伪主以行④。及反,藏诸祖庙。庙有二主,自桓公始也。丧之二孤,则昔者卫灵公适鲁,遭季桓子之丧⑤,卫君请吊,哀公辞不得命。公为主,客入吊,康子立于门右,北面;公揖让,升自东阶,西乡;客升自西阶吊,公拜,兴,哭,康子拜稽颡于位⑥,有司弗辩也。今之二孤,自季康子之过也。"

【注释】

①孤:指丧主。

②主:指神主。

③尝禘郊社,尊无二上:尝与禘是宗庙时祭,虽合食群主,但只有太祖最尊;郊

是祭上帝和日、月诸神,其中以上帝最尊;社是祭众地神,但以后土最尊。

④作伪主以行:古时征伐,必载迁庙之主同行,以示是奉先王之命行事。详下节。

⑤卫灵公二句:卫灵公卒于鲁哀公二年,季桓子卒于哀公三年,卫灵公不可能"遭季桓子之丧"。郑玄认为当是卫出公(灵公之孙),但《春秋》也未记载。此处当是假托之辞。季桓子:鲁桓公的后裔分为三家:仲孙、叔孙、季孙。号称"三桓"。季孙氏自鲁文公之后,世世专鲁国之政。季桓子名斯,是季康子(名肥)的父亲。

⑥康子拜稽颡:按《丧服小记》:"诸侯吊于异国之臣,则其君为主。"据此,卫灵公吊季桓子,应由鲁哀公作丧主。按丧礼的规定,只有丧主才拜吊宾,这里,不但鲁哀公拜,季康子也拜稽颡,这就造成了有两个丧主的局面。

【今译】

曾子问道:"丧事有两个主人,庙里有两个神主,这是合礼的吗?"孔子答道:"天无二日,国无二王。宗庙天地之祭,最尊贵的神也只有一个。由此看来,恐怕难说是合理的。从前齐桓公屡次起兵南征北伐,做了个假神主随军同行。等到胜利归来,把假神主藏到祖庙。一个庙里同时有两个神主,就是从齐桓公开始的。一宗丧事而有两个丧主,起因于从前卫灵公来鲁国访问,碰上了执政大臣季桓子之丧,卫君请求吊唁,鲁哀公推辞不掉。于是哀公自为丧主。卫君入吊时,桓子的儿子康子站在门的右边,面朝北。哀公揖请卫君上堂,自己从东阶升堂,面西而立;卫君则从西阶升堂吊唁,哀公拜谢卫君之吊,起立,哭泣;与此同时,康子在丧主的位置上也向卫君拜谢并向灵柩叩头。当时的司仪也没加纠正,就好像这宗丧事是有两个丧主似的。现在丧事有两个丧主,是从季康子的违礼开始的。"

【原文】

曾子问曰:"古者师行,必以迁庙主行乎①?"孔子曰:"天子巡守,以迁庙主行,载于齐车②,言必有尊也。今也,取七庙之主以行,则失之矣。当七庙五庙无虚主。虚主者,唯天子崩,诸侯薨与去其国,与祫祭于祖,为无主耳。吾闻诸老聃曰③:'天子崩,国君薨,则祝取群庙之主而藏诸祖庙,礼也。卒哭成事,而后主各反其庙。君去其国,大宰取群庙之主以从,礼也。祫祭于祖,则祝迎四庙之主。主出庙入庙必跸④。'老聃云。"曾子问曰:"古者师行无迁主⑤,则何主?"孔子曰:"主命⑥。"问曰:"何谓也?"孔子曰:"天子、诸侯将出,必以币帛皮圭告于祖祢,遂奉以出。载于齐车以行,每舍奠焉,而后就舍。反必告,设奠卒,敛币玉,藏诸两阶之间,乃出。盖贵命也。"

### 注释

①迁庙主:迁入太祖庙的远祖神主。天子七庙,即太祖之庙加上三昭三穆。诸侯五庙,即太祖之庙加上二昭二穆。就天子来说,如果从太祖到今天子还不足七世,那就会出现有的庙里还没有主;如果恰好七世,那就恰好每庙一主。如果超过了七世,庙就不够用了。在这种情况下,太祖庙的神主是永远不迁动的,但其余六庙的神主就要按照昭穆的次序依次往上递迁,其六庙中最高一庙的神主就成了无庙之主,这一无庙之主,以及后来的无庙之主,都要迁到太祖庙里栖身。这就是迁庙主。诸侯仿此。据皇侃说,随军队同行的迁庙主,是最近迁入之主。

②齐车:即斋车。齐,通"斋"。

③老聃(dān 丹):即老子。姓李,名耳,字聃。

④跸:清道戒严。

⑤无迁主:指建国不及七世的天子或建国不及五世的诸侯。参注①。

⑥主命:神主的命令。即神主命令的象征物,即下文的"币帛皮圭"。

### 【今译】

曾子问道:"古时候出兵,必定要带着迁庙主同行吗?"孔子答道:"天子巡守,带着迁庙主同行,将迁庙主载于斋车,表示天子也有所尊敬。现在倒好,天子巡守,带着太祖以下七庙的神主同行,这就搞错了。在正常情况下,天子七庙、诸侯五庙都不会空着而没有神主。庙空着而没有神主,只有在天子驾崩、诸侯去世和出奔、在太祖庙里合祭群庙的所有神主的时候,才会庙空而无主。我听老聃说过:'天子驾崩,国君去世,则由太祝把群庙的神主统统取来藏到太祖的庙里,这是礼当如此。等到下葬并且举行了卒哭之祭以后,再把群庙之主送回各自的庙里。国君逃难出奔,太宰就将群庙的神主取来同行,这也是礼当如此。诸侯在太祖庙里合祭群庙的神主,就让太祝把其余四庙的神主迎来。凡是迎送神主出庙入庙,一定要清道戒严。'这是老聃说的。"

曾子又问道:"古时候出兵,如果没有迁庙之主可以同行,那将用什么神主呢?"孔子回答说:"用神主的命令。"曾子不懂,就又问道:"什么叫做神主的命令？"孔子答道："天子、诸侯在出行之前，一定要以币帛皮圭作供品向祖庙父庙举行告祭，祭毕，就恭敬地将这些币圭捧出，装到斋车上带着同行。每到一个休息的地方，先祭奠这些币圭，然后才敢休息。回来以后，要在祖庙举行告至之祭。祭过之后，把这些作为'主命'的币圭收集起来，藏到堂下的两阶之间，然后走出。这样做就是表示尊敬神主的命令。"

【原文】

子游问曰："丧慈母如母①，礼与？"孔子曰："非礼也。古者，男子外有傅，内有慈母，君命所使教子也，何服之有？昔者，鲁昭公少丧其母②，有慈母良，及其死也，公弗忍也，欲丧之。有司以闻曰：'古之礼，慈母无服，今也君为之服，是逆古之礼而乱国法也。若终行之，则有司将书之以遗后世，无乃不可乎？'公曰：'古者天子练冠以燕居③。'公弗忍也，遂练冠以丧慈母。丧慈母，自鲁昭公始也。"

【注释】

①慈母："慈母"有两种不同的意思。一是抚育自己成人的庶母。据《仪礼·丧服》，某妾所生之子失母，其父命另一无子之妾抚养他，此子即称抚养他的父妾为慈母。这样的慈母死了，《丧服》明文规定："慈母如母。"即对待慈母要和对待亲生母亲一样，应穿三年齐衰孝服。一是家内的女教师，下文孔子所讲的和本书《内则》篇所讲的慈母，就属于这种类型。对于女教师意义上的慈母，因为不是母子关系，所以无服。

②鲁昭公少丧其母：此与史实不合。昭公生母齐归，死于昭公十一年，其时昭公已三十岁，不可谓"少"。《孔子家语》卷十谓是鲁孝公事，近是。

③公曰句：郑玄说："公之言又非也。天子练冠以燕居，盖谓庶子王为其母。"意谓鲁昭公套用先例套得不对。庶子为其母和庶子为其女教师不是一码事。练冠：用煮练得柔软洁白的布做的丧冠。据《丧服》，诸侯的庶子为其生母可以练冠，葬后即除。

【今译】

子游问道："为慈母挂孝，其规格就同为生母挂孝一样，礼是这样规定的吗？"孔子答道："这不符合礼的规定。古时候，男孩子的教育，在外边有师傅，在家内有慈母，他们是奉君命教育孩子的，没有理由为他们挂孝。从前,鲁昭公幼年丧母,有个慈母待他很好,等到这个慈母死了,昭公于心不忍,要为她挂孝。有关的人就向昭公报告说:'按照古时的礼节,对慈母不须挂孝,现在您要为之挂孝,那是违背古礼和扰乱国法。如果您坚持这样办,那么,我们将把此事记入史册以传之后世,这样一来损失可就大了,恐怕还是不要这样办为好。'昭公辩解说:'古时候天子也有平常戴着练冠表示为其生母挂孝的。'昭公不忍心不挂孝,于是就头戴练冠为慈母挂孝。为慈母挂孝,是从鲁昭公开始的。"

【原文】

曾子问曰:"诸侯旅见天子①,入门,不得终礼,废者几?"孔子曰:"四。""请问之。"曰:"大庙火,日食,后之丧,雨沾服失容,则废。如诸侯皆在而日食,则从天子救日,各以其方色与其兵②。大庙火,则从天子救火,不以方色与兵。"曾子问曰:"诸侯相见,揖让入门,不得终礼,废者几?"孔子曰:"六。""请问之。"曰:"天子崩,大庙火,日食,后、夫人之丧,雨沾服失容,则废。"曾子问曰:"天子尝、禘、郊、社、五祀之祭③,簠簋既陈④,天子崩,后之丧,如之何?"孔子曰:"废。"曾子问曰:"当祭而日食,大庙火,其祭也如之何?"孔子曰:"接祭而已矣⑤。如牲至未杀,则废⑥。天子崩,未殡,五祀之祭不行,既殡而祭。其祭也,尸入,三饭不侑⑦,酳不酢而已矣⑧。自启至于反哭,五祀之祭不行。已葬而祭,祝毕献而已⑨。"

注释

①旅:众。

②各以其方色与其兵:东方诸侯衣青,用戟;南方诸侯衣赤,用矛;西方诸侯衣白,用弩;北方诸侯衣黑,用盾;中央诸侯衣黄,用鼓。古人认为日食是阴侵阳造成的,所以各以其方色与武器来助阳驱阴。下文的太庙火不是阴侵阳造成的,所以不这样做。

③尝禘郊社:见本篇上文注。五祀:诸侯五祀,天子七祀,大夫三祀,详本书《祭法》。

④簠簋(fǔ guǐ 抚轨):古代盛放祭祀所用谷物之器。方的叫簠,圆的叫簋。这里泛指所有祭品。

⑤接祭:即简捷的祭祀。简化祭祀步骤,迅速结束祭祀。

⑥如牲至未杀二句：牲已杀，则意味神已降临，祭便不可废；牲未杀，则意味神尚未降，故祭可废。

⑦三饭不侑：尸吃了三口饭之后，祝不再劝尸继续吃够应吃之数。按规矩，士祭则尸九饭，大夫祭则尸十一饭，诸侯十三饭，天子十五饭。

⑧酳(yìn 印)不酢：尸食毕，主人酳酒请尸漱口，这叫酳。尸漱过之后，按礼还应当回敬主人，现在被省掉了，所以说"不酢"。

⑨祝毕献而已：按照祭礼的进行程序，主人酳酒酳尸，尸酢主人。主人饮毕，然后酳酒献祝，祝饮毕，主人再酳酒献佐食（佐尸进食者），主人初献之礼才算完毕。现在是已葬而祭，虽然比着既殡而祭可以多进行一两个节目，但因为毕竟还不是吉祭，所以只进行到向祝献酒为止。

【今译】

曾子问道："众多诸侯一同朝见天子，已经进入太庙的门，但未能把朝见之礼进行到底，不得不中途而废，这样的情况有几种？"孔子答道："四种。"曾子说："请问是哪四种？"孔子答道："太庙失火，日蚀，王后去世，大雨淋湿衣服而有失仪容，在这四种情况下就停止行礼。如果所有诸侯都在场而发生日蚀，那就要跟随天子去救日，救的时候，哪一方的诸侯就穿哪一方颜色的衣服和拿着当方的武器；如果是太庙失火，也要跟随天子去救火，但在诸侯的穿衣和武器方面没有要求。"曾子又问道："诸侯互相访问，主人已把客人礼让进门，但未能按程序行礼到底，不得不中途而废，这样的情况有几种？"孔子答道："六种。"曾子说："请问哪六种？"孔子答道："天子驾崩，太庙失火，日蚀，王后去世，国君夫人去世，大雨淋湿衣服而造成仪容不整，遇到这六种情况，就得中止行礼。"曾子又问道："天子宗庙之祭，天地之祭，七祀之祭，各项准备工作都已作好，这时如果天子突然驾崩，或者王后去世，该怎么办？"孔子答道："祭祀停止进行。"曾子又问道："如果正在祭祀的时候而发生了日蚀，或太庙失火，祭礼还要不要继续进行呢？"孔子答道："在这种情况下，要简化程序，赶快进行。如果牺牲已被牵来但尚未杀，祭礼就应停止。天子驾崩，灵柩未入殡宫之前，不举行五祀之祭，等到灵柩已迁入殡宫，然后举行祭祀。但祭祀的程序要简化，尸入席之后，吃了三口饭，此后就不再劝吃；主人酳酒请尸漱口，尸在漱过之后也不再回敬主人，程序到此就算结束。自启殡到葬后反哭期间，不可举行五祀之祭。葬后虽然可以进行，但也要简化程序，进行到主人向祝献酒就算结束。"

【原文】

　　曾子问曰:"诸侯之祭社稷,俎豆既陈①,闻天子崩、后之丧、君薨、夫人之丧,如之何?"孔子曰:"废。自薨比至于殡,自启至于反哭,奉帅天子②。"

注释

　　①俎豆:两种礼器。俎用以盛放牲体,豆用以盛放菹醢。这里泛指祭祀所用的一切礼器。
　　②奉帅天子:遵循天子之法。即上节所言,自初死到入殡,自启殡至反哭,皆不祭。此后之祭,也应简化程序。详上节。

【今译】

　　曾子问道:"诸侯的祭祀社稷,所有的礼器已经摆设停当,这时忽然听到天子驾崩、王后去世、国君去世、国君夫人去世的噩耗,该怎么办?"孔子答道:"祭祀立刻停止。从初死到入殡,从启殡到反哭,这期间,祭与不祭,如何祭,都遵循天子在这种情况下的作法。"

【原文】

　　曾子问曰:"大夫之祭①,鼎俎既陈,笾豆既设②,不得成礼,废者几?"孔子曰:"九。""请问之。"曰:"天子崩,后之丧,君薨,夫人之丧,君之大庙火,日食,三年之丧③,齐衰④,大功⑤,皆废。外丧自齐衰以下,行也。其齐衰之祭也,尸入,三饭不侑,酳不酢而已矣;大功,酳而已矣;小功、缌,室中之事而已矣⑥。士之所以异者,缌不祭⑦;所祭,于死者无服则祭。"

注释

　　①祭:指宗庙之祭。
　　②鼎:礼器。用以烹煮牲体。笾:礼器。用以盛放果实。
　　③三年之丧:指父母之丧。子为父服斩衰三年,父卒为母服齐衰三年。
　　④齐衰:齐衰之丧。如祖父母、伯父母、叔父母之丧便是。

⑤大功:大功之丧。即大功亲属去世,如堂兄弟之丧便是。以上皆指内丧,即同族之丧。

⑥室中之事而已矣:据《少牢馈食礼》,主人、主妇、宾长献尸,皆在室中进行。所以,所谓"室中之事而已矣",就是祭礼进行到主人、主妇、宾长在室中向尸献了酒为止。此后本来还应在堂上举行傧尸礼,即把尸作为宾客来招待一番,因遇丧而省掉了。从齐衰到缌,关系愈疏远,祭礼的节目愈周备。

⑦缌不祭:缌不祭,则小功也自然不祭。这样一来,大夫有九种情况停止祭祀,士则有十一种,因为又加上了缌麻和小功两种。

【今译】

曾子问道:"大夫的宗庙之祭,各种祭品都已准备妥当,但却不能进行到底,以至中途而废,导致这种情况出现的原因有哪些?"孔子答道:"原因有九。"曾子又问:"请问哪九种原因?"孔子答道:"天子驾崩,王后去世,国君去世,国君夫人去世,国君的太庙失火,日蚀,父母去世,祖父母、伯父母去世,堂兄弟去世,遇到这九种情况发生,祭祀就要停止。至于外族亲属去世,凡齐衰以下者,祭祀都可继续进行,但也应简化程序。具体地说,外丧属于齐衰亲属者,在祭祀时,尸入室内,吃了三口饭,便不再劝他继续吃,食毕,主人酌酒请尸漱口,尸漱过后便不再回敬,进行到这节目就应结束;外丧属于大功之亲的,还可以在此基础上加上尸回敬主人酒的节目;外丧属于小功、缌麻之亲的,祭祀可以在此基础上继续进行到主人、主妇、宾长向尸献酒为止。在这个问题上,士和大夫所不同的是,即使有缌麻之亲在祭祀时去世,祭祀也应停止。但是,如果所祭的祖先与死者已经没有丧服关系,那么祭祀可以照常进行。"

【原文】

曾子问曰:"三年之丧,吊乎?"孔子曰:"三年之丧,练①,不群立,不旅行。君子礼以饰情,三年之丧而吊哭,不亦虚乎②?"

【注释】

①练:指代小祥。即一周年之祭。
②虚:假。郑玄说:"为彼哀则不专于亲,为亲哀则是妄吊。"

【今译】

　　曾子问道:"在居父母之丧期间,可以到别人家去吊丧吗?"孔子答道:"居父母之丧,到了小祥的时候,还不和众人立在一起,不和众人一道走路。君子是通过礼来表达感情的,现在你自己正处在丧失父母的极大沉痛之中而到别人家去吊丧哭泣,这种哭泣岂不成为虚假的了吗?"

【原文】

　　曾子问曰:"大夫、士有私丧①,可以除之矣,而有君服焉,其除之也如之何?"孔子曰:"有君丧服于身,不敢私服,又何除焉!于是乎有过时而弗除也。君之丧服除,而后殷祭②,礼也。"曾子问曰:"父母之丧,弗除可乎?"孔子曰:"先王制礼,过时弗举③,礼也。非弗能勿除也,患其过于制也。故君子过时不祭,礼也。"

注释

　　①私丧:门内亲属之丧。
　　②殷祭:盛大之祭。此指小祥、大祥二祭。
　　③过时弗举:礼以饰情,情随时变,时过境迁,情已非旧,故曰"过时弗举,礼也"。

【今译】

　　曾子问道:"大夫、士正在为私亲挂孝,到了可以除孝的时候了,而国君忽然去世,又须要为国君穿斩衰的孝服,在这种情况下,原有的孝服还除去不除去?"孔子答道:"如果是正在为国君穿孝服,就不敢再为自己的亲人穿孝服,因为为国君的孝服重于为私亲的孝服。明白了这一点,就知道原有的孝服是没有理由除掉的。于是乎就出现了大夫、士过了丧期还不能除去孝服的现象。等到为国君服丧期满,才可以为私亲举行小祥、大祥之祭,这是合乎礼的。"曾子又问道:"为父母所穿的孝服,永远不除可以吗?"孔子答道:"先王制定礼仪,错过了时间就不再举行,这是正理。先王并不是不能作出永远不除的规定,问题是人们是否都能做到。既然不能做到,那么还是规定个时限为好。所以君子错过了祭祀的时间就不再补行,这是合乎礼的。"

【原文】

曾子问曰:"君薨,既殡,而臣有父母之丧,则如之何?"孔子曰:"归居于家,有殷事则至君所①,朝夕否②。"曰:"君既启,而臣有父母之丧,则如之何?"孔子曰:"归哭而反送君③。"曰:"君未殡,而臣有父母之丧,则如之何?"孔子曰:"归殡,反于君所,有殷事则归,朝夕否。大夫,室老行事④;士,则子孙行事。大夫内子⑤,有殷事,亦之君所,朝夕否。"

注释

①殷事:指每月初一、十五向死者亡灵进献食品的祭奠。因为较朝夕奠盛大,故曰殷事。殷,盛大。
②朝夕:朝夕奠。既殡以后,每天早晚各一次的祭奠。
③归哭:服君服而归哭父母。
④室老:大夫家中的总管。
⑤内子:大夫的嫡妻。据《仪礼·丧服》,大夫嫡妻为夫之国君,如儿媳为公婆,应服齐衰。

【今译】

曾子问道:"国君死,灵柩已经停在殡宫,这时候臣子的父母突然去世,该怎么办?"孔子答道:"臣子应该回家料理父母的丧事,但每逢初一、十五举行殷奠时,要赶回国君的殡宫,至于朝夕之奠,可以不回去。"曾子又问:"国君的灵柩已经启殡,这时候臣子的父母突然去世,该怎么办?"孔子答道:"应该穿着为国君的孝服回家哭泣致哀,然后赶快折回为国君送葬。"曾子又问:"国君死,尚未停柩殡宫,这时候臣子的父母突然去世,该怎么办?"孔子答道:"臣子可以回家料理丧事,直到父母入殡,然后再回到国君的殡宫。家中初一、十五的殷奠,可以回去,至于朝夕奠,就不再回去。大夫家的朝夕奠,由室老代行;士家的朝夕奠,由子孙代行。大夫的正妻,每逢初一、十五的殷奠,也要到国君的殡宫去参加;至于朝夕奠,可以不去。"

【原文】

贱不诔贵①,幼不诔长,礼也。唯天子②,称天以诔之③。诸侯相诔,非礼也。

【注释】

①诔(lěi 垒):罗列死者生前事迹,表示哀悼的文字。是为死者议定谥号的重要依据。
②唯:通"虽"。
③称天以诔之:天子至尊,无人敢诔。因此,群臣要在天子死后祭天,以天的名义为天子作诔。

【今译】

卑贱者不能为尊贵者作诔,晚辈不能为长辈作诔,这是礼的规定。虽然贵为天子,也要以天的名义为他作诔。诸侯互相作诔,不合礼的规定。

【原文】

曾子问曰:"君出疆以三年之戒①,以椑从②。君薨,其入如之何?"孔子曰:"共殡服③,则子麻弁绖,疏衰,菲,杖④。入自阙⑤,升自西阶⑥。如小敛⑦,则子免而从柩⑧,入自门,升自阼阶。君、大夫、士一节也。"

【注释】

①三年之戒:死的准备。国君的丧期是三年,所以叫三年之戒。
②椑(pí 脾):诸侯之棺三重,其最内层叫椑。《檀弓上》:"君即位而为椑。"
③殡服:大敛至殡时所服之服。郑玄说是麻布做的深衣,头戴布弁,上有麻绖,腰绖的多余部分散垂着。
④麻弁绖:布弁而加环绖(环绖是个麻绳圈)。疏衰:即齐衰。孝子本当为父服斩衰,因柩未至,尚未成服,故服齐衰。菲:蒯草编织的草鞋,用作丧屦。
⑤入自阙:破墙而入。即《檀弓上》所说的"毁宗"。
⑥升自西阶:西阶是宾客之阶。这意味着对死者已经当作宾客看待。
⑦如小敛:指死时离国不远,尸体小敛之后即运回国内。因尚未大敛,故用生前仪式待死者。
⑧免(wèn 问):一种丧冠。详见《檀弓上》注。

【今译】

　　曾子问道:"国君出国要为自己的万一不幸去世作准备,所以带着紧贴尸身的棺材同行。如果国君真的死了,应当如何把椵运回来呢?"孔子答道:"给执事人等提供殡服,孝子头戴麻弁绖,身穿齐衰,脚穿草鞋,手扶丧棒。灵柩从打坏庙墙的阙口进入,从西阶抬上堂。如果死者是小敛后运回来的,孝子就头戴着免跟在灵柩后面,从大门进来,从东阶抬上堂,其礼数和生前一样。大夫、士死于境外者,其运椵回国的礼数和国君是一样的。"

【原文】

　　曾子问曰:"君之丧既引①,闻父母之丧,如之何?"孔子曰:"遂。既封而归②,不俟子③。"曾子问曰:"父母之丧既引,及涂,闻君薨,如之何?"孔子曰:"遂。既封,改服而往④。"

**注释**

　　①引:牵引柩车。指出殡。
　　②封:郑玄说当作"窆"(biǎn 贬),下棺。下文"既封"之"封"同此。
　　③不俟子:不等待孝子。因为下棺之后,孝子还要封土、谢宾、谢乡人等,这些活动闻父母之丧者就不参加了。
　　④改服:孝子送葬父母,穿的是斩衰或齐衰孝服,现在去奔国君之丧,不敢以私丧包至尊,所以要换成始丧之服,即去掉冠饰,露出发笄,用网巾包住发髻,光脚,把深衣前幅的下摆掖进腰带。详见本书《问丧》。

【今译】

　　曾子问道:"国君的灵柩已经出殡发引,这时候臣子突然得到父母去世的噩耗,该怎么办?"孔子回答:"那就要先把国君的灵柩送到墓地,下了棺就可以回自己家料理丧事,不必再等孝子封土、谢宾、谢乡人了。"曾子又问:"父母的灵柩已经出殡上路,这时候突然听到国君去世的噩耗,该怎么办?"孔子答道:"先把父母的灵柩送到墓地,下棺之后,就连忙改换服装去奔国君之丧。"

【原文】

　　曾子问曰:"宗子为士①,庶子为大夫②,其祭也如之何?"孔子曰:

"以上牲祭于宗子之家③,祝曰:'孝子某为介子某荐其常事④。'若宗子有罪,居于他国,庶子为大夫,其祭也,祝曰:'孝子某使介子某执其常事。'摄主不厌祭⑤,不旅⑥,不假⑦,不绥祭⑧,不配⑨。布奠于宾⑩,宾奠而不举⑪,不归肉⑫。其辞于宾曰:'宗兄宗弟宗子在他国⑬,使某辞。'"

### 注释

①宗子:嫡长子,为一宗之主。
②庶子:宗子以外之子皆谓庶子。庶,众也。
③上牲:指少牢,即一羊一猪。按礼,大夫祭用少牢,士祭用特豚(一头猪)。于宗子之家:因为庙在宗子家。庶子家不得立庙。
④孝子某:孝子,指宗子。某,宗子之名。介子某:介子,指庶子。某,庶子之名。庶子而称介子,名义上好听点,这样似乎就有资格参加祭祀了。荐其常事:进献通常的祭祀。
⑤厌祭:祭祀时不用尸作代表,以食品直接供奉祖先使之饱食。厌,亦作"餍",饱食。厌有阳厌,有阴厌,详下文。
⑥不旅:不旅酬。见前节注。
⑦不假:不嘏。假,通"嘏"。不嘏,祝不代神向主人致祝福之辞。
⑧绥祭:也叫"堕祭"。指由佐食从俎豆上取下当祭之物以授主人或尸,使之祭。佐食但取下而已。郑玄说:"下祭曰堕。"
⑨不配:祝的祝辞中没有"以某妃配某氏"的话。以上的五不,是由于摄主代行祭祀,所以礼数有减省。如由宗子主祭,就无此减省。
⑩布奠:主人向宾敬酒时,把酒放在脯醢的北面。奠,指觯,即酒杯。
⑪宾奠:宾把主人的敬酒端过来,放在脯醢的南面。按常规,下面只要宾一举起此杯,旅酬就开始了。
⑫归:通"馈",赠送。
⑬宗兄宗弟宗子:这是摄主的话。摄主如与宗子平辈,可称"宗兄"或"宗弟";如果不是平辈,可称"宗子"。

### 【今译】

曾子问道:"宗子的爵位是士,而庶子却是大夫,其祭礼该如何进行呢?"孔子答道:"用大夫的礼,备少牢祭于宗子之家,祝辞要说:'孝子某代替介子进献供品祭祀。'如果宗子有罪,住在别的国家,而庶子爵为大夫,祭祀的时候,祝辞就要说:'孝子某让介子某代行祭祀。'凡代替宗子主持的祭祀，就要简化程序，不厌祭，不旅酬，不祝福，不绥祭，祝词中不讲以某妃配食的话。主人向宾劝酒，宾取过酒杯放下，不举杯进行旅酬。祭的末了，也不向来宾分赠祭肉。庶子对来宾致辞说：'宗兄（或宗弟、或宗子）现在他国，派我代行祭祀，并让我向诸位致意。'"

【原文】

曾子问曰："宗子去在他国，庶子无爵而居者，可以祭乎？"孔子曰："祭哉！""请问其祭如之何？"孔子曰："望墓而为坛，以时祭。若宗子死，告于墓而后祭于家。宗子死，称名不言孝①，身没而已②。子游之徒③，有庶子祭者，以此若义也。今之祭者，不首其义，故诬于祭也。"

注释

①称名不言孝：即在祝词中只称"子某荐其常事"。因为只有宗子才可以称"孝子"。宗子在，庶子可称介子；今宗子不在，即不可再称"介子"。可比较上节"孝子某为介子某荐其常事"句。

②身没而已：庶子死后，其子即庶子之嫡子，祭此庶子即可自称"孝子"，祭此庶子之父也可自称"孝孙"。

③子游之徒以下：徐师曾说："子游之徒"以下的话，不是孔子的话，而是记者的话。此若：此。若，此也。这里是同义词连用。

【今译】

曾子问道："宗子有罪逃到他国，没有爵位的庶子还留在国内，可以祭祀祖先吗？"孔子答道："可以祭的。"曾子又问："请问该怎样祭呢？"孔子答道："庶子可以在朝着祖先墓地的方向上筑坛，一年四季按时祭祀。如果宗子已死，则可以先到祖先墓地把情况禀告一番，然后在自己家中进行祭祀。因为宗子已经不在，所以祭祀就以自己的名义进行，但不得自称'孝子'，直到身死为止。子游的那帮学生中，有以庶子身份祭祖的，就是照此道理办事。如今庶子的祭祀，根本就不明白这个道理，所以就成了胡闹乱来。"

【原文】

曾子问曰："祭必有尸乎？若厌祭亦可乎①？"孔子曰："祭成丧者

必有尸。尸必以孙,孙幼,则使人抱之。无孙,则取于同姓可也。祭殇必厌,盖弗成也。祭成丧而无尸,是殇之也。"孔子曰:"有阴厌②,有阳厌③。"曾子问曰:"殇不祔祭④,何谓阴厌阳厌?"孔子曰:"宗子为殇而死,庶子弗为后也。其吉祭⑤,特牲⑥。祭殇不举,无肵俎,无玄酒,不告利成⑦,是谓阴厌。凡殇与无后者,祭于宗子之家,当室之白⑧,尊于东房,是谓阳厌。"

**注释**

①厌祭:见前节注。

②阴厌:厌祭之一。在尸未入室之前,将供品放在室内阳光照射不到的西南角的祭祀。

③阳厌:厌祭之一。在尸出室之后,将祭品放在室内阳光可以照到的西北角的祭祀。

④祔:郑玄说当作"备",声近而误。

⑤吉祭:未成年而死者,其葬后的祔庙之祭属吉礼,不再算丧礼。

⑥特牲:一头牛。祭殇应用特豚,即一头猪为祭品。因为此殇是宗子,升格为特牲。

⑦祭殇不举四句:按《仪礼·特牲馈食礼》,在有尸的祭祀中,"佐食举肺脊(肺和猪脊骨)以授尸",主人向尸进献"肵(qí 祈)俎"(敬尸之俎叫肵俎。肵,敬也。肵俎上盛的是心和舌),设有"玄酒"(玄酒即清水。因上古无酒,以清水为酒。以其色玄,故名),在无算爵之后,祝要向主人报告"利成"(供养尸的礼仪完毕。利,养也。)现在是无尸之祭,祭殇既不备礼,上述节目就统被省去了。

⑧当室之白:指室之西北角。因为西北角有天窗可以透亮,故称。

**【今译】**

曾子问道:"祭祀时非得有尸不可吗?像厌祭那样也可以吗?"孔子答道:"祭祀成年的死者,一定要有尸。尸必须以同昭或同穆的孙辈充当。亲孙子如果幼小,充当尸时可以使人抱着。如果没有亲孙子,可以从同姓的孙子辈中挑选一个。祭未成年而死者,一定要采用厌祭,因为他们还没有成人。祭成年死者而无尸,那等于把他们当作殇来看待了。"孔子又说:"厌祭有两种,一是阴厌,一是阳厌。"曾子问道:"祭殇的礼数简单,什么叫阴厌、阳厌?"孔子答道:"宗子没有成年而死,其他庶子是不能作他的后嗣的。在为其祔庙而举行的吉祭时,用一头牛作牺牲。但因为他是未成年而死，所以不举肺脊，没有肵俎，没有玄酒，最后也不报告养尸之礼完成。这就叫阴厌。凡其他未成年而死者，以及死而无后者，都祭于宗子之家，把祭品摆设在室内的西北角，把酒樽设在东房。这就叫阳厌。"

【原文】

曾子问曰："葬引至于堩①，日有食之，则有变乎？且不乎？"孔子曰："昔者，吾从老聃助葬于巷党②，及堩，日有食之。老聃曰：'丘！止柩，就道右，止哭以听变。'既明反，而后行。曰：'礼也。'反葬，而丘问之曰：'夫柩，不可以反者也。日有食之，不知其已之迟数③，则岂如行哉？'老聃曰：'诸侯朝天子，见日而行，逮日而舍奠。大夫使，见日而行，逮日而舍。夫柩不蚤出，不莫宿④。见星而行者，唯罪人与奔父母之丧者乎？日有食之，安知其不见星也？且君子行礼，不以人之亲痁患⑤。'吾闻诸老聃云。"

【注释】

①堩(gèng 更)：道，路。王念孙认为此句当作"葬既引，至于堩"，即脱"既"字。

②巷党：党名。

③迟数(sù 速)：迟速。数，通"速"。

④莫："暮"的古字。

⑤痁(diàn 电)：通"坫"，临近。此王引之说。

【今译】

曾子问道："出葬已经发引，柩车已经上路，这时忽然日蚀，礼数有什么变化吗？或者没有任何变化呢？"孔子答道："从前，我跟着老聃在巷党助人送葬，柩车也已上路，突然发生日食。老聃喊道：'丘！把灵柩停下，靠着路的右边停放，都不要哭，静以待变。'等日蚀过后，柩车又继续前进。老聃说：'按礼就应这样做。'葬毕返回，我就请教老聃：'柩车只能前进，不能后退。日蚀这种现象，谁也不知道要持续多久，与其在路旁等候，还不如继续前进呢。'老聃说：'诸侯去朝见天子，每天日出而行，傍晚太阳尚未落山就找个地方休息，并且祭奠随行的迁庙主。大夫出使,也是每天日出而行,太阳未落就找个地方休息。灵柩不可在天亮之前就出殡,也不可到天黑下来才止宿。披星戴月而赶路的,大概只有罪人和奔父母之丧的人吧。刚才日蚀,天空一片黑暗,我们怎么会知道天空不定在什么时候会出现星星呢,那样岂不成了披星而行了吗?再说,君子行事依礼,总不能使别人的亲属有遇上灾祸的危险呀。'我听老聃讲的这番话。"

【原文】

曾子问曰:"为君使而卒于舍,礼曰:'公馆复①,私馆不复。'凡所使之国,有司所授舍,则公馆已②,何谓'私馆不复'也?"孔子曰:"善乎问之也!自卿、大夫、士之家曰私馆。公馆与公所为曰公馆③。'公馆复',此之谓也。"

注释

①复:招魂。
②已:通"矣"。
③公所为:国君指定的旅舍。

【今译】

曾子问道:"奉国君之命出使他国,不幸而死于主国馆舍,礼书上说:'死在公家的招待所可以招魂,死在私人的招待所就不招魂。'可是凡使者所到之国,该国的接待部门总是要为使者安排住处的,这可以看作就是公家招待所了,那么,所谓'死在私人的招待所就不招魂'怎么解释呢?"孔子答道:"这个问题提得好!住在卿、大夫、士之家叫做私人招待所。诸侯建的宾馆和国君指定的下榻处叫做公家招待所。所谓'死在公家的招待所可以招魂',指的就是这些地方。"

【原文】

曾子问曰:"下殇①,土周葬于园②,遂舆机而往③,涂迩故也。今墓远,则其葬也如之何?"孔子曰:"吾闻诸老聃曰:'昔者史佚有子而死④,下殇也,墓远。召公谓之曰:"何以不棺敛于宫中⑤?"史佚曰:"吾敢乎哉?"召公言于周公,周公曰:"岂不可?"史佚行之。'下殇用棺衣棺,自史佚始也。"

> 【注释】

①下殇:据《仪礼·丧服传》,未成人而死曰殇,年十九至十六曰长殇,年十五至十二为中殇,年十一至八岁为下殇,八岁以下叫无服之殇。
②土周:即《檀弓上》的"堲周"。烧土为砖,围于棺外,以代替椁。
③舆:抬。机:载尸体的工具。形如老式担架,但不用布,而用绳子交错编织。
④史佚:周成王时的太史,名佚。
⑤何以不棺敛于宫中:按:棺敛于宫中是葬成人之礼。对于下殇,只能用舆机把尸体抬到墓地。

【今译】

曾子问道:"八岁到十一岁的孩子死后,在园子里挖个坑,坑的四周用砖砌上,然后用'机'把尸体抬去下葬,这是由于路近的缘故。如果墓地较远,其葬法该怎样办呢?"孔子答道:"我听老聃讲过:'从前史佚有个儿子死了,年龄也是八到十一岁,墓地较远。召公对史佚说:"你干嘛不先在家里将尸体成殓入棺呢?"史佚说:"这是违礼的事,我怎么敢呢?"召公就在周公面前讲了此事,周公表态说:"这有什么不可以呢?"于是史佚就照召公说的做了。'埋葬下殇而在家成殓入棺,是从史佚开始的。"

【原文】

曾子问曰:"卿、大夫将为尸于公,受宿矣①,而有齐衰内丧,则如之何?"孔子曰:"出,舍于公馆以待事②,礼也。"孔子曰:"尸弁冕而出③,卿大夫士皆下之,尸必式。必有前驱。"

> 【注释】

①受宿:接受邀请。宿,通"速",招也。谓预招使来。尸是通过三天前的占筮择定的。受宿必斋戒。
②舍于公馆:为尸是吉事,内丧是凶事,吉凶不可同处,所以要从家中出来,舍于公馆。
③尸弁冕:尸的头上或戴弁,或戴冕。通常做国君祭祀的尸是戴冕的,但在尸所代表的国君先祖身份是士时,则戴弁。

**【今译】**

　　曾子问道:"卿大夫将在国君的祭祀中作尸,已经接受邀请并斋戒了,这时突然有家门内齐衰之亲去世,该怎么办?"孔子答道:"要从家里出来,住在国君的公馆里等待祭祀,这才合礼。"孔子又说:"尸出门时,或戴弁,或戴冕,这要看他这个尸所代表的祖先是何身份而定;卿大夫士在路上遇到尸,都要下车致敬,而为尸者也须凭轼答礼。尸出行,一定有在前开道的人。"

**【原文】**

　　子夏问曰:"三年之丧,卒哭,金革之事无辟也者①,礼与?初有司与?"孔子曰:"夏后氏三年之丧,既殡而致事②,殷人既葬而致事③。《记》曰:'君子不夺人之亲,亦不可夺亲也④。'此之谓乎?"子夏曰:"金革之事无辟也者,非与?"孔子曰:"吾闻诸老聃曰:'昔者鲁公伯禽有为为之也⑤。'今以三年之丧从其利者,吾弗知也。"

**注释**

　　①金革:指打仗,战争。辟:通"避"。
　　②致事:如今人之请假不上班。
　　③殷人既葬而致事:郑玄注此句云:"周卒哭而致事。"在有的版本中,此句作"周人卒哭而致事"七字,并且不是注文,而是大字经文,疑是。
　　④《记》曰二句:这个《记》,是《礼记》出现之前的《记》。亲:丧亲的哀痛。
　　⑤伯禽:周公的儿子,封于鲁。有为:有特殊情况。周公死时,徐戎作乱,伯禽无法守丧三年,不得不在卒哭之后就出兵讨伐。这是为了国家利益。

**【今译】**

　　子夏问道:"居父母之丧,卒哭之后,就不可拒绝战争的征召,这是礼当如此呢?还是当初有关部门的权宜之计呢?"孔子答道:"居父母之丧,在夏代是在入殡之后就不再上班,在殷代是在下葬之后就不再上班,在周代是在卒哭之后就不再上班,目的就是为了要让孝子专心致志地守孝三年。古《记》上说:'作为国君,不可强迫臣子抛开丧亲的哀痛;而孝子本人,也不可自己忘掉丧亲的哀痛。'说的就是这个道理。"子夏又问道:"如此说来,战争的征召不可拒绝这件事是不合礼的吧?"孔子答道:"我听老聃讲过:'从前鲁公伯禽在卒哭之后就兴兵征伐,那是在特殊情况下不得已而为之。'现在的人,在居父母之丧期间为了私利而从事战争,我就不知其原因何在了。"

# 礼记全译

## 文王世子第八

【题解】

本篇由六节组成。第一节是《文王之为世子》,记周文王、周武王如何当世子,以及周公如何教育成王之事。第二节是《教世子》,记大学教育世子及士之法。第三节是《周公践阼》,记三王教世子之法及孔子论教世子的重要性。第四节记庶子正公族之法,即庶子之官如何管理国王的族人。第五节记天子视学养老之礼。第六节是《世子之记》,与第一节内容大旨相同。由于《文王之为世子》一节在本篇开头,所以就以《文王世子》名篇。周代如何重视对世子及其他贵族子弟的教育,从本篇中可以窥其一斑。

【原文】

文王之为世子,朝于王季①,日三。鸡初鸣而衣服,至于寝门外,问内竖之御者②,曰:"今日安否何如?"内竖曰:"安。"文王乃喜。及日中,又至,亦如之。及莫③,又至,亦如之。其有不安节④,则内竖以告文王,文王色忧,行不能正履。王季复膳,然后亦复初。食上,必在视寒暖之节⑤;食下,问所膳。命膳宰曰:"末有原⑥。"应曰:"诺。"然后退。武王帅而行之,不敢有加焉⑦。文王有疾,武王不说冠带而养⑧。文王一饭,亦一饭;文王再饭,亦再饭。旬有二日乃间⑨。

【注释】

①王季:周文王的父亲,名季历,亦称公季,武王灭商后,追尊为王季。
②内竖:宫内小臣,负责内外信息的上传下达。御者:值日者,值班者。
③莫:"暮"的古字。
④节:指饮食起居。王夫之疑此'节'字衍。
⑤在:察。燠:同"暖"。
⑥末:勿,毋。原:再。指把剩饭再次进上。
⑦加:增益。意谓文王对王季的孝养已经达到尽善尽美,无以复加。
⑧不说冠带:意谓日夜守候在侧。说,通"脱"。
⑨间:谓痊愈。

【今译】

　　文王当太子的时候,每天三次到他父亲王季那里去请安。第一次是鸡叫头遍就穿好了衣服,来到父王的寝门外,问值班的内竖:"今天父王的一切都平安吧?"内竖回答:"一切平安。"听到这样的回答,文王就满脸喜色。第二次是中午,第三次是傍晚,请安的仪节都和第一次一样。如果王季身体欠安,内竖就会向文王禀告,文王听说之后,就满脸忧色,连走路都不能正常迈步。王季的饮食恢复如初,然后文王的神态才能恢复正常。每顿饭端上来的时候,文王一定要亲自察看饭菜的冷热;每顿饭撤下去的时候,文王一定要问吃了多少。同时交待掌厨的官员:"吃剩的饭菜不要再端上去。"听到对方回答"是",文王才放心地离开。武王做太子时,就以文王做太子时的行为为榜样,不敢有一点走样。文王如果有病,武王就头不脱冠衣不解带地昼夜侍养。文王吃饭少,武王也就吃饭少;文王吃饭增多,武王也就随着增多。如此这般的十二天以后,文王的病也就好了。

【原文】

　　文王谓武王曰:"女何梦矣?"武王对曰:"梦帝与我九龄①。"文王曰:"女以为何也?"武王曰:"西方有九国焉,君王其终抚诸②?"文王曰:"非也。古者谓年龄,齿亦龄也。我百,尔九十,吾与尔三焉。"文王九十七乃终,武王九十三而终。

【注释】

①九龄:一本作"九聆"。其义不详。本节所记,颇有荒诞不经之语。
②抚:占有。

【今译】

　　文王问武王道:"你做过什么梦吗?"武王答道:"我梦见天帝给我九龄。"文王说:"你认为这个梦是暗示什么呢?"武王说:"西方还有九国尚未归顺,君王您大概最终要将他们占有吧。"文王说:"你理解的不对。古代把年也叫做龄,齿也是龄。我的寿限是一百,你的寿限是九十,我把我的寿限给你三年。"于是,文王活到九十七岁就死了,而武王活到九十三岁才死。

【原文】

　　成王幼,不能莅阼①,周公相,践阼而治②。抗世子法于伯禽,欲令成王之知父子、君臣、长幼之道也③。成王有过,则挞伯禽,所以示成王世子之道也。——《文王之为世子》也④。

【注释】

①莅阼:临视阼阶。即天子即位。特指履行天子职务。
②践阼:天子即位,皇帝登基。此指周公暂摄王位,代行天子职务。
③父子、君臣、长幼之道:下文有较详阐述。
④《文王之为世子》:这是第一节的篇题。上古篇题在后。

【今译】

　　成王年幼,不能即位履行天子职务,由周公出面辅助,代行天子职权。周公把教育太子的一套规定搬了出来,要求自己的儿子伯禽在陪伴成王时首先做到,目的就是要让成王懂得父子、君臣、长幼之道。成王如果有做不到的地方,周公就痛打伯禽,使成王看了懂得如何做个太子。以上是《文王之为世子》。

【原文】

　　凡学世子及学生①,必时。春夏学干戈②,秋冬学羽籥③,皆于东序④。小乐正学干,大胥赞之;籥师教戈⑤,籥师丞赞之。胥鼓《南》⑥。春诵夏弦,大师诏之⑦。瞽宗秋学礼,执礼者诏之;冬读《尚书》,典《尚书》者诏之。礼在瞽宗⑧,《书》在上庠⑨。

**注释**

①学(xiào 效):同"敩",教导。本节之"学"皆同此。学士:太学生。也叫"俊士"。详《王制》。

②干戈:两种兵器。此指以干戈为舞具的武舞。

③羽籥:羽指雉羽。籥是古代管乐器,形似排箫。二者是跳文舞时手中所执舞具。

④东序:夏代的大学。周立四代之学,即有虞氏的上庠,夏代的东序,殷代的瞽宗,周代的辟雍。皆为周之太学。

⑤小乐正、大胥、籥师:皆乐官名。小乐正相当《周礼》的乐师。大胥、籥师。亦并见《周礼·春官》。

⑥胥鼓《南》:旄人(官名)教国子南夷之乐时,大胥则击鼓以节其音曲。《南》,南夷之乐。

⑦大(tài 太)师:乐官之长。诏:教导。

⑧瞽宗:见注④。

⑨上庠:见注④。

**【今译】**

凡教育太子及太学生,一定要因时制宜。春夏二季教手执干戈的武舞,秋冬二季教手执羽籥的文舞,地点都是在东序。小乐正负责教执干舞,大胥帮助他;籥师负责教执戈舞,籥师丞帮助他。旄人负责教南夷之乐,大胥则在旁击鼓为节。春季诵读诗章,夏季练习为诗章谱曲,这两项都由太师来教。秋冬在瞽宗学礼,由主管礼的官员来教。冬季读《书》,由精通《书》的官员来教。教礼是在瞽宗,教《书》是在上庠。

**【原文】**

凡祭与养老乞言、合语之礼①,皆小乐正诏之于东序。大乐正学舞干戚②。语说、命乞言,皆大乐正授数,大司成论说在东序③。凡侍坐于大司成者,远近间三席④。可以问,终则负墙。列事未尽,不问。

【注释】

①养老乞言：在行养老之礼时，向老人乞求善言。合语：大家互相交谈。类似今之自由发言。《乡射记》："古者于旅也语。"表明合语是宴会进行到旅酬时的一项节目。

②大（dài）乐正：乐官之长，掌国子（太学生）之教。干戚：干是盾，戚是斧形兵器。

③大司成：官名。郑玄说是大司徒的属官师氏，也负责国子教育。

④三席：一席的宽度是三尺三寸三分强，三席的宽度就是所谓"函丈"。

【今译】

凡是祭祀、养老乞言和合语的礼节，都由小乐正在东序教太子及太学生。太乐正教他们手执干戚的武舞。合语、养老乞言的礼节，都由太乐正传授其义理，由大司成评说，地点也在东序。凡在大司成身旁陪坐，与大司成之间要有三席的距离。可以向大司成发问，问毕则退回靠墙的位置。大司成的话还没有讲完，不可发问。

【原文】

凡学，春官释奠于其先师①，秋冬亦如之。凡始立学者，必释奠于先圣先师②，及行事必以币。凡释奠者，必有合也③，有国故则否。凡大合乐④，必遂养老。

【注释】

①释奠：学校中祭先圣、先师的一种祭礼。春季的释奠，由春季的主讲教师主持。如上文"春诵夏弦，大师诏之"，那么春季的释奠就由太师主持。夏、秋、冬三季亦然。经文中没有提到夏季，那是省文。四季释奠的祭品比较简单，只有脯、醢等几种简单的祭品，没有牲牢；程序也简单，没有迎尸以下的诸事。释，舍也，置也。奠，所陈设也。先师：已去世的有道德的教授《诗》《书》《礼》《乐》的名家。

②先圣：周公、孔子一流的人。

③合：合乐。即音乐、舞蹈都有的表演。

④大合乐：天子视学时的合乐规模盛大，故称。在大合乐的次日，举行养老之礼。

【今译】

每季开学，都要向先师行释奠礼。春季的释奠由春季的主讲教师主持,夏、秋、冬三季也是这样。凡是诸侯根据天子命令始建的学校,一定要对先圣先师行释奠礼,而且祭品要比平常贵重,用束帛。凡行释奠礼,必有音乐、舞蹈的联合演出;如果碰上国家有战争灾荒,那就只行释奠礼,取消演出。凡天子视学时的大规模音乐、舞蹈演出的次日,天子一定要接着举行养老之礼。

【原文】

凡语于郊者①,必取贤敛才焉,或以德进,或以事举,或以言扬。曲艺皆誓之②,以待又语。三而一有焉,乃进其等,以其序,谓之郊人③,远之于成均④,以及取爵于上尊也⑤。始立学者,既兴器用币⑥,然后释菜⑦,不舞不授器。乃退,傧于东序⑧。一献⑨,无介、语可也⑩。——《教世子》。

注释

①语:考核,考评。郊:指郊学。
②曲艺:指不登大雅之堂的小手艺,如医、卜、射、御之类。誓:戒饬。
③郊人:如果是科班出身,即在校的正式学生,不仅可以有"选士"、"俊士"之称,还可以享受国家某些优待。详见《王制》。曲艺不是入仕的正途,被人另眼相看,即令成绩优异,也不能称"选士"、"俊士",而只能称"郊人"。郊人享受的待遇也低,见下文。
④成均:相传为五帝时太学名,周代作为太学四学之一。
⑤上尊:堂上的酒杯。举行乡饮酒礼时,作为宾、介才有资格取堂上之尊,酌酒以回敬主人。此言郊人无此资格。
⑥兴:"衅"字之误。衅,礼乐之器制成后,杀牲祭之,并以牲血涂之。
⑦释菜:轻于释奠的一种祭祀,祭品只有苹蘩之属。因为轻于释奠,所以没有合乐,当然也就没有舞蹈,也就用不着分发舞具。
⑧傧(bìn 膑):以礼招待来宾。
⑨一献:谓一献之礼,是主人与宾所行一献、一酢、一酬之礼。主人先敬宾酒,这叫献;宾又回敬主人酒,这叫酢;主人先自饮,然后再斟酒以劝宾饮,这叫酬;宾接过主人的酒杯放下不饮,以示礼成。这就是一献之礼的全过程。
⑩介:傧相,宾的随从。语:指合语。见上。

【今译】

凡是在郊学中考评学生,一定要把出类拔萃的人才举荐上来。有的因品德优异而被录取,有的因才能卓绝而被选拔,有的因善于辞令而被录用。对于有一技之长的手艺人,也在训话中加以劝勉,促其上进,以待下次考评。对于有一技之长的人,如果三个问题他有一个回答得好,就按照曲艺系列晋升其等级,并称之谓"郊人"。"郊人"的待遇低于选士、俊士,他们不能进入国家最高学府,也不能在乡饮酒礼中充当宾、介。诸侯国刚开始建立学校的,对新制成的礼乐之器要杀牲祭之,并涂以牲血,祭时要用束帛。然后举行释菜礼,此后没有歌舞演出,也用不着分发舞具。礼毕,在东序招待来宾,用一献之礼,没有傧相,没有合语,简单完事就行了。——以上为《教世子》节。

【原文】

凡三王教世子①,必以礼乐。乐,所以修内也;礼,所以修外也。礼乐交错于中,发形于外,是故其成也怿②,恭敬而温文。立大傅、少傅以养之③,欲其知父子君臣之道也。大傅审父子君臣之道以示之,少傅奉世子以观大傅之德行而审喻之。大傅在前,少傅在后;入则有保,出则有师④。是以教喻而德成也。师也者,教之以事而喻诸德者也。保也者,慎其身以辅翼之,而归诸道者也。《记》曰:"虞夏商周有师、保,有疑、丞⑤。设四辅及三公⑥,不必备,唯其人。"语使能也。君子曰:"德,德成而教尊,教尊而官正,官正而国治,君之谓也。"仲尼曰:"昔者周公摄政,践阼而治,抗世子法于伯禽,所以善成王也。闻之曰:'为人臣者,杀其身有益于君则为之。'况于其身以善其君乎⑦?周公优为之。"是故,知为人子,然后可以为人父;知为人臣,然后可以为人君;知事人,然后能使人。成王幼,不能莅阼,以为世子,则无为也⑧。是故抗世子法于伯禽,使之与成王居,欲令成王之知父子君臣长幼之义也。君之于世子也,亲则父也,尊则君也,有父之亲,有君之尊,然后兼天下而有之,是故养世子不可不慎也。行一物而三善皆得者,唯世子而已,其齿于学之谓也⑨。故世子齿于学,国人观之,曰:"将君我而与我齿让,何也?"曰:"有父在则礼然。"然而众知父子之道矣。其二曰:"将君我而与我齿让,何也?"曰:"有君在则礼然。"然而众著于君臣之义也。其三曰:"将君我而与我齿让,何也?"曰:"长长也。"然而众知长幼之节矣。故父在斯为子,君在斯谓臣,居子与臣之节,所以尊君亲亲也。故学之为父子焉⑩,学之为君臣焉,学之为长幼焉。父子君臣长幼之道得而国治。语曰:"乐正司业⑪,父师司成⑫,一有元良⑬,万国以贞⑭。"世子之谓也。——《周公践阼》。

### 注释

①三王:夏、商、周三代之君。
②怿(yì 译):和顺。
③大傅、少傅:皆官名,负责对太子的教育,通常皆由他官兼充此职。
④大傅在前四句:这四句话中的"前"、"后"、"人"、"出"是互文,意谓此四人总在太子身边,形影不离。保:官名,也是负责太子教育的官。
⑤疑、丞:皆辅佐太子的官号。疑,可能是负责解答太子疑问之官。丞,可能是负责记录太子言行的官。
⑥四辅:指辅佐太子的师、保、疑、丞。三公:辅佐天子的太师、太保、太傅。
⑦于其身:变通一下他的身份。于,通"迂",曲折,委曲。伯禽本非世子,今以世子法要求之,藉以开譬成王,是"于其身"也。
⑧则无为也:是没有什么意义的。为,通"谓"。因为世子是对君父而言,现在武王已死,成王就失去了履行世子法的必要条件。
⑨齿于学:谓太子在太学学习期间,不因自己是太子而事事特殊,而是和其他太学生一样,以年龄的大小为序。
⑩学(xiào 效):通"敩",教也。下同。
⑪司业:负责学业。业,指《诗》《书》《礼》《乐》等。
⑫父师:即太师。王引之说:父,通"甫",大也。司成:主管优秀品德之养成。
⑬元:大也。
⑭贞:正也。

### 【今译】

夏商周三代的国君在教育太子时,一定要用礼乐。乐,可以陶冶精神;礼,可以美化外表。礼乐互相渗透于心,表现于外,其结果就能使太子顺利成长,养成外貌恭敬而又有温文尔雅的气质。设立太傅、少傅来培养太子,目的是要让他知道父子、君臣的关系该如何相处。太傅的责任是把父子、君臣之道讲说明白并且身体力行做出榜样,少傅的责任是把太傅所讲的、所做的给太子仔细分析使之领会。太傅、少傅、师、保,他们时时刻刻都在太子左右,形影不离,所以他们讲的内容太子都能够明白,而太子的美德也就容易培养成功。师的责任,是把古人的行事说给太子听,并分析其善恶得失,使太子懂得择善而从。

保的责任,是谨言慎行,以身作则,以此来影响太子,从而使太子的一言一行都合乎规范。古《记》上说:"虞夏商周四代,有师、保、疑、丞作为太子的辅佐。设立四辅及三公之官,不一定全套都设,有合适的人选则设,否则就不设,宁缺勿滥。"这话的意思是说设官必须任能。君子说:"太子的道德非常重要,太子的道德养成了,负责教育太子的师保也会被人尊重;负责教育太子的师保受人尊重,则百官正直;百官正直,就会国家大治。这是指太子有朝一日为君而言的。"仲尼说:"从前周公代替成王处理国事,治理天下,把教育太子的一套规定搬了出来,要求自己的儿子伯禽在陪伴成王时做到,这是为了使成王养成好的品德。听人说:'作臣子的,如果牺牲自己但却能为国君带来好处,这样的事就值得做。'何况仅仅是暂时改变一下身份就能使国君从中得到好处呢?周公自然是乐于这样做的。"所以,懂得了如何做人的儿子,然后才可以做人的父亲;懂得了如何做人的臣子,然后才可以做人们的国君;懂得了如何侍奉他人,然后才能使唤他人。成王年幼,不能即位,把他作为太子来培养,也没有什么实际意义。所以周公才把教育太子的一套规定搬了出来,要求本来不是太子的伯禽遵守,让伯禽整天和成王在一起,就是想叫成王懂得父子、君臣、长幼的道理。国君和太子的关系,从血缘来讲是父亲,从尊卑来讲是国君,既有为父之亲,又有为君之尊,然后才能统治天下,由此可见,培养太子不可不慎重。做一件事情而能同时得到三个好的结果,只有太子一人而已,这是指太子在太学里不摆架子,不自命不凡,而是按年龄大小来和同学们叙礼之事而言。所以,太子在太学中按年龄大小与众叙礼,国人看到后,说:"太子是我们未来的国君却与我们按年龄叙礼,如此谦让是为什么呢?"回答是:"太子有父在就礼当如此。"于是众人也就懂得父子之道了。这是第一个好结果。第二个,有人会问:"太子是我们未来的国君却与我们按年龄叙礼,如此谦让是为什么呢?"回答是:"太子在有国君在的时候就礼当如此。"于是众人也就明白君臣之义了。第三个,还有人会问:"太子是我们未来的国君却与我们按年龄叙礼,如此谦让是为什么呢?"回答是:"年幼者应当尊敬年长者。"于是众人也就明白长幼之间的礼节了。所以说,父在,太子就是儿子;君在,太子就是臣子,太子具有儿子和臣子的双重身份,所以他既要尊敬国君,也要热爱父亲。所以要教育他如何处理好父子关系,如何处理好君臣关系,如何处理好长幼关系。父子、君臣、长幼的关系处理得好，然后国家才可以得到治理。古人有这样一句话："乐正负责太子的学业精进，太师负责太子的道德培养，造就一个德业卓绝的领袖，天下便会得到太平。"说的就是太子。——以上是《周公践阼》。

【原文】

　　庶子之正于公族者①，教之以孝弟、睦友、子爱②，明父子之义，长幼之序。其朝于公，内朝则东面北上③，臣有贵者以齿，庶子治之，虽有三命，不逾父兄④。其在外朝⑤，则以官，司士为之⑥。其在宗庙之中，则如外朝之位，宗人授事⑦，以爵以官。其登馂、献、受爵⑧，则以上嗣⑨。其公大事⑩，则以其丧服之精粗为序⑪，虽于公族之丧亦如之，以次主人。若公与族燕⑫，则异姓为宾，膳宰为主人⑬，公与父兄齿。族食，世降一等⑭。其在军，则守于公祢⑮。公若有出疆之政，庶子以公族之无事者守于公宫⑯，正室守大庙⑰，诸父守贵宫贵室⑱，诸子诸孙守下宫下室⑲。五庙之孙，祖庙未毁，虽为庶人，冠、取妻者必告，死必赴⑳，练祥则告㉑。族之相为也，宜吊不吊㉒，宜免不免㉓，有司罚之。至于赗赙承含㉔，皆有正焉。

### 注释

①庶子：官名。也叫"诸子"。属《周礼·夏官》。负责管理公卿大夫士之子。正，通"政"。公族：国君的族人。

②弟(tì悌)：同"悌"，敬爱兄长。子：通"慈"。

③内朝：即燕朝，是处理族人事务之所。内朝，犹言在宫内朝见国君。

④庶子治之三句十二字：原在下文"则以上嗣"之下，今据孔颖达疏移此。按《周礼·地官·党正》："一命齿于乡里，再命齿于父族，三命而不齿。"一命，指爵位为士；二命，指大夫；三命，指卿。意谓有了卿的爵位，在集会时就可以不以年龄和他人叙礼了。

⑤外朝：此指路门外的治朝，是国君每日视朝之处。

⑥司士：官名。也是夏官大司马的属官，负责"正朝仪之位，辨其贵贱之等"。

⑦宗人：官名。掌礼仪及宗庙事务。

⑧登馂(jùn俊)：登堂分食祭后剩下的食品。献：指嗣子向尸献酒。受爵：指嗣子饮奠觯。按《特牲馈食礼》，是先受爵，次献，最后登馂。

⑨上嗣：主人的嫡长子。因嫡长子负有传重的使命。

⑩大事:指死丧。

⑪丧服之精粗:丧服越粗,表示与死者关系越亲;丧服越精,表示与死者关系越疏。所以,丧服的精粗,等于关系的远近。

⑫燕:通"宴"。

⑬膳宰为主人:膳宰是主厨者。这里是膳宰代替国君为主人。因为国君尊贵,不便亲自劝酬,所以让膳宰代理主人。

⑭世降一等:随着世系的逐渐疏远而递降等级。例如一世同父,最亲;二世同祖,亲次之;三世同曾祖,亲又次之;四世同高祖,亲又次之;再往上溯,就出了五服。同父者如果一年聚餐四次,同祖者则一年三次,同曾祖者则一年二次,同高祖者则一年一次。

⑮公祢:此指行主,即《曾子问》中的"迁主"。

⑯公宫:国君的宫殿。

⑰正室:公族之嫡子。

⑱贵富贵室:王引之说"贵宫"二字是衍文。贵室,指路寝。

⑲下宫:指亲庙。即高、曾、祖、祢四庙。下室:指燕寝。

⑳赴:同"讣"。

㉑练祥:练指小祥(一周年)之祭,祥指大祥(两周年)之祭。

㉒吊:对六世以上的族人,只有吊唁之礼。

㉓免(wèn 问):一种丧冠。详《檀弓上》注。这是对出了五服的族人的丧服。

㉔赗(fēng 奉)赙(fù 傅)承含:赗,赠送丧家用以助葬的车马。赙,赠送丧家财物以助办丧事。承,郑玄说是"赠"字之误。赠,是赠给死者的随葬物。含,用于死者口中所含的珠玉之类。

【今译】

　　庶子的政务是管理国君的族人,用孝悌、睦友、慈爱的伦理教育他们,使他们明白父子关系的含义,长幼之间的礼节。国君的族人朝见国君,如果是在内朝,则面向东,以北为上位;朝臣中如有地位尊贵者,其位置顺序也只按照年龄辈分排列,由庶子负责安排,即令是贵为上卿,其位置也要在父兄之后。如果是在外朝,那就要以官爵的高低排列位置,由司士具体负责。如果是在宗庙之中,位置的排列如同外朝,根据爵位的高低和官职的不同,由宗人负责给他们分派差使。但是,祭祀中的登堂分食祭品、向尸献酒、饮莫觯,这些事一定要由国君的嫡长子来做。遇到国君的丧事,则按照丧服的精粗排列顺序,即令是国君族人的丧事,也照此办理,由孝子领头,其后按亲疏关系逐个往下排。如果是国君与族人宴饮,就要由异姓的人作宾,由膳宰代理主人,以便酬酢尽礼。至于席位的座次,国君对其父辈兄辈,还要按辈分年龄来排。合族聚餐的活动,按照族人与国君的亲疏关系,每隔一世则递降一等。族人如果随军外出,要守卫在行主旁边。国君如果有出国活动,庶子留守国内,就要派公族中没有职事的人守卫宫庭,派公族中的嫡子守卫太祖之庙,派诸父辈守卫路寝,派诸子辈守卫亲庙,派诸孙辈守卫燕寝。同一高祖的子孙,只要高祖的神主尚未迁出,即使有的族人已沦为平民,遇到举行冠礼、娶妻,一定要向国君禀告,有丧事也要讣告,到了小祥、大祥之祭,也要禀告。族人之间的互相往来,应该吊唁的不去吊唁,应该戴免的不戴免,有关官员将给予处罚。至于赗赙赠含,也都有一定之规。

【原文】

公族其有死罪,则磬于甸人①。其刑罚,则纤剸②,亦告于甸人。公族无宫刑③。狱成,有司谳于公④,其死罪,则曰:"某之罪在大辟⑤。"其刑罪,则曰:"某之罪在小辟。"公曰:"宥之。"有司又曰:"在辟。"公又曰:"宥之。"有司又曰:"在辟"。及三宥,不对,走出,致刑于甸人。公又使人追之,曰:"虽然,必赦之。"有司对曰:"无及也。"反命于公。公素服不举⑥,为之变,如其伦之丧,无服,亲哭之⑦。

注释

①磬:指吊死,有如后来的绞刑。甸人:掌郊野之官。死罪的执行,非公族在市朝,公族及有爵者在郊野。
②纤(jiān尖)剸(tuán团):指死刑以外的宫刑、膑刑、墨刑、劓刑、刖刑。纤,通"歼",刺也。剸,割也。
③宫刑:毁坏生殖器官的刑罚。
④谳(yàn燕):此为"请示"义。
⑤大辟(pì僻):指死刑。辟,罪,法。
⑥素服:以白色生绢制成的素衣、素裳、素冠。郑玄说,"素服于凶事为吉,于吉事为凶,非丧服也"。不举:不用盛馔,食时也不举乐。
⑦亲哭之:朱熹说,"亲哭之"之下,脱"于异姓之庙"五字。

【今译】

国君的族人如果犯有死罪,则交付甸人将其绞死。国君的族人如果犯有刑罪,则或针刺或刀割,也告于甸人由其执行。国君的族人犯罪,不适用宫刑,这是为了不绝其类。案件判决之后,有关官吏向国君请示,如果所犯是死罪,就说:"族人某某所犯之罪属于大辟。"如果所犯是刑罪,就说:"族人某某所犯之罪属于小辟。"国君说:"饶了他吧。"有关官吏则回答:"法不容恕。"国君又说:"饶了他吧。"有关官吏也照旧回答:"法不容恕。"等到国君第三次求情,有关官员就不再回答,径自走出,将犯人交付甸人行刑。国君又派人追来,传命说:"即令有罪,也一定要赦免他。"有关官员回答说:"已经来不及了。"行刑之后,报告国君。国君为其改穿素服,取消盛馔,并依照与死者亲疏关系应有的礼数,为之改变日常生活。但因其有辱祖宗,所以不为之穿孝,而亲哭之于异姓之庙。

【原文】

　　公族朝于内朝,内亲也。虽有贵者以齿,明父子也。外朝以官,体异姓也①。宗庙之中,以爵为位,崇德也。宗人授事以官,尊贤也。登馂、受爵以上嗣,尊祖之道也。丧纪以服之轻重为序②,不夺人亲也。公与族燕则以齿,而孝弟之道达矣。其族食世降一等,亲亲之杀也③。战则守于公祢,孝爱之深也。正室守大庙,尊宗室,而君臣之道著矣。诸父诸兄守贵室,子弟守下室,而让道达矣。五庙之孙,祖庙未毁,虽及庶人,冠、取妻必告,死必赴,不忘亲也。亲未绝而列于庶人,贱无能也。敬吊、临、赗、赙④,睦友之道也。古者庶子之官治,而邦国有伦;邦国有伦,而众乡方矣⑤。公族之罪,虽亲,不以犯有司正术也⑥,所以体百姓也。刑于隐者⑦,不与国人虑兄弟也。弗吊,弗为服,哭于异姓之庙,为忝祖⑧,远之也。素服居外,不听乐,私丧之也,骨肉之亲无绝也。公族无宫刑,不翦其类也⑨。

【注释】

①体:体贴,亲近。
②纪:犹事也。
③杀(shài 晒):等差,差别。
④临(lìn 吝):哭吊死者。
⑤方:仁义,礼义。

⑥术:法。
⑦隐者:指不于市朝而于郊野。
⑧忝(tiǎn 舔):辱。
⑨自"庶子之正于公族者"至此,为本篇的第四节,节题已脱。

【今译】

　　国君的族人可以在内朝朝见,这表示族人内部的相亲。族人中即使有地位高贵者也得按辈分叙礼,这是表示父子之情重于爵位贵贱。在外朝朝见以官位高低为序,这是为了表示对异姓的亲近。宗庙之中,按爵位高低安排位置,这是表示尊崇有德之人。宗人按照官职分派差使,这是表示尊重贤人。登堂分食祭品、饮奠觯的工作由嫡长子来做,这是表示尊祖敬宗。丧事以丧服的轻重为序,这是为了避免亲疏关系乱套。国君同族人一道宴饮,其席位按辈分年龄排列,这样一来,孝悌的道理就体现出来了。合族聚餐,每隔一代,递降一等,这表示对待亲疏是有区别的。作战时由族人守卫行主,这表示孝敬祖先的深切。由嫡子们守卫太庙,这是表示尊重宗室,而君臣之道也可从而得到体现。由诸父诸兄守卫路寝,子辈孙辈守卫燕寝,谦让之道也就体现出来了。彼此是同一个高祖的子孙,祖庙的神主尚未迁出,那么大家就都是五服以内的亲属,即令有的人沦为平民,在加冠、娶亲的时候也要向国君禀告,死了也一定要讣告,这是表示不忘记亲属。有的族人与国君的血亲关系还没有超过五服而已沦为平民,这表示国君卑视无能之人。对族人的丧事,吊唁、哭临、赠送财物、赠送车马,这体现了同族人的互相关心和帮助。古时候,只要庶子之官能够胜任其职,国家就会井然有序;国家井然有序,民众也就争着趋向礼义了。国君的族人犯罪,尽管有亲属关系,国君也不因此而干扰司法部门的公正执行法令,以此表明公族犯法,与庶民同罪。在隐蔽之处行刑,这是为了不使国人联想到族人自相残杀。对犯了死罪的族人,不去吊唁,不为之穿孝,哭于异姓之庙,这是因为他有辱祖宗,所以疏远他。但又为之改穿素服,住在室外,不听音乐,这只是表示个人的哀悼,骨肉之亲的感情尚存。公族犯罪,不适用于官刑,这是为了不绝其后代。

【原文】

　　天子视学,大昕鼓徵①,所以警众也②。众至,然后天子至,乃命有司行事,兴秩节③,祭先师先圣焉。有司卒事反命,始之养也④。适东序,释奠于先老⑤,遂设三老、五更、群老之席位焉⑥。适馔省醴,养老之珍具⑦,遂发咏焉⑧。退,修之以孝养也。反⑨,登歌《清庙》⑩,既歌而语⑪,以成之也。言父子、君臣、长幼之道,合德音之致,礼之大者也。下管《象》⑫,舞《大武》⑬,大合众以事⑭,达有神,兴有德也。正君臣之位、贵贱之等焉,而上下之义行矣。有司告以乐阕⑮,王乃命公侯伯子男及群吏曰:"反养老幼于东序⑯。"终之以仁也。是故圣人之记事也,虑之以大,爱之以敬,行之以礼,修之以孝养,纪之以义,终之以仁。是故古之人一举事,而众皆知其德之备也。古之君子,举大事必慎其终始,而众安得不喻焉。《兑命》曰:"念终始典于学⑰。"

**注释**

①大昕(xīn 欣):天刚发亮。昕,太阳将要出来的时候。
②警众:使太学生们起床。
③兴:举行。秩节:常礼。
④养:指举行养老典礼的地方。即下文的"东序"。
⑤先老:先代的三老、五更。
⑥三老:三公年老致仕者。三老一人。五更:卿年老致仕者。五更一人。群老:大夫年老致仕者。群老无数。按:天子养老之礼亡,以乡饮酒礼言之,席位的安排,三老如宾,五更如介,群老如众宾。详《乡饮酒礼》。对三老、五更、群老,天子以父兄养之,目的是为天下做出孝悌的示范。
⑦珍:美味,美食。
⑧发咏:奏乐迎接三老、五更、群老。
⑨反:指三老、五更、群老升堂就席。因为天子在"修之以孝养"时,三老等人是立于西阶下。
⑩《清庙》:《诗经·周颂》的篇名,是祭祀文王的乐歌,诗中赞美文王之盛德。
⑪语:合语。见前注。
⑫下:堂下。管:指管乐。《象》:舞曲名,是武王伐纣时的乐曲。
⑬《大武》:舞蹈名。《大武》即《象》,盖《象》指舞曲而言,《大武》指舞蹈而言。
⑭众:指众学士,即太学生。
⑮阕(què 却):终了。
⑯反养老幼于东序:阮元《校勘记》以"幼"为衍字。张敦仁《抚本礼记郑注考异》和孙诒让《十三经注疏校记》不同意阮校。

⑰《兑(yuè悦)命》:即《说命》,《尚书》篇名。按:自"天子视学"至此句为第五节,记天子视学养老之礼,题目已脱落。

【今译】

　　天子视察太学这一天,天刚亮就擂起集合的鼓声,好让学生们迅速起床。学生们到齐之后,等待天子驾临,于是命令有关官员开始行事,举行常规的礼仪,祭奠先圣先师。有关官员把这些事情做完后向天子报告,天子这才动身到举行养老典礼的会场。天子来到东序,亲自释奠于先老,然后就安排三老、五更、群老的席位。天子亲自检查肴馔酒醴,过问孝敬老人的各种美味是否齐备。当这一切就绪之后,于是奏乐迎接被养的贵宾。贵宾进门后先即位于西阶下,天子退酌醴酒敬献,行孝养老人之礼。礼毕,贵宾登堂入席,由乐队登堂歌唱《清庙》。歌毕,贵宾们自由发言,谈听歌的感想,以成就天子养老的重要意义。贵宾的发言,都是围绕着父子、君臣、长幼之道,以印证《清庙》之歌的深刻涵义,这是养老礼中最重要的环节。堂下管乐队奏着《象》曲,舞蹈队跳着《大武》的舞蹈,挑选大批的学生从事演奏,以表达周之灭商,是天命神授,文王、武王有德当兴。明确了君臣之位、贵贱之等,上下的关系就容易处理了。等到有关官员报告演奏完毕,天子就命令与会的公侯伯子男诸侯及百官:"你们回去后也要在东序举行养老之礼。"天子以这句仁及天下的话结束了这场养老之礼。所以,圣人的记录养老之事,是从大处着眼,爱老敬老,以典礼的形式进行,极尽其孝养的能事,不仅记述的都合乎义理,而且末了还体现了天子的大恩大德。因此,古人举行一次大的典礼,众人可以从中看出他的无德不备。古时的君子,举行大的典礼,从头到尾都极其谨慎,这样一来,众人怎会不理解其意义呢。《说命》中说:"思念终和始常在于学习。"

【原文】

　　《世子之记》曰①:朝夕至于大寝之门外②,问于内竖曰:"今日安否何如?"内竖曰:"今日安。"世子乃有喜色。其有不安节,则内竖以告世子,世子色忧不满容③。内竖言"复初",然后亦复初。朝夕之食上,世子必在视寒暖之节;食下,问所膳。羞,必知所进,以命膳宰,然后退。若内竖言"疾",则世子亲齐玄而养④。膳宰之馈,必敬视之;疾之药,必亲尝之。尝馔善⑤,则世子亦能食;尝馔寡,世子亦不能饱。以至于复初,然后亦复初。

**注释**

①《世子之记》:郑玄说,《世子之礼》亡,此存其《记》。本篇开头部分内容与此近似,可能就是本之此《记》。

②大寝:即路寝,正寝。

③不满容:表情失常。

④齐玄:齐,通"斋",斋戒。玄,指玄冠、玄端(缁布衣)。即黑色的帽子和衣服。

⑤善:谓较前增多。

**【今译】**

《世子之记》上说:作为太子,应于一早一晚到父王路寝门外,向内竖问道:"父王今天身体好吗?"内竖回答:"今天很好。"听到这种回答,太子才面有喜色。父王如有身体不适,内竖就应向太子报告,太子就面有忧色,表情失常。等到内竖报告说国王已经康复,然后太子的一切也才恢复正常。早晚的饭菜端上来时,太子一定要察看饭菜的凉热是否合适;饭菜撤下来时,太子要问父王吃得怎样。父王的饭菜,一定要知道下顿该进什么,向掌厨的官员交代清楚,然后才离开。如果内竖报告父王患病较重,太子就要亲自斋戒祈祷,穿戴玄冠玄端,精心侍养。厨房送来的饭菜,一定要仔细检查;治病的药,一定要自己先尝一尝。父王如果能够较多进食,则太子也能随着多吃;父王如果进食较少,则太子也不可能吃饱。只有到了父王一切恢复正常之日,太子才能一切恢复正常。

# 礼记全译

# 礼运第九

【题解】

郑玄说:"名曰《礼运》者,以其记五帝三王相变易,阴阳转旋之道。"所谓"五帝三王相变易",是指社会由五帝时的大同演变为三王时的小康,其分水岭便是由德治变为礼治。此篇作者似乎认为大同社会一去而不复返,便着力赞美小康社会,对于支撑和维护小康社会的礼,自然也赞不绝口,大讲礼的由来,大讲社会需要礼的紧迫性,大讲圣人如何承天道、顺人情而实行礼治。其中含有当时流行的阴阳五行思想。周予同先生认为本篇"至早出于战国末年,甚或出于汉初"。篇中论述大同社会的一节对中国政治思想史影响甚巨,它反映了先民对天下为公的美好社会的憧憬,对致力于改造社会的后人多有启示。

【原文】

昔者仲尼与于蜡宾①,事毕,出游于观之上②,喟然而叹。仲尼之叹,盖叹鲁也。言偃在侧③,曰:"君子何叹?"孔子曰:"大道之行也④,与三代之英⑤,丘未之逮也,而有志焉。大道之行也,天下为公,选贤与能⑥,讲信修睦。故人不独亲其亲,不独子其子,使老有所终,壮有所用,幼有所长。矜寡孤独废疾者⑦,皆有所养。男有分,女有归⑧。货,恶其弃于地也,不必藏于己;力,恶其不出于身也,不必为己。是故谋闭而不兴,盗窃乱贼而不作。故外户而不闭。是谓大同。今大道既隐,天下为家,各亲其亲,各子其子,货力为己。大人世及以为礼⑨,城郭沟池以为固⑩,礼义以为纪,以正君臣,以笃父子,以睦兄弟,以和夫妇,以设制度,以立田里,以贤勇知,以功为己。故谋用是作,而兵由此起。禹、汤、文、武、成王、周公,由此其选也。此六君子者,未有不谨于礼者也,以著其义,以考其信,著有过,刑仁讲让⑪,示民有常。如有不由此者,在执者去⑫,众以为殃。是谓小康。"

### 注释

①蜡(zhà 乍):周代十二月合聚万物而索飨之之祭。详本书《郊特牲》篇。

②观(guàn 冠):古代王宫门前两侧的高台。也叫"阙"、"象魏"。因为此处是悬示教令之处,故名观。今北京故宫门前尚有此种建筑。

③言偃:孔子弟子,姓言名偃,字子游,以文学著称,为孔门七十二贤人之一。

④大道:指下文大同社会的道德准则。

⑤三代之英:指夏商周三代的杰出君主,即下文的禹、汤、周文王、武王、成王、周公。

⑥与:通"举"。

⑦矜寡孤独:解详《王制》。废疾:废指伤残,疾指患病。

⑧归:女子出嫁。此指夫家。

⑨世及:父子相传叫"世",兄死而弟即位叫"及"。

⑩沟池:护城河。

⑪刑:通"型",典型、法则。

⑫执(shì 势):古"势"字。

### 【今译】

从前,孔子曾作为来宾参与蜡祭,祭毕,孔子出来到宫门外的高台上散步,不禁感慨而叹。孔子的感叹,当是感叹鲁君的失礼。言偃在一旁问道:"老师为什么叹气呢?"孔子说:"大道实行的时代,和夏商周三代杰出君主在位的时代,我没有赶得上,而内心深怀向往。大道实行的时代,天下是公共的,大家推选有道德有才能的人为领导,彼此之间讲究信誉,相处和睦。所以人们不只把自己的亲人当作亲人,不只把自己的子女当作子女,使老年人都能安度晚年,壮年人都有工作可做,幼年人都能健康成长,矜寡孤独和残废有病的人,都能得到社会的照顾。男子都有职业,女子都适时而嫁。对于财物,人们只是不愿让它白白地扔在地上,倒不一定非藏到自己家里不可;对于气力,人们生怕不是出在自己身上,倒不一定是为了自己。所以勾心斗角的事没有市场,明抢暗偷作乱害人的现象绝迹。所以,门户只须从外面带上而不须用闩上锁。这就叫大同。现在,大同社会的准则已经被破坏了,天下成为一家所有,人们各自亲其双亲,各自爱其子女,财物生怕不归自己所有,气力则唯恐出于己身。天子、诸侯的宝座,时兴父传于子,兄传于弟。内城外城加上护城河,这被当作防御设施。把礼义作为根本大法,用来规范君臣关系,用来使父子关系亲密,用来使兄弟和睦,用来使夫妇和谐,用来设立制度,用来确立田地和住宅,用来表彰有勇有智的人,用来把功劳写到自己的账本上。因此,勾心斗角的事就随之而生,兵戎相见的事也因此而起。夏禹、商汤、周文王、武王、成王、周公,就是在这种情况下产生的佼佼者。这六位君子,没有一个不是把礼当作法宝,用礼来表彰正义,考察诚信,指明过错,效法仁爱,讲究礼让,向百姓展示一切都是有规可循。如有不按礼办事的,当官的要被撤职,民众都把他看作祸害。这就是小康。"

【原文】

言偃复问曰:"如此乎礼之急也?"孔子曰:"夫礼,先王以承天之道,以治人之情,故失之者死,得之者生。《诗》曰:'相鼠有体,人而无礼。人而无礼,胡不遄死①!'是故夫礼,必本于天,殽于地②,列于鬼神,达于丧、祭、射、御、冠、昏、朝、聘③。故圣人以礼示之,故天下国家可得而正也。"

【注释】

①《诗》曰四句:见今《诗经·鄘风·相鼠》。相:视也。遄(chuán 船):迅速。
②殽:通"效"。
③御:邵懿辰说是"乡"字之误,是。乡,指乡饮酒礼。

【今译】

言偃又问道:"礼果真就是这样的紧要吗?"孔子说:"礼,是先王用来遵循天的旨意,用来治理人间万象的,所以谁失掉了礼谁就会死亡,谁得到了礼谁就能生存。《诗经》上说:'你看那老鼠还有个形体,做人怎能无礼。如果做人而无礼,还不如早点死掉为好!'因此,礼这个东西,一定是源出于天,效法于地,参验于鬼神,贯彻于丧礼、祭礼、射礼、乡饮酒礼、冠礼、婚礼、觐礼、聘礼之中。所以圣人用礼来昭示天下,而天下国家才有可能步入正轨。"

【原文】

言偃复问曰:"夫子之极言礼也,可得而闻与?"孔子曰:"我欲观夏道,是故之杞①,而不足征也,吾得《夏时》焉②。我欲观殷道,是故之宋③,而不足征也,吾得《坤乾》焉④。《坤乾》之义,《夏时》之等,吾以是观之。夫礼之初,始诸饮食,其燔黍捭豚⑤,汙尊而抔饮⑥,蒉桴而土鼓⑦,犹若可以致其敬于鬼神。及其死也,升屋而号,告曰:'皋——某复⑧!'然后饭腥而苴孰⑨。故天望而地藏也⑩,体魄则降,知气在上,故死者北首⑪,生者南乡。皆从其初。昔者先王未有宫室,冬则居营窟,夏则居橧巢⑫;未有火化,食草木之实、鸟兽之肉,饮其血,茹其毛;未有麻丝⑬,衣其羽皮。后圣有作,然后修火之利,范金⑭,合土⑮,以为台榭宫室牖户;以炮,以燔,以亨,以炙⑯,以为醴酪。治其麻丝,以为布帛,以养生送死,以事鬼神上帝。皆从其朔。故玄酒在室,醴醆在户,粢醍在堂,澄酒在下⑰,陈其牺牲,备其鼎俎⑱,列其琴瑟管磬钟鼓,修其祝嘏⑲,以降上神与其先祖,以正君臣⑳,以笃父子㉑,以睦兄弟㉒,以齐上下㉓,夫妇有所㉔。是谓承天之祜。作其祝号㉕,玄酒以祭,荐其血毛㉖,腥其俎㉗,孰其殽㉘;与其越席㉙,疏布以幂㉚;衣其浣帛㉛,醴醆以献,荐其燔炙㉜。君与夫人交献㉝,以嘉魂魄,是谓合莫㉞。然后退而合亨㉟,体其犬豕牛羊㊱,实其簠簋笾豆铏羹㊲,祝以孝告,嘏以慈告,是谓大祥。此礼之大成也。"

注释

①杞:周代的诸侯国名。周武王灭商后,封夏禹后裔于杞。公元前445年灭于楚。

②《夏时》:夏代的历书。今存者有《夏小正》一篇,见《大戴礼记》。

③宋:周代诸侯国名。周公平定武庚叛乱后,将殷纣王的庶兄微子启封于宋。公元前286年为齐所灭。

④《坤乾》:大约是殷代的《易》,因《坤》卦在《乾》卦之前,故名。

⑤捭(pí 脾):通"粺",烧烤。
⑥汙(wā 洼)尊:在地上挖个小坑当作盛酒之器。抔(póu 裒):掬,用两手捧。
⑦蕢(kuài 块):通"块",土块。
⑧皋:叹词,疑相当于今天向远处打招呼时喊"喂"的拖长。某:死者名。
⑨饭腥:以生食含在死者口里。饭指饭含,腥,指未经作熟的生食。苴(jū 拘)孰:用草苇叶子包着熟食。这是指送葬时。苴,包也。孰,古"熟"字。
⑩天望:谓望天而招魂。
⑪死者北首:死者头向北方。因为北方是阴,南方是阳。
⑫营窟:用土垒成的洞穴。橧(zēng 增)巢:积聚柴薪而造成的巢形住处。
⑬麻丝:王念孙说当作"丝麻",因为此节多为韵语。下文的"治其麻丝"句同此。
⑭范:模子。
⑮合土:谓烧制砖瓦壶罐等陶器。
⑯炮(páo 袍):裹而烧之。燔:在火上烤。亨:通"烹",煮也。炙:穿成串来用火烤。
⑰故玄酒在下五句:玄酒,指水。水色玄,上古无酒,以水代之,故称。醴醆(zhǎn 展):两种未经过滤尚含糟滓的浊酒,旧说以为即《周礼·天官·酒正》中的醴齐(jì 剂)和盎齐。粢(zī 资)醍(tī 体):旧说以为即《酒正》中的"缇齐"。澄酒:旧说以为澄酒即《酒正》中的沈齐。旧说以为,玄酒出自上古,醴齐、盎齐、缇齐、沈齐这四齐是未过滤之酒,出自中古;祭祀时,越是古老的东西,其陈设的位置也越靠上。所以玄酒的位置最靠上,在室内而且近北(以北为上),澄酒的位置则最靠下,陈在堂下。之所以这样的陈设,是因为"皆从其朔",即神鬼首先认识的东西是出自上古,其次才是中古之物。
⑱鼎俎:凌廷堪《礼经释例》十一:"凡升牲体之器曰鼎,凡载牲体之器曰俎。"
⑲祝嘏(gǔ 古):祝,指祝代表主人致飨神之辞,这是表达晚辈的孝顺之意。嘏,指尸代表上神或祖先,通过祝传达给主人的祝福之辞,这是表达祖先对后代的保佑。
⑳以正君臣:祭祀时,在庙门外是君尊于尸,尸是臣;在庙门内是尸尊于君,君是臣。这就是以正君臣。《祭统》有详解。
㉑以笃父子:祭祀时,孙为王父尸,父北面而事之,以此表明子事父之道,这就是以笃父子。详《祭统》。
㉒以睦兄弟:正祭之后,主人向长兄弟、众兄弟敬酒,兄弟们也依次回敬,这种作法就是以睦兄弟。详《特牲馈食礼》。
㉓以齐上下:祭毕,与祭者分食祭品,上下人等均有一份,利益均沾。详《祭统》。

㉔夫妇有所：祭祀时，国君立于阼阶，而夫人立于东房。如此之类，是夫妇有所。详《祭统》。

㉕祝号：祝辞中对神鬼和祭品的美好称呼。例如称天神为"昊天上帝"，称鬼为"皇祖"，称酒曰"清酌"，称牛曰"一元大武"。详《曲礼下》。

㉖荐其血毛：谓杀牲之后，祝取牲血及毛入室禀告于神。

㉗腥其俎：以俎盛生肉进献于尸。

㉘孰其殽：将带骨的肉放在开水中稍煮，半生不熟，然后献于尸。

㉙越（huó活）席：蒲席。越，一种蒲属植物。

㉚幂：用以覆盖酒樽。

㉛浣帛：祭服，用练帛染色制成。

㉜燔：指烤熟的肉。炙：指烧熟的肝。

㉝君与夫人交献：指第一君献、第二夫人献、第三君献、第四夫人献。

㉞莫：通"幕"，指冥冥之中。

㉟然后退而合亨：郑玄说，此以下是进献今世之食。

㊱体其犬豕牛羊：谓分别犬豕牛羊身骨肉的贵贱，以为众俎。牲体，以左右两半而论，周人贵右而贱左；以前后而论，周人贵前而贱后。牲体贵者献尊者，牲体贱者献卑者。

㊲簠：盛稻粱之器。簋：盛黍稷之器。笾：盛脯果之器。豆：盛菹醢之器。铏：如鼎而小，盛菜汤、肉汤之器。

## 【今译】

言偃又问道："老师把礼讲得这般要紧，可以讲得更详细点吗？"孔子曰："我曾想研究一下夏代的礼，所以特地跑到杞国考察，但因年代久远，留下的文献太少，只得到了一种叫《夏时》的书。我又想研究一下殷代的礼，所以特地跑到宋国去考察，留下的文献也很少，只得到了一种叫《坤乾》的书。我就根据这两种书谈谈吧。上古礼的产生，是从饮食开始的，那时的人们尚未发明陶器，他们把谷物、小猪放在烧热的石头上焙烤，挖个小坑当酒杯，双手捧起来喝，用土抟成的鼓槌，垒个小土台子就当鼓，在他们看来，用自己的这种生活方式来表达对于鬼神的敬意，好像也是可以的。这便有了最原始的祭礼。等到他们死的时候，其家属就上到屋顶向北方高喊：'喂——，亲人某某你回来吧！'招魂之后，就把生稻生米含在死者口中，到了送葬的时候，又用草叶包着熟食作为祭品送他上路。就这样向天上招魂，在地下埋葬，肉体入之于地，灵魂升之于天。所以死人头皆朝北，北向是阴；活人都面向南,南方是阳。现在实行的这些礼仪都是古代传下来的。在上古先王之时,没有官室一类建筑,冬天就住在土垒的洞穴里,夏天就住在棍棒搭成的巢窠里;那时候还不懂得熟食,生吃草木之实和鸟兽之肉,喝鸟兽的血,连肉带毛的生吞;那时候还不知道麻丝可以织布作衣,就披上鸟羽兽皮当衣服。后来有圣人出世,才懂得火的种种作用,于是用模型铸造金属器皿,和合泥土烧制砖瓦,用来建造台榭官室门窗;又用火来焙、来烧、来煮、来烤,酿造甜酒和醋浆。又利用丝麻,织成布帛,用来供养活人,料理死者,用来祭祀鬼神和上帝。凡此种种,也都是沿袭上古的作法。因为重视上古老祖宗的习见习闻,所以在祭祀的时候,玄酒摆在室内,醴和盏摆在门旁,粢醍摆在堂上,澄酒摆在堂下,同时要陈列牺牲,备齐鼎俎,安排各种乐器,精心拟制飨神之辞和神佑之辞,用以迎接天神和祖宗的降临。通过祭祀中的种种礼仪,或表示规范君臣的关系,或表示加深父子的感情,或表示和睦兄弟,或表示上下均可得到神惠,或表示夫妇各有自己应处的地位。这样的祭祀就叫承受上天的赐福。拟定祝辞中的种种美称,设置玄酒以祭神,先将牲的血毛献进,再将生肉载于俎上进献,再将半生不熟的排骨肉献上。主人主妇亲践蒲席,用粗布蒙上酒樽,身穿祭服,献过醴酒,又献盏酒,献过烤肉,又献烤肝。国君与夫人向神交替进献,使祖先的灵魂感到快慰,这就叫子孙的精神和祖先的灵魂在冥冥之中相会。祭祀进行到向今人献食时,就把方才献神的生肉、半生不熟的肉放在镬里合煮,直到煮熟,然后区别犬豕牛羊的不同部位,放到该放的容器里,以招待来宾和自家兄弟。祝的祝辞要表达主人对神的孝敬之意,神的保佑之辞也充溢着对子孙的爱护之心,这就叫大吉大利。这就是礼的大致情况。"

### 【原文】

孔子曰:"呜乎哀哉!我观周道,幽、厉伤之①,吾舍鲁何适矣!鲁之郊禘②,非礼也,周公其衰矣!杞之郊也,禹也;宋之郊也,契也。是天子之事守也③。故天子祭天地,诸侯祭社稷。

### 注释

①幽、厉:周幽王、周厉王。西周时的两个昏君。厉王在幽王之前。
②郊:天子祭天之礼。因在国之南郊祭天,故称郊。禘(dì 帝):天子在太庙

祭祀始祖之礼。鲁是诸侯,没有资格郊禘而硬行郊禘,所以说是"非礼也"。

③杞之郊也五句:杞之郊与宋之郊之"郊"指祭天。禹也,指禘禹,因为禹是夏代的始祖。契也,指禘契,因为契是商代的始祖。杞、宋以诸侯国而得行天子郊禘的原因,在于他们都是天子的后裔。

【今译】

孔子说:"真是可悲啊！我考察周代的礼,发现经过幽、厉之乱,已被破坏得差不多了,就目前来说,只有鲁国还差强人意。但是,鲁国举行的郊天禘祖,也不合乎礼的规定,鲁是周公的封国,竟然也如此数典忘祖,说明周礼真是衰败了。杞国国君郊天禘禹,宋国国君郊天禘契,因为他们是天子的嫡系后裔,所以才可以奉行郊禘。所以只有天子才可以祭天地,诸侯只能祭祀自己国土内的社神与稷神。

【原文】

"祝嘏莫敢易其常古,是谓大假①。祝嘏辞说,藏于宗祝巫史,非礼也,是谓幽国②。醆斝及尸君③,非礼也,是谓僭君。冕弁兵革④,藏于私家,非礼也,是谓胁君。大夫具官⑤,祭器不假⑥,声乐皆具⑦,非礼也,是谓乱国。故仕于公曰臣,仕于家曰仆。三年之丧与新有昏者,期不使。以衰裳入朝⑧,与家仆杂居齐齿,非礼也,是谓君与臣同国。故天子有田以处其子孙⑨,诸侯有国以处其子孙⑩,大夫有采以处其子孙⑪,是谓制度。故天子适诸侯,必舍其祖庙,而不以礼籍入⑫,是谓天子坏法乱纪。诸侯非问疾吊丧而入诸臣之家,是谓君臣为谑。是故礼者君之大柄也,所以别嫌明微,傧鬼神⑬,考制度,别仁义⑭,所以治政安君也。故政不正则君位危,君位危则大臣倍、小臣窃⑮。刑肃而俗弊⑯,则法无常;法无常而礼无列,礼无列则士不事也。刑肃而俗弊,则民弗归也。是谓疵国。

注释

①假:通"嘏",福也。

②幽国:搞阴谋之国。

③醆(zhǎn 展):夏代天子使用的酒器。斝(jiǎ 架):殷代天子使用的酒器。这两种酒器,在周代只有鲁国(天子特许)和杞、宋二国(夏、商后裔)可以使用,其他诸侯使用便是僭越。

④冕弁：冕是衮冕，弁是皮弁。冕弁是国君的礼服。

⑤大夫具官：大夫而有一整套官僚制度。按礼，只有天子、诸侯才可以设置百官，官掌一事，而大夫只能设宰一人，总理各项事务。

⑥祭器不假：这是指的庶子为大夫之家。按礼，只有宗子之家才可以祭器齐备，支子则不可以。支子如有需要，可到宗子之家去借。

⑦声乐皆具：孙希旦说是八音皆备。八音，八种乐器，即金、石、丝、竹、匏、土、革、木。诸侯在大射时尚不得八音皆备，则大夫可想而知。

⑧以衰裳入朝：穿着孝服上班。按礼，遇父母之丧，当归还政事，在家守孝三年。

⑨故天子句：谓天子封其子孙为诸侯。

⑩诸侯句：谓诸侯封其子孙为卿大夫。

⑪采：《考文》引古本、足利本作"采地"，阮元《校勘记》以为是。

⑫礼籍：指太史所执掌的典章制度册子，载有该国忌讳之事。

⑬俟：以礼接待宾客。

⑭仁义：仁主于慈爱，此指赏。义主于断决，此指罚。

⑮倍：通"背"，背叛。

⑯肃：峻急。

【今译】

"祝辞和嘏辞不敢改变其传统格式，这就叫大福大祥。祝辞和嘏辞，本当藏于宗庙，而今却藏于宗伯太祝和巫官史官之家，这是不合礼的，这说明其中有鬼，这就叫阴谋之国。醆斝是天子用以献尸的酒器，而今竟然一般诸侯也用，这不合礼，这叫作僭越之君。冕弁是国君的礼服，兵器甲胄是国君的武备，而今却藏于大夫之家，这就叫威胁国君。大夫竟然也百官具备，祭器不用外借，八音齐备，这不合礼，这叫混乱之国。在国君那里任职叫做臣，在大夫家里任职叫做仆。臣仆如果遇到父母之丧，或者是刚结过婚，至少应该一年不派差使。在居丧期间带孝上班，或是仍和家仆杂居一起，没上没下，也不合礼，这就叫做君臣共有国家。天子有土地可以封其子孙为诸侯，诸侯有国家可以封其子孙为大夫，大夫有采地可以养活其子孙。这就叫制度。所以天子到诸侯之国去，一定要下榻在诸侯的祖庙，但如果住进时无视礼簿上所载诸侯国的忌讳，那就叫做天子违法乱纪。诸侯如果不是由于探病吊丧而随便进入诸臣之家，那就叫君臣互相戏谑。所以说，礼是国君治理国家的最有力的工具,有了它才好区别嫌疑,明察幽隐,敬事鬼神,订立制度,赏罚得当,总而言之,有了它才好治理国家,维护君权。所以,国政如果不以礼为准绳就会导致君权动摇,君权动摇就会导致大臣背叛,小臣偷窃。这时候尽管用严刑峻罚来挽救,但因风俗凋弊,由此而引起法令无常,法令无常自然又引发礼仪乱套,礼仪乱套就让士人无法做事。刑罚严峻加上风俗败坏,老百姓就不会归心了。这就叫有疵病之国。

【原文】

"故政者①,君之所以藏身也。是故夫政,必本于天,殽以降命②。命降于社之谓殽地,降于祖庙之谓仁义③,降于山川之谓兴作④,降于五祀之谓制度⑤。此圣人所以藏身之固也。故圣人参于天地,并于鬼神⑥,以治政也。处其所存⑦,礼之序也;玩其所乐,民之治也。故天生时而地生财,人,其父生而师教之,四者君以正用之。故君者,立于无过之地也。

【注释】

①政:即礼。按上文云"是故夫礼,必本于天",此节改"礼"为"政",是政即礼也。王夫之、孙希旦也均有此说,可参看。
②殽:通"效",效法。
③降于祖庙句:祖庙之中,父庙虽亲而不尊,始祖、高祖之庙虽尊而不亲。亲出于仁,尊出于义,故宗庙之礼体现着仁义的差别。
④降于山川句:山川中的自然资源是搞建设资料的基本来源,所以有山川之祭。兴作,指建设。
⑤降于五祀句:五祀,已见《王制》和《月令》。五祀之大小形制各有法度,后王据以制定制度。
⑥并:比较,参考。鬼神:指祖庙、山川、五祀。
⑦存:存在的次第。

【今译】

"所以,礼实在是国君借以安身立命的法宝。所以礼一定源出于天,依据天道而颁降政令。有的礼是源出于地,依据地道而颁降社祭的政令。有的礼是源出于鬼神——列祖列宗、山川之神、五祀之神,因此而产生了体现仁义的宗庙之礼,祭祀提供建设资料的山川之祭,祭祀据以建立制度的五祀之祭。所以圣人是上参于天,下验于地,又考察了鬼神,以此来制订政令。圣王能处理好天地鬼神的存在次第,礼的次序也就有了;能玩味天地鬼神的爱好所在,民众的治理也就好办了。天生四时,地生财货,人,父母生他,老师教他,这四条,如果国君能够正确利用,就能够立于不出过错之地。

【原文】

"故君者,所明也①,非明人者也。君者,所养也,非养人者也。君者,所事也,非事人者也。故君明人则有过,养人则不足,事人则失位。故百姓则君以自治也,养君以自安也,事君以自显也。故礼达而分定,故人皆爱其死而患其生。故用人之知去其诈,用人之勇去其怒,用人之仁去其贪。故国有患,君死社稷,谓之义;大夫死宗庙,谓之变②。故圣人耐以天下为一家③,以中国为一人者,非意之也,必知其情,辟于其义,明于其利,达于其患,然后能为之④。

【注释】

①明:陈澔说本章三"明"字皆当作"则","则"是取则、效法之义。译文从之。
②变:通"辩",正当之义。
③耐(néng 能):"能"的古字。
④必知其情四句:情指人情,义指人义,利指人利,患指人患,其具体含义见下节。辟:通"譬",晓譬。

【今译】

"所以,作为国君,应是人们效法的榜样,而不是效法他人的;应是人们乐于供养,而不是供养他人的;应是人们服侍的对象,而不是服侍他人的。所以,如果国君效法他人就说明国君犯有过错,国君一身而供养全体国民肯定其力不足,国君如果服侍他人就意味着丢掉了国君的宝座。所以,百姓都是效法国君以达到自我管理,供养国君以达到自我安定,服侍国君以达到抬高自己。举国上下都明白了这个礼,上下名分确定,就会人人都乐于为国牺牲而耻于苟且偷生。国君要重用有智、有勇、有仁的人,但要注意取其长而避其短。对于有智的人要谨防其诈伪,对于有勇的人要避免其感情冲动,对于有仁的人要警惕其贪婪。国家有了外患,国君与国土共存亡,这是理所当然的;大夫为保卫国君宗庙而死,这是职责所在,也是正当的。所以圣人能够使整个天下像是一个家庭,全体国民像是一个人,并不是凭着主观臆想,而是凭着了解人情,洞晓人义,明白人利,熟知人患,然后才能做到。

【原文】

"何谓人情?喜、怒、哀、惧、爱、恶、欲,七者弗学而能。何谓人义①?父慈、子孝、兄良、弟弟、夫义、妇听、长惠、幼顺、君仁、臣忠,十者谓之人义。讲信修睦,谓之人利②。急夺相杀,谓之人患③。故圣人之所以治人七情,修十义,讲信修睦,尚辞让,去争夺,舍礼何以治之?饮食男女④,人之大欲存焉。死亡贫苦,人之大恶存焉。故欲、恶者,心之大端也。人藏其心,不可测度也。美恶皆在其心,不见其色也,欲一以穷之,舍礼何以哉?

【注释】

①人义:人际关系的准则。
②人利:人际关系的改善。
③人患:人际关系的破坏。
④饮食男女:吃喝与求偶。

【今译】

"什么叫做人情?喜、怒、哀、惧、爱、恶、欲,这七种不学就会的感情就是人情。什么叫做人义?父亲慈爱,儿子孝敬,兄长友爱,幼弟恭顺,丈夫守义,妻子听从,长者惠下,幼者顺上,君主仁慈,臣子忠诚,这十种人际关系准则就叫人义。讲究信用,维持和睦,这叫做人利。你争我夺,互相残杀,这叫做人患。圣人要想疏导人的七情,维护十种人际关系准则,崇尚谦让,避免争夺,除了礼以外,没有更好的办法。饮食男女,是人的最大欲望所在。死亡贫苦,是人的最大厌恶所在。这最大欲望和最大厌恶,构成了人心日夜思虑的两件大事。每人都把心思藏在肚子里,深不可测。美好或丑恶的念头都深藏在心,从外表来看谁也看不出来,要想彻底搞清楚,除了礼之外恐怕也没有别的办法。

【原文】

"故人者,其天地之德、阴阳之交、鬼神之会、五行之秀气也①。故天秉阳,垂日星;地秉阴,窍于山川。播五行于四时②,和而后月生也。是以三五而盈,三五而阙。五行之动,迭相竭也。五行四时十二月,还相为本也。五声六律十二管③,还相为宫也。五味六和十二食④,还相为质也。五色六章十二衣⑤,还相为质也。故人者,天地之心也,五行之端也,食味、别声、被色而生者也。

注释

①鬼神:鬼指形体,神指精灵。五行:指金、木、水、火、土。

②播五行于四时:把五行与四季相配,木配春,火配夏,金配秋,水配冬,土配于季夏与孟秋之间。详《月令》。一说土无定位,分寄四时。见《管子·四时》。

③五声:宫商角徵羽。六律:见《月令》孟春注。十二管:即十二律。六律加六吕,即得十二律。详《月令》注。还(xuán 旋)相为宫:意谓十二管依次更迭,皆可充当宫声。不言而喻,由于"五行之动,迭相竭也"的影响,十二管依次更迭,也皆可充当徵声等四声。

④五味:酸苦辛咸甘。六和:春多酸,夏多苦,秋多辛,冬多咸,四季皆有滑、甘,合起来叫做六和。十二食:十二月之所食。质:阮元《校勘记》引戴震说以为质当作"滑"。滑为六和之一,犹如上文宫为五音之一。而且作"质"与下文重复。

⑤五色:青赤黄白黑五方之色。六章:五色加上天玄。十二衣:十二月所穿之衣。

【今译】

"人是感于天覆地载之德、阴阳二气交合、形体和精灵结合、吸收五行的精华而生。所以天持阳气,垂示日月星辰的光芒;地持阴气,借山河为孔穴而吞吐呼吸。分布五行于四季,四季顺序分明,日行循轨,月亮才会按时出现。所以每月的前十五天,月亮由月牙变成满月,后十五天,又由满月变成月牙。五行的运转,此去彼来,轮流作主。五行四季十二月,依次交替为本始。五声六律十二管,依次交替为宫声。五味六和十二食,依次交替为主味。五色六章十二衣,依次交替为主色。所以说,人是天地的心灵,是由五行构成的万物之首,是懂得何时应吃何味为好、何时应听何声为好、何时应穿何种颜色之衣为好的一种精灵。

【原文】

"故圣人作则,必以天地为本,以阴阳为端①,以四时为柄②,以日星为纪③,月以为量④,鬼神以为徒⑤,五行以为质⑥,礼义以为器,人情以为田,四灵以为畜⑦。以天地为本,故物可举也;以阴阳为端,故情可睹也;以四时为柄,故事可劝也;以日星为纪,故事可列也;月以为量,故功有艺也⑧;鬼神以为徒,故事有守也;五行以为质,故事可复也;礼义以为器,故事行有考也;人情以为田,故人以为奥也⑨;四灵以为畜,故饮食有由也。

【注释】

①端:首也。例如赏以春夏,法阳也;刑以秋冬,法阴也。
②柄:关键。例如春生夏长秋收冬藏,即取法四时。
③纪:纲纪。日之运行,星之分布,皆有规矩,是纲纪也。
④量:区分。
⑤鬼神:指山川。山川助地通气,像是地的徒属。
⑥质:主干,主体。
⑦四灵:见下文。
⑧艺:作事的分限、准则。
⑨奥:主也。室中西南角叫奥,为室中最尊之处,祭祀时神主在此,平时也为尊长之位。

【今译】

"所以圣人制作法则,一定要取法天地以为根本,取法阴阳以为大端,取法四时以为关键,取法日星以为纲纪,取法月之圆缺以为区分,取法大地以山川为徒属,取法五行以为主体,把礼义当作耕地的工具,把人情当作田地,连'四灵'也成了家畜。因为以天地为根本,所以万物都能包罗;以阴阳为大端,所以人情可以察觉;以四时为关键,所以农时不失,事功易成;以日星为纲纪,所以做事的顺序便于安排;以月之圆缺为区限,所以每月干啥都有条不紊;以山川为徒属,所以人人皆有职守;以五行为主体,所以事事皆可终而复始;把礼义作为耕具,所以事事才能办得成功,把人情当作田地,所以圣人就是田地的主人;把'四灵'作为家畜,所以饮食有所取材。

【原文】

"何谓四灵？麟、凤、龟、龙①，谓之四灵。故龙以为畜，故鱼鲔不淰②；凤以为畜，故鸟不獝③；麟以为畜，故兽不狘④；龟以为畜，故人情不失。故先王秉蓍龟，列祭祀，瘗缯⑤，宣祝嘏辞说，设制度⑥。故国有礼，官有御，事有职，礼有序。

**注释**

①麟：麒麟，毛虫之长。凤：凤凰，羽虫之长。龟：甲虫之长。龙：鳞虫之长。详《大戴礼·本命》。

②鲔（wěi 伟）：鲟鱼。此处泛指鱼类。淰（shěn 审）：鱼类惊骇逃散的样子。

③獝（xù 叙）：鸟类惊骇逃散的样子。

④狘（xuè 血）：兽类惊骇逃散的样子。

⑤瘗（yì 逸）缯：把帛埋在地下以降神，这是祭地的礼仪。

⑥制度：指宫室、城郭、车旗之类的制度。

【今译】

"什么叫做四灵？麟、凤、龟、龙，它们是四类动物之王，被叫做四灵。所以，如果龙已成为家畜，那么它的鳞族部下也就尾随而来；如果凤已成为家畜，那么它的羽族部下也就纷然而至；如果麟已成为家畜，那么它的毛族部下也就乖乖归顺；如果龟已成为家畜，那就可用以占卜，预先察知人情。所以先王秉持蓍草和龟甲，安排祭祀，瘗缯降神，宣读祝辞和嘏辞，设立种种制度。于是国人皆彬彬有礼，百官各治其事，百事都有规章，凡所行礼，皆有次序。

【原文】

"故先王患礼之不达于下也，故祭帝于郊，所以定天位也；祀社于国，所以列地利也；祖庙，所以本仁也；山川，所以傧鬼神也；五祀，所以本事也。故宗祝在庙①，三公在朝②，三老在学③，王前巫而后史，卜筮瞽侑④，皆在左右，王中，心无为也，以守至正。故礼行于郊，而百神受职焉；礼行于社，而百货可极焉；礼行于祖庙，而孝慈服焉；礼行于五祀，而正法则焉。故自郊社、祖庙、山川、五祀，义之修而礼之藏也。

【注释】

①宗祝:宗伯和太祝。天子祭祖庙,宗祝是其助手。
②三公:太师、太傅、太保。
③三老在学:在太学中,天子向三老乞求善言(建设性意见)。见《文王世子》。
④瞽:乐官。乐官以音乐陶冶天子性情。侑:掌规谏之臣。

【今译】

"先王担心礼教不能普及于下民,所以在南郊祭上帝,借以昭示天的地位是至高无上的;又祭土神于国内,借以昭示大地为人类生存提供的种种便利;又祭祖于庙,借以昭示凡我族人均应相爱;又祭祀山川。借以昭示要礼敬冥冥之中的鬼神;又举行五祀之祭,借以昭示各种制度来源于此。所以,天子在宗庙中,有宗祝相助;在朝中,有三公辅佐;在太学中,有三老给提建议;在天子的身边,前有掌理神事的巫,后有负责记录言行的史,负责占卜的官员、负责奏乐、负责规谏的官员,都在天子的左右,天子居中,心里没有任何杂念,只须恪守至正之道就行了。所以,祭天于南郊,天上的众神就会各司其职;祭地于国,地上的种种资源就都可利用;祭祖于庙,孝慈之道就会得到推行;举行五祀之祭,各种法则制度就会得到遵守。由此看来,祭天、祭地、祭祖、祭山川、祭五祀,都是借助于礼而昭示其含义的。

【原文】

"是故夫礼,必本于大一①,分而为天地,转而为阴阳,变而为四时,列而为鬼神。其降曰命,其官于天也。夫礼必本于天,动而之地,列而之事,变而从时,协于分艺。其居人也曰养②,其行之以货力、辞让、饮食、冠昏、丧祭、射御、朝聘③。故礼义也者,人之大端也。所以讲信修睦,而固人之肌肤之会、筋骸之束也;所以养生、送死、事鬼神之大端也,所以达天道、顺人情之大窦也。故唯圣人为知礼之不可以已也,故坏国、丧家、亡人,必先去其礼。

【注释】

①大一:即太一,指天地未分之前混沌之元气。

②养：郑玄说是"义"字之误。
③射御：当作"射乡"，指射礼、乡饮酒礼。

【今译】

"因此，礼必定源出于太一，太一一分为二，在上者为天，在下者为地，天又转变为阳，地又转变为阴，阳气变为春夏，阴气变为秋冬，于是有了四季，于是有了鬼神。圣人制礼，皆据此而颁降政令，这是取法于天的。礼一定是源出于太一和天，其次效法于地，其次效法五祀，其次效法四时，而且合乎每月行令的准则。礼在人事上也叫做义，具体表现为财货、精力、辞让、饮食、冠婚、丧祭、射乡、朝聘等项礼仪。所以说，礼义这个东西，是做人的头等大事。人们用礼来讲究信用，维持和睦，使彼此团结得就像肌肤相接、筋骨相连一样。人们把礼作为养生送死和敬事鬼神的头等大事，把礼作为贯彻天理、理顺人情的重要渠道。所以只有圣人才知道礼是须臾不可或缺的，因此，凡是国亡家破身败的人，一定是由于他先抛开了礼，才落得如此下场。

【原文】

"故礼之于人也，犹酒之有蘗也①，君子以厚，小人以薄。故圣王修义之柄、礼之序，以治人情。故人情者，圣王之田也，修礼以耕之，陈义以种之，讲学以耨之，本仁以聚之，播乐以安之。故礼也者，义之实也。协诸义而协，则礼虽先王未之有，可以义起也。义者，艺之分、仁之节也。协于艺，讲于仁，得之者强。仁者，义之本也，顺之体也，得之者尊。故治国不以礼，犹无耜而耕也；为礼不本于义，犹耕而弗种也；为义而不讲之以学，犹种而弗耨也；讲之以学而不合之以仁，犹耨而弗获也；合之以仁而不安之以乐，犹获而弗食也；安之以乐而不达于顺，犹食而弗肥也。四体既正，肤革充盈，人之肥也。父子笃，兄弟睦，夫妇和，家之肥也。大臣法，小臣廉，官职相序，君臣相正，国之肥也。天子以德为车，以乐为御，诸侯以礼相与，大夫以法相序，士以信相考，百姓以睦相守，天下之肥也。是谓大顺。大顺者，所以养生、送死、事鬼神之常也。故事大积焉而不苑②，并行而不缪③，细行而不失，深而通，茂而有间，连而不相及也，动而不相害也，此顺之至也。故明于顺，然后能守危也。故礼之不同也，不丰也，不杀也④，所以持情而合危也。

【注释】

①糵(niè 聂):酿酒不可缺少的曲。
②苑(yǔn 允):郁结。
③缪:通"谬",乖错。
④杀(shài 晒):减省。

【今译】

"所以,礼对于人来说,好比是酿酒要用的曲,君子德厚,酿成的酒也便醇厚,小人德薄,酿成的酒也便寡味。所以圣王牢持礼、义这两件工具,用来治理人情。打比方来讲,人情好比田地,圣王好比田主,圣王用礼来耕耘,用陈说义理当作下种,用讲解教导当作除草,用施行仁爱当作收获,用备乐置酒当作农夫的犒劳。可以这样说,礼是义的制度化。有些礼的条文,拿义的标准去衡量无一不合,但先王并无明文规定,这也不妨因时制宜而自我作古。义是区分是非的标准,衡量仁爱的尺度。符合标准,符合仁爱,谁做到这两条谁就强大。仁是义的基础,又是贯通天理人情的具体表现,谁能做到仁谁就会被人尊敬。所以,治国而不用礼,就好比耕田而不用农具;制礼而不源本于义,就好比耕地而不下种;有了义而不进行讲解教育,就好比下种而不除草;有了讲解教育而不和仁爱结合,就好比虽然除草而不去收获;和仁爱结合了而不备乐置酒犒劳农夫,就好比虽然颗粒归仓而不让食用;备乐置酒犒劳农夫了而没有达到自然而然的境界,就好比饭也吃了但身体却不强健。四肢健全,肌肤丰满,这是一个人的身体强健。父子情笃,兄弟和睦,夫妇和谐,这是一个家庭的身体强健。大臣守法,小臣廉洁,百官各守其职而同心协力,君臣互相勉励匡正,这可以看作是一个国家的身体强健。天子把道德当作车辆,把音乐当作驾车者,诸侯礼尚往来,大夫按照法度排列次序,士人根据信用互相考察,百姓根据睦邻的原则维持关系,这可以看作是整个天下的身体强健。一个人的身体强健,一个家庭的身体强健,一个国家的身体强健,整个天下的身体强健,这些合在一起就叫做大顺。大顺,它是用来养生、送死、敬事鬼神的永恒法则。达到了大顺,即令是日理万机也不会有一事耽搁,两件事一齐进行也不会互相妨碍,行为虽然细小也不至于有什么闪失,尽管深奥却可以理解,尽管严密却不乏通道,既互相关连而又彼此独立,循规运动而不互相排斥,这便是顺的最高境界。由此看来,明白了顺的重要性,才能时时警惕,守住高位。礼的最大特点就是讲究区别,礼数该少的就不能增加,礼数该多的也不能减少,只有这样,才能维系人情,和合上下而各安其位。

【原文】

"故圣王所以顺,山者不使居川,不使渚者居中原,而弗敝也。用水、火、金、木、饮食必时①。合男女,颁爵位,必当年德。用民必顺,故无水旱昆虫之灾,民无凶饥妖孽之疾②。故天不爱其道,地不爱其宝,人不爱其情③。故天降膏露,地出醴泉,山出器车④,河出马图⑤,凤皇麒麟皆在郊棷⑥,龟龙在宫沼,其馀鸟兽之卵胎,皆可俯而窥也。则是无故,先王能修礼以达义,体信以达顺故。此顺之实也。"

### 注释

①用水、火、金、木、饮食必时:按照阴阳家的说法,水火金木等自然资源的利用和饮食之物,不同的季节和月份有不同的规定。例如,向阳的树木宜于仲冬砍伐,背阴的树木宜于仲夏砍伐。饮食方面,春天宜多用酸味,夏天多用苦味,秋天多用辣味,冬天多用咸味。可参《月令》《管子·幼官》《淮南子·时则训》和《周礼》有关章节。

②妖孽:衣服、歌谣、草木之怪谓之妖,禽兽、虫蝗之怪谓之孽。其详可参《汉书·五行志》。

③故天不爱其道三句:这三句是讲嘉瑞并至,政通人和。下文则是其具体表现。

④器车:旧说谓现成之用器和车辆。

⑤河出马图:传说伏牺氏王天下,有龙马负图出于大河,伏牺氏仿照其文以画八卦。《易·系辞上》:"河出图,洛出书,圣人则之。"

⑥棷(sǒu叟):通"薮",泽也。按:"凤皇麒麟"以下四句,有申说上文四灵皆至之意。

### 【今译】

"所以圣王顺着天时、地利、人情而制礼,不使惯于山居者徙居水旁,不使惯于居住河洲者迁居平原,这样,人们就会安居乐业。使用水、火、金、木和饮食,都要因时制宜。男婚女嫁,应当及时;颁爵晋级,应当依据德行。使用百姓要趁农闲,不夺农时,所以就没有水旱蝗螟之灾,也没有凶荒妖孽作祟。这就造成天不吝惜其道,地不吝惜其宝,人不吝惜其情的太平盛世。于是天降甘露,地涌甘泉,山中出现现成的器皿和车辆,大河中出现龙马负图,凤凰、麒麟、神龟、蛟龙四灵毕至,或栖息在郊外的草泽,或畜养在宫中的水池,至于尾随四灵而来的其他鸟兽更是遍地作巢,与人类友好相处,它们产的卵,人们低头就可以看到,它们怀的胎,人们伸手就可以摸到。这没有别的原因,只是由于先王能够通过制礼而把种种天理人情加以制度化,又通过诚信以达到顺应天理人情的缘故。而太平盛世也不过是顺应天理人情的结果罢了。"

# 礼记全译

## 礼器第十

【题解】

方悫说:"形而上者谓之道,形而下者谓之器。道运而无名,器运而有迹。《礼运》言道之运,《礼器》言器之用。"意谓本篇与《礼运》篇互为表里。哪些东西是礼之器呢?《乐记》说:"簠簋俎豆,制度文章,礼之器也。"礼作为器在使用时,要因人、因地、因时制宜,这是表现在外表的。而人作为礼的施行者,又必须具备忠信的美德,否则礼作为器的作用也要受到影响。这是反映在内心的。本篇大意如此。篇内有引用《礼运》的文字,据此,本篇的出现当在《礼运》之后。

【原文】

礼器,是故大备①。大备,圣德也。礼,释回②,增美质,措则正,施则行。其在人也,如竹箭之有筠也③,如松柏之有心也,二者居天下之大端矣,故贯四时而不改柯易叶④。故君子有礼,则外谐而内无怨。故物无不怀仁⑤,鬼神飨德。

注释

①大备:即《礼运》之"大顺",也可以说是《中庸》篇的"修身、齐家、治国、平天下。"

②释回:消除邪恶。

③箭:小竹。筠(yún 云):竹子外部的青皮。
④柯:草木之茎。
⑤物:人。怀:归。

【今译】

以礼为器,就可导致"大顺"的局面。而这种局面乃是盛德的表现。礼能够消除邪恶,增进本质之美,用到人身上则无所不正,用到做事上则无所不成。礼对于人来说,就好比竹箭的外表青皮,又好比松柏的内部实心。普天之下,只有竹箭和松柏有此大节,所以才一年四季从头到尾总是郁郁葱葱,枝叶永不凋落。君子有礼,也恰是如此,他不仅能与外部的人和谐相处,而且能与内部的人相亲相爱。所以人们无不归心于他的仁慈,连鬼神也乐于消受他的祭品。

【原文】

先王之立礼也,有本有文。忠信,礼之本也。义理,礼之文也。无本不立,无文不行。礼也者,合于天时,设于地财①,顺于鬼神,合于人心,理万物者也②。是故天时有生也,地理有宜也,人官有能也,物曲有利也③。故天不生,地不养④,君子不以为礼,鬼神弗飨也。居山以鱼鳖为礼,居泽以鹿豕为礼,君子谓之不知礼。故必举其定国之数⑤,以为礼之大经。礼之大伦,以地广狭;礼之薄厚,与年之上下⑥。是故年虽大杀⑦,众不匡惧⑧,则上之制礼也节矣。

注释

①设:合也。
②理:也是顺的意思。
③曲:孔颖达解为"委曲",孙希旦释为"偏"。今按:二义实亦相通。
④故天不生二句:郑玄说:"天不生,谓非其时物也。地不养,谓非此地所生。"
⑤定国之数:定国,犹言立国。数,指物产之多寡。
⑥与:以也。
⑦大杀(shài 晒):大幅度减产。杀,减少。
⑧匡:通"恇",恐也。

【今译】

　　先王制定的礼,既有内在的实质,又有外在的形式。忠信是礼的内在实质,得理合宜是礼的外在形式。没有内在的实质,礼就不能成立;没有外在的形式,礼就无法施行。礼应该是上合天时,下合地利,顺于鬼神,合于人心,顺于万物的一种东西。四时各有不同的生物,土地各有不同的出产,五官各有不同的功能,万物各有不同的用途。所以,不到节令的动植物,不是当地的土特产,君子是不拿来作为祭品的,即令拿来,鬼神也是拒绝享用的。住在山里,却以水里产的鱼鳖作为礼品;住在水边,却以山里产的鹿豕作为礼品。这样的作法,君子认为是不懂礼。所以,一定要按照本国物产的多少,来确定其行礼用财的基本原则。礼品的多少,要看国土的大小;礼品的厚薄,要看年成的好坏。所以即令遇到灾荒之年,民众也不恐惧,究其原因,就是由于君上在制礼时是很有分寸的。

【原文】

　　礼,时为大,顺次之,体次之,宜次之,称次之。尧授舜,舜授禹,汤放桀,武王伐纣,时也。《诗》云:"匪革其犹,聿追来孝①。"天地之祭,宗庙之事②,父子之道,君臣之义,伦也。社稷山川之事,鬼神之祭,体也。丧祭之用,宾客之交,义也③。羔豚而祭,百官皆足④;大牢而祭,不必有馀:此之谓称也。诸侯以龟为宝,以圭为瑞⑤;家不宝龟⑥,不藏圭,不台门⑦:言有称也。

**注释**

①《诗》云二句:见《诗·大雅·文王有声》。今本作"匪棘其欲,遹追来孝。"匪,通"非"。革与棘,字异义同,都是"急"的意思。聿与遹,皆读作 yù,语首助词,无义。来,介词,"于"的意思。

②事:指祭祀。

③丧祭之用三句:孔颖达说:"宜,义也。主人有丧祭之事,应须费用,而宾客有赙赠之交,是人道之宜也。"

④羔豚而祭二句:此指大夫、士举行的小规模祭祀。百官:指助祭者。皆足:指每个助祭者在祭礼完毕之后都能够得到一份祭肉。

⑤诸侯以龟为宝二句:陈澔说:"诸侯有国,宜知占详吉凶,故以龟为宝也。五等诸侯,各有圭璧以为瑞信。又以天子所赐,如祥瑞之降于天,故以为瑞。"按:

圭是一种玉制礼器,其形制、大小、用途,详《周礼·春官·典瑞》。

⑥家:指大夫。

⑦台门:在门的两旁筑土为台,高出于门,是天子、诸侯布告法律、观察天气之所。也叫"观",叫"阙",叫"象魏"。参《礼运》首节注。

【今译】

先王在制礼的时候,首先考虑的是要合乎时代环境,其次是合乎伦理,再其次是区别对象而不同对待,再其次是合乎人情,最后是要与身份相称。举例来说,尧传位给舜,舜传位给禹,那是禅让的时代;而商汤放逐夏桀,周武王讨伐殷纣王,那是革命的时代。这就是时代环境问题。《诗经》上说:"周文王兴建丰邑,并非急于实现自己的愿望,而是追念祖先的功业,显示自己的孝心。"意思是说,迫于形势,不得不这样做。对天神地祇的祭祀,对列祖列宗的祭祀,其中体现有父父子子之道和君君臣臣之义。这就是个顺的问题。社稷之祭,山川之祭,鬼神之祭,祭的对象不同,礼数也随之不同。这就是个体的问题。某家有了丧祭之事,理应有一笔相当的开销,而作为亲朋好友也应该对丧家有所赙赠,这便是个宜的问题。大夫、士的祭祀,虽然只用一只羊羔或一头小猪作供品,但到末了,每个助祭的人都可得到一份祭肉;而天子、诸侯的祭祀,尽管是以牛、羊、豕三牲作为供品,但到末了,也还是每人一份祭肉,不会有什么剩余。这就叫做与身份相称。诸侯可以拥有龟,并以为珍宝;可以拥有圭,并以为祥瑞。而大夫之家就不得这样,不得把大门建成宫阙形式。这也是讲的合乎身份问题。

【原文】

礼有以多为贵者。天子七庙,诸侯五,大夫三,士一①。天子之豆二十有六②,诸公十有六,诸侯十有二,上大夫八,下大夫六。诸侯七介七牢,大夫五介五牢③。天子之席五重,诸侯之席三重,大夫再重。天子崩,七月而葬,五重八翣④;诸侯五月而葬,三重六翣;大夫三月而葬,再重四翣。此以多为贵也。

【注释】

①天子七庙四句:详见《王制》。

②天子之豆二十有六：王引之认为"有六"二字衍。豆是盛放菜肴的食器。据郑玄注，这里说的豆数，是天子每月朔食之数，诸侯相聘及招待大夫时之豆数。

③介：副使，随从。古代出使，正使为宾，副使为上介，其余随从为众介。牢：指太牢，即牛、羊、豕三牲各一。此指行过朝聘礼后，主人一方送给来聘者的饔饩之牢数。饔是已杀之牲，饩是未杀之牲。又，据《周礼·秋官·大行人》，诸侯中的上公九介九牢，侯伯七介七牢，子男五介五牢，这里说的"诸侯"即指侯伯，这是举中间而言。这里说的"大夫"是指侯伯之卿，侯伯之卿出使，主国用低于其君二等的规格相待，所以是五介五牢。

④重（chóng 虫）：层也。指下葬时的茵与抗木的层数。茵是用双层粗布缝制的袋子，内著茅草穗和香草，用以垫棺，避免棺底与泥土直接接触。茵，三条横放，两条竖放为一重。抗木是架在棺材之上用来承受泥土的木条，也是三条横放两条竖放为一重。翣（shà 霎）：形如扇，以木为框架，有较长的柄，外表套以白布，布上画有图案。下葬那天，在路上用以遮蔽柩车，下棺时，入坎以障柩。

【今译】

礼节有时是以多为贵。例如，天子的宗庙是七所，诸侯则是五所，大夫则是三所，士则是一所。又如，天子的饭食可以有二十六道菜，公爵则只有十六道，诸侯则只有十二道，上大夫八道，下大夫六道。又如，诸侯亲自出访，可以带七个随从，主国馈赠的饔饩多达七牢；而诸侯的卿出访，只可以带五个随从，主国馈赠的饔饩只有五牢。又如，天子的坐垫是五层，而诸侯只是三层，大夫只是两层。又如，天子去世，七个月以后才下葬，葬时，茵和抗木各用五重，翣用八个；而诸侯则五个月以后即下葬，葬时，茵和抗木各用三重，翣用六个；大夫则三月而葬，茵和抗木各用两重，翣用四个。这都是以多为贵的例子。

【原文】

有以少为贵者。天子无介①，祭天特牲②。天子适诸侯，诸侯膳以犊③。诸侯相朝，灌用郁鬯④，无笾豆之荐⑤。大夫聘礼以脯醢。天子一食⑥，诸侯再，大夫、士三，食力无数。大路繁缨一就⑦，次路繁缨七就⑧。圭璋特⑨，琥璜爵⑩。鬼神之祭单席。诸侯视朝，大夫特，士旅之⑪。此以少为贵也。

## 注释

①天子无介:介是宾的随员,而天子以天下为家,所到之处皆是主人,既不为宾,所以无介。

②特牲:一头牛。特,一也。

③天子适诸侯二句:孔颖达说:"诸侯事天子,如天子事天。天子事天既用一牛,故诸侯奉膳亦止一牛而已。"

④灌:奉觞献酒。郁鬯(chàng唱):古代的一种香酒。鬯是以黑黍酿成的酒,再加入郁金香的汁,即为郁鬯。

⑤无笾豆之荐:等于说没有菜肴。笾豆,盛放脯醢的器皿。以上两句意为,主国之君仅以郁鬯敬宾,但无菜肴,以表示看重宾的芬芳之德,不在乎有无下酒的菜。

⑥天子一食:天子吃一口饭即告饱,须劝侑方再食。

⑦大路:殷代天子祭天所乘之车。繁(pán 盘):马腹带。缨:马颈上的革带。一就:一圈。

⑧次路:殷之第三等车,供普通杂事所用。七就:郑玄注《郊特牲》以为当作"五就"。

⑨圭璋特:圭和璋可以单独作为礼物,不用附加别物。特,独也。圭、璋是两种最贵重的玉,诸侯朝天子以圭为礼,朝王后以璋为礼。如诸侯相聘,则聘国君以圭,聘国君夫人以璋。

⑩琥璜(huáng 黄):两种次于圭璋的玉。琥璜贱,不能单独用作礼物,须要在以酒酬宾时,作为附带的礼物致送。爵:酒器。指以酒酬宾。

⑪旅:众也。

## 【今译】

礼在有的时候是以少为贵。例如,天子出巡,没有副手。天子祭天,仅用一头牛。天子驾临诸侯,诸侯也仅用一头牛犊款待。又如,诸侯互相朝聘,只用郁鬯献宾,不设大盘小碗的菜肴;而大夫来聘,主国在招待时,不仅要有酒,而且要备菜肴。又如,天子进食,吃一口就说饱了,须劝侑才继续进食;而诸侯进食,吃两口说饱了;大夫和士进食,吃三口说饱了;至于体力劳动者进食就没有这般斯文,啥时候吃饱,啥时候算数。又如,天子祭天所用的大辂,只用一圈繁缨作为马饰,而干一般事的次辂,就用五圈繁缨作为马饰。又如,圭璋是最贵重的玉,可以单独作为礼品进献;而琥璜是次于圭璋的玉,不可以单独作为礼品进献,而必须在以酒酬宾时附带进献。鬼神比人尊贵,但祭祀时却只使用一层席子。又如诸侯临朝,大夫人数少,国君就逐个地与之行礼作揖,而士的人数众多,国君就对他们集体作一个揖就算了事。这都是以少为贵的例子。

**【原文】**

有以大为贵者。宫室之量,器皿之度,棺椁之厚,丘封之大,此以大为贵也。有以小为贵者。宗庙之祭,贵者献以爵,贱者献以散,尊者举觯,卑者举角[①]。五献之尊[②],门外缶,门内壶,君尊瓦甒[③]。此以小为贵也。

**注释**

[①]贵者献以爵四句:郑玄说,爵、散(sǎn 伞)、觯(zhì 置)角都是饮酒器。一升曰爵,二升曰觚,三升曰觯,四升曰角,五升曰散。其中爵的容量最小,散的容量最大。这四句讲的涉及天子、诸侯祭礼,而天子、诸侯的祭礼亡失,所以我们只能从大夫、士的祭礼中窥其端倪。

[②]五献:郑玄说是子爵男爵的飨礼。孔颖达进一步解释说,飨礼献数各随其命,子男五命,故知五献是子男。尊:盛酒之器。字亦作"罇"、"樽"。

[③]门外缶三句:缶、壶、瓦甒(wǔ 武)都是盛酒之器,也可以说都是尊名。其中缶最大;壶次之,容一石;瓦甒最小,容五斗。君尊:子男所用之尊,陈于堂上。

**【今译】**

礼在有的时候是以大为贵。例如宫室的规模,器皿的尺寸,棺椁的厚薄,坟头的大小,这些都是大者为贵。但是,礼在某些时候又是以小为贵。例如宗庙之祭,尊者献尸用较小的爵,贱者献尸用较大的散;尸入之后,尸尊,举起莫觯;主人卑,举起角杯而饮。诸侯中的子爵男爵在宴饮宾客时,缶是最大的酒器却放在门外,壶是较大的酒器就放在门内,瓦甒最小,是国君和客人酬酢所用,就放在堂上。这都是以小为贵的例子。

**【原文】**

有以高为贵者。天子之堂九尺,诸侯七尺,大夫五尺,士三尺。天子、诸侯台门[①]。此以高为贵也。有以下为贵者。至敬不坛[②],扫地而祭。天子、诸侯之尊废禁③，大夫、士棜禁④。此以下为贵也。

【注释】

①台门：见本篇前注。
②至敬：指祭天之礼。
③禁：承放酒杯的有足托盘。长四尺，宽二尺四寸，有足，足高三寸。
④大夫、士棜禁：当读作"大夫棜，士禁。"棜（yù淤）：也是承放酒杯的托盘，大小与禁相当，只是无足。

【今译】

礼在有的时候是以高为贵。例如，天子的堂高九尺，诸侯七尺，大夫五尺，士三尺。又如，只有天子、诸侯的大门是高大的宫阙，大夫、士则绝对不可。这都是以高为贵的例子。礼在有的时候又是以低为贵。例如，天子祭天，祭礼并不在高坛上举行，而是在坛下扫地而祭。又如，天子、诸侯的酒杯不用托盘，大夫的酒杯则用托盘，士的酒杯要用高脚托盘。这是以低为贵的例子。

【原文】

礼有以文为贵者。天子龙衮，诸侯黼，大夫黻，士玄衣纁裳①。天子之冕，朱绿藻②，十有二旒③；诸侯九，上大夫七，下大夫五，士三。此以文为贵也。有以素为贵者。至敬无文④，父党无容⑤，大圭不琢⑥，大羹不和⑦，大路素而越席⑧，牺尊疏布幂⑨，樿杓⑩。此以素为贵也。

【注释】

①天子龙衮四句：据《周礼·春官·司服》郑注，天子的祭服有六种，即大裘、衮服、鷩（biē憋）服、毳（cuì翠）服、绨（chī吃）服、玄服。此六服都是玄衣而纁（xūn熏）裳。六服的主要区别在于上衣和下裳上面的章数（图案花纹）多少不同。大裘十二章，即在玄色的上衣上面绘有日、月、星辰、山、龙、华虫（有五色纹彩的虫类）等六章，在浅绛色的裳上面绣有宗彝（虎与雌。雌是一种长尾猿）、藻（水草）、火、粉米（白米）、黼（黑白相间的斧纹）、黻（黑青相间的亞纹图案）等六章。共十二章。衮服（即龙衮）九章，一曰龙，二曰山，三曰华虫，四曰火，五曰宗彝，皆绘于衣；六曰藻，七曰粉米，八曰黼，九曰黻，皆绣于裳。鷩服七章，衣三章：华虫、火、宗彝，裳四章与衮服同。毳服五章：宗彝、藻、粉米三章绘于衣，黼、黻二章绣于

裳。缔服三章，衣一章为粉米，裳二章为黼、黻。玄服一章，即上衣玄色而无图案，只有黻一章在裳。此六服天子均可穿，但穿的场合不同。除大裘外，其余五服，诸侯和卿大夫也可以穿。上公可穿衮服，侯伯可穿鷩服，子男可穿毳服，孤卿可穿缔服，大夫可穿玄服。这里把衮服称作"龙衮"，是因为龙在衮服九章中居首，并非只有龙一章。这里的"诸侯黻"，是说诸侯可以穿七章的鷩服、五章的毳服、三章的缔服。总而言之，章数越多，文饰得越厉害，也就越显得尊贵。

②藻：五彩丝绳。

③旒：冕前县垂的玉串。

④至敬无文：孙希旦说："谓祭天袭大裘而不裼也。衣以裼为文，以袭为质。"意谓掩上加于大裘之上的外衣，不使纹彩外露。

⑤党：处所。

⑥大圭：天子所搢之圭。

⑦大(tài 太)羹：未加调料的肉汤。祭品中的上品。不和：未加调料。

⑧越(huó 活)席：蒲席。

⑨牺尊：牛形的酒尊。鼏(mì 幂)：有的本子作"幂"，覆盖。

⑩椫(shàn 善)杓：椫，木名，又叫白理木，质硬纹白。杓，即勺。

【今译】

礼在有的时候是以文饰为贵。例如，天子穿的龙袍有九种图案，诸侯的祭服只能有七种、五种或三种图案，大夫只能有一种黑青相间的亞形图案，至于士穿的衣服，没有任何图案，只是上身玄衣，下身浅绛色之裳而已。又如，天子头戴的冕，有用朱、绿二色编织的丝绳用来穿玉，垂旒十二条，而诸侯之冕仅垂旒九条，上大夫七条，下大夫五条，士三条。这是以文饰为贵的例子。礼在有的时候又是以朴素为贵。例如，祭天时天子所穿的大裘不叫露出来，在父亲的面前不须装模作样，天子所用的大圭不加任何雕琢，作为上等祭品的肉汁不加任何调料，祭天用的大辂朴素无华，上面只铺一层蒲席，牛形的酒尊是用粗布覆盖，勺子也只用本色的木头来做。这是以朴素为贵的例子。

【原文】

孔子曰："礼不可不省也①。礼不同②，不丰，不杀③。"此之谓也。盖言称也。礼之以多为贵者④，以其外心者也。德发扬，诩万物⑤，大理物博，如此则得不以多为贵乎？故君子乐其发也。礼之以少为贵者⑥,以其内心者也。德产之致也精微,观天下之物,无可以称其德者,如此则得不以少为贵乎？是故君子慎其独也。古之圣人,内之为尊,外之为乐,少之为贵,多之为美,是故先王之制礼也,不可多也,不可寡也,唯其称也。是故君子大牢而祭谓之礼⑦,匹士大牢而祭谓之攘⑧。管仲镂簋、朱纮、山节、藻棁⑨,君子以为滥矣。晏平仲祀其先人,豚肩不掩豆⑩,浣衣濯冠以朝,君子以为隘矣。是故君子之行礼也,不可不慎也。众之纪也,纪散而众乱。孔子曰："'我战则克,祭则受福⑪。'盖得其道矣。"

### 注释

①省(xǐng 醒):察也。
②不同:指上文礼有高下、多少、大小、文素之异。
③杀(shài 晒):减少。
④多:此一"多"字包括了上述的大、高、文。
⑤诩(xǔ 许):普及,遍及。
⑥少:此一"少"字包括了上述的小、下、素。
⑦君子:此处指大夫以上。
⑧匹士:即士。匹,"匹夫"之匹。
⑨管仲:名夷吾,字仲,颍上(颍水之滨)人。春秋初期政治家,相齐桓公,助成霸业。《汉志》著录有《管子》八十六篇。《史记》有传。镂簋:刻有花纹并且用玉作装饰的簋。簋是盛黍稷之器。朱纮(hóng 宏):天子冕上的红色系带。大夫的系带当用黑色。山节:在斗拱上雕刻山形图案。节,柱子上的斗拱。藻棁(zhuó 卓):棁是梁上短柱。藻棁,在短柱上雕刻水草图案。以上四种装饰只有天子能用,管仲是大夫,不能用。
⑩豚肩:猪的前腿。
⑪我战则克二句:这是孔子引用的两句古语,不是孔子本人的话。我,是一个知礼者的自称。

### 【今译】

孔子说:"礼,不可以不加以审察。礼有种种不同,该减少的不能增加,该增加的也不能减少。"说的就是这个意思:礼要注意相称。礼之所以有以多、大、高、文为贵者,原因就在于它是存心向外界炫耀的。王者的道德发扬,普及万物,统领的事情又千头万绪,无所不包,像这样,能不以多、大、高、文为贵吗?所以君子就乐于向外界炫耀。礼之所以有以少、小、下、素为贵者,原因就在于它是存心表示内在之德的。内在之德所具有的密致精微程度,遍观天下所有之物,没有一件可以与之匹配的,这样的话,能不以少、小、下、素为贵吗?所以君子就格外注意内心的修养。古代的圣人,既注重内心的修养,也乐于对外的炫耀,有时候以少、小、下、素为贵,有时候又以多、大、高、文为贵。所以先王在制礼时,该少的不能让多,该多的不能让少,追求的目标就在于一个相称。由此看来,大夫以上的贵族用太牢作为祭品,与身份相称,这就叫合礼;士用太牢作为祭品,与身份不相称,这就叫盗窃。管仲身为大夫,却使用镂花镶玉的簋,系着朱红的帽带,住室斗拱上雕刻着山形图案,梁上的短柱刻着水草,君子认为这是过分,僭用了天子诸侯之礼。齐国的晏子也是大夫,他祭祀祖先时用的猪蹄膀太小,连一平碗也不到,穿戴着洗过的旧衣帽就去朝君,君子认为这是小气,不合乎大夫的身份。由此看来,君子行礼,不可不慎。因为礼是规范人们生活的纲纪,如果纲纪散乱,那么人们的生活也就乱套了。孔子说:"'作为一个知礼的人,打仗则必胜,祭祀则必定得到保佑。'就是因为他深刻领会了礼要相称的道理。"

【原文】

君子曰:"祭祀不祈,不麾蚤①,不乐葆大②,不善嘉事③,牲不及肥大,荐不美多品④。"孔子曰:"臧文仲安知礼⑤?夏父弗綦逆祀⑥,而弗止也。燔柴于奥⑦。夫奥者,老妇之祭也,盛于盆,尊于瓶。"

【注释】

①不麾(huī灰)蚤:祭祀都有一定的时间,不以提前为快。麾,快活,齐人语。蚤,通"早"。

②葆(bāo包)大:高大。葆,通"褒",高也。葆大是指器币而言。

③嘉事:指冠礼、婚礼。

④牲不及肥大二句:因为礼有以小、以少为贵者。

⑤臧文仲:春秋鲁大夫,历事庄、闵、僖、文四君,时人以为知礼。

⑥夏父弗綦逆祀:夏父弗綦,人名,鲁文公时的宗伯,掌管宗庙祭祀。按照鲁国君位传承的先后顺序,闵公的神主应在僖公的神主之上,但文公是僖公之子,有心将僖公的神主置于闵公之上,夏父弗綦迎合君意,就编造了一个"新鬼(指僖

公)大,故鬼(指闵公)小"的理由,硬把僖主神位放到闵公之上。这实质上是颠倒了昭穆顺序,所以说是"逆祀"。事见《左传》文公二年。

⑦燔柴于奥:燔柴是祭火神的礼节,不当施之于灶神。奥,郑玄说当作"爨",或作"灶",指灶神。下句"奥"字同此。

【今译】

君子说:"祭祀的本意在于思亲,不在于祈福;祭祀都有一定的时间,不能说提前举行就好;祭祀用的礼器玉帛都有一定的规格,不能一味追求高大;举行冠礼、婚礼,禀告祖先是应该的,但也不须为此而另行祭祀;祭祀所用的牺牲不可全都追求肥大,供品也不可全都追求数量。"孔子说:"臧文仲怎么能说是懂礼的人呢?夏父弗綦颠倒了宗庙祭祀的顺序,他作为四朝元老也不加阻止。而且在灶神面前举行燔柴之祭也是驴唇不对马嘴。须知灶神是一位发明了炊器的老妇,在祭灶神时,只要把供品放在盆里、酒放入瓶内就行了。"

【原文】

礼也者,犹体也。体不备,君子谓之不成人。设之不当,犹不备也。礼有大,有小,有显,有微。大者不可损,小者不可益,显者不可掩,微者不可大也。故经礼三百①,曲礼三千②,其致一也③。未有入室而不由户者。君子之于礼也,有所竭情尽慎,致其敬而诚若④,有美而文而诚若⑤。君子之于礼也,有直而行也⑥,有曲而杀也⑦,有经而等也⑧,有顺而讨也⑨,有撕而播也⑩,有推而进也⑪,有放而文也⑫,有放而不致也⑬,有顺而摭也⑭。

注释

①经礼:指礼的纲要、大节。
②曲礼:指礼的细则、小节。三千:极言其多,并非确数。上文"三百"同此。
③致一:达到诚的境界。一,诚也。
④有所竭情尽慎二句:这是说的礼有以少、以小、以下、以素为贵的情况。若,语尾助词。
⑤有美而文句:这是说的礼有以多、以大、以高、以文为贵的情况。
⑥有直而行也:如亲人刚死,孝子哭踊无节。
⑦有曲而杀(shài 晒)也:如丧礼的变服除服,及上杀、旁杀、下杀。参本书

《丧服小记》。

⑧有经而等也：如为父母服丧三年，上至天子，下至庶人，都一样。

⑨有顺而讨也：谓礼数依次递减。如本篇上文的"天子之堂九尺，诸侯七尺，大夫五尺，士三尺"等等。

⑩有撙(chàn忏)而播也：撙是芟除。撙而播是取于上而播及于下，如祭之有馂，施及贱者。参《祭统》。

⑪推而进：如王者的后代可以用天子之礼。

⑫放(fǎng仿)而文：如天子的礼服有十二章，是模仿天地自然而成。见本节上文注。

⑬放而不致：致者，至也。诸侯和卿大夫的礼服虽然也是模仿天地自然之象，但只有七章、五章、三章，达不到天子的十二章和九章。参上文注。

⑭顺而摭：摭是拾取。如君死沐发用粱，大夫用稷，而士又用粱。士卑，不以拾取君礼而用之为嫌。参《丧大记》。

【今译】

所谓礼，就好比是人的身体。身体如有缺陷，君子就把他叫做残疾人。礼如果用得不当，就好比人体有残疾一样。礼有时以大、以多为贵，有时以小、以少为贵，有时以高、以文为贵，有时以素、以下为贵。以大、以多为贵者就不可随便减少，以小、以少为贵者就不可随便增加，以高、以文为贵者就不可随便遮掩，以素、以下为贵者就不可随便装饰和加高。所以，虽然礼的纲要有三百条，礼的细则有三千款，但它们追求的都是一个诚字。这就像人要进屋，没有不是从门而入一样。君子对于礼的态度，有时候是通过贵少、贵小、贵下、贵素而表达其诚，有时候是通过贵多、贵大、贵高、贵文而表达其诚。君子在具体行礼的时候，有时是放任感情毫不掩饰，有时是情感服从理智，有时是不分贵贱，上下一样，有时是按顺序递减礼数，有时是取物于上而普施于下，有时是根据推理而提高规格，有时是效法天地而文饰至极，有时是效法天地而文饰有限，有时是卑贱者袭用高贵者之礼也不犯忌讳。

【原文】

三代之礼一也，民共由之。或素或青①，夏造殷因。周坐尸，诏侑武方②，其礼亦然，其道一也。夏立尸而卒祭，殷坐尸③，周旅酬六尸④。曾子曰："周礼其犹醵与⑤！"

【注释】

①素:白。青:黑。按五德终始说,夏代尚黑,殷代尚白,周代则尚赤。
②诏:告也。谓告诉尸以应有的威仪。侑:劝尸饮食。武方:无常。武,"无"的误字。
③夏立尸而卒祭,殷坐尸:孙希旦认为此二句当在"周坐尸"句上,译文从之。
④旅酬:见《曾子问》注。六尸:周七庙(始祖后稷庙、文王庙、武王庙及四亲庙),当祫祭时,聚六庙之主于始祖庙中,由始祖倡议举杯,而由其他六主依次互相劝酒。六尸代表六主。
⑤醵(jù聚):凑钱喝酒。

【今译】

夏商周三代的礼都贯穿着一个诚字,民众共同遵循。从形式上看,有的尚黑,有的尚白,夏代开始创立,殷代有所因循。例如,在祭祀过程中,在夏代尸始终是立着的,在殷代则始终是坐着的,周代的尸也是始终坐着,而且凡助祭者都可以告诉尸如何保持威仪和劝尸饮食,并无固定的人选,这种礼数是从殷代学来的,其至诚之道是一样的。不过,周代有六尸依次互相劝酒的仪式,这是殷代所没有的。所以曾子说:"周礼的六尸互相劝酒,就好像众人凑钱喝酒一样。"

【原文】

君子曰:礼之近人情者,非其至者也①。郊血②,大飨腥③,三献爓④,一献孰⑤。是故君子之于礼也,非作而致其情也,此有由始也⑥。是故七介以相见也⑦,不然则已悫⑧;三辞三让而至⑨,不然则已蹙。故鲁人将有事于上帝⑩,必先有事于頖宫⑪;晋人将有事于河,必先有事于恶池⑫;齐人将有事于泰山,必先有事于配林⑬。三月系⑭;七日戒,三日宿⑮,慎之至也。故礼有摈诏⑯,乐有相步⑰,温之至也。

【注释】

①礼之近人情者二句:郑玄说:对于神鬼来说,近乎人情的礼算是亵渎,远乎人情的礼才算尊敬。
②郊血:南郊祭天以牲血作供品。
③大飨:谓祫祭,即合祭先王。腥:指生肉。
④三献:指祭祀社稷之神。爓(xún循):经沸水烫过的半生不熟的肉。

⑤一献:指祭祀小的神鬼。祭祀小的神鬼只须一献之礼,故称。孰:通"熟",指熟肉。

⑥有由始:有所取法于古代。《礼运》:"事鬼神上帝,皆从其朔。"

⑦七介以相见:身为侯爵、伯爵的国君相见,宾主双方要各用七个随从来传话。具体作法是:宾将自己要说的话先传给自己的上介(第一随从),上介传于次介,如此依次递传于末介(最后一名随从);末介传于主君之末介,主君之末介又依次向上递传于主君之上介,主君之上介传于主君。主君之答辞传法也仿此。如是公爵,用九介;子男,用五介。详《周礼·秋官·大行人》。

⑧已:太。

⑨三辞:指宾在主君大门外让自己的随从三次传达自己的话,表示对主国的盛礼招待不敢当。三让:进大门、进庙门、登阶上堂,主人都要让客人先入。

⑩有事:指祭祀。

⑪頖(pàn 畔)宫:一本作"郊宫",鲁国的宗庙。

⑫恶池(hū tuó 乎沱):即滹沱河。发源于山西繁峙县东之泰戏山。

⑬配林:泰山附近的一个小山名。

⑭三月系:指祭天所用的牛要先在涤宫饲养三个月。详《郊特牲》。

⑮七日戒二句:七日戒是指祭祀前十日开始的连续七天的初步斋戒,又叫散斋。三日宿是指祭祀前三天的严格斋戒,又叫致斋。并详《祭义》。

⑯摈:摈相,司仪。诏:告诉,指点。

⑰相步:扶助和引导乐工走路的人。因为古代的乐工多为盲人。

## 【今译】

古代的哲人讲过:用接近现代人情的东西作祭品,并非最高贵的祭品。例如祭祀至高无上的天是用牲血为祭品,合祭列祖列宗是用生肉,祭祀社稷是用半生不熟的肉,祭祀小的神鬼是用熟肉。熟肉是接近现代人情的祭品,但并不高贵,最高贵的倒是牲血。所以君子对于礼,并非一时冲动来表达自己的敬意,而是有所效法于古人。所以两国国君相见,宾主都要各自安排七个随从传话,不然的话就显得太简单了;客人要三次向主人表示不敢当,主人要三次礼让客人先入,然后才登堂,不然的话就显得太急促了。所以,鲁国人将要祭上帝,就一定先告祭于宗庙;晋国人将要祭河,就一定先祭祀滹沱河;齐国人将要祭泰山,就一定要先祭配林。祭天祭祖,祭前的三个月就要精心饲养牺牲,祭前的十日,要先进行七天的初步斋戒,接着再进行三天严格的斋戒,然后才举行祭祀,真是谨慎到顶点了。所以,行礼时必有司仪指导,乐师必有扶持引路的人,这才显得十二分的温文尔雅和从容不迫。

【原文】

礼也者,反本修古①,不忘其初者也。故凶事不诏,朝事以乐②,醴酒之用,玄酒之尚,割刀之用,鸾刀之贵,莞簟之安,而稾鞂之设③。是故先王之制礼也,必有主也④,故可述而多学也。君子曰:"无节于内者⑤,观物弗之察矣。欲察物而不由礼,弗之得矣。"故作事不以礼,弗之敬矣;出言不以礼,弗之信矣。故曰:礼也者,物之致也。

【注释】

①修:王念孙说当作"循",是。
②故凶事不诏二句:这两句是解释"反本"的。
③醴酒之用六句:这六句含三层意思,都是说明"循古"的。玄酒:即水。见《礼运》注。割刀:今人使用的快刀。鸾刀:古人所用的钝刀。鸾是刀把上的铃。祭祀时分割牲体不用割刀而用鸾刀。莞簟(guān diàn 官甸):今人所用的蒲席和竹席。今人坐卧之席,蒲席在下,竹席在上。《诗·小雅·斯干》:"下莞上簟,乃安斯寝。"稾鞂:把农作物的穗割下后剩下的茎。鞂,同"秸"。
④主:指上文的"本"与"古"。
⑤节:郑玄说是"体验"。

【今译】

礼的种种规定,有时候是表现了人的回归天性,有时候是表现了人的遵守传统,总而言之,就是不忘其根本。例如,凶丧之事,用不着谁来教导,人们悲从中来,自然会号啕大哭;朝廷宴飨群臣,钟鸣鼎食,参加者自然无不快乐。这是回归天性的例子。又如,现在的人们都把饮用甜酒作为美妙的享受,但在祭神时却以清水一杯为贵;今人使用的快刀非常适用,但在分割牲体时偏要用迟钝的鸾刀;今人的坐垫,下面一层蒲席,上面再加一层竹席,坐着多么舒服,而祭天时却仅仅铺上一层庄稼秆就当席子。这是遵守传统、以原始为贵的例子。所以先王在制礼的时候,一定是考虑到了人的回归本性和遵循传统这两个因素,所以后人才可以效法和便于学习。君子说:"如果内心没有体验,观察事物就不会明白。要想把事物观察明白而不借助于礼,就不可能达到目的。"所以,不按礼来办事,就不能赢得人们的尊敬;不按礼来说话,就不能取得人们的信任。所以有这么一句老话:礼是一切事物的准则。

## 【原文】

　　是故昔先王之制礼也,因其财物而致其义焉尔①。故作大事必顺天时②,为朝夕必放于日月③,为高必因丘陵,为下必因川泽。是故天时雨泽,君子达亹亹焉④是故昔先王尚有德,尊有道,任有能,举贤而置之,聚众而誓之。是故因天事天⑤,因地事地,因名山升中于天⑥,因吉土以飨帝于郊⑦。升中于天,而凤皇降、龟龙假⑧;飨帝于郊,而风雨节⑨,寒暑时。是故圣人南面而立,而天下大治。

### 注释

　　①财物:孔颖达说:"财物,犹云才性也。"
　　②大事:指祭祀。必顺天时:如孟春迎春于东郊,仲春祠高禖,季秋大飨帝等。参见《月令》。
　　③朝夕:祭名。天子在春分那天的早晨朝日于东门之外叫做朝,在秋分那天的夜晚祀月于西门之外叫做夕。放:通"仿"。
　　④达:犹言"皆"。亹(wěi娓)亹:勤勉不倦的样子。
　　⑤因天事天:即上文"为高必因丘陵"。
　　⑥升中于天:谓天子巡守至于方岳之下,登山燔柴告天以太平之功已成。中,成功。
　　⑦吉土:通过占卜而选择的风水宝地。飨帝于郊:指祭天于南郊。
　　⑧假(gé格):至,到。
　　⑨风雨节:《唐石经》无"节"字,诸家校勘皆以为衍字,此"风雨"二字当与下句连读。

## 【今译】

　　所以从前的先王在制礼时,就依据事物固有的特性而赋以意义。所以举行祭祀一定顺着天时,啥时候祭啥神绝不错乱;举行朝日、夕月之祭,一定仿照日出于东和月升于西;祭天是至高无上之祭,那就必定凭借本来就高的圜丘;祭地是至卑无二之祭,那就必定凭借本来就低的方泽。所以就风调雨顺,君子都勤勉不倦的报答神功。所以古昔先王在将要举行祭祀时,崇尚有道德的人,尊重有道艺的人,任用有才能的人,选拔这些贤人放到助祭的位置上,斋戒之前还要聚众宣誓,以诫不恭。然后才在圜丘上祭天,在方泽中祭地,登上泰山燔柴向天报告成功,在南郊选择吉地祭祀天帝。因为燔柴向天报告成功,所以凤凰来仪,龟龙毕至;因为祭天帝于南郊,所以风调雨顺,冷热按时。这样,圣人只要在临朝时南面而立,不须操心,天下也就太平了。

【原文】

天道至教,圣人至德。庙堂之上,罍尊在阼①,牺尊在西②。庙堂之下,县鼓在西③,应鼓在东④。君在阼⑤,夫人在房⑥。大明生于东,月生于西。此阴阳之分,夫妇之位也。君西酌牺象,夫人东酌罍尊,礼交动乎上,乐交应乎下,和之至也。

注释

①罍(léi 雷)尊:饰有云雷状花纹的酒尊。
②牺(suō 梭)尊:牛形酒尊。尊,下文作"象",是。象是象形酒尊。在西:郑玄说,礼乐之器以在西方者为尊。
③县鼓:一种大鼓。即《仪礼·大射礼》中的建鼓。县,即古"悬"字。
④应鼓:一种小鼓。因为先击朔鼓,后击应鼓,是对朔鼓的回应,故名。
⑤君在阼:阼是东阶。人君以东为尊。
⑥房:古代的房在室的两旁。天子、诸侯有东西房。此"房"指西房。

【今译】

天帝垂示至高无上的教导,圣人具备独一无二的道德。表现在宗庙之中,堂上,罍尊陈设在东阶,牺尊、象尊陈设在西阶;堂下,悬鼓设在两阶之间的西边,应鼓设在东边。国君站在阼阶上,而其夫人站在西房中。这好比太阳升于东方,月亮升于西方。这象征天与地的不同,所以夫妇的位置才会这样。国君从东阶走到西阶用牺尊、象尊酌酒,其夫人则从西房走到东阶用罍尊酌酒。堂上的礼仪象征着阴阳交互,堂下的鼓乐也此起彼应,这是一幅多么和谐的景象啊!

【原文】

礼也者,反其所自生①。乐也者,乐其所自成②。是故先王之制礼也以节事,修乐以道志。故观其礼乐而治乱可知也。蘧伯玉曰:"君子之人达③。"故观其器而知其工之巧,观其发而知其人之知。故曰:君子慎其所以与人者。

【注释】

①反其所自生:即上文所说的"反本修古"。
②乐(lè 勒)其所自成:成功之后快乐的心情的表达。《乐记》:"王者功成作乐。"
③蘧(qú 瞿)伯玉:春秋时卫国贤大夫,名瑗。

【今译】

礼是追溯事物本始的产物,乐则是大功告成以后人心快乐的表达。因此,先王通过制礼以体验前事,通过作乐以陶冶情趣。由于礼乐有这等来历,所以观察一个国家的礼乐就可以了解到这个国家的治乱。蘧伯玉说:"君子一类的人都很明达。"他们只要观察到了器物,就可以推知工匠的巧拙;只要观察到了人的外部表现,就可以推知它的愚智。所以说:君子对于用来与人交往的礼乐是无不谨慎的。

【原文】

大庙之内敬矣①。君亲牵牲,大夫赞币而从;君亲制祭②,夫人荐盎③;君亲割牲④,夫人荐酒;卿大夫从君,命妇从夫人⑤。洞洞乎其敬也,属属乎其忠也⑥,勿勿乎其欲其飨之也。纳牲诏于庭⑦,血毛诏于室⑧,羹定诏于堂⑨,三诏皆不同位,盖道求而未之得也⑩。设祭于堂,为祊乎外⑪,故曰:"于彼乎?于此乎⑫?"一献质⑬,三献文⑭,五献察⑮,七献神⑯。

【注释】

①大庙:始祖庙。大,古"太"字。
②制祭:指杀牲后进献血腥时,割取牲肝,在郁鬯中蘸一下取出敬神。
③盎:指盎齐。祭祀所用五齐(jì 记)之一。都是未曾滤过而较浊的酒。
④割牲:指进献煮熟的牲体。
⑤命妇:指卿大夫之妻。
⑥属属(zhǔ zhǔ 主主)乎:专一的样子。

⑦纳牲句:指上文"君亲牵牲,大夫赞币而从"。
⑧血毛句:指上文之"制祭"。
⑨羹定句:指上文之"割牲"。羹定,谓肉熟。孙希旦说:肉煮熟后就不再加火让肉汤沸滚,故名羹定。
⑩道:言也。
⑪祊(bēng 崩):庙门。
⑫故曰句:见《郊特牲》。
⑬一献:指祭群小祀之礼。
⑭三献:指祭社稷、五祀之礼。
⑮五献:指祭四望山川之礼。
⑯七献:指祭先公之礼。按:献数越多,其神愈尊。

【今译】

太庙之内的祭礼真是叫人肃敬动容。首先,国君亲自把牺牲牵入太庙,大夫协助拿着杀牲告神的玉帛紧跟其后。接着,国君又亲自制祭,夫人献上盎齐之酒。接着,国君又亲自馈熟,夫人再次献酒。在这个行礼过程中,卿大夫紧跟着国君,而命妇紧跟着夫人。说到他们的神情,那是毫不掺假的恭敬,那是专心致志的忠诚,又是那样地迫不及待地想让祖先享用供品。牵牲入庙时,先在庭中告祭于神;进献生血生肉时,又在室中告祭于神;进献熟肉时,又在堂上告祭于神。三次告祭都不在同一地方,这就意味着求神而又不知神所在的确切位置。先设正祭于堂,又设祭于庙门之外,就好像是在询问:"神是在那边呢?还是在这边呢?"一献之礼是不够讲究的,三献之礼就有点看头了,五献之礼就礼数更加详备,至于七献之礼,那真是神乎其神了。

【原文】

大飨其王事与①!三牲鱼腊②,四海九州之美味也。笾豆之荐,四时之和气也。内金③,示和也。束帛加璧④,尊德也。龟为前列,先知也。金次之,见情也。丹、漆、丝、纩、竹、箭,与众共财也。其馀无常货,各以其国之所有,则致远物也。其出也,《肆夏》而送之⑤,盖重礼也。祀帝于郊,敬之至也。宗庙之祭,仁之至也。丧礼,忠之至也。备服器,仁之至也。宾客之用币,义之至也。故君子欲观仁义之道,礼其本也。

【注释】

①大飨:指祫祭先王,天下诸侯皆来助祭,供品异常丰盛,贡品也异常丰盛。
②腊(xī昔):干肉。
③内:通"纳"。金:指铜。
④束帛加璧:束帛是将五匹帛(其中三匹是玄色,二匹是浅绛色)捆作一束,用作聘问或馈赠的礼物,加璧,就是把璧加放在束帛上边也当作礼物。璧是中间有孔的圆形玉器。古人常以玉来比喻君子之德,所以下文说"尊德也"。
⑤《肆夏》:郑玄说当作《陔夏》,是。《陔夏》是送宾的乐曲。

【今译】

　　大飨的祭品是那样的丰盛,贡品是那样的众多,恐怕只有天子才能有那样的排场吧！牛肉、羊肉、猪肉、鱼肉、干肉,包罗了普天之下的美味佳肴;笾豆中盛放的祭品,山珍海味,瓜果李枣,都是四季风调雨顺的产物。四方诸侯的贡金,表示他们的服从天子;诸侯给天子的见面礼,是束帛加璧,表示他们对天子美德的尊敬。诸侯贡品的排列,宝龟放在前列,因为龟能预知未来。其次是黄金,因为它能照见人情。其次是丹砂、油漆、蚕丝、棉絮、大竹、小竹这些日常用品,这表示普天之下的物产都是供给天子使用的。其余的贡品没有固定的品种,原则上是你这个诸侯国有什么土特产你就贡献什么,这表示再遥远的东西天子也能得到。大飨礼毕,来宾走出庙门时,奏起送宾的乐曲《陔夏》,以显示礼数的隆重。天子亲自在南郊祭天,这是无比的尊敬。宗庙之祭,视死如生,这是无比的仁爱。丧礼,孝子哭天号地,痛不欲生,一切发自内心,这是无比的真诚。为死者准备服装、明器,虽然明知无济于事,但也仍然尽力准备,这也表现了莫大的爱心。聘问所用的礼品,多寡都要合乎规格,这是无比的合理。所以,君子如果要观察什么叫仁义,只要观察一下礼这个根本性的东西就行了。

【原文】

　　君子曰:"甘受和,白受采,忠信之人可以学礼。苟无忠信之人,则礼不虚道。是以得其人之为贵也。"孔子曰:"诵《诗》三百,不足以一献。一献之礼,不足以大飨①。大飨之礼,不足以大旅②。大旅具矣,不足以飨帝。毋轻议礼。"

【注释】

①大飨:指袷祭先王之礼。

②大旅:因特殊情况发生而祭天之名。其礼数低于常规的冬至祭天。

【今译】

君子说:"甘味是五味的根本,在此基础上可以调和出百味。白色是五色的根本,在此基础上可以绘出五彩。这个道理明白了,你就知道忠信是礼的根本,只有忠信之人,才可以学礼。如果不是忠信之人,礼也不会跟着你瞎跑。由此看来,礼固然重要,而得到忠信之人更重要。"孔子说:"即令把《诗经》三百篇背得滚瓜烂熟,如果没有学过礼,就连简单的一献之礼也承担不了。懂得了一献之礼,如果不进一步学习,就未必能承担大飨之礼。懂得了大飨之礼,如果不再继续学习,就未必能承担大旅之礼。懂得了大旅之礼,未必就能担当祭天之礼。不要轻率地议论礼。"

【原文】

子路为季氏宰①。季氏祭,逮闇而祭,日不足,继之以烛。虽有强力之容、肃敬之心,皆倦怠矣。有司跛倚以临祭,其为不敬大矣。他日祭,子路与,室事交乎户②,堂事交乎阶③,质明而始行事,晏朝而退。孔子闻之,曰:"谁谓由也而不知礼乎!"

【注释】

①子路:孔子弟子,姓仲名由,字子路。详见《史记·仲尼弟子列传》。季氏:指鲁国大夫季桓子。

②室事:正祭时,尸在室,故曰室事。交乎户:室外的人取祭品至室门口,室内的人接过祭品以献尸。

③堂事:正祭毕,邀尸至堂,在堂上行侑尸之礼,故曰堂事。正祭时是把尸当神来敬,侑尸时是把尸当宾来敬。交乎阶:堂下的人把馔具送到阶前,堂上的人接过馔具奉进于宾。

【今译】

子路当季桓子家的总管。过去季氏举行岁时的祭祖,总是天不亮就开始,忙活一天还没完,天色已黑,还得点起火把继续干。因为拖得时间太长,即令是身体强壮、敬心十足的人,也被搞得疲惫不堪。因此,许多执事的人都东倒西歪、左倚右靠地来应付差使,这实在是对祖先的大不恭敬。后来有一天,子路参与季氏祭祖,举行室内正祭时,室内室外的人在门口交接祭品;举行堂上傧尸时,堂上堂下的人在阶前交接馔具。天亮开始祭祀,到了傍晚就行礼完毕。孔子听说了这件事,说:"谁能说子路只是有勇而不懂得礼呢!"

# 礼记全译

## 郊特牲第十一

【题解】

郑玄说:"名《郊特牲》者,以其记郊天用骍犊之义。"《释文》云:"郊者,祭天之名。用一牛,故曰特牲。"今按郑玄所说尚不能概括本篇全部内容。以祭礼而论,除了祭天之外,还有社祭、蜡祭、庙飨。此外还有涉及朝、觐、燕礼的文字。其中"冠义"一段,全同于《仪礼·士冠礼》之《记》;而"天地合"一段又似为解释《仪礼·士昏礼》而作。篇中既有论说之文,又有训诂之语,层次比较散乱,解释亦颇有出入。近乎随手编辑之杂记,又非出自一人之手。考其时代,约在西汉中叶。

【原文】

郊特牲,而社稷大牢。天子适诸侯,诸侯膳用犊[1]。诸侯适天子,天子赐之礼大牢。贵诚之义也[2]。故天子牲孕弗食也,祭帝弗用也。大路繁缨一就,先路三就,次路五就[3]。郊血,大飨腥,三献爓,一献孰[4]。至敬不飨味,而贵气臭也。诸侯为宾,灌用郁鬯[5],灌用臭也。大飨尚腶修而已矣[6]。

注释

①天子适诸侯二句:已见于《礼器》。本节中见于《礼器》的文句还有几处。
②贵诚之义也:这是说郊天所用的犊和诸侯招待天子用饭所用的犊,都是童

牛,未有牝牡之情,一团诚实。

③大路繁(pán 盘)缨一就三句:已见《礼器》。

④郊血四句:已见《礼器》,但解释稍异。《礼器》释为"礼之不近人情者"为上品,而此处释为不贵口味而贵气味。

⑤诸侯为宾二句:其义亦见《礼器》。

⑥大飨:此指诸侯来朝而天子设宴款待之。尚腶脩:上菜的时候,先上腶脩,然后再上其他热菜。腶脩是以姜桂作佐料的肉脯。尚腶脩,也是贵气味而不贵口味之意。

【今译】

南郊祭天只用一头牛犊,而祭祀社稷却要用牛、羊、豕三牲。天子巡守,来到诸侯之国,诸侯招待天子进膳也是用一头牛犊,而诸侯朝见天子,天子赐宴却是牛、羊、豕具备。因为牛犊尚不失童贞,这表明是以诚实为贵。所以天子不吃怀孕的牛,祭天也不用怀孕的牛。天子祭天所用的大辂,只用一圈繁缨作为马的装饰,而用来干普通杂事的先辂就用三圈,再低一等的次辂就用五圈。这说明礼在某些场合是以少为贵。祭天而用牲血作供品,祭列祖列宗而用生肉,祭社稷乃用半生不熟的肉,祭群小祀却用熟肉。这说明神灵愈是高贵,愈是不以接近活人口味的供品为贵,而是以能散发强烈气味的供品为贵。诸侯互相拜访,宴席上也只敬以郁鬯香酒,而没有七碗八盘的菜,这也是看重郁鬯的芬芳气味的缘故。天子设宴招待各国诸侯,上的第一道菜是腶脩,也是重气味而不重口味的缘故。

【原文】

大飨①,君三重席而酢焉②。三献之介③,君专席而酢焉④,此降尊以就卑也。飨禘有乐而食尝无乐⑤,阴阳之义也。凡饮,养阳气也。凡食,养阴气也。故春禘而秋尝。春飨孤子⑥,秋食耆老⑦,其义一也。而食尝无乐⑧。饮,养阳气也,故有乐;食,养阴气也,故无声。凡声,阳也。鼎俎奇而笾豆偶⑨,阴阳之义也。笾豆之实,水土之品也。不敢用亵味而贵多品,所以交于旦明之义也⑩。

注释

①大飨:此指诸侯互访,主国国君设宴招待来访国君。

②君三重席：诸侯的座垫是三层席子。古时座垫所用的席子，天子是五重，诸侯是三重，大夫是两层，士是一层。参《礼器》。

③三献之介：指士。三献是指诸侯招待来访大夫的礼数。而大夫的随员则是士。

④专席：单席。

⑤禘：郑玄说当作"礿"，下同。《王制》："天子诸侯宗庙之祭，春曰礿，夏曰禘，秋曰尝，冬曰烝。"礿祭在春，春天是阳。尝祭在秋，秋天是阴。食（sì 四）：食礼。食礼以食为主，无酒无乐。飨礼则有酒有乐。"

⑥孤子：烈士之子。

⑦耆老：烈士之父祖。

⑧而食尝无乐："而"字下当有"飨禘有乐"四字，孔颖达说这是不言而喻。

⑨鼎俎：古代祭祀、宴享时陈放牲体的礼器。牲体煮熟后从锅中捞出盛入鼎中抬到行礼之处，再把牲体捞出放在俎上以供祭祀或食用。笾豆：陈放主要由植物加工制成的干菜、湿菜的礼器。按牲体是动物，动物属阳，故其数奇。植物属阴，故笾豆数偶。

⑩旦明：郑玄说当作"神明"。

【今译】

诸侯举行盛宴招待来访宾客，如果是国君回敬国君的酒，则只须坐在原有的三重席上，不须变动。如果是大夫来访，主国国君向大夫的随员敬酒，主国国君就要把自己的三重席子改为一重席子，使与大夫随员的座席相等，这叫做"降尊以就卑"。春夏二季祭祖，举行飨礼，有音乐伴奏；秋冬二季祭祖，举行食礼，没有音乐伴奏。这是因为春夏属阳，秋冬属阴。凡是饮酒，意在保养阳气；凡是吃饭，意在保养阴气。所以春夏祭祖用飨礼，而秋冬祭祖用食礼。春天用飨礼招待烈士遗孤，秋天用食礼招待烈士父祖，其道理和上边讲的一样。而春夏二季祭祖的飨礼使用音乐，秋冬二季祭祖的食礼不用音乐。飨礼以饮酒为主，意在保养阳气，所以有音乐；食礼以吃饭为主，意在保养阴气，所以没有音乐。凡是音乐，都属阳类。鼎和俎的数目总是单数，笾和豆的数目总是偶数，这是因为鼎俎是盛放牲体的，牲体是动物，属于阳类；而笾豆中盛放的多是植物，植物属于阴类。笾豆中盛放的食品，都是水中所生，土中所长，属于阴类。祭品既不敢用生人认为味美可口者，也不敢追求品种繁多，因为祭品是用来供奉神灵的。

【原文】

宾入大门而奏《肆夏》①,示易以敬也。卒爵而乐阕②,孔子屡叹之。奠酬而工升歌③,发德也。歌者在上,匏竹在下④,贵人声也。乐由阳来者也,礼由阴作者也,阴阳和而万物得。旅币无方⑤,所以别土地之宜,而节远迩之期也⑥。龟为前列,先知也。以钟次之⑦,以和居参之也。虎豹之皮,示服猛也。束帛加璧⑧,往德也。

**注释**

①《肆夏》:天子大飨诸侯时的迎宾乐曲。
②卒爵而乐阕(què确):大约是主人与来宾入席时开始奏乐,天子先酌酒敬诸侯,诸侯饮毕又回敬天子,天子饮毕,此时音乐也恰好奏完一节。阕,终了。
③奠酬:奠是放置,酬指劝宾饮的酒杯。孙希旦说:飨宾之礼,每献皆有酢有酬(凌廷堪《礼经释例》卷三:"凡主人进宾之酒谓之献。凡宾报主人之酒谓之酢。凡主人先饮以劝宾之酒谓之酬。")此"奠酬"谓天子第一次献宾,宾酢天子,天子酌酒自饮,又酬宾,宾接受酬爵而放置席上,至此,一献之礼才算完成。
④匏(páo泡)竹:匏指笙竽一类乐器。竹指箫笛一类乐器。这里指为歌者伴奏的乐工。
⑤旅币:各国进贡的礼品。旅,众也。无方:无常。
⑥节远迩(ěr迩)之期:根据各国距离天子所在的远近而规定其朝聘次数及贡品。如邦畿外五百里者,一年朝聘一次,贡品是牺牲之类;邦畿外一千里者,二年朝聘一次,贡品是丝枲之类;邦畿外一千五百里者,三年朝聘一次,贡品是尊彝之类。如此等等。详《周礼·秋官·大行人》。
⑦钟:指金属。金属可以铸钟。
⑧束帛加璧:见《礼器》注。

【今译】

天子大宴来朝的诸侯,当客人进入宗庙大门时,乐队奏起迎宾曲《肆夏》。宾主入席,又开始奏乐,酒过一巡,乐曲也恰好终了。对于礼乐配合的如此得体,孔子曾多次加以赞叹。一献之礼完成以后,乐工就登堂高歌,意在颂扬宾主之德。歌手在堂上,伴奏的乐工在堂下,这是表示人的歌声为贵。乐曲是有声音可以听见的,属阳;而礼仪是人的德行的外部表现,属阴。乐曲的阳和礼仪的阴协调一致,万物就能各得其所。各国诸侯的贡品没有具体规定,原则上是贡献本国的土特产,各国朝聘的次数也要根据他距离天子所在的远近而定。在展览诸侯贡品时,龟放在最靠前的位置,因为龟有先知的本领。其次是金属,因为金性柔和,所以把它放在龟和其他贡品中间。贡品中的虎豹之皮,是表示天子、诸侯能够镇服四方最威猛的东西。至于束帛加璧的见面礼,是表示诸侯向往天子的美德。

【原文】

庭燎之百①,由齐桓公始也。大夫之奏《肆夏》也,由赵文子始也②。朝觐,大夫之私觌,非礼也③。大夫执圭而使,所以申信也;不敢私觌,所以致敬也。而庭实私觌④,何为乎诸侯之庭?为人臣者无外交,不敢贰君也。大夫而飨君,非礼也。大夫强而君杀之,义也。由三桓始也⑤。天子无客礼,莫敢为主焉。君适其臣,升自阼阶,不敢有其室也。觐礼,天子不下堂而见诸侯。下堂而见诸侯,天子之失礼也,由夷王以下⑥。

【注释】

①庭燎:庭中的照明火炬。按照规定,庭燎的数目是,天子百,上公五十,侯伯子男三十。齐桓公当用五十,用百燎是僭天子。
②赵文子:晋国大夫,名武。
③朝觐三句:王引之说"'朝觐'二字下,盖有言朝觐之礼者,而今脱去矣。'大夫之私觌'以下,则以聘礼言之,不蒙'朝觐'为义。"今从之。私觌(dí 敌):大夫奉命出访,以私人名义进见访问国的国君。
④庭实:诸侯朝天子,或诸侯之间相聘,将礼品陈于庭中,谓之庭实。
⑤由三桓始也:王引之说这句话是涉下文而衍,当从。
⑥夷王:西周时的天子,周懿王之子,名燮。夷王时,天子微弱,不敢自尊于诸侯。

【今译】

庭中的照明火炬使用一百个,拟于天子,这是从齐桓公开始的。奏《肆夏》迎宾是诸侯之礼,如今大夫也奏《肆夏》迎宾,这是从晋国大夫赵武开始的。诸侯朝见天子(下有脱文)。大夫奉君命出使而以私人名义进见外国国君,这是不合礼的。大夫出使之所以须要执圭(那圭的作用如同今日的国书),就是要证明自己是奉君命出、使的。不敢以私人名义晋见国君,就是为了表示尊敬自己的国君。如果大夫私人备礼作为庭实,又以私人名义晋见,那怎能像个诸侯之庭呢?作为臣子,不能背着国君与外国交往,否则就是与国君相抗衡了。大夫宴请国君,不合乎礼,因为这表明臣强君弱。大夫的势力超过了国君,国君可以杀掉大夫,这没有什么疑问。天子没有做客人的礼仪,因为普天之下,莫非王臣,没有哪个人敢当天子的主人。国君到臣子家里去,臣子要请国君从阼阶升堂,以表明臣子不敢自以为是此家的主人。诸侯朝见天子,按规矩天子不下堂迎接诸侯。下堂迎接诸侯,这是天子的失礼,这是从周夷王以后才有的事。

【原文】

诸侯之宫县①,而祭以白牡②,击玉磬③,朱干设锡④,冕而舞《大武》⑤,乘大路,诸侯之僭礼也。台门而旅树⑥,反坫⑦,绣黼丹朱中衣⑧,大夫之僭礼也。故天子微,诸侯僭;大夫强,诸侯胁,于此相贵以等,相觌以货,相赂以利,而天下之礼乱矣。诸侯不敢祖天子,大夫不敢祖诸侯⑨,而公庙之设于私家,非礼也,由三桓始也⑩。

【注释】

①宫县:即"宫悬"。悬是乐悬,即悬挂在乐器架上的编钟、编磬。宫是围绕之意。天子宫悬,即天子庭中东南西北四面皆有乐悬。诸侯轩悬,即只东西北三面有乐悬。卿大夫判悬,即只东西两面有乐悬。士特悬,即只在庭中东面有乐悬。诸侯用宫悬,是僭用天子之礼。详《周礼·春官·小胥》。

②白牡:白色的公牛。这是殷代天子祭天的牺牲。宋是殷的后裔,可用,其余诸侯只用时王之牲。

③玉磬:天子的乐器。诸侯用石磬。

④锡(yáng 洋):此指盾牌背面的金属装饰物。

⑤《大武》:古舞名。颂扬武王灭纣之事。《乐记》有较详描写。诸侯可以舞《大武》,但不得"朱干设锡"。

⑥台门:见《礼器》注。旅树:在门内路上设置屏风,用以障蔽内外,有点像今日的照壁墙。旅,道也,树,屏也。郑玄说,按规矩,天子的屏风设在门外,诸侯的在门内,大夫用竹簾,士用布帷。

⑦反坫(diàn 店):坫是一个小土台,设在堂上两楹之间。两国国君会饮,主人献宾,宾酢主人,主宾饮毕,皆将空酒杯放回土台上。这是诸侯之礼,大夫不

得用。

⑧中衣:外衣里边的一层衣服。此指以丹朱色之缯制为中衣。

⑨诸侯不敢祖天子二句:按宗法制度,祖庙只能设于宗子(也就是嫡长子)之家,庶子之家无祖庙。天子、诸侯之位皆由宗子继承,天子的庶子分封为诸侯,诸侯的庶子分封为大夫。

⑩三桓:鲁桓公的三个庶子,即公子庆父、公子牙、公子季友。鲁桓公的嫡长子即鲁庄公。庄公死后,三桓的后代孟孙氏、叔孙氏和季孙氏分别把桓公庙立于自己家内,即所谓"公庙设于私家"。

【今译】

作为诸侯而使用天子的宫悬,祭天用白色的公牛,敲击玉磬,红色盾牌的后面用黄金装饰,戴冕而舞《大武》,乘大辂,这都是作为诸侯而僭用天子之礼。大夫的大门建成宫阙状的,大门内又设屏风,堂上也设置放还空酒杯的土台子,用大红绸子作中衣,并且在领缘上还绣有斧形图案,这属于身为大夫而僭用诸侯之礼。所以,天子的势力微弱,诸侯就僭拟天子;大夫的势力强大,诸侯的地位就受到威胁。在这种情况下,诸侯、大夫皆无视王命、君命,爵禄由己,大夫也以财货私自与外国交通,贿赂公行,唯利是图,天下的礼也就乱套了。诸侯是庶子,不能像天子那样拥有祖庙;大夫是庶子。不能像诸侯那样拥有祖庙。今天有把诸侯的祖庙设置于大夫家中者,那是不合礼的,这种事是从鲁国的三桓开始的。

【原文】

天子存二代之后,犹尊贤也①。尊贤不过二代。诸侯不臣寓公②,故古者寓公不继世。君之南乡,答阳之义也。臣之北面,答君也。大夫之臣不稽首③,非尊家臣,以辟君也。大夫有献弗亲,君有赐不面拜,为君之答己也。

注释

①天子二句:如周代天子封夏禹的后代于杞,封商汤的后代于宋,特许他们以天子之礼祭祀其祖。

②寓公:因失地或被逐而寓居他国的国君。

③稽首:叩首。这是大夫拜见国君之礼。

【今译】

　　天子要封前两个朝代的后裔为国君，准许他们以天子之礼祭祖，这是尊重前代贤者的表示。但这种尊贤也只以前两个朝代为限，再远的朝代就不好说了。对于流亡到他国的国君，诸侯不敢以臣礼相待，但这种优待只限于流亡的国君本人，其子孙就不再享有了。国君的座位朝南，这表示他是对天负责的；臣子朝见国君要面北而拜，这表示他是对国君负责的。大夫家里的臣仆不对大夫行叩头礼，这并非是尊重这些臣仆，而是由于叩头是大夫拜君之礼，大夫要避开自拟国君的嫌疑。大夫有所进献于国君，不亲自出面，而是派家臣送去；国君对大夫有所赏赐，大夫也不须当面拜谢。这都是为了避免国君的答拜。

【原文】

　　乡人祃①，孔子朝服立于阼②，存室神也。孔子曰："射之以乐也，何以听？何以射？"孔子曰："士，使之射，不能则辞以疾，县弧之义也③。"孔子曰："三日齐④，一日用之，犹恐不敬；二日伐鼓，何居⑤？"孔子曰："绎之于库门内⑥，祊之于东方⑦，朝市之于西方⑧，失之矣。"

注释

①祃(shāng 伤)：古时在家中驱逐瘟疫和强鬼(死于非命之鬼)的祭祀。

②朝服：朝见国君之服。上穿缁衣，束缁带，下着素裳，系素蔽膝。亦用作祭服。

③县(xuán 悬)弧：古时生子，如生男，则其家于门左悬挂一张弓，见者即知其家生男。详《内则》。

④三日齐：此指祭前的三日致斋。已见《礼器》注。

⑤居(jī 姬)：表疑问语气词。

⑥绎：正祭次日又祭叫绎。绎祭应在庙内堂上进行。库门：诸侯宫的第一道门。

⑦祊(bēng 崩)：此指绎祭开始时，奠而祝祭曰祊。祊与绎是同时之祭。祊礼应在庙门外的西室进行。

⑧朝市：早上的交易市场。据《周礼·司市》，一日三市，大市在日中，朝市在早晨，夕市在傍晚。朝市在东方，夕市在西方。

【今译】

　　乡里人举行驱除疫鬼之祭，孔子穿着朝服站在自家阼阶上面，为的是让自家的神灵有所依附,不被惊扰。孔子说:"举行射礼时有音乐来协调射者的仪容举止,因此听到什么样的音乐,就知道该怎样射。"孔子说:"作为士,被邀请参加射礼,如果不会射也不能说自己不会,而要托辞说自己有病。因为男子一生下来门口就悬挂过弓矢,这表示会射是男子汉的本分。"孔子说:"祭前致斋三天,然后举行祭祀,就这样还唯恐亵渎神明,而现在三天之内却有两天打鼓,真不知是何道理!"孔子说:"在库门内举行绎祭,又到庙门外的东边去求神,这就像朝市本在东方而设于西方,都是把地点搞错了。"

【原文】

　　社祭土而主阴气也①。君南乡于北墉下,答阴之义也。日用甲②,用日之始也。天子大社③,必受霜露风雨,以达天地之气也。是故丧国之社屋之④,不受天阳也;薄社北牖⑤,使阴明也⑥。社,所以神地之道也。地载万物,天垂象。取财于地,取法于天,是以尊天而亲地也,故教民美报焉。家主中霤⑦,而国主社,示本也。唯为社事,单出里⑧。唯为社田,国人毕作。唯社,丘乘共粢盛⑨。所以报本反始也。季春出火⑩,为焚也。然后简其车赋而历其卒伍⑪,而君亲誓社,以习军旅,左之右之,坐之起之,以观其习变也。而流示之禽,而盐诸利⑫,以观其不犯命也。求服其志,不贪其得。故以战则克,以祭则受福。

注释

　　①社祭土句:古代每年在仲春、仲秋祭社。社即土神。土地是阴气的集大成者。
　　②甲:天干的第一位,是一旬的头一天。
　　③天子大社:天子的大社,即天子为普天之下的百姓所立的社。社有全国性的,有地方性的,有为自己立者,有为百姓立者。详《祭法》。
　　④丧国之社:指周代所立的殷社。周之所以立殷社,是要以殷为鉴,希望避免重蹈覆辙。屋之:在社坛的上面加上一层遮棚。
　　⑤薄社:即亳社。殷曾建都于亳。所以亳社也就是殷社。
　　⑥使阴明也:郑玄说,对于丧国之社,绝其阳,只让它和阴气相通。
　　⑦中霤:室的中央。此谓家中的土神。
　　⑧单出里:单,通"殚",尽也。里中的人家都要出来。每户出一人。
　　⑨丘乘(shèng胜):古代的地理行政单位。一丘含十六井,四丘为一乘。粢

盛(zī chéng 资成):供祭祀用的谷物。粢是黍稷,盛是放黍稷的容器。

⑩季春:郑玄说应作"仲春"。

⑪赋:指兵士及武器。古代按田赋出兵,故称。

⑫盐:通"艳",使羡慕之意。郑玄说,凡田猎,大的野兽归公,小的野兽可以归己。

【今译】

　　社祭是祭土神,而土是阴气。祭社时国君南面而立于社坛的北墙外边,其用意是表示对着阴面。社祭总是用甲日,也就是一旬的头一天。天子大社的祭坛,上面没有任何遮盖,一定要叫它能够接触霜露风雨,这样才可以使天地之气贯通。至于亡国之社,其社坛上面就要加上一层覆盖物,为的是不让它接触上天的阳气。亳社只在北面开个小窗,也是为了让它只能接触来自阴处的光明。举行社祭,是尊敬土神的一种表示。大地孕育万物,上天垂示法象。种种生活资料都是取之于地,种种伦理法则都是效法于天,所以人们对天是尊敬而对地是热爱,百姓要尽量完美地报答土神。对于家来说,在中霤祭土神是主要的;对于国来说,在社坛祭土神是主要的,因为土地是一家一国赖以生存的根本。因此,凡当里中举行社祭时,里中的家家户户都要出人帮忙。凡是为了社祭而田猎时,国中的人都要参加。也只有为了社祭,各地都要以丘乘为单位贡献祭祀所用的黍稷。所有这些作法,都是为了报答大地的生养之恩。仲春二月放火,是为了烧去田野的杂草。然后点验各地应交的车赋,检阅部队,国君亲自参加为社稷提供禽兽的田猎,并且当众约法,宣布注意事项,就开始操练部队。指挥部队时而向左,时而向右,时而跪下,时而起立,以观察部队的熟练应变程度。操练结束,把禽兽赶至阵前开始打猎,并且宣布打到的大兽归公,用于祭社,小兽归己,以鼓励人们争先恐后,以观察人们是否违犯命令。这样做的目的,一方面是为了鼓舞士卒的斗志,一方面是为了不要士卒贪图私利。经过这样训练的士卒,用之于战场则战无不胜,用之于祭祀则一定能得到神的赐福。

【原文】

　　天子适四方,先柴①。郊之祭也,迎长日之至也②,大报天而主日也③。兆于南郊,就阳位也。扫地而祭,于其质也。器用陶匏④,以象天地之性也。于郊,故谓之郊。牲用骍⑤,尚赤也。用犊,贵诚也。郊之用辛也⑥,周之始郊,日以至。卜郊⑦,受命于祖庙⑧,作龟于祢宫⑨,尊祖亲考之义也。卜之日,王立于泽⑩,亲听誓命⑪,受教谏之义也。献命库门之内⑫,戒百官也。大庙之命,戒百姓也⑬。祭之日,王皮弁以听祭报⑭,示民严上也。丧者不哭,不敢凶服,泛扫反道⑮,乡为田烛,弗命而民听上。祭之日,王被衮以象天⑯;戴冕,璪十有二旒⑰,则天数也⑱。乘素车,贵其质也。旂十有二旒,龙章而设日月,以象天也。天垂象,圣人则之,郊所以明天道也。帝牛不吉⑲,以为稷牛⑳。帝牛必在涤三月㉑,稷牛唯具,所以别事天神与人鬼也。万物本乎天,人本乎祖,此所以配上帝也。郊之祭也,大报本反始也。

### 注释

①天子适四方二句:详参《王制》。柴:燔柴。在柴堆上放置牲体、玉帛,燔之以告天。

②迎长日之至:郑玄以为是夏至之日,朱熹以为是冬至之日。今从朱氏。盖冬至日虽极短,而其后则一日长复一日也。

③大:普遍。

④陶匏:陶制的尊壶、俎豆一类器皿。

⑤骍(xīng星):赤色。此指赤色之牛犊。

⑥辛:指夏历十一月的第一个辛日。

⑦卜郊:孙希旦说是卜郊祭之日。郊祭有定日而犹卜之者,审慎之意也。

⑧祖庙:指始祖庙。拿周代来说,就是后稷之庙。郊祭时还要以始祖配天而祭。

⑨作龟:犹言"灼龟"。祢(nǐ你)宫:父庙。

⑩泽:郑玄说:"泽宫也,所以择贤之宫也。"《射义》:"天子将祭,必先习射于泽。泽者,所以择士也。"

⑪誓命:约束告诫之辞,通俗地讲就是应该注意的事项。

⑫献命:指在将要致斋时,天子重申誓命。

⑬百姓:指天子的亲属。

⑭皮弁:一种武冠,用白鹿皮制成,有点像今天的瓜皮帽。这里是指皮弁服,即配合皮弁所穿的全套服装,即皮弁、素衣素裳、素韠、缁带。这是祭日早晨所著之服。临祭之时还要更换。

⑮反道:把新土铲到路的表面。

⑯衮：一说即龙衮，俗称龙袍，天子祭天的礼服。详《礼器》注。郑玄说此"衮"指大裘，因为大裘是祭天之服，而且其服有十二种图案，其中包括日、月、星辰，所以才说"以象天"。亦详《礼器》注。译文从郑。

⑰璪有十二旒：冕的上端有一长方形的木版叫做延，延的前端垂有十二条穿着玉珠的五彩丝带。

⑱则天数也：古代以天空唯十二次，故制礼以十二为极数。详《左传》哀七年。

⑲帝牛：祭祀上帝（也就是天）所用的牛。

⑳稷牛：祭祀后稷所用的牛。周人在郊天时，以其始祖后稷配享。郑玄说：担心帝牛不吉，改用稷牛，所以"养牲必养二"。

㉑涤：指打扫干净的牛舍。

## 【今译】

天子到四方巡守，在所到之处的名山要先燔柴告天。郊外祭天，是为了迎接冬至的到来，是为了普遍回报上天诸神而以日为主。郊祭的地方选择在南郊，因为南方是阳位。郊祭不在坛上进行，因为再高的坛也高不过天，所以清扫地面就可以行礼，这叫顺其自然。祭祀所用的器皿都是陶制的，不假雕琢，这是效法天地的自然之性。祭天是在郊，所以祭天又叫郊。祭天的牺牲用赤色牛犊，这是因为周代崇尚赤色。用牛犊作牺牲，是因为牛犊尚无牝牡之情，其童贞可贵。郊之所以选用辛日，是因为周代的第一次郊礼是在冬至，那天恰巧是辛日，后人就因袭了下来。占卜郊天的日期，必先告禀于始祖之庙，然后才在父庙中占卜，这表示对始祖是尊对父庙是亲。卜人占卜的那天，天子立于泽宫，亲自聆听有司宣布的应该注意事项，这表示连天子也要接受教诲约束。天子从泽宫回来，在王宫的库门之内重申应该注意的事项，这样做意在告诫百官；又在太庙内重申应该注意的事项，这样做意在告诫亲属。郊祭那天的早晨，天子穿着皮弁服听取有关官员报告郊祭的准备情况，这是向民众表示对天帝要格外尊敬。在通往南郊的道路两旁，谁家死了人也不敢哭，也不敢披麻带孝，道路要经过打扫，路面要铺上新土，乡民都在地头点燃火炬。这些都是百姓的自觉行动，用不着上边下命令。祭天的时候，天子身穿绘有日、月、星辰图案的大裘以效法上天，头上戴冕，冕的前端垂着十二条贯有珠玉的流苏，这是取法天有十二次之数。乘的车子没有任何装饰，这表示是以质朴为贵。车上的旗子有十二根飘带,上面画着龙和日月的图案,这也是取法上天之义。上天垂示日月星辰等等法象,圣人一一效法,郊天之礼就是为了让人们都知道效法天道的。祭天的牛如果由于某种原因不便使用,那就用祭后稷的牛来代替。祭天所用的牛必须在清洁的牛舍里精心饲养三个月,而祭后稷所用的牛只要有一头就行,哪怕是临时拉来的。从这上面可以看出祭祀天神和祭祀人鬼是有区别的。世上的万物都是天生的,世上的人也都是老祖宗一代一代传下来的,这就是祭天时为什么要让始祖配享的原因。郊天之祭,就是一次对天对始祖的普遍回报。

【原文】

天子大蜡八①。伊耆氏始为蜡②。蜡也者,索也。岁十二月,合聚万物而索飨之也。蜡之祭也,主先啬而祭司啬也③。祭百种,以报啬也。飨农及邮表畷、禽兽④,仁之至,义之尽。古之君子,使之必报之。迎猫,为其食田鼠也。迎虎,为其食田豕也。迎而祭之也。祭坊与水庸⑤,事也。曰:"土反其宅,水归其壑,昆虫毋作,草木归其泽。"皮弁素服而祭。素服,以送终也。葛带榛杖,丧杀也⑥。蜡之祭,仁之至,义之尽也。黄衣黄冠而祭⑦,息田夫也。野夫黄冠。黄冠,草服也。

### 注释

①天子大蜡八:据孔颖达说,大蜡所祭的八神是:先啬一,司啬二,农三,邮表畷四,猫虎五,坊六,水庸七,昆虫八。实际上大蜡所祭的神很多,此八神可以说是主要的。

②伊耆氏:古天子之号。孔颖达说就是神农氏。

③先啬:首先发明稼穑的人。郑玄说可能是神农氏。司啬:主管农事之神。郑玄说就是后稷。

④农:田官之神。邮表畷(zhuì 缀):田间庐舍和阡陌之神。

⑤坊:堤坊。水庸:沟渠。

⑥葛带榛杖二句:按札,丧服用麻,杖用竹桐。今以葛为带,以榛木为杖,规格比丧礼低。杀(shài 晒):减降。

⑦黄衣黄冠:这是农夫参加蜡祭时的装束。黄冠,指草笠。草色黄。

【今译】

天子的蜡祭,主要祭八种神。从伊耆氏开始才有蜡祭。蜡字的含义,从词源学上来讲就是索的意思,因为按古音"蜡"与"索"叠韵,读音相近。说具体点,就是在周历的十二月农事终了,把一切和农作物有关的神都找来祭祀一番。蜡祭的神灵,主要是始创农业的先啬,附带而及主管农事的司啬。祭祀谷神,就是报答先啬和司啬的。还要祭田官之神、祭田间庐舍和阡陌之神,祭包括虎猫在内的禽兽,从报恩的角度上说,真可以说是仁至义尽了。古代的君子,对于有利于农作物的神灵,一定都要报答。例如,邀请猫来加以祭祀,那是因为猫帮助人们吃掉了危害农作物的田鼠;邀请虎来加以祭祀,那是因为虎帮助人们吃掉了危害农田的野猪。所以要把它们请来加以祭祀。至于祭祀堤防和祭祀沟渠,也是因为它们有功于农事。蜡祭的祝祠中有这样的话:"希望堤防安然无事,沟渠不要漫溢;病虫害不要发生,荒草野树不要生于良田。"天子身着皮弁素服参加蜡祭。之所以穿素服,是因为有助于农事的万物都衰老了,这就等于为其送终。但是腰系葛带,手执榛杖,这种礼数又比丧礼略低。就蜡祭的这种礼数而言,真可谓是仁至义尽了。身穿黄衣头戴草笠来参加蜡祭的人,都是终年劳碌难得有闲的农夫。农夫头戴黄冠身穿黄衣,是因为季秋草木黄落,服象其色的缘故。

【原文】

　　大罗氏,天子之掌鸟兽者也,诸侯贡属焉。草笠而至,尊野服也①。罗氏致鹿与女,而诏客告也。以戒诸侯曰:"好田好女者亡其国。天子树瓜华②,不敛藏之种也。"八蜡以记四方。四方年不顺成,八蜡不通③,以谨民财也。顺成之方,其蜡乃通,以移民也④。既蜡而收,民息已。故既蜡,君子不兴功。

注释

　　①尊野服也:草笠是野人之服,今岁终功成,由野人而得,故重其事而尊其服。
　　②瓜华:王引之说是"瓜匏"。瓜是瓜果,匏是葫芦。
　　③通:行,举行。
　　④移(chǐ侈):通"侈"。此处为松弛之义。《杂记》下说到蜡祭时人们的高兴,有"一国之人皆若狂"之句。

【今译】

　　大罗氏,这是负责为天子掌管鸟兽的官,诸侯进贡的鸟兽由他接管。进贡的使者是戴着草笠而来,这表示对捕捉到鸟兽的野人的尊重。大罗氏搬出鹿和女子让使者们看,并且要他们捎话给自己的国君,告诫他们说:"喜好声色狗马的人一定要亡国。天子种的瓜匏,其种子既不收回也不收藏,以免与民争利。"八蜡有探明四方年成的作用。如果四方风不调雨不顺年不成,就不举行八蜡之祭,这样还可以让百姓少花一笔钱。东南西北四方,哪一方风调雨顺年成好,哪一方才举行蜡祭,老百姓也好借此机会痛饮一番,松弛一下一年的紧张劳动。蜡祭之后,就把谷物收藏起来,让农民休养生息。所以蜡祭以后,君子就不再大兴土木征召民众。

【原文】

　　恒豆之菹①,水草之和气也;其醢②,陆产之物也。加豆③,陆产也;其醢,水物也。笾豆之荐,水土之品也。不敢用常亵味而贵多品,所以交于神明之义也,非食味之道也。先王之荐,可食也,而不可耆也④。卷冕路车⑤,可陈也,而不可好也。《武》壮⑥,而不可乐也。宗庙之威,而不可安也。宗庙之器,可用也,而不可便其利也。所以交于神明者,不可以同于所安乐之义也。酒醴之美,玄酒明水之尚⑦,贵五味之本也。黼黻文绣之美,疏布之尚,反女功之始也。莞簟之安⑧,而蒲越、稿鞂之尚⑨,明之也。大羹不和,贵其质也。大圭不琢,美其质也。丹漆雕几之美⑩,素车之乘,尊其朴也,贵其质而已矣。所以交于神明者,不可同于所安亵之甚也,如是而后宜。鼎俎奇而笾豆偶,阴阳之义也。黄目⑪,郁气之上尊也⑫。黄者,中也;目者,气之清明者也。言酌于中而清明于外也。祭天,扫地而祭焉,于其质而已矣。醯醢之美⑬,而煎盐之尚⑭,贵天产也。割刀之用,而鸾刀之贵,贵其义也,声和而后断也。

注释

　　①恒豆:指朝事所献之豆。朝事,谓祭宗庙进献生血生肉之事。菹:腌菜。腌菜中有水产之物,如昌本(昌蒲根)、茆菹(水葵)是也;也有陆产之物,如葵菹(秋葵)、箈(小竹笋)菹是也。详《周礼·天官·醢人》。

郊特牲第十一　383

②醢：肉酱。肉酱有用陆地所产动物制作的，如鹿臡(ní尼)。有骨头的肉酱叫臡。肉酱也有用水产作的，如鱼醢。不带骨头的肉酱叫醢。

③加豆：祭末酳尸所献的豆。

④耆：通"嗜"，爱好。

⑤卷(gǔn衮)：当作"衮"。天子礼服。

⑥《武》：舞名。又叫《大武》，又叫《万》。详上文注。

⑦明水：用铜镜放在月下所接的露水。

⑧笾簋：见《礼器》注。按：本节文字有不少已见于《礼器》，可参看。

⑨蒲越(huó和)：用蒲草编结的席。越，编结。稿鞂：见《礼器》注。

⑩雕几(qí祈)：雕是雕刻。几是或凹或凸的花纹。

⑪黄目：酒尊名。周代所造，在诸侯使用的酒尊中为最上等。又叫黄彝。以黄金镂其外以为目形，故名。

⑫郁气：郁鬯酒的芳香。

⑬醯(xī西)醢：用醋调制的肉酱。醯，醋也。

⑭煎盐：盐以煎炼而成，故曰煎盐。

【今译】

　　祭祀的时候，在朝事之豆中盛放的腌菜，都是由生长茂盛的水草加工制成的；而豆中的肉酱，却是陆地所产之物制成的。祭末酳尸所献的豆，其中盛放的腌菜是陆地产品，而其中盛放的肉酱却是水中产品。笾豆中盛放的祭品，不是水中所生就是土中所长。这些祭品不敢制作得近乎活人的口味，也不敢讲究品种的繁多，因为这是献给神明享用的，而不是为了叫活人大饱口福。祭祀先王的供品，吃也可以吃，但味道欠佳，活人并不爱吃。祭祀时所穿的衮龙袍，所戴的冕，所乘的大路，尊贵是够尊贵了，陈列还可以，但平常并不好穿好坐。《大武》之舞虽然气势雄壮，但真正娱乐时也不用它。宗庙的建筑虽则巍峨壮观，但也不能平时寝处其中。宗庙祭祀时所用的器皿，活人也未尝不可以用，但说到方便适用就差得远了。道理就在于，用来和神明打交道的东西是讲究朴实的，它和活人所追求的安适欢乐大相径庭。酒醴虽然香甜可口，但在祭祀时却是以寡味的玄酒明水作为上品。这是以味寡为贵，而味寡乃是五味的根本。绣有黼黻图案的织品固然好看，但祭祀时却使用粗布蒙盖酒尊，因为粗布乃是最原始的纺织品。下面一层蒲席，上面再加一层竹席，活人寝卧其上自然非常舒服；而祭祀时只用一层蒲席或者铺上一层庄稼的秸秆就可以了，因为这是神明所用的啊。祭神的牛肉汤不加任何调料，这是以原汤原味为贵。天子所用的大圭不加任何雕饰，这是以其本身的质朴为贵。在车上雕出或凹或凸的图案，并且漆得红彤彤的，这自然好看不过，但祭天时却用毫无雕饰的车辆，这是尊重其朴质，贵重其本色而已。总而言之，凡是用以祭祀神明的东西，不可以活人所追求的舒服华丽去衡量。鼎俎的数目总是单数而笾豆的数目总是偶数，这是取阴阳相配之义。黄目这种酒尊，是用来盛放郁鬯的上等酒尊。黄色，在五行当中居于中央；目，是人五官当中洞察外界的器官。这就是说，斟酒于其中而能清澈透亮于外。祭天，只要把地打扫干净就可以了，这也不外乎以质朴为贵罢了。以醋调制的肉酱虽然味美，而祭祀时却把煎盐放在前列，这是因为盐来自大自然，所以可贵。人们日常使用的刀锋利称手，但祭祀时杀牲却偏要使用鸾刀，因为鸾刀上有铃，铃声和谐然后才能割断。

【原文】

　　冠义①：始冠之②，缁布之冠也。大古冠布③，齐则缁之④。其緌也⑤，孔子曰："吾未之闻也。冠而敝之可也。"適子冠于阼⑥，以著代也；醮于客位⑦，加有成也⑧；三加弥尊⑨，喻其志也；冠而字之，敬其名也⑩。委貌，周道也。章甫，殷道也。毋追，夏后氏之道也⑪。周弁⑫，殷冔，夏收，三王共皮弁素积。无大夫冠礼，而有其昏礼。古者五十而后爵，何大夫冠礼之有？诸侯之有冠礼，夏之末造也。天子之元子⑬，士也。天下无生而贵者也。继世以立诸侯，象贤也。以官爵人，德之杀也。死而谥，今也。古者生无爵，死无谥。

【注释】

　　①冠义：冠礼的意义。按：本节文字与《仪礼·士冠礼》的《记》文全同，可以参看。
　　②始冠之：《仪礼·士冠礼》无"之"字，当是衍文。
　　③大古：即太古，上古。
　　④齐：通"斋"，斋戒。
　　⑤緌（ruí 蕤）：缨饰。即帽带绾好后的下垂部分。
　　⑥適：通"嫡"。

⑦醮:指加冠后宾向冠者敬酒,冠者先祭酒,然后尝饮一口就算礼成。不须再回敬宾酒。客位:指室的户与牖之间。

⑧加:尚也,尊也。

⑨三加:第一次加的是缁布冠,第二次加的是皮弁,第三次加的是爵弁。

⑩敬其名也:名是初生时父亲所取,行冠礼以后便是成人,除非君父,除非自称,他人皆须讳其名而称其字,故曰"敬其名"。

⑪委貌六句:委貌、章甫、毋追是三代日常所戴的帽子,其形制已失考。道:制也。

⑫弁:案:此弁与下文的冔(xū吁)、收,是三代斋戒和祭祀所戴的冠。

⑬元子:太子。

【今译】

　　冠礼的意义:第一次加的冠,是缁布冠。远古的时候人们是以白布为冠,到了斋戒时再把它染成黑色的。至于缁布冠是否有緌,孔子说:"我从来没有听说过缁布冠有緌。缁布冠在第一次加冠戴过之后,就可以弃而不用了。"为嫡子加冠,是在阼阶上近于主人的位置进行,这表示嫡子是未来的继承人。在客位对冠者行醮礼,这表示他已受到了成人的尊重。三次加冠,一次比一次尊贵,这是要启发冠者立志向上。加冠时给冠者取一个字,从此以后就要以字相称而避讳其名,这表示对父母所取之名的敬重。委貌是周代日常所戴的冠,章甫是殷代日常所戴的冠,毋追是夏代日常所戴的冠。斋戒和祭祀所戴的冠,周代戴弁,殷代戴冔,夏代戴收。至于皮弁和腰间有皱褶的素裳,则是三代所共同的。上古时没有大夫的冠礼,但是有大夫的婚礼。因为上古时五十以后才能受爵为大夫,而冠礼是在二十岁时进行的,在这种情况下怎么可能有大夫的冠礼呢?诸侯有冠礼,那是夏代末年才有的事。天子的长子举行冠礼也用士礼,这说明天下没有生下来就尊贵的人。之所以让诸侯的子孙继位为诸侯,是为了让他们效法自己祖宗的贤德,而不是说他们生下来就尊贵。至于说以官爵授人,也是因为他有功德;功德大的授以大官,功德小的授以小官,也不是看他出身是否尊贵。如今不论什么样的人死了,都可以弄到一个谥号。古代可不一样,如果活着时没有爵位,死后就不给他加谥号。

【原文】

　　礼之所尊,尊其义也。失其义,陈其数,祝史之事也。故其数可陈也,其义难知也。知其义而敬守之,天子之所以治天下也。

【今译】

礼之所以值得尊重,是尊重它的深刻含义。如果不明了其深刻含义,而只会机械地模仿其形式和作法,那就是一般意义上的礼。所以说,礼的具体作法和形式是容易学会的,而其深刻的含义就难于领会了。领会礼的深刻含义并且恭敬地遵守执行,这就是天子治理天下的良方。

【原文】

天地合,而后万物兴焉①。夫昏礼,万世之始也②。取于异姓③,所以附远厚别也。币必诚,辞无"不腆",告之以直信。信,事人也;信,妇德也。壹与之齐④,终身不改,故夫死不嫁。男子亲迎,男先于女,刚柔之义也。天先乎地,君先乎臣,其义一也。执挚以相见⑤,敬章别也。男女有别,然后父子亲;父子亲,然后义生;义生,然后礼作;礼作,然后万物安。无别无义,禽兽之道也⑥。婿亲御授绥,亲之也。亲之也者,亲之也。敬而亲之,先王之所以得天下也⑦。出乎大门而先,男帅女,女从男,夫妇之义由此始也。妇人,从人者也。幼从父兄,嫁从夫,夫死从子。夫也者,夫也⑧。夫也者,以知帅人者也。玄冕齐戒⑨,鬼神阴阳也。将以为社稷主,为先祖后,而可以不致敬乎?共牢而食,同尊卑也⑩。故妇人无爵,从夫之爵,坐以夫之齿。器用陶匏,尚礼然也。三王作牢,用陶匏。厥明⑪,妇盥馈;舅姑卒食,妇馂馀,私之也。舅姑降自西阶,妇降自阼阶,授之室也。昏礼不用乐,幽阴之义也。乐,阳气也。昏礼不贺,人之序也⑫。

**注释**

①天地合二句:这是个大题目。夫妇合,而后子胤生,则是题中应有之义。

②万世之始也:《哀公问》作"万世之嗣也"。二者互补,其义乃足。

③取于异姓:《曲礼上》:"取妻不取同姓。"

④壹与之齐:郑玄说:"齐,谓共牢而食,同尊卑也。'齐',或作'醮'。"王引之认为"齐"字当作"醮",声近假借。而"醮"与"醻"同,醻是饮干杯中酒之意。二说皆通。

⑤挚:见面礼。此指亲迎那天婿执的雁。
⑥无别无义二句:《曲礼上》:"夫唯禽兽无礼,故父子聚麀。"聚麀,喻父子共妻,上蒸下报。
⑦先王句:郑玄举的例子是周代的祖先太王王季和周文王。
⑧夫也:有的本字作"傅也"。下同。
⑨玄冕:大夫以上所穿的祭服。此指亲迎时所着之服。
⑩共牢而食二句:这个"牢",主要是指一个分作两半的完整的小猪,盛放在一个俎上。注意:绝对不能把左右两半分置为两俎,那样的话就做不到夫妇同尊卑了。因为周人的习惯是以牲牢的左半体为贵,右半体为贱,左右半体分置就等于有一个俎贵,有一个俎贱,不论夫妇谁得到贵俎或贱俎,总要有一人是贵,一人是卑。而如果左右半体共置一俎则无此弊。这个道理,清人郑珍的《仪礼私笺》讲的最为明白。
⑪"厥明"至"授之室也":这几句话讲的是嫡妇之礼。若非嫡子之妇,则无此礼。又,"妇盥馈"三字,有的本子无此三字,说者多以为是衍字。
⑫昏礼不贺二句:婚礼的实质是传宗接代,它意味着新的一代将要诞生,老的一代将要谢世,用这种眼光来看,婚礼就不值得庆贺。《曾子问》:"取妇之家,三日不举乐,思嗣亲也。"就有这个意思。

【今译】

　　天气下降,地气上升,天地交配而万物生。婚礼也是传宗接代繁衍子孙以至于无穷的事。娶异姓女子为妻,这既是为了和血缘关系疏远的人家结亲,也是为了严格区别血缘相近的族人。男方向女方献纳的礼品一定要诚信不欺,讲究实用,男方的使者在赠送聘礼时也不要说"礼物太菲薄了"这类客气话,要直言相告,开诚相见。这表示诚信是做人的立身之本,也是作媳妇应有的本分。只要和丈夫在同牢的仪式上同吃了一碗菜,同喝了一杯酒,那就生是夫家的人,死是夫家的鬼,所以丈夫死了也不再嫁。成亲的那天,男子亲自到女家迎娶,从女家出来以后,男的要先走一走,女的随后跟着,这表示阳刚阴柔的意思。这就好比天先于地,君先于臣,其道理是一样的。迎亲的时候,男子到了女家,先拜过岳父,然后放下礼品,这才和新娘施礼相见,这样做是要彰明男女之别。男女有别,然后才有父子之亲;父子相亲,然后才有君臣之义;君臣有义,然后才有礼;有了礼,然后才万物各得其所,天下太平。如果男女无别,无亲疏之分,那岂不是禽兽之行了吗!从女方家中出来,婿亲自为新娘赶车,让车子往前走三圈,然后又亲自把登车的引绳交给新娘,这样做是表示对新娘的亲爱。新郎对新娘表示亲爱,作为回报,新娘自然也亲爱新郎。对新娘又敬又爱,把这种敬爱推而广之,有的先王就是凭借这点得到天下的。从女家大门出来以后男的就一直在前,男的领着女的,女的跟着男的,夫唱妇随的表现就由此开始。所谓"妇人",就是服从别人的人。幼小时服从父兄,出嫁后服从丈夫,丈夫死了则服从儿子。所谓"夫",就是师傅的意思。作为师傅,自然要以智慧领导别人。迎亲之前,新郎要身着祭服,斋戒沐浴,禀告祖先和天地。试想,成亲之后,新娘就成了内当家的,生男育女,繁衍后代。事体如此重大,怎能不虔诚地祭告天地祖宗呢。成亲的当晚,在新房里,夫妇同吃一个碗里的菜,其含义是夫妇平等,尊卑相同。所以妇人是没有爵位的,丈夫有了爵位,妻子就跟着作命妇,这叫夫贵妇荣;就是席间座次的安排,也是以丈夫的辈分和年龄为准。远古时的食器用的都是没有装饰的陶器,当时崇尚的风气就是如此。夏商周三代始有共牢之礼,其食器就沿用陶器。成亲次日的黎明,新娘先拜见公婆,然后洗手,向公婆进献食品,表示新妇开始履行孝养的义务;而公公婆婆吃毕,把剩下的食物赐给新妇,表示对新妇的疼爱。礼毕,公婆先从西阶下堂,然后新妇从阼阶下堂,这表示主持家务的权利将要授予新妇了。结婚典礼上不兴奏乐,因为婚礼属于幽阴之事,而音乐则属于阳气。举行婚礼,也不邀请亲朋好友前来祝贺,因为结婚就意味着新陈代谢,下一代将要产生,上一代将要衰亡啊。

【原文】

有虞氏之祭也,尚用气①。血腥爓祭,用气也。殷人尚声,臭味未成②,涤荡其声③。乐三阕,然后出迎牲。声音之号,所以诏告于天地之间也。周人尚臭④,灌用鬯臭⑤。郁合鬯⑥,臭阴达于渊泉⑦。灌以圭璋⑧,用玉气也。既灌,然后迎牲,致阴气也。萧合黍稷⑨,臭阳达于墙屋。故既奠⑩,然后焫萧合膻芗⑪。凡祭,慎诸此。魂气归于天,形魄归于地,故祭求诸阴阳之义也。殷人先求诸阳,周人先求诸阴。

【注释】

①尚:贵尚,祭时先献。

②臭味未成:指尚未杀牲之前。未杀牲,则无鲜血、生肉,故腥气未成;亦未煮熟,故口味未成。

③涤荡:犹跌宕。

④臭:指芳香的气味。

⑤灌:字亦作"祼"。以酒浇地降神。是宗庙之祭开始时的礼节。鬯(chàng 畅):秬鬯。即用黑黍酿造的酒。

⑥郁:郁金,一种香草。古人常用来泡制郁鬯。

⑦阴:指入地。天阳地阴。达于渊泉:极言入地之深。

⑧圭璋:指灌郁鬯香酒时用的勺子。这种勺子有个专名叫瓒。以圭为柄称圭瓒,以璋为柄称璋瓒,统名玉瓒。

⑨萧:香蒿。可以缓慢燃烧。

⑩奠:郑玄说:谓荐熟时。

⑪焫(rè 热):点燃。膻:郑玄说当作"馨",声近而误。馨芗,即馨香,指黍稷。

【今译】

　　虞舜时的祭祀,贵尚腥气。所以祭祀的时候,先是用鲜血,接着用生肉,再接着用半生不熟的肉,他们就是用这些祭品散发的腥气来敬神的。殷人的祭祀,贵尚声音。在尚未宰杀牺牲之前,先声音或高或低地奏乐,乐曲奏过三章,然后才出门迎接牺牲。这乐曲的声音,就是用来召唤天地之间的鬼神前来受飨。周人的祭祀,贵尚芳香之气,所以在祭祀开始的时候,他们用鬯酒浇地,以鬯酒的香气召神降临。泡有郁金香草的鬯酒芳香异常,用它来浇地降神,其香气可以透入地的深层。再说,酌酒浇地用的勺子是以圭璋作柄,其用意也在于利用玉的洁润之气。先以酒浇地降神,然后才出门迎接牺牲,这是为了召致地府的阴气。杀牲之后,先在香蒿上加上黍稷和牲体的肠间脂肪,然后将其燎着,缕缕烟气上升,弥漫于墙屋之间,这是为了召致天曹的阳气。正是由于这个原因,周人才在荐熟时燎着香蒿使之产生冲天的烟气。凡是祭祀,其目的都是为了请神降临受飨,那就不得不留意于这些不同的降神方式。人死了以后,其灵魂上升于天,其躯壳下降于地。所以在祭祀降神时,既须要到天曹去请,也须要到地府去请。殷人是先到天曹请神,周人是先到地府请神。

【原文】

　　诏祝于室①,坐尸于堂。用牲于庭②,升首于室③。直祭祝于主④,

索祭祝于祊⑤。不知神之所在,于彼乎?于此乎?或诸远人乎?祭于祊,尚曰求诸远者与⑥?祊之为言惊也⑦,肵之为言敬也⑧。富也者,福也⑨。首也者,直也⑩。相⑪,飨之也。嘏,长也,大也。尸,陈也⑫。毛、血,告幽全之物也⑬。告幽全之物者,贵纯之道也⑭。血祭,盛气也。祭肺肝心,贵气主也⑮。祭黍稷加肺,祭齐加明水⑯,报阴也⑰。取膟膋燔燎⑱,升首,报阳也⑲。明水涗齐⑳,贵新也。凡涗,新之也。其谓之明水也,由主人之絜著此水也㉑。

### 注释

①诏祝于室:即《礼器》的"血毛诏于室"。

②用牲于庭:即《礼器》的"纳牲诏于庭"。

③升首于室:谓庭中杀牲之后将其首升于室中北墙下。

④直祭:郑玄说是正祭。向神敬献熟食算正祭,而此前的献鲜血、献生肉,不过是表示敬意而已。

⑤索祭祝于祊(bēng 崩):与《礼器》的"为祊于外"意思相近。索,求也。

⑥尚:庶几。

⑦祊之为言惊也:这是汉人的所谓声训,即以读者相近的字作解释。祊与惊,古音叠韵。惊,远也。

⑧肵(qí 祈):指肵俎:肵俎是放置心舌之俎。此俎与他俎不同,由主人亲自进献于尸,所以表敬。钱大昕《养新录》说:"《说文》无肵字,当与祈同,祈、敬声相近也。"

⑨富也者福也:一本作"福也者备也。"

⑩首也者直也:这是解释"升首于室"的。直,正也。

⑪相:佐食者,即劝助尸饮酒进食。

⑫尸,陈也:尸有陈尸示众之义,但郑玄认为此处不作此解,是神主之义。

⑬幽全:血在体内,故谓之幽。毛遍布全身,故谓之全。

⑭纯:谓里外皆佳。

⑮气主:滋生生气的器官。

⑯齐(jì 祭):指五齐,即泛齐、醴齐、盎齐、缇齐、沈齐。五齐都是未经过滤之薄酒,但其中也有清浊之分。明水:即露水。见上文注。

⑰报阴也:孙希旦说:黍稷和肺可吃,五齐和明水可饮,这是用口味来飨神,故曰"报阴"。

⑱膟膋(lǜ liáo 虑僚):牲血与其肠间脂肪。

⑲报阳:孙希旦说:"燔燎和升首,既不可吃,也不可饮,只是产生一种气味,

因为是用气味飨神,故曰"报阳"。

⑳涗(shuì 税):滤清。

㉑絜:通"洁"。

## 【今译】

　　宗庙之祭,未杀牲时,在室中举行告神之祭;杀牲之后,则在堂上设祭飨尸。在庭中杀牲时要举行告祭,献首于室时也要举行告祭。正祭时,祝官以祝辞告于神主;寻求众神之祭则在庙门外举行。在这么多的地方设祭:由室内而堂上,由堂上而庭中,由庭中而门外,就是因为不知道神究竟在哪里。在那边呢?还是在这边呢?或是在离人更远的地方?连庙门外都设祭,应该说请神也请得够远了吧?庙门外之祭之所以叫做"祊",是因为祊有远的意思。肵俎之所以称"肵",是因为肵有敬的意思。什么叫福?万事具备就是福。为什么要"升首于室"?因为首是牲体之正,是牲体的最尊贵部分。所谓相,就是劝导尸享用供品。所谓嘏,有长久和广大的意思。因为嘏辞是神灵对其子孙的祝福,哪个祖先不希望自己的子孙福寿绵长呢?尸是神主的意思。祭祀时的进献毛血,是要向神表示所用牺牲完整无缺。向神报告牺牲完整无缺,是表示子孙很重视牺牲的选择,只有内外都挑不出毛病的才敢进献。用牲血祭神,还有一层意思,就是血是生气最盛的东西。至于以肺、肝、心作为供品祭神,是看重它们是滋生生气的器官。用黍稷加肺祭祀,用五齐加明水祭祀,这是为了报答阴气。把香蒿抹上牲血和肠间脂肪,点燃让其冒烟,以及用牲首作为供品,这是为了报答阳气。用收集的露水冲淡五齐,是看重它的清洁透明。凡是加水冲淡,都是为了提高酒的清洁透明度。至于把露水称作明水,是取义于主人的明洁之心就像露水显示的那样。

## 【原文】

　　君再拜稽首①,肉袒亲割②,敬之至也。敬之至也,服也。拜,服也;稽首,服之甚也;肉袒,服之尽也。祭称孝孙孝子,以其义称也;称曾孙某,谓国家也③。祭祀之相④,主人自致其敬,尽其嘉,而无与让也。腥肆爓腍祭⑤,岂知神之所飨也。主人自尽其敬而已矣。举斝角⑥,诏妥尸。古者,尸无事则立,有事而后坐也。尸,神象也。祝,将命也。缩酌用茅,明酌也⑦。醆酒涗于清⑧,汁献涗于醆酒⑨,犹明清与醆酒于旧泽之酒也⑩。祭有祈焉,有报焉,有由辟焉⑪。齐之玄也⑫,以阴幽思也。故君子三日齐,必见其所祭者。

**注释**

①再拜稽首:两次行拜稽首礼。其分解动作是先拜,然后稽首。未拜之前,采取长跪姿势。拜时,弯腰九十度,以两手据地,这是拜。然后继续弯腰,以首至地,并稍作停留,这是稽首。参顾炎武《日知录·拜稽首》。

②肉袒:脱去上衣左袖,露出左臂。

③谓国家也:指诸侯和卿大夫。因为诸侯五庙,卿大夫三庙,均得祭其曾祖。就诸侯而言,即令是祭高祖、始祖,也以"曾孙某"自称。

④祭祀之相四句:相是赞礼的人。在不同的场合,相的作法也不同。如果是宾主之礼,相就要向双方告之以谦让的礼仪;如果是祭祀之礼,则一方是主人,另一方是代表神的尸,这种场合中的相就只能是劝尸多喝多吃,绝不劝尸谦让。

⑤肆(tī剔)、脤(rěn忍):肆,肢解后的牲体。脤,熟肉。

⑥斝角(jiǎ jué):两种酒器。斝,已见《礼运》注。角,已见《礼器》注。

⑦缩酌二句:按《周礼·天官·酒正》有五齐(jì剂),又有三酒。五齐是未经过滤的酒,供祭祀用。三酒是已过滤去滓之酒,供人饮用。所谓五齐,即泛齐、醴齐、盎齐、缇齐、沈齐。其中,醴齐以上较浊,而盎齐以下差清。在祭祀中使用五齐时,如果是使用泛、醴二齐,因其较浊,要先用事酒(三酒之一,临事而酿的速成之酒)将其冲淡,然后用一束茅草加以过滤,使其透明可用。至于盎齐以下三齐,因其相对较清,毋须过滤,只要用清酒(三酒之一,冬酿夏成之酒,历时最久)冲淡一下就可以了。缩,滤酒之意。《说文》作"莤",正像以茅滤酒之形。

⑧醆(zhǎn展)酒:即盎齐。实际上包括盎齐以下三齐。参上注。

⑨汁献(suō莎):即郁鬯酒。因摩莎郁金香草出汁,搀进鬯酒,故名。

⑩旧泽(yì醳)之酒:陈年老酒。泽,通"醳",醇酒也。

⑪辟:郑玄说:"辟,读为弭。谓弭灾兵,远罪疾也。"

⑫齐:通"斋"。下"齐"字同。

**【今译】**

国君在祭祀时要行再拜稽首之礼,要袒露左臂,亲自分解牲体,这是表示对神的极端尊敬。极端尊敬,就意味着服从。俯身下拜是表示服从;稽首则表示加倍服从;袒露左臂,那是表示毫无保留的完全服从。祭于祖庙,自称"孝孙";祭于父庙,自称"孝子"。诸侯、卿大夫在祭祀曾祖以上的祖先时，统统自称"曾孙某"。祭祀中的相，只须劝尸吃好喝好，毋须劝尸谦让，因为主人的目的就是要表达他对神的虔敬。祭祀时，或进献生肉，或进献肢解后的牲体，或进献半生不熟的肉，或进献熟肉，也搞不清楚神究竟享用了哪一样，对于主人来说总算是对祖宗尽了孝敬之心罢了。把尸迎入室内之后，当尸入席并举起放在他面前的酒杯时，祝要提示主人对尸行礼，请尸安坐。古时候，尸一般都是立着，只有在饮酒吃饭时才坐着。尸是神的代表。祝是沟通神和人的传话者。对于五齐中的泛齐、醴齐，因其混浊，要先用事酒冲淡，再用茅草过滤，使其透明可用。对于盎齐以下三齐，因其较清，不用过滤，只须用清酒冲淡一下就行了。至于郁鬯，用盎齐来冲淡。古代的这些作法，就像如今的事酒、清酒与盎齐都要和陈年老窖挽兑一样。祭祀有三种作用，一是祈福，二是报恩，三是消灾。斋服之所以是黑色，是因为黑色属阴，能够使人静下心来思念鬼神。所以，君子如果专心致志的致斋三日，到了祭时，就能仿佛看到了自己要祭的神灵。

# 礼记全译

## 内则第十二

【题解】

郑玄说:"名曰《内则》者,以其记男女居室事父母舅姑之法。"孔颖达引申说:"以闺门之内,轨仪可则,故曰内则。"今按内则只是本篇主要内容之一,另外还有三项内容,即养老之法、食谱、育子之法。内则部分记子妇敬事父母舅姑之礼,父母舅姑对待子妇之礼,夫妇之礼,男女有别之礼,庶子敬事宗子之礼。养老部分与《王制》所载者同,当是重复。食谱部分,有些内容与《周礼》的《庖人》《食医》和《仪礼·公食大夫礼》的内容相同。育子部分,记对子女从出生到成人所施之教育。内则与育子两部分的主要内容,被司马光《书仪》所吸收,名曰《居家杂仪》;而《居家杂仪》又被朱熹的《家礼》全文转载,由此可见其为后人如何看重。

【原文】

后王命冢宰①,降德于众兆民。子事父母:鸡初鸣,咸盥漱,栉、縰、笄、总、拂髦、冠緌缨、端韠、绅、搢笏②。左右佩用:左佩纷帨、刀、砺、小觿、金燧③,右佩玦、捍、管、遰、大觿、木燧④。偪屦⑤,著綦⑥。

注释

①后王二句:姚际恒以为此二句放在这里不伦不类,或是后人妄加。

②栉(zhì 治):梳头。縰(xǐ 洗):同"纚"。束发用的缯帛,宽一幅,长六尺。笄:即簪子。孙希旦说:男子有二笄,一为固发之笄,一为固冠之笄。此笄乃固发之笄。髦:用假发作的刘海。成人戴髦,是表示自己虽已成人,但仍怀赤子之心。父母去世后则脱掉此髦。緌:见《郊特牲》注。端:玄端,士服。衣是缁色,裳有三色,玄、黄、杂均可。韠(bì 毕):古代系于裳外的蔽膝,皮制。绅(shēn 申):束在腰间的大带。笏:竹制的长方形记事牌。详《玉藻》。

③纷帨(shuì 税):拭物之巾。其作用有似今日之手帕。觿(xī 昔):解结的工具,用象骨制成,锥形。小觿解小结,大觿解大结。金燧:在阳光下取火的铜镜。如今日之凸透镜。

④玦:当作"决"。古代射箭时套在右手大姆指上的象骨套子,是勾弦时保护手指用的。捍:射箭时套在左臂上的皮制护袖,以防发矢时左臂内衣袖碍事。又叫"遂"和"韝"。遰(shì 逝):刀鞘。木燧:钻木取火的工具。

⑤偪(bī 逼):用布帛裹束膝下足上,以便腾跳。先秦叫邪幅,汉人叫行滕,今人叫绑腿。

⑥綦(qí 其):鞋带。

【今译】

　　天子命令冢宰,对万民百姓降下教令。儿子侍奉父母,应该在鸡叫头遍时就都洗手漱口,然后梳头,用缯帛束发作髻,插上发簪,用一条丝带束住发根而垂其末于髻后,戴上假发作的刘海,戴上帽子,系好帽带,穿上玄端,系上蔽膝,系上大带,把笏插入带间。身上左右佩上常用之物。左边佩的是手帕、小刀、磨石、小觿和金燧。右边佩的是射箭用的决和捍,笔管和刀鞘,大觿和木燧。打好绑腿,穿好鞋子,系好鞋带。

【原文】

　　妇事舅姑,如事父母。鸡初鸣,咸盥漱,栉、縰、笄、总、衣绅①。左佩纷帨、刀、砺、小觿、金燧;右佩箴、管、线、纩,施縏袠②,大觿、木燧。衿缨③,綦屦。以适父母舅姑之所。

【注释】

①衣:指缁衣,即用黑缯所制之衣。士以玄端为正服,士妻以缁衣为正服。
②縏袠(pán zhì 盘制):装针线等物的袋子。

③衿缨:衿是系上。缨,大约是条五彩丝带。女子许嫁以后要衿缨,表示已经有夫婿了。

## 【今译】

媳妇侍奉公婆,如同儿子侍奉父母一样。也是鸡叫头遍的时候,就都起床洗手洗脸漱口,然后梳头,用缁帛束发作髻,插上簪子,用一条丝带束住头根而垂其末于髻后,穿上玄色绡衣,系上大带。身上左右佩带的东西,左边和男子一样,右边则佩带针、笔管、线、丝绵、大觿、木燧六样东西。其中的针、笔管、线和丝绵都装在一个小袋子里。发上系条五彩丝绳,系好鞋带。作儿子的,作媳妇的,就应这样梳洗干净穿戴整齐地到父母或公婆那里去请安。

## 【原文】

及所,下气怡声,问衣燠寒;疾痛苛痒①,而敬抑搔之。出入,则或先或后,而敬扶持之。进盥,少者奉槃②,长者奉水,请沃盥,盥卒授巾。问所欲而敬进之,柔色以温之。饘、酏、酒、醴、芼羹、菽、麦、蕡、稻、黍、粱、秫,唯所欲③。枣、栗、饴、蜜以甘之,堇、荁、枌榆④、免、薧、滫瀡以滑之⑤,脂膏以膏之。父母舅姑必尝之而后退。

### 注释

①苛:通"疴",疥癣。

②槃:承接洗手水的木盘。古人洗手,要用匜(yí 仪)盛水,倒在手上,下边用盘接水。

③饘(zhān 沾):稠粥。酏(yí 夷):稀粥。芼羹:以菜杂肉为羹。蕡(fén 分):大麻子。黍:今之黄米。粱:即粟。通称谷子,去壳后称小米。秫(shú 术):稷之粘者。今称糯米。按:王夫之说:饘、酏、酒、醴、芼羹五者是早点食品。菽以下七者是中午和晚上的食品。

④堇:通"蓳"。《说文》云:"蓳,草也,根如荠,叶如细柳,蒸食之甘。"荁(huán 环):堇菜类。枌(fén 分):榆:白榆。榆树的一种。按以上诸物都可用作调味的菜。

⑤免(wèn 问):新鲜的。薧(kǎo 烤):干的。滫瀡(xiǔ suǐ 朽髓):用粉芡调成的浓汁。

【今译】

　　到了父母公婆的住室,要柔声细气地问暖问寒;如果他们身上疼痛或疥癣作痒,就要恭敬按摩爬搔患处。他们出入走动时,有时要走在他们前边,有时要走在他们后边,并且恭敬地或拉住手,或挽住胳膊。请他们洗手时,年龄小点的捧着脸盆在下面接水,年龄大点地手执匜器从上方往他们手上浇水,洗过之后递给他们擦手巾。然后问他们想吃什么,恭恭敬敬地进上,和颜悦色的应承。厚粥、稀粥、酒、甜酒、菜肉羹、豆子、麦子、大麻子、稻、黍、粱、秫,这些食品任其选择。在烹调的时候,还要加上枣子、栗子、糖稀、蜂蜜使其甘甜,用新鲜的或干燥的堇、荁、白榆浸泡在粉芡汤里使其柔滑,用油脂拌和使其香美。一定要等到父母舅姑都品尝过以后才可告退。

【原文】

　　男女未冠笄者①,鸡初鸣,咸盥漱,栉、縰、拂髦、总角、衿缨②,皆佩容臭。昧爽而朝,问何食饮矣。若已食,则退;若未食,则佐长者视具③。

**注释**

　　①男女句:男子二十而行冠礼,女子十五而行笄礼。行过冠笄礼之后,才算成年人。
　　②总角:把头发束为两大撮,状如两角,故称。这是童子的发式。
　　③具:馔食。

【今译】

　　子女尚未成年者,在鸡叫头遍时,也都起床洗手漱口,然后梳头,用缁帛束发作髻,戴上用假发做的刘海,把头发札成总角式样,身上都用带子系个香囊。在天色微明时去向父母请安,问他们早点都吃了点什么,喝了点什么。如果父母已经用过早点,就可以告退;如果尚未用过,那就帮助哥嫂张罗安排。

【原文】

　　凡内外①,鸡初鸣,咸盥漱,衣服,敛枕簟②,洒扫室堂及庭,布席,各从其事。孺子蚤寝晏起③,唯所欲,食无时。由命士以上④,父子皆异宫⑤。昧爽而朝,慈以旨甘。日出而退,各从其事。日入而夕⑥,慈以旨甘。

**注释**

①内外:全家上下人等,不分男女,不论尊卑,包括男女仆人在内。

②簟(diàn 店):指贴身的竹席。之所以要敛簟,郑玄说是"不欲人见己亵者"。

③孺子:八岁以下未入小学的子女。

④命士:王夫之说:"命士,谓子为命士也。侯伯之上士、天子之中士,始受命。"然则,侯伯之中士、下士及天子之下士还不算命士。

⑤异宫:孙希旦说:谓父子之寝各有正寝、燕寝及侧室,不在同一寝门之内。在同一大门内,而不在同一寝门内,换言之,大院之内,各有自己的小院子。

⑥夕:指晚上的问安。

**【今译】**

家中所有的人,不论男女上下。在鸡叫头遍的时候,都要起来洗手漱口,穿戴整齐,把枕席收起来,洒水扫地,室内、堂上、庭中都要打扫,铺设坐席,各人做自己分内的事。还没有上学的小孩子可以早睡晚起,随他高兴,吃饭也没有固定的时间。儿子有命士以上爵位者,要和父亲住在不同的小院里。天刚明的时候到父母那里去请早安,献上好吃的东西表示孝敬。太阳出来以后才可向父母告退,然后各人干各自分内的事。太阳落了以后,还要到父母那里去请晚安,也要带上好吃的东西献上。

**【原文】**

父母舅姑将坐,奉席请何乡;将衽①,长者奉席请何趾,少者执床与坐②。御者举几,敛席与簟,县衾箧枕,敛簟而襡之③。父母舅姑之衣、衾、簟、席、枕、几,不传;杖、屦,祗敬之,勿敢近;敦、牟、卮、匜④,非馂莫敢用⑤;与恒食饮,非馂莫之敢饮食。父母在,朝夕恒食,子妇佐馂,既食恒馂。父没母存,冢子御食,群子妇佐馂如初。旨甘柔滑,孺子馂。

**注释**

①将衽(rèn 认):指更换卧处。衽,卧席。

②床:坐榻。形制甚小,不是后世睡眠之床。与坐:王夫之说是命长子及长子之妇侍坐。

③襡(dú 独):收藏。

④敦(duì 对)牟(móu 谋):盛黍稷的两种食器。牟,通"堥"。卮(zhī 支):酒器。匜(yí 宜):盛水浆的器皿。

⑤馂(jùn 俊):吃剩下的食物。

【今译】

早晨起来以后。父母公婆如果将要坐下休息,儿子媳妇就要捧着席子请示朝哪边铺;他们如果要更换卧处,子辈中的年长者要捧着卧席请示脚朝哪头,再由子辈中的年少者移动坐榻,由冢子冢妇侍坐。这时候,侍者搬来几案让父母公婆依凭,然后为他们整理内务。将大席和贴身的竹席收起来,把被子悬挂起来,把枕头放进箱子,把贴身竹席收藏起来。父母公婆的衣服、被子、簟席、枕头、几案,不得随便移动地方,以免用时还要费神寻找;他们的手杖、鞋子,更要敬而远之,不可乱动;他们饮食用的器皿,不是吃他们剩下的饭就不敢用;他们的日常饮食之物,不是他们吃剩下的谁也不敢触动。如果是父母健在,他们每天的早饭晚饭,要由儿子和儿媳们帮助吃他们剩下的饭。既吃就要吃净,不可再有剩余。如果是父亲去世而母亲健在,每天的早饭晚饭,就由长子在旁照料,而母亲吃剩下的,由弟弟和弟媳们来吃,也要同样吃净,不再剩余。美味可口和易于消化的食品,如果父母吃不完,由小孩子们把它吃掉。

【原文】

在父母舅姑之所,有命之,应"唯"①,敬对。进退周旋慎齐②,升降出入揖游③。不敢哕噫、嚏咳、欠伸、跛倚、睇视④,不敢唾洟。寒不敢袭⑤,痒不敢搔。不有敬事⑥,不敢袒裼。不涉不撅⑦。亵衣衾不见里。父母唾洟不见。冠带垢,和灰请漱⑧;衣裳垢,和灰请浣;衣裳绽裂⑨,纫箴请补缀⑩。五日则燂汤请浴⑪,三日具沐。其间面垢,燂潘请靧⑫;足垢,燂汤请洗。少事长,贱事贵,共帅时⑬。

**注释**

①应"唯":用"唯"来答应。《玉藻》:"父命呼,唯而不诺。"唯、诺都是答应之声,但唯恭于诺。

②齐:通"斋",庄重。

③揖游:俯身而行。自敛束之貌。

④哕(yǔe 曰上声)噫:打呃和打饱呃。睇(dì 第):斜视,流盼。

⑤袭:加衣服。

⑥敬事:孙希旦以为是为长辈干下力气的活。

⑦撅(guì 桂):撩起衣裳。

⑧和灰:蘸着草木灰汁。其作用犹如用今日的洗衣粉。

⑨绽(zhàn 站):裂开。

⑩缀(zhuì 坠):缝。

⑪燂(xún 旬,又音 qián 前):烧热。

⑫靧(huì 汇):洗脸。

⑬帅:遵循。时:通"是",此也。

**【今译】**

在父母公婆跟前,他们如果有事召唤,要先用"唯"答应,然后恭敬地回话。在父母公婆跟前,进退拐弯都要态度庄重,升降堂阶和出入门户都要俯身而行。在父母公婆跟前,不敢打饱呃,不敢打喷嚏、咳嗽,不敢打呵欠、伸懒腰,不敢东倒西歪左靠右倚,不敢斜视,不敢吐唾沫、擤鼻涕。在他们跟前,感到寒冷也不敢加衣,身上发痒也不敢抓挠。在他们跟前,不是为长者干重活,不敢脱衣露臂;不是涉水,不敢撩起衣服。发现父母脸上有口水和鼻涕,要及时帮助擦掉。他们的冠带脏了,就蘸着灰汁洗涤;他们的衣裳脏了,就蘸着灰汁洗濯;他们的衣裳有裂口,就穿针引线把它缝好补好。每隔五天就烧些热水让他们洗澡,每隔三天让他们洗一次头。这期间,如果脸脏了,就烧热淘米水让他们洗脸;如果脚脏了,就烧点热水让他们洗脚。年少的侍奉年长的,卑贱者侍奉尊贵者,也要按照儿子媳妇侍奉父母公婆的礼节去做。

**【原文】**

男不言内,女不言外。非祭非丧,不相授器①。其相授,则女受以篚;其无篚,则皆坐奠之而后取之。外内不共井,不共湢浴②,不通寝席,不通乞假,男女不通衣裳。内言不出,外言不入。男子入内,不啸不指③,夜行以烛,无烛则止。女子出门,必拥蔽其面,夜行以烛,无烛则止。道路,男子由右④,女子由左。

**注释**

① 非丧二句:因为祭祀是严肃庄敬的时刻,而治丧是仓促匆忙的时刻,在这两个时刻,不嫌男女有淫邪之意。

② 湢(bì 毕):浴室。

③ 啸:以嘘声示意。

④ 男子由右:因为地道以右为尊。

**【今译】**

男子不讲应该由女人关心和从事的事,女子不讲应该由男人关心和办理的事。如果不是举行祭祀和办理丧事,男女之间不能用手传递东西。如果必须传递东西,那么女方要用一个竹筐来承接。如果没有竹筐,就要由递东西的人坐下把东西放在地上,然后由接东西的人坐下把东西从地上取走。男女不在同一口井上汲水,不同用一间浴室洗澡,不互相通用一床寝席,不互相讨借东西,不能男女衣裳混着穿。闺门内讲的不可传之于外,闺门外讲的不可传之于内。男子进入内宅,不可以嘘声示意,也不可用手指指点点,免得使人感到鬼鬼祟祟。夜晚行路要点燃火把,没有火把就不要外出。女子出门,要以物遮面,如果是夜晚行路,也要点燃火把,否则便不外出,免得人们说三道四。走路,男人靠右边走,女人靠左边走。

**【原文】**

子妇孝者敬者,父母舅姑之命,勿逆勿怠。若饮食之,虽不耆,必尝而待①;加之衣服,虽不欲,必服而待;加之事,人代之,己虽弗欲,姑与之而姑使之②,而后复之。子妇有勤劳之事,虽甚爱之③,姑纵之,而宁数休之。子妇未孝未敬,勿庸疾怨,姑教之;若不可教,而后怒之;不可怒,子放妇出,而不表礼焉④。

【注释】

①待:等待父母公婆的改变旨意。
②姑:姑且。下同。
③虽:句首助词,无义。
④表礼:明说其罪过。礼,所犯之礼。

【今译】

做儿子做媳妇的,如果想要有个孝敬的美名,就必须对于父母公婆的旨意,一不要违背,二不要懈怠。父母公婆如果叫他们吃东西,虽然做儿子做媳妇的不喜欢吃,也要少尝一些,等到父母公婆察觉以后说声不爱吃也就算了,这才住口。父母公婆赐给他们衣服,虽不想穿也要暂时穿上,等到父母公婆发话说收起来吧,才能脱下。父母公婆交待他们要办的事,中途可能会叫他人代替来作,自己虽然不想让人代替,但也要姑且交给代替者来做,等到代替者把事情办糟之后,自己再心平气和地从头收拾。当儿子媳妇在辛勤劳作时,做父母公婆的很心疼他们,就一定要劝说他们别赶得那么紧,而且宁可让他们多休息几次。如果儿子和媳妇不孝敬公婆,也用不着生气埋怨,可以先教育他们。如果教育了也不管用,那就可以责罚他们;如果责罚还不管用,那就把儿子赶出家门,把媳妇休回娘家。即令如此,也不对人明言其过,免得家丑外扬。

【原文】

父母有过,下气怡色,柔声以谏,谏若不入,起敬起孝①,说则复谏;不说,与其得罪于乡党州闾②,宁孰谏③。父母怒,不说,而挞之流血,不敢疾怨,起敬起孝。

【注释】

①起:更加之义。
②乡党州闾:周代行政单位。二十五家为一闾,五百家为一党,五党为一州,五州为一乡。
③孰谏:谓犯颜苦谏。孰,同"熟"。

【今译】

　　父母有了过失,做儿子的要低声下气、和颜悦色地劝谏。劝谏如果不起作用,做儿子的就应更加恭敬更加孝顺,等到他们高兴的时候再次劝谏。再次劝谏也可能招致父母的不高兴,但是与其让父母得罪于乡党州间,宁可自己犯颜苦谏。如果犯颜苦谏招致父母大怒,把自己打得皮破血流,那也不敢生气埋怨,而是更加恭敬更加孝顺。

【原文】

　　父母有婢子若庶子庶孙①,甚爱之,虽父母没,没身敬之不衰。子有二妾,父母爱一人焉,子爱一人焉,由衣服饮食,由执事,毋敢视父母所爱,虽父母没不衰。子甚宜其妻,父母不说,出②。子不宜其妻,父母曰"是善事我",子行夫妇之礼焉,没身不衰。

注释

　　①婢子:谓贱妾。若:及。庶子:谓贱妾所生之子。
　　②出:遗弃,休回娘家。据《大戴礼·本命》,媳妇有七出之条,其第一条就是"不顺父母"者要休回娘家。

【今译】

　　父母有十分宠爱的贱妾及庶子、庶孙,即令父母去世,做儿子的也要终身敬重他们。儿子如果有两个妾,父母喜欢其中的一个,而儿子喜欢的则是另一个,那么,无论是在穿戴饮食方面,或是在干活方面,儿子喜欢的那一个都不敢攀比父母喜欢的那一个,即令是父母去世了也仍旧如此。儿子认为自己的妻子蛮好,但是父母看着不顺眼,那就应当休掉。儿子认为自己的妻子差劲,但是父母说:"这个媳妇很会侍候我们。"那么儿子就要以夫妇之礼相待,终身不变。

【原文】

　　父母虽没,将为善,思贻父母令名,必果;将为不善,思贻父母羞辱,必不果。

【今译】

　　父母虽然去世了,儿子将做好事,想到这会给父母带来美名,就一定果敢地去做;如果是将做坏事,想到这会使父母跟着丢人,那就一定敛手不敢去做。

【原文】
　　舅没则姑老①,冢妇所祭祀宾客②,每事必请于姑。介妇请于冢妇③。舅姑使冢妇,毋怠、不友、无礼于介妇。舅姑若使介妇,毋敢敌耦于冢妇,不敢并行,不敢并命,不敢并坐。凡妇,不命适私室,不敢退。妇将有事,大小必请于舅姑。子妇无私货,无私畜,无私器,不敢私假,不敢私与。妇或赐之饮食、衣服、布帛、佩帨、茝兰④,则受而献诸舅姑;舅姑受之,则喜,如新受赐;若反赐之,则辞;不得命,如更受赐,藏以待乏。妇若有私亲兄弟,将与之,则必复请其故,赐而后与之。

注释
　　①老:将家政传于嫡长子之妻。男子七十岁,将家政传于冢子,其妻则将分管之家政传于冢子之妇。若未及七十而没,妻亦传家政于冢子之妇。这是因为祭祀时必须夫妻同时主持。
　　②冢妇:嫡长子之妻。
　　③介妇:众子之妻。除冢妇以外众子之妇。
　　④妇或句:这是指妇的娘家亲人赐给妇东西。茝(zhǐ只):白茝,一种香草,可以制作容臭。

【今译】
　　公公去世,婆婆就要把主持家务的事传给冢妇。每逢祭祀或招待宾客,虽然婆婆此时已经放权,但冢妇每事还要请示婆婆,不敢专断。而介妇遇事则要向冢妇请示,不可直接请示婆婆。公婆使唤冢妇,冢妇不可懈怠,也不可自恃地位特殊而对介妇不友爱和无礼。公婆如果使唤介妇,介妇也不可忘乎所以,不敢和冢妇攀比,不敢和冢妇并肩而行、并肩而坐,不敢像冢妇那样有权发号施令。不管是冢妇、介妇,如果公婆没有发话让他们回自己的住室,她们就得一直在左右侍候,不敢告退。媳妇们有事想办,不论大事小事都一定要先请示公婆。当儿子当媳妇的,不能有属于自己的财货、牲畜、器物,不敢私自借出东西,不敢私自给人东西。媳妇如果得到娘家亲友馈赠的饮食、衣服、布帛、佩巾、茝兰,在接受了以后要献给公婆;公婆接受了,媳妇就感到高兴,如同自己刚接受了亲友的馈赠一样;如果公婆把东西又转赐给自己,那就要推辞;实在推辞不了,就要像重新受到公婆赏赐那样地接受下来,收藏好,以备公婆缺乏时再献。媳妇如果要向娘家亲友赠送什么东西,就要先向公婆禀明原因,公婆拿出东西来赏赐自己,然后自己才可以送人。

【原文】

适子、庶子祗事宗子、宗妇①。虽贵富,不敢以贵富入宗子之家。虽众车徒,舍于外,以寡约入。子弟犹归器、衣服、裘衾、车马②,则必献其上,而后敢服用其次也。若非所献③,则不敢以入于宗子之门,不敢以贵富加于父兄宗族。若富,则具二牲,献其贤者于宗子,夫妇皆齐而宗敬焉④,终事而后敢私祭。

【注释】

①适子:即嫡子。适,通"嫡"。此指一家之嫡长子,所谓小宗。详《大传》。庶子:嫡子之弟。祗(zhī 支):敬。宗子:指全族人的嫡系长子,换言之,也就是全族之人的始祖的嫡长子系统,所谓大宗。宗妇:宗子之妻。
②犹:若,如果。归(kuì 溃):通"馈",赠送。裘衾:皮衣和被子。
③若非所献:所献之物超过了宗子的爵位级别,宗子没有资格享用。
④宗敬:助祭于宗子之家。

【今译】

一家的嫡子、庶子应该敬重全族的宗子、宗妇。即令嫡子、庶子地位高贵富有钱财,也不敢以此进入宗子之家去炫耀。即令是车马随从众多,也必须把他们安顿在宗子家的大门之外,自己只带少量的随从进入。自己的子弟如果被赐与器物、衣服、裘衾、车马,那就要从中挑选上等的献给宗子,然后自己才敢服用那些次等的。如果所献之物超过了宗子的爵位级别,宗子不得享用,那就不敢把这类物品带进宗子之门,否则,岂不成了以自己的富贵凌驾于宗子之上了吗!如果自己富裕,可以准备二只牺牲,挑选好的一只献给宗子,在宗子祭祖时,小宗夫妇都斋戒助祭于宗子之家,等到宗子祭祖完毕,然后才敢回家祭祀自己的父祖。

【原文】

饭:黍、稷、稻、粱、白黍、黄粱①,稰、穛②。

注释

①黍:黍子。去皮后叫黄米,是重要粮食作物之一。稷:有的书说是与黍同类的粮食作物,有的书说是谷子。粱:即粟。谷子的优良品种。

②稰(xū 须):成熟后而收获的谷物。穛(zhuō 拙):未成熟即收获的谷物。

【今译】

吃饭所用的谷物有六种:黍、稷、稻、粱、白黍、黄粱,每种还有熟获、生获的区别。

【原文】

膳①:胾、臐、膮、醢、牛炙②;醢、牛胾;醢、牛脍③;羊炙、羊胾、醢、豕胾、醢、豕胾、芥酱、鱼脍④;雉、兔、鹑、鷃⑤。

注释

①膳:肉食。据《仪礼·公食大夫礼》,这是诸侯宴请大夫加馔时的膳谱,不是正馔时的膳谱。

②胾(xiāng 乡):牛肉羹。它和下文的"臐、膮"都是加有五味等佐料而不加菜的羹。臐(xūn 勋):羊肉羹。膮(xiāo 晓):猪肉羹。醢:此"醢"是衍字。牛炙:烤熟的牛肉。

③醢:肉酱。是用来蘸着吃胾、脍的。因为胾、脍是淡的,尚未加盐。炙是咸肉,不用蘸醢。胾(zì 字):切成大块的肉。脍:细切的肉。

④芥酱:捣碎芥菜子成粉末再加盐而制成。

⑤鷃:鷃雀。鹑的一种。

【今译】

加馔时的膳食有:牛肉羹、羊肉羹、猪肉羹、烤牛肉,这四种分盛四豆,排成一行,放在最北边。接着往南的一行是肉酱、大块牛肉、肉酱、切细的牛肉,再接着往南的一行是烤羊肉、大块羊肉、肉酱、大块猪肉,再接着往南的一行是肉酱、大块猪肉、芥子酱、切细的鱼肉。以上四行，每行四豆，这是招待下大夫之礼。如果再加上野鸡、兔子、鹌鹑、鹦雀这四种干肉，那就是招待上大夫之礼了。

【原文】

饮:重醴①,稻醴清糟,黍醴清糟,粱醴清糟。或以酏为醴②,黍酏。浆,水,醷,滥③。

【注释】

①重(chóng虫)醴:醴是甜酒,而甜酒有清糟之分。经过过滤的是清醴,未经过滤的是糟醴,二者兼设,故曰重醴。
②酏(yí仪):稀粥。
③浆:用糟酿制的饮料,略带酸味。醷(yì义):即《周礼·浆人》之"医",梅浆。滥:即《周礼·浆人》的"凉",郑玄说相当汉时的寒粥。

【今译】

饮料有六种:一是重醴,即清糟兼有的甜酒。这种重醴,有用稻酿制的,有用黍酿制的,有用粱酿制的。二是稀粥,有时就以稀粥为醴,例如用黍煮的稀粥。三是浆,四是水,五是梅浆,六是凉粥。

【原文】

酒:清、白①。

【注释】

①酒:按《周礼·天官·酒正》有三酒,一曰事酒,酿造期最短,较浊;二曰昔酒,冬酿春成,较清;三曰清酒,冬酿夏成,最清。三酒皆可供人饮用。此句的"白",即指事酒和昔酒。事、昔二酒酿造期短,色白,故称。

【今译】

酒有两大类:清酒和白酒。

【原文】

羞①:糗饵、粉酏②。

**注释**

①羞:美味食品。此处指祭祀时所用的一种笾实。详《周礼·天官·笾人》。

②糗(qiǔ 馃)饵:用稻米粉和黍米粉混合蒸成的糕叫饵。因为饵有粘性,再将炒熟的豆末(即糗)撒到饵上防粘,就成了糗饵。粉酏(yí 夷):郑玄据《周礼·笾人》说"粉酏"当作"粉餈(zhān 占)",当从。粉餈也是用稻米粉和黍米粉为原料,但要搀入动物油,烙成饼状。

【今译】

羞笾中所盛的食物是:糗饵、粉餈。

【原文】

食①:蜗醢而苽食②、雉羹、麦食、脯羹、鸡羹、析稌③、犬羹、兔羹;和糁不蓼④。濡豚,包苦实蓼⑤;濡鸡,醢酱实蓼;濡鱼,卵酱实蓼⑥;濡鳖,醢酱实蓼。腶脩,蚳醢⑦;脯羹,兔醢;麋肤⑧,鱼醢;鱼脍,芥酱;麋腥⑨,醢酱;桃诸、梅诸、卵盐⑩。

**注释**

①食:饭也。郑玄说这可能是国君燕食(即午餐、晚餐)时的饭谱。

②蜗(luó 螺)醢:用蚌蛤类的肉做成的酱。苽(gū 姑):即雕胡米。古人以为六谷之一。

③析稌(tú 途):淘过的米。析,通"淅"。稌,稻米。

④和糁不蓼(liǎo 了):指上述诸羹都要加入用佐料和米屑拌成面汤,但不加蓼菜。蓼,又名辛菜,可以调味。

⑤实蓼:剖开牲体腹腔,填入蓼菜,然后缝合。

⑥卵(kūn 鲲)酱:用鲲鱼子制成的酱。

⑦蚳(chí 池)醢:用蚁卵制成的酱。

⑧肤:切肉。

⑨麋腥:生麋肉。

⑩诸:干果。卵盐:大盐。以盐粒大如卵,因名。郑玄说:"自蜗醢至此凡二十六物。"

【今译】

国君燕食的饭谱是:蚌蛤酱、雕胡米、野鸡羹这三种配合着吃,麦饭、肉羹、鸡羹这三样配合着吃，大米饭、犬羹、兔羹这三样配合着吃。上述诸羹都要加入用佐料和米屑调制的汤，但不加蓼菜。在煮小猪的时候，用苦菜把它包起来，去其腥味，在猪腹里塞入蓼菜。在煮鸡时，加入醯酱，在鸡腹中塞入蓼菜。在煮鱼时，要加入鱼子酱，在鱼腹中塞入蓼菜。在煮鳖时，要加入醯酱，在鳖腹中塞入蓼菜。吃肉干时，配以蚁酱。吃肉羹时，配以兔肉酱。吃麋肉切片时，配以鱼肉酱。吃鱼切片时，配以芥子酱。吃生麋肉时，配以醯酱。吃桃干、梅干时，配以大盐。

【原文】

凡食齐视春时①，羹齐视夏时，酱齐视秋时，饮齐视冬时。凡和，春多酸，夏多苦，秋多辛，冬多咸，调以滑甘②。牛宜稌，羊宜黍，豕宜稷，犬宜粱，雁宜麦③，鱼宜苽。春宜羔豚④，膳膏芗⑤；夏宜腒鱐⑥，膳膏臊⑦；秋宜犊麑，膳膏腥⑧；冬宜鲜羽，膳膏膻⑨。牛脩、鹿脯、田豕脯、麋脯、麇脯，麋、鹿、田豕、麋皆有轩⑩，雉、兔皆有芼。爵、鷃、蜩、范、芝栭、菱、椇、枣、栗、榛、柿、瓜、桃、李、梅、杏、楂、梨、姜、桂⑪。

注释

①凡食齐(jì 技)视春时：从此句起，到"鱼宜苽"止，盖取自《周礼·天官·食医》。食，饭。齐，调和。视春时，比照春天的温暖。下文的"夏时"指热，"秋时"指凉，"冬时"指寒。

②滑甘：见本篇上文注。

③雁：鹅。

④春宜羔豚：从此至"膳膏膻"，见《周礼·天官·庖人》。

⑤膳：煎和，煎时以五味调和。膏芗：牛油。芗，香也。

⑥腒(jū 居)：干雉。鱐(sù 肃)：干鱼。

⑦膏臊：狗油，犬膏。

⑧膏腥：猪油。

⑨膏膻：羊油。

⑩轩(xiàn 县)：切成大的肉片。

⑪芝栭：如今之木耳。或以芝栭为二物，恐非。椇：见《曲礼》下注。按：郑玄说：从牛脩至姜桂凡三十一物，皆人君燕食所加之庶羞(众多美味)。

【今译】

　　调和食物的温热凉寒,要根据食物的种类来决定。凡是饭食一类,要像春天那样的温;凡是羹食一类,要像夏天那样的热;凡是酱类,要像秋天那样的凉;凡是饮料一类,要像冬天那样的寒。凡调味,春季可以让酸味多些,夏季可以让苦味多些,秋季可以让辛味多些,冬季可以让咸味多些。但无论哪个季节,都要同时加些枣栗饴蜜,使其甘甜;再加些粉芡汤和蔬菜,使其柔滑。主食和肉类的搭配也要注意使二者气味相成,具体地说就是:牛肉配稻,羊肉配黍,猪肉配稷,狗肉配粱,鹅配麦子,鱼配雕胡。春天适合吃小羊小猪,用牛油来烹调;夏天适合吃干雉干鱼,用狗油来烹调;秋天适合吃小牛小鹿,用猪油来烹调;冬天适合吃鱼鹅,用羊油来烹调。国君燕食所用的美味有:牛肉干、鹿脯、野猪脯、麋脯、獐脯,其中的麋、鹿、野猪、獐子不但可以制脯,而且可以切成薄片生吃。雉羹、兔羹都掺有蔬菜。还有雀、鹌、蝉、蜂、木耳、菱角、枳椇、枣子、栗子、榛子、柿子、瓜类、桃子、李子、梅子、杏子、山楂、梨子、姜、桂等,总共三十一种。

【原文】

　　大夫燕食①,有脍无脯②,有脯无脍。士不贰羹胾。庶人耆老不徒食③。

注释

①燕食:平常的午餐和晚餐。
②脍:细切的鱼片或肉片。脯:肉脯。
③耆:六十岁曰耆。不徒食:谓食必有肉。《王制》:"六十非肉不饱。"徒,空也。

【今译】

　　大夫的日常午饭、晚饭,如果有脍就不能有脯,如果有脯就不能有脍。士的日常午饭、晚饭,可以有羹与胾,但只能有一份,不得重设。百姓中六十岁以上的老人,非肉不饱,所以他们的午饭、晚饭必须见肉。

【原文】

脍,春用葱,秋用芥。豚,春用韭,秋用蓼。脂用葱①。膏用薤②。三牲用藙③,和用醯,兽用梅。鹑羹、鸡羹、鴽④,酿之蓼。鲂鱮烝⑤,雏烧,雉,芗无蓼⑥。

注释

①脂:凝固状态的油。
②膏:液态的油。
③藙(yì 毅):茱萸中的食茱萸。
④鴽(rú 如):鹌鹑类小鸟。亦见《月令》。
⑤鲂:鱼名。形似鳊鱼,鳞细,肉厚,味美。鱮(xù 绪):即鲢鱼。
⑥芗:紫苏、白苏类香草。

【今译】

调和细切的鱼肉,春季用葱,秋季用芥子酱。调和细切的大肉片,春季用韭菜,秋季用蓼菜。凝固的脂肪用葱来调味,油用薤来调味。牛羊猪三牲要挽入食茱萸,用醋来调味,其他动物用梅酱调味。鹑羹、鸡羹、蒸鴽,都要用蓼菜挽和。鲂鱮可以蒸吃,小鸟可以烧吃,野鸡可以或蒸或烧或作羹来吃,这三种动物的调味品只用芗,不用蓼菜。

【原文】

不食雏鳖。狼去肠①,狗去肾,狸去正脊,兔去尻,狐去首,豚去脑,鱼去乙②,鳖去丑。肉曰脱之,鱼曰作之③,枣曰新之,栗曰撰之④,桃曰胆之⑤,柤梨曰攒之⑥。

注释

①狼去肠:王夫之说:"狼,当作羊。羊肠曲,治不能净。"存参。
②乙:《尔雅·释鱼》:"鱼肠谓之乙。"谓鱼肠与乙字形相似,因名。
③作之:摇动鱼,观察其是新鲜还是腐败。《尔雅》作"斮之",谓刮去鳞片。今从后说。
④撰(xuǎn 选):通"选",挑选。
⑤胆之:吃桃要拭去其毛,使桃子表面光滑。胆,通"掸(dǎn 胆)",擦拭。
⑥攒(zhān 钻):通"钻",剔去其核。

【今译】

　　不食幼鳖,吃狼肉要去掉它的肠子,吃狗肉要去掉狗肾,吃狸要去掉它的正脊,吃兔肉要去掉尾股,吃狐要扔掉狐头,吃鱼要扔掉肠子,吃鳖要去掉肛门。因为这些部位都对人体有害。吃肉要剔骨去筋,所以叫做"脱"。吃鱼要刮去鳞片,所以叫做"作"。枣子易沾尘土,吃时要擦净,所以叫做"新"。栗子好生虫,吃时要挑拣,所以叫做"选"。桃子多毛,吃时要拭去其毛,所以叫做"掸"。吃山楂、梨子时要去掉其核,所以叫做"钻"。

【原文】

　　牛夜鸣则庮①;羊泠毛而毳②,膻;狗赤股而躁,臊;鸟皫色而沙鸣③,郁;豕望视而交睫,腥;马黑脊而般臂④,漏⑤。雏尾不盈握,弗食;舒雁翠⑥,鹄鸮胖⑦,舒凫翠⑧,鸡肝,雁肾,鸨奥⑨,鹿胃。

【注释】

　　①牛夜鸣则庮(yóu 尤):从此句始,至"马黑脊而般臂,漏"止,见《周礼·天官·内饔》。庮:谓恶臭。

　　②泠(líng 令):通"零",零落。毳(cuì 翠):毛与毛粘连。

　　③皫(piǎo 漂):羽毛失去光泽。

　　④般臂:前腿毛色杂乱。般,通"斑"。

　　⑤漏(lóu 娄):蝼蛄。言如蝼蛄之臭。

　　⑥舒雁:鹅。翠:尾肉。

　　⑦鹄(hú 胡):天鹅。鸮(xiāo 销):猫头鹰。胖(pán 盘):胁侧薄肉。

　　⑧舒凫:鸭子。

　　⑨鸨(bǎo 抱):鸟名。似雁而略大。奥:指脾脏与小肠。

【今译】

　　牛经常夜里鸣叫的,它的肉一定恶臭;羊毛稀少而且有的毛纠结在一起的,它的肉一定膻味重;狗的大腿内侧无毛而且走动急躁的,它的肉一定有臊味;鸟的羽毛暗淡无色而且叫声沙哑的,它的肉一定会有腐朽的臭味;猪的眼老是向着远处看而且上下睫毛相交的,它的肉一定腥味重;马是黑色脊背而且前腿有杂色毛的,它的肉一定如蝼蛄般臭。尾巴不足一手握长的小鸟,不能吃。鹅尾、天鹅和猫头鹰的胁侧薄肉、鸭尾、鸡肝、鹅肾、鸨的脾脏和小肠、鹿胃，这些部位都对人体有害，所以不能吃。

【原文】

肉腥，细者为脍，大者为轩①。或曰②：麋、鹿、鱼为菹③，麇为辟鸡④，野豕为轩，兔为宛脾⑤。切葱若薤，实诸醢以柔之。

**注释**

①轩：见上文注。
②或曰：孙希旦说："切肉之名，牲各不同，故又记之。
③菹（zū 租）：切得较粗。
④辟（bì 壁）鸡：切得较细。
⑤宛脾：切得较细。孔颖达说："为什么把切得较细叫做"辟鸡""宛脾"，其义未闻。

【今译】

凡是把生肉切碎搀菜煮吃时，不管是哪种牲肉，切得较细的就叫脍，切得较粗的就叫轩。还有一种说法：麋肉、鹿肉、鱼肉切得较粗，那叫菹；麇肉切得较细，那叫辟鸡；野猪肉切得较粗，那叫轩；兔肉切得较细，那叫宛脾。不管粗切细切，都要把葱和薤切碎，和肉拌在一起浸到醋里，使肉变软。

【原文】

羹食，自诸侯以下至于庶人，无等。大夫无秩膳①。大夫七十而有阁②。天子之阁，左达五③，右达五。公、侯、伯于房中五，大夫于阁三，士于坫一④。

**注释**

①秩膳：常置左右备食的美味。秩，常也。
②阁：存放秩膳的木板架。
③达：夹室。古代宫室之制，中央为正室，正室左右为房，房外各有一墙叫序，序外各有一室叫夹室。
④坫（diàn 电）：古时室内放东西的土台子。

【今译】

　　羹和饭是人们的主食,上自诸侯,下至老百姓,一般情况下,在这方面没啥差别。大夫不到一定的年龄,就没有常置左右备食的美味。大夫到了七十岁,就可以有存放秩膳的阁架了。天子的这种阁架,左夹室五个,右夹室五个,总共十个。公、侯、伯的阁架有五个,皆置于房中。大夫的阁架是三个,也在房中。士的地位卑下,房内只有一个存放食品的土台子,叫坫,不叫阁。

【原文】

　　凡养老①,有虞氏以燕礼,夏后氏以飨礼,殷人以食礼,周人修而兼用之。凡五十养于乡,六十养于国,七十养于学,达于诸侯。八十拜君命,一坐再至,瞽亦如之。九十者使人受。五十异粻,六十宿肉,七十贰膳,八十常珍;九十饮食不违寝,膳饮从于游可也。六十岁制,七十时制,八十月制,九十日修,唯绞、紟、衾、冒死而后制。五十始衰,六十非肉不饱,七十非帛不暖,八十非人不暖,九十虽得人不暖矣。五十杖于家,六十杖于乡,七十杖于国,八十杖于朝;九十者,天子欲有问焉,则就其室,以珍从。七十不俟朝,八十月告存,九十日有秩。五十不从力政,六十不与服戎,七十不与宾客之事,八十齐丧之事弗及也。五十而爵,六十不亲学,七十致政。凡自七十以上,唯衰麻为丧。凡三王养老,皆引年。八十者一子不从政,九十者其家不从政,瞽亦如之。凡父母在,子虽老不坐。有虞氏养国老于上庠,养庶老于下庠。夏后氏养国老于东序,养庶老于西序。殷人养国老于右学,养庶老于左学。周人养国老于东郊,养庶老于虞庠,虞庠在国之西郊。有虞氏皇而祭,深衣而养老。夏后氏收而祭,燕衣而养老。殷人冔而祭,缟衣而养老。周人冕而祭,玄衣而养老。

注释

　　①凡养老:从此句始,至"玄衣而养老",皆见于《王制》,字句顺序总体相同,只有极个别小小差异。孔颖达说:"后人虽知其重,因而不去,慎疑,不敢删易也。"注释请参看《王制》。

【今译】

　　凡是招待老人的宴会,有虞氏用燕礼,夏后氏用飨礼,殷人用食礼,周人遵循古制而三礼兼用。五十岁的老人就可以参加在乡学中举行的敬老宴,六十岁的老人就可以参加在王官小学中举行的敬老宴,七十岁的老人就可以参加在大学中举行的敬老宴。从天子到诸侯都适用这条规定。人到了八十岁精力已衰,在拜受君命时,只要跪下去连叩两次头就可以了。盲人行动不便,也可照此办理。九十岁的老人越发体衰,可以让他人代替自己拜受君命。五十岁以上的老人,可以不吃粗粮而吃细粮;六十岁以上的老人没有肉就吃不饱,所以要常备有肉;七十岁以上的老人饿得快,每顿饭要多做一份,以备零食;八十岁以上的老人,要常吃珍美的食品;九十岁以上的老人,其住室中经常存有食品,无论他走到哪里,随身都备有饮食。人到了六十岁,做子女的就要为其准备需要一年时间才能做好的丧葬用品;人到了七十岁,就要为其准备需要一季时间才能做好的丧葬用品;人到了八十岁,就要为其准备需要一个月时间才能做好的丧葬用品;人到了九十岁,就要为其准备需要一天时间才能做好的丧葬用品;只有绞、紟、衾、冒,这些东西做得快,所以死后再做也不迟。人到了五十岁就开始衰老,到了六十岁饭没有肉就吃不饱,到了七十岁没有丝绵就会感到身上不暖,到了八十岁没有人暖被窝就睡不暖和,到了九十岁即令有人暖被也睡不暖和了。五十岁以后可以挂杖于家,六十岁以后可以挂杖于乡,七十岁以后可以挂杖于国都,八十岁以后可以挂杖上朝,九十岁以后,天子若有事询问,就应派人到他家请教,还要带上好吃的。大夫到了七十岁,就可以不在朝里侍候;八十以后,天子要每月派人前去问安;九十岁以后,天子每天要派人送去食品。平民到了五十岁就不服劳役,六十以后就不服兵役,七十以后就不再参与应酬宾客的活动,八十以后就连祭祀丧葬这类重要的事也不参与了。五十以后得到封爵,六十以后不亲自向别人请教,七十以后就告老退休,遇到丧事只要身穿孝服就行,其他礼数全免。夏、商、周三代的敬老宴,都要依据户籍来核实参加宴会老人的年龄。家有八十岁以上老人者,可以豁免家中一名成员的劳役;家有九十岁以上老人者,可以豁免全家成员的劳役。盲人的待遇同此。只要父母健在,儿子年龄再大也只能立侍在旁,不敢坐下。有虞氏在上庠设宴款待国老,在下庠设宴款待庶老。夏后氏在东序设宴款待国老,在西序设宴款待庶老。殷人在右学设宴款待国老,在左学设宴款待庶老。周人在东郊设宴款待国老,在虞庠设宴款待庶老。虞庠在王城的西郊。有虞氏的时代,祭祀时头戴叫做"皇"的冠,养老时穿深衣。夏代,祭祀时头戴叫做"收"的冠,养老时穿燕衣。殷人祭祀时头戴叫做"冔"的冠,养老时穿缟衣。周人祭祀时戴冕,养老时穿玄衣。

【原文】

曾子曰:"孝子之养老也,乐其心,不违其志;乐其耳目,安其寝处,以其饮食忠养之①,孝子之身终。终身也者,非终父母之身,终其身也。是故父母之所爱亦爱之,父母之所敬亦敬之,至于犬马尽然,而况于人乎!"

【注释】

①忠:孔颖达破为"中心"二字。

【今译】

曾子说:"孝子的养老,首先在于使父母内心快乐,不违背他们的旨意;其次才是言行循礼,使他们听起来高兴,看起来快乐,使他们起居安适,在饮食方面尽心侍候周到,直到孝子死而后已。所谓"终身"孝敬父母,不是说终父母的一生,而是终孝子自己的一生。所以,虽然父母已经去世,但他们生前所爱的,自己也要爱;他们生前所敬的,自己也要敬;就是对他们喜欢的犬马也都是如此对待,更何况对他们爱敬的人呢!"

【原文】

凡养老,五帝宪①,三王有乞言②。五帝宪,养气体而不乞言,有善则记之为惇史③。三王亦宪,既养老而后乞言,亦微其礼④,皆有惇史⑤。

【注释】

①宪:法。引申为效法。
②有:通"又"。乞言:请老者训话,提建设性意见。
③惇史:敦厚之史,老人的善言厚德录。

④微其礼:指乞言时不强迫,听其自愿。

⑤皆有惇史:按:自"凡养老,有虞氏以燕礼"至此,均言养老事,与上下文意不接,或疑为错简。

【今译】

　　凡举行养老之礼,五帝时着重于效法他们,以为榜样;三王时除了有效法的含义以外,还在养老典礼上请他们训话。五帝时着重于效法他们,为了颐养他们的身心,就没有设下"乞言"这个节目,只是把他们的优良德行记载下来,成为惇厚之史。三王养老也效法老人们的德行,但在养老典礼临近结束时要请他们训话,留下宝贵意见,但这样做也不是硬性强迫,而是随老人们的自觉自愿。三王也要把老人的善言厚德记录下来,成为惇厚之史。

【原文】

　　淳熬①:煎醢加于陆稻上②,沃之以膏,曰淳熬。淳母③:煎醢加于黍食上,沃之以膏,曰淳母。炮④:取豚若将⑤,刲之刳之⑥,实枣于其腹中,编萑以苴之,涂之以谨涂⑦。炮之,涂皆干,擘之⑧,濯手以摩之,去其皽⑨。为稻粉,糔溲之以为酏⑩,以付豚⑪,煎诸膏,膏必灭之。钜镬汤⑫,以小鼎芗脯于其中⑬,使其汤毋灭鼎。三日三夜毋绝火,而后调之以醯醢。捣珍⑭:取牛、羊、麋、鹿、麇之肉,必脄⑮,每物与牛若一,捶反侧之,去其饵⑯,孰出之,去其皽,柔其肉⑰。渍⑱:取牛肉必新杀者,薄切之,必绝其理,湛诸美酒⑲,期朝⑳,而食之以醢若醢醷。为熬㉑:捶之,去其皽,编萑,布牛肉焉,屑桂与姜以洒诸上而盐之,干而食之。施羊亦如之。施麋、施麇、施麋,皆如牛羊。欲濡肉,则释而煎之以醢。欲干肉,则捶而食之。糁㉒:取牛、羊、豕之肉,三如一,小切之,与稻米,稻米二肉一,合以为饵,煎之。肝膋㉓:取狗肝一,幪之以其膋,濡炙之,举燋其膋,不蓼。取稻米,举糔溲之,小切狼臅膏㉔,以与稻米为酏㉕。

【注释】

　　①淳(zhūn谆)熬:周代八珍之一。淳,浇灌。熬,孙诒让《周礼正义·笾人》说:"古所谓熬,即今所谓炒也。"

　　②陆稻:种在旱地里的稻。

③淳母(mú 模):八珍之二。郑玄说:"母,读曰模。模,象也。"意为模仿淳熬而制成淳母。

④炮:将豚或羊涂上泥巴后用火烤烤。炮豚是八珍之三,炮牂是八珍之四。

⑤将:当作"牂(zāng 赃)",母羊。

⑥刲(kuī 亏):割。刳(kū 枯):从间破开再挖空。

⑦谨涂:搀有杂草或麦秸的泥巴。谨,当作"墐"。

⑧擘(bāi 掰):剥掉。

⑨皽(zhǎo 昭):皮肉上的薄膜。

⑩糔溲(xiǔ sǒu 潃叟):加水调和。

⑪付:通"敷"。

⑫镬(huò 货):大锅。

⑬小鼎芗肺脯:指盛有小猪或羊脯的小鼎。小猪是囫囵一个,母羊则是切成羊脯。芗,通"香"。

⑭捣珍:八珍之五。捣,捶打。

⑮脄(méi 梅):今所谓里脊肉。

⑯饵:肉的筋腱。

⑰柔:指用醋和醢调和之。

⑱渍(zì 自):浸泡。八珍之六。

⑲湛(jiān 尖):浸泡。

⑳期(jī 基)朝:王夫之说是"旬有二日",孙希旦说是一昼夜。

㉑熬:用火烤肉。这是八珍之七。

㉒糁(sǎn 伞):用碎肉和米粉制成的糕。按:糁食不在八珍之内,从此至"煎之",当是错简,应在下文"不蓼"二字之下。译文已加纠正。

㉓肝膋(liáo 辽):肠间脂肪。这是八珍之八。

㉔䐁(chù 处):胸腔中脂肪。

㉕酏:当作"饘(zhān 沾)",厚粥。

【今译】

　　八珍之一的淳熬,其做法是用稻米做成糍粑,把煎过的肉酱摊在糍粑上,再浇上油,这就是淳熬。八珍之二的淳母,其做法类似淳熬,只不过是用黍米粉作饼,把煎过的肉酱摊在饼上,再浇上油,就成了淳母。八珍之三是炮豚,八珍之四是炮羊。炮的制作过程是,先取来小猪或母羊,宰杀后淘净内脏,把枣子塞进腹腔内,用芦苇编成的箔把它裹起来,外面再涂上一层搀有草秸的泥巴,然后放在火上烤,等到把泥巴烤干,将泥巴剥掉,然后把手洗净,把皮肉表面上的一层薄膜搓掉。然后再取来稻米粉,加水拌成稀粥,敷在小猪身上,放在小鼎中用油来煎,小鼎中的油一定要淹掉小猪。然后搞来大锅,烧开其中的水,将盛有小猪或羊脯的小鼎置于锅内,注意不要让水面超过小鼎的高度,以免进水。这样连续加热,三天三夜不停火,将肉取出时就非常之烂,吃的时候再用醋和肉酱来调味。捣珍是八珍之五,其做法是:以牛肉、羊肉、麋肉、鹿肉、獐肉作原料,一定要取其嫩美的里脊部分,牛肉一份,羊肉、麋肉、鹿肉、獐肉也各取同样的一等份,将它们搅拌在一起,反复捶打,去掉筋腱,煮熟以后出锅,去掉肉膜,吃时再用醋和肉酱调味就行了。渍是八珍之六,其做法是:一定要以新鲜牛肉作原料,切得薄薄的,切时一定要切断肉的纹理,然后浸泡到美酒里面,大约过上十二天就算成了,吃的时候再用醋、肉酱、梅浆来调味。熬是八珍之七,其作法是:先把牛肉捶捣一下,去掉薄膜和筋腱,然后取来编好的芦箔,把牛肉摊在上面,先洒上桂屑姜末,再洒上盐,然后用火烘干烤熟,就可以吃了。用羊肉或麋、鹿、獐肉也可以制熬,其方法和用牛肉制熬一样。如果不喜欢吃干肉,也可以用水泡软,以肉酱煎着吃;如果喜欢吃干肉,那么捶捣一下就可以吃了。肝膋是八珍之八,其做法是:取一副狗肝,用它的肠脂把肝包起来,再用肉酱拌和湿润,放在火上烤,等到脂肪烤焦,肝也就熟了,吃时可以不用蓼菜。糁食的做法是:取牛、羊、猪之肉各一等份,切碎,与稻米粉揉拌到一起,米粉与肉的比例是二比一,捏成糕的模样,用油来炸,出锅就成了。取稻米粉加水调和,再加入切碎的牛羊猪的胸间脂肪,一起制成厚粥。

【原文】

　　礼始于谨夫妇①。为宫室,辨外内②。男子居外,女子居内。深宫固门,阍寺守之③。男不入,女不出。男女不同椸枷④。不敢县于夫之楎椸⑤,不敢藏于夫之箧笥⑥,不敢共湢浴。夫不在,敛枕箧簟席,襡器而藏之。少事长,贱事贵,咸如之。夫妇之礼,唯及七十,同藏无间。故妾虽老,年未满五十,必与五日之御⑦。将御者,齐、漱、浣,慎衣服,栉、縰、笄、总、拂髦、衿缨、綦屦⑧。虽婢妾,衣服饮食,必后长者。妻不在,妾御莫敢当夕⑨。

> 注释

①礼始句:孙希旦说:"有夫妇然后有父子,有父子然后有君臣,有君臣然后有上下,有上下然后礼义有所错(即井然有序),故礼以谨夫妇为始。"《昏义》:"夫礼,本于昏。"

②外内:正寝(治事之所)在外,燕寝(休息之室)在内。

③深宫固门二句:据《周礼·阍人》,天子有五道门,自外向内依次是:皋门、库门、雉门、应门、路门,每门有四个阍人把守。阍:阍人。守门者。寺:寺人,掌管后宫内人之禁令。

④椸枷(yí jià 宜架):衣架。一说"枷"是衍字,详《曲礼上》注。

⑤楎(huī 挥)椸:衣架。楎是横着的衣架,椸是竖着的衣架。

⑥箧笥:存放衣服的器具。方曰箧,圆曰笥。

⑦故妾虽老三句:郑玄说这里讲的是诸侯之制。诸侯娶九女:夫人一,媵二,姪娣六,凡九女。所谓"御",指侍候丈夫夜间休息。九女轮流值夜,姪娣六人,两人一班共值一夜,共值三夜;媵二人共值一夜,累前为四夜。夫人独值一夜。每五夜轮流一遍,如此周而复始。

⑧总:"总"下原有"角"字,郑玄说是衍文,据删。拂髦:拂髦为男子装饰,妇人无髦,此二字衍,亦当删。

⑨妾:大夫一妻二妾,士一妻一妾。

【今译】

慎重地处理夫妇关系非常必要,因为它是所有礼的根本。建造宫室,要严格区别内外。男子居外,女子居内。宫殿深邃,宫门重重,门外有阍人把守,后宫有寺人掌管。男不入内,女不出外。男女不使用共同的衣架。做妻子的不敢把自己的衣服挂在丈夫的衣架上,不敢把自己的衣服存放到丈夫的衣箱里,不敢和丈夫在同一间浴室洗澡。丈夫若不在家,妻子就要把丈夫的枕头收到箱子里,簟席也收起来,丈夫的其他用器也都收藏妥当。年少的侍奉年长的,卑贱者侍奉尊贵者,也都应如此。按照夫妇之礼,只有夫妻到了七十岁,两口子才能不避嫌地一直同居共寝,否则就要与妾轮流侍夜。所以妾即使年老,只要尚未年满五十,就必须每五天轮流一次侍夜。轮到哪一位侍夜,就要像臣之朝君那样,齐其心志,洁净内外,穿上合乎身份的礼服,梳好头发,系上香囊,穿好鞋子,毕恭毕敬地前去。即使是受到主人宠爱的婢妾,她的衣服和饮食也不敢恃宠乱来,以至于超过身份高于她的女人。

不论是国君还是卿大夫士,如果正妻不在家,那么轮到正妻侍夜的那一夜,妾也不敢前往夫寝代替正妻侍夜,而必须把这一夜空下来,以严妻妾之别。

【原文】

妻将生子,及月辰,居侧室①,夫使人日再问之。作而自问之②,妻不敢见,使姆衣服而对③。至于子生,夫复使人日再问之。夫齐,则不入侧室之门。子生,男子设弧于门左④,女子设帨于门右⑤。三日始负子,男射女否。

注释

①侧室:正寝在前,燕寝在后,侧室即燕寝的旁室。生子之所以一定要在侧室,是因为正寝和燕寝较尊,避免亵渎。
②作:指感到胎儿在腹内躁动。
③姆:以妇道教女子的老年女师。《士昏礼》注:"姆,妇人五十无子,出不复嫁,能以妇道教人者。"
④弧:弓。弓代表武事,是生男的标志。
⑤帨:佩巾。佩巾代表侍奉别人,是生女的标志。

【今译】

妻将生产,到了临产的月份,就要由燕寝搬到侧室待产,这期间,丈夫要派人一天两次去问候。到了临产的时刻,丈夫要亲自前去问候。这时候妻子因为衣饰不整,不敢露面,就派贴身的女师穿戴整齐回答丈夫。孩子生下以后,丈夫还要一天两次地派人去问候。如果妻子生产时适逢丈夫斋戒,丈夫就不到侧室去问候。孩子生下以后,如果是男孩子,就在侧室门左挂一张木弓作为标志;如果是女孩子,就在侧室门右挂一条佩巾作为标志。到了第三天才抱新生儿出来。如果是男孩,就行射礼;如果是女孩,就免了。

【原文】

国君世子生,告于君,接以大牢①,宰掌具。三日,卜士负之,吉者宿齐,朝服寝门外,诗负之②。射人以桑弧蓬矢六③,射天地四方。保受乃负之。宰醴负子④,赐之束帛。卜士之妻、大夫之妾,使食子。

### 注释

①接:谓接子。

②诗:通"持",承接。

③射人:官名。掌射。见《周礼·夏官·射人》。桑弧:太古时用桑木制造的弓。桑木是众木之本。蓬矢:太古时用蓬草做的箭。蓬是御乱之草。

④醴:郑玄说:"醴,当为礼。声之误也。礼以一献之礼。"一献之礼的行法是:主人先向宾敬酒,这叫献。宾回敬主人酒,这叫酢。主人再先自饮一杯,然后再向宾敬酒,这叫酬。宾接过主人的酬酒之杯放下不饮,这叫奠。一献之礼至此才算完成。简言之,献、酢、酬、奠四者组成了一献之礼。

### 【今译】

国君的嫡长子出生,要报告国君,以太牢之礼迎接嫡长子的诞生,由膳宰之官负责安排。第三天,卜选一位抱新生儿的士,被选中的士要在前一天就斋戒,穿上朝服,在路寝门外等候,把新生儿接过来抱着。此后,射人用桑木之弓射出六支蓬草之箭,一箭射天,表示将来敬事天神;一箭射地,表示将来敬事地祇;四箭分射东西南北,表示将来威服四方。然后保母把新生儿接过来抱着,膳宰便开始以一献之礼向抱子的士敬酒,并赐给他五匹帛作为酬谢。还要从士之妻、大夫之妾当中卜选一个乳汁多的,让她来作新生儿的奶娘。

### 【原文】

凡接子,择日。冢子则大牢①,庶人特豚②,士特豚,大夫少牢,国君世子大牢。其非冢子③,则皆降一等④。

### 注释

①冢子:此指天子的嫡长子。下面几句讲的都是嫡长子。

②特:一只。

③非冢子:指冢子之同母弟及众妾之子。

④皆降一等:天子、诸侯的非冢子由太牢降为少牢,大夫由少牢降为特豚。士与庶人仍为特豚,不变。

【今译】

凡举行迎接新生儿诞生的仪式,一定要在三天之内选个吉日。所用的牢具,天子的冢子是太牢,庶人的冢子是一只小猪,士的冢子也是一只小猪,诸侯的冢子也是太牢。如果不是冢子,牢具的规格都要分别降低一等。

【原文】

异为孺子室于宫中。择与诸母与可者①。必求其宽裕、慈惠、温良、恭敬、慎而寡言者,使为子师;其次为慈母②,其次为保母③,皆居子室。他人无事不往。

**注释**

①择与:择以。此"与"是介词。下"与"是连词。诸母:指国君的众妾。可者:师傅保母之类,地位低于众妾。王引之说此"可"当读"阿"。
②慈母:负责了解幼儿嗜欲的妾。
③保母:负责使幼儿居处安适的妾。

【今译】

幼儿出生后,要在宫中单独打扫一处房子供他居住。要从国君的众妾和傅母中,挑选出性情宽厚、慈惠、温良、恭敬、谨慎而不喜欢多嘴多舌的,做幼儿的老师,其次做幼儿的慈母,再其次做幼儿的保母,奶娘则光管喂奶而已,这些人统统和幼儿同居一室。他人无事,不得前往,以免惊动幼儿。

【原文】

三月之末,择日剪发为鬌①,男角女羁②,否则男左女右。是日也,妻以子见于父,贵人则为衣服③,由命士以下皆漱浣④。男女夙兴⑤,沐浴、衣服。具视朔食⑥。夫入门⑦,升自阼阶,立于阼,西乡;妻抱子出自房,当楣立⑧,东面。姆先,相曰:"母某敢用时日祇见孺子⑨。"夫对曰:"钦有帅⑩。"父执子之右手⑪,咳而名之⑫。妻对曰:"记有成。"遂左还授师子⑬。师辩告诸妇诸母名⑭,妻遂适寝。夫告宰名⑮。宰辩告诸男名⑯,书曰:"某年某月某日某生"而藏之⑰。宰告闾史⑱,闾史书为二,其一藏诸闾府,其一献诸州史⑲。州史献诸州伯⑳,州伯命藏诸州府。夫入,食如养礼。

> **注释**
>
> ①鬌(duǒ 朵):未剪掉的胎发。
> ②角:谓囟门两旁靠近额角的地方头发留而不剪。羁:谓头顶之发留下纵横各一条,交叉成十字形。
> ③贵人:指卿大夫以上的人士。
> ④命士:见本篇上文注。
> ⑤男女:指下文"诸妇"、"诸母"、"诸男"之类。
> ⑥具:馔具,膳食。朔食:每月初一的膳食。朔食较他日膳食丰盛,天子太牢,诸侯少牢,大夫特豚,士特豚。
> ⑦门:郑玄说是"侧室之门",孙希旦说是"正寝之门"。今从孙。
> ⑧楣:房子的二梁。
> ⑨某:指幼儿生母的姓氏。时日:是日。时,通"是"。
> ⑩钦有帅:郑玄说:"钦,敬也。帅,循也。言教之敬,使有循也。"
> ⑪执子之右手:表示将授子以事。
> ⑫咳(hái 孩):此处泛指笑貌。
> ⑬还:通"旋"。
> ⑭辩:通"遍"。诸妇:族人中辈分较低的大功以上男子之妻。
> ⑮宰:家的总管。
> ⑯诸男:谓同姓的父兄子弟。
> ⑰某生:此"某"字指代幼儿之名。
> ⑱闾史:周制二十五家为闾,闾的首长是闾胥。闾史当是闾胥的助手。
> ⑲州史:州长的属员。周制二千五百家为州,州的行政长官是州长。按周制,闾的上面是族(四闾为族),族的上面是党(五族为党),党的上面才是州(五党为州)。这里应该是层层上报,最后报到州里。
> ⑳州伯:即州长。

**【今译】**

幼儿出生的第三个月之末,要选择一个吉日为幼儿剪发。但按规矩不能把胎发全部剪掉,要留下一部分,男的留个"角",女的留个"羁",或者男的留左边,女的留右边。这一天,妻子要带着幼儿拜见幼儿之父。如果是大夫以上之家,夫妇都要另制新衣;自命士以下,虽不另制新衣,但也要把旧衣洗得干干净净再穿。男男女女都要一早起身,洗头洗澡,穿上礼服。为夫妇准备的膳食,比照每月初一的膳食规格。丈夫进入正寝的门,从阼阶登堂,站在阼阶上,面向西;妻由侧室来到夫的正寝,升自北阶,抱着幼儿从东旁出来,在西阶上当楣而立,面向东。这时,女师站在妻侧稍前,帮助传话说:"小儿的母亲某氏,今天将恭敬地携带小儿拜见其父。"丈夫回答说:"你要教导小儿恭敬地遵循正道。"父亲拉着小儿的右手,含着笑给小儿取了个名。妻子回答说:"我会铭记此名的深刻含义,努力使小儿将来有所成就。"说罢,就转身向左把小儿递给教师。教师将小儿之名遍告诸妇、诸母,命名仪式结束,妻子就走回丈夫的燕寝。丈夫把小儿的名告诉给宰,宰又转告给同姓的父兄子弟,同时在简策上写上"某年某月某日某生",然后收藏起来。宰又将小儿之名与生辰上报闾史,闾史登记为两份,一份存放到闾府,另一份逐级上报,最后报告给州史。州史又报告给州长,州长则命令存放到州府。丈夫也返回燕寝,与妻子同食,如同平时夫妇供养的常礼一样。

【原文】

世子生①,则君沐浴朝服,夫人亦如之,皆立于阼阶,西乡。世妇抱子升自西阶,君名之,乃降。适子庶子见于外寝②,抚其首,咳而名之。礼帅初,无辞③。

**注释**

①世子生:此节实际上讲的还是子生三月的命名仪式,只是由于不同的身份,礼数上也有所差异。这里主要是讲其差异,其相同处往往省略。

②适子庶子:适子中的庶子,即嫡长子的同母弟。孙希旦说:"虽嫡妻所生,既非嫡长,则为庶子矣。"外寝:即正寝。

③无辞:没有嫡长子命名仪式上的夫妻对答之辞。即"钦有帅"、"记有成"之类。

【今译】

国君的太子出生,到了三月之末命名之日,国君要洗头洗澡,穿上朝服,夫人也一样,都立在阼阶上,面向西。幼儿由世妇抱着,升自西阶,立在西阶上,面向东。等到国君为幼儿命名之后,世妇才抱着幼儿退下。如果是太子的同母弟出生,则由夫人抱着在正寝拜见国君,国君抚摸着幼儿的头,含着笑为他命名。命名的礼节基本上与太子相同,只是没有国君和夫人的对答之辞。

【原文】

凡名子,不以日月,不以国,不以隐疾①。大夫、士之子不敢与世子同名。

【注释】

①凡名子四句:见《曲礼上》注。

【今译】

为儿子取名,不要用日月为名,不要以国名为名,不要以身上的暗疾为名。大夫和士的儿子取名,不敢与太子同名。

【原文】

妾将生子①,及月辰,夫使人日一问之。子生三月之末,漱浣夙齐,见于内寝,礼之如始入室②。君已食③,彻焉,使之特馂,遂入御。

【注释】

①妾:指大夫、士之妾。
②内寝:谓嫡妻之寝。
③君:谓丈夫。

【今译】

大夫、士的妾将要生子,到了临产的月份,丈夫要每天派人去问候一次。孩子生下以后,到了第三个月的末尾,也要选个吉日,大家都洗漱整洁,而且前一天就斋戒,妾抱幼儿与夫相见于内寝,丈夫用妾刚嫁来时的礼节对待她。丈夫吃过以后,把食物撤下,让她一个人吃剩下的食物,以示优待。然后就由她来侍候丈夫过夜。

【原文】

公庶子生①,就侧室。三月之末,其母沐浴朝服见于君,摈者以其子见②。君所有赐,君名之。众子,则使有司名之。

**注释**

①公:国君。
②摈者:师傅保姆一类的女性。国君地位尊贵,即使是妾也不亲自抱幼儿。

【今译】

国君的妾生子,要到侧室去生。到了孩子生下满三个月的那天,幼儿的母亲要洗头洗澡,穿上礼服,由摈者抱着幼儿一道去拜见国君。国君如果对此妾有所偏爱,就亲自为幼儿取名;如果是非所宠爱之妾所生之子,就由有关官员取名。

【原文】

庶人无侧室者,及月辰,夫出居群室①。其问之也,与子见父之礼,无以异也②。

**注释**

①群室:王夫之说:"无定之名,随可居即居之,避寝,以便其妻也。"
②无以异:谓与士大夫礼数相同。

【今译】

老百姓的家中可能没有侧室作为产房,而是夫妻二人同寝,在这种情况下,妻子到了该分娩的时候,丈夫就要从寝室避开,随便找个房间住下。至于待产期间丈夫每天派人前去问候,以及满三个月后的抱子见父,其礼数都和士大夫一样。

【原文】

凡父在①,孙见于祖,祖亦名之,礼如子见父,无辞②。

【注释】

①父:生子者之父,于幼儿则为祖。
②无辞:没有应对之辞。夫妻之间有辞,公公与儿媳间自然无辞。参见上文。

【今译】

凡是幼儿的祖父健在,那么到了三月之末,要举行幼儿拜见祖父之礼,祖父也要给幼儿取名,拜见的礼节就和子见父一样,只是没有应对之辞罢了。

【原文】

食子者三年而出,见于公宫则劬①。大夫之子有食母②,士之妻自养其子。

【注释】

①公宫:国君宫室。劬(qú 渠):此指慰劳。
②食(sì 寺)母:乳母。

【今译】

为国君之子喂奶的士妻或大夫之妾,三年以后可以回家。回家之前,国君在公宫接见她们,并且有所赏赐以表慰劳。大夫之子有乳母喂养,士的妻地位卑贱,自己生的只能自己喂养。

【原文】

由命士以上及大夫之子,旬而见①。冢子未食而见②,必执其右手。適子、庶子已食而见③,必循其首。

【注释】

①旬而见:朱熹说是十日而见。
②食:即上文"夫人,食如养礼"之食。
③適子:即嫡子。冢子之同母弟。適,通"嫡"。庶子:妾之子。

【今译】

由命士以上及大夫之子,通常是生下以后满三个月才父子相见,但也有的是生下十日以后即相见。幼儿如果是冢子,那是正统,父子相见之礼就在夫妻未食之前相见,父亲还要拉住幼儿的右手;如果幼儿是嫡子、庶子,并非正统,父子相见之礼就在夫妻(或妾)进食之后相见,见面时父亲只须抚摸幼儿的头。

【原文】

　　子能食食,教以右手;能言,男"唯"女"俞"①。男鞶革②,女鞶丝。六年,教之数与方名。七年,男女不同席,不共食。八年,出入门户及即席饮食,必后长者,始教之让。九年,教之数日③。十年,出就外傅,居宿于外,学书计④;衣不帛襦裤;礼帅初,朝夕学幼仪,请肄简、谅⑤。十有三年,学乐诵诗,舞《勺》⑥。成童⑦,舞《象》⑧,学射御。二十而冠,始学礼⑨,可以衣裘帛,舞《大夏》⑩,惇行孝弟,博学不教,内而不出⑪。三十而有室,始理男事,博学无方,孙友视志⑫。四十始仕,方物出谋发虑⑬,道合则服从,不可则去。五十命为大夫,服官政。七十致事。凡男拜,尚左手⑭。

注释

①唯、俞:皆应答之声。
②鞶(pán 盘):荷包。男孩的荷包用皮革制成,示长大后有武勇之事。
③数日:郑玄注:"朔、望与六甲也。"六甲,即六十甲子,古人用天干和地支相配以记日。如初一为甲午,初二则为乙未。
④书计:识字和算术。书,指六书,即象形、指事、形声、会意、转注、假借等造字之法。九数,九种计算方法。详《周礼·地官·保氏》注。
⑤肄:学习。简:书策。今言"课本"。谅:诚信。
⑥勺(zhuó 卓):一种文舞之名。舞者执籥而舞。
⑦成童:十五以上叫成童。
⑧象:武舞。参《文王世子》注。
⑨学礼:学习五礼。五礼,即吉、凶、军、宾、嘉五礼。
⑩大夏:夏禹之乐,文武兼备之舞。
⑪内:古"纳"字。
⑫孙:通"逊"。
⑬方:比照,衡量。
⑭尚左手:左手在右手之上。因为左主阳,右主阴。

【今译】

　　幼儿会自己吃饭了,就要教他使用右手。幼儿会说话了,就要教他们学习答话,男孩用"唯",女孩用"俞"。身上带的荷包,男孩的以皮革制成,表示长大将从事勇武之事;女孩的以丝帛制成,表示长大将从事女红之事。到了六岁,要教他识数和辨认东南西北。到了七岁,开始教以男女有别,男孩和女孩,坐不同席,吃饭也不同席。到了八岁,出门进门,坐桌吃饭,一定要让长者在前,开始让他们懂得敬让长者的道理。到了九岁,要教他们知道朔望和会用干支记日。到了十岁,女孩就要留在家里,而男孩则要离开家跟着外边的老师学习,在外边的小学里住宿,学习识字和算术。这时候穿的衣裤都不用帛来做,以防止奢侈之心产生;些前所教的规矩,还要遵循勿怠。早晚学习洒扫进退的礼节,勤习简策,学习以诚待人。到了十三岁,开始学习乐器,诵读诗歌,学习舞《勺》。到了十五岁,要学习舞《象》,学习射箭和驾车。到了二十岁,举行加冠礼,表示已是成人了,就要开始学习五礼。这时候可以穿皮衣,穿帛制之衣,舞《大夏》之舞。要笃行孝悌,广泛地学习各种知识,但尚不足以教育他人,要努力地积累德行,但尚不足以为人师表。到了三十岁,娶妻成家,开始受田服役,要广泛讨教,学无常师,对朋友谦逊,其志尚远大者始与之交往,到了四十岁,开始做官,出谋划策都要斟酌再三,如果君臣道合则就职任事,否则就离开。到了五十岁,受命为大夫,参与邦国大事。到了七十岁,年老体衰,就该告老退休。凡男子行拜礼,左手在上,右手在下。

【原文】

　　女子十年不出,姆教婉娩听从①,执麻枲②,治丝茧,织纴组紃③,学女事,以共衣服④。观于祭祀,纳酒浆、笾豆、菹醢,礼相助奠⑤。十有五年而笄⑥。二十而嫁。有故⑦,二十三年而嫁。聘则为妻,奔则为妾⑧。凡女拜,尚右手。

注释

　　①婉:谓说话柔婉。即所谓"妇言"。娩(wǎn 宛):谓容貌贞静。即所谓"妇容"。按:关于妇言、妇容、妇德、妇功,详见《昏义》注。
　　②枲(xǐ 喜):大麻的雄株。

③织纴：织布织缯。组紃(xún巡)：丝带。组是薄宽之带，紃则稍圆似绳。

④共：通"供"。

⑤相：助。

⑥笄：女子许嫁，则当年笄而字之；如未许嫁，则二十而笄。女子笄礼，犹如男子冠礼。

⑦故：谓父母之丧。

⑧奔：私奔。六礼不备，无媒自通。

## 【今译】

女孩子长到十岁就不能像男孩子那样外出，必须呆在家里由女师教她们如何说话才算柔婉，如何打扮才算贞静，如何举动才算听从，还要教她们绩麻缫丝，织布织缯，编织丝带等女红之事，以供制作衣服。还要让她们观摩祭祀活动，传递酒浆、笾豆、菹醢等祭品祭器，按照礼节规定帮助长者安放祭品。到了十五岁，举行笄礼，表示已进入成年。到了二十岁，可以出嫁；如有特殊原因，可推迟到二十三岁才嫁。如果是明媒正娶，六礼齐备，那就是与丈夫平等的正妻；如果是无媒自通，六礼不备，那就是贱妾。凡是女子行拜礼，右手在上，左手在下。

# 礼记全译

## 玉藻第十三

【题解】

　　郑玄说："名曰《玉藻》者，以其记天子服冕之事也。"这个解释不够全面。孙希旦修正说："此篇首记天子、诸侯衣服、饮食、居处之法；中间自'始冠缁布冠'至'其他则皆从男子'，专记服饰之制：始冠，次衣服，次笏，次带，次及后、夫人、命妇之服，其前后又杂记礼节、容貌、称谓之法。《礼记》中可以考见古人之名物制度者，此篇为最详。"按玉藻即旒，它是天子礼帽前沿下垂的玉串。藻是五彩丝绳。以藻贯玉，以玉饰藻，故曰玉藻。篇中杂记礼节、容貌、称谓的部分，其文体与内容，极似《曲礼》。篇内有错简现象，今皆据郑玄注和孔颖达疏移正。

【原文】

　　天子玉藻①，十有二旒②，前后邃延③，龙卷以祭④。玄端而朝日于东门之外⑤，听朔于南门之外⑥，闰月则阖门左扉⑦，立于其中。皮弁以日视朝⑧，遂以食⑨。日中而馂⑩，奏而食。日少牢，朔月大牢。五饮：上水、浆、酒、醴、酏⑪。卒食，玄端而居⑫。动则左史书之⑬，言则右史书之⑭。御瞽几声之上下⑮。年不顺成，则天子素服⑯，乘素车⑰，食无乐。

**注释**

①玉藻:天子冕上的装饰品。详"题解"。

②旒:《说文》作"鎏"。用五彩丝绳穿成的玉串。按郑玄注,以为天子冕的前部、后部各有十二旒,则共有二十四旒;每旒穿玉十二块,二十四旒共穿玉二百八十八块。江永《乡党图考》云:"按《大戴礼》(友仁按:见《子张问入官》篇)及东方朔《答客难》皆云'冕而前旒,所以蔽明',则无后旒可知。后旒何所取义乎?郑所计玉,每冕皆当去其半。"今按江说是也。只有冕的前部有旒,后部无旒。在江永之前,王应电即持此说;在江永之后,金榜、戴震等亦持此说。详孙诒让《周礼正义·弁师》。

③延:通"綖"。这是冕的上面覆盖的一块长方形木板,外包麻布,表是黑色,里是浅红色。所谓十二旒,即悬垂于延的前缘。延下有一冠圈叫武。相对于武来说,延是前后突出的,所以说"前后邃延"。

④龙卷(gǔn 衮):即龙衮。俗称龙袍,天子的礼服。详《礼器》注。

⑤玄端:郑玄注:"端当作冕,字之误也。"玄冕,指玄衣而冕。这是天子冕服中最低下的一种,即头上戴冕,身穿玄衣纁裳;衣上没有图案,裳上有一种图案,即黻。详《礼器》注。朝日:春分之日,天子迎日于东方而祭之。东门:指国都的东门。

⑥听朔:谓每月初一,以特牲告于明堂而颁布一月之政令。南门:指国都的南门。明堂位于国都之南。

⑦闰月二句:旧说,天子每月听朔分别于明堂的十二室举行,闰月在十二月之外,无室可居,故在明堂的门中举行。参《月令》及《周礼·春官·大史》。

⑧皮弁:一种武冠,用白鹿皮制成,形似今天的瓜皮帽。这里是指皮弁服,即配合皮弁所穿的全套服装。详《郊特牲》注。

⑨食:指朝食。古人每日的正食有两顿,日出而朝食,日落而夕食。

⑩馂:此指吃朝食剩下的食品。馂非正食,故不另做,仅吃剩饭而已。

⑪酏(yí 仪):稀粥。

⑫玄端:一种礼服,即玄冠、玄衣、黄裳。

⑬左史:相当于《周礼》的太史。

⑭右史:相当于《周礼》的内史。

⑮瞽:乐工。古代乐工多以瞽人充任。几:犹考察、辨别。

⑯素服:衣冠皆以素缯为之,其上无任何装饰。

⑰素车:用白土粉刷的车。

【今译】

天子所戴的冕,其前端悬垂着十二条玉串,冕顶有一块前后突出的延板。天子在祭天地和宗庙时，就要头戴这种冕，身穿衮龙之袍。在春分的那天，天子则头上戴冕，身穿玄衣纁裳，在国都的东门之外举行迎日之祭。每月的初一，天子要穿戴同样的服装，以特牲告于明堂，而颁布一月的政令于南门之外；如果是闰月的初一，则要阖上明堂门的左边一扇，只打开其右边一扇，天子站在门中行听朔之礼。天子平日视朝，只穿皮弁之服。退朝以后的朝食，也是穿此皮弁之服。到了正午，只是吃点早上的剩饭充饥。无论是朝食、夕食或者正午的加餐，都要奏乐侑食。平常的日子，天子的伙食标准是只有羊豕二牲；每月的初一，则有牛羊豕三牲。天子有五种饮料，其中以水为最上等，其次是浆、酒、醴、酏。食毕，将朝服更换为玄端，就进入内寝休息。天子的一举一动，由左史负责记录；天子的每一句话，由右史负责记录；在天子身边侍候的乐工，负责察辨乐声是否异常。这样做是为了使天子谨言慎行，及时了解政令的得失。如果年成不好，则天子也要率先节俭，穿素服，乘素车，吃饭时也不奏乐。

【原文】

　　诸侯玄端以祭①，裨冕以朝②，皮弁以听朔于大庙③，朝服以日视朝于内朝④。朝，辨色始入⑤。君日出而视之，退适路寝听政，使人视大夫，大夫退，然后适小寝⑥，释服⑦。又朝服以食⑧，特牲三俎⑨，祭肺。夕深衣，祭牢肉。朔月少牢，五俎四簋。子卯⑩，稷食菜羹。夫人与君同庖。

【注释】

　　①玄端："端"，亦当作"冕"。玄冕，已见上注。
　　②裨：副冕，次于上服的冕服。天子的冕服有六种，即大裘而冕、衮冕、鷩冕、毳冕、絺冕、玄冕。对于天子来说，大裘而冕是上服，其余五种皆为裨冕。对于五等诸侯的上公来说，衮冕是上服，其余四种则为裨冕；对于侯、伯来说，鷩冕是上服，其余三种则为裨冕；对于子、男来说，毳冕是上服，其余二种则为裨冕。对于五等诸侯来说，祭祖时都要服其上服，而在朝见天子时则要服裨冕。之所以朝见天子时要服裨冕，是由于进入天子之国，宜自降下，故不敢服其上服而服其次服。关于裨冕的形制，可参阅本书《礼器》注及《周礼·司服》。
　　③听朔于大庙：孙希旦说："天子听朔于明堂，明受之天与祖也；诸侯听朔于大庙，明受之王与祖也。"

④朝服：头戴玄冠，上穿缁衣，下著素裳，就是朝服。内朝：指路门外的治朝。天子、诸侯皆有三朝：由内向外，一为燕朝，在路门之内；二为治朝，在路门之外；三为外朝，在大门之外。此处是以治朝为内朝，因为治朝在大门之内。

⑤入：指进入雉门。雉门内即治朝，故雉门又叫朝门。诸侯三门，最外边的大门叫库门，中门叫雉门，最里边的门叫路门。详孙诒让《周礼正义·天官·阍人》。

⑥小寝：谓燕寝。诸侯路寝一，燕寝三。路寝是办公之所，在前；燕寝是休息之所，在后。

⑦释服：脱去朝服，换上玄端。

⑧又朝服以食：郑玄说："食必复朝服者，所以敬养身也。"

⑨三俎：犹言三盘菜：豕、鱼、腊（xī 析）。腊是干肉。

⑩子卯：纣以甲子日死，桀于乙卯日亡，后世君主遂以子卯日为忌日。

【今译】

诸侯在祭先君的时候，要穿戴玄冕之服；在朝见天子的时候，要穿戴裨冕之服；在太庙颁布一月政令的时候，要穿戴皮弁之服；每日在内朝视朝的时候，要穿戴朝服。群臣上朝较早，在天色刚亮时就开始进入雉门；国君上朝稍后，在日出以后才上朝与群臣相见。相见礼毕，国君就退到路寝听政，众大夫也在治朝各理其事。国君派人去看大夫，如果大夫无事奏议，事毕退朝，这时国君才可回到内寝休息，脱下朝服，换上玄端。进早餐时，还要穿上朝服。早餐的品种是猪肉、鱼肉、干肉三种；将食，先要祭肺。中午，也要以早餐的剩饭作为加餐。进晚餐时，要穿上深衣；将食，先要把猪肉切为小段而祭之。每月的初一，膳用羊、豕二牲，五个菜，即羊肉、猪肉、鱼肉、干肉和猪肉皮，主食是黍、稷各二簋。遇到子卯忌日，国君要降低膳食标准，不得杀牲，只可以稷为饭，以菜为羹而已。国君夫人与国君同牢进餐，不再单独为夫人杀牲。

【原文】

君无故不杀牛①，大夫无故不杀羊，士无故不杀犬、豕。君子远庖厨②，凡有血气之类，弗身践也③。至于八月不雨，君不举④。年不顺成，君衣布搢本⑤，关梁不租，山泽列而不赋⑥，土功不兴，大夫不得造车马。

【注释】

①故:指祭祀、宴享宾客之事。
②庖厨:宰杀烹割禽兽之处。
③践:"翦"字之误。翦,犹杀也。
④举:本义为举肺脊而祭。国君每日杀牲以食,食前要举肺脊而祭。引申为杀牲。
⑤本:指士所用的竹笏。国君应用象笏。详本篇下文。
⑥列:通"迾",遮拦。

【今译】

没有特殊的原因,诸侯不得杀牛,大夫不得杀羊,士不得杀狗和猪。凡有仁爱之心的君子,都离庖厨远远的,以免耳闻目睹禽兽之被宰杀。对于一切有生命的动物,君子是不会亲自动手宰杀的。如果连续八个月不下雨,形成旱灾,国君的膳食就不得杀牲。如果年成不好,国君要自我贬损,穿麻布之衣,插竹制之笏,在关口和过桥之处不收租税;不到节令不准进入山泽采伐渔猎,到了节令则不加禁止任其采伐渔猎也不征税,不兴土木工程。大夫也不许造新车。

【原文】

卜人定龟①,史定墨②,君定体③。

【注释】

①卜人定龟:孙诒让以为就是《周礼·春官·占人》的"卜人占坼(chè 彻)"。卜人,即卜师。占,视察。坼,孙希旦说:"凡卜,以火灼龟,视其裂纹,以占吉凶。其巨纹谓之墨,其细皱旁出者谓之坼。"
②墨:见注①。
③体:指兆象,也就是龟甲上巨大裂纹的走向所表示的五行之象。贾公彦说:"兆直上向背者为木兆,直下向足者为水兆,斜向背者为火兆,斜向下者为金兆,横者为土兆。"

【今译】

占卜时,由卜人审视龟甲上旁出的细小裂纹,由太史审视龟甲上显示龟兆的粗大裂纹,由国君审视这些粗大的裂纹意味着什么。

【原文】

　　君羔幦虎犆①；大夫齐车，鹿幦豹犆，朝车②；士齐车，鹿幦豹犆。

【注释】

　　①幦(mì 幂)：车轼上的覆盖物。犆(zhí 直)：缘边，镶边。按：郑玄认为"羔幦虎犆"是国君斋车上的装饰。
　　②朝车：郑玄注："臣之朝车与斋车同饰。"孔颖达进一步说："据此注言之，则君之朝车与斋车异饰，但无文以言之。"

【今译】

　　国君的斋车，用羔皮覆盖车轼，又用虎皮镶边。大夫的斋车，用鹿皮覆盖车轼，又用豹皮镶边。大夫的朝车，士的斋车，都与大夫的斋车同饰，即用鹿皮覆轼，用豹皮镶边。

【原文】

　　君子之居恒当户①，寝恒东首②。若有疾风、迅雷、甚雨，则必变③，虽夜必兴，衣服冠而坐。日五盥④，沐稷而靧粱⑤，栉用樿栉⑥，发晞用象栉。进禨进羞⑦，工乃升歌。浴用二巾，上绨下绤。出杅⑧，履蒯席⑨，连用汤⑩，履蒲席，衣布晞身，乃屦，进饮⑪。将适公所，宿齐戒，居外寝，沐浴。史进象笏⑫，书思对命。既服，习容观玉声，乃出。揖私朝⑬，辉如也，登车则有光矣。

【注释】

　　①君子：有德者之称。居：燕坐。当户：对着门。据古人宫室结构，只有坐在室的东北角而南向，才能与户相对。
　　②东首：东方有生气，所以东首。
　　③变：仪容变得端重，心情变得敬惧。
　　④日五盥：王夫之说："五盥者，朝夕视朝及三食，己皆濯手也。"
　　⑤靧(huì 惠)：洗脸。
　　⑥樿(shàn 善)：白理木。
　　⑦禨(jì 计)：通"酨"，濯发后所饮之酒。羞：指笾豆之实，属于粮食制品，并非肉食类的庶羞。
　　⑧杅(yú 于)：浴盆。

438　礼记全译

⑨蒯席:蒯草编织的席。蒯席粗涩,便于刮去足垢。
⑩连、浇淋、冲洗。
⑪进饮:即上文"进礼"。同时也要"进羞"和"升歌",不言者,蒙上文可知也。"进饮"等等,是为了补气,恢复疲劳。
⑫史:大夫自家执掌文书的史官。象笏:"象"字疑衍,因为大夫不得用象笏。详下。
⑬私朝:大夫自家治事之朝。

【今译】
　　君子的燕坐之处总是对着门户,睡眠的时候总是头朝东方。若有大风、电闪雷鸣、暴雨,这是上天发怒,君子就要改变常态,心怀悚惧,即令是已经就寝也要起床,穿戴整齐,肃然端坐。每天要洗五次手。用淘稷的水洗发,用淘粱的水洗脸。梳理刚洗过头的湿发,要用白理木作的梳子;头发干了以后容易发涩,这时要用象牙梳子。洗过之后,要喝点酒,吃点东西,同时命乐工升堂唱歌,这对恢复疲劳有好处。洗澡的时候,要用两种浴巾擦身:擦上体用细葛巾,擦下体用粗葛巾。从浴盆中出来,要先立在蒯席上面,用热水冲洗双脚,然后再脚踏蒲席,穿上布衣以吸干身上水滴,最后穿上鞋子,接着再喝点酒,吃点东西,听听音乐,以恢复疲劳。做臣子的将去朝见国君,就要在前一天斋戒,沐浴,在外寝将息。史呈上记事用的笏,大夫就将面君时想要告诉国君的话、君有所问则自己将如何回答、执行君命的情况等等都简要地写在上面,以防临事有所遗忘。朝服穿戴整齐之后,要先练习一下自己的仪容举止,使佩玉之声和行步的节拍相合,然后才出发。由于做了上述准备,所以在私朝和家臣揖别时,就显得神采飞扬;到了登车时,就更是容光焕发了。

【原文】
　　天子搢珽①,方正于天下也;诸侯荼②,前诎后直③,让于天子也;大夫前诎后诎,无所不让也。

注释
①珽(tǐng 挺):玉笏。《考工记·玉人》又叫大圭。长三尺,上端六寸为首,方如椎头。广三寸,自中间至首下则削窄半寸,下端仍广三寸。从四角来看,都是直

玉藻第十三 ◇ 439

角,所以说"方正于天下"。之所以叫做斑,郑玄说:"斑之言挺然无所屈也。"天子的地位至高无上,所以挺然无所屈。

②荼(shū 舒):通"舒"。上端两角是圆形、下端两角是直角的玉笏。因为诸侯要屈服于天子,所以上端两角呈圆形。

③诎(qū 屈):通"屈"。

【今译】

天子插于绅带之间的笏叫斑,其形状四角皆方,这是要向天下显示天子的方正无私;诸侯插的笏叫荼,其形状是上端两角呈圆形,下端两角呈方形,这是表示诸侯降于天子;大夫所插的笏,其上下四角都是圆的,这表示大夫既要降于天子,又要降于国君。

【原文】

侍坐则必退席;不退,则必引而去君之党①。登席不由前②,为躐席③。徒坐不尽席尺④,读书、食则齐。豆去席尺。若赐之食,而君客之,则命之祭,然后祭⑤。先饭辩尝羞⑥,饮而俟。若有尝羞者,则俟君之食,然后食,饭饮而俟。君命之羞,羞近者⑦。命之品尝之⑧,然后唯所欲。凡尝远食,必顺近食。君未覆手⑨,不敢飧⑩。君既食,又饭飧。饭飧者,三饭也。君既彻,执饭与酱,乃出授从者。

注释

①党:王念孙说:"党,所也,谓君所坐之处。"孙希旦说同。

②登席句:孙希旦说:"此谓数人同坐之席也。数人同坐之席,以前为上,以后为下,升必由下,于坐乃便也。"

③躐(liè 猎):超越。

④徒坐:空坐,无事而坐,指非饮食及讲问时之坐。

⑤若赐之食四句:孙希旦说:凡主客共食,皆主人先祭而后客祭,《曲礼》上所谓"主人延(导引也)客祭"是也。臣侍君食则不祭,如果国君以客礼待臣而赐食,则臣当祭;虽当祭,也须等待君命而后祭。

⑥先饭辩尝羞:国君进食,臣子应先尝,这是忠君之礼。平时由膳宰遍尝各种食品,在国君以客礼赐食臣子时,则由被赐食的臣子代尝。

⑦羞近者:犹今日宴席上夹菜先夹靠近自己的菜,所以郑玄注说:"避贪味也。"

⑧品尝:遍尝。品,遍也。
⑨覆手:吃饱以后用手擦拭嘴边,恐有肴粒粘在口边不雅相。
⑩飧(sūn 孙):用汤浇饭于食器里。礼,国君覆手表示已经吃好,臣子为了让国君吃饱,就吃三口汤浇饭,以劝君食。按"君未覆手,不敢飧"的实际意思是,国君尚未吃饱之前,臣子不敢先饱。

【今译】

　　臣子陪侍国君坐,一定要把自己的坐席向侧后退一点。如果国君不让后退,也一定要向后坐,离开国君所坐之处。登席入坐,要按顺序,由下而升,否则就是躐席。空坐的时候,身子要与席的前缘保持一尺的距离。读书时为了使尊者听到读书声,吃饭时为了避免弄脏席子,所以在这两种情况下,身子要坐得与席缘齐。盛食物的豆离席有一尺远。如果国君赐臣子吃饭,而且是以客礼对待臣子,那么臣子在进食之前要祭食,但也要先奉君命,然后再祭。祭过之后,臣子要先遍尝各种食品,然后慢慢地喝汤,以等候国君先吃。如果有膳宰尝食,则臣子既不须祭,也不须尝,而是等候国君吃过之后再吃,在等候国君吃饭时,自己可以喝点汤。国君命令臣子吃菜,臣子应该先吃就近的菜。国君命令臣子遍尝各种菜,然后臣子才可以想吃什么菜就吃什么菜。不论国君是否以客礼相待,凡是想取用远处的菜肴,一定要从近处开始,按着顺序,由近而远。臣子陪侍国君吃饭,在国君没有表示吃饱之前,臣子不敢先饱。在国君表示吃饱以后,臣子还要向国君劝食。劝食的礼数是臣子用汤浇饭吃,但以吃三口为限。国君吃完退席之后,侍食的臣子就可以携带吃剩的饭与酱,出门授给自己的随从以带回家,因为这是国君恩赐的呀。

【原文】

　　凡侑食,不尽食。食于人不饱。唯水、浆不祭,若祭,为已㑊卑①。

注释

①已:太,甚。㑊(xiè 卸):厌降,损抑。字本作"偞",省作"偞",唐人避唐太宗讳改作"㑊"。

【今译】

　　凡是陪侍尊者吃饭,不可自己尽兴地吃。凡是作客吃饭,不可吃饱。在地位相等的人家吃饭,所有食品都应先祭,只有水和浆不祭,因为水、浆并非盛馔,如果也祭,就显得太降低自己身份了。

【原文】

　　君若赐之爵,则越席再拜稽首受①,登席,祭之,饮卒爵②,而俟君卒爵,然后授虚爵。君子之饮酒也,受一爵而色洒如也③,二爵而言言斯④,礼已三爵⑤,而油油以退。退则坐取屦,隐辟而后屦,坐左纳右,坐右纳左。凡尊,必上玄酒⑥。唯君面尊。唯飨野人皆酒。大夫侧尊用棜⑦,士侧尊用禁⑧。

注释

　　①再拜稽首:臣对君之礼。详《檀弓上》注。
　　②饮卒爵:如果国君是以客礼招待臣子,则臣子应待君干杯而后干杯。此处是侍饮于君,则有劝饮之义,所以先君而干杯。
　　③洒(xiǎn 显)如:肃敬貌。
　　④言言(yín yín 银银):即"訚訚"。言,通"訚"。和敬貌。斯:语助词。
　　⑤礼已三爵:已,止也。《左传·宣公二年》:"臣侍君宴,过三爵,非礼也。"如果是正式的燕礼,可以有无算爵,不止三爵而已。详《仪礼·燕礼》。
　　⑥凡尊二句:凡陈设酒尊,必以玄酒配酒而设,而以玄酒为上,意在表示尊古。玄酒即水,上古无酒,以水代酒。
　　⑦棜:承放酒尊的托盘。详《礼器》注。
　　⑧禁:承放酒尊的高脚托盘。详《礼器》注。

【今译】

　　臣子侍饮于君,君若赐之饮酒,臣子就应离开坐席,向国君行再拜稽首之礼,恭恭敬敬接过酒杯,然后回到自己的坐席,先祭酒,然后干杯。干杯之后,等待国君干杯,然后将空杯交给赞者。君子饮酒,饮第一杯时神色庄重,饮第二杯时神色和气恭敬;臣侍君饮,按礼是三杯为止,所以喝罢第三杯后,就应高高兴兴恭恭敬敬地退下。退下以后要跪着取鞋,而且到堂下隐蔽处去穿。穿右脚时要左腿跪下,穿左脚时要右腿跪下。凡陈设酒尊,盛放玄酒的酒尊要放在上位,这是表示重古。国君宴其臣子,只有国君正对着酒尊,这表示此酒乃国君所赐。只有在款待乡下人时全部用一般酒,不用玄酒的礼数。大夫在宴请客人时,酒尊不能正对着主人,而要设于旁侧,放在棜上,以表示主客共有此酒。士在宴请客人时,酒尊的设置与大夫同,不同的只是改棜为禁罢了。

【原文】

始冠,缁布冠,自诸侯下达,冠而敝之可也。玄冠朱组缨①,天子之冠也;缁布冠缋绥②,诸侯之冠也。玄冠丹组缨,诸侯之齐冠也。玄冠綦组缨③,士之齐冠也。缟冠玄武④,子姓之冠也⑤。缟冠素纰,既祥之冠也。垂绥五寸⑥,惰游之士也⑦。玄冠缟武,不齿之服也⑧。居冠属武,自天子下达,有事然后绥。五十不散送⑨,亲没不髦⑩。大帛不绥⑪。玄冠紫绥⑫,自鲁桓公始也。

【注释】

①玄冠:玄色缯制成的冠。冠的形制:有一冠圈套在发髻上,叫做武,也叫冠卷。武上有一道冠梁,从前到后,覆于头顶。武的两侧各有一根系冠的丝绳结于颔下以固冠,叫做缨,今云帽带。帽带绾好以后的下垂部分叫做绥(ruí 蕤)。

②缋(huì 绘)绥:缋绥,即缋缨,即彩色的帽带。因为没有缨就不可能有绥。缁布冠本来是无缨的。

③綦(qí 旗):青黑色。

④武:见注①。

⑤子姓:孙。姓,生也。孙是子之所生,故称。

⑥垂绥五寸:孙希旦说:"绥之长短未闻。以'居冠属武'推之,则绥之长可自颔下而上结于武,盖吉冠尺有二寸,而祥冠一尺欤?罢民又减其绥,以别于既祥之服。"

⑦惰游之士:即《周礼·秋官》中的罢(pí 疲)民。即虽然为非作歹但还不够判刑的人。

⑧不齿:不能以年龄大小与乡人排长幼顺序。据《周礼·大司寇》,对于罢民要进行强制性劳教,解除劳教之后可以回到本乡本土,但三年之内不能以年龄大小与乡人排长幼顺序。

⑨散送:散指散带垂,即腰经缠腰后多余的部分任其散开而下垂。送,送葬。

⑩髦:用假发做的刘海。详《内则》注。按:孔颖达说:"五十不散送,亲没不

髦"二句与冠义无关,是记者杂厕于此。

⑪大帛:孙希旦以为是用白色缯所做的冠,即所谓"素冠",国君遇到凶荒或丧师,及士大夫出奔他国,皆戴此冠。

⑫紫緌:孙希旦认为紫是间色,不正,不当用为冠緌,时人尚紫,故鲁恒公用之。王夫之说"鲁桓公"当作"齐桓公",理由是"传称'齐桓公好紫',而凡《记》言鲁君,类不称国,知此当为齐君矣"。按"齐桓公好服紫",事见《韩非子·外储说左上》。

【今译】

行冠礼时,第一次加的冠是缁布冠,上自诸侯下至士,都是如此。这种缁布冠在行过冠礼之后就不再戴,可以任其破败。天子行冠礼时,第一次加的冠是玄冠,而以朱红色的丝带作帽带;诸侯行冠礼时,第一次加的冠虽然是缁布冠,但配有彩色的帽带。玄冠而配以红色的丝质帽带,这是诸侯斋戒时所戴的冠。玄冠而配以青黑色的丝质帽带,这是士斋戒时所戴的冠。用白色生绢制冠而冠卷染作玄色,这种以白表凶以玄表吉的凶吉参半之冠,是孙子在祖父去世后父亲丧服未除而自己丧服已除时所戴之冠。用白色的生绢制冠,又用白绫为冠缘镶边,这是孝子在大祥以后戴的冠。正在劳教当中的惰游之民,其所戴冠与孝子大祥以后所戴之冠相同,但冠緌只许有五寸长。玄冠而配以白色生绢作的冠卷,这是解除劳教后的惰游者在一段时期内所戴的冠。闲居时所戴的冠,其冠緌不下垂,而要分别绾到冠卷两侧。这种作法,自天子以下都通用,只有有事时才垂緌。五十岁的人已进入老年,在送葬时可以不让腰绖散垂;父母去世以后,做子女的就不须再戴髦了。用白缯制的素冠不兴垂緌作饰,因为这是一种凶冠。玄冠而配以紫色帽带,这是从鲁桓公开始的。

【原文】

朝玄端①,夕深衣②。深衣三袪③,缝齐倍要④,衽当旁,袂可以回肘。长、中继掩尺⑤。袷二寸⑥,袪尺二寸,缘广寸半。以帛里布⑦,非礼也。士不衣织⑧,无君者不贰采⑨。衣正色⑩,裳间色⑪。非列采不入公门⑫,振絺绤不入公门⑬,表裘不入公门⑭,袭裘不入公门⑮。纩为茧,缊为袍,禅为䌷,帛为褶⑯。朝服之以缟也⑰,自季康子始也。孔子曰:

"朝服而朝,卒朔然后服之⑱。"曰:"国家未道,则不充其服焉。"唯君有黼裘以誓省⑲,大裘非古也⑳。

**注释**

①玄端:见本篇上文注。

②深衣:其他衣服都是上衣与下裳不相连接,而深衣则衣裳相连,被体深邃,故曰深衣。深衣略似晚近之长袍。它是诸侯大夫、士燕居之服,又为平民的吉服。深衣的形制,可参本节下文与《深衣》篇。

③深衣三袪:深衣的腰围是袖口的三倍。袪,袖口。袖口的周长是二尺四寸,则腰围是七尺二寸。

④缝:通"丰"。丰,大也。这里是使动用法。齐(zī 资):通"齌",衣的下摆。要:古"腰"字。按:腰围是七尺二寸,则下摆的周长是一丈四尺四寸。

⑤长、中:长衣和中衣。胡培翚说:深衣、长衣和中衣,三者皆用十五升布制成,而且衣与裳相连,这是其共同处。长衣之所以异于中衣者,长衣恒衣在外,而中衣恒衣在里。长衣之所以异于深衣者,在于镶边不同,深衣镶的是彩边,长衣镶的是素边,所以深衣是燕居之服,而长衣是丧服。继掩尺:袖比深衣袖长一尺。掩,同"掩",超过,盖过。深衣之袖长二尺二寸,则长、中衣袖长三尺二寸。

⑥袷(jié 节):衣之曲领。

⑦以帛里布:这句是讲外衣和中衣的质地要相称。外边穿的如果是冕服,冕服是丝衣,中衣就用素;外边穿的如果是皮弁服、朝服、玄端,因为此三者是布衣,所以中衣就用布。

⑧织:指先经过染色而后织成的衣料。士穿的衣料应该是先织成而后染色,因为士贱。大夫以上才可衣织。

⑨无君者:指离开本国的大夫士。不贰采:衣与裳同一颜色。据孔《疏》,大夫士去国,三月之内穿素衣素裳,三月之后穿玄端玄裳。

⑩正色:谓青、赤、黄、白、黑五方(东南中西北)之色。衣在上,为阳,故用正色。

⑪间色:间犹杂也,谓兼杂二色。裳在下,为阴,故用间色,所以法阴之偶。

⑫列采:谓衣与裳异色,即贰采。列采才是正服。

⑬振(zhěn 轸)絺绤:夏天单穿细葛布、粗葛布衣为外衣。振,通"袗",单也。古人著衣之制,先穿贴身之衣,这是第一层;其次是亵衣,即在家穿的便服,这种便服在夏天是絺、绤,在冬天是裘,在春秋两季是袍、襽之类,这是第二层;其次是中衣,中衣又叫裼衣,这是第三层;其次是礼服,这是第四层,即最外一层。在家可以穿亵衣,出门去正式场合,就要加上中衣与礼服。

⑭表裘:以裘为外衣。参注⑬。

⑮袭裘:见《檀弓上》注。

⑯纩为茧四句:孙希旦说:"茧、袍、䌹、褶,此四者,春秋之亵衣也。四者之外,则有中衣,中衣之外,则有上服。"参注⑬。纩(kuàng 旷):新丝绵。缊(yùn 蕴):旧絮,旧丝绵。今人称作套子。䌹(jiǒng 迥):见译文。

⑰朝服句:朝服应该用十五升的麻布制成,不当用缟来制。此缟指熟绢。

⑱卒朔:听朔礼毕。听朔时应穿皮弁服。参本篇上文。

⑲黼裘:以黑羊皮与狐白相杂而制成黼形花纹的裘。省:孙希旦说当作"社"。

⑳大裘:黑羔裘,天子祀天之服。

【今译】

　　诸侯的大夫士,早晨在家服玄端,晚上在家服深衣。深衣的大小尺寸是:袖围是二尺四寸,腰围是袖围的三倍;深衣的下摆是一丈四尺四寸,是腰围的加倍。衣襟开在旁边,左襟掩住右襟。袖子的宽度是二尺二寸左右,不妨碍肘部的自由活动。长衣、中衣和深衣的形制大体相同,只是长衣、中衣的袖子要比深衣长出一尺。曲领宽二寸,袖口宽一尺二寸,衣裳的镶边宽一寸半。如果外边的礼服是用布制成,而中衣却用帛制成,形成里与外不相称,就不合礼。士的阶层低贱,不能用先染丝而后织成的帛做衣料。离开本国的大夫士,上衣与下裳应该颜色一致。凡是衣的颜色,要用正色;凡是裳的颜色,要用杂色。穿着衣裳同色的服装是不可进入公门的,夏天光穿着葛布亵衣也是不可进入公门的,冬天光穿着皮裘这层亵衣也是不可进入公门的,掩住礼服上襟,不使裼衣的领缘露出,这是对国君不够恭敬的装束,所以也不可进入公门。用新丝绵套到夹衣里制成的衣叫茧,用陈旧丝绵套到夹衣里制成的衣叫袍,有面无里的单衣叫䌹,用帛做面和里但中间任何东西也不套的衣叫褶。朝服本是用麻布做的,改为用缟来做,是从鲁国的季康子开始的。孔子说:"上朝时都应穿朝服。国君在听朔时要穿皮弁服,听朔礼毕又换上朝服。"又说:"在国家多灾多难的时候,国君的礼服就不必求其全备了。"只有国君才可以穿着黼裘去参加为祭社而举行田猎的仪式,而有的人竟然穿着天子祭天的大裘去参加,这不符合古制。

【原文】

　　君衣狐白裘①,锦衣以裼之②。君子之右虎裘,厥左狼裘③。士不衣狐白。君子狐青裘豹袖④,玄绡衣以裼之⑤;麑裘青犴袖⑥,绞衣以裼之⑦,羔裘豹饰⑧,缁衣以裼之;狐裘,黄衣以裼之。锦衣狐裘,诸侯之服也。

**注释**

①狐白裘:以狐腋下面的白毛皮制成的裘。简称狐白。狐白少而名贵,唯大夫以上可服。

②锦衣:孙希旦说:"此'锦衣'及下'玄绡衣'之属,皆中衣也。"换言之,此锦衣是罩在狐白裘上面的一层中衣,又叫裼衣。郑玄说:"凡裼衣,象裘色也。"即裼衣的颜色要与裘色一致。这里的裘是白色,裼衣则也是白色,以素锦为之,只不过领缘的镶边是朱色而已。"裼衣象裘色"这一原则也是理解本节下文的关键。

③君之右虎裘二句:作为国君的卫士,穿虎皮、狼皮之裘有显示威猛之义。

④君子:指大夫、士。

⑤绡(xiāo 消):生丝织成的薄纱。

⑥犴(án 啈):北方的一种野狗。

⑦绞:于鬯说"绞"是借字,本字是"缟",缟,素也。麑裘是小鹿皮作的裘,其毛白色,和素衣作裼衣正相配。

⑧羔裘:刘宝楠说:"经传凡言'羔裘',皆谓黑裘"。豹饰:犹言豹袖。

**【今译】**

国君穿狐白裘的时候,外面要配以锦衣作罩衣。国君右边的卫士穿虎裘,其左边的卫士穿狼裘。士贱,没有资格穿狐白裘。大夫士如果里边穿的是狐青裘,用豹皮给袖口镶边,外面就要配上玄绡衣作罩衣;如果穿的是麑裘,用青犴皮给袖口镶边,外面就要配上缟素色的罩衣;如果穿的是黑色羔裘,用豹皮给袖口镶边,外面就要配上黑色的罩衣。如果穿的是狐裘,外面就要配上黄色的罩衣。用锦衣作罩衣来配狐裘,这是只有诸侯才能穿的衣服。

**【原文】**

犬羊之裘不裼①,不文饰也不裼。裘之裼也,见美也②。吊则袭,不尽饰也。君在则裼,尽饰也。服之袭也③,充美也④。是故尸袭,执玉龟袭。无事则裼,弗敢充也。

【注释】

①犬羊之裘:平民所穿的下等皮裘。不裼:即下文的"袭"。裼与袭相对。凡解开礼服前襟,露出中衣华丽的领缘,叫做裼。反之,凡掩好正服前襟,不露出中衣华丽的领缘,叫做袭。平常行礼,以裼为敬;在特殊情况下,又以袭为敬。例见下。

②见:古"现"字,表现。

③服之袭也:孙希旦说:"上文言'裘之裼',此变言'服之袭',者,以明裼、袭四时皆有,不专属于裘也。"此语极是。

④充:掩盖。

【今译】

犬羊之裘是平民穿的,用不着裼。在不需要文饰的场合,也用不着裼。裼裘是为了显露内服之美。吊丧时要有悲痛的表情,所以要袭,不可显露文饰。在国君面前要有恭敬的表情,所以要裼,显露文饰。袭服是为了掩盖内服之美。尸是象征鬼神的,要显示尊严,所以要袭;玉和龟甲是宝瑞,所以手执玉和龟甲时要袭。但在行礼完毕后要裼,不敢掩盖内服之美。

【原文】

笏:天子以球玉①,诸侯以象,大夫以鱼须文竹②,士竹本象可也。见于天子,与射,无说笏③。入大庙说笏,非古也。小功不脱笏④,当事免则说之⑤。既搢必盥,虽有执于朝,弗有盥矣。凡有指画于君前,用笏;造受命于君前,则书于笏。笏,毕用也⑥,因饰焉。笏度二尺有六寸⑦,其中博三寸,其杀六分而去一⑧。

【注释】

①球:美玉。玉:臧琳《经义杂记》以为衍字。

②鱼须:王念孙说"须"当作"颁","颁"又通"斑"。鱼斑,有斑文的鲨鱼皮。

③说(tuō脱)笏:平时,笏或执于手,或插于大带;如果既不手执又不插带,就叫脱笏。说,通"脱"。

④小功不说笏:办丧事要脱笏,因为捶胸顿足地哭,不脱则不便。但如果是小功以下的轻丧,哀轻,可以不脱笏。

⑤免(wèn问):古代的一种孝帽。详《檀弓上》注。

⑥毕:竹简。《尔雅·释器》:"简谓之毕。"

⑦笏度句:这是指诸侯以下的笏长。天子的笏则长三尺。

⑧杀(shài 晒):削减。诸侯的笏,其上端削减六分之一,宽为二尺五寸,实际上是两边各杀去二分五厘。大夫、士的笏则上下两端都要削去六分之一。参本篇上文。

【今译】

　　笏的制作,天子是用美玉;诸侯是用象牙;大夫是用竹,但要用有斑纹的鲨鱼皮来纹饰;士也是用竹,但其下端可以用象牙。总而言之,大夫、士的笏不敢和天子、诸侯的笏那样,使用纯一的材料。诸侯、大夫和士朝见天子、参加射礼,因为这些都是吉事,用不着脱笏。在太庙中行祭礼时也不应脱笏,现在有的大夫进入太庙脱笏,并不符合古礼。办丧事是要脱笏的,否则就不便于捶胸顿足地号哭。但小功以下的丧事哀浅,可以不脱笏。当殡殓时要捶胸顿足地哭,应该脱笏。将要插笏于带而入朝见君,一定要先洗手,洗过以后,在朝中需要执笏时就不必再洗手了。凡是在国君面前需要指指画画以说明问题时,要用笏;凡是进到国君面前接受命令时,要写在笏上。笏是作为记事的竹简来用的,所以要纹饰。笏的长度是二尺六寸,其中间一段宽三寸,诸侯的笏上端要削减六分之一,大夫、士的笏上下两端都要削减六分之一。

【原文】

　　天子素带朱里①,终辟②。而诸侯素带③,终辟。大夫素带,辟垂④。士练带,率下辟⑤。居士锦带,弟子缟带。并纽约⑥,用组三寸,长齐于带⑦。绅长制⑧:士三尺,有司二尺有五寸⑨。子游曰:"参分带下,绅居二焉⑩。"绅、韠、结三齐⑪。大夫大带四寸⑫。杂带⑬:君朱绿⑭,大夫玄华⑮,士缁;辟二寸,再缭四寸⑯。凡带有率无箴功。肆束及带⑰,勤者有事则收之,走则拥之。韠⑱:君朱,大夫素,士爵韦⑲;圜、杀、直⑳:天子直,公侯前后方㉑,大夫前方后挫角,士前后正。韠毕下广二尺,上广一尺,长三尺,其颈五寸㉒,肩、革带博二寸。一命缊韨幽衡,再命赤韨幽衡,三命赤韨葱衡㉓。王后袆衣㉔,夫人揄狄㉕,君命屈狄㉖。再命袆衣,一命襢衣,士褖衣㉗。唯世妇命于奠茧㉘,其他则皆从男子。

### 注释

①天子素带朱里:从此句起,至"其他则皆从男子"止,此节错简严重,今据郑注、孔疏移正,不再一一出校。孙诒让说:"盖人服有二带,大带谓之绅,革带谓之鞶。"见《周礼正义·巾车》。大带以生帛制成,用以束腰;革带以熟革制成,用以系挂玉佩、蔽膝等物。此所谓"带",谓大带也。

②辟(pí 皮):通"紕",镶边、缘饰。

③而诸侯:各本无"诸侯"二字,兴国于氏改正本有"诸侯"二字,但在"而"字之前,今移置"而"字之后。

④垂:此指绅。绅的形制见下文。

⑤率:通"繂",缉边。

⑥并:谓自天子达于弟子。纽约:把大带两端的纽结到一起,犹如今日之用皮带扣。

⑦带:此指带束好后下垂的绅。

⑧绅:大带束好以后,垂其剩余部分为饰,叫绅。

⑨有司:指府史一类的办事员。为便于其做事,故其绅略短。

⑩子游曰三句:王夫之说:"子游之言,谓绅长之制,以人为率。人率七尺,带以上二尺五寸,带以下四尺五寸,故三分四尺五寸而得其二,以三尺为绅。"

⑪韠(bì 必):皮革做的蔽膝,有似于今日炊事员所系之前裙。详后。结:即上文的"组"。

⑫大夫句:孙希旦说:"大夫大带四寸,则天子、诸侯可知皆四寸也。"

⑬杂:谓缘饰、镶边。

⑭君朱绿:王夫之说:"君,兼天子、诸侯而言。朱绿,带朱缘,绅绿缘也。"

⑮华:郑玄说是黄色。俞樾《平议》说:"晋羊舌赤字伯华,孔子弟子公西赤字子华。古人名字相配,然则华非黄色,乃赤色也。"按俞说是也。

⑯再缭四寸:带宽四寸,带的表里上下镶边各一寸,加起来就是四寸。

⑰肆束:即余束,即上文纽约之余组。肆(yì 以),通"肆",多余。

⑱韠:古代系于裳外的上窄下宽的蔽膝。王夫之说:"韠,蔽膝也。其制以熟皮为之,著于裳之外,大带之下,垂前中,上分三裂,中为颈,两旁为肩,肩通革带以系佩,佩两旁垂而韠当中也。太古未有衣服,但以皮革蔽其前后,后王示不忘古,去其后而留其前,以为饰焉。"韠色一般与裳色一致。这里讲的是著玄端服时的韠。

⑲爵(què 雀):色赤而微黑,如雀头之色。

⑳圜:即下文的"挫角",裁其棱角,使成圆形。杀(shāi 晒):削减尺寸。

㉑公侯:兼伯子男,不言者,省文。

㉒其颈五寸:韠的上端宽一尺,其中间五寸叫颈,两旁叫肩,每肩宽二寸;裂处

空各五分,两空共一寸。参注⑱。

㉓一命三句:此一命、再命、三命,是据公、侯、伯之国而言,士一命,大夫再命,卿三命。韨(fú 福):也就是韠。著于祭服叫韨,著于他服叫韠。幽:通"黝",黑色。衡:即珩,系在佩上的玉。

㉔袆(huī 灰)衣:王后六服之一。袆者,翬也,即野鸡。刻缯为野鸡之形而加以彩色,缀于衣上以为饰。

㉕揄(yáo 摇)狄:王后六服之一。又为侯伯夫人之命服。揄读为"摇",也是野鸡之名,但与翚小异。狄,通"翟"。详《周礼·天官·内司服》。

㉖屈(quē 阙)狄:王后六服之一。又为子男夫人之命服。屈者,阙也。此服仅刻缯为野鸡之形,不加彩色即缀于衣上为饰。故名屈狄。

㉗再命三句:据《周礼·春官·典命》,国君爵位为公、侯、伯者,其卿三命,其大夫再命,其士一命;爵位为子、男者,其卿再命,其大夫一命,其士不命。这里说的是后一种情况。袆衣:郑玄说当作"鞠衣"。鞠衣既是王后六服之一,也是内外命妇之服。其色浅黄,像桑叶初生之色,故名。襢(zhǎn 展)衣:王后六服之一,同时也是内外命妇之服。白色。褖(tuàn 彖)衣:王后六服之一,也是内外命妇之服,其色黑。

㉘世妇:诸侯之妾,其待遇视同大夫,服襢衣。奠:献。

【今译】

　　天子的大带用生帛制成,衬里是朱红色,整个大带的两则都镶边。诸侯的大带也是用生帛制成,也全部镶边,但没有朱红色的衬里。大夫的大带也是用生帛制成,只有下垂的绅镶边。士的大带用熟帛制成,带的两边密缉,只在绅的下端镶边。有道艺的人服用锦制的大带,在校读书的学生服用生绢制的大带。以上的大带,在将其束腰的两端结到一块时,使用的都是三寸宽的丝带,丝带下垂部分的长度与绅相齐。绅的长度规定是:士三尺,有司则二尺五寸。子游说:"绅的长度是,把从带到脚的长度分成三份,绅占三分之二。"绅、蔽膝、丝带的下垂部分都是三尺长,三者的下端相齐。大带的宽度是四寸。说到大带的镶边,天子和国君一样,都是带侧镶朱,绅侧镶绿;大夫则带的外面用玄色,里面用红色;士的大带里外都是缁色。带的上下各镶一寸宽的边,合起来就是二寸,如果里外都算,就是四寸。所有的大带,都是两边密缉,不露针脚。丝带的下垂部分和下垂的绅。遇有勤劳之事要收在手里握住,需要跑步的时候更要抱在怀里。韠的颜色与裳一致,国君是朱红色,大夫是素色,士是赤中带黑之色。韠的外形在圆、杀、直三方面的规定是,天子的韠四角都是直的,不圆不杀;诸侯的韠上下是方的;大夫的韠下端是方的,上端则裁其棱角,成为圆形;士的韠上下都是直的,同于天子。韠的尺寸是,下端二尺宽,上端一尺宽,长三尺;上端有五寸宽的颈,二寸宽的肩。革带的宽度同肩,也是二寸。用在祭服上的韠叫韨。士用赤黄色的韨,黑色的珩;大夫用赤色的韨,黑色的珩;卿用赤色的韨,青色的珩。妇人穿衣的规定是,王后穿袆衣,侯、伯的夫人穿揄狄,子、男的夫人得到王后的准许可以穿屈狄。子、男之国,卿的妻子穿鞠衣,大夫的妻子穿襢衣,士的妻子穿椽衣。只有诸侯之妾在受命给国君献茧时,可穿襢衣;其他妇女穿衣的原则是夫尊于朝,妻荣于室,根据丈夫地位的高低穿其相应的命服。

【原文】

　　凡侍于君,绅垂,足如履齐①,颐霤垂拱②,视下而听上,视带以及袷,听乡任左。凡君召以三节③,二节以走,一节以趋,在官不俟屦,在外不俟车。士于大夫,不敢拜迎而拜送。士于尊者,先拜,进面,答之拜则走。士于君所言,大夫没矣则称谥若字,名士。与大夫言,名士,字大夫。于大夫所,有公讳④,无私讳⑤。凡祭不讳,庙中不讳⑥,教学临文不讳⑦。

**注释**

①齐(zī咨):通"齍",裳之下摆。
②颐霤:双颊如房檐般的斜垂。
③节:符节,有如宋代之金牌。
④公讳:也叫国讳,指避忌国君及国君父祖之名。
⑤私讳:也叫家讳,指避忌自家父祖之名。
⑥庙中不讳:庙祭时的祝嘏之辞,不避讳。庙中上不讳下,假设是祭祖,则不讳父;假若是祭父,则当讳祖。
⑦临文:指撰写文件、宣读法律之类。

【今译】

　　凡在国君身边侍立,身子应稍微前倾,使绅带不倚身而下垂,裳的前摆委地,好像让脚踩上一般,头要微低,使双颊如屋檐般斜垂,两手重合而下垂。视线虽然向下,而全神却贯注于国君。视线下不低于国君的腰带,上不高于国君衣服的交领。听国君讲话,要用左耳来听,因为左耳比右耳听得仔细。凡国君派使者召唤臣子,用的符节共有三个。用两个符节来召,表示事情紧急,臣子要跑着前往。用一个符节来召,表示事情较缓,臣子快步前往也就行了。凡是国君召唤,臣子如果是当班,就要不等穿上鞋子就去;如果不当班,就要不等备好车子就去。士对于大夫的光临,不敢出门拜迎,因为那是双方身份相等才有的礼节,但可以在大夫告别时拜送。士去拜访卿大夫,应在门外先拜,然后进门见面,如果卿大夫在门内答拜,士要赶快跑开,表示不敢当。士在国君处讲话,如果涉及已故的大夫,就要称其谥号,或者称其字,不可称名;如果涉及的是士,则可以称名。士与大夫讲话,提到活着的大夫、士,对士可以称名,对大夫则要称字。士在大夫的跟前,谈话中只避公讳,不避私讳。凡祭祀群神,不须避讳。庙祭的祝嘏之辞,也不避先人之讳。老师教学生功课,不须避讳,否则会误导后生。书写文告、宣读法律也不须避讳,否则会误了事情。

【原文】

　　古之君子必佩玉①,右徵角,左宫羽。趋以《采齐》②,行以《肆夏》③。周还中规,折还中矩④。进则揖之,退则扬之⑤,然后玉锵鸣也。故君子在车则闻鸾和之声⑥,行则鸣佩玉,是以非辟之心无自入也。君在不佩玉,左结佩⑦,右设佩。居则设佩,朝则结佩。齐则綪结佩而爵韠⑧。凡带必有佩玉⑨,唯丧否。佩玉有冲牙⑩。君子无故⑪,玉不去身。君子于玉比德焉。天子佩白玉而玄组绶⑫,公侯佩山玄玉而朱组绶⑬,大夫佩水苍玉而纯组绶⑭,世子佩瑜玉而綦组绶,士佩瓀玟而缊组绶⑮。孔子佩象环五寸而綦组绶⑯。

【注释】

　　①佩玉:古人佩玉之法:上端的横梁叫珩,也写作"衡",珩下悬垂三条丝带,每条丝带上都穿满蚌珠。两头的两条丝带的下端各悬一玉,其名曰璜,形如半璧而内向;中间的一条丝带的下端悬挂一玉,其两端皆锐,叫做冲牙。行走时,冲牙碰击两旁的璜而发出响声。

②采齐(cí 茨):即"采荠",乐章名。《周礼·乐师》注引郑司农云:"人君行步,以《肆夏》为节,趋疾于步,则以《采齐》为节。"

③肆夏:乐章名。参注②。

④周还(xuán 旋)二句:周还谓返身而行,要转一百八十度的弯,所以说"中规";折还谓拐弯而行,要转九十度的弯,所以说"中矩"。

⑤退:指逆退,即面向前的后退。

⑥鸾和:二者皆铃。鸾在车衡,和在车轼。

⑦结佩:用丝带结其两璜,使其不能相击发声。孙希旦说:"君子于玉比德,结其左者,示其德之不敢拟于君也。"

⑧綪(zhēng 争):通"绅",屈折。

⑨带:指革带。佩玉是系在革带上的。

⑩冲牙:见本节注①。

⑪故:指丧事和灾异。

⑫綬:指穿蚌珠和佩玉的丝带。参见注①。

⑬山玄玉:玉色似山之玄而杂有纹理。

⑭水苍玉:玉色似水之苍而杂有纹理。纯:郑玄说当为"缁"。

⑮瓀(ruǎn 阮)玟(mín 民):都是次于玉的美石。

⑯象环:以象牙为环。环是璧的一种,边和孔的宽度相等。陈澔说这是孔子闲居时所佩的玉。

【今译】

　　古代的君子,身上一定要佩玉。右边佩玉的铿锵鸣声应合于五声中的徵角,左边佩玉的铿锵鸣声应合于五声中的宫羽。趋走时的节拍应与《采齐》相应,行走时的节拍应与《肆夏》相应。向后转时,走的路线应是圆形;向左右拐弯时,走的路线应呈直角。前进的时候身体应略向前俯,倒退的时候身体应略向后仰。如此这般地行走,然后才能使佩玉发出铿锵的鸣声。正因为君子在乘车时能够听到鸾和的铃声,在步行时又能够听到佩玉的鸣声,所以一切邪僻的念头也就无从进入君子的心灵了。臣下在国君面前不佩玉,所谓"不佩玉",是说把左边的佩玉用丝带绾结起来,右边还照常佩玉。在家闲居时,腰的左右都佩玉;上朝面君时,就要绾起左佩。斋戒时须要绝对肃静,所以要把左右佩都屈折向上披到革带上,以免发出任何声响,同时要服玄端,用赤而微黑的蔽膝。从天子到士,他们的革带上一定有佩玉,只有在办丧事时例外。佩玉上有个部件叫冲牙。君子如果没有特殊原因,玉不离身,因为君子是以玉来象征德行的。天子佩白玉,用玄色的丝带;诸侯佩山玄色的玉,用朱红色的丝带;大夫佩水苍色的玉,用缁色的丝带;太子佩美玉,用苍白色的丝带;士佩瓀玟,用赤黄色的丝带。孔子闲居,佩的玉是直径五寸的象环,用赤黄色的丝带。

【原文】

童子之节也①:缁布衣,锦缘,锦绅并纽,锦束发,皆朱锦也。童子不裘不帛,不屦绚②。无緦服③,听事不麻。无事则立主人之南,北面④。见先生,从人而入。

注释

①童子:未行冠礼的男孩。
②绚(qú 渠):鞋头上的装饰,有孔,可以穿系鞋带。
③无緦服:王夫之说:童子幼小不懂事,哀不能及疏远,故不必服緦。
④无事则立主人之南,北面:"之南",原作"之北";"北面",原作"南面"。皆据王引之《经义述闻》改正。

【今译】

童子的礼节与成人不同。童子穿的是缁布深衣,用锦镶边,绅带和带纽也用锦镶边,束发也用锦。以上所用的锦,都是朱红色的锦。童子不穿裘衣,不穿丝帛,因为裘帛温热,担心伤其壮气。童子的鞋头没有绚。童子幼小不懂事,有緦麻亲属死了,也不必硬叫他穿丧服。到有丧事的人家去帮忙,身上也不加麻绖。没有事的时候要站在家长之南,面向北。去拜见老师的时候,要跟着成人进去。

【原文】

侍食于先生、异爵者,后祭先饭①。客祭,主人辞曰:"不足祭粤。"客飧②,主人辞以疏。主人自置其酱,则客自彻之。一室之人,非宾客,一人彻。壹食之人③,一人彻。凡燕食,妇人不彻。食枣、桃、李,弗致于核。瓜祭上环④,食中,弃所操。凡食果实者,后君子;火孰者,先君子。有庆,非君赐,不贺。有忧者⑤……勤者有事则收之,走则拥之⑥。孔子食于季氏,不辞⑦,不食肉而飧⑧。

玉藻第十三 ◇ 455

**注释**

①后祭先饭:后祭,表示此馔不是为己而设;先饭,表示为先生和异爵者尝食。
②飱:吃饱以后又多吃几口。这里指饭后赞美主人之食。另详本篇上文注。
③壹:犹聚也。
④上环:指连着瓜蒂的那半个瓜,也就是上半个瓜。把瓜拦腰切断,其断截面呈环形,故曰环。据说上环比下环甜。
⑤有忧者:郑玄说:"此下绝亡,非其句也。"
⑥勤者二句:此二句上文已见,此处不当重见。
⑦不辞:王夫之认为,"不辞"的主语是季氏。也就是说,季氏作为主人没有讲主人应该讲的客气话,是失礼行为。参考本节上文。
⑧不食句:按礼,凡食,先食肉,既饱乃飱。

**【今译】**

　　陪侍先生或者地位高于自己的人吃饭,要后祭,先尝食。客人祭的时候,主人要谦让说:"不值得祭。"客人吃好以后赞美主人做的饭菜可口,主人要谦让地说:粗茶淡饭,承蒙过奖。主人敬客,亲自设酱于席,客人作为回敬,就要在吃过以后自己动手撤掉。同事们在一块吃饭,其间没有宾主之分,吃过以后,由年龄最小的一人撤下馔具。大家为了办事而聚食,吃过以后,也由年龄最小的一人撤下馔具。凡平常的朝食、夕食,不用妇人撤除馔具,因为妇人质朴,不能备礼。吃枣子、桃子、李子,不要把核随地乱扔。吃瓜的时候要先祭,祭时要用连着瓜蒂的那半个,然后吃瓜瓤,至于手拿着的瓜皮部分就抛掉了。凡吃果实,要让君子先吃,因为果实是大地所生,好坏容易分辨,用不着自己先尝;凡吃熟食,要先为君子尝食,因为熟食是人所加工,味道如何,必尝而后知。家里有了喜庆之事,但如果没有国君的赏赐,就不敢接受亲友的道贺。孔子在季氏那里吃饭,季氏作为主人,应该讲的客气话一句也没有,孔子也以非礼相答,尚未食肉就说已经吃饱了。

**【原文】**

　　君赐车马,乘以拜;赐衣服,服以拜。赐,君未有命,弗敢即乘、服也。君赐,稽首,据掌,致诸地。酒肉之赐弗再拜①。凡赐,君子与小人不同日。凡献于君,大夫使宰②,士亲,皆再拜稽首送之③。膳于君,有荤、桃、茢④,于大夫去茢,于士去荤,皆造于膳宰。大夫不亲拜,为君之答己也。大夫拜赐而退。士待诺而退,又拜,弗答拜。大夫亲赐士,士拜受⑤,又拜于其室。衣服,弗服以拜。敌者不在,拜于其室。凡于尊者有献,而弗敢以闻⑥。士于大夫不承贺,下大夫于上大夫承贺。亲在,行礼于人称父;人或赐之,则称父拜之。礼不盛,服不充⑦,故大裘不裼⑧,乘路车不式⑨。

**注释**

①再拜:受赐时拜,次日又拜于赐者之家,是谓再拜。
②宰:大夫家的总管。
③再拜稽首:臣对君之礼。详《檀弓上》注。
④荤:谓姜及五辛之类,可以除去秽气。桃:古人迷信,以为桃木可以驱鬼辟邪。茢:苕帚,可以扫除不祥。
⑤拜受:在接受赐物之前先行拜礼。
⑥凡于尊者二句:译文参考了郑注及《少仪》篇。
⑦充:掩盖。
⑧不裼:即袭。凡袭皆为掩盖内服之美,盛礼尚质,故袭以掩之。此处谓大裘之外加衮服,但衮服的前襟不解开。另参本篇上文注。
⑨路车:天子祭天所乘的玉辂。

**【今译】**

国君赐给臣下车马,臣下除了当时拜受外,第二天还要乘着所赐车马再去拜谢;国君赐给臣下衣服,臣下除了当时拜受外,第二天还要穿上所赐的衣服再去拜谢。对于国君所赐的车马和衣服,在行过再拜礼之后,如果国君没有再下可以乘、服的命令,臣下就不敢乘、服,只能收藏起来。对于国君的赏赐,臣下要行再拜稽首之礼。此礼的行法是,把左手按在右手之上,手着地,头也着地。对于国君的酒肉之赐,由于赐物较轻,只要当时拜受就行,不须要次日登门再拜。凡国君赐物,不能在同一天里既赐君子又赐小人,以致贤与不肖无别。凡向国君进献物品,大夫要派自己的总管去送,士要亲自去送,送到国君门外,交与国君的小臣,然后行再拜稽首之礼。向国君进献美食,要同时附上荤、桃、茢;如果是向大夫进献美食,只附上荤、桃,去掉茢;如果是向士进献美食,只附上桃,去掉荤、茢。所有进献的美食,都由主管膳食的官员负责接受。大夫之所以不亲自去向国君进献物品,是担心劳动国君答拜自己。大夫拜谢国君的赏赐，只要在国君门口请君之小臣入内通报己意，行了拜谢之礼，不必等待小臣回报国君的意思，就可以退下了；士拜谢国君的赏赐，就必须等待小臣回报国君的意思，才能退下，临走时还要对国君的这个诺报进行拜谢，而国君则不须答拜。大夫亲自赏赐东西给士，士不仅当时拜受，而且第二天还要到大夫家中表示再次拜谢。如果赏赐的是衣服，不用像对待国君那样穿到身上去拜谢。身份相等的人前来馈赠东西，如果自己在家，则在家拜受；如果自己不在家，则于次日往赠者家中拜谢。凡对于尊者有什么东西进献，一定要避开"进献"的字眼，只能婉转地说是赠给尊者的随从等等。士有喜庆之事，不敢接受大夫亲自光临祝贺，由于二者地位悬殊。下大夫有喜庆之事，可以接受上大夫的亲临祝贺，因为二者地位相近。父亲健在，向别人赠送礼品要以父亲的名义；同理，如果别人赠送自己什么东西，也要以父亲的名义拜受。这表示父亲是一家之长。如果典礼不够隆重，则礼服的前襟不须掩盖，而祭天之礼十分隆重，所以天子穿大裘不裼，天子乘玉辂沿途也不凭轼致敬。

【原文】

父命呼，"唯"而不"诺"，手执业则投之，食在口则吐之，走而不趋。亲老，出不易方，复不过时。亲瘠①，色容不盛，此孝子之疏节也。父没而不能读父之书，手泽存焉尔。母没而杯圈不能饮焉②，口泽之气存焉尔。

**注释**

①瘠(jí 季)：病。
②圈：同"棬"，盘子。

【今译】

父亲呼喊儿子的时候，儿子要答应"唯"而不可答应"诺"，因为"唯"敬于"诺"，手中拿有东西要赶快放下，嘴里含有食物要立即吐出，要跑着前往而不可稍有磨蹭。双亲年老了，做儿子的出门不可随意改变去处，说什么时候回来就要按时回来，以免双亲悬念。如果双亲病了，或者气色不好，这就是做儿子的有疏忽之处了。父亲去世以后,做儿子的不忍翻阅父亲读过的书,那是因为上面有他手汗沾润的痕迹。母亲去世以后,做儿子的不忍心使用母亲用过的杯盘,那是因为上面有她口液沾润的痕迹。

【原文】

君入门,介拂闑,大夫中枨与闑之间,士介拂枨①。宾入不中门,不履阈②。公事自闑西③,私事自闑东④。君与尸行接武⑤,大夫继武,士中武,徐趋皆用是⑥。疾趋则欲发,而手足毋移。圈豚行⑦,不举足,齐如流⑧,席上亦然。端行⑨,颐霤如矢;弁行⑩,剡剡起屦⑪;执龟玉,举前曳踵,蹜蹜如也⑫。

【注释】

①君入门四句:郑玄说:"此谓两君相见也。"此"君"指来访的国君。国君出访要带随从,古人称之为介。由卿担任的介是上介,由大夫担任的介是次介,由士担任的介是末介。闑(niè 聂):门橛,竖在门中央的短木。枨(chéng 承):门楔,即门槛两端靠门框竖立的木柱。

②阈(yù 域):门槛。

③公事:指奉国君之命对他国行聘享之礼。

④私事:指聘享礼毕以私人名义晋见国君。

⑤武:足迹,脚印。

⑥徐趋:孙希旦说:"行步疾徐之节有三:徐曰行,疾曰趋,甚疾曰走。此云'徐趋',即行也,下文所谓'圈豚行'也。"

⑦圈(juǎn 锩)豚行:圈,转也。豚,循也。谓双足循地而行,俗称小碎步。

⑧齐(zī 资):通"齌",裳的下摆。

⑨端行:谓趋,即疾行。

⑩弁行:谓走,即跑。弁,急也。

⑪剡剡:急速抬脚的样子。

⑫蹜蹜(sù sù 素素):举步促狭的样子。

【今译】

两国国君相见,来访的国君从大门中央进入,而由卿担任的上介挨着门橛走进,由大夫担任的次介走在门楔与门橛之间,由士担任的末介挨着门楔走,国君在前,上介等依次在后,形成雁行之势。来访的如果是卿、大夫，那就不能由门的中央进入，也不能脚踩门槛，以避尊者。在执行国君交给的聘享任务时，属于公事，就从门橛的西边进入，这是用的宾见主人之礼；聘享礼毕，来访的卿、大夫又以私人名义拜见主国国君，属于私事，就从门橛的东边进入，这是用的臣见君之礼。在宗庙中走路，尊卑的步法也不相同。天子、诸侯和尸最尊，行走步子小，速度慢，后脚的脚印要压住前脚脚印的一半，这叫"接武"。大夫次尊，行走步子稍大，后脚的脚印要紧接着前脚的脚印，这叫"继武"。士卑，行走的步子最大，后脚脚印与前脚脚印之间要保持一足的距离，这叫"中武"。不管在什么地方，只要是徐趋，都适用这种步伐。疾趋时要脚跟迅速离地，但手足切勿摇摆。走小碎步时好像脚未离地，衣裳的下摆擦着地面像流水一般，在就席或离席时也是用这种小碎步。疾行时头要略低，双颊斜垂如屋檐一般。跑步时双脚要频频举起。手执龟甲、玉圭等宝器时，步子要格外留神：脚尖抬起，而脚跟拖地，一副小心翼翼的模样。

【原文】

凡行容惕惕①，庙中齐齐②，朝廷济济翔翔。君子之容舒迟，见所尊者齐遬③。足容重，手容恭，目容端，口容止，声容静，头容直，气容肃，立容德，色容庄。坐如尸。燕居告温温。凡祭，容貌颜色，如见所祭者④。丧容累累，色容颠颠⑤，视容瞿瞿梅梅⑥，言容茧茧。戎容暨暨，言容诒诒⑦，色容厉肃，视容清明。立容辨卑⑧，毋诌。头颈必中，山立，时行，盛气颠实⑨，扬休，玉色。

注释

①惕惕(shāng shāng 伤伤)：形容行路身正而步快。
②齐齐(zhāi zhāi 斋斋)：恭悫貌。
③齐遬(zhāi sù 斋速)：恭肃貌。段玉裁说，遬通"肃"。
④凡祭三句：《论语·八佾》："祭如在，祭神如神在。"与此同义。
⑤颠颠(tián tián 田田)：忧思貌。
⑥瞿瞿(jù jù 巨巨)：惊愕貌。梅梅：犹言昧昧，茫然貌。
⑦诒诒(è è 鄂鄂)：教令严厉貌。
⑧辨：通"貶"。
⑨颠(tián 填)：通"闐"，填塞。

【今译】

　　凡在道路上行走,身体要直,步子要快;在宗庙中行走,神态要恭敬诚恳;在朝廷上行走,神态要庄重严肃。君子在平常时神态闲雅,从容不迫,见到了所尊敬的人就要显得恭敬收敛。抬脚要稳重,手不乱指画,目不邪视,口不妄动,不乱咳嗽,不乱倾顾,在庄重的场合要屏气敛息,站立时应是俨然有德的气象,面色要庄重。坐要如尸一般的端正。闲居时教导别人,态度要温和可亲。凡参加祭祀者,其容貌颜色要像是真正看到了所祭的鬼神,切不可有虚应故事的神态。孝子在居丧期间,总要显出一副疲惫不堪的样子,满脸愁容,眼神是惊愕而又茫然,说话的声音也有气无力。身着戎装时就要神态果毅,发号施令,表情严厉,虎虎生威,眼神明察秋毫。在尊者面前,虽然站立时应有自我贬卑的姿态,但也不能过火,以致近乎谄媚。平常站立时头颈必保持正直,如山一般地屹立,当行则行,显得浑身是劲,扬美于外,脸色温润如玉。

【原文】

　　凡自称:天子曰"予一人",伯曰"天子之力臣"①。诸侯之于天子,曰"某土之守臣某";其在边邑,曰"某屏之臣某";其于敌以下,曰"寡人"。小国之君曰"孤",摈者亦曰"孤"②。上大夫曰"下臣",摈者曰"寡君之老"。下大夫自名,摈者曰"寡大夫"。世子自名,摈者曰"寡君之適"。公子曰"臣孽"③。士曰"传遽之臣"④,于大夫曰"外私"⑤。大夫私事使,私人摈则称名;公士摈⑥,则曰"寡大夫"、"寡君之老"。大夫有所往,必与公士为宾也⑦。

> [!注释]
> ①力臣:效力之臣。
> ②摈者:本指主人一方的接待员,主要负责传话,如本句就是。但有时又指客人一方所带的随从,即介,下文就有这样的例子。
> ③公子:诸侯的庶子。孽:通"蘖",树的旁生枝芽。
> ④传(zhuàn 馔)遽:谓急递信息的驿卒,犹如后世之言"下走"。
> ⑤外私:国外的家臣。士于同国大夫自称"贱私",于他国大夫则自称"外私"。

⑥公士：诸侯之士。奉君命出使，则由公士作随从。
⑦宾：指介，即随从。

## 【今译】

凡自称：天子自称为"予一人"，州长自称为"天子之力臣"。诸侯去朝见天子时，自称为"某地之守臣某"；如果是封在边陲的诸侯，自称为"某方的屏卫之臣某"。诸侯对于和自己身份相等或低于己者，自称为"寡人"。小国的国君自称"孤"，摈者为他传话也称"孤"。上大夫对于自己的国君自称"下臣"，如果出使他国晋见主国之君，其介在传话时称他为"寡君之老"。下大夫在自己的国君面前自称己名，如果出使他国，其介在传话时称他为"寡大夫"。太子在国君面前自称己名，如果出使他国，其介在通报时称之为"寡君之嫡子"。公子在国君面前自称"臣孽某"。士在国君面前自称为供驱使的"传遽之臣"，在他国大夫面前自称"外私"。大夫因自己的私事派人出使他国，使家臣通报则称大夫之名；倘奉国君之命出聘，则由公士通报，称之为"寡大夫"或者"寡君之老"。大夫如果出聘，一定要以公士为介。

# 礼记全译

## 明堂位第十四

【题解】

　　王夫之说:"《明堂位》者,取篇首之辞以为篇目。"从开头到"七年,致政于成王",记周武王死,嗣君成王幼弱,未能践天子之位,周公摄政,六年而天下大治,诸侯来会,朝周公于明堂,各就其位。这一段大约是取材于《逸周书·明堂解》。接下来记成王以周公有功劳于天下,特赐鲁国以天子之礼乐。而这一部分又和本书《祭统》篇末所载者大旨相似。接下来便是杂记鲁国兼有虞、夏、商、周四代的礼服、礼器。通篇是鲁人自夸之词,并非全是事实。郑玄在为本篇作注时,就已指出某些记载"亦近诬矣"。

【原文】

　　昔者周公朝诸侯于明堂之位①:天子负斧依②,南乡而立。三公,中阶之前,北面东上;诸侯之位,阼阶之东,西面北上;诸伯之国,西阶之西,东面北上;诸子之国,门东③,北面东上;诸男之国,门西,北面东上;九夷之国④,东门之外,西面北上;八蛮之国,南门之外,北面东上;六戎之国,西门之外,东面南上;五狄之国,北门之外,南面东上;九采之国⑤,应门之外,北面东上。四塞⑥,世告至⑦。此周公明堂之位也。明堂也者,明诸侯之尊卑也。

**【注释】**

①明堂:明堂的作用,明堂的构造,明堂的位置,自汉魏以来,学者争论不休,莫衷一是,今姑依王夫之《礼记章句》略为说之。明堂乃太庙之堂,堂基去地高九尺,东西的长度是九筵(一筵台九尺),南北长七筵,其东、西、北三侧各有两个台阶,唯独南侧有三个台阶:阼阶、中阶、宾阶,即东、中、西三阶。王氏盖亦据《考工记》为说。然则本篇所称之"明堂"与阴阳五行家所称之明堂迥然不同。五行家所称之明堂,详《月令》。

②斧依:也作"斧扆"。天子朝堂上画有斧形图案的屏风,高八尺,以绛帛为质,置于堂上的户牖之间,有壮威的作用。

③门东:太庙大门之内的东面。大门,即下文的"应门"。

④九夷:东方的夷族之国。"九"与下文的"八""六""五"等数字乃泛指,不必死扣。

⑤九采:谓九州之牧,因采取当州美物贡天子而得名。九采在应门外负责纠察秩序。

⑥四塞:谓九州之外的羁縻之国。

⑦世告至:一辈子只来朝一次,即在旧君去世新君即位之时来朝一次。

**【今译】**

过去周公在明堂接受诸侯朝见,其位置是:周公代表天子,背着斧依,面朝南而立。三公在中阶之前站成一排,面向北,以靠东边者为尊;侯爵的诸侯在阼阶东面站成一排,面向西,以靠北边者为尊;伯爵的诸侯在西阶之西站成一排,面向东,以靠北边者为尊;子爵的诸侯在门内的东边站成一排,面向北,以靠东边者为尊;男爵的诸侯在门内的西边站成一排,面向北,以靠东边者为尊。东方夷族诸国国君在东门之外站成一排,面向西,以靠北边者为尊;南方的蛮族诸国国君在南门之外站成一排,面向北,以靠东边者为尊;西方的戎族诸国国君在西门之外站成一排,面向东,以靠南边者为尊;北方的狄族诸国国君在北门之外站成一排,面向南,以靠东边者为尊;九州之牧在应门之外站成一排,面向北,以靠东边者为尊。遥远的四塞之国国君,只在新君即位时来朝一次就可以了。这就是周公在明堂接受诸侯朝见时的位置按排。从这个意义上可以说,明堂是表明诸侯的尊卑的。

**【原文】**

昔殷纣乱天下,脯鬼侯以飨诸侯①,是以周公相武王以伐纣。武王崩,成王幼弱,周公践天子之位,以治天下。六年,朝诸侯于明堂,制礼作乐,颁度量,而天下大服。七年,致政于成王。成王以周公为有勋劳于天下②,是以封周公于曲阜,地方千百里,革车千乘,命鲁公世世祀周公以天子之礼乐。

【注释】

①鬼侯:《史记·殷本纪》作"九侯"。"鬼"与"九"古音双声。《史记》记此事尤详。

②勋劳:《史记·高祖功臣侯者年表》曰:"以德立宗庙定社稷曰勋,以言曰劳。"

【今译】

从前,殷纣王暴虐无道,搅得天下不宁,竟然把鬼国国君杀死以后制成肉干,用以宴请其他诸侯。所以周公辅佐武王以伐纣。武王驾崩,嗣君成王年龄尚小,于是由周公摄政,代行天子职务,以治理天下。摄政的第六年,天下诸侯都来明堂朝见,制定了各种礼仪和乐章,颁布了统一天下度量衡的法律,天下无不心悦诚服。摄政的第七年,就把政权归还给成王。成王认为周公为天下建立了勋劳,所以封周公于鲁,建都曲阜,拥有国土七百里见方,兵车千辆,还命令鲁国国君世世代代用天子的礼仪和乐章祭祀周公。

【原文】

是以鲁君孟春乘大路①,载弧韣②,旂十有二旒,日月之章③,祀帝于郊,配以后稷,天子之礼也。季夏六月,以禘礼祀周公于大庙④,牲用白牡,尊用牺、象、山罍⑤,郁尊用黄目⑥,灌用玉瓒大圭⑦,荐用玉豆、雕篹⑧,爵用玉琖仍雕,加以璧散、璧角⑨,俎用梡、嶡⑩,升歌《清庙》,下管《象》⑪,朱干玉戚,冕而舞《大武》⑫,皮弁素积⑬,裼而舞《大夏》⑭。《昧》,东夷之乐也⑮;《任》,南蛮之乐也。纳夷蛮之乐于大庙,言广鲁于天下也。君卷冕立于阼⑯,夫人副祎立于房中⑰。君肉袒迎牲于门⑱,夫人荐豆笾。卿大夫赞君,命妇赞夫人,各扬其职⑲,百官废职服大刑,而天下大服。是故夏礿、秋尝、冬烝、春社、秋省而遂大蜡⑳,天子之祭也。

**注释**

①大路:天子祭天所乘之车。

②弧韣(dú 独):弧是张开旌旗正幅的竹弓,韣是弓衣。盖用韣套在竹弓上,起装饰作用。

③旂十有二旒二句:按《郊特牲》:"旂十有二旒,龙章而设日月"。这里没有提到"龙",是省文。

④禘:大祭。鲁之禘,盖祀周公于太庙,而以鲁公配祭。

⑤牺、象、山罍:即牺尊、象尊、罍尊,均为酒器,但形状不同,或花纹有别。详《礼器》注。

⑥黄目:酒尊名。详《郊特牲》注。

⑦灌:酌酒浇地求神。这是宗庙之祭开始时的礼节。玉瓒大圭:瓒是灌时酌郁鬯酒的勺子,以大圭为柄,即是玉瓒。详《郊特牲》"灌以圭璋"注。

⑧篹(suǎn):筥属。

⑨加:加爵,谓正献之后诸臣向尸敬酒。散、角:皆酒器。散容五升,角容四升。详《礼器》注。

⑩梡(kuǎn 款):有虞氏时的俎名,木制,有四足如案,可以放整个牲体。嶡(jué 厥):夏代的俎名,与梡相似,但两足之间有横档相连。

⑪升歌二句:见《文王世子》。

⑫冕而舞《大武》:见《郊特牲》注。

⑬素积:与皮弁相配的下裳,即腰间有皱褶的白布裙。

⑭大夏:周代保存的六乐之一,为夏禹之乐,歌颂禹能平治水土。

⑮昧,东夷之乐:按《周礼·春官·鞮鞻氏》郑注:"四夷之乐,东方曰《韎》,南方曰《任》,西方曰《株离》,北方曰《禁》。""昧"与"韎"同。此处只提东夷、南蛮之乐,没有提西戎、北狄之乐,是省文。

⑯卷(gǔn 衮)冕:天子的祭服。

⑰副:带有首饰的假髻。袆:即袆衣,王后的一种祭服。详《玉藻》注。

⑱肉袒:袒露左臂,表示要亲自杀牲,即《郊特牲》所说的"肉袒亲割,敬之至也"。

⑲扬:举也。

⑳秋省:孙希旦说:"省,当作狝。"今从之。

**【今译】**

　　因此之故,鲁国国君就可以在孟春之月乘大路,大路的旂上有弧韣,旂上缀有十二条飘带,飘带上画有龙,还有日和月的图案,到郊外祭祀上帝,并且敢以周的祖先后稷来配享。这可本来都是天子之礼啊。季夏六月,还可以以禘礼祭周公于太庙,牺牲使用白色的公牛,盛酒的尊,有牺尊、象尊和山罍,盛郁鬯香酒的尊用黄目,将郁鬯浇地求神时用的勺子是以大圭为柄的玉瓒,献食品时用的是用玉雕饰的豆笾,献酒时用的是雕有花纹的玉盏,诸臣在额外献酒时用的是玉散、玉角;盛放牲体的俎用的是梡和嶡;堂上有乐工歌唱《清庙》之诗,堂下管乐队奏着《象》曲,舞队手执红色的盾牌和玉斧,戴着冕来跳《大武》之舞;还有的头戴皮弁,身穿素衣素积,解开正服前襟而跳《大夏》之舞。同时还有四方少数民族的歌舞:来自东夷的叫《昧》,来自南蛮的叫《任》,来自西戎的叫《株离》,来自北狄的叫《禁》。以上的种种排场,就是要表明鲁国的地位高于天下其他诸侯。鲁国国君在祭祀周公时,国君身着衮冕之服立于阼阶,夫人头带首饰身着袆衣立于房中。国君袒露左臂到庙门口去迎接祭祀用的牺牲,夫人进献豆笾。在祭祀过程中,卿大夫当国君的助手,内外命妇当夫人的助手,各自履行各自的职守。百官中如有废弃自己职守者要严厉处分。这样使得天下的人都能服从。所以,鲁国夏天的礿祭,秋天的尝祭,冬天的烝祭,春天祈求土神的社祭,秋天报答土神的社祭,以及年终索祭百神的蜡祭,本来都是天子才有的祭祀。

【原文】

大庙,天子明堂。库门,天子皋门。雉门,天子应门。振木铎于朝①,天子之政也。山节,藻梲②,复庙,重檐,刮楹,达乡③,反坫出尊④,崇坫康圭⑤,疏屏⑥,天子之庙饰也。

注释

①木铎(duó夺):以木为舌的铜铃,天子在宣布政教法令时使用。
②山节、藻梲:见《礼器》注。
③达乡:敞亮的大窗。乡,窗户。
④反坫:见《郊特牲》注。
⑤崇坫:两楹之间的高土台,两君相见,用于放置玉圭等礼品。亢(kàng抗):举而放之。
⑥疏屏:雕有云气虫兽的屏风。疏,雕刻。

【今译】

　　鲁国的太庙,其形制犹如天子的明堂。鲁君公宫的正门是库门,相当于天子的正门皋门。鲁君公宫的二门雉门,相当于天子的二门应门。鲁君要在朝廷上宣布政教法令时也摇动木铎,这是采用天子宣布政教的作法。在庙的斗拱上雕刻山形图案,在梁上的短柱雕刻水草图案,双层的屋顶,双层的房檐,刮磨光滑的楹柱,敞亮的大窗,两楹之间设有主客饮毕用于放回空酒杯的土台,土台在酒尊之南;还有一个高的土台,用以安放玉圭,还有镂花的屏风。所有这一切,都是天子太庙才有的装饰。

【原文】

　　鸾车,有虞氏之路也①;钩车②,夏后氏之路也;大路③,殷路也;乘路④,周路也。有虞氏之旂,夏后氏之绥⑤,殷之大白⑥,周之大赤⑦。夏后氏骆马黑鬣⑧,殷人白马黑首,周人黄马蕃鬣⑨。夏后氏牲尚黑,殷白牡,周骍刚⑩。

【注释】

　　①路:天子、国君等所乘之车叫路。
　　②钩车:车箱前栏弯曲的车。
　　③大路:又叫木路。较玉路朴素。
　　④乘路:又叫玉路,即有玉饰的车。
　　⑤有虞氏二句:据郑玄说,当作"有虞氏之绥,夏后氏之旂"。说绥是用牦牛尾系在旗杆头上作旗子。孙诒让说:"今按:有虞氏之旂,即《巾车》之'大旂';夏后氏之绥,即《巾车》之'大麾'。郑互易其字,又读绥为緌,非也。"(《周礼正义·夏采》)。今按孙说是也。旂:又叫"大旂"。古代旌旗之制与今不同:今之旗唯用一长方形绸布为之,而古之旗则由两部分组成,一是附在旗杆上的一幅直帛,叫作缪;一是缀在缪上的狭长横幅(似飘带),这叫斿(liú流)。旂以青帛为之,有九斿,其缪与斿上均画有交龙。绥:通"䍤",又叫"大麾",旗名,以黑帛为之,有四斿,其缪与斿上均画有龟蛇。
　　⑥大白:旗名,以白帛制成,有六斿,其缪与斿上均画有熊虎。
　　⑦大赤:旗名,以赤帛制成,有七斿,其缪与斿上均画有鸟隼。
　　⑧骆:白身黑鬣的马。
　　⑨蕃:王引之说"读若皤,盖白色也。"

⑩骍(xīng星)刚:赤黄色公牛。刚,通"牨"。按:夏代崇尚黑色,殷代崇尚白色,周代崇尚赤色。

【今译】

鸾车,这是有虞氏祭天所乘之车;钩车,这是夏代天子祭天所乘之车;大路,这是殷代天子祭天所乘的车;玉路,这是周代天子祭天所乘的车。有虞氏鸾车上插的是大旂,夏后氏钩车上插的是大麾,殷代大路上插的是大白,周代玉路上插的是大赤。夏后氏驾车是用白身黑鬣的马,殷代是用黑头的白马,周代用的是黄马而白鬣。夏后氏祭祀用黑色牺牲,殷代用白色公牛,周代用赤黄色公牛。

【原文】

泰①,有虞氏之尊也;山罍②,夏后氏之尊也;著③,殷尊也;牺、象,周尊也。爵,夏后氏以琖④,殷以斝⑤,周以爵。灌尊:夏后氏以鸡夷⑥,殷以斝,周以黄目。其勺,夏后氏以龙勺⑦,殷以疏勺⑧,周以蒲勺⑨。土鼓、蒉桴、苇龠⑩,伊耆氏之乐也。拊搏、玉磬、揩击、大琴、大瑟、中琴、小瑟⑪,四代之乐器也。

注释

①泰:又叫"瓦太",陶制盛酒器。
②山罍:画有山云图形的酒器。
③著:殷尊著地无足,故谓之著。然则泰、山罍和下文牺、象皆有足。
④琖:即上文的"玉琖仍雕"。
⑤斝(jiǎ甲):酒器。有把手,三足,圆口,上有纹饰。
⑥鸡夷:即"鸡彝",鸡形酒器。
⑦龙勺:勺头刻成龙形之勺。
⑧疏勺:勺柄刻有云气花纹的勺。
⑨蒲勺:勺头刻成凫头形之勺。
⑩土鼓、蒉桴:见《礼运》注。
⑪拊搏:古代打击乐器,以皮为之,内填以糠,形如小鼓。揩击:即柷、敔。奏乐开始时击柷,要结束时击敔。大琴:《尔雅·释乐》又谓之离。《初学记》引《乐录》曰:"大琴二十弦。"大瑟:又叫洒,形似琴,郭璞说:"长八尺一寸,广一尺八寸,二十七弦。"中琴、小瑟:其制未闻。

## 【今译】

泰是有虞氏用的酒壶,山罍是夏后氏用的酒壶,著是殷代用的酒壶,牺尊、象尊是周代用的酒壶。敬酒所用的爵,夏后氏用玉琖,殷人用斝,周代用爵。灌祭时所用的酒尊,夏后氏用鸡彝,殷人用斝,周人用黄目。灌祭时酌郁鬯所用的勺,夏后氏用龙勺,殷人用疏勺,周人用蒲勺。垒个小土台子就当鼓,把土抟成长条就当鼓槌,截一节苇子就当籥来吹,这是上古伊耆氏时代的乐器。而拊搏、玉磬、柷敔、大琴、大瑟、中琴、小瑟,这是虞、夏、商、周四代的乐器。

## 【原文】

鲁公之庙,文世室也①。武公之庙②,武世室也。米廪③,有虞氏之庠也;序④,夏后氏之序也;瞽宗⑤,殷学也;頖宫⑥,周学也。

### 注释

①世室:世世不毁之庙。
②武公:鲁国国君,名敖,鲁公伯禽的玄孙。
③米廪:学校。本为用以储藏祭祀谷物的地方,因为教学之所。庠:学校。郑玄说:庠之言详也,在这里可以考礼详事,故名。
④序:学校。
⑤瞽宗:学校。本义是失明的乐工的教师。
⑥頖宫:学名。见《王制》注。

## 【今译】

鲁公伯禽的庙,相当于天子的文王庙,百世不毁。武公敖的庙,相当于天子的武王庙,也是百世不毁。米廪是有虞氏的学校,序是夏代的学校,瞽宗是殷代的学校,頖宫是周代的学校,这四代的学校,周天子都有,鲁国也都有。

## 【原文】

崇鼎、贯鼎、大璜、封父龟①,天子之器也。越棘、大弓②,天子之戎器也。夏后氏之鼓足③,殷楹鼓④,周县鼓⑤。垂之和钟⑥,叔之离磬⑦,女娲之笙簧⑧。夏后氏之龙簨虡⑨,殷之崇牙⑩,周之璧翣⑪。

【注释】

①崇鼎句：郑玄说："崇、贯、封父，皆国名。文王伐崇。古者伐国，迁其重器，以分同姓。大璜(huáng 皇)，夏后氏之璜也。"今按：半璧曰璜。

②棘：通"戟"。

③鼓足：王念孙说当作"足鼓"，即有四条腿的鼓。王说是。

④楹鼓：鼓中央穿有木柱的鼓。

⑤县(xuán 悬)鼓：鼓周围有环，系而悬之之于乐器架的鼓。

⑥垂：舜时负责百物制造之官。和钟：声音和谐的钟。《世本·作》曰："垂作钟。"

⑦叔：郑玄说"未闻"。皇侃说就是《世本》"无句作磬"的无句，叔的别名。离磬：即编磬。因为磬是一组，悬挂时磬与磬之间保持等距离。

⑧女娲(wā 蛙)：传说中的女帝。《世本》说"女娲作笙簧"。笙簧，笙中之簧。

⑨簨虡(sǔn jù 损居)：悬挂钟磬的架子。横杆叫簨，竖杆叫虡。横杆上画龙为饰，故曰龙簨虡。

⑩崇牙：在簨上加一块大木板，刻为一个又一个的牙齿形。参看上注。

⑪璧翣(shà 沙)：簨虡的装饰物。以画有图案的缯制成扇，戴小璧于扇上，垂五彩羽于其下，树于簨之两角。

【今译】

崇国的鼎、贯国的鼎、夏后氏的璜，封父国的龟甲，这本来是天子拥有的重器。越国的戟、大弓，这本是天子使用的兵器。夏后氏的足鼓，段人的盈鼓，周人的悬鼓，鲁国也都拥有。垂发明的和钟，叔发明的编磬，女娲发明的笙簧，鲁国也都拥有。悬挂钟磬的架子，夏代还只是在架子的横杆上绘龙，殷代又在横杆上加上崇牙，周代又在横杆的两端饰以璧翣，这些东西鲁国也都有。

【原文】

有虞氏之两敦①，夏后氏之四琏，殷之六瑚②，周之八簋。俎，有虞氏以梡③，夏后氏以嶡④，殷以椇⑤，周以房俎⑥。夏后氏以楬豆⑦，殷玉豆，周献豆⑧。有虞氏服韨⑨，夏后氏山，殷火，周龙章。在虞氏祭首⑩，夏后氏祭心，殷祭肝，周祭肺。夏后氏尚明水⑪，殷尚醴，周尚酒。有虞氏官五十，夏后氏官百，殷二百，周三百。有虞氏之绥⑫，夏后氏之绸练⑬，殷之崇牙⑭，周之璧翣⑮。

**注释**

①敦(duì 对):古代食器,青铜制,上盖与器身皆作半球形,各有三足(盖上有一提手),故盖可仰置于地而不侧棱,盖与身合则为一球形。
②琏、瑚:古代食器。其形制如何,郑玄说"未闻"。
③梡:见上文注。
④嶡:见上文注。
⑤椇(jǔ 巨):俎之一种。其异于他俎之处在于四条腿是向外斜立的。
⑥房俎:俎之一种。其异于他俎之处在于两端的两足之下各有一跗作为底撑,有似于古代的室旁有房,故称。
⑦楬(qià 洽)豆:古祭器。不加装饰的木制高脚盘。
⑧献(suō 簑)豆:殷之豆饰以玉而不雕,周之豆饰以玉而又雕刻其柄,故名。献,雕刻。
⑨韨:祭服上的蔽膝。参《玉藻》注。
⑩祭:谓食前之祭。祭始制饮食者。
⑪明水:以铜鉴承接的月光下的露水。用以祭祀。
⑫绥:当作"緌",谓丧葬时旌旗的装饰,即用牦牛尾注于旗杆顶端。
⑬绸练:用白的熟绢缠绕旗杆,又以素练缀于其上为斿(飘带)。绸,缠绕。
⑭崇牙:刻旗斿之缘为齿形,有装饰作用。
⑮翣(shà 霎):棺饰。形似扇,在路以障柩车。详《丧大记》。

**【今译】**

在虞氏祭祀时盛放黍稷用两敦,夏代用四琏,殷代用六瑚,周代用八簋。盛放牲体的俎,有虞氏用梡,夏后氏用嶡,殷人用椇,周人用房俎。盛放湿物祭品的豆,夏后氏是用木制的,上面没有任何装饰,殷代则用玉加以装饰,周代则更进一步地将玉豆雕饰一番。有虞氏祭服上的蔽膝什么图案也没有,夏代加上了一种山的图案,殷代又加上一种火的图案,周代又加上一种龙的图案。有虞氏食前之祭看重祭首,夏后氏看重祭心,殷人看重祭肝,周人看重祭肺。夏后氏祭祀时崇尚使用明水,殷人崇尚使用甜酒,周人崇尚使用清酒。参与祭祀的官员,有虞氏为五十人,夏后氏为一百人,殷为二百人,周为三百人。丧葬的时候,有虞氏把旄牛尾系在旗杆顶端作装饰,夏后氏以绸练之旗为装饰,殷人刻旗斿边缘为齿形以为装饰,周人以戴璧之翣为装饰。

【原文】

　　凡四代之服、器、官,鲁兼用之。是故鲁,王礼也。天下传之久矣。君臣未尝相弑也,礼乐、刑法、政俗未尝相变也。天下以为有道之国,是故天下资礼乐焉。

【今译】

　　总而言之,凡虞、夏、商、周四代所用的礼服、礼器、参予祭祀的官员,鲁国都兼而有之。因此,鲁国使用的礼乐,乃是天子规格的礼乐,天下的人对此可以说是早就知道了。鲁国没有发生过君臣相互残杀的丑恶现象,礼乐、刑法、政俗也始终保持着周天子的正宗,不敢肆意改变,所以普天之下的诸侯都认为鲁国是遵循正道的国家,他们要想学习正宗的礼乐,就要到鲁国来取经。

中國歷代名著全譯叢書

# 礼记全译·孝经全译
## （修订版）

吕友仁　吕咏梅　译注

下

贵州出版集团
贵州人民出版社

# 礼记全译

## 丧服小记第十五

【题解】

郑玄说:"《丧服小记》者,以其记《丧服》之小义也。"按《丧服》是《仪礼》中的一篇,记生者为死者所著丧服等级、服丧长短等等,其基本原则是根据生者与死者的亲疏关系而定。吴澄说:"《丧服》经后有《记》,盖以补经之所未备。此篇记丧服各章,又以补《丧服》经后《记》之所未备,又广记丧礼杂事,其事琐碎,故名《小记》,所以别于经后之《记》也。"阅读本篇,最好能参考《丧服》。本篇中的个别文句,在《石渠礼论》中已被西汉学者引用,这表明在西汉时它差不多已经具有了"经"所具有的权威性。

【原文】

斩衰,括发以麻。为母,括发以麻,免而以布①。齐衰,恶笄以终丧②。男子冠而妇人笄,男子免而妇人髽。其义:为男子则免,为妇人则髽③。苴杖④,竹也。削杖⑤,桐也。

注释

①斩衰五句:父死,孝子应服斩衰。在父刚死时,要脱去吉冠,只保留笄和缅(已见《内则》)。到小敛以后,笄、缅也要去掉,改为"括发以麻",即用一条麻绳从脖子后部前交于额,再向后缠绕发髻,以免头发下垂散乱。到成服时,则改戴丧

冠。母死,孝子应服齐衰,在母刚死时和小敛以后的头上打扮和为父的规格一样,不同的是,尚未至成服,在移尸于堂时就改用免(一寸宽的麻布)来束发,其方法与括发以麻同。之所以有此不同,是因为家无二尊,要从丧服上显示出母有所降。

②恶笄:即丧笄。《丧服·记传》:"恶笄者,栉笄也。"王引之说:"栉,当读为'即'。即,柞木也。柞木粗恶,故以为丧笄。"又,阮元《校勘记》认为"笄"下脱"带"字,是。

③髽(zhuā 抓):妇人的露髻。平时髻上有笄与缁,亲初丧时则去之。斩衰之丧,以麻束髻;齐衰之丧,以布束髻;其大功以下之丧,则无髽。

④苴(jū 居)杖:父丧所持丧杖。苴,粗恶。

⑤削杖:母丧所持丧杖。削去桐木枝叶而成,故名。

【今译】

　　父死,孝子在小敛以后成服以前要用麻括发。母死,孝子在小敛以后也要用麻括发,但未至成服就改为用免束发。女人服齐衰,头上要戴柞木做的丧笄,腰部要缠麻带,就这样一直到服丧期满。男子的冠,相当于女人的笄;小敛以后,男子用"免",女子用"髽",这也没有什么特别原因,只不过是作为男子就用"免",作为女子就用"髽",以示区别而已。为父亲服丧用的哭丧棒叫苴杖,是用竹子做的;为母亲服丧用的哭丧棒叫削杖,是用桐木做的。

【原文】

　　祖父卒,而后为祖母后者三年①。为父母、长子稽颡②。大夫吊之,虽缌必稽颡。妇人为夫与长子稽颡,其馀则否。男主必使同姓,妇主必使异姓③。为父后者,为出母无服④。

注释

　　①祖父卒二句:据《丧服》,在正常情况下,孙子为祖父母服丧一年。但如果是承重的嫡孙,则要为祖父服丧三年;祖父死后,祖母死,则援引父死为母得申之义,也要服丧三年。

　　②稽颡:指《周礼·春官·太祝》中的凶拜。郑注云:"凶拜,稽颡而后拜,谓三年服者。"據《丧服》,子为父,父死为母,父为长子,皆服丧三年。稽颡而后拜,唯施于三年之丧。

　　③男主二句:父母之丧,通常是由嫡子为男主,嫡妇为女主。如果是绝后无

嗣,须找人代摄男主、女主,则应如此处经文所说。

④为父后者二句:按此与《丧服》"出妻之子为父后者,则为出母无服"意思一样。出母:对于父亲来说就是出妻。据《丧服》贾公彦疏,妻子如果有下列七种不良行为之一者,丈夫即可将其休出家门。这七种不良行为谓之"七出",即一,无子;二,淫佚;三,不事舅姑;四,口舌;五,盗窃;六,妒忌;七,恶疾。如果出妻之子不为父后,则可为出母服期。

【今译】

祖父先死,而后祖母又死,在这种情况下,承重的嫡孙要为祖母服丧三年。父母丧失长子,或长子失去父母,在宾客来吊孝时,丧主都要行稽颡之礼。如果丧主是士,而大夫来吊,为了表示尊重,尽管是服缌麻之丧也要行稽颡之礼。妇人只在为丈夫和长子服丧时,对来吊的宾客行稽颡之礼,此外就再没有这种情况了。如果丧家绝后无嗣,要寻一个接待男宾的主人,就一定要找同姓的男子,要找一个接待女宾的主人,就一定要找异姓的女子。如果自己是父亲的嫡长子,为出母就不需穿任何孝服。

【原文】

亲亲以三为五,以五为九①,上杀②,下杀,旁杀③,而亲毕矣。

注释

①亲亲二句:亲爱自己的直系亲属,以自己本身为出发点,上亲父,下亲子,这就构成了三代三辈。再往上推,由亲父而亲祖;往下推,由亲子而亲孙,这就构成了直系亲属的五代五辈。然后再从祖往上推,亲及自己的曾祖、高祖;再从孙往下推,亲及自己的重孙、玄孙。这就构成了直系亲属的九代九辈。

②上杀(shài 晒):在直系亲属中,从自己本身往上推,和自己的辈分愈远,亲情愈疏,丧服也愈轻。"下杀"仿此。

③旁杀:指旁系亲属中,和自己血缘关系愈远,亲情愈薄。如由亲兄弟推而至于从兄弟,再推而至于再从、三从兄弟。

【今译】

凡人之亲其所亲,首先是上亲父,下亲子,形成三辈相亲。然后由父而亲祖,由子而亲孙,扩展为五辈相亲。在五辈相亲的基础上,再往上推,亲及曾祖、高祖;再往下推,亲及曾孙、玄孙,这样就扩展为九辈相亲。由父亲往上,血缘关系愈远,亲情愈薄,丧服愈轻;由儿子往下,血缘关系愈远,亲情愈薄,丧服愈轻;在旁系亲属中,和自己血缘关系愈远,亲情愈薄,丧服愈轻。这样向上逐代减损,向下逐代减损,向旁逐代减损,亲情关系就完结了。

【原文】

礼,不王不禘①。王者禘其祖之所自出②,以其祖配之,而立四庙③。庶子王亦如之④。别子为祖⑤,继别为宗⑥,继祢者为小宗⑦。有五世而迁之宗⑧,其继高祖者也。是故祖迁于上,宗易于下⑨。尊祖故敬宗⑩,敬宗所以尊祖祢也。庶子不祭祖者,明其宗也。庶子不为长子斩,不继祖与祢故也⑪。庶子不祭殇与无后者,殇与无后者从祖祔食。庶子不祭祢者,明其宗也。亲亲、尊尊、长长、男女之有别,人道之大者也⑫。

注释

①礼,不王不禘:此五字原在后文"则不为女君之子服"句下,今据孔颖达、陆佃、孙希旦等说移正于此。禘:天子在宗庙中祭祀祖先的大祭,每五年举行一次。

②禘其祖之所自出:等于说是"禘天帝"。古人认为,他们的始祖都是天帝所生,所以要禘天帝,并以始祖配飨。

③四庙:指高祖庙、曾祖庙、祖庙、祢庙(即父庙)。此四庙加上始祖庙便为五庙。

④庶子王:庶子继承王位。庶子,指嫡长子以外的众子。庶子本来无资格继承王位,但如果嫡长子早死或废疾,就可从庶子中选一人继位。

⑤别子:即庶子。因其不能继承王位,与嫡长子(俗谓太子)有别,故称。别子虽然不能继承正统,但亦自有其后裔,其后裔即尊别子为祖。例如周公是武王之弟,是别子,被封于鲁,即为鲁之始祖。

⑥宗:此"宗",指大宗。大宗世世代代由别子的嫡长子继承。大宗是百世不迁之宗。

⑦继祢者为小宗:每世的大宗除嫡长子外,还有庶子,这个庶子就是祢。祢的继承人也是嫡长子,是为小宗。小宗是五世而迁之宗。

⑧五世而迁之宗:指小宗。从生者本身上推祢、祖、曾祖、高祖,恰巧是五世四庙。至于五世以上之祖,其牌位即迁于大宗的庙内,这就成了"五世而迁之宗"。

⑨是故二句：高、曾、祖、祢四庙，到了自己死后，由自己的嫡长子把自己的神主安置在庙内为祢，原来的祢升为祖，原来祖升为曾祖，原来的曾祖升为高祖，而原来的高祖则迁入大宗之庙，这就是"祖迁于上"。另一方面，自己已经成为新的祢庙，自己的嫡长子是此新的祢庙的继承者，又成为一支新的小宗，这就是"宗易于下"。

⑩敬宗：尊敬嫡长子。宗，指嫡长子。郑玄说："宗者，祖祢之正体。"只有嫡长子才被承认是继承先祖的正体，有权主持宗庙祭祀。

⑪庶子不为长子斩二句：这和《丧服》篇的"庶子不得为长子三年，不继祖也"二句同义。这个"庶子"指的是父为庶子，既为庶子，就不是继承先祖的正体，其长子当然也不是继承先祖的正体，所以庶子不得为其长子服三年之丧。如果父子均为嫡长子，则子为父三年，父为子亦三年。

⑫亲亲三句：郑玄说："言服之所以隆杀。"亲亲：指父母。尊尊：谓祖、曾祖、高祖。长长：谓兄弟及其他旁系亲属。男女之有别：如妻为夫服斩衰，夫为妻则服期之类。

## 【今译】

按照礼的规定，不是天子就不能举行禘祭。天子举行禘祭，是祭诞生其始祖的天帝，并且以其始祖配享，立高、曾、祖、祢四亲庙。即令是庶子继承王位，其祭天、立庙之礼也是如此。别子为其后裔之始祖，继承别子的嫡长子是大宗，继承别子之庶子的是小宗。有五世而迁之宗，即小宗，因为小宗四世亲尽，不可能继续祭祀高祖之父。因此，高祖的庙迁动于上，而继祢的宗同时变易于下。因为尊祖，所以才尊敬嫡长子，而尊敬嫡长子正是尊重祖祢的具体表现。庶子之所以不祭祖，就是要表明这件事该由嫡长子来做。作父亲的是庶子，就不能为其长子服丧三年，道理就在于庶子不是祖祢的正体。庶子不祭祀未成年而死者与没有后嗣者，因为这两种人都是附属在祖庙中受食，而庶子没有资格祭祀祖庙。庶子不祭父庙，因为父庙由嫡长子主祭。在亲属之中，为父母的丧服最重，为祖、曾祖、高祖的丧服就逐代减轻，为旁系亲属的丧服也依亲疏递减，为男性与为女性的丧服也有区别，这就是制定丧服轻重的基本道理。

## 【原文】

从服者①，所从亡则已。属从者②，所从虽没也，服。妾从女君而出③,则不为女君之子服。世子不降妻之父母。其为妻也,与大夫之嫡子同。父为士,子为天子、诸侯,则祭以天子、诸侯;其尸服以士服④。父为天子、诸侯,子为士,祭以士;其尸服以士服。妇当丧而出,则除之。为父母丧:未练而出⑤,则三年;既练而出,则已;未练而反,则期;既练而反,则遂之。

**注释**

①从服:制定丧服的六种原则(详见下篇《大传》)之一。即本人与死者没有亲属关系,本来用不着为其服丧,只是因为自己的亲属中有的与死者有亲属关系,自己也就跟着服丧。这种从服又可分为六等(亦详见《大传》),六等之中,有一等叫徒从。徒,空也。谓非亲属而空为之服丧。例如妾子为嫡母之父母、姐妹、兄弟服小功之丧,就是徒从。此处的"从服",是狭义的,只指徒从而言。

②属从:从服六等之一,即因亲属关系而为死者服丧。例如子从母服母之党(今日之外甥为外祖父、外祖母、舅父、舅母等都是),妻从夫服夫之党。

③妾:谓随嫁的媵妾。女君:原配的嫡妻。

④父为士四句:郑玄注云:"祭以天子、诸侯,养以子道也。尸服士服,父本无爵,子不敢以己爵加之,嫌于卑之。"

⑤练:古代父母丧后的周年之祭名。由于祭时改戴练冠,故名。又叫"小祥"。

**【今译】**

凡穿徒从丧服者,如果所从之人已经不在,就可以停止不穿。凡因亲属关系而跟从为之服丧者,尽管所从之人已经不在,还应为之服丧,因为亲属关系仍然存在。如果媵妾跟随主妇一道被丈夫休弃,就不再为主妇之子服丧。天子、诸侯的太子虽然身份高贵,但也并不因此而降低为其岳父岳母服丧的规格。天子、诸侯的太子为其妻服丧,规格与大夫之嫡子为其妻相同,都是齐衰不杖期。父亲生前的爵位是士,而他的儿子现在贵为天子或诸侯,那就可以用天子或诸侯的祭礼规格来祭祀其父,但代替亡父受祭的尸却必须仍穿士服。反过来,父亲生前贵为天子或诸侯,而儿子今天却沦落为士,那就应该以士礼来祭祀其父,而代替亡父受祭的尸也只能穿士服。作为媳妇,在为公婆服丧期间被丈夫休弃,因为恩断义绝,所以也就不再继续为公婆服丧。如果是为娘家的父母服丧,有下列几种情况:如果是在练祭之前被丈夫休弃,那就应该和自己的娘家兄弟一样服丧三年;如果是在练祭之后被丈夫休弃,因为本应服的期丧已经服满,就不须要再为父母服丧;如果是在练祭之前又被丈夫召回,那就按常规为父母服期;如果是在练祭之后才被丈夫召回,那就要像未出嫁的闺女那样,为父母服满三年。

【原文】

　　再期之丧①,三年也。期之丧②,二年也。九月、七月之丧③,三时也。五月之丧④,二时也。三月之丧⑤,一时也。故期而祭,礼也;期而除丧,道也;祭不为除丧也。三年而后葬者,必再祭⑥;其祭之,间不同时,而除丧。大功者主人之丧,有三年者,则必为之再祭。朋友,虞、祔而已⑦。士妾有子而为之缌,无子则已⑧。

【注释】

　　①再期(jī基)之丧:指斩衰丧服。斩衰丧服,说是三年,实际上只有二十五个月,即只过了两个周年。期,周年。

　　②期之丧:指齐衰之丧中的有杖期和不杖期之丧,二者的丧期都是一年。

　　③九月、七月之丧:九月之丧指大功之丧。七月之丧,指大功殇服,即对于成人应服期丧者,其长、中殇皆降为大功,长殇九月,中殇七个月。

　　④五月之丧:指小功之丧。

　　⑤三月之丧:指缌麻之丧。

　　⑥再祭:指小祥祭和大祥祭。也就是人死后的一周年祭和二周年祭。

　　⑦虞:安置神主的丧祭。下葬后当天的中午在殡宫举行第一次虞祭,以后隔日举行一次。士三虞而止,大夫五虞,诸侯七虞,天子九虞。祔:将死者神主按昭穆顺序移入祖庙时的祭祀。最后一次虞祭结束后的次日举行卒哭之祭,卒哭之次日即举行祔祭。祔者,付也,将新死者神主付于祖庙。

　　⑧士妾有子二句:这是因为士的地位卑贱,所以"无子则已"。而大夫则不然,大夫之妾虽无子,犹为之服缌。

【今译】

　　服丧两周年,就算三年。服丧一周年,就算两年。服丧九个月或七个月,就算三个季节。服丧五个月,就算两个季节。服丧三个月,就是经历了一个季节。这是说服丧的长短与岁时之气是相应的。死后一周年举行小祥之祭,二周年举行大祥之祭,这表示对于已故亲人的思念,礼数应当如此;在小祥之祭以后男子可以除去首绖,妇人可以除去腰绖;在大祥之祭以后就可以完全除去丧服;这表示活着的人也要节制悲哀,顺乎天道。祭祀与除服二者虽然同时并举,但各有各的道理,切莫误会为举行二祥之祭就是为了除去丧服。如果孝子未能及时葬亲,是在停柩三年以后才举行埋葬,那也要按规矩举行小祥、大祥之祭,而且小祥、大祥之祭要隔开,不可放在同一个月,然后才除去丧服。如果自己与死者是大功之亲而为之主持丧事,而死者尚留有遗孀及幼子这些服三年丧的亲属,那就要在为死者举行了二祥之祭以后才除去丧服。如果为朋友主持丧事,因为朋友不是亲属,只有同道的情谊,所以可以在虞祭、祔祭之后就除去丧服。对于士来说,如果妾为其生有儿子,就为她服缌麻之丧,不然的话就不为她服丧。

【原文】

生不及祖父母、诸父、昆弟,而父税丧①,己则否。降而在缌、小功者,则税之。为君之父、母、妻、长子,君已除丧而后闻丧,则不税②。近臣,君服斯服矣。其馀从而服,不从而税。君虽未知丧,臣服已。

注释

①税(tuì 退)丧:为已过丧期才获知死讯的死者追服丧服。
②为君之父、母、妻、长子三句:此三句原在本节"己则否"句下,今据郑注移正于此。郑注此三句云:"谓卿大夫出聘问,以他故久留。"

【今译】

父亲仕于他邦,自己也生于他邦,由于路途遥远,从未在生前见到过住在本国的祖父母、伯父和叔父、叔伯兄弟,等到这些亲属去世的噩耗传来时,已经过了丧期,在这种情况下,父亲应该追服丧服,而自己就可不必了。如果本来是齐衰、大功之亲,因故降为小功、缌麻丧服者,则应追服丧服。作为臣子,应为国君的父亲、母亲、嫡妻、长子服丧,但由于臣子出使他国,久留未归,等到臣子得知国君上述亲属凶讯时,国君本人早已除丧,在这种情况下,臣子就不再追服丧服。如果国君出访久而未归,等到回国后才闻知上述亲属凶讯,在这种情况下,国君要追服丧服,国君的随从之臣也要跟着追服丧服;至于其他臣子,在丧期之内就跟着服丧,过了丧期的就不再跟着追服。君在国外而臣在国内,国君虽然知道凶讯较晚,而留在国内的臣子则应按常规服丧。

【原文】

虞,杖不入于室;祔,杖不升于堂①。为君母后者,君母卒,则不为君母之党服②。绖杀五分而去一③,杖大如绖。妾为君之长子,与女君同。除丧者,先重者④;易服者,易轻者⑤。无事不辟庙门⑥。哭皆于其次⑦。复与书铭⑧,自天子达于士,其辞一也。男子称名。妇人书姓与伯仲,如不知姓,则书氏⑨。

【注释】

①虞,杖不入于室二句:丧杖是用以表示悲哀的,去掉丧杖,意味着哀痛逐渐减少而恭敬日益增多。室:谓死者生前的正寝。堂:祖庙之堂。

②为君母后者三句:这就是本节上文所说的徒从,"所从亡则已"。君母:嫡母。

③绖:指首绖和腰绖。杀:减少。五分而去一:有两种含义:一是在同一种丧服里,腰绖的粗细比起首绖要减少五分之一。例如斩衰的首绖其围九寸,九寸的五分之一就是一寸八分,那么斩衰腰绖的粗细就是七寸二分。二是在相邻的两种丧服里,后一种丧服的首绖比起前一种丧服的首绖要减去五分之一的粗细。例如斩衰丧服的首绖其围九寸,齐衰丧服的首绖就是七寸八分。不难看出,实际上前一种丧服腰绖的粗细与后一种丧服首绖的粗细相同,例如斩衰的腰绖和齐衰的首绖都是七寸八分。大功、小功、缌麻的首绖、腰绖粗细,可以依次类推。可参阅《丧服》第一节。

④重:谓男子的首绖、妇人腰绖。凡绖,男子重首,妇人重腰。

⑤轻:谓男子的腰绖、妇人的首绖。

⑥辟:打开。

⑦次:谓倚庐。

⑧铭:明旌。即以旌明柩之意。其制:高贵者以旗子为之,卑贱者用狭长布条为之,上写死者姓名,以竹竿悬于棺首。

⑨姓、氏:秦、汉以前,姓氏有别,姓起源于女姓,氏起源于男姓。如周为姬姓,鲁、卫、晋等诸侯国也是姬姓。而鲁桓公的后代则有季氏、孟孙氏、叔孙氏,即所谓"三桓"。姓所以别婚姻,氏所以表贵贱。贵族有氏,贱者有名无氏。秦汉以后,以氏为姓,姓氏合一。

【今译】

　　到了虞祭时,哀杖就不必带入寝室了;到了祔祭时,哀杖就不必带到堂上了。作为庶子而被立为嫡母的后嗣,如果嫡母去世,就不再为嫡母的娘家人服丧。五种丧服首绖、腰绖的递减,都是以递减五分之一为度。斩衰所用的苴杖,其粗细与斩衰腰绖相同;齐衰所用的桐杖,其粗细与齐衰腰绖相同。妾为丈夫的长子服丧年月,与嫡妻为长子服丧的年月相同,都是三年。小祥祭时的除去丧服,原则是先除重者,即男子先除首绖,妇人先除腰绖。先遭重丧,卒哭之后又遭轻丧,在以轻丧之服改换重丧之服时,其原则是先改换轻者,即男子以轻丧的腰绖改变重丧的腰绖,妇人以轻丧的首绖改变重丧的首绖。大敛以后,除非因为有客人来吊孝等事,否则是不打开殡宫之门的,因为鬼神喜欢幽暗。至于昼夜无时之哭,则皆在倚庐之中。招魂时所喊的和明旌上所写的,自天子至于士,其文辞都是一样的:男的,称呼其名;女的写上她的姓与排行,如不知姓,就写上她的氏。

【原文】

　　斩衰之葛,与齐衰之麻同。齐衰之葛,与大功之麻同。麻同,皆兼服之①。报葬者报虞②,三月而后卒哭③。父母之丧偕,先葬者不虞、祔,待后事④。其葬,服斩衰。

注释

　　①斩衰之葛六句:又见本书《间传》,但不如《间传》详备。这里是讲连遭两丧时如何服绖。葛指葛绖,麻指麻绖。

　　②报(fù赴):通"赴",急速。本句二"报"字皆如此音义。

　　③三月而后卒哭:意为下葬可以提前,虞祭可以提前,这都是为了使死者的灵魂早日安宁。而孝子的悲哀却不能因此而提前也打折扣。

　　④父母之丧偕三句:按《曾子问》云:"并有丧,如之何?"孔子曰:"葬,先轻而后重;其虞也,先重而后轻。"与此三句文义相通,可互相参看。

【今译】

　　斩衰丧服在卒哭之后要把麻绖改为葛绖,其葛绖的粗细与齐衰丧服在卒哭前所服的麻绖相同。齐衰丧服在卒哭后所服的葛绖,其粗细与大功丧服在卒哭前所服的麻绖相同。因为有这种相同,所以连遭两丧的人就要兼服麻绖与葛绖。提前下葬的可以提前举行虞祭,但卒哭之祭不能提前,必待三个月以后方可举行。如果遇到父母同时去世的情况,那就要先葬母亲,葬后不举行虞祭、祔祭,等到葬过父亲,并为父亲举行了虞、祔之祭以后,再对母亲进行虞、祔之祭。在葬母时父尚未葬,所以应服斩衰重服。

【原文】

大夫降其庶子①,其孙不降其父。大夫不主士之丧。为慈母之父母无服②。夫为人后者,其妻为舅姑大功。士祔于大夫,则易牲。继父不同居也者③,必尝同居。皆无主后,同财而祭其祖祢,为同居;有主后者为异居。

注释

①降:降服。不以本服服之而以次一等之丧服服之,就叫降服。例如士应为庶子服期,由于大夫尊贵,降一等,服大功。

②慈母:妾之无子者,妾子之无母者,父命此妾抚养此子,则此子称此妾为慈母。按《丧服》,为慈母当服齐衰三年。但和慈母的父母没有恩情关系,所以无服。

③继父:《丧服》中所讲的继父应当具备下列条件:继父本人无大功亲属,妇人带来的亡夫所生的儿子幼小,也无大功亲属,继父用自己的钱财为此子建造庙宇,使他可以按岁时祭祀其生身之父。符合这个条件就叫做同居的继父,为同居继父应服齐衰期。如果继父有大功的亲属,那就叫异居,为异居的继父服齐衰三月。

【今译】

大夫为其庶子服大功,这是降服;但这个庶子的儿子并不为其父降服。大夫不为士主持丧事,因为二者尊卑悬殊。不为慈母的父母服丧。如果丈夫过继给别人为后嗣,那么他的妻子就只能为其本生父母服大功。士的神主祔于祖庙,如果其祖为大夫,祔祭时的牺牲就不能按照士的规格用特牲,而要按大夫之礼改用少牢。所谓"继父不同居",那一定是曾经同居而后来不同居的继父。继父没有大功的亲属,随母改嫁而来到继父家的儿子也没有大功亲属,继父以其货财为此子建造庙宇,使他可以按时祭祀自己的生身父祖,这才叫同居;如果继父有大功以上的亲属为之主持后事,那就叫异居。

【原文】

哭朋友者,于门外之右,南面。祔葬者①,不筮宅。士、大夫不得祔于诸侯②,祔于诸祖父之为士、大夫者。其妻祔于诸祖姑,妾祔于妾祖姑。亡则中一以上而祔③,祔必以其昭穆。诸侯不得祔于天子,天子、诸侯、大夫可以祔于士。

【注释】

①祔葬:按昭穆顺序葬于祖茔。
②祔:谓祔葬。下同。
③亡:通"无"。中一:间隔一代。因为祔葬时,父为昭,子为穆,孙为昭,昭从昭,穆从穆,孙子一定要从祖,所以必须间隔一代。

【今译】

哭吊朋友时,应站在朋友寝门外的西边,面朝南。祔葬于祖茔时用不着再占筮墓地的吉凶,因为当初已经卜筮过了。士、大夫不能祔葬于曾经做过诸侯的祖父的墓旁,只能祔葬在做过士、大夫的叔伯祖父墓旁;士、大夫的妻子也只能祔葬在做过士、大夫的叔伯祖父的妻子的墓旁,士、大夫的妾也只能祔葬在做过士、大夫的叔伯祖父的妾的墓旁。如果没有适于祔葬的祖辈,就可以间隔一辈而上祔于高祖,其道理就在于祔葬一定要按照昭穆顺序。诸侯不能祔葬于当过天子的祖父,但天子、诸侯、大夫能够祔葬于当过士的祖父。

【原文】

为母之君母①,母卒则不服。宗子,母在为妻禫②。为慈母后者,为庶母可也,为祖庶母可也③。为父、母、妻、长子禫。慈母与妾母④,不世祭也。

【注释】

①母之君母:指外祖父的嫡妻。己母乃庶生,故称外祖父之正妻为君母。

②禫(dàn淡):除服之祭。详《檀弓上》注。本节中的"禫"是服丧三年之意。

③为慈母后者三句:按《丧服》,为慈母服齐衰三年。这里是引而申之,推而广之。庶母:有子之妾受父命抚育另一个无母的妾子,则为庶母。祖庶母:有子的祖父之妾抚育另一个无母的妾子,则为祖庶母。

④妾母:即庶母。

【今译】

如果生母是外祖父的庶出之女,自己要跟着生母为外祖父的正妻服丧;但如生母已死,自己就不再为之服丧。如果身为宗子,那么尽管母亲健在,也可为妻服丧三年。《丧服》上说可以为慈母服齐衰三年,那么根据同样道理,为庶母服齐衰三年也可以,为祖庶母服齐衰三年也可以。为父亲、为母亲、为妻子、为长子,都可以服丧三年。对于慈母和庶母,为其服丧的只限于受其抚育的妾子本人,妾子的下一代就不再为之服丧。

【原文】

丈夫冠而不为殇①,妇人笄而不为殇②。为殇后者,以其服服之③。久而不葬者,唯主丧者不除④;其余以麻终月数者⑤,除丧则已。箭笄、带终丧三年⑥。齐衰三月,与大功同者绳屦⑦。练⑧,筮日筮尸,视濯,皆要绖、杖、绳屦⑨。有司告具而后去杖⑩。筮日筮尸,有司告事毕,而后杖拜送宾。大祥,吉服而筮尸⑪。庶子在父之室,则为其母不禫。庶子不以杖即位⑫。父不主庶子之丧,则孙以杖即位可也。父在,庶子为妻,以杖即位可也。

注释

①冠:指行过冠礼。男子二十岁时举行冠礼,表示此男子已是成人。殇:未成年而死。

②笄:指行过笄礼。女子在许嫁后或二十岁时举行笄礼,其意义同于男子的冠礼。

③为殇后者二句:被立为殇的后嗣,不须按子为父之礼服丧,只须按原来的亲属关系服丧。

④主丧者:即丧主。如子为父,妻为夫,承重之孙为祖等。

⑤其余:谓期功以下至于缌麻的亲属。以麻终月数:正常情况下,葬后要变麻

经为葛绖。现在因为久而未葬,所以无法变麻为葛,只好一直服麻,直到服满自己应服的月数为止,如大功服满九月,小功服满五月等。

⑥箭笄:用箭竹制成的笄,长一尺,未婚女子插箭笄,作为为父服丧三年的一种丧饰。带:谓腰缠麻绖。此"带"字原脱,据段玉裁校补。

⑦绳屦:麻绳编成的屦。

⑧练:小祥之祭。已见本篇上文注。

⑨要绖:即腰绖,丧至小祥,男子除去首绖,唯有腰绖。

⑩去杖:放下丧杖,表示对祭祀的敬重。

⑪大祥句:大祥时不仅要筮尸,也要筮日和视濯,此不言者,从小祥可以推知,所以省文。

⑫不以杖即位:因为以杖即位是丧主的事,庶子非丧主,故不以杖即位。即位,谓即朝夕哭之位。

【今译】

男子行过冠礼而死就不算殇,女子行过笄礼而死就不算殇。被立为殇者的后嗣,只须按照与殇者的本来亲属关系服丧。因故而长期停柩不葬者,只有丧主本人一直穿着丧服,其余的亲属则服麻,服满自己应服的月数就可以除丧。未出阁的女子要以箭笄插发、麻绖缠腰为父服丧三年。齐衰三月的丧服,与大功九月的丧服有相同的部分,那就是都穿麻绳编成的屦。小祥之祭,主人在事前要通过占筮选择吉日及作尸的人,要亲自检察祭器的洗涤情况,在做这些事情时都要腰缠葛绖、手执丧杖、脚穿绳屦。等到有关执事报告一切准备就绪,然后才丢开丧杖开始行礼。通过占筮选择吉日及作尸的人时,有来宾参加,等到有关执事报告占筮结束时,主人又拿起丧棒拜送宾客。到了大祥之祭,主人还要通过占筮来选择吉日和作尸的人,只是已经换为吉服。妾子如与父亲同宅而居,就不能为生母举行禫祭。庶子不可手执丧杖就朝夕哭位。如果父亲不为庶子主丧,那么庶子之子手执丧杖就朝夕哭位是可以的。父在,但不为庶子之妻主丧,而由庶子本人主丧,在这种情况下庶子手执丧杖就朝夕哭之位也是可以的。

【原文】

诸侯吊于异国之臣,则其君为主①。诸侯吊,必皮弁锡衰②。所吊虽已葬,主人必免③。主人未丧服④,则君亦不锡衰。养有疾者不丧服⑤，遂以主其丧。非养者入主人之丧，则不易己之丧服。养尊者必易服，养卑者否。

【注释】

①诸侯吊二句：孔颖达说："诸侯无亲吊异国臣之礼，若来在此国，遇主国之臣丧，为彼君之故而吊，故主国君代其臣之子为主。"

②皮弁：谓弁绖。即在皮弁上加一环形麻绖。锡衰；君吊臣时的丧服。用经过加灰捶洗而变得洁白光滑的细麻布制成。

③免：用一条麻布束发。免是未成服时的打扮，今已葬而免，是表示看重国君的来吊，特意为之变服。

④未丧服：即未成服。丧礼，死者既殡，其亲属始穿上丧服，称成服。

⑤养有疾者不丧服：病人忌讳丧服，故侍疾者不宜穿丧服入侍。

【今译】

诸侯出访他国，恰遇该国大臣去世，在往此大臣家里吊丧时，该国的国君应该代替死者之子为丧主。诸侯到臣子家里吊丧时，头上戴的是弁绖，身上穿的是锡衰。国君所吊的死者即令已经下葬，丧主也一定要用麻布束发。如果主人还未成服，国君于此时来吊，就也不穿锡衰。侍奉有病的人不宜身穿丧服，等到病人死了，就为他主持丧事。如果不是侍奉有病的人来为别人主持丧事，就不改换自己原来的丧服。侍奉尊长辈病人一定要换下丧服，对于卑幼辈病人则可不必。

【原文】

妾无妾祖姑者，易牲而祔于女君可也①。妇之丧，虞、卒哭，其夫若子主之，祔则舅主之②。士不摄大夫③，士摄大夫唯宗子。主人未除丧，有兄弟自他国至，则主人不免而为主④。

【注释】

①妾无妾祖姑者二句：按本篇上文，妾应祔于妾祖姑，如无妾祖姑，则往上间隔一辈，祔于高祖之妾。但是，如果高祖又无妾，那就只好按照昭穆顺序祔于嫡祖姑（即女君，也即祖之嫡妻）。因为这是以妾祔于嫡，以卑祔于尊，所以祔祭的牺牲也要改变，本来是用特牲，现在要改为少牢，提高一个档次。

②妇之丧四句：郑注云："虞、卒哭，祭妇，非舅事也。祔于祖庙，尊者宜

主焉。"

③摄:代为主丧。

④主人未除丧三句:上文说国君吊臣,所吊虽已下葬,主人必免。现在是兄弟奔丧而来,勿须搬用对待国君之礼,故不免。

【今译】

　　妾无妾祖姑可祔,又无高祖之妾可祔,在这种情况下只好祔于嫡祖姑,但祔祭使用的牺牲得换一下,由原来的特牲改为少牢。媳妇辈的丧事,虞祭和卒哭之祭,可以由她的丈夫或儿子来主持;但在将她祔祭于祖姑之庙时,则应由她的公爹来主持。大夫死而无后,其亲属中之为士者不得代为主丧,因为大夫与士尊卑悬殊;只有宗子才可以以士的身份代为大夫主丧。在主人尚未除去丧服时,倘有他的兄弟从国外奔丧回来,主人可以不免而为主。

【原文】

　　陈器之道,多陈之而省纳之可也①,省陈之而尽纳之可也②。奔兄弟之丧,先之墓而后之家,为位而哭③。所知之丧,则哭于宫而后之墓④。父不为众子次于外⑤。与诸侯为兄弟者,服斩⑥。下殇小功⑦,带澡麻不绝本,诎而反以报之⑧。

【注释】

①多陈之:谓客人赠送的明器以多为荣。

②省陈之:谓主人自己准备的明器有数量限制。

③奔兄弟之丧三句:兄弟情亲,可以不先见丧主。

④所知:指朋友与同事等。宫:谓殡宫,也就是死者生前的正寝。死者已出葬,必至殡宫哭者,为了先见主人。

⑤众子:除嫡长子以外的庶子。次:丧次。谓倚庐、垩室,搭设在中门外,作为夜宿之所。

⑥与诸侯为兄弟者服斩:臣为君服斩衰三年是没有疑问的,这里称"诸侯"而不称"国君",是表示兄弟在异国,无君臣关系,但也要服斩衰。

⑦下殇小功:为下殇所制的小功丧服。下殇:八岁至十二岁而死者叫下殇。本为期服之亲,因其为下殇,降二等,故服小功之服。

⑧诎:通"屈"。报:犹合也。

【今译】

　　陈列明器的原则是：宾客馈赠的明器要全部陈列出来，但不必全部放入墓中；主人自备的明器不必全部陈列出来，但可以全部放入墓中。从国外奔赴兄弟之丧，可以先到墓地去哭，然后再往丧家对着丧主而哭。奔赴朋友之丧，则应先哭于殡宫，然后再到墓地去哭。庶子之丧，作父亲的就不在中门外设丧次。与诸侯是兄弟关系，虽在他邦仍服斩衰。下殇小功这种丧服，其腰绖是用连根漂白的麻制成，其下垂部分要挽起来搭到腰绖上。

【原文】

　　妇祔于祖姑①，祖姑有三人②，则祔于亲者③。其妻，为大夫而卒，而后其夫不为大夫，而祔于其妻，则不易牲④；妻卒而后夫为大夫，而祔于其妻，则以大夫牲。为父后者，为出母无服。无服也者，丧者不祭故也。妇人不为主而杖者：姑在为夫杖；母为长子，削杖；女子子在室⑤，为父母，其主丧者不杖⑥，则子一人杖⑦。

注释

① 祔：谓将新死者灵柩按昭穆顺序附葬于祖茔。
② 祖姑有三人：指祖父的正妻死后，又继娶两个继室。
③ 亲者：指丈夫的嫡亲祖母。也就是公公的亲生母亲。
④ 不易牲：谓以士牲。士牲用特牲。
⑤ 女子子：即女子，犹今所谓姑娘、闺女。
⑥ 其主丧者：因无兄弟，使族人中之男姓代为主丧。
⑦ 子一人：谓长女。

【今译】

　　把妻子的灵柩祔葬于祖姑时，如果祖姑有三位，那就应当祔于自己的嫡亲祖姑。妻子是在丈夫做大夫时死的，其后，丈夫被黜为士而死，在这种情况下，丈夫祔葬于妻时的祭礼只能用士牲，不能改为大夫之牲。如果妻子死后，丈夫由士升为大夫而死，在这种情况下，丈夫祔葬于妻时的祭礼就可以用大夫之牲，即少牢。作为父亲的继承人，对被父亲休弃的母亲就不穿任何丧服了。之所以不穿任何丧服，是因为被休弃的母亲已是他家之人,不当由自己来祭祀。妇人不作为丧主而应该手持丧杖的情况有:婆婆在世而丈夫死,妻当持杖;长子死,母当为之持桐杖;女儿在出嫁前父母去世,家中没有亲兄弟,由族人代为主丧而不持杖,在这种情况下,由长女持杖。

【原文】

　　缌、小功,虞、卒哭则免①。既葬而不报虞②,则虽主人皆冠,及虞则皆免。为兄弟既除丧已,及其葬也,反服其服;报虞、卒哭则免,如不报虞则除之。远葬者,比反哭者皆冠③,及郊而后免,反哭。君吊,虽不当免时也,主人必免,不散麻;虽异国之君,免也④,亲者皆免⑤。除殇之丧者,其祭也必玄。除成丧者,其祭也朝服缟冠⑥。

注释

①免(wèn 问):用宽一寸的麻布束发。脱冠则免。表示头上戴孝。
②报:通"赴",急速。下同。
③反哭:下葬后从墓地返回祖庙而哭。
④免:郑玄注:"免,或为吊。"今按:当作"吊"。
⑤亲者:谓大功以上亲属。
⑥朝服:玄冠、缁衣、素裳,这一套衣帽叫朝服。朝服是纯吉之祭服。除丧之祭还不到穿朝服的时候,所以把玄冠改为缟冠,这是一种未纯吉的祭服。

【今译】

　　穿缌麻、小功丧服的亲属,到了虞祭和卒哭之祭时还要戴免。如果下葬以后而不立即举行虞祭,那么即令是丧主也可以和大家一样都戴上帽子,等到虞祭时再全体脱帽著免。为兄弟服丧的人,由于死者久而未葬,有的已经按礼除去丧服,但等到要埋葬时,还要穿上原先的丧服;如果葬后接着举行虞祭和卒哭之祭,那就戴免,否则就脱掉丧服。如果墓地远在四郊之外,等到反哭时,要先都戴上帽子走一段路,进入城郊后再脱帽著免,返回祖庙去哭。国君来吊臣下之丧,即令是在不该戴免的时候,丧主也一定要戴免,腰中的麻绖不要有散垂部分;即令是异国之君来吊,凡大功以上亲属也都要如此打扮。为未成年而死的人服丧,到了除服之祭时一定要玄冠、玄衣、玄裳。为成年人服丧,到了除服之祭时要缟冠、缌衣、素裳。

【原文】

奔父之丧①,括发于堂上②,袒,降踊,袭绖于东方③;奔母之丧,不括发,袒于堂上,降踊,袭免于东方,绖。即位成踊,出门,哭止。三日而五哭三袒④。嫡妇不为舅后者,则姑为之小功⑤。

【注释】

①奔父之丧:郑玄注:"凡奔丧,谓道远,已殡乃来也。"
②括发:见本篇首节注。
③袭:与上文"袒"相对,谓穿上左臂衣服。东方:谓东序之东。东序是堂上的东墙。
④三日而五哭三袒:初来之日一哭,明日早晚各一哭,后日早晚各一哭,凡五哭。此五哭只指朝夕哭,不包括哀至则哭。三袒,谓初至一袒,明日早晨一袒,后日早晨一袒。
⑤小功:这是父母为庶子、庶妇所穿的丧服。据《丧服》,父母为嫡妇应服大功。

【今译】

奔父之丧,到家后应在堂上以麻括发,袒露左臂,从阼阶下堂,在阼阶之东边哭边跺脚,然后升堂,在东墙下穿好衣服,系好麻绖;奔母之丧,不须括发,只须在堂上袒露左臂,从阼阶下堂,在阼阶之东边哭边跺脚,然后升堂,在东墙下穿好衣服,戴免。此后,无论是奔父之丧或奔母之丧,就该就孝子之位,边哭边跺脚,然后走出殡宫之门,停止哭泣。头三天内,总共哭五次,袒露左臂三次。嫡长子的媳妇去世,公婆本应为她服大功。但如果由于嫡长子废疾或无子,不能做父亲的继承人,在这种情况下,嫡长子的媳妇死了,婆婆只为她穿小功丧服。

# 礼记全译

## 大传第十六

【题解】

"大传",也可理解为"大记"。郑玄说:"名曰《大传》者,以其记祖宗人亲之大义。"换言之,即同一宗族内血缘关系远近之大义。本篇文字,有和《丧服小记》同者,有和《仪礼·丧服传》同者。血缘关系的远近,是决定丧服制度的主要因素,本篇就是从这个角度来阐释丧服的。

【原文】

礼,不王不禘。王者禘其祖之所自出,以其祖配之①。诸侯及其大祖②。大夫、士有大事③,省于其君,干祫及其高祖④。

【注释】

① 礼不王不禘三句:已见《丧服小记》。
② 大(tài 太)祖:始封之君。
③ 大事:谓祫祭。即合祭祖先。大夫三庙,士二庙,合祭的祖先少于诸侯,故下文云"省于其君"。
④ 干祫:孙希旦说:"干者,逆上之意。祫本诸侯以上之礼,而大夫、士用之,故曰干祫。"

【今译】

按照礼的规定,不是天子就不能举行禘祭。天子举行禘祭,是祭祀诞生其始祖天帝的,并且以其始祖配享。诸侯合祭祖先时,可以上及其太祖。而大夫、士的合祭祖先,要比诸侯简省得多,最多可以及其高祖。

【原文】

牧之野,武王之大事也①。既事而退,柴于上帝②,祈于社,设奠于牧室③。遂率天下诸侯④,执豆笾,逡奔走,追王大王亶父、王季历、文王昌⑤,不以卑临尊也。

【注释】

①牧之野:谓武王伐纣时的牧野之战。牧野,地名,在商的首都朝歌南七十里,今河南卫辉市北。
②柴:焚柴祭天。详《王制》注。
③牧室:牧野之室。以牧室权作祖庙,祭告行主。
④遂率天下诸侯:据《尚书·武成》,此以下之事乃行之于位于丰(西周国都,在今陕西户县)之祖庙。
⑤大王亶父:周的祖先,被看作是周代王业的奠基人。季历:太王亶父之子,文王之父,被看作是对周代王业大有建树的人。文王昌:武王之父,被看作是周代王业的实际完成者。

【今译】

牧野之战,是武王伐纣的关键战役。当这场战役取得胜利以后,周武王就将胜利的喜讯焚柴祭告上天,祭告土神,祭告随军而行的祖先神主。接着又率领天下诸侯回到周都,在周人的祖庙里,手捧祭品,忙而不乱的各行其事,追尊亶父、季历、西伯昌为王,以避免后辈的爵位高于上述祖先。

【原文】

上治祖祢①,尊尊也;下治子孙,亲亲也;旁治昆弟,合族以食,序以昭缪②;别之以礼义;人道竭矣。

【注释】

①上治:治者,正也。这里说的"上治"、"下治"、"旁治",都是以自己为出发点。

②昭缪:即昭穆。缪,通"穆"。

【今译】

排列好上代祖祢的顺序,是为了尊其所当尊;排列好下代子孙的顺序,是为了亲其所当亲;排列好兄弟等旁系亲属的关系,集合同族的人在祖庙中聚餐,以父昭子穆的次序排列座次;以礼义区别男女。做人的道理,也就是这么多了。

【原文】

圣人南面而听天下,所且先者五①,民不与焉。一曰治亲,二曰报功,三曰举贤,四曰使能,五曰存爱。五者一得于天下②,民无不足,无不赡者;五者一物纰缪,民莫得其死。圣人南面而治天下,必自人道始矣③。立权度量,考文章④,改正朔⑤,易服色⑥,殊徽号⑦,异器械⑧,别衣服⑨,此其所得与民变革者也。其不可得变革者则有矣:亲亲也,尊尊也,长长也,男女有别,此其不可得与民变革者也。

【注释】

①且先:郑玄说:"言未遑余事。"

②一得:皆得。

③人道:即上文的"一曰治亲"。更具体点说,就是上节所讲的上治、下治、旁治等。

④文章:谓礼乐制度。

⑤正朔:谓历法。正,谓岁首。朔,谓月初。例如夏以建寅之月(正月)为岁首,殷以建丑之月(十二月)为岁首,周以建子之月(十月)为岁首。

⑥服色:各个朝代所崇向的颜色。如夏尚青,殷尚白,周尚赤。

⑦徽号:谓旌旗。夏、商、周三代旌旗上的徽号各异,例见《明堂位》。

⑧器械:谓礼乐之器及兵甲。例如俎,夏以嶡,殷以椇,周以房俎。参《明堂位》。

⑨衣服:如养老之衣,夏用燕衣,殷用缟衣,周用玄衣。参《王制》。

【今译】

　　圣人一旦坐上天子宝座而治理天下,有五件事情是当务之急,老百姓的事还不包括在内。第一件是排列好所有亲属的顺序,第二件是报答有功之臣,第三件是选拔德行出众的人,第四件是任用有才能的人,第五件是体恤有仁爱之心的人。这五件事如果统统做到了,那么,百姓就不会有不满意的,没有不富足的。这五件事如果有一件做得糟糕,老百姓可就要大吃苦头了。所以,圣人一旦坐上天子宝座而治理天下,一定要从治亲开始抓起。统一度量衡,制礼作乐,改变历法,改变服色,改变徽号,改换器械,改变衣服,以上这些事情,都是可以随着朝代的更迭而让百姓也跟着改变的。但是,也有不能随着朝代的更迭而随意改变的,那就是同族相亲,尊祖敬宗,幼而敬长,男女有别,这四条可不能因为朝代变了就让百姓也跟着变。

【原文】

　　同姓从宗①,合族属;异姓主名②,治际会。名著而男女有别。其夫属乎父道者,妻皆母道也。其夫属乎子道者,妻皆妇道也。谓弟之妻妇者,是嫂亦可谓之母乎?名者,人治之大者也,可无慎乎③!

注释

①同姓:指同一族内的男子。同一族内的男子,其昭穆分明。
②异姓:嫁与本族男子为妻的异姓女子。这些异姓女子的昭穆取决于其夫,其夫为昭则为昭,其夫为穆则为穆。
③其父属乎父道者九句:本《仪礼·丧服传》文,本来是解释为什嫂叔之间无服的,本节则用以说明异姓之女的名分完全取决于她的丈夫。道:行辈。

【今译】

　　凡是同姓的男子,都有一个共同的祖宗,组合为一个昭穆分明的族属。从外族嫁过来的女子,以其丈夫的昭穆为昭穆,从而确定其名分称呼,以便于参加族内的交际和聚会。其名分称呼明确了,男女之别才可以做到。对于嫁到本族的异姓女子来说,如果她的丈夫属于父辈,那么他的妻子就属于母辈;如果她的丈夫属于儿子一辈,那么他的妻子就属于儿媳一辈。如果把弟弟的妻子称作儿媳,而称呼嫂嫂为母亲,这不是乱套了吗!所以说名分称呼,是人伦中的大事,可以不慎重吗!

【原文】

四世而缌①,服之穷也。五世袒免②,杀同姓也。六世③,亲属竭矣。其庶姓别于上④,而戚单于下⑤,昏姻可以通乎?系之以姓而弗别⑥,缀之以食而弗殊,虽百世而昏姻不通者,周道然也。

**注释**

①四世:指同一高祖的子孙。缌:缌麻,五服中的最后一等丧服。
②五世:同一高祖之父的子孙,已经出了五服。
③六世:同一高祖之祖的子孙。
④庶姓:谓同姓五世亲尽者。上:谓高祖以上。
⑤戚:亲情。单:通"殚",尽也。下:谓玄孙以下。
⑥姓:此指正姓。始祖之姓为正姓。

【今译】

同一高祖的子孙,彼此相为只穿缌麻丧服,这已经是五服的最后一等了。同一高祖之父的子孙,已经出了五服,彼此相为,只须袒露左臂、戴免示哀即可,这是因为虽然同姓而血缘已远,所以减少其情谊。同一高祖之祖的子孙,彼此同姓而已,亲属关系已经没有了。这些同姓的人,从高祖以上已经姓氏有别,从玄孙以下已经出了五服,他们之间可以彼此通婚吗?回答是:这些人都是系在一个老祖宗的正姓之下,在这一点上可以说没有分别;在合族聚餐的时候,大家还是按辈分入席。因此,周代制定的办法是,只要是同姓的人,即使离老祖宗已经百代也不可彼此通婚。

【原文】

服术有六:一曰亲亲①,二曰尊尊②,三曰名③,四曰出入④,五曰长幼⑤,六曰从服⑥。从服有六:有属从⑦,有徒从⑧,有从有服而无服,有从无服而有服,有从重而轻,有从轻而重⑨。自仁率亲,等而上之至于祖,名曰轻;自义率祖,顺而下之至于祢,名曰重。一轻一重,其义然也。君有合族之道⑩,族人不得以其戚戚君⑪,位也。

### 注释

①亲亲:郑注云:"父母为首。"
②尊尊:郑注云:"君为首。"
③名:名分称呼。详上节。
④出入:已出嫁的女子叫出,待字闺中的叫入。
⑤长幼:长指成人之丧,幼指殇。
⑥从服:本人与死者本无亲属关系,用不着服丧,只是由于自己的亲属与死者有亲属关系,自己才跟着服丧。
⑦属从:见《丧服小记》注。
⑧徒从:见《丧服小记》注。
⑨有从有服而无服四句:又见本书《服问》篇。
⑩合族:设宴招待全体族人,以联络同族情谊。
⑪戚戚:上"戚"指血缘关系,下"戚"指带来麻烦。

### 【今译】

　　制定丧服的依据有六条:第一条是根据血缘关系的远近,第二条是根据社会地位的尊卑,第三条是根据异姓女子嫁来以后所取得的名分,第四条是根据本族女子的出嫁与否,第五条是根据死者是成年人与否,第六条是从服。从服又可分为六种:第一种是属从,即因亲属关系而为死者服丧,如儿子跟从母亲为母亲的娘家人服丧;第二种是徒从,即非亲属而空为之服丧,例如臣子为国君的家属服丧;第三种是本来有从服而变为无服,例如国君的庶子,本来是应跟从其妻为其岳父服丧的,但因怕触犯国君禁忌,就不服丧了;第四种是本来没有从服而变为有服,例如国君的庶子不为其母亲的娘家人服丧,而庶子之妻却要为之服丧;第五种是本应跟着服重服而变为服轻服,例如妻为其娘家父母服齐衰期,为重,而丈夫为其岳父母仅服缌麻,是轻。第六种是本应跟着服轻服而变为服重服,例如国君的庶子为其生母仅仅头戴练冠,葬后即除,而庶子之妻却要为之服齐衰期。从恩情这个角度上讲,沿着父亲逐代上推以至于远祖,那是愈远愈轻;从道义这个角度上讲,沿着远祖逐代下推以至于父庙,那是愈远愈重。这样,远祖在恩情上虽轻,在道义上却重;父亲在恩情上虽重,在道义上却轻。这样的有轻有重,从人情道理上讲也就应该这样。国君身兼宗子,有义务聚合族人宴饮,敦睦族谊,但族人却不可自恃与国君有血缘关系而以家人之礼对待他,这是国君所处的地位所决定的。

【原文】

　　庶子不祭,明其宗也。庶子不得为长子三年,不继祖也。别子为祖,继别为宗,继祢者为小宗。有百世不迁之宗,有五世则迁之宗。百世不迁者,别子之后也。宗其继别子之所自出者,百世不迁者也。宗其继高祖者,五世则迁者也。尊祖故敬宗,敬宗,尊祖之义也①。有小宗而无大宗者,有大宗而无小宗者,有无宗亦莫之宗者,公子是也②。公子有宗道:公子之公③,为其士大夫之庶者,宗其士大夫之嫡者,公子之宗道也。绝族无移服④,亲者属也。

注释

　　①"庶子不祭"至"尊祖之义也":已大体见于《丧服小记》,可参彼处译注。宗其继别子之所自出者:阮元《校勘记》引朱熹说以为"之所自出"四字为衍字,是。
　　②有小宗而无大宗者四句:公子,指诸侯世子以外的同母兄弟和异母兄弟。由于身份是公子,上不得宗君,下未为后世之宗,不可无人主领。国君如无同母兄弟,即派异母兄弟一人为宗,以领公子,其礼亦如小宗,是所谓"有小宗而无大宗"。如果国君有同母兄弟,使之为宗,以领公子,不再立异母兄弟为宗,是所谓"有大宗而无小宗"。如果公子只有一个,既没有别的公子可为己宗,也没有别的公子前来宗己,是所谓"有无宗亦莫之宗"。
　　③公子之公:指公子之嫡兄弟为君者。
　　④绝族无移服二句:《丧服传》作"绝族无施(yì音易,延及也)服,亲者属"。族兄弟互相服缌麻,族兄弟之子就出了五服,不相为服。

【今译】

　　庶子不祭祖祢,这表明祭祖祢的事情应由宗子来做。作父亲的是庶子,就不能为其长子服丧三年,因为庶子不是祖祢的继承人。别子为其后裔之始祖,继承别子的嫡长子是大宗,继承别子之庶子的是小宗。有百世不迁之宗,即大宗;有五世则迁之宗,即小宗。百世不迁的大宗,就是别子的嫡长子那一支。继承别子的嫡长子那一支,就是百世不迁的大宗。只能继承高祖的宗,是五世则迁的小宗。因为尊祖,所以才尊敬嫡长子,而尊敬嫡长子,也就等于尊祖。诸侯公子的宗法,第一种是只有小宗而无大宗,第二种是只有大宗而无小宗,第三种是无人可为己宗,也无人以己为宗,这就是诸侯公子宗法的情况。诸侯的公子有这样的宗法,即由国君立一个同母弟作为其余被封为士大夫的异母弟的宗子,这就是公子的宗法。出了五服的族人,恩义已经断绝,就不再彼此互相挂孝。至于五服以内的亲属,该咋服丧还咋服丧。

【原文】

　　自仁率亲,等而上之至于祖;自义率祖,顺而下之至于祢①。是故人道亲亲也,亲亲故尊祖,尊祖故敬宗,敬宗故收族②,收族故宗庙严③,宗庙严故重社稷,重社稷故爱百姓④,爱百姓故刑罚中,刑罚中故庶民安,庶民安故财用足,财用足故百志成,百志成故礼俗刑⑤,礼俗刑然后乐。《诗》云:"不显不承,无斁于人斯⑥。"此之谓也。

【注释】

　　①自仁率亲四句:已见本篇上文。
　　②收族:合族,团结族人。《仪礼·丧服传》:"大宗者,收族者也。"郑注:"收族者,谓别亲疏,序昭穆。"
　　③严:尊也。
　　④百姓:谓百官。
　　⑤刑:通"型",典范。
　　⑥《诗》云二句:见《诗·周颂·清庙》。不:通"丕",大也。承:王引之《述闻》:"承者,美大之辞,当读为武王烝哉之烝。"斁(yì亦):厌烦。

【今译】

　　从恩情上讲,从父亲开始逐代上推以至于远祖,那是愈往上推愈轻;从道义上讲,从远祖开始逐代下推以至于父庙,那是越远越重。由此看来,爱其父母乃是人的天性。爱其父母就必然会尊敬祖先,尊敬祖先就必然会尊敬宗子,尊敬宗子就必然会团结族人,团结族人就必然会宗庙尊严,宗庙尊严就必然会重视社稷,重视社稷就必然会爱护百官,爱护百官就必然会刑罚公正,刑罚公正就必然会百姓安宁,百姓安宁就必然会财用充足,财用充足就必然会万事如意,万事如意就必然会礼俗美好,礼俗美好就会导致普天同乐。《诗经》上说:"文王的功德,伟大而令人叹美,人们永远怀念他。"说的就是这个意思。

# 礼记全译

## 少仪第十七

【题解】

篇名《少仪》，孔颖达以为是"此一篇杂明细小威仪"。朱熹则说："此篇言少者事长之节，注疏以为细小威仪，非也。"孙希旦则折衷说："此篇固多少者事长之事，而亦有不专为少时者，但其礼皆于少时学之。名篇之义，朱子之说为确，而郑、孔所谓'细小威仪'者，其义，亦未尝不兼之焉。"篇中内容，间有见于《曲礼》《内则》者。

【原文】

闻始见君子者①，辞曰："某固愿闻名于将命者②。"不得阶主③。敌者，曰："某固愿见④。"罕见曰"闻名"，亟见曰"朝夕"，瞽曰"闻名"⑤。适有丧者曰"比"⑥，童子曰"听事"。适公卿之丧，则曰"听役于司徒"⑦。

【注释】

①闻：闻的主语是本篇作者。君子：指卿大夫和有高尚品德的人。
②某：求见者之名。闻名：通达姓名。将命者：出入传话的人，犹今日之传达。
③阶主：谓直接指斥主人。
④某固愿见："愿见"的宾语是主人，此处省略。
⑤瞽曰闻名：瞽是瞎子，所以只说"闻名"，不说"见"。
⑥比：比作将命者，谓特来与将命者共同效劳。

⑦司徒:孙希旦说就是公卿大夫之家的宰。

【今译】

听说古人相见之礼,如果是第一次拜访君子,就要说:"某某很希望把贱名报告给您的传达。"不可指名道姓地求见主人。如果是拜访与自己地位相等的人,就说:"某某特地前来拜会。"平时难得见面的,就说:"某某很希望将贱名通报给您的传达。"常常见面的,就说:"某某常常麻烦您的传达通报。"瞎子求见,其所致辞与平时难得见面者相同。到有丧事的人家去求见,应说:"特来与您的传达一齐效劳。"未成年的孩子则说:"特来听候使唤。"到有丧事的公卿之家去求见,应说:"特来听候府上总管的差遣。"

【原文】

君将适他,臣如致金玉货贝于君,则曰:"致马资于有司。"敌者,曰:"赠从者。"臣致襚于君①,则曰:"致废衣于贾人②。"敌者,曰"襚"。亲者兄弟不,以襚进。臣为君丧,纳货贝于君,则曰:"纳甸于有司③。"赗马入庙门④。赙马与其币、大白兵车,不入庙门⑤。赗者既致命,坐委之。摈者举之,主人无亲受也⑥。

注释

①襚:送给死者穿的衣服。
②贾人:熟知物价贵贱而为国君掌管衣物的人。
③甸:谓田野之物。实即采地的收入。
④赗(fèng 俸):孔颖达说:"以马送死曰赗"。此赗马是准备拉柩车的,所以可入祖庙大门。
⑤赙马:以马助生者营丧叫赙马。赙马和赙币都是用来帮助生者料理丧事的,所以不入庙门。大白:旗名。见《明堂位》注。太白兵车是战伐田猎之车,虽为死者而赠,但也不宜进入庙门。
⑥主人无亲受也:丧主正在悲哀之中,除非尸柩之事,其余一律不亲自动手。

【今译】

国君将到他国出访,臣下如果要向国君赠送金玉货币等物,应该谦让地说:"这是一点送给陛下随从的养马费用。"如果是赠给地位相当的人,就应该说:"送点微薄的礼品供您的从者使用。"臣下送敛衣给国君,应该说:"臣某来给贾人送点废置不用的衣服。"如果是送敛衣于地位相当的人,就应该说:"特来为死者送敛衣。"如果是大功以上的亲属赠送敛衣,那就不必客套,直接把敛衣送去就是。臣下为国君的丧事向国君进献货币,应该说:"这是向有关部门进献一点田野之物。"送给死者的马可以进入庙门。送给丧主料理丧事的马和礼品,以及插有大白旗帜的兵车,就不宜进入庙门。赠送丧主礼品的人在吊唁以后,要跪着将礼品放在地上,然后由帮助丧主接待宾客的人从地上拿起来,加以收藏,丧主是不亲自接受的。

【原文】

受立,授立,不坐①。性之直者则有之矣②。始入而辞,曰:"辞矣。"即席,曰:"可矣。"排阖说屦于户内者③,一人而已矣。有尊长在则否。问品味,曰:"子亟食于某乎?"问道艺④,曰:"子习于某乎?子善于某乎?"不疑在躬。不度民械。不愿于大家。不訾重器。泛扫曰扫,扫席前曰拚⑤。拚席不以鬣⑥,执箕膺揲⑦。不贰问。问卜筮,曰:"义与?志与?"义则可问,志则否。

【注释】

①坐:跪。
②性:通"生"。直:俞越说:"凡物,曲则必短,直则必长,故直有长义。"
③阖:门扇。说:通"脱"。孙希旦说:"凡席于堂,则屦脱于堂下;席于室,则屦脱于户外。唯尊者一人脱屦于席侧。"
④道艺:谓六艺,即礼、乐、射、御、书、数。
⑤拚(fèn奋):扫除席前之名。字亦作"攒"。
⑥鬣(liè 列):扫帚。扫帚常用来扫地,不干净,而席前是放置食品之所,不宜用扫帚来扫。
⑦揲(yè 页):箕舌。畚箕前伸出的部分。

【今译】

一般情况下,受授礼物的双方都采取立姿,不采取跪姿,这样比较方便。但是,如果生来就是个身材高大的人,那就得采取跪姿受授礼物,以避免造成居高临下之势。客人刚刚入门,摈者要提醒主人向客人说:"请您先进。"等到宾主双方都来到席前时,摈者就说:"请各位落座"。如果座席是铺设在室内,宾主在推门进去以后,只有地位最尊或年龄最大的一位可以脱鞋于室内席侧,其他人都脱于户外。如果室内原来已经坐有尊长,则后来的人都要将鞋子脱在户外。宾主之间如果询问对方的口味嗜好,要说:"您经常吃某种食品吗?"如果询问对方的道艺,要说:"您经常研究某一方面的学问吗?"或者说:"足下是某一方面的专家吧?"不要做事让人怀疑自己,不要估量人家器械的多少,不要羡慕富贵人家,不要乱说人家的贵重物品不好。室内室外都进行打扫叫扫,只打扫席前一片地方叫拚。打扫席前不可使用扫帚,拿畚箕时要把箕舌对住自己的胸口。问卜的时候必须专心致志。在卜筮以前先要扪心自问:"我来求卜筮是为了公家正事呢?还是为了个人目的?"如果是为了公家正事,才可以问;为了个人目的,就不可以问。

【原文】

　　尊长于己逾等①,不敢问其年。燕见不将命②。遇于道,见则面,不请所之③。丧俟事④,不犆吊⑤。侍坐弗使,不执琴瑟,不画地,手无容,不翣也。寝则坐而将命⑥。侍射则约矢⑦,侍投则拥矢⑧,胜则洗而以请⑨,客亦如之。不角⑩,不擢马⑪。

注释

①逾等:谓爵位或辈分高于自己。
②燕见:在主人闲暇时去拜见。燕,通"宴",闲也。
③遇于道三句:有尽量避免烦动尊长之意。
④事:指朝夕哭时。也就是在既殡之后。
⑤犆:同"特",单独。
⑥寝则坐而将命:孔颖达说:"长者寝卧,立则恐临尊者。"
⑦约矢:把要射的四支箭一下子都拿在手里。射箭比赛的常规是两人一组,叫做一耦,分称上射、下射。每人要射四支箭,共八支,都插在楅(bì 壁,承箭之器)上。一般情况下,两人在取箭时要互相谦让,你取一支,我取一支,轮流取完。现在是卑幼者与尊长为一耦,不敢采取那种轮流取箭的作法,而是让尊长先取四支,自己再把馀下的四支一下子拿到手里。
⑧拥矢:把要投的四支箭一下子都拿在手。投壶时,宾主要各投四矢,共八

矢。此八矢委置于地,宾主轮番取之以投。若卑者侍投,不敢将矢委置于地,要用手抱住。

⑨胜者洗而以请:洗,谓洗杯(爵)斟酒。请,谓敬酒。按照射礼与投壶的比赛规则,负的一方应自己取罚酒之爵而饮。

⑩不角:不使用觥作为罚杯。而使用一般献酬时所用的爵。

⑪不擢马:不撤去尊长的得胜筹码。按照投壶规则,每取胜一次,得一马(胜算),先得三马者为胜方。如果一方得二马,另一方得一马,则得二马者可撤去另一方之一马而并入己方之二马,凑成三马之数。这叫擢马,也叫"一马从二马"。对于尊长则不用此规则。详《投壶》。

【今译】

对于爵位或辈分高于自己的尊长,不应该询问他们的年龄。在尊长闲暇时前去拜见,可以不用传达通报。在路上遇到尊长,如果被尊长看见了,就上前问好,没有被看到就算了。在路上遇到尊长,不要问他到哪里去。去尊长家里吊丧,要等到朝夕哭时,不要独自随便闯进去吊丧。在陪侍尊长坐谈时,如果尊长没有发话,就不要拿起琴瑟弹奏,不要在地上画来画去,不要玩弄手指,不要摇动扇子。尊长如果是躺着,卑幼者就应跪着为他传话。在陪侍尊长射箭时,要让尊长先取箭,然后自己再一次取过四箭。在陪侍尊长投壶时,要把自己要投的四支箭都拿在手里,不可放到地上。在射箭和投壶时,如果是卑幼者获胜,不可像通常那样让尊长吃罚酒,而要洗好杯子,斟好酒,端到他席前请他喝。如果是主人和客人比赛而客人输了,主人也要以这样的礼数对待客人。请尊长吃罚酒,不可使用吃罚酒的专用杯子。投壶时尽管卑幼者占据优势,但也不能按照擢马规则办事。

【原文】

执君之乘车则坐。仆者右带剑,负良绥①,申之面,拖诸幦②。以散绥升③,执辔然后步。

注释

①良绥:君绥。君登车所用的拉绳。
②幦(mì密):车轼上的覆盖物。
③散绥:副绥。驾车人登车所用的拉绳。

【今译】

　　在国君尚未登车时,驾车人手执马缰,跪在车中央。驾车人要把剑佩在身体右侧,把良绥搭在左肩,绕过背后,从右腋下穿出而至于面前,使其末稍搭在车轼的覆盖物上,准备让国君拉着登车。驾车的人拉着散绥登车,一手执马鞭,一手握马缰,然后试车。

【原文】

　　请见不请退。朝廷曰退,燕游曰归,师役曰罢。

【今译】

　　卑幼者可以请求进见尊长,但在既见之后不可主动请求退下,须待尊长示意方可告辞。从朝廷上下来叫作"退",从宴席上或游玩后回家叫"归",从军队上、从工地上下来叫"罢"。

【原文】

　　侍坐于君子,君子欠伸、运笏、泽剑首、还屦、问日之蚤莫①,虽请退可也。

注释

　　①泽剑首:抚摩剑柄。抚摩时间长了,剑柄上会有汗泽。还(xuán 旋)屦:尊者脱屦于户内,屦在席侧,所以可旋转屦的方向。蚤莫:即"早暮"。

【今译】

　　陪侍君子坐着说话,如果看到君子打哈欠,伸懒腰,转动笏板,抚摩剑柄,旋转鞋头的朝向,讯问时间的早晚,这都是君子困倦的表示,看到这种情形,主动请退是完全可以的。

【原文】

　　事君者量而后入,不入而后量。凡乞假于人、为人从事者亦然。然,故上无怨而下远罪也。

【今译】

　　向国君提建议,应该在考虑成熟以后再提,不要在提出以后才进行考虑。凡是向人借东西,或者替别人办事,也要这样。唯其这样,才可以既不招致国君怪罪,自己也不至于得罪。

【原文】

不窥密,不旁狎①,不道旧故,不戏色。为人臣下者,有谏而无讪,有亡而无疾。颂而无谄,谏而无骄。怠则张而相之,废则扫而更之,谓之社稷之役②。

【注释】

①旁:孔颖达说:"旁,犹妄也。"
②役:仆役。此处作"臣"解。

【今译】

不要窥探他人的隐私秘密,不要随便地与别人套近乎,不要揭露他人的老底,不要有嬉笑侮慢的神态。作为臣子,对国君的过失可以当面劝谏,但不可以背后讪谤;国君如果不接受劝谏,作臣子的可以离他而去,但不可以心存怨恨。国君有美德,臣子可以称颂,但不可流于谄媚。国君接受了臣子的劝谏,臣子切切不可得意忘形。国君如果怠于政事,臣子应当鼓励他帮助他;国政如果败坏,臣子应当扫除弊政,更创新政。能够这样,就叫做社稷之臣。

【原文】

毋拔来,毋报往①。毋渎神,毋循枉,毋测未至。士依于德,游于艺。工依于法,游于说②。毋訾衣服成器,毋身质言语③。

【注释】

①毋拔来二句:朱熹说:"言人见有个好事,火急欢喜要做,这样人不耐久,少间心懒意阑,则速去之矣。"译文从此意。拔、报,皆疾速之义。报,通"赴"。
②说:指理论、道理。
③毋身质言语:郑玄注:"质,成也。闻疑则传疑,若成之,或有所误也。"

【今译】

做任何事情都不能只凭一时冲动,否则也就只有三分钟的热度。

不可亵渎神明,不可重蹈覆辙,不可妄测未来。作为士,应当以道德为依归,沉潜于六艺之中。作为工匠,应当以规矩为依归,钻研有关的理论。不要诋毁别人的衣服和制成的器皿。对于可疑的传闻只可姑妄听之,不可妄加证实。

【原文】

言语之美,穆穆皇皇。朝廷之美,济济翔翔①。祭祀之美,齐齐皇皇②。车马之美,匪匪翼翼③。鸾和之美④,肃肃雍雍。

注释

①济济(qí qí 齐齐):端重貌。
②皇皇:读为"往往"。谓孝子祭祀,心有所系往。
③匪匪:读为"騑騑"。马行走不止貌。翼翼:整齐貌。
④鸾和:都是车铃。鸾在车衡,和在车轼。

【今译】

言语之美,在于语气平和,言简意深。朝廷之美,在于端庄。整齐,举动合礼。祭祀之美,在于谨慎诚恳,心系鬼神。车马之美,在于行进整齐。鸾和之美,在于铃声的清脆和谐。

【原文】

问国君之子长幼,长①,则曰"能从社稷之事矣";幼②,则曰"能御"、"未能御"③。问大夫之子长幼,长,则曰"能从乐人之事矣"④;幼,则曰"能正于乐人"、"未能正于乐人"。问士之子长幼,长,则曰"能耕矣";幼,则曰"能负薪"、"未能负薪"。

注释

①长:谓已冠。年龄在二十岁以上。
②幼:谓未冠。
③未能:此"未能"是指年龄更小,尚未成童,在十五岁以下。下同。
④乐人:即乐正。《王制》:"乐正崇四术,立四教,顺先王《诗》《书》《礼》《乐》以教士。"注云:"乐正,乐官之长,掌国子之教。"是乐正就相当于大学校长。

【今译】

别人问及国君儿子的年龄,如果已经长大,就回答说"已经能够从事国家的政事了";如果还没有长大,就回答说"已经能够办理小事了";如果尚未成童,就回答说"还不能够办理小事"。别人问及大夫儿子的年龄,如果已经长大,就回答说:"已经大学毕业了";如果尚未长大,就回答说"正在大学求学呢";如果尚未成童,就回答说"还没有进大学受教育呢"。别人问及士的儿子的年龄,如果已经长大,就回答说"已经会耕地了";如果尚未长大,就回答说"已经会背柴禾了";如果尚未成童,就回答说"还不会背柴禾呢"。

【原文】

执玉,执龟策,不趋。堂上不趋,城上不趋。武车不式,介者不拜①。

**注释**

①武车不式二句:详《曲礼下》。

【今译】

手中拿着玉器,手中拿着龟甲蓍草,不要快步走。在堂上不要快步走,在城上不要快步走。在兵车上,不需要凭轼行礼。身穿铠甲的将士不行拜礼。

【原文】

妇人吉事,虽有君赐,肃拜①。为尸,坐则不手拜②,肃拜。为丧主则不手拜。葛绖而麻带。取俎进俎,不坐③。执虚如执盈,入虚如有人。凡祭,于室中、堂上无跣④,燕则有之。未尝不食新⑤。

**注释**

①肃拜:九拜之一。其法是下跪,低头,双手下垂而不至于地。肃拜是妇女常用之拜。
②手拜:下跪,双手至地,低头至手而拜。妇女以手拜为丧拜。
③不坐:不跪。即立着取俎进俎。因为俎有足,立着取、进方便,故不跪。

④跣(xiǎn 先):脱屦。祭礼主敬,故不跣。燕礼主欢,故有跣。
⑤尝:将当令的新鲜食品献祭于宗庙。

**【今译】**

　　妇女在行吉礼时,即令是拜谢国君之赐,也是用肃拜。在充当祖姑之尸时,虽取坐姿,但不用手拜,而用肃拜。如果为丈夫或长子的丧主,则不行手拜礼,而行稽颡礼。妇人在既虞、卒哭以后,头上改戴葛绖,而腰间仍用麻带。祭祀时,无论是从俎上取肉还是把肉放到俎上,都不用跪下。手中拿着空的器皿,要像拿着装满东西的器皿那样小心谨慎。进入无人的房间,要像进入有人的房间那样恭敬。大凡祭祀,不管在室中还是堂上,都不脱鞋;但在燕饮时,升堂之前可得脱鞋。在没有把当令食品先献祭宗庙之前,任何人都不得吃。

**【原文】**

　　仆于君子,君子升下则授绥①,始乘则式。君子下行,然后还立②。乘贰车则式③,佐车则否④。贰车者,诸侯七乘,上大夫五乘,下大夫三乘。有贰车者之乘马服车,不齿。观君子之衣服、服剑、乘马,弗贾。

**注释**

①绥:登车索。
②还(xuàn 旋):旋转。
③贰车:朝觐、祭祀时的副车。朝觐、祭祀主敬,故式。
④佐车:打仗、田猎时的副车。打仗、田猎是武事,故不式。

**【今译】**

　　为尊长驾车,尊长上下车时,要把登车索递给他,使他有所把持。始乘之时,尊长尚未出来,驾车人要俯首凭轼,敬候尊长上车。尊长下车步行离开之后,驾车人然后将车转往一旁,下车站着守候。乘贰车要凭轼行礼,乘佐车就不必了。贰车的数量,诸侯是七辆,上大夫是五辆,下大夫是三辆。对于大夫以上的阶层,对于他们所乘之车及驾车之马,不要随便评论其新旧老幼。观看尊长的衣服、佩剑、驾车之马,不要议论其价值。

【原文】

其以乘壶酒、束脩、一犬赐人①；若献人，则陈酒执脩以将命②，亦曰"乘壶酒、束脩、一犬"。其以鼎肉③，则执以将命。其禽加于一双，则执一双以将命，委其余。犬则执绁④。守犬、田犬⑤，则授摈者；既受，乃问犬名。牛则执纼⑥，马则执靮⑦，皆右之；臣则左之。车则说绥⑧，执以将命。甲若有以前之⑨，则执以将命；无以前之，则袒櫜奉胄⑩。器则执盖。弓则以左手屈韣执拊⑪。剑则启椟盖袭之，加夫袷与剑焉⑫。笏、书、脩、苞苴、弓、茵、席、枕、几、颎、杖、琴、瑟、戈有刃者椟、策、籥⑬，其执之，皆尚左手。刀却刃授颖，削授拊。凡有刺刃者，以授人则辟刃。

> 注释

①乘（shèng 胜）：古人计物以四为乘。赐：尊者给卑者物曰赐，卑者给尊者物曰献。
②陈酒执脩：把酒放在门外而拿着干肉进去。酒重，所以放在门外；干肉轻，所以拿着进门。
③鼎肉：肉已按部位割切，可升于鼎，亦便于手执。
④绁（xiè 泄）：绳索。
⑤守犬、田犬：孔颖达说："犬有三种。一曰守犬，守御宅舍；二曰田犬，田猎所用；三曰食犬，充君子庖厨。田犬、守犬有名，食犬无名。"
⑥纼（zhèn 振）：牛鼻绳。
⑦靮（dí 笛）：马缰。
⑧说：通"脱"，解下。
⑨前之：即先之。古代致送礼物，均先以轻物为引，而后致送重物。《老子》："虽有拱璧以先驷马。"（六十二章）《左传》僖公三十三年，弦高犒劳秦师，先以四张熟牛皮为引，然后又送去牛十二头。是其例。
⑩櫜（gāo 皋）：收藏弓矢、盔甲的袋子。
⑪韣（dú 犊）：藏弓之袋，弓套。拊：柄。此指弓中央把手处，也作"弣"。
⑫夫：语词，无义。袷（ráo 饶）：剑套。
⑬颎（jiǒng 迥）：警枕。用圆木制成，枕而入睡，头略有斜侧即滚动，人则警醒。王引之认为"颎"字当在"枕"字下。籥（yuè 跃）：一种管乐器。似笛，三孔，或曰六孔。

【今译】

如果以四壶酒、十条干肉、一只食用狗赐给下属，或者下属以同样的物品献给尊长,都是把酒和狗留到门外,只拿着干肉进去禀报,但禀报辞却要把所献物品全部表述出来:"送来四壶酒、十条干肉、一只食用狗。"如果赠送的是已经切割好的肉,那就拿着肉进去通报。如果赠送的是家禽而且数量超过一双,那就只拿着一双进去通报,其余的都留在门外。当然,通报时要有多少双就说多少双。赠犬时,要牵着系狗的绳子。如果是赠送看家犬、田猎犬,就要交给主人家负责接待宾客的摈者;摈者接受之后,要询问这些狗的名字。如果是赠牛,就要牵着牛鼻绳;如果是赠马,就要牵着马缰绳。牛和马之类,都用右手牵绳;如果所送的是俘虏,就要用左手牵,空着右手以备其反抗。如果是赠车,只要将车上的绥解下来拿着进去通报就可以了。赠送盔甲时,如果有其他较轻的礼物需要先献,那就拿着此较轻礼物进去通报;如果没有较轻的礼物需要先献,那就打开放盔甲的袋子,取出头盔,拿着它进去通报。赠送笨重的盒子,可以只拿着它的盖子进去通报。赠弓时要把弓套褪下,左手抓着中央把手。赠剑时要打开剑匣的盖,把匣盖合在剑匣底部,然后把剑套垫在匣内,压在剑下。凡是赠送笏、书、干肉、芦苇包着鱼肉、弓、褥子、席、枕、小几、警枕、手杖、琴、瑟、用木盒装着的有刃的戈、蓍草、篚等物,在拿的时候都以用左手为敬。送刀给人时,要让刀刃向后,递给对方刀环。递送曲刀时,要把刀把递给对方。凡是把有锋刃的东西递给别人时,都不要把锋刃正对着别人。

【原文】

乘兵车,出先刃,入后刃。军尚左,卒尚右①。

注释

①军尚左二句:郑玄注云:"左,阳也。阳主生。右,阴也。阴主杀。"

【今译】

在战车上的人,出城时刀刃向前,入城时刀刃向后。军队中的行列,将军以居左为上,示战无不胜;士卒以居右为上,示必死之志。

【原文】

宾客主恭,祭祀主敬,丧事主哀,会同主诩①。军旅思险,隐情以虞。

**注释**

①会同:古代诸侯朝见天子曰会,诸侯自相聚曰同。诩(xǔ许):夸张。

**【今译】**

接待宾客,要强调的是外貌之恭。举行祭祀,要强调的是内心之敬。办理丧事,要强调的是内心悲哀。国际交往,要强调的是扬我国威。行军作战,要留心险阻之处,不泄露自己的秘密,估量敌方意图。

**【原文】**

燕侍食于君子①,则先饭而后已②。毋放饭,毋流歠③。小饭而亟之,数嗢④,毋为口容。客自彻,辞焉,则止。客爵居左⑤,其饮居右⑥。介爵、酢爵、僎爵⑦,皆居右。

**注释**

①燕侍食:王夫之说:"侍君子燕居之食。"
②先饭:表示为君子尝食。后已:表示劝君子吃饱。
③毋放饭二句:见《曲礼上》。
④嗢:通"嚼"。
⑤客爵:谓主人酬宾之爵。宾接过此爵而不饮,放在席前脯醢的左边。
⑥其饮:谓主人献宾之爵。宾必饮此爵,故曰"其饮"。此饮爵放在席前脯醢的右边。
⑦介:宾的随员。酢爵:宾回敬主人之爵。古人饮酒之礼:主人先敬宾酒,这叫献;宾回敬主人酒,这叫酢;主人先自饮而后斟酒劝宾饮,这叫酬;宾接过酬爵不饮而放在一边。一献之礼至此完成。僎(zūn尊):通"遵"。乡人中来观礼的卿大夫。介爵、酢爵、僎爵都是必饮之爵,所以都放在各自席右。

**【今译】**

陪着尊长吃便饭时,要先动手吃,但要在尊长吃饱后才住手。不要把多取的饭再放回食器,不要大口大口地喝汤以致于汤汁顺着嘴角外流。要小口吃饭,但要迅速咽下。咀嚼要快,不要满嘴都是饭,弄得腮帮子都鼓起来。饭后,客人想自己收拾餐具,这时主人要加以劝阻,客人也就住手。举行乡饮酒礼时,主人酬宾的爵,宾接过以后不饮,放在自己席前的左边。主人献给介的爵,宾回敬主人的爵,主人献给僎的爵,这都是必饮之爵,都放在各自席前的右边。

【原文】

羞濡鱼者①,进尾②。冬右腴③,夏右鳍④。祭膴膴⑤。

注释

①羞:进献。濡(rú 如):烹熟后又浇汁。
②进尾:谓鱼尾向前。这样放,便于吃时由后向前擘肉而使肉与骨刺分离。
③腴:鱼腹。冬季鱼腹肥美。
④鳍:鱼脊。夏季鱼脊肥美。
⑤膴(hū 忽):从鱼腹切下来的大块肉。

【今译】

平常吃鱼,如果上的是烧好后又浇上汁的鱼,就要叫鱼尾朝前。冬天上鱼时让鱼腹在右,夏天上鱼时让鱼脊在右,这样便于用右手取食。祭先的时候,要用膴。

【原文】

凡齐①,执之以右,居之于左。

注释

①齐(jì 寂):谓盐、梅等调味品。

【今译】

凡使用盐、梅等调味品,要用右手拿着,而把要调制的羹饭放在左手上。

【原文】

赞币自左,诏辞自右。

【今译】

　　摈者在代表国君授人礼品时,要从国君的左边出;在为国君传达命令时,要从国君的右边出。

【原文】

　　酳尸之仆,如君之仆①。其在车,则左执辔,右受爵,祭左右轨范乃饮②。

注释

　　①酳尸之仆二句:因为尸尊似君。
　　②轨:车轴的两头。范:通"軓",车轼前面。这里讲的是轪祭(祭路神)之法,目的在于祈求路途车行平安。

【今译】

　　给为尸驾车的人酳酒,其礼数与给君驾车的人酳酒相同。如果驾车人在车上,则以左手抓住缰绳,右手接过酒杯,先用酒祭车轴两头和车轼前面,然后自饮。

【原文】

　　凡羞有俎者,则于俎内祭①。君子不食圂腴②。小子走而不趋③,举爵则坐祭立饮。凡洗必盥。牛羊之肺,离而不提心④。凡羞有湆者⑤,不以齐。为君子择葱薤⑥,则绝其本末。羞首者,进喙祭耳。尊者,以酌者之左为上尊⑦。尊壶者面其鼻。饮酒者、禨者、醮者⑧,有折俎不坐⑨。未步爵⑩,不尝羞。

注释

　　①凡羞二句:因为俎长,横设于席前,只能祭于俎内;不似豆笾占地方小,可以祭于豆笾之间。
　　②圂(huàn 换)腴:猪犬的肠胃。嫌其不洁。牛羊之肠胃则可用为俎实。
　　③趋:趋跄。指步趋中节。
　　④离:割切。提:割断。心:指中央部分。
　　⑤湆(qì 泣):肉汁。

⑥葱薤:葱与薤。王夫之说:"辛菜,古人盖生啖之,今北方人犹然。"
⑦酌者:斟酒者。如斟酒者面向北,则以西为左。上尊:盛放玄酒之尊。凡尊必以玄酒为上。
⑧饮酒:谓非公宴而私相酌。礼(jì 记):通"酾",洗过头发后饮酒。
⑨折俎:将牲体按骨节折断盛于俎上。折俎是尊贵之肴,不敢在折俎未撤去之前即坐饮。
⑩步爵:行爵。古人饮酒之礼,在正献以后,宾主之间、众宾之间互相酬酒,谓之旅酬;旅酬之后,宾主燕饮,不计杯数,酒醉尽欢而止,谓之无算爵。行爵,就是进行到无算爵时的饮酒。

【今译】

凡上菜,如有用俎盛的,就在俎内祭之。君子不吃猪犬的肠胃。弟子辈参预宴会,只能匆忙奔走而供役使,不能要求他们的步伐合礼中节;若举杯喝酒,可以和尊长一样跪着祭酒,但饮时却要起立。凡是洗杯子以前,一定先要洗手。牛羊的肺,切割时要留着中央的一点相连,到吃的时候再用手拉断,以便祭而后食。凡有汁的菜肴,就不用再加什么调料。为君子择葱、薤时,要把不能吃的根须和枯叶掐掉。凡上牲头,要把牲嘴对着尊者;尊者以牲耳来祭。陈设酒尊的人,要以斟酒人的左方为上尊之位。陈设酒壶的人,要使壶嘴朝外向着人。平常饮酒、洗头之后饮酒、向始冠者敬酒,在折俎未被撤下之前不敢落座。在宴会尚未进行到无算爵时,不吃菜肴。

【原文】

牛与羊鱼之腥,聂而切之为脍①。麋鹿为菹,野豕为轩,皆聂而不切。麕为辟鸡,兔为宛脾,皆聂而切之。切葱若薤,实之醯以柔之②。其有折俎者,取祭,反之,不坐③;燔亦如之。尸则坐。

注释

①聂(zhé 哲):通"牒",把肉切成薄片。
②麋鹿为菹八句:详参《内则》译注。
③不坐:一则因为俎有足,高,坐取、坐反皆不便;二则因为折俎尊贵,有折俎时宾客不坐。但尸尊,在这种情况下可以坐。

【今译】

　　生的牛肉、羊肉、鱼肉，切成薄片以后再加细切就成为脍。麋肉、鹿肉切得较粗，叫做菹；野猪肉也切得较粗，叫做轩；都是切成薄片后不再细切。麋肉切得较细，叫作辟鸡；兔肉切得较细，那叫宛脾；都是切成薄片以后再加细切。葱和薤都要切碎，和肉拌在一起浸到醋里，使肉变软和除去腥气。如果有折俎，宾客就从折俎中取肺而祭，祭毕再放回俎内，取祭与放回时都不坐。取炙肉祭与放回时也不坐。做这些事情时，尸可以坐。

【原文】

　　衣服在躬而不知其名为罔①。

**注释**

　　①名：指布的升数多少、染色浅深、制度差别等。

【今译】

　　衣服穿在身上而对有关衣服的知识讲不出个道道，就是无知。

【原文】

　　其未有烛而有后至者，则以在者告。道瞽亦然。凡饮酒为献主者①，执烛抱燋②，客作而辞，然后以授人。执烛不让，不辞，不歌③。洗、盥、执食饮者，勿气。有问焉，则辟咡而对④。

**注释**

　　①献主：谓主人。如果主人和宾客尊卑悬殊，主人就命宰夫代为主人以献宾，故曰献主。
　　②燋（jiāo 焦）：尚未点燃之烛（火把）。
　　③执烛不让三句：因为已是夜分，礼数较白日简省。
　　④辟咡（pì ěr 僻二）：交谈时侧着头，以免口气冲着对方，以表示尊重。详《曲礼上》注。

【今译】

　　如果天色已晚，尚未掌灯，这时又有人来参加集会，主人就要把已经在坐的人介绍给后来者。作盲人向导时也是这样。凡饮酒时为主人者,看到天色已晚,就应该一手执着点燃的火把,一手抱着尚未点燃的火把,以表示自己的热情好客。客人看到这种情况要站起来表示谢意,然后主人把已点燃、未点燃的火把都交给自己的下人。夜晚的宴会,宾主之礼就不十分讲究了:不必过多谦让,不必更相辞谢,不必交替歌诗。为长者倒水洗脚、洗手和拿取吃的喝的,不要让口中之气直冲长者和食品。长者如果有所垂问,幼者要侧着头回答,以免口气冲及长者。

【原文】

　　为人祭曰:"致福。"为己祭而致膳于君子曰:"膳。"祔、练曰:"告。"凡膳告于君子①,主人展之②,以授使者于阼阶之南,南面再拜稽首送;反命,主人又再拜稽首。其礼:大牢,则以牛左肩、臂、臑③,折九个;少牢,则以羊左肩七个;特豕,则以豕左肩五个。

【注释】

①君子:俞樾说:"'子'字衍文,涉上文'致膳于君子'而衍。"按:俞说是。
②展:省视。
③肩、臂、臑(nào 闹):牲体前腿的三个部位名。肩最靠上,臂居中,臑最靠下。之所以用左腿胖肉送人,是因为右腿尊贵,已经用于祭礼。

【今译】

　　代人主持祭祀,祭毕将胖肉送人时,要说:"把祭祀之福送给您。"主持自家祭祀,祭毕将胖肉送人时,要说:"送点好吃的请品尝。"如果是举行祔、练之祭,祭毕送胖肉时,要说:"我刚刚举行了祔、练之祭,特来禀告。"凡是送胖肉给国君,主人要亲自加以检视,在阼阶南面交给使者,面向南再拜稽首以送使者出发;使者完成使命归来,主人又面向南再拜稽首,以接受使者带回的君命。致送胖肉的礼数是:如果是太牢而祭,那就送牛的左肩、臂、臑三个部位,每个部位折为三段,共九段;如果是少牢而祭,那就送羊的左肩,折为七段;如果是用一只猪而祭,那就送猪的左肩,折为五段。

【原文】

国家靡敝,则车不雕几①,甲不组縢②,食器不刻镂,君子不履丝屦,马不常秣。

【注释】

①雕几(qí祈):刻画漆饰成凹凸花纹。
②縢(téng 滕):缘边。

【今译】

国家财政紧张时,车子就不要雕刻花纹,铠甲也不用组带缘饰,食器也不用刻镂,有身份的人也不要穿丝鞋,马也不经常喂以谷物。

# 礼记全译

## 学记第十八

【题解】

郑玄说:"名曰《学记》者,以其记人学教之义。"也就是学者如何学、教者如何教之义。宋儒很推崇本篇,程颐说:"《礼记》除《中庸》《大学》,唯《学记》《乐记》最近道。"当代学者认为,《学记》是战国后期思孟学派的作品,它对我国先秦时期的教育和教学第一次从理论上作了比较全面、系统的总结。它不仅明确提出教育的目的在于培养人才,化民成俗,而且明确提出了"王者建国君民,教学为先"的观点。从教与学这两条线索出发,《学记》论述了教学的原则、方法、为师的条件、尊师的必要性、学习的方法、教与学的关系以及教学相长的基本规律,可资借鉴之处甚多。

【原文】

发虑宪①,求善良,足以謏闻②,不足以动众。就贤体远,足以动众,未足以化民。君子如欲化民成俗,其必由学乎!

注释

①虑宪:俞樾《古书疑义举例》认为虑与宪是同义词,都是思虑之义。虑之思义习知,而宪之思义难晓。但孔子弟子原宪,字子思,其名与字相应,可证宪亦思也。

②谞(xiǎo 小):小。

【今译】

开动脑筋,招致善良之人,这样做虽然能够使自己小有声誉,但还不足以感动群众。礼贤下士,体恤远人,这样做虽然能够感动群众,但还不足以改造民心。统治者如果要想改造民心,移风易俗,恐怕一定要从教育入手吧!

【原文】

玉不琢,不成器;人不学,不知道。是故古之王者建国君民,教学为先。《兑命》曰:"念终始典于学①。"其此之谓乎!

注释

①《兑(yuè 悦)命》:即《说命》,《尚书》篇名。典:经常。

【今译】

玉不经过雕琢,就不会成为有用之器;人不经过学习,就不明白道理。因此,古代帝王建立国家,统治人民,都把办学校放在第一位。《尚书·说命》篇上讲:"要自始至终经常地考虑学习问题。"说的就是这个意思吧!

【原文】

虽有嘉肴,弗食,不知其旨也。虽有至道,弗学,不知其善也。是故学然后知不足,教然后知困。知不足,然后能自反也。知困,然后能自强也。故曰"教学相长"也。《兑命》曰:"学学半①。"其此之谓乎!

注释

①学学:今《尚书·说命下》作"教学"。敩,(xiào 效)教也。

【今译】

虽有美味佳肴,不吃,也就不会知道它的滋味。虽有再好不过的道理,不学,也就不会知道它的好处。所以,只有通过学习,然后才能发现自己的不足;只有通过教别人,然后才能发现自己还有哪些地方尚未弄懂。知道了自己的不足,然后才能努力上进。知道了自己还有哪些地方尚未弄懂,然后才能发愤自强。所以有句话说:教和学是互相促进的。《说命》上说:"教别人,其中有一半等于是自己学习。"说的就是这个意思吧!

**【原文】**

古之教者,家有塾①,党有庠②,术有序③,国有学。比年入学,中年考校。一年,视离经辨志。三年,视敬业乐群。五年,视博习亲师。七年,视论学取友,谓之小成。九年,知类通达,强立而不反,谓之大成。夫然后足以化民易俗,近者说服而远者怀之。此大学之道也。《记》曰:"蛾子时术之④。"其此之谓乎!

**注释**

①塾:学校名。孔颖达说:"《周礼》百里之内,二十五家为闾,同共一巷,巷首有门,门边有塾。"同闾之民,就学于塾。
②党:五百家为一党。党的学校叫庠。
③术(suì 遂):通"遂"。一万二千五百家为遂。遂的学校叫序。
④蛾:同"蚁"。术:学习。

**【今译】**

古时教学的地方,二十五家有一塾,一党有一庠,一遂有一序,国都则有学。每年都有新生入学,每隔一年进行一次考较。第一学年结束,考核学生的经文句读能力,辨别其志向所趋。第三学年考核学生是否专心学业和能否向优秀学生看齐。第五学年考核学生是否广博学习,亲近师长。第七学年考核学生能否在学术上有自己的见解,以及能否选择好人与之为友;如果考核通过,就叫做"小成"。第九学年考核学生能否触类旁通,临事不惑,不违背师训;如果考核通过,就叫做"大成"。到了这个时候,才能够改造民心,移风易俗,使近处的人心悦诚服而远处的人愿意归服。这就是大学教育的步骤。古书上说:"小蚂蚁时时向大蚂蚁学习衔泥,时间长了,也能积成土堆。"大概说的就是这个意思吧!

【原文】

　　大学始教,皮弁祭菜①,示敬道也。《宵雅》肄三②,官其始也。入学鼓箧,孙其业也③。夏、楚二物④,收其威也。未卜禘⑤,不视学⑥,游其志也。时观而弗语,存其心也。幼者听而弗问,学不躐等也⑦。此七者,教之大伦也。《记》曰:"凡学,官先事,士先志。"其此之谓乎!

**注释**

　　①皮弁:谓穿皮弁服。皮弁是一种武冠,用白鹿皮制成,略似今日之瓜皮帽。皮弁服,是指配合皮弁穿的整套服装,即上身穿素衣,下身穿素积(白色而腰间有皱褶的裙子)。皮弁服是士的祭服。
　　②《宵雅》:即《小雅》。宵,通"小"。三:指《诗经·小雅》中的《鹿鸣》《四牡》《皇皇者华》三篇。孙希旦说:"此三篇皆君之所以燕乐其臣,而臣之所以服事于君者,故示之于入学之始,使知学之当为用于国家也。"
　　③孙(xùn 逊):通"逊",恭顺。
　　④夏(jiǎ 甲):通"榎",木名,即楸树。可制教鞭,用以体罚学生。楚:荆条。
　　⑤禘:夏季祭宗庙之名。禘前要占卜,故连言之。
　　⑥视学:即上节的所谓"考校"。
　　⑦学(xiào 效):教也。

【今译】

　　大学开学之时,学生们要穿上皮弁服,用蘋藻等物祭祀先圣先师,以表示对先圣先师的崇敬。当祭祀时,让学生们习唱《小雅》中的《鹿鸣》《四牡》和《皇皇者华》三篇,以使他们从一开始就明白读书要为国家服务的道理。入学以后,由有关官员击鼓把学生召集在一起,然后才打开书箱发放书籍,这是为了让学生恭顺地对待学业。用榎、楚制作的两种教鞭,是为了让偷懒和违纪的学生知所畏惧。在没有举行禘祭之前,领导者不考校学生的学业,以便学生能安下心来,从容地读其爱读之书。教师要对学生经常辅导,但不要动辄叮咛告语,以培养学生独立思考的能力。年幼的学生应该只管听讲不要乱问,因为老师知道因年龄而施教的道理。以上七条,就是教学的大道理。古书上说:"凡学习,若学为官,则先教以居官之事;若学为士,则先教以士应有的志尚。"大概说的就是这个意思吧!

【原文】

　　大学之教也，时①。教必有正业，退息必有居②。学，不学操缦③，不能安弦④；不学博依⑤，不能安《诗》；不学杂服⑥，不能安礼；不兴其艺，不能乐学。故君子之于学也，藏焉修焉，息焉游焉。夫然，故安其学而亲其师，乐其友而信其道，是以虽离师辅而不反也⑦。《兑命》曰："敬孙务时敏⑧，厥修乃来。"其此之谓乎！

注释

　　①时：谓按时序安排课程。《王制》："春秋教以《礼》《乐》，冬夏教以《诗》《书》。"
　　②居：王夫之说："居，恒守也。不自谓已喻而置之也。"
　　③操缦：郑注云："杂弄。"盖谓以一些非正统的小调作指法练习。
　　④安：善也。
　　⑤依：譬喻。《诗》有六义：风、雅、颂、赋、比、兴。其中的比、兴创作手法都和譬喻有关。
　　⑥杂服：杂事。指洒扫、应对、投壶、沃盥等细碎之事。
　　⑦辅：谓朋友。
　　⑧敬孙：今《尚书·说命下》作"惟学逊志"四字。孙，同"逊"。

【今译】

　　大学的教学，是按照时序来安排课程的。教授的内容都是先王遗留的经典，学生在课后休息时一定要常常温习。学习的方法：如果不先拿一些小调来练习指法，也就不能学好弹奏琴瑟；如果不广泛地学习譬喻，也就不能学好《诗经》。如果不从洒扫应对这类琐碎小事学起，也就不能学好礼仪；如果对所学课程缺乏兴趣，也就不会高高兴兴地去学。所以，君子在对待学习这个问题上，到学校来就认真学习，放学以后也不丢到脑后。做到了这一步，就能够学好功课，尊敬老师，团结同学，信奉真理。因此，即令是离开了师友而一人独处，也不会有任何违背师训的行为。《尚书·说命》上讲："恭敬谦逊，敏疾从事，其所修学业就一定能成功。"大概说的就是这个意思吧！

【原文】

　　今之教者，呻其占毕①，多其讯言②，及于数进③，而不顾其安，使人不由其诚,教人不尽其材。其施之也悖,其求之也佛④。夫然,故隐其学而疾其师⑤,苦其难而不知其益也。虽终其业,其去之必速。教之不刑⑥,其此之由乎!

**注释**

①占(shān 山):通"笘",竹简。毕:竹简。
②讯:通"谇",告诉。
③及:通"汲",追求。
④佛:通"拂",违戾、违背。
⑤隐:厌恶。
⑥刑:成也。

【今译】

今天的教师,只知拉长声调地照本宣科,不等学生发问,一味填鸭式地灌输,贪求进度,而不管学生是否能够接受,教人时也缺乏诚意,不能考虑因材施教。教师的教法既然违反科学,学生的求学也就难于达到目的。这样的结果,就造成了学生厌恶学习,怨恨老师,只感到学习的困难枯燥,而不知究竟能从中得到什么好处,虽然勉勉强强地毕了业,但所学的知识容易忘得一干二净。教育之所以不成功,大概就是由于这个原因吧!

【原文】

大学之法:禁于未发之谓豫①,当其可之谓时,不陵节而施之谓孙②,相观而善之谓摩。此四者,教之所由兴也。发然后禁,则扞格而不胜③。时过然后学,则勤苦而难成。杂施而不孙,则坏乱而不修。独学而无友,则孤陋而寡闻。燕朋逆其师。燕辟废其学④。此六者,教之所由废也。

**注释**

①豫:预防。
②孙:通"逊",顺也。
③扞(hàn 捍)格:互相抵触。
④辟:通"僻",僻好。

【今译】

　　大学的教育方法:在学生的错误想法还没有露出苗头时就能够加以禁止,这叫防患于未然。当学生正好处于可以教导的年龄而给予教导,这叫合乎时宜。按部就班地施教,这叫循序渐进。使学生互相观摩取长补短,这叫切磋琢磨。这四条,是使教育成功的方法。错误想法已经露出苗头才想法禁止,就会很被动,作用也不大。适于教导的年龄已经错过这才加以教导,就会导致工夫虽然下得很大但也难以见效。杂乱无章地施教而不循序渐进,就会破坏教学而无法收拾。单独学习而没有朋友来切磋,就会孤陋寡闻。结交不好的朋友就会蔑弃师训。染上不良的嗜好就会荒废学业。这六条,是使教育失败的原因。

【原文】

　　君子既知教之所由兴,又知教之所由废,然后可以为人师也。故君子之教喻也,道而弗牵①,强而弗抑②,开而弗达③。道而弗牵则和,强而弗抑则易,开而弗达则思。和易以思,可谓善喻矣。

注释

①道:通"导",引导。
②强(qiǎng抢):劝勉。
③达:尽也。

【今译】

　　君子既知道教育所以成功的方法,又知道教育所以失败的原因,然后才可以作他人的老师。所以,君子对学生的教育和诱导,引导而不强迫,鼓励而不压抑,启发而不说透。引导而不强迫,就能使师生关系和谐;鼓励而不压抑,学生在学习时就感到比较容易;启发而不说透,学生就能用心思考。能做到师生关系和谐、使学生感到易学以及学生能用心思考,可以称得上是善于教育诱导了。

【原文】

　　学者有四失,教者必知之。人之学也,或失则多,或失则寡,或失则易①,或失则止②。此四者,心之莫同也。知其心,然后能救其失也。

教也者,长善而救其失者也。善歌者使人继其声,善教者使人继其志。其言也约而达,微而臧,罕譬而喻,可谓继志矣。

【注释】

①易:孔颖达说是"学而不思则罔"。
②止:郑玄注云:"止,谓好思不问者。"

【今译】

学生有四种过失,当老师的不可不知。他们在学习的时候,有的失于才识浅少而一味贪多,有的失于才识宏大而浅尝辄止,有的失于学而不思,有的失于思而不学。之所以有此四种过失,是由于人的个性不同的缘故。了解了每个人的个性,然后才能对症下药帮助其改正。作为老师,其责任本来就是培养学生身上的优点而帮助其改正缺点。打个比方来说,善于唱歌的人,能使人听了他唱后深受感动,以至于情不自禁地跟着他唱。同样道理,善于教学的人,能使人深受启发,以至于使人自然而然地接受其观点。他的讲解,辞简而意明,道理深奥而解释精妙,比喻虽少而使人易懂,做到这一地步,可以说是善于引导学生接受其观点了。

【原文】

君子知至学之难易①,而知其美恶②,然后能博喻;能博喻然后能为师,能为师然后能为长,能为长然后能为君。故师也者,所以学为君也。是故择师不可不慎也。《记》曰:"三王四代唯其师③。"此之谓乎!

【注释】

①至学之难易:孙希旦说:"谓学者入道之深浅次第。"
②美恶:孙希旦说:"谓人之材质不同,无失者为美,有失者为恶。"
③三王四代:夏、商、周为三王,再加上虞就是四代。

【今译】

君子知道学生求学的深浅次第,又知道学生资质的高低,然后才能多方设法晓喻。能多方设法晓喻然后才能做老师,能做老师然后才能做官,能做官然后才能做国君。由此看来,所谓老师,就是跟着他学做国君的人。因此,选择老师不可不慎。古书上说:"虞、夏、商、周四代无不慎重择师。"说的就是这个意思吧!

【原文】

凡学之道,严师为难①。师严然后道尊,道尊然后民知敬学。是故君之所不臣于其臣者二:当其为尸②,则弗臣也;当其为师,则弗臣也。大学之礼,虽诏于天子③,无北面④,所以尊师也。

注释

①严:尊敬。
②尸:古代祭祖时代替死者受祭的人。
③诏:告也。
④北面:君面向南,臣面向北,这是臣见君之礼。但天子入大学向老师求教,则东面,师则西面,待以宾主之礼。

【今译】

人们在学习的过程中,尊师这一条最难做到。只有师尊,然后才能重道。只有重道,然后人民才会恭敬地学习。所以,国君不以对待臣下的礼节来对待其臣下的情况有两种:一种是当其为尸之时,国君不以臣礼对待;一种是当其为师之时,国君不以臣礼对待。大学中的礼节,即令是给天子讲课,也不面北而立,就是为了表示尊敬老师。

【原文】

善学者,师逸而功倍,又从而庸之①。不善学者,师勤而功半,又从而怨之。善问者如攻坚木,先其易者,后其节目②,及其久也,相说以解③。不善问者反此。善待问者如撞钟,叩之以小者则小鸣,叩之以大者则大鸣,待其从容,然后尽其声。不善答问者反此。此皆进学之道也。

注释

①庸:功劳。

②节目:树木枝干交接处的疙疙瘩瘩部分。
③说:通"脱"。

【今译】

　　善于学习的人,老师虽然安闲而学生学到的东西却是加倍,学生还把功劳归于老师。不善于学习的人,老师尽管勤苦而学生学到的东西还不及所教的一半,学生还都怨恨老师。善于提出问题的人就好比砍劈坚硬的木头,先砍劈容易砍劈的地方,而把难于砍劈的疙疙瘩瘩部分放在后面砍,时间长了,那些疙疙瘩瘩也就砍开了。不善于提出问题的人则与此相反。善于回答问题的人就好比撞钟一样,你轻轻地撞,我就小声地鸣;你用劲地撞,我就大声的鸣;你从容不迫地撞,我的回答娓娓道来也就像钟声的余韵悠扬。不善于回答问题的人则与此相反。这些都是增进学问的方法。

【原文】

　　记问之学①,不足以为人师。必也其听语乎②! 力不能问,然后语之。语之而不知,虽舍之可也。

注释

　　①记问之学:郑玄注:"记问,谓预诵杂难杂说,至讲时为学者论之。此或时师不心解,或学者所未能问。"
　　②听语:孙希旦说:"谓听学者之问,而因而语之,所谓'小叩小鸣,大叩大鸣'是也。"

【今译】

　　东拚西凑地记住一些连自己也没有弄懂的学问,这样的人是不配作教师的。作教师的一定要能根据学生提出的疑问随宜作出回答。如果学生的才力还提不出疑问,这时候老师应该讲给他听。讲给他听他还不懂,那就只好暂时把他丢开,以待将来。

【原文】

　　良冶之子,必学为裘①。良弓之子,必学为箕②。始驾马者反之,车在马前。君子察于此三者③,可以有志于学矣。

**注释**

①良冶之子二句:因为锢露金属器皿与缀皮为裘有相似之处。
②良弓之子二句:作弓时,其部件要弯曲;编制畚箕时,要使柳条弯曲。二者也有相似处。
③此三者:指以上三事。孔颖达说:"三事皆须积习,非一日所成。"

【今译】

　　世世代代以铁匠为业之家,其子弟一定会学好缀皮为裘的本领。世世代代制弓之家,其子弟一定会学好编畚箕的本领。刚开始学驾车的小马,一定要先把它系在车的后面,让它跟在老马后面观察学习一段时间。君子如果能够认真观察这三件事,就可以树立起学习的信心。

【原文】

　　古之学者,比物丑类①。鼓无当于五声②,五声弗得不和。水无当于五色③,五色弗得不章。学无当于五官④,五官弗得不治。师无当于五服⑤,五服弗得不亲。

**注释**

①丑:通"俦",齐也。
②五声:宫、商、角、徵、羽。
③五色:青、赤、黄、白、黑。
④五官:《曲礼下》:"天子之五官,曰司徒、司马、司空、司士、司寇。"此为泛指。
⑤五服:斩衰、齐衰、大功、小功、缌麻。此处泛指人伦关系。

【今译】

　　古代的学者,通过对事物的比较而将其归并为一类。例如,鼓声不属于五声中的任何一种,但是没有鼓声的调节五声就不会和谐;水不属于五色之中的任何一色,但是没有水的调和五色就不会鲜明;有学问并不等于当了什么官,但无论做什么官没有学问就办不好事;老师不属于五服亲属中的任何一种,但是如果没有老师讲明道理,恐怕人们还不知道谁与谁亲。

【原文】

君子曰:"大德不官,大道不器,大信不约,大时不齐①。"察于此四者,可以有志于本矣。三王之祭川也,皆先河而后海;或源也,或委也。此之谓务本。

【注释】

①大时:即天时。

【今译】

古代的君子说:"具有最高的道德的人,不局限于只胜任某一具体官职。放之四海而皆准的道理,不局限于只说明某一具体问题。最大的诚信,不须要用任何发誓赌咒来约束。天时运行,四季交替,并非说冷都冷,说热都热。"考察了这四种情况,也就可以坚定以学为本的志向了。夏、商、周三代的天子在祭川的时候,都是先祭河而后祭海。河是海水之源,海是河的末尾。这就叫做务本。

# 礼记全译

## 乐记第十九

【题解】

郑玄说:"名曰《乐(yuè月)记》者,以其记乐之义。"这里的"乐",包括诗歌、音乐、舞蹈在内。据孔颖达说,《乐记》由十一篇组成。这十一篇的名称和次序是:《乐本》《乐论》《乐礼》《乐施》《乐言》《乐象》《乐情》《魏文侯》《宾牟贾》《乐化》《师乙》。《乐记》的作者,沈约和张守节都认为是七十子之弟子公孙尼子,未知所据。《荀子》《吕氏春秋》二书中的论乐之言,多与本篇相同,足见其来有自。《史记》中的《乐书》乃褚少孙所补,内容基本上与《乐记》同,但十一篇的名称、次序有异。当代学者认为,《乐记》可能是荀子学派的著作,成书当在荀子之后。《乐记》是反映我国古代音乐理论的代表作,它系统地阐发了儒家关于乐的一系列思想:乐的产生原因,乐的社会功能,乐与礼的相辅相成关系,乐与和的关系,等等。凡此,都具有重要的理论意义,并产生了深远的影响。

【原文】

凡音之起①,由人心生也。人心之动,物使之然也。感于物而动,故形于声。声相应,故生变。变成方②,谓之音。比音而乐之,及干戚羽旄③,谓之乐。

【注释】

①音:郑玄说:"宫、商、角、徵、羽,杂比曰音,单出曰声。"下文又说:"声成文,谓之音。"孔颖达说:"音,即今之歌曲也。"可知音与声乃是两个不同的概念。

②方:谓规律、规则。

③干戚:盾和斧。跳武舞时所执道具。羽旄:雉羽和旄牛尾。跳文舞时所执道具。

【今译】

大凡音的产生,都是出于人类有能够产生思想感情的心。人类思想感情的变动,是外界事物影响的结果。受外界事物的影响,人的思想感情产生了变动,就会用"声"表现出来。声非一种,其中有同有异。同声相应,异声相杂,于是产生错综变化。把这种错综变化的声按照一定的规律表现出来,就叫做歌曲。把这些歌曲按照顺序加以演奏,再加上武舞和文舞,这就叫做乐。

【原文】

乐者,音之所由生也,其本在人心之感于物也。是故其哀心感者,其声噍以杀①;其乐心感者,其声啴以缓②;其喜心感者,其声发以散;其怒心感者,其声粗以厉;其敬心感者,其声直以廉;其爱心感者,其声和以柔。六者非性也,感于物而后动,是故先王慎所以感之者。故礼以道其志,乐以和其声③,政以一其行,刑以防其奸。礼乐刑政,其极一也,所以同民心而出治道也。

【注释】

①噍(jiāo 交)以杀(shài 晒):焦急而短促。杀,衰减。

②啴(chǎn 产):宽裕。

③声:《说苑·修文》作"性",今译从之。

【今译】

从以上可知,所谓"乐",是由音所构成的,而其本源乃在于人心对于外界事物的感受。所以,人心有了悲哀的感受,发出的声音就焦急而短促;人心有了快乐的感受,发出的声音就宽裕而舒缓;人心有了喜悦的感受,发出的声音就开朗而轻快;人心有了愤怒的感受,发出的声音就粗犷而严厉;人心有了崇敬的感受,发出的声音就正直而端方;人心有了爱慕的感受,发出的声音就温和而柔顺。这六种声音并非人们的内心原来就有,而是人们的内心受到外界事物影响才造成的。所以古代圣王十分注意能够影响人心的外界事物:用礼来引导人们的意志,用乐来调和人们的性情,用政令来统一人们的行动,用刑罚来防止人们做坏事。用礼、用乐、用政令、用刑罚,手段虽然不同,但其目的是一样的,就是要统一民心而实现天下大治。

【原文】

　　凡音者,生人心者也。情动于中,故形于声。声成文,谓之音。是故治世之音安以乐,其政和;乱世之音怨以怒,其政乖;亡国之音哀以思,其民困。声音之道,与政通矣。

【今译】

　　凡音,皆出于人心。感情激动于心,所以就表现为声。把声组成动听的曲调,就叫做音。所以太平盛世的音,其曲调安详而欢乐,反映了当时政治的和谐;混乱世道的音,其曲调怨恨而愤怒,反映了当时政治的紊乱;亡国之音,其曲调哀伤而深沉,反映了当时人民的困苦。由此看来,声音和政治是相通的:有什么样的政治就有什么样的声音。

【原文】

　　宫为君,商为臣,角为民,徵为事,羽为物①。五者不乱,则无怗懘之音矣②。宫乱则荒,其君骄。商乱则陂③,其官坏。角乱则忧,其民怨。徵乱则哀,其事勤。羽乱则危,其材匮。五者皆乱,迭相陵,谓之慢④。如此,则国之灭亡无日矣。郑、卫之音⑤,乱世之音也,比于慢矣。桑间濮上之音⑥,亡国之音也,其政散,其民流,诬上行私而不可止也。

【注释】

　　①官为君五句:郑玄注云:"凡声,浊者尊,清者卑。"宫声最浊,故为君;商声次浊,故为臣;角声半清半浊,故为民;徵声次清,故为事;羽声最清,故为物。

②怗懘(zhān zhì 詹制):败坏,不和谐。
③陂(bì 璧):倾斜。
④慢:混乱到无以复加。
⑤郑、卫之音:春秋战国时郑、卫两国的民间音乐。由于不同于正统的雅乐,所以被斥为乱世之音。本篇后文还要谈到。
⑥桑间濮上之音:桑间是地名,在濮水之旁。传说殷纣王令师延制了一套靡靡之乐,不久国亡,师延也在桑间的濮水上投河自杀。后来卫灵公和师涓经过桑间,深夜里听到濮水上飘着的音乐,就把它默记于心。到了晋国,师涓为晋平公演奏这一套曲子,师旷不等他奏完,就说:"这是亡国之音呀!你一定是从桑间濮上听来的吧。"今多用为靡靡之音的代称。

【今译】

　　宫声代表君,商声代表臣,角声代表民,徵声代表事,羽声代表物。如果这五声不乱,就不会出现不和谐的曲调。如果宫声混乱则其音散漫,象征着国君的骄恣;商声混乱则其音不正,象征着官员的腐败;角声混乱则其音忧伤,象征着百姓的不满;徵声混乱则其音悲哀,象征着百姓的徭役太重;羽声混乱则其音危急,象征着物资匮乏。如果五声皆乱,秩序荡然,那就会奏出所谓的慢音。到了这一地步,国家的灭亡也就不剩几天了。郑、卫之音,属于乱世之音,接近于慢音了。桑间濮上之音,属于亡国之音,它反映了国家政治的极端混乱,老百姓的流离失所,统治者的欺上瞒下自私自利而不可救药。

【原文】

　　凡音者,生于人心者也。乐者,通伦理者也。是故知声而不知音者,禽兽是也。知音而不知乐者,众庶是也。唯君子为能知乐。是故审声以知音,审音以知乐,审乐以知政,而治道备矣。是故不知声者,不可与言音;不知音者,不可与言乐;知乐则几于礼矣。礼乐皆得,谓之有德,德者得也。是故乐之隆,非极音也;食飨之礼①,非致味也②。《清庙》之瑟③,朱弦而疏越④,壹倡而三叹,有遗音者矣。大飨之礼⑤,尚玄酒而俎腥鱼⑥,大羹不和⑦,有遗味者矣。是故先王之制礼乐也,非极口腹耳目之娱也,将以教民平好恶而反人道之正也。

【注释】

①食(sì四)飨:也就是下文的"大飨",统指宗庙祫祭。
②致:极也。
③《清庙》:《诗经·周颂》篇名,是周人祭祀文王时的乐歌。
④朱弦:用煮过的朱丝做的弦。煮过以后,弦声就浊。疏越:越是瑟底小孔。小孔稀疏则发声迟钝。
⑤大飨:见注①。
⑥玄酒:即水。详《礼运》注。
⑦大(tài太)羹:祭祀用的肉汁。

【今译】

　　凡音,都是出于人心。而比音高级的乐,则是与社会伦理相通的。所以懂得声而不懂得音为何物的,那是禽兽;懂得音而不懂得乐为何物的,那是普通百姓。只有君子才懂得乐。所以君子才能从辨别声而进而懂得音,从辨别音而进而懂得乐,从辨别乐而进而懂得政事,于是就有了一整套的治国方法。所以,对于不懂得声的人,就没法和他再进一步谈音;对于不懂得音的人,就没法和他再进一步谈乐。懂得乐的人也就近乎懂得礼了。礼乐都能够懂得,那就叫做有德。德,就是得到的意思。所以,无论多么隆重的乐,并不是为了极尽听觉上的享受;无论多么盛大的食飨之礼,并不是为了极尽味觉上的享受。举例来说,演奏《清庙》乐章所用的瑟,上面是朱色丝弦,下边是稀疏的孔,奏出的声音并不是多么悦耳,一个人领头唱,只有三个人应和,其目的显然不在于追求动听。又如大飨之礼,以水代酒而且放在前列,盘子里放的是生肉生鱼,肉汁也不加任何调料,其目的显然也不在于追求好吃。由此看来,古先圣王制礼作乐,其目的并不是要满足人们口腹耳目的享受,而是要教育人民辨别好坏,回到做人的正道上来。

【原文】

　　人生而静,天之性也。感于物而动,性之欲也①。物至知知②,然后好恶形焉。好恶无节于内,知诱于外,不能反躬,天理灭矣③。夫物之感人无穷,而人之好恶无节,则是物至而人化物也。人化物也者,灭天理而穷人欲者也。于是有悖逆诈伪之心,有淫泆作乱之事④,是故强者胁弱，众者暴寡，知者诈愚，勇者苦怯，疾病不养，老幼孤独不得其所，此大乱之道也。是故先王之制礼乐，人为之节：衰麻哭泣，所以节丧纪也；钟鼓干戚，所以和安乐也；昏姻冠笄⑤，所以别男女也；射乡食飨⑥，所以正交接也。礼节民心，乐和民声，政以行之，刑以防之。礼乐刑政，四达而不悖，则王道备矣⑦。

**注释**

①欲：《史记·乐书》作"颂"。俞樾说"颂"是"容"的借字，作"动"解。
②知知：上"知"同"智"，作心智讲。下"知"作交接讲。
③天理：天性。
④淫泆(yì佚)：纵欲放荡。
⑤冠笄：见《内则》。
⑥射：谓乡射礼。详《仪礼·乡射礼》。乡：谓乡饮酒礼。详本书《乡饮酒义》及《仪礼·乡饮酒礼》。食飨：谓设宴招待宾客。
⑦则王道备矣：从"凡音之起"至此句，是《乐本》篇。孔颖达说："此章备论音声起于人心，故名《乐本》。"

**【今译】**

　　人生下来是好静的，这是先天赋于的本性。受到外界的影响而变为好动，这是本性受到了引诱。人的认识和外界事物相交接，就会表现为两种态度：喜好或厌恶。喜好或厌恶的态度如果从人的自身得不到节制，再加上对于外界事物的引诱不能自我反省和正确对待，那么人的天性就会完全丧失。本来外界事物就在不断地影响着人，如果再加上人在主观上对自己的好恶反应不加限制，那就等于外界事物和人一接触就把人完全征服了。人被外界事物完全征服，就等于人的天性完全丧失，放纵人欲。人到了这一地步，就会产生犯上作乱欺诈虚伪之心，就会干出纵欲放荡胡作非为之事。以致于强者压迫弱者，人多的欺负人少的，聪明人欺骗老实人，勇猛者折磨怯懦者，有病的人得不到照顾，老幼孤独者也得不到关怀。这是天下大乱的办法，行不通的。有鉴于此，古代圣王就制礼作乐，为人们制定出节制的办法：有关丧服、哭泣的规定，这是用来节制丧事的；钟鼓干戚等乐器舞具，这是用来调节安乐的；男大当婚，女大当嫁，这是用来区别男女的；射乡食飨，这是用来规范人们交往的。用礼来节制民心，用乐来调和民性，用政令加以推行,用刑罚加以防范。礼、乐、刑、政,如果这四个方面都得到贯彻而不发生梗阻,也就具备王道政治了。

【原文】

乐者为同,礼者为异。同则相亲,异则相敬。乐胜则流,礼胜则离。合情饰貌者,礼乐之事也。礼义立,则贵贱等矣。乐文同,则上下和矣。好恶著,则贤不肖别矣。刑禁暴,爵举贤,则政均矣。仁以爱之,义以正之。如此则民治行矣。

【今译】

乐的作用在于协调上下,礼的作用在于区别贵贱。上下协调就会互相亲近,贵贱区别就会互相尊重。过分强调乐会使人际关系随便,过分强调礼会使人际关系疏远。要使人际关系内心感情融洽外表互相尊重,这就是礼乐应尽的职能了。礼的制度建立了,贵贱的等级才有区别。乐的文采协调了,上下的关系才能和睦。善恶的标准明确了,好人与坏人也就容易区别了。用刑罚来禁止强暴,用爵位来推举贤能,政治也就公平了。用仁来爱护人民,用义来纠正邪恶。这样一来,老百姓就能治理得好了。

【原文】

乐由中出,礼自外作。乐由中出,故静①。礼自外作,故文。大乐必易②,大礼必简③。乐至则无怨,礼至则不争。揖让而治天下者,礼乐之谓也。暴民不作,诸侯宾服,兵革不试,五刑不用④,百姓无患,天子不怒,如此则乐达矣。合父子之亲,明长幼之序,以敬四海之内⑤,天子如此,则礼行矣。

【注释】

①静:通"情",诚实。
②大乐必易:例如上文所说的"《清庙》之瑟"数句。
③大礼必简:例如上文所说的"大飨之礼"数句。
④五刑:指墨、劓、刖、宫、大辟五种刑罚。
⑤以敬四海之内:卫湜《礼记集说》引应镛云:"'四海之内'一句恐在'合'字

上。"今按:应说是,译文从之。据应说,则"以敬天子"四字为一句。

【今译】

　　乐是从内心发出,礼是从外部表现。因为乐从内心发出,所以诚实无伪;因为礼从外部表现,所以文质彬彬。最高级的乐一定是平缓的,最隆重的礼一定是简朴的。乐深入民心,就会消除怨恨;礼得到贯彻,就会消除争斗。古代圣王之所以能以谦恭礼让就把天下治理得井井有条,正是由于礼乐在起作用。没有乱民闹事,诸侯归服,兵革不用,刑罚不用,百姓无所忧虑,天子无所不满,做到了这一步,就表明乐已经深入民心了。四海之内,使父子关系密切,长幼之序分明,大家都敬爱天子,做到了这一步,就表明礼得到贯彻了。

【原文】

　　大乐与天地同和,大礼与天地同节。和,故百物不失;节,故祀天祭地。明则有礼乐,幽则有鬼神。如此,则四海之内合敬同爱矣。礼者,殊事合敬者也;乐者,异文合爱者也。礼乐之情同,故明王以相沿也。故事与时并①,名与功偕②。

注释

　　①事与时并:意为礼数要与时代合拍。例如,尧舜之时,行禅让之礼;而武王伐纣,乃行革命之礼。
　　②名:指乐的名称。如,舜的乐叫《大韶》,周武王的乐叫《大武》。

【今译】

　　最高尚的乐像天地那样的和谐,最隆重的礼又像天地那样的有别。由于和谐,所以万物各得其所;由于有别,所以要祭天祀地。人世间有礼乐,幽冥中有鬼神。这样,四海之内就能互敬互爱了。礼,是通过不同的仪式而教人互敬;乐,是通过不同的声律而教人互爱。礼乐的社会功能相同,所以历代明王在继承之外也有所损益。所以,礼应具有时代特色,而乐的名称也要与天子的功劳一致。

【原文】

　　故钟鼓管磬①,羽龠干戚②,乐之器也;屈伸俯仰,缀兆舒疾③,乐之文也。簠簋俎豆,制度文章,礼之器也;升降上下,周还裼袭④,礼之文也。故知礼乐之情者能作,识礼乐之文者能述。作者之谓圣,述者之谓明。明圣者,述作之谓也。

**【注释】**

①钟鼓管磬:指各种乐器。

②羽龠干戚:指舞具。羽龠,已见《文王世子》。这说明下文的"乐"是音乐加上舞蹈。

③缀兆:据郑玄注,缀是舞位的标志,兆是舞者活动的范围。于鬯则认为缀是聚,兆即佻字之误,其义为分;总而言之,缀兆就是一开一合。

④裼袭:行礼时,敞开正服前襟叫裼,掩好正服前襟叫袭。详《玉藻》注。

**【今译】**

所以说,钟鼓管磬,羽龠干戚,是乐的器具;而屈伸俯仰的动作,一开一合忽慢忽快的变化,是乐的表现形式。簠簋俎豆,制度文章,是行礼所用的器具;升降上下,周旋裼袭,是礼的表现形式。所以,凡是懂得礼乐社会功能的人就能创作新的礼乐,而只是记住礼乐表现形式的人却只能复述旧的礼乐。能创作的人叫做圣,能复述的人叫做明。所谓"明"和"圣",指的就是复述和创作。

**【原文】**

乐者,天地之和也。礼者,天地之序也。和,故百物皆化。序,故群物皆别。乐由天作,礼以地制①。过制则乱,过作则暴。明于天地,然后能兴礼乐。论伦无患②,乐之情也。欣喜欢爱,乐之官也。中正无邪,礼之质也。庄敬恭顺,礼之制也。若夫礼乐之施于金石,越于声音,用于宗庙社稷,事乎山川鬼神,则此所与民同也③。

**【注释】**

①乐由天作二句:郑注:"言法天地也。"孔疏:"乐主于阳,是法天而作也。礼主于阴,是法地而作也。"

②论伦:天夫之说:"论,歌曲之辞也。伦,八音之节也。"

③则此所与民同也:从"乐者为同"至此为《乐论》。

【今译】

　　乐,体现了天地间的和谐;礼,体现了天地间的秩序。因其和谐,所以万物都能融洽共处;因其秩序,所以万物都又有其差别。乐是法天而作,礼是仿地而制。礼的制作破坏了秩序就会引起混乱,乐的制作破坏了和谐就会导致偏激。弄清楚礼乐与天地的关系,然后才能制礼作乐。歌辞与歌曲配合得体,是乐的实情。使人高兴喜欢,是乐的功能。中正无邪,是礼的本质。使人庄敬恭顺,是礼的功能。至于使礼乐借助钟磬等乐器发出声音,用于祭祀宗庙社稷,用于祭祀山川鬼神,在这方面,从天子到人民都是一样的。

【原文】

　　王者功成作乐,治定制礼。其功大者其乐备,其治辩者其礼具①。干戚之舞②,非备乐也。孰亨而祀③,非达礼也。五帝殊时,不相沿乐。三王异世,不相袭礼。乐极则忧,礼粗则偏矣。及夫敦乐而无忧,礼备而不偏者,其唯大圣乎!

注释

　　①辩:通"遍"。
　　②干戚之舞:即武舞。有武舞而无文舞,当然不能说"备"。
　　③孰亨:即熟烹。即用熟肉作供品。最隆重的祭礼是不用熟肉作供品的,而是用生肉,也就是《郊特牲》所说的"至敬不飨味,而贵气臭也"。

【今译】

　　一个朝代的开创者,在大功告成以后才制定乐,在社会安定以后才制定礼。他的功劳越大,他所制的乐也就越完备;他的政治越安定,他所制的礼也就越完善。只有手执干戚的武舞,不能算完备之乐;用熟肉来祭祀,不能算至敬之礼。五帝不同时,因而不互相照搬前代之乐;三王不同代,因而不互相抄袭前代之礼。极意于乐,则有沉迷忘返之忧;粗制之礼,或失中正无邪之质。至于能够做到爱好乐但没有沉迷忘返之忧,礼数完善但不失中正无邪之质的,大概只有伟大的圣人吧。

【原文】

　　天高地下,万物散殊,而礼制行矣。流而不息,合同而化,而乐兴焉。春作夏长,仁也。秋敛冬藏,义也。仁近于乐,义近于礼。乐者敦和,率神而从天①。礼者别宜,居鬼而从地②。故圣人作乐以应天,制礼以配地。礼乐明备,天地官矣。

【注释】

①神:阳之灵。
②居:循也。与上文"率"为互文。鬼:阴之灵。

【今译】

　　从现象看来,天在上,地在下,万物散处而各不相同,于是讲究差别的礼就应运而生了。从性质看来,这天地万物又都处于流动不止的状态,互相联系而又互相影响,于是讲究和同的乐就应运而生了。春生夏长,体现着仁的精神;秋收冬藏,体现着义的精神。仁的精神接近于乐,义的精神接近于礼。乐强调的是和同,循神而法天;礼强调的是差别,循鬼而效地。所以圣人制乐以顺天,制礼以配地。礼乐如此显明完备,也就可以说天地各尽其应尽的职分了。

【原文】

　　天尊地卑①,君臣定矣。卑高已陈,贵贱位矣。动静有常②,小大殊矣。方以类聚③,物以群分④,则性命不同矣。在天成象,在地成形。如此,则礼者天地之别也。地气上齐⑤,天气下降,阴阳相摩,天地相荡,鼓之以雷霆,奋之以风雨⑥,动之以四时,暖之以日月⑦,而百化兴焉。如此,则乐者天地之和也。化不时则不生,男女无辨则乱升,天地之情也。

【注释】

①天尊地卑:见《易·系辞上》。本节中不少文句都是出自《系辞上》。
②动静:古人认为天绕地转,故称天动地静。
③方:指禽兽之属。
④物:指草木之属。

⑤齐:通"跻",登。
⑥奋:《系辞》作"润",译文从之。
⑦暖(xuān 宣):照耀。

【今译】

　　天尊在上,地卑在下,君臣的关系也就依此确定了。高的是山,低的是泽,贵贱的位置也就依此确立了。天动地静,有其常规,或大或小也就区别开了。方以类聚,物以群分,各自的禀性就不会相同。在天上有日月星辰风雷等不同现象,在地上有山川草木鸟兽等不同的形态。圣人依此制礼,可知礼是体现天地之差别的。地气上升,天气下降,阴阳相互摩擦,天地互相激荡,雷霆来鼓动,风雨来滋润,四季交替循环,日月昼夜照耀,于是万物化生。圣人依此制乐,可知乐是体现天地之和同的。乐贵和同,但如果化不依时,物亦不生;礼贵区别,所以男女无别就会出乱子。这是天地的本性。

【原文】

　　及夫礼乐之极乎天而蟠乎地①,行乎阴阳而通乎鬼神,穷高极远而测深厚。乐著太始②,而礼居成物③。著不息者天也,著不动者地也。一动一静者,天地之间也④。故圣人曰礼乐云⑤。

**注释**

①蟠:环绕,分布。
②太始:初始。指创始万物的天。
③成物:指形成万物的地。
④间:郑玄说是"百物"。
⑤曰礼乐云:从"王者功成作乐"至此,为《乐礼》篇。

【今译】

　　说到礼乐的功能,上达于天,下至于地,可以行乎阴阳,可以通于鬼神,无远弗届,无微不至。乐显示创始万物的天,礼体现形成万物的地。显示着不停运动的是天,显示着静止不动的是地。一动一静,就生成了天地间的一切。所以圣人治理天下,言必称礼乐。

【原文】

　　昔者舜作五弦之琴以歌《南风》①，夔始制乐以赏诸侯②。故天子之为乐也，以赏诸侯之有德者也。德盛而教尊，五谷时孰，然后赏之以乐。故其治民劳者，其舞行缀远③；其治民逸者，其舞行缀短。故观其舞，知其德；闻其谥，知其行也。《大章》④，章之也。《咸池》⑤，备矣。《韶》⑥，继也。《夏》⑦，大也。殷周之乐⑧，尽矣⑨。

【注释】

　　①五弦之琴：传说神农作琴，舜只是去掉琴上的文武二弦，留下宫商角徵羽五根弦。《南风》：歌曲名。郑玄说"其辞未闻"。王肃引《尸子》及《孔子家语》，云其辞为："南风之薰兮，可以解吾民之愠兮！南风之时兮，可以阜吾民之财兮！"
　　②夔（kuí 葵）：人名，舜的乐官。
　　③舞行（háng 杭）：舞的行列。缀：舞位的标志。舞位标志间隔远，表示舞者稀少。
　　④《大章》：尧之乐名。
　　⑤《咸池》：黄帝所作乐名。咸，皆也。池之言施也。
　　⑥《韶》：舜之乐名。韶之言绍也。
　　⑦《夏》：禹所制乐名。
　　⑧殷周之乐：殷之乐名叫《大濩》，周之乐名叫《大武》。
　　⑨尽矣：夏代以前，其乐以文德命名；殷周二代，其乐以武功命名。命名之法，不外乎文德和武功二途，故曰"尽矣"。

【今译】

　　从前舜制作五弦之琴来演奏《南风》，夔开始制乐以赏赐诸侯。由此看来，天子的制乐，是用来赏赐有德的诸侯的。作为诸侯，如果德行隆盛，尊重教化，五谷丰登，做到了这几点才能够被赐以乐。所以，凡是治下人民劳困的，赏给他的舞队就人员稀少；凡是治下人民安乐的，赏给他的舞队就人员众多。所以，观察诸侯的舞队，就可以知道他的德行；这就好比听到某人的谥号，就可以知道他的生前行事一样。尧之乐叫《大章》，意思是尧的德行昭彰。黄帝之乐叫《咸池》，意思是黄帝之德普施天下。舜之乐叫《韶》，意思是舜能绍继尧之德行。禹之乐叫《夏》，意思是禹能发扬光大尧舜之德。以上都是以文德命名的，如果再加上以武功命名的殷周之乐，命名的方式也就全了。

【原文】

　　天地之道,寒暑不时则疾,风雨不节则饥。教者①,民之寒暑也,教不时则伤世。事者,民之风雨也,事不节则无功。然则先王之为乐也,以法治也,善则行象德矣。夫豢豕为酒,非以为祸也;而狱讼益繁,则酒之流生祸也②。是故先王因为酒礼。壹献之礼③,宾主百拜,终日饮酒而不得醉焉。此先王之所以备酒祸也。故酒食者,所以合欢也;乐者,所以象德也;礼者,所以缀淫也④。是故先王有大事,必有礼以哀之;有大福,必有礼以乐之。哀乐之分,皆以礼终。乐也者,圣人之所乐也,而可以善民心,其感人深,其移风易俗易⑤,故先王著其教焉。

### 注释

①教:指乐而言。下文"事"指礼。
②流:过度,过量。
③壹献之礼:孔颖达说:"谓士之飨礼,唯有一献。言所献酒少也。从初至末,宾主相答而有百拜。言拜数多也。是意在于敬不在酒也。"
④缀:通"辍",停止。
⑤其移风易俗易:下"易"字原脱,据王念孙校补。

### 【今译】

　　按照天地运行的规律,该热不热该冷不冷人就会生病,风雨不调就会发生饥荒。乐教对于人民来说就好比是寒暑交替,乐教不及时就会损害世道人心。礼制对于人民来说就好比是风雨,礼制没有节制办事就不会奏效。由此看来,先王的制乐,就是用它来作为治理人民的一种方法,用得好就能使人们的行为合乎道德。譬如养猪酿酒,本来不是为了制造祸端,但是打官司的却日益增多,这就是饮酒无度造成的。先王有鉴于此,就特地制定了饮酒之礼。就为一次敬酒,宾主之间就要行很多礼,这样一来,即令整天饮酒也不至于喝醉。这就是先王防备酗酒闹事的方法。所以喝酒吃饭,是为了皆大欢喜,增进友谊。乐是用来表现德行的,礼是用来制止越轨行为的。所以先王有了死丧之类大事,一定要用适当的礼表示悲哀;先王有了喜庆之类的大事,一定要用适当的礼表示欢乐。悲哀和欢乐的程度,都以礼的规定作为标准。乐是圣人所喜欢的,因其可以改善民心,感人至深,容易移风易俗,所以先王才注重乐的教化。

【原文】

夫民有血气心知之性,而无哀乐喜怒之常,应感起物而动①,然后心术形焉。是故志微、噍杀之音作②,而民思忧;啴谐、慢易、繁文、简节之音作,而民康乐;粗厉、猛起、奋末、广贲之音作③,而民刚毅;廉直、劲正、庄诚之音作,而民肃敬;宽裕、肉好、顺成、和动之音作④,而民慈爱;流辟、邪散、狄成、涤滥之音作⑤,而民淫乱。是故先王本之情性,稽之度数⑥,制之礼义,合生气之和,道五常之行⑦,使之阳而不散,阴而不密,刚气不怒,柔气不慑,四畅交于中,而发作于外,皆安其位而不相夺也。然后立之学等,广其节奏,省其文采,以绳德厚,律小大之称,比终始之序,以象事行⑧,使亲疏、贵贱、长幼、男女之理皆形见于乐。故曰:"乐观其深矣。"

【注释】

①应感起物而动:《汉书·礼乐志》无"起物"二字,文义更顺。
②志微:《汉书》作"纤微"。噍杀(jiāo shài 郊晒):急促而衰微。
③贲:通"愤"。
④肉好:璧的周边叫肉,其孔叫好。此处譬喻声音的圆转而润泽。
⑤狄成:王引之说:狄,通"逃"。"成"是"戍"字之讹,而戍又通"越"。总之,"狄成"就是《吕氏春秋·音初》篇的"逃越"。今按:据王说则"逃越"为轻佻之义。
⑥度数:指十二律上生下生,损益之度数。
⑦道:引导。五常之行:仁、义、礼、智、信五种道德。
⑧以象事行:使五声各像其代表之物。如宫象君、商象臣等等。

【今译】

人都具有血气,又有知好歹的本性,但其喜怒哀乐的感情却不是固定不变的。这取决于外界是怎样的感动人的内心,人的内心也就表现出相应的感情。譬如说,在演奏细微急促的曲调时,人们就感到忧郁;在演奏宽和、平缓、含义丰富而节奏简明的曲调时,人们就感到舒畅;在演奏粗厉、发声有力而收声昂奋、充满激情的曲调时,人们就感到振奋;在演奏清明、正直、端庄、诚恳的曲调时,人们就感到肃然起敬;在演奏宽舒、圆润、流畅、柔和的曲调时,人们就感到慈爱;在演奏流荡、邪僻、轻佻、放纵的曲调时,人们就感到淫乱。所以先王在作乐时,必依据人的性情,参考音律的度数,使其清浊高下各得其宜。既合乎造化的平和,又依循五常的德行,使其阳气发扬而不至流散,阴气收敛而不至闭塞,含刚毅之气而不至发怒,有柔顺之气而不至胆怯,四者交融于中而表现在外,皆安于其位而不互相妨害。然后订立学习的进度,增益其节奏,审查其文采,以量度德的厚薄。同时比照音律度数的匀称,排列章节起讫的次序,以使五声各像其代表之物,使亲疏、贵贱、长幼、男女之间的伦理关系都表现在乐中。所以古人说:"从乐当中可以观察到发人深省的东西。"

【原文】

土敝则草木不长,水烦则鱼鳖不大,气衰则生物不遂,世乱则礼慝而乐淫①。是故其声哀而不庄,乐而不安,慢易以犯节,流湎以忘本,广则容奸②,狭则思欲③,感条畅之气④,而灭平和之德,是以君子贱之也⑤。

**注释**

①慝(tè 特):邪恶。《史记·乐书》作"废"。
②广:谓声缓。
③狭:谓声急。
④条畅:《史记》作"涤荡"。王念孙说:条畅,读为"涤荡"。涤荡之气,即与平和之气相反之气。
⑤是以君子贱之也:从"夫民有血气心知之性"至此,为《乐言》篇。

【今译】

土地贫瘠,草木就不生长;在搅混的水里,鱼鳖就长不大;阴阳之气衰弱,生物就长不成熟;世道混乱,礼就会废弛而乐就放纵无拘。因为放纵无拘,所以听起来其声悲哀却不庄重,快乐却不安详,散漫简易而节奏紊乱,流连缠绵而无所归宿,声一宽缓就包含着邪恶,声一急促就挑动情欲,感发出人们的跌宕情绪,消灭人们平和的德性。所以,君子是鄙视这种音乐的。

【原文】

　　凡奸声感人，而逆气应之；逆气成象①，而淫乐兴焉②。正声感人，而顺气应之；顺气成象，而和乐兴焉③。倡和有应，回邪曲直④，各归其分，而万物之理，各以类相动也。是故君子反情以和其志，比类以成其行。奸声乱色，不留聪明⑤；淫乐慝礼，不接心术；惰慢邪辟之气，不设于身体。使耳目、鼻口、心知、百体皆由顺正，以行其义。然后发以声音，而文以琴瑟，动以干戚⑥，饰以羽旄，从以箫管，奋至德之光，动四气之和⑦，以著万物之理⑧。是故清明象天，广大象地，终始象四时，周还象风雨，五色成文而不乱⑨，八风从律而不奸⑩，百度得数而有常⑪，小大相成⑫，终始相生，倡和清浊，迭相为经⑬。故乐行而伦清，耳目聪明，血气和平，移风易俗，天下皆宁。故曰：乐者乐也，君子乐得其道，小人乐得其欲。以道制欲，则乐而不乱；以欲忘道，则惑而不乐。

注释

①成象：郑注："谓人乐习焉。"
②淫乐：儒家最卑视之乐，如所谓"郑、卫之音"。
③和乐：儒家最推崇之乐。如上文所说的尧乐《大章》、舜乐《韶》等。
④回：乖违。
⑤聪明：听觉与视觉。
⑥动：谓舞蹈。
⑦四气：指上文所说的阴、阳、刚、柔四气。
⑧以著万物之理：大体上就是上文"使亲疏、贵贱、长幼、男女之理皆形见于乐"的意思。
⑨五色：王引之认为是乐器具备五色。
⑩八风从律而不奸：王引之说：八风，指八音，即金、石、丝、竹、匏、土、革、木八种不同材料所制乐器之音。这一句话就相当于《尚书·尧典》的"八音克谐，无相夺伦"。律：论次。奸：干犯。
⑪百度：即百刻。古代以刻漏计时，一昼夜分为一百刻。
⑫小大：五声之中，宫声最大，羽声最小。大者音低，小者音高。
⑬迭相为经：指五音十二律在不同的月份里交替为主。详《月令》。

【今译】

　　凡是邪恶之声影响于人，人身上的邪恶之气就与之呼应；邪恶之气成为一时的风尚,于是淫乐就产生了。凡是纯正之声影响于人,人身上的纯正之气就与之呼应;纯正之气成为一时的风尚,于是和乐就产生了。一唱一和,互相呼应。乖违与邪僻,弯曲与直正,各有各的朋类,这也就是说天下万物都贯穿着这么一条理:同类相应。所以君子就摒弃淫溺之情,以调和自己的心志,效法好的榜样以成就自己的德行。邪恶的声不听,杂乱的色不看;淫荡之乐和非礼之礼,心中根本没有它的位置;惰慢歪邪的习气,不让它沾染身体。使耳目、口鼻、心灵和身体的各个部分都沿着正道,以履行其职能。然后再发为声音,用琴瑟来伴奏;跳武舞时手执干戚,跳文舞时手执羽旄,用箫管来伴奏。这样的乐就能够展现至高道德的光辉,调动四气的协和,从而昭示万物之理。因此,这样的乐,其清澈明朗像天,其无所不载像地,其终而复始像四时,其周回旋转像风雨。虽然乐器的色彩五彩缤纷,但却井然有序。虽然八音杂奏,但也不互相干扰;乐舞虽富于变化,但也像百刻计时那样有一定之规。高音与低音相辅相成,十二律互相配合,或倡或和,或清或浊,轮番为主。所以,这样的乐流行就能使伦类向善,耳聪目明,心气平和,移风易俗,天下皆宁。所以说:乐这个东西,是让人快乐的。但是君子快乐的是得到了仁义,小人快乐的是满足了私欲。用仁义来约束私欲,其结果是得到快乐而不会迷乱;只顾私欲而忘掉仁义,就会陷入迷惑而得不到真正的快乐。

【原文】

　　是故君子反情以和其志,广乐以成其教,乐行而民乡方,可以观德矣。德者,性之端也。乐者,德之华也。金石丝竹,乐之器也。诗,言其志也。歌,咏其声也。舞,动其容也。三者本于心,然后乐气从之①。是故情深而文明,气盛而化神。和顺积中而英华发外,唯乐不可以为伪。

注释

　　①气:通"器"。

【今译】

　　所以前面说过,君子要摒弃淫溺之情以调和自己的心志,推广乐教来完成教化,乐教推行则人民就归向仁义之道,至此,就可以通过乐教看到君子之德了。所谓德,是人性的发端。所谓乐,则是由德开放出来的花朵。金石丝竹,是乐器。诗是抒发人的心志的,而歌则是拉长声调表达心志的声音,舞则是用种种姿态表达心志的动作。诗、歌、舞三者都是发自内心,然后用乐器为之伴奏。因此,乐所表达的心志,情感深厚而文采鲜明,气氛浓烈而使人潜移默化。和顺的品德积累于心,才能使乐的精华表现于外。有什么样的德,便有什么样的乐,只有乐是虚伪不了的。

【原文】

乐者,心之动也。声者,乐之象也。文采节奏,声之饰也。君子动其本①,乐其象,然后治其饰。是故先鼓以警戒②,三步以见方③,再始以著往,复乱以饬归④,奋疾而不拔⑤,极幽而不隐。独乐其志,不厌其道;备举其道,不私其欲。是故情见而义立,乐终而德尊,君子以好善,小人以听过。故曰:"生民之道,乐为大焉。"

【注释】

①本:指心。
②是故句:从此句到"极幽而不隐",是描写反映武王伐纣的《大武》之乐的演奏情况。详参下文《宾牟贾》篇。
③方:谓方将欲舞。
④乱:乐曲的结束部分。
⑤拔:仓促。

【今译】

乐是内心活动的表现。声是乐的表现形式。文采节奏是对声的修饰。君子从内心的感动出发,喜爱其表现形式,然后还要讲究文采节奏。例如《大武》之舞,首先要击鼓让众人做好准备,然后踏三次步表示即将舞蹈;一曲既了,再从头开始,以表示第二次出兵才灭掉了商。舞到最后阶段又整齐地回到原来的舞位。舞者步伐迅疾,但不慌乱;表情深刻,但不隐晦。整个舞蹈表现了只有武王能够在其快意之时不忘仁义,完全地施行仁义以利天下,而不是为了私欲。因此,人们不但可以从中看到武王伐纣之事,还可以看出武王伐纣之义。《大武》曲终,武王的德尊地位也昭然显示。观看《大武》,君子会愈益增加其好善之心,小人也会借以反省自己的过错。所以说:"治民之道,乐是最重要的。"

【原文】

乐也者,施也。礼也者,报也①。乐,乐其所自生;而礼,反其所自始。乐章德,礼报情反始也。所谓大辂者②,天子之车也;龙旂九旒③,天子之旌也;青黑缘者④,天子之宝龟也;从之以牛羊之群。则所以赠诸侯也⑤。

【注释】

①乐也者四句:郑注:"言乐出而不反,而礼有往来也。"
②大辂:天子所乘之车。按:从"所谓大辂者"以下数句,与上下文义不类,疑此上有脱简。
③龙旂九旒:旂上画有龙,且有九根飘带,飘带上亦皆画有龙。详《明堂位》。
④青黑缘:指龟甲的边缘呈青黑色。只有千岁之龟才有此色。
⑤所以赠诸侯也:从"凡奸声感人"至此,为《乐象》篇。

【今译】

乐是让人听和看的,只求施予,不求报答。礼则是有来有往,既讲施予,也讲报答。乐是欢乐其发自内心的心情,而礼则要追溯其所从来的起点。乐要表明内在之德,礼则要报答恩情饮水思源。所谓大辂,乃是天子之车;所谓龙旂九旒,乃是天子的旌旗;有青黑色边缘的龟甲,乃是天子的宝龟;再加上成群的牛羊。所有这些东西,都是天子用来赠送来朝将去的诸侯的。

【原文】

乐也者,情之不可变者也。礼也者,理之不可易者也。乐统同,礼辨异。礼乐之说,管乎人情矣。穷本知变,乐之情也。著诚去伪,礼之经也。礼乐偩天地之情①,达神明之德,降兴上下之神②,而凝是精粗之体③,领父子君臣之节。是故大人举礼乐,则天地将为昭焉。天地䜣合④,阴阳相得,煦妪覆育万物⑤,然后草木茂,区萌达⑥,羽翼奋,角觡生⑦,蛰虫昭苏,羽者妪伏,毛者孕鬻,胎生者不殰⑧,而卵生者不殈⑨,则乐之道归焉耳。

**注释**

①倾(fǔ负):依顺。
②降兴:犹言感动。
③凝是:郑注云:"凝,成也。"未注"是"字。孔颖达把全句疏通为"言礼乐之能成就正其万物大小之体也"。今姑以"化育"二字对译之。
④䜣(xīn欣):同"欣"。
⑤煦妪(xǔ yǔ许宇):覆育。以天降之气养物曰煦,以地腾之气养物曰妪。
⑥区(gōu勾)萌:植物出芽。蜷曲而出曰区,直出曰萌。
⑦觡(gé格):没有光滑外皮的角。角觡生,指兽类得到生养。
⑧殰(dú犊):流产。
⑨殈(xù恤):破裂。

**【今译】**

乐所表达的,是感情之不可变易者;礼所表达的,是道理之不可变易者。乐强调调和同一,礼强调区别差异。礼和乐的学说,贯通了全部人情。探索人们内心的本源,推知它的变化规律,这是乐的实质;发扬人们真诚的品德,除去那些虚伪的东西,这是礼的原则。礼和乐能够顺应天地的情意,通达鬼神的恩德,感动天神地祇降临,化育万物大小之体,调整君臣父子的关系。所以圣人推行礼乐,天地就会因此而变得光明起来。天地欣然交合,阴阳互相感应,万物莫不得到覆育。于是草木茂盛,作物萌芽,鸟儿展翅飞翔,兽类活蹦乱跳,蛰虫从冬眠状态中苏醒过来,鸟类孵卵育雏,兽类受孕育子,胎生的不至于流产,卵生的不至于蛋壳破裂。这一切都应归之于乐的功能。

**【原文】**

乐者,非谓黄钟、大吕、弦歌、干扬也①,乐之末节也,故童者舞之。铺筵席②,陈尊俎,列笾豆,以升降为礼者,礼之末节也,故有司掌之。乐师辨乎声诗,故北面而弦;宗祝辨乎宗庙之礼③,故后尸;商祝辨乎丧礼④,故后主人⑤。是故德成而上,艺成而下,行成而先,事成而后。是故先王有上有下,有先有后,然后可以有制于天下也⑥。

**注释**

①黄钟、大吕:黄钟是十二律中阳律之首,大吕是十二律中阴律之首。此以黄钟、大吕代表乐律。

②筵席:筵与席是同义词,浑言无别。析言之,则铺在下面挨着地面的叫筵,铺在筵上的叫席。

③宗祝:见《曾子问》。

④商祝:熟悉商代丧葬礼仪的太祝。

⑤故后主人:郑玄注此前几句云:"知本者尊,知末者卑。"也就是知其所以然者尊,只知其然者卑。

⑥有制于天下也:从"乐也者"至此句,为《乐情》篇。

【今译】

所谓乐,并非是指黄钟大吕、弹琴唱歌、举盾而舞,这些只不过是乐的细微末节,所以让儿童们表演表演就够了。所谓礼,也并非是指铺设筵席、陈设酒食、陈列礼器,以及登堂下阶、上前退后等等,这些也只不过是礼的细微末节,所以让办事人员去办就可以了。乐师光懂得声律诗句,所以只能面北操弦;宗祝光懂得宗庙中的礼节,所以只能跟在尸的屁股后面赞助礼仪;商祝光懂得丧葬之礼,所以只能跟在孝子身后提醒礼仪。由此看来,凡是深明道理的应在上,只懂得技艺的应在下;深明道理的应在前,只懂得技艺的应在后。因为先王明白这种有上有下,有先有后的道理,所以才能为天下制礼作乐。

【原文】

魏文侯问于子夏曰①:"吾端冕而听古乐②,则唯恐卧。听郑、卫之音,则不知倦。敢问古乐之如彼,何也?新乐之如此,何也?"子夏对曰:"今夫古乐:进旅退旅③,和正以广。弦匏笙簧④,会守拊鼓⑤。始奏以文⑥,复乱以武⑦。治乱以相⑧,讯疾以雅⑨。君子于是语,于是道古。修身及家,平均天下。此古乐之发也。今夫新乐:进俯退俯⑩,奸声以滥,溺而不止。及优侏儒⑪,獶杂子女⑫,不知父子。乐终不可以语,不可以道古。此新乐之发也。今君之所问者乐也,所好者音也。夫乐者,与音相近而不同。"

[注释]

①魏文侯:战国时魏国的建立者。名斯。公元前445—公元前396年在位。传说他曾拜子夏为师。

②端冕:身穿玄端(上身是缁衣,下身是杂色之裳),头戴礼冠。表示尊敬。古乐:谓先王之正乐。

③旅:共同。

④弦:指琴瑟等弦乐器。匏(páo 咆):笙类管乐器。

⑤拊鼓:两种打击乐器。拊,即拊搏,其形制详《明堂位》注。拊和鼓都是领奏乐器。击拊后堂上的其他乐器才合奏,击鼓后堂下的其他乐器才合奏。

⑥文:指鼓。

⑦武:指铙。复乱:《乐书》作"止乱"。乱:曲和舞的结尾部分。

⑧相:即拊。参看注⑤。

⑨讯:治也。雅:乐器名。形如漆桶,但口小肚大,肚围两围,长五尺六寸,用羊皮蒙口,系有两根带子。有点像现在的腰鼓。

⑩俯:曲也。言不齐一。

⑪优:俳优。侏儒:矮子。古代杂技滑稽演员多以矮子充任。

⑫猱:通"糅"。

【今译】

魏文侯向子夏问道:"我穿上礼服戴上礼帽神情恭敬地去听古乐,就唯恐打瞌睡。要是听郑、卫之音,反倒不知疲倦。请问古乐让我产生那样的感觉是何原因,而新乐又让我产生这样的感觉又怎样解释。"子夏回答道:"现在先说古乐:舞蹈时同进同退,整齐划一;唱歌时曲调平和中正而宽广。各种管弦乐器都在静候拊鼓的指挥,拊鼓一响,众乐并作。开始表演时击鼓,结束表演时击铙。用相来调节收场之歌曲,用雅来控制快速的节奏。表演完毕,君子还要发表一通议论,借古喻今,当然不外乎都是修身齐家治国平天下的道理。这就是古乐的演奏情形。再说新乐:舞蹈的动作参差不齐。唱歌的曲调邪恶放荡,使人沉湎其中而不能自拔。再加上俳优侏儒的逗趣,男女混杂,父子不分。表演完毕,让人无法给以评论,也谈不上借古喻今。这就是新乐的演奏情形。现在您问的是乐,而您所喜欢的是音。乐这个东西,与音相近而不相同。"

【原文】

　　文侯曰:"敢问何如?"子夏对曰:"夫古者天地顺而四时当,民有德而五谷昌,疾疢不作而无妖祥①,此之谓大当。然后圣人作,为父子君臣,以为纪纲。纪纲既正,天下大定。天下大定,然后正六律②,和五声,弦歌诗颂,此之谓德音。德音之谓乐。《诗》云:'莫其德音,其德克明。克明克类,克长克君,王此大邦,克顺克俾。俾于文王,其德靡悔。既受帝祉,施于孙子③。'此之谓也。今君之所好者,其溺音乎④?"

**注释**

　　①疢(chèn 衬):热病,也泛指病。妖祥:灾祸的先兆。
　　②六律:实指六律、六吕,即十二乐律。
　　③《诗》:见《诗·大雅·皇矣》。《皇矣》是周人自叙其开国历史的史诗之一。莫:《广雅·释诂》:"莫,布也。"类:勤施无私曰类。俾:当作"比",谓择善而从。悔:谓小过失。施(yí 移):延及。
　　④溺音:使人意志消沉之音。

【今译】

　　文侯说:"请问此话怎讲?"子夏答道:"古时候天地运行正常,四季风调雨顺,人民道德高尚而五谷丰登,疾病不生,也没有灾祸,这叫做太平盛世。然后圣人兴起,定下君臣父子的名分,作为人际关系的准则。准则有了,于是天下大治。天下大治,然后考正乐律,调和五声,演奏乐器来歌唱,创作诗篇来赞颂,这就叫做'德音'。德音才能称作乐。《诗经》上说:'王季的美名传播四方,他的德行能够普照天下。既能普照天下,又能施惠于民,所以能够为人师表,能够成为国君,统治一方,能够顺应民心,能够择善而从。等到文王继位,他的道德高尚,连一点小毛病也没有,不但能得到上天的赐福,还能把福泽传给子孙。'说的就是这个意思。如今您所喜好的,大概是叫做溺音的玩意儿吧!"

【原文】

　　文侯曰:"敢问溺音何从出也?"子夏对曰:"郑音好滥淫志,宋音燕女溺志①,卫音趋数烦志②,齐音敖辟乔志③。此四者,皆淫于色而害于德,是以祭祀弗用也④。《诗》云:'肃雍和鸣,先祖是听⑤。'夫肃肃,敬也;雍雍,和也⑥。夫敬以和,何事不行?为人君者,谨其所好恶而已矣。君好之,则臣为之。上行之,则民从之。《诗》云:'诱民孔易⑦。'此之谓也。然后圣人作,为鞉、鼓、椌、楬、埙、篪⑧,此六者,德音之音也⑨。然后钟、磬、竽、瑟以和之,干、戚、旄、狄以舞之⑩,此所以祭先王之庙也,所以献酬酳酢也⑪,所以官序贵贱各得其宜也,所以示后世有尊卑长幼之序也。钟声铿,铿以立号,号以立横⑫,横以立武。君子听钟声,则思武臣。石声磬⑬,磬以立辨,辨以致死。君子听磬声,则思死封疆之臣。丝声哀,哀以立廉,廉以立志。君子听琴瑟之声,则思志义之臣。竹声滥⑭,滥以立会,会以聚众。君子听竽笙箫管之声,则思畜聚之臣。鼓鼙之声谨⑮,谨以立动,动以进众。君子听鼓鼙之声,则思将帅之臣。君子之听音,非听其铿锵而已也,彼亦有所合之也⑯。"

### 注释

①燕:安宁。

②趋数:郑玄注:"读为'促速',声之误也。"

③敖辟:即傲僻。乔:通"骄"。

④此四者三句:郑玄说:"言四国皆出此溺音。祭祀不用淫乐。"

⑤《诗》云二句:见《诗·周颂·有瞽》。《有瞽》是周王合乐祭祖之诗。

⑥夫肃肃四句:顾炎武说:"《诗》本'肃''雍'一字,而引之二字者,长言之也。"长言之,盖拖长声调之谓也。

⑦《诗》云句:见《诗·大雅·板》。孔:很,甚。

⑧鞉(táo 桃):有柄的摇鼓,俗称"拨浪鼓"。椌楬(qiāng qià 枪洽):即柷和敔。埙(xūn 勋):古代用陶土烧制的一种吹奏乐器。篪(chí 池):古代用竹管制成的一种吹奏乐器。

⑨德音之音:上述六种乐器发出的声音质素单一,所以是道德之音。后"音"字作乐器解。

⑩狄:通"翟",野鸡尾巴上的长毛。文舞所执道具。

⑪献酬酳(yìn 印)酢:献、酬都是敬酒,酳是食毕以酒漱口,酢是回敬酒。这里是泛指宴饮宾客的各种礼仪。

⑫横(guǎng 广):通"犷"。谓充满勇气。

⑬磬:《乐书》作"硁"(kēng 坑),谓声音果劲。

⑭滥:谓宽广。

⑮谨:通"喧"。

⑯彼亦有所合之也：从"魏文侯问于子夏"至此，为《魏文侯》篇。

## 【今译】

文侯又问道："请问溺音从何而来呢？"子夏答道："郑国之音多是男女偷情，使人心志淫荡；宋国之音留恋妻妾，使人意志消沉；卫国之音节奏急促，使人心情烦乱；齐国之音傲慢邪僻，使人志骄意满。这四国之音，都偏重于色情而有害于道德，所以是不用之于祭祀的。《诗经》上说：'肃雍和鸣之音，祖先才喜欢听。'所谓肃肃，就是肃敬之义；所谓雍雍，就是和谐之义。如果能做到既肃敬又和谐，还有什么事办不成呢？当国君的，能对自己的好恶采取谨慎态度就好了。因为国君喜欢什么，臣下也就跟着喜欢什么；君长做什么，百姓也就跟着做什么。《诗经》上说：'诱导民众是很容易的。'说的就是这个道理。然后才有圣人出来，制成鞉、鼓、椌、楬、埙、箎，这六种乐器，是能够发出德音的乐器。然后再用钟、磬、竽、笙来伴奏，使文质相杂，再加上手执干、戚、旄、翟的舞蹈。这样的乐就可以用来祭祀先王之庙了，就可以用来设宴接待宾客了，就可以用来排列官爵高低、身份贵贱而无不得当了，就可以启示后人，使他们懂得有尊卑长幼的次序了。钟声洪亮，洪亮就可以用来发号施令，有了号令就会使人充满勇气，充满勇气则战无不胜。因此，君子听到钟声，就会想到武将。磬声坚定有力，坚定有力的声音使人明辨是非，明辨是非就会为真理献身。因此，君子听到磬声，就会想到那些为保卫国家而捐躯之臣。琴瑟之声悲哀，悲哀的声音使人清廉刚正，清廉刚正就会守志不阿。因此，君子听到琴瑟之声，就会想到刚正不阿之臣。管乐器的声音宽广，宽广的声音使人会合，会合就能聚众。因此，君子听到管乐器的声音，就会想到善于安抚百姓之臣。鼓鼙之声喧闹，喧闹的声音让人激动，激动就会率众前进。因此，君子听到鼓鼙之声，就会想到将帅之臣。由此看来，君子听音乐，并不是只听那铿锵悦耳的声音，而是要从乐声中听出某种会心的东西来。"

## 【原文】

宾牟贾侍坐于孔子①，孔子与之言。及乐，曰："夫《武》之备戒之已久②，何也？"对曰："病不得其众也。""咏叹之③，淫液之④，何也？"对曰:"恐不逮事也。""发扬蹈厉之已蚤⑤,何也?"对曰:"及时事也。"
"《武》坐,致右⑥,宪左⑦,何也?"对曰:"非《武》坐也⑧。""声淫及商,
何也?"对曰:"非《武》音也。"子曰:"若非《武》音,则何音也?"对曰:
"有司失其传也。若非有司失其传,则武王之志荒矣。"子曰:"唯。丘
之闻诸苌弘⑨,亦若吾子之言是也。"

**注释**

①宾牟贾:人名。复姓宾牟,名贾。其馀不详。
②备戒:指击鼓警众。已:太,甚。
③咏叹:指歌声之曼长。
④淫液:谓声音绵延不绝。
⑤已蚤:太早。蚤,通"早"。实谓舞一开始。
⑥致:谓膝至地。
⑦宪:通"轩",抬起。
⑧非《武》坐也:孙希旦说:"《武》乱(结束时)皆坐,坐则当两足皆致于地,今乃致其右而轩其左,则非《武》坐也。"
⑨苌(cháng 长)弘:春秋时周大夫,字苌叔。事迹略见《国语·周语下》。传说孔子曾问乐于苌弘。

**【今译】**

　　宾牟贾在孔子身边陪坐,孔子和他谈话。当话题涉及乐时,孔子问道:"《大武》表演开始前长时间的击鼓警众,你说象征什么呢?"宾牟贾答道:"象征武王开始伐纣时担心得不到众诸侯的支持。"孔子又问:"《武》乐的曲调曼长,绵延不绝,这又象征什么呢?"宾牟贾答道:"象征武王担心诸侯率兵迟到,赶不上参加战斗。"孔子又问:"舞蹈一开始就威武雄壮地举手顿足,这又象征什么呢?"宾牟贾答道:"这象征及时抓住战机,速战速决。"孔子又问:"《武》舞的跪姿是右膝着地,左膝抬起,这象征什么呢?"宾牟贾答道:"您所说的跪姿不是《武》舞的跪法。"孔子又问:"有人说《武》乐之歌有贪图商朝政权的意思,这是为什么呢?"宾牟贾答道:"这根本就不是《武》乐之音。"孔子又问:"如果不是《武》乐之音,那又是什么音呢?"宾牟贾答道:"这恐怕是乐官传授有差错。如果不是乐官传授有差错,那就是武王一时胡涂了。"孔子说:"是的。我从苌弘那儿听来的,和您所讲的一模一样。"

乐记第十九　559

【原文】

宾牟贾起，免席而请曰①："夫《武》之备戒之已久，则既闻命矣②。敢问迟之迟而又久③，何也？"子曰："居，吾语女。夫乐者，象成者也。总干而山立，武王之事也。发扬蹈厉，大公之志也④。《武》乱皆坐，周召之治也⑤。且夫《武》，始而北出，再成而灭商，三成而南，四成而南国是疆，五成而分，周公左，召公右，六成复缀，以崇天子⑥。夹振之而驷伐⑦，盛威于中国也。分夹而进，事蚤济也⑧。久立于缀，以待诸侯之至也。且女独未闻牧野之语乎⑨？武王克殷，反商⑩，未及下车，而封黄帝之后于蓟⑪，封帝尧之后于祝⑫，封帝舜之后于陈⑬。下车而封夏后氏之后于杞⑭，投殷之后于宋⑮，封王子比干之墓⑯，释箕子之囚⑰，使之行商容而复其位⑱。庶民弛政，庶士倍禄。济河而西，马散之华山之阳而弗复乘，牛散之桃林之野而弗复服⑲，车甲衅而藏之府库而弗复用⑳。倒载干戈，包之以虎皮，将帅之士使为诸侯，名之曰'建櫜'㉑。然后天下知武王之不复用兵也。散军而郊射：左射，《狸首》㉒；右射，《驺虞》㉓；而贯革之射息也㉔。裨冕㉕，搢笏，而虎贲之士说剑也㉖。祀乎明堂而民知孝。朝觐㉗，然后诸侯知所以臣。耕藉㉘，然后诸侯知所以敬。五者㉙，天下之大教也。食三老、五更于大学㉚，天子袒而割牲，执酱而馈，执爵而酳，冕而总干，所以教诸侯之弟也㉛。若此，则周道四达，礼乐交通，则夫《武》之迟久，不亦宜乎㉜！"

### 注释

①免席：避席，离席。表示尊敬。

②闻命：领教。指自己的回答得到孔子的肯定。

③迟之迟：指舞者每节舞结束时都要在舞位（即所谓"缀"）上久立不动。二"迟"字皆读 zhì，等待。

④大公：即吕尚，俗称姜太公。详《檀弓上》注。

⑤召（shào 邵）：指召公姬奭（shì 释），周武王弟。因采邑在召（今陕西岐山西南），故称。曾佐武王灭商，被封于燕。成王时任太保，与周公旦分陕（今河南陕县）而治，陕以西由他治理。

⑥且夫《武》十句：这是解说《武》舞的六节表演过程及其象征意义的。武舞的缀位有四：西边南端为第一缀，西边北端为第二缀，东边北端为第三缀，东边南端为第四缀，很象正方形的四个角的位置。每一节舞毕，即顺序移动一个缀位。第一节是象征武王出兵至孟津等待诸侯，舞毕，由第一缀进至第二缀。第二节是

象征武王率领诸侯东进灭商的,舞毕,进至第三缀。第三节是象征武王克商后又回师南向,所以舞毕进至第四缀。第四节是象征南方被收入版图的,所以舞毕大约仍是停留在第四缀未动。第五节是象征周公、召公一左一右辅佐天子的,所以舞者由一行变为两行,一向第三缀前进,一向第二缀前进。第六节象征武王回师镐京,受到诸侯拥戴,所以又回到第一缀。成:一曲终了,一节结束。缀:舞位。

⑦振:郑注:"振铎以为节。"驷:通"四"。伐:一击一刺为一伐。

⑧事:犹"为"也。

⑨牧野之语:谓对《武》乐的评论。此"语",即上文"君子于是语"之语。牧野:古地名。在今河南淇县西南,距殷都朝歌(今淇县)很近,是武王大败殷军之处。

⑩反:郑玄说是"及"字之误。

⑪蓟(jì 寂):古地名。在今北京市西南。

⑫祝:古国名。在今山东长清县东北。

⑬陈:古国名。都宛丘(今河南淮阳),在今河南东部和安徽一部分。

⑭杞:古国名。在今河南杞县。

⑮宋:古国名。都商丘(今河南商丘县)。武王封殷纣庶兄微子启于此。

⑯比干:殷纣的叔父。殷纣淫乱不止,比干强谏,纣怒,说:"我听说圣人的心有七个孔。"于是比干被剖心而死。死后未以礼葬,乃增大其坟头,故曰封。

⑰箕子:也是纣的叔父。纣杀比干,箕子惧,乃佯狂为奴,而纣又囚之。

⑱使之句:郑玄说:"行,犹视也。使箕子视商礼乐之官,贤者所处,皆令反其居也。"

⑲桃林:古地区名。在今河南灵宝以西,陕西潼关以东地区。

⑳衈:谓以血涂物。《史记》此字作"㲋"。㲋是弓套,引申为包裹义。译文从《史记》。

㉑建櫜(gāo 皋):谓不再用干戈。建,通"鞬",藏弓之袋。櫜:收藏兵器的袋子。按:"名之曰建櫜"句当在"包之以虎皮"句后,文义方顺。

㉒《狸首》:逸《诗》篇名。据《射义》,诸侯射箭以《狸首》之曲为节拍。

㉓《驺虞》:《诗·召南》篇名。天子射箭以《驺虞》之曲为节拍。

㉔贯革:穿透铠甲。贯革之射是军射,重在杀伤,与习礼之射目的不同。

㉕裨冕:礼服礼帽。详《玉藻》注。

㉖虎贲(bēn 奔)之士:谓勇士。贲,通"奔"。如虎奔(追赶)兽,故称。

㉗朝觐:据《周礼·大宗伯》,诸侯朝见天子,"春见曰朝,夏见曰宗,秋见曰觐,冬见曰遇",这里是以部分代全体。

㉘耕藉:详《月令》。耕藉的目的是保障祭祀所用粢盛。

㉙五者:指郊射、裨冕、祀乎明堂、朝觐、耕藉。

㉚食(sì 饲)三老、五更:天子以父兄之礼供养三老、五更,目的是为诸侯作出孝悌的榜样。三老、五更,均详《文王世子》注。

㉛弟:通"悌"。

㉜不亦宜乎:从"魏文侯问于子夏曰"至此,为《宾牟贾》篇。

【今译】

宾牟贾闻言站起,离开席位,恭恭敬敬地问道:"关于《武》乐表演开始前为什么要长时间击鼓警众等问题,已经领教了。而舞者每舞完一节都要亮相好大一会儿,请问这是象征什么呢?"孔子说:"请坐下,听我慢慢给你讲。首先要明白,乐这种东西,它是象征已经完成之事的。从《武》的细节上讲,舞者手持盾牌,稳立如山,这象征武王的威重之容。舞者举手顿足,威武雄壮,这象征太公的必胜决心。《武》舞表演到最后演员都跪了下来,这象征周公、召公的以文治替代武功。再从《武》乐的表演过程来讲,第一节象征武王北出孟津等待诸侯会合,第二节象征武王灭商,第三节象征回师向南,第四节象征南国归入版图,第五节时舞者分为两列,这象征周公和召公一左一右地辅佐天子,第六节时舞者回到表演开始的位置,这象征诸侯凯旋,尊崇武王为天子。在表演过程中,有时在舞队的两侧各有一人摇动铎铃,而舞者以戈矛四度击刺,这象征军威雄壮,威振中国;有时舞者象将帅部署士卒,又摇动铎铃夹队而进,这象征要早一点渡河伐纣。至于舞者站在舞位上久立不动,这象征武王在等待各路诸侯的到来。再说,你难道没有听说过对《武》乐的评论吗?武王战胜了殷纣王,来到了殷都,未等下车,就把黄帝的后代封于蓟,把帝尧的后代封于祝,把帝舜的后代封于陈。下车以后又封夏禹的后代于杞,把商汤的后代安置于宋,整修了王子比干的墓,把箕子从牢中释放出来,让他去寻访商代的礼乐之官并且官复原位。为民众废除了殷纣的苛捐杂税,为一般士人成倍地增加俸禄。然后渡过黄河向西,把驾车的马放牧于华山南面,表示不再用它们拉战车;把牛放牧于桃林的原野,表示不再役使它们;把兵车铠甲盖好包好以后收藏到府库里,表示不再使用它们。把干戈等武器倒放,用虎皮包裹起来,这叫做'把干戈束之高阁'。把带兵的将帅封为诸侯。这样一来,普天之下都知道武王不再用兵打仗了。解散了军队,在郊外的学官举行射箭比赛。诸侯在东郊习射时,奏《狸首》之曲;天子在西郊习射时,奏《驺虞》之曲。战场上那种穿透铠甲的射箭停止了。大家都穿上了礼服,戴着礼帽,腰插笏板,而勇士也不身带佩剑了。天子在明堂祭祀祖先,而民众也就懂得孝道了。诸侯定期朝见天子,然后诸侯就懂得如何做臣下了。天子亲自耕种藉田,然后诸侯就懂得如何敬祖了。这五件事,是对天下进行教化的重大举措。在太学中宴请三老、五更,天子袒开衣襟亲自切割牲肉,捧着酱请他们吃,端起酒请他们漱口,还头戴礼帽,手执盾牌,为他们起舞。这是示范诸侯怎样敬老养老。像这样,周代的教化就普及四海,礼乐都得到贯彻,而这又非一朝一夕之功,由此看来,舞者每舞完一节都要亮相好大一会儿,不也是理所当然的吗?"

【原文】

　　君子曰:礼乐不可斯须去身。致乐以治心①,则易直子谅之心油然生矣②。易直子谅之心生则乐,乐则安,安则久,久则天,天则神,天则不言而信,神则不怒而威。致乐以治心者也。致礼以治躬则庄敬③,庄敬则严威。心中斯须不和不乐,而鄙诈之心入之矣。外貌斯须不庄不敬,而易慢之心入之矣。故乐也者,动于内者也;礼也者,动于外者也。乐极和,礼极顺,内和而外顺,则民瞻其颜色而弗与争也,望其容貌而民不生易慢焉。故德辉动于内④,而民莫不承听;理发诸外⑤,而民莫不承顺。故曰:致礼乐之道,举而错之天下⑥,无难矣。

【注释】

　　①致乐以治心:郑注:"致,犹深审也。乐由中出,故治心。"
　　②子:通"慈"。
　　③致礼以治躬:郑注:"躬,身也。礼自外作,故治身。"
　　④德辉:谓面部颜色润泽。
　　⑤理:指举动皆合规矩。
　　⑥错:通"措",施也。

【今译】

　　君子说:礼乐不可片刻离身。深刻体会乐的作用并用以陶冶内心,平易正直慈爱诚信的心就会自然而然地产生。有了平易正直慈爱诚信之心就自然感到快乐,感到快乐就会心神安宁,心神安宁就会生命长久,久而久之就会被人信之如天,畏之如神。这就有如天虽不言,而四季的交替从不失信;神虽不怒,而人人敬畏其威。这就是深刻体会乐的作用从而陶冶内心的结果。深刻体会礼的作用并用来整饬自身的外貌,就会给人以庄重恭敬之感,这种庄重恭敬之感又会使人感到威严。如果内心有片刻的不和不乐,鄙卑诈伪的念头就会乘隙而入;如果外貌有片刻的不庄不敬,轻易怠慢的心志就会乘隙而入。所以说,乐这个东西,是影响人的内心的;礼这个东西,是影响人的外貌的。乐追求的目标在于和,礼追求的目标在于顺。内心和悦而外貌恭顺,那么民众只要看到他的脸色就不会与他相争了,只要望见他的容貌就不敢有轻慢的念头了。由此可见,面色和善发自内心而民众莫不乐于听从,动作中规展现于外而民众莫不乐于顺从。所以说:深刻的体会礼乐之道,并将它用来治理天下,就没有什么难办的事情了。

【原文】

　　乐也者,动于内者也。礼也者,动于外者也。故礼主其减,乐主其盈。礼减而进,以进为文;乐盈而反,以反为文①。礼减而不进则销,乐盈而不反则放。故礼有报②,而乐有反。礼得其报则乐,乐得其反则安。礼之报,乐之反,其义一也③。

【注释】

　　①礼减而进四句:郑玄说:"进,谓自勉强也。反,谓自抑止也。文,犹美也、善也。"

　　②报:通"褒",亦进取之义。

　　③礼之报三句:谓不温不火,适得其中为最好。

【今译】

　　乐这个东西,是影响到人的内心的;礼这个东西,是影响到人的外貌的。所以礼注重谦逊退让,乐注重丰满充实。礼虽注重谦让,但也要自我勉励,以自我勉励为美;乐虽注重丰满充实,但也要自我抑制,以自我抑制为美。礼注重谦让,如不自我勉励,就会由于谦让过分而导致礼数有缺。乐注重充实,如不自我抑制,就会由于充实过头而导致放纵。所以礼讲究自我勉励而乐讲究自我抑制。礼做到了讲究自我勉励就会感到快乐,乐做到了讲究自我抑制就会感到安宁。礼的自我勉励,乐的自我抑制,都是为了做到恰到好处,所以二者的道理是一样的。

【原文】

夫乐者,乐也,人情之所不能免也。乐必发于声音①,形于动静②,人之道也。声音、动静,性术之变,尽于此矣。故人不耐无乐③,乐不耐无形,形而不为道④,不耐无乱⑤。先王耻其乱,故制《雅》《颂》之声以道之⑥,使其声足乐而不流⑦,使其文足论而不息,使其曲直、繁瘠、廉肉、节奏足以感动人之善心而已矣⑧,不使放心邪气得接焉。是先王立乐之方也。是故乐在宗庙之中,君臣上下同听之,则莫不和敬;在族长乡里之中⑨,长幼同听之,则莫不和顺;在闺门之内,父子兄弟同听之,则莫不和亲。故乐者,审一以定和⑩,比物以饰节⑪,节奏合以成文,所以合和父子君臣、附亲万民也。是先王立乐之方也。故听其《雅》《颂》之声,志意得广焉;执其干戚,习其俯仰诎伸,容貌得庄焉。行其缀兆⑫,要其节奏⑬,行列得正焉,进退得齐焉。故乐者,天地之命⑭,中和之纪,人情之所不能免也。

> 注释

①乐必发于声音:如"嗟叹之,咏歌之"是也。
②形于动静:如"手之舞之,足之蹈之"是也。
③耐:古"能"字。下同。
④形:指声音、动静。道:通"导"。下同。
⑤乱:乱子。小而至于淫乱,大而至于亡国。
⑥《雅》《颂》:《诗经》内容和乐曲分类的名称。《雅》是朝廷的乐曲,《颂》是宗庙祭祀的乐曲。这是所谓典雅纯正之声。
⑦流:淫放。
⑧繁瘠:王念孙据《荀子》与《史记》校,说当作"繁省",是。
⑨族长乡里:皆古代行政单位。百家为族,二百五十家为长,一万二千五百家为乡,二十五家为里。此处是泛指。
⑩一:谓中音。指五音中之宫声。
⑪比物:谓配合上各种乐器。

⑫缀兆：缀是舞位的标志。兆是舞者活动的范围。
⑬要：会，符合。
⑭命：王念孙据《荀子》《史记》校作"齐"，是。"齐"是合同而化之义。

【今译】

音乐和舞蹈，是让人快乐的，这是人之常情，不可或缺。人有了快乐的事，一定要通过声音来表示，一定要表现于动作，这也是人之常情。声音和动作，作为表达人的心情变化的手段，也不外乎就这两点了。所以人不能没有快乐，快乐又不能不通过声音和动作表现出来，对这种表现如果不给以引导，就不能不出乱子。先王认为出乱子是件丢人的事，所以特地制定《雅》《颂》之声加以引导，使声的曲调足以让人感到快乐而不放荡，使其文辞足以讲求义理而不塞窒，使其声调的曲折与平直、复杂与简单、刚强与柔和、急促与缓慢足以感动人的善心就可以了，不要使放荡之心与邪恶之念影响人心。这就是先王制乐的原则。所以这样的乐，如果在宗庙之中演奏，君臣上下一道来听，就无不和谐肃敬；在地方上演奏，长幼一道来听，就无不和洽顺从；在家门内演奏，父子兄弟一道来听，就无不和睦相亲。所以，这样的乐，是审定一个基调以定调和之音，再配上各种乐器表现其节奏，使节奏合成为乐章，就可以用来使父子、君臣各安其位，和谐相处，使普天之下的百姓亲附。这就是先王制乐的原则。这样的乐，听其《雅》《颂》之声，纯正的思想就会占据脑海；手执盾斧一类的舞具，练习舞蹈的俯仰屈伸姿态，容貌就会变得庄严。按照固定的舞位舞域行进，与乐曲的节奏取得一致，行列就很规矩，进退就很整齐。所以，乐可以说是天地之间最能合同的东西，是协调世间万物的纲纪，是人情不可缺少的东西。

【原文】

夫乐者，先王之所以饰喜也；军旅铁钺者①，先王之所以饰怒也。故先王之喜怒，皆得其侪焉②：喜则天下和之，怒则暴乱者畏之。先王之道，礼乐可谓盛矣③。

【注释】

①铁钺：大斧。可以杀人。此泛指刑戮。另参《王制》注。

②侪(chái 柴):同辈,同类。
③礼乐可谓盛矣:从"君子曰"到此句,是《乐化》篇。

【今译】

乐这个东西,是先王用来表示喜悦的;军队和刑罚这一套,是先王用来表示愤怒的。由此看来,先王的喜悦和愤怒,都找到了相应的表达手段:先王喜悦,则百姓们也跟着喜悦;先王愤怒,则暴乱之徒就害怕。先王的治国之道,礼乐可是起了重大的作用啊。

【原文】

子赣见师乙而问焉①,曰:"赐闻声歌各有宜也。如赐者宜何歌也?"师乙曰:"乙,贱工也,何足以问所宜?请诵其所闻,而吾子自执焉。宽而静,柔而正者,宜歌《颂》。广大而静,疏达而信者,宜歌《大雅》。恭俭而好礼者,宜歌《小雅》。正直而静,廉而谦者,宜歌《风》。肆直而慈爱者,宜歌《商》。温良而能断者,宜歌《齐》。夫歌者,直己而陈德也。动己而天地应焉,四时和焉,星辰理焉,万物育焉。故《商》者,五帝之遗声也。商人识之②,故谓之商。《齐》者,三代之遗声也。齐人识之,故谓之《齐》。明乎《商》之音者,临事而屡断。明乎《齐》之音者,见利而让。临事而屡断,勇也。则利而让,义也。有勇有义,非歌孰能保此③?故歌者上如抗,下如队④,曲如折,止如槁木,倨中矩⑤,句中钩⑥,累累乎端如贯珠。故歌之为言也,长言之也。说之⑦,故言之;言之不足,故长言之;长言之不足,故嗟叹之;嗟叹之不足,故不知手之舞之,足之蹈之也。"——子贡问乐⑧。

注释

①子赣:即子贡。姓端木,名赐。子贡是字。按本节有数处错简与衍文,今已并据郑注改正。师乙:名叫乙的乐官。
②识(zhì 志):记下。
③保:郑玄注:"保,犹安也,知也。"
④队:同"坠"。
⑤中(zhòng 仲):合乎。矩:画直角或方形的曲尺。
⑥句:同"勾"。钩:圆规。
⑦说:同"悦"。

⑧子贡问乐：当是篇题。上古篇题在后。但据《别录》，此为《师乙》篇。

## 【今译】

子贡去拜访师乙而向他请教，说："我听说唱歌要适合各人的性格。像我这样性格的人适合唱什么歌？"师乙答道："我是一个卑贱的乐工，哪里配得上回答您的问题。我只能告诉您一点我知道的情况，听了以后，由您自己作出判断。宽厚安静、柔和正直的人，适合唱《颂》。志意宏大而安静，疏朗通达而诚信的人，适合唱《大雅》。恭慎而好礼的人，适合唱《小雅》。正直而安静、廉约而谦让的人，适合唱《国风》。坦率而慈爱的人，适合唱《商》。温良而果断的人，适合唱《齐》。唱歌这件事，就是直接表达自己的心情，展示自己的品德。自己唱了起来以后，会觉得天地也在响应，阴阳和顺，星辰按序运行，万物各得其所。《商》是五帝遗留下来的歌曲，因为商代人把它记了下来，所以叫做《商》。《齐》是三王遗留下来的歌曲，因为齐国人把它记了下来，所以叫做《齐》。明白《商》曲真谛的人，遇事总能果断。明白《齐》曲真谛的人，能够见利而让。遇事总能果断，这是勇；能够见利而让，这是义。这种有勇有义的人，如果不是通过歌声表达出来谁能知道？所以就歌者的旋律变化来说，或上仰而高亢，或下降而低沉，或拐弯如物之折断那般干脆，或停顿如枯树那般沉寂，平直之音合乎曲尺，回环之音合乎圆规，连绵不断之音恰似一串珍珠。所以唱歌也是说话，只不过是拉长声调的说话罢了。心里高兴，就想说话；说话还不足以表达这种高兴，就拖长声调来说；拖长声调还不足以表达，那就加上咏叹吁嗟；咏叹吁嗟还不足以表达，那就情不自禁地手舞足蹈。"——子贡问乐。

# 礼记全译

## 杂记上第二十

【题解】

郑玄说:"名曰《杂记》者,以其杂记诸侯以下至士之丧事。"孙希旦说:"《丧服小记》者,以其所记之琐碎而名之也。《丧大记》者,以其所记之繁重而名之也。此篇所记,有与《小记》相似者,有与《大记》相似者,又有非丧事而记者。以其所记者杂,故曰《杂记》。"今按二家之说参互观之,才比较全面。本篇所记,有可补《仪礼》之《士丧礼》《丧服》二篇之未备者。由于《杂记》全篇简策繁重,郑玄作注时已分为上下二篇。

【原文】

诸侯行而死于馆,则其复如于其国①。如于道,则升其乘车之左毂②,以其绥复③。其輤有裧④,缁布裳帷,素锦以为屋⑤,而行。至于庙门,不毁墙⑥,遂入,适所殡⑦,唯輤为说于庙门外⑧。

注释

①复:招魂。
②升车左毂:象征死于家时的"升屋东荣"。详《丧大记》。
③绥(ruí 绥):通"緌"。旗杆顶端的飘带,以旄牛尾为之。
④輤(qiàn 欠):载尸车的布制篷盖。裧(chān 搀):篷盖四周下垂的缘边。

⑤屋(wò 幄):古"幄"字。此屋在輤之下,裳帷之内,是覆盖棺材的小帐子。
⑥墙:指上文的"裳帷"。
⑦适所殡:停殡之处在堂上两楹之间。
⑧说:通"脱"。

【今译】
　　诸侯出访他国而死于宾馆,则其招魂仪式和死在本国一模一样。如果死于半道,则从者就上到国君所乘车的左轮轴头,用车上旗杆顶端的飘带来招魂。其载尸车上方有一篷盖,篷盖的四周有下垂的缘边,载尸车的四周是用黑布围成的帷幕,整个棺材还要用素锦覆盖起来。如此安排停当,才往家走。来到自家庙门,不须撤掉柩车四周的围布就可以进去,径直把灵柩停放在堂上两楹之间。但柩车上的篷盖要卸下来,放在庙门外。

【原文】
　　大夫、士死于道,则升其乘车之左毂,以其绥复①。如于馆死,则其复如于家。大夫以布为輤而行,至于家而说輤,载以辁车②,入自门,至于阼阶下而说车,举自阼阶③,升适所殡。士輤,苇席以为屋,蒲席以为裳帷。

注释
　　①绥:通"緌"。见上节注。
　　②辁(chuán 船)车:一种载尸或载柩之车。有四个轮子,轮子甚小,用全木而无辐,迫地而行,承载极稳。
　　③举自阼阶:据郑注,尸体举自阼阶,灵柩则举自西阶。

【今译】
　　大夫、士出行,死在路上,就上到他们所乘车的左轮轴头上,用其车上旗竿顶端的飘带来招魂。如果死在国外的宾馆里,则其招魂仪式和死在自己家里一样。大夫死,载尸的车子用布拉起篷顶后再上路。到达自家门口,卸下篷顶,把尸体移到辁车上,从大门进去,来到东阶下,把尸体从车上搬下,从东阶抬上去,一直抬到停尸之处。士死,载尸的车子也有顶篷,但用苇席覆盖棺木,用蒲席作柩车的布围。

【原文】

　　凡讣于其君,曰:"君之臣某死。"父、母、妻、长子,曰:"君之臣某之某死①。"君,讣于他国之君,曰:"寡君不禄②,敢告于执事③。"夫人,曰:"寡小君不禄④。"大子之丧,曰:"寡君之嫡子某死。"大夫,讣于同国敌者,曰:"某不禄。"讣于士,亦曰:"某不禄。"讣于他国之君,曰:"君之外臣寡大夫某死⑤。"讣于敌者,曰:"吾子之外私寡大夫某不禄⑥,使某实⑦。"讣于士,亦曰:"吾子之外私寡大夫某不禄,使某实。"士,讣于同国大夫,曰:"某死。"讣于士,亦曰:"某死。"讣于他国之君,曰:"君之外臣某死。"讣于大夫,曰:"吾子之外私某死。"讣于士,亦曰:"吾子之外私某死。"

注释

①君之臣某之某死:上"某"指臣名,下"某"指其亲属。
②不禄:士死曰不禄。国君死当称薨。今称国君死为不禄,是因为讣告他国之君,表谦。夫人死亦曰不禄,义同此。
③执事:犹言左右。
④寡小君不禄:此下也当云"敢告于执事",不言者,略也。
⑤外臣:因无直接统属关系,故曰外臣。寡:寡德。
⑥外私:外国的私交、朋友。
⑦实(zhì至):通"至",谓来告也。句中的"某"为使者之名。

【今译】

　　凡向本国国君报丧,如果是臣子本人死,则使者要说:"君的臣子某某死了。"如果是臣子的父亲、母亲、妻室、长子,报丧者要说:"君的臣子某某的什么亲属死了。"国君死,向他国之君报丧,要说:"寡君不禄,敢向您的左右禀告。"国君的夫人死,向他国之君报丧,要说:"寡小君不禄,特来禀告左右。"太子死,则说:"寡君之嫡子某某死,特来禀告左右。"大夫死了,如果是向同国爵位相等的人报丧,要说:"某某不禄。"如果是向士报丧,也说:"某某不禄。"如果是向他国之君报丧,要说:"君之外臣寡大夫某某死了。"向他国爵位相等的人报丧,要说:"您的外国朋友寡大夫某某不禄,特派我来禀告。"向他国的士报丧,也要说:"您的外国朋友寡大夫某某不禄,特派我来禀告。"士死了,如果是向本国大夫报丧,要说:"某某死了。"向本国的士报丧,也要说:"某某死了。"如果是向他国之君报丧,要说:"君之外臣某某死了。"向他国大夫报丧,要说:"您的外国朋友某某死了。"向他国的士报丧,也要说:"您的外国朋友某某死了。"

【原文】

　　大夫次于公馆以终丧①,士练而归②。士次于公馆③,大夫居庐④,士居垩室⑤。

【注释】

　　①公馆:国家的招待所。
　　②练:即满一周年的小祥之祭。小祥以后,孝子除去首绖,改戴练冠,故称。
　　③士次于公馆:这一句不好解释。江永认为这五个字应在上文"士练而归"之上。俞樾认为此句中的"士"字是衍文。今姑从俞。
　　④庐:又叫"依庐"。居丧时临时所搭的草棚。即在中门外东墙下,东面靠着墙,南面、西面支起木棍,北面开口当门,上面盖上草苫,即成。葬后,可以稍加修饰,例如可以将草苫剪齐,可以在壁上涂泥,门可以向西开口。
　　⑤垩室:也是居丧时用砖垒成的小草屋,地点也在中门外东墙下,草苫上也不涂泥,不加任何修饰,只用白垩涂墙,故名垩室。按常规,垩室是孝子在练祭以后的住处。

【今译】

　　国君死了,大夫要在公馆中居丧三年才能回家,士受恩浅,可以在练祭以后回家。在公馆时的住处,大夫住在依庐中,士住在垩室中。

【原文】

　　大夫为其父母兄弟之未为大夫者之丧,服如士服。士为其父母兄弟之为大夫者之丧,服如士服。大夫之嫡子,服大夫之服。大夫之庶子为大夫,则为其父母服大夫服;其位与未为大夫者齿。士之子为大夫,则其父母弗能主也,使其子主之。无子,则为之置后。

【今译】

　　身为大夫,为其父母兄弟之未为大夫者服丧,其丧服按照士礼服丧。身为士,为其父母兄弟之为大夫者服丧,其丧服也按照士礼服丧。大夫死,其嫡子纵然不是大夫,也可按大夫之礼服丧。大夫死,其庶子为大夫,也可按大夫之礼为父母服丧;但哭泣的位置只能与不是大夫的人同列。士的儿子官为大夫,如果儿子死了,他的父母因为身份是士而没有资格为他主持丧事,就应由儿子的儿子来主持;如果儿子没有儿子,就应为儿子立一个过继儿子。

【原文】

大夫卜宅与葬日,有司麻衣、布衰、布带①,因丧屦,缁布冠不蕤②。占者皮弁③。如筮,则筮史练冠、长衣以筮④。占者朝服⑤。

【注释】

①有司:参预卜筮的大夫家臣。按规矩,大夫死,其家臣应服斩衰,即服纯凶之服。但因卜筮乃与鬼神相接,属吉礼,应着吉服。两相权衡,乃着既非纯吉亦非纯凶之服。麻衣:白布深衣,这是吉服。布衰:指缀于深衣胸前和背后的两块孝布。缀于胸前的一块长六寸,宽四寸;缀于背后的一块又叫负版,长一尺六寸,宽四寸。这是凶服。布带:属于凶服。
②缁布冠:属于吉服。蕤:通"緌"。冠缨系好后的下垂部分。不緌是凶。
③皮弁:即皮弁服。这是纯吉之服。详《玉藻》注。
④筮史:即筮人。"筮"字原脱,据阮元《校勘记》补。练冠:以练过的白布制成的冠。长衣:镶白边的深衣。
⑤朝服:头戴玄冠,上穿缁衣、缁带,下着素裳、素韠。这是大夫士朝见国君时的礼服,纯吉。

【今译】

大夫死后,到了卜择茔地和下葬日期时,其有关家臣要身穿麻衣,麻衣的前胸后背各缀一块麻布,腰系布带,脚穿麻绳编的屦,头戴没有缨饰的缁布冠。至于占者则穿皮弁服。如果用筮选择茔地和葬期,筮人就练冠、长衣而筮。占者则穿朝服。

【原文】

大夫之丧,既荐马①,荐马者哭踊。出,乃包奠而读书②。大夫之丧,大宗人相③,小宗人命龟④,卜人作龟。

【注释】

①荐马:谓把牵引灵车的马牵进庙门。据《士丧礼》,葬前一日要先迁柩于祖庙,叫做朝庙。这象征死者临行之前与尊者告别。接着又要举行祖奠,也就是象征为死者饯行的祭奠。第二天下葬,下葬前又要在祖庙内举行葬奠。葬奠毕,将拉柩车的马牵入庙门。孝子见到牵马入门,知道与死者最后诀别的时刻到了,于是哭踊。

②包奠:把葬奠所用牲体的胫骨部分用苇席包裹起来,用以随柩入葬。读书:把他人赠送的助葬品、祭品、财物和随葬物列一清单,在柩车临行之前宣读。

③大宗人:指为大夫掌管宗族事务者。

④小宗人:为大夫掌管礼仪和宗庙者。

【今译】

大夫的丧礼,在下葬那一天,拉柩车的马已被牵进祖庙,孝子见此情景,又哭又跺脚。马从庙门出来以后,套到灵车上,这时要举行包奠和读书的仪式。大夫的丧事,由大宗人辅佐行礼,由小宗人告龟以所问之事,由卜人灼龟以观兆之吉凶。

【原文】

复:诸侯,以褒衣、冕服、爵弁服①;夫人,税衣揄狄②,狄税素沙;内子,以鞠衣、褒衣素沙;下大夫,以襢衣;其余如士③。复西上④。

【注释】

①褒衣:受到天子褒赏而见赐之衣。冕服:诸侯礼服的总称。上公的冕服叫衮服,侯伯的冕服叫鷩服,子男的冕服叫毳服。其相同之处是,无论何种冕服都是上衣玄色下裳纁色;其不同之处在于衣裳上的图案有别。详《礼器》"天子龙衮"句注。爵弁服:爵弁是一种文冠。爵,通"雀"。是说此弁的颜色赤而微黑,与雀头相似。爵弁服,是指配合爵弁穿的一套礼服,即缁衣、缁带、纁裳、赤黄色的蔽膝。

②税(tuàn 彖)衣揄(yáo 摇)狄:据《周礼·天官·内司服》,王后有六服,即袆衣、揄狄、阙狄、鞠衣、展衣、椽衣。此六服亦可为内外命妇之服。此处是说诸侯夫人死,其招魂用衣可用揄狄以下五种。另详《玉藻》注。

③内子五句:原在本节"复:诸侯"之上,乃错简,今据郑注移正。襢(zhǎn 展)衣:即展衣。参上注。

④复西上:招魂人数的多少,取决于其命数。

【今译】

　　招魂时所用的衣服：诸侯用褒衣、冕服和爵弁服；诸侯的夫人，用揄狄、阙狄、鞠衣、展衣、褖衣等五种衣服，这五种衣服都是用素纱作里子；卿的正妻，用鞠衣和褒衣，也都是以素纱作里子；下大夫之妻，用襢衣；其余的人都和士妻一样，用褖衣。招魂的人如果在两个以上，以立在西边的为上位。

【原文】

　　大夫不揄绞属于池下①。

注释

　　①揄(yáo 摇)绞(xiáo 崤)：画有雉形图案的苍黄色缯带，长丈余。这是一种葬时车饰。如果是国君，则可以将揄绞系于池下。大夫以下则不可。池：柩车上的一种装饰。以编竹为之，套以青色布套，位于柩车篷顶(叫作"荒")下。其作用是象征死者生前所居宫室的承霤。详《檀弓上》"池视重霤"注。据郑玄注，此句上下有脱文。因为这里只讲了大夫下葬时的车饰，而未讲国君和士。

【今译】

　　大夫葬时的运柩车，不得把揄绞系到池下。

【原文】

　　大夫附于士①。士不附于大夫，附于大夫之昆弟，无昆弟则从其昭穆②，虽王父母在亦然。妇附于其夫之所附之妃③，无妃，则亦从其昭穆之妃。妾附于妾祖姑，无妾祖姑，则亦从其昭穆之妾。男子附于王父则配④，女子附于王母则不配⑤。公子附于公子。君薨，大子号称子，待犹君也。

注释

　　①附：通"祔"。把新死者的神主按昭穆顺序附于祖先的神主。祔的原则，最根本的一条是按照昭穆顺序，昭祔昭，穆祔穆。孙祔祖，而子不得祔父。但另外也要讲究身份和嫡庶，这正如本节所讲。

　　②从其昭穆：祔于昭穆相同的祖先。如孙祔于祖，若无祖可祔，则可祔于高

祖。这也就是《丧服小记》所说的"亡则中一以上而祔"。

③夫之所祔之妃：即祖姑。婆婆的婆婆。妃，配偶。

④配：谓并祭所祔祖先之配偶。

⑤女子：指未嫁之女和嫁未三月而死犹归葬于娘家者。

【今译】

　　大夫死后，他的神主可以附在生前为士的祖父的神主后面。反过来，士死之后，他的神主却不可附在生前为大夫的祖父的神主后面，而只能附在生前为士的叔伯祖父的神主后面；如果没有这样的叔伯祖父，还可以按照昭穆顺序附在高祖神主后面。即使祖父母仍健在，也是这样。媳妇的神主应该附在祖姑之后；如果没有祖姑可附，也可以按照昭穆顺序附在高祖配偶的后面。妾的神主应该附于身份是妾的祖姑后面；如果没有妾祖姑，也可以按照昭穆顺序附于高祖之妾。男子祔于祖父时，要以祖母来配享；女子祔于祖母时，则不以祖父来配享。国君的庶子只能祔于祖辈的庶子。国君去世的当年，太子只称"子"，但在国际交往中受到的礼遇却和国君一样。

【原文】

　　有三年之练冠①，则以大功之麻易之，唯杖屦不易。有父母之丧，尚功衰②，而附兄弟之殇③，则练冠附。于殇，称"阳童某甫"④，不名，神也。

注释

①三年：指父母之丧。练冠：已见本篇上文注。

②功衰（cuī 缞）：斩衰、齐衰之丧在小祥之后所穿的丧服。因此种丧服布料的粗细与大功丧服同，故称功衰。

③附：通"祔"。

④阳童：孙希旦说："男子为殇曰阳童，女子为殇曰阴童。"某甫："某"指殇者的字，"甫"是男子的美称。殇者未成年而死，本无字，为了神化殇者，特为之造字。

【今译】

　　正在为父母守孝，已经过了小祥，这时又遇到大功亲属去世，就应该把头上的练冠、腰上的葛带统统改为大功的麻绖,只有孝棒和丧屦不用更换。正在为父母守孝之中,已经过了小祥,换上了功衰,如果这时遇上了未成年兄弟的袝祭,本来也应把练冠改为大功的麻绖,但因为是殇,所以就戴着练冠参加袝祭就行了。在祭殇的祭文中,要称"阳童某甫",不能直呼其名,因为已经把他当作神来对待了。

【原文】

凡异居,始闻兄弟之丧,唯以哭对可也①。其始麻,散带绖②。未服麻而奔丧,及主人之未成绖也③,疏者与主人皆成之④,亲者终其麻带绖之日数⑤。

【注释】

①唯以哭对可也:因为悲痛,无暇问及其他。

②散带绖:散垂其腰带之麻绖。孔颖达说,这是指大功以上兄弟。若是小功以下,则垂而不散。

③成绖:于鬯说当作"成服"。今从之。据《士丧礼》,人死后的第二天小敛,第三天大敛,第四天成服。所谓成服,也就是从头到脚地把丧服穿戴齐备。

④疏者:指小功以下亲属,如从祖兄弟、族兄弟。皆:通"偕",一齐。

⑤亲者:指大功以上亲属。如从父兄弟、亲兄弟。终其麻带绖之日数:意谓从到家之日加麻散带算起,到第三天才成服。假若是大敛之日到家,顺沿三天,那就是要在主人成服之后的第二天才成服。

【今译】

凡是分居两地的兄弟,在刚听到兄弟死的讣告时,只是对着报丧者哭泣,一言不发,也是可以的。第二日就开始带孝,腰经束腰后的多余部分任其散开下垂。如果没有带孝就回去奔丧,又正赶上主人成服,在这种情况下,比较疏远的亲属就可以和主人一道成服,而比较亲密的亲属则不行,一定要披麻散带到规定的天数再成服。

【原文】

主妾之丧①,则自袝;至于练、祥,皆使其子主之。其殡、祭,不于正室。君不抚仆妾。女君死,则妾为女君之党服。摄女君,则不为先女君之党服。

**【注释】**

①主妾：主妇死后由妾代理主妇之职者。

**【今译】**

主妾去世，则由丈夫亲自为她主持祔祭；至于小祥、大祥之祭，都让她的儿子主持。虽然生前代理主妇，但究竟还不是主妇，所以对她的殡和祭都不在正室举行。仆妾死后，因为他们的身份低贱，主人不须抚摩其尸而哭。主妇死后，主妇的娘家人死了，众妾仍须为之服丧，但代理主妇的妾则可以不为之服丧。

**【原文】**

闻兄弟之丧，大功以上，见丧者之乡而哭①。适兄弟之送葬者弗及，遇主人于道，则遂之于墓。凡主兄弟之丧，虽疏，亦虞之②。

**【注释】**

①闻兄弟之丧三句：详后文《奔丧》篇。
②虞：安也。作为祭名，是指葬后当天中午即迎回死者神主，祭之于殡宫，以安其神。虞祭是丧事结束的标志。此后的祭属于吉祭。

**【今译】**

听到兄弟的死讯，急忙前去奔丧，如果是死者大功以上的兄弟，就要在看见死者所住村落时就放声痛哭。去给兄弟送葬而没有赶上，碰见主人时已经是在葬毕回家的路上，这时候自己就要独自走到墓地哭送。凡是为兄弟主持丧事，即令是小功以下之亲，也要在虞祭之后才回家。

**【原文】**

凡丧服未毕，有吊者，则为位而哭，拜，踊。大夫之哭大夫，弁绖①。大夫与殡，亦弁绖。大夫有私丧之葛②，则于其兄弟之轻丧则弁绖③。

【注释】

①弁绖：在皮弁上加上麻绖。
②私丧之葛：私丧，妻子之丧。妻子之丧，卒哭以后，要以葛绖代替麻绖。
③轻丧：小功以下亲属之丧。

【今译】

只要还在服丧期内，如果有客人来吊孝，孝子都应在规定的位置上哭泣、拜宾、成踊，不可在礼数上打折扣。大夫去哭吊大夫，要身着锡衰，头戴弁绖；如果是在主人未成服时前去哭吊，也是头戴弁绖，但不着锡衰，仍着常服。大夫的妻子死了，已经过了卒哭，改戴较轻的葛绖，这时又遇到小功以下的兄弟去世，大夫前去吊孝也要改作头戴弁绖。

【原文】

为长子杖，则其子不以杖即位①。为妻，父母在②，不杖，不稽颡③；母在，不稽颡。稽颡者，其赠也拜④。违诸侯，之大夫，不反服。违大夫，之诸侯，不反服⑤。

【注释】

①为长子杖二句：这是因为丧无二主，孙应避祖。
②父母在：孙希旦、朱大韶、郑珍等人都认为"母"是衍字，今从之。
③稽（qǐ 起）颡：以额触地并略作停留的跪拜礼。表示最大的敬意。
④赠：赗、赙、襚之类。
⑤违诸侯六句：郑玄说原因在于前后主人的尊卑不同。若尊卑相同，应当为旧君反服齐衰三月。

【今译】

长子死了，其父为长子服丧时持丧杖，长子之子就不能再持丧杖即孝子之位。为妻服丧，如果父亲还健在，那就要在礼数上打点折扣，不能手持丧杖，也不能对来宾行稽颡之拜；如果是父亲去世而母亲健在，那就可以手持丧杖，但仍不得对宾客稽颡。除非宾客有较多物品赠送，为表示拜谢，才可为之稽颡。离开诸侯而到大夫之家为臣，或者离开大夫而到诸侯那里为臣,在旧主人去世时,都不再怀念旧情而为之服丧。

【原文】

丧冠条属①,以别吉凶。三年之练冠,亦条属,右缝。小功以下,左。缌冠缫缨②。大功以上散带③。朝服十五升④,去其半而缌,加灰,锡也⑤。

【注释】

①条属(zhǔ主):条是一条麻绳,属是连接。丧冠的制作是,把一条麻绳围着头部先绕一圈,这个绳圈叫做武,也就是冠圈。绕成冠圈后的多余麻绳就当作缨,即帽带。如果是吉冠,则不条属,也就是武与缨各自单独制成。
②缫:郑玄说当为"澡"。澡,指经过漂白处理的麻布。
③大功以上散带:孔颖达说:小敛之后,小功以下亲属的腰绖,其多余部分也都缠到腰上,而大功以上亲属则任其散开下垂,直到成服时才也绕到腰上。
④升:计算布粗细的单位。八十缕为一升。一缕即一根经线。古代布幅宽二尺二寸,升数愈多,布愈细密。
⑤锡:锡衰。是大夫吊丧时所穿。锡,同"缍",谓洁白光滑之布。

【今译】

丧冠的武与缨通用一条麻绳来做,凭这一点就可以看出它和吉冠的不同。三年之丧,小祥以后改戴练冠,此练冠的武与缨也是通用一条麻布来做,但冠梁上的皱褶要折向右边来缝;小功以下才向左缝。缌麻亲属的丧冠,是用漂白后的麻布做冠缨。大功以上的亲属,在小敛以后到成服之前,其腰绖的多余部分是蓬松下垂的。朝服用的布,含有经线十五升;去掉十五升的一半,就是缌麻丧服所用的布;把这种布再加上灰,经过捶洗,就成了做锡衰所用之布。

【原文】

诸侯相禭,以后路与冕服①。先路与褒衣②,不以禭。遣车视牢具③。疏布鞕,四面有章④,置于四隅。载粻⑤,有子曰:"非礼也。丧奠,脯醢而已。"祭称"孝子孝孙"⑥,丧称"哀子哀孙"。

【注释】

①后路:副车。因为副车随行在正车之后,故称。
②先路:正车。诸侯所乘之车。
③遣车:送葬时载牲体,并在下葬时连同牲体一齐随棺入圹的车子。《檀弓下》:"国君七个,遣车七乘。大夫五个,遣车五乘。"即所谓"遣车视牢具"。详彼处注。
④章:通"障"。
⑤粻(zhāng 章):米粮等谷物。
⑥祭:谓吉祭。祔祭是吉祭的开端,此前为丧祭。

【今译】

诸侯互相赠送敛葬的衣物,可以用随行的副车和礼服。自己所乘之车和天子所赐之衣,不可用来赠给死者。遣车的多少要根据包奠的数量来决定。遣车用稀布作篷顶,四面也有东西遮挡。遣车随棺入葬时,放在外棺的四角。当时有的人家在遣车上载着谷物,有子批评说:"这不合礼制。丧事祭奠所用的供品,不过肉干肉酱而已。"吉祭的时候,自称"孝子"或"孝孙";丧事中的讣告和祭文,自称"哀子"或"哀孙"。

【原文】

端衰、丧车①,皆无等②。大白冠、缁布之冠③,皆不蕤④。委武玄、缟而后蕤⑤。大夫冕而祭于公⑥,弁而祭于己⑦。士弁而祭于公,冠而祭于己。士弁而亲迎,然则士弁而祭于己可也⑧。

【注释】

①端衰:谓丧服。因为丧服的上衣与吉服的玄端式样相同,其差别只在于丧服上衣的胸前缀有一块长六寸、宽四寸的衰布,故称。
②皆无等:郑注:"贵贱同,孝子于亲一也。"
③大(tài 太)白冠:太古之布冠。
④蕤(ruí 绥):缨饰。即帽带系好后的下垂部分。
⑤委武:郑玄说是冠圈。秦人曰季,齐人曰武。
⑥冕:谓絺(zhǐ 指)冕,绣有图案的礼帽。
⑦弁:谓爵弁。

⑧士弁而亲迎二句：按郑玄的意见，亲迎是一生中的大事，属于特殊情况而受到照顾，特许提高规格（即"弁而亲迎"。按常理只能"冠而亲迎"），但不可类推到自家的祭祀上。

【今译】

孝子穿的丧服、乘的丧车，不分贵贱，都是一样的。太白冠和缁布冠，都是没有缨饰的。有冠圈的玄冠和大祥以后所戴的缟冠才有缨饰。大夫戴着缔冕去参加国君的祭祀，而家祭却戴爵弁。士戴着爵弁去参加国君的祭祀，而家祭却戴玄冠。结婚的那天，士是戴着爵弁去迎新娘的，由此看来，士的家祭时戴爵弁也是可以的吧。

【原文】

畅①，臼以椈②，杵以梧。枇以桑③，长三尺，或曰五尺。毕用桑④，长三尺，刊其柄与末。率带⑤，诸侯、大夫皆五采，士二采。醴者，稻醴也。瓮、瓶、筲、衡⑥，实见间⑦，而后折入⑧。重⑨，既虞而埋之。

**注释**

①畅：通"鬯"。郁金香草。

②椈（jú 局）：柏木。

③枇（bǐ 匕）：通"匕"。祭祀时用以捞起牲体的大木勺。丧礼用桑木，吉礼用棘木。

④毕：丧祭时用以举起牲体的木叉。

⑤率（lǜ 绛）带：不用针线缉边的带。用作袭尸之大带。

⑥衡：郑玄说当作"桁（hàng 沆）"，木架子。

⑦见：棺饰。胡培翚说："棺饰即池、柳、荒、帷之属，以加于棺外，不见棺柩，而但见棺饰，故谓棺饰为见。"

⑧折：棺椁上的盖板，长方形，大小如床。折上加抗席以后，就可以填土了。

⑨重：从始死到虞祭死者尚无神主，重即神主的暂时代用品。详《檀弓下》注。

【今译】

捣鬯的臼用柏木制成，杵用桐木制成。捞牲体的大木勺用桑木制成，长三尺，有的说长五尺。捞牲体的木叉也用桑木制成，叉柄与叉尖都要削得小一点。袭尸用的**绅**带,诸侯、大夫是五种色彩具备,士则只有红、绿二色。随葬用的醴,是用稻米酿制的醴。盛放酱类的瓮,盛放酒浆的坛子,盛放谷物的竹筥,盛放各种容器的木架,以上这些随葬物品,统统填到棺饰与外椁之间的孔隙中,然后把棺椁的盖板放入圹中,至于临时作神主用的重,虞祭以后就埋掉了。

【原文】

　　凡妇人,从其夫之爵位。小敛、大敛、启,皆辩拜①。朝夕哭②,不帷③。无柩者,不帷。君若载而后吊之,则主人东面而拜,门右北面而踊,出待,反而后奠。子羔之袭也④,茧衣裳与税衣纁袡为一⑤,素端一,皮弁一,爵弁一,玄冕一⑥。曾子曰:"不袭妇服。"

**注释**

　　①辩:通"遍"。
　　②朝夕哭:既殡之后,每天的早晨和晚上,孝子都要入殡宫哭灵,此礼就叫朝夕哭。葬前的每天都如此。
　　③不帷:不用帷帐遮住灵柩。因为孝子心想见到灵柩。
　　④子羔:孔子的弟子高柴。子羔是其字。
　　⑤茧:丝绵。税(tuàn)衣:衣裳相连的黑衣。纁袡(rán 然):浅绛色的衣裳下缘。只有妇人才纁袡。
　　⑥皮弁一三句:郑注云:"礼以冠名服,此袭其服,非袭其冠。"由此可知,皮弁是指皮弁服,即素衣素裳;爵弁是指爵弁服,即缁衣纁裳;玄冕是指玄冕服,即上衣玄色而无文,下裳纁色而有黻形图案。

【今译】

　　凡是妇人的丧礼,其办事规格都随照其夫之爵位。小敛、大敛和启殡这三件事,每件事做完以后主人都要遍拜宾客。朝夕哭时,要把遮挡灵柩的帷幕撩起来,哭过以后再放下。如果灵柩已下葬,则帷幕也就不用了。国君如果在灵柩已载到车上之后来吊问,这时主人要退居宾位朝东拜谢,再到门内右边向北哭踊,然后先出门外等待拜送国君。送走国君以后再举行祖奠。子羔死的时候,其小敛用的衣服有五套:一套是在装有丝绵的上衣下裳之外罩上一件镶有绛色下缘的税衣,一套是布衣素裳,一套是皮弁服,一套是爵弁服,一套是玄冕服。曾子说:"不该用那镶有绛色的下缘,因为那是妇人之服。"

【原文】

为君使而死,公馆复,私馆不复。公馆者,公宫与公所为也。私馆者,自卿大夫以下之家也①。公七踊②,大夫五踊③,妇人居间④,士三踊⑤,妇人皆居间⑥。公袭:卷衣一⑦,玄端一⑧,朝服一⑨,素积一⑩,纁裳一⑪,爵弁二,玄冕一,褒衣一,朱绿带,申加大带于上⑫。小敛,环绖⑬,公、大夫、士一也。公视大敛,公升,商祝铺席⑭,乃敛。鲁人之赠也⑮,三玄二纁,广尺,长终幅。

### 注释

①为君使而死七句:已见《曾子问》,详彼注。

②公七踊:公,指国君。七踊,指从始死之日到成殡之日哭踊的次数。诸侯五日而殡,每天踊一次,则五天五踊,加上小敛、大敛时各一踊,共七踊。

③大夫五踊:大夫三日而殡,三日中为三踊,加上小敛、大敛各一踊,共五踊。

④妇人居间:徐师曾说此四字是衍文,是。

⑤士三踊:士二日而殡,死之日一踊,小敛、大敛各一踊,共三踊。

⑥居间:指踊的顺序在男子与来宾之间。

⑦卷(gǔn衮)衣:即衮衣。诸侯的最高级礼服。

⑧玄端:缁衣朱裳。诸侯燕居之服。

⑨朝服:缁衣素裳。诸侯听朝之服。

⑩素积:指皮弁服。诸侯视朔之服。

⑪纁裳:冕服之裳。

⑫大带:即上节的"率带"。

⑬环绖:用麻绳作成的圈。

⑭商祝:深明丧事礼仪者。详《乐记》注。

⑮赠:以布帛赠死者纳入圹中。据《仪礼·士丧礼》:"赠用制币玄纁束。"即要用十块长一丈八尺、宽二尺四寸的玄色纁色之帛。下文鲁人之赠,数量、长短、宽度都与《士丧礼》不合。

【今译】

奉国君之命出使他国而死,如果是死于公馆就招魂,死于私馆就不招魂。所谓公馆,就是他国国君的宾馆或国君指定的下榻处。所谓私馆,就是卿大夫以下的私宅。从始死之日到成殡之日,为国君要七踊,为大夫要五踊,为士要三踊。每一次踊,都是男子先踊,接着是妇人踊,最后是宾客踊。国君小敛用的衣服有九套:一套衮衣贴身穿,下面依次是一套玄端,一套朝服,一套皮弁服,一套纁裳,两套爵弁服,一套玄冕服,一套褒衣;穿好以后,用朱绿两色的带子系腰,外面再加上一条大带。小敛时主人要头戴环绖,在这一点上,国君、大夫和士都是一样的。国君光临臣下的大敛,尽管大敛已经开始也不算数,而要等到国君升堂之后,商祝才铺设敛席,从头开始大敛,这样做才显得光彩。鲁国人赠送死者入圹的帛,三块是玄色,二块是绛色,每块宽一尺,长二尺二寸,这距礼的要求太远了。

【原文】

　　吊者即位于门西,东面。其介在其东南①,北面,西上,西于门。主孤西面②。相者受命,曰:"孤某使某请事③。"客曰:"寡君使某如何不淑④!"相者入告,出曰:"孤某须矣。"吊者入,主人升堂西面,吊者升自西阶,东面致命曰:"寡君闻君之丧,寡君使某,如何不淑!"子拜稽颡。吊者降,出⑤,反位。

【注释】

　　①介:使者的随员。随员如果多人,其首席随员叫上介。
　　②主孤:主国已故国君的嗣子。即孝子。
　　③孤某使某:上"某"是嗣子之名,下"某"是相者之名。
　　④使某:此"某"为使者名。
　　⑤出:"出"字原脱,据郑玄注补。

【今译】

　　某国诸侯去世,他国诸侯派来吊丧的使者就在主国大门以西就位,面朝东。使者的随员站在使者的东南,面朝北,以西边为上位。使者及其随员都要站在大门以西,不可挡住大门。门内,嗣君站在东阶下,面朝西。辅导嗣君行礼的人接受嗣君的委托,出来对使者说:"嗣君某让我来请教有何公干。"使者答道:"敝国国君特派我来表示他对此不幸事件的哀悼。"辅导嗣君行礼的人听过后进去报告,然后又走出来相请,说:"嗣子某某已在里边恭候。"吊者入门,主人从阼阶升堂,面向西;吊者从西阼升堂,面向东,表达来意说:"敝国国君听到贵国国君去世的噩耗,非常悲痛,特派我来表示他对此不幸的哀悼。"嗣子磕头拜谢。于是吊者从西阶下堂,出门,返回原位。

【原文】

含者执璧将命曰①:"寡君使某含。"相者入告②,出曰:"孤某须矣。"含者入,升堂致命。再拜稽颡③。含者坐委于殡东南,有苇席;既葬,蒲席。降,出,反位。宰夫朝服④,即丧屦,升自西阶,西面,坐取璧,降自西阶以东。

注释

①含者:当是上文的"介"之一,负责进献含璧。含,放在死者口中的玉。
②相者:辅导嗣君行礼的人。也叫"摈者"。
③再拜稽颡:据上节与下节文,"再"当作"子"。
④宰夫朝服:孔颖达说:"夫"字是衍文。宰是替诸侯暂时总领一切事务的官。

【今译】

随员之一执璧向相者说明来意:"敝国国君特派我来馈献含玉。"相者进去禀告嗣君,然后出来相请,说:"嗣子某某已在里边恭候。"此随员即进门,从西阶升堂转达来意。嗣子听了以后磕头拜谢。此随员跪下,把所执璧放在灵柩东南的苇席上。如果是下葬以后才行此礼,灵柩东南铺的苇席就换成了蒲席。然后从西阶走下来,出门,返回原位。诸侯的宰则身穿吉服朝服,脚穿麻绳编的丧屦,从西阶升堂,面向西,跪下拿起所赠之璧,再从西阶下堂往东走,藏之于宫内。

【原文】

襚者曰:"寡君使某襚①。"相者入告,出曰:"孤某须矣。"襚者执冕服,左执领,右执要,入,升堂致命曰:"寡君使某襚。"子拜稽颡。委衣于殡东②。襚者降,受爵弁服于门内霤③,将命,子拜稽颡,如初。受皮弁服于中庭,自西阶受朝服,自堂受玄端,将命子拜稽颡皆如初。襚者降,出,反位。宰夫五人④,举以东。降自西阶,其举亦西面。

**注释**

①襚者:也是前节吊者的随员(即"介")之一。襚,向死者赠送衣被。
②委衣于殡东:也是像含者那样委于席上,放在璧的北边。
③受爵弁服:受者是襚者,而授者是谁呢?郑玄说是贾人。贾人,见《少仪》注。以下诸服的授者都是贾人。
④宰夫:前节"宰"的属官。五人:因为襚服有五套,人取一套,须五人。

**【今译】**

襚者出列向相者致意说:"敝国国君特派我来致襚。"相者入内禀告嗣子,然后出来相请,说:"嗣子某某已在里边恭候。"襚者拿起冕服,左手执领,右手执腰,入门,从西阶升堂,说明来意:"敝国国君特派我来致襚。"嗣子听了以后就磕头拜谢。于是襚者将冕服在殡东的席子上放好,然后下堂,走到门内屋檐正下方,从贾人手里接过爵弁服,又上堂说明来意,嗣子接着磕头拜谢,这一切的作法和第一次襚冕服的作法一样。然后襚者一次又一次地从贾人手中接过襚衣:在院子当中接过皮弁服,在西阶接过朝服,在堂上接过玄端。对于每一套襚服,襚者的上堂致词和嗣子的磕头拜谢都和第一次一样。五套襚服赠毕,襚者从西阶下堂,出门,返回原位。宰夫五人,每人从席子上拿起襚服一套,下堂往东走,存放起来。下堂要从西阶下,所以宰夫取衣时也面向西。

**【原文】**

上介赗①,执圭将命曰②:"寡君使某赗。"相者入告,反命曰:"孤某须矣。"陈乘黄、大路于中庭③,北辀。执圭将命,客使自下由路西④。子拜稽颡。坐委于殡东南隅。宰举以东。凡将命,乡殡将命⑤。子拜稽颡。西面而坐委之。宰举圭与璧,宰夫举襚,升自西阶,西面坐取之,降自西阶。

**注释**

①上介:副使,也可以说是使者的第一随员。赗(fēng 俸):向丧家赠送用以助葬的车马。

②执圭将命:因为车马不可执,故执圭为信以将命。

③乘黄:四匹黄马。大路:即上文所说的"后路",也就是副车。

④自下:郑注:"自,率也。下,谓马也。"

⑤乡:通"向"。

【今译】

上介负责致赗,他手执玉圭向相者说明来意:"敝国国君特派我来致赗。"相者入内禀告,然后又出来传达主人的交待说:"嗣子某某已在里边恭候。"上介命其助手将四匹黄马和一辆副车陈设在院子中间,车辕朝北。上介手执玉圭登堂说明来意,陈设车马的人牵着马站在副车西面。嗣子磕头拜谢。上介跪下,把圭放在灵柩东南角的席上。主国的宰跪下将圭取走存放。通例:凡说明来意时,要向着灵柩说明来意。嗣子听到后都要磕头拜谢。凡赠送东西都要面向西跪下,把东西轻放在席子上。来宾赠送的圭和璧,由主国的宰从席上取走;来宾赠送的衣服,由宰夫从席上取走。宰和宰夫,都是由西阶升堂,面向西跪下取走东西,然后从西阶下堂。

【原文】

赗者出,反位于门外。上客临①,曰:"寡君有宗庙之事,不得承事,使一介老某相执绋②。"相者反命曰:"孤某须矣。"临者入门右,介者皆从之,立于其左,东上。宗人纳宾③,升,受命于君,降曰:"孤敢辞吾子之辱④,请吾子之复位。"客对曰:"寡君命某,毋敢视宾客,敢辞。"宗人反命曰:"孤敢固辞吾子之辱,请吾子之复位。"客对曰:"寡君命某,毋敢视宾客,敢固辞。"宗人反命曰:"孤敢固辞吾子之辱,请吾子之复位。"客对曰:"寡君命使臣某,毋敢视宾客,是以敢固辞。固辞不获命,敢不敬从。"客立于门西,介立于其左,东上。孤降自阼阶拜之。升,哭,与客拾踊三⑤。客出,送于门外,拜稽颡。其国有君丧,不敢受吊。

**注释**

①上客:即前节之"吊者",正使。临:入哭。吊是慰问孝子的,临则是表达自己的悲痛。上文的吊、含、禭、赗四事是奉君命而行,临则是使者私人之礼。既为私人之礼,就不敢与主国嗣子抗礼互为宾主,而是把自己放在臣子之位。所以下文的"入门右",就是使者欲以臣礼自居;而嗣子一而再再而三地让使者"复位","立于门西",则是欲以客礼待使者。

②相执绋(fú 绋):字面意思是帮助拉柩车。实际意思是帮助料理丧事。绋,出殡时拉柩车的大绳。

③宗人:诸侯的礼官。

④孤敢辞:据上下文,"孤"下当有"某"字。下同。

⑤拾(jié 捷):轮流,交替。踊三:跺脚三节。每节跺三次。

**【今译】**

赗者出门,返回门外的原位。公事到此完毕,下面是使者私人之礼。使者向相者表示欲入内哭临致哀,说:"敝国国君因为有宗庙之事缠身,不能亲自前来帮忙,特派一个像我这样的老臣前来听候差遣。"相者禀告嗣子以后,出来传话说:"嗣子某某已经在里边恭候了。"于是使者入门,站在门内右侧,其随员也都跟着,立在他的左边,以东边为上位。宗人迎进这些客人以后,升堂,请示嗣君如何招待,得到指示以后,下堂对这些客人说:"嗣子某某不敢当您的如此盛情,请您返回门西的客位。"客人回答说:"敝国国君派我等前来帮忙,我们怎敢自同于宾客,这是使不得的。"宗人在禀报之后再次转达嗣君的指示说:"嗣子某某绝不敢当您的如此盛情,还是请您返回门西的客位吧。"客人也再次回答说:"敝国国君派我等前来帮忙,我们怎敢自同于宾客呢,这是使不得的。"宗人在禀报之后又第三次转达嗣君的指示说:"嗣子某某绝不敢当您的如此盛情,还是请您返回门西的客位吧。"客人回答说:"敝国国君派我前来听候差遣,不敢自比于宾客,所以坚决辞谢。坚决辞谢既然不获允许,只好从命。"于是客人立到门内西侧,众随员立于其左,以东边为上位。嗣子从东阶下堂,向客人拜谢。然后嗣子从东阶升堂,客人从西阶升堂,在哭的同时,嗣子与客人轮流跺脚三节。客人出门时,嗣子要送出门外,磕头拜谢。如果一个国家的国君死了,而这个国家的臣子又有亲人去世,作臣子的是不敢接受他国宾客的吊唁的。

【原文】

外宗房中南面①。小臣铺席,商祝铺绞、紟、衾。士盥于盘北,举迁尸于敛上。卒敛,宰告,子冯之,踊。夫人东面坐,冯之,兴,踊。

【注释】

①外宗房中南面:郑玄说此节是《丧大记》"君将大敛"一节的脱简,重出于此。

【今译】

外宗在西房中就位,面向南。由小臣在阼阶上铺好敛席,然后由商祝依次铺上绞、紟、衾、衣,然后丧祝开始在盘子上洗手,抬起尸体,挪放到铺好的大敛衣服上。大敛结束,总管向世子报告,世子就抱着尸体痛哭,跳起跺脚。夫人在尸体西边,面向东面而坐,抱着尸体痛哭,起身跳起跺脚。

【原文】

士丧有与天子同者三:其终夜燎,及乘人①,专道而行。

【注释】

①乘(shèng 剩)人:指用人力拉车。

【今译】

士的丧礼有三点和天子的丧礼相同:一是在迁移灵柩于祖庙的当夜要彻夜点燃火炬照明,二是出葬时柩车用人来拉而不用马,三是出葬途中任何人都要给柩车让道。

# 礼记全译

## 杂记下第二十一

【题解】

见《杂记上》。

【原文】

有父之丧,如未没丧而母死①,其除父之丧也②,服其除服③;卒事,反丧服。虽诸父、昆弟之丧,如当父母之丧,其除诸父、昆弟之丧也,皆服其除丧之服;卒事,反丧服。如三年之丧,则既颎④,其练、祥皆行。王父死,未练、祥而孙又死,犹是附于王父也。

注释

①没丧:终丧。父丧守孝三年。
②其除父之丧也:指大祥之祭。大祥以后,孝子可以除去丧服,着平日之吉服。
③除服:此指朝服而缟冠。朝服是吉服,只有缟冠(素冠)还带点凶服色彩。
④颎(jiǒng 炯):麻类植物,可以制衣。卒哭之后,孝子就要将麻绖带换成葛绖带。如是无葛之乡,则可以用颎代替。

【今译】

父亲去世,正在服丧,如果在服丧期限未满以前母亲又不幸去世,那么在为父亲举行大祥之祭时,还应该穿上除服;祭过之后,再换上为母服丧的丧服。这个原则可以推而广之：即令是正在为伯父、叔父、兄弟服丧，如果又遇到父母之丧，那么在为伯父、叔父、兄弟举行除服之祭时，也都可以暂时改穿吉服；等到祭过之后，再换上为父母应穿的重丧服。如果在三年之中先后遇到两个三年之丧的丧事，那么在后一个丧事的卒哭之后，如果举行前一个丧事的小祥和大祥之祭，也可以先换上小祥和大祥所受的轻服；事过之后再改穿后丧的重服。祖父先死，还没有举行小祥、大祥之祭而孙又死，孙子的神主仍然附在祖父后面。

【原文】

有殡，闻外丧，哭之他室①。入奠②，卒奠出，改服即位，如始即位之礼。

【注释】

①有殡三句：郑注云："哭之他室，明所哭者异也。"
②奠：指朝夕哭时之奠祭。

【今译】

父死或母死，正停殡在堂，此时又听到居处遥远的亲属的死讯，就应该到别的房间去哭他。第二天早晨身着重服先到殡宫哭奠父母，哭奠毕出来，再换上新死者尚未成服之服即位而哭，所即之位就是头一天听到死讯时在别的房间哭泣的位置。

【原文】

大夫、士将与祭于公，既视濯而父母死①，则犹是与祭也，次于异宫。既祭，释服出公门外，哭而归。其它如奔丧之礼。如未视濯，则使人告，告者反而后哭。如诸父、昆弟、姑、姊妹之丧，则既宿则与祭②；卒事，出公门，释服而后归。其它如奔丧之礼。如同宫，则次于异宫。

【注释】

①视濯：古祭的一个步骤。由主人察看祭器是否洗涤干净。时间在宿宾的次日晚上。所以可以认为祭祀已经开始。

②宿：通"速"，召也。凡宿必在祭前斋戒三日。

【今译】

大夫、士将要参加国君的祭祀，祭祀已经进行到视濯阶段而父母去世，在这种情况下还是要继续参加祭祀，只不过不要和大家住在一起，因为吉凶不可以同处。等祭祀结束，脱掉祭服走出公门，然后哭着回家。其他仪节和奔丧礼一样。如果还没有进行到视濯阶段而父母去世，就应派人向国君报告，等到派去报告的人回来才能哭。大夫、士将要参加国君的祭祀，如果此时有伯父、叔父、兄弟、姑、姊妹等人去世的情况发生，那么只要是在被召去斋戒以后，就得参加祭祀。等祭祀结束，走出公门，再脱掉祭服回家。其他仪节和奔丧礼一样。前面所说的"次于异宫"，是针对本来同宫而说的。

【原文】

曾子问曰①："卿大夫将为尸于公，受宿矣，而有齐衰内丧，则如之何？"孔子曰："出，舍乎公宫以待事，礼也。"孔子曰："尸弁冕而出，卿大夫士皆下之。尸必式，必有前驱。"

【注释】

①曾子问曰：这一节与《曾子问》的倒数第三节相同，注释详彼处，此处仅录译文。

【今译】

曾子问道："卿大夫将在国君的祭祀中作尸，已经接受邀请并斋戒了，这时突然有家门内齐衰之亲去世，该怎么办？"孔子答道："要从自家出来，住在国君的公馆里等待祭祀，这才合理。"孔子又说："尸出门时，或戴弁，或戴冕，这要看他这个尸所代表的祖先是何身份而定。卿大夫在路上遇到尸。都要下车致敬，而为尸者也须凭轼答礼。尸出行，一定要有在前开道的人。"

【原文】

父母之丧，将祭①，而昆弟死，既殡而祭。如同宫②，则虽臣妾，葬而后祭。祭,主人之升降散等③,执事者亦散等。虽虞、附亦然。

【注释】

①祭:指小祥、大祥之祭。
②同宫:谓新死者死于父母之殡宫。
③散等:一步跨一级台阶。又叫"栗阶"。这是丧祭的上下台阶走法。另外一种走法是,两脚必先并于一级台阶,然后再升一级台阶并之。叫做"拾级"。这是吉祭的走法。小祥、大祥之祭是吉祭,本应拾级而散等者,是因为有新死者之丧。

【今译】

父母去世,到了将要举行小祥或大祥之祭时,不幸又有兄弟亡故,在这种情况下,应该先将新死者殡敛,然后再举行小祥或大祥之祭。如果新死者死于父母的殡宫,即使新死者贱为臣妾,也要先把死者埋掉后再举行小祥或大祥之祭。在举行小祥、大祥之祭时,主人的升堂下堂都采用散等的步伐,办事人员也都采用散等的步伐。上述作法,也适用于将要为父母举行虞祭、祔祭的时候。

【原文】

自诸侯达诸士,小祥之祭,主人之酢也,哜之①;众宾、兄弟,则皆啐之②。大祥,主人啐之;众宾、兄弟,皆饮之可也。凡侍祭丧者,告宾祭荐而不食③。

【注释】

①哜(jì 技):尝。用嘴唇沾一下地尝。
②啐(cuì 翠):尝。喝到嘴里尝。
③凡侍祭丧者二句:郑注云:"荐,脯醢也。吉祭告宾祭荐,宾既祭而食之;丧祭,宾不食。"

【今译】

上自诸侯,下至于士,在举行小祥之祭时,正祭之后,主人对于宾长回敬的酒,只用嘴唇沾一下;而众宾、兄弟对于主人进献的酒,都可以喝一小口。在举行大祥之祭时,主人对于宾长回敬的酒可以喝一小口,而众宾、兄弟对于主人进献的酒,都干杯也可以。在小祥、大祥之祭时,凡是司仪告知宾客进献脯醢时,宾客只献而不食。

【原文】

　　子贡问丧,子曰:"敬为上,哀次之,瘠为下。颜色称其情,戚容称其服。""请问兄弟之丧"。子曰:"兄弟之丧,则存乎书策矣。"君子不夺人之丧,亦不可夺丧也①。孔子曰:"少连、大连善居丧,三日不怠,三月不解②,期悲哀,三年忧,东夷之子也③。"

【注释】

　　①君子不夺人之丧二句:《曾子问》末节有此二句,意思一致,只是"丧"作"亲"。
　　②解:通"懈"。
　　③东夷:见《曲礼》下。

【今译】

　　子贡问应当怎样居父母之丧,孔子答道:"敬是最重要的,哀痛还在其次,形容憔悴甚至闹出病来最使不得。脸色要和哀情相称。悲容要和孝服相称。"子贡又问如何居兄弟之丧,孔子答道:"你提的这个问题,书本上都有记载了。"作为君子,既不可强迫他人抛开丧亲之悲痛,也不可忘掉自己丧亲的哀痛。孔子说:"少连、大连这两个人都很懂得为父母居丧的礼节。父母去世后的头三天,一味哭泣,不进饮食;三个月内,哭泣祭奠没有懈怠;到了一周年以后,还悲从中来,时时落泪;到了三年头上还满面愁容。他们还是东夷地方的人呀!"

【原文】

　　三年之丧,言而不语,对而不问,庐垩室之中①,不与人坐焉。在垩室之中,非时见乎母也,不入门。疏衰皆居垩室②,不庐。庐,严者也。

【注释】

　　①庐:即依庐。依庐和垩室,都是孝子居丧时的简陋住所。详《杂记上》注。
　　②疏衰:齐衰丧服的代称。疏,粗也。

【今译】

　　在为父母守丧期间,和别人说话只说自己的丧事而不论及他事,只回答问话而不主动提问。住在倚庐或垩室之中,不和别人坐在一起。周年以后,由倚庐搬到垩室去住,如果不是为了按时向母亲问安,不进中门。穿齐衰丧服的人住垩室,不住倚庐。倚庐是哀敬之处,没有那份哀敬就不去住。

【原文】

　　妻视叔父母。姑、姊妹视兄弟。长、中、下殇视成人。亲丧外除,兄弟之丧内除。视君之母与妻,比之兄弟。发诸颜色者①,亦不饮食也。免丧之外,行于道路,见似目瞿②,闻名心瞿,吊死而问疾,颜色戚容必有以异于人也。如此而后可以服三年之丧,其馀则直道而行之是也。

**注释**

　　①发诸颜色:人喝了酒,脸要变红。所以郑注云:"谓酖美酒食,使人醉饱。"
　　②瞿(jù 惧):吃惊的样子。

【今译】

　　守丧之礼,妻之丧比照叔父母,姑、姊妹之丧比照兄弟,长、中、下殇之丧比照成人。为父母守丧,丧期已满,外边的孝服虽然脱掉了,但内心的悲哀仍在。为兄弟守丧,外边的孝服脱掉了,内心的悲哀也就同时消失了。为国君的母亲和夫人守丧,其礼数比照兄弟。在守丧期间,凡是影响面部哀容之物,都不可饮食。除丧以后,孝子走在路上,遇到面庞有几分和父母相似的人就眼神为之一惊,听到和父母名字相同的名字就心里猛地一惊;去别人家吊孝或探视病人,脸色之悲,表情之忧一定有异乎常人之处。能这样去做,才算是真正会为父母守丧。会为父母守丧了,那么为其他的人守丧就好比在直路上行走,容易多了。

【原文】

　　祥,主人之除也。于夕为期,朝服。祥,因其故服。子游曰:"既祥,虽不当缟者必缟,然后反服①。"当祖,大夫至,虽当踊,绝踊而拜之;反改成踊,乃袭。于士,既事成踊②,袭,而后拜之,不改成踊。上大夫之虞也,少牢;卒哭成事、祔③,皆大牢。下大夫之虞也,特牲;卒哭成事、祔,皆少牢。祝称卜葬、虞:子、孙曰"哀",夫曰"乃",兄弟曰"某"④。卜葬其兄弟,曰"伯子某"⑤。

【注释】
①子游曰四句:其大体意思与本篇首节所讲的"有父之丧,如未没丧而母死,其除父之丧也,服其除服;卒事,反丧服"一致。缟:谓素缟、麻衣。实指除服。
②事:谓小敛、大敛。
③卒哭成事:卒哭之后的祭祀为吉祭。成事,成其吉事。
④兄弟曰"某":郑玄说:"兄弟相为,称名而已。"
⑤伯子某:这是对兄弟排行中的老大而言。如果是对老二,就要称"仲子某"。依此类推。

【今译】
大祥之祭,是孝子除服之祭。在大祥之祭的前夕,孝子身穿朝服,宣布大祥之祭的日期。到了举行大祥之祭时,就穿着前夕穿的朝服。子游说:"既然举行大祥之祭,那么那些虽然还不到穿素缟麻衣时候的人也得穿上素缟麻衣,等到祥祭结束,再换上该穿的孝服。"小敛、大敛时,孝子正在袒露左臂哭踊,刚好大夫这时候来吊丧,孝子此刻虽然正在哭踊,也要立即停下前去拜谢大夫,然后返回原位,再从头开始完成哭踊,然后掩好上衣。如果是士在这时来吊丧,孝子就可以把小敛或大敛进行完毕,完成哭踊之礼,掩好上衣,然后再前去拜谢。拜谢之后,无须更从头哭踊。上大夫死后的虞祭,用羊、豕二牲;其卒哭和祔庙之祭,都用牛、羊、豕三牲。下大夫死后的虞祭,用一只豕;其卒哭和祔庙之祭,都用羊、豕二牲。卜葬日和虞祭时的祝词称谓是:儿子自称"哀子某",孙自称"哀孙某",丈夫自称"乃夫某",兄弟之间自称曰"某"。为兄弟卜葬,如果是为老大,祝词就应是"弟某卜葬其伯子某"。

【原文】
古者贵贱皆杖。叔孙武叔朝①,见轮人以其杖关毂而輠轮者②,于是有爵而后杖也。凿巾以饭③，公羊贾为之也。冒者何也④？所以掩形也。自袭以至小敛⑤，不设冒则形，是以袭而后设冒也⑥。

**【注释】**

①叔孙武叔：春秋晚期鲁国大夫叔孙州仇。

②轮人：作车轮之官。关：通"贯"。輠（huì 惠）：转动。

③巾：指专为死者含饭时用以覆盖尸面的巾。士亲自饭含，饭含时只要掀起此蒙面之巾即可。大夫则由客人饭含，因担心客人见死者面孔而憎秽之，故不掀开布巾，而在巾上当口处凿一小孔，以便饭含。公羊贾是士而用大夫之礼，是失礼。

④冒：包裹尸体的直筒子布套。此布套由两截组成，包上体的叫做质，包下体的叫做杀（shài 晒）。

⑤袭：为死者穿衣。

⑥后：郑玄说是衍字。

**【今译】**

古时候，不分贵贱，只要是孝子就执丧杖。后来叔孙武叔上朝，看见轮人竟然以其丧杖穿通车毂转动车轮，视丧杖如同玩具，于是定下规矩，只许有爵位的人执丧杖。在尸体的蒙面巾上凿个小孔以便饭含，这本是大夫之礼，作为士也这样办，是从公羊贾开始的。冒是什么东西？冒是用来包裹尸体的布套。从袭到小敛，如果不用冒，担心人们见了尸体产生恶感，所以在为尸体穿衣以后就要用冒。

**【原文】**

或问于曾子曰："夫既遣而包其余①，犹既食而裹其余与？君子既食则裹其余乎？"曾子曰："吾子不见大飨乎②？夫大飨，既飨，卷三牲之俎归于宾馆③。父母而宾客之，所以为哀也。子不见大飨乎？"

**【注释】**

①遣：遣奠。又叫葬奠。是灵柩即将从祖庙拉往墓地时所设之祭奠。奠毕，还要把一些供品用苇席包起来带往墓地随柩入圹。这叫包奠。参《杂记上》"出乃包奠"。

②大飨：诸侯设盛宴招待来访的诸侯。

③归:通"馈"。

【今译】
　　有人问曾子说:"遣奠之后又把剩下的供品包裹起来送入墓中,这就好像吃过人家的招待饭以后还要把没吃完的食品兜着走吧?这样做像是君子的作派吗?"曾子答道:"您难道未曾看到过诸侯的大宴宾客吗?诸侯的大宴宾客,宾客们在吃饱喝足之后,主国国君还要把没有吃完的美味佳肴送往宾馆,这是热情待宾的表现。回到正题上说,孝子在父母即将下葬时以宾客之礼对待他们,正是以此种方式表达悲哀。您如果见过诸侯的大宴宾客就不难明白了。"

【原文】
　　……非为人丧,问与?赐与①?三年之丧,以其丧拜②。非三年之丧,以吉拜③。三年之丧,如或遗之酒肉④,则受之必三辞,主人衰绖而受之。如君命,则不敢辞,受而荐之。丧者不遗人,人遗之,虽酒肉,受也。从父昆弟以下,既卒哭,遗人可也。

**注释**
　　①非为人丧三句:郑玄说:"此上灭脱,未闻其首云何。"问:问遗。敌者曰问,尊者曰赐。
　　②丧拜:先稽颡而后拜。另参《檀弓上》"孔子曰:拜而后稽颡"节注。
　　③吉拜:先拜而后稽颡。
　　④遗(wèi 位):赠与。下同。

【今译】
　　……岂非因为人家有了丧事,所以才馈赠吗?所以才赏赐吗?接受馈赠和赏赐,对于穿三年之丧孝服的人来说,应该以丧拜表示感谢;对于不是穿三年之丧孝服的人来说,应该以吉拜表示感谢。如果别人赠送的是酒肉,一定要一而再、再而三地推辞,确实推辞不掉才予以接受,接受时孝子要披麻戴孝。如果是国君的赏赐,那就不敢谢绝,一定要接受,接受之后先供祭父母的亡灵。居丧的人是不向别人馈赠东西的,别人向居丧的人馈赠东西,哪怕是酒肉,居丧的人也可以接受。为叔伯兄弟这类大功以下的亲属居丧,在卒哭以后,向别人赠送东西也是可以的。

【原文】

县子曰①:"三年之丧如斩,期之丧如剡②。"三年之丧,虽功衰③,不吊,自诸侯达诸士。如有服而将往哭之,则服其服而往。期之丧,十一月而练,十三月而祥,十五月而禫④。练则吊。既葬,大功吊,哭而退,不听事焉。期之丧,未葬,吊于乡人,哭而退,不听事焉。功衰,吊,待事不执事。小功、缌,执事,不与于礼。

【注释】

①县(xuán悬)子:人名。详《檀弓上》注。
②剡(yǎn衍):削,刮。郑玄认为斩比剡痛深。
③功衰:练祭以后的丧服。详《杂记上》注。
④期之丧四句:原在本节"三年之丧"之前,据郑玄校移正于此。

【今译】

县子说:"丧期为三年的亲人死了,孝子心中的悲痛就像刀砍;丧期为一年的亲人死了,孝子心里的悲痛就像刀刮。"凡服三年之丧的人,即令是已经过了练祭,也不到别人家去吊丧,在这一点上,从诸侯到士都是如此。在此期间,如果遇到五服之内的亲属死了则可以前去哭吊,去哭吊时,穿上与死者关系相称的丧服。为丧期为一年的亲人服丧,在第十一个月举行练祭,第十三个月举行大祥之祭,第十五个月举行禫祭。对于服一年之丧的人来说,练祭以后可以出外吊丧。入葬以后,穿大功丧服的亲属可以出外吊丧,但哭吊之后就马上回来,不要管主家其他的事咋办。服一年丧服的人,在自己的亲人没有入葬之前,到同乡人家去吊丧,也是哭吊之后就马上回来,不要管主家其他的事咋办。如果是在练祭之后前去吊丧,可以等到袭、敛等事完成后再走,但不可插手帮忙。服小功、缌麻的人出外吊丧,可以插手帮忙,但不可参预行礼之事。

【原文】

相趋也,出宫而退。相揖也,哀次而退。相问也,既封而退。相见也,反哭而退。朋友,虞附而退①。吊,非从主人也。四十者执绋。乡人,五十者从反哭,四十者待盈坎。

**注释**

①相趋也十句:这是讲参加葬礼的人根据自己和死者关系的亲疏来决定退出的早晚。虞附:王引之认为"附"是衍字,是。

【今译】

参加葬礼的客人,如果和死者本不相识,只是慕名来会,就在灵柩抬出庙门以后退出;如果和死者是点头之交,就在灵柩经过大门外举哀之处时退出;如果和死者曾经互赠礼品,互相走动,就等到下棺封土以后退出;如果自己曾经带着见面礼请教过死者,那就等到主人回家反哭后才退出;如果和死者是朋友,那就等到虞祭以后才退出。参加葬礼,并不是简单地跟着主人走一走,而是要帮助主人办事的。所以,四十岁以下的人参加葬礼,都要帮助牵引柩车。乡人参加葬礼者,五十岁以上的人,在孝子回家反哭时可以跟着一道回去;而四十岁以下的人,就要等到填土成坟以后才可回去。

【原文】

丧食虽恶,必充饥。饥而废事,非礼也。饱而忘哀,亦非礼也。视不明,听不聪,行不正,不知哀,君子病之。故有疾饮酒食肉,五十不致毁,六十不毁,七十饮酒食肉,皆为疑死。有服,人召之食,不往。大功以下,既葬,适人。人食之,其党也,食之;非其党,弗食也。功衰,食菜果,饮水浆;无盐酪,不能食食,盐酪可也。孔子曰:"身有疡则浴,首有创则沐,病则饮酒食肉。毁瘠为病,君子弗为也。毁而死,君子谓之无子。"

【今译】

居丧者的食品虽然粗恶,也必须用以充饥。如果因为饥饿而耽误了办事,那不合乎礼的要求;如果因为饱食而忘掉了悲哀,那也不合乎礼的要求。如果由于悲痛过度而造成眼睛看不清楚,耳朵听不明白,走路摇摇晃晃,精神麻木不知哀伤,就不好了,君子对此表示担忧。所以礼文上又规定,居丧者如果有病可以饮酒吃肉,五十岁以上的人不能无限度的悲伤,六十岁以上的人不能过于哀伤,七十岁以上的人可以饮酒吃肉。其目的就在于担心孝子因悲伤过度而致死。身上正穿着孝服,有人邀请他去吃饭,不应该去。如果是为大功以下的亲属穿孝服,下葬以后,可以走访亲友。人家请吃饭,如果是亲属,可以接受;如果不是亲属,就不可接受。三年之丧,过了练祭以后,可以吃蔬菜水果,可以喝水浆,但没有盐和醋;如果缺少盐醋就不能下饭,那么吃点盐醋也可以。孔子说:"孝子的身上生了疮就应该洗澡,头上生了疮就应该洗头,有了病就可以饮酒吃肉。哀伤过度形容憔悴以致于有病,君子是不这样干的。倘因哀毁而死,君子就会说他的父母白养活了这个儿子。"

【原文】

　　非从柩与反哭,无免于堩①。凡丧,小功以上,非虞、附、练、祥②,无沐浴。疏衰之丧③,既葬,人请见之则见,不请见人。小功,请见人可也。大功,不以执挚。唯父母之丧,不辟涕泣而见人④。三年之丧,祥而从政。期之丧,卒哭而从政。九月之丧,既葬而从政。小功、缌之丧,既殡而从政⑤。曾申问于曾子曰"哭父母有常声乎?"曰:"中路婴儿失其母焉,何常声之有?"

注释

①免(wèn 问):一种丧冠。详《檀弓上》注。堩(gèng 更):道,路。
②附:通"祔"。
③疏衰:谓齐衰。
④辟:通"避"。
⑤三年之丧八句:这和《王制》讲的"父母之丧,三年不从政"云云不合,郑玄认为《王制》讲的是卿、大夫、士,这里讲的是庶民。从政:服徭役,应公差。

【今译】

　　孝子如果不是送葬及葬毕回家反哭,都不应戴着免在路上行走。在居丧期间,凡小功以上的亲属,除非虞祭、祔祭、练祭、大祥之祭,其他时间都不可洗头洗澡。居齐衰之丧,在下葬以后,别人来求见则予以接见,但不主动去求见别人。如果是为小功以下亲属服丧,既葬之后,求见别人是可以的。如果是为大功亲属服丧,求见别人也可以,但不能带着见面礼去。只有父母去世,才不忌讳满面泪水去见人。守丧三年的人,大祥以后即服徭役。守丧一年的人,卒哭以后即服徭役。服丧九个月的人,下葬以后,即服徭役。为小功、缌麻亲属服丧五个月、三个月的人,移殡之后即服徭役。曾申向曾子问道:"父母去世,孝子的哭声是否也有规定?"曾子答道:"就像小孩子在半道上找不着母亲时乱哭一样,哪里有什么关于哭声的规定呢?"

【原文】

卒哭而讳①。王父母、兄弟、世父、叔父、姑、姊妹,子与父同讳。母之讳,宫中讳。妻之讳,不举诸其侧。与从祖昆弟同名,则讳。

注释

①卒哭而讳:详《曲礼上》"卒哭乃讳"注。

【今译】

卒哭以后,就不可再称呼死者之名。已故的祖父母、兄弟、伯父、叔父、姑、姊妹之名,父亲要避讳的,作儿子的也跟着避讳。母亲娘家已故亲属的名字,在自己家中要避讳。妻子娘家已故亲属的名字,不可在妻子身边提起。如果母亲、妻子娘家已故的亲属与自己的从祖兄弟有同名者,那就要不论什么场合都避讳。

【原文】

以丧冠者,虽三年之丧可也①。既冠于次,入,哭踊三者三,乃出。大功之末,可以冠子,可以嫁子。父小功之末②,可以冠子,可以嫁子,可以取妇。己虽小功③,既卒哭,可以冠、取妻;下殇之小功则不可④。

注释

①以丧冠者二句:可以看做是对《曾子问》"如将冠子而未及期日,而有齐衰、大功、小功之丧,则因丧服而冠"的延伸说明。

②父小功之末:王引之说:"小功"当作"大功",是。

杂记下第二十一 ◇ 603

③虽：通"唯"。

④下殇之小功则不可：下殇之小功，本是齐衰之亲，应服期，因其下殇，故降二等，服小功。虽丧服降等，而亲情仍在，故不可行冠礼、娶妻。

【今译】

遇到丧事仍可举行冠礼，这一条对于遇到三年之丧的人也适用。在倚庐中加冠后，进入灵堂，每哭一次跳起跺脚三次，一共哭三次跳起九次，然后走出灵堂。服大功丧服的人即将除服时，可以为儿子行冠礼，可以出嫁女儿。父亲在即将除去大功丧服时，可以为儿子行冠礼，可以出嫁女儿，可以为儿子娶媳妇。对于自己来说，只有在小功亲属的卒哭祭后，才可以行冠礼、娶媳妇；但如果是下殇的小功亲属，卒哭之后仍不可这样做。

【原文】

凡弁绖①，其衰侈袂②。父有服，宫中子不与于乐。母有服，声闻焉，不举乐。妻有服，不举乐于其侧。大功将至，辟琴瑟③。小功至，不绝乐。

注释

①弁绖：吊服之首服。详《杂记上》注。

②其衰侈袂：此言大夫以上的吊衰侈袂。侈袂，即大袖口。士袂宽一尺二寸，大夫以上袂宽二尺二寸，故曰侈袂。

③辟（bì 壁）：除去。

【今译】

凡头戴弁绖去吊丧，其吊服的袖口都比较宽大。父亲正在服丧，家中的子弟就不能观赏音乐。母亲正在服丧，可以听人家奏乐，但不能自己动手演奏。妻子正在服丧，不得在她身旁奏乐。有大功丧服的人，在其亲人下葬后来访，就要收起乐器；如果是有小功丧服的人来访，不必停止奏乐。

【原文】

姑、姊妹，其夫死，而夫党无兄弟，使夫之族人主丧；妻之党，虽亲弗主。夫若无族矣,则前后家、东西家;无有,则里尹主之①。或曰:主之而附于夫之党。

【注释】

①里尹:如今日之村长之类。郑注引《王度记》云:"百户为里,里一尹。"

【今译】

姑、姊妹出嫁以后无子,其丈夫死了,而其丈夫家里又无兄弟,在这种情况下,就要让夫家的族人来主丧;姑、姊妹的娘家,虽有亲人也不应为之主丧。夫家如果连族人也没有,那就请前后左右的邻居主丧;如果前后左右邻居也没有,那就请里尹来主持。有的人说:让姑、姊妹的娘家人来主丧也可以,但神主却要附于夫的祖父。

【原文】

麻者不绅,执玉不麻,麻不加于采①。国禁哭则止,朝夕之奠,即位自因也②。童子哭不偯,不踊,不杖,不菲,不庐③。孔子曰:"伯母、叔母疏衰,踊不绝地。姑、姊妹之大功,踊绝于地④。如知此者,由文矣哉!由文矣哉!"泄柳之母死⑤,相者由左⑥。泄柳死,其徒由右相。由右相,泄柳之徒为之也。

【注释】

①麻者不绅三句:总的意思是吉凶之服不相混杂。第一个"麻"字指腰绖,第二个"麻"字指丧服,第三个"麻"字指弁绖。
②自因:照旧章办事。
③童子哭五句:郑注云:"未成人者,不能备礼也。"偯(yǐ乙):拉长哭声。
④伯母、叔母疏衰四句:郑注云:"伯母、叔母,义也。姑、姊妹,骨肉也。"
⑤泄柳:鲁穆公时的贤人。
⑥相者:帮助主人行礼的人。

【今译】

服丧的人已束腰绖,就不能再束吉服的大带。执玉行礼时不可穿丧服。身上穿的是玄衣纁裳,头上就不可戴弁绖。国家举行大祭祀时全国禁哭，遭丧的人家在举行朝夕奠时可以遵令不哭，但照旧站在哭位上是允许的。孝子如果还是个小孩子，就可以哭而不拉长声调，不跳起跺脚，不执丧杖，不穿绳屦，不住依庐。孔子说："伯母、叔母死，为她们穿的是齐衰孝服，但哭时的跳跃却脚不离地；姑、姊妹死，为她们穿的是大功丧服，但哭时的跳跃却脚离地面。如果明白了此中的道理，那才算是把礼文用到家了，把礼文用到家了。"泄柳的母亲去世，办丧事的时候，相者都是站在主人的左边。泄柳死的时候，他的学生当相者却站在主人的右边。站在主人右边协助主人行礼，这种错误作法是从泄柳的学生开始的。

【原文】

天子饭九贝①，诸侯七，大夫五，士三。士三月而葬，是月也卒哭。大夫三月而葬，五月而卒哭。诸侯五月而葬②，七月而卒哭。士三虞，大夫五，诸侯七。诸侯使人吊、其次含、襚、赗、临，皆同日而毕事者也，其次如此也③。卿大夫疾，君问之无算④。士，壹问之。君于卿大夫，比葬不食肉，比卒哭不举乐；为士，比殡不举乐。

【注释】

①饭：含也。让死者口中衔上珠贝玉米之礼。孙希旦说，周代大夫以上饭，贝、玉兼用，士只用贝。

②五月而葬：郑玄说："天子至士，葬即反虞。"

③诸侯使人吊三句：王引之说：第一，这三句话应在《杂记上》"客出，送于门外，拜稽颡"之后；第二，这三句话里的头一个"其次"是衍文。今按：王说皆是。

④君问之无算：按《丧大记》："君于大夫疾，三问之。"与此不同。孔颖达提出一种假设，这里的"无算"是君遣使，那里的"三问"是君自行。

【今译】

天子死后，饭含用九个贝壳，诸侯用七个，大夫用五个，士用三个。士死后第三个月下葬，葬之当月就举行卒哭之祭。大夫死后第三个月下葬，第五个月举行卒哭之祭。诸侯死后第五个月下葬，第七个月举行卒哭之祭。葬后的虞祭，士举行三次，大夫五次，诸侯七次。诸侯派遣使者到他国吊、含、襚、赗、临，这些仪节都是在同一天内完成的，其先后次序就是如此。卿大夫生病,国君要探问无数次;士生病,国君只探问一次。国君对于卿大夫的去世,到了下葬那天不吃肉,到了卒哭那天不听音乐;对于士的去世,在入殡那天不欣赏音乐。

【原文】

升正柩①,诸侯,执绋五百人②,四绋,皆衔枚③;司马执铎,左八人,右八人;匠人执羽葆御柩④。大夫之丧,其升正柩也,执引者三百人,执铎者左右各四人,御柩以茅⑤。

【注释】

①升正柩:将葬,先移柩朝于祖庙。柩自庙之西阶升堂,置于两楹之中间。
②绋(fú 绋):牵引柩车的大绳。郑玄说:"庙中曰绋,在途曰引,互言之。"
③衔枚:目的在于防止喧嚣。
④匠人执羽葆御柩:《周礼·地官·乡师》郑注引作"匠人执翿(dào 悼)以御柩"。翿,俗作"纛"。段玉裁《说文注》云:"然则翿也,纛也,羽葆也,异名而同实也。"盖幢幡之属而饰以羽毛者也。
⑤御柩以茅:按《士丧礼》:"商祝执功布以御柩。"是诸侯、大夫、士御柩之物各异。茅,通"旄",旗帜。

【今译】

将葬,移柩朝于祖庙,把灵柩抬到堂上放正。诸侯出葬,柩车上系四条大绳,由五百人来拉绳,拉绳的人皆衔枚;司马手执金铎,灵车左右各八人,摇动金铎以号令于众。匠人一名,手执羽葆走在灵车前面,以羽葆作为指挥灵车前进的信号。大夫出葬,在朝祖以后出葬时,柩车上系两条大绳,由三百人来牵引;在灵车左右各有四个手执金铎的人;用旗帜作为指挥灵车前进的信号。

【原文】

孔子曰①:"管仲镂簋而朱纮,旅树而反坫,山节而藻棁,贤大夫也,而难为上也。晏平仲祀其先人,豚肩不掩豆,贤大夫也,而难为下也。君子上不僭上,下不偪下。"

【注释】

①孔子曰:本节的主要内容,除"旅树而反坫"见于《郊特牲》外,馀皆见《礼器》。

【今译】

孔子说:"管仲身为大夫,却使用镂花镶玉的簋,系着朱红色的帽带,在大门内设置屏风,在堂上设置用以放还空酒杯的土台子,住室的斗拱上刻着山形图案,梁上的短柱雕有水草。不能说管仲不是个贤大夫,但从他的上述僭上行为来看,要当他的国君也够不容易的。晏平仲身为大夫,却在祭祖时仅用一只小小的猪蹄髈,连碗都盛不满。不能说晏平仲不是个贤大夫,但从他的这般克己来看,要当他的下属也够不容易的。君子的行为要与身份相称,既不僭上,又不逼下。"

【原文】

妇人非三年之丧,不逾封而吊①。如三年之丧,则君夫人归。夫人其归也,以诸侯之吊礼。其待之也,若待诸侯然。夫人至,入自闱门,升自侧阶②,君在阼;其他如奔丧礼然③。嫂不抚叔,叔不抚嫂④。

【注释】

①逾封:越境。一本作"越疆"。
②入自闱门二句:这表示夫人来到父母之国,不以宾客自居。闱门:宫旁小门。
③其他:指哭、踊、髽、麻等事。
④嫂不抚叔二句:这是为了避嫌。

【今译】

妇道人家如果不是由于父母去世,就不越境到他国去吊丧。如果父母去世,就是贵为国君夫人也要归国奔丧。夫人归国奔丧之礼的规格,与诸侯亲自出吊的规格一样。主国接待夫人,也要像接待诸侯一样。夫人来到主国,从宫旁小门进去,从侧阶登堂,主国国君站在东阶上等候,并不下阶相迎。其他礼仪都和奔丧礼一样。小叔子死了,作嫂子的不可抚尸而哭;嫂子死了,作小叔子的也不可抚尸而哭。

【原文】

君子有三患:未之闻,患弗得闻也;既闻之,患弗得学也;既学之,患弗能行也。君子有五耻:居其位,无其言,君子耻之;有其言,无其行,君子耻之;既得之而又失之,君子耻之;地有余而民不足,君子耻之;众寡均而倍焉,君子耻之。

【今译】

君子有三种忧虑:没有听说过的东西,忧虑不能够听说到的东西,忧虑不能够学会;已经学会的东西,忧虑不能够实行。君子还有五种自感羞耻的事:身居其位而不谋其政,君子引以为耻;谋其政而不能付诸实行,君子引以为耻;已经付诸实行了而又半途而废,君子引以为耻;地广而民稀,君子引以为耻;与别国人口一样多而人家的财富比自己多一倍,君子引以为耻。

【原文】

孔子曰:"凶年则乘驽马①,祀以下牲②。"恤由之丧③,哀公使孺悲之孔子学士丧礼,《士丧礼》于是乎书。子贡观于蜡④。孔子曰:"赐也乐乎?"对曰:"一国之人皆若狂,赐未知其乐也。"子曰:"百日之蜡⑤,一日之泽,非尔所知也。张而不弛,文、武弗能也;弛而不张,文、武弗为也。一张一弛,文、武之道也。"

注释

①驽马:最下等的马。详《周礼·校人》。

②下牲:比平常祭祀用牲的规格降一等。平常用太牢者凶年用少牢,平常用少牢者凶年用特牲。

③恤由:与下文的"孺悲"皆人名。鲁人。

④蜡(zà):岁终祭名。蜡祭时万民欢乐饮酒,无不醉者,近乎西方之狂欢节。另详《郊特牲》。

⑤百日之蜡:郑玄说:"言民皆勤稼穑,有百日之劳,喻久也。"

【今译】

孔子说:"凶荒年景,乘车要用驽马,祭祀用牲的规格要比平时降等。"恤由死时,鲁哀公派孺悲到孔子那里去学习士丧礼,于是《士丧礼》才被记载了下来。子贡观看年终的蜡祭,孔子问他:"赐啊,你看出蜡祭给人们带来的巨大欢乐了吗?"子贡答道:"举国上下都像是在发酒疯,学生我还看不出乐在何处?"孔子说:"人们辛勤劳作一年,好不容易才有这么一天享受,这是你体会不到的。让民众一味紧张而没有一天轻松,即使文王、武王也不能把天下治理得好;让民众一味轻松而没有一天紧张,文王、武王也不会这么办。该紧张时紧张,该轻松时轻松,这才是文王、武王治理天下的办法。"

【原文】

孟献子曰①:"正月日至②,可以有事于上帝。七月日至③,可以有事于祖。"七月而禘④,献子为之也。夫人之不命于天子,自鲁昭公始也⑤。外宗为君、夫人⑥,犹内宗也⑦。

注释

①孟献子:鲁国大夫仲孙蔑。
②正月日至:此用周历。周历以夏历的十一月为岁首。日至,指日南至。即冬至。
③七月日至:夏历五月的夏至。
④禘:大祭宗庙。详《丧服小记》注。
⑤夫人二句:周制,同姓者虽百世亦不通婚姻。鲁、吴皆姬姓之国,而鲁昭公竟娶吴女孟子为妻。昭公为避免张扬,未向天子报告,天子也就未予赐封夫人之号。
⑥外宗:国君的姑、姊妹之女。因为姑、姊妹必嫁于外族,其女是异姓所生,故称外宗。
⑦内宗:国君同姓的女子和同宗之妇。

【今译】

孟献子说:"正月冬至那一天,可以祭祀上帝。七月夏至那一天,可以祭祀祖先。"在七月举行禘祭,是从孟献子开始的。国君的夫人不再经过天子的认可,是从鲁昭公开始的。外宗为国君、夫人服丧,其规格同于内宗。

【原文】

厩焚,孔子拜乡人为火来者。拜之,士壹,大夫再。亦相吊之道也。孔子曰:"管仲遇盗,取二人焉,上以为公臣,曰:'其所与游,辟也。可人也。'管仲死,桓公使为之服。宦于大夫者之为之服也,自管仲始也。"有君命焉尔也。

【今译】

孔子的马棚失火,乡人纷纷前来慰问,孔子表示拜谢时,对士拜谢一次,对大夫拜谢两次,用的也是拜谢吊客的礼数。孔子说:"管仲遇到一伙窃贼,从中选出二人,推荐给齐桓公为臣,说:'这两个人是由于结交匪类,所以犯法。实际他们都是可以造就的人才。'管仲去世,齐桓公命令这两个人为管仲服丧。由于大夫的举荐而为国君任用的人在大夫死时为其服丧,是从管仲开始的。"这是因为有国君命令的缘故。

【原文】

过而举君之讳,则起。与君之讳同,则称字①。内乱而不与焉,外患弗辟也。

注释

①与君之讳同二句:这就是所谓的"以字行"。

【今译】

由于一时疏忽而称呼了国君的名,就应该起立,以表示知过要改。作为臣子,如果与国君同名,那么臣子就应该把字作为自己的称呼。国内发生了叛乱,自己如果无力阻止,至少也要做到不参与。对于外国的侵犯,则虽赴汤蹈火,在所不辞。

【原文】

《赞大行》曰①:圭,公九寸,侯伯七寸,子男五寸;博三寸,厚半寸,剡上左右各寸半②,玉也。藻③,三采六等④。哀公问子羔曰:"子之食奚当⑤?"对曰:"文公之下执事也。"

【注释】

①《赞大行》：书名。《周礼》有《大行人》一节，此书即解释《大行人》之书。作者不详。

②剡(yǎn 兖)：削也。

③藻：指圭垫。是用一块与圭大小相同的木板，外面用皮子包裹即成。

④三采六等：这是圭垫上画的花纹。三采，即朱、白、苍三种颜色。六等，即六圈。三种颜色绕着圭垫各画两圈，总共六圈。

⑤哀公问句：郑注："问其先人始仕食禄以何君时。"

【今译】

《赞大行》上讲：朝见天子所用的圭，上公是九寸长，侯、伯是七寸长，子、男是五寸长；宽度都是三寸，厚度都是半寸圭的上端左右各削去一寸半，这些圭都是用玉制成的。圭垫上用三种颜色横绕着画了六圈。鲁哀公问子羔说："你的祖上何时开始做官，俸禄又是多少？"子羔答道："从文公时开始当个低级办事员。"

【原文】

成庙则衅之①，其礼：祝、宗人、宰夫、雍人皆爵弁纯衣②，雍人拭羊，宗人视之，宰夫北面于碑南③，东上。雍人举羊升屋，自中；中屋南面，刲羊血流于前④，乃降。门、夹室皆用鸡⑤，先门而后夹室。其䡅皆于屋下⑥。割鸡：门，当门；夹室，中室。有司皆乡室而立，门则有司当门北面。既事，宗人告事毕，乃皆退。反命于君曰："衅某庙事毕。"反命于寝，君南乡于门内，朝服。既反命，乃退。路寝成，则考之而不衅⑦。衅屋者，交神明之道也。凡宗庙之器，其名者成，则衅之以豭豚⑧。

【注释】

①衅(xìn 信)：血祭。当宗庙落成或其他重要宗庙之器制成，便要宰杀一件活物来祭它。

②祝：掌告神者。宗人：掌礼仪者。宰夫：衅礼的主持者，主人的代理。雍人：掌宰杀牺牲者。纯衣：丝衣。指丝制的玄衣纁裳。

③碑：庙内庭中的石柱。可以观日影，拴牲畜。

④刲(kuí 奎)：割，宰。

⑤夹室：有东、西二夹室；又叫东西厢。庙室的结构是：前半部为堂，分中堂、东堂、西堂，其中以中堂最大，东西堂较小；后半部的中央有室，室的左右有东房、西房。在东堂与东房之间有一室，叫东夹室；在西堂与西房之间有一室，叫西夹室。

⑥衈（ěr 耳）：宰杀有翅膀的活物的血祭之名。

⑦路寝成二句：因为路寝是生人所居，所以只举行落成典礼而不血祭。考，落成。大宴宾客，喜庆其成。

⑧豭（jiā 佳）：公猪。

## 【今译】

新庙落成就要举行血祭，其作法是：祝、宗人、宰夫、雍人都头戴爵弁，身穿丝质的吉服，由雍人把要杀的羊擦拭干净，由宗人检视一下，然后宰夫面向北站在碑南靠东的首位上。雍人扛起羊从前檐正中登上屋顶，站在屋脊正中，面向南，把羊杀掉，等羊血流到前檐，才下来。衈庙门和夹室都用鸡。顺序是先衈庙门，后衈夹室。衈祭都在屋下进行。杀鸡血祭时，如果是祭门，就对着门杀鸡；如果是祭夹室，就在夹室中央杀鸡。血祭夹室时，宰夫、祝、宗人皆面向夹室而立。血祭庙门时，宰夫、祝、宗人皆对着门，面向北。这些事情都作过了，宗人就向宰夫报告衈礼结束，于是全体退出，去向国君报告："某庙的衈礼已经完毕。"报告是在国君的路寝进行，国君面朝南，立于路寝门内，身穿朝服。向国君报告以后，大家才退下。如果是路寝落成，那就只举行一个落成典礼而不举行血祭。之所以要衈庙，是因为庙是和神明打交道的地方。凡是宗庙所用的器物，其重要者制成以后，都要用一只小公猪进行血祭。

## 【原文】

诸侯出夫人，夫人比至于其国，以夫人之礼行；至，以夫人入①。使者将命曰："寡君不敏②，不能从而事社稷宗庙，使使臣某敢告于执事。"主人对曰："寡君固前辞不教矣③。寡君敢不敬须以俟命！"有司官陈器皿，主人有司亦官受之。妻出，夫使人致之曰："某不敏，不能从而共粢盛④，使某也敢告于侍者。"主人对曰："某之子不肖，不敢辟诛⑤，敢不敬须以俟命！"使者退，主人拜送之。如舅在则称舅，舅没则称兄，无兄则称夫。主人之辞曰："某之子不肖。"如姑、姊妹，亦皆称之。

**注释**

①诸侯出夫人五句：郑玄注："行道以夫人之礼者，弃妻致命其家乃义绝，不用此为始。"

②不敏：不才。这是谦词。

③寡君句：据《仪礼·士昏礼》，男方在向女方纳采求婚时，女方父亲曾婉言"某之子惷愚，又弗能教。"正是此句的由来。

④粢盛(zī chéng 兹程)：盛放在祭器内用供祭祀的谷物。

⑤辟诛：逃避责罚。辟，通"避"。

**【今译】**

诸侯休弃夫人，派使者将夫人送回本国，沿途仍以夫人之礼相待；来到本国，仍以夫人的身份入境。使者通过主国摈者传话说："敝国国君不才，没有能力跟随夫人一道祭祀宗庙社稷，特派使臣某某将此下情报告您的左右。"主国国君通过摈者回答说："敝国国君本来一开始就说过没有把女儿教调好，现在闹到这个地步，敝国国君敢不恭敬从命吗。"于是跟随使者前来的办事人员就按规矩把夫人的陪嫁器物陈列出来，主国的办事人员也按规矩点收。如果是大夫、士、庶民休弃其妻，就派人把妻送回娘家，并致词说："某某不才，不能和她一道祭祀祖宗，特派我冒昧禀告左右。"主人回答说："我的女儿不好，不敢逃避责罚，敢不恭敬从命。"使者退出，主人以礼相送。使者传话时，如果被休弃的妇人公公还在，就以公公的名义说："某之子不敏。"如果公公去世，就以其兄的名义说："某之弟不敏。"如果没有兄长，就用丈夫的名义致词。主人的答词说："我的女儿不好。"如果被休弃的是主人的姑或姊妹，答词就要做相应的改动。

**【原文】**

孔子曰："吾食于少施氏而饱①，少施氏食我以礼。吾祭②，作而辞曰：'疏食不足祭也。'吾飧，作而辞曰：'疏食也，不敢以伤吾子。'"

【注释】

①少施氏:鲁惠公的儿子施父的后代。
②吾祭七句:参《玉藻》"侍食于先生节"注译。

【今译】

孔子说:"我在少施氏家作客能吃得饱,因为少施氏能依礼招待我。我祭食时,他就起身辞谢说:'粗茶淡饭,不值得祭。'食毕,我赞美主人做的饭菜可口时,他又起身辞谢说:'粗茶淡饭,只怕伤了您的胃口。'"

【原文】

纳币一束①,束五两,两五寻②。妇见舅姑③,兄弟、姑、姊妹皆立于堂下,西面北上,是见已。见诸父,各就其寝。女虽未许嫁,年二十而笄④,礼之。妇人执其礼,燕则鬈首⑤。

【注释】

①纳币:婚礼"六礼"的第四步,即纳聘定之礼。犹今日之订婚礼。一束:十个。两个台为一卷,即下文的"两",取成双成对之义。十个恰成五两。五两之中,三两是玄色帛,法天;二两是缥色帛,象地。
②寻:八尺为一寻。
③妇见舅姑:婚礼仪节之一。在迎亲第二天的早上进行。
④年二十而笄:按《内则》:"女子十有五年而笄。"是就一般情况而言。
⑤鬈(quán 全)首:犹后世之双桃髻。这是未许嫁的少女的发型。

【今译】

订婚的礼品是布帛一束,一束五卷,每卷四丈长。新媳妇拜见公婆时,丈夫的兄弟、姑、姊妹等亲属都立在堂下,面向西,以北头为上位,这也等于是和这些人都见过了。至于拜见丈夫的伯父、叔父,因其是长辈,所以要到他们的住处去拜见。女子虽未许嫁,到了二十岁时也要行笄礼。为她行笄礼时,在家找个妇人就行了,不须另请女宾。行过笄礼之后,平常在家,还是鬈首发型。

杂记下第二十一

【原文】

韠①,长三尺,下广二尺,上广一尺。会去上五寸②,纰以爵韦六寸③,不至下五寸,纯以素④,紃以五采⑤。

注释

①韠(bì 毕):古代系于裳外的上窄下宽的蔽膝。按:本节部分内容已见《玉藻》,可以参看。
②会(kuài 快):韠的领缝。此所谓"会去上五寸",也就是《玉藻》所谓的"其颈五寸"。详彼注。
③纰(pí 啤):在两旁镶边。
④纯(zhǔn 准):在下部镶边。
⑤紃(xún 旬):缀在四周镶边缝中的丝带。起装饰作用。

【今译】

韠的形制:长三尺,下端宽二尺,上端宽一尺,领缝距上端五寸。领缝以下的韠的两边,用爵韦表里镶边共六寸,下端有五寸长不用爵韦镶边,而用素绫镶边;在所有镶边的缝中都嵌有五彩丝带。

# 礼记全译

## 丧大记第二十二

【题解】

郑玄说:"名曰《丧大记》者,以其记人君以下始死、小敛、大敛、殡葬之事。"孔疏云:"《记》谓之'大'者,言其委曲、详备、繁多,故云大。"王夫之说;"大,备也。自始死至葬,自诸侯至士,皆备记之,所以补《丧礼》之未悉者也。"篇中所记,与《仪礼》的《士丧礼》《既夕礼》二篇多相呼应,可参互读之。

【原文】

疾病,外内皆扫。君、大夫彻县①,士去琴瑟。寝东首于北墉下②。废床③,彻亵衣,加新衣,体一人④。男女改服⑤。属纩以俟绝气。男子不死于妇人之手,妇人不死于男子之手。君、夫人卒于路寝⑥。大夫、世妇卒于適寝。内子未命,则死于下室,迁尸于寝。士、士之妻皆死于寝。

【注释】

①县(xuán 悬):指悬挂在乐器架上的钟磬之类乐器。详《曲礼下》"祭事不县"注。

②墉:据郑注和《既夕礼》,"墉",当作"墉",墙也。

③废床:据郑玄注,是把病危者从床上挪到地面上,以便得到地的生气。

④体一人:《既夕礼》作"御者四人皆坐持体",文意比较明白。体,指四肢。
⑤男女改服:即《问丧》所谓"亲始死,笄纚徒跣,扱上衽"。详彼注。
⑥君、夫人卒于路寝六句:郑玄说:"言死者必皆于正处也。"今成语有"寿终正寝",本此。路寝:正寝。古代天子有六寝,正寝一,燕寝五;诸侯有三寝,正寝一,燕寝二。正寝又叫大寝,是处理政事的地方,也是斋戒和疾病时的住所。燕寝又叫小寝,是平常燕居休息的地方。世妇:大夫的正妻。適:通"嫡"。士、士之妻:原脱一"士"字,据阮元校补。

【今译】

病人病危时,要把寝室内外都打扫干净。病人是国君、大夫,就要撤去乐悬;是士,也要把琴瑟收藏起来。让病人头朝东躺在室内北墙下。废床,为病人脱下脏衣,换上新衣,由四个人分别按住病人的四肢。男女改换服装。在病人的口鼻上放点丝绵,以观察和等待断气。临终时,男人不用女人侍候,女人也不用男人侍候。国君及其夫人都应死在正寝。大夫及其正妻都应死于正寝。卿的妻子如果未得任命,就要死在她自己的住处,然后迁尸于正寝。士和士的妻也都应死于正寝。

【原文】

复,有林麓则虞人设阶①,无林麓则狄人设阶②。小臣复。复者朝服③。君以卷,夫人以屈狄④。大夫以玄赪,世妇以襢衣。士以爵弁,士妻以税衣⑤。皆升自东荣⑥,中屋履危⑦,北面三号。卷衣投于前,司服受之⑧,降自西北荣。其为宾⑨,则公馆复,私馆不复。其在野,则升其乘车之左毂而复。复衣,不以衣尸,不以敛。妇人复,不以袡⑩。凡复,男子称名,妇人称字。唯哭先复。复而后行死事。

注释

①虞人:掌管山林之官。阶:梯子。用以登屋招魂。
②狄人:低级乐官。
③复者朝服:郑注:"用朝服而复之者,敬也。"
④君以卷(gǔn衮)二句:郑玄注:"君以卷,谓上公也。夫人以屈狄,互言耳。"意思是说五等诸侯及其夫人所用的招魂衣服是不同的:上公用衮服,其夫人用袆衣;侯、伯用鷩服,其夫人用揄狄;子、男用毳服,其夫人乃用屈狄。有关衣服的注

解,统详《玉藻》注。

⑤大夫以玄赪(chēng 称)四句:玄赪,即玄冕,也就是玄衣纁裳。赪,赤色。其他有关衣服的解释,也详《玉藻》注。

⑥荣:屋檐两端向上翘起的角。又叫屋翼。

⑦危:屋脊。

⑧司服:掌管天子、诸侯衣服的官。此处当是泛指。

⑨其为宾五句:详《杂记上》注。

⑩袡(rǎn 冉):谓纯衣纁袡。即下缘镶有纁边的黑色丝衣。这是出嫁时穿的礼服。

【今译】

在为国君招魂时,如其境内有山林则由虞人设梯,如其境内没有山林则由狄人设梯。由国君的近臣招魂。招魂者要身穿朝服。为国君招魂所用的衣服,上公用衮服,侯、伯用鷩服,子男用毳服;为上公夫人招魂用袆衣,为侯、伯夫人用揄狄,为子、男夫人用屈狄。为大夫用玄衣纁裳,为大夫之妻用襢衣。为士用爵弁服,为士妻用税衣。招魂者都是从东荣处登梯升屋,一直上到屋脊的正中间,面朝北,挥动着招魂所用的衣服,拉长声调地呼喊三声:"某,回来吧!"然后把招魂的衣服卷起来从前檐投下,下面一个人用竹筐接住,招魂者从西北荣下来。出国访问时死掉的,如果是住在宾馆就招魂,如果是住在卿大夫之家就不招魂。如果是死在半路,就上到其乘车的左毂上招魂。招魂所用的衣服,不再用来穿到死者身上,也不用来做敛衣。为妇人招魂,不用其嫁时所穿礼服。凡是招魂,男子呼喊其名,妇人则呼喊其字。只有哭泣是在招魂之前,其他善后事宜都是在招魂以后进行。

【原文】

始卒,主人啼①,兄弟哭,妇人哭踊②。既正尸③,子坐于东方,卿、大夫、父兄、子姓立于东方④。有司庶士哭于堂下,北面。夫人坐于西方。内命妇、姑、姊妹、子姓立于西方⑤。外命妇率外宗哭于堂上⑥,北面。

注释

①主人:此谓死者嫡子及众子。

②哭踊：哭时跳起跺脚。
③正尸：始死时尸在北墙下，今移至南墙窗下，头朝南。
④子姓：此指男姓众子孙。下文"子姓"则指女姓子孙。
⑤内命妇：诸侯的世妇。
⑥外命妇：卿大夫之妻。外宗：国君姑、姊妹的女儿。详《杂记下》注。

【今译】

　　国君刚断气，主人哀痛鸣咽，其兄弟则放声而哭，妇女们则边哭边跺脚。把尸体放正以后，哭位的安排是：孝子跪在尸体的东边，卿、大夫、死者的父辈和兄弟、男姓子孙立在孝子的身后。办理丧事的官员和众士哭于堂下，面向北。夫人跪于尸体的西边。内命妇、国君的姑、姊妹及女姓子孙立在夫人的身后。外命妇和外宗哭于堂上室门之外，面北而立。

【原文】

　　大夫之丧，主人坐于东方，主妇坐于西方。其有命夫、命妇则坐①，无则皆立。士之丧，主人、父兄、子姓皆坐于东方，主妇、姑、姊妹、子姓皆坐于西方。凡哭尸于室者，主人二手承衾而哭②。

注释

①命夫：男子受有正式封爵者谓之命夫，其妻亦随之而受有同等爵命谓之命妇。
②承衾而哭：郑注云："哀慕若欲攀援。"

【今译】

　　大夫死，哭位的安排是：孝子跪在尸体东边，孝子的正妻跪在尸体西边。亲属当中的命夫、命妇可以跪，非命夫、命妇则皆立。士死，不但孝子可以跪在尸体东边，而且死者的父兄和男姓子孙也可以；不但孝子之妻可以跪在尸体西边，而且死者的姑、姊妹和女姓子孙也可以。凡是在室内哭尸时，孝子都是双手抓住覆尸的被子而哭，表示痛不欲生，要追随死者而去。

【原文】

君之丧,未小敛,为寄公、国宾出①。大夫之丧,未小敛,为君命出。士之丧,于大夫,不当敛则出。凡主人之出也,徒跣,扱衽②,拊心,降自西阶。君拜寄公、国宾于位③。大夫于君命,迎于寝门外;使者升堂致命,主人拜于下。士于大夫亲吊,则与之哭,不逆于门外④。夫人为寄公夫人出。命妇为夫人之命出。士妻不当敛,则为命妇出。

注释

①寄公:在本国无法安身而逃亡他国侨居的诸侯。国宾:来作客的诸侯。
②扱(chā 插):插,掖。
③君拜寄公句:国君是在庭中向着寄公、国宾遥拜。寄公、国宾的位置,小敛之前,寄公位在门西,国宾位在门东,皆面向北。
④逆:迎接。

【今译】

国君死,尚未小敛,如果此时有寄公、国宾前来吊唁,孝子要出迎。大夫死,尚未小敛,如果此时国君派人前来吊唁或送礼,孝子要出迎。士死,对于大夫前来吊唁,只要不是正在小敛,孝子就要出迎。凡是孝子出迎的时候,都要光着脚,把衣襟下摆掖在腰带上,捶着胸口,从西阶下堂。国君在庭中向着来吊唁的寄公、国宾拜谢。大夫对于国君派来吊唁的使者,要出寝门之外迎接;使者升堂传达国君的旨意,孝子在堂下拜谢。士对于大夫的亲自来吊,孝子只是在西阶之下就位,与大夫皆面东而哭,但不到门外迎接。寄公夫人来吊唁时,国君夫人要出迎。国君夫人派使者来大夫之家吊唁时,大夫的妻子要出迎。士妻只要不是正在忙于小敛,都要出迎前来吊唁的大夫之妻。

【原文】

小敛,主人即位于户内①,主妇东面,乃敛。卒敛,主人冯之踊②,主妇亦如之。主人袒,说髦③,括发以麻。妇人髽④,带麻于房中⑤。彻帷⑥,男女奉尸夷于堂⑦,降拜。君拜寄公、国宾;大夫、士拜卿、大夫于位,于士旁三拜。夫人亦拜寄公夫人于堂上,大夫内子、士妻,特拜命妇⑧,泛拜众宾于堂上⑨。主人即位,袭、带、绖、踊。母之丧,即位而免。乃奠。吊者袭裘⑩,加武,带绖,与主人拾踊⑪。

**【注释】**

①主人:丧主。俗称"孝子"。一般是指死者的嫡长子。下文"主妇"则谓主人之妻。
②冯:通"凭"。谓凭尸。
③说:通"脱"。髦:用假发作的刘海。详《内则》首节注。
④髽(zhuā抓):露着发髻。
⑤房:此指西房。有关古代宫室的结构,详《杂记下》"成庙则衅之"节注。
⑥彻帷:孔疏云:"初死,恐人恶之,故有帷。至小敛,衣尸皆有饰,故除帷。"
⑦奉:通"捧"。夷:陈放。
⑧特拜:一个一个地拜,逐一地拜。用于对尊者。与下文"泛拜"相对。
⑨泛拜:又叫旅拜。不管人数多少,只拜一次。用于对卑者。
⑩袭裘:掩起正服前襟。小敛后吊丧之服应如此。详《檀弓上》"曾子袭裘而吊"节注。
⑪拾(jié捷):轮流,交替。拾踊,主人先踊,然后妇人踊,然后吊者踊。每踊三跳,三踊凡九跳。

**【今译】**

　　小敛时,主人在门内的东边就位,面向西;主妇则在门内的西边就位,面向东,这才进行小敛。小敛毕,主人凭尸而号哭跳跃,跳的次数不限。主妇也像主人那样地号哭跳跃。然后,主人袒露左臂,脱去髦,用麻束住发髻。而妇人也到西房露出发髻,在腰部束上麻带。然后撤去障尸的幕帷,主人和主妇等亲属恭敬地抬起尸体,从室内移到堂上的两楹之间。然后主人、主妇等人从西阶下堂,向来吊的客人拜谢。国君拜谢来吊的寄公和国宾。大夫、士向来吊的卿、大夫逐一拜谢,对于来吊的士,不管人数多少,只向着他们所站的方位拜三拜。国君的夫人,也在堂上拜谢来吊的寄公夫人。卿大夫的妻子、士的妻子,对于来吊的命妇,在堂上逐一拜谢;对于普通女宾则总的一拜。拜过吊宾之后,主人在阼阶下就位,给左臂穿上袖子,腰缠麻带,头戴麻绖,号哭跳跃。如果是母亲去世,拜宾之后在阼阶下就位时,不须括发,只须戴免即可。然后设小敛之奠。从这时起,来吊唁的客人都要袭裘,在吉冠的冠圈上加上麻绖,腰束麻带,跟在主人、主妇的后边交替哭踊。

【原文】

　　君丧,虞人出木、角,狄人出壶①,雍人出鼎②,司马县之③。乃官代哭④。大夫,官代哭,不县壶。士,代哭,不以官。君,堂上二烛⑤,下二烛。大夫,堂上一烛,下二烛。士,堂上一烛,下一烛。宾出彻帷⑥。哭尸于堂上,主人在东方,由外来者在西方⑦,诸妇南乡。妇人迎客送客不下堂,下堂不哭。男子出寝门见人,不哭。其无女主,则男主拜女宾于寝门内。其无男主,则女主拜男宾于阼阶下。子幼,则以衰抱之,人为之拜。为后者不在,则有爵者辞,无爵者人为之拜。在竟内则俟之,在竟外则殡葬可也。丧有无后,无无主⑧。

【注释】

　　①壶:壶漏。古代的计时器。
　　②鼎:用以烧水。冬季水易结冰,所以要把水烧开以后再加入壶漏中。虞人提供的木就是供烧火用的,角则是供舀水用的。
　　③司马:大司马。《周礼》六卿之一。司马的部属有挈壶氏,负责壶漏计时,故司马亲临悬壶。县:通"悬"。
　　④代哭:轮流号哭。即由他人轮流代孝子哭,以使哭不绝声。未殡以前,有代哭之礼;既殡以后,则无代哭之制,因为那时已是朝夕哭和哀至则哭,不再是持续不断之哭。这是为了防止孝子哭出病来,所以做此规定。
　　⑤烛:火炬。孔疏:"有丧则于中庭终夜设燎(大型火炬),至晓灭燎,而日光未明,故须烛以照祭馔。"
　　⑥宾出彻帷:郑玄说这是君与大夫之礼。士是小敛毕即彻帷。
　　⑦由外来者:郑玄说是指奔丧者。如无奔丧者,则妇人位还在尸体西边。
　　⑧丧有无后二句:可参看《杂记下》"姑、姊妹,其夫死"节,该节是此二句的好注脚。

【今译】

　　办国君的丧事,由虞人提供烧火的木柴和舀水的勺子,狄人提供壶漏,雍人提供烧水的鼎,司马亲临视察壶漏的安置,然后安排官员轮流值班代哭。办大夫的丧事,只安排官员代哭,不设置壶漏。办士的丧事,由其亲属代哭,不得用官员代哭。办国君的丧事,堂上点着两支火把,堂下点着两支火把。办大夫的丧事,堂上点一支火把,堂下点两支。办士的丧事,堂上、堂下都只点一支火把。小敛结束,主人下堂拜谢来吊之宾,待宾走了以后,才撤掉堂上的帷幕。在堂上哭死者的位置是,主人在尸体的东边,面朝西;主妇等妇人在尸体的西边,面朝东。如果此时有奔丧者到家,也在尸的西边哭,主妇等人则向北挪,面向南。妇人迎客送客都不下堂,即令下堂迎送,也是只磕头而不哭。男子出寝门迎宾,不哭。对于来吊的女宾,如果丧家没有主妇,就由主人在寝门内向女宾拜谢;对于来吊的男宾,如果丧家没有主人,就由主妇在阼阶下向男宾拜谢。如果孝子年龄很小,就让他穿上孝服,由别人替他拜谢吊宾。如果孝子因故不在家,对于有爵位的吊宾应说明缘故,对于无爵位的吊宾则由他人代为拜谢。孝子不在家而在国内的,就等孝子回来主持丧事;如果在国外不能回来,那就只好由别人主持殡葬。总之,丧家绝嗣的情况是有的,丧事无人主持的情况却是没有的。

【原文】

　　君之丧,三日,子、夫人杖。五日,既殡,授大夫、世妇杖①;子、大夫,寝门之外杖②,寝门之内辑之③;夫人、世妇,在其次则杖④,即位则使人执之;子有王命则去杖⑤,国君之命则辑杖,听卜、有事于尸则去杖⑥;大夫于君所则辑杖,于大夫所则杖。大夫之丧,三日之朝既殡,主人、主妇、室老皆杖⑦。大夫有君命则去杖,大夫之命则辑杖。内子为夫人之命去杖,为世妇之命授人杖。士之丧,二日而殡。三日之朝,主人杖,妇人皆杖。于君命、夫人之命,如大夫。于大夫、世妇之命,如大夫。子皆杖⑧,不以即位⑨。大夫、士,哭殡则杖⑩,哭柩则辑杖⑪。弃杖者⑫,断而弃之于隐者。

【注释】

　　①世妇:此指诸侯的次妇。下同。
　　②寝门:殡宫门。
　　③辑之:即辑杖。辑,敛也。把丧杖提起来不使拄地。因为灵柩在殡宫,这是神明所在,故辑杖。
　　④次:丧次。妇人居丧之所在堂上房中。
　　⑤子:世子。即嗣君。
　　⑥有事于尸:飨尸。尸,活人而代死者受祭者。飨尸自虞祭开始。

⑦室老:大夫家臣之长。
⑧子:指庶子。
⑨不以即位:郑注:"与去杖同。"
⑩哭殡:停柩殡宫期间的哀哭。
⑪哭柩:起灵将葬时的哀哭。
⑫弃杖者二句:这是担心被人捡到而遭亵渎。

【今译】

　　办诸侯的丧事,在其死后的三日,其世子及夫人即可拄丧杖;死后五日,已殡,世子授命大夫、世妇可以用丧杖。世子和大夫,在寝门之外可以以杖拄地,进入寝门则要辑杖;夫人和世妇,在其丧次可以以杖拄地,到堂上就位哭时就要让别人拿住;世子在迎接天子派来吊丧的使臣时要将丧杖暂时丢开,在迎接诸侯派来吊丧的使者时要辑杖,在参与占卜葬日和虞祭以后的祭祀中,也要把丧杖暂时丢开。大夫在世子居丧的地方要辑杖,在和其他大夫一道在寝门外就位时则可以以杖拄地。办大夫的丧事,在其死后三天的早晨成殡,然后主人、主妇、室老都可以拄丧杖。主人在迎接国君派来吊丧的使者时要暂时丢开丧杖,在迎接其他大夫派来吊丧的使者时要辑杖。卿大夫之妻在迎接国君夫人派来吊丧的使者时要暂时丢开丧杖,在迎接世妇派来吊丧的使者时要把丧杖让别人拿住。办士的丧事,在其死后二日成殡,次日早晨,主人可以拄丧杖,妇人都可以拄丧杖。在迎接国君、夫人派来吊丧的使者时,礼数和大夫一样;在迎接大夫及其嫡妻派来吊丧的使者时,礼数也和大夫一样。凡庶子都可以用丧杖,但在就哭位时要暂时丢开。大夫和士,在哭殡期间可以以杖拄地,在将葬起灵之后则要辑杖。下葬以后就要把丧杖扔掉,为了防止被人亵渎,应该把它折断以后扔到偏僻的地方。

【原文】

　　始死,迁尸于床①。帱用敛衾②,去死衣。小臣楔齿用角柶③,缀足用燕几④。君、大夫、士一也。管人汲⑤,不说繘⑥,屈之。尽阶,不升堂。授御者⑦,御者入浴。小臣四人抗衾⑧,御者二人浴。浴水用盆,沃水用枓⑨。浴用絺巾,挋用浴衣⑩,如它日。小臣爪足。浴馀水弃于坎⑪。其母之丧,则内御者抗衾而浴。管人汲,授御者,御者差沐于堂上⑫。君沐粱,大夫沐稷,士沐粱。甸人为垼于西墙下⑬,陶人出重鬲⑭,管人受沐,乃煮之。甸人取所彻庙之西北厞薪⑮,用爨之。管人授御者沐,乃沐。沐用瓦盆,挋用巾,如它日。小臣爪手翦须。濡濯弃于坎⑯。君设大盘⑰,造冰焉。大夫设夷盘⑱,造冰焉。士并瓦盘,无冰。设床禫第⑲,有枕。含一床,袭一床,迁尸于堂又一床,皆有枕席,君、大夫、士一也。

### 注释

①迁尸于床:即上文"既正尸"时所用之床,也即下文"含床一"之床。

②帟(hū 呼):覆盖。敛衾:衾是被子。此被子也将用为大敛时的被子,故曰敛衾。

③小臣句:这是为将要饭含作准备。郑注云:"楔,挂也。柶,以角为之,长六寸,两头屈曲。为将含,恐口闭急,故使小臣以柶挂张(犹言撑开)尸齿令开也。"按《既夕礼·记》"楔貌如轭",楔即柶,然则柶形略如驾车时搁在牛颈上的曲木。

④缀(chuò 辍)足:将死者的脚拘束住,防其变形,不好穿鞋。燕几:平时凭倚之几案。

⑤管人:宾馆负责人。管,通"馆"。

⑥说:通"脱"。缩(yù 聿):井上汲水的绳索。

⑦御者:侍者。

⑧抗衾:举起盖尸之被。因为浴尸时是裸体,故举被以蔽之。

⑨枓(zhǔ 主):舀水的勺子。

⑩挋(zhèn 振):擦干。

⑪坎:坑。这个坑是取土垒灶烧水为死者洗头所挖的坑,在两阶之间而略微偏西。

⑫差(cuō 搓)沐:将谷物在水中淘洗,用此泔水为死者洗头。

⑬甸人:诸侯掌管田野之官。垼(yì 役):用土块垒起的灶。

⑭陶人:制作陶器之官。鬲(lì 利):鼎属,圆口,三足,足中空。据《说文》,可容六斗。用以烧水。因为此鬲将悬于重木之上,故称重鬲。

⑮彻:拆下,拆取。庙:指死者正寝,也叫殡宫。厞(fèi 肥):隐蔽之处。

⑯濡(nuǎn 暖):通"煗",汤也。指洗头水。《士丧礼》正作"煗"。

⑰君设大盘:此句以下,原在本节之首,今据郑注移正。造冰:盛放冰块。古礼,自仲春至秋凉期间,为防尸体腐败,在尸床下放置冰盘。

⑱夷盘:也是大盘,但较国君的大盘要小。

⑲裼(tǎn袒):通"袒",露出。笫(zǐ姊):竹编的床席。袒露竹席,也就是不在席上再铺垫他物,以便寒气上透。

## 【今译】

人断气以后,就在室内南窗下设床并迁尸于上,用敛衾将尸体覆盖,脱去断气时所着之衣,由近臣用角柶撑开死者的上下齿,用燕几把死者的脚加以固定。以上作法,对于国君、大夫、士都适用。管人把水从井中打上来,水桶上的绳子也不解开,而是屈叠起来握在手中,就提着水上堂,上到西阶的最高一个台阶,但不升到堂上,就把水交给侍者。侍者提着水进入室内为死者洗身子。洗时,由四个近臣各拉一个被角把盖尸被抬高,再由两个侍者为死者洗身子。把盆子放在停尸床下承接浴水,用勺子往尸体上浇水。洗时用细葛巾,擦干尸身用浴衣,这和生前洗身子的作法一样。由近臣剪脚趾甲。洗身子用过的水倒到堂下的坑里。如果是母亲去世,那么抬高盖尸被和洗身子等事就由女性侍者来做。管人又一次从井中打水,把水递给侍者,侍者在堂上用此水淘洗谷物取其泔水准备为死者洗头。国君用淘粱的泔水,大夫用淘稷的泔水,士也用淘粱的泔水。甸人在庭院的西墙下垒个土灶,陶人提供烧水的鬲。管人再从侍者手里接过泔水,倒到鬲里,放到灶上烧煮。甸人从正寝西北角隐蔽之处拆下一些木料作柴,用来烧火。水烧好后,管人将洗头水又交给侍者,侍者于是为死者洗头。洗头盆用瓦盆,揩干头发用巾,这和生前洗头的作法一样。由近臣为死者修剪手指甲和胡须。洗过头的废水也倒到堂下的坑里。为了防止尸体腐败,在国君的停尸床下放个大盘,用以盛冰;在大夫的停尸床下放个夷盘,用以盛冰。在士的停尸床下并放两只瓦盘,里边盛水而不盛冰。停尸床上别无他物,只剩一层竹席,以利透气。停尸床上有枕。饭含时用一张床,为死者穿衣时换一张床,把尸体由室内迁到堂上再换一张床,每张床上都有枕头和席子。以上作法,对国君、大夫、士都适用。

## 【原文】

君之丧,子、大夫、公子、众士皆三日不食①。子、大夫、公子食粥,纳财②,朝一溢米③,莫一溢米④,食之无算⑤。士,疏食水饮⑥,食之无算。夫人、世妇、诸妻皆疏食水饮⑦,食之无算。大夫之丧,主人、室老、子姓皆食粥⑧,众士疏食水饮⑨,妻妾疏食水饮。士亦如之。既葬,主人疏食水饮,不食菜果,妇人亦如之:君、大夫、士一也。练而食菜果,祥而食肉。食粥于盛不盥⑩,食于篹者盥⑪。食菜以醯酱。始食肉者,先食干肉;始饮酒者,先饮醴酒。期之丧,三不食;食,疏食水饮,不食菜果;三月既葬,食肉饮酒。期,终丧不食肉,不饮酒,父在为母,为妻。九月之丧⑫,食饮犹期之丧也。食肉饮酒,不与人乐之。五月、三月之丧⑬,壹不食,再不食,可也。比葬,食肉饮酒,不与人乐之。叔母、世母、故主、宗子⑭,食肉饮酒。不能食粥,羹之以菜可也。有疾,食肉饮酒可也。五十不成丧⑮,七十唯衰麻在身。既葬,若君食之,则食之。大夫、父之友食之,则食之矣。不辟粱肉⑯,若有酒醴则辞⑰。

> **注释**

①众士:王夫之说是公家之士。因为包括了上、中、下士,故曰众士。
②纳财:郑注:"谓食谷也。"
③溢:古代计量单位。郑注:"二十两曰溢。"又说一溢折合为米是一又二十四分之一升。
④莫:古"暮"字。
⑤食之无算:由于心情悲伤,事情繁多,所以吃饭不按顿数,饿了就吃。
⑥疏食水饮:这是比朝夕各一溢米略优的伙食。士吃此等伙食,是由于士贱哀轻;下文夫人等吃此等伙食,则是由于妇人体弱,特加照顾。
⑦诸妻:群妾、御妻之类。
⑧室老:见上节注。
⑨众士:即《丧服传》所谓的"众臣"。换言之,也就是除室老以外的家臣。
⑩盛(chéng 城):指杯、盂一类餐具。
⑪篹(suǎn):圆形的竹筐。古人盛饭用具。古人吃饭用手抓,故须洗手。稀粥是用嘴喝,故不须洗手。
⑫九月之丧:即大功之丧。
⑬五月、三月之丧:即小功、缌麻之丧。
⑭叔母二句:郑注云:"义服恩轻也。"义服,即义理之服,是与死者本无血缘关系,但由于某种义理而为之服丧。
⑮成:齐备。
⑯粱:古人视粱米为高级主食。
⑰酒醴:饮酒醴则脸色变红,故不宜饮。

【今译】

　　国君刚死,世子、大夫、庶子、众士都三天不吃饭。三天以后,世子、大夫、庶子只喝稀粥,每天的粮食定量是,早上一溢米,晚上一溢米,随饿随吃,不限顿数。众士可以吃粗米做的饭和喝水,随饿随吃,不限顿数。国君的夫人、世妇、诸妻也都可以吃粗米做的饭和喝水,随饿随吃,不限顿数。大夫刚死,主人、室老、子孙都只喝稀粥,众士可以吃粗米做的饭和喝水,大夫的妻妾也可以吃粗米做的饭和喝水。士刚死,主人等人的吃法和大夫刚死时一样。下葬以后,主人可以吃粗米做的饭和喝水,但不吃蔬菜瓜果;妇人也是这样。在这一点上,国君、大夫、士是一样的。练祭以后才可以吃蔬菜瓜果,大祥以后才可以吃肉。用杯碗喝稀粥用不着洗手,从竹筐里抓饭吃就得洗手。吃菜可以用醋酱调拌。开始吃肉时,要先吃干肉。开始饮酒时,要先饮甜酒。为丧期是一年的亲属服丧,头三顿不吃饭。然后可以吃饭了,也只是吃粗米作的饭和喝水,不能吃蔬菜水果。三个月后下葬,下葬以后可以吃肉饮酒。为丧期是一年的亲属服丧,从头到尾都不可吃肉饮酒的,限于父亲健在而为母服丧,限于为妻服丧。为大功亲属服丧的吃饭喝水规定,和为丧期是一年的亲属服丧一样。虽然葬后可以吃肉饮酒,但限于自斟自饮,不可以和他人在一齐饮酒作乐。小功、缌麻亲属刚死,或头两顿、或头一顿不吃就可以了。在下葬以前,可以吃肉饮酒,只是不要和他人在一齐饮酒作乐。为叔母、伯母、故主、宗子服丧期间,都可以吃肉饮酒。在规定喝粥期间,如果很不习惯,用菜羹泡饭吃也可以。如果有病,也允许吃肉喝酒。五十岁以上的人居丧,不必事事都按规定去办。七十岁以上的人居丧,只要孝服在身就行,其他方面可以一如常人。葬后,如果国君赐予食品,是可以吃的。如果大夫或父亲生前友好赐予食品,也是可以吃的。赐予的食品中哪怕有粱肉美味,也可以吃;但其中如有酒醴,则要谢绝。

【原文】

　　小敛于户内,大敛于阼。君以簟席①,大夫以蒲席,士以苇席。小敛:布绞②,缩者一,横者三。君锦衾,大夫缟衾,士缁衾,皆一。衣十有九称③。君陈衣于序东④。大夫、士陈衣于房中⑤,皆西领北上。绞、紟不在列⑥。大敛:布绞,缩者三,横者五;布紟,二衾。君、大夫、士一也。

君陈衣于庭,百称,北领西上。大夫陈衣于序东,五十称,西领南上。士陈衣于序东,三十称,西领南上。绞、紟如朝服。绞一幅为三,不辟⑦。紟五幅,无紞⑧。小敛之衣,祭服不倒。君无襚。大夫、士毕主人之祭服。亲戚之衣受之,不以即陈。小敛,君、大夫、士皆用复衣复衾⑨。大敛,君、大夫、士祭服无算;君褶衣褶衾⑩,大夫、士犹小敛也。袍必有表,不禅⑪;衣必有裳,谓之一称。凡陈衣者实之箧,取衣者亦以箧。升降者自西阶。凡陈衣不诎⑫,非列采不入⑬。缔、绤、纻不入。

### 注释

①簟(diàn 奠)席:竹席。按:竹席之下还有一层用莞(guān 关)草编制的莞席。下文的"蒲席"、"苇席"之下也都有此层莞席。所以《士丧礼》说"下莞,上簟"。

②绞:包扎敛衣和尸体的布带。宽一幅,长短适度。带的末端撕裂为三小条,以便打结。按:小敛时先铺绞,绞上铺衾,衾上铺衣,衣上放尸,然后用绞捆紧。详下。

③称(chèn 趁):套。上衣与下裳各一。

④序:堂上之墙。序东,谓东堂。

⑤房:谓堂上的东房。

⑥紟(jìn 近):单被。

⑦辟(bò):通"擘",撕开。

⑧紞(dǎn 胆):缝在被端以识别被头被脚的丝带。生时单被有紞,死者去之,异于生也。

⑨复衣复衾:著有丝絮的衣与衾。犹如今日之棉衣棉被。

⑩褶衣褶衾:有表有里而中间不著丝絮之衣与衾。犹如今日之夹衣夹被。因为国君大敛用衣太多,再著丝絮则太厚,不便于敛。

⑪禅(dān 单):指单独用袍。

⑫诎(qū 屈):折叠。

⑬列采:正色,即青、赤、白、黑、黄五色。

### 【今译】

　　小敛在寝室门内进行,大敛在堂上当东阶处进行。敛床上铺的席子,国君是簟席,大夫是蒲席,士是苇席。小敛的程序:先铺好包扎敛衣和尸体的布带,这种带子,一根是竖着铺,三根是横着铺;然后铺上被子一条:国君是织锦被面,大夫是素帛被面,士是缁帛被面;然后再铺上衣服;总共十九套。国君的小敛用衣陈放在东堂,大夫、士的小敛用衣都陈放在东房,都是领子朝西,由北往南排列,越靠北的衣服越尊贵。包扎敛衣和尸体的布带、单层被子不计算在十九套之中。大敛的程序:先铺好包扎敛衣和尸体的布带,竖的三根、横的五根;然后铺上一条单被和两条夹被,在这一点上,国君、大夫、士是一样的。国君的大敛用衣陈列在庭中,共一百套,领子朝北,从西往东排列,越靠西的衣服越尊贵;大夫的大敛用衣陈列在东堂,共五十套,领子朝西,由南往北排列,越靠南的衣服越尊贵;士的大敛用衣也陈列在东堂,共三十套,也是领子朝西,由南往北排列,越靠南的衣服越尊贵。包扎敛衣和尸体的布带、单被,其布料和朝服布料一样。大敛用的包扎布带,要把一幅宽的布撕成三条,这三条布带的两端就不再撕开。单被用五幅布拼缝,没有被头标志带。小敛所用的十九套衣服中,其他衣服可以倒放,以求平展,只有祭服尊贵,不可倒放。国君的敛衣,不用臣下所赠。大夫和士的敛衣,要先尽着自己的祭服用,祭服用完才可以用他人所赠。大功以上亲属所赠之衣,可以接受,但不用来陈列。小敛时,国君、大夫、士用的都是著有丝絮的衣被。大敛时,国君、大夫、士的祭服有多少用多少,不限数量;国君用的是不著丝絮的夹衣夹被,大夫、士用的衣被还和小敛时一样。作为敛衣的袍子必须外加罩衣,不能单用袍子;有上衣则必须有下裳,这叫做一套。凡陈列敛衣,都要装在箱子里;凡把陈列的敛衣取走,也都要用箱子。拿取敛衣的人上堂下堂要走西阶。凡是陈列敛衣,都不可折叠。杂色衣服不可陈列,盛暑时穿的用细葛布、粗葛布、纻麻布做的贴身衣服也不可陈列。

【原文】

　　凡敛者袒,迁尸者袭。君之丧,大胥是敛①,众胥佐之。大夫之丧,大胥侍之②,众胥是敛。士之丧,胥为侍,士是敛③。小敛大敛,祭服不倒。皆左衽④,结绞不纽。敛者既敛必哭。士与其执事则敛⑤,敛焉则为之壹不食。凡敛者六人。君锦冒黼杀⑥,缀旁七。大夫玄冒黼杀,缀旁五。士缁冒赪杀⑦,缀旁三。凡冒,质长与手齐,杀三尺。自小敛以往用夷衾,夷衾质杀之裁犹冒也⑧。

【注释】

①胥:郑注云:"胥,乐官也,不掌丧事,当为'祝'字之误也。"按:本节所有"胥"字都当作"祝"。大祝是祝官之长。下文的"众祝"指小祝、丧祝,是大祝的属员。

②侍:临视。

③士:指士的朋友。

④左衽:郑注:"衽向左,反生时也。"按:生时右衽。

⑤其:王引之说当作"共",是。

⑥冒:韬尸的布囊。分上下两截,上半截从头往下韬上体,叫"质",也叫"冒"。质,正也。冒的上半截上下方正,故曰质。下半截从脚往上韬下体,叫"杀"(shài 晒)。这是因为冒的下半截上宽而下窄,故曰杀。质、杀的缝制,都是缝合一头,又缝连一边,剩一边不缝,以便缀上带子用来扎紧。

⑦赪(chēng 称):赤色。

⑧夷衾:小敛时覆尸的被子。其长短和冒一样,上半截与下半截的颜色也不一样,与冒的质、杀相同。裁:郑注:"裁犹制也,字或为材。"

【今译】

　　凡是参与大小敛的人都要袒露左臂,这样才便于做事;凡是参与迁移尸体的人都要穿好袖子,以表恭敬。国君的丧事,由太祝主持小敛、大敛,由众祝作其助手。大夫的丧事,由太祝亲临指点,由众祝动手小敛、大敛。士的丧事,由众祝亲临指点,由死者的朋友动手小敛、大敛。小敛、大敛所用的敛衣之中,凡是祭服就不能颠倒着放。所有的敛衣衣襟都向左开。捆紧敛衣和尸体的布带子要打成死结而不是活扣。参预装敛的人在装敛完毕之后一定要哭。生前与士曾经共事的人才参与士的小大敛,既然参与了小大敛就为哀悼死者停食一顿。装敛工作共需六人。国君的韬尸袋,上半截是织锦的,下半截是白黑相间的斧形花纹,旁边打七个结。大夫的韬尸袋,上半截是玄色的帛,下半截有白黑相间的斧形花纹,旁边打五个结。士的韬尸袋,上半截是黑色帛,下半截是赤色帛,旁边打三个结。韬尸袋的上半截,长度总与手齐,下半截长三尺。从小敛以后用夷衾覆尸,夷衾被面的质料和颜色也分上下两半截。和韬尸袋的上下半截一样。

【原文】

　　君将大敛,子弁绖即位于序端①;卿、大夫即位于堂廉楹西、北面东上②;父兄堂下北面③;夫人、命妇尸西东面④;外宗房中南面⑤。小臣铺席,商祝铺绞、紟、衾、衣⑥,士盥于盘上⑦,士举迁尸于敛上。卒敛,宰告,子冯之,踊⑧,夫人东面亦如之。大夫之丧,将大敛,既铺绞、紟、衾、衣,君至,主人迎。先入门右,巫止于门外⑨。君释菜⑩。祝先入,升堂;君即位于序端;卿、大夫即位于堂廉楣西、北面东上;主人房外南面;主妇尸西东面。迁尸,卒敛,宰告,主人降,北面于堂下。君抚之,主人拜稽颡。君降,升主人冯之,命主妇冯之。士之丧,将大敛,君不在,其馀礼犹大夫也。铺绞、紟,踊。铺衾,踊。铺衣,踊。迁尸,踊。敛衣,踊。敛衾,踊。敛绞、紟,踊。

### 注释

①弁绖:在皮弁上加上麻绖。序端:堂上东序的南端。因为大敛将在东阶上进行。

②堂廉:堂侧。此指堂的南侧。楣:堂上的大柱子,东西各一。此谓东楣。

③父兄:族人中的父辈、兄辈而未仕者。以其贱,故在堂下。

④命妇:内命妇。国君次妇以下的女性。

⑤外宗:国君的姑、姊妹之女。详《杂记下》。

⑥商祝:熟悉殷礼的祝。《乐记》说"商祝辨乎丧礼"。绞、紟:均见本篇上文注。

⑦士:丧祝。《周礼·春官》丧祝有上士二人,中士四人,下士八人。

⑧冯:古"凭"字。抱住尸体,伏在上面哭。

⑨巫止:郑注云:"巫止者,君行必与巫,巫主辟凶邪也。"

⑩释菜:郑注云:"释菜,礼门神也。必礼门神者,君非问疾吊丧,不入诸臣之家。"

### 【今译】

即将举行国君的大敛,世子头戴弁绖在东序南端就位;卿、大夫在堂的南沿东楣以西就位,都面向北,以东边为上位;未仕的父辈兄辈族人在堂下就位,也都面向北,以东边为上位;夫人和内命妇在尸体西边就位,面向东;外宗在西房中就位,面向南。由小臣在阼阶上铺好敛席,然后由商祝依次铺上绞、紟、衾、衣,然后丧祝开始在盘子上洗手,抬起尸体,挪放到铺好的大敛衣服上。大敛结束,总管向世子报告,世子就抱着尸体痛哭,跳起跺脚。夫人在尸体西边,面向东,也像世子那样地痛哭跺脚。办大夫的丧事,将要大敛,绞、纺、衾、衣都已经铺好,国君突然在此刻来吊,主人就要马上到大门外迎接。主人先进门,站在门内西边恭候国君进门。国君把随同而来的巫留到门外,祭过门神,随同国君而来的祝先进门,登堂;国君进门以后,登堂就位于东序的南端;卿、大夫在堂的南沿东楹以西就位,面都朝北,以东边为上位;主人站在东房之外,面向南;主妇仍在尸体西边,面向东。此时,才将尸体抬起挪动到刚才已经铺好的大敛衣服上面。大敛结束,总管向主人报告,主人就下堂,面北而立,待君下堂。国君抚摩一下尸体,表示君臣从此永别,主人磕头拜谢。国君下得堂来,命主人升堂凭尸,命主妇升堂凭尸。办士的丧事,在即将大敛时,由于士的地位低下,国君是不会赏光前往的;除此而外,其余的礼数都和大夫一样。在大敛过程中,在铺绞、纺时,孝子要跳起跺脚;在铺被子时,孝子要跳起跺脚;在铺敛衣时,孝子要跳起跺脚;在挪动尸体时,孝子要跳起跺脚;在用敛衣裹尸时,孝子要跳起跺脚;在用敛被裹尸时,孝子要跳起跺脚;在束紧裹尸的布带与单被时,孝子要跳起跺脚。

【原文】

　　君抚大夫①,抚内命妇②。大夫抚室老,抚侄娣③。君、大夫冯父、母、妻、长子④,不冯庶子。士冯父、母、妻、长子、庶子。庶子有子,则父母不冯其尸。凡冯尸者,父母先,妻子后。君于臣抚之。父母于子执之。子于父母冯之。妇于舅姑奉之。舅姑于妇抚之。妻于夫拘之。夫于妻、于昆弟,执之⑤。冯尸不当君所⑥。凡冯尸,兴必踊。

注释

①抚:抚摩或轻按死者的心口部位的衣服。
②内命妇:指国君的世妇。
③侄娣:随妻陪嫁而来的媵妾。妻之侄女称侄,妻之妹弥娣。
④冯:古"凭"字。伏在死者心口部位而哭。
⑤君于臣抚之七句:郑注:"此恩之深浅尊卑之仪也。"孔疏:"冯者为重,奉次之,拘次之,执次之。尊者则冯、奉,卑者则抚、执。"奉,通"捧"。
⑥冯尸:这是广义的冯尸,即包括了奉、拘、抚、执。

【今译】

　　大敛结束以后,国君抚摸大夫尸体的心口,抚摸内命妇的心口;大夫则抚摸室老的心口,抚摸侄娣的心口。国君、大夫要趴在父、母、妻、长子的尸体上痛哭,但不可趴在庶子的尸体上痛哭。士可以趴在父、母、妻、长子、庶子的尸体上痛哭;如果庶子有子,则庶子的父母就不趴在他的尸体上痛哭。凡是举行凭尸之礼时,由父母先凭,妻子后凭。凭尸的方式因人而异,具体说来:国君对于臣下是以手抚按尸心部位的衣服而哭,父母对于儿子是抓紧尸心部位的衣服而哭,儿子对于父母是伏在尸体心口部位而哭,媳妇对于公婆是捧着尸心部位的衣服而哭,公婆对于媳妇是抚按心口部位的衣服而哭,妻子对于丈夫是扯着尸心部位的衣服而哭,丈夫对于妻子和他的兄弟,是抓紧心口部位的衣服而哭。凡凭尸时,国君已经抚按过的地方要避开。凡凭尸而哭都是跪姿,立起身后一定要跳起跺脚以发泄其哀痛。

【原文】

　　父母之丧,居倚庐①,不涂,寝苫枕块,非丧事不言。君为庐,宫之。大夫、士,禮之②。既葬,柱楣③,涂庐不于显者;君、大夫、士皆宫之。凡非適子者,自未葬,以于隐者为庐。既葬,与人立;君言王事,不言国事;大夫、士言公事,不言家事。君,既葬,王政入于国;既卒哭,而服王事。大夫、士,既葬,公政入于家;既卒哭,弁、絰、带、金革之事无辟也④。既练,居垩室⑤,不与人居。君谋国政,大夫、士谋家事。既祥,黝垩⑥。祥而外无哭者,禫而内无哭者⑦,乐作矣故也。禫而从御。吉祭而复寝⑧。期居庐,终丧不御于内者,父在为母、为妻齐衰期者⑨。大功布衰九月者,皆三月不御于内。妇人不居庐,不寝苫;丧父母,既练而归;期、九月者,既葬而归。公之丧,大夫俟练,士卒哭而归⑩。大夫、士,父母之丧,既练而归;朔月忌日⑪,则归哭于宗室⑫。诸父、兄弟之丧,既卒哭而归。父不次于子,兄不次于弟。

注释

　　①倚庐:倚靠殡宫门外东墙而搭成的三角形草棚。据聂崇义《三礼图》卷十五引唐杨垂《丧服图》,倚庐的形制是,先以一木横于墙下,与墙壁平行而距墙五尺,此木即谓之楣。然后在楣上钉五根橼子,使橼子皆倚东墙,上面盖上草苫,南

北两面也用草苫遮蔽,向北开一门。葬后,哀伤渐轻,倚庐的形制也有所变化:一是将原来的卧地之楣用柱子支起来,增大其空间,这叫"柱楣"。于是倚庐由三角形变为正方形;二是门改为向西开;三是原来不加修剪的草苫现在可以稍加修剪。

②禩:通"袒",即不宫,不设围墙。

③柱楣:详注①。

④辟:通"避"。

⑤垩室:用土坯垒砌的小草屋,屋草也不涂泥,仅用白垩土涂墙而已。地点在殡宫门外东檐下。这是服齐衰者始丧之所居。卒哭以后,服齐衰者还居寝室。服斩衰者在练祭后迁居垩室。

⑥黝垩:孙希旦说:"既祥之后,入居殡宫。殡宫乃死者所居,故涂其壁令白,又平治其地令黑,若欲新之然也。"

⑦禫(dàn 但):大祥后隔一个月的除服之祭。自丧至禫,凡二十七月。

⑧吉祭:指禫祭后的四时常祭。吉祭或与禫祭同月,或在禫祭之下月。

⑨期居庐三句:孙希旦说:"期,期丧也。父在为母及为妻,虽并为期丧,而与余期丧异也。盖父母之恩一也,为父三年,而父在为母止于期,则以不敢同于父也。夫妇齐体,妻为夫三年,则夫宜报服,而其服乃止于期,则以不敢同于母也。二服本由三年而屈,故其初丧居倚庐,终丧不御内。"

⑩公之丧三句:此谓异姓之大夫、士。若与君同姓之大夫、士,则《杂记上》云:"大夫次于公馆以终丧,士练而归。"

⑪朔月:每月初一。忌日:死日。

⑫宗室:郑注:"宗室,宗子之家,谓殡宫也。"

【今译】

居父母之丧,始死,孝子住在倚庐里,倚庐的棚顶不涂泥,孝子就睡在里边铺的草苫上,用土块当枕头,不说与丧事无关的话。国君的倚庐,其外有一圈帷布围绕,作用如同宫墙;大夫、士的倚庐,其外就没有什么东西围绕。葬过父母之后,就可以把卧地之楣用柱子支起来,把倚庐的内壁涂上泥。此时,国君、大夫、士的倚庐之外就都有帷帐围绕。凡不是嫡子的庶子,从一开始也住倚庐,但倚庐要设在比较隐蔽的地方,不可像嫡子的倚庐那样引人注目。葬毕,孝子可以与人并立,但还不可扎堆;孝子是国君的可以谈及天子的事情,但不可谈及本国之事;孝子是大夫、士的可以谈及国君的事,但不可谈及自家的事。孝子是国君的,葬后,天子的政令就又可以畅通于本国了;卒哭以后,就可以为天子奔走效劳了。孝子是大夫、士的,葬后,国君的命令又要照常执行；卒哭以后，就是遇到打仗的事也不可推辞。练祭之后，服三年之丧的孝子就可以迁居垩室，不和别人住在一起。此时，是国君的可以谋划国事，是大夫、士的可以谋划家事。大祥以后，孝子搬进经过粉刷的殡宫居住。这样一来大祥以后在殡宫门外就听不到孝子的哭声了；禫祭以后可以除去孝服，这样一来殡宫之内就听不到孝子的哭声了，因为已经可以奏乐了。禫祭以后可以让妻妾服侍，因为吉祭以后孝子就搬回自己的寝室去住了。服丧一年而住倚庐，并且在服丧期内始终不可让妇人侍寝的，只适用于父在为母和丈夫为妻这两种本应三年而降为齐衰一年的人。为大功亲属服丧的期限是九个月，头三个月不可让妇人侍寝。居丧期间，妇人不住倚庐，不睡在草苫子上。妇人遇到自己父母的丧事，就在娘家住到练祭以后再回婆家；如果娘家去世的是期亲或大功之亲，那就在下葬以后即回婆家。为国君服丧，异姓的大夫要等到练祭以后才可回家，异姓的士要等到卒哭以后才可回家。身份是庶子的大夫、士，在嫡长子家中为父母守丧，等到练祭以后就可以回到自己家里；只是在每逢初一和忌日时，应再回到嫡长子家去哭祭。为伯父、叔父、兄弟守丧，在卒哭以后就可以回家。作父亲的不在庶子家里搭棚守丧，作哥哥的不在弟弟家里搭棚守丧。

【原文】

　　君于大夫、世妇①，大敛焉；为之赐，则小敛焉。于外命妇②，既加盖而君至。于士，既殡而往；为之赐，大敛焉。夫人于世妇，大敛焉；为之赐，小敛焉。于诸妻③，为之赐，大敛焉。于大夫、外命妇，既殡而往。大夫、士既殡，而君往焉，使人戒之。主人具殷奠之礼④，俟于门外；见马首，先入门右。巫止于门外，祝代之先。君释菜于门内⑤。祝先升自阼阶，负墉南面。君即位于阼，小臣二人执戈立于前，二人立于后。摈者进，主人拜稽颡。君称言，视祝而踊。主人踊。大夫则奠可也；士则出俟于门外，命之反奠，乃反奠。卒奠，主人先俟于门外。君退，主人送于门外，拜稽颡。君于大夫疾，三问之；在殡，三往焉。士疾，壹问之；在殡，壹往焉。君吊，则复殡服⑥。夫人吊于大夫、士，主人出迎于门外，见马首，先入门右。夫人入，升堂即位。主妇降自西阶，拜稽颡于下。夫人视世子而踊⑦。奠如君至之礼。夫人退，主妇送于门内，拜稽颡；主人送于大门之外，不拜。大夫君⑧，不迎于门外，入即位于堂下。主人北面,众主人南面,妇人即位于房中。若有君命、命夫命妇之命、四邻宾客,其君后主人而拜。君吊,见尸柩而后踊。大夫、士,若君不戒而往,不具殷奠,君退必奠。

**注释**

①世妇:指国君的世妇。下同。

②外命妇:卿大夫之妻。

③诸妻:地位低于世妇的御妻。

④殷奠:盛奠,丰盛之奠。大敛以后的朝夕奠,供品仅有脯醢。而奠以有牲俎为盛,今此奠有牲俎,故曰殷奠。

⑤释菜:见上文注。

⑥殡服:殡前未成服时的装束。即头戴苴绖、免,身穿布深衣,腰系麻带而不散垂。

⑦世子:孙希旦认为是"女祝"二字之误,今从之。

⑧大夫君:大夫的家臣对所服务的大夫的敬称。诸侯是国君,是大夫家臣的正君。对于大夫家臣来说,国君、大夫都是其君,为有所区别,故有大夫君之称。

**【今译】**

一般情况下,国君只参加大夫、世妇的大敛;如果特别赏脸,就连小敛也参加。国君对外命妇的吊唁,要在棺材加上盖子以后才到场。国君吊士之丧,一般情况下是成殡以后再去;如果特别赏脸,就连大敛也前往。国君夫人对于世妇,一般情况下只参加其大敛;如果格外赏脸,就连小敛也参加。夫人对于诸妻,在格外赏脸的情况下才亲临其大敛。夫人对大夫和外命妇的吊唁,都是在成殡以后前往。大夫、士已经入殡,如果此刻国君前去吊丧,要派人通知丧家。主人接到通知后,感到非常荣幸,就要备下丰盛的奠礼准备祭告亡灵。然后在门外恭候,一见到国君乘车的马首,就先进门,立在门右。国君把随行的巫留在门外,由祝代巫在前领路。国君在门内祭祀门神。祝先从东阶上堂,背靠北墙,面南而立。此时国君在东阶上就位,两个近臣持戈立在国君身前,另外两个近臣持戈立在国君身后,以避邪气。赞礼者命主人拜谢,主人于是在堂下面向北磕头拜谢。国君说些慰问的话,并根据祝的示意跳起跺脚。主人也跟着哭泣跺脚。此时,如果丧家是大夫,就可以接着举行殷奠祭告亡灵了;如果丧家是士,主人就要先到门外等着拜送国君,等到国君命他返回举行殷奠,他才返回举行殷奠。奠毕,主人要先到门外等候,在国君离去时,主人送到门外,磕头拜谢。大夫在病重期间,国君要去探望三次;大夫在停殡期间,国君要去吊丧三次。士在病重期间,国君要去探望一次;在停殡期间,要去吊丧一次。国君在殡后去吊丧时,主人要脱去孝服,重新改为殡前未成服时的打扮。国君夫人到大夫、士的家里吊丧,主人要到门外迎接,一见到夫人乘车的马首,就先进门,立在门右。夫人入门,升堂就位。主妇从西阶下堂,在堂下面向夫人磕头拜谢。夫人在女祝的示意下哭踊。设奠的礼仪和国君来吊时一样。夫人临走时,主妇送到门内,磕头拜谢;主人则要送到大门之外,就不用再磕头拜谢了。大夫到其家臣家里吊丧,家臣不必到门外迎接。大夫进得门来,在阼阶下就位,面朝西;主人立在大夫之南,面向北;众庶子面向南;主妇等女辈在东房中就位。大夫来吊丧时,如果碰上国君派使者、命夫命妇派使者、或四邻来吊丧,大夫就让主人站在自己身后,自己先代表主人向吊宾拜谢,然后主人再拜谢。国君吊丧,要见到尸体或灵柩以后再哭踊。大夫、士在国君来吊丧时,如果事前未得到通知,仓促之中也办不来殷奠,那就只有在国君离去之后,立即设奠,祭告亡灵。

【原文】

　　君大棺八寸,属六寸,椑四寸①。上大夫大棺八寸,属六寸。下大夫大棺六寸,属四寸。士棺六寸②。君里棺用朱绿③,用杂金鐕④。大夫里棺用玄绿,用牛骨鐕。士不绿。君盖用漆,三衽三束⑤。大夫盖用漆,二衽二束。士盖不用漆,二衽二束。君、大夫鬠爪实于绿中⑥,土埋之。君殡用辁⑦,欑至于上,毕涂屋⑧。大夫殡以帱⑨,欑至于西序,涂不暨于棺。士殡见衽⑩,涂上。帷之。熬⑪,君四种八筐⑫,大夫三种六筐,士二种四筐,加鱼、腊焉。饰棺⑬:君龙帷,三池,振容⑭;黼荒⑮,火三列⑯,黻三列⑰;素锦褚,加伪荒⑱;纁纽六;齐,五采五贝;黼翣二⑲,黻翣二,画翣二⑳,皆戴圭;鱼跃拂池㉑。君纁戴六㉒,纁披六㉓。大夫画帷,二池,不振容;画荒,火三列,黻三列,素锦褚;纁纽二,玄纽二;齐,三采三贝;黻翣二,画翣二,皆戴绥;鱼跃拂池。大夫戴,前纁后玄,披亦如之。士布帷布荒,一池,揄绞㉔;纁纽二;缁纽二;齐,三采一贝;画翣二,皆戴绥。士戴,前纁后缁,二披用纁。君葬用辁㉕,四绰,二碑㉖,

御棺用羽葆㉗。大夫葬用輴，二绋，二碑，御棺用茅㉘。士葬用国车㉙，二绋，无碑，比出宫，御棺用功布。凡封㉚，用绋，去碑负引。君封以衡㉛，大夫、士以咸㉜。君，命毋哗，以鼓封。大夫，命毋哭。士，哭者相止也。君松椁，大夫柏椁，士杂木椁。棺椁之间，君容祝，大夫容壶，士容甒㉝。君里椁、虞筐㉞。大夫不里椁。士不虞筐。

### 注释

①君大棺八寸三句：国君的棺三重，最外一重叫大棺，中间一重叫属（zhú 烛），最里一重叫椑（bì 壁）。天子之棺四重，已见《檀弓上》。

②士棺六寸：郑注云："庶人之棺四寸。"

③绿：段玉裁《说文注》以为当作"䘵"（diāo 雕），意为用缯作为棺中内壁的衬里。本节下文诸"绿"字均同此。

④錾（zān 簪）：钉。

⑤衽：连接并固定棺盖与棺身的木楔。两头宽，中间窄，形似深衣之衽，故名。汉人名之曰"小腰"。束：将棺盖与棺身系宰的革带。

⑥鬊（shùn 舜）：从死者头上梳下的乱发。

⑦輴（chūn 春）：天子、诸侯的载棺车。此车只用于升棺于堂和迁柩朝祖庙时，葬时则另换别车。天子的輴车辕上画龙，称龙輴。国君则不画龙。輴之形制，像今天的拖车斗，只是前面要有辕。大夫以下用于此种用途的车不叫輴，叫轴，也叫輁轴，形似今日之平板车。

⑧欑至于上二句：参《檀弓上》"天子之殡也"节注译。

⑨帱（dào 道）：覆盖。

⑩见：通"现"，露出。

⑪熬：炒熟的谷物。每种谷物装两筐，分置棺之两旁。其作用，郑玄说是引诱虫蚁，使不致危害尸体。

⑫四种：谓黍、稷、稻、粱。下文的"三种"则去稻，下文的"二种"则又去粱。

⑬饰棺：指出葬时棺材周围的种种装饰。饰棺的用意在于壮观瞻，孝子不欲沿途观众厌恶其亲。饰棺因人之贵贱而异。总的说来，是在柩载子车之后，在柩的周围设置一个如同尖顶帐篷形的木制框架，这叫柳，又叫墙。柳外用布围绕，其上部如同帐篷顶的部分叫做荒，下部像墙的部分叫做帷。荒下设有池，以竹为之，外边套有青色布套，其作用是象征死者生前所居宫室之承霤（屋檐下承接雨水的天沟）。天子四面有池；诸侯三面有池，后面不设；大夫前后有池，左有两面无池；士只有前面一池。荒与帷之间用缯带相系连，这叫纽。荒中央隆起的顶叫齐。齐，通"脐"。犹如肚脐在人身中央。齐有点像冰糖葫芦串，只不过是用缯缝制的

球形物,中间用絮填塞,而且越靠上的球形物越小。国君的齐由五个球形物组成,分别为朱、白、苍、黄、黑五色;大夫、士的齐由三个球形物组成,分别为朱、白、苍三色。齐上还挂有贝壳串,诸侯五串,大夫三串,士一串。

⑭振容:一种棺饰。即画有雉形图案的苍黄色缯带,长丈余,如幡悬于池下。车行则幡动,故名振容。容者,饰也。

⑮黼:白黑相间的斧形花纹。

⑯火:半环形花纹。

⑰黻:亞形花纹。俗谓二己相背花纹。

⑱伪荒:当作"帷荒"。详注⑬。

⑲翣:遮挡柩车的扇形装饰物,木框木柄布面,布面上画有种种图案。柩车行进时,人持之随行于两旁。

⑳画翣:画有云气图案的翣。

㉑鱼跃拂池:棺饰。池下悬挂铜鱼,车行引起晃动,即可上跃碰池。

㉒戴:把灵柩捆紧到柳上的带子。

㉓披(bì 毕):这是一条帛制长带,一头拴在戴上,一头伸出帷外,当柩车行进时,两边护灵的人拉着披,以防止因道路颠簸而使灵柩倾斜。

㉔揄(yáo 摇)绞(xiāo 峭):画有雉形图案的苍黄色缯带,长丈余如幡。但要系好,不使其振动。

㉕輴:据郑注当作"轉",也就是《杂记上》的輴车。这是葬时在路的载柩车。四轮迫地而行,其轮无辐,承载极稳,故用之。下文的"輴"同此。

㉖碑:下棺所用工具。也叫"丰碑"。详《檀弓下》"季康子之母死"节注。

㉗羽葆:饰以羽毛的幢幡。

㉘茅:通"旄",旗帜。

㉙国车:据郑注,当作"轉车"。详注㉕。

㉚封:通"窆"(biǎn 贬),下葬。下同。

㉛衡:平也。用一根大木棍从棺束下通过,再将绋系到此棍的两端,以保证棺柩平稳降入墓穴。

㉜咸(jiān 坚):通"缄"。棺束。束棺的革带。

㉝棺椁之间四句:孙希旦说:"柷,乐器,壶、甒皆盛酒之器。柷方二尺四寸。壶容一石,甒容五升。"

㉞虞筐:郑玄注云:"未闻。"王夫之云:"虞,治也。筐,椁外也。虞筐,谓沐治其外使平滑美泽也。"

【今译】

诸侯的棺有三重:最外边的大棺厚八寸,中间的属厚六寸,贴身的椑厚四寸。上大夫的棺有两重：大棺厚八寸，属厚六寸。下大夫的棺两重：大棺厚六寸，属厚四寸。士棺一重，厚六寸。诸侯的里棺内壁用朱色的缣作衬里，用金钉、银钉、铜钉钉牢；大夫的里棺用玄色的缣作衬里，用牛骨钉钉牢；士的棺不用衬里。诸侯的棺盖与棺身的接缝要用漆涂合，而且每边有三处接榫，再用三条皮带捆紧。大夫的棺盖与棺身的接缝也要用漆涂合，但每边只有两处接榫，再用两条皮带捆紧。士的棺盖与棺身的接合部不用漆涂合，但每边也有两处接榫，再用两条皮带捆紧。从国君、大夫遗体上梳下来的乱发和剪下的指甲，要盛放在小囊里，塞到衬里中；士棺不用衬里，所以就埋在两阶间的坑里。诸侯的殡是将灵柩放在楯车上，在楯车的四周堆积木材，上面堆成屋顶形状，最后用泥加以通体的涂抹。大夫的殡是用棺衣罩在棺上，棺放在西序下，一边靠着西序，其他三面堆积木材，但上面不堆成屋顶形状。涂泥时只涂外面堆积的木材，不涂棺。士的殡是掘个坑将棺浅埋，露出接榫以上部分，将露出部分用泥涂抹。无论贵贱，停殡期间都要用布幔围起来。炒熟的谷物放在殡的两旁：国君是黍、稷、稻、梁四种，分装八筐；大夫是黍、稷、梁三种，分装六筐；士是黍、稷二种，分装四筐。每筐还要加上干鱼、干肉。出葬时的棺饰：诸侯的棺材四周挂着画龙的帷幔，荒下三面设池，池下悬有振容。棺上的篷顶部分。其边缘画有黼形花纹，其中央有三行半环形花纹，三行黻形花纹。先用素锦做的棺罩罩在棺上，再在棺罩的四周加上帷幔，在棺罩上方加上荒。帷和荒用六条绛色纽带系连在一起。荒顶的齐，由一串球形物组成，共五个，每个一色，另外还挂有五串贝壳。画有黼形花纹的翣两面，画有黻形花纹的翣两面，画有云气的翣两面。每面翣的上边两角都悬圭为饰。池下挂着铜鱼，随着柩车的行进而上下跳动。用六条绛色帛带把灵柩捆紧到柳上。设置六条绛色披带。大夫的棺材四周挂着画有云气的帷幔，荒下前后设池，池下不设振容。荒的边缘画有云气花纹，其中央有三行半环形花纹，三行黻形花纹。素锦做的棺罩。帷、荒之间用两对绛色、两对玄色的纽带连接。荒顶的齐，由一串三个球形物组成，颜色分别为朱、白、苍，另外还挂有三串贝壳。画有黻形花纹的翣两面，画有云气的翣两面，每面翣的上边两角都用五彩羽毛作装饰。池下挂着铜鱼，随着柩车的行进而上下跳动。大夫的用来把灵柩捆紧到柳上的带子，前边两条是绛色，后边两条是玄色。披带的数目与颜色也是如此。士的棺材四周挂的是白布帷,上面罩的是白布荒,荒下前方设池,池下设揄绞。帷、荒之间用两对绛色、两对黑色的纽带连接。荒顶的齐,由一串三个球形物组成,颜色分别为朱、白、苍,另外还挂有一串贝壳。画有云气的翣两面,每面翣的上边两角都用五彩羽毛作装饰。士的用来把灵柩捆紧到柳上的带子,前边两条是绛色,后边两条是黑色。每边的两条披带都是绛色。诸侯出葬途中用辁车载柩,下棺入圹时用四条绳子和两座安置有辘轳的碑,用羽葆来指挥送葬队伍。大夫出葬途中用辁车载柩,下棺入圹时用两条绳子和两座安有辘轳的碑,用旗帜指挥送葬队伍。士出葬途中用辁车载柩,下棺入圹时用两条绳子,不用碑;从起灵以后,用木棍挑着一块大功孝布指挥送葬队伍。凡是下棺入圹,拉绳子的人都是背对碑,向离开碑的方向牵拉,使棺徐徐下落。诸侯下棺时,用一根大木棍穿在束棺的革带下,再将绳子系在木棍两端;大夫、士下棺时,都是将绳子直接系在束棺的革带上。诸侯下棺时,指挥的人命令众人不要喧哗,听着鼓点逐渐松绳下棺。大夫下棺时,指挥的人不用鼓点,只是命令停止哭泣。士下棺时,没有专人指挥,正在哭泣的亲属互相劝告停止哭泣。诸侯用松木作椁,大夫用柏木作椁,士用杂木作椁。棺椁之间的空隙,诸侯要容得下枕,大夫要容得下壶,士要容得下甒。诸侯的椁,其内壁有衬里,其外壁也经过精心加工;大夫的椁,其内壁没有衬里;士的椁,其外壁也未经过加工。

# 礼记全译

## 祭法第二十三

【题解】

郑玄说:"名曰《祭法》者,以其记有虞氏至周天子以下所制祀群神之数。"今按篇中备载天神、地祇、人鬼大中小之祀典,并论述其所以能够被列入祀典的原因。篇中首末两段见于《国语·鲁语上》。孙希旦认为篇中不见于《国语》的文字,考之其他经传,往往不合,此篇为汉儒所作,尤驳杂难信。今按西汉成帝时博士师丹等即已征引本篇之文(见《郊祀志下》),则所谓汉儒所作也应在成帝之前。又,刘歆、王莽等人征引此篇皆称之为《礼记·祀典》,疑《祀典》为《祭法》之别名。

【原文】

祭法:有虞氏禘黄帝而郊喾①,祖颛顼而宗尧②。夏后氏亦禘黄帝而郊鲧③,祖颛顼而宗禹。殷人禘喾而郊冥④,祖契而宗汤。周人禘喾而郊稷,祖文王而宗武王。

注释

①禘:此谓祭昊天于圆丘。郊:祭上帝于南郊。喾(kù 酷):即高辛氏。《史记》说是黄帝的曾孙。

②颛顼(zhuān xū 专须):即高阳氏。《史记》说是黄帝之孙。按:开创天下之君曰祖,德高可尊之君曰宗。

③鲧(gǔn 滚):夏禹的父亲。
④冥:人名。商人始祖契的第五代孙。

【今译】
　　祭祀的规定:有虞氏禘祭时以黄帝配享,郊祭时以帝喾配享,宗庙之祭以颛顼为祖,以帝尧为宗。夏后氏禘祭时也以黄帝配享,郊祭时以鲧配享,宗庙之祭以颛顼为祖,以禹为宗。殷人禘祭时以帝喾配享,郊祭时以冥配享,宗庙之祭以契为祖,以汤为宗。周人禘祭时以帝喾配享,郊祭时以后稷配享,宗庙之祭以文王为祖,以武王为宗。

【原文】
　　燔柴于泰坛①,祭天也。瘞埋于泰折②,祭地也。用骍犊③。埋少牢于泰昭④,祭时也。相近于坎坛⑤,祭寒暑也。王宫⑥,祭日也。夜明⑦,祭月也。幽宗⑧,祭星也。雩宗⑨,祭水旱也。四坎坛,祭四方也。山林、川谷、丘陵,能出云,为风雨,见怪物,皆曰神。有天下者祭百神。诸侯在其地则祭之,亡其地则不祭。

注释
①燔柴:积柴于坛上,然后在柴上放上牲玉,将柴点燃,使牲玉之气上达于天。泰坛:南郊祭天之坛。即圆丘。
②泰折:北郊祭地之坛。即方泽。
③骍(xīng 星)犊:详《郊特牲》注。
④泰昭:祭四时之坛名。
⑤相近于坎坛:郑注云:"相近,当为攘祈,声之误也。攘犹却也。祈,求也。寒暑不时,则或攘之,或祈之。寒于坎,暑于坛。"
⑥王宫:祭日之坛名。即日坛。
⑦夜明:祭月之坛名。即月坛。
⑧幽宗:郑玄说当作"幽禜",即星坛。
⑨雩(yú 娱)宗:郑玄说当作"雩禜",即水旱坛。

【今译】
　　在泰坛上架柴焚烧祭品,这是祭天之礼。在泰折挖坑掩埋祭品,这是祭地之礼。祭天和祭地,都用赤色牛犊作牺牲。把少牢埋到泰昭坛上,这是祭四时之礼。在坑里或在坛上攘祈,这是祭司寒司暑之神。日坛是祭日之所,月坛是祭月之所,星坛是祭星之所,水旱坛是祭水旱之神之所。东西南北四方的坑和坛,是祭四方之神之所。一切山林、川谷、丘陵,只要它能吞云吐雾,兴风作雨,出现异常现象,就把它叫做神。天子应遍祭天下的名山大川;诸侯只祭自己境内的名山大川,如果丧失了国土,也就不用祭了。

【原文】

大凡生于天地之间者皆曰命。其万物死皆曰折①,人死曰鬼②。此五代之所不变也③。七代之所更立者④,禘、郊、宗、祖,其馀不变也。

注释

①折:断折。
②鬼:郑玄说:"鬼之言归也。"意谓从哪里来,又回到哪里去。
③五代:指唐尧、虞舜、夏、商、周。
④七代:在五代之前加上颛顼、帝喾。

【今译】

总的说来,凡是生活在天地之间的东西都叫做有生命。其中,万物之死都叫"折",人死则叫"鬼"。这是五代以来都没有什么改变的。七代以来有所变化的只是禘祭、郊祭、宗祭、祖祭的对象有所不同,其他方面并没有什么改变。

【原文】

天下有王,分地建国,置都立邑,设庙、祧、坛、墠而祭之①,乃为亲疏多少之数。是故王立七庙,一坛一墠:曰考庙②,曰王考庙③,曰皇考庙④,曰显考庙⑤,曰祖考庙⑥,皆月祭之;远庙为祧,有二祧⑦,享尝乃止⑧;去祧为坛,去坛为墠,坛墠有祷焉祭之,无祷乃止;去墠曰鬼⑨。诸侯立五庙,一坛一墠:曰考庙,曰王考庙,曰皇考庙,皆月祭之;显考庙、祖考庙,享尝乃止;去祖为坛,去坛为墠,坛墠有祷焉祭之,无祷乃止;去墠为鬼。大夫立三庙二坛:曰考庙,曰王考庙,曰皇考庙,享尝乃止;显考、祖考无庙,有祷焉,为坛祭之;去坛为鬼。適士二庙一坛⑩:曰考庙,曰王考庙,享尝乃止;皇考无庙⑪,有祷焉,为坛祭之;去坛为鬼。官师一庙⑫,曰考庙,王考无庙,而祭之,去王考为鬼。庶士、庶人无庙,死曰鬼。

**注释**

①庙祧(tiāo 挑)坛墠(shàn 善):四者都是祭祀场所名。庙是祭祀近亲之所,祧是祭祀远祖之庙,比远祖更远的祖先祭于坛(土垒的高台),比祭于坛的祖先还要远的祖先祭于墠(扫出的一块平地),再遥远的祖先一般就不祭祀了。

②考:父。

③王考:祖父。

④皇考:曾祖。

⑤显考:高祖。

⑥祖考:始祖。

⑦二祧:高祖之父和高祖之祖。

⑧享尝:四时的祭祀。规格低于月祭。

⑨去墠曰鬼:孔颖达说:从墠上迁来的神主置于石函中,唯禘祫大祭时才陈列出来受祭。

⑩適(dí 嫡)士:指天子的上士、中士、下士和诸侯的上士。適,通"嫡"。

⑪皇考:原作"显考",据郑玄注改。

⑫官师:指诸侯的中士、下士。

**【今译】**

普天之下只有一个天子,于是分九州之地,建诸侯之国,为公卿设都,为大夫置邑,还普遍设立庙、祧、坛、墠来祭祀祖先,并按照关系的远近来决定祭祀的次数和规格。所以天子设立七庙和一坛一墠:即父庙、祖父庙、曾祖庙、高祖庙、始祖庙,以上五庙皆每月祭祀一次;高祖以上的远祖之庙叫做祧,天子有两个祧,只是每季祭祀一次;祧中的远祖迁出,则在坛上祭祀;坛上的远祖迁出,则在墠上祭祀;对于迁到坛墠上的远祖神主,只是在有所祈祷时才加以祭祀,无所祈祷就不祭祀;从墠上迁出的远祖叫做鬼,除非遇上禘祫,通常就不祭了。诸侯设立五庙和一坛一墠:即父庙、祖父庙、曾祖庙,以上三庙每月祭祀一次;其高祖庙、始祖庙,每季祭祀一次;从始祖庙中迁出的神主在坛上祭祀,从坛上迁出的远祖神主在墠上祭祀;对于迁到坛墠上的远祖神主,有所祈祷就祭祀，否则就不祭祀；从墠上迁出的远祖叫做鬼，除非遇上禘祫，通常是不祭的。大夫设立三庙二坛：即父庙、祖父庙、曾祖庙，此三庙每季祭祀一次；大夫的高祖、始祖无庙，如果有事向他们祈祷，就在坛上祭之；从坛上迁出的远祖叫做鬼。嫡士设立二庙一坛：即父庙、祖父庙，此二庙每季祭祀一次；其曾祖无庙，如果有事向曾祖祈祷，就在坛上祭之；从坛上迁出的曾祖以上的远祖叫做鬼。官师只立一庙，即父庙；其祖父无庙，如果要祭，就在父庙祭之；祖父以上的祖先死了叫做鬼。普通的士和庶人没有资格立庙，他们的父祖死了就叫做鬼。

【原文】

　　王为群姓立社①，曰大社。王自为立社，曰王社。诸侯为百姓立社，曰国社。诸侯自为立社，曰侯社。大夫以下成群立社，曰置社。

注释

　　①社：土地神庙。

【今译】

　　天子为天下百姓所立的社，叫大社。天子为自己立的社，叫王社。诸侯为国内百姓所立的社，叫国社；诸侯为自己立的社，叫侯社。大夫以下不自立社，而与同里之民共立一社，叫置社。

【原文】

　　王为群姓立七祀，曰司命①，曰中霤②，曰国门③，曰国行④，曰泰厉⑤，曰户，曰灶。王自为立七祀。诸侯为国立五祀，曰司命，曰中霤，曰国门，曰国行，曰公厉⑥。诸侯自为立五祀。大夫立三祀，曰族厉⑦，曰门，曰行。適士立二祀⑧，曰门，曰行。庶士、庶人立一祀，或立户，或立灶。

注释

　　①司命：宫中小神。
　　②中霤：掌管堂室之神。详《月令》注。
　　③国门：掌管城门之神。

④国行:掌管国内道路的神。
⑤泰厉:死后没有后代的古代帝王。因其无所归依,好为民作祸,故祀之。
⑥公厉:死后没有后代的古代诸侯。
⑦族厉:死后没有后代的古代大夫。
⑧適(dí 嫡)士:见上文注。

【今译】
　　天子为天下百姓祭祀七个与人们日常生活密切相关的神,即司命之神,中霤之神,国门之神,国行之神,泰厉之神,户神,灶神。天子也为自己祭祀上述七神。诸侯为国内百姓祭祀五个与人们日常生活密切相关的神,即司命之神,中霤之神,国门之神,国行之神,公厉之神。诸侯也为自己祭祀上述五神。大夫祭祀三个与人们日常生活密切相关的神,即族厉之神,门神,路神。嫡士祭祀二神,即门神,路神。普通的士和普通百姓只祭一个与生活密切相关的神,或祭户神,或祭灶神。

【原文】
　　王祭下殇五:適子、適孙、適曾孙、適玄孙、適来孙①。诸侯下祭三,大夫下祭二,适士及庶人,祭子而止。

注释
　　①適(dí 嫡):通"嫡"。下同。郑玄说:"祭嫡殇者,重嫡也。凡庶殇不祭。"来孙:《尔雅·释亲》:"玄孙之子为来孙。"

【今译】
　　对于未成年而死的嫡系子孙,天子可以往下祭到五代,即嫡子、嫡孙、嫡曾孙、嫡玄孙、嫡来孙。对于未成年而死的嫡系子孙,诸侯可以下祭三代,即嫡子、嫡孙、嫡曾孙;大夫可以下祭二代,即嫡子、嫡孙;嫡士和庶民,只祭到嫡子就停止了。

【原文】
　　夫圣王之制祭祀也,法施于民则祀之,以死勤事则祀之,以劳定国则祀之,能御大菑则祀之①,能捍大患则祀之。是故厉山氏之有天下也②,其子曰农,能殖百谷;夏之衰也,周弃继之,故祀以为稷。共工氏之霸九州也,其子曰后土,能平九州,故祀以为社。帝喾能序星辰以著众,尧能赏均刑法以义终③,舜勤众事而野死④,鲧鄣鸿水而殛死⑤,禹能修鲧之功,黄帝正名百物以明民共财,颛顼能修之,契为司徒而民成⑥,冥勤其官而水死⑦,汤以宽治民而除其虐,文王以文治,武王以武功去民之菑,此皆有功烈于民者也。及夫日月星辰,民所瞻仰也;山林、川谷、丘陵,民所取财用也⑧。非此族也⑨,不在祀典。

### 注释

①菑:同"灾"。
②厉山氏:《国语》作"烈山氏",韦昭注云:"炎帝之号也,起于烈山。"
③赏:王引之说是"亶"字之误。亶与单通。单,通"殚",尽也。义终:即仪众。义,通"仪";终,通"众"。
④舜勤众事句:参《檀弓上》"舜葬于苍梧之野"注。
⑤鲧:禹之父,虽治水未成,被尧处死于羽山,但究竟是勤事而死,故祀之。
⑥司徒:负责教化民众之官。详《王制》。
⑦冥:《国语》韦注云:"冥,契六世孙,为夏水官,勤于其职而死于水也。"
⑧及夫日月星辰四句:参阅本篇第二段文字。
⑨族:犹类也。

### 【今译】

圣王制定祭祀的原则:凡是被百姓树立为榜样的就祭祀,凡是因公殉职的就祭祀,凡是为安邦定国建有功劳的就祭祀,凡是能为大众防止灾害的就祭祀,凡是能救民于水火的就祭祀。所以当厉山氏统治天下的时候,他有一个儿子叫农,能够指导人民种植百谷;到了夏代衰亡之时,周人的始祖弃能够继承农的未竟之业,所以被后人奉为稷神来祭祀。当共工氏称霸九州的时候,他有一个儿子叫后土,能够区划九州的风土,使人民各得其所,所以被人当作社神来祭祀。帝喾能根据星辰的运行画定四时,使人民的劳动与休息各有定时;帝尧能尽量使刑法公正,为民表率;帝舜为操劳国事而死于他乡;鲧治理洪水,大功未成而被杀死;夏禹能完成父亲未竟之业;黄帝能给各种事物都取个合适的名称,使人民贵贱有别,都可取用山泽的物产;颛顼能进一步完善黄帝的事业;契作为司徒在教化人民方面成绩卓著;冥恪尽职守,死在他的工作岗位上；商汤能对待人民宽厚，除暴安良；文王以其文治，武王以其武功，为人民除去纣这个祸害。上述诸人，都是为人民建功立业的人，所以被人们当作神来祭祀。此外还有日、月、星辰之神，人民赖以区分四时，安排农事；还有山林、川谷、丘陵之神，人民赖以取得各种生产生活资料。不属于此类情况的，就不会被人们当作神灵来祭祀了。

# 礼记全译

## 祭义第二十四

【题解】

郑玄说:"名曰《祭义》者,以其记祭祀、斋戒、荐羞之义也。"按篇中的主要内容除如郑玄所说外,尚有说明礼乐、孝道、尚齿之义的文字。其中说明礼乐的文字,盖《乐记》有关部分之重出。

【原文】

祭不欲数,数则烦,烦则不敬。祭不欲疏,疏则怠,怠则忘。是故君子合诸天道,春禘秋尝①。秋②,霜露既降,君子履之,必有悽怆之心,非其寒之谓也。春,雨露既濡,君子履之,必有怵惕之心,如将见之。乐以迎来,哀以送往,故禘有乐而尝无乐。

> 注释

①禘:当为"礿(yào 药)"。天子、诸侯的在春天祭祀宗庙。《王制》:"天子、诸侯宗庙之祭,春曰礿,夏曰禘,秋曰尝,冬曰烝。"
②秋:此字原脱,据郑玄注补。

【今译】

祭祀的次数不能太频繁,太频繁就会使人感到厌烦,有厌烦之心就是对神不敬。祭祀的次数也不能太稀少,太稀少就会使人怠惰,有怠惰之心就会导致忘掉祖先。所以君子按照天的运行规律,春天举行祠祭,秋天举行尝祭。秋天来了,霜露覆盖大地,君子脚踏霜露,一定会有凄凉之感;这倒不是由于天气的寒冷,而是由于触景生情,想起了死去的亲人;春天来了,雨露滋润大地,君子脚踏雨露,一定会怵然动心,希望能像春回大地那样重见死去的亲人。人们以快乐的心情迎接亲人的归来,以悲哀的心情送别亲人的离去,所以祠祭奏乐而尝祭无乐。

## 【原文】

致齐于内①,散齐于外②。齐之日,思其居处,思其笑语,思其志意,思其所乐,思其所嗜。齐三日,乃见其所为齐者。祭之日,入室,僾然必有见乎其位③;周还出户,肃然必有闻乎其容声④;出户而听,忾然必有闻乎其叹息之声。是故先王之孝也,色不忘乎目,声不绝乎耳,心志嗜欲不忘乎心。致爱则存,致悫则著⑤,著存不忘乎心,夫安得不敬乎?

## 注释

①致齐(zhāi 斋):即致斋。齐,通"斋"。下同。致斋是祭祀前三天的严格斋戒,昼夜居于斋宫。
②散齐:致齐前七天开始的初步斋戒。散斋可以在斋宫外进行。
③僾(ài 爱)然:隐约,仿佛。其位:《说苑·修文》作"其容",义胜,今从之。
④闻乎其容声:"容"与"闻"字不搭配,当是衍字。
⑤悫(què 确):诚实,谨慎。

## 【今译】

致斋三天,必须在斋宫内进行;散斋七天,可以在斋宫外进行。在致斋的日子里,要思念死者生前的居处,思念死者生前的笑语,思念死者生前的志向,思念死者生前喜欢做什么、喜欢吃什么。这样专心致志地致斋三天,就会好像真正见到了将要祭祀的亲人。到了祭祀那一天,进入庙室,就隐隐约约好像看到了亲人的容貌;祭毕转身要出门时,肃然动心,又好像听到了亲人说话的声音;出得门来再仔细地听,又好像听到了亲人喟然长叹的声音。所以先王的孝敬父祖,父祖的容貌总在眼前晃动,父祖的声音总在耳畔回响,父祖的心思、爱好总是铭记在心。对父祖热爱到了这种程度,父祖自然总是活在心中;对父祖虔诚到了这种程度,父祖的容貌声音自然总是活灵活现。父祖在子孙的心里如此占有位置,怎能对他们不恭敬呢!

【原文】

君子生则敬养,死则敬享,思终身弗辱也。君子有终身之丧,忌日之谓也①。忌日不用,非不祥也,言夫日志有所至,而不敢尽其私也。

注释

①忌日:父母亲逝世的纪念日。

【今译】

君子对于父母,在他们活着时要尽心奉养,在他们去世后要虔诚祭享,终身牢记不做有辱父母的事。君子有一辈子的丧事,这句话是指忌日来讲的。每逢忌日这一天,什么事也不做,这并不是说这一天做事不吉利,而是说这一天全部心思都在想念父母,根本就谈不上做其他事。

【原文】

唯圣人为能飨帝,孝子为能飨亲。飨者,乡也;乡之,然后能飨焉。是故孝子临尸而不怍。君牵牲,夫人奠盎;君献尸,夫人荐豆;卿大夫相君,命妇相夫人。齐齐乎其敬也,愉愉乎其忠也,勿勿诸其欲其飨之也①。

注释

①君牵牲九句:大体上已见之于《礼器》的"大庙之内敬矣"节,可参看彼注。齐齐:读作"斋斋",恭敬严肃貌。

【今译】

祭飨上帝是件难做的事,只有圣人才能做到。祭飨双亲是件难做的事,只有孝子才能做到。祭飨的"飨"字,本来就是"向"的意思。只有孝子诚心向往双亲,然后双亲才会接受祭飨。所以孝子在尸的面前总是和颜悦色。诸侯祭祀时,国君亲自把牺牲牵入太庙,夫人献上盎齐之酒;国君亲自以血毛献尸,夫人也献上豆笾;卿大夫们协助国君,卿大夫之妻协助夫人。严肃而又恭敬,和悦而又诚心,简直是迫不及待地想要被祭的神灵来享用祭品。

【原文】

　　文王之祭也,事死者如事生,思死者如不欲生,忌日必哀,称讳如见亲。祀之忠也,如见亲之所爱,如欲色然。其文王与!《诗》云:"明发不寐,有怀二人①。"文王之诗也②。祭之明日③,明发不寐,飨而致之,又从而思之。祭之日,乐与哀半,飨之必乐,已至必哀。

【注释】

　　①《诗》云二句:见《诗·小雅·小宛》。二人:指去世的父母。
　　②文王之诗也:王念孙说"诗"当作"谓",今从之。
　　③祭之明日:指正祭次日的绎祭。《公羊传》宣公八年:"绎者何?祭之明日也。"

【今译】

　　文王在祭祀双亲时,敬事亡魂就像他们活着在世一般,思念死者简直就像不想再活下去。每逢忌日,必定悲哀。提及父母的名讳,就好像见到了死去的双亲。祭祀的虔诚程度,就好像见到了双亲生前所喜爱,就好像看到了双亲满意的神色。能做到这一步的,大概也只有文王吧。《诗经》上说:"直到天亮还睡不着,是由于思念死去的双亲。"讲的就是文王啊。正祭的第二天,直到天亮还睡不着,又备办祭品祭飨双亲,又因此更加思念他们。在祭祀的日子里,既有快乐,也有哀伤。想到双亲前来接受祭飨,心中自然快乐;想到双亲接受祭飨以后还要离开,心中自然哀伤。

【原文】

　　仲尼尝①,奉荐而进②,其亲也悫,其行也趋趋以数③。已祭,子赣问曰:"子之言'祭,济济漆漆然'④,今子之祭,无济济漆漆,何也?"子曰:"济济者,容也,远也;漆漆者,容也,自反也。容以远若容以自反也⑤,夫何神明之及交?夫何济济漆漆之有乎?反馈乐成⑥,荐其荐俎,序其礼乐,备其百官,君子致其济济漆漆,夫何慌惚之有乎⑦?夫言岂一端而已,夫各有所当也。"

**注释**

①尝:秋祭。
②荐:俎也。
③趋趋(cù cù 促促):步伐急促。数:通"速"。
④济济(jǐ jǐ 己己):仪表整齐貌。漆漆(qiè qiè 切切):恭敬谨慎貌。
⑤若:及,和。
⑥反馈:天子、诸侯庙祭凡九献,反馈是第五献中的礼节。此时血腥之祭毕,尸出在堂,主人更设祭品于室,迎尸入室而馈。
⑦慌惚:指与神明交接时的精神状态。

**【今译】**

　　孔子举行秋祭,亲自奉献祭品,其神态是那样的忠厚诚恳,其步伐是那样的急促快速。祭毕,子贡问道:"老师曾教导我们:祭祀的时候,要仪表整齐,神态敬慎。今天看到老师您的祭祀,不讲究仪表整齐,神态敬慎,这该如何解释呢?"孔子回答说:"仪表整齐,那是与神疏远的样子;神态敬慎,那是自我矜持的样子。与神疏远的样子再加上自我矜持的样子,还能谈得上与神明的交接吗?答案自然是不能。那么干嘛还要仪表整齐和神态敬慎呢?如果我们参加国君的祭礼,九献已毕,音乐奏起,一道道熟食菜肴端了上来,大家按礼乐的规矩行事,百官各就各位,到了这个时候,君子才可以做出仪表整齐、神态矜持的样子,因为作为客人他们是不会和神明交通的。我说的话并非任何情况下都适用,这要由具体情况来决定。"

**【原文】**

　　孝子将祭,虑事不可以不豫;比时,具物不可以不备;虚中以治之。宫室既修,墙屋既设,百物既备,夫妇齐戒,沐浴、盛服,奉承而进之。洞洞乎①,属属乎②,如弗胜,如将失之,其孝敬之心至也与!荐其荐俎,序其礼乐,备其百官,奉承而进之。于是谕其志意,以其慌惚以与神明交,庶或飨之。庶或飨之,孝子之志也。孝子之祭也,尽其悫而悫焉,尽其信而信焉,尽其敬而敬焉,尽其礼而不过失焉③。进退必敬,如亲听命,则或使之也。孝子之祭可知也:其立之也,敬以诎;其进之也,敬以愉;其荐之也,敬以欲;退而立,如将受命;已彻而退,敬齐之色不绝于面。孝子之祭也:立而不诎,固也;进而不愉,疏也;荐而不欲,不爱也;退立而不如受命,敖也;已彻而退,无敬齐之色,而忘本也④。如是而祭,失之矣。孝子之有深爱者,必有和气;有和气者,必有愉色;有愉色者,必有婉容。孝子如执玉,如奉盈,洞洞属属离然,如弗胜,如将失之。严威俨恪,非所以事亲也,成人之道也⑤。

### 注释

①洞洞乎:诚恳的样子。
②属属(zhǔ zhǔ 主主)乎:专一的样子。
③孝子之祭也五句:按《郊特牲》云:"祭,岂知神之所飨也?主人自尽其敬而已矣。"此五句正是此意。
④而忘本也:郑玄说"而"是衍字。
⑤成人之道:郑玄说:"然则孝子不失其孺子之心也。"

### 【今译】

孝子将要举行祭祀,有关的事一定要提前考虑;届时,一切物品都要置办齐备;在做这些准备工作时,心中不可有其他杂念。宗庙中的宫室已经装修,墙屋已经粉刷,各种物品都已齐备,此时,孝子夫妇就可以进行斋戒、沐浴,穿上礼服,捧着祭品向神明进献。进献时的神情是那样的诚恳,那样的专注,就好像拿不动手中的祭品,又好像生怕失手脱掉,这都是孝子夫妇孝敬之心达到极端才有的表现吧。献上各种祭品,依礼奏起音乐,百官也都协助主人进献。此时此刻,通过祝的祝词表达孝子的心意,恍惚之中,仿佛真的是在和神明对话,仿佛神明真的在享用祭品。仿佛神明真的在享用祭品,这本是孝子的初衷啊!孝子的祭祀,其实是一种自尽其敬的行为,尽其虔诚之心而表现为虔诚的动作,尽其对神明的相信而表现为确信神明一定存在,尽其敬意而表现为敬事神明的行为,尽其礼节而表现为不违背一点规矩。举手投足,都必恭必敬,就好像真的听到了神明在讲话,有什么事要使唤自己似的。孝子的祭祀，其内心如何可以通过外表观察出来：他站立时，像鞠躬似的；捧着祭品向前走时，和颜悦色；献上祭品时，真心希望神明尝一尝；退下来返回原位时，好像在倾听神明的吩咐；到了撤下祭品而退出时，脸上还始终保持着庄重的神色。相反，孝子在祭祀时，如果不是鞠躬式的站立，那就显得太粗野；捧着祭品向前时不是和颜悦色，那就显得疏远神明；进献祭品时不是唯恐神明不来品尝，那就显得对神明并不真爱；退回原位站着时不是像在倾听神明的吩咐，那就显得傲慢；撤下祭品退出时就全然失去了庄重的神色，那就等于忘掉祖宗了。这样的祭祀，就失去祭祀的意义了。如果孝子对父母有深深的爱戴，心中就必然充满和顺之气；心中充满和顺之气，脸上就一定会表现为和颜悦色；脸上有和颜悦色，就一定会表现为曲意承欢的样子。孝子在祭祀时，容貌敬慎，就好像拿着贵重的玉，又好像端着满满的一杯水，那份虔诚，那份专注，就好像拿不动，又好像生怕失手打坏。相反，那种威严肃穆一本正经的样子，不是孝子可以用来事奉父母的态度，而只是作为成年人应有的态度。

【原文】

先王之所以治天下者五：贵有德，贵贵，贵老，敬长，慈幼。此五者，先王之所以定天下也。贵有德，何为也？为其近于道也。贵贵，为其近于君也。贵老，为其近于亲也。敬长，为其近于兄也。慈幼，为其近于子也。是故至孝近乎王，至弟近乎霸①。至孝近乎王，虽天子必有父。至弟近乎霸，虽诸侯必有兄。先王之教，因而弗改，所以领天下国家也。

注释

①弟：通"悌"。顺从和敬爱兄长。

【今译】

先王用来治理天下的原则有这么五条：教育大家都来尊重有德的人，尊重有地位的人，尊重老年人，尊敬年长的人，爱护下一代。这五条，就是先王之所以能够安定天下的原因。尊重有德的人，这是为什么呢？因为有德的人近乎天理人情。尊重有地位的人，是因为他们近乎国君。尊重老年人,是因为他们近乎自己的双亲。尊敬年长的人,是因为他们近乎自己的兄长。爱护下一代,是因为他们近乎自己的子女。所以,完全做到了"孝"字就近乎建成王道之业,完全做到了"悌"字就近乎建成霸主之业。做到了"孝"字就近乎建成王道之业,这是因为虽天子也有其父。做到了"悌",字就近乎建成霸主之业,这是因为虽诸侯必有其兄。对于先王的这种教化,后王如果能遵循不改,就可以领导天下国家。

【原文】

子曰:"立爱自亲始,教民睦也。立敬自长始,教民顺也。教以慈睦,而民贵有亲。教以敬长,而民贵用命。孝以事亲,顺以听命,错诸天下①,无所不行。"

【注释】

①错:通"措",置放。

【今译】

孔子说:"人君欲立爱于天下,应当教育人民首先爱自己的双亲,这样就可以使人民和睦相处。人君欲立敬于天下,应当教育人民首先敬自己的兄长,这样就可以使人民懂得顺从。教导人民慈爱和睦,人民就会以事奉双亲为美德。教导人民尊敬兄长,人民就会以顺从命令为美德。以孝心事奉双亲,以顺从的态度听从长者的命令。普天之下人人如此,就不会有办不到的事情。"

【原文】

郊之祭也,丧者不敢哭,凶服者不敢入国门,敬之至也①。祭之日②,君牵牲,穆答君③,卿、大夫序从。既入庙门,丽于碑④,卿大夫袒,而毛牛尚耳⑤,鸾刀以刲⑥,取膟膋⑦,乃退。爓祭、祭腥而退⑧,敬之至也。

【注释】

①郊之祭也四句:已略见于《郊特牲》。

②祭之日:此句以下乃言宗庙之祭。
③穆:指国君的嗣子。宗庙之祭,父辈为昭,子辈为穆。
④丽:犹系也,拴也。
⑤毛牛尚耳:取牛毛献尸时,以牛耳部之毛为上等。
⑥鸾刀:祭祀时分割牲体之刀。详《礼器》注。刲(kuī 奎):割。
⑦脭膋(lù liáo 虑僚):牲血及其肠间脂肪。
⑧焖(xún 循):用开水烫过的半生不熟的肉。

【今译】

天子南郊祭天,这是最最重要的吉祭,谁家死了人也不敢哭,披麻戴孝的人也不敢进入国都城门,对天的恭敬真是到极点了。举行宗庙之祭时,国君亲自牵引牺牲,嗣子在旁协助,卿大夫按照班序紧随其后。进入庙门以后,就把牺牲拴在庭中的石碑上,卿大夫袒露左臂宰牛,先取牛耳上的毛献祭,然后用鸾刀分割牲体,取出血和肠间脂肪献祭,乃退。接着还要用半生不熟的肉献祭,还要用生肉献祭,祭毕退下,也真是恭敬到极点了。

【原文】

郊之祭,大报天而主日,配以月。夏后氏祭其闇①,殷人祭其阳②。周人祭日,以朝及闇。祭日于坛,祭月于坎,以别幽明,以制上下。祭日于东,祭月于西,以别外内,以端其位。日出于东,月生于西。阴阳长短,终始相巡③,以致天下之和。

注释

①闇:同"暗"。指黄昏时。
②阳:日中时。
③巡(yán 沿):随,衔接。

【今译】

南郊祭天,是为了普遍报答上天诸神而以日神为主,以月神为配享。夏人尚黑,在黄昏时祭天。殷人尚白,在中午时分祭天。周人尚文,从早上一直祭到黄昏。祭日神是在坛上,祭月神是在坑内,以此区别幽暗和光明,以此划分上下。祭日于东方,祭月于西方,以此区别内外,端正其位。因为旭日出于东方,新月生于西方。日月一阴一阳,昼夜或长或短,终始相接,循环往复,天下的有条不紊即由此而生。

【原文】

天下之礼,致反始也①,致鬼神也,致和用也②,致义也,致让也。致反始,以厚其本也。致鬼神,以尊上也。致物用,以立民纪也。致义,则上下不悖逆矣。致让,以去争也。合此五者,以治天下之礼也,虽有奇邪而不治者,则微矣。

【注释】

①致:郑玄说:"致之言至也,使人勤行至于此也。"始:指天。古人认为一切都是上天所赐。

②和用:下文作"物用"。义同。郑玄说:"物,犹事也。变'和'言'物',互之也。"

【今译】

天下的礼有这么五项作用:一是让人们缅怀初始,二是让人们不忘祖宗,三是开发资源以便利用,四是树立道义,五是提倡谦让。缅怀初始,意在使人饮水思源而不忘其本。不忘祖宗,意在使人知道尊上。开发资源以便利用,意在使人民的生活有保障。树立道义,意在理顺君君、臣臣、父子的关系。提倡谦让,意在消除争讼。把这五项作用合起来,就构成了治理天下的无所不包的礼,即令还有些坏人坏事不能治住,其数量也微乎其微。

【原文】

宰我曰①:"吾闻鬼神之名,不知其所谓。"子曰:"气也者②,神之盛也。魄也者,鬼之盛也。合鬼与神,教之至也。众生必死,死必归土,此之谓鬼。骨肉毙于下阴为野土③,其气发扬于上,为昭明,焄蒿,凄怆④,此百物之精也,神之著也。因物之精,制为之极,明命鬼神,以为黔首则,百众以畏,万民以服。圣人以是为未足也,筑为宫室,设为宗祧⑤,以别亲疏远迩,教民反古复始,不忘其所由生也。众之服自此,故听且速也。二端既立⑥,报以二礼⑦。建设朝事⑧,燔燎膻芗⑨,见以萧光⑩,以报气也。此教众反始也。荐黍稷⑪,羞肝肺首心,见间以侠甒⑫,加以郁鬯,以报魄也⑬。教民相爱。上下用情,礼之至也。君子反古复始,不忘其所由生也,是以致其敬,发其情,竭力从事以报其亲,不敢弗尽也。是故昔者天子为藉千亩⑭,冕而朱纮⑮,躬秉耒;诸侯为藉百亩,冕而青纮,躬秉耒。以事天地、山川、社稷、先古,以为醴酪齐盛⑯,于是乎取之,敬之至也。古者天子诸侯必有养兽之官,及岁时,齐戒沐浴而躬朝之,牺牷祭牲必于是取之⑰,敬之至也。君召牛,纳而视之,择其毛而卜之,吉,然后养之。君皮弁素积⑱,朔月月半,君巡牲,所以致力,孝之至也。古者天子诸侯必有公桑蚕室,近川而为之。筑宫仞有三尺⑲,棘墙而外闭之。及大昕之朝⑳,君皮弁素积,卜三宫之夫人、世妇之吉者㉑,使入蚕于蚕室,奉种浴于川,桑于公桑,风戾以食之。岁既单矣㉒,世妇卒蚕,奉茧以示于君,遂献茧于夫人。夫人曰:'此所以为君服与!'遂副袆而受之㉓,因少牢以礼之。古之献茧者,其率用此与?及良日,夫人缫,三盆手㉔,遂布于三宫夫人、世妇之吉者,使缫。遂朱绿之,玄黄之,以为黼黻文章。服既成,君服以祀先王先公,敬之至也。"

### 注释

①宰我:孔子弟子。姓宰,名予,字子我。

②气:谓魂。灵魂。与下文之"魄"对文。魂与魄都是精气、精神,区别在于魂可以游离人体之外,魄则依附人体而存在。

③毙:一本作"弊",腐烂败坏之意。下阴:地下。

④焄(xūn 熏):同"薰",指气味。蒿:气味蒸出貌。

⑤宗祧:宗庙和祧庙。近祖的神主在宗庙,远祖的神主居祧庙。详《祭法》。

⑥二端:指上文的"气"与"魄"。尊称之,则气曰神,魄曰鬼。

⑦二礼:指下文的"朝事"和"荐黍稷"二种祭礼。

⑧朝事:又叫"朝践",是祭日早晨向尸进献血腥之祭。

⑨馨芗:当读作"馨香"。

⑩见:通"觋",夹杂。萧光:点燃萧蒿发出的气味。郑玄说:"光,犹气也。"

⑪荐黍稷:朝事后举行的进献熟食之礼。《郊特牲》:"祭黍稷加肺,报阴也。"报阴,即报魄,报鬼。

⑫见间:郑玄说:这本是一个"觋"字,被错误拆开了。参注⑩。侠(jiá 夹)甒:两甒醴酒。侠,通"夹",双也。甒,陶制盛酒器,等于酒壶。

⑬以报魄也:郑玄说:"报气以气,报魄以实,各首其类。"
⑭藉:指藉田。藉,借也。为保障祭祀所需而借民力耕种之田。详《月令》孟春。
⑮纮(hóng 宏):帽带。绕经颔下,两端分别系在固冠的笄上。
⑯齐(zī 粢)盛(chéng 成):即"粢盛"。盛放在器皿中作祭祀用的黍稷。齐,通"粢"。
⑰牺牷祭牲:牲是祭祀所用牛羊豕的总称。牺是毛色纯一之牲,牷是体无损伤之牲。
⑱皮弁素积:皮弁,指皮弁服。即头戴皮弁,上身穿素衣,下身穿素积。素积是一种白色而腰间有皱褶的裙。皮弁服是诸侯视朔之服。
⑲仞:七尺为一仞。
⑳大昕:季春三月初一的早上。
㉑三宫:按《昏义》:"古者天子后立六宫。"诸侯夫人则立三宫,是王后的一半。
㉒岁:岁有二义:一年曰岁,一季亦曰岁。此指一季,即春季。单:通"殚",尽。
㉓副袆:副是带有首饰的假头。袆是夫人的一种礼服。参《明堂位》注。
㉔三盆手:将手浸入泡蚕茧的盆中三次,每次抽出一根丝头。这是象征性的亲自缫丝,就像天子诸侯的亲耕籍田那佯。

【今译】
　　宰我说:"我听到人们常说鬼呀神呀的,就是不知其涵义。"孔子回答说:"气是神的旺盛,魄是鬼的旺盛。既祭鬼,又祭神,这便达到了圣人以神道设教的完满境界。一切活着的东西都要死去,死后其体魄必然归土,这就叫鬼。体魄腐烂于地下,化为野土;而其灵魂则发扬于上,成为看得见的光明,闻得到的气味,感受到的凄酸,这是一切生物都具有的可以意会而难以言传的精灵,也是神的存在的显示。圣人就根据万物的这种精灵,给它们取了个至高无上的名子,曰鬼曰神,作为黎民百姓遵守的法则,于是黎民百姓都害怕鬼神,服从鬼神。圣人以为光这样做还不够,于是又建造宫室,设立宗庙和祧庙,以区别鬼神的亲疏远近,教导人民不但要缅怀远祖,而且要祭祀父母,不要忘掉自己是从哪里来的。这一着很奏效,老百姓之所以服从领导,就是由于这一点,而且服从得非常快。既然设立了鬼和神这两个名称,就相应地报以两种不同的祭礼。一是朝事之礼,即把牲血和肠间脂肪放在萧蒿上焚烧,升起的烟,既有芳香之气,还杂有萧蒿之气。这是用气味来报答气,也就是神的。这种质朴尚古的祭祀可以提醒人们追怀初始。一是进献熟食之礼,即献以黍稷,又献以牲的肝、肺、首、心,加上两瓺醴酒,再加上郁鬯香酒。这是用熟食来报答魄,也就是鬼的。这种进献熟食之祭可以起到教民相爱的作用。对上有报神之祭,对下有报鬼之祭,从礼数上来讲可以说两头都照顾到了。君子缅怀父母以至于远祖,不忘掉自己是从哪里来的,所以对他们是有多少敬意就拿出多少敬意,有多厚的感情就拿出多厚的感情,在祭祀活动中竭心尽力以报答自己的亲人,不敢有丝毫的保留。所以从前天子有藉田千亩,到了春耕的时候,要戴上系有红色帽带的礼帽,亲执犁把而耕;诸侯也有藉田百亩,到了春耕的时候,要戴上系有青色帽带的礼帽,亲执犁柄而耕。藉田所得的收入。用来祭祀天地、山川、社稷和先祖。醴酪黍稷等等祭品,就是来自藉田的收入。这是多么虔诚的祭祀啊!古时候天子和诸侯都专门设有养兽之官,每年到了一定的时候,天子和诸侯都要在斋戒沐浴之后前往巡视,因为符合要求的祭牲一定要从其中挑选,这是对祭祀极其虔敬的表现。在祭前三月,国君派人把牛牵来,亲自察看,挑选毛色纯一体无损伤的牛加以占卜,如果得到吉兆,然后就把此牛敬养起来。到了每月的初一、十五,国君还要穿上皮弁礼服,亲自察看被养之牛。在这上面下这样大的力气,也是极其孝顺的表现。古时候天子和诸侯还都设有公家的桑园和养蚕的官室,临着河边建造,以便漂洗蚕种。养蚕的宫室有一丈高,其周围种上荆棘当墙,门反锁着。到了季春三月初一的早上,国君身穿皮弁服,通过占卜选择后官中符合吉兆的夫人和世妇,让她们到蚕室去养蚕。她们捧着蚕种到河里漂洗,到公家的桑园里采摘桑叶,让风吹干桑叶上的露水,然后用来喂蚕。等到春季已尽,世妇们养蚕的事情也告结束,于是捧着收获的蚕茧请国君过目,然后就献茧于夫人。夫人就说:"这是用来给国君做衣服的吧!"就身着礼服而接收了下来,并且用少牢之礼慰劳献茧的世妇。古代献茧的礼节,大概都是这样吧?等到黄道吉日,夫人就开始缫丝。先由夫人把手伸入泡蚕茧的盆中三次,每次抽出一个丝头,然后就把蚕茧分给符合吉兆的夫人和世妇,让她们缫丝。此后,还要把丝分别染成红色、绿色、黑色、黄色,制成绘有种种图案的礼服。礼服做成以后,国君穿上礼服祭祀先王先公,真是虔敬到极点了。"

【原文】

君子曰①：礼乐不可斯须去身。致乐以治心，则易直子谅之心油然生矣。易直子谅之心生，则乐；乐则安，安则久，久则天，天则神。天则不言而信，神则不怒而威，致乐以治心者也。致礼以治躬则庄敬，庄敬则严威。心中斯须不和不乐，而鄙诈之心入之矣。外貌斯须不庄不敬，而慢易之心入之矣。故乐也者，动于内者也；礼也者，动于外者也。乐极和，礼极顺，内和而外顺，则民瞻其颜色而不与争也。望其容貌，而众不生慢易焉。故德辉动乎内，而民莫不承听；理发乎外，而众莫不承顺。故曰：致礼乐之道，而天下塞焉，举而错之无难矣。乐也者，动于内者也。礼也者，动于外者也。故礼主其减，乐主其盈。礼减而进，以进为文。乐盈而反，以反为文。礼减而不进则销，乐盈而不反则放。故礼有报而乐有反，礼得其报则乐，乐得其反则安。礼之报，乐之反，其义一也。

【注释】

①君子曰：从此句起，到"其义一也"止，孔疏云："此一节已具于《乐记》，但记者别人，故于此又记之。其义已具在《乐记》，故于此不繁文也。"因此，此节的注释和译文，请看《乐记》，此不复赘。

【原文】

曾子曰："孝有三。大孝尊亲，其次弗辱，其下能养。"公明仪问于曾子曰①："夫子可以为孝乎？"曾子曰："是何言与！是何言与！君子之所为孝者，先意承志，谕父母于道。参直养者也②，安能为孝乎？"

【注释】

①公明仪：曾子弟子。
②参(cān 骖)：曾子的名。今人多读 shēn，非是。王引之《春秋名字解诂》云："曾参，字子舆。参，读为骖。《说文》云：'骖，驾三马也。'名参字子舆者，驾马所以引车也。"方以智《通雅·姓名》、王夫之《礼记章句》卷三、卢文弨《经典释文考证》均同王引之说。

【今译】

曾子说："孝有三等。第一等的孝是能光父耀母，第二等的孝是不玷辱父母的令名,第三等的孝是能够赡养父母。"曾子的学生公明仪向曾子问道:"老师您可以说是做到了'孝'字吧?"曾子答道:"这是哪儿的话!这是哪儿的话!君子的所谓孝,是不等父母有所表示就把父母想办的事办了,同时又能使父母放心自己的所作所为都是合乎正道的。我只不过是能赡养父母罢了,怎能说是做到了'孝'字呢!"

【原文】

曾子曰:"身也者,父母之遗体也。行父母之遗体,敢不敬乎?居处不庄,非孝也。事君不忠,非孝也。莅官不敬,非孝也。朋友不信,非孝也。战陈无勇①,非孝也。五者不遂,灾及于亲,敢不敬乎?亨孰膻芗②,尝而荐之,非孝也,养也。君子之所谓孝也者,国人称愿然曰③:'幸哉有子如此!'所谓孝也已。众之本教曰孝,其行曰养。养可能也,敬为难。敬可能也,安为难。安可能也,卒为难。父母既没,慎行其身,不遗父母恶名,可谓能终矣。仁者仁此者也④,礼者履此者也,义者宜此者也,信者信此者也,强者强此者也。乐自顺此生,刑自反此作。"曾子曰:"夫孝,置之而塞乎天地⑤,溥之而横乎四海⑥,施诸后世而无朝夕,推而放诸东海而准,推而放诸西海而准,推而放诸南海而准,推而放诸北海而准。《诗》云:'自西自东,自南自北,无思不服⑦。'此之谓也。"曾子曰:"树木以时伐焉,禽兽以时杀焉。夫子曰:'断一树,杀一兽,不以其时,非孝也。'孝有三:小孝用力,中孝用劳⑧,大孝不匮。思慈爱忘劳,可谓用力矣。尊仁安义,可谓用劳矣。博施备物,可谓不匮矣。父母爱之,嘉而弗忘。父母恶之,惧而无怨。父母有过,谏而不逆。父母既没,必求仁者之粟以祀之。此之谓礼终。"

【注释】

①陈:古"阵"字。
②膻:当作"馨"。馨芗,指用作祭品的黍稷。
③然:犹而也。
④仁者仁此者也:此句以下七"此"字,皆指孝而言。
⑤置:通"植",树立。
⑥溥:本亦作"敷",散布。
⑦《诗》云三句:见《大雅·文王有声》。原是赞美武王的话,此处是断章取

义。思:助词,无义。

⑧劳:功劳,建功立业。

## 【今译】

曾子说:"自己的身体,乃是父母的遗体。以父母的遗体来做事,敢不小心翼翼吗?日常起居不端重,就是不孝;为君主做事不忠诚,就是不孝;面对工作而儿儿戏戏,就是不孝;对朋友说话不算数,就是不孝;临阵作战不勇敢,就是不孝。这五个方面做不到,表面上看是自身受到惩罚,实际上是殃及父母的遗体,由此看来,敢不小心翼翼吗!用嘉肴美味,岁时祭祀,这不能算作是孝,只能算作是养。君子的所谓孝,是全国的人都称羡喝彩地说:'有这样儿子的爹娘真是有福气呀!'这才是所谓的孝啊。各种道德的根本叫做孝,表现于行为则叫做养。养就算是可以做到,但尊敬就难了;尊敬就算是可以做到,但毫无勉强之意就难了;毫无勉强就算是可以做到,而在父母去世之后还能坚持不改就难了。父母去世以后,还能够小心翼翼地运用父母的遗体行事,不连累父母被人诟骂,这才叫做能终身行孝。所谓仁,就是要仁在孝上;所谓礼,就是要履行孝字;所谓义,就是要适宜于孝的事才做;所谓信,就是要诚信在孝上;所谓努力,就是要努力在孝字上做文章。欢乐是由于顺着孝道办事而产生的,刑罚是由于违背孝道办事而导致的。"曾子说:"孝作为一种美德,竖起来可以顶天立地,平着放可以覆盖四海,传到后代也被人们永远奉行,也不受地域的限制,推广到东海是准则,推广到西海是准则,推广到南海是准则,推广到北海也是准则。《诗经》上说:'从西到东,从南到北,没有人不遵从。'说的就是这种情况。"曾子说:"树木要在适当的时候砍伐,禽兽要在适当的时候捕杀。孔子说:'哪怕是砍伐一棵树木,哪怕是捕杀一只禽兽,只要砍伐、捕杀得不是时候,就是不孝。'孝有三等:小孝只要出力即可,中孝则要求建功立业,大孝则要求要啥有啥。思念父母的养育之恩而忘掉疲劳,可以说是出力了。躬行仁义,可以说是建功立业了。广泛地施惠于人,人们纷纷携带礼品参加自家的祭祀,可以说是要啥有啥了。父母喜爱自己,自己就高兴地永记在心。父母不喜欢自己,自己就戒惧反省,但无一句怨言。父母有了过失,自己可以婉言规劝,但不可和他们顶撞。父母去世,就是穷到靠贷才能举行祭祀的地步,也不向恶人乞求,这才叫做终身行孝。"

### 【原文】

乐正子春下堂而伤其足①,数月不出,犹有忧色。门弟子曰:"夫子之足瘳矣②,数月不出,犹有忧色,何也?"乐正子春曰:"善如尔之问也!善如尔之问也!吾闻诸曾子,曾子闻诸夫子曰:'天之所生,地之所养,无人为大。父母全而生之,子全而归之,可谓孝矣。不亏其体,不辱其身,可谓全矣。'故君子顷步而弗敢忘孝也③。今予忘孝之道,予是以有忧色也。壹举足而不敢忘父母,壹出言而不敢忘父母。壹举足而不敢忘父母,是故道而不径,舟而不游,不敢以先父母之遗体行殆。壹出言而不敢忘父母,是故恶言不出于口,忿言不反于身④。不辱其身,不辱其亲,可谓孝矣。"

### 注释

①乐(yuè月)正子春:曾子弟子。姓乐正,名子春。
②瘳(chōu抽):痊愈。
③顷步:郑玄说:"顷,当为跬,声之误也。"古代称一举足曰跬,再举足曰步。所以古代的跬等于今天的一步,古代的步则等于今天的两步。
④反:王引之说当作"及"。

### 【今译】

乐正子春下堂时,不小心扭伤了脚,好几个月不出门,还面带忧色。他的弟子对此不解,就问道:"老师的脚伤已经好了,好几个月不出门,还面带忧色,这是为什么呢?"乐正子春说:"你问的太好了!你问的太好了!我听曾子说过,而曾子也是从孔子那儿听到:'天之所生,地之所养,没有比人更高贵的。父母完整地把自己生了下来,做儿子的也要把身体完整地还给父母,这才叫做孝。不使身体受到损伤,不使名声受到污辱,这才叫做完整。'所以君子抬腿动脚都不敢忘掉孝道。现在我扭伤了脚,是忘掉孝道的表现,所以我才面有忧色啊。每抬一次脚都不敢忘掉父母,每说一句话都不敢忘掉父母。因为每抬一次脚都不敢忘掉父母,所以走路的时候光走大道而不走邪径,过河的时候要乘船而渡而不游泳而渡,不敢拿已故父母的遗体冒险。因为每说一句话都不敢忘掉父母,所以伤害他人的话不出于口,别人的辱骂也绝不会摊到自己身上。不让自己的身体受辱,也就等于不让自己的父母受辱,做到这一点,可以称得上孝了。"

【原文】

昔者有虞氏贵德而尚齿,夏后氏贵爵而尚齿,殷人贵富而尚齿,周人贵亲而尚齿。虞、夏、殷、周,天下之盛王也,未有遗年者。年之贵乎天下久矣,次乎事亲也。是故朝廷同爵则尚齿,七十杖于朝①,君问则席;八十不俟朝,君问则就之,而弟达乎朝廷矣②。行肩而不并,不错则随③,见老者则车徒辟,斑白者不以其任行乎道路,而弟达乎道路矣。居乡以齿,而老穷不遗,强不犯弱,众不暴寡,而弟达乎州巷矣④。古之道,五十不为甸徒⑤,颁禽隆诸长者,而弟达乎蒐狩矣⑥。军旅什伍,同爵则尚齿,而弟达乎军旅矣。孝弟发诸朝廷,行乎道路,至乎州巷,放乎蒐狩,脩乎军旅⑦,众以义死之而弗敢犯也。

【注释】

①七十杖于朝:古代的官员一般是七十岁退休。这里说的是天子不许其七十退休者。
②弟:通"悌"。谓敬长,尚齿。下同。
③不错则随:即《王制》"父之齿随行,兄之齿雁行。"
④州巷:犹言乡间、乡里。
⑤甸(tián)徒:田猎时的走卒。
⑥蒐狩:指田猎。春季田猎叫蒐,冬季田猎叫狩。
⑦脩:王念孙说当作"循",谓行也。

【今译】

从前虞舜之时,虽然尊重有德之人,但也不忘尊重年长之人;夏代虽然尊重有爵之人,但也不忘尊重年长之人;殷代虽然尊重有钱之人,但也不忘尊重年长之人;周代虽然尊重有亲属关系的人,但也不忘尊重年长之人。虞、夏、殷、周四代,是人们公认的盛世,他们都没有忘记对年长者的尊重。由此看来,年龄的被人们看重是很久以来的事了,其重要性仅次于孝道。因此,在朝廷上,彼此官爵相同,则年长者居上位;年龄到了七十岁,可以挂着拐杖上朝,国君如果有所咨询,就要在堂上为他铺席以便落座;到了八十岁就不但可以扶杖上朝,而且可以在行过朝见礼后就打道回府,国君如果有所咨询,就要亲自到他府上求教。这样,悌道就通行于朝廷了。在道路上行走,不能和年长者并肩,年长者如果是兄辈的年龄,就斜错在他身后走;年长者如果是父辈的年龄,就紧随在他身后走。无论是乘车的还是步行的,遇到年长者都要让路。看见头发花白的老人挑着担子行路,年轻人就要为他代劳。这样一来,悌道就通行于道路了。在乡里居住,凡事都讲究个长幼,即使贫穷的老人也不遗弃,年轻人不可恃强凌弱,以众欺寡。这样一来,悌道就通行于乡里了。按照古代的规矩,年龄到了五十岁就可以不参加田猎活动了,而在分配猎获物的时候还要让年长者多得点。这样一来,悌道就通行于田猎了。在军队里边,官爵相同则以年长者居上。这样一来,悌道就通行于军旅了。孝悌之道,从朝廷开始,通行于道路,通行于乡里,通行于田猎,通行于军旅,大家都抱着宁可为孝悌而死的信念,没有人敢违背它。

【原文】

祀乎明堂①,所以教诸侯之孝也。食三老、五更于大学②,所以教诸侯之弟也③。祀先贤于西学④,所以教诸侯之德也。耕藉,所以教诸侯之养也。朝觐⑤,所以教诸侯之臣也。五者,天下之大教也。食三老、五更于大学,天子袒而割牲,执酱而馈,执爵而酳,冕而揔干,所以教诸侯之弟也⑥。是故乡里有齿而老穷不遗,强不犯弱,众不暴寡,此由大学来者也。天子设四学⑦,当入学而大子齿。

注释

①明堂:周代的太庙。详《明堂位》注。
②食(sì四):供养。三老、五更:见《文王世子》注。
③弟:通"悌"。
④西学:周之小学。因在西郊,故名。
⑤朝觐:见《乐记·宾牟贾》注。
⑥食三老五更于大学六句:已见于《乐记·宾牟贾》。
⑦四学:四郊的大学。周代的小学叫虞庠。

【今译】

周代的天子在明堂祭祀文王以配上帝,就是为了教育诸侯懂得孝道;在太学里宴请三老、五更,就是为了教育诸侯懂得悌道;在西学里祭祀前代的贤人,就是为了教育诸侯培养道德;天子亲耕籍田,就是为了教育诸侯用自己的劳动果实祭祀祖先;安排诸侯定期朝见天子,就是为了教育诸侯如何恪尽臣职。以上五项,是天下最重要的教育。在太学中宴请三老、五更,天子袒开衣襟亲自切割牲肉,捧着酱请他们吃,端起酒请他们漱口,还头戴礼帽,手执盾牌,为他们起舞助兴。这是为了向诸侯示范如何尊老养老。于是乡里的居民也都能做到尊重老人,连那些贫穷的老人也不被遗漏,年轻人不以强凌弱,不以众欺寡,这都是由于天子在太学尊老养老而形成的好风气。天子设置四学,到了年龄入学,就是太子也要和同学们按年龄大小论礼。

【原文】

天子巡守,诸侯待于竟①,天子先见百年者。八十九十者东行,西行者弗敢过;西行,东行者弗敢过。欲言政者,君就之可也。壹命齿于乡里,再命齿于族,三命不齿②。族有七十者,弗敢先。七十者不有大故不入朝;若有大故而入,君必与之揖让,而后及爵者。

【注释】

①竟:通"境"。
②壹命齿于乡里三句:本《周礼·地官·党正》职文。

【今译】

天子巡守时,诸侯要在自己的国境上恭候迎接。进入诸侯国内,要先会见百岁老人。八十九十的老人走在路的左边,即使走在右边的人也不敢超过他们;如果他们走在路的右边,即使走在左边的人也不敢超过他们。他们有政见要讲,国君要登门听取。得到天子一命封爵的,还要和乡亲们按年龄大小分先后;得到二命封爵的,只要和族人按年龄大小分先后即可;得到三命封爵的,就不须与他人比较年龄大小,可以径居上位;但如果遇到有七十岁以上的族人,就不敢位居其上。七十岁以上的老人,没有重大的事情不必入朝;如果有重大事情而入朝,国君一定要先和他施礼,然后才和卿大夫施礼。

【原文】

　　天子有善,让德于天。诸侯有善,归诸天子。卿大夫有善,荐于诸侯。士、庶人有善,本诸父母,存诸长老①。禄爵庆赏,成诸宗庙,所以示顺也。昔者圣人建阴阳天地之情②,立以为《易》。易抱龟南面③,天子卷冕北面④,虽有明知之心,必进断其志焉,示不敢专,以尊天也。善则称人,过则称己,教不伐,以尊贤也。

**注释**

①存:当作"荐"。
②圣人:谓伏牺、文王之属。阴阳天地:孙希旦说:"阴阳言其气,天地言其体。"实际上是一回事,只是从不同的角度立名罢了。参《昏义》注。情:指明显可见的吉凶。
③易:指掌卜筮之官,如《周礼》之大卜。南面:这是为了尊龟。
④卷冕:读作"衮冕"。

【今译】

　　天子有了成绩,应该归功于天。诸侯有了成绩,应该归功于天子。卿大夫有了成绩,应该归功于诸侯。士、庶人有了成绩,应该归功于父母,归功于长辈。遇到加官进爵喜庆受赏之事,则应设祭告成于祖宗,以表示这是祖宗积德所致,子孙不过是托庇受荫而已。从前,圣人根据阴阳变化所显示的吉凶之兆,归纳为《易》。掌卜筮的官员抱着用来占卜的龟南面而立,天子戴着礼帽穿着龙袍北面而立,尽管天子已经胸有成竹,也一定要通过占卜再作出最后的决断,这表示不敢独断专行,对天意的尊重。有成绩要归功他人,有过失则应归咎于己,这是要教人不自夸,教人尊重贤人。

【原文】

　　教子将祭祀,必有齐庄之心以虑事①,以具服物,以修宫室,以治百事。及祭之日,颜色必温,行必恐,如惧不及爱然。其奠之也,容貌必温,身必诎,如语焉而未之然。宿者皆出②,其立卑静以正,如将弗见然。及祭之后,陶陶遂遂③,如将复入然。是故悫善不违身,耳目不违心,思虑不违亲。结诸心,形诸色,而术省之④,孝子之志也。

【注释】

①齐(zhāi 斋)庄:恭敬。
②宿(sù 素)者:助祭的宾客。宿是斋戒,助祭者也要在祭前斋戒。
③陶陶(yáo yáo 尧尧)遂遂:神情恍惚而意犹未尽之貌。
④术:通"述",此指追忆。

【今译】

孝子将要举行祭祀,一定要怀着毕恭毕敬的心情来考虑祭事,准备祭服祭品,整修宫室,处理好各项事务。等到祭祀那一天,脸色必须温和,而走路却带着紧张,就好像害怕赶不上看到自己的亲人的样子。孝子在献上祭品时,要和颜悦色,身体前屈,就好像给亲人说话而等待回答的样子。助祭的宾客都陆续退出时,孝子还默默地躬身站在那里,好像视若不见的样子。等到祭祀结束,孝子还沉浸在对亲人的思念之中,神情恍惚,好像亲人还要进来的样子。所以,诚心诚意的态度一直表现在孝子身上,耳之所闻与目之所见都和心中思念的一致,心中思念的则无时无刻不是亲人。内心怀着思亲的情结,在外貌上也有所流露,反复地回忆和自省,这就是孝子的心态啊。

【原文】

建国之神位:右社稷而左宗庙①。

【注释】

①建国之神位二句:按《周礼·春官·小宗伯》:"小宗伯之职,掌建国之神位,右社稷,左宗庙。"

【今译】

建立国都中祭祀的神位:社神稷神的庙在王宫路门外的右边,列祖列宗的庙在王宫路门外的左边。

# 礼记全译

## 祭统第二十五

【题解】

郑玄说:"名曰《祭统》者,以其记祭祀之本也。统,犹本也。"说得更明白点,这个"本"就是一片孝心。祭祀先祖,这并不是迷信鬼神,而是出于饮水思源的孝心。就是祭祀过程中的种种仪节,也无不贯穿着孝心。孙希旦说:"篇中凡五段:首言祭礼之重,皆归本于心之自尽。次言祭有十伦,又次言祭有四时,皆以申首段未尽之义。又次言鼎铭,又次言鲁赐重祭,又因祭祀致敬而广其义也。"

【原文】

凡治人之道,莫急于礼。礼有五经①,莫重于祭。夫祭者,非物自外至者也,自中出,生于心也。心怵而奉之以礼②,是故唯贤者能尽祭之义。

【注释】

①五经:指吉礼、凶礼、宾礼、军礼、嘉礼等五礼。欲知五礼之详,可参《周礼·大宗伯》。其中的吉礼,又叫祭礼。因为祭礼的本义在于祈神求福,故名吉礼。
②心怵:即《祭义》首节所说的"怵惕之心"和"凄怆之心"。

【今译】

在管理百姓的种种方法之中,没有比礼更重要的了。礼有吉、凶、宾、军、嘉五种,其中最重要的便是祭礼。祭礼,并不是外界有什么东西强迫你这么办,而是发自内心深处的自觉行动。春夏秋冬,时序推移,人们感物伤时,触景生情,不由地就会想起死去的亲人,这种感情的表达就是祭之以礼。所以只有贤者才能完全理解祭礼的意义。

【原文】

贤者之祭也,必受其福。非世所谓福也①。福者,备也②。备者,百顺之名也。无所不顺者谓之备,言内尽于己,而外顺于道也。忠臣以事其君,孝子以事其亲,其本一也。上则顺于鬼神,外则顺于君长,内则以孝于亲,如此之谓备。唯贤者能备,能备然后能祭。是故贤者之祭也,致其诚信与其忠敬,奉之以物,道之以礼,安之以乐,参之以时,明荐之而已矣,不求其为。此孝子之心也。祭者,所以追养继孝也。孝者畜也③。顺于道,不逆于伦,是之谓畜。是故孝子之事亲也,有三道焉:生则养,没则丧,丧毕则祭。养则观其顺也,丧则观其哀也,祭则观其敬而时也。尽此三道者,孝子之行也。

【注释】

①非世所谓福也:世俗的所谓福,是求神保佑,赐以寿考吉祥等等。贤者所说的福,是内求于己,即一切事都顺着理办,这样做的结果,不求福而福自至。详下文。

②福者备也:以"备"释"福",这是所谓声训。古音"福"与"备"相近。

③孝者畜也:这也是声训。古音"孝""畜"二字音近。

【今译】

贤者的祭祀,一定会得到鬼神所赐的福,但这个福,不是世俗所说的福。贤者的福,是备的意思。而备字咋讲呢?是一切事情都顺着理办的意思。无所不顺,这就叫备。其意思是说,对自己,按着良知行事;对外界,按着道理行事。忠臣的事奉国君,孝子的事奉双亲,其忠其孝都来源于一个顺字。对上则顺着鬼神,对外则顺着君长,对内则顺着双亲,这样做了才叫做备。只有贤者才能做到备,能做到备然后才能做到必然得到鬼神赐福的祭。所以贤者的祭祀,不过是竭尽自己的诚信与忠敬,奉献祭品,行其典礼,和之以音乐,稽之以季节,洁净地荐献而已,并不存心要神保佑赐福。这才是孝子举行祭祀时的心情。孝子的祭祀,是用来完成对父母生前应尽而未尽的供养和孝道。所谓孝,就是这种供养和孝道的积蓄。一个顺字贯穿于父母的生前和身后,这才叫做孝的积蓄。所以孝子的事奉父母不外乎三件事:头一件是生前好好供养,第二件是身后依礼服丧,第三件是服丧期满要按时祭祀。在供养这件事上可以看出做儿子的是否孝顺,在服丧这件事上可以看出他是否哀伤,在祭祀这件事上可以看出他是否虔敬和按时。这三件事都做得很好,才配称作孝子的行为。

【原文】

既内自尽,又外求助,昏礼是也。故国君取夫人之辞曰①:"请君之玉女②,与寡人共有敝邑,事宗庙社稷。"此求助之本也。夫祭也者,必夫妇亲之,所以备外内之官也。官备则具备。水草之菹,陆产之醢③,小物备矣。三牲之俎,八簋之实,美物备矣。昆虫之异④,草木之实,阴阳之物备矣。凡天之所生、地之所长,苟可荐者,莫不咸在,示尽物也。外则尽物,内则尽志,此祭之心也。是故天子亲耕于南郊,以共齐盛⑤;王后蚕于北郊,以共纯服⑥;诸侯耕于东郊,亦以共齐盛;夫人蚕于北郊,以共冕服。天子、诸侯非莫耕也,王后、夫人非莫蚕也,身致其诚信,诚信之谓尽,尽之谓敬,敬尽然后可以事神明,此祭之道也。

【注释】

①取夫人之辞:这是纳采(即求婚)时向女方家长致的辞。取,通"娶"。

②玉女:郑玄说:"言玉女者,美言之也。君子于玉比德焉。"

③水草之菹二句:这是互文见义。应读作"水草陆产之菹醢,陆产水草之醢"菹。详《郊特牲》"恒豆之菹"节注。

④昆虫:如《内则》所说的蜩(蝉)、范(蜂)。

⑤共:通"供"。下同。齐盛:即粢盛。谓祭品,盛放在祭器内的黍稷。

⑥纯(zī 缁)服:黑色的祭服。与下文的"冕服"同义。纯,通"缁"。言"纯"是为了突出颜色。

【今译】

祭祀不但要求自己尽心尽力,还要求求助于外,这就关系到婚礼了。所以国君在娶夫人之前的求婚辞是这样说的:"听说您有位贤淑的女儿,希望能嫁给我,和我一道治理国家,祭祀宗庙社稷。"这就是求助的目的。祭祀这件事,必须由夫妇亲自共同参加,以便里里外外的事情都有人负责。事情都有人负责,就必然祭品齐备。水中产的、陆地产的腌菜、肉酱有了,这算是祭祀用的小吃类齐备了。牛羊猪三牲齐全,黍稷稻粱分装八碗,这算是美味齐备了。还有各种不同的昆虫,还有各种不同的瓜果,这算是世上之物都有了。总而言之,只要是天下生的,地上长的,只要是可以用来进献的,没有一样没有,这表示祭品的极其丰盛。从客观上来说是要求祭品极其丰盛,从主观上来说则要求极其虔诚,这才算是祭祀的用心。因此之故,天子才在南郊亲耕籍田,以提供祭品;王后在北郊亲自养蚕,以提供祭服;诸侯在东郊亲耕籍田,也是用以提供祭品;夫人在北郊亲自养蚕,也是用以提供祭服。天子和诸侯并不是穷到了自己不亲耕就没有祭品,王后和夫人也不是穷到了自己不养蚕就没有祭服,之所以要那样做,是为了表达自己的诚信,有了诚信才算尽心,尽了心才算是虔敬。虔敬了,尽心了,然后才可以事奉神明。这便是祭祀的原则。

【原文】

及时将祭,君子乃齐①。齐之为言齐也,齐不齐以致齐者也②。是故君子非有大事也,非有恭敬也,则不齐。不齐则于物无防也,嗜欲无无止也。及其将齐也,防其邪物,讫其嗜欲③,耳不听乐。故《记》曰:"齐者不乐。"言不敢散其志也。心不苟虑,必依于道。手足不苟动,必依于礼。是故君子之齐也,专致其精明之德也。故散齐七日以定之④,致齐三日以齐之⑤。定之之谓齐,齐者精明之至也,然后可以交于神明也。是故先期旬有一日,宫宰宿夫人⑥,夫人亦散齐七日,致齐三日。君致齐于外,夫人致齐于内,然后会于大庙⑦。君纯冕立于阼⑧,夫人副袆立于东房⑨。君执圭瓒祼尸⑩,大宗执璋瓒亚祼。及迎牲。君执纼⑪,卿大夫从,士执刍⑫。宗妇执盎从夫人⑬,荐涗水⑭。君执鸾刀⑮,羞哜⑯,夫人荐豆。此之谓夫妇亲之。

【注释】

①齐:通"斋"。

②齐(zhāi 斋)之为言齐(qí 祈)也二句:在这两句里,除第一个"齐"字读 zhāi 外,其余都读齐。古音"斋"与"齐"音近,所以这里也是声训。下文的诸多"齐"字,除了"以齐之"之"齐"读 qí 外,其余的都读 zhāi。

③讫:防止。

④散齐:详《祭义》注。

⑤致齐:详《祭义》注。

⑥宫宰:官名。即内宰,掌宫内妇人之事。宿:通"肃",郑重告诫之意。

⑦大(tài 太)庙:始祖庙。

⑧纯(zī 缁):通"缁"。参上节注。

⑨副袆:见《明堂位》注。

⑩圭瓒:祼时酌郁鬯香酒用的勺子,以圭为柄。连下文之"璋瓒",统详《郊特牲》注。

⑪纼(zhèn 振):牛鼻绳。

⑫刍:郑注:"刍,或作稯。"稯(zōu 邹)是禾秆。杀牲时用以垫地。

⑬盎:盎齐。五齐之一。一种未经过滤的薄酒。详《郊特牲》注。

⑭涚(shuì 税)水:涚指盎齐,水指明水。

⑮鸾刀:见《礼器》注。

⑯哜(jì 寄):用牙齿啃一点尝尝。

## 【今译】

到了将要举行祭祀的时候,君子就要斋戒。斋戒也可以说是整齐的意思,就是把身上和心里不整齐的东西整齐一下以求达到整齐。所以君子不是从事于祭祀,在不需要恭敬的场合,就不斋戒。不斋戒就做事没有禁忌,嗜欲也没有限制。但到了要斋戒的时候,禁忌之事就不能做,嗜欲也要加以限制,耳不听音乐。所以古书上说:"斋戒的人不举乐。"就是说斋戒的时候不敢分散心思。心无杂念,所思所想必然合乎正道;手足不乱动,抬手动脚必然合乎规矩。所以君子的斋戒,其目的就在于达到身心的纯洁。为此目的,所以先散斋七天收敛一下心志,然后再致斋三天加以整齐。把心志收敛住了就叫做斋戒。斋戒是高度的身心纯洁,然后才可以和神明打交道。所以,在祭祀前十一天,宫宰要郑重地告诫夫人,于是夫人开始斋戒,先散斋七天,接着再致斋三天。国君在国君的正寝致齐,夫人在夫人的正寝致齐,到祭祀那天才会合于太庙。国君身着礼服头戴礼帽站在阼阶,夫人头戴首饰身穿礼服站在东房。国君手执圭瓒在尸前行祼礼，大宗伯手执璋瓒在尸前行再祼礼。到了迎牲入庙时，国君亲自牵着牛鼻绳，大夫紧跟在牲后，士抱着禾秆。宗妇捧着盎齐随在夫人身后，献上涗水。国君亲执鸾刀切取牲肺献给尸品尝，夫人则献上馈食之豆。这就叫做夫妇一道亲自主持祭祀。

【原文】

及入舞，君执干戚就舞位①。君为东上，冕而总干，率其群臣，以乐皇尸②。是故天子之祭也，与天下乐之；诸侯之祭也，与竟内乐之③。冕而总干，率其群臣，以乐皇尸，此与竟内乐之之义也。

【注释】

①干戚：盾牌和斧。武舞所执道具。
②皇尸：对尸的尊称。犹如称亡父曰皇考。
③竟：古"境"字。下同。

【今译】

祭祀进行到乐舞这一项目时，国君手执干戚站到舞位上，国君站在靠东边的上位，头戴礼貌，手执盾牌，率其群臣起舞，以博得皇尸的欢心。因此，天子的祭祀，是与天下臣民同乐；诸侯的祭祀，是与境内臣民同乐。诸侯头戴礼帽，手执盾牌，率其群臣起舞，以博得皇尸的欢心，这便是与境内臣民同乐的的表现。

【原文】

夫祭有三重焉：献之属莫重于祼①，声莫重于升歌②，舞莫重于《武宿夜》》③。此周道也。凡三道者，所以假于外，而以增君子之志也。故与志进退，志轻则亦轻，志重则亦重。轻其志而求外之重也，虽圣人弗能得也。是故君子之祭也，必身自尽也，所以明重也。道之以礼④，以奉三重而荐诸皇尸，此圣人之道也。

【注释】

①献之属莫重于祼：祼是酌郁鬯香酒浇地，这是献的开始。天子祭礼十二献，

上公九献,侯伯七献,子男五献,皆以祼为重。

②声莫重于升歌:升歌是乐队登堂歌唱《清庙》。已见《文王世子》注。祭祀过程中的乐,有堂下管乐队奏《象》曲,还有堂上与堂下的间歌(即交替演奏),还有堂上堂下的合奏,但都没有一开始的升歌《清庙》重要。

③舞莫重于《武宿夜》:《武宿夜》是《武》舞的第一节,表现武王率领诸侯讨伐殷纣王而夜宿于孟津。《武》舞共六节,已见《乐记》,而此节最重要。

④道:古"导"字。

【今译】

在祭祀过程中有三个最重要的节目:在奉献祭品活动中,没有比祼礼更重要的了;在歌唱演奏活动中,没有比登堂歌唱《清庙》更重要的了;在舞蹈活动中,没有比《武宿夜》之舞更重要的了。这是周代的规矩。这三个最重要的节目,都是用来借助于外部的动作以增强君子虔诚的内心。所以二者的关系是密切相关的,内心轻忽则外部动作也不带劲,内心端重则外部动作也随之端重。内心轻忽而希望达到外部动作的端重,即令是圣人也做不到。所以君子的祭祀,一定要自己竭尽诚心,这样才能使外部动作也端重起来。遵循礼的要求,把三个最重要的节目做好而博得皇尸的欢心,这才是圣人的祭祀之道。

【原文】

夫祭有馂①,馂者祭之末也,不可不知也。是故古之人有言曰:"善终者如始,馂其是已。"是故古之君子曰:"尸亦馂鬼神之馀也②,惠术也,可以观政矣③。"是故尸馂④,君与卿四人馂;君起,大夫六人馂,臣馂君之馀也;大夫起,士八人馂,贱馂贵之馀也;士起,各执其具以出,陈于堂下,百官进⑤,彻之,下馂上之馀也。凡馂之道,每变之众,所以别贵贱之等,而兴施惠之象也。是故以四簋黍见其脩于庙中也⑥。庙中者,竟内之象也。祭者泽之大者也。是故上有大泽,则惠必及下,顾上先下后耳,非上积重而下有冻馁之民也。是故上有大泽,则民夫人待于下流⑦,知惠之必将至也。由馂见之矣,故曰:"可以观政矣。"

注释

①馂(jùn俊):吃剩余的食物。这里指祭祀结束后大家分享鬼神用过的祭品。

②尸亦句:祭祀的开始阶段,献血毛,献生肉,献半生半熟的肉等等,这是让鬼神享用的。到了进献熟食阶段,才是让尸享用的。鬼神享用在前,尸在后,故曰尸亦馂鬼神之馀。

③可以观政:因为为政在于施惠。

④稷:起身。

⑤百官:指祭祀时各种当差的人。进:当作"馂",声近而误。

⑥见:读作"现",表现。脩:王念孙说当作"遍",是。

⑦夫人:犹言"人人"。

【今译】

　　祭礼中有馂这码子事。虽然馂是祭祀末尾的事,但也不可不了解其意义。所以古人这样说过:"好的结束要像好的开始一样,馂这件事大概是最能说明这一点了。"所以古代的君子说:"尸虽然尊贵,但他也吃鬼神吃剩的东西。馂也是一种施惠之道,从中可以观察出政治意义来。"所以尸食毕起身离席,就由国君和卿四人吃尸剩下的祭品;国君吃罢起身,就由大夫六人吃国君吃剩的祭品,这叫做臣吃君之剩余;大夫吃罢起身,就由士八人吃剩下的,这叫做贱者吃贵者剩下的;士吃罢起身,各人端着盛有剩余祭品的食具出来,陈列在堂下,由各种当差的吃剩下的,吃毕撤掉,这叫做底下人吃在上位者之剩余。综观馂的全过程,是每变一次而馂的人数也就随之增多,这是要区别人有贵贱之分,而施惠的对象却越来越多。所以用四盘祭品就可以表现出恩惠遍施于庙中。而庙中,乃是整个国境内的缩影。祭礼中的馂,是一种大的恩泽。所以上面有大的恩泽,就一定要惠及下面,只不过上面的先得到而下面的后得到而已,并不是把上面的都撑死而把下面的都饿死。所以上面有大的恩泽,民众就会个个在下面等待,相信恩泽也必定会落到他们头上。这一切都是从馂这件事上反映出来的,所以说:"可以从中观察出政治意义来。"

【原文】

　　夫祭之为物大矣,其兴物备矣①。顺以备者也,其教之本与!是故君子之教也,外则教之以尊其君长,内则教之以孝于其亲。是故明君在上,则诸臣服从;崇事宗庙社稷,则子孙顺孝。尽其道,端其义,而教生焉。是故君子之事君也,必身行之。所不安于上,则不以使下;所恶于下,则不以事上。非诸人,行诸己,非教之道也。是故君子之教也,必由其本,顺之至也,祭其是与!故曰:祭者教之本也已。

**注释**

①兴物:谓荐献祭品。

【今译】

祭祀作为一件事情可以说是够大的了,祭祀时荐献的供品够完备了。孝顺的心再加上完备的祭品,这大概也就是教化的根本吧!所以君子的施行教化,在社会上就教育人们尊敬君长,在家庭里就教育他们孝顺双亲。所以圣明的君主在上,则大小臣工服从;尊敬地祭祀宗庙社稷,则子孙孝顺。竭尽祭祀之礼,端正祭祀之义,这就需要教化了。所以君子事奉君王,一定要身体力行。自己感到上面有什么地方做得不对,就不要再让下面这样去做;自己厌恶下面的某些做法,就不要再这样地应付上面。不让人家去做,而自己却明知故犯,这不是教育的方法。所以君子的施行教化,一定要从根本抓起,提纲挈领,这样的办法大概非祭祀莫属吧!这就无怪乎人们说:祭祀是教化的根本。

【原文】

夫祭有十伦焉:见事鬼神之道焉①,见君臣之义焉,见父子之伦焉,见贵贱之等焉,见亲疏之杀焉②,见爵赏之施焉,见夫妇之别焉,见政事之均焉,见长幼之序焉,见上下之际焉。此之谓十伦。铺筵设同几③,为依神也;诏祝于室,而出于祊④。此交神明之道也。君迎牲而不迎尸,别嫌也。尸在庙门外则疑于臣,在庙中则全于君。君在庙门外则疑于君,入庙门则全于臣、全于子。是故不出者,明君臣之义也。夫祭之道,孙为王父尸。所使为尸者,于祭者子行也⑤,父北面而事之,所以明子事父之道也。此父子之伦也。尸饮五,君洗玉爵献卿⑥。尸饮七,以瑶爵献大夫。尸饮九,以散爵献士及群有司,皆以齿⑦,明尊卑之等也。夫祭有昭穆。昭穆者,所以别父子、远近、长幼、亲疏之序而无乱也。是故有事于大庙,则群昭群穆咸在而不失其伦。此之谓亲疏之杀也。古者明君爵有德而禄有功,必赐爵禄于大庙,示不敢专也。故祭之日,一献⑧,君降立于阼阶之南,南乡,所命北面,史由君右执策命之⑨；再拜稽首受书以归，而舍奠于其庙⑩。此爵赏之施也。君卷冕立于阼⑪，夫人副袆立于东房。夫人荐豆执校⑫，执醴授之执镫⑬。尸酢夫人执柄⑭，夫人受尸执足。夫妇相授受，不相袭处，酢必易爵，明夫妇之别也。凡为俎者，以骨为主。骨有贵贱。殷人贵髀，周人贵肩，凡前贵于后⑮。俎者，所以明祭之必有惠也。是故贵者取贵骨，贱者取贱骨，贵者不重，贱者不虚，示均也。惠均则政行，政行则事成，事成则功立。功之所以立者，不可不知也。俎者，所以明惠之必均也。善为政者如此。故曰："见政事之均焉。"凡赐爵⑯，昭为一，穆为一，昭与昭齿，穆与穆齿。凡群有司皆以齿。此之谓长幼有序。夫祭有畀辉、胞、翟、阍者⑰，惠下之道也。唯有德之君为能行此，明足以见之，仁足以与之。畀之为言与也，能以其馀畀其下者也。辉者，甲吏之贱者也；胞者，肉吏之贱者也；翟者，乐吏之贱者也；阍者，守门之贱者也，古者不使刑人守门。此四守者，吏之至贱者也。尸又至尊，以至尊既祭之末，而不忘至贱，而以其馀畀之。是故明君在上，则竟内之民无冻馁者矣。此之谓上下之际。

### 注释

①见：通"现"，体现。下同。

②杀（shài 晒）：降减。

③同几：生时夫妇异几，死后夫妇同几。

④诏祝于室二句：与《礼器》的"血毛诏于室，为祊乎外"同义。因为不能确知神之所在，所以祭非一处。

⑤子行：犹言儿子辈。祭祖则用孙子辈为尸，皆取于同姓之嫡孙。

⑥玉爵：以玉为饰之爵。下文的"瑶爵"是以瑶为饰之爵，"散爵"是以璧为饰之爵，即《明堂位》的"璧散"。

⑦皆以齿：王引之说是衍字，是。

⑧一献：指第一次酢尸之后。

⑨策：策书。犹近世之委任状。

⑩舍奠：即"释奠"。奠是非时之祭。

⑪卷（gǔn 衮）冕：即衮冕。

⑫校（qiāo 悄）：通"散"。器物的柄。此指豆中央的垂直部分。

⑬镫：豆足，豆的底座。

⑭柄：爵为雀形，以雀尾为柄。

⑮凡前贵于后：此据周人言之。例如，前腿贵于后腿；同是里脊，以在前之正脊为贵，在后之脡脊、横脊为贱。

⑯赐爵：宗庙之祭进行到旅酬时，赐给助祭者酒。

⑰䃋：据郑玄说，当作"䩉"（yùn 运），给鼓张皮的皮革匠。胞：通"庖"。祭祀时掌宰割牲肉。翟（dí 狄）：教文舞者。

【今译】

　　祭祀有十种意义：第一是体现事奉鬼神之道，第二是体现君臣之义，第三是体现父子关系，第四是体现贵贱有别，第五是体现亲疏有别，第六是体现爵赏的施行，第七是体现夫妇之别，第八是体现政事公平，第九是体现长幼有序，第十是体现上下关系。这就是祭祀的十种意义。下面分开来说。铺席设几，让死者夫妇同席同几，供神凭依；因为不知道神究竟在哪里，所以不仅头一天在室内行祭，而且第二天又在门外行祭。这是和神明打交道的应有做法。祭祀时，国君走出庙外迎牲，但不走出庙门外迎尸，这是为了避开嫌疑。因为尸在庙门外仍然是臣子的身份，而进到庙内就变成君父的身份了。而国君在庙门外仍然是国君的身份，一进入庙门就变成臣子的身份了。所以不出门迎接尸，是为了不搞乱君臣的名分。祭祀中规定，由孙子辈的人充当祖父的尸。那个充当尸的人，对于祭祀者来讲是儿子辈，而作为父辈的祭者倒要面朝北去事奉尸，这就是为了让人明白儿子应当如何侍奉父亲。这就是父子之间的关系。上公之祭九献，五献之后，国君便洗净玉爵向卿献酒；七献之后，国君才用瑶爵向大夫献酒；九献之后，国君才用散爵向士和各种当差的献酒。这体现了尊卑有别。祭祀时，所有参加祭祀的子孙都是按照父昭子穆的辈分排列。昭穆的作用，就是用来区别父子、远近、长幼、亲疏的顺序而不使混乱。所以在太庙中举行祭祀时，尽管全体族人中的昭辈穆辈都在，也仍然是各就各位，有条不紊。这就叫做亲疏有别。古时候明君对有德的人进爵对有功的人加禄，进爵加禄的典礼一定要在太庙中举行，这表示国君自己不敢独断专行。所以在祭祀的那天，第一次酳尸之后，国君就从堂上下来，立于阼阶之南，面朝南，受册封者面朝北，负责册命的史官从国君右边捧着册封文书宣读，被册封者行过再拜稽首的大礼后接过册命，然后回家，在自己的家庙中设奠禀告祖宗。这就体现了爵赏的施行。祭祀时，国君身穿礼服头戴礼帽立于阼阶,夫人头戴首饰身穿礼服立于东房。夫人进献豆时,手握豆柄;而执醴者把豆交给夫人时,则是手握豆的底座。尸向夫人回敬酒时,手执酒爵的柄;夫人在接受时,手执酒爵的足。夫妇之间授受祭器,不能拿着同一部位。夫妇互相回敬酒,一定要更换杯子。这些都体现了夫妇有别。凡分配俎肉,以带骨的肉为主。牲体的骨,也分贵贱。殷人以后腿上部的髀为贵,周人则以前腿上部的肩为贵。对于周人来说,牲体前面的骨贵于后面的骨。分配俎肉,就是要体现举行祭祀肯定对大家都有好处。所以在分配时,高贵的人取得贵骨,卑贱的人取得贱骨,高贵的人不拿双份,卑贱的人也不会空手,这就体现了公平。每个人都能得到恩惠,政令就容易推行;政令得到推行,事情就容易办成;事情办成,就能建功立业。之所以能够建功立业,其原因不可不知。分配俎肉,就是要体现恩惠必定人人有份。善于治理国家者也就像分配俎肉那样,所以说:"可以体现政事的公平。"旅酬时向助祭的众多兄弟众多子孙敬酒,这些人按昭穆排为二列:昭辈排为一列,穆辈排为一列;同是昭辈者再按年龄大小排列,同是穆辈者再按年龄大小排列。其他的来宾以及各种当差的,也都按年龄大小排列。这就叫做长幼有序。祭祀末尾有赐俊之礼,这时要把神吃剩下的祭品分给皮匠、厨子、舞师和阍人,这是向下人施惠的方法。只有有道之君才能做到这一点,其聪明足以使他认识到这样做的重要,其仁慈足以使他采取实际的行动。所谓畀,也就是赐与,也就是能把他多余的东西赐与他的下人。皮匠,这是制造铠甲这类小官中的贱者;厨子,这是职掌屠宰这类小官中的贱者;舞师,这是教习乐舞这类小官中的贱者;阍人,这是掌管守门这类小官中的贱者,在古代不让受过刑罚的人守门。干这四种差使的人,是小官当中最低贱的,而尸在庙中是最尊贵的,以最尊贵的身份在祭祀的末尾能够不忘记最低贱的人,并且把神吃剩下的东西赐与他们。所以如果一个国家由明君来领导,全国的老百姓就不会有受冻挨饿的。这就叫做体现了上下关系。

【原文】

凡祭有四时:春祭曰礿,夏祭曰禘,秋祭曰尝,冬祭曰烝①。礿、禘,阳义也;尝、烝,阴义也。禘者阳之盛也,尝者阴之盛也,故曰:莫重于禘、尝。古者于禘也,发爵赐服,顺阳义也。于尝也,出田邑,发秋政,顺阴义也②。故《记》曰:"尝之日,发公室,示赏也。"草艾则墨③,未发秋政,则民弗敢草也④。故曰:禘、尝之义大矣,治国之本也,不可不知也。明其义者君也,能其事者臣也。不明其义,君人不全。不能其事,为臣不全。夫义者,所以济志也,诸德之发也。是故其德盛者其志厚,其志厚者其义章,其义章者其祭也敬。祭敬,则竟内之子孙莫敢不敬矣。是故君子之祭也,必身亲莅之,有故则使人可也。虽使人也,君不失其义者,君明其义故也。其德薄者其志轻,疑于其义而求祭,使之必敬也弗可得已。祭而不敬,何以为民父母矣。

### 注释

①凡祭有四时五句:按《王制》:"天子、诸侯宗庙之祭,春曰礿,夏曰禘,秋曰尝,冬曰烝。"

②出田邑三句:出田邑谓教民田猎,发秋政谓动用刑罚,二者皆有伤生之义,故曰"顺阴义也。"

③艾(yì义):割。墨:墨刑。五刑中最轻的一种。

④弗敢草也:王引之说"敢"下脱"艾"字,是。

### 【今译】

祭祀也有四季的不同:春祭叫礿,夏祭叫禘,秋祭叫尝,冬祭叫烝。礿和禘,举行在阳气由起到盛之时,体现了阳的意义;尝和烝,举行在阴气由起到盛之时,体现了阴的意义。禘是阳气最盛的祭,尝是阴气最盛的祭,所以说:没有比禘、尝更重要的。古时候,在举行禘祭时要颁发爵位,赏赐车服,这就是顺着阳气行事;在举行尝祭时要教民田猎,开始动用刑罚,这就是顺着阴气行事。所以古书上说:"在举行尝祭之时,要拿出公家的东西,表示将要行赏。"到了可以割草打柴的时候,就可以动用轻刑了。尚未开始动用刑罚时,老百姓就不敢割草打柴。所以说:禘、尝二祭的意义很重大,涉及治国的根本,不可不知。明白禘尝之义是君主的事,办好禘尝之事是臣子的事。不明白禘尝之义,作为国君就有所不足;办不好禘尝之祭,作为臣子就有所不足。这里所说的"义",是用来实现自己的志尚,是各种德行的表现。所以德行盛大的人他的思亲意念就强烈,思亲意念强烈的人他对祭祀意义的理解就透彻,对意义理解透彻的人他在祭祀时必然恭敬。国君对祭祀恭敬,那么国内的黎民百姓谁敢不恭敬呢。所以君子的对待祭祀,一定要亲身参加。有特殊情况时让别人代替也是可以的。虽然是让人代替,但效果却和国君亲临没有什么不同,原因就在于国君深明祭祀之义。道德浅薄的人他对祭祀的事就心不在焉,对祭祀的意义也半信半疑,在这种情况下让他去向神求祭,要求他做到毕恭毕敬是办不到的。祭祀祖先而做不到恭敬,还有什么资格为民父母呢!

【原文】

夫鼎有铭,铭者自名也,自名以称扬其先祖之美,而明著之后世者也。为先祖者,莫不有美焉,莫不有恶焉。铭之义,称美而不称恶,此孝子孝孙之心也,唯贤者能之。铭者,论譔其先祖之有德善、功烈、勋劳、庆赏、声名①,列于天下,而酌之祭器,自成其名焉,以祀其先祖者也。显扬先祖,所以崇孝也。身比焉,顺也。明示后世,教也。夫铭者,壹称而上下皆得焉耳矣。是故君子之观于铭也,既美其所称,又美其所为。为之者,明足以见之,仁足以与之,知足以利之,可谓贤矣。贤而勿伐,可谓恭矣。

注释

①譔(zhuàn 撰):撰述。勋劳:郑玄说:"王公曰勋,事功曰劳。"

【今译】

作为祭器的鼎,其上经常铸有铭文。所谓铭文,就是首先称扬先祖之功德而后再附己名于其下,自己附名于下以称扬先祖的美德,并使之明显地传于后世。那些作为先祖的人,没有一个没有优点,也没有一个没有缺点。而铭文的要求,是只赞美其优点而掩盖其缺点。这种孝子孝孙的用心,只有贤者才能办到。制作铭文,就是要论述自己先祖的美德、功业、勋劳、受到褒奖和荣誉,公布于天下,而斟酌其要点而刻之于祭器,同时附上自己的名字,用来祭祀其先祖。赞扬先祖,表示自己的孝敬;自己附名其下,表示自己要效法他们;明白地晓喻后世,表示对子孙后代的教育。由此看来,制作铭文真是一举三得的事。所以君子在观看铭文时,既赞美铭文中称道的祖先美德,又赞美铭文制作这件事本身。制作铭文的人,其明察足以看到祖宗的美德,其仁爱足以使他能果断地决定此事,其智慧足以使他和他的子孙从这件事上得到好处,真可以说是聪明透顶了。聪明透顶而又不自夸,真可以算是谦恭了。

【原文】

故卫孔悝之鼎铭曰①:"六月丁亥,公假于大庙②。公曰'叔舅③!乃祖庄叔④,左右成公。成公乃命庄叔随难于汉阳,即宫于宗周,奔走无射⑤。启右献公⑥。献公乃命成叔纂乃祖服⑦。乃考文叔⑧,兴旧耆欲,作率庆士⑨,躬恤卫国。其勤公家,夙夜不解,民咸曰休哉!'公曰:'叔舅!予女铭,若纂乃考服。'悝拜稽首曰:'对扬以辟之⑩,勤大命。施于烝彝鼎'。"此卫孔悝之鼎铭也。古之君子论譔其先祖之美,而明著之后世者也。以比其身,以重其国家如此。子孙之守宗庙社稷者,其先祖无美而称之,是诬也;有善而弗知,不明也;知而弗传,不仁也。此三者,君子之所耻也。

注释

①孔悝(kuī 盔):卫国大夫。公元前480年,卫国太子蒯聩(kuǎi kuì)劫持孔悝,强迫孔悝立他为君,史称庄公。事详《左传》哀公十五年。

②假(gé 格):至,到。大庙:卫国的始祖庙。

③叔舅:尊称孔悝。孔悝是异姓大夫,又比卫庄公年幼,故称叔舅。

④庄叔:卫大夫孔达,孔悝的七世祖。公元前632年,晋楚城濮之战,晋军大胜。卫文侯先前曾对晋文公无礼,担心晋军乘机报复,就逃难到楚国,这就是下文所说的"随难于汉阳"。汉水之阳则楚地也。此后,卫文侯复国,又误杀其弟叔武,被晋人逮捕,押往京师囚禁,即下文所说的"即宫于成周"。宫,囚禁也。成周,东周的首都。均见《左传》僖公二十八年。

⑤射(yì 义):通"斁",厌倦。

⑥献公:卫成公的曾孙,卫定公的儿子,鲁成公十五年(公元前576年)即位,鲁襄公二十九年(公元前544年)去世,其间也有十多年被逐出国。

⑦成叔:庄叔之孙,孔悝的五世祖。纂:继承。服:事。

⑧文叔:孔悝的父亲孔圉,卫大夫。

⑨庆士:即卿士。庆,通"卿"。

⑩辟(pì):阐明。

【今译】

　　所以卫国大夫孔悝的鼎上刻有下述铭文:"六月丁亥,卫庄公来到太庙行祭。庄公说:'叔舅!你的远祖庄叔辅佐我的远祖成公。成公曾命令庄叔随他逃难到楚国,又曾随成公一道被囚禁在京师,庄叔东西南北地奔走,毫不懈怠。庄叔之功流于后世,又保佑我祖献公返回国内。献公于是命令成叔继承其祖庄叔的事业,忠君之事。你的父亲文叔,又继承祖先的遗志,作为百官的表率,时刻想着如何把卫国搞好。他操劳国家事务,昼夜不敢懈息,老百姓都夸他是好样的。'庄公又说:'叔舅,我现在给你这篇铭文,你要继承你父亲的精神,像他那样尽忠报国。'孔悝于是下拜叩头说:'我将称扬君命以赞颂我先祖之美德,努力实现您的厚望。所有这些,我都要把它刻在烝祭的彝鼎上。'"这就是卫国孔悝的彝鼎上铭文。它也反映了古代的君子论述其先祖之美德并使之昭著于后世的这种情况。通过铭文,自己可以附名于下,可以把祖先所建功业在国家生活中所占有的重要意义颂扬一番。孔悝的铭文不过是一个例子而已。负有守卫宗庙社稷责任的子孙,其先祖如果没有优点而乱吹一通,那是欺骗;如果有优点而不知道,那是愚蠢;如果知道而不使流芳后世,那是麻木不仁。这三条中的任何一条,都是让君子感到耻辱的。

【原文】

　　昔者周公旦有勋劳于天下①,周公既没,成王、康王追念周公之所以勋劳者,而欲尊鲁,故赐之以重祭,外祭则郊社是也,内祭则大尝禘是也②。夫大尝禘,升歌《清庙》,下而管《象》,朱干玉戚以舞《大武》,八佾以舞《大夏》③,此天子之乐也。康周公,故以赐鲁也。子孙纂之,至于今不废,所以明周公之德,而又以重其国也。

【注释】

　　①昔者周公旦有勋劳:按本节的口吻与《明堂位》相似,很多词语的解释也可以参看《明堂位》,此略。

　　②外祭则郊社是也二句:孙希旦说:"诸侯皆得社与尝,唯不得郊与大禘。此因郊而并言社,因禘而并言尝耳。"

　　③佾(yì 益):古时乐舞的行列。八人为一列,八佾则八八六十四人。按礼,

天子八佾，诸侯只能六佾。

【今译】

　　从前周公为周代天下的巩固，建立了不朽的功勋。周公去世以后，周成王、周康王追念周公的不朽功勋，而打算在诸侯之中格外尊重鲁国，所以特赐鲁国可以提高其祭祀规格，具体地说，就是在郊外可以祭天，在太庙里可以以禘礼祭周公。以禘礼祭周公时，乐工登堂所唱的《清庙》，管乐队在堂下演奏的《象》，舞者手执红色盾牌和玉做的斧钺所跳的《大武》之舞，还有由八列舞队所跳的《大夏》之舞，这些统统都是天子才能使用的乐舞。为了褒奖周公，所以把这一套天子乐舞赐给了鲁国。周公的子孙继承了这一套东西，直到今天还在使用，就是为了颂扬周公之德，同时又提高了鲁国在诸侯中的地位。

# 礼记全译

## 经解第二十六

【题解】

郑玄说:"名曰《经解》者,以其记《六艺》政教之得失也。"皇侃说:"解者,分析之名。此篇分析《六经》体教(按:犹言教育功能)不同,故名《经解》。《六经》其教虽异,总以《礼》为本,故记者录入于《礼》。"所谓《六经》,即《诗》《书》《乐》《易》《礼》《春秋》。孔颖达以为篇首的"孔子曰"统辖全篇,失之拘泥,而且也不必以为一定是孔子所说。本篇末尾部分有与《大戴礼·礼察》相同者。刘向《说苑·政理》已引有本篇文句。

【原文】

孔子曰:"入其国,其教可知也①。其为人也温柔敦厚,《诗》教也②;疏通知远,《书》教也;广博易良,《乐》教也;洁静精微,《易》教也;恭俭庄敬《礼》教也;属辞比事,《春秋》教也。故《诗》之失③,愚;《书》之失,诬;《乐》之失,奢;《易》之失,贼;《礼》之失,烦;《春秋》之失,乱。其为人也,温柔敦厚而不愚,则深于《诗》者也;疏通知远而不诬,则深于《书》者也;广博易良而不奢,则深于《乐》者也;洁静精微而不贼,则深于《易》者也;恭俭庄敬而不烦,则深于《礼》者也;属辞比事而不乱,则深于《春秋》者也。"

【注释】

①入其国二句:郑玄说:"观其风俗,则知其所以教。"
②《诗》教:《诗经》的教化。余类推。
③失:这个"失",不是《诗经》本身之失,而是学者不善学习之失。

【今译】

孔子说:"进入一个国家,只要看看那里的风俗,就可以知道该国的教化如何了。那里的人们如果是温和柔顺、朴实忠厚,那就是《诗经》教的结果;如果是通晓远古之事,那就是《书》教的结果;如果是心胸广阔坦荡,那就是《乐》教的结果;如果是清洁沉静、洞察细微,那就是《易》教的结果;如果是端庄恭敬,那就是《礼》教的结果;如果是善于辞令和铺叙,那就是《春秋》教的结果。学者如果学《诗》学过了头,就会愚蠢;如果学《书》学过了头,就会狂妄;如果学《乐》学过了头,就会过分;如果学《易》学过了头,就会迷信;如果学《礼》学过了头,就会烦琐;如果学《春秋》学过了头,就会犯上作乱。作为一个国民,如果温和柔顺、朴实忠厚而不愚蠢,那就是真正把《诗》学好了;如果通晓远古之事而不狂妄,那就是真正把《书》学好了;如果心胸广阔坦荡而不过分,那就是真正把《乐》学好了;如果清洁沉静、洞察细微而不迷信,那就是真正把《易》学好了;如果端庄恭敬而不烦琐,那就是真正把《礼》学好了;如果善于辞令和铺叙而不犯上作乱,那就是真正把《春秋》学好了。"

【原文】

天子者,与天地参①,故德配天地,兼利万物,与日月并明,明照四海而不遗微小。其在朝廷,则道仁圣礼义之序;燕处,则听《雅》《颂》之音②;行步,则有环佩之声③;升车,则有鸾和之音④。居处有礼,进退有度,百官得其宜,万事得其序。《诗》云:"淑人君子,其仪不忒。其仪不忒,正是四国⑤。"此之谓也。发号出令而民说⑥,谓之和;上下相亲,谓之仁;民不求其所欲而得之,谓之信;除去天地之害,谓之义。义与信,和与仁,霸王之器也。有治民之意,而无其器,则不成。

**注释**

①参:通"三"。

②《雅》《颂》之音:这是《诗经》中的两类乐曲。雅乐是朝廷的乐曲,颂乐是宗庙祭祀的乐曲。后来用作高雅音乐的代称。

③环佩:郑玄说:"环佩,佩玉也。环,取其无穷;玉则比德焉。"

④鸾和:两种车铃。鸾在车衡,和在车轼。

⑤《诗》云四句:见《诗经·曹风·鸤鸠》。忒(tè 特):偏差。

⑥说:古"悦"字。

【今译】

所谓天子,就是天是老大,地是老二,他就是老三。所以他的道德可以与天地匹配,他的恩惠普及万物,他的明亮如同日月,普照天下而不遗漏任何一个角落。在朝廷上,他开言必讲仁圣礼义之事;退朝之后,必听中正和平之乐;走路之时,身上的佩玉发出有节奏的声响;登车之时,车上的鸾和发出悦耳的声响。升朝与退朝,都按礼行事;走路与登车,都有一定规矩;百官各得其所,万事井然有序。《诗经》上说:"我们的国君是个仁善君子,他的言行从不走样。因为他的言行从不走样,所以是四方各国的好榜样。"说的就是这种情况。天子发号施令而百姓衷心拥护,这叫做"和";上下相亲相爱,这叫做"仁";百姓想要的东西不用开口就能得到,这叫做"信";为百姓消除天灾人祸,这叫做"义"。义与信,和与仁,是称霸称王的工具。有称霸称王的志愿,而无称霸称王的工具,是达不到目的的。

【原文】

礼之于正国也,犹衡之于轻重也,绳墨之于曲直也,规矩之于方圜也。故衡诚县①,不可欺以轻重;绳墨诚陈,不可欺以曲直;规矩诚设,不可欺以方圜;君子审礼,不可诬以奸诈。是故隆礼由礼,谓之有方之士;不隆礼,不由礼,谓之无方之民。敬让之道也,故以奉宗庙则敬,以入朝廷则贵贱有位,以处室家则父子亲、兄弟和,以处乡里则长幼有序。孔子曰:"安上治民,莫善于礼②。"此之谓也。

【注释】

①县:古"悬"字。
②孔子曰二句:见《孝经·广要道章》。

【今译】

用礼来治国,就好比用秤来称轻重,用绳墨来画曲线直线,用规矩来画方形圆形。所以,如果把秤认真地悬挂起来,是轻是重就骗不了人了;把绳墨认真地陈设那里,是曲线是直线就骗不了人了;把规矩认真地陈设那里,是方形是圆形就骗不了人了;如果君子深明于礼,那么任何奸诈伎俩也就骗不了人了。所以,重视礼、遵循礼的人,叫做有道之士;不重视礼、不遵循礼的人,叫做无道之民。礼的运用以敬让为贵,把礼运用到宗庙之内,就会人人恭敬;把礼运用到朝廷之上,就会贵贱有别;把礼运用到家庭之内,就会父子相亲、兄弟和睦;把礼运用到乡里之中,就会形成尊老爱幼的风气。孔子说:"安上治民,莫善于礼。"就是说的这个意思。

【原文】

故朝觐之礼,所以明君臣之义也;聘问之礼,所以使诸侯相尊敬也;丧祭之礼,所以明臣子之恩也;乡饮酒之礼,所以明长幼之序也;昏姻之礼①,所以明男女之别也。夫礼,禁乱之所由生,犹坊止水之所自来也②。故以旧坊为无所用而坏之者,必有水败;以旧礼为无所用而去之者,必有乱患。故昏姻之礼废,则夫妇之道苦,而淫辟之罪多矣;乡饮酒之礼废,则长幼之序失,而争斗之狱繁矣;丧祭之礼废,则臣子之恩薄,而倍死忘生者众矣③;聘、觐之礼废,则君臣之位失,诸侯之行恶,而倍畔侵陵之败起矣。

【注释】

①昏:古"婚"字。
②坊:通"防",堤防。
③倍:通"背",背叛。忘生:王念孙说当做"忘先"。

【今译】

所以制定了朝觐之礼,是用来表明君臣之间的名分;制定了聘问之礼,是用来让诸侯互相尊敬;制定了丧祭之礼,是用来表明臣子不应忘记君亲之恩;制定了乡饮酒之礼,是用来表明尊老敬长的道理;制定了男婚女嫁之礼,是用来表明男女的有所区别。礼,可以用来消除祸乱的根源,就好比堤防可以防止河水泛滥那样。所以,如果认为早先的堤防没有用处而加以破坏,一定会酿成水灾;认为老辈子的礼没有用处而废弃不用,一定会导致天下大乱。所以说,如果废弃男婚女嫁之礼,夫妇之间的关系就会遭到破坏,而淫乱苟合伤风败俗的坏事就多了;废弃乡饮酒之礼,就会导致人们没老没少,而互相争斗的官司就多了;废弃丧祭之礼,就会导致作臣子的忘掉君亲之恩,而背叛死者、忘记祖先的人就多了;废弃朝觐、聘问之礼,就会导致君臣之间的名分丧失,诸侯的行为恶劣,而背叛君主、互相侵陵的祸乱就会产生了。

【原文】

　　故礼之教化也微,其止邪也于未形,使人日徙善远罪而不自知也,是以先王隆之也。《易》曰:"君子慎始。差若豪厘,缪以千里①。"此之谓也。

【注释】

　　①《易》曰三句:见《易纬·通卦验》。不是今天的《易经》。豪:通"毫"。缪:通"谬"。汉代人习惯把《易纬》的话也归之于《易经》。这句话的意思有点像今天所说的"千里之堤,溃于一穴"。

【今译】

　　所以,礼的教化作用是从看不见的地方开始,它禁止邪恶是在邪恶处于萌芽状态时就开始了,它使人们在不知不觉之中日积月累地弃恶扬善,所以先王对它非常重视。《易》上说:"君子非常重视事情的开始。开始的时候尽管只是一点不起眼的差错,结果却会导致极大的祸害。"说的就是这个道理。

# 礼记全译

## 哀公问第二十七

【题解】

本篇篇名之义,当是摘取篇首三字。哀公,谓鲁哀公。孔颖达说:"哀公所问凡有二事,一者问礼,二者问政。"全篇采取哀公问而孔子答的形式。《大戴礼》有《哀公问于孔子》篇,除个别文句外,与本篇文字相同。

【原文】

哀公问于孔子曰:"大礼何如?君子之言礼,何其尊也?"孔子曰:"丘也小人,不足以知礼①。"君曰:"否。吾子言之也!"孔子曰:"丘闻之:民之所由生,礼为大。非礼无以节事天地之神也,非礼无以辨君臣、上下、长幼之位也,非礼无以别男女、父子、兄弟之亲,昏姻疏数之交也②。君子以此之为尊敬然。然后以其所能教百姓,不废其会节。有成事,然后治其雕镂、文章、黼黻以嗣③。其顺之,然后言其丧算④,备其鼎俎,设其豕腊⑤,修其宗庙,岁时以敬祭祀,以序宗族。即安其居节⑥,丑其衣服⑦,卑其宫室,车不雕几⑧,器不刻镂,食不贰味,以与民同利。昔之君子之行礼者如此。"

【注释】

①孔子曰二句:这是孔子的谦让之语。《曲礼上》:"长者问,不辞让而对,非

礼也。"

②疏数(shuò朔)：稀疏和稠密。也指亲疏。
③以嗣：据《孔子家语·问礼》,此二字当做"以别尊卑上下之等",文意方通。
④算：指有关丧礼的各种制度,尤其是五服年月制度。
⑤腊(xī昔)：干肉。
⑥节：《大戴礼》作"处",是。
⑦丑：类也。什么人穿什么衣服,故曰"丑其衣服"。
⑧几(qí歧)：装饰性的凸凹花纹。

【今译】
　　哀公问于孔子说："大礼究竟是怎么一回事？君子在谈到礼的时候,为什么态度是那样地恭敬？"孔子回答说："我孔丘只是一个普通百姓,没有资格来谈论礼。"哀公说："不要客气。请您一定讲一讲。"孔子说："本人听说：人活这一辈子,最要紧的就是礼。没有礼,就无法按照一定的规矩敬奉天地之间的鬼神；没有礼,就无法辨明君臣、上下、长幼的地位；没有礼,就无法区别男女、父子、兄弟之间的亲属关系,以及姻亲、朋友之间交情的厚薄；因此之故,君子在谈到礼的时候,就态度十分恭敬。然后才尽其所能来教导百姓,使他们不失时节地按礼行事。有了成效,然后再讲究什么样的人使用什么样的宫室雕刻、用什么样的旌旗、穿什么样的礼服,以区别尊卑上下等级的不同。百姓既都顺从君子的领导,然后给他们讲解丧葬之礼,使他们准备好鼎俎之类的祭器,准备好猪肉干肉之类的祭品,修建宗庙,逢年过节,虔敬地按时祭祀,并借以排好族人的辈分。此后,就教导他们在合适的地方安居,穿适合自己身份的衣服,住的房子不要太高大,乘的车子不要雕饰什么图案,用的器物不要雕饰什么花纹,吃饭也不要太讲究,不但教导百姓如此,君子自己也不能奢侈,以与民同利。从前的君子就是这样行礼的。"

【原文】
　　公曰："今之君子胡莫之行也？"孔子曰："今之君子好实无厌①,淫德不倦,荒怠敖慢②,固民是尽③,午其众以伐有道④,求得当欲不以其所。昔之用民者由前,今之用民者由后,今之君子莫为礼也。"

【注释】

①实:郑玄、孔颖达解释作"财货",与下文的"固民是尽"意思重复。而《大戴礼》作"色",是,今从之。
②敖:通"傲"。
③固:陈皓说是"固获"之固,意思是取之用力。
④午:通"忤",违背。

【今译】

哀公听了这话就问道:"现在的君子为什么不这样作呢?"孔子说:"现在的君子,好色之心满足不了,品行恶劣而不知自律,荒淫怠惰傲慢,搜刮民财而没有限制,强奸民意而征伐有道之国,为了满足自己的欲望而不择手段。从前的君子对百姓是按照前一段话去做,现在的君子却是按照后一段话去做,所以说,现在的君子是不讲究礼的呀!"

【原文】

孔子侍坐于哀公。哀公曰:"敢问人道谁为大?"孔子愀然作色而对曰①:"君之及此言也,百姓之德也。固臣敢无辞而对②:人道政为大③。"

【注释】

①愀(qiǎo 巧)然:动容的样子。
②固:固陋。
③政:为政,从事政务。

【今译】

孔子陪坐在哀公身边。哀公问道:"请问,在做人的所有道理之中,哪一条最重要?"孔子听了以后肃然动容地回答道:"您问到这句话,真是百姓的福气。所以虽然我知道得很少也敢于不加谦让地回答:在做人的道理中,'政'这一条最重要。"

【原文】

公曰:"敢问何谓为政?"孔子对曰:"政者正也。君为正,则百姓从政矣。君之所为,百姓之所从也。君所不为,百姓何从?"公曰:"敢问为政如之何?"孔子对曰:"夫妇别,父子亲,君臣严,三者正,则庶物从之矣①。"公曰:"寡人虽无似也,愿闻所以行三言之道,可得闻乎?"孔子对曰:"古之为政,爱人为大。所以治爱人,礼为大。所以治礼,敬为大。敬之至矣,大昏为大②。大昏至矣!大昏既至,冕而亲迎,亲之也。亲之也者,亲之也③。是故君子兴敬为亲,舍敬是遗亲也。弗爱不亲,弗敬不正。爱与敬,其政之本与!"

**注释**

①庶物:众事。

②大昏:国君的结婚典礼。

③亲之也:于鬯说当作"敬之也",于上下文方顺。今从之。

**【今译】**

哀公问道:"请问什么叫做'为政'?"孔子回答说:"所谓政,就是'正'的意思。国君自身正,那么老百姓也就跟着正了。国君的所作所为,就是老百姓的榜样。国君所不做的事,老百姓自然也不会去做。"哀公又问:"请问应该怎样去为政呢?"孔子回答道:"夫妇有别,父子相亲,君臣相敬,这三件事做好了,所有的其他事情也就跟着做好了。"哀公说:"寡人虽然不肖,却很愿意听一听做好这三件事的办法。可以讲一讲吗?"孔子回答说:"古人的为政,把爱护他人看得最重要。要做到爱护他人,礼最重要。要做到礼,敬最重要。要做到不折不扣的敬,大昏最重要。大昏是最最重要的了!大昏的日子来到,要戴着礼帽穿着礼服亲自去迎娶,这是表示亲她的意思。所谓亲她,实质上就是尊敬她。所以君子以尊敬为亲,抛开尊敬也就是抛开了亲。没有爱也就没有亲,没有敬也就没有正。爱与敬,大概就是为政的根本问题吧!"

**【原文】**

公曰:"寡人愿有言然。冕而亲迎,不已重乎①?"孔子愀然作色而对曰:"合二姓之好②,以继先圣之后,以为天地、宗庙、社稷之主,君何谓已重乎?"公曰:"寡人固。不固,焉得闻此言也?寡人欲问,不得其辞,请少进。"孔子曰:"天地不合,万物不生。大昏,万世之嗣也,君何谓已重焉!"孔子遂言曰:"内以治宗庙之礼,足以配天地之神明。出以治直言之礼③,足以立上下之敬。物耻足以振之,国耻足以兴之。为政先礼,礼其政之本与!"孔子遂言曰:"昔三代明王之政④,必敬其妻子也,有道。妻也者,亲之主也,敢不敬与!子也者,亲之后也,敢不敬与?君子无不敬也,敬身为大。身也者,亲之枝也,敢不敬与?不能敬其身,是伤其亲。伤其亲,是伤其本。伤其本,枝从而亡。三者,百姓之象也。身以及身,子以及子,妃以及妃⑤,君行此三者,则忾乎天下矣⑥,大王之道也⑦。如此,国家顺矣。"

**注释**

①已:太,甚。

②台二姓之好:上古同姓不婚。今日犹有"结秦晋之好"之语。盖秦,嬴姓也;而晋,姬姓也。

③出以治直言之礼:据郑玄注,直言就是正言,也就是出政教。夫妇都有政教可出,详《昏义》。

④三代:指夏、商、周。

⑤妃:通"配",配偶。

⑥忾(xì 细):到,至。

⑦大王:大,通"太"。太王,即古公亶父,周文王的祖父。太王爱护百姓之事,见《孟子·梁惠王下》和《史记·周本纪》。

**【今译】**

哀公说:"寡人想插问一句话。戴着礼帽穿着礼服去亲自迎娶,这是不是显得太隆重了?"孔子肃然动容地回答说:"大婚是为了撮合两家的好事,传宗接代,以继承先圣的事业,以为天地、宗庙、社稷的主人,您怎么说这样作是太隆重了呢?"哀公说:"寡人孤陋寡闻。如果不是孤陋寡闻,也就听不到您这一番高论了。我还想问,但又不知如何措辞,请您继续讲下去吧。"孔子就接着说:"阴阳不互相交合,万物就不会出生。大婚就是要传宗接代,继承万世之业,您怎么说这样作是太隆重了呢?"孔子接着说:"大婚以后,在家庭内,夫妇共同主持宗庙祭祀之礼,其身份足以与天地之神明相般配;在朝廷上,夫妇共同发布政令,足以确立上上下下的尊敬。臣子出了错误,可以用礼纠正;国君出了错误,可以用礼补救。为政要把礼放在首要位置,礼大概就是为政的根本问题吧!"孔子又接着说:"从前三代贤明天子的为政,一定要尊敬他的妻与子,这是很有道理的。所谓妻,乃是供养父母生前身后的家庭主妇,敢不尊敬吗?所谓子,乃是父母的后代,敢不尊敬吗?君子无所不用其敬,但尊敬自身却是最重要的。因为自身乃是父母生出的枝叶,敢不尊敬吗?不能尊敬自身,也就是伤害自己的父母。伤害自己的父母,也就是伤害自己的根本。伤害自己的根本,枝叶也就跟着死掉。自身、妻、子,这三者也是百姓的象征。由尊敬自身推广到尊敬百姓的自身,由尊敬自己的妻推广到尊敬百姓的妻,由尊敬自己的子推广到尊敬百姓的子,国君如果能够做到这三条,则普天之下人人都可以受到尊敬了。从前的太王就是这样做的。能这样做,国家就好治理了。"

**【原文】**

公曰:"敢问何谓敬身?"孔子对曰:"君子过言则民作辞,过动则民作则。君子言不过辞,动不过则,百姓不命而敬恭。如是则能敬其身;能敬其身,则能成其亲矣。"

**【今译】**

哀公问道:"请问什么叫做尊敬自身呢?"孔子回答说:"君子说错的话,老百姓就会当作圣旨;君子做错的事,老百姓也会当作榜样。君子如果能够不说错话,不作错事,老百姓就会不待命令而做到恭敬。如此这般地做了,就是能够尊敬自身了。能够尊敬自身,也就是给父母脸上争光了。"

**【原文】**

公曰:"敢问何谓成亲?"孔子对曰:"君子也者,人之成名也。百姓归之名,谓之君子之子,是使其亲为君子也,是为成其亲之名也已。"孔子遂言曰:"古之为政,爱人为大。不能爱人,不能有其身①。不能有其身,不能安土。不能安土,不能乐天。不能乐天,不能成其身。"

**注释**

①有:保住。

【今译】

哀公问道:"什么叫做给父母脸上争光?"孔子回答说:"所谓'君子',是人的一种美名。百姓送他这样一个称呼,说他是'君子之子',这也就是使其父母成为君子了,这就是给他的父母争得美名了。"孔子又接着说道:"古人的为政,把爱人看得最重要。不能爱人,人将害己,这样就不能保护自身。不能保护自身,就不能安居乐业。不能安居乐业,就难免不怨天尤人。怨天尤人,就不能成就自身。"

【原文】

公曰:"敢问何谓成身?"孔子对曰:"不过乎物。"公曰:"敢问君子何贵乎天道也?"孔子对曰:"贵其不已,如日月东西相从而不已也,是天道也。不闭其久,是天道也。无为而物成,是天道也。已成而明,是天道也①。"

【注释】

①孔子对曰九句:据郑玄注,这几句话颇有天人合一的味道。明的是说天道,暗中也含有君道。君臣应该效法天道。君臣朝会,就是效法日月相从;通其政教而不可以懈怠,就是效法不闭其久;不使百姓负担过重,就是效法无为而物成;移风易俗而天下太平,就是效法已成而明。

【今译】

哀公问道:"请问什么叫做成就自身?"孔子回答说:"凡事都不做错,就叫成就自身。"哀公又问道:"请问君子为什么那样地看重天道呢?"孔子回答说:"看重它的永不止息,就好像日月的东升西落永不止息,这就是天道。看重它的开通无阻,保持永久,这就是天道。看重它的无所作为而万物皆成,这就是天道。看重它的万物皆成而又明明白白,这就是天道。"

【原文】

公曰:"寡人愚蠢、冥烦,子志之心也①!"孔子蹴然辟席而对曰②:"仁人不过乎物,孝子不过乎物。是故仁人之事亲也如事天。事天如事亲,是故孝子成其身。"公曰:"寡人既闻此言也,无如后罪何!"孔子对曰:"君之及此言也,是臣之福也。"

**注释**

①志:记住。
②蹴(zú族)然:惊愧不安的样子。辟:通"避"。

【今译】

　　哀公说:"寡人愚蠢不开窍,这是您心里有数的,所以请您多加指教。"孔子闻听此言就连忙离开座位惭愧不安地说:"仁人凡事不犯错误,孝子凡事不犯错误。所以仁人的孝敬父母如同孝敬上天。敬爱上天如同敬爱父母,所以孝子能够成就自身。"哀公说:"寡人很高兴听到您这一番高论,只是担心以后再犯了错误怎么办?"孔子回答说:"您能讲出这样的话,真是作臣子的福气啊!"

# 礼记全译

## 仲尼燕居第二十八

【题解】

本篇以《仲尼燕居》为名,当是摘取篇首四字。仲尼,孔丘的字。燕居,谓"闲暇无事之时"(朱熹《论语·学而》注)。本篇记孔子在家休息,有几个学生陪侍在旁,闲谈之中逐渐谈到了礼的事。

【原文】

仲尼燕居,子张、子贡、言游侍①,纵言至于礼。子曰:"居,女三人者②!吾语女礼,使女以礼周流,无不遍也。"子贡越席而对曰:"敢问何如?"子曰:"敬而不中礼谓之野,恭而不中礼谓之给,勇而不中礼谓之逆。"子曰:"给夺慈仁。"子曰:"师③,尔过,而商也不及。子产犹众人之母也,能食之,不能教也④。"子贡越席而对曰:"敢问将何以为此中者也?"子曰:"礼乎礼⑤!夫礼所以制中也。"

注释

①子张、子贡、言游:皆孔子弟子。已见《檀弓上》注。言游,即子游。
②女:通"汝"。你,你们。
③师:子张之名。下文的"商"是子夏之名。
④子产犹众人之母也三句:子产(?—公元前522年),春秋时郑国的执政大夫。孟子曾批评他的施政只知实行小恩小惠,不知抓大体,抓根本。详见《孟子·离娄下》。

⑤礼乎礼:郑玄注曰:"唯有礼也。"

【今译】

　　孔子在家闲坐,子张、子贡、子游在一旁侍立,在随便谈论时说到了礼。孔子说:"你们三个人都坐下,我来给你们讲一讲什么是礼,以便你们能够到处运用,处处普及。"子贡马上离开坐席回答说:"请问老师要讲的礼是怎样的呢?"孔子回答说:"虽然内心恭敬但却不合乎礼的要求,那叫粗野;虽然外表恭顺但却不合乎礼的要求,那叫花言巧语;虽然勇敢但却不合乎礼的要求,那叫乱来。"孔子又补充说道:"花言巧语只是给人以仁慈的假象。"孔子又说:"师,你做事往往过火,而商却往往做得不够。子产好像是百姓的慈母,他能让百姓吃饱,但却不知道怎样教育他们。"子贡又马上离开坐席回答说:"请问怎样做才能做到恰到好处呢?"孔子说:"只有礼呀! 礼就是用来掌握火候使人做到恰到好处的。"

【原文】

　　子贡退,言游进曰:"敢问礼也者,领恶而全好者与①?"子曰:"然。""然则何如?"子曰:"郊社之义,所以仁鬼神也②。尝禘之礼,所以仁昭穆也③。馈奠之礼④,所以仁死丧也。射乡之礼,所以仁乡党也。食飨之礼⑤,所以仁宾客也。"子曰:"明乎郊社之义、尝禘之礼,治国其如指诸掌而已乎! 是故以之居处有礼,故长幼辨也;以之闺门之内有礼,故三族和也;以之朝廷有礼,故官爵序也;以之田猎有礼,故戎事闲也⑥;以之军旅有礼,故武功成也。是故宫室得其度,量鼎得其象⑦,味得其时⑧,乐得其节⑨,车得其式,鬼神得其飨,丧纪得其哀⑩,辩说得其党⑪,官得其体,政事得其施。加于身而错于前,凡众之动得其宜。"

注释

　　①领:郑玄说:"领,犹治也。"
　　②仁:郑玄说:"仁,犹存也。凡存此者,所以全善之道也。"按:郑所谓"存",谓思念也。
　　③尝禘之礼二句:尝禘指天子、诸侯宗庙四时之祭。详见《王制》。昭穆:指

不同辈分的祖先。

④馈奠：以食品祭奠刚死的人。

⑤食飨之礼：食是食礼，飨是飨礼。食飨所用之牲，皆为太牢。食礼主饭，有牲无酒。飨礼则牲酒皆有。

⑥闲：通"娴"。

⑦量：量器。如斗、斛之类。

⑧味得其时：古人将五味分配于四时。详见《月令》。

⑨乐得其节：古人的身份不同，使用的乐曲也不同；场合不同，使用的乐曲也不同。前者可参本书《射义》。至于后者，本篇下文的"客出以《雍》，彻以《振羽》"，即其例。

⑩丧纪得其哀：详见本书《间传》。

⑪辨说得其党：《曲礼下》所说的"在官言官，在府言府"与此句意思相近。

【今译】

子贡退下来，子游又上前问道："请问礼的作用是不是就在于治理丑恶而保护善美？"孔子说："是的。"子游又接着问："究竟怎样治理丑恶保护善美呢？"孔子回答说："郊天祭地之礼，就在于对鬼神表示仁爱；秋尝夏禘之礼，就在于对祖先表示仁爱；馈食祭奠之礼，就在于对死者表示仁爱；乡射、乡饮酒之礼，就在于对乡党表示仁爱；招待宾客的食飨之礼，就在于对宾客表示仁爱。"孔子又接着说："如果明白了郊天祭地、秋尝夏禘之礼的含义，那么对于如何治理国家就心中有数，就好比用指头在手掌上指指画画一般。所以，因为日常生活有了礼，长辈和晚辈就有分别了；因为家门之内有了礼，祖孙三代就和睦了；因为朝廷之上有了礼，官职爵位就有条不紊了；因为田猎之时有了礼，军事训练就娴熟了；因为军队之中有了礼，作战目的就达到了。因为有了礼，宫室的建造就合乎制度，量鼎的制造就不失分寸，五味就各得其时，乐曲的演奏就与身份、场合吻合，车辆的建造就合乎规定，鬼神就得到合乎要求的祭飨，丧事就会办得恰如其分，解说事情就不会离题千里，百官的职能就会互不混淆，各项政令就能得到施行；如果一个人能够把礼拿来身体力行而且时时不忘，那么他无论干什么都会干得恰到好处。"

【原文】

子曰："礼者何也？即事之治也。君子有其事，必有其治。治国而无礼,譬犹瞽之无相与!伥伥乎其何之①?譬如终夜有求于幽室之中,非烛何见?若无礼,则手足无所错,耳目无所加,进退揖让无所制。是故以之居处,长幼失其别,闺门三族失其和,朝廷官爵失其序,田猎戎事失其策,军旅武功失其制,宫室失其度,量鼎失其象,味失其时,乐失其节,车失其式,鬼神失其飨,丧纪失其哀,辩说失其党,官失其体,政事失其施,加于身而错于前,凡众之动失其宜。如此则无以祖洽于众也②。"

### 注释

①伥伥(chāng 昌):茫然失措的样子。
②祖洽:郑玄说:"祖,始也。洽,合也。"

### 【今译】

孔子说:"礼是什么呢?礼就是做事的办法。君子一定有要做的事,那就必定要有做事的办法。治理国家而没有礼,那就好比瞎子走路而没有助手,迷迷茫茫不知该往哪里走;又好比整夜在暗室中寻找东西,没有火把能看见什么?如果没有礼,就会手脚不知该往哪儿放,耳朵不知该听什么,眼睛不知该看什么,在社交场合是该进该退该揖该让就全都乱了套。这样一来,日常生活中长辈晚辈也就没有了区别,家庭内部三代人也失去了和睦,朝廷上的官爵也乱了套,田猎和军事训练也毫无计划,作战打仗也没有了规矩,五味和四时乱配,乐曲乱吹一通,车辆的制造也不依规矩,祭祀鬼神的规格错乱,丧事办得不像丧事,解释问题离题千里,百官的职守混乱,政令得不到推行;在这种情况下去身体力行、时时不忘,那就会抬手动脚都出毛病。这样一来,就会无法领导和团结百姓了。"

### 【原文】

子曰:"慎听之,女三人者!吾语女,礼犹有九焉①,大飨有四焉②。苟知此矣,虽在畎亩之中③,事之,圣人已。两君相见,揖让而入门,入门而县兴④,揖让而升堂,升堂而乐阕,下管《象》《武》⑤,《夏》籥序兴⑥,陈其荐俎,序其礼乐,备其百官,如此而后君子知仁焉。行中规,还中矩,和鸾中《采齐》⑦,客出以《雍》,彻以《振羽》⑧,是故君子无物而不在礼矣。入门而金作,示情也。升歌《清庙》,示德也。下而管《象》,示事也。是故古之君子不必亲相与言也,以礼乐相示而已。"

**【注释】**

①有九焉:据卢植说,这九个节目是:"揖让而入门,一也;入门而县兴,二也;揖让而升堂,三也;升堂而乐阕,四也;下管《象》《武》,五也;《夏》籥序兴,六也;陈其荐俎,七也;序其礼乐,八也;备其百官,九也。"后人之说,言人人殊。因卢说最早,故录之备考。

②大飨:诸侯相聘时举行的飨礼。四焉:据孙希旦说,这四个节目是入门金作,升歌《清庙》,下而管《象》,《武》《夏》序兴。

③畎(quǎn犬)亩:田间,田野。畎是田间水沟。

④县兴:即"悬兴"。悬挂的钟磬奏了起来。也就是下文的"金作"。

⑤《象》《武》:歌颂武王伐纣的乐曲和舞蹈。详见《文王世子》和《乐记》。

⑥《夏》:歌颂夏禹功业的乐舞。这是文舞,故舞者手中执籥。

⑦和鸾中《采齐》:详见《玉藻》注。

⑧客出以《雍》二句:俞樾认为当作"客出以《振羽》,彻以《雍》",是,今从之。

**【今译】**

孔子说:"你们三个人仔细听着!我告诉你们,除了上面讲的礼以外,礼还有九个节目,而大飨之礼占了其中的四个。如果知道这些,即令是个种地的农夫,依礼而行,也可以说是圣人了。两国国君相见,宾主互相揖让而先后进入大门。进入大门以后,马上钟鼓齐鸣。宾主互相揖让而升堂,升堂以后,一献礼毕,钟鼓之声停止。这时堂下的管乐奏起《象》这首乐曲,而《大武》之舞、《大夏》之舞,一个接着一个地相继跳起。于是陈列美味佳肴,安排应有的礼仪和乐曲,执事人等一个不缺。这样做了以后,客人就不难看出主人待客的深情厚意了。此外,走路笔直,合乎曲尺的要求;旋转的弧度,合乎圆规的要求;车上的铃声,合着《采齐》乐曲的节奏;客人出门时,奏起《振羽》这首送别曲;撤席之时,奏起《雍》这首结束曲。所以,君子做事,没有一件不合乎礼的要求。客人刚一进门就钟鼓齐鸣,这是表示欢迎之情。歌工升堂合唱《清庙》之诗,这是表现文王的崇高德行;管乐队在堂下奏起《象》这首乐曲,这是表现武王的伟大功业。所以古代的君子要互相沟通感情,根本就用不着说话,只要通过行礼奏乐就可以表达意思了。"

【原文】

　　子曰:"礼也者,理也。乐也者,节也。君子无理不动,无节不作。不能《诗》,于礼缪①。不能乐,于礼素。薄于德,于礼虚。"子曰:"制度在礼,文为在礼。行之,其在人乎!"子贡越席而对曰:"敢问夔其穷与②?"子曰:"古之人与? 古之人也,达于礼而不达于乐,谓之素③;达于乐而不达于礼,谓之偏。夫夔,达于乐而不达于礼,是以传于此名也,古之人也。"

注释

　　①缪:同"谬"。
　　②夔:舜时的乐官。已见于《乐记》。
　　③素;郑玄说:"素与偏,俱不备耳。非不能,非所谓穷。"

【今译】

　　孔子说:"所谓礼,就是道理;所谓乐,就是节制。没有道理的事君子不做,没有节制的事君子不做。如果不能赋《诗经》言志,在礼节上就会出现差错;能行礼而不能用乐来配合,礼就显得单调呆板。如果道德浅薄,即便行礼也只是一个空架子。"孔子又说:"各种制度是由礼来规定的,各种文饰行为也是由礼来规定的,但要实行起来,却是非人不可呀!"子贡又离席发言说:"请问夔这个人是不是只懂得乐而对礼却一窍不通呀?"孔子回答说:"你问的是古代的那个夔吗? 须知古代的人是把精于礼而不精于乐的人叫做素,把精于乐而不精于礼的人叫做偏。夔这个人只不过是在乐的方面的造诣比在礼的方面的造诣高一些罢了,所以只传下来一个精通音乐的名声,须知那是根据古人的标准来说的。"

【原文】

　　子张问政。子曰:"师乎,前! 吾语女乎! 君子明于礼乐,举而错之而已①。"子张复问。子曰:"师,尔以为必铺几筵,升降酌献酬酢,然后谓之礼乎? 尔以为必行缀兆②,兴羽籥③,作钟鼓,然后谓之乐乎? 言而履之,礼也。行而乐之,乐也。君子力此二者,以南面而立④,夫是以天下大平也。诸侯朝,万物服体,而百官莫敢不承事矣。礼之所兴,众之所治也⑤。礼之所废,众之所乱也。目巧之⑥,室则有奥阼⑦,席则有上下,车则有左右,行则有随,立则有序:古之义也。室而无奥阼,则乱于堂室也。席而无上下,则乱于席上也。车而无左右,则乱于车也。行而无随,则乱于途也。立而无序,则乱于位也。昔圣帝、明王、诸侯,辩贵贱、长幼、远近、男女、外内,莫敢相逾越,皆由此途出也。"三子者既得闻此言也于夫子,昭然若发矇矣。

**注释**

①错:通"措"。
②缀兆:舞时表示行列位置的标志叫做缀,舞时进退的范围叫做兆。
③羽籥:两种舞具。详见《文王世子》。
④南面而立:垂拱无为之意。形容做事容易。
⑤众之所治也:即"众之所以治也。"
⑥目巧之:于鬯说:"巧,读为'考'。目巧之,犹言目考之。目考之者,若云条举之耳。"
⑦奥阼:奥是室内的西南角,阼是堂的东阶。

**【今译】**

　　子张问到如何从政。孔子说:"师啊,你往前边来,听我给你说!君子从政,不过是首先自己在礼乐方面精通,然后再拿来付诸实行罢了。"子张似乎没有听懂孔子的意思,就又接着发问。孔子于是继续说道:"师,你以为只有铺设几筵,升堂下堂,献酒进馔,举杯酬酢,这样做了才算是礼吗?你以为只有在缀兆上扭来扭去,挥动羽籥,敲钟击鼓,这样做了才算是乐吗?其实,说到就能做到,这就是礼;做起来又使人感到快乐,这就是乐。君子只要在这两点上狠下工夫,不需要多么费劲,天下就会太太平平的。于是诸侯都来朝拜,万物各得其所,百官无不恪尽职守。礼得到了重视,这就是百姓们为什么得到了治理;礼被扔到了一边,这就是百姓们为什么作乱。举例来说,屋室有室奥和台阶之分,坐席有上下之分,乘车有左右之分,行路有先后之分,站立要各就其位。自古以来就是如此。如果屋室没有室奥和台阶之分,堂与室就混乱了;如果席位没有上下之分,座位就混乱了;如果乘车没有左右之分,车上的位置就混乱了;如果行路不分先后,道路就混乱了;如果站立没有顺序,谁的位置在哪里也就混乱了。从前圣明的帝王和诸侯,分别贵贱、长幼、远近、男女、内外的界限,使他们不敢互相逾越,用的都是这个办法啊!"三个学生听了孔子的这一番高论,心中豁然开朗,好像瞎子重见光明一样。

# 礼记全译

## 孔子闲居第二十九

【题解】

以《孔子闲居》为篇名,当亦是摘取篇首四字的缘故。本篇记孔子休息时,子夏陪在身边,顺便请孔子为其讲解《诗经》里的诗句,孔子遂由讲诗而及于讲礼。

【原文】

孔子闲居,子夏侍。子夏曰:"敢问《诗》云'凯弟君子,民之父母'①,何如斯可谓'民之父母'矣?"孔子曰:"夫'民之父母'乎,必达于礼乐之原,以致'五至'而行'三无'②,以横于天下,四方有败,必先知之。此之谓'民之父母'矣。"

注释

①《诗》云二句:见《诗经·大雅·酌》。凯弟:即"恺悌"。
②五至、三无:详见下文。

【今译】

孔子在家休息,子夏在旁边侍立。子夏问道:"请问《诗》上所说的'平易近人的君王,就好比百姓的父母',怎样做才可以被叫做'百姓的父母'呢?"孔子回答说:"说到'百姓的父母'嘛,他必须通晓礼乐的本源,达到'五至',做到'三无',并用来普及于天下;不管任何地方出现了灾祸,他一定能够最早知道。做到了这些,才算是'百姓的父母'啊!"

【原文】

子夏曰:"'民之父母'既得而闻之矣,敢问何谓'五至'?"孔子曰:"志之所至,《诗》亦至焉。《诗》之所至,礼亦至焉。礼之所至,乐亦至焉。乐之所至,哀亦至焉。哀乐相生。是故正明目而视之,不可得而见也;倾耳而听之,不可得而闻也;志气塞乎天地。此之谓'五至'。"

【今译】

子夏说:"什么是'百姓的父母',学生已经领教了。再请问什么叫做'五至'?"孔子回答说:"既有爱民之心至于百姓,就会有爱民的诗歌至于百姓;既有爱民的诗歌至于百姓,就会有爱民的礼至于百姓;既有爱民的礼至于百姓,就会有爱民的乐至于百姓;既有爱民的乐至于百姓,就会有哀民不幸之心至于百姓。哀与乐是相生相成。这种道理,瞪大眼睛来看,你无法看得到;支楞起耳朵来听,你无法听得到;但君王的这种思想却充塞于天地之间。这就叫做'五至'。"

【原文】

子夏曰:"'五至'既得而闻之矣,敢问何谓'三无'?"孔子曰:"无声之乐,无体之礼,无服之丧,此之谓'三无'。"子夏曰:"'三无'既得略而闻之矣,敢问何诗近之?"孔子曰:"'夙夜其命宥密'①,无声之乐也;'威仪逮逮,不可选也'②,无体之礼也;'凡民有丧,匍匐救之'③,无服之丧也。"

注释

① 夙夜其命宥密:见《诗经·周颂·昊天有成命》。其:今《诗》作"基"。基,谋也。

② 威仪逮逮二句:见《诗经·邶风·柏舟》。

③ 凡民有丧二句:见《诗经·邶风·谷风》。匍匐:本义是爬着走,引申为尽力的意思。

【今译】

子夏说:"什么是'五至',学生已经明白了。再请问什么叫做'三无'?"孔子回答说:"没有声音的音乐,没有形式的礼仪,没有丧服的服丧,这就叫做'三无'。"子夏说:"什么是'三无',大体上已经懂了。再请问什么诗最近乎'三无'的含义?"孔子回答说:"'日夜谋政,志在安邦',这句诗最近乎没有声音的音乐;'仪态安详,无可挑剔',这句诗最近乎没有形式的礼仪;'看到他人有灾难,千方百计去支援',这句诗最近乎没有丧服的服丧。"

【原文】

子夏曰:"言则大矣,美矣,盛矣!言尽于此而已乎?"孔子曰:"何为其然也?君子之服之也,犹有五起焉①。"子夏曰:"何如?"孔子曰:"无声之乐,气志不违;无体之礼,威仪迟迟;无服之丧,内恕孔悲②。无声之乐,气志既得,无体之礼,威仪翼翼;无服之丧,施及四国③。无声之乐,气志既从;无体之礼,上下和同;无服之丧,以畜万邦④。无声之乐,日闻四方;无体之礼,日就月将⑤;无服之丧,纯德孔明。无声之乐,气志既起;无体之礼,施及四海;无服之丧,施于孙子。"

【注释】

①五起:孙希旦说:"起,犹发也。言君子行此三无,由内以发于外,由近以及于远,其次第有五也。"
②孔:很,非常。
③施(yì义):蔓延,延及。
④以畜万邦:郑玄说:"畜,孝也。使万邦之民竞为孝也。"
⑤日就月将:郑玄说:"就,成也。将,大也。使民之效礼日有所成,至月则大矣。"

【今译】

子夏说:"您这番话太伟大了,太美妙了,太有哲理了!是不是话说到这里就算到头了呢?"孔子说:"怎么会呢?君子在实行'三无'的时候,还有'五起'呢。"子夏说:"'五起'怎么讲?"孔子说:"第一,没有声音的音乐,百姓不违背国君的心愿;没有形式的礼仪,国君的态度从容不迫;没有丧服的服丧,设身处地地同样非常悲伤。第二,没有声音的音乐,心愿已经满足;没有形式的礼仪,态度恭恭敬敬;没有丧服的服丧,爱心延及四方各国。第三,没有声音的音乐,上下心愿交融;没有形式的礼仪,上下和睦齐同;没有丧服的服丧,使万国之民竞相孝养。第四,没有声音的音乐,四方闻者日益增多;没有形式的礼仪,一天胜似一天,一月强过一月;没有丧服的服丧,使纯粹的道德日益光明。第五,没有声音的音乐,使响应之心纷纷而起;没有形式的礼仪,普及四海;没有丧服的服丧,传及后世子孙。"

【原文】

子夏曰:"三王之德,参于天地。敢问何如斯可谓参于天地矣?"孔子曰:"奉'三无私'以劳天下①。"子夏曰:"敢问何谓'三无私'?"孔子曰:"天无私覆,地无私载,日月无私照。奉斯三者以劳天下,此之谓'三无私'。其在《诗》曰:'帝命不违,至于汤齐。汤降不迟,圣敬日齐。昭假迟迟,上帝是祗,帝命式于九围②。'是汤之德也。天有四时,春秋冬夏,风雨霜露,无非教也。地载神气,神气风霆③,风霆流形,庶物露生,无非教也。清明在躬,气志如神。嗜欲将至,有开必先④。天降时雨,山川出云。其在《诗》曰:'嵩高惟岳,峻极于天。惟岳降神,生甫及申。惟申及甫,惟周之翰。四国于蕃,四方于宣⑤。'此文武之德也⑥。三代之王也,必先令闻。《诗》云:'明明天子,令闻不已⑦。'三代之德也。'弛其文德,协此四国⑧。'大王之德也。"子夏蹶然而起⑨,负墙而立,曰:"弟子敢不承乎!"

注释

①劳:劳徕。

②其在《诗》曰七句:见《诗经·商颂·长发》。齐:通"跻",高升。此谓高升君位。假:通"格",至也。祗:敬。九围:九州之界也。此谓九州。

③神气风霆:吕大临说"神气风霆"四字是衍字,是。今从之。

④嗜欲将至二句:郑玄说:"谓其王天下之期将至也,神有以开之,必先为之生贤智之辅佐。"

⑤其在《诗》曰八句:见《诗经·大雅·崧高》。甫:仲山甫,周宣王时的贤臣。申:申伯。其封地在今河南省南阳县北。翰:辅佐,栋梁。

⑥此文武之德也:郑玄说:"此宣王诗也。文、武之时,其德如此,而诗无以言

之,取类以明之。"可知此处是在断章取义。这种情况颇多,请注意。

⑦《诗》云二句:见《诗经·大雅·江汉》。
⑧弛其文德二句:亦见《诗经·大雅·江汉》。弛:通"施"。
⑨蹶(guì贵)然:一跃而起的样子。

# 【今译】

子夏问道:"夏禹、商汤、文王的德行,与天地并列而为三。请问怎样才可以称作是与天地并列而为三呢?"孔子答道:"要遵奉'三无私'的精神,以恩德招揽天下百姓。"子夏接着问道:"什么叫做'三无私'呢?"孔子答道:"就是像天那样无私地覆盖万物,像地那样无私地承载万物,像日月那样无私地照耀万物。按照这三条来招揽天下百姓,就叫做'三无私'。这个意思在《诗经》里也有所反映:'奉行天命不敢违,至于成汤登君位。降下政教不迟缓,聪明谨慎日向上。明德长久照下民,恭恭敬敬事上帝,帝命九州效法汤。'这就是商汤的德行。天有四季,春生夏长,秋收冬藏,既有刮风下雨,也有下露降霜。这些都是天所显示的教化,人君应当奉行以为政教。大地承载着神妙之气,风雷鼓荡,万物萌芽生长。这些都是地所显示的教化,人君应当奉行以为政教。圣人自身的德行极其清明,他的气志微妙如神。在他行将称王天下的时候,神灵有所预知,一定要为他生下贤能的辅佐之臣。就好像天降及时之雨,又好像山川飘出祥云。有《诗经》为证:'五岳居中是嵩山,巍巍高耸入云天。中岳嵩山降神灵,生下甫侯和申伯。只有甫侯和申伯,才是周朝栋梁臣。诸侯靠他作屏障,宣扬盛德遍四方。'这就是文王、武王的德行。夏、商、周三代称王,在其称王之前就已经有了美好的名声。《诗经》上说:'勤勉不倦的天子,美好名声千古传。'这就是三代圣王的德行。《诗经》上又说:"太王施其文德,团结四方各国。'这就是太王的德行。"子夏听到这里,一跃而起,倚墙而立,说:"弟子敢不接受老师的这番教诲吗!"

# 礼记全译

## 坊记第三十

【题解】

郑玄说:"名《坊记》者,以其记《六艺》之义,所以防人之失者也。"按:本篇是记防备人们做种种错事、种种坏事的道理,而这些道理,有不少就蕴含在《六经》里面。通篇文字都托之于孔子之口。本篇与后面的《表记》互为表里,相辅相成。《坊记》的重点在于防他人,《表记》的重点在于自勉励。记者为了取得震慑的效果,往往故意危言耸听。我们读的时候,把它看成是一种修辞手段就可以了。

【原文】

子言之:"君子之道,辟则坊与①!坊民之所以不足者也。大为之坊,民犹逾之,故君子礼以坊德,刑以坊淫,命以坊欲。"

【注释】

①辟:通"譬"。坊:同"防",堤防。

【今译】

孔子说:"君子的治民之道,打个比方来说,就好像防止河水漫溢堤防吧!它是为了防止百姓出现过失。虽然周密地为之设防,百姓中还是有人犯规。所以君子用礼来防止道德上的过失,用刑来防止邪恶的行为,用教令来防止贪婪的欲望。"

【原文】

子云:"小人贫斯约,富斯骄;约斯盗,骄斯乱。礼者,因人之情而为之节文,以为民坊者也。故圣人之制富贵也,使民富不足以骄,贫不至于约,贵不慊于上,故乱益亡。"

【今译】

孔子说:"小人贫则穷困,富则骄横;穷困了就会去偷盗,骄横了就会去乱来。所谓礼,就是顺应人的这种情况而为之制定控制的标准,以作为防止百姓越轨的堤防。所以,圣人制定出了一套富贵贫贱的标准,使富起来的百姓不足以骄横,贫下去的百姓不至于穷困,取得一定社会地位的人不至于对上级不满,所以犯上作乱的事就日趋减少。"

【原文】

子云:"贫而好乐,富而好礼,众而以宁者,天下其几矣。《诗》云:'民之贪乱,宁为荼毒①。'故制国不过千乘,都城不过百雉②,家富不过百乘。以此坊民,诸侯犹有畔者。"

注释

①《诗》云二句:见《诗经·大雅·桑柔》。
②雉:高一丈长三丈为一雉。

【今译】

孔子说:"贫穷而能乐天知命,富贵而能彬彬有礼,家族人多势众而能安守本分,普天之下能做到的人可以说是寥寥无几。《诗经》上就说:'有些百姓贪心作乱,心安理得地去残害他人。'所以做出规定,诸侯的兵车不得超过千乘,国都的城墙不得超过百雉,卿大夫之家的兵车不得超过百乘。用这种办法来防备百姓,诸侯还有叛乱的。"

【原文】

子云:"夫礼者,所以章疑别微,以为民坊者也。故贵贱有等,衣服有别,朝廷有位,则民有所让。"

【今译】

孔子说:"礼这个东西,是用来去掉疑惑、辨别隐微,从而防范百姓越轨的。所以人的贵贱有等级,衣服的色彩、图案有差别,朝廷上有固定的班位,这样一来,老百姓就知道谁该让谁了。"

【原文】

子云:"天无二日,土无二王,家无二主,尊无二上,示民有君臣之别也。《春秋》不称楚越之王丧①。礼:君不称天,大夫不称君,恐民之惑也。《诗》云:'相彼盍旦,尚犹患之②。'"

【注释】

①《春秋》句:《公羊传》宣公十八年:"楚子旅卒。何以不书葬?吴、楚之君不书葬,辟其号也。"
②《诗》云二句:这是二句逸诗。相:视,看。盍旦:夜鸣求旦之鸟。因为它混淆白天和黑夜,求其所不当求,所以用来比喻僭越犯上的人。

【今译】

孔子说:"天上没有两个太阳,一国没有两个国王,一家没有两个家长,最高的权威只有一个,这是要向百姓显示有君臣之别。楚、越之君僭号称王,其国君死,《春秋》贬之,不书其葬;按照礼的规定,诸侯不得像天子那样称天,大夫不得像诸侯那样称君。这就是担心百姓对上下级关系产生迷惑。《诗经》上说:'你看那盍旦鸟儿的鸣叫,人们尚且讨厌它!'更何况对那些僭越犯上的人呢!"

【原文】

子云:"君不与同姓同车①,与异姓同车不同服②,示民不嫌也。以此坊民,民犹得同姓以弑其君。"

【注释】

①同姓:指有相当继承权的近亲。

②与异姓句：国君的车上一共三人：国君、御者、骖乘。除战时外，御者、骖乘都和国君异服。

【今译】

孔子说："国君不与同姓的人同车，与异姓的人可以同车，但不可穿相同的服装，这是要让臣民避嫌。用这种方法来防范，臣民中还有同姓弑其君的。"

【原文】

子云："君子辞贵不辞贱，辞富不辞贫，则乱益亡。故君子与其使食浮于人也，宁使人浮于食①。"

【注释】

①故君子二句：拿的俸禄超过自己的才能，近乎贪；自己的才能超过自己拿的俸禄，近乎廉。

【今译】

孔子说："君子推辞高贵而不推辞卑贱，推辞富有而不推辞贫穷，大家都这样作，作乱的事情就会日趋消亡。所以君子与其让俸禄超过才能，宁可让才能超过俸禄。"

【原文】

子云："觞酒豆肉，让而受恶，民犹犯齿。衽席之上，让而坐下，民犹犯贵。朝廷之位，让而就贱，民犹犯君。《诗》云：'民之无良，相怨一方；受爵不让，至于己斯亡①。'"

【注释】

①《诗》云四句：见《诗经·小雅·角弓》。亡，通"忘"。

【今译】

孔子说："一盅酒，一盘肉，让来让去，君子才接受那不好的一份，就这样还有人僭越长者。筵席之上，让来让去，君子才坐在下首，就这样还有人僭越尊者。朝廷上的班位,让来让去,君子才立于贱位,就这样还有人僭越君上。《诗经》上说:'如今人们心不良,遇事只知怨对方;接受官爵不谦让,事关自己道理忘。'"

【原文】

子云:"君子贵人而贱己,先人而后己,则民作让。故称人之君曰君,自称其君曰寡君①。"

【注释】

①寡君:犹言少德之君。谦辞。

【今译】

孔子说:"君子尊重别人而贬抑自己,先人而后己,这样一来在百姓中就会兴起谦让的风气。所以称呼别人的国君叫国君,称呼自己的国君叫寡君。"

【原文】

子云:"利禄先死者而后生者,则民不偝①;先亡者而后存者,则民可以托。《诗》云:'先君之思,以畜寡人②。'以此坊民,民犹偝死而号无告。"

【注释】

①偝(bèi 背):背弃。

②《诗》云二句:见《诗经·邶风·燕燕》。有个别字不一样,解释也不一样。据郑玄说,这是卫定公夫人定姜责备其庶子献公的诗。先君指卫定公,寡人是定姜自称。畜,孝养也。

【今译】

孔子说:"利益和荣誉,应该先给死者,后给生者,这样一来,百姓就不会背弃死者;先给在国外为国事奔走的人,后给留在国内的人,这样一来,老百姓就感到国君可以信托。《诗经》上说:'你应该思念死去的先君,赡养我这未亡人。'用这种方法防范百姓,百姓还有背弃死者而死者的家属却哭告无门的。"

【原文】

　　子云:"有国家者,贵人而贱禄,则民兴让;尚技而贱车,则民兴艺。故君子约言,小人先言。"

【今译】

　　孔子说:"有国有家的诸侯大夫,如果重视人才而不吝惜颁赏爵禄,百姓就会兴起谦让的风气;如果重视技艺而不吝惜颁赏车马,百姓就会乐意学习技艺。所以君子说的少而做的多,而小人则好放空炮而少干实事。"

【原文】

　　子云:"上酌民言,则下天上施。上不酌民言,则犯也;下不天上施,则乱也。故君子信让以莅百姓,则民之报礼重。《诗》云:'先民有言,询于刍荛①。'"

注释

　　①《诗》云二句:见《诗经·大雅·板》。

【今译】

　　孔子说:"在上位的人如果能够听取百姓的意见,那么百姓就把上边的政令看作是上天的施惠一般;如果不能听取百姓的意见,就会导致百姓的犯上;百姓不把上边的政令看作是上天的施惠一般,就会作乱。所以,君子用诚信谦让来对待百姓,百姓就会以重礼相报。《诗经》上这样说过:'前辈有这样的教导,就是对于打柴的人也要不耻下问。'"

【原文】

　　子云:"善则称人,过则称己,则民不争。善则称人,过则称己,则怨益亡。《诗》云:'尔卜尔筮,履无咎言①。'"子云:"善则称人,过则称己,则民让善。《诗》云:'考卜惟王,度是镐京。惟龟正之,武王成之②。'"子云:"善则称君,过则称己,则民作忠。《君陈》曰:'尔有嘉谋嘉猷,入告尔君于内。女乃顺之于外,曰:"此谋此猷,惟我君之德。"於乎③!是惟良显哉!'"子云:"善则称亲,过则称己,则民作孝。《大誓》曰:'予克纣,非予武,惟朕文考无罪④。纣克予,非朕文考有罪,惟予小子无良。'"

**注释**

①《诗》云二句:见《诗经·卫风·氓》。言外之意是,如果有什么坏话,那只怪自己不好。

②《诗》云四句:见《诗经·大雅·文王有声》。镐京:西周国都。古址在今陕西西安市西。

③於(wū 乌)乎:即呜呼。

④文考:武王称其父文王。

**【今译】**

孔子说:"有成绩就归功他人,有错误则归咎自己,这样一来百姓就不你争我夺。有成绩就归功他人,有错误则归咎自己,这样一来百姓间的怨恨就会日趋消亡。《诗经》上说:'你曾占卜,你曾算卦,卦象上并没有什么坏话。'"孔子说:"有成绩就归功他人,有错误则归咎自己,老百姓就会互相推让成绩。《诗经》上说:'武王占卜问神灵,可否建都在镐京。龟兆显示大大吉,武王终于建成之。'"孔子说:"有成绩就归功君王,有错误则归咎自己,这样百姓就会兴起忠君之风。《尚书·君陈》上说:'你有好主意,好办法,先进去启奏君王。得到俯允之后,你再拿到外边去实行,并且宣布说:这个好主意,这个好办法,全靠君王的好领导。呜呼!只有善良的君王才会如此光明伟大。'"孔子说:"有成绩就归功双亲,有错误则归咎自己,这样百姓就会兴起孝顺父母之风。《尚书·太誓》上说:'如果我打败了殷纣,那也不是因为我的武功,而是因为我的父亲本来就没有错;如果殷纣打败了我,那也不是因为我的父亲有错,而是因为我这个做儿子的不肖。'"

**【原文】**

子云:"君子弛其亲之过①,而敬其美。《论语》曰:'三年无改于父之道,可谓孝矣②。'"《高宗》云:"三年其惟不言,言乃欢③。"子云:"从命不忿④,微谏不倦,劳而不怨⑤,可谓孝矣。《诗》云:'孝子不匮⑥。'"

**注释**

①弛:弃忘。
②《论语》二句:见《论语·学而》。
③《高宗》云二句:今《尚书》无《高宗》之篇。二句分见《尚书》的《说命》篇和《无逸》篇。高宗:殷高宗武丁。史称殷代的中兴之君。
④忿:王念孙说当作"怠",是,今从之。
⑤劳:忧虑,操心。
⑥《诗》云句:见《诗经·大雅·既醉》。

**【今译】**

孔子说:"君子不把父母的过错记恨在心,但对于父母的美德却要牢记在怀。《论语》上说:'三年不改变父亲生前的主张,可以说是孝子了。'《尚书》上说:'高宗守丧三年,一句话都不讲;可是等到守丧期满一开口讲话,就非常受人拥护。'"孔子说:"听从父母的教导毫不懈怠,含蓄地规劝父母不知疲倦,为父母担忧而毫无怨言,这样的儿子可以称得上孝顺了。《诗经》上说:'孝子对父母的孝心是无穷无尽的。'"

**【原文】**

子云:"睦于父母之党,可谓孝矣。故君子因睦以合族。《诗》云:'此令兄弟,绰绰有裕。不令兄弟,交相为瘉①。'"

**注释**

①《诗》云四句:见《诗经·小雅·角弓》。令:善,好。绰绰:宽容的样子。有裕:气量宽大的样子。瘉:病。

**【今译】**

孔子说:"能够与父母的亲人也和睦相处,才可以称作孝。所以君子经常招待族人聚餐以加强团结。《诗经》上说:'兄弟关系良好,彼此融洽无间;兄弟关系恶劣,彼此互相指责。'"

【原文】

　　子云："于父之执,可以乘其车,不可衣其衣①。君子以广孝也。"子云："小人皆能养其亲,君子不敬,何以辨?"

【注释】

　　①可以二句:车离身体远,衣服离身体近,对于近者尤须敬重。

【今译】

　　孔子说："对于父亲的同志,可以乘他的车子,但不可以穿他的衣服。君子这样作,就是把对父亲的孝道扩展到父亲的同辈。"孔子说："连小人都能够养活他的双亲,作为君子,如果也是只能养活而不知孝敬,那与小人还有什么区别呢!"

【原文】

　　子云："父子不同位,以厚敬也。《书》云:'厥辟不辟,忝厥祖①。'"

【注释】

　　①《书》云二句:见《尚书·太甲》。辟:君。忝:辱没。

【今译】

　　孔子说："父亲与儿子,不能处在尊卑相同的位置上,以此来强调对父亲的敬重。《尚书》上说:'做国君的不像个做国君的样子,那就是辱没他的先祖。'"

【原文】

　　子云："父母在,不称老。言孝不言慈。闺门之内,戏而不叹。君子以此坊民,民犹有薄于孝而厚于慈。"子云："长民者,朝廷敬老则民作孝。"子云："祭祀之有尸也①,宗庙之有主也,示民有事也;修宗庙,敬祀事,教民追孝也。以此坊民,民犹忘其亲。"

【注释】

　　①尸:代替死者受祭的活人。

坊记第三十　◇　725

【今译】

　　孔子说:"父母健在,做儿子的不敢自称老。平常要多讲究对父母如何孝顺,不要讲究做父母的应该怎样心疼自己。家门之内,只可引逗父母高兴,不可在父母面前哀声叹气。君子用这些礼节来规范百姓,百姓还有讲究孝道的少,企求父母慈爱的多。"孔子说:"身为天子、诸侯,如果能够在朝廷上做到敬老,那么百姓就会兴起孝顺之风。"孔子说:"祭祀时候有尸,宗庙中设立神主,这是向人们指出应该尊奉的对象。修建宗庙,恭恭敬敬地进行祭祀,这是教育百姓不要忘掉死去的亲人。用这种办法来教育百姓,百姓还有忘掉亲人的。"

【原文】

　　子云:"敬则用祭器①。故君子不以菲废礼,不以美没礼。故食礼②,主人亲馈则客祭,主人不亲馈则客不祭。故君子苟无礼,虽美不食焉。《易》曰:'东邻杀牛,不如西邻之礿祭,实受其福③。'《诗》云:'既醉以酒,既饱以德④。'以此示民,民犹争利而忘义。"

【注释】

　　①祭器:指笾豆之类食器。杯盘之类食器叫燕器。
　　②食礼:以食为主,有牲无酒的筵席。
　　③《易》曰三句:这是《易经·既济》九五爻辞。这说明祭品的大小不是主要的,关键在于对神是否尊敬。
　　④《诗》云二句:见《诗经·大雅·既醉》。

【今译】

　　孔子说:"为了表示对宾客的尊敬,就可以用祭器来款待。所以,君子不因家道贫穷而废除礼,也不因家道殷实而超过礼。所以食礼规定,主人亲自给客人布菜,客人就祭;主人不亲自给客人布菜,客人就不祭。所以,君子如果遇到无礼的接待,即令是佳肴美味也不去吃。《易经》上说:'殷纣国中的杀牛之祭,还不如文王国中的杀猪之祭,能够真正地得到神的保佑。'《诗经》上说:'君子的设宴待客,不但要让把酒喝好,而且要充分展示美德。'用这种办法来教育百姓,百姓还有争利而忘义的。"

【原文】

子云:"七日戒①,三日齐②,承一人焉以为尸,过之者趋走;以教敬也。醴酒在室,醍酒在堂,澄酒在下③,示民不淫也。尸饮三,众宾饮一,示民有上下也④。因其酒肉,聚其宗族,以教民睦也。故堂上观乎室,堂下观乎上。《诗》云:'礼仪卒度,笑语卒获⑤。'"

【注释】

①戒:指散斋。详见《祭义》。
②齐:通"斋"。指致斋。详见《祭义》。
③醴酒在室三句:请参看《礼运》注释。
④尸饮三三句:宗庙之中,尸尊宾卑。
⑤《诗》云二句:见《诗经·小稚·楚茨》。卒:完全。获:恰到好处。

【今译】

孔子说:"国君在祭祀的前十天内,头七天散斋,后三天致斋;又奉事一人以为尸,大夫士遇到他都要回避。这是教导人们要对神恭敬。醴酒放在室内,醍酒放在堂上,澄酒放在堂下,味薄的放在上面,味厚的放在下面,这是教育人们不要贪味。向尸敬酒三次,向宾敬酒只一次,这是教育人们要知道尊卑。借着祭祀剩下的酒肉,聚集合族的人会餐,这是教育人们要和睦相处。所以堂上的人以室内的人为楷模,堂下的人又以堂上的人为楷模。《诗经》上说:'礼仪都合乎法度,谈笑也很有分寸。'"

【原文】

子云:"宾礼每进以让,丧礼每加以远。浴于中霤①,饭于牖下,小敛于户内,大敛于阼,殡于客位,祖于庭②,葬于墓,所以示远也。殷人吊于圹,周人吊于家,示民不偕也。"子云:"死,民之卒事也,吾从周。以此坊民,诸侯犹有薨而不葬者。"

【注释】

①中霤:指室内的中央部分。
②祖:祖奠。祖,始也。柩车开始向墓地出发时举行的祭奠。

**【今译】**

　　孔子说:"行宾礼时,每逢进门、升堂都要互相谦让;而行丧礼时,每一个仪式的完成,都意味着死者离家更加遥远。人死以后,首先是在室中浴尸,接着是在南窗之下饭含,然后在门内举行小敛,在阼阶举行大敛,在西阶停殡,迁柩于家庙之中举行祖奠,最后葬于墓穴,借以表示死者离开生者愈来愈远了。殷人在墓地上吊慰死者家属,周人是在死者家属从墓地返回家中以后才进行吊慰,这是教育人们不要忘记死者。"孔子说:"死是人生的最后一件大事,周人的送死之礼比较完备,所以我赞成周人的办法。用这种办法来规范人们,诸侯还有死了以后不能如期下葬的。"

**【原文】**

　　子云:"升自客阶,受吊于宾位,教民追孝也①。未没丧,不称君,示民不争也。故鲁《春秋》记晋丧曰:'杀其君之子奚齐,及其君卓②。'以此坊民,子犹有弑其父者。"

**注释**

　　①升自客阶三句:葬父以后,儿子便是一家之主,按理应该升自阼阶(主阶),受吊于主位。但因为父亲刚死,不忍心这样做。
　　②故鲁《春秋》记晋丧曰二句:《春秋》,鲁国的史书。《春秋》僖公九年:"晋里克杀其君之子奚齐。"杜预注:"献公未葬,奚齐未成君,故称'君之子'。"又僖公十年:"晋里克杀其君卓。"杜预注:"献公既葬,故称君也。"献公是奚齐和卓的父亲,死于僖公八年。里克,晋国大夫。

**【今译】**

　　孔子说:"葬毕回家以后,孝子还坚持从西阶升堂,在宾位受吊。这是教育人们不要马上忘记亲人。所以,鲁国的《春秋》在记载晋国的丧事时说:'晋国大臣里克杀了晋国国君的儿子奚齐,及其国君卓。'用这种办法教育人们,还有儿子杀死他父亲的。"

**【原文】**

　　子云:"孝以事君,弟以事长①,示民不贰也。故君子有君不谋仕,唯卜之日称二君②。丧父三年,丧君三年,示民不疑也。父母在,不敢有其身,不敢私其财,示民有上下也。故天子四海之内无客礼,莫敢为主焉。故君适其臣,升自阼阶,即位于堂,示民不敢有其室也。父母在,馈献不及车马,示民不敢专也。以此坊民,民犹忘其亲而贰其君。"

注释

①弟:通"悌"。弟弟服从哥哥。
②二君:当作"贰君"。贰,副也。

【今译】

孔子说:"用孝道来侍奉国君,用悌道来侍奉尊长,这是教育人们对上不要怀有二心。所以,国君之子在国君健在时不谋求任何官职,只有在代替国君占卜时才可以自称'国君的副手'。父亲死了守丧三年,国君死了也守丧三年,这是向百姓表示,国君的尊严与父亲完全一样,毋庸置疑。父母健在之时,作儿子的就不敢认为身体是自己的,也不敢置备私产,这是教育人们要知道上下尊卑。所以天子在四海之内没有作客的礼仪,因为没有哪个人敢当他的主人。所以国君到了臣下家里,升自主阶,即位于堂,这是教育百姓不要把家就看成是自己的。父母健在,向别人赠送东西,小件东西还可以,像车马那样的大件就不可以,这是教育百姓不敢自作主张。用这种办法来教育百姓,百姓还有忘掉父母和对国君怀有二心的。"

【原文】

子云:"礼之先币帛也,欲民之先事而后禄也。先财而后礼,则民利。无辞而行情①,则民争。故君子于有馈者,弗能见,则不视其馈②。《易》曰:'不耕获,不菑畬,凶③。'以此坊民,民犹贵禄而贱行。"

注释

①行情:据孔颖达疏,有随心所欲的意思。
②视:接受,接纳。
③《易》曰三句:见《易经·无妄》六二爻辞。但爻辞中没有"凶"字,所以有人认为是个衍字。菑(zī资):刚种一年的土地。畬(yú余):已开垦种植三年的

熟田。

【今译】

孔子说："相见之礼，是在行过相见之礼以后才奉上见面的礼物。之所以要这样作，是要教育百姓先做事情而后接受俸禄。先奉上见面的礼物然后再行相见之礼，就会导致百姓产生贪财之心。不加辞让，见礼就收，就会导致百姓相争。所以，君子在有人馈赠礼物时，如果自己不能接见，就不接受对方的礼物。《易经》上说：'不耕而获，不开荒而得到良田，凶。'用这种办法来教育百姓，百姓还有看重利禄而轻视做事的。"

【原文】

子云："君子不尽利以遗民。《诗》云：'彼有遗秉，此有不敛穧，伊寡妇之利①。'故君子仕则不稼，田则不渔，食时不力珍，大夫不坐羊，士不坐犬②。《诗》云：'采葑采菲，无以下体。德音莫违，及尔同死③。'以此坊民，民犹忘义而争利以亡其身。"

**注释**

①《诗》云三句：见《诗经·小雅·大田》。
②大夫不坐羊二句：郑玄说："古者杀牲，食其肉，坐其皮。不坐犬羊，是无故不杀之。"
③《诗》云四句：见《诗经·邶风·谷风》。葑是蔓菁。菲是萝卜。体指根部。

【今译】

孔子说："君子不把利益全部占有，要给百姓留下一部分。《诗经》上说：'那里有遗留下来的禾把，这里有撒在地上的禾穗，这是让寡妇们随意拣拾的。'所以君子当官就不种地，田猎就不打鱼，一年四季有啥吃啥，不追求山珍海味，大夫无故不杀羊，士无故不杀狗。《诗经》上说：'采葑又采菲，叶子已摘走，不要连根取。昔日山盟莫相忘，与你生死不分离。'用这种办法来教育百姓，百姓还有因为忘义争利而丧身的。"

【原文】

子云:"夫礼,坊民所淫,章民之别,使民无嫌,以为民纪者也。故男女无媒不交,无币不相见,恐男女之无别也。以此坊民,民犹有自献其身。《诗》云:'伐柯如之何?匪斧不克。取妻如之何?匪媒不得。''艺麻如之何?横从其亩。取妻如之何?必告父母①。'"

注释

①《诗》云八句:见《诗经·齐风·南山》。伐柯,今《毛诗》作"析薪"。匪:通"非"。横从:即"横纵",整治。

【今译】

孔子说:"礼可以用来防止人们的贪淫好色,强调男女之别,使其避免嫌疑,并成为人们遵守的纪律。所以,男女之间没有媒妁就不得交往,不下聘礼不得相见,就是担心男女无别才做出这种规定。用这种办法来教育人们,人们还有私自结合的。《诗经》上说;'砍柴靠什么?没有斧头就办不到。娶妻靠什么?没有媒妁办不成。种麻靠什么?必须整理田亩。娶妻靠什么?必先禀告父母。'"

【原文】

子云:"取妻不取同姓,以厚别也。故买妾不知其姓,则卜之。以此坊民,鲁《春秋》犹去夫人之姓曰'吴',其死曰'孟子卒'①。"

注释

①鲁《春秋》犹去夫人之姓曰吴二句:按照《春秋》的记载通例,凡国君娶夫人皆书夫人娘家之姓。如娶齐国女子,则曰"夫人姜氏至自齐"。鲁国、吴国二国同姓(皆姬姓),今昭公娶吴女为夫人,《春秋》不好记载成"夫人姬氏至自吴",只好去掉姓氏,只说是"夫人至自吴"。又《春秋》昭公十二年:"孟子卒。"《左传》说:"昭夫人孟子卒。昭公娶于吴,故不书姓。"孟子,昭公夫人的字。按惯例应书"夫人姬氏薨"。但为了不露出同姓相婚的马脚,只好说成"孟子卒"。

【今译】

孔子说:"娶妻不娶同姓之女,这是为了强调同姓不婚。所以买妾的时候,如果不知道妾的姓,就应该占卜一下,看看是否适宜。用这种办法来教育人们,鲁昭公竟然还娶与鲁同姓的吴国女子为夫人,以至于鲁国的《春秋》在记载昭公娶夫人这件事时,不得不隐去夫人的姓,而只说是来自吴国;到她死时,又不得不隐去她的姓,而只说是'孟子卒'。"

【原文】

子云:"礼,非祭,男女不交爵。以此坊民,阳侯犹杀缪侯而窃其夫人①。故大飨废夫人之礼。"

注释

①阳侯:阳国国君。春秋时的阳国在今山东沂水县西南。缪侯:《淮南子·氾论训》作"蓼侯"。王引之说:缪,通"蓼"。高诱说:"蓼侯,皋陶之后,偃姓之国也。今在庐江。古者大飨饮酒,君执爵,夫人执豆。阳侯见蓼侯夫人美艳,因杀蓼侯而娶夫人,由是废夫人之礼。"

【今译】

孔子说:"按照礼的规定,不是祭祀的时候,男女之间不互相敬酒。用这种办法来教育人们,阳侯还杀掉缪侯而且霸占了他的夫人。从那以后,两君相见的大飨,就废除了夫人必须参加的礼节。"

【原文】

子云:"寡妇之子,不有见焉,则弗友也,君子以辟远也①。故朋友之交,主人不在,不有大故,则不入其门。以此坊民,民犹以色厚于德。"

注释

①辟:通"避"。

【今译】

孔子说:"对于寡妇的儿子,如果不是看到他很有才能,就不和他交朋友,因为君子要远避嫌疑。所以朋友互相往来,如果男主人不在家,又没有死人、生病等重大事情,就不进入他家的门。用这种办法来教育人们,人们还好色超过了好德。"

【原文】

子云:"好德如好色。诸侯不下渔色。故君子远色以为民纪,故男女授受不亲①,御妇人则进左手②。姑、姊、妹、女子子已嫁而反,男子不与同席而坐③。寡妇不夜哭④。妇人疾,问之,不问其疾。以此坊民,民犹淫泆而乱于族。"

【注释】

①故男女授受不亲:详见《内则》。
②御妇人则进左手:男子为妇人驾车,妇人坐在车厢左边,驾车人在妇人的右边,采取左手执辔驾车的姿势,就会自然地把背部侧向妇人,有所回避。
③姑、姊妹二句:详见《曲礼上》。
④寡妇不夜哭:夜哭有思偶之嫌。

【今译】

孔子说:"人们的爱好道德之心,如果像爱好女色那样就好了。诸侯不应该在本国臣民中挑选美女作妻妾。所以君子不贪女色,为百姓树立楷模。所以男女授受不亲。为妇人驾车,应该以左手上前。姑、姊妹、女儿出嫁以后又回到娘家,男子就不再和她们同席而坐。寡妇不应该在夜间哭泣。妇人有病,可以问她病是轻了还是重了,但不要问她害的是什么病。用这种办法来教育百姓,百姓还有乱搞两性关系而败坏伦常的。"

【原文】

子云:"昏礼:婿亲迎,见于舅姑①,舅姑承子以授婿,恐事之违也②。以此坊民,妇犹有不至者。"

【注释】

①舅姑:本指公公婆婆。此指岳父岳母。
②恐事之违也:担心到婆家以后不听话。所以在临行之前,女父告诫说:时时

刻刻不要违背公婆的教导；女母又告诫说：公婆叫你干啥你就干啥。详见《仪礼·士昏礼》。

**【今译】**

孔子说："按照婚礼的规定，新婿要亲自到女家迎亲，拜见岳父岳母，岳父岳母亲手把女儿交给新婿，并且千叮咛万嘱咐地要她到婆家以后孝顺听话。用这种办法来教育人们，还有不孝顺不听话的媳妇。"

# 礼记全译

## 中庸第三十一

【题解】

郑玄说："名曰《中庸》者，以其记中和之为用也。庸，用也。孔子之孙子思伋作之，以昭明圣祖之德。"孔子最早提出了中庸的概念。《论语·雍也》："中庸之为德也，其至矣乎！民鲜能久矣！"把中庸看成是至高无上的道德。本篇的作者认为，人们在实行道德之时，往往智者、贤者"过之"，而愚者、不肖者则"不及"，结果导致正道不行。所以必须用中庸来纠正这两种极端倾向，以维护正道。《中庸》的核心观念是"诚"，"诚"被看作是世界的根本性质和社会伦理制度的准则。宋代理学家强调中庸，则把"允执其中"看作道统的核心。他们认为，孔子提出的中庸思想，上承尧舜，下传曾子；曾子传子思，子思传孟子，其后不传。至北宋，二程(程颐、程颢)出，始承其绪。在汉代，《中庸》就有单行注本，郑注孔疏则是唐代以前众多注释之集大成者。南宋时，朱熹将本篇加以新注，编入《四书》。此后八百余年，朱注《中庸》风行于世。

【原文】

天命之谓性①，率性之谓道，修道之谓教。道也者，不可须臾离也，可离非道也。是故君子戒慎乎其所不睹，恐惧乎其所不闻。莫见乎隐②，莫显乎微，故君子慎其独也。喜怒哀乐之未发，谓之中；发而皆中节,谓之和。中也者,天下之大本也;和也者,天下之达道也③。致中和,天地位焉,万物育焉。

【注释】

①天命之谓性:据郑玄说,上天把仁义礼智信赋于了人。
②见:古"现"字。
③中也者二句:郑玄说:"中为大本者,以其含喜怒哀乐,礼之所由生,政教自此出也。"

【今译】

上天赋于人的叫做性,遵循上天赋于的性而行动叫做道,把道加以修饰并使众人仿效叫做教。道,是不能片刻离开的;如果可以离开,那就不是道了。所以,君子在人们看不见的地方也自觉地警惕谨慎,在人们听不见的地方也仍然战战兢兢。没有什么隐秘可以不被发现,没有什么小事可以不被显露,所以君子在一人独处的时候也十分小心谨慎。人的喜怒哀乐尚未表现出来,叫做中;表现出来而又处处合乎规范,叫做和。中,这是天下的最大根本;和,这是天下的普遍规律。达到了中和,就会天地有条不紊,万物发育生长。

【原文】

仲尼曰:"君子中庸,小人反中庸。君子之中庸也,君子而时中;小人之中庸也,小人而无忌惮也。"子曰:"中庸其至矣乎!民鲜能久矣!"子曰:"道之不行也,我知之矣:知者过之,愚者不及也。道之不明也,我知之矣:贤者过之,不肖者不及也。人莫不饮食也,鲜能知味也①。"子曰:"道其不行矣夫!"

【注释】

①人莫不饮食也二句:孔颖达说:这是打比方,对于中庸之道,知道容易,做起来难。

【今译】

孔子说:"君子坚持中庸,小人违背中庸。君子之所以坚持中庸,是因为有君子之德,因而总是恰如其分;小人之所以违背中庸,是因为有小人之心,因而肆无忌惮。"孔子说:"中庸大概是最高的道德标准了!可惜人们很少能够长期做到啊!"孔子说:"中庸之道之所以不能实行,我知道原因了:聪明的人做过了头,愚蠢的人却还没有达到;中庸之道之所以不能彰明,我知道原因了:贤者做过了头,不贤者却还没有达到。没有一个人不吃不喝,但能品尝出滋味的却很少。"孔子说:"中庸之道大概是不能实行了吧!"

【原文】

子曰:"舜其大知也与!舜好问而好察迩言,隐恶而扬善,执其两端,用其中于民,其斯以为舜乎!"

【今译】

孔子说:"舜大概是最明智的人了吧!他不耻下问而且善于审察浅近的话,别人说错的他加以掩盖,别人说对的他加以表扬;他抓住过与不及这两个极端,取其折中之道使愚智之民都能实行。这就是舜之所以为舜的道理吧!"

【原文】

子曰:"人皆曰'予知',驱而纳诸罟擭陷阱之中①,而莫之知辟也②。人皆曰'予知',择乎中庸,而不能期月守也。"

注释

①罟(gǔ古):罗网。擭(huò 获):设有机关的捕兽木笼。
②辟:通"避"。

【今译】

孔子说:"人人都说自己聪明,被利欲驱赶到罗网、机关、陷阱之中却不知道躲避。人人都说自己聪明,选择了中庸之道,却连一个月也不能坚持。"

【原文】

子曰:"回之为人也,择乎中庸,得一善,则拳拳服膺而弗失之矣①。"子曰:"天下国家可均也②,爵禄可辞也,白刃可蹈也,中庸不可能也。"

【注释】

①拳拳:郑玄说:"拳拳,奉持之貌。"服膺:记在心里。
②天下国家:天下指天子,国指诸侯,家指卿大夫。

【今译】

孔子说:"颜回的为人,选择了中庸之道,取得了一点进步,就牢牢记在心中,使其永不丢失。"孔子说:"天下国家可以得到治理,爵位俸禄可以辞掉,锋利的刀刃可以脚踏上去,而中庸之道却是很难做到的。"

【原文】

子路问强①。子曰:"南方之强与?北方之强与?抑而强与?宽柔以教,不报无道,南方之强也,君子居之。衽金革②,死而不厌,北方之强也,而强者居之。故君子和而不流,强哉矫③!中立而不倚,强哉矫!国有道,不变塞焉,强哉矫!国无道,至死不变,强哉矫!"

【注释】

①子路问强:子路在孔子的学生中以好勇闻名,所以问强。强,刚强。
②衽:席子。金:指兵器。革:指甲胄。
③矫:刚强的样子。

【今译】

子路向孔子请教什么是强。孔子说:"你问的是南方的强呢,还是北方的强?抑或是你自己的强?用宽厚柔和来教诲人们,尽管别人对己无理,自己也不以牙还牙,这便是南方的强,君子才能做到。顶盔贯甲,枕戈待旦,战死不悔,这便是北方的强,性情强悍的人才能做到。所以,君子和顺而不随波逐流,这才是真正的强!中立而不偏不倚,这才是真正的强!国家有道之时,也不改变穷困时的操守,这才是真正的强!国家无道之时,至死也不改变志向,这才是真正的强!"

【原文】

　　子曰:"素隐行怪①,后世有述焉,吾弗为之矣。君子遵道而行,半途而废,吾弗能已矣②。君子依乎中庸,遁世不见知而不悔,唯圣者能之。君子之道费而隐。夫妇之愚③,可以与知焉;及其至也,虽圣人亦有所不知焉。夫妇之不肖,可以能行焉;及其至也,虽圣人亦有所不能焉。天地之大也,人犹有所憾。故君子语大④,天下莫能载焉;语小⑤,天下莫能破焉。《诗》云:'鸢飞戾天,鱼跃于渊⑥。'言其上下察也。君子之道,造端乎夫妇;及其至也,察乎天地⑦。"

### 注释

①素隐:《汉书·艺文志》作"索隐",后世学者多从之。
②已:停止。
③夫妇之愚:指笨头笨脑的男男女女。
④大:郑玄说是指先王之道。
⑤小:郑玄说是指笨头笨脑的男男女女的所知所行。
⑥《诗》云二句:见《诗经·大雅·旱麓》。鸢(yuān 渊):老鹰。戾:至。
⑦察:郑玄说:"察,犹著也。"

【今译】

　　孔子说:"探求隐僻的道理,做出诡异的行动,后世会对这种欺世盗名的行径有所称述,我不这样干。君子遵循正道而行,半途而废,我却不能停顿下来。君子依照中庸之道行事,如果碰上无道之时,不得不隐遁于世,即令不被人知也不后悔。这只有圣人才能做到。君子之道,广大而又精微。就其一般情况来说,即令是普通的男男女女,也可以知其一二;如果说到它的最高境界,即令是圣人也有所不知。就其一般情况来说,普通的男男女女也能做到;如果说到它的最高境界,即令是圣人也有所不能。天地如此之大,人们尚且感到有所遗憾。所以,君子所说的大,整个天下都无法承载;所说的小,整个天下也无人能够剖析。《诗经》上说:'老鹰展翅飞上天,鱼儿游动在深渊。'这是说圣人之德昭著于天地。君子之道,从普通男男女女的所知所行开始;说到它的最高境界,则昭著于天地之间。"

【原文】

子曰："道不远人。人之为道而远人，不可以为道。《诗》云：'伐柯伐柯，其则不远①。'执柯以伐柯，睨而视之②，犹以为远。故君子以人治人，改而止。忠恕违道不远，施诸己而不愿，亦勿施于人。君子之道四，丘未能一焉：所求乎子，以事父，未能也；所求乎臣，以事君，未能也；所求乎弟，以事兄，未能也；所求乎朋友，先施之，未能也。庸德之行，庸言之谨，有所不足，不敢不勉，有余不敢尽；言顾行，行顾言，君子胡不慥慥尔③！君子素其位而行④，不愿乎其外。素富贵，行乎富贵；素贫贱，行乎贫贱；素夷狄，行乎夷狄；素患难，行乎患难：君子无入而不自得焉。在上位不陵下，在下位不援上，正己而不求于人，则无怨。上不怨天，下不尤人。故君子居易以俟命⑤，小人行险以徼幸。"

### 注释

① 《诗》云二句：见《诗经·豳风·伐柯》。
② 睨（nì 逆）：斜视。
③ 慥慥（zào zào 造造）：忠厚诚实的样子。
④ 素：现在的，目前的。
⑤ 居易：即上文的"素其位"。

【今译】

孔子说："道不可远离于人。人所实行的道却远离于人，那就不可以作为道了。《诗经》上说：'砍斧柄呀砍斧柄，式样就在你面前。'握着斧柄去砍斧柄，一斜眼就能看到斧柄的式样，还以为离得很远。所以君子的治人，即以其人之道，还治其人之身，有过能改，也就不再责备。忠恕的精神离道不远，别人让自己干自己都不愿干的事，也不要让别人去干。君子之道有四个方面，我一个方面都没有做到：要求儿子对我做到的，我应当先对父亲做到，这一条我还没有做到；要求下属对我做到的，我应当先对国君做到，这一条我还没有做到；要求弟弟对我做到的，我应当先对哥哥做到，这一条我还没有做到；要求朋友对我做到的，我应当先对朋友做到，这一条我还没有做到。平常道德的实行，平常言论的谨慎，如果自己的才能还有所不足，不敢不努力自勉；如果自己的才能绰绰有余，也不敢把本领使尽。说话要顾及行动，行动要顾及说话。做到了这一点,岂不是一个言行一致的笃实君子吗!君子按照当时所处的地位行事,不抱非分之想。处在富贵的地位,就按照富贵者的身份行事;处在贫贱的地位,就按照贫贱者的身份行事;处在夷狄的地位,就按照夷狄的身份行事;处在患难之中,就按照患难者的身份行事;君子无论处在什么地位,都能够恰如其分地行事。身居上位,不欺凌在下位的人;身居下位,不巴结在上位的人;端正自己而不求于人:这样就不会招致怨恨。上不埋怨苍天,下不归罪他人。所以,君子处在现有的境地而等待天命的安排,小人则铤而走险以求侥幸。

【原文】

子曰:"射有似乎君子,失诸正鹄①,反求诸其身。君子之道,辟如行远必自迩②,辟如登高必自卑。《诗》曰:'妻子好合,如鼓瑟琴。兄弟既翕,和乐且耽。宜尔室家,尔乐妻帑③。'"子曰:"父母其顺矣乎!"

【注释】

①正鹄(zhēnggǔ 征古):正是靶心,鹄也是靶心。
②辟:通"譬"。
③《诗》曰六句:见《诗经·小雅·棠棣》。翕(xī 西):合,和顺。耽:非常快乐。帑:通"孥",儿子。引此六句诗的用意在于说明这样一个道理:要治国、平天下,也一定要从自己作起,从自己家庭作起。

【今译】

孔子说:"射箭之道有似于君子之道,如果没有射中靶心,要回过头来检查自己。君子之道,就好比走远路一定要从近处开始,又好比登高一定要从低处开始。《诗经》上说:'同妻子相亲相爱,像琴瑟一样和谐。加上兄弟和睦,欢乐气氛浓厚。使你的家庭安宁,使你的妻儿高兴。'"孔子说:"能够这样做,作父母的大概就感到顺心了。"

【原文】

子曰:"鬼神为之德,其盛矣乎!视之而弗见,听之而弗闻,体物而不可遗。使天下之人齐明盛服①,以承祭祀,洋洋乎如在其上②,如在其左右。《诗》曰:'神之格思,不可度思,矧可射思③!'夫微之显,诚之不可掩如此夫。"

【注释】

①齐(zhāi 斋)明:斋戒和沐浴。齐,通"斋"。明,谓清洁。
②洋洋乎:流动充溢的样子。
③《诗》曰三句:见《诗经·大雅·抑》。格:来到。思:语助词,无义。矧(shěn 沈):况且。射(yì 亦):通"斁",讨厌。

【今译】

孔子说:"鬼神所表现出来的功德,恐怕够盛大了!看它又看不见,听它又听不到,但又体现在万物之中而不可轻视它的存在。使天下的人都斋戒沐浴,身着盛服,恭恭敬敬地从事祭祀。无所不在啊!既好像在人们的头上,又好像在人们的左右。《诗经》上说:'神鬼的降临时刻,无法进行揣测,岂敢怠慢厌倦!'神鬼无形却到处显灵,神鬼不言却报应不爽,确实如此。"

【原文】

子曰:"舜其大孝也与!德为圣人,尊为天子,富有四海之内,宗庙飨之,子孙保之①。故大德必得其位,必得其禄,必得其名,必得其寿②。故天之生物,必因其材而笃焉③。故栽者培之,倾者覆之。《诗》曰:'嘉乐君子,宪宪令德。宜民宜人,受禄于天。保佑命之,自天申之④。'故大德者必受命。"

【注释】

①保:安也。
②必得其寿:朱熹注:"舜年百有十岁。"
③故天之生物二句:郑玄说:"材,谓其质性也。笃,厚也。言善者天厚其福,恶者天厚其毒。"
④《诗》曰六句:见《诗经·大雅·假乐》。宪宪:《毛诗》作"显显",光明的样子。

【今译】

孔子说:"舜可以说是一个大孝子了!论道德是个圣人,论尊贵是个天子,论财富拥有四海之内,死后在宗庙享受祭祀,子孙也托福受到庇护。所以大德之人必得高位,必得高禄,必得令名,必得高寿。所以,天生万物,一定要根据其不同的秉性而厚其待遇。所以道德高尚者就得到栽培,道德卑劣者就遭到覆败。《诗经》上说:'令人赞美喜爱的君子,具有十分光明的美德。善于安民善于用人,接受来自上天的福禄。上天保佑于他,上天一再赐福于他。'所以大德之人必受天命为天子。"

**【原文】**

子曰:"无忧者,其惟文王乎!以王季为父①,以武王为子,父作之,子述之。武王缵大王、王季、文王之绪②,壹戎衣而有天下③,身不失天下之显名。尊为天子,富有四海之内,宗庙飨之,子孙保之。武王末受命,周公成文、武之德,追王大王、王季,上祀先公以天子之礼。斯礼也,达乎诸侯大夫,及士庶人。父为大夫,子为士,葬以大夫,祭以士。父为士,子为大夫,葬以士,祭以大夫④。期之丧,达乎大夫⑤。三年之丧,达乎天子。父母之丧,无贵贱,一也。"

**注释**

①王季:即季历,又称公季。王季是追王以后的称呼。参《史记·周本纪》。

②缵(zuǎn 纂):继承。大王:即太王。王季之父。原叫古公亶父。太王是追王以后的称呼。

③衣:郑玄说当作"殷"。谓殷纣王。

④父为大夫八句:请参看《丧服小记》。

⑤期(ji 机)之丧二句:天子、诸侯不为旁系亲属服期丧,但直系亲属的期丧还要服。期,一年。

**【今译】**

孔子说:"无忧无虑的人,恐怕只有文王吧!有王季作他的父亲,有武王作他的儿子,父亲为他开创了基业,儿子又继承了他的事业。武王继承了太王、王季、文王的未竟之业,一用兵就战胜了殷纣而取得了天下,自身又没有丢掉天下的美名。论尊贵身为天子,论财富拥有四海之内,宗庙中享受祭祀,子孙也托福受到庇护。武王在晚年才受命为天子,周公成就了文王、武王的心愿,追尊太王、王季为王,对太王以上的列祖列宗用天子之礼祭祀。这种礼节,通用于诸侯、大夫、士及庶人。父亲是大夫,儿子是士,父亲去世用大夫之礼安葬,用士礼祭祀。父亲是士,儿子是大夫,父亲死后用士礼安葬,用大夫之礼祭祀。对旁系亲属一年丧服的服丧,从庶人起,到大夫为止。对父母三年之丧的服丧,下起庶人,上止天子。父母之丧,无论儿子的身份是贵是贱,丧期都是一样的。"

**【原文】**

子曰:"武王、周公,其达孝矣乎!夫孝者,善继人之志,善述人之事者也。春秋修其祖庙,陈其宗器,设其裳衣①,荐其时食。宗庙之礼②,所以序昭穆也。序爵,所以辨贵贱也。序事,所以辨贤也。旅酬下为上,所以逮贱也③。燕毛,所以序齿也。践其位,行其礼,奏其乐,敬其所尊,爱其所亲,事死如事生,事亡如事存,孝之至也。郊社之礼,所以事上帝也。宗庙之礼,所以祀乎其先也。明乎郊社之礼、禘尝之义④,治国其如示诸掌乎⑤。"

**注释**

①设其裳衣:陈设先人的衣服。届时让尸来穿。
②宗庙之礼二句:朱熹说:"宗庙之次:左为昭,右为穆,而子孙亦以为序。"
③旅酬下为上二句:旅酬,众人互相劝酒。此处是指祭祀接近尾声时的一个节目。旅酬结束,下面便是无算爵(饮酒不计数)。无算爵开始之前,先由宾弟子(宾中的年幼者)举觯于宾长,兄弟弟子举觯于长兄弟,然后无算爵开始。宾弟子、兄弟弟子在这种场合也能摊到事情来做,是一种荣耀。所以郑玄说:"逮贱者,宗庙之中,以有事为荣也。"
④禘尝:指代天子、诸侯宗庙四时之祭。详见《王制》。
⑤示:同"视"。视诸掌,言易见也。

**【今译】**

孔子说:"武王和周公,大概是最孝的人了吧!所谓孝,就是要善于继承先人的遗志,善于完成先人的未竟之业。一年四季按时打扫先人的祖庙,陈设先人的祭器,陈设先人的衣服,进献先人要吃的应时食品。宗庙之礼,是用来排列昭穆顺序的;助祭者按爵位高低来排列顺序,是用来辨别贵贱的;进献祭品者按其职事来排列顺序,是用来区分才能的;旅酬时,让卑幼者首先为尊长者举杯劝饮,是为了让卑贱者也能摊到事做;宴饮时,按头发的黑白程度排列坐次,是为了区别年龄的大小。就先人所就之位,行先人所行之礼,奏先人所奏之乐,敬先人之所尊,爱先人之所亲,事奉死者就像其生前一样,事奉亡者就像其健在一样,真是孝到极点了。郊天祭地之礼,是用来敬事上帝的。宗庙之礼,是用来祭祀先人的。如果明白了郊天祭地之礼的含义,明白了宗庙四时之祭的含义,治理国家就心中有数,就好比用指头在手掌上指指画画一般。"

【原文】

哀公问政。子曰:"文、武之政,布在方策①。其人存,则其政举;其人亡,则其政息。人道敏政②,地道敏树。夫政也者,蒲卢也③。故为政在人,取人以身,修身以道,修道以仁。仁者人也,亲亲为大;义者宜也,尊贤为大。亲亲之杀④,尊贤之等,礼所生也。在下位不获乎上⑤,民不可得而治矣。故君子不可以不修身;思修身,不可以不事亲;思事亲,不可以不知人;思知人,不可以不知天。天下之达道五,所以行之者三。曰:君臣也,父子也,夫妇也,昆弟也,朋友之交也,五者天下之达道也⑥。知、仁、勇⑦,三者天下之达德也,所以行之者一也⑧。或生而知之,或学而知之,或困而知之;及其知之,一也。或安而行之,或利而行之,或勉强而行之;及其成功,一也。"

注释

①方策:木版和竹简。古代的书写工具。
②敏:郑玄说:"敏,犹勉也。敏,或为'谋'。"
③蒲卢:即蒲苇。蒲苇生长迅速,比喻为政得贤人则见效快。
④杀(shài 晒):减降。
⑤在下位不获乎上二句:郑玄说:此二句应当在下文,误重于此。
⑥君臣也五句:朱熹说:即《孟子》所谓"父子有亲,君臣有义,夫妇有别,长幼有序,朋友有信。"
⑦知:古"智"字。
⑧所以行之者一也:王引之说"一"是衍字,是,今从之。

【今译】

　　鲁哀公向孔子请教治理国家的方法。孔子回答说:"文王、武王的治国方法,都记载在典籍上面。他们在世,这些治国方法就能得到实施;他们去世,这些治国方法也就随着废弛。治人之道在于讲究治国方法,种地之道在于讲究种植方法。治国方法,就好像蒲苇一样。所以,治理国家的根本问题在于得到贤人,而能否得到贤人又决定于国君自身的修养,加强自身修养要靠道德,加强道德修养要靠仁。所谓仁,就是爱人,爱人之中,以亲近自己的亲人最重要;所谓义,就是适宜,适宜之中,以尊敬贤人最重要。亲近亲人而有亲疏之别,尊敬贤人而有贵贱之差,礼这个东西也就应运而生。职位卑下,又得不到上级的信任,是不能够把百姓治理好的。所以,君子不可以不加强自身修养;要想加强自身修养,不可以不事奉双亲;要想事奉双亲,不可以不知人;要想知人,不可以不知道天理。天下通行的准则有五条,实行这五条准则的美德有三种。君臣、父子、夫妇、兄弟、朋友的交往,这五条就是天下通行的准则;智、仁、勇,这三点就是天下通行的美德,是用来推行这五条准则的。对于这五条准则,有的人生下来就知道,有的人通过学习才知道,有的人碰了钉子才知道;不管是怎样知道的,只要知道了,就是一样的。对于实行这五条准则的三项美德,有的人是心安理得地去实行,有的人是抱着功利目的去实行,有的人是勉强地去实行;不管是怎样地去买行,只要最后都取得成功,就是一样的。"

【原文】

　　子曰:"好学近乎知,力行近乎仁,知耻近乎勇。知斯三者,则知所以修身;知所以修身,则知所以治人;知所以治人,则知所以治天下国家矣。

【今译】

　　孔子说:"爱好学习,接近于智;努力行善,接近于仁;懂得羞耻,接近于勇。知道了这三条,就知道该怎样修身;知道该怎样修身,就知道该怎样治理百姓;知道该怎样治理百姓,就知道该怎样治理天下和国家。

【原文】

"凡为天下国家有九经,曰:修身也,尊贤也,亲亲也,敬大臣也,体群臣也,子庶民也,来百工也①,柔远人也,怀诸侯也。修身则道立,尊贤则不惑②,亲亲则诸父昆弟不怨,敬大臣则不眩,体群臣则士之报礼重,子庶民则百姓劝,来百工则财用足,柔远人则四方归之,怀诸侯则天下畏之。齐明盛服③,非礼不动,所以修身也;去谗远色,贱货而贵德,所以劝贤也;尊其位,重其禄,同其好恶,所以劝亲亲也;官盛任使,所以劝大臣也;忠信重禄,所以劝士也;时使薄敛,所以劝百姓也;日省月试,既廪称事④,所以劝百工也;送往迎来,嘉善而矜不能,所以柔远人也;继绝世,举废国,治乱持危,朝聘以时,厚往而薄来,所以怀诸侯也。"

注释

①百工:各种工匠。
②尊贤则不惑:因为有贤人为之出谋划策。
③齐明:即"斋明"。斋戒沐浴。
④既廪(xìlǐn 细凛):官方提供的粮食等生活物资。既,通"饩",赠送的粮食。

【今译】

"凡治理天下、国家,有九条原则,即修养自身,尊重贤人,亲爱亲属,敬重大臣,体恤群臣,爱护民众,招徕百工,怀柔藩国,安抚诸侯。修养自身,道德就能树立;尊重贤人,遇事就不迷惑;亲爱亲属,伯父、叔父、兄弟就不会怨恨;敬重大臣,遇事就能安之若素;体恤群臣,群臣就会加倍回报;爱护民众,百姓就会受到鼓励;招徕百工,财用就会充足;怀柔藩国,四方就会归顺;安抚诸侯,天下就会畏服。斋戒沐浴,衣冠整齐,不合乎礼的事情不做,这是用来修养自身的办法;摒退谗佞,远离女色,轻视财货而看重道德,这是用来鼓励贤人的办法;高位厚禄,好亲人之所好,恶亲人之所恶,这是用来鼓励亲爱亲属的办法;属员众多,足备使令,这是用来鼓励大臣的办法;忠信待士,给以厚禄,这是用来鼓励群臣的办法;役使有时,减轻赋税,这是用来鼓励百姓的办法;每日检查,每月考试,论功行赏,这是用来鼓励百工的办法;来时欢迎,走时欢送,多夸奖而少责备,这是用来怀柔藩国的办法;延续断绝了的世系，恢复灭亡了的国家，国内有乱就帮助平定，国势危急就给予支援，按时接受朝聘，走的时候赏赐丰厚，而来的时候纳贡菲薄，这是用来安抚诸侯的办法。"

**【原文】**

"凡为天下国家有九经，所以行之者一也①。凡事豫则立，不豫则废②。言前定则不跲③，事前定则不困，行前定则不疚，道前定则不穷。在下位不获乎上，民不可得而治矣；获乎上有道：不信乎朋友，不获乎上矣；信乎朋友有道：不顺乎亲，不信乎朋友矣；顺乎亲有道；反诸身不诚，不顺乎亲矣；诚身有道：不明乎善，不诚乎身矣。诚者，天之道也；诚之者，人之道也。诚者，不勉而中，不思而得，从容中道，圣人也。诚之者，择善而固执之者也。

**注释**

①一：郑玄说："一，谓当豫也。"
②豫：同"预"，预备。
③跲（jiá 荚）：绊倒。

**【今译】**

"凡治理天下国家有九条原则，而用来实行这九条原则的方法是事先要有所准备。不管什么事，事先有所准备就能成功，事先没有准备就会失败。说话事先有所准备就不会中断，做事事先有所准备就不会受窘，行动之前有所准备就不会出错，道路事先计划妥当就不会搞到走投无路。职位卑下，又得不到上级的信任，是不能够把百姓治理好的。要得到上级的信任有方法：首先要得到朋友的信任，如果得不到朋友的信任，也就得不到上级的信任了；要得到朋友的信任有方法：首先要孝顺父母，如果不孝顺父母，也就得不到朋友的信任了；要做到孝顺父母有方法：首先要反省自己是不是诚心诚意，如果不是诚心诚意，也就做不到孝顺父母了；要使自己诚心诚意有方法：首先要明白什么是善，如果不明白什么是善，也就不能使自己诚心诚意了。诚，这是上天的准则；做到诚，这是做人的准则。作为上天准则的诚，不用勉强就正好，不用思考就得到，从容不迫，一举一动都恰如其分，能这样做到的是圣人。要做到诚,就要择善而从并且牢牢抓住不放。

【原文】

"博学之,审问之,慎思之,明辨之,笃行之。有弗学,学之弗能,弗措也;有弗问,问之弗知,弗措也;有弗思,思之弗得,弗措也;有弗辨,辨之弗明,弗措也;有弗行,行之弗笃,弗措也。人一能之己百之,人十能之己千之。果能此道矣,虽愚必明,虽柔必强。

【今译】

"广泛地学习,详细地求教,慎重地思考,清楚地辨别,切实地实行。除非不学,学了而没有学会,就不罢休;除非不问,问了而没有弄懂,就不罢休;除非不思考,思考而没有得到结果,就不罢休;除非不分辨,分辨而没有分辨明白,就不罢休;除非不实行,实行而不实行彻底,就不罢休。别人聪明,学一遍就能学会,自己就学上百遍;别人学十遍就能学会,自己就学上千遍。如果真能这样做了,即使是愚笨的人也一定会变得聪明,即使是柔弱的人也一定会变得刚强。

【原文】

"自诚明,谓之性。自明诚,谓之教。诚则明矣,明则诚矣。唯天下至诚,为能尽其性;能尽其性,则能尽人之性;能尽人之性,则能尽物之性;能尽物之性,则可以赞天地之化育①;可以赞天地之化育,则可以与天地参矣②。其次致曲③。曲能有诚,诚则形,形则著④,著则明,明则动,动则变,变则化。唯天下至诚为能化。

注释

①赞天地之化育:郑玄说:"谓圣人受命,在王位,致太平。"
②参:通"三"。
③其次:郑玄说:"其次,谓自明诚者也。""自明诚者"即贤人,次于圣人一等。
④曲:郑玄说:"曲,犹小小之事也。"

【今译】

"由至诚而有明德,这是圣人的天性;由明德而有至诚,这是贤人学习的结果。有至诚则必有明德,有明德则必有至诚。只有天下至诚的圣人,才能完全发挥自己的天性;能完全发挥自己的天性,就能完全发挥他人的天性;能完全发挥他人的天性,就能完全发挥万物的性能;能完全发挥万物的性能,就可以赞助天地化育万物;可以赞助天地化育万物,就可以和天地并列而为三了。贤人只能从点滴小事做起,在点滴小事上能有至诚;有了至诚就会表现出来,表现出来就会日益显著;日益显著就会大放光明,大放光明就会感动人心;感动人心就会变恶为善,变恶为善就会让人脱胎换骨。只有天下至诚的贤人才能化恶为善,移风易俗。

【原文】

"至诚之道,可以前知。国家将兴,必有祯祥①。国家将亡,必有妖孽②。见乎蓍龟③,动乎四体。祸福将至:善,必先知之;不善,必先知之。故至诚如神。

注释

①祯祥:指吉祥的预兆。
②妖孽:指灾祸的预兆。
③见:古"现"字。表现,体现。

【今译】

"心怀至诚,就可以预知未来。国家将要兴盛,必定有吉祥的预兆;国家将要灭亡,必定有妖异的前征。反映在占卜的蓍草、龟甲中,表现在人们的仪容、举止上。祸福将要来临的时候:是福,必定预先知道;是祸,也必定预先知道。所以,心怀至诚的人就像神明一样。

【原文】

"诚者,自成也;而道,自道也。诚者物之终始,不诚无物。是故君子诚之为贵。诚者非自成己而已也,所以成物也。成己,仁也;成物,知也。性之德也,合外内之道也,故时措之宜也。

【今译】

"诚,就是自身品德修养的完成;而道,乃是走向完成品德修养的自我指导。诚贯穿于万物的始终,没有诚也就没有万物。所以,君子把诚看作是最高贵的品德。诚,并非完成自身的修养就算完事了,而是要使万物都得到完成。完成自身的修养,叫做仁;使万物都得到完成,叫做智。仁和智是人性固有的美德,综合了成物、成己的规律,所以任何时候用它都是适宜的。

【原文】

"故至诚无息。不息则久,久则征①,征则悠远,悠远则博厚,博厚则高明。博厚,所以载物也;高明,所以覆物也;悠久,所以成物也。博厚配地,高明配天,悠久无疆。如此者,不见而章,不动而变,无为而成。天地之道,可一言而尽也②。其为物不贰,则其生物不测。天地之道,博也,厚也,高也,明也,悠也,久也。今夫天,斯昭昭之多,及其无穷也,日月星辰系焉,万物覆焉。今夫地,一撮土之多,及其广厚,载华岳而不重,振河海而不泄,万物载焉。今夫山,一卷石之多,及其广大,草木生之,禽兽居之,宝藏兴焉。今夫水,一勺之多,及其不测,鼋鼍、蛟龙、鱼鳖生焉,货财殖焉③。《诗》曰:'维天之命,於穆不已④!'盖曰天之所以为天也。'於乎不显,文王之德之纯⑤!'盖曰文王之所以为文也,纯亦不已。

注释

①征:效验。

②天地之道二句:朱熹说:"天地之道,可一言而尽,不过曰'诚'而已。"

③今夫天二十二句:朱熹说:"此四条,皆以发明由其不贰不息以致盛大而能生物之意。然天、地、山、川,实非由积累而后大,读者不以辞害意可也。"昭昭:犹言"耿耿",小明也。华岳:西岳华山。此处泛指五岳。卷石:读作"拳石"。拳头大的石头。

④《诗》云二句:见《诗经·周颂·维天之命》。於(wū 乌):感叹词。

⑤於乎不显二句:亦见《诗经·周颂·维天之命》。於乎:即"呜呼"。感叹词。不显:不,通"丕",大也。丕显,大显。

【今译】

"所以,至诚是不间断的。不间断就可以长久,长久就可以得到验证,得到验证就可以行之悠远,行之悠远就可以广博深厚,广博深厚就可以高大光明。广博深厚,能用来承载万物;高大光明,能用来覆盖万物;行之悠远,能用来成就万物。广博深厚可以与地相配,高大光明可以与天相配,行之悠远而无边无际。圣人之德如此广博深厚、高大光明、行之悠远,以致于不见所为而功业彰显,不见动作而万物改变,无所作为而道德成就。天地之道,可以用一个字来概括,那就是一个'诚'字。它以至诚不贰对待万物,所以能够生育万物而其数无法估量。天地之道,广博、深厚、高大、光明、悠远、长久。就拿天来说,刚一开始也不过是区区一片微光,微光越积越多,以至于无穷无尽,到了这个时候,日月星辰被悬挂在上面,万物被覆盖在下面。再拿地来说,刚一开始也不过是一把泥土而已,后来越积越多,以至于广博深厚到这种程度,承载五岳而不觉得重,容纳河海而不至于漏泄,万物皆可承载于上。再拿山来说,刚一开始不过是拳头大的一小块石头,后来越积越多,以至于广大到这种程度,草木在上面生长,禽兽在上面居住,矿藏从里面开采。再拿水来说,刚一开始也不过是一勺水而已,后来越积越多,以至于达到深不可测的程度,于是鼋鼍、蛟龙、鱼鳖生活在里面,种种货财也从水中繁殖。《诗经》上说:'想那天道在运行,庄严肃穆永不停。'说的就是天之所以成为天;'呜呼,多么光明显赫!文王的品德真纯正。'说的就是文王之所以被称为'文',其纯正也从未间断。

【原文】

"大哉圣人之道!洋洋乎发育万物①,峻极于天。优优大哉②!礼仪三百③,威仪三千,待其人然后行。故曰:苟不至德,至道不凝焉④。故君子尊德性而道问学,致广大而尽精微,极高明而道中庸;温故而知新,敦厚以崇礼。是故居上不骄,为下不倍⑤;国有道,其言足以兴;国无道,其默足以容。《诗》曰:'既明且哲,以保其身⑥。'其此之谓与!"

【注释】

①洋洋:充溢的样子。
②优优:充足有余的样子。
③三百:形容其多。并非确实数目。下文的"三千"同此。
④凝:成也。
⑤倍:通"背"。

⑥《诗》曰二句:见《诗经·大雅·烝民》。

【今译】

"伟大啊,圣人之道!充满世界,化育万物,高达于天。绰绰有余,真伟大啊!礼的大纲三百条,礼的细则三千条,一定要等到圣人出来才能实行。所以说:如果不是具有至高无上道德的人,圣人的至善之道就不能实行。所以君子尊崇圣人的至诚之性,并通过勤学来达到;既要达到如同地德的广博深厚,又要无微不至;既要达到如同天德的高大光明,又要遵循中庸之道;温习旧有的知识,从而获得新的体会;为人敦厚而崇尚礼仪。所以,身居上位而不骄傲,身居下位而不背叛;如果国家政治清明,他的积极建议足以使国家兴盛;如果国家政治黑暗,他的沉默不语也足以使他保全自身。《诗经》上说:'既明白道理而又洞察是非,就可以保全自身。'不就是说的这个道理吗!"

【原文】

子曰:"愚而好自用,贱而好自专;生乎今之世,反古之道。如此者,灾及其身者也。"非天子,不议礼,不制度,不考文。今天下车同轨,书同文,行同伦。虽有其位,苟无其德,不敢作礼乐焉;虽有其德,苟无其位,亦不敢作礼乐焉。

【今译】

孔子说:"愚蠢而好自以为是,卑贱而好自做主张;生活在当代世界,却要恢复古代的那一套。这样做的人,势必要灾祸临头了。"不是天子,就没有资格议礼,没有资格规定制度,没有资格考订文字。当今的天下,车轮之间的轨迹等宽,书写的字体一律,行为的规范相同。虽然处于天子的地位,如果没有相应的道德,就不敢制礼作乐;虽然具有圣人的品德,如果没有相应的地位,也不敢制礼作乐。

【原文】

子曰:"吾说夏礼,杞不足征也①。吾学殷礼,有宋存焉②。吾学周礼,今用之,吾从周。王天下有三重焉③。其寡过矣乎!上焉者虽善无征,无征不信,不信民弗从;下焉者虽善不尊,不尊不信,不信民弗从。

故君子之道，本诸身，征诸庶民，考诸三王而不缪④，建诸天地而不悖，质诸鬼神而无疑，百世以俟圣人而不惑。质诸鬼神而无疑，知天也；百世以俟圣人而不惑，知人也。是故君子动而世为天下道，行而世为天下法，言而世为天下则。远之则有望，近之则不厌。《诗》曰：'在彼无恶，在此无射。庶几夙夜，以永终誉⑤。'君子未有不如此而蚤有誉于天下者也⑥。"

【注释】

①杞：古国名。《乐记》："武王克殷，封夏后氏之后于杞。"
②宋：古国名。《乐记》："武王克殷，投殷之后于宋。"
③三重：郑玄说是"三王之礼"。朱熹说是指上文所说的"议礼、制度、考文"。朱说较胜。
④三王：夏禹、商汤和周文王、武王。
⑤《诗》曰四句：见《诗经·周颂·振鹭》。射(yì 易)：《毛诗》作"斁"，二字通。讨厌之意。终：通"众"。众人。
⑥蚤：通"早"。

【今译】

孔子说："我想讲说夏礼，但现在的杞国已经不足以验证它了。我想学习殷礼，现在的宋国还保存着一部分。我想学习周礼，这是当今正在使用的礼，所以我遵循周礼。称王天下的人有三件重要的事做好了，大概就可以少犯错误了。周代以前的一套规矩虽然很好却无从验证，无从验证则百姓不信，百姓不信也就不会遵从；处在下位的圣人的一套规矩虽然很好，但其地位不尊，地位不尊则百姓不信，百姓不信也就不会遵从。所以，君子治理天下的办法，应该是首先从自身出发，然后在百姓中求得验证，稽考于三王而没有错误，树立于天地之间而毫无悖逆，质询于鬼神而没有疑问，百世以后等到圣人出来也提不出不同意见。质询于鬼神而没有疑问，这是懂得天理；百世以后等到圣人出来也提不出不同意见，这是懂得人情。所以君子的任何举动都被后世奉为天下的楷模，君子的任何行事都被后世奉为天下的法则，君子的任何言论都被后世奉为典范。远离君子，则有仰慕之心，靠近君子，则无厌倦之意。《诗经》上说：'在那里无人厌恶，在这里无人讨厌。从早到黑不懈息，交口称赞美名传。'君子没有一个不是这样做了以后才早早地名扬天下的。"

【原文】

　　仲尼祖述尧、舜,宪章文、武;上律天时,下袭水土。辟如天地之无不持载,无不覆帱①;辟如四时之错行,如日月之代明。万物并育而不相害,道并行而不相悖。小德川流,大德敦化②。此天地之所以为大也。

【注释】

①帱(dào 道):覆盖。
②小德:圣人之德的一部分。下文的"大德"则指圣人之德的总体。

【今译】

　　从远处说,孔子继承唐尧、虞舜;从近处说,孔子效法文王、武王;上据天时,下据地理。譬如天的无不覆盖,譬如地的无不承载;譬如四季的交替运行,譬如日月的轮流照耀。万物共同生长而不互相妨害,各种规律并行而不互相冲突。小德川流不息,大德敦厚化育,这就是天地之所以伟大的地方。

【原文】

　　唯天下至圣为能聪明睿知①,足以有临也;宽裕温柔,足以有容也;发强刚毅,足以有执也;齐庄中正②,足以有敬也;文理密察,足以有别也。溥溥渊泉,而时出之。溥溥如天,渊泉如渊。见而民莫不敬③,言而民莫不信,行而民莫不说④。是以声名洋溢乎中国,施及蛮貊⑤。舟车所至,人力所通;天之所覆,地之所载;日月所照,霜露所队⑥。凡有血气者,莫不尊亲,故曰配天。唯天下至诚,为能经纶天下之大经,立天下之大本,知天地之化育。夫焉有所倚?肫肫其仁⑦!渊渊其渊⑧!浩浩其天!苟不固聪明圣知达天德者,其孰能知之?

【注释】

①睿知:即"睿智"。英明有远见。
②齐(zhāi 斋)庄:严肃端重。

③见:古"现"字。
④说:古"悦"字。
⑤施(yì 义):蔓延。蛮貊(mò 莫):蛮,古代称居住在南方的民族。貊,古代称居住在东北方的民族。
⑥队:古"坠"字。
⑦肫肫(zhūn 谆):诚恳的样子。
⑧渊渊:深沉的样子。

【今译】

唯有天下最伟大的圣人才能做到聪明睿智,足以君临天下;宽厚温柔,足以包容万物;坚强刚毅,足以决断一切;端庄正直,足以令人起敬;条理清晰,详审明察,足以辨别是非。圣人之德,博大精深,待时而出。其博大犹如苍天,其精深犹如深渊。他一出现,百姓就无不起敬;他一说话,百姓就无不信服;他一举动,百姓就无不喜悦。所以他的声名不但响彻华夏大地,而且传播到少数民族聚居的远方。凡是车船能行驶到的地方,凡是人的足迹所能到的地方;只要是苍天覆盖之处,大地承载之处,日月所照之处,霜露所降之处;凡是有血气的生命,无不尊敬他,无不亲近他,所以说圣人之德可以与天媲美。只有天下最至诚的人,才能理顺治理天下的大纲,才能树立天下的根本,才能洞晓天地化育万物的原理。做到这些难道还要依赖别的什么吗?他的仁厚是那样的诚恳!智慧是那样的深沉,盛德如天,浩浩荡荡!如果不是本来聪明睿智而又通晓天地的人,谁能了解他呢?

【原文】

《诗》曰"衣锦尚絅"①,恶其文之著也。故君子之道,暗然而日章;小人之道,的然而日亡。君子之道:淡而不厌,简而文,温而理,知远之近,知风之自,知微之显,可与入德矣。《诗》云:"潜虽伏矣,亦孔之昭②!"故君子内省不疚,无恶于志。君子所不可及者,其唯人之所不见乎!《诗》云:"相在尔室,尚不愧于屋漏③。"故君子不动而敬,不言而信。《诗》曰:"奏假无言,时靡有争④。"是故君子不赏而民劝,不怒而民威于铁钺⑤。《诗》曰:"不显惟德,百辟其刑之⑥。"是故君子笃恭而天下平。《诗》曰:"予怀明德,不大声以色⑦。"子曰:"声色之于以化民,末也。"《诗》曰:"德輶如毛⑧。"毛犹有伦⑨;"上天之载,无声无臭"⑩,至矣!

### 注释

①《诗》曰句:见《诗经·卫风·硕人》。今《毛诗》作"衣锦褧衣"。这种文字不同的原因,孔颖达说是记者"断截诗文";王引之则认为"《诗》曰"下本有"衣锦褧衣"四字,"衣锦绢"则是释诗之词,孔颖达作《礼记正义》时已漏掉"衣锦褧衣"四字。尚:通"上"。此指外面。绢(jiōng局):麻布制的单衣。

②《诗》云二句:见《诗经·小雅·正月》。孔:很,非常。

③《诗》云二句:见《诗经·大雅·抑》。相:视,看。屋漏:古人称室内西北角为屋漏。因西北角开有天窗,日光可由天窗照射入室,所以称为屋漏。此处指代神明。

④《诗》曰二句:见《诗经·商颂·烈祖》。奏假:在宗庙中演奏大乐。假,大也。

⑤铁钺:古代的刑戮之具。已见《王制》。

⑥《诗》曰二句:见《诗经·周颂·烈文》。不显:即"丕显"。已见本篇上文注。百辟:谓众诸侯。刑:通"型",模型,效法。

⑦《诗》曰二句:见《诗经·大雅·皇矣》。

⑧《诗》曰句:见《诗经·大雅·烝民》。輶(yóu游):轻。

⑨伦:比方。

⑩上天之载二句:见《诗经·大雅·文王》。载:郑玄说:"载,读曰'栽',谓生物也。"

### 【今译】

《诗经》上说:"身穿锦服罩单衣。"这是讨厌锦服的花纹太招眼。所以君子之道,刚一开始不太显眼,时间长了却日益彰明;小人之道,刚一开始光芒刺目,时间长了却日趋消亡。君子之道:看似淡薄而实则醇厚,令人不厌,简朴而有文采,温和而有条理,由近而知远,溯流而知源,见著而知微,这样就可以说是摸到了进入圣人之德的门径了。《诗经》上说:"虽然潜藏水底,仍被看得分明。"所以君子自我反省,问心无愧,也无损自己的志向。君子的不可企及之处,大概就在于在人所看不见的地方也能够严于律己吧!《诗经》上说:"看你独自处于室内,做事尚可无愧神明。"所以君子不用举动就能令人起敬,不用说话就能令人信服。《诗经》上说:"金声玉振众肃静,太平之世无人争。"所以君子不用赏赐,百姓就受到了鼓励;不用发怒,百姓就觉得比刑罚还要威严。《诗经》上说:"文王之德多么光明,四方诸侯都要效法。"因此,君子笃实恭敬就能使天下太平。《诗经》上说:"我归心于明德的文王,他从不疾言厉色。"孔子说:"用疾言厉色去教化百姓,这是下策。"《诗经》上说:"德行轻如鸿毛。"有毛可比就是还有形迹可寻;至于"上天的造生万物,人们既听不到它的声音,也闻不到它的气味",那才是至高无上的境界啊!

# 礼记全译

## 表记第三十二

【题解】

郑玄说:"名曰《表记》者,以其记君子之德见于仪表。"王夫之则把"表"字解释作表率、仪范。照此说来,本篇所记,皆是树立种种行为的表率,以便有志者对照自勉,身体力行。篇中所引《诗》《书》,也多有断章取义之处,读时宜体会本篇作者的良苦用心,不可以辞害意。

【原文】

子言之:"归乎①!君子隐而显,不矜而庄,不厉而威,不言而信。"子曰:"君子不失足于人,不失色于人,不失口于人。是故君子貌足畏也,色足惮也,言足信也。《甫刑》曰:'敬忌而罔有择言在躬②。'"子曰:"裼、袭之不相因也③,欲民之毋相渎也④。"子曰:"祭极敬⑤,不继之以乐。朝极辨,不继之以倦。"

注释

①归乎:这是孔子周游列国,未被诸侯聘用,心生厌倦,因而发出"归乎"之叹。

②《甫刑》句:见《尚书·吕刑》。《甫刑》是《尚书》篇名,也叫《吕刑》。择(dù杜)言:坏话。择,通"殬",败也。

③裼袭:详《曲礼下》注释。

④欲民之毋相渎也:孙希旦说:"礼以变为敬,若相因则渎,渎则不敬矣。"

⑤极:尽也。

【今译】

　　孔子说:"还是回去吧！君子虽然隐居林泉,但道德发扬,声名显著;不必故作矜持而自然端庄,不必故作严厉而自然令人生畏,不必讲话而人们自然相信。"孔子说:"君子的一举一动,都不让别人感到有失检点;一颦一笑,都不让别人感到有失检点;一言一语,都不让别人感到有失检点。所以君子的容貌足以令人生畏,君子的脸色足以令人畏惧,君子的讲话足以令人信服。《甫刑》上说:'外貌恭敬,内心戒慎,别人就不会说自己的坏话。'"孔子说:"在行礼过程中,有时以露出裼衣为敬,有时以掩好上服不露出裼衣为敬,这样做的目的,是要民众不要亵渎了礼。"孔子说:"祭礼要求尽量表达敬意,虽有饮酒之事,但也不能以欢乐告终;朝廷上的政事要求尽量办好,不可因为劳神而以草草了事告终。"

【原文】

　　子曰:"君子慎以辟祸,笃以不掩①,恭以远耻。"子曰:"君子庄敬日强,安肆日偷。君子不以一日使其躬儳焉②,如不终日。"子曰:"齐戒以事鬼神,择日月以见君③,恐民之不敬也。"子曰:"狎侮,死焉,而不畏也。"子曰:"无辞不相接也,无礼不相见也,欲民之毋相亵也。《易》曰:'初筮告,再三渎,渎则不告④。'"

注释

　　①掩:犹困迫。
　　②儳(chàn忏):郑玄说:"可轻贱之貌。"
　　③择日月以见君:指国都以外的地方官员晋见国君。
　　④《易》曰三句:见《易经·蒙卦》卦辞。

【今译】

　　孔子说:"君子用谨慎行事来避免灾祸,用道德笃厚来避免受窘,用恭以待人来远离耻辱。"孔子说:"君子端庄恭敬,所以道德日益显著;如果耽于安乐,放肆无检,就会日益苟且偷安。君子一天也不让自己的所作所为被人瞧不起,如同小人的无礼而惶惶不可终日。"孔子说:"斋戒以后才敬事鬼神,择好日子然后晋见国君,如此慎重地行事,就是恐怕人们失去恭敬之心。"孔子说:"小人喜好轻狎侮慢,即令会招致杀身之祸,也不知畏惧。"孔子说:"朝聘聚会之时,双方必有言辞以通情意,必有见面的礼物以通情意;如果没有言辞,就不互相交接;没有见面的礼物,就不互相见面。之所以这样作,是要百姓不要忽视礼数而对对方失敬。《易经》上说:'第一次占筮,神告诉你是吉是凶;如果不信,又进行第二次、第三次占筮,那就是对神的亵渎。亵渎了神,神就不再告诉吉凶了。'"

【原文】

子言之:"仁者天下之表也,义者天下之制也,报者天下之利也①。"子曰:"以德报德,则民有所劝。以怨报怨,则民有所惩②。《诗》曰:'无言不雠,无德不报③。'《大甲》曰:'民非后,无能胥以宁。后非民,无以辟四方④。'"子曰:"以德报怨,则宽身之仁也⑤;以怨报德,则刑戮之民也。"

【注释】

①报:郑玄说:"报,谓礼也。礼尚往来。"
②惩:指受到创伤。
③《诗》曰二句:见《诗经·大雅·抑》。
④《大甲》:《尚书》篇名。此处引文与《尚书》本文小有不同。后:君。胥:互相。辟(bì 碧):君主。
⑤宽身之仁:郑玄说:"宽,犹爱也。爱身以息怨,非礼之正也。"仁:当作"民",声近而误。

【今译】

孔子说:"仁是天下的仪表,义是裁决天下事物的准则,礼尚往来是天下之利。"孔子说:"以恩德回报别人对自己的恩德,这样百姓就会有所劝勉而友好相处。以怨恨回报别人对自己的怨恨,这样百姓就会两败俱伤。《诗经》上说:'出言未有不答,施德未有不报。'《尚书·太甲》篇说:'百姓没有国君,就不能得到安宁;国君没有百姓,也无法君临四方。'"孔子说:"以恩德回报别人对自己的怨恨,这是委曲求全的人;以怨恨回报别人对自己的恩德,这是应该绳之以法的人。"

【原文】

子曰:"无欲而好仁者,无畏而恶不仁者,天下一人而已矣①。是故君子议道自己,而置法以民。"子曰:"仁有三,与仁同功而异情。与仁同功,其仁未可知也。与仁同过,然后其仁可知也②。仁者安仁,知者利仁,畏罪者强仁。仁者右也,道者左也。仁者人也,道者义也。厚于仁者薄于义,亲而不尊;厚于义者薄于仁,尊而不亲。道有至,义有考③。至道以王,义道以霸,考道以为无失。"

【注释】

①一人而已:比喻人数极少。

②与仁同过二句:行仁而遇到挫折或失败,不是发自内心深处行仁的,就会动摇、后悔,所以能够分辨出他是属于哪种仁。

③道有至二句:郑玄说应当作"道有至,有义,有考"。至道是仁义兼行,义道是行义而不行仁,考道是勉勉强强采取仁义的一部分而行之以取得成功。考:成也。

【今译】

孔子说:"不是为了满足私欲而喜好仁的人,也不是因为畏惧才厌恶不仁的人,这样的人在普天之下很少很少。所以君子在议论原则时是以自己为准,在制定法律时是以百姓能做到的为准。"孔子说:"仁的实行有三种情况:一是安于行仁,二是为了利益而行仁,三是勉勉强强而行仁。三者虽然都能达到仁的效果,但出发点却不同。都能达到仁的效果,仅从效果上看,是看不出它是属于哪种仁的。在行仁时遇到了挫折,这时候就可以看出它是属于哪种仁了。真正的仁人,不论在什么情况下都安于行仁;自以为是的人,看到有利可图才去行仁;害怕犯罪受罚的人,是迫不得已而勉强行仁。仁好比是右手,道好比是左手。仁,体现在爱人上;道,体现在义理上。在仁的方面做的多,在义的方面做的少,其结果是赢得了亲近而没有赢得尊敬;在义的方面做的多,在仁的方面做的少,其结果是赢得了尊敬而没有赢得亲近。道有兼行仁义的至道,有只行义而不行仁的义道,有采取仁义的一部分而行之的考道。行至道可以称王,行义道可以称霸,行考道可以避免过失。"

【原文】

子言之:"仁有数,义有长短小大①。中心憯怛,爱人之仁也。率法而强之,资仁者也②。《诗》云:'丰水有芑,武王岂不仕。诒厥孙谋,以燕翼子。武子烝哉③!'数世之人也④。《国风》曰:'我今不阅,皇恤我后⑤。'终身之仁也。"

注释

①仁有数二句:这二句中的"数"与"长短、小大"是互文。下文所引《诗经》五句,是仁之多、长、大的例子;下文所引《国风》二句,是仁之少、短、小的例子。
②资:取。
③《诗》云五句:见《诗经·大雅·文王有声》。丰水:即"沣水",源出于陕西西安西南的秦岭,与渭水合流以后注入黄河。芑:郑玄说是枸杞。马瑞辰说是水芹菜。烝:美。赞美之词。
④人:通"仁"。
⑤《国风》曰二句:见《诗经·邶风·谷风》。阅:容纳。皇:通"遑",没有功夫。

【今译】

孔子说:"仁有多少、长短、大小之分,义也有多少、长短、大小之别。对别人的不幸有恻隐之心,这是天性同情他人的仁。遵循法律而勉强行仁,这是以行仁为手段而企图达到个人目的。《诗经》上说:'正如丰水之有芑,武王岂不考虑天下长治久安之计。留下了安邦治国的好谋略,庇护他的子孙享国久长。武王真伟大啊!'这是惠及后世几代的仁。《国风》上说:'我现在自身还难保,哪里有功夫为后代着想呢!'这是终竟自己一生的仁。"

【原文】

子曰:"仁之为器重,其为道远,举者莫能胜也,行者莫能致也。取数多者,仁也。夫勉于仁者,不亦难乎!是故君子以义度人①,则难为人;以人望人,则贤者可知已矣。"子曰:"中心安仁者,天下一人而已矣。《大雅》曰:'德輶如毛,民鲜克举之。我仪图之,惟仲山甫举之,爱莫助之②。'《小雅》曰:'高山仰止,景行行止③。'"子曰:"《诗》之好仁如此。乡道而行,中道而废,忘身之老也,不知年数之不足也;俛焉日有孳孳④,毙而后已。"

**注释**

①义:郑玄说是"先王成法"。

②《大雅》曰五句:见《诗经·大雅·烝民》。輶(yóu游):轻。仪图:揣度。仲山甫:周宣王时大臣。封于樊(今河南济源),排行老二,故亦称樊仲。

③《小雅》曰二句:见《诗经·小雅·车辖》。景行:大道。

④俛焉:勤奋的样子。孳孳:即"孜孜"。

**【今译】**

孔子说:"仁,作为器物,非常非常之重;作为道路,非常非常之远。作为器物,没有人能够把它举得起来;作为道路,没有人能够走得完。我们只能看谁举得较重,走得较远,以数量多的,算作仁了。像这样地勉力于仁,难度够大的了!所以君子如果用先王的标准来衡量人,那么做人就很难达到标准;如果用今天一般人的标准去要求别人,那么就可以知道谁是贤人了。"孔子说:"天性乐于行仁的人,天下非常的少。《大雅》上说:'虽然道德轻如鸿毛,但是很少有人能够把它举得起来。我揣度,只有仲山甫能够举得起来,可惜时人没有能够帮助他的。'《小雅》上说:'高山则可仰慕,大道则可行走。'"孔子说:"《诗经》是如此地爱好仁。向着仁的大道前进,走到半路,实在没有力气了,才不得已停顿下来,忘掉了身体已经衰老,也忘掉了余日不多;仍然孜孜不懈,奋力向前,死而后已。"

**【原文】**

子曰:"仁之难成久矣!人人失其所好①,故仁者之过易辞也。"子曰:"恭近礼,俭近仁,信近情,敬让以行,此虽有过,其不甚矣。夫恭寡过,情可信,俭易容也,以此失之者,不亦鲜乎!《诗》曰:'温温恭人,惟德之基②。'"子曰:"仁之难成久矣,唯君子能之。是故君子不以其所能者病人，不以人之所不能者愧人。是故圣人之制行也，不制以己，使民有所劝勉愧耻③，以行其言。礼以节之，信以结之，容貌以文之，衣服以移之，朋友以极之，欲民之有壹也。《小雅》曰：'不愧于人，不畏于天④。'是故君子服其服，则文以君子之容；有其容，则文以君子之辞；遂其辞，则实以君子之德。是故君子耻服其服而无其容，耻有其容而无其辞，耻有其辞而无其德，耻有其德而无其行。是故君子衰绖则有哀色，端冕则有敬色，甲胄则有不可辱之色。《诗》云：'惟鹈在梁，不濡其翼。彼记之子，不称其服⑤。'"

### 注释

①人人失其所好：孙希旦说："仁之为道，人莫不知其可好。然鲜能胜其重，致其远，此所以人人失之也。"译文即用此义。

②《诗》曰二句：见《诗经·大雅·抑》。

③不制以己二句：郑玄说："以中人为制，则贤者劝勉，不及者愧耻。"

④《小雅》曰二句：见《诗经·小雅·何人斯》。

⑤《诗》云四句：见《诗经·曹风·候人》。鹈（tí 提）：即鹈鹕。水鸟名。记：今《毛诗》作"其"，二者读音相同，都是语助词，无义。梁：河梁。即断水捕鱼的堰。

### 【今译】

孔子说："仁的难以成功，由来已久了！因为人的能力有限，很难全部做到，所以仁者所犯的过失是容易得到解释的。"孔子说："恭敬接近于礼，谦逊接近于仁，诚信接近于人情；如果能以恭敬谦让的态度做人行事，即便有什么过失，也不会是什么大的过失。做到恭敬就会少犯过失，近乎人情就会让人信赖，为人谦逊就容易被人接受。这样做人而犯错误，不是少有的事吗！《诗经》上说：'温和恭敬的人，是道德的基石。'"孔子说："仁的难以成功由来已久，只有君子能够成功。所以君子不以自己所能做到的事去责备别人，也不以别人做不到的事便让人家感到惭愧。所以圣人在制定行为标准时，不是以自己为标准，而是以中等水平的人为标准，使知道努力的人有所劝勉，不知道努力的人有所愧耻，以便共同实行圣人的教诲。用礼来约束他们，用诚信来团结他们，用恰当的仪容来文饰他们，用合乎身份的衣服来影响他们，用朋友之间的劝勉来鼓励他们，这都是为了使他们专一于为善。

《小雅》上说:'难道人前不惭愧?难道不怕天报应?'所以君子穿上了君子的服装,还要用君子的仪容来加以文饰;有了君子的仪容,还要用君子的谈吐来加以文饰;谈吐高雅了,还要用君子的道德来加以充实。所以君子对于穿上君子服装而无君子仪容感到羞耻,对于只有君子仪容而无君子谈吐感到羞耻,对于只有君子谈吐而无君子道德感到羞耻,对于只有君子道德而无君子行为感到羞耻。所以君子穿上了丧服就会有悲哀的神色,穿上了朝服就会有恭敬的神色,穿上了军服就会有不可侵犯的神色。《诗经》上说:'鹈鹕鸟儿立河梁,居然未曾湿翅膀。那些没有德行的官员们,真不配他们穿的那身衣裳。'"

【原文】

子言之:"君子之所谓义者,贵贱皆有事于天下。天子亲耕,粢盛秬鬯①,以事上帝,故诸侯勤以辅事于天子。"子曰:"下之事上也,虽有庇民之大德,不敢有君民之心,仁之厚也。是故君子恭俭以求役仁②,信让以求役礼;不自尚其事,不自尊其身;俭于位而寡于欲,让于贤;卑己而尊人,小心而畏义,求以事君;得之自是,不得自是,以听天命。《诗》云:'莫莫葛藟,施于条枚。凯弟君子,求福不回③。'其舜、禹、文王、周公之谓与!有君民之大德,有事君之小心。《诗》云:'惟此文王,小心翼翼。昭事上帝,聿怀多福。厥德不回,以受方国④。'"

【注释】

①天子亲耕二句:请参看《祭义》。粢盛(zī chéng 资成):盛放在器皿中作祭祀用的黍稷。秬鬯(jù chàng 聚唱):用黑黍制成的香酒。用以敬神。

②役:为。

③《诗》云四句:见《诗经·大雅·旱麓》。莫莫:茂密的样子。葛藟(lěi 磊):葛藤。施(yì 易):蔓延。条枚:树支和树干。回:邪僻。

④《诗》云六句:见《诗经·大雅·大明》。聿:语助词。无义。怀:招徕。方国:四方诸侯之国。

【今译】

孔子说:"君子的所谓'义',是说一个人无论身份贵贱,都要为天下做出应有的贡献。譬如天子,虽然至尊至贵,也要亲耕藉田,生产出粢盛，制造出秬鬯，以祭祀上帝；所以诸侯也要勤勉地辅佐天子。"孔子说："在下位的事奉在上位的，虽然有了庇护民众的大德，也不敢有统治民众的念头，这是仁厚的表现。所以君子恭敬谦逊以求做到仁，诚信谦让以求做到礼；不自己夸耀自己做过的事，不自己抬高自己的身价；在地位面前表现出谦逊，在名利面前表现出淡泊，让于贤人；贬低自己而推崇别人，小心谨慎而唯恐不得其当，要求自己用这样的态度事奉国君；得意时自行此道，不得意时也自行此道，一切听天由命，绝不改变信仰以邀取利禄。《诗经》上说：'茂茂密密的葛藤，缠绕着树干和树枝。平易近人的君子，不走邪道把福求。'大概说的就是舜、禹、文王、周公吧！他们都有治理民众的大德，又有事奉君主的小心。《诗经》上说：'周文王小心翼翼，明白怎样敬奉上帝，得到了许多福佑。他的德行叫人挑不出毛病，最终得到了天下诸侯的拥戴。'"

【原文】

子曰："先王谥以尊名，节以壹惠①，耻名之浮于行也。是故君子不自大其事，不自尚其功②，以求处情；过行弗率③，以求处厚；彰人之善而美人之功，以求下贤。是故君子虽自卑而民敬尊之。"子曰："后稷④，天下之为烈也，岂一手一足哉？唯欲行之浮于名也，故自谓便人⑤。"

【注释】

①壹惠：最突出的一种优点。壹，通"一"。
②尚：通"上"。
③率：遵循。
④后稷：周人的始祖。名弃。曾在尧舜时代做农官，教民耕种。周人认为他是开始种稷和麦的人。
⑤唯欲二句：郑玄说："亦言其谦也。避仁圣之名，云：吾便习于此事之人耳。"

【今译】

孔子说："大臣死了，先王给他加上一个谥号，以表彰他的一生。死者在一生中尽管做了许多好事，但在定谥号时，只节取死者一生中最突出的一点作为依据,其余的都略而不提,这是因为耻于使名声超过实际做过的事。所以君子不夸大自己做过的事,不吹嘘自己的功劳,以求合乎实际;有了过失,不再重犯,以求待人宽厚;表彰别人的优点,赞美别人的功劳,以求贤者能够居于上位。这样一来,君子尽管自己贬低自己,而民众对他却十分尊敬。"孔子说:"后稷这个人,建立的是盖世无双的功业,得到他的好处的岂止是一两个人?只是由于他想使实际做过的事超过名声,所以自称是一个懂得种庄稼的人。"

【原文】

子言之:"君子之所谓仁者,其难乎!《诗》云:'凯弟君子,民之父母①。'凯以强教之,弟以说安之②。乐而毋荒,有礼而亲,威庄而安,孝慈而敬,使民有父之尊,有母之亲,如此而后可以为民父母矣,非至德其孰能如此乎?今父之亲子也,亲贤而下无能;母之亲子也,贤则亲之,无能则怜之。母亲而不尊,父尊而不亲。水之于民也,亲而不尊;火尊而不亲。土之于民也,亲而不尊;天尊而不亲。命之于民也,亲而不尊,鬼尊而不亲。"

【注释】

①《诗》云二句:见《诗经·大雅·酌》。凯弟(kǎi tì 楷替):凯是欢乐,弟是平易。

②说:古"悦"字。

【今译】

孔子说:"君子的所谓'仁',做起来是相当难的呀!《诗经》上说:'快乐平易的君子,是民众的父母。'君子以快乐教人,使人自强不息;以平易安民,使人感到喜悦。使人民快乐而不荒废事业,彬彬有礼而相亲相爱,威严庄重而安宁,孝顺慈爱而恭敬,使人民像尊敬父亲一样尊敬自己,像亲近母亲一样亲近自己,这样做了以后才可以成为民众的父母,如果不具备至高的德行,谁能做到这一点呢?现在父亲的亲爱儿子,儿子贤能他就亲,儿子无能他就看不起;母亲的亲爱儿子,儿子贤能她就亲,儿子无能她就怜惜。所以母亲可亲而不可尊,父亲可尊而不可亲。对于人们来说,水是可亲而不可尊,火是可尊而不可亲。

对于人们来说,土地是可亲而不可尊,天是可尊而不可亲。对于人们来说,国君的教令可亲而不可尊,鬼神可尊而不可亲。"

【原文】

子曰①:"夏道尊命②,事鬼敬神而远之③,近人而忠焉,先禄而后威,先赏而后罚,亲而不尊;其民之敝,蠢而愚,乔而野④,朴而不文。殷人尊神,率民以事神,先鬼而后礼,先罚而后赏,尊而不亲;其民之敝,荡而不静,胜而无耻。周人尊礼尚施,事鬼敬神而远之,近人而忠焉,其赏罚用爵列⑤,亲而不尊;其民之敝,利而巧,文而不惭,贼而蔽。"

【注释】

①子曰:对于本节孔子所说,孔颖达解释说:"夏道尊命,殷人尊神,周人尊礼,三代所尊不同者,案《元命苞》云:'三王有失,故立三教以相变。夏人之立教以忠,其失野,故救野莫若敬;殷人之立教以敬,其失鬼,救鬼莫若文;周人之立教以文,其失荡,故救荡莫若忠。如此循环,周则复始。'"

②命:谓政教。

③远之:孙希旦说:"谓不以鬼神之道示人也。"

④乔:通"骄"。

⑤赏罚用爵列:孔颖达说:"既不先赏后罚,亦不先罚后赏,唯用爵列尊卑或赏或罚也。"爵列,爵位的等级。

【今译】

孔子说:"夏人的治国之道是尊重君上的政教,虽然敬奉鬼神但却不把它当作政教的内容,接近人情而忠诚,把俸禄放在第一位而把威严放在第二位,把赏赐放在第一位而把刑罚放在第二位,所以他们的政教可亲而不可尊;到了政教衰败的时候,它的百姓就变得愚蠢而无知,骄横而粗野,朴陋而缺乏修养。殷人尊崇鬼神,君上率领百姓敬事鬼神,把鬼神放在第一位而把礼仪放在第二位,把刑罚放在第一位而把赏赐放在第二位,所以他们的政教可尊而不可亲;到了政教衰败的时候,它的百姓就变得心意放荡而不安静,争强好胜而不知羞耻。周人尊崇礼法,贵尚施惠,虽然敬奉鬼神但却不把它当作政教的内容,接近人情而忠诚,它的赏罚办法既不同于夏,又不同于殷,唯以爵位的高低作为轻重的标准,所以他们的政教可亲而不可尊;到了政教衰败的时候,它的百姓就变得贪利而取巧,花言巧语而大言不惭,互相残害,互相欺骗。"

【原文】

子曰:"夏道未渎辞①,不求备,不大望于民②,民未厌其亲。殷人未渎礼,而求备于民。周人强民,未渎神,而赏爵刑罚穷矣③。"子曰:"虞夏之道,寡怨于民。殷周之道,不胜其敝。"子曰:"虞夏之质,殷周之文,至矣!虞夏之文,不胜其质;殷周之质,不胜其文。"

【注释】

①辞:言辞。引申为政令。
②不求备二句:郑玄说:"言其政宽,贡税轻也。"望:侈求。
③穷矣:郑玄说:"言其繁文备设。"

【今译】

孔子说:"夏代的政令清简,对人民不苛求责备,赋税较轻,人民尚怀有亲上之心。殷人的礼法还算简约,但对人民苛求责备,赋税较重。周人设教,强迫人民遵循礼仪,虽尚未亵渎鬼神,而赏赐、进爵、施刑之类的规定就已经穷极繁多了。"孔子说:"虞夏的政令清简,老百姓很少怨恨的。殷周的政令繁杂,老百姓受不了它的繁琐。"孔子说:"虞夏的质朴,殷周的文饰,都达到了极点。虞夏虽然也有文饰,但没有它的质朴多;殷周虽然也有质朴,但没有它的文饰多。"

【原文】

子言之曰:"后世虽有作者,虞帝弗可及也已矣。君天下,生无私,死不厚其子;子民如父母,有憯怛之爱①,有忠利之教;亲而尊,安而敬,威而爱,富而有礼,惠而能散;其君子尊仁畏义,耻费轻实②,忠而不犯,义而顺,文而静,宽而有辨。《甫刑》曰:'德威惟威,德明惟明③。'非虞帝其孰能如此乎?"

【注释】

①憯怛(cǎn dá 惨大):忧伤悲苦。

②费:谓辞费。有其言而无其行,叫做辞费。
③《甫刑》曰二句:《甫刑》,即《尚书·吕刑》。已见前注。惟明:此"明"字作尊敬讲。

【今译】

孔子说:"后世虽有明王复起,也赶不上虞舜那么好了。他君临天下,活着时没有半点私心,死了也不把帝位传给儿子;爱护百姓就像父母爱护子女,既有哀其不幸的慈爱,也有为其带来实惠的教育;既有母亲之亲,又有父亲之尊,安详而受到尊敬,严厉而受到亲爱,富有四海而彬彬有礼,施惠于民而无所偏向。他手下的大臣也都尊敬仁义,以光说不做为可耻,重人而轻财,尽心于君而不犯上,尽君臣之义而又顺从,文雅而又稳重,宽容而有分寸。《甫刑》上说:'道德的威严使人敬畏,道德的光明使人尊敬。'除了虞舜还有哪一个能做到这种地步?"

【原文】

子言之:"事君先资其言①,拜自献其身,以成其信。是故君有责于其臣,臣有死于其言;故其受禄不诬,其受罪益寡。"子曰:"事君大言入则望大利,小言入则望小利,故君子不以小言受大禄,不以大言受小禄。《易》曰:'不家食,吉②。'"

注释

①资:谋定,考虑好。
②《易》曰二句:按《周易·大畜·象辞》:"不家食,吉,养贤也。"

【今译】

孔子说:"臣下事奉君主,要先考虑好自己的建议,然后拜见君主,亲自向君主进言;君主采纳以后,臣下就要全力以赴地促其实现,兑现自己的诺言。所以君主可以责成臣下,而臣下应当为实现自己的诺言而鞠躬尽瘁死而后已;所以臣下的受禄不是无功受禄,言行相符,受到惩罚的可能性也就很小。"孔子说:"事奉君主,大的建议被采纳,就可以指望得到重赏;小的建议被采纳,就只能指望得到轻赏。所以君子不因小建议被采纳而接受重赏,也不因大建议被采纳而接受轻赏。

《易经》上说:'国君有大蓄积,不仅与家人分享,而且与贤人分享,吉利。'"

【原文】

子曰:"事君不下达,不尚辞,非其人弗自。《小雅》曰:'靖共尔位,正直是与。神之听之,式谷以女①。'"子曰:"事君远而谏,则谄也;近而不谏,则尸利也。"子曰:"迩臣守和,宰正百官②,大臣虑四方。"子曰:"事君欲谏不欲陈③。《诗》云:'心乎爱矣,瑕不谓矣。中心藏之,何日忘之④!'"子曰:"事君难进而易退,则位有序;易进而难退,则乱也⑤。故君子三揖而进,一辞而退,以远乱也。"子曰:"事君三违而不出竟⑥,则利禄也。人虽曰不要⑦,吾弗信也。"子曰:"事君慎始而敬终。"子曰:"事君可贵可贱,可富可贫,可生可杀,而不可使为乱。"

### 注释

① 《小雅》曰四句:见《诗经·小雅·小明》。靖:谋划。共:通"恭",敬也。尔:你,你的。与:亲近。式:用。谷:福禄。

② 宰:冢宰。相当于后世的总理。

③ 陈:郑玄说:"陈,谓言其过于外也。"

④ 《诗》云四句:见《诗经·小雅·隰桑》。瑕:胡,何。谓:告诉。藏:通"臧",善。

⑤ 乱:郑玄说:"乱,谓贤否不别。"

⑥ 竟:古"境"字。

⑦ 要:通"徼",求也。

【今译】

孔子说:"事奉君主,不应该以私人的事情去麻烦国君,不说华而不实的话,不是正派人的引见就不谋求进身。《小雅》上说:'认真做好本职工作,只和正派的人亲近。神明听到这些,就会赐给你福禄。'"孔子说:"事奉国君,如果是疏远小臣而越级进谏,那就有谄媚之嫌;如果是国君身边的大臣而不进谏,那就是尸位素餐。"孔子说:"近臣要辅佐国君,不使道德有亏;冢宰负责整饬百官,各部大臣负责考虑四方的事。"孔子说:"事奉国君,对国君的过失可以进谏,但不可以到外边宣扬。《诗经》上说:'心里爱着君子,为什么不讲出来?内心深处总是希望他好,何尝有一天忘掉?'"孔子说:"事奉国君,如果是提拔困难而降级容易,那么臣下的贤与不肖就区分清楚了;如果是提拔容易而降级困难,那么臣下的贤与不肖就混淆无别了。所以君子作客,一定要三次揖让之后才随着主人进门,而告辞一次就可离去,这就是为了避免出现混乱。"孔子说:"事奉君主,如果多次与君主意见不合,还不肯辞职出国,那肯定是贪图俸禄。即令有人说他没有这个念头,我也不信。"孔子说:"事奉君主,要以谨慎开始,以恭敬告终。"孔子说:"事奉君主,君主可以使臣下升官,可以使臣下降级,可以使臣下富有,可以使臣下贫穷,可以使臣下活着,可以使臣下死去,但就是不可以使臣下做出非礼之事。"

【原文】

子曰:"事君军旅不辟难①,朝廷不辞贱。处其位而不履其事,则乱也。故君使其臣,得志则慎虑而从之,否则孰虑而从之。终事而退,臣之厚也。《易》曰:'不事王侯,高尚其事②。'"子曰:"唯天子受命于天,士受命于君。故君命顺,则臣有顺命,君命逆,则臣有逆命。《诗》曰:'鹊之姜姜,鹑之贲贲。人之无良,我以为君③。'"

【注释】

①辟:通"避"。
②《易》曰二句:见《周易·蛊卦》上九象传。
③《诗》曰四句:见《诗经·鄘风·鹑之奔奔》。姜姜、贲贲:据郑玄说,都是激烈争斗的样子。

【今译】

孔子说:"事奉君主,接受任务时,如果是在军旅之中,就应不避艰险;如果是在朝廷之上,就应不辞微贱。处于某种职位而不履行相应的职责,那就乱了套了。所以国君派给臣下差使,臣下认为是力所能及的就应加以慎重考虑而从命;臣下认为不是力所能及的就应加以深思熟虑而从命。完成了差使以后就辞职退位,这表现了臣下的忠厚之处。《易经》上说:'不再事奉王侯,王侯还称赞臣下所作之事。'"孔子说:"天子受命于天,臣下受命于天子。如果天子顺应天命,那么臣下也就跟着顺应天命；如果天子违背天命，那么臣下也就跟着违背天命。《诗经》上说：'大鸟争斗于上，小鸟也跟着争斗于下。做人而无好品行，还要把他当国君。'"

【原文】
　　子曰："君子不以辞尽人①，故天下有道，则行有枝叶；天下无道，则辞有枝叶②。是故君子于有丧者之侧，不能赙焉，则不问其所费；于有病者之侧，不能馈焉，则不问其所欲；有客不能馆，则不问其所舍。故君子之接如水，小人之接如醴③；君子淡以成，小人甘以坏。《小雅》曰：'盗言孔甘，乱是用餤④。'"

【注释】
　　①君子不以辞尽人：君子应当听其言而观其行。
　　②故天下有道四句：孙希旦说："行有枝叶，则行有余于其言；言有枝叶，则言有余于其行。"
　　③醴：甜酒。
　　④《小雅》曰二句：见《诗经·小雅·巧言》。孔：很。餤(tán 谈)：进。

【今译】
　　孔子说："君子评价一个人，不是仅仅根据他的言辞。所以在天下有道的太平盛世，人们注重实际行动的多，说漂亮话的少；在天下无道的衰乱之世，人们注重说漂亮话的多，付诸实际行动的少。所以君子和有丧事的人在一起，如果无力资助他办丧事，就不要问他办理丧事所需的费用；和有病的人在一起，如果无力馈赠他，就不要问他需要些什么；有客远道来访，如果自家不能留宿，就不要问他在什么地方落脚。所以君子之交，其淡如水；小人之交，其浓如醴。君子之交虽然其淡如水，但能相辅相成；小人之交虽然其甜如醴，但日久必然败坏。《小雅》上说：'坏人说话非常甜，所以乱子更增添。'"

【原文】
　　子曰："君子不以口誉人，则民作忠。故君子问人之寒则衣之，问人之饥则食之，称人之美则爵之。《国风》曰：'心之忧矣，于我归说①。'"子曰:"口惠而实不至,怨灾及其身。是故君子与其有诺责也,宁有已怨②。《国风》曰:'言笑晏晏,信誓旦旦。不思其反。反是不思,亦已焉哉③!'"子曰:"君子不以色亲人。情疏而貌亲,在小人则穿窬之盗也与?"子曰:"情欲信,辞欲巧。"

**注释**

①《国风》曰二句:见《诗经·曹风·蜉蝣》。于:与。说(shuì 税):止息。

②已怨:王夫之说:"已,拒也。拒人之请而致怨。"

③《国风》曰五句:见《诗经·卫风·氓》。晏晏:温柔的样子。不思:想不到。反:反覆,变心。是:这。指赌咒发誓。

**【今译】**

孔子说:"君子不以华而不实的话恭维人,这样就会在百姓中间形成忠实的风气。所以,君子询问人家是否寒冷,就要送衣服给人家穿;询问人家是否饥饿,就要送食物给人家吃;称赞人家的优点,就要给人家加官进爵。《国风》上说:'心忧他人无所倚,同我一道回家去休息。'"孔子说:"嘴上已经许给人家的好处,就是不兑现,这样就会给自己带来怨恨或灾祸。所以,君子与其对人负有承诺的责任,还不如承受拒绝承诺的埋怨。《国风》上说:'从前你言笑多温柔,既是发誓又赌咒。现在你又变了心,海誓山盟全忘完,从此一刀就两断!'"孔子说:"君子不用虚假的表情去讨好别人。如果感情疏远而外表上看起来非常亲密,拿小人来作比方,不就是钻墙洞的小偷吗!"孔子说:"内心的情要追求真实,嘴上的话要讲究技巧。"

**【原文】**

子言之:"昔三代明王,皆事天地之神明,无非卜筮之用,不敢以其私亵事上帝,是故不犯日月,不违卜筮。卜、筮不相袭也。大事有时日,小事无时日,有筮。外事用刚日,内事用柔日①。不违龟筮②。"子曰:"牲牷、礼乐、齐盛③,是以无害乎鬼神,无怨乎百姓。"

**注释**

①外事用刚日二句:请参看《曲礼上》注释。一旬有十日,古人用天干(甲乙

丙丁戊己庚辛壬癸"记日。天干中的甲丙戊庚壬为刚日,乙丁己辛癸为柔日。

②不违龟筮:孙希旦怀疑此四字应在下文的"子曰"之下,颇有道理。

③牲牷(quán 全):毛色纯一的牺牲。齐(zī 资)盛:即"粢盛"。已见上文注释。

【今译】

孔子说:"从前夏、商、周三代的圣明君王,都祭祀天地和其它众多神明,祭祀的一切活动无不取决于卜筮,不敢妄逞私意而亵渎对上帝的祭祀,所以不会冲犯不吉利的日子,不会违背卜筮的指示。用了龟卜,就不可再用蓍筮;用了蓍筮,就不可再用龟卜。大的祭祀有固定的时日,小的祭祀没有固定的时日,可以临时用筮来决定时日。祭祀家外的神要用单数日,祭祀家内的神要用双数日。不违背卜筮的指示。"孔子说:"由于不违背卜筮的指示,所以祭祀所用的牺牲、礼乐、粢盛,既不亏害于鬼神,又不见怨于百姓。"

【原文】

子曰:"后稷之祀易富也①,其辞恭,其欲俭,其禄及子孙。《诗》曰:'后稷兆祀,庶无罪悔,以迄于今②。'"子曰:"大人之器威敬。天子无筮。诸侯有守筮③。天子道以筮。诸侯非其国,不以筮④;卜宅寝室。天子不卜处大庙⑤。"子曰:"君子敬则用祭器⑥,是以不废日月,不违龟筮,以敬事其君长。是以上不渎于民,不下亵于上。"

注释

①富:郑玄说:富,就是"备"的意思。

②《诗》曰三句:见《诗经·大雅·生民》。兆:今《毛诗》作"肇",开始。

③诸侯有守筮:诸侯在国内居守的时候,有事可以用筮。

④诸侯非其国二句:按照礼节,不能在人家国内占卜吉凶。

⑤天子不卜处大庙:大庙,即太庙。太庙建在国都,而国都在建国之初已经卜得大吉大利之兆,所以无需再卜。

⑥祭器:指笾豆一类的食器。通常使用的杯盘之类叫做燕器。

【今译】

孔子说:"后稷的祭祀是很容易备办的,因为他的言辞恭敬,他的作风节俭,他的福禄也传给了子孙。《诗经》上说:'后稷开创祭祀礼,幸蒙神佑无灾殃,至今流传好风尚。'"孔子说:"天子、诸侯的龟策,威重而又严敬,不可随意乱用。天子对于征伐出师一类的大事,用卜而不用筮。诸侯有守国之筮。天子出行,已经走在路上,有了事情则用筮,不用卜。诸侯如果不在本国国境之内,不能用筮。诸侯要搬家或迁移寝室,可以用卜。太庙建在什么地方吉利,天子用不着占卜。"孔子说:"为了表示对客人的尊敬,可以使用祭器款待客人。所以臣下晋见君长要选择个吉利的日子,不违背龟筮的指示,以敬事其君长。所以君长不随便作贱百姓,百姓们也不会冒犯君长。"

# 礼记全译

## 缁衣第三十三

【题解】

　　本篇的命名,大约是取第二章中引有《缁衣》之诗。其作者,沈约说是孔子之孙子思,而《经典释文》引刘瓛说是公孙尼子,皆未言所据。王夫之认为:《坊记》《表记》《缁衣》三篇,《表记》是续《坊记》而作,《缁衣》是续《表记》而作。三者"本末相资,脉络相因,文义相肖,盖共为一书,而杂《中庸》于《坊记》之后,则传者乱之耳"。本篇主要是讲君上化民,臣下事君,以及安身立命之道。通篇设为孔子之言。文中所引《诗》《书》,也多有断章取义的情况。

【原文】

　　子言之曰:"为上易事也,为下易知也,则刑不烦矣。"子曰:"好贤如《缁衣》①,恶恶如《巷伯》②,则爵不渎而民作愿,刑不试而民咸服③。《大雅》曰:'仪刑文王,万国作孚④。'"

注释

　　①《缁衣》:《诗经·郑风》篇名。据《诗序》说,这首诗是赞美郑武公、郑恒公父子的。他们父子都当过周王朝的司徒,非常称职,深得郑国人民爱戴。《缁衣》这首诗就反映了人民的这种心声。缁衣,卿大夫在官署办公时所穿的衣服,颜色是黑的。诗中反覆地说:你的缁衣穿破了,我再给你做一件新的,以表示对他们二人的爱戴。

②《巷伯》:《诗经·小雅》篇名。诗中淋漓尽致地把好造谣生事的坏蛋痛骂了一通,说是要把这个坏蛋丢到野外喂虎狼,虎狼嫌臭也不愿吃;就把他扔到北大荒;北大荒嫌臭也不愿接受,就送他西天见阎王。
③试:用。
④《大雅》曰二句:见《诗经·大雅·文王》。仪刑:效法。孚:信。

【今译】

孔子说:"君长如果对臣下不苛虐,臣下就会觉得君长容易侍候;臣下如果没有欺诈之心,君长就觉得容易了解臣下的实情。这样一来,刑罚就可以放到一边不用了。"孔子说:"如果能够像《缁衣》那首诗所说的那样去尊敬贤人,像《巷伯》那首诗所说的那样去痛恨坏人,官场上就不会那么龌龊,百姓中就会兴起谨厚之风,不用刑罚而百姓就心悦诚服。《大雅》上说:'只要大家都来效法文王,在所有的诸侯国中就会兴起诚信之风。'"

【原文】

子曰:"夫民教之以德,齐之以礼,则民有格心①;教之以政,齐之以刑,则民有遁心。故君民者,子以爱之,则民亲之;信以结之,则民不倍②;恭以莅之,则民有孙心③。《甫刑》曰:'苗民匪用命,制以刑,惟作五虐之刑曰法④。'是以民有恶德,而遂绝其世也。"

【注释】

①格:孙希旦说:"格,至也,谓至于善也。"
②倍:通"背",背叛。
③孙:通"逊",顺从。
④《甫刑》曰三句:《甫刑》,又叫《吕刑》,《尚书》篇名。苗民:上古的南方少数民族,又叫三苗,其首领据说是蚩尤。五虐之刑:即大辟(即死刑)、割掉鼻子、割掉耳朵、宫刑、额上刺字。

【今译】

孔子说:"对于百姓,如果用道德教育他们,用礼法约束他们,那么百姓就会有向善之心;如果用政令教育他们,用刑罚约束他们,那么百姓就会有逃避之心。所以,作为领导百姓的国君,应当像爱护子女一样爱护百姓,百姓就会亲近他;用诚信去团结百姓,百姓就不会背叛;用恭敬的态度去对待百姓,百姓就会产生顺从之心。《甫刑》上说:'苗族百姓不听从蚩尤的命令,于是蚩尤就用刑罚制裁他们,制定了五种残暴的刑罚叫做"法"。'于是百姓不讲道德,起而背叛,最终遭到了民族的灭亡。"

【原文】

子曰:"下之事上也,不从其所令,从其所行。上好是物,下必有甚者矣。故上之所好恶,不可不慎也,是民之表也。"子曰:"禹立三年,百姓以仁遂焉,岂必尽仁?《诗》云:'赫赫师尹,民具尔瞻①。'《甫刑》云:'一人有庆,兆民赖之。'《大雅》曰:'成王之孚,下土之式②。'"子曰:"上好仁,则下之为仁争先人。故长民者章志、贞教、尊仁,以子爱百姓,民致行己,以说其上矣③。《诗》云:'有梏德行,四国顺之④。'"

【注释】

①《诗》云二句:见《诗经·小雅·节南山》。
②《大雅》二句:见《诗经·大雅·下武》。式:楷模。
③说:古"悦"字。
④《诗》云二句:见《诗经·大雅·抑》。梏:正直。

【今译】

孔子说:"臣下事奉君长,不是听从君长所下的命令,而是盯着君长的实际行动,君长咋干臣下就咋干。君长喜欢某样东西,臣下必定有超过他的。所以,君长喜欢什么、讨厌什么,不可不格外慎重,因为臣下是把君长的行为作为表率的。"孔子说:"禹即帝位三年,百姓在仁的方面就有所成就,这难道是百姓个个都能仁吗?只是由于禹本人好仁,百姓受其影响罢了。《诗经》上说:'赫赫有名的尹太师,百姓都在注视着你。'《甫刑》上说:'天子一人有美德,普天之下的百姓都会得到好处。'《大雅》上说:'成王守信有威望,身为天下好榜样。'"孔子说:"君长好仁,那么臣下就会争先恐后地好仁。所以君长应当表明自己的好仁志向,以正道教育民众,推崇仁道,以爱护子女的态度爱护百姓;百姓就会无不尽力地去行仁,以迎合君长爱仁的所好。《诗经》上说:'天子有正直的德行,四方诸侯就无不服从。'"

【原文】

子曰:"王言如丝,其出如纶。王言如纶,其出如绋①。故大人不倡游言②。可言也,不可行,君子弗言也。可行也,不可言,君子弗行也。则民言不危行③,而行不危言矣。《诗》云'淑慎尔止,不愆于仪④。'"

【注释】

①王言如丝四句:这是比方讲话在传播过程中走了样,变本加厉。纶:系官印的绶带。绋:同"綍",牵引柩车的大绳。
②倡:通"唱"。
③危:通"诡",违背。
④《诗》云二句:见《诗经·大雅·抑》。淑:美好。止:举止。愆:同"愆",过失。

【今译】

孔子说:"君王所说的话本来只有丝那般细,可辗转传到百姓耳里,就变成了有绶带那般粗;君王所说的话本来只有绶带那般细,可辗转传到百姓耳里,就变成了有绳索那般粗。所以君长不能讲华而不实的话。能够说到,但不能做到,君子就不说。能够做到,但不可告人,君子就不做。这样一来,老百姓就会言不违背其行,行不违背其言。《诗经》上说:'谨慎行事且得体,不要超过了礼仪。'"

【原文】

子曰:"君子道人以言,而禁人以行①,故言必虑其所终,而行必稽其所蔽,则民谨于言而慎于行。《诗》云:'慎尔出话,敬尔威仪②。'《大雅》曰:'穆穆文王,於缉熙敬止③!'"

【注释】

①君子道人以言二句:这两句话中的"言"与"行"是互文。道:通"导"。
②《诗》云二句:见《诗经·大雅·抑》。
③《大雅》曰二句:见《诗经·大雅·文王》。於(wū 呜):感叹词。缉熙:光明正大的样子。

**【今译】**

　　孔子说:"君子用言行引导人们行善,用言行禁止人们作恶,所以讲话一定要考虑它的后果,做事一定要考察它会带来什么弊端,这样一来,老百姓就说话谨慎做事小心了。《诗经》上说:'说话开口要谨慎,行为举止要端正。'《大雅》上说:'端重恭敬的文王啊,盛德光明而又举止谨慎!'"

**【原文】**

　　子曰:"长民者衣服不贰,从容有常,以齐其民,则民德壹。《诗》云:'彼都人士,狐裘黄黄。其容不改,出言有章。行归于周,万民所望①。'"子曰:"为上可望而知也,为下可述而志也②,则君不疑于其臣,而臣不惑于其君矣。尹吉曰③:'惟尹躬及汤,咸有壹德。'《诗》云:'淑人君子,其仪不忒④。'"

**注释**

　　①《诗》云六句:见《诗经·小雅·都人士》。都:指西周的国都镐京。狐裘黄黄:古人穿衣,内外要颜色相称。古代穿皮衣,毛向外,所以外面一定要穿罩衣。狐裘的毛近乎黄色,所以罩衣也用黄色。

　　②述而志:王引之说:"述之言循也,志之言识也,循其言貌察之而其人可识也。"

　　③尹吉:当作"尹诰",意思是伊尹告诫太甲。伊尹,商代贤相,曾辅佐商汤灭掉夏桀。商汤死后,又辅佐汤的子孙。太甲,汤的嫡孙。二句引文见《尚书·咸有一德》。

　　④《诗》云二句:见《诗经·曹风·鸤鸠》。忒(tè 特):差错。

**【今译】**

　　孔子说:"做百姓君长的人,衣服固定不变,举止有一定之规,以此为百姓树立榜样,那么百姓的道德才会齐一。《诗经》上说:'那位来自西都镐京的君子,狐皮袍子罩黄衫,他的仪容不改常规,他的讲话出口成章。他行将回归西都,深为万民仰望。'"孔子说:"君长的外貌和内心如一,臣下看到他的外貌就知道他的内心;臣下竭诚事君,从他的言貌就可以看出他的为人。这样一来,君就不会怀疑其臣,而臣也不会不了解其君。伊尹告诫太甲说:'只有我伊尹和汤,都有纯一的德行。'《诗经》上说:'善人和君子,他们的仪容不会有差错。'"

【原文】

子曰:"有国者章善瘅恶①,以示民厚,则民情不贰。《诗》云:'靖共尔位,好是正直②。'"子曰:"上人疑则百姓惑,下难知则君长劳。故君民者,章好以示民俗,慎恶以御民之淫,则民不惑矣。臣仪行③,不重辞,不援其所不及,不烦其所不知④,则君不劳矣。《诗》云:'上帝板板,下民卒瘅⑤。'《小雅》曰:'匪其止共,惟王之邛⑥。'"

注释

①瘅(dǎn 旦):病。此处是痛恨的意思。
②《诗》云二句:见《诗经·小雅·小明》。共:通"恭"。
③仪:郑玄说当作"义"。
④不援其所不及二句:第一句的意思是不必使其国君的所作所为都像尧舜那样,第二句的意思是不必使其国君的知识谋虑都达到圣人水平。
⑤《诗》云二句:见《诗经·大雅·板》。上帝:此指国君。板板:王夫之说是"好恶无常,自相反覆"。卒:尽。
⑥《小雅》曰二句:见《诗经·小雅·巧言》。匪:通"非"。止:达到。共:通"恭"。指忠于职守。邛(qióng 穷):辛劳。

【今译】

孔子说:"作为一国的国君,用奖赏表彰善人,用刑罚惩治坏人,让百姓清楚地看到他鼓励什么,这样百姓就会一心为善。《诗经》上说:'安分恭敬地做好你的本职工作,喜欢的都是正直人。'"孔子说:"当国君的如果好恶不明,百姓就会迷惑而不知所从;臣下如果心怀鬼胎,就会使君长格外劳神。所以作为民众的国君,应该表彰善人使百姓知道有所效法,谨慎地惩治坏人以儆效尤,这样一来百姓就不会迷惑而不知所从了。作为臣下,符合道义的事就要奉行,不尚清谈,不援引国君力所不能及的事让国君去做,不絮叨国君有所不知的事让国君去听,这样一来当国君的就省心了。《诗经》上说:'如果国君好恶无常,百姓都得遭殃。'《小雅》上说:'臣下不忠于他的职守,这是国君辛劳的原因。'"

【原文】

子曰:"政之不行也,教之不成也,爵禄不足劝也,刑罚不足耻也,故上不可以亵刑而轻爵。《康诰》曰:'敬明乃罚①。'《甫刑》曰:'播刑之不迪②。'"

【注释】

①《康诰》:《尚书》篇名。
②《甫刑》:《尚书》篇名。已见前注。不:郑玄说是衍字。迪:道。

【今译】

孔子说:"政令之所以不能推行,教化之所以不能成功,是由于爵禄的颁发失当,不足以劝人向善,还由于刑罚的惩善而扬恶,不足以使坏人感到羞耻。所以君长不可以随心所欲的动用刑罚,不可随随便便颁发爵禄。《康诰》上说:'动用刑罚一定要慎重。'《甫刑》上说:'施行刑罚要合理。'"

【原文】

子曰:"大臣不亲,百姓不宁,则忠敬不足,而富贵已过也。大臣不治,而迩臣比矣。故大臣不可不敬也,是民之表也;迩臣不可不慎也,是民之道也①。君毋以小谋大,毋以远言近,毋以内图外,则大臣不怨,迩臣不疾,而远臣不蔽矣。叶公之顾命曰②:'毋以小谋败大作,毋以嬖御人疾庄后,毋以嬖御士疾庄士、大夫、卿士③。'"子曰:"大人不亲其所贤,而信其所贱,民是以亲失,而教是以烦。《诗》云:'彼求我则,如不我得。执我仇仇,亦不我力④。'《君陈》曰⑤:'未见圣,若己弗克见。既见圣,亦不克由圣。'"

【注释】

①道:古"导"字。
②叶公之顾命:孙希旦说:"叶,当作'祭',字之误也。将死而言曰顾命。祭公之顾命者,祭公谋父将死告穆王之言也。今见《逸周书·祭公解篇》。"
③大夫、卿士:据俞樾说,此四字为衍字。
④《诗》云四句:见《诗经·小雅·正月》。则:语助词。仇仇:缓慢不用力的

样子。不我力:不重用我。

⑤《君陈》:《尚书》篇名。

【今译】

孔子说:"大臣离心离德,不亲近国君;政教繁苛,百姓不得安宁。究其原因,在于臣不忠于其君,君不敬于其臣,而大臣所享受的富贵已经超过了界限。大臣不肯为国君尽心办事,近臣就会私相勾结。所以,对大臣不可不敬,因为大臣是百姓的楷模;对近臣不可不慎加选择,因为近臣是百姓的导向。应该和大臣商议的事,不应拿去和小臣商议;应该和近臣谈论的事,不应拿去和远臣谈论;应该和内臣谋虑的事,不应拿去和外臣谋虑。如果这样做了,大臣就不会产生怨恨,近臣就不会产生嫉妒,远臣有意见也可以反映上来。祭公的遗嘱说:'不要用小臣的主意败坏大臣的作为,不要因宠幸的姬妾而厌弃庄重守礼的嫡夫人,不要因宠幸的臣子而厌弃庄重守礼的臣子。'"孔子说:"君长不信任他的贤人,而信任卑贱的小人,于是百姓也跟着亲近失德的人,而教令也因此变得烦乱了。《诗经》上说:'当初朝廷需要我,好像唯恐得不到。一旦请去撂一边,不让我把重任挑。'《君陈》上说:'人们在没有见到圣人之道时,好像自己不能见到。等到自己见到了圣人之道,又不能够运用圣人之道。'"

【原文】

子曰:"小人溺于水,君子溺于口,大人溺于民,皆在其所亵也。夫水近于人而溺人,德易狎而难亲也①,易以溺人。口费而烦,易出难悔,易以溺人。夫民闭于人而有鄙心,可敬不可慢,易以溺人。故君子不可以不慎也。《太甲》曰:'毋越厥命,以自覆也。若虞机张,往省括于厥度②,则释。'《兑命》曰③:'惟口起羞,惟甲胄起兵,惟衣裳在笥,惟干戈省厥躬。'《太甲》曰:'天作孽④,可违也。自作孽,不可以逭。'尹吉曰⑤:'惟尹躬天见于西邑⑥,夏自周有终⑦,相亦惟终。'"

注释

①德:此言水性。

②括:通"筈",箭的末端。

③《兑命》:当作"说命"。《说命》,《尚书》篇名。
④天作孽:指水旱等自然灾害。
⑤尹吉:当作"尹诰"。
⑥天:郑玄说当作"先"。西邑:夏都安邑(今山西夏县西北)在商都亳(今河南偃师西)之西,故称西邑。
⑦周:忠信为周。

【今译】

孔子说:"小人喜欢玩水,就容易被水淹死;君子喜欢议论,就容易祸从口出;执政者喜欢玩弄百姓,就容易被百姓推翻。原因都在于对接近最多的东西态度轻慢。水与人们那么接近,而人却往往被水淹死,就是因为水看起来柔和容易接近而实际上却是难于亲近的,所以容易淹死人。好说漂亮话,又好絮絮叨叨,说出去容易,后悔药难吃,所以嘴也容易招致祸害。老百姓不懂道理,心怀鄙诈,对他们可以恭敬而不可以怠慢,否则就容易招来灭顶之祸。所以君子不可以不十分小心。《太甲》上说:'不要颠三倒四地乱下政令,以自取灭亡。就像打猎的人,扣住扳机,仔细察看,等到箭头、箭尾、目标三者成一条直线,再发射。'《说命》上说:'嘴是用来说话的,如果出言不当就会带来羞辱;盔甲是用以自卫的,如果用的不当就会引起战争;放在箱子里的礼服是准备行礼时穿的,不可随便送人;干戈是用来讨伐坏人的,但在使用之前要反躬自省,不要加害无辜。'《太甲》上说:'上天降下的灾祸,还可以禳避;自己造成的灾祸,无法躲开。'伊尹告诫太甲说:'我伊尹的先祖曾见到过夏代西邑的政治,夏禹以忠信治民而得享天命,辅佐他的人也因此而得享天命。'"

【原文】

子曰:"民以君为心,君以民为体。心庄则体舒①,心肃则容敬。心好之,身必安之。君好之,民必欲之。心以体全,亦以体伤;君以民存,亦以民亡。《诗》云:'昔吾有先正,其言明且清。国家以宁,都邑以成,庶民以生。谁能秉国成?不自为正,卒劳百姓②。'《君雅》曰③:'夏日暑雨,小民惟曰怨。资冬祁寒,小民亦惟曰怨。'"

【注释】

①庄:俞樾说通"壮",大也。

②《诗》云八句:此《诗》的前五句不见于今本《诗经》,其后三句见于《诗经·小雅·节南山》。可能前五句是逸《诗》,也可能这八句都是逸《诗》。国成:王夫之说:"国是也。"

③《君雅》:《尚书》篇名。但今本《尚书》作《君牙》。"雅"与"牙"是通假字。这四句话的意思,据郑玄说是当国君难,左也不是,右也不是。资:郑玄说当作"至"。祁:大。

【今译】

孔子说:"人民把君主当作心脏,君主把人民当作身体。心胸广大就会身体安舒,内心严肃就会容止恭敬。内心喜好的东西,身体一定也乐于适应;君主喜好的东西,百姓也一定愿意得到。身体安然无恙的话,心脏也就会得到保护;身体如果出了毛病,心脏也会跟着受到损伤。君主由于人民的拥护而存在,君主也由于人民的反对而灭亡。《诗经》上说:'从前我们有先君,他的教令通达事理而又条理清楚。国家赖此先君才得以安宁,都邑赖此先君才得以建成,百姓赖此先君才得以安居乐业。当今有谁能够处理国家大事?不自以为是,而尽干一些骚扰百姓的事情呢!'《君牙》上说:'夏天酷热湿闷,老百姓只知道埋怨天;到了冬天严寒来临,老百姓还是只知道埋怨天。'"

【原文】

子曰:"下之事上也,身不正,言不信,则义不壹,行无类也①。"

【注释】

①义不壹二句:王夫之说:"壹,专也。义不壹,君不以为忠。类,得其朋类也。行无类,友不以为信也。"

【今译】

孔子说:"臣下的事奉君上,如果自身不正,说话不讲信用,那么君上就不以为忠,朋友就不以为信。"

【原文】

子曰:"言有物而行有格也,是以生则不可夺志,死则不可夺名。故君子多闻,质而守之①;多志,质而亲之;精知,略而行之。《君陈》曰:'出入自尔师虞②,庶言同。'《诗》云:"淑人君子,其仪一也③。'"

注释

①质:质正。提出问题,向人请教。
②自:用。师:众。虞:考虑。
③《诗》云二句:见《诗经·曹风·鸤鸠》。也:今《毛诗》作"兮"。

【今译】

孔子说:"讲话有根据,做事有规矩。所以活着的时候无人能够改变他的志向,死了以后也无人能够剥夺他的美名。所以君子应该博闻,在弄清楚了以后就牢记在心;应该多识,在弄清楚了以后就学而不厌;应该知识精深,求其大体而实行之。《君陈》上说:'颁布政令,接受建议,要让大家都来考虑,使大家的意见一致。'《诗经》上说:'善人和君子,言行总一致。'"

【原文】

子曰:"唯君子能好其正,小人毒其正。故君子之朋友有乡,其恶有方①。是故迩者不惑,而远者不疑也。《诗》云:'君子好仇②。'"

注释

①乡:郑玄说:"乡、方,喻辈类也。小人徼利,其友无常。"
②《诗》云句:见《诗经·周南·关雎》。仇:匹,朋友。

【今译】

孔子说:"只有君子能够喜好对自己正言规劝的人,小人则仇恨对自己正言规劝的人。所以君子的朋友是有一定的,君子厌恶的人也是有一定的。由于君子的好恶有定,所以和君子交往多的人不会产生疑惑,和君子交往少的人也不会产生疑惑。《诗经》上说:'君子必得良友。'"

【原文】

　　子曰:"轻绝贫贱而重绝富贵,则好贤不坚而恶恶不著也。人虽曰不利,吾不信也。《诗》云:'朋友攸摄,摄以威仪①。'"

【注释】

　　①《诗》云二句:见《诗经·大雅·既醉》。引此二句的含义是,朋友应该互相切磋学问,互相勉励礼义,不管是贫贱朋友还是富贵朋友。

【今译】

　　孔子说:"能够轻易地和贫贱的朋友绝交,而难于和富贵的朋友绝交,这说明他好贤的意志不坚定和痛恨坏人的态度不明朗。即令有人说他不是为了个人私利,我也不会相信。《诗经》上说:'朋友之间互相督促勉励,督促勉励以礼义。'"

【原文】

　　子曰:"私惠不归德,君子不自留焉。《诗》云:'人之好我,示我周行①。'"

【注释】

　　①《诗》云二句:见《诗经·小雅·鹿鸣》。周:忠信为周。

【今译】

　　孔子说:"他人以小恩小惠的礼品相赠,但有违于道德,在这种情况下,君子是不会接受其馈赠的。《诗经》上说:'真正爱我的人,应当给我指出忠信之道。'"

【原文】

　　子曰:"苟有车,必见其轼。苟有衣,必见其敝①。人苟或言之,必闻其声;苟或行之,必见其成。《葛覃》曰:'服之无射②。'"

【注释】

　　①敝(biē 憋):通"袣",衣袖。

②《葛覃》:《诗经·周南》篇名。射(yì亦):通"斁",厌倦。

【今译】

孔子说:"一个人如果有车子,就一定能够看到他的车轼;一个人如果有衣服,就一定能够看到他的衣袖。一个人如果说过话,就一定能够听到他的声音;一个人如果做了什么事,就一定能够看到它的后果。《葛覃》上说:'旧衣服,穿不厌。'"

【原文】

子曰:"言从而行之,则言不可饰也。行从而言之,则行不可饰也。故君子寡言而行,以成其信,则民不得大其美而小其恶。《诗》云'白圭之玷,尚可磨也。斯言之玷,不可为也'①。《小雅》曰:'允也君子,展也大成②。'《君奭》曰:'昔在上帝,周田观文王之德,其集大命于厥躬③?'"

【注释】

①《诗》云四句:见《诗经·大雅·抑》。
②《小雅》曰二句:见《诗经·小雅·车攻》。允:信也。展:诚也。
③《君奭》曰三句:《君奭(shì誓)》,《尚书》篇名。周田观:郑玄说古文作"割申劝",与今本《尚书》同。割,通"曷",犹言为什么。申,重申,一再。集:成就。

【今译】

孔子说:"说过以后紧接着就是行动,所以说话不能光放空炮。做过以后紧接着就是议论,所以做事不能光走过场。所以君子讲究少说话而多做事,以此来成就他的信誉,这样一来,百姓就不能随便地夸大其优点和缩小其缺点。《诗经》上说:'白玉上面有污点,尚可琢磨除干净。开口说话出毛病,再想收回可不行。'《小雅》上说:'信实的君子,必定大有所成。'《君奭》上说:'过去上帝为什么一再劝勉文王注意品德修养,把治理天下的重任放在他的身上呢?'"

【原文】

子曰:"南人有言曰:'人而无恒,不可以为卜筮。'古之遗言与?

龟筮犹不能知也,而况于人乎?《诗》云:'我龟既厌,不我告犹①。'《兑命》曰:'爵无及恶德,民立而正事,纯而祭祀,是为不敬。事烦则乱,事神则难②。'《易》曰:'不恒其德,或承之羞③。''恒其德,侦,妇人吉,夫子凶④。'"

【注释】

①《诗》云二句:见《诗经·小雅·小旻》。郑玄说:"犹,道也。言亵而用之,龟厌之,不告以吉凶之道也。"

②《兑命》六句;《兑命》即《说命》,已见前注。今本《尚书·说命中》作"爵罔及恶,黩于祭祀,时谓弗钦。礼烦则乱,事神则难。"二者在文字上的出入较大。今译文据本篇,同时参考《尚书》。恶德:郑玄说是"无恒之德"。纯:郑玄说有的本子作"烦"。作"烦"则和《尚书》的作"黩"意思相近。

③《易》曰二句:见《易经·恒卦》九三爻辞。

④恒其德四句:见《易经·恒卦》六五爻辞。"侦"是问的意思。同样是在"恒其德"的条件下,妇人问则吉,男子问则凶,原因在于妇人是依附于男人的人,无自主权,事事应当问人,所以妇人问则吉;而男子是被女人依附的人,有自主权,若事事问人,有失于为男子之道,所以男子问则凶。

【今译】

孔子说:"南方人有这样一句话:'作为一个人而变卦无常,那么即令卜筮,卦兆上也显示不出来是吉是凶。'这大概是古人留下来的谚语吧?龟筮那么神灵还不能定其吉凶,更何况是人呢?《诗经》上说:'我的灵龟已厌恶,不再把吉凶告诉我。'《说命》上说:'爵位不能赏给恶德之人,否则百姓将把他们树为楷模,由他们频繁地对神祭祀,这是对神的大不恭敬。其事烦则乱于典礼,事奉鬼神也难以得到福佑。'《易经》上说:'不是长久地保持他的德行,或者要受人耻辱。'又说:'长久地保持德行,占问,这在妇人是吉,而在男子是凶。'"

# 礼记全译

## 奔丧第三十四

【题解】

郑玄说:"名曰《奔丧》者,以其居他国,闻丧奔归之礼。此实逸《曲礼》之正篇也。汉兴后,得古文,而礼家又贪其说,因合于《礼记》耳。"孔颖达认为,郑玄所说的"逸礼",即《汉书·艺文志》所载之《礼古经》,因其藏在秘府,所以叫做逸礼。本篇与《投壶》,是《逸礼》中的两篇。王夫之说:本篇所记,是士的奔丧之礼。而天子、诸侯、大夫的奔丧之礼,也不过是在此基础上有所改动而已。本篇文体,也与《仪礼》各篇相似。

【原文】

奔丧之礼①:始闻亲丧,以哭答使者②,尽哀;问故,又哭尽哀。遂行,日行百里③,不以夜行;唯父母之丧,见星而行,见星而舍。若未得行④,则成服而后行。过国至竟哭,尽哀而止。哭辟市朝⑤。望其国竟哭⑥。

注释

①奔丧之礼:这四个字是全篇的总纲。奔丧:王夫之说:"奔丧者,身在异国闻讣而归服丧也。奔者,急遽疾驰之辞。"

②使者:家中派出的报丧者。

③日行百里：古时吉行(为吉事而行)日行五十里，奔丧事急，故倍之。
④若未得行：指因有重要公务在身，如出使归来尚未向国君汇报，为将在军须等人接替等等，所以不能马上动身。
⑤哭辟市朝：担心惊动众人。辟，通"避"。市朝，偏义复词。指集市。
⑥望其国竟哭：据郑玄说，这是指奔父丧者而言，而且从此以后就且哭且行。

【今译】

奔丧的礼节：刚一听到父亲(或母亲)去世的噩耗，二话不讲，只用哭泣回答使者，尽情地痛哭；然后向使者询问父母去世的原因，听过使者的叙述以后，接着又哭，尽情地痛哭。于是就动身上路。每天的行程是一百里，白天赶路，夜间住下休息。只有奔父母之丧，在天上还可以看到星斗时就早早起身赶路，到晚上满天星斗时才停下来休息。如果由于某种原因不能马上动身奔丧，也可以在三天成服之后再动身。在奔丧的路上，每经过一个国家的国境线都要哭，哭到充分发泄了心中的悲哀为止。哭时要避开集市。望见本国的国境要哭，而且从此以后就哭不绝声了。

【原文】

至于家，入门左①，升自西阶②，殡东；西面坐，哭尽哀，括发袒③；降，堂东即位，西乡哭，成踊；袭，绖于序东④，绞带⑤；反位，拜宾成踊；送宾，反位。有宾后至者，则拜之成踊，送宾皆如初。众主人兄弟皆出门⑥，出门哭止，阖门，相者告就次⑦。于又哭，括发袒成踊。于三哭，犹括发袒成踊。三日成服⑧，拜宾、送宾皆如初。

注释

①入门左：吉时则入门右。
②升自西阶：居丧之礼，孝子上堂下堂皆不走阼阶。
③括发：详见《丧服小记》注释。
④袭：穿好衣服。绖(dié 迭)：缠在头上和腰间的麻布孝带。序东：不是指堂上的东序之东，而是指堂下对着东序的直线位置之东。
⑤绞带：一种用苴麻做的孝带，系于腰间，其作用相当于吉时的革带。孙希旦说："初服时即绞之，故谓之绞带。"
⑥众主人：主人的庶兄弟。

⑦次：谓倚庐。详见《丧大记》注释。

⑧三日：郑玄说："三日，三哭之明日也。"实际上就是奔丧者到家以后的第四天。

【今译】

　　到了家门口，从门的左面进去，从西阶登堂，走到灵柩东面，面朝西而跪，放声痛哭，尽哀而止，这时候要脱去吉冠，用麻绳束发，袒露左臂；然后从西阶下堂，在阼阶之东就位，面朝西痛哭，同时还要踊脚；然后到东序东边穿好衣服，戴上麻绖，系上绞带；然后再回到阼阶东边主人的位置，拜谢宾客，踊脚大哭；然后将宾客送到殡宫门外，再回到阼阶东边主人的位置。如果有的宾客迟到，作主人的还要向他们拜谢，踊脚大哭，送客出门，都和刚才所作的一样。送过宾客之后，主人的庶兄弟、堂兄弟都走出殡宫门，出门以后就停止哭泣，然后阖上殡宫的门，赞礼的相就告诉主人该到倚庐去了。第二天早晨哭灵的时候，仍然用麻绳束发，袒露左臂，踊脚大哭。第三天早晨哭灵的时候，还是用麻绳束发，袒露左臂，踊脚大哭。第四天才把整套丧服穿戴齐备，但对于来吊唁的宾客的拜谢和送出，其礼数仍和第一天一样。

【原文】

　　奔丧者非主人①，则主人为之拜宾、送宾。奔丧者自齐衰以下，入门左，中庭北面，哭尽哀；免麻于序东②，即位袒，与主人哭成踊。于又哭、三哭，皆免袒③。有宾，则主人拜宾、送宾。丈夫妇人之待之也，皆如朝夕哭位④，无变也。

【注释】

①主人：指嫡子。

②免（wèn 问）：一种丧冠。详见《檀弓上》注释。

③于又哭、三哭二句：郑玄说："又哭、三哭，亦入门左，中庭北面，……如始至时也。"

④朝夕哭：丧礼中的一种礼节。既殡之后，每天的早晨和傍晚，死者的亲属都要入殡宫而哭，此礼就叫朝夕哭。朝夕哭的位置是，男子都在阼阶下，妇人都在阼阶上。

【今译】

奔丧的人如果不是主人,那么对于前来吊唁的宾客,就由主人替他拜谢和送出。奔丧的人如果是齐衰以下的亲属,在到达家门以后,从门的左边进去,站在院子当中,面向北,放声痛哭,尽哀而止;然后到东序东边脱去吉冠,戴上免,系上麻腰带,再站到自己应站的位置上袒露左臂,主人踊脚痛哭,自己也跟着踊脚痛哭。在第二天早晨、第三天早晨哭灵时,其打扮、其礼数也都和第一天刚到家时一样。如果有宾客前来吊唁,就由主人替他拜宾、送宾。主人、主妇对于奔丧者的到来,都是站在朝夕哭时的位置上等待,不因奔丧者的到来而有所改变。

【原文】

奔母之丧①,西面哭,尽哀,括发袒;降堂东,即位,西乡哭,成踊;袭免绖于序东。拜宾、送宾皆如奔父之礼。于又哭不括发。

**注释**

①奔母之丧:孔颖达说:"此谓嫡子,故《经》云'拜宾、送宾皆如奔父之礼';若庶子,则亦'主人为之拜宾、送宾'。"另据郑玄说,奔母之丧的礼节,除了在第二天早晨哭灵时是戴免以外,其他都和奔父之丧的礼节完全相同。原文多有省略,译文则据本篇第二段做了酌情增加。

【今译】

嫡子奔母之丧,也是到了家门口,从门的左边进去,从西阶登堂,走到灵柩东面,面朝西而跪,放声痛哭,尽哀而止;然后脱去吉冠,用麻绳束发,袒露左臂;然后从西阶下堂,在阼阶之东就位,面朝西痛哭,同时踊脚;然后戴上免,腰间系上麻带。宾客前来吊唁,嫡子的拜宾、送宾之礼都和奔父丧时一样。只是在第二天早晨哭灵时就不再用麻绳束发,而是戴上免。

【原文】

妇人奔丧,升自东阶,殡东,西面坐,哭尽哀。东髽①,即位,与主人拾踊②。

【注释】

①髽(zhuā 抓)：去纚而露其髻曰髽。纚是束发的帛。
②拾(jié 节)：轮流。

【今译】

妇人奔丧，是从堂东的侧阶上堂，走到灵柩的东边，面朝西跪下，放声大哭，尽哀而止。然后到东序去掉裹发的纚，露出发髻，再走到自己的哭位上，与主人轮流跺脚痛哭。

【原文】

奔丧者不及殡①，先之墓，北面坐，哭尽哀。主人之待之也，即位于墓左，妇人墓右。成踊尽哀，括发②；东即主人位，绖绞带，哭成踊；拜宾，反位成踊，相者告事毕。遂冠，归入门左；北面哭尽哀，括发袒，成踊；东即位，拜宾成踊。宾出，主人拜送。有宾后至者，则拜之成踊，送宾如初。众主人兄弟皆出门，出门哭止，相者告就次。于又哭，括发成踊。于三哭，犹括发成踊。三日成服。于五哭，相者告事毕。为母所以异于父者，壹括发，其馀免以终事，他如奔父之礼。

【注释】

①奔丧者：此奔丧者的身份是嫡子。所以，下文的"主人"就是在嫡子未归之前临时主持丧事的人。
②括发：凡括发必袒，而此处未言"袒"，这大约是省文。

【今译】

为父亲奔丧的人如果没有赶在停殡待葬期间到家，那就要先到墓地上去，面向北而跪，放声痛哭，尽哀而止。在家代他主持丧事的人接待他的礼数，是在墓左就位，妇人在墓右就位。奔丧者跺脚痛哭，尽哀而止，用麻绳束发；然后到墓的东边就主人之位，戴上麻绖，系上绞带，跺脚痛哭；拜谢前来吊唁的宾客，回到原位，跺脚痛哭。这时候赞礼的相宣布哭墓的事情结束。奔丧者于是戴上帽子，回到家门口，从门的左边进去；面向北，放声痛哭，尽哀而止；然后用麻绳束发，袒露左臂，跺脚痛哭；然后到阼阶之东就位，拜谢宾客，跺脚痛哭。宾客退出，主人拜送到门外。有的宾客吊唁来晚了,主人仍然是拜谢、跺脚痛哭、送客这一套礼数,和开始的时候一样。这时候,主人的庶兄弟、堂兄弟都退出殡宫的门,出了门就要停止哭泣,赞礼的相就告诉主人该到倚庐去了。在第二天早晨哭灵的时候,用麻绳束发,跺脚痛哭。在第三天早晨哭灵的时候,仍然如此。第四天才把整套的丧服穿戴齐备。在第五天早晨哭灵的时候,赞礼的相宣告在殡宫要做的事已经结束。为母亲奔丧的人如果没有赶在停殡待葬期间到家,只有在从墓地刚回到家里时用麻绳束发一次,其余的时候都是戴着免行事,除了这一点以外,其余的礼数都和奔父之丧一样。

【原文】

齐衰以下,不及殡,先之墓,西面哭尽哀①。免麻于东方,即位,与主人哭成踊,袭。有宾,则主人拜宾、送宾。宾有后至者,拜之如初。相者告事毕。遂冠,归入门左;北面哭尽哀,免袒成踊;东即位,拜宾成踊。宾出,主人拜送。于又哭,免袒成踊。于三哭,犹免袒成踊。三日成服。于五哭,相者告事毕。

【注释】

①西面:面朝西。只有主人才面向北。

【今译】

奔齐衰以下亲属之丧,如果来不及在停殡待葬期间赶回,就要先到墓地,面朝西痛哭,尽哀为止。在墓的东边脱去吉冠,戴上免,腰间系上麻带,然后就位,和主人一道痛哭跺脚,然后穿好衣服。有宾客来吊,就由主人拜宾、送宾。来吊的宾客如有迟到者,拜宾、送宾的事仍由主人承担,就像刚才一样。赞礼的相宣告哭墓的事完毕。奔丧者于是戴上帽子,回到家门口,从门的左边进去,面向北而哭,尽哀为止;然后戴上免,袒露左臂,跺脚痛哭;然后在阼阶之东就位,主人为之拜宾,而奔丧者跺脚痛哭。来吊的宾客退出,主人拜谢送出门外。在第二天哭灵的时候,戴上免,袒露左臂,跺脚痛哭。在第三天哭灵的时候,仍然如此。第四天才把丧服穿戴齐备。在第五天哭灵之后,赞礼的相就宣布奔丧礼结束。

【原文】

闻丧不得奔丧①,哭尽哀;问故,又哭尽哀。乃为位②,括发袒,成踊;袭,绖,绞带,即位;拜宾,反位成踊。宾出,主人拜送于门外,反位。若有宾后至者,拜之成踊,送宾如初。于又哭,括发袒,成踊。于三哭,犹括发袒,成踊。三日成服。于五哭,拜宾、送宾如初。

【注释】

①闻丧不得奔丧:论其原因,有的是君命在身,有的是流亡国外,有的是战乱阻隔。

②位:按亲疏关系排列的哭泣时所站的位置。每个位置都有明显的标志。

【今译】

听到父母的噩耗而又不能奔丧,在这种情况下的礼节是:放声痛哭,尽哀为止;然后向使者询问父母去世的原因,问罢,又放声痛哭,尽哀为止。于是赶忙安排灵堂,设立哭位,用麻绳束发,袒露左臂,跺脚痛哭;然后穿好衣服,戴上麻绖,系上绞带,在阼阶下就主人之位;拜谢前来吊唁的宾客,拜谢之后回到原位,跺脚痛哭。来宾退出,主人拜送于门外,然后又返回原位。如果有的宾客来吊唁时迟到了,主人照样要表示拜谢,跺脚痛哭,送客出门,就像接待没有迟到的宾客那样。第二天哭灵的时候,用麻绳束发,袒露左臂,跺脚痛哭。在第三天哭灵的时候,还仍然如此。到第四天才把整套丧服穿戴齐备。在第五天哭灵的时候,拜宾、送宾的礼数和第一天一样。

【原文】

若除丧而后归,则之墓,哭成踊;东括发袒,绖;拜宾成踊,送宾;反位,又哭尽哀,遂除。于家不哭。主人之待之也,无变于服,与之哭,不踊。自齐衰以下,所以异者,免麻。

【今译】

如果奔丧者是在家人除去丧服之后方才归家,那就要先到墓地上去,痛哭跺脚;然后到墓东就主人之位,用麻绳束发,袒露左臂,戴上麻绖,然后拜谢来吊唁的宾客,返回原位跺脚痛哭,送宾出门;然后回到原位，又痛哭到尽哀为止，于是除去孝服。回到家中就不再哭了。原先在家代为主持丧事的人在接待奔丧者时，可以不再脱下吉服而改穿孝服，可以陪着奔丧者一道哭泣，但不再跺脚。齐衰以下的亲属在家人除去丧服之后方才归家，其奔丧的礼数和上边讲的基本相同；所不同的只是在墓地上头上戴免，腰间系上麻带，而不再用麻绳束发和袒露左臂。

【原文】

凡为位：非亲丧，齐衰以下①，皆即位哭尽哀，而东免绖，即位，袒成踊；袭，拜宾②，反位，哭成踊；送宾，反位，相者告就次。三日五哭③，卒。主人出送宾，众主人兄弟皆出门，哭止④。相者告事毕。成服，拜宾。若所为位家远，则成服而往⑤。

【注释】

①凡为位三句：王夫之说："此言自齐衰以下，闻丧不得奔，而就己所居处哭而成服之礼。哭必为位，三日哭而后成服。"

②拜宾：孙希旦说："凡受吊于外者，虽非主人，皆拜宾，但不稽颡耳。"

③三日五哭：即第一天初闻噩耗之夕一哭，第二天朝夕各一哭，第三天朝夕各一哭。奔父母之丧是五天五哭，此处是三天五哭，说明规格有所降低。

④主人出送宾三句：孙希旦说"按'主人出送宾'至'哭止'，十五字，于上下不相属，注疏皆无解说，盖衍文。"孙说是。译文不译此十五字。

⑤若所为位家远二句：闻丧不得奔丧的亲属可能有多人，如果有的亲属住得离主人（即为位之家的家长）很远，就可以在三日成服之后才到。

【今译】

凡是在外地排列遥哭的位置，只要不是父母的丧事，而是齐衰以下的丧事，都要各就各位，痛哭尽哀；然后走到东序，脱下吉冠，戴上免，腰间系上麻带；然后就位，袒露左臂，跺脚痛哭；然后穿好衣服，拜谢前来吊唁的宾客；然后返回原位，又痛哭跺脚；然后送走来宾，返回原位，于是赞礼的相就宣告居丧的人该到门外守丧的庐舍中去了。在三天之内哭够了五次，哭泣于是停止。赞礼的相宣告礼毕。第四天将丧服穿戴齐备，如有宾客来吊，则拜谢之。如果设立哭位之家离自己的住处遥远，就可以在成服之后前往。

【原文】

　　齐衰望乡而哭。大功望门而哭。小功至门而哭。缌麻即位而哭。哭父之党于庙，母妻之党于寝，师于庙门外，朋友于寝门外，所识于野张帷①。凡为位不奠②。哭天子九，诸侯七，卿大夫五，士三。大夫哭诸侯，不敢拜宾③。诸臣在他国，为位而哭，不敢拜宾。与诸侯为兄弟，亦为位而哭④。凡为位者壹袒。

注释

　　①哭父之党于庙五句：这与《檀弓上》记载的颇有出入。孔颖达认为彼处所说是殷礼，此处所说是周礼，不过聊备一说而已。党，谓族类无服者。
　　②凡为位不奠：之所以不奠，是因为死者的神灵不在此处。奠，从始死到葬前之祭叫奠。详见《檀弓上》注释。
　　③不敢拜宾：因为只有主人才可以拜宾。
　　④与诸侯为兄弟二句：这里没有说"不敢拜宾"，而上文"大夫哭诸侯"二句没有说"为位"，王夫之认为是互文见义。

【今译】

　　奔丧者与死者的关系如果是齐衰之亲，那就要在望见家乡时开始哭不绝声；如果是大功之亲，那就要在望见家门时开始哭不绝声；如果是小功之亲，那就要在走到家门口时开始哭不绝声；如果是缌麻之亲，那就要在就位以后才哭不绝声。同姓而无服的族人死了，就到祖庙里哭他一次；母亲或妻子的族人死了，就在寝室里哭他一次；老师死了，就在庙门外哭他一次；朋友死了，就在寝室门外哭他一次；曾经礼相往来的人死了，就在野外张开帏幔，在里面哭他一次。凡是因故不能奔丧而在国外设位而哭，一律不必致奠。臣下听到君上的死讯，未能奔丧，为位而哭，其规定是：为天子哭九天，为诸侯哭七天，为卿大夫哭五天，为士哭三天。大夫在别国为位哭其旧君，如有宾客来吊，自己不敢以主人自居而表示拜谢。出使他国的臣子，在他国为位哭自己的国君，如有宾客来吊，也不敢以主人自居而表示拜谢。诸侯出嫁到别国的姑、姊妹死了，诸侯也是在本国为位遥哭，如有宾客来吊，自己也不敢以主人自居而表示拜谢。凡是在国外为位而哭，只是在闻丧的当天袒露左臂一次，以后就不必了。

【原文】

所识者吊,先哭于家而后之墓,皆为之成踊,从主人北面而踊①。

注释

①从主人而踊:郑玄说是"拾踊"。拾踊就是交替跺脚。

【今译】

死者的朋友和好友从外地前来吊唁,来到时死者已经下葬,这就要先到死者家中去哭,然后再到墓地去哭;无论是在家中哭还是在墓地哭,哭的时候都要跺脚,而且都是跟着主人,面向北,和主人交替跺脚。

【原文】

凡丧:父在,父为主①;父没,兄弟同居,各主其丧。亲同,长者主之;不同,亲者主之。闻远兄弟之丧,既除丧而后闻丧,免袒成踊,拜宾则尚左手②。无服而为位者,唯嫂叔及妇人降而无服者,麻③。凡奔丧,有大夫至,袒拜之,成踊而后袭;于士,袭而后拜之。

注释

①凡丧三句:因为与宾客为礼,最好让尊者出面。
②闻远兄弟之丧四句:按照规定,远兄弟只是小功、缌麻之亲,除丧以后就不再为之追服,但因为是初闻噩耗,所以"免袒成踊",但拜宾则用吉拜。
③无服而为位者三句:孙希旦说:"二者(按:谓嫂叔之间、出嫁的族姑族姊妹之间)本应有服,一以远嫌绝之,一以出嫁降之,故哭之皆有位。"麻:麻绖。吊服本用葛绖,为了强调与二者关系的本来亲近,所以改成麻绖。

【今译】

凡是办理丧事,只要父亲健在,就由父亲作丧主;如果父亲去世,兄弟即令尚未分家,也是各自主持自己妻子儿女的丧事。如果大家都和死者一般亲,那就由其中的年长者主持丧事;如果大家和死者的关系有亲有疏,那就由与死者关系最亲近的人主持丧事。听到远房兄弟的死讯很晚,是在除丧以后才听到的,其礼节是头上戴免,袒露左臂,跺脚痛哭，但在拜谢前来吊唁的宾客时却是采用吉拜的方式：将左手放在右手上面。没有丧服关系却要站在按照亲疏排定的位置上哭泣的，只有嫂子与小叔之间，以及本来有服但因出嫁降为无服的族姑、族姊妹之间，但要将吊服上的葛绖改作麻绖。凡是士奔丧到家作为主人正在行礼的时候，如果有大夫前来吊唁，那就要先袒露左臂，向大夫拜谢，跺脚痛哭之后再穿好衣服；如果是士前来吊唁，那就要在穿好衣服以后才对他拜谢。

# 礼记全译

## 问丧第三十五

【题解】

郑玄说:"名曰《问丧》者,以其善问居丧之礼所由也。"按本篇记居丧时的若干礼节,以及为什么要制定这些礼。前半篇是暗问,没有明显的"问曰""答曰"字眼;后半篇则是明问,设为问答。

【原文】

亲始死,鸡斯①,徒跣,扱上衽②,交手哭③,恻怛之心,痛疾之意,伤肾、干肝、焦肺④,水浆不入口,三日不举火,故邻里为之糜粥以饮食之⑤。夫悲哀在中,故形变于外也;痛疾在心,故口不甘味、身不安美也。

注释

①鸡斯:郑玄说:"鸡斯,当为'笄纚',声之误也。"笄是固定发髻的簪,纚是包裹发髻的帛。到了第三天,笄纚也要去掉,改成用麻绳束发。

②扱(chā 插):插,掖。

③交手哭:也就是《丧大记》所说的"拊心"而哭。

④伤肾句:郑玄说:"五脏者,肾在下,肝在中,肺在上,举三者之焦伤,而心、脾在其中矣。"所以译文说是"五内如焚"。

⑤糜粥:糜与粥都是粥,区别在于糜稠而粥稀。

【今译】

　　父母亲刚刚断气,孝子要脱下吉冠,露出发笄和裹髻的帛,光着脚,把深衣前襟的下摆掖在腰带上,双手交替捶着胸口痛哭,那种悲伤万分的心情,那种痛不欲生的心情,真是五内如焚,一点水也喝不进,一口饭也吃不进,一连三天都不生火,所以左右邻居只好熬点糜粥让他喝让他吃。因为内心无限悲哀,所以面色憔悴,形容枯槁;因为痛不欲生,所以不想吃也不想喝,也不讲究穿什么为好。

【原文】

　　三日而敛,在床曰尸,在棺曰柩,动尸举柩①,哭踊无数。恻怛之心,痛疾之意,悲哀志懑气盛,故袒而踊之,所以动体安心下气也。妇人不宜袒,故发胸、击心、爵踊②,殷殷田田③,如坏墙然④,悲哀痛疾之至也!故曰:"辟踊哭泣,哀以送之⑤。"送形而往,迎精而反也⑥。

**注释**

　　①动尸:小敛、大敛及殡时都要迁动尸体。举柩:谓启殡及葬时。
　　②发胸:王夫之说是"开外衣前襟"。爵(què雀)踊:像麻雀那样地双足跳跃。爵,通"雀"。
　　③殷殷田田:象声词。象妇人捶胸、跺脚之声。
　　④坏:王梦鸥说当作"培"。培墙,就是添土筑墙。
　　⑤故曰二句:见《孝经·丧亲章》。辟,《孝经》作"擗",捶胸的意思。
　　⑥反:郑玄说:"反,谓反哭及日中而虞也。"反哭,是从墓地返回祖庙而哭。日中而虞,是在日中时分举行安魂之祭。

【今译】

　　士在死后三天举行大敛。死人放在床上叫做尸,装进棺材叫做柩。每一次迁动尸体,每一次抬起灵柩,孝子都要尽情地痛哭跺脚。那种万分悲伤的心情,那种痛不欲生的心情,悲哀烦闷,达到了即将爆炸的地步,所以孝子才袒露左臂,跺脚痛哭,以此来安定情绪,使烦闷之气得到发泄。妇人不适合袒露左臂,所以敞开外衣前襟,双手捶胸,两脚一齐跺地,乒乒乓乓,发出的声音就像筑墙一般,这都是悲哀万分、痛不欲生的表现啊!所以《孝经》上说:"捶胸跺脚,痛哭流涕,用悲伤的心情送别死者。"把死者的形骸送到墓地埋葬,把死者的灵魂迎接回来加以安顿。

【原文】

其往送也,望望然,汲汲然,如有追而弗及也。其反哭也,皇皇然,若有求而弗得也。故其往送也如慕,其反也如疑。求而无所得之也,入门而弗见也,上堂又弗见也,入室又弗见也,亡矣丧矣,不可复见已矣!故哭泣辟踊,尽哀而止矣。心怅焉怆焉,惚焉忾焉,心绝志悲而已矣!祭之宗庙,以鬼飨之①,侥幸复反也。成圹而归,不敢入处室,居于倚庐,哀亲之在外也;寝苫枕块,哀亲之在土也。故哭泣无时,服勤三年,思慕之心,孝子之志也,人情之实也。

【注释】

①祭之宗庙二句:这里指的是虞祭。葬前之祭叫做奠,彼时尚以事生之礼对待死者;从虞祭开始,就把死者当作鬼神来对待了。

【今译】

孝子在往墓地送葬的时候,眼睛瞻望着前方,显出焦急的神情,就像是在追赶死去的亲人而又追赶不上的样子。葬毕哭着返回的时候,孝子的神情彷徨,就好像有什么心事没有了结似的。所以孝子在前往送葬的路上,就像幼儿思慕父母那样哭泣不止;在葬毕返回的路上,又像是担心亲人的神灵不能跟着一道回来而迟疑不前。满腹心事而未曾了结,回到家里,推门一看,却怎么也见不到亲人的影子;上堂再看,还是见不到亲人的影子;进到亲人的住室再看,还是见不到亲人的影子。这样看来,亲人是真正地死了,走了,再也不能相见了!所以哭天嚎地,捶胸跺脚,要把心中的悲哀尽情发泄,只有这样才觉得心中好受点。内心无限的惆怅,无限的悲伤,无限的恍惚,无限的感叹,除了伤心和悲哀以外,还有什么办法呢!在宗庙中致祭,把亲人当作鬼神来祭飨,也不过是希望亲人的灵魂能够幸而回来罢了。孝子把亲人在墓穴中埋好以后从墓地返回家中,不敢进入自己的寝室居住,而是住在简陋的倚庐里,就是因为哀伤死去的亲人还在荒郊野外;睡在草苫上,拿土块当枕头,就是因为哀伤死去的亲人还身埋土中。所以想起来就哭，没有定时，服丧三年，忧心劳思，日夜思慕，这反映了孝子心甘情愿的志尚，也是人的感情的真实流露。

【原文】

或问曰："死三日而后敛者，何也？"曰：孝子亲死，悲哀志懑，故匍匐而哭之，若将复生然，安可得夺而敛之也？故曰：三日而后敛者，以俟其生也。三日而不生，亦不生矣，孝子之心亦益衰矣；家室之计，衣服之具，亦可以成矣①；亲戚之远者，亦可以至矣。是故圣人为之断决，以三日为之礼制也。

【注释】

①衣服之具二句：按《王制》："绞、紟、衾、冒，死而后制。"这说明为死者准备装敛的衣物也需要时间。

【今译】

有人问道："人死后三天才入敛，这是为什么呢？"回答是：孝子在父母刚刚去世时，心中悲哀，思想上一下子接受不了，所以趴在尸体上痛哭，就好象是能把父母哭活似的，人们怎么可以不顾及孝子的这点心思而强行马上入敛呢？所以说，之所以三天以后才入敛，是为了等待死者的复生。三天以后还不复生，那就说明没有复生的希望了，孝子企盼父母复生的信念也逐渐动摇了；而且在这三天之内，有关治丧花费的筹划，入敛衣物的准备，也都可以就绪了；远道的亲戚，也可以来到了。所以圣人就根据这种情况做出决断，把死后三天才入敛作为礼制定了下来。

【原文】

或问曰："冠者不肉袒，何也？"曰：冠，至尊也，不居肉袒之体也，故为之免以代之也①。然则秃者不免，伛者不袒，跛者不踊，非不悲也；身有锢疾②，不可以备礼也。故曰：丧礼唯哀为主矣。女子哭泣悲哀，击胸伤心；男子哭泣悲哀，稽颡触地③，无容④，哀之至也！

【注释】

①免(wèn 问)：一种丧冠。详见《檀弓上》注释。
②锢疾：即痼疾。不易医治的病。
③稽颡：叩头。丧主拜宾之礼。详见《檀弓上》注释。
④无容：不文饰仪容。

【今译】

有人问道："在戴着冠的时候不能袒露左臂，这是什么道理呢？"回答是：冠是至为尊贵的东西，当一个人赤膀露肉时是不能戴冠的，否则就是对冠的亵渎，所以特地制作免来代替冠。这样一来，秃子就不用戴免，驼背的人就不用袒露左臂，瘸子哭时就不用跺脚，但这并不意味着这些人内心就不悲哀，而是因为他们身患痼疾，没法子完成这些礼节。所以说，丧礼只是以悲哀为主。女子哭泣悲哀，捶胸伤心；男子哭泣悲哀，叩头触地，不注意仪容：这都是极度悲哀的表现。

【原文】

　　或问曰："免者以何为也①！"曰：不冠者之所服也。《礼》曰："童子不缌，唯当室缌②。"缌者其免也，当室则免而杖矣。

【注释】

①或问曰句：孔颖达说："成人肉袒之时应着免，今非成人亦免，故问之。"
②《礼》曰二句：大体见于《仪礼·丧服》。当室：无父无兄而主持家事者。童子当室，则以成人之礼要求之。

【今译】

　　有人问道："童子为什么也要戴免呢？"回答说：免是尚未加冠的童子所戴的东西。《仪礼》上说："童子不为族人有缌麻之亲的人服缌，只有当室的童子才为族人服缌。"童子当室，就要为有缌麻之亲的族人服缌，服缌就要戴免，甚至还要挂丧杖。

【原文】

　　或问曰："杖者何也？"曰：竹、桐，一也①。故为父苴杖，苴杖，竹也;为母削杖,削杖,桐也。

【注释】

①一也:谓作用一样。即都是用来扶病的。按:本节所载不如《仪礼·丧服》所载为详。

【今译】

有人问道:"丧杖是用什么做的呢?"回答说:有用竹子做的,有用桐木做的。无论用什么做的,其作用是一样的。所以为父亲用苴杖,苴杖是用竹子做成的;为母亲用削杖,削杖是用桐木削成的。

【原文】

或问曰:"杖者以何为也?"曰:孝子丧亲,哭泣无数,服勤三年,身病体羸,以杖扶病也。则父在不敢杖矣①,尊者在故也②;堂上不杖,辟尊者之处也。堂上不趋,示不遽也。此孝子之志也,人情之实也,礼义之经也,非从天降也,非从地出也,人情而已矣!

【注释】

①则父在不敢杖矣:据郑注孔疏,这个"不敢杖",是指为母丧不敢杖。包括下文的"不杖"、"不趋",也都是为母丧不杖、不趋。则,如果。

②尊者:指父亲。父亲是一家之长,故称尊者。

【今译】

有人问道:"孝子在居丧期间为什么要拄丧杖呢?"回答说:孝子由于死去了父母,经常哭泣,不计其数,忧劳勤苦地服丧三年,身体有病,体质很弱,需要用杖来支撑病体。如果父亲健在,就不敢为母亲拄丧杖,这是因为尊者尚健在的缘故;孝子在堂上也不拄丧杖,因为堂上是尊者所在的地方,需要避开。孝子在堂上不应快步行走,以显示从容不迫,否则就容易引起父亲的伤心。这些都是出于孝子的一颗诚心,是人情的真实流露,是合理合情的常规,不是从天上掉下来的,也不是从地下冒出来的,只不过是人情本应如此而已罢了。

# 礼记全译

## 服问第三十六

【题解】

　　王夫之说:"服问,犹言'问服'也。未尝有问答之文而言'问'者,条析疑义以待问也。"换句话说,服问,就是问有关丧、服的事。本篇与《丧服小记》《大传》属同类性质,可以弥补《仪礼·丧服》之所未备。

【原文】

　　《传》曰:有从轻而重,公子之妻为其皇姑。有从重而轻,为妻之父母。有从无服而有服,公子之妻为公子之外兄弟。有从有服而无服,公子为其妻之父母①。

注释

　　①《传》曰八句:《传》,指本书《大传》篇。"有从轻而重"、"有从重而轻"、"有从无服而有服"、"有从有服而无服",这四句都是《大传》的原话。公子:国君的庶子。皇姑:谓公子之母。外兄弟:孙希旦说:"曰'外兄弟'者,以明非公子之亲昆弟,犹曰'远兄弟'云尔。"

【今译】

　　《大传》篇在谈到从服时曾说:有的本应跟着穿较轻的丧服而变为穿较重的丧服,例如国君的庶子为其生母仅仅头戴练冠,穿用小功布做的丧服,而且葬后即除;而庶子之妻却要为庶子的生母服齐衰期。有的本应跟着穿较重的丧服而变为穿较轻的丧服,例如妻为其娘家父母服齐衰期,是重服;而丈夫为其岳父母仅服缌麻,是轻服。有的是自己所从的人不为死者穿孝服而自己却要为死者穿孝服,例如国君的庶子不为其远房兄弟服丧,而国君的庶子之妻却要为庶子的远房兄弟服丧。有的是本来应该跟着穿孝服却变为不用跟着穿孝服了,例如国君的庶子为其妻之父母,如果他是嫡子,就可以为之服缌麻三月,但因为他是嫡子,所以就从有服变为无服了。

【原文】

《传》曰①:母出,则为继母之党服。母死,则为其母之党服。为其母之党服,则不为继母之党服②。

注释

①《传》:此《传》非指《大传》,孙希旦说是"旧《传》也"。旧《传》就是古书。

②为其母之党服二句:郑玄说:"虽外亲,亦无二统。"意思是说只能有一个外祖父母,不能有两个外祖父母。

【今译】

古书上又说:如果母亲是被父亲休弃出门,作儿子的就要为继母的娘家人服丧;如果母亲去世了,那就为母亲的娘家人服丧。凡是已为母亲的娘家人服过丧的,就不再为继母的娘家人服丧。

【原文】

三年之丧既练矣,有期之丧既葬矣①,则带其故葛带②,绖期之绖③,服其功衰④。有大功之丧,亦如之。小功,无变也⑤。

注释

①期(jī 基):指期亲。为之服丧一年的亲属。

②葛带:三年之丧,在既练之前,腰间系的是麻带;既练之后,改为葛带。麻重而葛轻。

③绖期之绖:三年之丧,在既练之后,男子的首绖已经除去,其首空,所以戴上

为期亲服丧的葛绖。

④功衰：三年之丧到了小祥以后换穿的孝服。因为这种孝服布料的粗细与大功孝服相同，所以叫做功衰。

⑤小功二句：孙希旦说："大功以上谓之亲，小功以下谓之疏，不以疏变亲也。"

【今译】

本来正在服三年之丧，而且已经过了小祥之祭，该换穿较轻的丧服了，这时候又碰上了期亲之丧，而这位期亲也已经埋葬过了，在这种情况下的丧服打扮是，腰间系上三年之丧该换较轻丧服时所用的葛带，头上戴着为期亲服丧的葛绖，穿的孝服是较轻的功衰。如果碰上的丧事是大功之丧，也照此办理。如果碰上的丧事是小功之丧，那就用不着改变原来的孝服了。

【原文】

麻之有本者①，变三年之葛②。既练，遇麻断本者③，于免绖之；既免，去绖；每可以绖必绖，既绖则去之。小功不易丧之练冠，如免，则绖其缌、小功之绖，因其初葛带。缌之麻，不变小功之葛。小功之麻，不变大功之葛④。以有本为税⑤。

**注释**

①麻之有本者：谓大功以上的丧服。因为大功以上的丧服，其首绖、腰带都是用带根的麻拧制而成。

②三年之葛：孙希旦说："谓葬后变麻服葛也。"

③遇麻断本者：等于说遇上小功以下之丧。因为小功以下之丧，其首绖、腰带都是用不带麻的根部的麻拧制而成。

④缌之麻四句：意思是说，轻丧之麻，本服既轻，虽属新丧，也不能改变前此重丧之葛。换句话说，在同一种丧服里，麻比葛重；而在两重不同的丧服里，重丧的葛要比轻丧的麻为重。

⑤以有本为税(tuì 退)：有本，指大功以上之丧。税，改变。按《杂记上》："有三年之练冠，则以大功之麻易之，唯杖、屦不易。"即本句之意。

【今译】

三年之丧，下葬以后，已经变麻带为葛带了，而这时又遇上了大功以上之丧，为了表示对后丧的哀悼，就要把前丧的葛带重新变为麻带。三年之丧，到了小祥以后又遇上小功之丧，这样，在需要为小功之丧戴免的时候，就要加戴小功的首绖。小功之丧敛殡已毕，不需要再戴免了，就把首绖也去掉。对于小功以下之丧，当其敛殡之时，凡需要戴绖的就一定要为之戴绖，不需要戴绖的时候就去掉它。三年之丧，小祥以后就应改戴练冠，如果此时又遇上小功之丧，不可改动练冠；如果需要为小功、缌麻之丧戴免，那就要加戴小功、缌麻的首绖，而腰间仍系当初的葛带。二丧相连，改换丧服，不能以轻改重。所以，小功之丧到了以葛易麻的时候，虽然又遇上缌麻之丧，也不能把小功之葛改为缌麻之麻；同样道理，大功之丧到了以葛易麻的时候，虽然又遇上小功之丧，也不能把大功之葛改为小功之麻。只有大功之麻才可以改变斩衰、齐衰之葛。

【原文】

殇①：长、中，变三年之葛，终殇之月算，而反三年之葛。是非重麻，为其无卒哭之税②。下殇则否。

【注释】

①殇：未成人而死曰殇。十九岁到十六岁而死叫长殇，十五岁到十二岁而死叫中殇，十一岁到八岁而死叫下殇，不足八岁而死叫无服之殇。为殇的丧服，一般来说，都比成人的丧服降一等。孔颖达说：这里所说的长殇、中殇，按其本服来说是大功之丧，但因未成人而死，所以降等；男子为之服小功，妇人为长殇服小功，为中殇服缌麻。必需是这样降等的小功、缌麻才可以变三年之葛，否则，根本不可能变。

②税：改变，变易。见上文注。

【今译】

本来正在服三年之丧，但又遇上了长殇、中殇之丧，虽然此时前丧已经易麻为葛，仍然要改服后丧的麻带。等到后丧的丧服结束，要换成前丧的葛带。这并不意味着殇服的麻带就比前丧的葛带为重，而是因为殇服的礼数简单，没有卒哭以后的易麻为葛之法。如果正在服三年之丧，但又遇上了下殇之丧，就不用这样做了。

【原文】

　　君为天子三年,夫人如外宗之为君也①。世子不为天子服。君所主,夫人妻、大子、適妇②。大夫之適子为君、夫人、大子,如士服③。君之母非夫人,则群臣无服;唯近臣及仆、骖乘从服④,唯君所服服也。公为卿、大夫锡衰以居⑤,出亦如之,当事则弁绖;大夫相为亦然。为其妻,往则服之,出则否。凡见人,无免绖⑥,虽朝于君,无免绖。唯公门有税齐衰⑦。

注释

①外宗:国君的姑、姊妹之女。因为姑、姊妹必嫁于外族,其女是异姓所生,故称外宗。

②夫人妻:孙希旦说:"夫人妻",也就是夫人。之所以多出一个"妻"字,是担心把"夫人"理解为天子的三夫人。適:通"嫡"。下同。

③如士服:郑玄说:士为国君服斩衰,为夫人、为太子都是服齐衰期。

④近臣:在国君身边待候的人。

⑤锡衰:五服之外的一种丧服,比缌麻还要轻。锡衰和缌麻丧服用的布是一样的,区别在于锡衰还要将麻布加灰捶洗使之洁白光滑。

⑥免:去掉。

⑦税:通"脱",脱下。

【今译】

　　国君要为天子服丧三年,国君的夫人比照外宗的为国君为天子服齐衰期。至于国君的嫡子,为了避嫌,就不再为天子服丧了。国君只为其夫人、为其嫡子、为其嫡子之妻主持丧事。大夫的嫡子为国君、国君的夫人、为国君的太子所穿的丧服,和士为国君、为国君的夫人、为国君的太子所穿的丧服一样。国君的母亲如果是妾,不是夫人,则群臣不为之服丧;只有国君的近臣、驾车的以及车右随着国君为之服丧,国君穿什么样的丧服,这些人就随着穿什么样的丧服。国君为卿大夫服丧则穿锡衰,无论是在宫中还是出门,都是这样;但在前往卿大夫之家参加吊唁等活动时,要在皮弁上加上麻绖。大夫之间互相服丧,也是这样的礼数。为大夫之妻服丧,前往丧家吊唁时可穿锡衰,出门到别的地方去就可以脱掉。凡是在居丧期间出外去求见别人,不可去掉首绖,即令是去朝见国君,也无需去掉首绖。只有进入公门时才要脱掉齐衰孝服，但首绖仍然不可去掉。

**【原文】**

　　《传》曰：君子不夺人之丧，亦不可夺丧也①。《传》曰：罪多而刑五②，丧多而服五③。上附下附，列也。

**注释**

　　①《传》曰二句：前此已分别见于《曾子问》和《杂记下》。
　　②刑五：即五刑。五等刑罚。五刑的名目在历史上有变化。据《尚书·舜典》，五刑是：墨刑、劓刑、剕刑、宫刑、大辟。
　　③服五：即五服。五等丧服由重到轻的次序是：斩衰、齐衰、大功、小功、缌麻。

**【今译】**

　　古书上说：作为君子，既不可强迫他人抛开丧亲的悲痛，也不可忘掉自己丧亲的悲痛。古书上又说：虽然罪行有许多种类，但刑罚只有五等；虽然丧服关系有许多种类，但丧服只有五等。需要重时就往上靠，需要轻时就往下靠，各从其等列。

# 礼记全译

## 间传第三十七

【题解】

郑玄说:"名曰《间传》者,以其记丧服之间轻重所宜。"意思是说,丧服五等,其由重到轻的顺序是:斩衰、齐衰、大功、小功、缌麻。居丧之时,穿不同丧服的人,其容貌、哭声、言语、饮食、居处、丧服也不同。总的原则是,所穿丧服要与应有的容貌、哭声、言语等等相称;否则,不是失礼,便是矫情。这就叫做"丧服之间轻重所宜"。本篇的内容,其要点已见于《荀子·礼论》。从文字上看,有与《仪礼·丧服》和本书《丧服小记》相同者,可以参看。

【原文】

斩衰何以服苴①?苴,恶貌也,所以首其内而见诸外也②。斩衰貌若苴,齐衰貌若枲③,大功貌若止,小功、缌麻容貌可也。此哀之发于容体者也。斩衰之哭,若往而不反。齐衰之哭,若往而反。大功之哭,三曲而偯④。小功、缌麻,哀容可也。此哀之发于声音者也。斩衰"唯"而不对。齐衰对而不言。大功言而不议。小功、缌麻,议而不及乐。此哀之发于言语者也。

注释

①苴(jū居):苴麻。一种结子的雌麻。其色黧黑,穿斩衰丧服者的脸色

似之。

②苴其内:本着内心的悲哀。

③枲(xǐ徙):枲麻。一种不结子的雄麻,其颜色较苴麻稍浅。

④偯(yǐ以):声音从容有余。

【今译】

　　斩衰丧服为什么要使用苴麻做的首绖和腰带呢?因为苴麻颜色黧黑,非常难看,所以用它来把内心的悲哀表现在服饰上面。穿斩衰丧服的人,其脸色深黑,就像苴麻一样;穿齐衰丧服的人,其脸色浅黑,就像枲麻一样;穿大功丧服的人,其神情呆板;穿小功、缌麻丧服的人,其神情和平常差不多。这是悲哀表现在脸色、神情上的不同。穿斩衰丧服者的哭声,那是一口气地哭下去,直到上气不接下气;穿齐衰丧服者的哭声,虽是一口气地哭下去,但上气还可以接着下气;穿大功丧服者的哭声,听起来是时高时低,尾声从容;穿小功、缌麻丧服者的哭声,只要做出有悲哀的表情就可以了。这是悲哀表现在哭声上的不同。居丧之中在和他人交谈时,如果是斩衰之丧,那就只发出"唯唯"的声音而不回答别人的问话;如果是齐衰之丧,那就可以回答别人的问话,但不可主动问人;如果是大功之丧,那就可以主动问人,但不可以发表议论;如果是小功、缌麻之丧,那就可以发表议论,但还不可谈笑风生。这是悲哀表现在言语方面的不同。

【原文】

　　斩衰三日不食,齐衰二日不食,大功三不食,小功、缌麻再不食。士与敛焉,则壹不食。故父母之丧,既殡食粥,朝一溢米①,莫一溢米②;齐衰之丧,疏食水饮,不食菜果;大功之丧,不食醯酱;小功、缌麻,不饮醴酒。此哀之发于饮食者也。父母之丧,既虞、卒哭③,疏食水饮,不食菜果;期而小祥,食菜果;又期而大祥,有醯酱;中月而禫④,禫而饮醴酒。始饮酒者,先饮醴酒。始食肉者,先食干肉。

【注释】

①溢:古代计量单位。二十两曰溢。详见《丧大记》注。

②莫:古"暮"字。

③虞:祭名。葬后的安神之祭。详见《檀弓下》注。卒哭:虞后祭名。详见《檀弓下》注。

④禫(dàn但):祭名。除去丧服之祭。详见《檀弓上》注。

【今译】

穿斩衰丧服的人,头三天不吃任何东西;穿齐衰丧服的人,头两天不吃任何东西;穿大功丧服的人,三顿不吃任何东西;穿小功、缌麻丧服的人,两顿不吃任何东西。士人如果去帮助小敛,则要停吃一顿。所以父母之丧,既殡以后,只喝稀粥,早上吃一溢米,晚上吃一溢米;而齐衰之丧在既殡以后,可以吃粗米饭和喝水,但不可以吃蔬菜瓜果;大功之丧在既殡以后,虽然可以吃蔬菜瓜果,但还不可以吃醋酱一类的调料;小功、缌麻之丧在既殡以后,虽然可以吃醋酱一类的调料,但还不可以喝甜酒。这是悲哀在饮食方面表现出来的不同。为父母服丧,在虞祭、卒哭之后,就可以吃粗米饭和喝水,但还不可以吃蔬菜瓜果;满一周年时举行小祥之祭,此后就可以吃蔬菜瓜果;满两周年时举行大祥之祭,此后就可以吃醋酱一类的调料;大祥以后间隔一个月举行禫祭,禫祭之后就可以喝甜酒。开始饮酒时,要先饮甜酒;开始吃肉时,要先吃干肉。

【原文】

父母之丧,居倚庐①,寝苫枕块,不说绖带②;齐衰之丧,居垩室③,芐翦不纳④;大功之丧,寝有席;小功、缌麻,床可也。此哀之发于居处者也。父母之丧,既虞、卒哭,柱楣翦屏⑤,芐剪不纳;期而小祥,居垩室,寝有席;又期而大祥,居复寝;中月而禫;禫而床。

注释

①倚庐:居丧时所住的简陋草棚。其形制详见《丧大记》注释。

②说:通"脱"。

③垩室:居丧时用土坯垒砌的小草屋。详见《丧大记》注释。

④芐(xià下):蒲萍。可以制席。

⑤柱楣:楣是倚庐的卧地之梁,把它用柱子支起来,可以增加倚庐的空间。详见《丧大记》注释。

【今译】

居父母之丧，孝子要住在倚庐里，寝卧在草苫上，拿土块当枕头，睡觉时也不脱首绖和腰绖；居齐衰之丧，就要住在垩室里，睡在剪齐了边却没有扎缘的蒲席上；为大功亲属服丧，睡觉的时候就可以睡在席子上；为小功、缌麻亲属服丧，像平常那样睡在床上也是可以的。这是悲哀表现在居处方面的不同。居父母之丧，在虞祭、卒哭之后，就可以把搭建倚庐时所用的卧地之楣用柱子支起来，遮盖倚庐的草苫也可以稍加修剪，睡觉所用的草苫也可以换成剪齐了边却还没有扎缘的蒲席；满一周年时举行小祥之祭，此后就可以搬到垩室里去住，睡觉也可以使用席子；满两周年时举行大祥之祭，此后就可以搬到自己的寝室去住；再隔一个月举行禫祭，禫祭以后就可以像平常那样睡在床上。

【原文】

　　斩衰三升①。齐衰四升，五升，六升②。大功七升，八升，九升。小功十升，十一升，十二升。缌麻十五升去其半，有事其缕③，无事其布④，曰缌。此哀之发于衣服者也。斩衰三升，既虞、卒哭，受以成布六升⑤，冠七升。为母疏衰四升，受以成布七升，冠八升。去麻服葛，葛带三重⑥。期而小祥，练冠縓缘⑦，要绖不除。男子除乎首，妇人除乎带。男子何为除乎首也？妇人何为除乎带也？男子重首，妇人重带。除服者先重者，易服者易轻者。又期而大祥，素缟麻衣⑧。中月而禫，禫而纤⑨，无所不佩。易服者何为易轻者也？斩衰之丧，既虞、卒哭，遭齐衰之丧，轻者包⑩，重者特⑪。既练，遭大功之丧，麻葛重⑫。齐衰之丧，既虞、卒哭，遭大功之丧，麻葛兼服之⑬。斩衰之葛，与齐衰之麻同。齐衰之葛，与大功之麻同。大功之葛，与小功之麻同。小功之葛，与缌之麻同⑭。麻同则兼服之。兼服之服重者，则易轻者也。

【注释】

　　①升：八十缕为升。一幅布的宽度是二尺二寸，升数愈多，布愈细密。
　　②齐衰四升三句：齐衰丧服之所以有四升、五升、六升三种，是因为齐衰丧服分为降服、正服、义服三等。所谓降服，即由于某种原因，不以本等丧服服之而以次一等丧服服之。所谓正服，即按照亲疏关系该服哪一等丧服就服哪一等丧服。所谓义服，是与死者本无亲属关系，只是由于某种义理才为之穿孝服。三等之中，

降服最重,正服次之,义服又次之。下文的大功三等、小功三等,都可以由此类推。

③有事其缕:对线缕进行细加工。事,加工。

④无事其布:对布加工(指捶洗)时不加灰。所用缌布洁白光滑。

⑤受:受服。所谓受服,是指在服丧的不同阶段(如卒哭后、小祥后、大祥后等等),随着悲哀的逐渐减轻,由穿较重较粗的丧服改穿较轻较细的丧服。每一个阶段新受之服都较上一阶段的丧服较轻较细,而逐渐变轻变细的标准,都是以上一阶段冠布的粗细为准。例如,斩衰初丧的布是三升,冠布是六升;卒哭以后,丧服的布就改为六升,冠则改为七升(在丧服所用布的升数上加一)。成布:指六升以上的布。因为六升以下的布太稀疏,没有布的样子;而六升以上的布线缕较细,才有布的样子。

⑥葛带三重:单股为一重,将两个单股合在一起为二重,再将两个合好的双股合在一起为三重。

⑦练冠缌缘:见《檀弓上》注。

⑧素缟:即《玉藻》所说的"缟冠素纰"。麻衣:大祥以后所穿的丧服。也就是用十五升布做的深衣,但不镶彩边。

⑨纤:黑经白纬的布。这里指用这种布制作的冠。

⑩轻者:指男子的腰带和妇人的首绖。

⑪重者:指男子的首绖和妇人的腰带。

⑫麻葛重:郑玄说:"斩衰已练,男子除绖,而带独存,妇人除带,而绖独存,谓之单。单,独也。遭大功之丧,男子有麻绖,妇人有麻带,又皆易其轻者以麻,谓之重麻。既虞、卒哭,男子带其故葛带,绖期(按:实为大功)之葛绖,妇人绖其故葛绖,带期(实为大功)之葛带,谓之重葛。"

⑬兼服之:此"兼服"二字只指男子;不包括妇人。

⑭大功之葛四句:小功、缌麻服轻,不足以改变大功以上的丧服。这里说的是成人大功之殇在长、中者。详见上篇《服问》。

【今译】

做斩衰丧服所用的布是三升。做齐衰丧服所用的布,有四升的,有五升的,有六升的。做大功丧服所用的布,有七升的,有八升的,有九升的。做小功丧服所用的布,有十升的,有十一升的,有十二升的。做缌麻丧服所用的布,其经线的缕数是十五升布的一半,线缕经过加工,织成布后捶洗时不再加灰,这样的布就叫做缌布。这是悲哀表现在衣服方面的不同。斩衰所用的布是三升,但在虞祭、卒哭以后,其受服所用的布就是六升,丧冠所用的布就是七升。为母亲穿的孝服所用的布是四升,但在虞祭、卒哭以后,其受服所用的布就是七升,丧冠所用的布就是八升。虞祭、卒哭之后,男子要去掉麻腰带而换成葛腰带,葛腰带是用四股线抟成而成。满一周年时举行小祥之祭,此后就可以改戴练冠,中衣也可以换成练衣,并且领子上带有浅红色的镶边,但男子的葛腰带还不能除掉。男子除丧是从首绖开始,妇人除丧是从腰带开始。男子为什么要先除首绖呢?妇人为什么要先除腰带呢?因为首绖在男子的丧服中最为重要,而腰带在妇人的丧服中最为重要。除去丧服的时候,先要除去最为重要的部位;正服重丧,又遭轻丧,需要为轻丧改变丧服的时候,那就只能改变较轻的部位。满两周年时举行大祥之祭,此后孝子就可以头戴用白色生绢所制的冠,冠缘又用白绫镶边,身穿麻衣。再隔一个月举行禫祭,禫祭以后就可以戴用黑经白纬的布所制的冠,无论什么装饰也都可以佩带。正服重丧,又遭轻丧,为轻丧而改变重丧之服,为什么要改变重丧较轻的部位呢?如果正在服斩衰之丧,在虞祭、卒哭以后,又遇上齐衰之丧,这时候,因为男子的较轻部位在腰,就可以戴上齐衰的麻腰带以包括斩衰的葛腰带;而妇人的较轻部位在首,就可以戴上齐衰的麻首绖以包括斩衰的葛首绖;而男子的重要部位在首,就可以保留斩衰的首绖不变;而妇人的重要部位在腰,就可以保留斩衰的腰带不变。如果是在斩衰之丧的一周年以后又遇上大功之丧,那么,在后丧卒哭之前,无论是男子还是妇人,都戴着麻首绖和麻腰带,这叫做重麻;在后丧卒哭之后,无论是男子还是妇人,都又改为葛首绖和葛腰带,这叫做重葛。如果原来正在服齐衰之丧,在虞祭、卒哭之后又遇上大功之丧,那么,男子就要以后丧的麻腰带换下前丧的葛腰带,而头上仍戴着前丧的葛首绖。这叫做麻与葛兼而有之。斩衰丧服在卒哭之后要把麻绖改为葛绖,其葛绖的粗细与齐衰丧服在卒哭之前所服的麻绖相同;齐衰丧服在卒哭之后要把麻绖改为葛绖,其葛绖的粗细与大功丧服在卒哭之前所服的麻绖相同;大功丧服在卒哭之后要把麻绖改为葛绖,其葛绖的粗细与小功丧服在卒哭之前所服的麻绖相同;小功丧服在卒哭之后要把麻绖改为葛绖,其葛绖的粗细与缌麻丧服在卒哭之前所服的麻绖相同。既然有此相同,那就可以既服前丧的葛,又服后丧的麻。兼服麻葛时要遵循的原则是,对于丧服的重要部位,仍服前丧的葛,而对于丧服的次要部位,则改为后丧的麻。

# 礼记全译

## 三年问第三十八

【题解】

丧服不同，守丧的时间长短也不同：有三年、一年、九月、五月、三月之分。这种守丧时间的长短，不是随随便便制定的，而是以血缘关系的远近，哀痛程度的深浅为原则的。本篇就是通过设为问答的形式来说明这种道理。因为是以三年之丧的问答为主，所以以《三年问》为名。本篇文字与《荀子·礼论》基本相同，当为荀卿所作。

【原文】

三年之丧，何也？曰：称情而立文，因以饰群①，别亲疏贵贱之节，而弗可损益也。故曰：无易之道也。创巨者其日久，痛甚者其愈迟。三年者，称情而立文，所以为至痛极也。斩衰苴杖②，居倚庐，食粥，寝苦枕块③，所以为至痛饰也。三年之丧，二十五月而毕④，哀痛未尽，思慕未忘，然而服以是断之者，岂不送死有已、复生有节也哉？

注释

①饰群：表明五服之亲的关系。
②苴杖：父丧所持的杖。详见《丧服小记》。
③居倚庐三句：见《丧大记》注释。
④二十五月而毕：二十五月举行大祥之祭。所谓大祥，是说孝子于此祭可以

除去丧服而穿上平日的吉服,服饰大加改善(只有帽子还是素冠)。从除去丧服的意义上来说,是二十五月而毕。

【今译】

　　守丧三年是根据什么来制定的呢？回答是：这是根据内心哀痛程度而制定的与之相称的礼文,藉此来表明亲属的关系,区别亲疏贵贱的界限,因而是不可随意增减的。所以说,这是不可改变的原则。创伤深重,复原的日子就长；悲痛得厉害,平复的时间就慢。守丧三年的规定,就是根据内心哀痛程度而制定的与之相称的礼文,用来表示无以复加的悲痛。身穿斩衰,手持苴杖,住在倚庐,进食稀粥,睡在草苫上,用土块当枕头,凡此种种,都是为了表示无限的悲痛。三年的守丧期限,实际上二十五个月就结束了。虽然孝子的哀痛还没有结束,对父母的思念仍然存在,可是守丧的期限却到此为止,这是因为对死者的怀念总得有个停止、对于活着的人也总得恢复正常生活吧？

【原文】

　　凡生天地之间者,有血气之属,必有知。有知之属,莫不知爱其类。今是大鸟兽①,则失丧其群匹,越月逾时焉,则必反巡；过其故乡,翔回焉,鸣号焉,踯躅焉②,踟蹰焉,然后乃能去之。小者至于燕雀,犹有啁噍之顷焉,然后乃能去之。故有血气之属者,莫知于人；故人于其亲也,至死不穷。将由夫患邪淫之人与③？则彼朝死而夕忘之,然而从之④,则是曾鸟兽之不若也,夫焉能相与群居而不乱乎？将由夫修饰之君子与？则三年之丧,二十五月而毕,若驷之过隙⑤,然而遂之,则是无穷也。故先王焉为之立中制节⑥,壹使足以成文理,则释之矣。

注释

　　①今是：《荀子》作"今夫"。
　　②踯躅(zhí zhú 直逐)：徘徊不进的样子。与下文"踟蹰"同义。
　　③患：王引之说：此"患"字当作"愚",形近致误；而"愚"字下又脱掉"陋"字。《荀子》正作"愚陋"。愚陋,谓不知礼仪之人。
　　④从：通"纵",放纵。

⑤驷之过隙:四匹马拉的车穿过一条缝隙那样狭窄的地方。比喻极快。
⑥立中制节:制定与哀痛心情相称的五服年月。

【今译】
　　天地之间的一切生物,只要是高等的动物,必定都有感情。凡是有感情的动物,没有不知道爱护自己同类的。就说大的鸟兽吧,如果丧失了自己的同伴,过了一月,过了一季,还要拐回来巡视;经过过去居住的巢穴时,必定要盘旋,要号叫,要徘徊良久,然后才依依不舍地离开。即使像燕子、麻雀一类的小鸟,在这种情况下,也要叽叽喳喳地哀鸣一阵,然后才依依不舍地离开。在所有的高等动物之中,没有比人更富于感情的了。所以,人对于死去的双亲,至死也不会忘怀。如果由着那些愚蠢无知或者放荡无羁者的意思去办,他们就会早上死了父母,晚上就会忘掉。如果对他们放任不管,那岂不成了连鸟兽也不如了,还怎么能够让大家过集体生活而不发生混乱呢?如果由着那些讲究礼仪的君子的意思办,则三年的丧服,二十五个月就宣告结束,就像弹指一挥之间那样地迅速。如果成全他们的心愿,那将是哀痛永远没有结束之日。所以先王为贤人与小人制定了一个折中的礼节,使大家都感到合情合理,然后除去丧服。

【原文】
　　然则何以至期也①?曰:至亲以期断②。是何也?曰:天地则已易矣,四时则已变矣,其在天地之中者莫不更始焉,以是象之也。

注释
①期(jī 基):周年。
②至亲:指为兄弟,为伯父、叔父,为祖父,夫为妻,父为众子等服周年丧服的亲属。

【今译】
　　那么丧期为一年的丧服是根据什么制定的呢?回答是:为某些至亲而不至尊的亲属服丧满一年就应除服。这是什么道理呢?回答是:一年之中,天地已经运行了一周,四季已经循环了一遍,天地之间,万象无不更新,所以制定出一年的丧服来效法它。

【原文】

然则何以三年也?曰:加隆焉尔也,焉使倍之,故再期也①。由九月以下,何也?曰:焉使弗及也。

注释

①再期(jī 基):两周年。三年之丧,二十五月而毕,是过了两个周年。

【今译】

那么为什么有的丧期是三年呢?回答是:这是为了更加隆重其事,于是使丧期延长一倍,所以要过两个周年才除去丧服。那么丧期是九月以下的又是何道理呢?因为有的亲属赶不上至亲那么亲,于是丧期也就达不到一年。

【原文】

故三年以为隆,缌、小功以为杀①,期、九月以为间。上取象于天,下取法于地,中取则于人,人之所以群居和壹之理尽矣。故三年之丧,人道之至文者也。夫是之谓至隆,是百王之所同,古今之所壹也,未有知其所由来者也②。孔子曰:"子生三年,然后免于父母之怀。夫三年之丧,天下之达丧也③。"

注释

①杀(shaì 晒):减降。
②未有知其所由来者也:郑玄说:"不知其所从来,喻此三年之丧前世行之久矣。"
③孔子曰四句:见《论语·阳货》。达丧:上自天子,下止庶人,对谁都通用的丧礼。

【今译】

所以五服之中,斩衰三年是最为隆重的丧服,缌麻三月和小功五月是最轻的丧服,齐衰一周年和大功九月是二者之间的丧服。这种规定,上则取法于天,下则取法于地,中间则取法于人情,人们之所以能够集体生活而又和谐一致的道理都表现出来了。所以三年之丧,是人情味十足的一种礼仪。这种最为隆重的礼仪,是历代天子所共同遵循的,是古往今来无人违背的,也不知道究竟已经实行了多么长的时间了。孔子说:"孩子生下三年以后才能离开父母的怀抱,所以,父母去世,孩子为之服丧三年,这也是普天之下通行的丧礼。"

# 礼记全译

## 深衣第三十九

【题解】

郑玄说:"名曰《深衣》者,以其记深衣之制也。"按深衣,古代上衣与下裳相连缀的一种服装(类似后世的长袍),一般都镶以花边,是诸侯、大夫、士夕时所着之服,庶人也用作祭服。本篇不仅记深衣之制,而且也记为什么这样制作的含义。本书《玉藻》篇也有涉及深衣制度的内容,可以参看。

【原文】

古者深衣,盖有制度,以应规、矩、绳、权、衡①。短毋见肤②,长毋被土。续衽钩边③。要缝半下④。袼之高下⑤,可以运肘。袂之长短,反诎之及肘。带,下毋厌髀⑥,上毋厌胁,当无骨者。

注释

①以应句:规是圆规,矩是曲尺,绳是墨线,权是秤锤,衡是秤杆。如何应法,见下文。
②肤:通"趺",足背。
③续衽:一本作"裕衽"。裕衽,以多余的布幅作衽。
④要缝半下:即《玉藻》所说的"缝齐倍要"。缝,通"丰",大也。
⑤袼(gě 各):袖子当腋处,俗称挂肩。
⑥厌:通"压",压住。下同。

【今译】

　　古人穿的深衣,是有一定的尺寸样式的,以合乎规、矩、绳、权、衡的要求。深衣的长度即令再短,也不能够露出脚背;即令再长,也不能够拖拉住地。裳的两旁都有宽大的余幅作衽,穿着时前后两衽交叠。深衣腰围的宽度,是深衣下缉的一半。袖子与上衣在腋下连合处的高低,以可以运肘自如为原则。袖子的出手部分的长度,以反折过来刚好到肘为合度。腰间大带的位置,下面不要压住大腿骨,上面不要压住肋骨,要束在大腿骨之上、肋骨之下的无骨部位。

【原文】

　　制:十有二幅,以应十有二月。袂圆以应规,曲袷如矩以应方①,负绳及踝以应直,下齐如权衡以应平②。故规者,行举手以为容;负绳、抱方者,以直其政、方其义也。故《易》曰:坤六二之动③,直以方也。下齐如权衡者,以安志而平心也。五法已施,故圣人服之。故规、矩取其无私,绳取其直,权、衡取其平,故先王贵之。故可以为文,可以为武,可以摈相,可以治军旅,完且弗费④,善衣之次也⑤。

注释

①袷(jié 节):衣服的交领。
②下齐(zī 资):深衣的下摆。
③六二:《易经》六十四卦三百八十四爻中,以数字"六"代表阴爻。故凡是阴爻居卦第二位者,均称六二。
④弗费:深衣用十五升的白布来做,只需要镶边,不需要绣绘任何图案。
⑤善衣:指朝服与祭服。

【今译】

　　深衣裁制的方式:上衣用布六幅,下裳用布六幅,共十二幅,以象征一年有十二个月。圆形的袖口,用以象征圆规。方形的交领如矩,用以象征品行方正。背缝像墨线似的从后背直到脚后跟,用以象征品行正直。裳的下缉如秤杆秤锤,用以象征公平。袖口之所以象征圆规,是为了举手抬脚都合乎礼貌;背缝如墨线与领口如曲尺,是表示为政要正直、品行要端方。所以《易经》上说:坤卦六二爻的动态,不但表示直,而且表示方。裳的下缉像秤杆秤锤,是表示没有偏颇而把心放平。因为深衣符合规、矩、绳、权、衡五个方面的要求,所以圣人要穿它。规与矩,取其大公无私之义;绳,取其正直之义;权与衡,取其公平之义。所以先王很看重深衣。穿着深衣,可以习文,可以练武,可以作为摈相,可以带领部队,样式完备,做起来省力,是朝服、祭服以外最好的衣服了。

【原文】

具父母、大父母①,衣纯以缋②。具父母,衣纯以青。如孤子③,衣纯以素。纯袂、缘,纯边,广各寸半④。

【注释】

①大:读作"太"。

②纯(zǔn准):镶边。下同。缋(huì惠):有五彩花纹的缯帛。郑玄说:"尊者存,以多饰为孝。"

③孤子:三十岁以下无父称孤。

④广各寸半:这是就外表一面说的,表里共三寸。只有领口的镶边是二寸,表里四寸。

【今译】

如果父母及祖父母都双双健在,所穿的深衣就用带有五彩花纹的布来镶边。如果只有父母健在,所穿的深衣就用青布来镶边。如果是个父亡母存的孤儿,就用白布来镶边。深衣袖口的镶边,深衣下摆的镶边,深衣裳边的镶边,都是寸半宽。

# 礼记全译

## 投壶第四十

【题解】

投壶是古代的一种游戏,与射箭相类似。古时候,主人宴请宾客,为了尽兴,或比赛射箭,或比赛投壶,以决胜负。负者饮以罚酒。这比后世的酒令、猜枚似乎显得高雅。本篇为逸礼之一,其文体仿《仪礼》。孔颖达说,从篇首至"正爵既行,请彻马"是经,是正篇;其后才是"记者之言"。《大戴礼》也有《投壶》篇,较本篇完好,可以对照来看。但是本篇也有为《大戴礼》所不载者,例如鲁、薛二国击鼓击鼙的乐谱就是。

【原文】

投壶之礼:主人奉矢①,司射奉中②,使人执壶③。主人请曰:"某有枉矢哨壶④,请以乐宾。"宾曰:"子有旨酒嘉肴,某既赐矣⑤,又重以乐,敢辞。"主人曰:"枉矢哨壶,不足辞也,敢固以请⑥。"宾曰:"某既赐矣⑦,又重以乐,敢固辞。"主人曰:"枉矢哨壶,不足辞也,敢固以请。"宾曰:"某固辞不得命,敢不敬从。"宾再拜受,主人般还⑧,曰:"辟⑨。"主人阼阶上拜送,宾般还,曰:"辟。"已拜,受矢,进即两楹间。退反位,揖宾就筵。

【注释】

①奉：通"捧"。矢：形似筷子，以木为之，无羽、镞之属，与射箭所用之矢不同。因投壶与射箭相类，故也叫做矢。
②司射：投壶礼的主持者。中：盛算器。算即射筹，是用来记投中次数的筹码。中，用木刻制，形似伏兽，背上开有孔以插放筹码。简言之，中即投壶计分器。
③壶：是一种嘴小颈长肚大的壶。下文有说明。
④某有枉矢哨壶："某"，用来称代"我"或说话人的名字。表谦让。郑玄说："枉、哨（qiao 峭），不正貌，为谦辞。"
⑤某既赐矣：《大戴礼》无此四字，考之上下文，疑衍。
⑥敢固以请：《大戴礼》无"固"字。王树楠认为不应有。
⑦某既赐矣：疑"既"下脱"受"字。
⑧般还（pán xuán 盘旋）：转身回避貌。
⑨辟：通"避"。

【今译】

投壶之礼的做法是：宴席进行到一定的阶段，主人立在阼阶上，手中捧着矢；司射立在西阶上，手中捧着中；主人又派个下人捧着壶，也是立在西阶上，靠近宾客之处。主人邀请说："我有歪歪扭扭的矢和歪嘴歪脖的壶，希望用来娱乐宾客。"宾客回答道："足下用美酒嘉肴招待，我已经很领情了。现在又要用娱乐招待，真不敢当。"主人又说："歪歪扭扭的矢，歪嘴歪脖的壶，不值得您这样客气地推辞，请足下赏脸答应。"宾客又说："承蒙足下已经用美酒嘉肴招待过了，现在又要用娱乐招待，坚决不敢当。"主人又邀请说："歪歪扭扭的矢，歪嘴歪脖的壶，实在不值得您这样地客气，请足下一定赏脸答应。"宾客说："我再三地推辞，而您就是不答应，那就只好敬听尊命了。"于是宾客行了再拜之礼，从主人手里接过了矢；而主人见到宾客施礼，急忙退后转身，口中说道："免礼，免礼。"主人在阼阶上行拜送礼时，宾客见状，也急忙转身，口中说道："免礼，免礼。"宾主施礼已毕，宾客从主人手里接过矢，主人从赞礼者手中接过矢，主人前进到两楹间，察看一下将要进行投壶的地方，然后退回阼阶上的原位，向宾客作揖，请他就座。

【原文】

司射进度壶，间以二矢半①。反位，设中，东面，执八算兴。请宾曰②:"顺投为人③,比投不释④,胜饮不胜者。正爵既行⑤,请为胜者立马⑥。一马从二马⑦。三马既立,请庆多马。"请主人亦如之。命弦者曰:"请奏《狸首》⑧,间若一。"大师曰:"诺。"

**注释**

①间以二矢半:王念孙说这五个字是衍字,是。
②请:郑玄说:"请,犹告也。"
③顺投:矢有头有尾,头先进入壶中为顺投。
④比投:连续地投。投壶的规则是,宾主轮流的投,否则就算犯规。不释:不释算。不为立得胜的筹码,也就是不计分。
⑤正爵:郑玄说:"所以正礼之爵也。"或指罚酒,或指庆贺别人得胜的酒。
⑥马:胜算,得胜的筹码。
⑦一马从二马:《大戴礼》无此五字。陆德明《释文》和孔颖达疏也认为不应有此五字。
⑧《狸首》:乐曲名。已失传。

**【今译】**

　　司射从下人手中接过壶,上堂来至宾主席前丈量放壶的位置。壶放好后,退回西阶的原位,再把"中"放好,在"中"中插入八只筹码,面向东方,手执八只筹码站起。司射向宾宣布投壶的规则说:"箭头一端投入壶中才算投进,主人与宾客一递一只地投,如果一方连续地投,就是投进也不算数;胜者要斟一杯罚酒让不胜者来饮。饮过罚酒之后,输者要为胜者放上一个得胜的筹码;如果有一方首先得到三个胜的筹码,另一方就要饮一杯庆贺的酒。"司射又把同样的规则宣布给主人。司射又命令鼓瑟的乐工:"比赛进行时,要奏《狸首》这支伴奏曲,演奏的速度要不快不慢,始终如一。"乐队的领队回答说:"是。"

**【原文】**

　　左右告矢具,请拾投①。有入者,则司射坐而释一算焉。宾党于右,主党于左。

**注释**

①拾(jié结):轮流,交替。

【今译】

司射向宾主双方报告矢已经准备好,可以开始轮流投矢了。有哪一方将矢投进者,司射就跪下为他记一分。投壶的时候,宾客一方坐在司射的右边,主人一方坐在司射的左边。

【原文】

卒投,司射执算曰①:"左右卒投,请数。"二算为纯②,一纯以取,一算为奇③。遂以奇算告曰④:"某贤于某若干纯。"奇则曰"奇",钧则曰"左右钧"。

【注释】

①司射执算:《大戴礼》作"司射执余算",是。孔广森《补注》说:"执余算者,司射初执八算,每入一矢,则委一算于地,八矢不皆中,故手有余算也。"
②纯(quán 全):全;一双。
③奇(jī 机):单数,一只。
④遂以奇算告曰:据《释文》和《大戴礼》,此句应作"有胜者,司射遂以其算告"。此处有脱误。

【今译】

投壶结束,司射就手中执着剩余的筹码宣布说:"宾主双方投壶结束,现在开始计算分数。"计算的方法是,两个筹码算作一纯。一次取一纯,取够十纯,放成一堆,摆在地上。计算到最后如果只剩一个筹码,那就叫"奇"。计算的结果出来以后,司射就报告说:"某一方的成绩超过了另一方若干纯。"如果胜算中还有奇数,还要把奇数报告出来。如果双方积分相等,就说双方不分胜负。

【原文】

命酌曰①:"请行觞。"酌者曰:"诺。"当饮者皆跪奉觞曰:"赐灌②。"胜者跪曰:"敬养③。"

【注释】

①酌:郑玄说:"酌者,胜党之弟子。"

②灌：郑玄说："灌犹饮也。"

③敬养：孙希旦说："敬养者，酒所以养老、养病也。此实罚爵，而曰'赐灌''敬养'者，皆谦敬之辞也。"

【今译】

司射对胜利一方的子弟说："请为失败的一方斟罚酒。"胜利一方的子弟说："是。"斟好罚酒以后，失败的一方都跪下来捧着酒杯说："承蒙赐饮。"胜利的一方也跪下来说："请以此酒为养。"

【原文】

正爵既行，请立马①。马各直其算。一马从二马②，以庆。庆礼曰："三马既备，请庆多马。"宾主皆曰："诺。"正爵既行，请彻马。

注释

①马：胜算。

②一马从二马：按照投壶的规则，比赛总共进行三盘。每取胜一盘，为胜家立一马(等于记一分)。如果一方三盘皆胜，另一方三盘皆输，胜输分明，问题简单。如果一方只胜一盘，得一马；而另一方胜两盘，得二马。这时要按照多吃少的原则，将一马并入二马，凑成三马，并判得二马者为胜家。

【今译】

行过罚酒礼后，就为胜利的一方立下一马。哪一方得胜就把马立在哪一方算筹的前面。立马以三马为胜。如果有一方得一马，而另一方得二马，则得一马的一方应将自己的一马并入另一方的二马，并庆祝对方的得胜。举行庆礼时，司射说："比赛的最后结果已经出来，让我们为得胜者庆贺。"宾主双方都回答说："好的。"喝过庆贺的酒，司射就让人把已立的马撤掉。

【原文】

算多少，视其坐①。筹②，室中五扶，堂上七扶，庭中九扶③。算，长尺二寸。壶，颈修七寸，腹修五寸，口径二寸半，容斗五升。壶中实小豆焉，为其矢之跃而出也。壶去席二矢半。矢，以柘若棘④，毋去其皮。

投壶第四十　833

【注释】

①算多少二句:每个参加投壶的人每人发四根矢,也每人发四个筹码。
②筹:指投壶所用的矢。
③室中五扶三句:投壶的地点不固定,根据早晚光线的好坏而定。中午光线好,就在室内;下午光线差点,就在堂上;再晚光线更差,就在庭中。光线好时用短矢,光线差时用长矢。扶,通"肤"。一肤是四指宽,相当于四寸。
④柘(zhè 这):木名。又名黄桑。若:或也。棘:木名。即酸枣树。

【今译】

需要准备多少筹码,这要根据座中参加比赛的人数来决定。矢的长度,如果是在室内投壶,就用两尺长的;如果是在堂上投壶,就用两尺八寸长的;如果是在庭中投壶,就用三尺六寸长的。筹码的长度是一尺二寸。投壶所用的壶,颈长七寸,腹长五寸,口径是二寸半,容积是一斗五升。壶中盛着小豆,为的是防止投进的矢又重新跳出。放壶的地方,距坐席有两矢半的距离。投壶所用的矢,用柘木或棘木制成,木皮不要剥掉。

【原文】

鲁令弟子辞曰①:"毋怃②,毋敖,毋偝立③,毋逾言。偝立、逾言,有常爵!"薛令弟子辞曰:'毋怃,毋敖,毋偝立,毋逾言。若是者浮④!"

【注释】

①弟子:指宾党、主党的年幼者。投壶时,担心他们在堂下扰乱秩序,所以特地由司射警告他们。
②怃(hū 忽):孙希旦说通"呼",喧哗也。
③偝(bèi 背):后世多写作"背"。
④浮:罚酒。

【今译】

投壶时,鲁国的司射是这样警告立在堂下的宾主双方的子弟:"不要喧哗,不要傲慢,不要背转身而立,不要远距离谈话。如果违反,必按规矩罚酒!"薛国的司射则是这样警告宾主双方子弟的:"不要喧哗,不要傲慢,不要背转身而立,不要远距离谈话。倘有上述行为,罚酒无赦！"

【原文】

鼓：○□○○□□○○□ 半 ○□○□○○○□□○□○ 鲁鼓①。○□○○○□○○○□□○□○○□□○半○□○○○□○ 薛鼓。取"半"以下为投壶礼，尽用之为射礼。

注释

①○:击鼙的符号。□:击鼓的符号。

【今译】

投壶时敲击鼓鼙的乐谱：○□○○□□○○□ 一半 ○□○□○○○□□○□○——这是鲁国击鼓的乐谱。○□○○○□○○○□□○□○○□□○一半○□○○○□○——这是薛国击鼓的乐谱。"半"字以下的乐谱用于投壶礼，全部乐谱则用于射礼。

【原文】

司射、庭长及冠士立者①，皆属宾党。乐人及使者、童子②，皆属主党。

注释

①庭长:即司正。宴会时负责纠察众人的仪容，防止醉酒失态。
②乐人:如击鼓、击鼙者。非指瞽矇之人习乐者。按:在划分宾党、主党时，以尊而长者为宾党，以卑而幼者为主党，含优宾之意。

【今译】

司射、庭长以及立着观礼的成年人，都算作宾客一方参加投壶。奏乐的人、仆人以及小孩子，都算作主人一方参加投壶。

【原文】

鲁鼓①：○□○○□□○○半○□○□○○○□□○□○。薛鼓：

〇□〇〇〇□〇□〇〇□〇□〇〇□半〇□〇□〇〇〇〇□〇。

**注释**

①鲁鼓：本节所记的鲁鼓乐谱和薛鼓乐谱与上节所记不同，记者也不知道究竟哪个对，以疑传疑，所以兼记之。

【今译】

鲁鼓的另外一份乐谱是〇□〇〇□□〇〇一半〇□〇□〇〇〇〇□〇□〇。薛鼓的另外一份乐谱是〇□〇〇〇〇□〇□〇□〇〇〇□〇□〇〇□〇一半〇□〇□〇〇〇〇□〇。

# 礼记全译

## 儒行第四十一

【题解】

郑玄曰:"名曰《儒行》者,以其记有道德者之所行也。"全篇设为问答,托孔子之口,历述十六项儒者的独特高贵品德。吕大临批评说:"此篇之说,多有矜大胜人之气,少雍容深厚之风。窃意末世儒者将以自尊其教,有道者不为也。虽然,其言儒者之行不合于义理者殊寡,学者果践其言,亦不愧于为儒矣。"如此看来,本篇还是大醇而小疵。

【原文】

鲁哀公问于孔子曰:"夫子之服,其儒服与①?"孔子对曰:"丘少居鲁,衣逢掖之衣②。长居宋③,冠章甫之冠④。丘之闻也:君子之学也博,其服也乡。丘不知儒服。"哀公曰:"敢问儒行。"孔子对曰:"遽数之,不能终其物;悉数之乃留⑤,更仆未可终也。"

注释

①夫子之服二句:郑玄曰:"哀公馆孔子,见其服与士大夫异,又与庶人不同,疑为儒服而问之。"
②逢掖之衣:袖子宽大的衣服。孙希旦认为就是深衣。
③宋:宋国是殷代的后裔。
④章甫:殷代冠名。
⑤留:久也。

【今译】

鲁哀公向孔子问道:"先生的衣服,大概是儒者特有的衣服吧?"孔子回答说:"我小时候住在鲁国,就穿鲁国的逢掖之衣;长大了住在宋国,就戴殷代的章甫之冠。我听人们说:君子对自己的要求是,学问要广博,衣服则入乡随俗,不求与众不同。我不知道天底下还有什么儒服。"哀公又问道:"请问儒者的行为有哪些特点呢?"孔子答道:"仓促地列举,短时间难以说完。全部说完要费很长时间,恐怕值班的仆人到了换班时间也未必说完。"

【原文】

哀公命席。孔子侍曰:"儒有席上之珍以待聘,夙夜强学以待问,怀忠信以待举,力行以待取。其自立有如此者。

【今译】

哀公于是命人给孔子设席。孔子陪侍哀公坐着,说:"儒者的德行就像筵席上的珍宝,等待着诸侯的聘用;早起晚睡地努力学习,等待着别人的询问;心怀忠信,等待着别人的举荐;身体力行,等待着别人的录取。儒者的修身自立有如此者。

【原文】

"儒有衣冠中,动作慎;其大让如慢①,小让如伪②,大则如威,小则如愧;其难进而易退也,粥粥若无能也③。其容貌有如此者。

**注释**

①大让:如让国、让天下。
②小让:如饮食、升降。
③粥粥(yù 育):卑谦貌。

【今译】

"儒者的衣冠和寻常人一样,做事非常谨慎;在大事情上谦让,让人觉得有傲慢之感;在小事情上谦让,让人觉得有做作之感;在处理大问题时,战战兢兢,如履薄冰;在处理小问题时,毫不马虎,好像心中有愧。让他们去争取点什么有点难办,让他们放弃点什么倒比较容易,自卑谦让地像是无能之辈。儒者的容貌有如此者。

【原文】

"儒有居处齐难①,其坐起恭敬,言必先信,行必中正,道途不争险易之利,冬夏不争阴阳之和;爱其死以有待也,养其身以有为也。其备豫有如此者。

**注释**

①齐难(zhāi nǎn 斋赧):与下文的"恭敬"是同义词。王引之说:难,通"戁"。《说文》:"戁,敬也。"

【今译】

"儒者的日常生活相当严肃,其一起一坐都恭恭敬敬,说话一定要讲究信用,做事一定要讲究公正。在路上不因路的好走难走这等小事就和别人争吵,冬天不和别人争有太阳的地方,夏天不和别人争有凉荫的地方。这样做的目的,是为了爱惜生命以等待时机,养精畜锐以备有所作为。儒者的瞻前顾后有如此者。

【原文】

"儒有不宝金玉,而忠信以为宝;不祈土地,立义以为土地;不祈多积,多文以为富;难得而易禄也,易禄而难畜也。非时不见,不亦难得乎!非义不合,不亦难畜乎!先劳而后禄,不亦易禄乎!其近人有如此者。

【今译】

"在儒者的心目中,金玉并不值得宝贵,忠信才值得宝贵。他们不祈求土地,树立起道义就是他们的土地;他们不祈求多有积蓄,多掌握知识就是他们的财富。请他们出来做官很困难,因为他们不在乎高官厚禄;因为他们不在乎高官厚禄,就是请出来也难长期留住。不是可以有所作为的时候,就隐居不仕,这难道不是很难请出来做官吗;即令出仕,如果国君不尊重他的正确意见,他就辞职不干,这难道不是很难长期留住吗！他们先说工作而后说俸禄，这难道不是并不在乎俸禄吗！儒者的待人接物有如此者。

【原文】

"儒有委之以货财,淹之以乐好①,见利不亏其义;劫之以众,沮之以兵,见死不更其守;鸷虫攫搏②,不程勇者③;引重鼎④,不程其力;往者不悔,来者不豫;过言不再,流言不极;不断其威,不习其谋⑤。其特立有如此者。

注释

①淹:郑玄说:"淹,谓浸渍之。"
②鸷虫攫搏:譬喻和邪恶势力作斗争。
③不程勇者:王引之说当作"不程其勇",与下句"不程其力"句式相同。程,估量。
④引重鼎:譬喻艰巨的任务。
⑤不习其谋:俞樾说:"习之言重也。不习其谋,犹不重其谋。言谋定则行,不重习也。"

【今译】

"有些儒者,即令把许多金银财宝赠送给他,即令用声色犬马去引诱他,他也不会见利而忘义。即令用人数众多来威胁他,用武器来恐吓他,他宁愿去死也不会改变节操。和邪恶势力作斗争,他也不估量一下自己的本领;领受艰巨的任务,他也不估量一下自己的能耐:只要认准了就坚决去做。认准了的事,做过了从不后悔,尚未做的也不考虑那么许多。说错了的话就不再说,对于流言蜚语也不去穷究。时刻保持威严,拿定主意的事说干就干,绝不优柔寡断。儒者做事的与众不同有如此者。

【原文】

"儒有可亲而不可劫也,可近而不可迫也,可杀而不可辱也。其居处不淫①,其饮食不溽②,其过失可微辨而不可面数也。其刚毅有如此者。

【注释】

①淫:过分。

②溽:通"缛"。丰厚。

【今译】

"儒者可以亲密而不可以威协,可以亲近而不可以强迫,可以杀头而不可以羞辱。儒者的住处不讲究豪华,儒者的饮食不讲究丰厚,儒者的过失可以委婉地批评而不可以当面责备。儒者的刚毅有如此者。

【原文】

"儒有忠信以为甲胄①,礼义以为干橹②;戴仁而行,抱义而处,虽有暴政,不更其所。其自立有如此者。

【注释】

①甲胄:铠甲和头盔。

②干橹(lǔ 鲁):干和橹都是盾牌。只不过干小而橹大。干橹和甲胄都是自卫的武器。

【今译】

"儒者把忠信当做甲胄,把礼义当做盾牌;无论是出门,或者是在家,都时时刻刻谨守着仁义,即使受到暴政的迫害,也不改变自己的操守。儒者在操守上的自立有如此者。

【原文】

"儒有一亩之宫①,环堵之室②,筚门圭窬③,蓬户瓮牖;易衣而出,并日而食;上答之④,不敢以疑;上不答,不敢以谄。其仕有如此者。

【注释】

①一亩之宫:一亩大的宅院。古制,长百步宽一步为一亩。折合成正方形,就是长宽各十步。宫,围墙。

②堵:古代以版筑法筑墙,一版之长,五版之高,谓之一堵。

③圭窬(yú 于):圭形的门旁小洞。圭形上锐下方。

④答：王夫之说："答，谓以礼进之。"

【今译】

"尽管儒者的居住条件很差：宅院只有十步见方，住室四面的墙只有一堵高，在墙上打个圭形小洞就当做进进出出的门，门是用荆条和竹枝编织而成，有的门则是用蓬草编成，把破瓮嵌在墙上就当做窗户。全家只有一套比较体面的衣服，谁出门谁穿。为了节约，两天只吃一天的粮食。受到上边的赏识重用，不敢怀疑自己的能力不足；受不到上边的赏识重用，也不敢谄媚以求进。儒者的做官态度有如此者。

【原文】

"儒有今人与居，古人与稽①，今世行之，后世以为楷；适弗逢世，上弗援，下弗推，谗谄之民有比党而危之者；身可危也，而志不可夺也；虽危，起居竟信其志②，犹将不忘百姓之病也。其忧思有如此者。

**注释**

①稽：合。
②信：郑玄说："读如屈伸之伸。假借字也。"

【今译】

"儒者虽然和当代的人生活在一起，但他的言行却和古代的君子相合；他现在做的事情，后世就将奉为楷模。命运乖舛，生不逢时，当君长的不说拉他一把，做随从的也不帮他一下，那些说坏话善拍马的家伙，还要勾结起来算计他。但这只能危害他的身体，却绝对改变不了他的志向。虽然处境险恶，一举一动还想着施展自己的抱负，还念念不忘老百姓的痛苦。儒者的忧民意识有如此者。

【原文】

"儒有博学而不穷，笃行而不倦，幽居而不淫①，上通而不困；礼之以和为贵，忠信之美，优游之法②；举贤而容众，毁方而瓦合③。其宽裕有如此者。

【注释】

①幽居:谓独处时。

②忠信之美二句:郑玄说:"忠信之美,美忠信者也。优游之法,法和柔者也。"

③毁方而瓦合:陈皓说:"陶瓦之事,其初则圆,剖之为四,其形则方,毁其圆以为方,合其方而复圆。"按:这是用古人的制瓦打比方。古人制瓦之法与今人不同,可参看李诫《营造法式》、宋应星《天工开物》。这句话的意思用今天的话来说就是:既要有原则性,又要有灵活性。

【今译】

"儒者虽然已经博学,但仍然学习不止;虽然操行淳厚,但仍然力行不息。隐居独处时不作坏事,飞黄腾达时力行正道。礼的运用,以和为贵。以忠信为美德,效法和柔。既能推举贤人君子,又能容纳凡夫俗子;既有原则性,又有灵活性。儒者的胸襟宽阔有如此者。

【原文】

"儒有内称不辟亲①,外举不辟怨;程功积事②,推贤而进达之,不望其报;君得其志,苟利国家,不求富贵。其举贤援能有如此者。

【注释】

①辟:通"避"。

②程功积事:应镛说:"程算其功,积累其事,不苟荐也。"

【今译】

"有这样的一种儒者,他在向朝廷推举贤能时,只考虑被推举者有无真才实学,而不管他是否是自己的亲属,还是自己的仇人。在充分考虑到被推举者的业绩和才能以后,才向朝廷举荐并使之得到任用,但这并不是为了得到对方的回报。只要国君能因此而得遂其志,只要能为国家造福,自己并不希望得到什么赏赐。儒者的推举贤能有如此者。

【原文】

"儒有闻善以相告也,见善以相示也,爵位相先也,患难相死也,久相待也，远相致也。其任举有如此者。

【今译】

"有这样的一种儒者，他在对待朋友的问题上，听到了有益的话便要告诉他，见到了有益的事便要指给他。爵位有了空缺，首先考虑到朋友；灾祸临头，首先考虑自己献身。朋友长期不得志，自己就不单独出来做官；如果朋友是在远方的他国不得志，自己也要设法把他招来一同出仕。儒者的对待朋友有如此者。

【原文】

"儒有澡身而浴德，陈言而伏，静而正之，上弗知也，粗而翘之①，又不急为也；不临深而为高，不加少而为多；世治不轻，世乱不沮；同弗与，异弗非也。其特立独行有如此者。

注释

①粗而翘之：郑玄说："粗，犹疏也，微也。君不知己有善言正行，则观色缘事而微翘发其意使知之。"

【今译】

"有这样的一种儒者，他洁身自好，重视道德修养。陈述己言，伏听君命，安静地恪守臣道。如果国君对自己的善言未加重视，就在适当的时候委婉地加以提醒，但又不可操之过急。不在地位较低的人面前自高自大，不在功劳较少的人面前自夸功高。遇到盛世，不自惭形秽；遇到乱世，也不放弃信念。对观点相同的人不随便吹捧，对观点不同的人不妄加非议。儒者品德的不同一般有如此者。

【原文】

"儒有上不臣天子，下不事诸侯；慎静而尚宽，强毅以与人①，博学以知服；近文章，砥厉廉隅；虽分国，如锱铢②，不臣不仕。其规为有如此者。

注释

①与人：据孙希旦说，"与人"之与，即《论语·子张》"可者与之"之与，作"称

许"讲。

②锱铢(zī shū 资殊)：古代重量单位。六铢等于一锱,四锱等于一两。形容微小。

【今译】

"有这样一种儒者,他上不臣事天子,下不事奉诸侯；性情慎静而崇尚宽大,性格强毅而能从善如流,学问渊博而能服膺胜于己者。多读圣贤之书,以磨练自己的品行气节。即令是要把整个国家分给他,在他看来也不过是芝麻般的小事而不为动心,不会因此就出来称臣做官。儒者的行为方正有如此者。

【原文】

"儒有合志同方,营道同术；并立则乐,相下不厌；久不相见,闻流言不信；其行本方立义,同而进,不同而退。其交友有如此者。

【今译】

"有这样一种儒者,和朋友志同道合,作学问的路子也一样；彼此皆有成就则皆大欢喜,彼此有了差距也互不嫌弃；彼此久不相见,如果听到了有关对方的流言蜚语,也绝不相信。友谊的基础建立在方正上、道义上,合乎这一点就是朋友,违背这一点就敬而远之。儒者的交友有如此者。

【原文】

"温良者①,仁之本也。敬慎者,仁之地也。宽裕者,仁之作也。孙接者②,仁之能也。礼节者,仁之貌也。言谈者,仁之文也。歌乐者,仁之和也。分散者,仁之施也。儒皆兼此而有之,犹且不敢言仁也。其尊让有如此者。

注释

①温良者：据郑玄说,本节所讲的儒者品行,是像孔子那样的圣人之儒才有的品行。

②孙：通："逊"。

【今译】

"温厚善良是仁的根本,恭敬谨慎是仁的落脚点,胸襟广阔是仁的发扬,谦逊待人是仁的能力,礼节是仁的外表,言谈是仁的文采,唱歌跳舞是仁的和谐,有福同享是仁的施行。儒者具备了上述的种种美德,尚且不敢说自己合乎仁。儒者的重视谦让有如此者。

【原文】

"儒有不陨获于贫贱①,不充诎于富贵②,不慁君王③,不累长上,不闵有司,故曰儒④。今众人之命儒也妄,常以儒相诟病。"

注释

①陨获:郑玄说:"陨获,困迫失志之貌。"
②充诎:郑玄说:"充诎,欢喜失节之貌。"
③慁(hùn 浑):辱也。
④故曰儒:据郑玄说,这几句话是孔子的夫子自道。

【今译】

"儒者不因贫贱而困顿失志,不因富贵而骄奢失节,不因为国君的侮辱、卿大夫的掣肘、官员们的刁难而改变节操,所以才叫做'儒'。现在很多人自命为儒但却有名无实,所以才往往被作为笑料来讲。"

【原文】

孔子至舍,哀公馆之,闻此言也,言加信,行加义:"终没吾世,不敢以儒为戏。"

【今译】

孔子从国外返回鲁国,鲁哀公在公馆里接见了他,听了孔子的这一席话,对儒者的话更加相信,对儒者的行为更加看重,并且说:"我这一辈子,再也不敢和儒者开玩笑了。"

# 礼记全译

## 大学第四十二

【题解】

郑玄说:"名曰《大学》者,以其记博学可以为政也。"宋代理学家特别重视此篇,将《大学》编入《四书》,以为"《大学》,孔氏之遗书,而初学入德之门也"。并将本篇加以改编,分为经一章,说是"盖孔子之言,而曾子述之";又分为传若干章,说是"曾子之意而门人记之"。但并无实据。朱熹又通过重新注释以阐发己意。此后《四书》风行八百余年,《大学》一篇殆近乎家喻户晓。对于宋儒的这种做法,《四库提要》云:"譬如增减故方以治今病,不可谓无裨于医疗,而亦不可谓即扁鹊、仓公之旧剂也。"本篇着重阐述个人道德修养与社会治乱的关系。文中提出了实现天下大治的八个步骤,即格物、致知、诚意、正心、修身、齐家、治国、平天下。其中修身是具有决定意义的一步,其前的四个步骤是修身的方法途径,其后的三个步骤是修身的必然结果。从今天来看,篇中的个别提法仍有其积极意义。从篇中所说的家、国、天下的概念来看,本篇大约是战国时期的作品。

【原文】

大学之道①,在明明德,在亲民,在止于至善。知止而后有定,定而后能静,静而后能安,安而后能虑,虑而后能得。物有本末,事有终始。知所先后,则近道矣。

【注释】
①大学:博学。

【今译】
　　大学的宗旨在于彰明自身的光明之德,在于亲爱民众,在于使自己达到至善的境界。知道达到至善的境界而后才能确定志向,确定了志向才能心无杂念,心无杂念才能专心致志,专心致志才能虑事周祥,虑事周祥才能达到至善。万物都有其本末,凡事都有其终始。知道了应该先作什么,后作什么,那就接近于大学的宗旨了。

【原文】
　　古之欲明明德于天下者,先治其国。欲治其国者,先齐其家。欲齐其家者,先修其身。欲修其身者,先正其心。欲正其心者,先诚其意。欲诚其意者,先致其知①。致知在格物②。物格而后知至,知至而后意诚,意诚而后心正,心正而后身修,身修而后家齐,家齐而后国治,国治而后天下平。自天子以至于庶人,壹是皆以修身为本,其本乱而末治者否矣③。其所厚者薄④,而其所薄者厚,未之有也。此谓知本,此谓知之至也。

【注释】
①知:郑玄说:"知,谓知善恶吉凶之所终始也。"
②致知在格物:郑玄说:"格,来也。物,犹事也。其知于善深则来善物,其知于恶深则来恶物。"
③本:谓修身。末:谓齐家、治国、平天下。
④所厚者:即上文的"本"。所薄者:即上文的"末"。

【今译】
　　古代的想要把自己的光明之德推广于天下的人,首先要治理好自己的国家;要治理好自己的国家,就要先管理好自己的家庭;要管理好自己的家庭,就要先修养好自身的品德;要修养好自身的品德,就要先端正内心;要端正内心,就要先意念真诚;要意念真诚,就要先知道什么是善恶吉凶。行善则有善报,行恶则有恶报。报应的不爽才能使其辨别善恶,能辨别善恶才能使其意念真诚,意念真诚才能使内心端正,内心端正才能使品德好生修养,品德好生修养才能使家庭管理得好,家庭管理得好才能使国家得到治理,国家得到治理才能使天下太平。上自天子,下至普通百姓,都要把修养自身品德的问题当做根本问题来抓,这个根本问题没有抓好,而要使家庭、国家、天下的问题解决好,那是不可能的。该下力气的地方没有下,不该下力气的地方却下了力气,这样作而希望得到好的结果,也是没有的事。这就叫做知道根本,这就叫做最高的智慧。

【原文】

所谓诚其意者,毋自欺也。如恶恶臭,如好好色,此之谓自谦①。故君子必慎其独也。小人闲居为不善,无所不至,见君子而后厌然②,掩其不善而著其善。人之视己,如见其肺肝然,则何益矣!此谓诚于中,形于外,故君子必慎其独也。曾子曰:"十目所视,十手所指,其严乎③!"富润屋,德润身,心广体胖④,故君子必诚其意。

【注释】

①谦:通"慊"。与下文"厌然"同义。
②厌然:掩饰躲藏的样子。厌,通"黡"。
③严乎:令人敬畏。
④富润屋三句:郑玄说:"三者言有实于内,显见于外。"胖(pán 盘):安泰舒适。

【今译】

所谓意念真诚,就是不要自己欺骗自己。这就好比厌恶臭秽的气味而嘴上不讲,又好比喜欢漂亮的女人而佯装讨厌,这叫做自我掩饰。所以君子一定谨慎自己的独处。小人在一人独处时作起坏事来,什么坏事都做得出来,只有在见到君子时才躲躲藏藏,掩盖他做过的坏事,炫耀他做过的好事。可是在他人看来,就如同见到了他的五脏六腑那样清清楚楚,这样作又有什么好处呢!这就叫做内心有什么想法,必然要从行动上表现出来,所以君子一定要谨慎自己的独处。曾子说过:"很多眼在看着你,很多手在指着你,这多么让人敬畏啊!"人的贫富可以从其住室看得出来，人的道德可以从其行动看得出来，心胸宽广自然身体舒泰，所以君子一定要意念真诚。

【原文】

《诗》云："瞻彼淇澳，菉竹猗猗。有斐君子，如切如磋，如琢如磨。瑟兮僩兮，赫兮喧兮。有斐君子，终不可諠兮①！""如切如磋"者，道学也。"如琢如磨"者，自修也。"瑟兮僩兮"者，恂慄也。"赫兮喧兮"者，威仪也。"有斐君子，终不可諠兮"者，道盛德至善，民之不能忘也。《诗》云："於戏前王不忘②！"君子贤其贤而亲其亲，小人乐其乐而利其利，此以没世不忘也。《康诰》曰③："克明德。"《大甲》曰："顾諟天之明命④。"《帝典》曰⑤："克明峻德。"皆自明也。汤之《盘铭》曰⑥："苟日新，日日新，又日新。"《康诰》曰："作新民。"《诗》曰："周虽旧邦，其命惟新⑦。"是故君子无所不用其极。《诗》云："邦畿千里，惟民所止⑧。"《诗》云："缗蛮黄鸟，止于丘隅⑨。"子曰："於止⑩，知其所止。可以人而不如鸟乎？"《诗》云："穆穆文王，於缉熙敬止⑪！"为人君，止于仁。为人臣，止于敬。为人子，止于孝。为人父，止于慈。与国人交，止于信。子曰："听讼，吾犹人也。必也使无讼乎⑫！"无情者不得尽其辞，大畏民志。此谓知本。

### 注释

①《诗》云九句：见《卫风·淇澳》。有个别文字与今《毛诗》不同。淇：水名。澳（yù玉）：弯曲的河岸。菉竹：草名。即荩草。一名"王刍"。其叶片似竹，故名。猗猗（yī依）：茂盛的样子。有斐：即斐斐。有文采貌。切：据《尔雅·释器》，治骨（对骨头进行加工）谓之切，治象牙谓之磋，治玉谓之琢，治石谓之磨。瑟：矜持庄严的样子。僩（xiàn现）：威武的样子。喧：通"宣"。坦白的样子。諠：今《诗》作"谖"。又作"萱"。忘记。

②《诗》云句：见《周颂·烈文》。於戏：感叹词。读作"呜呼"。

③《康诰》：《尚书·周书》篇名。传为周公封康叔而作。

④《大甲》：《尚书·商书》篇名。传为伊尹告诫大甲而作。大，读作"太"。殷高宗名大甲。諟（shì是）：是正。

⑤《帝典》：即《尧典》。《尚书》篇名。

⑥《盘铭》：在用作沐浴的盘子上镌刻的铭文。

⑦《诗》曰二句：见《大雅·文王》。

⑧《诗》云二句:见《商颂·玄鸟》。
⑨《诗》云二句:见《诗·小雅·绵蛮》。缗蛮:即"绵蛮"。鸟鸣声。
⑩於:于鬯说:"於,盖'鸟'字之误。鸟初误为乌,而乌又写作'於'耳。於者,乌之古文也。"
⑪《诗》云二句:见《大雅·文王》。於(wū 乌):叹美声。缉熙:光明正大的样子。止:本是语尾助词,无义。此处断章取义。作停止讲。
⑫子曰二句:见《论语·颜渊》。

# 【今译】

《诗经》上说:"看那湾湾的淇水岸边,菉竹郁郁葱葱。有位风度高雅的君子,好像切磋过的象牙,好像琢磨过的美玉。庄严而又威武,显赫而又坦荡。风度高雅的君子,教人始终难忘。""如切如磋",是说君子的研究学问;"如琢如磨",是说君子的修养品德。"瑟兮侗兮",是说君子的内心恭敬戒惧;"赫兮喧兮",是说君子的外表威严。"有斐君子,终不可喧兮",是说君子的道德尽善尽美,让老百姓难以忘怀。《诗经》上又说:"呜呼!先王的美德使人难忘。"君子从先王那里学到了尊重贤人和热爱亲人,小人从先王那里享受到快乐和得到实惠,因此,在先王去世以后,无论是谁都对他念念不忘。《康诰》上说:"文王能彰明德行。"《大甲》上说:"你应当关注上天赋于你的光明德行。"《尧典》上说:"帝尧能够彰明崇高的道德。"说的都是人君要自明其德。商汤的《盘铭》上说:"如能一日自新,就能日日自新,每日自新。"《康诰》上说:"要洗心革面,重作新人。"《诗经》上说:"姬周虽然原来是殷商的诸侯国,但已受天命取代殷商为天子。"所以君子在日新其德方面是十分努力的。《诗经》上说:"天子辖地千里,皆是百姓所居。"《诗经》上又说:"黄鸟声声鸣,止息在山麓。"孔子说:"鸟儿的止息,都知道应该止息于何处,难道人反而不如鸟吗!"《诗经》上说:"端庄恭敬的文王啊!光明磊落,知其所当自处。"当国君的,要达到仁的境界;当臣子的,要达到敬的境界;当子女的,要达到孝的境界;当父母的,要达到慈的境界;与国人交往,要达到信的境界。孔子说:"审理诉讼,我和别人差不多;一定要说有什么不同的话,那就是我想使诉讼从根本上不再发生。"要使无理的一方不敢凭借狡辩取胜,德行张大到使民众从内心敬畏。这就叫做知道事情的根本。

【原文】

所谓修身在正其心者：身有所忿懥①，则不得其正；有所恐惧，则不得其正；有所好乐，则不得其正；有所忧患，则不得其正。心不在焉，视而不见，听而不闻，食而不知其味。此谓修身在正其心。

注释

①忿懥(zhì 治)：愤怒。

【今译】

所谓要修养好自身的品德首先要端正内心：是因为自身有所愤怒，内心就不能端正；自身有所恐惧，内心就不能端正；自身有所嗜好，内心就不能端正；自身有所忧患，内心就不能端正。当你心不在焉的时候，就会视而不见，就会听而不闻，就会吃东西不知道滋味。这就叫做要修养好自身的品德首先要端正内心。

【原文】

所谓齐其家在修其身者：人之其所亲爱而辟焉①，之其所贱恶而辟焉，之其所畏敬而辟焉，之其所哀矜而辟焉，之其所敖惰而辟焉②。故好而知其恶，恶而知其美者，天下鲜矣。故谚有之曰："人莫知其子之恶，莫知其苗之硕。"此谓身不修不可以齐其家。

注释

①辟(pì 譬)：偏执，偏颇。下同。
②敖：通"傲"。

【今译】

所谓要整顿好家庭首先要修养好自身：是因为人的看法往往对自己所亲爱的人会有所偏颇，对自己所厌恶的人会有所偏颇，对自己所敬畏的人会有所偏颇，对自己所怜悯的人会有所偏颇，对自己所轻视的人会有所偏颇。所以，喜爱一个人而能知道他的缺点，厌恶一个人而能知道他的优点，世上少有。所以有句谚语说："没有一个人知道自己儿子的毛病，没有一个人认为他的庄稼长得已经够好了。"这就叫做自身的修养不搞好也就难以管理好家庭。

【原文】

所谓治国必先齐其家者,其家不可教而能教人者,无之。故君子不出家而成教于国:孝者,所以事君也;弟者,所以事长也;慈者,所以使众也。《康诰》曰:"如保赤子。"心诚求之,虽不中不远矣。未有学养子而后嫁者也。一家仁,一国兴仁;一家让,一国兴让;一人贪戾,一国作乱。其机如此①。此谓一言偾事②,一人定国。尧、舜率天下以仁,而民从之。桀、纣率天下以暴,而民从之。其所令反其所好,而民不从。是故君子有诸己而后求诸人,无诸己而后非诸人。所藏乎身不恕,而能喻诸人者,未之有也。故治国在齐其家。《诗》云:"桃之夭夭,其叶蓁蓁。之子于归,宜其家人③。"宜其家人,而后可以教国人。《诗》云:"宜兄宜弟④。"宜兄宜弟,而后可以教国人。《诗》云:"其仪不忒,正是四国⑤。"其为父子兄弟足法,而后民法之也。此谓治国在齐其家。

【注释】

①机:关键。
②偾(fèn 奋):败坏。
③《诗》云四句:见《诗经·周南·桃夭》。夭夭:美好的样子。蓁蓁(zhēn 针):树叶茂盛的样子。
④《诗》云句:见《诗经·小雅·蓼萧》。
⑤《诗》云二句:见《诗经·曹风·鸤鸠》。忒(tè 特):偏差。

【今译】

所谓治理好国家首先要管理好家庭,是因为自己的家人都不能管好而能管好别人的事是没有的。所以,如果每个君子都管好了自己的家人,那就等于管好了全体国民。家庭中的"孝",可以移来侍奉君主;家庭中的"悌",可以移来侍奉官长;家庭中的"慈",可以移来爱护百姓。《康诰》上说:"如同爱护婴儿那样。"只要诚心诚意去追求,虽然不能完全做到,但也差不多。没有先学会了养儿育女然后才出嫁的。国君一家讲究仁爱,整个国家就会讲究仁爱;国君一家讲究谦让,整个国家就会讲究谦让;国君一人贪暴,全国百姓就会作乱。事情的关键就是这样。尧舜给天下做出仁爱的表率,天下的百姓也就跟着仁爱;桀纣给天下做出残暴的表率,天下的百姓也就跟着残暴。如果君主说的是一套,而做的是又一套,百姓们就不会听从。所以,君子自己做到的才能要求别人做到,自己没有这种缺点才能批评别人。自己身上就看不出有什么仁爱的影子,却要教训别人做到仁爱,这是从来没有的事。所以说,治理好国家的前提是管理好家庭。《诗经》上说:"桃花多么好看,枝叶多么茂盛。这个姑娘出嫁,定会使全家和顺。"能够使全家和顺,然后才能教育国人。《诗经》上说:"兄弟和睦相处。"兄弟能够和睦相处,然后才能教育国人。《诗经》上说:"自己的言行如一不走样,才是四方各国的好榜样。"国君自己是个好的父亲、好的儿子、好的哥哥、好的弟弟,做出了榜样,然后百姓们才会效法他。这就叫做治理好国家首先要管理好家庭。

【原文】

所谓平天下在治其国者,上老老而民兴孝,上长长而民兴弟①,上恤孤而民不倍②。是以君子有絜矩之道也③。所恶于上,毋以使下;所恶于下,毋以事上;所恶于前,毋以先后;所恶于后,毋以从前;所恶于右,毋以交于左;所恶于左,毋以交于右。此之谓絜矩之道。《诗》云:"乐只君子,民之父母④。"民之所好好之,民之所恶恶之,此之谓民之父母。《诗》云:"节彼南山,维石岩岩。赫赫师尹,民具尔瞻⑤。"有国者不可以不慎,辟则为天下僇矣⑥。《诗》云:"殷之未丧师,克配上帝。仪监于殷,峻命不易⑦。"道得众则得国,失众则失国。

注释

① 弟:通"悌"。
② 倍:通"背"。
③ 絜(xié协)矩之道:对他人和对自己,用同样的标准来衡量。
④《诗》云二句:见《诗经·小雅·南山有台》。只:语气词,无义。
⑤《诗》云四句:见《诗经·大雅·节南山》。师尹:指西周的太师尹氏。具:通"俱"。
⑥ 僇:通"戮"。

⑦《诗》云四句:见《诗经·大雅·文王》。仪:今《诗》作"宜"。峻:今《诗》作"骏",大也。峻命,即天命。

【今译】

所谓平治天下的前提在于治理好自己的国家,是因为只要国君尊敬老人,国人就会孝顺成风;只要国君尊重长者,国人就会悌道成风;只要国君体恤孤幼,国人就不会遗弃孤幼。所以君子有絜矩之道。所厌恶于上级的行为,就不再用来对待下级;所厌恶于下级的行为,就不再用来对待上级;所厌恶于前人的行为,就不再用来对待后人;所厌恶于后人的行为,就不再用来对待前人;所厌恶于在自己右边的人的行为,就不再用来对待在自己左边的人;所厌恶于在自己左边的人的行为,就不再用来对待在自己右边的人。这就叫做絜矩之道。《诗经》上说:"与民同乐的君子,乃是民之父母。"老百姓喜欢什么自己就喜欢什么,老百姓讨厌什么自己就讨厌什么,这就叫做民之父母。《诗经》上说:"巍峨的南山啊,山石高又高。显赫的太师啊,万民齐瞩目。"治理国家的人不可以麻痹大意,出了问题就要受到天下人的惩罚。《诗经》上说:"殷商未曾丧失民心时,上帝还保佑。我们应该借鉴殷商灭亡的教训,上帝才会永远保佑。"讲的就是这样一个道理:得到民众就得到国家,失去民众就失去国家。

【原文】

是故君子先慎乎德。有德此有人,有人此有土,有土此有财,有财此有用。德者本也,财者末也。外本内末,争民施夺。是故财聚则民散,财散则民聚。是故言悖而出者,亦悖而入;货悖而入者,亦悖而出。《康诰》曰:"惟命不于常。"道善则得之,不善则失之矣。《楚书》曰:"楚国无以为宝,惟善以为宝①。"舅犯曰②:"亡人无以为宝③,仁亲以为宝。"

注释

①《楚书》曰二句:朱熹说《楚书》即《楚语》。但翻检《国语·楚语》,不见此语。倒是刘向《新序》卷一有类似的话:"昭奚恤曰:'客欲观楚国之宝器,楚国之所宝者,贤臣也。'"

大学第四十二 ◇ 855

②舅犯:晋文公之舅狐偃。曾追随晋文公重耳流亡国外十四年。已见《檀弓下》。

③亡人:谓晋文公重耳。因彼时流亡在外,故称。

【今译】

　　所以君子首先要考虑的是德行。有了德行就有了民众,有了民众就有了国土,有了国土就有了财富,有了财富就有了国用。德行是本,财富是末。轻本重末,就会从老百姓手上抢夺财富。所以说,国君聚敛财富,百姓就背离而去;国君布施财富,百姓就络绎而归。所以,国君既然有不中听的话出口,百姓就会有不中听的话进入其耳;国君的财货既然不是从正道而得,也就会不从正道出去。《康诰》上说:"天命并不总是保佑某一个人。"意思是说,有好的德行就能得到它,没有好的德行就会失掉它。《楚书》上说:"楚国不把别的什么东西当做宝贝,只把德行当做宝贝。"舅犯说:"流亡者没有什么可以当做珍宝的,只有把珍视仁义作为珍宝。"

【原文】

　　《秦誓》曰①:"若有一介臣②,断断兮无他技③,其心休休焉④,其如有容焉。人之有技,若己有之。人之彦圣,其心好之,不啻若自其口出。实能容之,以能保我子孙黎民,尚亦有利哉⑤!人之有技,媢疾以恶之。人之彦圣⑥,而违之俾不通。实不能容,以不能保我子孙黎民,亦曰殆哉!"唯仁人放流之,迸诸四夷⑦,不与同中国。此谓唯仁人为能爱人,能恶人。见贤而不能举,举而不能先,命也⑧;见不善而不能退,退而不能远,过也。好人之所恶,恶人之所好,是谓拂人之性,灾必逮夫身。是故君子有大道,必忠信以得之,骄泰以失之。

【注释】

　　①《秦誓》:《尚书》篇名。秦穆公派遣军队远道偷袭郑国,大臣劝阻不听,结果遭到惨败。穆公痛定思痛,乃作此篇。

　　②一介:犹言一个。

　　③断断:诚恳的样子。

　　④休休:宽容的样子。

　　⑤尚亦:王引之说当做"亦尚"。尚,主也。

⑥彦圣:彦指有才艺者,圣指有道德者。
⑦迸:通"屏"。屏退。
⑧命也:郑玄说:"命,读为'慢',声之误也。"

【今译】

《秦誓》上说:"假如有这样的一位大臣,诚恳忠实,无他特长,但其品德高尚,心地宽厚,能够容人容物。别人有了什么本领,就好像他自己有了;别人的才能,别人的美德,他都衷心地赞美,不但口头上加以称道,而且还能包容推荐他们,这就使我的子孙黎民得到保护,也有利于国家。别人有了什么本领,他就嫉妒厌恶;别人的才能,别人的美德,他压着盖着不让国君知道,不能包容推荐,因而使我的子孙黎民不能得到保护,对国家也很危险。"只有仁爱的国君能够流放此辈嫉贤妒能之人,把他们驱逐到四夷,不和他们同居国中。这就是说,只有仁人才懂得要热爱什么样的人,厌恶什么样的人。见到贤人而不能推荐,推荐以后而不能重用,这是怠慢。见到坏人而不能斥退,斥退以后又不能流放远方,这是错误。喜欢人民所讨厌的,讨厌人民所喜欢的,这叫做违背人的本性,其结果势必灾祸临头。所以君子有一条治国大道,一定要忠信才能得到它,骄傲放纵就会失去它。

【原文】

生财有大道。生之者众,食之者寡,为之者疾,用之者舒,则财恒足矣。仁者以财发身,不仁者以身发财。未有上好仁而下不好义者也,未有好义其事不终者也,未有府库财非其财者也。孟献子曰①:"畜马乘,不察于鸡豚②;伐冰之家③,不畜牛羊;百乘之家④,不畜聚敛之臣。与其有聚敛之臣,宁有盗臣。"此谓国不以利为利,以义为利也。长国家而务财用者,必自小人矣。彼为善之⑤,小人之使为国家,灾害并至,虽有善者,亦无如之何矣!此谓国不以利为利,以义为利也。

注释

①孟献子:鲁大夫仲孙蔑。
②畜马乘二句:畜马乘,指试用为大夫的士之家。不察于鸡豚,谓不关心养了多少鸡、养了多少猪。总的意思是,仕宦之家不要与民争利。

③伐冰之家:指有资格在丧祭中用冰的卿大夫之家。
④百乘(shèng盛)之家:指有采地的卿大夫之家。
⑤彼:指国君。

**【今译】**
　　生财有方法、规律可循。这就是干活的要多,吃饭的要少,生产效率要高点,消费速度要慢点,那么财富就永远充裕了。仁者把自己的财富分给别人,赢得令名;不仁者宁要财富,不要令名。没有听说过国君爱好仁而臣下却不爱好义的。也没有听说过臣下爱好义而事情却办不成的。也没有听说过臣下不把国家府库的财富当做自己的财富加以爱护的。孟献子说:"畜马乘之家,就不必再计较养鸡养猪之利;伐冰之家,就不必再计较养牛养羊之利;百乘之家,就不该再养活一个专门敛财的部下。与其养活一个专门敛财的部下,还不如养活一个强盗做部下。"这就是说,国家不应该以利为利,而应该以义为利。当了国君而一心想着如何敛财,必定陷入小人行径。国君想要施行仁义,却让此辈小人来管理国家,那就要闹到祸不单行,灾害并至的地步。到了这时候,即使有善人帮助,对此也无可奈何了。这就是说,国家不应该以利为利,而应该以义为利啊!

# 礼记全译

## 冠义第四十三

【题解】

郑玄说:"名曰《冠义》者,以其记冠礼成人之义。"按《仪礼》有《士冠礼》,记冠礼的具体仪式,本篇则说明其义。古代贵族男子到了二十岁,要举行隆重的加冠典礼,表示该男子已经成人,可以享受成年人所应享受的权利和义务。本篇全文共三百四十二字,一则论冠礼的重要性,一则论《士冠礼》中某些具体礼节的含义。孙希旦说:"此以下六篇(按:谓从本篇起,到《聘义》篇止),皆据《仪礼》正经之篇而言其义,其辞气相似,疑一人所作。"

【原文】

　　凡人之所以为人者,礼义也。礼义之始,在于正容体,齐颜色,顺辞令①。容体正,颜色齐,辞令顺,而后礼义备。以正君臣、亲父子、和长幼。君臣正,父子亲,长幼和,而后礼义立。故冠而后服备,服备而后容体正、颜色齐、辞令顺②。故曰:冠者礼之始也。是故古者圣王重冠。

【注释】

　　①正容体三句:郑玄称此三句为"三始"。
　　②故冠而后服备二句:郑玄说:"服未备,未可求以三始。"按:人在未冠之前,

穿的是童子服装，即《仪礼》所说的"采衣"，并束发为髻。而在行过冠礼以后，就有了三套完整的成人服装，即爵弁服、皮弁服、玄端服（冠也包括在内）。

【今译】

人之所以成其为人，在于有礼义。礼义从哪里做起呢？应从举止得体、态度端庄、言谈恭顺作起。举止得体，态度端庄，言谈恭顺，然后礼义才算完备。以此来使君臣各安其位、父子相亲、长幼和睦。君臣各安其位，父子相亲，长幼和睦，然后礼义才算确立。所以说，只有行过冠礼以后才算服装齐备，服装齐备以后才能做到举止得体、态度端庄、言谈恭顺。所以说，冠礼是礼的开始。所以古时候的圣王很重视冠礼。

【原文】

古者冠礼：筮日、筮宾，所以敬冠事；敬冠事所以重礼，重礼所以为国本也。故冠于阼，以著代也。醮于客位，三加弥尊，加有成也①。已冠而字之，成人之道也。见于母，母拜之，见于兄弟，兄弟拜之，成人而与为礼也。玄冠玄端②，奠挚于君③，遂以挚见于乡大夫、乡先生④，以成人见也。成人之者，将责成人礼焉也。责成人礼焉者，将责为人子、为人弟、为人臣、为人少者之礼行焉。将责四者之行于人，其礼可不重与！

【注释】

①故冠于阼五句：已见于《郊特牲》，可参彼处注释。另外，"醮于客位"以下三句，据《郊特牲》和《仪礼·士冠礼》，当作"醮于客位，加有成也；三加弥尊，谕其志也"，此处不但脱掉了"谕其志也"一句，而且前后顺序也有错乱。
②玄端：一种礼服。即头戴玄冠，上身玄衣，下身黄裳。
③奠挚：把见面礼放在地上。这是卑者见尊者之礼，表示不敢亲授。
④乡大夫：乡人之在朝为大夫者。乡先生：乡人居官之已退休者。

【今译】

古人在举行冠礼时，要先通过占筮选定吉日、通过占筮选择一位可以为子弟加冠的宾，以此来表示对加冠之事的重视。对加冠之事的重视也就体现了对礼的重视，对礼的重视体现了礼是治国的根本。在阼阶上为嫡子加冠,这表示嫡子是未来的继承人。在客位对冠者行醮礼,这表示他已受到了成人的尊重。三次加冠,一次比一次加的冠尊贵,这是要启发冠者立志向上。行过冠礼以后,对冠者要称字而不称名,这因为他已经是个成年人了。加冠以后去拜见母亲,母亲答拜;去见兄弟,兄弟对他再拜:这都是因为他已是成人而与之施礼。戴上缁布冠,穿上玄端服,拿着礼品去拜见国君,把礼品放在地上,表示不敢直接授受;接着又拿着礼品去拜见乡大夫和乡先生,都是以成人的身份前去拜见。既然是成人的身份,那就要以成人的礼数来要求他。所谓以成人的礼数来要求他,也就是将要要求他做一个合格的儿子,做一个合格的弟弟,做一个合格的臣子,做一个合格的后辈。将要要求他具备这四个方面的德行,冠礼能不重要吗!

## 【原文】

　　故孝弟忠顺之行立,而后可以为人。可以为人,而后可以治人也。故圣王重礼。故曰:冠者礼之始也,嘉事之重者也①。是故古者重冠,重冠故行之于庙。行之于庙者,所以尊重事。尊重事,而不敢擅重事。不敢擅重事,所以自卑而尊先祖也。

## 注释

①嘉事:即嘉礼。嘉礼是五礼之一。五礼,即吉礼、凶礼、宾礼、军礼、嘉礼。

## 【今译】

　　一个人做到了对父母孝顺,对兄长友爱,对国君忠诚,对长辈顺从,然后才能被称为真正的人。能被称为真正的人,然后才可以治理别人。所以圣王很重视礼。所以说,冠礼是成人之礼的开始,是嘉礼当中重要的一项。所以古人很重视冠礼。因为重视冠礼,所以冠礼要在宗庙之内进行。在宗庙之内进行,是表示郑重其事。由于郑重其事,所以不敢擅自处理此事。因为不敢擅自处理此事,所以要在宗庙之内进行,表示自卑,表示对先祖的尊重。

# 礼记全译

## 昏义第四十四

**【题解】**

郑玄《三礼目录》云:"名曰《昏义》者,以其记娶妻之义,内教之所由成也。"孔颖达疏云:"谓之昏者,案郑《昏礼目录》云:'娶妻之礼,以昏为期,因名焉。必以昏者,取其阳往阴来之义。'"本篇共分九段。前三段主要讲昏礼的重要性,第四段泛讲各种礼的基本功能,第五段讲妇见舅姑、妇馈舅姑、舅姑飨妇这几种礼节的含义,第六段讲妇顺的重要性,第七段讲婚前的妇顺教育,最后两段讲以天子为首的外官系统负责男教,以王后为首的内官系统负责妇顺,而男教、妇顺的成功与否,关系到国与家的兴衰。阅读本篇,建议最好对照一下《仪礼·士昏礼》。因为《士昏礼》详于婚礼的过程,本篇则主要阐明其意义,对过程则多有省略,欲知其详,不妨到那里去翻看一下。

**【原文】**

昏礼者,将合二姓之好,上以事宗庙①,而下以继后世也,故君子重之。是以昏礼纳采、问名、纳吉、纳征、请期②,皆主人筵几于庙③,而拜迎于门外,入,揖让而升④,听命于庙,所以敬慎重正昏礼也。

**注释**

①事:此谓祭祀。《春秋》宣公八年:"有事于大庙。"杜预注:"有事,祭也。"

②纳采句:这是婚礼"六礼"中的前五礼。纳采:男方向女方送求婚礼品。纳,献纳。郑玄注《士昏礼》云:"纳其采择之礼。"这是在男方已经选定女方之女,派遣媒人通话,并得到女方家长允许后才采取的步骤。问名:孔颖达疏云:"问其女之所生母之姓名。"贾公彦《士昏礼》疏云:"问女之姓氏。"孙希旦《礼记集解》认为孔、贾之说皆不可通,认为"问名者,问女之名,将以加诸卜也。故《曲礼》曰:'男女非有行媒,不相知名'"今采用孙说。纳采、问名虽然是两个步骤,但是是在同一天进行,所以孔颖达疏:"此二礼,一使而兼行之。"纳吉:郑玄注《士昏礼》说,男方"归卜于庙,得吉兆,复使使者往告"。纳征:孔颖达疏:"纳聘财也。征,成也。"意谓行过纳聘之礼以后,婚事就算成了。这和后世的以迎娶之后才算成婚有所不同。聘财的种类、数量,据孔疏,"庶人则缁帛五两,卿大夫则玄三纁二,加以俪皮"。即平民只送黑缯五匹,卿大夫虽然也是五匹,但其中三匹是玄色,象征阳,二匹是浅绛色,象征阴,外加两张鹿皮。至于诸侯和天子,还要层层加码,详见《周礼·考工记·玉人》。因为要纳聘财,所以纳征又叫"纳币"。请期:男方派人把迎娶的吉日通知女方。之所以称"请",孔疏云:"男家不敢自专,执谦敬之辞,故云请也。"

③筵几:铺设坐席和几案。筵可以坐,几可以凭依。这是为庙中的神准备的,所以郑注《士昏礼》云:"筵,为神布席也。"庙:指祢庙,即父庙。郑注《士昏礼》云:"将以先祖之遗体许人,故受其礼于祢庙也。"

④揖让:作揖谦让。

【今译】

婚礼,这是一种将要结合两姓之好、对上关系到祭祀宗庙、对下关系到传宗接代的礼仪,所以君子很重视它。所以,在婚礼的纳采、问名、纳吉、纳征、请期这五个步骤中,每逢男方的使者到来时,女方家长都是在庙里铺设筵几,然后拜迎使者于门外。进入庙门,宾主揖让升阶登堂,在庙堂上听使者传达男方家长的意见。之所以这样做,就是为了表示对婚礼的敬慎和郑重其事。

【原文】

父亲醮子而命之迎①,男先于女也②。子承命以迎,主人筵几于庙而拜迎于门外。婿执雁入③,揖让升堂,再拜奠雁④,盖亲受之于父母也⑤。降出,御妇车,而婿授绥⑥,御轮三周,先⑦,俟于门外。妇至,婿揖妇以入。共牢而食⑧,合卺而酳⑨,所以合体、同尊卑,以亲之也。

**注释**

①醮(jiào窖)：古代冠礼、婚礼中的一种敬酒礼，其作法是由尊者向卑者敬酒，卑者将酒饮尽而不回敬。所以郑玄注云："酌而无酬酢曰醮。"

②男先于女也：按《礼记·郊特牲》："男子亲迎，男先于女，刚柔之义也。"郑注云："先，谓倡导也。"刚柔，即阴阳。

③雁：婚礼中男方送女方的礼物。贾公彦《士昏礼》疏云："昏礼有六，五礼用雁，纳采、问名、纳吉、请期、亲迎是也。唯纳征不用雁，以其自有币帛可执故也。"用雁作礼物的含义，孔疏引《白虎通》云："雁，取其随时而南北，不失节也。又是随阳之鸟，妻从夫之义也。"

④再拜：据《士昏礼》，"再拜"是"再拜稽首"的省文。再拜稽首是礼之重者，一般用于臣对君，子对父。此礼的具体行法，详《郊特牲》注。奠：放置。

⑤盖亲受句：这句话来的有点突兀，所以孔疏云："婿既拜讫，旋降出。女出房，父西面诫之，母南面诫之，是婿亲受之于父母。"大意是说，女在随婿出门之前，父母要分别对她告诫一番，告诫他到婆家怎样做一个好媳妇。女在听过告诫后才随婿降出，这就表示婿是从女方父母那里亲自领回了妇。

⑥御妇句：这两件事本应由仆人来做，现在由婿亲自来做，是婿为了表示对妇的亲爱而有意自降身份。所以郑注《士昏礼》云："婿御者，亲而下之。"

⑦先：郑注《士昏礼》云："先者导之也。男率女，女从男，夫妇刚柔之义自此始也。"

⑧共牢而食：夫妇共食同一俎中之牲。牢，俎也。俎上所放的牲是一头分作两个半体的小猪。共牢而食，象征下文"同尊卑"之义。详《郊特牲》注。

⑨合卺(jǐn锦)而酳(yìn印)：孔疏云："以一瓠分为两瓢，谓之卺。酳，演也，谓食毕饮酒，演安其气。"演安其气，意谓清洁口腔，除掉口中不洁之气。合卺而酳，象征下文"合体"之义。

**【今译】**

　　父亲亲自向儿子敬酒而命其迎亲，这表示男方处于主导地位。儿子奉命前去迎娶，女方的父母在庙里铺筵设几，然后到庙门外拜迎女婿。婿执雁进入庙门，宾主揖让升阶登堂，婿行再拜稽首之礼，把雁放在地上，这表示是从新妇父母手里领回了新妇。然后妇随婿下堂出门。婿亲自驾驶妇所乘坐之车，又将挽以登车的绳索递给妇，这都是有意表示亲爱的举动。婿为妇驾车，待车轮转动三圈后，再由仆人代婿驾驶。婿乘己车前导，在自家的大门外等候。妇到达，婿向妇作揖，请她一同进门。进入婿之寝室，婿与妇共食同一俎中的牲肉，又各执一瓢以饮酒,这表示夫妇一体,不分尊卑,希望他们相亲相爱。

【原文】

敬慎重正而后亲之,礼之大体,而所以成男女之别,而立夫妇之义也①。男女有别,而后夫妇有义;夫妇有义,而后父子有亲;父子有亲,而后君臣有正。故曰:昏礼者,礼之本也②。

【注释】

①夫妇之义:按《礼记·郊特牲》在讲到昏礼时说:"出乎大门而先,男帅女,女从男,夫妇之义,由此始也。"据此,"夫妇之义"的含义,应是夫倡妇随的夫妇关系。

②昏礼者句:孔疏云:"昏姻得所,则受气纯和,生子必孝,事君必忠。孝则父子亲,忠则朝廷正,是昏礼为诸礼之本也。"

【今译】

通过敬慎郑重其事的婚礼而后夫妇相亲,这是婚礼的基本原则,也从而确定了男女之别,建立起夫倡妇随的夫妇关系。正因为男女有别,所以才会有夫倡妇随的夫妇关系;正因为有夫倡妇随的夫妇关系,所以才会有父子相亲;正因为有父子相亲,所以君臣才能各正其位。所以说,婚礼是各种礼的根本。

【原文】

夫礼,始于冠,本于昏,重于丧、祭,尊于朝、聘,和于射、乡,此礼之大体也①。

【注释】

①冠:冠礼。昏:昏礼。丧:丧礼。祭:祭礼,又叫吉礼。朝:朝礼,诸侯朝见天子之礼。郑玄《三礼目录》云:"春见曰朝,秋见曰觐。"聘:聘礼,诸侯互相聘问之礼。射:射礼。射礼有大射、宾设、燕射、乡射四种。乡:乡饮酒礼。以上八礼,按吉、凶、宾、军、嘉五礼来归纳,祭属吉礼,丧属凶礼,朝、聘属宾礼,冠、昏、射、乡都属嘉礼。只是缺了军礼一项。卫湜《礼记集说》引马晞孟云:"冠所以成人,故为礼之始。昏所以继后世,故为礼之本。丧以慎终,祭以追远,故曰重。朝所以教诸侯之臣,聘所以成诸侯之好,故曰尊。习射尚功,习乡尚齿,皆有饮,故曰和。"

【今译】

　　在众礼当中,冠礼是礼的开始,婚礼是礼的根本,丧礼、祭礼最为隆重,朝礼、聘礼最能体现尊敬,射礼、乡饮酒礼最能体现和睦,这就是礼的大概情况。

【原文】

　　夙兴①,妇沐浴以俟见。质明,赞见妇于舅姑②,妇执笲枣、栗、段脩以见③。赞醴妇④。妇祭脯醢⑤,祭醴⑥,成妇礼也。舅姑入室,妇以特豚馈⑦,明妇顺也。厥明,舅姑共飨妇以一献之礼⑧,奠酬⑨。舅姑先降自西阶,妇降自阼阶,以著代也。

注释

　　①夙(sù 肃)兴:早起。
　　②赞:赞礼者,有如今日之司仪。见(xiàn 现):介绍,通报。舅姑:公婆。《尔雅·释亲》:"妇称夫之父曰舅,称夫之母曰姑。"
　　③笲(fán 凡):盛礼品的容器,据陆德明《经典释文》说,是用芦苇或竹子编成,外表包上青缯。枣、栗、段脩:枣子、栗子和加入姜桂后经过捶治的干肉。段,通"腶"。枣、栗是送给公公的见面礼,段脩是送给婆婆的见面礼。其象征意义,据贾公彦《士昏礼》疏引何休说:"枣、栗,取其早自谨敬。段脩,取其断断自修正。"断断,守善之貌。
　　④赞醴妇:这是舅姑对妇的答礼。孙希旦《集解》云:"但舅姑尊,故不自醴而使赞代之也。"郑注认为"醴,当作礼",孙希旦认为"醴"字不误,兹从孙说。
　　⑤祭脯(fǔ 府)醢(hǎi 海):这是一种食前之祭。脯是肉干,醢是肉酱。郑注《礼记·曲礼》云:"祭,祭先也。"也就是祭先代造出此种食品的人,示不忘本。祭的方法,据孔疏,就是把每种食品取出少许,置于豆间之地上。
　　⑥祭醴:也是食前之祭。即以少量的甜酒注地,以示对先代造醴者的报答。
　　⑦特豚:一头小猪。特,一也。馈(kuì 愧):进食于人。
　　⑧舅姑共飨妇以一献之礼:郑注《士昏礼》云:"以酒食劳人曰飨。"一献之礼:贾公彦《士昏礼》疏:"舅献姑酬,共成一献。"凌廷堪《礼经释例》卷三:"凡主人进宾之酒谓之献,凡宾报主人之酒谓之酢,凡主人先饮以劝宾之酒谓之酬。"具体到此处,主人是舅姑二人,宾则仅妇一人。其作法是:舅先向妇敬酒,这叫献;妇饮过后,以酒回敬舅姑,这叫酢。然后姑先自饮一杯而后再向妇敬酒,这叫酬。妇接过此酒不饮,把酒杯放在席上,这就是下文的"奠酬"。至此,一献之礼即告完成。因为此礼是由舅姑二人共同完成的,所以说是"共飨"。

⑨奠酬:见本节注⑧。

【今译】
　　第二天,新妇早早起床,洗头洗澡,准备拜见舅姑。天大亮时,赞礼的人将妇引见给舅姑。妇手捧容器,内盛枣子、栗子和肉干,以此作为进见之礼。赞礼的人代表舅姑向妇赐以甜酒。妇先以脯醢祭先人,又以甜酒祭先人。行过以上的礼节,就表示作媳妇的礼完成了。舅姑进入室内,妇以一只煮熟的小猪向舅姑进食,这是表示新妇开始履行孝养的职责。第二天,舅姑共同用一献之礼慰劳妇,而妇应把姑酬己之酒放下不再饮。舅姑先从西阶下堂,然后妇从东阶下堂,这表示新妇已有资格代姑主持家中内务了。

【原文】
　　成妇礼,明妇顺,又申之以著代,所以重责妇顺焉也。妇顺者,顺于舅姑,和于室人①,而后当于夫②,以成丝麻布帛之事③,以审守委积盖藏④。是故妇顺备而后内和理⑤,内和理而后家可长久也,故圣王重之。

注释
　　①室人:郑注:"室人,谓女姒(zhōng 忠)、女叔、诸妇也。"据孔疏,女姒是夫之姊,女叔是夫之妹。诸妇,是指妯娌之属。
　　②当(dāng 裆):郑注:"当,犹称(chèn 趁)也。"即称心。之所以把"当于夫"放到后边才说,郑注云:"不顺舅姑,不和室人,虽有善者,犹不为称夫也。"
　　③丝麻:治丝绩麻。麻可以织布,丝可以织帛。
　　④委积:委和积同义。孙诒让《周礼正义》卷十九说:"凡储聚禾米薪刍之属,通谓之委积。"
　　⑤妇顺备:郑注:"妇顺备者,行和、当,事成、审也。"意谓做到上文几句话的要求才算是备。

【今译】
　　成就了妇礼,表明了妇顺,又进一步表明了妇有代姑主持家务的资格,所有这些,就是为了强调对妇在顺从上的要求。所谓妇的顺从,首先是要顺从舅姑,其次是要和家中其他女性和睦相处,然后才是让丈夫称心满意，从而完成妇女应做的女工，谨慎地守护柴米油盐等物的储藏。所以，上述对妇顺的要求都做到了，家庭内部才能和谐安定；内部和谐安定了，然后家才会长久，所以圣王很重视妇顺。

【原文】

是以古者妇人先嫁三月，祖庙未毁①，教于公宫②；祖庙既毁，教于宗室③。教以妇德、妇言、妇容、妇功④。教成祭之⑤，牲用鱼，芼之以蘋、藻⑥，所以成妇顺也。

注释

①祖庙未毁：这一节讲的是贵族妇女的出嫁，所以郑注《士昏礼》云："祖庙，女高祖为君者之庙也。"贾公彦疏："共承高祖，是四世缌麻之亲；若三世，共曾祖，是小功之亲；若共祖，是大功之亲；若共祢庙，是齐衰之亲。"换言之，就是出嫁女与当时在位的国君，或同高祖，或同曾祖，或同祖，或同父，总而言之，血缘关系还在五服以内。毁，迁也，指将神位迁到始祖庙内。《礼记·祭法》："诸侯立五庙。"即始祖庙、高祖庙、曾祖庙、祖庙、父庙。始祖庙永远不毁，高祖庙以下四庙称为四亲庙，如果四亲庙中的任何一庙与当时的国君超过了缌麻亲的血缘关系，就要将其神位迁到始祖庙内。

②公宫：君之祖庙。郑注："公，君也。"《诗·召南·采蘩》："公侯之宫。"毛传："宫，庙也。"但要注意，与国君是缌麻亲，则教于高祖庙；与国君是小功亲，则教于曾祖庙。其余类推。

③宗室：郑注："宗子之家也。"宗子，古代宗法制度称大宗的嫡长子。

④教以妇德、妇言、妇容、妇功：按郑注，负责此项教育的是女师。郑注又云："妇德，贞顺也；妇言，辞令也；妇容，婉娩（wǎn 晚）也；妇功，丝麻也。"贞顺，谓安分顺从。辞令，谓应对说话。婉娩，谓束妆打扮。丝麻，谓女工之事。东汉曹昭《女诫》对此有更加详尽的解释："清闲贞静，守节整齐，行己有耻，动静有法，是谓妇德。择辞而说，不道恶语，时然后言，不厌于人，是谓妇言。盥浣尘秽，服饰鲜洁，沐浴以时，身不垢辱，是谓妇容。专心纺绩，不好戏笑，洁齐酒食，以奉宾客，是谓妇功。"

⑤教成祭之：王引之《经义述闻》卷十六引其父王念孙说，认为此四字当作"教成之祭"，盖传写者误倒。俞樾《群经平议》也赞成王说。今译文亦从之。"教成之祭"的对象，郑注云："祭其所出之祖也。"也就是说，此女若与国君同出于高祖，则祭高祖；同出于曾祖，则祭曾祖。其余类推。

⑥"牲用鱼"二句：郑注云："鱼为俎实，蘋、藻为羹菜。无牲牢，告事耳，非正

祭也。"大意是说,不用牛、猪、羊为俎实,是因为教成之祭属于告祭,不是正祭,故礼数较轻。为什么要用蘋、藻作羹菜,《诗·召南·采蘋》孔疏云:"蘋之言宾,宾,服也,欲使妇人柔顺服从。藻之言澡,澡,浴也,欲使妇人自洁清。"笔:羹菜。

【今译】

　　因此,古时候妇女在出嫁前的三个月,如果该妇女与国君还是五服以内的亲属,就在国君的祖庙里接受婚前教育;如果已经出了五服,就在大宗子的家里接受这种教育。由女师教以妇德、妇言、妇容、妇功。教成以后,要举行教成之祭,这是向祖先禀告,婚前教育已经完成。祭时用鱼作俎实,用蘋、藻这两种水草作羹菜,这些祭品都属于阴性一类,所以用来造成妇人的顺从。

【原文】

　　古者天子后立六宫①,三夫人、九嫔、二十七世妇、八十一御妻②,以听天下之内治,以明章妇顺,故天下内和而家理。天子立六官③,三公、九卿、二十七大夫、八十一元士④,以听天下之外治,以明章天下之男教,故外和而国治。故曰:天子听男教,后听女顺;天子理阳道,后治阴德;天子听外治,后听内治⑤。教顺成俗,外内和顺,国家理治,此之谓盛德。

注释

　　①六宫:王后理事和居住之处。郑玄注《周礼·天官·内宰》云:"妇人称寝曰宫。后象王,立六宫而居之,亦正寝一,燕寝五。"按:于正寝治事,于燕寝休息。

　　②"三夫人"句:夫人、嫔、世妇、御妻,都是妇官名。夫人最尊,其下依次而降。夫人是王后的最高顾问,所以郑玄注《周礼·天官·九嫔》云:"夫人之于后,犹三公之于王,坐而论妇礼,无官职。"御妻,孙希旦《集解》认为就是《周礼》的女御。嫔、世妇、御妻的职掌,笼统地讲都是负责有关妇女的教育;具体地讲就非一言可尽,可分别参看《周礼·天官》中的有关部分。

　　③六官:这里指六官的官署。与上文的"六宫"相对。据《周礼》记载,六官是天官冢宰、地官司徒、春官宗伯、夏官司马、秋官司寇、冬官司空。

　　④"三公"句:此句与上文"三夫人"句相对应,是一个男官系统。元士:天子之士。孔颖达《礼记·王制》疏云:"天子之士所以称元者,异于诸侯之士也。"

　　⑤"天子听男教"六句:这是三组排比句,总的意思是天子与王后分治内外,

但用词不一。从性别的角度讲,就用"男女"之词;从刚柔的角度讲,就用"阴阳"之词;从分工的角度讲,就用"外内"之词。实际意思基本一样。阴德:即妇德。孙诒让《周礼正义·内宰》云:"以事涉妇人,故谓之阴。"

## 【今译】

　　古代王后设立六官,妇官有三夫人、九嫔、二十七世妇、八十一御妻,以管理普天之下对妇女的教育,以显扬妇女应有的顺从,所以天下家庭和睦安定。天子设立六官,男官有三公、九卿、二十七大夫、八十一元士,以管理天下的政事,以显扬男子应有的教化,所以政事和谐,国家安定。所以说:天子管理对男子的教化,王后管理对妇女顺从的教育;天子治理政务,王后治理妇女事务;天子审察三公等官是否尽职,王后审察三夫人等官是否尽职。男教与妇顺形成风俗,内外协调一致,国与家都安定有序,做到了这一步,就叫作盛德。

## 【原文】

　　是故男教不脩①,阳事不得,適见于天②,日为之食;妇顺不脩,阴事不得,適见于天,月为之食。是故日食则天子素服③,而脩六官之职,荡天下之阳事④;月食则后素服,而脩六宫之职,荡天下之阴事。故天子之与后,犹日之与月,阴之与阳,相须而后成者也。天子脩男教,父道也⑤;后脩女顺,母道也。故曰:天子之与后,犹父之与母也。故为天王服斩衰⑥,服父之义也;为后服资衰⑦,服母之义也。

### 注释

　　①脩:通"修"。下同。
　　②適(zhé 哲):通"谪",谴责。见(xiàn 现):显现。"现"的本字。
　　③天子素服:天子身穿白色衣服。这是罪己的表示。据《周礼·春官·司服》,凡遇到疾疫流行、年成不好和其他自然灾害,天子都要改穿素服。
　　④荡。郑注:"荡,荡涤,去秽恶也。"意谓改掉污浊的政事。
　　⑤道:行辈。《仪礼·丧服传》:"其夫属乎父道者,妻皆母道也。"郑注:"道,犹行(háng 杭)也。"
　　⑥为天王服斩衰(cuī 催):按《周礼·天官·司服》:"凡丧,为天王斩衰,为王后齐衰。"孙诒让《正义》解释说,只有诸侯和诸臣为天王服斩衰,为王后服齐衰,至于士民百姓,则不服此丧服。天王,即天子。发表天子驾崩的讣告要称"天

王"。斩衰,也作"斩服"。是五种丧服中最重的一种。丧服用粗麻布制成。之所以称"斩",是裁剪下来做孝服的布不缝毛边。

⑦资衰:郑注:"资,当为齐(zī 姿),声之误也。"齐衰,是次于斩衰的一种丧服,也用粗麻布制成,但粗的程度略降于斩衰,布的毛边要缝齐。

【今译】

所以,如果男子的教化没有搞好,政事失当,上天就会表示谴责,发生日蚀;如果妇人的顺从没有搞好,妇人的事务处理失当,上天就会表示谴责,发生月蚀。所以,发生日蚀的时候,天子就身穿白色衣服,表示自我反省,还要督促六官改进工作,彻底除掉政事中的错误;发生月食的时候,王后就身穿白色衣服,表示自我反省,还要督促六官改进工作,彻底除掉在妇女问题上发生的错误。所以,天子和王后,就好比日之与月,阴之与阳,是相辅而后相成的关系。因为天子掌管男教,所以属于父辈;因为王后掌管女顺,所以属于母辈。所以说,天子和王后,就好比父亲和母亲。因此,天子死了,诸侯和大臣就要为他服斩衰,这和为父亲服斩衰是同样道理;王后死了,就要为她服齐衰,这和为母亲服齐衰是同样道理。

# 礼记全译

## 乡饮酒义第四十五

【题解】

郑玄说:"名曰《乡饮酒义》者,以其记乡大夫饮宾于庠序之礼,尊贤养老之义。"孔颖达说:"《仪礼》有其事,此《记》释其义也。"按乡是周代的行政单位,辖一万二千五百家。乡之下,尚有州、党、族、闾等较小行政单位。天子六乡,诸侯三乡。乡的首长叫乡大夫,州的首长叫州长。乡学叫庠,州学叫序。乡中每三年正月举行一次由乡大夫主持的乡饮酒礼,以被选出的最贤者为宾,次贤者为介,再次者为众宾,以表示尊贤之义。另外还有一种乡饮酒礼,是在每年的十二月蜡祭时举行,在这种场合,年龄越大,所受到的礼遇也越高,以表示养老之义。

【原文】

乡饮酒之义:主人拜迎宾于庠门之外,入,三揖而后至阶,三让而后升,所以致尊让也。盥洗、扬觯,所以致洁也。拜至,拜洗,拜受①,拜送②,拜既,所以致敬也。尊让、洁、敬也者,君子之所以相接也。君子尊让则不争,洁、敬则不慢。不慢不争,则远于斗辨矣;不斗辨,则无暴乱之祸矣。斯君子之所以免于人祸也,故圣人制之以道。

【注释】

①拜受:凡受物前先行拜礼,叫做拜受。

②拜送：凡授物而后行拜礼，叫做拜送。

## 【今译】

乡饮酒礼的含义是这样的：主人走出乡学门外迎宾，并向宾行再拜礼；主人与宾入门后，彼此先后行了三次作揖之礼才来到堂阶前；在升阶之前，主人与宾又互相谦让了三次，然后才主人升堂，宾也升堂。这都是为了表示对对方的尊重和谦让。洗过手以后再洗酒杯，然后才举杯饮酒，这是为了表示清洁。宾至而主人拜迎，主人洗酒杯而宾拜洗，主人献酒而宾拜受，宾接受献酒而主人拜送，宾饮酒毕而主人拜谢干杯。这些都是为了表示对对方的敬意。彼此尊重和谦让，饮食清洁卫生，互相致敬，君子的交往就应当如此。君子彼此尊重谦让，就不会有争斗之事；饮食清洁、互相致敬，就不会有怠慢之事。没有怠慢，没有争斗，自然就不会有斗殴和打官司一类的事。没有斗殴和打官司一类的事，自然也就没有暴乱的灾祸了。这就是君子避免人为灾祸的办法。所以圣人才制订了乡饮酒礼。

## 【原文】

乡人、士、君子①，尊于房户之间②，宾主共之也。尊有玄酒③，贵其质也。羞出自东房，主人共之也。洗当东荣④，主人之所以自洁，而以事宾也。宾主，象天地也。介僎⑤，象阴阳也。三宾⑥，象三光也。让之三也，象月之三日而成魄也⑦。四面之坐，象四时也⑧。天地严凝之气，始于西南而盛于西北，此天地之尊严气也，此天地之义气也。天地温厚之气，始于东北而盛于东南，此天地之盛德气也，此天地之仁气也。主人者尊宾，故坐宾于西北而坐介于西南以辅宾。宾者，接人以义者也，故坐于西北。主人者，接人以仁、以德厚者也，故坐于东南；而坐僎于东北，以辅主人也。仁义接，宾主有事，俎豆有数，曰圣。圣立而将之以敬，曰礼。礼以体长幼，曰德。德也者，得于身也。故曰：古之学术道者，将以得身也。是故圣人务焉。

## 注释

①乡人、士、君子：郑玄说："乡人，乡大夫也。士，州长、党正也。君子，谓卿大夫也。"

②尊:指设酒樽。也就是设酒壶。据《仪礼》,所设酒壶是两个,二者之一盛玄酒。

③玄酒:就是水。上古无酒,以水当酒,名曰玄酒。

④洗:盛水器,形似今之洗脸盆,用以承接盥洗时下注之弃水。荣:屋檐两端翘起的部分。又叫屋翼,谓如鸟之张其两翼。

⑤介僎(zūn 遵):介是陪客。僎,通"遵",被主人请来观礼的乡绅,辅助主人行礼。郑玄说:"阴阳,助天地养成万物之气也。"

⑥三宾:行乡饮酒礼时,众宾人数较多,其中的多数是立于堂下,而推出三位年长者在堂上就坐,坐在正宾之西,是谓三宾。

⑦成魄:生魄。魄是月亮圆而始缺时的不明亮处,月朔后三日,魄乃重新受明发光。

⑧四面之坐二句:孔颖达说:"主人东南,象夏始;宾西北,象冬始;僎东北,象春始;介西南,象秋始。"

## 【今译】

乡大夫、州长、党正以及卿大夫在举行乡饮酒礼时,酒壶放在东房门与室门之间的地方,这是表示宾主共同享用此酒。两只壶中有一只壶盛的是玄酒,这是表示看重玄酒的质朴。菜肴从东端端出,而东方是主人之位,这表示菜肴是主人提供的。在东边屋檐下设洗,这表示本来是主人自己洗手洗脸的用具,现在也拿来敬事宾客了。宾与主人,象征天与地。介与僎,象征阴与阳。众宾之长三人,象征日月星。彼此谦让三次才一齐升堂,这象征月朔后三日方重现光明。主人、宾、介、僎四面对坐,象征四季。天地之间的严凝之气,从西南方向开始,而到了西北方向最为强盛,这是天地之间的尊严之气,是天地之间的义气。天地之间的温厚之气,从东北方向开始,而到了东南方向最为强盛,这是天地之间的盛德之气,是天地之间的仁气。主人为了表示尊敬来宾,所以将宾安排在西北的席位上,而将介安排在西南的席位上以辅助宾。所谓宾,在接人待物上的突出特点是义,所以被安排在西北的席位上,以与义气相应。所谓主人,在接人待物上的突出特点是仁厚德厚,所以在位于东南的席位上就坐,以与仁气相应;而让僎坐在东北的席位上以辅助主人。仁义互相交接,宾主各得其所,待客的俎豆合乎要求的数目,这就叫圣明。在此圣明的基础上又持之以敬,这就叫礼。以礼作为规范,使大家都能身体力行,这就叫德。所谓德,就是这种身体力行的所得。所以说,古时学习道艺的人,就是要在身体力行上有所得。所以圣人都努力去实行。

【原文】

祭荐、祭酒①,敬礼也。哜肺②,尝礼也。啐酒③,成礼也。于席末④,言是席之正,非专为饮食也,为行礼也,此所以贵礼而贱财也。卒觯致实于西阶上⑤,言是席之上,非专为饮食也,此先礼而后财之义也。先礼而后财,则民作敬让而不争矣。

注释

①荐:指进献的脯醢。
②哜(jì 记):尝,入口至齿的尝。
③啐(cuì 翠):尝,入口的尝。
④席末:席的西端。
⑤卒觯致实:干杯。"卒觯"、"致实"都是干杯。郑玄说:"致实,谓尽酒也。酒为觯实。"

【今译】

主人向宾进献酒食,先献脯醢,宾取脯醢以祭先人;又献酒,宾取酒以祭先人,这是表示敬重主人之礼。宾又尝一尝肺,表示接受了主人的敬意。宾又尝了一口酒,表示成就了主人的献酒之礼。宾在尝酒时,坐在席的末端,这是表示此席的真正意义并不在于吃吃喝喝,而在于行礼,这是重礼轻财的表现。宾的干杯是在西阶上,也是表示坐在此席之上并不是只为了吃吃喝喝,这是先礼后财的表现。人人做到了先礼后财,人民就会兴起恭敬谦让的风气,而没有争斗之事了。

【原文】

乡饮酒之礼①:六十者坐,五十者立侍,以听政役,所以明尊长也。六十者三豆,七十者四豆,八十者五豆,九十者六豆,所以明养老也。民知尊长养老,而后乃能入孝弟。民入孝弟,出尊长养老,而后成教。成教而后国可安也。君子之所谓孝者,非家至而日见之也;合诸乡射②,教之乡饮酒之礼,而孝弟之行立矣。孔子曰:"吾观于乡,而知王道之易易也。"

**注释**

①乡饮酒之礼:上文的乡饮酒之礼,主旨在于敬贤;本节所讲的乡饮酒之礼,主旨在于养老。

②乡射:指乡射礼。这是一种加上了射箭比赛的乡饮酒礼。

【今译】

乡饮酒之礼:六十岁以上的人坐着,五十岁的人站着侍候,听候使唤,这表示对年长者的尊敬。六十岁的人上三个菜,七十岁的人四个菜,八十岁的人五个菜,九十岁的人六个菜,这表示对老人的奉养。百姓懂得尊敬年长者,懂得奉养老人,然后才能在家里孝顺父母、敬事兄长。在家里能够孝顺父母、敬事兄长,到社会上才能尊敬年长的人和奉养老人,然后才能形成教化。形成了教化,然后国家才能安定。君子教导人们做到孝顺父母、敬事兄长的办法,并不是挨家挨户地每天不断地去耳提面命,而是只要在举行乡射礼时把人们召集起来,把乡饮酒礼演示给他们看,就可以培养他们养成孝顺父母、敬事兄长的风气。孔子说:"我参观过乡饮酒礼以后,就知道了王者的教化得到推行是很容易的事。"

【原文】

主人亲速宾及介,而众宾自从之。至于门外,主人拜宾及介,而众宾自入。贵贱之义别矣①。三揖至于阶,三让以宾升,拜至、献酬、辞让之节繁。至介,省矣②。至于众宾,升受,坐祭,立饮,不酢而降。隆杀之义辨矣。工入,升歌三终③,主人献之。笙入三终④,主人献之。间歌三终⑤,合乐三终⑥。工告乐备,遂出。一人扬觯,乃立司正焉⑦。知其能和乐而不流也。宾酬主人,主人酬介,介酬众宾,少长以齿,终于沃洗者焉。知其能弟长而无遗矣。"降,说屦,升坐,脩,爵无数⑧。"饮酒之节,朝不废朝,莫不废夕。宾出,主人拜送,节文终遂焉⑨。知其能安燕而不乱也。贵贱明,隆杀辨,和乐而不流,弟长而无遗,安燕而不乱,此五行者,足以正身安国矣。彼国安而天下安,故曰:"吾观于乡,而知王道之易易也。"

【注释】

①别:郑玄说:"别犹明也。"

②至介,省矣:据《仪礼·乡饮酒礼》,介省去的礼节有:不拜洗,不啐肺,不啐酒,不告旨(不赞扬主人的酒美)。

③升歌三终:升堂唱了三首歌曲,即《鹿鸣》《四牡》《皇皇者华》,都是《诗经·小雅》篇名。唱时,二人歌唱,二人鼓瑟伴奏。一曲结束为一终。

④笙入三终:用笙吹奏的三只曲子是《南陔》《白华》《华黍》。据郑玄说,都是《小雅》的篇名,但在汉代已经佚失,其义未闻。

⑤间歌三终:间指交替。据《仪礼》,堂上歌唱《鱼丽》,堂下吹奏《由庚》;堂上歌唱《南有嘉鱼》,堂下吹奏《崇丘》;堂上歌唱《南山有台》,堂下吹奏《由仪》。都是《小雅》篇名。

⑥合乐三终:孔颖达:"若工歌《关雎》,则笙吹《雀巢》合之;若工歌《葛覃》,则笙吹《采蘩》合之;若工歌《卷耳》,则笙吹《采蘋》合之。"

⑦司正:因为旅酬是众人互相劝酒,担心有人失仪,特设司正纠察之。

⑧降五句:见《仪礼·乡饮酒礼》。说:通"脱"。羞,进也。

⑨终遂:郑玄说:"终遂,犹充备也。"

【今译】

乡饮酒礼开始之前,主人亲自前往邀请正宾和介;至于众宾,则不须邀请,由他们自己跟着正宾和介而来。到了主人门外,主人向宾行拜礼,向介行拜礼;至于众宾,主人不拜,只是作一个揖,就请他们进来了。谁贵谁贱,由此不难看出。进门以后,主人与正宾彼此行了三次揖礼才来到堂阶前;升阶之前,主人与正宾又互相谦让了三次才一齐升堂;升堂以后,主人又拜谢正宾的光临;入席以后,主人要酌酒献宾,宾又回敬主人,主人又要先斟酒自饮而后斟酒劝宾再饮:你推我让的礼节非常复杂。至于主人对介的招待,礼数就减省多了。至于主人的招待众宾,那就更简单了,堂上没有他们的座位,他们只能登上西阶接受献酒,就在西阶上跪着祭,站着饮,饮毕也不用回敬主人就可下堂。招待规格的高低,由此不难看出。乐队进来,先由歌唱队员演唱了三首歌曲。演唱完毕,主人向歌唱队员献酒。然后吹笙的队员进来,吹奏了三首乐曲。吹奏完毕,主人向吹笙者献酒。然后堂上鼓瑟一歌,堂下吹笙一曲,这样交替地各自吹奏了三首。然后堂上的歌、瑟与堂下的笙、磬一齐合奏,各奏了三首。然后乐队的领队报告说:"应该演奏的歌曲都已演奏完毕。"然后就下堂立在西阶之东,面朝北。这时主人的一个部下对宾举杯,表示旅酬就要开始。于是设立司正一人,负责监察饮酒失仪者。由此可知,乡饮酒礼能够使大家既玩得高兴、和谐而又不流于放肆失礼。旅酬开始,宾先自饮一杯而后斟酒劝主人饮,主人又先自饮一杯而后斟酒劝介饮,介又先自饮一杯而后斟酒劝众宾饮,都是按照年龄的大小行事,直到侍候宾主盥洗的人为止。由此可知,乡饮酒礼能够使大家无论长幼皆被恩泽而无所遗漏。撤俎之后,大家下堂脱掉鞋子,然后重新升堂入座。下酒菜端上来以后,大家就开始彼此劝酒,不计其数,尽兴为止。饮酒时间的掌握,以早上不耽误早朝、晚上不耽误办事为原则。乡饮酒礼结束,来宾退出,主人拜送于门外,自始至终,礼节毫无差错。由此可知,乡饮酒礼能够使大家玩得痛快而又井然有序。来宾中的贵贱分明了,招待规格的高低清楚了,和睦快乐而又不失礼仪,长幼皆被恩泽而无所遗漏,玩得痛快而又井然有序。做到了这五条,就足以使自己不犯错误,国家得到安定。国家得到安定,天下也就自然安定了。所以孔子说:"我参观过乡饮酒礼以后,就知道了王者教化的推行是很容易的事。"

【原文】
　　乡饮酒之义:立宾以象天,立主以象地,设介僎以象日月,立三宾以象三光①。古之制礼也,经之以天地,纪之以日月,参之以三光,政教之本也。亨狗于东方②,祖阳气之发于东方也。洗之在阼③,其水在洗东,祖天地之左海也④。尊有玄酒,教民不忘本也。宾必南乡。东方者春,春之为言蠢也,产万物者圣也⑤。南方者夏,夏之为言假也。养之,长之,假之,仁也。西方者秋,秋之为言愁也⑥。愁之以时察⑦,守义者也。北方者冬,冬之为言中也⑧,中者藏也。是以天子之立也:左圣,乡仁;右义,偕藏也。介必东乡,介宾主也。主人必居东方。东方者春,春之为言蠢也,产万物者也。主人者造之,产万物者也。月者三日则成魄,三月则成时,是以礼有三让,建国必立三卿。三宾者⑨,政教之本,礼之大参也。

【注释】
　　①三光:谓二十八宿中的房、心、尾三宿。

②亨:通"烹",烹调。东方:实际上是堂的东北。
③洗之在阼:和上文的"洗当于东荣"一个意思,只是换个说法而已。
④左:东。
⑤圣:郑玄说:"圣之言生也。"
⑥愁:通"揫(jiū 纠)",收敛。
⑦察:郑玄说:"察,或为杀。"
⑧中:内也。
⑨三宾者:王夫子说:"三宾者"之下有阙文。

【今译】

　　乡饮酒礼的象征意义:设立正宾以象征天,设立主人以象征地,设立介和僎以象征日月,设立三宾以象征三光。古人在制礼时,以天地为原则,以日月为总纲,以三光为辅佐,构成了政教的根本。乡饮酒礼的牲用狗,在堂的东方加以烹煮,这是效法阳气的发自东方。洗放在阼阶的东南,要用的水又放在洗的东边,这是效法天地的东方是海。酒樽里装有玄酒,这是教育百姓不要忘本。正宾一定面南而坐。从五行上来说,东方是春的位置,所谓春,就是万物萌芽发生的意思,东方产育万物,这就是圣,也就是生。南方是夏的位置,所谓夏,就是大的意思。南方养育万物,使他长大,这就是仁。西方是秋的位置,所谓秋,就是收敛的意思。按照节令进行收敛进行杀戮,这就是守义。北方是冬的位置,所谓冬,就是中的意思,而中是收藏的意思。所以天子在站立的时候,总是左边傍着圣,面朝南而向着仁;右边傍着义,背朝北而依着藏。介一定面向东而坐,因为他要在宾主之间起沟通作用。主人一定要坐在东方。因为东方是春的位置,而春是萌动的意思,是生产万物的。主人之所以就东方之位,是因为招待宾客的一切饮食也是由主人提供的。月朔后三日,月亮的阴暗部分才恢复光明,三个月才成为一季,所以宾主有互相谦让三次之礼,建国也一定要设立三个卿位。乡饮酒礼设立三位宾长,也是这个意思。这是政教的根本,也是制礼的重要依据。

# 礼记全译

## 射义第四十六

【题解】

王夫之说：射礼有五。一曰乡射，谓州长招集民众习礼于州序之射。二曰大射，谓诸侯与其臣在国学习礼之射。三曰燕射，谓君宴其臣，一献之后举行之射。四曰宾射，谓天子诸侯宴飨来朝之宾，因与之射。五曰泽宫之射，谓天子祭前选择助祭之士之射。《仪礼》今存《乡射》《大射》二篇，本篇即发明其义。

【原文】

古者诸侯之射也，必先行燕礼①。卿、大夫、士之射也，必先行乡饮酒之礼。故燕礼者，所以明君臣之义也；乡饮酒之礼者，所以明长幼之序也。故射者，进退周还必中礼②。内志正，外体直，然后持弓矢审固。持弓矢审固然后可以言中。此可以观德行矣。

注释

①燕礼：诸侯为了慰劳臣子而举行的一种饮酒礼。举行燕礼时，主人并不是国君，而是宰夫（太宰的属官，掌为宾客进献饮食）。之所以以宰夫为主人，是因为君尊，怕臣子不敢与之抗礼，所以让宰夫代行主人之事。尽管如此，臣子仍以敬事国君之礼来敬事宰夫。

②周还(xuán 旋)：周旋。

【今译】

　　古代诸侯举行射礼,一定要先举行燕礼;卿、大夫、士举行射礼,一定要先举行乡饮酒之礼。之所以先举行燕礼,是为了明确君臣的名分;之所以先举行乡饮酒之礼,是为了明确长幼的顺序。所以射箭的人,不论前进还是后退,左旋还是右转,动作一定要符合规矩。从内心来说,沉着冷静;从外表来说,身体挺直;然后才可以把弓箭拿得紧瞄得准。把弓箭拿得紧瞄得准,然后才可以指望射中。所以说,从人的外部射箭动作就可以看出他的内在德行。

【原文】

　　其节:天子以《驺虞》为节,诸侯以《狸首》为节,卿、大夫以《采蘋》为节,士以《采蘩》为节。《驺虞》者,乐官备也;《狸首》者,乐会时也;《采蘋》者,乐循法也;《采蘩》者,乐不失职也①。是故天子以备官为节,诸侯以时会天子为节,卿、大夫以循法为节,士以不失职为节。故明乎其节之志,以不失其事,则功成而德行立;德行立,则无暴乱之祸矣。功成则国安。故曰:射者,所以观盛德也。是故古者天子以射选诸侯、卿、大夫、士②。射者,男子之事也,因而饰之以礼乐也。故事之尽礼乐而可数为以立德行者,莫若射,故圣王务焉。

注释

　　①《驺虞》者八句:《驺虞》《采蘋》《采蘩》都是《诗经·召南》篇名,《狸首》则汉时已佚。这几首诗歌的含义,既不是完全如本节所说,也不是和本节所说的全不沾边,这就是所谓的断章取义。

　　②是故句:王夫之说:"此谓射宫之射也。选者,选其德行以与于祭。"

【今译】

　　射箭时的节拍:天子射时,以《驺虞》为节拍;诸侯射时,以《狸首》为节拍;卿大夫射时,以《采蘋》为节拍;士射时,以《采蘩》为节拍。《驺虞》这首诗,是赞美朝廷百官齐备的;《狸首》这首诗,是赞美诸侯以时勤王而修职贡的;《采蘋》这首诗,是赞美卿大夫遵循法度;《采蘩》这首诗,是赞美士的恪尽职守的。所以天子用赞美百官齐备的曲子为节拍,诸侯用赞美按时朝王进贡的曲子为节拍,卿大夫用赞美遵循法度的曲子为节拍,士用赞美恪尽职守的曲子为节拍。所以明白了各自伴射歌曲的含义,从而做好各自的工作,才能功业成就和德行树立。德行一旦树立,就不会有杀人越货、为非作歹的不轨行为了;功业成就,国家也就安定了。所以说,从射箭这件事上就可以看出人的德行如何。所以古时候的天子通过射箭比赛来选拔有资格参加助祭的诸侯、卿大夫、士。射箭,这是男子的事,所以才用礼乐来修饰它。所以说,在所有的事情当中,要寻一件既有礼乐的修饰而又可以经常进行并从而树立起德行的,非射箭这件事莫属,所以圣王很重视它。

【原文】

是故古者天子之制:诸侯岁献,贡士于天子①,天子试之于射宫。其容体比于礼,其节比于乐,而中多者,得与于祭。其容体不比于礼,其节不比于乐,而中少者,不得与于祭。数与于祭而君有庆,数不与于祭而君有让。数有庆而益地,数有让而削地。故曰:射者,射为诸侯也。是以诸侯君臣尽志于射,以习礼乐。夫君臣习礼乐而以流亡者,未之有也。故《诗》曰:"曾孙侯氏,四正具举。大夫君子,凡以庶士,小大莫处,御于君所。以燕以射,则燕则誉②。"言君臣相与尽志于射,以习礼乐,则安则誉也。是以天子制之,而诸侯务焉。此天子之所以养诸侯而兵不用,诸侯自为正之具也。

【注释】

①贡士:郑玄说:"三岁而贡士。旧说云:大国三人,次国二人,小国一人。"

②故《诗》曰八句:郑玄认为就是上文《狸首》之诗的内容,孔颖达从之。后世学者多持异议。例如,王夫之说:"诗,逸诗,盖以赋诸侯燕射之事。旧说以为《狸首》,则未见其然也。"曾孙:凡远孙、裔孙皆可曰曾孙。此谓初祖之曾孙。侯氏:诸侯。四正具举:行燕礼时,四度正爵,即献宾、献君、献卿、献大夫之爵皆献完毕。此后才开始射箭。

【今译】

所以古代的天子做出规定:诸侯每年都要向天子报告国计、贡献方物,还要向天子推荐人才,天子便在射宫里考核他们的箭术。其仪容体态合乎礼的要求,其射箭节奏合乎乐曲的节拍,而且射中得又多,那就有资格参加天子的祭祀。其仪容体态不合乎礼的要求,其射箭节奏不合乎乐曲的节拍,就没有资格参加天子的祭祀。获准参加祭祀的次数较多,天子就有奖励;获准参加祭祀的次数较少,天子就要责备。奖励的次数多了就增加他的封地,责备的次数多了就削减他的封地。所以说,射箭比赛这件事,关系到诸侯的黜陟荣辱。所以诸侯君臣对箭术都非常用心,对于练习射箭的礼节、练习射箭的乐曲也非常用心。诸侯君臣在练习礼乐上如此尽心而导致被流放、被灭国,那是绝不可能的事。所以有篇逸诗说:"身为宗室的诸侯,当燕礼进行到四度正爵献过之后,有德行的君子,从大夫到众士,不论官大官小,都不要呆坐在官衙内,都到国君那里去侍候。既参加燕礼,又参加射礼。既获得国安,又获得名誉。"诗的意思是说,君臣都对射箭非常尽心,对练习射箭所需的礼乐也非常尽心,所以不但获得国安,而且获得声誉。所以天子制定了射礼,而诸侯认真实行。这就是天子为什么能够驾驭诸侯而不用武力,而使诸侯自己管理好自己的办法。

【原文】

　　孔子射于矍相之圃①,盖观者如堵墙。射至于司马②,使子路执弓矢出延射,曰:"贲军之将③、亡国之大夫,与为人后者,不入。其余皆入。"盖去者半,入者半。又使公罔之裘、序点扬觯而语④。公罔之裘扬觯而语曰:"幼壮孝弟,耆耋好礼⑤,不从流俗,修身以俟死者不⑥?——在此位也!"盖去者半,处者半。序点又扬觯而语曰:"好学不倦,好礼不变,旄期称道不乱者不⑦?——在此位也!"盖仅有存者⑧。

【注释】

　　①矍(jué 决)相:古地名。在今山东省曲阜市城内阙里西。圃:泽宫。即学宫中习射的场所。
　　②射至于司马:在射箭比赛开始之前,先举行乡饮酒礼。乡饮酒礼进行到旅酬阶段,立一人为司正,纠察饮酒失礼者。在旅酬之前进行射箭比赛,而司正本为旅酬而设,在射箭比赛时他又闲着无事,所以就让他先充司马,主持射礼。所以,说"射至于司马",就等于说到了要比赛射箭的时候。
　　③贲:通"偾",败也。

④公罔之裘:人名。孔子的学生。公罔是姓,裘是名,之是语助词。序点:人名。孔子的学生。姓序,名点。举觯:举起酒杯。在射礼进行过程中,司正使一人举觯是旅酬即将开始的礼仪。语:发表议论。古时举行射礼,只有到了旅酬的时候才可以发表议论。

⑤耆耋(qí dié 其蝶):六七十岁的老人。

⑥不:通"否"。下同。

⑦旄:通"耄"。八十九十曰耄。期:百岁老人。称道:言行。

⑧盖仅有存者:孙希旦说:公罔之裘与序点二人所言,只有孔门高足才能做到,今乃要求普通观众做到,未免不近情理,因疑此节乃附会之言,不足凭信。

【今译】

孔子在矍相的泽宫演习射礼,围观的人很多,形成了一道人墙。射前先举行饮酒礼,到了该射箭的时候,孔子叫子路手持弓矢出列延请射箭的人说:"败军之将、使国君亡国的大夫、为了贪财而过继给他人作儿子的,没有资格进来参加射箭比赛。其他的人都有资格进来参加比赛。"听到这话之后,有一半人自以为合格而留下,另外的一半人都走开了。比赛结束,到了旅酬的时候,孔子又叫公罔之裘和序点举起酒杯对在场的人讲话。公罔之裘举杯说:"幼年壮年时能够孝顺父母敬事兄长,到了老年还讲究礼法,不随波逐流,洁身自好而至死不变,有这样的人吗?如果有,就请在宾位落座。"听到这话之后,人又走了一半。序点又举杯说:"爱好学习而不厌倦,爱好礼法而不改变,活到了八十九十乃至一百岁也言行毫不糊涂,有这样的人吗?如果有,就请在宾位落座。"听到这话之后,人差不多就走光了。

【原文】

射之为言者,绎也,或曰舍也①。绎者,各绎己之志。故心平体正,持弓矢审固;持弓矢审固,则射中矣。故曰:为人父者,以为父鹄;为人子者,以为子鹄;为人君者,以为君鹄;为人臣者,以为臣鹄。故射者各射己之鹄。故天子之大射,谓之"射侯"。射侯者,射为诸侯也。射中则得为诸侯,射不中则不得为诸侯。

**注释**

①射之为言者三句:这是用声训来释义。"射"、"绎"、"舍"三个字古音相近。

【今译】

所谓射,就是寻绎的意思,或者说是释放的意思。所谓寻绎,就是寻绎自己志向之所在。所以在射箭的时候,如果心平气和,身体端正,就可以把弓矢拿得紧、瞄得准;把弓矢拿得紧、瞄得准,自然就射中目标了。所以说,做父亲的在射箭时,就要把远处的目标当作是自己作为父亲应该达到的目标;做儿子的在射箭时,就要把远处的目标当作是自己作为儿子应该达到的目标;做国君的在射箭时,就要把远处的目标当作是自己作为国君应该达到的目标;作臣子的在射箭时,就要把远处的目标当作是自己作为臣子应该达到的目标。这也就是说,各人所瞄准的都是各自应该达到的目标。所以天子的大射叫做"射侯"。所谓"射侯",也就是向诸侯应该达到的目标射去。射中目标就配当诸侯,射不中目标就不配当诸侯。

【原文】

天子将祭,必先习射于泽。泽者,所以择士也。已射于泽,而后射于射宫。射中者得与于祭,不中者不得与于祭。不得与于祭者有让,削以地。得与于祭者有庆,益以地。进爵绌地是也。故男子生,桑弧蓬矢六,以射天地四方①。天地四方者,男子之所有事也。故必先有志于其所有事,然后敢用谷也,饭食之谓也。

注释

①故男子生三句:已见《内则》,详彼处注释。

【今译】

天子在举行祭祀之前,一定要先在泽宫演习射箭。泽宫之所以称"泽",是因为要在这里选择可以参加祭祀的诸侯。在泽宫射毕,然后再在射宫中射。射中的诸侯可以参加祭祀,没有射中的诸侯不得参加祭祀。不得参加祭祀的诸侯要受到责备,并削减封地;可以参加祭祀的诸侯,将受到褒奖,并增加封地。受到褒奖的先进爵,受到责备的先削地。所以男孩子出生以后,要让射人用桑木之弓射出六只蓬草之箭:一箭射天,一箭射地,四箭分射东南西北,表示敬天敬地,威服四方。有天地四方的雄心大志,乃是男子分内之事。所以一定要先立下这样的雄心大志,然后才敢享用谷物,这就像是先干活而后吃饭那样。

## 【原文】

　　射者,仁之道也。射求正诸己,己正而后发。发而不中,则不怨胜己者,求反诸己而已矣①。孔子曰:"君子无所争,必也射乎?揖让而升下②,而饮。其争也君子。"孔子曰:"射者何以射③?何以听?循声而发,发而不失正鹄者④,其唯贤者乎!若夫不肖之人,则彼将安能以中?"《诗》曰:"发彼有的,以祈尔爵⑤。"祈,求也。求中以辞爵也。酒者,所以养老也,所以养病也。求中以辞爵者,辞养也。

## 注释

①求反诸己:王念孙说当作"反求诸己",是,今从之。
②揖让而升下:郑说说:"下,降也。饮射爵者亦揖让而升降。"所谓"射爵",就是罚酒。
③何以:郑玄说:"何以,言其难也。"
④正鹄(zhēng gǔ 争鼓):正是靶心,鹄是箭靶。
⑤《诗》曰二句:见《诗经·小雅·宾之初筵》。有:语助词。尔:你。

## 【今译】

　　比赛射箭这件事,其中含有求仁之道。射箭时先要求自己做到心平气和、身体端正,自己做到了心平气和、身体端正之后才开始发射。发射而没有射中目标,则不应埋怨胜过自己的人,而应回头来检查一下自己。孔子说:"君子没有什么可争的,要说有的话,那就是在射箭比赛这件事上。虽然比赛结束时胜负的双方还是客客气气地揖让而升揖让而降,但最后仍免不了由胜者使不胜者饮罚酒。君子以不胜为耻,所以要争,而且不争就是没有君子风度。"孔子又说:"射箭的人怎样使射箭和音乐相配合?又使音乐和射箭相配合?这是难做的事。按照音乐的节拍发射,发射出去而正中靶心的,大概只有贤者才能做到吧!如果是不肖之人,他哪里能够谈得上射中呢?"《诗经》上说:"射箭时心中默祝一定要射中目标,以求不喝对方的罚酒。"祈,求也。祈求射中目标以免去罚酒。酒是用来养老的,用来养病的。祈求射中而免去罚酒,实际上就是免去了非老非病而受他人奉养。

# 礼记全译

## 燕义第四十七

【题解】

郑玄说:"名曰《燕义》者,以其记君臣燕饮之礼上下相尊之义。"孙希旦说:燕礼有多种。有天子燕饮来朝诸侯者,有诸侯燕饮他国来聘之臣者,有诸侯自燕饮其臣子者,有养老而燕饮之者,等等。《仪礼·燕礼》所载,属于诸侯自燕饮其臣子之礼,本篇即阐释其义。本篇开头一段,是《周礼·夏官·诸子》职文,朱熹、王夫之均以为是错简,当置于本篇之末。孙希旦认为:"此《诸子》职文,与《燕礼》本无所当,盖后人因篇末有献庶子之事,误以即庶子之官,遂引此冠于篇首耳。"孙说甚是,此一段实为蛇足。

【原文】

古者周天子之官,有庶子官①。庶子官职诸侯、卿、大夫、士之庶子之卒②,掌其戒令与其教治,别其等,正其位。国有大事,则率国子而致于太子,唯所用之。若有甲兵之事,则授之以车甲,合其卒伍③,置其有司,以军法治之;司马弗正④。凡国之政事,国子存游卒⑤,使之修德学道。春合诸学,秋合诸射,以考其艺而进退之。

【注释】

①庶子:官名。即《周礼·夏官》的诸子。

②诸侯、卿大夫、士之庶子：贵族子弟。也就是下文所说的"国子"。这个"庶"字，不是嫡庶之庶，而是众庶之庶。卒：通"萃"，聚集。孙诒让说："萃即聚集部队之名。盖国子造学及备宿卫，皆群聚曹辈，自为部分，故特设此官以掌之。"

③卒伍：古代军队的编制，百人为卒，五人为伍。

④司马：此指国家的最高军事长官。正：通"征"，征调。

⑤游卒：孙诒让说："游卒，谓贵游子弟自相与为部队也。"此"卒"亦通"萃"。参注②。

【今译】

古代周天子设立的官职，有一种叫庶子。庶子负责管理由诸侯、卿、大夫、士的儿子组成的特种部队，掌管对他们的戒令和教治，辨别他们的等级，确定他们的朝位。国家如有大事，就率领他们到太子那里报到，太子想怎样指挥就怎样指挥。如有打仗的事，就发给他们兵车和盔甲，编成队伍，设立各级军官，按照军法进行管理。因为他们直属于太子，所以就不再接受司马的征调。国家有徭役等事，就把这些贵族子弟单独编队，使他们修养品德，学习道艺。春天把他们聚集在大学，秋天把他们聚集在射宫，考查他们的成绩，以决定晋升或斥退。

【原文】

诸侯燕礼之义：君立阼阶之东南，南乡尔卿①，大夫皆少进。定位也。君席阼阶之上，君主位也。君独升立席上，西面特立，莫敢适之义也。设宾主，饮酒之礼也。使宰夫为献主②，臣莫敢与君亢礼也。不以公卿为宾③，而以大夫为宾，为疑也④，明嫌之义也。宾入中庭，君降一等而揖之，礼之也。

注释

①南乡尔卿二句：按《仪礼·燕礼》作"南乡尔卿，卿西面。尔大夫，大夫皆少进"。较此处语意详明。今译文从之。

②宰夫：原是太宰的属官，掌为宾客进献饮食。此时代替国君为主人，代替国君向宾客献酒，宾客就不会感到跼蹐不安。

③不以公卿为宾二句：这里所说的"宾"，是为了礼仪的需要而临时设置的，并非国君举行燕礼的主要酬劳对象。

④疑：通"拟"，比拟。此谓公卿比拟国君。

【今译】
　　诸侯举行燕礼的含义：国君站在阼阶的东南方，面朝南向卿作揖，使卿近前，卿稍北进，然后面朝西而立；国君又揖请大夫近前，大夫也都稍向北进，面朝北而立。这是要确定群臣的位置。国君的席位设在阼阶之上，这表示国君的席位是主位。国君单独升堂站立在自己的席上，面朝西方独自站立，这是表示没有人敢与他匹敌的意思。是君臣关系而按宾主落座，这表示用的是饮酒致欢的礼数。国君让宰夫代表自己向宾客敬酒，这是因为臣下没有人敢与国君对等行礼。不以公卿为宾，而以大夫为宾，这是因为公卿本来已经够尊贵了，现在再让他为宾，就有与国君匹敌之嫌，所以这样作含有避嫌之意。作为臣下的宾客进入庭中，国君要走下一级台阶拱手相迎，这是以宾相待之礼。

【原文】
　　君举旅于宾①，及君所赐爵，皆降，再拜稽首，升成拜②，明臣礼也。君答拜之，礼无不答，明君上之礼也。臣下竭力尽能以立功于国，君必报之以爵禄，故臣下皆务竭力尽能以立功，是以国安而君宁。礼无不答，言上之不虚取于下也。上必明正道以道民③，民道之而有功，然后取其什一，故上用足而下不匮也。是以上下和亲而不相怨也。和宁，礼之用也。此君臣上下之到大义也。故曰：燕礼者，所以明君臣之义也。

注释
　　①旅：旅酬。旅，众也。众人依次互相劝酒叫旅酬。这是燕礼进行中的一种礼数。
　　②升成拜：臣下对君上，应当在堂下行再拜稽首之礼，今被国君派人劝阻，所以臣下又升堂再拜稽首，以完成拜礼，这就叫"升成拜"。升成拜一则表示国君的谦让，二则表示臣下的不敢失礼。
　　③道民：即"导民"。

【今译】
　　旅酬时，国君首先举杯向宾客劝酒，接着饮国君特赐的酒，宾客在饮酒之前都要下堂向国君行再拜稽首的大礼。国君谦让,命小臣前去阻止,于是宾客和臣下又升堂再拜稽首,完成拜礼。这是表明臣下应有的礼数。国君以再拜作为答礼,礼无不答,这是表明君上应有的礼数。臣下竭尽自己的能力为国立功,君上一定要以爵位和俸禄作为回报,这样臣下就会都乐于竭尽其能去立功,因此就国家安宁、国君安宁。礼无不答,意思是说,作君上的不会让臣下白白地效力。君上必须说明了正道以引导百姓,百姓跟随引导而取得收获,然后国家抽取十分之一作为赋税,其结果是君上用度充足,百姓生活也不匮乏。所以上下和睦亲密,没有互相怨恨。上下和睦亲密,互相没有怨恨,这正体现了礼的作用。这就是君臣上下的大义。所以说,燕礼是用以表明君臣大义的。

【原文】

席:小卿次上卿,大夫次小卿,士、庶子以次就位于下①。献君,君举旅行酬。而后献卿,卿举旅行酬。而后献大夫,大夫举旅行酬。而后献士,士举旅行酬。而后献庶子。俎豆、牲体、荐羞②,皆有等差。所以明贵贱也。

【注释】

①庶子:孙希旦说:本节所言"庶子",皆谓庶子官所掌之庶子,非谓庶子之官也。

②牲体:谓俎实。燕礼的牲用狗,所谓俎实,就是狗肉。荐羞:荐指脯醢,羞指庶羞。庶羞就是多种美味下酒菜。

【今译】

燕礼席位的安排是:宾席在户牖之间,上卿的席位在宾席之东,小卿的席位在宾席之西,次于上卿;大夫的席位在小卿之西,又次于小卿;士与庶子,堂上没有席位,在阼阶下依次站立。饮酒时,宰夫代国君为主人。宰夫首先向国君献酒,国君饮过之后,举杯向在座的人劝酒;然后宰夫又献酒给卿,卿饮过之后,又举杯向在座的人劝酒;然后宰夫又献酒给大夫,大夫饮过之后,又举杯向在座的人劝酒;然后宰夫又献酒给士,士饮过之后,又举杯向在座的人劝酒;最后才是给庶子献酒。席前所陈之馔：国君和宾席前，俎肉、脯醢、庶羞皆有；卿大夫席前，有脯醢、庶羞而无俎肉；士以下，唯有脯醢而已。席位有尊卑，献酒有先后，肴馔有多少，这些都是用来表明贵贱有别的。

# 礼记全译

## 聘义第四十八

【题解】

《仪礼》有《聘礼》一篇,本篇即释其义。聘是访问之义。诸侯之间如果久无盟会,就要派遣使者到友好国家致意。如果派的使者是卿,级别高,礼物重,这就叫聘,即所谓"大问曰聘"。如果派的使者是大夫,级别较低,礼物较轻,这就叫小聘,即所谓"小聘曰问"。《聘礼》主要是记大聘的礼仪。本篇分三大段。第一段讲聘礼之义,这是本篇的主干。第二段讲聘、射二礼的隆重及其收效。第三段讲玉之所以可贵,是因为圭、璋是送给主国国君及其夫人的珍贵礼物。

【原文】

聘礼:上公七介①,侯伯五介,子男三介,所以明贵贱也。介绍而传命②,君子于其所尊弗敢质,敬之至也。三让而后传命,三让而后入庙门,三揖而后至阶,三让而后升,所以致尊让也。君使士迎于竟③,大夫郊劳。君亲拜迎于大门之内而庙受,北面拜贶④,拜君命之辱,所以致敬也⑤。敬让也者,君子之所以相接也。故诸侯相接以敬让,则不相侵陵。卿为上摈,大夫为承摈,士为绍摈⑥。君亲礼宾,宾私面私觌⑦。致饔饩⑧,还圭璋⑨,贿赠,飧、食、燕⑩。所以明宾客、君臣之义也。故天子制诸侯,比年小聘,三年大聘,相厉以礼。使者聘而误,主君弗亲飧食也,所以愧厉之也。诸侯相厉以礼,则外不相侵,内不相陵。此天子之所以养诸侯,兵不用,而诸侯自为正之具也。以圭璋聘,重礼也。已聘而还圭璋,此轻财而重礼之义也。诸侯相厉以轻财重礼,则民作让矣。主国待客,出入三积⑪。饩客于舍,五牢之具陈于内⑫。米三十车,禾三十车,刍薪倍禾,皆陈于外。乘禽日五双⑬,群介皆有饩牢。一食再飨,燕与时赐无数。所以厚重礼也。古之用财者不能均如此,然而用财如此其厚者,言尽之于礼也。尽之于礼,则内君臣不相陵,而外不相侵。故天子制之,而诸侯务焉尔。

### 注释

①介:聘宾的随从。聘宾是正使,介可以说是副使。但介有多人,其身份不一,有的是大夫身份,有的是士的身份。

②介绍而传命:孙希旦说:"绍,继也。介绍而传命,谓陈列众介,相继而立,而后传聘君之命也。"

③竟:通"境"。

④贶(kuàng况):赠送。

⑤所以致敬也:《大戴礼·朝事》作"所以致敬让也"。据上下文,当有"让"字,今从之。

⑥卿为上摈三句:上摈、承摈、绍摈。都是主国国君派出的迎宾者。承和绍也都是继的意思。他们在迎宾时,和众介一样,也是一字儿排开地站着。

⑦私面:聘宾以私人身份拜访主国的卿大夫。私觌(dí敌):聘宾以私人身份晋见主国国君。

⑧致饔饩(xì细):就是下文所说的"饩客于舍,五牢之具陈于内"。已杀的牲叫做饔,未杀的活牲畜叫做饩。已杀的牲如果煮熟了就叫做饪,未煮的生肉叫做腥。主国总共馈送五具太牢的饔饩,其中包括煮熟的牲肉一牢,生肉二牢,饩二牢。

⑨圭璋:圭是聘国君的礼物,璋是聘夫人的礼物。

⑩飨:飨礼。牲酒皆有叫做飨。食(sì寺):食礼。有牲无酒叫做食。按:《飨礼》已佚。今《仪礼》有《燕礼》和《公食大夫礼》。飨礼、食礼所用之牲皆太牢。

⑪积:谓刍、米之类物品,用以供给聘宾道路之所需。

⑫五牢句:详本节注⑧。

⑬乘(shèng胜)禽:成双而群居的鸟。

### 【今译】

聘礼的含义:爵为上公的诸侯,派卿出聘用七个介;爵为侯伯的诸侯,派卿出聘用五个介;爵为子男的诸侯,派卿出聘用三个介。这是为了表明贵贱。聘宾将介一溜儿排开,一个挨着一个地站着,然后才传达聘君的命令,这是君子对于他所尊敬的人极其尊敬,不敢有所简慢的表示。聘宾辞让三次以后才传达聘君的问候,谦让了三次以后才随着摈者进入庙门,进门之后,聘宾与主君又互行了三次揖礼才来到堂阶跟前,升堂之前,彼此又互相谦让了三次,然后才主君率先登阶,聘宾接着登阶。这些都是表示尊敬谦让的。聘宾到达主国国境,主君派士将聘宾迎入境内;聘宾来至近郊,主君又派大夫前去慰劳;聘宾来至主国庙门之外,主君亲自拜迎于庙门之内,然后在庙中接受聘宾转达聘君派其来访之意;聘宾献上带来的礼物,主君面朝北拜谢厚赐,拜谢聘君的派遣使者光临。这些都是表示主君对聘宾、聘君的尊敬谦让的。尊敬谦让,这是君子之间互相交往应有的态度。所以诸侯之间互相尊敬谦让,就不会互相侵略欺凌了。主国接待聘宾,由卿为上摈,大夫为承摈,士为绍摈。主君亲自用醴酒酬宾,聘宾又以个人的名义拜访主国卿大夫,以个人名义晋见主国国君;主君又派人前往宾馆向聘宾馈送饔饩,退还聘宾作为信物奉献的圭璋;聘宾归国之前,主国的卿通过聘宾向聘君转赠一束纺绸;访问期间,主君要举行一次食礼和两次飨礼来招待聘宾,而举行燕礼的次数则没有一定。上述种种,都是为了表示宾主之间、君臣之间应有的礼数。所以,天子为诸侯订立制度:每年派大夫互相聘问,每三年派卿互相聘问,以礼来互相勉励。如果使者来聘时,礼节上有错误,主国国君就不亲自为使者举行飨礼和食礼,以此来使使者感到羞愧并激发他自我勉励。如果诸侯都能够以礼互相勉励,那就对外不会互相侵犯,对内不会互相欺凌。这就是天子为什么能够驾驭诸侯而不必使用武力,而使诸侯自己管理好自己的方法。用圭璋这样珍贵的玉器作为行聘的礼物,可以说是一份重礼了。聘宾归国之前,主国又将圭璋归还给聘宾,这是轻视财物而重视礼仪的意思。如果诸侯都能以轻财重礼的道理互相勉励,那么他们的百姓就会跟着讲究谦让了。主国对客人的招待,在其出入国境时,要馈送粮草之类的物品各三次;客人住进宾馆之后,主君要派人馈送饔饩五牢,置于宾馆门内;另外还有三十车米,三十车禾,六十车饲草,六十车薪柴,皆置于宾馆门外。另外每天还要提供鹅鸭之类的家禽五双,向聘宾的随从馈送饔饩;主君要为客人举行一次正式的食礼、两次正式的飨礼,至于燕礼和四时当令新物的馈赠,则没有固定的数目。这些都是为了表示对礼的高度重视。古人的使用财物并非事事如此,然而在聘礼这件事上却舍得如此花费,是为了说明对礼的极其重视。如果大家都对礼极其重视,那就会对内君臣不相欺凌,对外国家不相侵略。所以天子特地制定聘礼,而诸侯也都乐意推行。

【原文】

聘射之礼,至大礼也。质明而始行事,日几中而后礼成,非强有力者弗能行也。故强有力者,将以行礼也。酒清①,人渴而不敢饮也;肉干,人饥而不敢食也;日莫人倦②,齐庄正齐而不敢解惰③,以成礼节。以正君臣,以亲父子,以和长幼。此众人之所难,而君子行之,故谓之有行。有行之谓有义,有义之谓勇敢。故所贵于勇敢者,贵其能以立义也;所贵于立义者,贵其有行也;所贵于有行者,贵其行礼也。故所贵于勇敢者,贵其敢行礼义也。故勇敢强有力者,天下无事,则用之于礼义;天下有事,则用之于战胜。用之于战胜则无敌,用之于礼义则顺治。外无敌,内顺治,此之谓盛德。故圣王之贵勇敢强有力如此也。勇敢强有力,而不用之于礼义、战胜,而用之于争斗,则谓之乱人。刑罚行于国,所诛者乱人也。如此则民顺治而国安也。

【注释】

① 清:通"瀞",冷寒。
② 莫:古"暮"字。
③ 齐庄:即"斋庄"。齐,通"斋"。解:通"懈"。

【今译】

聘礼和射礼,是最重大的礼。天刚亮时开始举行,差不多到了中午时才能结束,不是强健有力的人便做不到。所以,只有强健有力的人才能行此重大之礼。酒已凉了,人虽然渴了也不敢喝;肉也要晾干了,人虽然饿了也不敢吃;天色已晚,人们都疲倦了,但还神态端庄,班列整齐,不敢有丝毫懈怠,坚持完成各种应有的礼节。以此来使君臣正位,父子相亲,长幼和睦。这是一般人所办不到的,而君子却能办得到,所以称君子为有行。有行就是有义,有义就是勇敢。所以说,勇敢之所以可贵，在于他能够立义；立义之所以可贵，在于他能够有行；有行之所以可贵，在于他能够行礼。所以人们之所以看重勇敢，是看重了他敢于实行礼义。所以勇敢坚强有力的人，在天下无事之时，就把他的勇敢坚强有力用到实行礼义方面；在天下有事之时，就把他的勇敢坚强有力用到克敌制胜方面。用到克敌制胜方面就会所向无敌，用到实行礼义方面就会无为而治。对外做到了所向无敌，对内做到了无为而治，这就叫做盛德。所以圣王对勇敢坚强有力的人是如此地看重。一个人如果勇敢坚强有力，但不把它用到实行礼义和克敌制胜方面，而用到私人的争强斗胜上去，那就叫做乱人。国家制定刑罚，就是要处罚这类乱人。这样以来，百姓就会服从管教而国家也得以安宁。

【原文】

子贡问于孔子曰："敢问君子贵玉而贱珉者何也？为玉之寡而珉之多与①？"孔子曰："非为珉之多，故贱之也；玉之寡，故贵之也。夫昔者君子比德于玉焉：温润而泽，仁也；缜密以栗，知也；廉而不刿②，义也；垂之如队③，礼也；叩之，其声轻越以长，其终诎然，乐也；瑕不掩瑜，玉不掩瑕，忠也；孚尹旁达④，信也；气如白虹，天也；精神见于山川，地也。圭璋特达，德也。天下莫不贵者，道也。《诗》云：'言念君子，温其如玉⑤。'故君子贵之也。"

【注释】

①珉：似玉的美石。
②刿（guì 贵）：刺伤。
③队：古"坠"字。郑玄说"礼尚谦卑"，所以才"垂之如队，礼也"。
④孚尹（yún 云）旁达：王夫之说："孚，与'浮'同。尹，竹上青。言光彩外发如筼，而浮动旁达，表里如一也。"
⑤《诗》云二句：见《诗经·秦风·小戎》。言：助词。无实义。

【今译】

子贡向孔子问道："请问君子为什么都看重玉而轻视珉呢？是因为玉的数量少而珉的数量多吗？"孔子回答说："不是因为珉的数量多，因而就轻视它；也不是因为玉的数量少，因而就看重它。从前的君子，都是拿玉来和人的美德相比:玉的温厚而又润泽,就好比仁;缜密而又坚实,就好比智;有棱角而不伤人,就好比义;玉佩垂而下坠,就好比礼;轻轻一敲,玉声清脆悠扬,响到最后,又戛然而止,就好比动听的音乐;既不因其优点而掩盖其缺点,也不因其缺点而掩盖其优点,就好比人的忠诚;光彩晶莹,表里如一,就好比人的言而有信;宝玉所在,其上有气如白虹,就好比与天息息相通;产玉之所,山川草木津润丰美,又好比与地息息相通。圭璋作为朝聘时的礼物可以单独使用,不像其他礼物还需要加上别的什么东西才能算数,这是玉的美德在起作用。普天之下没有一个人不看重玉的美德,这就好像普天之下没有一个人不看重道那样。《诗经》上说:'多么想念君子啊,他就像玉那样温文尔雅。'所以君子才看重玉。"

# 礼记全译

## 丧服四制第四十九

【题解】

郑玄说："名曰《丧服四制》者，以其记丧服之制取于仁、义、礼、智也。"至于如何取法，详见文内。王夫之认为此篇也是解释《仪礼·丧服》的，之所以不叫《丧服之义》而叫《丧服四制》，可能是为了突出仁、义、礼、智四字。本篇的大部分内容也见之于《大戴礼·本命》。

【原文】

凡礼之大体，体天地，法四时，则阴阳，顺人情，故谓之礼。訾之者①，是不知礼之所由生也。夫礼，吉凶异道②，不得相干，取之阴阳也。丧有四制③，变而从宜，取之四时也。有恩有理，有节有权，取之人情也。恩者仁也，理者义也，节者礼也，权者知也。仁、义、礼、知，人道具矣。

【注释】

①訾(zǐ 姊)：诋毁。
②吉凶异道：孙希旦说："居丧之衣服、容貌、饮食、居处皆与吉时不同。"
③丧有四制：从人情上来说，就是感情、理智、原则性、灵活性；从道德上来说，就是仁、义、礼、智。

【今译】

　　制定礼的总的原则是,取法天地,效法四时,顺乎阴阳,体乎人情,本着这样的原则去制定才叫做礼。那些诋毁礼的人,压根儿就不知道礼是怎样制定出来的。礼有吉礼、凶礼,二者的做法大不相同,不可混为一谈,就是取法于阴阳。丧服有四条原则,因时制宜地采取其中某条原则,就是取法于四时。在四条原则中,或属于感情上的,或属于理智上的,或属于原则性,或属于灵活性,就是取法于人情。属于感情上的东西,是仁的表现;属于理智上的东西,是义的表现;属于原则性的东西,是礼的表现;属于灵活性的东西,是智的表现。仁义礼智都有了,做人的道德也就齐备了。

【原文】

　　其恩厚者其服重,故为父斩衰三年,以恩制者也。门内之治,恩掩义;门外之治,义断恩。资于事父以事君①,而敬同。贵贵尊尊,义之大者也。故为君亦斩衰三年②,以义制者也。

注释

　　①资:拿取。君:这个"君"字的含义甚广,它包括天子、诸侯、卿大夫,绝不是只指国君。所以郑玄注解下文"贵贵尊尊"说:"贵贵,谓大夫君也。尊尊,谓天子、诸侯也。"

　　②君:此"君"字的含义与注①同。详《仪礼·丧服》。

【今译】

　　如果感情深,丧服就重,所以父亲死了要服斩衰,守丧三年,这就是以感情原则为依据的。为有血缘关系的人服丧,感情重于理智;为没有血缘关系的人服丧,理智重于感情。以侍奉父亲的态度来侍奉君,把对二者的敬爱拉平。家臣尊敬卿大夫,臣民尊敬天子、诸侯,这是义中的头等大事。所以,天子、诸侯、卿大夫死了,作为他的臣民或家臣也要服斩衰,守丧三年。这是以理智原则为依据的。

【原文】

　　三日而食,三月而沐,期而练①,毁不灭性,不以死伤生也。丧不过三年,苴衰不补②,坟墓不培;祥之日③,鼓素琴④:告民有终也,以节制者也。资于事父以事母,而爱同。天无二日,土无二王;国无二君,家无二尊:以一治之也。故父在为母齐衰期者,见无二尊也⑤。

**注释**

①练:练冠。用煮练得柔软洁白的布做的丧冠。

②苴(jū居)衰:即斩衰。苴是用雌麻做成的首绖和腰绖,穿斩衰丧服者服之。

③祥:大祥。父母去世两周年时的祭礼。

④素琴:没有雕饰的琴。

⑤见:古"现"字。

**【今译】**

　　父母之丧,三天以后就可以喝粥,三个月以后就可以洗头,周年以后就可以改戴练冠,虽然极其悲伤,身体非常羸弱,但也不至于危及性命,这体现了不因死者而伤害生者的道理。丧期最长也不超过三年,斩衰丧服破了也不再补,坟头不再添土,到了大祥就可以弹奏素琴。凡此种种,是要告诉人们哀伤是有限度的,这是以原则性的精神为依据的。以侍奉父亲的态度来侍奉母亲,对二者的亲爱程度是相同的。但是因为天无二日,地无二王,国无二君,家无二主,都只能由一个人来作最高领导,所以父亲健在时母亲去世,那就只能降服齐衰,丧期一年,以体现家无二主的道理。

**【原文】**

　　杖者何也?爵也①。三日授子杖,五日授大夫杖,七日授士杖。或曰担主,或曰辅病②。妇人、童子不杖③,不能病也。百官备,百物具,不言而事行者扶而起④;言而后事行者,杖而起⑤;身自执事而后行者,面垢而已⑥。秃者不髽⑦,伛者不袒,跛者不踊,老病不止酒肉。凡此八者⑧,以权制者也。

**注释**

①爵也:孙希旦说:"杖本为爵者设,盖有爵者德必厚,德厚则恩深,恩深者其

居丧必病,故须杖以扶之也。"

②辅病:即扶病。

③妇人:谓女子之未笄者。童子:谓男子之未冠者。

④百官备三句:是指天子、诸侯来说的。

⑤言而后事行者二句:这是指大夫、士来说的。

⑥身自二句:这是指庶民来说的。

⑦髽(zhuā 抓):妇人露着发髻。

⑧八者:第一是父在为母齐衰,第二是授杖有先有后,第三是妇人、童子不杖,第四是或扶而起、或杖而起、或面垢而已,第五是秃者不髽,第六是伛者不袒,第七是跛者不踊,第八是老病不止酒肉。

【今译】

服丧者为什么要拄着丧杖呢?因为服丧者是有爵位的人。天子去世,第三天授给太子丧杖,第五天授给大夫丧杖,第七天授给士丧杖。有的人没有爵位为什么也拄着丧杖呢?据说是因为他是嫡子,担任丧主,须要主持丧礼。有的人不是嫡子为什么也拄着丧杖呢?据说是,他们虽然不是嫡子,但为父母之丧哀痛太甚,因而致病,须要用杖来扶持病体。女孩子、男孩子不用拄杖,因为他们年龄还小,哀痛不深,不会生病。办丧事所需要的各色人等一应齐备,所需要的各种物品也应有尽有,丧主不用发话就把事情办了,这样的丧主可以哀痛得厉害些,哀痛到别人搀扶才能站起。其次一等,事事都要等待丧主发话才能办理,这样的丧主哀痛就要减轻些,哀痛到自己拄着丧杖站起。再次一等,事事都要丧主亲自动手才能办理,这样的丧主哀痛就要更轻些,只要蓬头垢面就够意思了。居丧时,秃头的妇女不需露出发髻,驼背的人不需袒衣露体,瘸子在哭泣时不需顿足跳起,年老和有病的人不需停止喝酒吃肉。以上八件事,都是根据灵活性的原则制定的。

【原文】

　　始死,三日不怠,三月不解①,期悲哀,三年忧,恩之杀也②。圣人因杀以制节,此丧之所以三年,贤者不得过,不肖者不得不及。此丧之中庸也,王者之所常行也。《书》曰:"高宗谅闇,三年不言③。"善之也。王者莫不行此礼,何以独善之也?曰:高宗者武丁,武丁者殷之贤王也,继世即位,而慈良于丧。当此之时,殷衰而复兴,礼废而复起,故善之。善之,故载之《书》中而高之,故谓之"高宗"。三年之丧,君不言,《书》云"高宗谅闇,三年不言",此之谓也。然而曰"言不文"者④,谓臣下也。

**注释**

①解:通"懈"。谓哭之不懈。
②杀(shài 晒):减降。
③《书》曰二句:见《尚书·无逸》。又见《论语·宪问》。
④言不文:见《孝经·丧亲章》。

**【今译】**

亲人刚死,头三天哭泣不止,不吃不喝,头三个月仍时时哭奠,周年之内则哀容满面,三年之内则怀忧在心。这是随着时间的流逝,丧亲的哀痛也跟着递减。圣人就根据这哀痛的逐渐递减来制定礼,这就是为什么丧期一定要规定成三年,再孝顺的子女也不得超过,再不孝顺的子女也不得达不到。这是丧礼中的折衷之处,历代君王也都是照此实行的。《尚书》上说:"殷高宗居庐守丧,三年不谈国事。"这是在夸奖他啊。凡是君王,莫不照此规矩办事,为什么要单独夸奖殷高宗呢?回答是:殷高宗就是武丁,武丁是殷代的贤王,即位以后,专心致志地居庐守丧。在他即位期间,殷代由衰败而转向复兴,礼由废弃而又被重视,所以夸奖他。因为夸奖他,所以特地在《尚书》中记载此事并加以赞扬,所以称他作"高宗"。三年之丧,天子、诸侯不用发话就把事情办了,《尚书》上说的"殷高宗居庐守丧,三年不谈国事",说的就是这个意思。然而《孝经》却说"孝子在居丧期间,说话不讲究修辞",似乎和《尚书》讲的有点矛盾,须知《孝经》讲的是臣下呀。

**【原文】**

礼:斩衰之丧,"唯"而不对;齐衰之丧,对而不言;大功之丧,言而不议;缌、小功之丧,议而不及乐①。父母之丧,衰,冠绳缨,菅屦②,三日而食粥,三月而沐,期十三月而练冠,三年而祥。比终兹三节者③,仁者可以观其爱焉,知者可以观其理焉,强者可以观其志焉。礼以治之,义以正之,孝子、弟弟、贞妇,皆可得而察焉。

### 注释

①斩衰之丧八句:已见于《间传》。

②父母之丧四句:实际上这只是父丧的孝服。据《仪礼·丧服》,母丧的孝服是"疏衰裳,冠布缨,疏屦",即齐衰孝服,帽带用布条,穿粗草鞋。菅(jiān 间):茅草。

③三节:孙希旦说:"三节者,谓三月而沐、期而练、三年而祥。盖丧以既葬、既练、既祥为变除之大节也。"

### 【今译】

按照礼的规定,居丧的人在和他人交往时,如果是斩衰之丧,那就只发出"唯唯"的声音而不回答别人的问话;如果是齐衰之丧,那就可以回答别人的问话,但不可主动问人;如果是大功之丧,那就可以主动问人,但不可以发表议论;如果是缌麻、小功之丧,那就可以发表议论,但还不可谈笑风生。为父母服丧,要身穿孝服,头戴孝帽,帽带用麻绳编成,脚穿草鞋,三天以后才开始喝点稀粥,三个月以后才开始洗头,十三个月满一周年才开始换上练冠,第三年过了大祥之祭以后才开始恢复正常生活。到了这三个阶段都完成以后,孝子如果是仁者,就可以从中看出他的爱心,是智者就可以看出他的理性,是强者就可以看出他的意志。用礼来治理丧事,用义来匡正丧事,是不是真正的孝子,是不是真正的敬兄爱弟,是不是真正的贞妇,都可以看得一清二楚。

# 礼记全译

# 附 录

**主要参考书：**
   孔颖达《礼记正义》七十卷（八行本）
   阮元重刻宋本《十三经注疏》（中华书局缩印本）
   陆德明《经典释文》（上海古籍出版社影宋本）
   《礼记郑注》二十卷（抚本）
   《礼记郑注》二十卷（岳本）
   黄永武《敦煌宝藏》中有关《礼记》的残卷
   郑玄《三礼目录》一卷（拜经堂丛书本）
   王聘珍《大戴礼记解诂》十三卷（中华书局点校本）
   孔广森《大戴礼记补注》十三卷（丛书集成本）
   王先谦《荀子集解》二十卷（诸子集成本）
   《吕氏春秋》二十六卷（诸子集成本）
   《淮南子》二十一卷（诸子集成本）
   《韩诗外传》十卷（四部丛刊本）
   苏舆《春秋繁露义证》（中华书局点校本）
   陈士珂《孔子家语疏证》十卷（丛书集成本）
   赵善诒《说苑疏证》二十卷（华东师大出版社）
   庄述祖《弟子职集解》一卷（丛书集成本）
   马瑞辰《毛诗传笺通释》三十二卷（中华书局点校本）

程俊英《诗经译注》(上海古籍出版社)
杨伯峻《春秋左传注》(中华书局)
孙诒让《周礼正义》八十六卷(中华书局点校本)
朱熹《仪礼经传通解》(库本)
胡培翚《仪礼正义》四十卷(四部备要本)
凌廷堪《礼经释例》十三卷(清经解本)
张惠言《仪礼图》六卷(清经解续编本)
焦循《群经宫室图》二卷(清经解续编本)
郑珍《仪礼私笺》八卷(清经解续编本)
杨天宇《仪礼译注》(上海古籍出版社)
聂崇义《新定三礼图》二十卷(四部丛刊本)
卫湜《礼记集说》一百六十卷(库本)
吴澄《礼记纂言》三十六卷(库本)
陈澔《礼记集说》十卷(中国书店《新刊四书五经》本)
王夫之《礼记章句》四十九卷(船山遗书本)
万斯大《礼记偶笺》三卷(丛书集成本)
　　　《学礼质疑》二卷(清经解本)
郑元庆《礼记集说》七十卷(吴兴丛书本)
朱彬《礼记训纂》四十九卷(四部备要本)
孙希旦《礼记集解》六十一卷(中华书局点校本)
焦循《礼记补疏》三卷(清经解本)
俞樾《小戴礼记平议》四卷(清经解续编本)
　　《礼记异文笺》一卷(清经解续编本)
　　《礼记郑读考》一卷(清经解续编本)
阮元《礼记注疏校勘记》六十三卷(清经解本)
张敦仁《抚本礼记郑注考异》二卷(清经解本)
李调元《礼记补注》四卷(丛书集成本)
于鬯《香草校书》(中华书局本)
朱亦栋《礼记札记》二卷(十三经札记本)
王梦鸥《礼记今注今译》(台湾商务印书馆)
钱玄等《礼记今注今译》(岳麓书社《十三经今注今译》本)
吉联抗《乐记译注》(人民音乐出版社)

李曰刚等《三礼研究论集》(台湾黎明文化事业公司出版)
徐仁甫《檀弓释滞》(《中华文史论丛》1985年4期)
陈立《白虎通疏证》十二卷(清经解续编本)
陈寿祺《五经异义疏证》三卷(清经解本)
张参《五经文字》三卷(丛书集成本)
段玉裁《说文解字注》(上海古籍出版社)
王念孙《广雅疏证》十卷(江苏古籍出版社)
王引之《经义述闻》三十二卷(世界书局本)
　　　《经传释词》十卷(岳麓书社本)
江永《乡党图考》十卷(清经解本)
　　《深衣考误》一卷(清经解本)
　　《礼记训义择言》八卷(丛书集成本)
臧琳《经义杂记》十卷(清经解本)
惠栋《九经古义》十六卷(丛书集成本)
刘台拱《经传小记》一卷(清经解续编本)
俞正燮《癸巳存稿》四卷(清经解续编本)
金榜《礼笺》三卷(清经解本)
武亿《经读考异》八卷(清经解本)
刘宝楠《论语正义》二十四卷(中华书局点校本)
郝懿行《尔雅义疏》(北京中国书店)
焦循《孟子正义》(中华书局点校本)
黄汝成《日知录集释》三十一卷(中州古籍出版社)
钱大昕《十驾斋养新录》二十卷(上海书店出版)
马国翰《玉函山房辑佚书》(江苏广陵古籍刻印社)
王仁俊《玉函山房辑佚书续编三种》(上海古籍出版社)

# 孝经全译

吕友仁　吕咏梅　译注

# 前　言

### 一、《孝经》的得名

《孝经》是儒家的基本经典之一。汉代的所谓"七经"有它，唐代的所谓"十二经"有它，宋代以后定型的"十三经"也有它。自汉迄清，二千余年，其经典地位未曾发生一日之动摇。什么是孝？《尔雅·释训》说："善父母为孝。"《说文·老部》："孝，善事父母者。从老省，从子，子承老也。"《唐律疏议》卷一："善事父母曰孝。"孝的定义很清楚。为什么叫做《孝经》呢？《汉书·艺文志》说："夫孝，天之经，地之义，民（按：也就是人）之行也。举大者言，故曰《孝经》。"按：天、地、人三者合起来叫做"三才"。三才之中，天是老大，地是老二，人是老三。这里所说的"举大者言"，也就是据"天之经"一句而言。这种解释有点拿天来吓人的味道，比较起来，倒不如邢昺《孝经正义》所说的言简而意明："孝者，事亲之名；经者，常行之典。"儒家经典之被称为"经"，如《易》被称为《易经》，《诗》被称为《诗经》，等等，开始于汉武帝独尊儒术、罢黜百家之后；而《孝经》之称"经"则在此之前，因为《吕氏春秋·察微篇》已经有"《孝经》曰"云云的字样了。

### 二、《孝经》的内容及其特殊地位

《孝经》的字数很少，今本《孝经》仅仅1799字，分作十八章。《孝经》的中心内容是讲孝道。它说："夫孝，德之本也。"又说："夫孝，天之经也，地之义也，民之行也。"既然孝是一切道德的根本，尽孝又是天经地义的应该，那么，其重要性也就不言而喻了。它把孝分为五等：天子之孝，诸侯之孝，卿大夫之孝，士之孝，庶人之孝。五等之孝的具体内容有所不同，但本质是一样的。就一般情况来说，它认为作儿子的应该做到：父母活着的时候，要尽量供养好，让他们高兴，让他们少为儿子担心；父母病了，要尽量侍候好；父母去世了，要把丧事料理好；逢年过节，按时祭祀，缅怀父母。要时刻想着建功立业，扬名后世，为父母争光。《孝经》还认为，孝与忠是相通的。所以它说："君子之事亲孝,故忠可移于君。"也就是说,把对父母的那份孝拿过来事奉国君就是忠。所以要求作臣子的对待国君,要"进思尽忠,退思补过,将顺其美,匡救其恶"。从这个意义上来说,短短的一部《孝经》,也可以说是一部《忠经》。

《孝经》的内容决定了《孝经》的特殊地位。《孝经》不但讲孝,而且讲忠,其合乎统治者的口味自不待言,其得到统治者的青睐也自然是题中应有之义。《孝经》在汉文帝时已置博士。其后,汉武帝置五经博士,罢《孝经》博士,据王国维《汉魏博士考》说,这并不意味着《孝经》地位的下降。打个比方来说,五经属于今天的大学课程,而《孝经》则属于中学课程。大学课程是培养专门人才的,只有少数人来学;而中学课程是基础课程,是普及课程,人人必修。人人必修的课程你能说不重要吗?所以荀爽说:"汉制,使天下诵《孝经》。"(见《后汉书》本传)《唐会要》卷三十五:天宝三载十二月,敕自今以后,宜令天下家藏《孝经》一本,精勤教习。学校之中,倍加传授。州县长官,明申劝课焉。"除了要求普天之下人人必读《孝经》以外,历代帝王还纷纷为《孝经》作注,这也是《十三经》中的其他经无法与之比拟的。据公私目录记载,有魏文侯《孝经传》,晋元帝《孝经传》,晋孝武帝《总明馆孝经讲义》,梁武帝《孝经义疏》,梁简文帝《孝经义疏》,梁孝明帝《孝经义记》,唐明皇《孝经注》,顺治皇帝《御注孝经》,雍正皇帝《御纂孝经集注》等。

时代在前进。拿今天的眼光来审视《孝经》,自然会发现它有许多陈腐的地方。但是,《孝经》所讲的内容是不是就一无是处了呢?私意以为不是。譬如,《孝经·丧亲章》说,对父母要"生事爱敬,死事哀戚",难道今天就不需要了吗?再如,《孝经·谏诤章》说:"故当不义,则子不可以不争于父,臣不可以不争于君。"不是也有一定的积极意义吗?就是抛开这些不讲,回到我们老祖宗造"孝"字的本义"善事父母"上来说,难道我们现在就不需要子女"善事父母"了吗?所以我们觉得,剔除其糟粕,吸收其精华,这种态度对于《孝经》也是同样适用的。

**三、《孝经》的作者及其成书时代**

《孝经》是谁作的?这是一个比较难说的问题。从古到今,学者对这个问题的看法有下列七种:

1. 认为是孔子所作。《汉书·艺文志》(其蓝本是刘歆的《七略》)说:"《孝经》者,孔子为曾子陈孝道也。"其后,郑玄《六艺论》、陆德明《经典释文》等也持此说。

2. 认为是孔子门人所记录。司马光《古文孝经指解序》:"圣人言则为经,动则为法。故孔子与曾参论孝而门人书之,谓之《孝经》。"《四库全书总目·孝经类》序称:"今观其文,去二戴所录为近,要为七十子徒之遗书。"

3. 认为是曾子(即曾参)所作。《史记·仲尼弟子列传》:"曾参,字子舆。少孔子四十六岁。孔子以为能通孝道,故授之业。作《孝经》。"

4. 认为是曾子门人所记录。胡寅说:"《孝经》非曾子所自为也。曾子问孝于仲尼,退而与门弟子言之,门弟子类而成书。"(见王应麟《困学纪闻》卷七引)晁公武《郡斋读书志》说:"今其(其,指《孝经》)首章云:'仲尼居,曾子侍。'则非孔子所著明矣。详其文义,当是曾子弟子所为书也。"

5. 认为是孔子的孙子子思所作。冯椅说:"子思作《中庸》,追述其祖之语,乃称字。是书(按:谓《孝经》)当成于子思之手。"(见《困学纪闻》卷七引)

6. 认为是战国时期齐、鲁儒生所作。朱熹说:"《孝经》独篇首六、七章为本经。其后乃传文。然皆齐、鲁间陋儒纂取《左氏》诸书之语为之,至有全然不成文理处。"(见朱彝尊《经义考》卷二百二十二引)朱熹又说:"疑是战国时人斗凑出者。"(见《朱子语类》卷八十二)斗凑者,拼凑也。

7. 认为是孟子门人所作。近人王正己《孝经今考》说:"《孝经》的内容,很接近《孟子》的思想,所以《孝经》大概可以断定是孟子门弟子所著的。"王氏从《孟子》书中摘出了五条作为证据,私意以为其中有的证据有说服力,有的证据则不那么有说服力。例如王氏举证说,《孟子·滕文公上》有这样的话:"曾子曰:'生事之以礼,死葬之以礼,祭之以礼,可谓孝矣。'"等等,认为《孝经·丧亲章》的思想与此相通。实则《论语·为政篇》就有这样的话:"子曰:'生事之以礼,死葬之以礼,祭之以礼。'"如此说来,岂不又成了和孔子的思想相通了吗?

我们认为,以上七种说法,前边的五种,失之于主观,失之于表象,所以均不可从。这五种说法之所以不能成立,前人已有详细论及者,例如朱熹《孝经刊误》、黎靖德编《朱子语类》卷八十二、王正己《孝经今考》(在《古史辨》第四册)、杨伯峻《经书浅谈》等,有兴趣的读者可以参看上述这些书籍,这里就不再啰嗦了。后边的两种则各有其合理的成分,我们将在他们的基础上试图有所前进。

我们倾向于认为,《孝经》的作者难于指实,它是一部拼凑之作。那么它是采摘哪些书而拼凑起来的呢?就现在已经知道的而言,它主要是采自《左传》《孟子》和《荀子》。这种采取,有的是原文照搬,有的是略加改造,有的是思想相通。我们来看:

1.《孝经·事君章》:"子曰:'君子之事上也,进思尽忠,退思补过。'"按:《左传》宣公十二年:"林父之事君也,进思尽忠,退思补过。"杨伯峻注:"'进思'二句,今《孝经·事君章》亦有之,乃作《孝经》者用《左传》,非此引《孝经》。"

2.《孝经·三才章》:"子曰:'夫孝,天之经也,地之义也,民之行也。天地之经,而民是则之。则天之明,因地之利,以顺天下。'"按:《左传》昭公二十五年:"吉也闻诸先大夫子产曰:'夫礼,天之经也,地之义也,民之行也。'天地之经,而民实则之。则天之明,因地之性,生其六气,用其五行。"杨伯峻注:"《孝经·三才章》袭此语,改'礼'为'孝'。"

3.《孝经·圣治章》:"以顺则逆,民无则焉。不在于善,而皆在于凶德。虽得之,君子不贵也。"按:《左传》文公十八年:"以训则昏,民无则焉。不度于善,而皆在于凶德,是以去之。"杨伯峻注:"作《孝经》者窃取此语(按:指'以训则昏'二句)改为'以顺则逆,民无则焉',非传意,不能强合。"

4.《孝经·圣治章》:"君子则不然,言思可道,行思可乐,德义可尊,作事可法,容止可观,进退可度,以临其民。是以其民畏而爱之,则而象之。"按:《左传》襄公三十一年:"《周书》数文王之德,曰'大国畏其力,小国怀其德',言畏而爱之也。《诗》云'不识不知,顺帝之则',言则而象之也。故君子在位可畏,施舍可爱,进退可度,周旋可则,容止可观,作事可法,德行可象,以临其下,谓之有威仪也。"

5.《孝经·卿大夫章》:"非先王之法服不敢服,非先王之法言不敢道,非先王之德行不敢行。"按:《孟子·告子下》:"孟子曰:'子服尧之服,诵尧之言,行尧之行,是尧而已矣;子服桀之服,诵桀之言,行桀之行,是桀而已矣。"二者的基本意思是一样的。

6.《孝经》的《天子章》讲天子之孝"刑于四海",《诸侯章》讲诸侯之孝"保其社稷",《卿大夫章》讲卿大夫之孝"守其宗庙",《士章》讲士之孝"保其禄位",《庶人章》讲庶人之孝"谨身"。而《孟子·离娄上》:"孟子曰:'天子不仁,不保四海;诸侯不仁,不保社稷;卿大夫不仁,不保宗庙;士、庶人不仁,不保四体。'"而孟子在这里所说的"仁"又是指什么呢? 此篇的下文就说:"孟子曰:'仁之实,事亲是也。'"可见二者的思想是相通的。

7.《孝经·庶人章》:"谨身节用,以养父母,此庶人之孝也。"按:《孟子·离娄下》:"孟子曰:'世俗所谓不孝者五:惰其四肢,不顾父母之养,一不孝也;博弈好饮酒,不顾父母之养,二不孝也;好货财,私妻子,不顾父母之养,三不孝也;从耳目之娱,以为父母戮,四不孝也;好勇斗很,以危父母,五不孝也。'"陈澧《东塾读书记》卷一认为这段话"可以为《孝经》之反证也。"

8.《孝经·圣治章》:"孝,莫大于严父;严父莫大于配天。"按:《孟子·万章上》:"孝子之至,莫大乎尊亲;尊亲之至,莫大乎以天下养。"二者的思想也是相通的。

9.《孝经·谏诤章》:"曾子曰:'子从父之令,可谓孝乎?'子曰:'是何言与! 昔者天子有争臣七人,虽无道,不失其天下;诸侯有争臣五人,虽无道,不失其国;大夫有争臣三人,虽无道,不失其家;士有争友,则身不离于令名;父有争子,则身不陷于不义。故当不义则争之。从父之令,又焉得为孝乎!'"按:《荀子·子道》:"鲁哀公问于孔子曰:'子从父命,孝乎?'孔子曰:'昔万乘之国有争臣四人,则封疆不削;千乘之国有争臣三人,则社稷不危;百乘之家有争臣二人,则宗庙不毁;父有争子,不行无礼;士有争友,不为不义。故子从父,奚子孝?'"《孝经》因袭《荀子》的痕迹也很明显。

我们知道,《左传》《孟子》《荀子》是齐鲁儒学的代表作,而《孝经》因袭以上三书的例证又如上所述,那么,我们认为,朱熹说《孝经》是"齐鲁间陋儒纂取《左氏》诸书之语为之"的话应该是基本成立的。

下面我们来讨论《孝经》的成书年代。从上面的论证中不难得出这样一个结论,即《孝经》的成书一定在《孟子》《荀子》流行以后。这是《孝经》成书的时间上限。那么《孝经》成书时间的下限呢？按《吕氏春秋》曾两引《孝经》。一是明引，一是暗引。明引者见于《察微篇》："《孝经》曰：'高而不危，所以长守贵也；满而不溢，所以长守富也。富贵不离其身，然后能保其社稷，而和其民人。'"按此所引《孝经》之文，与《孝经·诸侯章》完全相同。暗引者见于《孝行览》："故爱其亲，不敢恶人；敬其亲，不敢慢人。爱敬尽于事亲，光耀加于百姓，究于四海。此天子之孝也。"这段文字与《孝经·天子章》只有个别文字不同。汪中《经义知新记》说："《吕氏春秋》《孝行》《察微》二篇并引《孝经》，则《孝经》为先秦之书明矣。"已知《吕氏春秋》成书于秦始皇即位的第八年，即公元前239年。此公元前239年即《孝经》成书时间的下限。基于同样的根据，杨伯峻先生说："《孝经》之作，当在公元前3世纪期间。"

**四、《孝经》的主要版本和主要注本**

《孝经》的主要版本有：

1.《古文孝经》本。按《汉书·艺文志》："武帝末，鲁恭王坏孔子宅，欲以广其宫，而得古文《尚书》《礼记》《论语》《孝经》凡数十篇，皆古字也。"这就是所谓《古文孝经》本。这个本子分作二十二章。据颜师古引桓谭《新论》说："《古孝经》千八百七十二字，今异者四百余字。"孔安国为这个本子作传。这个本子传到了南朝梁，由于战乱，散逸了。换句话说，从此以后，天壤间不复再有《古文孝经》本了。所以《隋书·经籍志》说："《古文孝经》一卷，孔安国传。梁末亡逸，今疑非古本。"《隋书》又进一步解释说："安国之本，亡于梁乱。陈及周齐，唯传郑氏。至隋，秘书监王劭于京师访得《孔传》，送至河间刘炫。炫因序其得丧，述其议疏，讲于人间，渐闻朝廷，后遂著令，与郑氏并立。儒者喧喧，皆云炫自作之，非孔旧本，而秘府又先无其书。"说到底，隋代以后，《古文孝经》本（包括所谓孔安国传）是伪造的。明白了这一点，就不难知道，今天我们能够看到的《古文孝经》本，无论它是传自中土，还是来自日本，统统都是假的。

2.《今文孝经》本。《汉书·艺文志》："《孝经》一篇，十八章。长孙氏、江氏、后氏、翼氏四家。"这就是所谓《今文孝经》本。这个本子是汉代初年颜贞所献，是汉代末年刘向所定。《隋书·经籍志》述其来由说："《孝经》，遭秦焚书，为河间人颜芝所藏。汉初，芝子贞出之，凡十八章。至刘向典校经籍,以颜本比古文,除其繁惑,以十八章为定。"这个本子有郑氏注。这个"郑氏"是谁?有的人说是郑玄,刘知几举出十二条证据以为不是郑玄,言之凿凿,后人从之,遂成定论。详见《唐会要》卷七十七。这个本子,今天又叫"石台本"。之所以叫做"石台本",是因为唐明皇曾经为此本作注,"至天宝二年,注成,颁行天下,仍自八分御札,勒于石碑,即今京兆《石台孝经》是也。"按《石台孝经》今存,在西安市碑林。阮元整理的《十三经注疏》中的《孝经注疏》所用的本子,和石台本是一个系统。我们这次译注所依据的本子,就是阮本。

3. 朱熹的《孝经刊误》本。这个本子是朱熹的一家之言本。朱熹的作法是,以所谓《古文孝经》本为基础,将全部经文分作经一章,传十四章,又删去经文二百二十三字。其所分经一章,约等于《今文孝经》本的前六章。朱熹的这种作法,如果放到一般人的头上,那就是非圣灭祖,无法无天,罪莫大焉;但因为朱熹的名气大,不但不承担任何罪名,而且还引起较长时间的喝彩声。《四库全书提要》说:"南宋以后,作注者多用此本。故今特著于录,见诸儒渊源之所自,与门户之所以分焉。"

《孝经》的注本很多。虞淳熙说:"《孝经》自魏文侯而下至唐宋,传(按:即注)之者百家,九十九部,二百二卷。由元迄今,抑又多矣。"(《经义考》卷二百二十二引)《四库全书提要》在《御纂孝经集注》下说:"近时曹庭栋《孝经通释》所引,尚于唐得五家,宋得十七家,元得四家,明得二十六家,国朝得十家。"由此可知注家之多。其中,逸者多,存者寡。《四库全书·孝经类》收录的不过十一部,列入"存目"的也不过十八部。长期以来最流行的注本,是由唐玄宗作注、邢昺作疏的《孝经注疏》,阮元《孝经注疏校勘记》评价说:"学者舍是,固无由窥《孝经》之门径也。"唐玄宗的注,主要是在吸收了韦昭、王肃、虞翻、刘邵、刘炫、陆澄六家注的优点的基础上形成的;而邢昺的疏,主要是在元行冲疏的基础上加以剪裁而形成的。

**五、《孝经》与其他儒家经典的不同**

我们认为,这种不同主要有下列三点:

第一,比较而言,《孝经》的内容易懂易行,而《十三经》中的其他经典则难懂难行。司马光《再乞资荫人试经义札子》说:"向若使之尽通《诗》《书》《礼》《乐》，则中才以下或有所不及；今但使之习《孝经》《论语》，倘能尽期年之功，则无不精熟矣。此乃业之易习者也。"(《司马光奏议》卷二十六)说的就是这个意思。

第二，《孝经》是专门讲孝的，其他经典虽不专门讲孝，但也多少不等地都有讲孝的内容。《尚书·尧典》说"虞舜，以孝烝烝"，虞舜就是一个大孝子。《诗经·小雅·蓼莪》说："父兮生我，母兮鞠我。拊我畜我，长我育我，顾我复我，出入腹我。欲报之德，昊天罔极！"这是多么强烈的爱！据《晋书·孝友传》记载，王裒在父母去世以后，"读《诗》至'哀哀父母，生我劬劳'，未尝不三复流涕，门人受业者并废《蓼莪》之篇。"《论语·学而》："孝弟也者，其为仁之本与！"《孟子·告子下》："尧舜之道，孝悌而已矣。"《左传》隐公元年的"郑伯克段于鄢"一节，实际上也是在讲孝道。至于《礼记》，讲孝的内容就更多了。《礼记》四十九篇，其中绝大多数的篇都有讲孝的内容。有的是全篇的讲，如《问丧》《三年问》《丧服四制》等篇是也；有的是大段大段的讲，如《祭义》《祭统》《内则》《文王世子》等篇是也。这就难怪朱熹说："如《礼记》煞有好处，可附于《孝经》。"他的学生也说："恐后人凑合成《孝经》时，亦未必见《礼记》。若《祭义》后面许多说孝处，说得极好，岂不可为《孝经》？"以上只是举例言之，如果把《十三经》中所有讲孝的内容都收集起来，恐怕还不是一朝一夕之功呢。这使我们不禁想到，孝之所以能够如此的深入人心，并非《孝经》一经之功，而是整个《十三经》协力配合的结果。

第三，《孝经·五刑章》："五刑之属三千，而罪莫大于不孝。"《孝经》偏重于要求人们身体力行，不然的话就是违法，违法就要按法律办事。其他经典偏重于要求人们理解贯通，在长期的封建社会中，它们首先是敲门砖，是科举制度下的考试课程（《孝经》一般不作此种用途），如果学得不好，大不了布衣终身，与功名无缘而已。《唐律》上承秦汉，下启明清，所谓"五刑之属三千，而罪莫大于不孝"，从《唐律》中还可以得到证明。例如《唐律》有"十恶"的罪名，而"十恶"之中，至少就有两条和孝有关，这就是"四曰恶逆"和"七曰不孝"。什么叫做恶逆呢？《唐律》说："谓殴及谋杀祖父母、父母。"什么叫做不孝呢？《唐律》说："谓告言、诅詈祖父母、父母，及祖父母、父母在，别籍、异财，若供养有阙；居父母丧，身自嫁娶，若作乐，释服从吉；闻祖父母、父母丧，匿不举哀,诈称祖父母、父母死。"《唐律疏议》卷一说:"五刑之中,十恶尤切,亏损名教,毁裂冠冕,特标篇首,以为明诫。"犯了其他罪行,还有可能赦免;犯了十恶,从严从快,休要指望得到赦免。所以成语有"十恶不赦"。

# 开宗明义章第一①

【原文】

仲尼居②,曾子侍③。子曰:"先王有至德要道④,以顺天下⑤,民用和睦,上下无怨。汝知之乎?"曾子避席曰:"参不敏⑥,何足以知之?"子曰:"夫孝,德之本也,教之所由生也。复坐,吾语汝。身体发肤,受之父母,不敢毁伤,孝之始也。立身行道,扬名于后世,以显父母,孝之终也。夫孝,始于事亲,中于事君,终于立身。《大雅》云:'无念尔祖,聿修厥德⑦。'"

【注释】

①开宗明义:揭示全书的宗旨。邢昺疏:"开,张也。宗,本也。明,显也。义,理也。言此章开张一经之宗本,显明五孝之义理,故曰开宗明义章也。"所谓"五孝",乃指天子、诸侯、卿大夫、士、庶人之孝。

②仲尼:孔子的字。孔子(公元前551—公元前479年),名丘,字仲尼,春秋时鲁国陬邑(今山东曲阜东南)人。我国古代伟大的思想家和教育家,儒家学派的创始人。他对我国思想文化的发展有巨大贡献,影响极其深远。《论语》是研究孔子的最主要的资料。

③曾子:即曾参(公元前505—公元前434年),字子舆。孔子的弟子。

④先王:先代盛德之王。

⑤顺:通"训"。引申为治理。

⑥参(cān 骖):即曾参。按照礼节,卑者在尊者面前,如果需要自称,不可使用"我"、"吾"一类人称代词,而应自呼其名。又,曾参之"参",世人多读作 shēn,非是。王引之《春秋名字解诂》说:曾参,字子舆。参,"骖"的假借字。骖是驾车的三匹马,舆是车。按照名字相应的规律,名骖字子舆,就是驾马用来拉车的意思。方以智《通雅·姓名》、王夫之《礼记章句》卷三、卢文弨《经典释文考证》、朱骏声《说文通训定声》等,持说皆与王引之同。

⑦《大雅》云二句:见《诗经·大雅·文王》。无:语首助词,无义。聿:述,遵循。

【今译】

孔子在家闲坐,曾子在旁边陪坐。孔子说:"先王有一种至高无上的德和非常重要的道,用它来治理天下,以至于百姓和睦,上下无怨。你知道它是什么吗?"曾子连忙离席起立回答说:"参资质驽钝,怎么能知道呢?"孔子说:"孝这个东西,它是一切道德的根本,各种教化都是由它而生。你坐下,我来慢慢地给你讲。一个人的身躯、四肢、毛发、皮肤等等,都是从父母那里得到的,不敢使它们受到毁伤,这可以说是孝的开始。如果能够建功立业,实现圣人的主张,不但使自己扬名于后世,而且也为父母脸上增光,这可以说是孝的最终目标。孝,开始于事奉双亲,中间经过事奉国君,最后达到建功立业。《大雅》上说:'牢记你的先祖,继承并发扬他们的美德。'"

# 天子章第二

【原文】

子曰:"爱亲者,不敢恶于人;敬亲者,不敢慢于人①。爱敬尽于事亲,而德教加于百姓,刑于四海②。盖天子之孝也。《甫刑》云:'一人有庆,兆民赖之③。'"

【注释】

①爱亲者四句:邢昺说:"所谓爱亲者,是天子身行爱敬也;不敢恶于人、不敢慢于人者,是天子施化,使天下之人皆行爱敬,不敢慢恶于其亲也。"
②刑:效法。
③《甫刑》云二句:《甫刑》是《尚书》篇名,亦称《吕刑》。一人:指天子。庆:善。兆:十亿曰兆。

【今译】

孔子说:"作为天子,不但要热爱自己的父母,而且要教育天下臣民都不敢厌恶自己的父母;不但要尊敬自己的父母,而且要教育天下臣民都不敢慢待自己的父母。天子首先对自己的父母极尽热爱、尊敬之能事,然后把这种德教加于百姓,使普天之下都向自己学习。这就是天子之孝的内容。《甫刑》上说:'天子一人做了好事,亿万臣民都跟着得到好处。'"

# 诸侯章第三

**【原文】**

"在上不骄①,高而不危。制节谨度②,满而不溢③。高而不危,所以长守贵也;满而不溢,所以长守富也。富贵不离其身,然后能保其社稷④,而和其民人。盖诸侯之孝也。《诗》云:'战战兢兢,如临深渊,如履薄冰⑤。'"

**注释**

①骄:唐玄宗注:"无礼为骄。"
②制节谨度:唐玄宗注:"费用约俭,谓之制节;慎行礼法,谓之谨度。"
③溢:唐玄宗注:"奢泰为溢。"
④社稷:社是土神,稷是谷神。社稷合在一起,常用作国家的代称。
⑤《诗》云三句:见《诗经·小雅·小旻》。引用这三句诗的用意在于说明为君恒须戒慎。

**【今译】**

孔子说:"贵为一国之君而不为无礼之事,那就能够身居高位而不倾危。节约费用,慎行礼法,虽然拥有一国之财富,但也不大手大脚。身居高位而不倾危,就可以长期保住高贵;虽然拥有倾国的财富但也不大手大脚,就可以长期保住财富。如果富与贵都能够长期保持,然后才能保持自己的国家不致覆灭,而百姓也乐于服从。这就是诸侯之孝的内容。《诗经》上说:'诚惶诚恐,提心吊胆,就像面临深渊,就像脚踩薄冰。'"

# 卿大夫章第四

【原文】

"非先王之法服不敢服①,非先王之法言不敢道,非先王之德行不敢行。是故非法不言,非道不行,口无择言②,身无择行。言满天下无口过,行满天下无怨恶。三者备矣,然后能守其宗庙。盖卿大夫之孝也。《诗》云:'夙夜匪懈,以事一人③。'"

【注释】

①法服:先王制定礼服五等,即天子之服、诸侯之服、卿之服、大夫之服、士之服。五等礼服的主要区别在于衣裳上面所装饰的章数(花纹图案的多少)不同。卿大夫只能穿卿大夫之服,既不得僭上,也不得逼下。

②择(dù 杜)言:旧注解作选择之言,非是。今按:择言,即"殬言"。择,通"殬"。殬,败也,不合礼法也。详王引之《经义述闻·尚书下》。

③《诗》云二句:见《诗经·大雅·烝民》。匪:通"非"。

【今译】

孔子说:"作为卿大夫,不是符合先王礼法规定的衣服就不敢穿,不是符合先王礼法的言论就不敢说,不是符合先王礼法的行为就不敢做。所以不合礼法的话不说,不合礼法的道不行,那就会口无失礼之言,身无失礼之行。话说得再多也挑不出什么毛病,事做得再多也不会招致怨恶。只有在穿衣、说话、做事这三方面都做得无懈可击,然后才能使自己的宗庙永远有人祭祀。这就是卿大夫之孝的内容。《诗经》上说'早早晚晚都不敢懈怠,全心全意地事奉天子。'"

# 士章第五

【原文】

"资于事父以事母①,而爱同;资于事父以事君,而敬同。故母取其爱,而君取其敬,兼之者父也。故以孝事君则忠,以敬事长则顺。忠顺不失,以事其上,然后能保其禄位,而守其祭祀。盖士之孝也。《诗》云:'夙兴夜寐,无忝尔所生②。'"

【注释】

①资:取,拿过来。
②《诗》云二句:见《诗经·小雅·小宛》。忝(tiǎn 舔):辱,辱没。

【今译】

孔子说:"把事奉父亲的态度拿过来事奉母亲,那么对父亲的爱和对母亲的爱就是一样的;把事奉父亲的态度拿过来事奉君主,那么对父亲的尊敬和对君主的尊敬就是一样的。对母亲主要是个热爱的问题,对君主主要是个尊敬的问题,而对父亲则是热爱与尊敬兼而有之。把对父亲的那份孝心挪过来事奉君主就是忠心,把对兄长的那份敬心挪过来事奉君长就是听话。既有忠心,又能听话,用这样的态度来事奉国君和君长,然后才能保住自己的禄位,守住自己宗庙的祭祀。这就是士之孝的内容。《诗经》上说:'早起晚睡忙不停,不要辱没父母的名声。'"

# 庶人章第六

【原文】

"用天之道,分地之利,谨身节用,以养父母。此庶人之孝也。故自天子至于庶人,孝无终始,而患不及者,未之有也①。"

【注释】

①孝无终始三句:旧注于此纠缠不清,今姑以己意译之。

【今译】

孔子说:"根据春生、夏长、秋收、冬藏的天时规律,区别土地适合种什么庄稼就种什么庄稼,持身恭谨,节省开支,以供养父母。这就是所谓普通老百姓的孝。所以上自天子,下至老百姓,如果在履行孝道上有始无终,而又不遭受祸殃的,那是从来没有的事。"

# 三才章第七①

**【原文】**

曾子曰:"甚哉,孝之大也!"子曰:"夫孝,天之经也,地之义也,民之行也。天地之经,而民是则之。则天之明,因地之利,以顺天下②。是以其教不肃而成,其政不严而治。先王见教之可以化民也③,是故先之以博爱,而民莫遗其亲;陈之于德义,而民兴行;先之以敬让,而民不争;导之以礼乐,而民和睦;示之以好恶,而民知禁。《诗》云:'赫赫师尹,民具尔瞻④。'"

**【注释】**

①三才:天地谓之二仪,加上人就谓之三才。因为本章主要讲"夫孝,天之经也,地之义也,民(也就是人)之行也",故以三才为名。

②夫孝九句:出自《左传》昭公二十五年。所不同的是:本章的"夫孝",《左传》作"夫礼";本章的"因地之利",《左传》作"因地之性";其余完全相同。则天之明:则是效法。日、月、星辰,就是天之明。因地之利:此"利"字即上节"分地之利"之"利"。顺:通"训",训示。引申为治理。

③先王见教之可以化民也:句中的"教",司马光、朱熹都认为当作"孝"。可备一说。

④《诗》云二句:见《诗经·小雅·节南山》。此处引《诗》,意在说明大臣协助天子推行教化,百姓都在看着他。师尹:即姓尹的太师。太师,相当于后来的宰相。具:通"俱"。

**【今译】**

听了孔子所讲的五等孝道,曾子不禁感叹道:"真了不起啊,孝的作用是如此巨大!"孔子又接着说:"孝这个东西,它是天上永远不变的常规,它是地上永远正确的真理,它是对人民品行的首要要求。因为它是天地的常规,所以人民就效法它。效法上天的明亮,依据大地的便利,用它来治理天下。因为是效法天地的常规来推行政教,所以先王的教化不用一再告诫就能得到贯彻,先王的政令不用三令五申就能得到推行。先王看到教育可以起到感化民众的作用,于是就首先带头热爱自己的父亲,这样一来,百姓就无不爱其父母;就陈说德义的重要性,而百姓被打动了,就纷纷起来实行德义;就带头实行敬让,而百姓被打动了,就再也没有你争我夺的那种现象;就用礼乐来引导百姓,而百姓也就和睦了;就向百姓昭示什么是好什么是坏,而百姓也就知道哪些事情是不可以做的了。《诗经》上说:'赫赫有名的尹太师,百姓都在盯着你的一言一行。'"

# 孝治章第八①

【原文】

子曰:"昔者明王之以孝治天下也,不敢遗小国之臣,而况于公侯伯子男乎?故得万国之欢心,以事其先王。治国者不敢侮于鳏寡②,而况于士民乎?故得百姓之欢心,以事其先君。治家者不敢失于臣妾,而况于妻子乎?故得人之欢心,以事其亲。夫然,故生则亲安之,祭则鬼享之。是以天下和平,灾害不生,祸乱不作。故明王之以孝治天下也如此。《诗》云:'有觉德行,四国顺之③。'"

【注释】

①孝治章:因为本章的中心内容是讲明王以孝治理天下,故以"孝治"命名。
②鳏(guān 官)寡:老年丧妻曰鳏,老年丧夫曰寡。引申为孤弱者之称。
③《诗》云二句:见《诗经·大雅·抑》。觉:通"梏",高大正直。四国:四方诸侯之国。

【今译】

孔子说:"从前,明王在以孝来治理天下的时候,对于小国的臣子尚且以礼相待,更何况对于公侯伯子男这五等诸侯呢?所以能够得到万国国君的欢心,使他们修其职贡,前来助祭。作为国君,对于鳏寡尚且不敢欺侮,更何况对于广大的士民呢?所以能够得到全国百姓的欢心,使他们前来帮助祭祀先君。作为卿大夫,对于卑贱的奴婢尚且不敢失礼,更何况对于自己的妻子儿女呢?所以能够得到全家上上下下的欢心,使他们都来帮助奉养双亲。因为能够做到这一步,所以,父母在活着的时候能够得到舒心的供养,死后作为鬼神能够得到按时的祭飨。也正是由于这种原因,所以天下和平,既没有自然灾害发生,也没有人为的祸乱发生。由此可以看出,明王以孝来治理天下,其效果是如此之好。《诗经》上说:'天子德行正又直,万国顺从庆升平。'"

# 圣治章第九①

【原文】

曾子曰:"敢问圣人之德无以加于孝乎?"子曰:"天地之性②,人为贵。人之行,莫大于孝。孝莫大于严父③,严父莫大于配天,则周公其人也④。昔者周公郊祀后稷以配天⑤,宗祀文王于明堂⑥,以配上帝⑦。是以四海之内,各以其职来祭。夫圣人之德,又何以加于孝乎!故亲生之膝下,以养父母日严。圣人因严以教敬,因亲以教爱。圣人之教不肃而成,其政不严而治,其所因者本也。父子之道,天性也,君臣之义也。父母生之,续莫大焉。君亲临之,厚莫重焉。故不爱其亲而爱他人者,谓之悖德;不敬其亲而敬他人者,谓之悖礼。以顺则逆,民无则焉。不在于善,而皆在于凶德⑧,虽得之,君子不贵也。君子则不然。言思可道,行思可乐,德义可尊,作事可法,容止可观,进退可度,以临其民,是以其民畏而爱之,则而象之⑨,故能成其德教,而行其政令。《诗》云:'淑人君子,其仪不忒⑩。'"

### 注释

①圣治章:本章阐述圣人以孝治理天下,因以"圣治"为名。
②性:生命,生物。
③严:尊敬。
④周公:西周初年的政治家。姓姬,名旦。文王之子,武王之弟,成王之叔。辅佐武王灭商。武王死后,成王年幼,周公摄政。平定内乱,营建东都,制礼作乐,天下大治。被后世看作是圣贤的典范。
⑤郊:谓祭天。因为祭天在国都的南郊举行,故曰郊。
⑥明堂:古代帝王宣明政教的地方。凡朝会、祭祀、庆赏等重大典礼皆在此举行。
⑦上帝:天。
⑧以顺则逆四句:语出《左传》文公十八年而有所改造。
⑨德义可尊七句:语出《左传》襄公三十一年而有所改造。
⑩《诗》云二句:见《经诗·曹风·鸤鸠》。忒(tè 特):差错。

【今译】

曾子说:"学生冒昧地动问,在圣人的德行中,难道就没有比孝更加重要的吗?"孔子回答说:"在天地万物之中,人是最高贵的。而在人的诸多品行之中,没有比孝更加重要的了。孝道之中,最重要的是尊敬父亲,而尊敬父亲的最重要的表现便是在祭天时以父亲配享。说到这方面,周公可以说是一个合格的人选。从前周公在南郊祭天时,以始祖后稷配享;在明堂祭祀上帝时,以其父亲文王配享。由于周公做到了这一点,所以四海之内的诸侯都各修职贡,前来助祭。由此来看,在圣人的德行之中,还有什么能比孝更加重要的呢!所以,子女亲爱父母之心,从孩提时期便已经有了;随着年龄的增长变得越来越懂事,这时候就对父母又添上了一种尊敬之心。圣人就根据子女对父母的尊教导他们对父母的敬,根据子女对父母的亲教导他们对父母的爱。圣人的教化不需要一再告诫就能得到贯彻,圣人的政令不需要三令五申就能得到推行,究其原因,就在于圣人抓住了孝这个根本问题。父子相亲,这是出于天性自然;如果加上尊严,那就又产生了君臣之义。父母生子,使其传宗接代,在人伦之中没有比这更重要的了。父亲既有为父之亲,又有为君之尊,有此双重身份,其恩义之厚,无人能及。所以,不热爱自己的父母而去热爱他人,就叫做不合人情;不尊敬自己的父母而去尊敬他人,就叫做不合常理。如果颠倒纲常,让合情合理的东西去效法不合情理的东西,百姓就会感到无所取法。这种行为不是什么优良品行,而完全是一种丑恶的道德,即令靠着它能够得志,也被君子所看不起。君子的作法就不是这样:说的话要考虑到人们能够奉行,做的事要考虑到人们能够快乐;其道德为人们所尊敬,其作事为人们所效法,其形容举止为人们树立楷模,其动静进退都合乎礼法。用这样的作派去领导百姓,百姓就不仅是害怕他们,而且爱戴他们,事事效法他们。所以他们的德教能够得到贯彻,他们的政令能够得到推行。《诗经》上说:'贤人君子,他们的威仪没有半点差错。'"

# 纪孝行章第十①

【原文】

子曰:"孝子之事亲也,居则致其敬②,养则致其乐,病则致其忧,丧则致其哀,祭则致其严③。五者备矣,然后能事亲。事亲者,居上不骄,为下不乱,在丑不争④。居上而骄则亡,为下而乱则刑,在丑而争则兵。三者不除,虽日用三牲之养⑤,犹为不孝也。"

【注释】

①纪孝行章:此章纪录孝子事奉父母的孝行,故以"纪孝行"为名。
②致:尽。
③严:指斋戒沐浴一类事情。实际上"严"也是敬。
④丑:通"俦",指同辈。
⑤三牲:谓太牢。牛、羊、猪三牲具备,谓之太牢。在古代,太牢属于最高规格的食品。

【今译】

孔子说:"孝子事奉父母,平时要尽量地尊敬他们,奉养时要尽量地使他们高兴,父母生病时孝子要整个身心地陷于忧虑,去世时要表现出最大的悲哀,祭祀时要表现出最大的严肃。这五条都做到了,然后才算是能够事奉父母。事奉父母的人,身居上位而不骄傲,身居下位而不捣乱,在同事中间不争强好胜。身居上位而骄傲,就会招致灭亡;身居下位而捣乱,就会招致受刑;在同事中间争强好胜,就会招致动武。如果以上三条不改掉,即令每天都用山珍海味来供养父母,也仍然是个不孝之子。"

# 五刑章第十一①

【原文】

子曰:"五刑之属三千②,而罪莫大于不孝。要君者无上,非圣人者无法③,非孝者无亲,此大乱之道也。"

【注释】

①五刑章:此章的中心意思是要说明"五刑之属三千,而罪莫大于不孝",故以"五刑"为名。

②五刑:五等刑罚。五刑的名目在历史上有变化。据《尚书·舜典》,五刑是:墨刑(先在额上刺字,然后涂墨使之明显)、劓刑(割掉鼻子)、剕刑(断足)、宫刑(割掉男子生殖器,破坏女子生殖机能)、大辟(处死)。三千:极言其多,不是确数。

③非圣者无法:因为圣人是礼法的制作者,所以才这样说。

【今译】

孔子说:"五等刑罚包括的犯罪条款多达三千,而其中最大的罪名便是不孝。要挟国君的人是目无长上,诋毁圣人的人是目无法纪,非议孝道的人是目无双亲,这些都是导致天下大乱的根源。"

# 广要道章第十二①

【原文】

子曰:"教民亲爱,莫善于孝。教民礼顺,莫善于悌②。移风易俗,莫善于乐③。安上治民,莫善于礼④。礼者,敬而已矣。故敬其父,则子悦;敬其兄,则弟悦;敬其君,则臣悦;敬一人,而千万人悦。所敬者寡,而悦者众,此之谓要道也。"

【注释】

①广要道章:在《开宗明义章》已经提到"先王有至德要道",但没有对什么是"要道"进行展开说明,本章要完成这个任务,所以以"广要道"为名。

②悌(tì 替):弟弟无条件顺从哥哥的一种道德。

③乐(yuè 月):古人所说的乐,包括音乐和舞蹈。

④礼:礼可以用来规定君臣、父子之别,明确男女、长幼之序,所以可以"安上治民"。

【今译】

孔子说:"教育百姓相亲相爱,最好的办法莫过于孝。教育百姓顺从君长,最好的办法莫过于悌。改变旧的、不良的社会风气和习惯,最好的办法莫过于乐。安定上边和治理下边,最好的办法莫过于礼。礼的根本问题,不过是个'敬'字罢了。所以,你尊敬人家的父亲,人家的儿子就觉得高兴;你尊敬人家的哥哥,人家的弟弟就觉得高兴;你尊敬人家的国君,人家的臣子就觉得高兴;尊敬一个人,就能使千万人觉得高兴。所敬的人很少,而觉得高兴的人却很多。因此,孝才被称作非常重要的道。"

# 广至德章第十三①

【原文】

子曰:"君子之教以孝也,非家至而日见之也。教以孝,所以敬天下之为人父者也;教以悌,所以敬天下之为人兄者也;教以臣,所以敬天下之为人君者也。《诗》云:'恺悌君子,民之父母②。'非至德,其孰能顺民如此其大者乎③?"

【注释】

①广至德章:第一章已经提到了"至德",但没有展开加以说明。此章要对"至德"加以展开说明,故以"广至德"为名。
②《诗》云二句:见《诗经·大雅·泂酌》。
③顺:通"训"。参见前章注。

【今译】

孔子说:"君子在向百姓进行孝顺父母的教育时,并不是挨家挨户都要走到并且每天都要见面叮咛两句,而是自己首先做出表率,百姓自然闻风而动。以孝道教育百姓,是要使普天之下作父亲的都受到尊敬;以悌道教育百姓,是要使普天之下作哥哥的都受到尊敬;以臣道教育百姓,是要使普天之下作国君的都受到尊敬。《诗经》上说:'平易近人的君子啊,您是天下苍生的父母。'如果没有孝这种至高无上的德行,又有谁能够把百姓治理得达到如此崇高的境界呢?"

# 广扬名章第十四①

【原文】

子曰:"君子之事亲孝,故忠可移于君;事兄悌,故顺可移于长;居家理,故治可移于官。是以行成于内,而名立于后世矣。"

### 注释

①广扬名章:首章虽然言及"扬名",但未阐发其义,此章将要阐发其义。故以"广扬名"为名。

【今译】

孔子说:"君子如果能够以孝事奉双亲,那么,把这种孝移过来事奉国君就是忠;君子如果能够以悌道事奉兄长,那么,把这种悌道移过来事奉官长就是顺从;君子如果能够把家庭治理得好,那么,把这种治家之道移过来也可以治理好官府。所以,具备了以上三种美德,美名也就流传到后世了。"

# 谏诤章第十五①

【原文】

曾子曰:"若夫慈爱恭敬,安亲扬名,则闻命矣。敢问子从父之令,可谓孝乎?"子曰:"是何言与!是何言与!昔者天子有争臣七人②,虽无道,不失其天下;诸侯有争臣五人,虽无道,不失其国;大夫有争臣三人,虽无道,不失其家;士有争友,则身不离于令名;父有争子,则身不陷于不义。故当不义,则子不可以不争于父,臣不可以不争于君。故当不义,则争之,从父之令,又焉得为孝乎③?"

【注释】

①谏诤:下级对上级、晚辈对长辈的直言规劝。
②争臣:即"诤臣"。诤,谏诤。
③故当不义四句:范祖禹说:"父有过,子不可以不争,争,所以为孝也;君有过,臣不可以不争,争,所以为忠也。子不争,则陷父于不义,至于亡身;臣不争,则陷君于无道,至于失国。"

【今译】

曾子又问道:"有关对父母要慈爱,要恭敬,要使父母活着省心,为其争光,这些道理学生已经听懂了。不过学生还有一个问题要问:作儿子的无条件地听从父亲的话,可以叫做孝顺吗?"孔子回答说:"你说的是什么话呀!你说的是什么话呀!从前,如果天子有七个敢于直言谏诤的臣子,即令他本人暴虐,也不至于丢掉天下;如果诸侯有五个敢于直言谏诤的臣子,即令他本人暴虐,也不至于丢掉其国;如果大夫有三个敢于直言谏诤的臣子,即令他本人暴虐,也不至于丢掉其家;士如果有敢于直言谏诤的朋友,那么,他本人就不会失去美好的名声;父亲如果有敢于直言谏诤的儿子,那么,他本人就不会陷于不义之中。所以,当父亲、天子、诸侯即将陷入不义的时候,做儿子的就不可不对父亲进行直言谏诤,做臣子的就不可不对天子、诸侯进行直言谏诤。所以,当父亲即将陷入不义的时候,做儿子的就应该直言谏诤,如果这时候还盲目地听从父亲的话,又怎么能够称为孝顺呢?"

# 感应章第十六①

【原文】

子曰:"昔者明王,事父孝,故事天明;事母孝,故事地察②;长幼顺,故上下治。天地明察,神明彰矣。故虽天子必有尊也,言有父也③;必有先也,言有兄也。宗庙致敬,不忘亲也;修身慎行,恐辱先也。宗庙致敬,鬼神著矣。孝悌之至,通于神明,光于四海④,无所不通。《诗》云:'自西自东,自南自北,无思不服⑤。'"

【注释】

①感应章:此章言孝心感动天地神明、天地神明降福保佑之事,故以"感应"为名。又,据阮元《孝经注疏校勘记》,"感应"二字,石台本、《唐石经》、岳本皆作"应感",邢昺的《正义》本也作"应感"。
②昔者明王五句:司马光说:"王者父天母地,事父孝,则知所以事天,故曰明;事母孝,则知所以事地,故曰察。"又《周易·说卦》:"乾为天,为父;坤为地,为母。"说明父道与天道相通,母道与地道相通。
③父:谓诸父。即伯父、叔父。
④光:通"广",充满。
⑤《诗》云三句:见《诗经·大雅·文王有声》。思:语助词,无义。

【今译】

孔子说:"从前的圣明帝王,因为他们事奉父亲孝顺,所以也就知道该怎样事奉天神;因为他们事奉母亲孝顺,所以也就知道该怎样事奉地祇;因为他们能够处理好家庭的长幼关系,所以也能够处理好国家的上下关系。天神地祇洞察孝子的所思所行,感其至诚,于是降福保佑。所以,即令是贵为天子,也必有他所尊敬的人,这就是他的诸父;也必有他所礼让的人,这就是他的诸兄。在宗庙中举行祭祀表达敬意,表示没有忘记亲人;注意自身修养,做事谨慎小心,这样做是唯恐给祖先带来耻辱。在宗庙中举行祭祀表达敬意,感动了鬼神,鬼神就纷纷降临,接受祭飨。孝悌之心达到了无以复加的地步,它就会和神明相通,充满整个世界,没有达不到的地方。《诗经》上说:'从西到东,从南到北,普天之下,没有不服从的。'"

# 事君章第十七①

【原文】

子曰:"君子之事上也,进思尽忠,退思补过②,将顺其美③,匡救其恶,故上下能相亲也。《诗》云:'心乎爱矣,遐不谓矣。中心藏之,何日忘之④。'"

**注释**

①事君章:此章发明如何忠心事奉国君,故以"事君"为名。
②进思尽忠二句:语出《左传》宣公十二年。
③将:帮助,支持。
④《诗》云二句:见《诗经·小雅·隰桑》。遐:远。

【今译】

孔子说:"君子的事奉国君,在朝廷上,就想着怎样为国君竭尽忠诚;退朝以后,还想着怎样弥补国君的过失;对于国君的正确举动,总想着怎样帮助促成;对于国君的错误举动,总想着怎样匡正阻止;所以君臣之间能够相亲。《诗经》上说:'打心眼里热爱国君,虽然从他的身边离开,但也不以为遥远。忠君的念头深藏心底,没有一天能够忘记。'"

# 丧亲章第十八①

【原文】

子曰:"孝子之丧亲也,哭不偯②,礼无容,言不文,服美不安,闻乐不乐,食旨不甘。此哀戚之情也。三日而食③,教民无以死伤生,毁不灭性④。此圣人之政也。丧不过三年,示民有终也⑤。为之棺椁衣衾⑥,而举之;陈其簠簋,而哀戚之⑦;擗踊哭泣,哀以送之;卜其宅兆⑧,而安措之;为之宗庙,以鬼享之⑨;春秋祭祀,以时思之。生事爱敬,死事哀戚,生民之本尽矣,死生之义备矣,孝子之事亲终矣。"

### 注释

①丧亲章:亲,指父母。首先是指父亲。本章讲父母去世以后孝子应该做的一系列事情,故以"丧亲"为名。

②偯(yǐ 以):尾声从容有余。

③三日而食:按《礼记·问丧》:"亲始死,水浆不入口三日,故邻里为之糜粥以饮食之。"

④毁不灭性:毁,因丧亲过度悲痛而损害身体。按《礼记·檀弓下》:"毁不危身,为无后也。"

⑤丧不过三年二句:按《礼记·三年问》:"三年之丧,二十五月而毕,哀痛未尽,思慕未忘,然而服以是断之者,岂不送死有已、复生有节也哉?"

⑥椁(guǒ 果):棺材外面套的大棺材。衣衾(qīn 钦):小敛、大敛时所用的衣服和被子。

⑦陈其簠簋二句:既殡之后,下葬以前,每天的早晨和傍晚都要在殡宫为死者设奠,同时哭泣,以寄托对死者的哀思。簠簋,这里指盛放供品的祭器。

⑧宅兆:宅是墓穴,兆是茔地。

⑨为之宗庙二句:下葬以后,回家接着举行虞祭;虞祭之后,接着举行卒哭之祭;卒哭以后,接着举行祔庙(将死者神主按昭穆顺序安放到祖庙)之祭,从此以后才将死者当作鬼神看待。在此以前是把死者当作生人看待。

【今译】

孔子说:"孝子在父母去世的时候,哭得是上气不接下气,而不是尾声从容有余,平常举动进退应有的礼节此时就不再那么讲究,说话也不讲究文采,穿上美好的衣服也不觉得舒服,听着动听的音乐也不觉得快乐,吃着美味的东西也不觉得味美。这都是由于哀伤悲戚的心情而造成的。在父母去世三天以后,孝子就应开始喝点稀粥,这是教育百姓不要因为痛心死者而把活人也带累得身体受损,形容可以因悲哀而憔悴但绝不能走到危害性命的地步。这是圣人做出的规定。居丧的时间不能超过三年,这是告诉人们悲哀不能没有一个尽头。为死者置备棺椁衣衾,然后抬起尸体放入棺内;然后摆好祭器,朝夕祭奠,以寄托哀思;然后捶胸顿脚,哭天嚎地,十分悲哀地把死者送往墓地;通过占卜选择一块风水好的墓地,然后把死者安放进墓穴;然后把死者的神主放进宗庙,以对待神鬼的礼节进行祭飨;然后四时举行祭祀,表明做儿子的每逢季节变化都在思念亲人。父母活着的时候,孝子以爱敬之心事奉他们;父母去世以后,孝子以极大的悲哀为他们料理后事。人一生的根本问题都包括在这里边了,儿子对父母生前和身后应尽的义务都尽到了,孝子的事奉父母也就到此结束了。"

图书在版编目(CIP)数据

礼记全译·孝经全译/吕友仁,吕咏梅译注. —贵阳:贵州人民出版社,2008.12(2017.2重印)

(中国历代名著全译丛书)

ISBN 978-7-221-08377-7

Ⅰ.礼… Ⅱ.①吕…②吕… Ⅲ.①礼仪-中国-古代②家庭道德-中国-古代③礼记-译文④孝经-译文 Ⅳ.K892.9 B823.1

中国版本图书馆 CIP 数据核字(2008)第 180219 号

| 书　　名 | 礼记全译·孝经全译 |
|---|---|
| 译　　注 | 吕友仁、吕咏梅 |
| 责任编辑 | 孟筑敏 |
| 装帧设计 | 余强 |
| 出版发行 | 贵州人民出版社 |
| 地　　址 | 贵阳市中华北路 289 号 |
| 印　　刷 | 三河市明华印务有限公司 |
| 版　　次 | 2009 年 3 月第 1 版 |
| 印　　次 | 2017 年 2 月第 2 次印刷 |
| 开　　本 | 787×1092mm　1/16 |
| 字　　数 | 885 千字 |
| 印　　张 | 60 |
| 定　　价 | 148.00 元(上、下) |